AN ENGLISH-SINHALESE POCKET DICTIONARY

AN ENGLISH-SINHALESE POCKET DICTIONARY

A MENDIS GUNASEKARA

SECOND ENLARGED EDITION

GYAN

Published by

Gyan Publishing House
5, Ansari Road
Daryaganj, New Delhi-110002
Phone: 011-47034999, 9811692060
E-mail: books@gyanbooks.com

Distribution Network
gyanbooks.com
India, USA, Canada, UK, Australia, France

ISBN : 978-81-212-4349-0 (PB)
First Published, Colombo, 1911

2nd Impression 2020

Printed at: Gyan Press, Delhi.

An
English-Sinhalese Pocket Dictionary
Author: A Mendis Gunasekara

AN

ENGLISH-SINHALESE DICTIONARY.

BY

A. MENDIS GUNASEKARA,

Interpreter Mudaliyar to the Registrar-General of Ceylon;
Member of the Royal Asiatic Society;
Author of "A Comprehensive Grammar of the Sinhalese Language," prescribed for the Ceylon Civil Service Examinations; and Editor of the Sinhalese Monthly Magazine the "Jnanadarsaya."

SECOND ENLARGED EDITION.

සිංහලාර්ථ සහිත

ඉංග්‍රීසි ශබ්දකෝෂය.

ද්විතීය මුද්‍රණය.

(ප්‍රථම මුද්‍රණයට [illegible]
[illegible])

COLOMBO:
Wijayaratna & Co.

1911.

Dedicated,

BY PERMISSION, TO

The Hon. Sir Christoffel Obeyesekere,

KNIGHT,

MEMBER OF THE LEGISLATIVE

COUNCIL OF CEYLON,

Etc. Etc. Etc.,

AS A MARK OF GRATITUDE FOR THE VALUABLE SERVICES HE HAS RENDERED TO THE SINHALESE IN SUCH CAPACITY, AND AS A TOKEN OF ESTEEM AND REGARD FOR HIS PERSON AND CHARACTER,

BY THE COMPILER.

මෙහි කතෘ විසින් පළ කරණලද
අන්‍ය පොත්පත්.

---

1 ඉංග්‍රීසි භාෂාවෙන් කරණලද සිංහල රු.ශ. ව්‍යාකරණය: ලංකාණ්ඩුව විසින් පිළිගෙණ සිවිල් නිලධාරීන්ගේ පාඩම් විභාගයට නියමකරණලද පොතකි. පිටු 530. 6. 00

2 අලගියවන්න මුකවෙටි තුමා කළ කුස ජාතක කාව්‍යය: සන්නයක්ද කොයිම පොතකවත් නැති ගැටපදවිවරණ, ව්‍යාකරණ ලක්ෂණ, විබැට් තේපාල කුසජාතක ආදී බොහෝ වැදගත් කරුණුද අන්තර්ගතවූ කම් පොත ජේ.සී. පිටු 280. 1. 50

3. කුසජාතකය: වාසගම (එළු ජාතක පොතෙන් ගන්නාලද්.) දීර්ඝ ගැටපද විවරණ සන්ද සහිතයි. පිටු 36 ... 0. 15

4. සූත්‍රාදර්ශය: නොයෙක් ප්‍රයෝජනවත් කරුණු සහ ත්‍රිපිටක ධර්ම කාණ්ඩවශයෙන් පළකරණ චිරප්‍රසිද්ධ මාසික සඟරාවකි. කාණ්ඩ 10 ක් සම්පූර්ණයි. අවුරුද්දක දැනක මිල නොහොත් කාණ්ඩිකය මිල රු. 3: ලක්ෂණම හම්බාගෙට නිදා 3. 60

කතෘගෙන් හෝ කොම්පඤ්ඤවීදියේ ෆයිෆල් වීදියේ ගොඩා ගෙවිල් පේළියේ අංක 8 දරණ ස්ථානයේ විජයරත්න සහ සමාගමෙන් හෝ ඉල්ලනු.

WORKS BY THE SAME AUTHOR.

price

1 A Comprehensive Grammar of the Sinhalese Language, in English, prescribed for the Civil Service Examinations. 8vo pp. 530 ... 6. 00

2 Kusajataka Kavyaya, a classic poem by Alagiyawanna Mohottala, edited with paraphrase, notes, glossary, etc. 12mo pp. 280 ... ... 1. 50

3 Kusajataka, a Buddhist birth story: the ancient prose version, edited with a useful glossary. 8vo pp. 36 0. 15

4 Jnanadarsaya ("The mirror of Knowledge"), A Sinhalese monthly Magazine of Arts, Science, and Literature. Vols. I—X now complete. Annual subscription or price per vol. Rs. 3; *half leather* 3. 60

Apply to the author or Messrs. Wijayaratna & Co., 8 de Soysa's Building,

Rifle Street,

Slave Island, Colombo.

PREFACE.

(TO THE FIRST EDITION.)

A Pronouncing English-Sinhalese Dictionary, available at a price within the reach of all, has been a long-felt want chiefly with the native students of English. The present work is intended to supply this want and thereby encourage the study of the English language, a knowledge of which is now-a-days felt by every one to be both useful and indispensable. This Dictionary, it is hoped, will also be useful to foreign students of the Sinhalese language.

Those desirous of consulting a larger work, but without pronunciation, are referred to the excellent Dictionary by the Rev. C. Carter.

A. M. G.

PREFACE.

(ද්විතීය මුද්‍රණයේ)

උපන්‍යාසය.

මේ පොත ඉංග්‍රීසි ඉගෙණගන්න ස්වදේශික යන්ගේ විශේෂ ප්‍රයෝජනය පිණිස සම්පාදනය කරණලද්දේය. මෙය භාවිතාකරන්නවුන් විසින් අකාරාදියෙම මුලින් තිබෙන කොටස නියමා බලා හොඳින් ඉගෙණ සිටීම අවශ්‍යවේ. ඒ හෙ: විධානය දැනගැනීමෙන් අකාරාදියේ ඉංග්‍රීසි පොදුස් ඩා වචන පමණක් දක්වා තිබෙන වචනවල හා නොයෙකුම හොඳක්වගලද බොහෝ වචනවලද අර්ථ දැනගතහැකිය. අකාරාදිය මිදස් භාවිතාකිරී මෙන් එහි ගැලපීමේ ක්‍රමාදිය පහළුවෙන් අවබෝධවේ. ඉංග්‍රීසි වචන නිසියාකාර ශබ්දකිරීම දුෂ්කර නමුත් අකාරාදියේ දක්වා තිබෙන ආකාර කඩිකරලෙස ශබ්දකිරීමට පුරුදුකරගැණී මෙන් ඒ අපහසුව බොහෝදුරට බැහැර කළ හැකිවේ.

මේවිගට රජතීය ආසියාටික සමාගමේ සාමා
ජිකයෙක්වූද, ලංකාණ්ඩුව විසින් පිළි
ගන්නාලද සිංහල ව්‍යාකරණ ග්‍රන්ථයෙහි
හා "ශබ්දාදර්ශය" නමැති සඟරාවෙහි
කතෘවූද, රිජිස්ට්‍රාර් ජනරාල් කන්තෝ
රුවේ භාෂාපරිවර්තක ධුරන්ධර

ඒ. මැන්දිස් ගුණසේකර.

Contents. පටුන.

Errata. ශුද්ධ.

පිට.	වැරදි.	නිවැරදි,
3	aborgines	aborigines
4	sbscond	abscond
18	llow	allow
27	nonymous	anonymous
109	claamp	clamp
128	connoissur	connoisseur
172	diphtong	diphthong
225	etraneous	extraneous
342	ridescent	iridescent
353	kichshaw	kickshaw
387	mommoth	mammoth
450	ontolology	ontology
486	percolote	percolate
493	philosphy	philosophy
514	dossible	possible
532	proclaiam	proclaim
542	seudonym	pseudonym
579	emedy	remedy
644	siamese	Siamese
688	stiuple	stipule
712	ymptom	symptom

716 saint taint

785 ight tight

741 nsil to tonsil

748 otter totter

749 rawl trawl

763 typohid typhoid

785 ntruth untruth

791 valediot*ion* valedict*ion*

824 witenagemote witenagemot

885 පිටේ මේෂ රාශි ලකුණ ♈ ද 886 පිටේ කුඹා බැල්මා අකුර ඊ ද වියයුතු. 354 පිටේ kiln යනු කිල් කියා ශබ්ද කටයුතු.

මේ දෝස් තිබෙන සථාන බලා හරිගැස්සිය යුතු. මේ දෝෂවලින් සමහරක් ඇතම් පොත් වල පමණක් ඇතිවිය යුතු.

කව්දල බසාවේ සැමියාසයෙන් පවතින පුරුද් දම අනුව ඇතැම් තැන e අක්ෂරයේ ශබ්දය ඇයෙන් සෙන් දක්වා කලදී. සමහරු එබඳු e අක්ෂරයේ ශබ්දය 'එ' අක්ෂරයෙන් දක්වත්. එහෙත් එහි ශ බ්දය ඇයෙත් සවත් එයෙත් සමිත් අතරශබ්දයකි. එහෙ යින් ඒ ඇ ශබ්දය එයෙත් කම මදක් හැරවා කියයුතු.

Abbreviations used in this Book.

මේ පොතේ යොදනලද
ලුහුඬු පද.

---

a. =adjective
ad.=adverb
conj.=conjuction
f.=feminine
interj.=interjection
m.=mascoline
n.=noun
prep.=preposition
pron.=pronoun
v.=verb
අ. සු.=අගනාවර
ඉ.=ක්‍රියාවිශේෂණට ඉස්සර
උ.=උතුර, උදාහරණ
ද.=දකුණු

සැ.=සැංගෙනසිරි
ප්‍ර.=ප්‍රංශ
ප.=ක්‍රියා විශේෂණට පසු.
බ.=බලනු
බ.=බහුබස
ම.=මතල්ස
ල.=ලතින්
ලු. චි.=ලුහුඬු චිඩින
ව්r. ද්. ඳ. පොවන්දි යථා: දැගස
සගාව
ව.=වයඹ
හෙ.=හෙවත්
= සමාන බව

අකුරු මුලට යොදනලද බින්දු (·) ලකුණෙන් 'ශස' යන වචනයේ සකාරයේ අ ශබ්දයම සමාන ශබ්දයද ඒට ඇලපිල්ල යෙදීමෙන් එහි දීඝී ශබ්දයද සකාරයට පසුව යොදනලද එම ලකුණෙන් ඉංග්‍රීසි z අකුරේ ශබ්දයද අඟවනලදහ. වචන කෑබලි මුලට යොදනලද—රේඛා ලකුණෙන් සම්පූර්ණ වචනය ලුහුඬුකොට දක්වනලදී. වචනය සම්පූර්ණකිරීමට ඒ වචන කෑබැල්ල ඒට පූර්වයෙන් තිබෙන සම්පූර්ණ වචනයට එකතුකලයුතු. ඔරගත් ලකුණු තුල යොදනලද වචන සෑ

බැල්ලක් සම්පූර්ණකරන්නේ එය ඒම පූර්වයෙන් තිබෙන වචන කැබැල්ලම එකතුකොට ඒදෙක පසුව මුලට තිබෙන සම්පූර්ණ වචනයට එකතු කිරීමෙනි. මෙසේ වචන සෑදීමේදී මුලින් තිබෙන සම්පූර්ණ වචනයේ හෝ දෙවෙනි වචන කැබැල්ලේ ඇල අකුරු හැරදැමියයුතු. උ. noise යන පදය සම්බන්ධව තිබෙන වචන කැබලිවල සම්පූර්ණ වචන මෙසේය:—noise+eless=noiseless; noise+y + iness=noisiness.

THE ENGLISH LANGUAGE.

ඉංග්‍රීසි භාෂාව.

ඉංග්‍රීසි භාෂාව නම් ආර්‍ය්‍යවර්ගයට ඇතුළත් භාෂාවකි. මේ ආර්‍ය්‍ය වර්ගය ආසියාතික කොට්ඨාසය යුරෝපීය කොට්ඨාසය කියා දෙකකට බෙදුනු ලැබේ. ආසියාතික කොට්ඨාසය නැවත හින්දු භාෂාය එරේනීය භාෂාය කියා පැත්ති දෙකකටම බෙදෙයි. හින්දු භාෂා පංක්තියට ප්‍රාකෘත, සංස්කෘත, පාලි, (බෙංගාලි, මරාති, ගුජරාති, සින්දි ආදි) ඉන්දියාවේ අනිකුත් භාෂා හා සිංහලද, එරේනීය පංක්තියට සෙන්ඩ්, පැහැලෙවි, පාර්සි ආදි පාර්සියා රට සම්බන්ධ භාෂාද ඇතුළත් වෙති. යුරෝපීය කොට්ඨාසය ට්‍යූටනික්, කැල්ටික්, ඇව්ටික් හෙවත් රෝ

මණික්, හැල්ලනික්, ස්ලැවොනික්, ලැට්ටික් යන පංක්ති සතම බෙදත්. ලැට්ටික් පංක්තියෙන් පුරාණ ප්‍රෂියන්, ලැට්විෂ් හෙවත් ලිවෝනිය, ලිතුඒනිය යන භාෂාද; ස්ලැවොනික් පංක්තියෙන් පුරාණ බල්ගේරිය, රුසියන්, බොහීමිය, පෝලිෂ් ආදී භාෂාද; හැල්ලනික් පංක්තියෙන් ග්‍රීක් භාෂාවද; ඉටැලික් හෙවත් රෝමැණික් පංක්තියෙන් පුරාණ ඉතාලි භාෂා, දැනට ඉතාලි, ප්‍රංශ, ස්පාඤ්ඤ, පෘතුගාල් ආදී භාෂාද; කෙල්ටික් පංක්තියෙන් වැල්ෂ්, කෝර්නිෂ්, ඉරිෂ්, ගැලික් ආදී භාෂාද; ටියුටොනික් පංක්තියෙන් ජර්මන්, ගොතික, ස්විඩිෂ්, ඩෙනිෂ්, ස්කොච්ස්, ලත්සි, පුරාණ සැක්සන්, ඉංග්‍රීසි ආදී භාෂාද මූහ. මෙසේ සලකනකල ඉංග්‍රීසි භාෂාව පූර්වදිග සියලු ආර්යභාෂා හා යුරෝපයේ (සුළු භාෂා ස්වල්පයක් හැර) සියලු භාෂාද සම්බන්ධ උතුම් භාෂාවක් බැව් පෙනේ.

ඉංග්‍රීසි භාෂාවේ අකුරු 26 කි. ඉන් a, e, i, o, u, යනු පණකුරු වෙත්. සෙසු, එනම් b, c, d, f, g, h, j, k, l, m, n, p, q, r, s, t, v, w, x, y, z යනු ගතකුරු වෙත්. Y අක්ෂරය සමහරවිට පණකුරක් ලෙසද යෙදේ.

ඉංග්‍රීසි භාෂාවේ වචන ප්‍රධානවශයෙන් අටකට බෙදනු ලැබෙත්. එනම්:—

1 Noun, නාම (උ. man, boy)

2 Adjective, ගුණ වචන හෙ. විශේෂණ (උ. good, bad)

3 Pronoun, සර්වනාම (උ. I, he)

4 Verb, ක්‍රියා (උ. do, come)

5 Adverb, ක්‍රියාවිශේෂණ හෙ. ක්‍රියාගුණවචන (උ. fast, well)

6 Preposition, නිපාත (උ. to, with)

7 Conjunction, නිපාත (උ. and, or)

8 Interjection, නිපාත (උ. oh!, alas!)

එකක් හෝ එක්කෙනෙක් ගැන යොදන විධියට Singular Number (=ඒකබස) සිදු, එකකට හෝ එක්කෙනෙකුට වැඩි ගණනක් ගැන යොදන විධියට Plural Number (=බහුබස) සිදු කියනු ලැබේ. නාමපදවල බහුබස දක්වනවිද් සාමාන්‍යයෙන් ඒකවචනයම s හෝ (s, ch, sh, x, z යන අක්ෂරයකින් ඒකවචනය අන්තිමවෙන කල) es හෝ යොදනු ලැබේ. උ. table, tables; book, books; gas, gases; church, churches; bush, bushes; box, boxes; topaz, topazes. Y අක්ෂරයකින් අවසන්වෙන වචනවලට (y අකුරට පූර්වයෙන් පණකුරක් ඇතිවිට) s අකුර යෙද්වෙන් හා (එසේ නැති විට) y අකුර ඇරදමා ies යෙදීමෙන්ද බහුබස කියනු ලැබේ. උ. key, keys; lady, ladies. F හෝ fe යන්නෙන් අවසන්වෙන නාමපදවල f හෝ fe ඇරදමා ves යොදනු ලැබේ. උ. half, halves; knife, knives; leaf, leaves;

thief, thieves; loaf, loaves; wife, wives; staff, staves. එමෙන්ම reef, reefs; chief, chiefs; cliff, cliffs; dwarf, dwarfs; roof, roofs. O අකුරෙන් අවසන්වෙන පදවලට es හෝ s යෙදෙනුලැබේ. උ. bravoes, buffaloes, calicoes, cargoes, heroes, potatoes, tomatoes volcanoes; cantos, octavos, quartos, grottos, mosquitos, folios, tyros. බහුවචනව es හෝ s නොගෙනයෙදෙන පද: man, men; woman, women; foot, feet; goose, geese; tooth, teeth; mouse, mice; ox, oxen; brother, brethren; * child, children; penny, pence †. දෙවචනයම එකාකාරයෙන් යෙදෙනපද: deer, series, sheep, swine, fish ‡; grouse. නිතර බහුවචන යෙදෙන පද: banns, bellows, draughts, scissors, shears, spectacles, trousers, odds, wages, premises, victuals.

---

* එක සමාගමික අයවලුන් සඳහා යොදනු ලැබේ. එක්කුස උපන් පිරිමින් කියනකල brothers යි බහුවචනව යෙදේ.

† සල්ලි කාසි ගණන. පැන්සයේ මිල කැබලි ගණනක් සඳහා කියනකල pennies යි යෙදේ.

‡ කුරියන් ගණනක් කියනකල fishes යි යෙදේ.

Masculine Gender (පුරුෂ ලිංගය), Feminine Gender (ස්ත්‍රී ලිංගය), Neuter Gender(නපුංසක ලිංගය) යිසා ලිංග තුනකි. ස්ත්‍රී පුරුෂ ලිංග දෙක අභිප්‍රායෙන් වෙනස්වූ වචනවලින්ද කියනු ලැබෙයි. උ. bachelor, maid හෝ spinster; boar, sow; bull, cow; bullock හෝ ox හෝ steer, heifer; cock, hen; colt හෝ foal, filly; drake, duck; earl, countess; father, mother; friar හෝ monk, nun; gander, goose; gentleman lady; hart, roe හෝ hind; horse, mare; boy, girl; brother, sister: buck, doe; man, woman; nephew, niece; ram, ewe; sir, madam: sire, dame හෝ dam: sloven, slut: son daughter: stag, hind: uncle, aunt: wizard, witch: husband, wife: king, queen: lord, lady. සමහර පුරුෂ ලිංගික පදවලට ess යෙදීමෙන් ස්ත්‍රීලිංගය කියනු ලැබේ. උ. baron, baroness: count, countess: heir, heiress: lion, lioness: mayor, mayoress: priest, priestess: prophet, prophetess: shepherd, shepherdess: giant, giantess: author, uthoress: host, hostess: Jew, Jewess. Ess යෙදේදී සමහර විට අග වෙනස්වේ උ. actor, actress: ambassador, ambassadress: benefactor, benefactress: hunter, huntress: traitor, traitress; master, mistress; abbot, abbess; negro, negress; duke, duchess; marquis, marchioness; adulterer, adulteress; murderer, murderess; sorcerer, sorceress; emperor, empress; governor, governess. ආදියයි: bride, bridegroom; widow, widower; hero, heroine; czar, czarina; administrator, administratrix; executor, executrix; sultan, sultana; he bear, she bear; he goat, she-goat; he-devil, she-devil; man servant, woman-servant හෝ maid-servant; cock-sparrow, hen sparrow. ප්‍රාණි වර්ග නාම සියල්ල පුංලිංගයෙහි වෙති

විභක්ති තුනකි, එනම්: Nominative හෙවත් Case (=ප්‍රථමා විභක්තිය), Possessive Case (=සම්බන්ධ විභක්තිය), Objective Case (=කර්මවිභක්තිය) යනුයි. උ. Man, father, I, thou, he, she, who යන පද විභක්තියෙන් වෙනස් වේ:—

විභක්ති.		ඒකවචන.		බහුවචන.
N.	man,	මිනිසා	men,	මිනිස්සු
P.	man's,	මිනිසාගේ	men's.	මිනිස්සුන්ගේ
O.	man,	මිනිසා	men,	මිනිස්සුන්
N.	Father,	පියා	fathers.	පියවරු
P.	Father's	පියාගේ	fathers',	පියවරුන්ගේ
O.	Father,	පියා	fathers	පියවරුන්

N.	I, මම	we, අපි
P.	my, mine, මගේ	our, ours, අපගේ
O.	me, මා	us, අප

N.	thou, තෝ, නුඹ	you, ye, තොපි, නුඹලා
P.	thy, thine, තගේ, නුඹේ	your, yours, තොපගේ, නුඹලාගේ
O.	thee, තා, නුඹ	you, තොප, නුඹලා

(you ආදිය එකවචන වෙනුවටද යොදනු ලැබේ.)

N.	he. she, it	they
P.	his. her, hers. its	their, theirs
O.	him. her. it	them

Who යන what දෙබසටම ඒකාකාරව යෙදෙයි. Who යන්නෙ සම්බන්ධ විභක්තියට whose ද කර්ම විභක්තියට whom ද යෙදේ.

ගුණපදවලට ගුණ සමාන කිරීම පිණිස 'වඩා' 'ඉතා' යන අර්ථ ඇති er, est හෝ more, most හෝ යොදනු ලැබෙත්. උ. Small (කුඩා), smaller (වඩා කුඩා), smallest (ඉතා කුඩා); wise, wiser, wisest; virtuous, more virtuous, most virtuous. අනියම් විධි මෙසේය: bad හෝ ill හෝ evil, worse, worst; fore, former, formost හෝ first; good, better, best; hind, hinder, hindmost; late, later හෝ latter, latest හෝ last; little, less, least; much, more, most; nigh, nigher, nighest හෝ next; old, older හෝ elder, oldest හෝ eldest; far, farther, farthest; (in), inner, innermost හෝ inmost; (out), outer හෝ utter, uttermost හෝ utmost; (up), upper, uppermost.

බොහෝ නාම ගුණපදවලට ly යන ප්‍රත්‍යය යෙදීමෙන් ක්‍රියා විශේෂණ සැදිය හැකිය. උ. bad, badly; second, secondly; perfect, perfectly. සමහර නාම ගුණ පද ක්‍රියා ගුණපද ලෙසද යෙදේ. ක්‍රියා ගුණපදවල ගුණ සමාන කිරීම නාම ගුණපදවලට කියනලද ආකාර මෙනි. උ. well, better, best; hard, harder, hardest; wisely, more wisely, most wisely.

First Person (උත්තම පුරුෂ), Second Person (මධ්‍යම පුරුෂ), Third Person (ප්‍රථම පුරුෂ) කියා තුනක් වෙත්. වරනැගීමේදී ඒවා පිළිවෙළින් 1, 2, 3, යන අංකවලින් දක්වනු ලැබෙත්. Present Tense (වර්තමාන කාලය), Past Tense (අතීත කාලය), Future Tense (අනාගතකාලය) කියා ක්‍රියා පිළිබඳ කාල තුනක් වෙති.

ක්‍රියාපද වරනැගීම මෙසේය (Call යන පදය වරනගනු ලැබේ. පුරුෂය පහසුවෙන් ඇඟී යන පිණිස වර්තමාන කාලික ක්‍රියා මුලටම පමණක් I, thou, he ආදී වචන යොදනු ලැබෙත්):—

ඒකවචන.	වර්තමාන කාලය. බහුවචන.
1 (I) call, අඬගසමි	1 (We) call, අඬගසමු
2 (Thou) callest, අඬගසහි	2 (You) call, අඬගසවු
3 (He) calls, calleth, අඬගසයි	3 (They) call, අඬගසති

අතීත කාලය

1 called, අඬගැසීමි	1 called, අඬගැසීමු
2 calledst, අඬගැසීසි	2 called, අඬගැසීහු
3 called, අඬගැසී	3 called, අඬගැසූහ

අනාගත කාලය.

1 shall call, අඬගසන්නෙමි	1 shall call, අඬගසන්නෙමු (ගසමු)
2 wilt call, අඬගසන්නෙහි [ගසයි	2 will call, අඬගසන්නහු
3 will call, අඬගසන්නේ	3 will call, අඬගසන්නෝය

මේ කර්තෘකාරක ක්‍රියා විධිය (Active Voice) පිළිබඳ වරනැගිමයි. කර්මකාරක ක්‍රියා විධිය (Passive Voice) පිළිබඳ වරනැගීමේදී 'be' යන ක්‍රියාව හා එහි (is, was, are, were, been ආදී) කාලවිධියද යොදනු ලැබෙයි. ඒ මෙසේය:—

එකවචන. වර්තමාන කාලය. බහුවචන.

1 (I) am called, අඬගසනු ලබමි	1 (We) are called, අඬගසනු ලබමු
2 (Thou) art called	2 (You) are called
3 (He) is called	3 (They) are called

එකවචන. අතීත කාලය. බහුවචන.

1 was called, අඬගසනු ලැද්මි (හෝ ලැබීමි)	1 were called, අඬගසනු ලැද්මු (හෝ ලැබීමු)
2 wast called	2 were called
3 was called	3 were called

අනාගත කාලය.

1 shall be called, අඩ ගසනු ලබන්නෙමි	1 shall be called, අඩ ගසනු ලබන්නෙමු
2 will be called	2 will be called
3 will be called	3 will be called

මේ කාලානුසාර ඇතුළත්වූ අනෙක කාලයෝ ද ඇත්තාහ. උ. (I) am calling (=අඩගසමින් ඉඳි මි හෝ ඉඳිමි), (I) am being called (=අඩගසනු ලබමින් ඉඳිමි), (I) have called (=අඩගසා ඉඳිමි), (I) have been called (අඩගසනු ලැබ ඉඳිමි), (I) have been calling (=අඩගසමින් උනිමි). (I) was calling (=අඩගසමින් උනිමි), (I) was being called (=අඩගසනු ලබමින් උනිමි), (I) had called (=අඩගසා උනිමි), (I) had been called (=අඩගසනු ලැබ උනිමි), (I) had been calling (=අඩගසමින් උනිමි),(I) shall be calling (=අඩ ගසමින් ඉන්නෙමි), (I) shall have called (=අඩ ගසා ඉන්නෙමි), (I) shall have been called (=අඩගසනු ලැබ ඉන්නෙමි),(I) shall have been calling (=අඩගසමින් ඉන්නෙමි).

ක්‍රියා අගට ing යෙදීමෙන් මිශ්‍ර ක්‍රියා (Present Participle) සෑදෙනු ලැබේ. උ. call, calling; love, loving.

වර්තමාන ක්‍රියාව, අතීත ක්‍රියාව, පූර්ව ක්‍රියාව (Past Participle) යනු ක්‍රියාවන ප්‍රධාන කොට

ධාතුවෙන්, ක්‍රියාවක් වරනැගීම මේවා දැනගෙණ සිටිය යුතුයි. අතීත ක්‍රියාව හා පූර්වක්‍රියාවත් සෑදීමේදි සාමාන්‍යයෙන් විනීතයා ක්‍රියා අගට d හෝ ed එකතුකරණුලැබේ. මීට විරුද්ධවූ අතියම් විධිවලින් සෑදෙන ක්‍රියාද බොහෝ වෙත්. මේවා හිතේ තබාගැණීම පිණිස මෙහි පහත දක්වනුලැබේ (පළමුකොට වර්තමානකාලිකද, ඊලඟට අතීත විධියද, ඊලඟට පූර්වක්‍රියා විධියද යන පිළිවෙලින් දක්වනුලැබේ. අතීත විධියත් පූර්වක්‍රියා විධියත් ඒකාකාර නම් ඉන් එකක් පමණක් දක්වනුලැබේ.):—

abide, abode: arise, arose, arisen: awake, awoke: bear (වදනවා), born: bear (රැගෙණ යනවා), bore, borne: beat, beat, beaten: begin, began, begun: bend, bent: bereave, bereft හෝ bereaved: beseech, besought: bleed, bled: breed, bred: bring, brought: build, built: burn, burnt: buy, bought: can, could: catch, caught: chide, chid, chidden හෝ chid: choose, chose, chosen: cleave, clove හෝ cleft, cloven හෝ cleft: cling, clung: clothe, clad: come, came, come: creep, crept: crow, crew හෝ crowed, crowed: deal, dealt: do, did, done: draw, drew, drawn: dream, dreamt හෝ dreamed: drink, drank, drunk හෝ drunken: drive, drove, driven: dwell. dwelt: eat, ate, eaten: fall, fell, fallen: feed, fed: fight, fought: find, found: flee, fled: fling, flung: fly, flew, flown: forbear, forbore, forborne: forget, forgot, forgotten: forsake, forsook, forsaken: freeze, froze, frozen: get, got, got හෝ gotten: gild, gilt හෝ gilded: gird, girt: give, gave, given: go, went, gone: grave, graved, graven: grind, ground: grow, grew, grown: hang, hung හෝ hanged: have, had: hew, hewed, hewn හෝ hewed: hide, hid, hid හෝ hidden: hold, held: keep, kept: kneel, knelt: know, knew, known: lay, laid: lead, led: lean, leant හෝ leaned: leap, leapt: leave, left: lie, lay, lain: light, lit හෝ lighted: lose, lost: make, made: may, might: mean, meant: meet, met: melt, melted, molten හෝ melted: mow, mowed, mown හෝ mowed: pay, paid: pen, pent හෝ penned: rap, rapt: rend, rent: ride, rode, ridden: ring, rang, rung: rise, rose, risen: rot, rotted, rotten හෝ rotted: run, ran, run: say, said: see, saw, seen: seek, sought: seethe, sod හෝ seethed, sodden හෝ seethed: sell, sold: send, sent: shake, shook, shaken: shall, should: shave, shaved, shaven *and* shaved: shear, sheared, shorn *and* sheared: shine, shone *and* shined: shoe, shod: sing, sang, sung: sink, sank, sunk *and* sunken: sit, sat: slay, slew, slain: sleep, slept: slide, slid, slid *and* slidden: sling, slung: sow, sowed, sown *and* sowed: speak, spoke, spoken: slink, slunk: smite, smote, smitten: speed, sped: spell, spelt: spend, spent: spill, spilt: spin, span: spit, spit *and* spat, spit: spring, sprung *and* sprang, sprung: stand, stood: stay, staid *and* stayed: steal, stole, stolen: sting, stung: stink, stank, stunk: stride, strode, stridden: strike, struck: strive, strove, striven: swear, swore, sworn: sweep, swept: swell, swelled, swollen *and* swelled: swim, swam, swum: swing, swung: take, took, taken: teach, taught: tear, tore *and* tare, torn: tell, told: think, thought: thrive, throve *and* thrived, thriven *and* thrived: throw, threw, thrown: tread, trod, trodden *and* trod: wake, woke *and* waked, waked: weave, wove, woven: weep, wept: wet, wet *and* wetted: whet, whet *and* whetted: will, would: win, won: wind, wound: work, wrought *and* worked: wring, wrung: write, wrote, written: wear, wore, worn.

මෙසේ වෙනස් නොවී ඒකාකාරව යෙදෙන ක්‍රියා පදයන්ද වේ. උ. burst, cast, cost, cut, hit, hurt, knit, let, must, put, read, rid, set, shed, shred, shut, slit, split, spread, sweat, thrust.

Prefixes. උපසර්ග.

ඉංග්‍රීසි වචන තැනීමේදී මුලට යෙදෙන සුළු පද වලින් ප්‍රධාන ඒවා මෙසේය:—

a: උඩ. (උ. *a*shore, *a*foot.)

amphi: වටකුරු, දෙක (උ. *amphi*theatre, *am**phi*bious)

a, an: නැති (උ. *a*tom, *an*archy)

ante, anti: ඉස්සර (උ. *ante*cedent, *anti*cipate)

anti, ant: විරුද්ධ (උ. *anti*pathy, *ant*agonist)

arch, archi, arche: ප්‍රධාන (උ. *arch*bishop, *archi*tect, *arche*type=මුල් සිතියම)

auto: තමාම (උ. *auto*crat, *auto*graph)

be: සකර්මක ක්‍රියා තැනීමට යෙදේ (උ. *be*smear, *be*friend)

bis, bi, bin: දෙවරක්, දෙකක් (උ. *bis*cuit, *bi*ennial, *bin*ocular=ඇස් දෙකක් ඇති)

circum: වටකර, හාත්පස (උ. *circum*scribe)

contra, counter: විරුද්ධ (උ. *contra*dict, *counter*act)

demi: අඩ (උ. *demi*god, අඩ දෙවියා, නරදේවතා)

dis: දෙක, දෙකට, වෙන්ව, අ, නැති (උ. *dis*syllable, *dis*perse, *dis*agree)

en, *em*, කරණවා (උ. *en*large, *em*bolden)

ex: පිටතට, ධුරයෙන් පහවූ හෝ අයක්වූ (උ. *ex*pel, *ex*-emperor, රාජ්‍යයෙන් පහවූ අගරජ)

extra: වැඩිපුර, වැඩිමයෙන් (උ. *extra*ordinary, *extra*-work)

fore: කල්තියා, පූර්ව (උ. *fore*tell, *fore*father)

hemi: අර්ධ (උ. *hemi*sphere)

hetero: අන්‍ය, වෙනස් (උ. *hetero*dox)

hyper: අධික, අති (උ. *hyper*critic)

in, *im*: නැති, අන්, නිර්, ඇතුල් (උ. *in*firm *im*prudent, *in*land)

inter: අතරේ. (උ. *inter*marry.)

male, *mal*: නරකට (*male*factor, *mal*content)

mis: නරකට (උ. *mis*behave, *mis*deed)

non: නැති, අ, නො (උ. *non*sense)

off: ඉවත, අහක (උ. *off*shoot)

out: පිටත, අධිකව (උ. *out*bid, *out*side)

poly: බහු, නොයෙක් (උ. *poly*gamy)

post: පසුව (උ. *post*date, *post*pone)

pre: ඉස්සරින්, පූර්වයෙන් (උ. *pre*dict)

preter: ඇත්, දුර (උ. *preter*natural)

re: ආපසු, නැවත (*re*build, *re*mind)

retro: ආපසු, පස්සට (උ. *retro*grade)

semi: අර්ධ (උ. *semi*circle)
sub: යටත්, උප (උ. *sub*division, *sub*-editor)
super: අධික, අති (උ. *super*natural [*trans*hip)
trans: එහාට, අනික් පැත්තට (උ. *trans*port,
ultra: අති, ඉතා (උ. *ultra*marine)
un: නැති, අ, නො (උ. *un*happy, *un*do)
under: යට, අඩු, අඩුවෙන් (උ. *under*wood, *under*value)
up: උඩ, ඉහළ (උ. *up*lands, *up*set)
with: විරුද්ධව, නැවත (උ. *with*stand, *with*draw)

Suffixes and Their Significations.
ප්‍රත්‍යය සහ ඒවායේ අර්ථ.

able, *ible*, *ile*, වීමට හැකි, වීමට සුදුසු. ගුණ වචන තැනීමට යොදනු ලැබෙත්. (උ. cur*able*, aud*ible*, frag*ile*.)

ac, *al*, *an*, *ane*, *ar*, *ary*, *ic*, *ical*, *id*, *ile*, *ine*, *ory*, *ese*, *ch*, *ish*, අයිති, පිළිබඳ, වැනි. ගුණ වචන තැනීමට යොදනු ලැබෙත්. (උ. cardi*ac* [=හෘදය පිළිබඳ], celesti*al*, hum*an*, hum*ane*, republic*an*, consul*ar*, liter*ary*, angel*ic*, astronom*ical*, hum*id*, mercant*ile*, can*ine*, consolat*ory*, Chin*ese*, Fren*ch* [ප්‍රංශය පිළිබඳ], Engl*ish*.)

acy, age, ance, ancy, ence, ency, ment, mony, ry, ery, tude, ty, ity, ure, y, dom, hood, ness, ship, th, ism, asm: භාවය, ස්වභාව. නාම වචන තැනීමට යොදනු ලැබෙත්. (උ. celibacy, bondage continuance, mendicancy, freedom, diligence, ascendency, falsehood, barbarism, phantasm, agreement, acrimony, deafness, rivalry, bravery, partnership, mirth, gratitude, poverty, fracture, modesty.)

acy, ate, dom, ric, ship, ධුරය, බලය, අධිපතිකම. නාම වචන තැනීමට යොදනු ලැබෙත්. (උ. curacy, protectorate, dukedom, bishopric, clerkship.)

age, ion, sion, tion, ment, ure, කිරීම, කරණ ලද්ද. නාම වචන තැනීමට යොදනු ලැබෙත් (උ. marriage, union, admission, inspection, concealment, importure)

age, ry, සමූහ.. නාම වචන තැනීමට යොදනු ලැබෙත්. (උ. assemblage, gentry.)

an, ant, ar, ary, aster, ate, ent, ic, ist, ite, yte, ive, iff, or, ard, er, ster, ist, ee, eer, ක්‍රියාකරණ අය, සිටින අය. නාම වචන තැනීමට යොදනු ලැබෙත්. (උ. equestrian, vagrant, begger drunkard, lapidary, poetaster, advocate, patent*ee*, auction*eer*, stud*ent*, biograph*er*, mechan*ic*, ocul*ist*, favour*ite*, neoph*yte*, capt*ive*, plaint*iff*, benefact*or*, malt*ster*.)

ant, *ent*, පවතින, ඇති, සිටි. ගුණවචන නැතිමට යොදනු ලැබේ. (උ. dorm*ant*, pend*ent*.)

ary, *ery*, *ory*, *ry*, ස්ථානය. නාමවචන නැතිමට යොදනු ලැබේ. (උ. avi*ary*, nurs*ery*, fact*ory*, vest*ry*.)

ary, *ice*, *ment*, *mony*, *ory*, වස්තුව. නාමවචන නැතිමට යොදනු ලැබේ. (උ. lumin*ary*, just*ice*, engage*ment*, patri*mony*, direct*ory*.)

ate, *lent*, *ose*, *ous*, *ful*, *some*, *y*, පිරුණ, ගතන. ගුණවචන නැතිමට යොදනු ලැබේ. (උ. passion*ate*, joy*ful*, vio*lent*, joc*ose*, igne*ous*, glad*some*, flower*y*.)

ate, *fy*, *ish*, *ise* හෝ *ize*, *en*, කරණවා, උනවා, ගන්නවා. ක්‍රියාවචන නැතිමට යොදනු ලැබේ. (උ. anim*ate*, moist*en*, quali*fy*, publ*ish*, fertil*ise* හෝ fertil*ize*.)

cle, *cule*, *ule*, *el*, *le*, *en*, *kin*, *let*, *et*, *ot*, *ling*, *ock*, *ie*, කුඩාකම, පුංචිබව නාමවචන නැතිමට යොදනු ලැබේ. (උ. ici*cle*, reti*cule*, glob*ule*, satch*el*, sick*le*, kitt*en*, lamb*kin*, leaf*let*, turr*et*, ball*ot*, seed*ling*, hill*ock*, lass*ie*.)

el, *le*, ආයුධය්, දෙය. නාමවචන තැනීමට යොදනු ලැබෙත්. (උ. shov*el*, sett*le*.)

en, සමකින්කළ, මය, අයිති. ගුණවචන තැනීමට යොදනු ලැබේ. (උ. earth*en*, gold*en*.)

erly, *ward*, *wards*, දිශාවට. ක්‍රියා විශේෂණ තැනීමට යොදනු ලැබෙත්. (උ. south*erly*, home*ward* හෝ home*wards*=ගෙදර දෙසට.)

ern, දෙසට හෝ දෙසෙන්. ගුණවචන තැනීමට යොදනු ලැබේ. (උ. south*ern*, west*ern*.)

escent, (ගුණ වචන තැනීමට), *escence* (නාමවචන තැනීමට): වැඩෙන වෙන. (උ. conval*escent*, conval*escence*.)

ics, *ism*, *ry*, *ure*, අදාල හෝ සම්බන්ධදේ. නාම වචන තැනීම යොදනු ලැබෙත්. (උ. opt*ics*, patriot*ism*, sorce*ry*, agricult*ure*.)

ish, *like*, *ly*, වැනි, යෝග්‍ය. ගුණවචන තැනීමට යොදනු ලැබෙත්.. (උ. boy*ish*, war*like*, brother*ly*.)

ish, මදක්, ටිකක්. (උ. brown*ish*, brack*ish*.)

ive, කළහැකි. (උ. expans*ive*.)

kin, කුඩා (උ. lamb*kin*.)

less, රහිත, නැති. (උ. breath*less*)

ly, ආකාරය, ලෙස, (උ. honest*ly*, just*ly*.)

oid, සමානවූ. (උ. spher*oid* = ගෝලාකාරය.)

teen, දහයක් එකතුකළවූ. (උ. four*teen*.)

ty, දහය වැඩිකලපුතු. (උ. seven*ty*.)
ways, *wise*, ආකාරය. (උ. al*ways*, cross*wise* [=හරහට, පලල් අතට], like*wise*.)

—(॰)—

Foreign Words and Phrases.

පර භාෂාවල වචන හා වාක්‍ය.

ab absurdo (ල.): මෝඩකමින්, යුක්ති විරුද්ධතා වෙන්

ab ante (ල.): ඉහත සිට

ab extra (ල.): පිටත සිට

ab initio (ල.): මුල හෝ පටන්ගැන්මේ සිට

ab intra (ල.): ඇතුලත සිට

ab origine (ල.): මුල හෝ පටන්ගැන්මේ සිට

a capite ad calcem (ල.): ඉස සිට විලුඹට

ad valorem (ල.): වටිනාකමේ හැටියට

a fortiori (ල.): වඩා බලවත් කාරණා ඇතුව

agenda (ල.): කටයුතු දේ

a la mode (ප්‍රං.): සිරිත ප්‍රකාර

alma mater (ල.): කරුණාවන්ත මෑණියෝ, යමෙක් ශාස්ත්‍ර උගත ගෙය හෝ ශාස්ත්‍ර ශාලාව

anno Domini (ල.): අපගේ ස්වාමීන් වහන්සේගේ වර්ෂයෙන්

ante meridiem (ල.): පෙරවරු

bona fides (ල.): හොඳ විශ්වාසය
bon mot (ප්‍ර.): චතුර කියමන, සරදම් කියමන
bon voyage ! (ප්‍ර.): නුඹට ශුභ ගමනක් වේවා!
de novo (ල.): අලුත්මෙන්, නැවත
deo volente හෙ. D. V. (ල.) දෙවියන්ගේ කැමැත්තෙන්, දෙවියන්වහන්සේ කැමතිනම්
en passant (ප්‍ර.): මගදී, පසුකරගෙන යාමේදී
en route (ප්‍ර.): මගදී, යමු
ex officio (ල.): ධුරය නිසා ලත්, ධුරය සම්බන්ධ
id est හෙවත් i. e (ල.) එනම්
inter alia (ල.) වෙන දේ ඇතුළුව
in toto (ල.): සම්පූර්ණයෙන්
multum in parvo (ල.): ස්වල්පයක හුඟක්
nee (ප්‍ර.): විවාහයට පෙර ස්ත්‍රියකගේ නම
ne plus ultra (ල.): ඉහළින් නැති, ඉතා සම්පූර්ණ
on dit (ප්‍ර): ඔව්හු කියති, ආරංචිය
post mortem (ල.): මරණයට පසු [ලාවට
pro tempore හෙ. pro tem. (ල.): පැමිණි වේ
quid vide හෙ. q. v. (ල.): එය බලනු
sub judice (ල.): සලකාව පිට
summum bonum (ල.): ප්‍රධාන යහපත
ultra vires (ල.): තමාගේ බලයට වැඩි
vade mecum (ල.): නිතර සැළුරිමේ ගන්ථය
versus හෙ. vs. (ල.): විරුද්ධව
via (ල.): මගින්
vice versa (ල.): අනික් අතට

AN ENGLISH-SINHALESE DICTIONARY.

සිංහලාර්ථ සහිත

ඉංග්‍රිසි ශබ්දකෝෂය.

A.

a ඒ, *a.* හෝඩියේ මුලකුර, එක් යන අර්ථ ඇති ගුණ පදයක් (a man = මිනිසෙක්; a tree = ගසක්.) an බ.

aback ඇබැක්, *ad.* පස්සට, හදිස්සියෙන් [සෙත්

abaft අබාෆ්ට්, *ad.* සහ *prep.* අවරට, පස්සට, පස්

abandon අබැන්ඩන්, *v.* අත්අරිනවා *n.* -ment

abase අබේස්, *v.* පාත්කරනවා, පිරිහෙළනවා

abash අබැෂ්, *v.* ලජ්ජාකරනවා, අවුල්කරනවා

abate අබේට්, *v.* අඩුකරනවා, අඩුවෙනවා. *n.* -ment [වාසිකම

abbacy ඇබ්බසි, *n.* නායක තාපසයාගේ අයිති

abbess ඇබ්බැස්, *n.* (තාපස්නියගේ මඩමේ) නායක තාපසී (abbot බ.)

abbey ඇබි, *n.* තාපස මඩම, ආශ්‍රමය [පසයා

abbot ඇබ්බට්, *n.* (තාපස මඩමේ) නායක තා

abbreviate ඇබ්‍රිවිඑට්, *v.* සංක්ෂේප (කුඩා) කරනවා. *n.* -ion abdicate ඇබ්ඩිකේට්, *v.* අයිතිකම හෝ උතුම් නිලයක් ඇරදමනවා. *n.* -ion

abdomen ඇබ්ඩෝමැන්, *n.* යටිබඩ. *a.* -inal

abduct ඇබ්ඩක්ට්, *v.* හොරෙන් බලෙන් ගෙණ යනවා: *n.* -ion

abed අබැඩ්, *ad.* ඇඳේ [භාවය

aberration ඇබි·අර්රේ·ෂන්, *n.* මුලාවීම, උමතු

abet අබැට්, *v.* අනුබල (ආධාර) දෙනවා

abetter අබැට්·ටර්, *n.* අනුබලදෙන්නා

abeyance අබේ·අන්ස්, *n.* (කලකට) නැවතිතිබීම

abhor ඇබ්හෝර්, *v.* පිළිකුල්කරණවා. *n.* -rence

abide අබයිඩ්, *v.* වාසයකරණවා, සිටිනවා

abiding අබයිඩිං, *a.* පවතින, ස්ථිර [කම

ability අබිල්ඉටි, *n.* බලය, පුළුවන්කම, සමර්ථ

abject ඇබ්ජැක්ට්, *a.* නීච, නොවටිනා

abjure ඇබ්ජුවර්, *v.* (දිවුරුම්පිට) නැතකියනවා, අත්අරිණවා. *n.* -ation

ablative ඇබ්·ලටිව්, *n.* අවධිවිභක්තිය

ablaze අබ්ලේස්, *ad.* ඇවිලී, දිලිසී

able ඒබ්ල්. *a.* හැකි, සමත්, පුළුවන්, සුදුසු

ablution ඇබ්ලූෂන්, *n.* වතුරෙන් සේදීම නොහොත් පිරිසිදුකිරීම

ably ඒබ්ලි, *ad.* දක්ෂලෙස, සමත්ලෙස

abnegate ඇබ්නිගේට්, *v.* නැතකියනවා, අත්අරිණවා. *n.* -ion

abnormal ඇබ්නෝර්ම්·අල්, *a.* අනියම්, නියමයෙන් [බැරුවම
ගාවට වෙනස්

aboard ·අබෝර්ඩ්, *ad.* සහ *prep.* නැවට හෝ

abode ·අබෝඩ්, *n.* වාසස්ථානය; abide හි අතීත

abolish ·අබොලිෂ්, *v.* නැතිකරණවා, අවලංගු [ගුකිරීම
කරණවා

abolition ඇබොලිෂ්·අන්, *n.* නැතිකිරීම, අවලං

abominable ·අබොමිනබල්, *a.* පිළිකුල්, අසි
ක්ෂිත

abominate ·අබොමිනේට්, *v.* පිළිකුල්කරණවා,
අප්‍රියකරණවා. *n.* -ion [*a.* -al

aborgines ඇබොරිජිනීස්, *n.* රටකමුල්මනුෂ්‍යයෝ..

abortion ·අබෝර්·ෂන්, *n.* ගප්සාවීම, හරිනොයාම,
ඉෂ්ටනොවීම [නිෂ්ඵල

abortive ·අබෝටිව්, *a.* අකාලයෙහි කරණලද.
නිෂ්ඵල

abound ·අබවුන්ඩ්, *v.* බොහෝසේ හෝ ගනණව
තිබෙනවා

about ·අබවුට්. *prep.* වටේ, ලඟ, ගැන. *ad* වටේ
පමණ, එහා මෙහා

above ·අබව්, *prep.* ඉහළ, ඉහළින්

abrade ·අබ්‍රේඩ්, *v.* සූරණවා, ගෙවනවා. *n.* -sion

abreast ·අබ්‍රෙස්ට්, *ad.* (උරෙන් උරගැසී) පෙළම

abridge ·අබ්‍රිජ්, *v.* ලුහුඬු (කොට) කරණවා

abridgment ·අබ්‍රිජ්·මන්ට්, *n.* ලුහුඬුකිරීම

abroad ·අබ්‍රෝඩ්, *ad.* එලියේ, අන්‍යරටකට

abrogate ඇබ්රෝගේට්, *v.* අවලංගුකරණවා. *n.* -ion

abrupt ඇබ්රප්ට්, *a* කෙළින්, හදිස්සි. *n.* -ness.

abscess ඇබ්සැස්, *n.* (බොහෝ සාරේ ඇති) ගෙඩිය, පිළිකය

abscind ඇබ්සින්ඩ්, *v.* කපාදමනවා

abscond ඇබ්ස්කොන්ඩ්, *v.* හැංගිලියනවා

absence ඇබ්සෙන්ස්, *n.* ලඟනැතිබව

absent ඇබ්සෙන්ට්, *v.* ගෙන්ව හෝ නැතිව සිටිනවා. *a* ලඟනැති

absentee ඇබ්සෙන්ටී, *n.* ලඟනැති අය, නා අය

absolute ඇබ්සොලූට්, *a.* සම්පූර්ණ, ස්වතන්ත්‍ර, සීමානැති. *n.* -ness

absolution ඇබ්සොලූෂන්, *n.* සමාව, නිදහස් වීම. පාපක්ෂමාව

absolve ඇබ්සොල්ව්, *v.* නිදහස්කරණවා

absorb ඇබ්සෝර්බ්, *v.* උරාගන්නවා, නිතර යෙදී සිටිනවා [ගත්ත

absorbant ඇබ්සෝර්බන්ට්, *a.* බීගත්ත, උරා

absorption ඇබ්සෝර්ප්ෂන්, *n.* උරාගැනීම, නිමග්නවීම

abs*tain* ඇබ්ස්ටේන්, *v.* වලකිනවා. *n.* -ention

abstemious ඇබ්ස්ටීමිඅස්, *a.* කෑම් බීම් පමණදැන හෝ අඩුවශයෙන් සේවනයකරණ, මිතාහාරී. *n.* -ness

abstergent ඇබ්ස්ටර්ජන්ට්, *a.* ශුද්ධකරණ

abstinence ඇබ්ස්ටිනන්ස්, *n.* වැලකීම. *a.* -t

abstract ඇබ්ස්ට්‍රැක්ට්, *n.* ලුහුඬු සෙදීම, සංක්ෂේපය. *v.* හැරගන්නවා, ලුහුඬුකරණවා. *n* -ion

abstruse ඇබ්ස්ට්‍රූස්, *a.* තේරුම්ගැනීමට අමාරු, නොපැහැදිලි. *n.* -ness

absurd ඇබ්සාර්ඩ්, *a.* අනුවණ, මෝඩ. *n.* -ity

abundance ඇබන්ඩන්ස්, *n.* බහුලකම. *a.* -t

abuse අබ්‍යූස්, *v.* අනිසි ලෙස භාවිතා කරණවා, බණිනවා. *n.* අනිසිභාවිතාව, බැණුම

abusive අබ්‍යූසිව්, *a.* බණින. *n.* -ness

abut අබට්, *v.* (කෙලවර) හේත්තුවතිබෙනවා. *n.* -ment, යමක් උසුලනබැම්ම හෝ දෙය

abyss අබිස්, *n.* පතුලක් නොපෙනෙන ගැඹුර, ඉතා ගැඹුරු හෝ ප්‍රමාණකල නොහැකි දෙය. *a.* -mal [ලා සභාව. *a.* -ic, -ical. n. -cian

academy අකැඩමි, *n.* උසස් පාඨශාලාව, පණ්ඩි

accede ඇක්සීඩ්, *v.* එකඟවෙනවා, යටත්වෙනවා

accelerate ඇක්සැල්අරේට්, *v.* ඉක්මන්කරණවා. *n.* -ion

accent ඇක්සෙන්ට්, *n.* ශබ්දනාද හෝ බරකොට කීම, එසේ නියමිත ස්ථානය ඇඟවීමට යොදන ලකුණ (′) *v.* එම, -uate (*n.* -ion)

accept ඇක්සෙප්ට්, *v.* පිළිගන්නවා. *a.* -able (*n.* -ility.) *n.* -ance, -ation

access ඇක්සෙස්, *n.* ලඟට පැමිණීම. *a.* -ible (*n.* -ility.) *n.* -ion, එකතුකරණලද්ද, සිංහාසනයට පැමිණීම. *a.* -ary නොහොත් -ory, උපකාරී, ආධාරකාරණ. *n.*

accident ඇක්සි·ඩෙන්ට්, *n.* හදිස්සිය. *a.* -al. *ad.* ally

accipiter ඇක්සිප්ඉ·ටර්, *n.* උකුසුවර්ගයේ පක්ෂියෙක්

acclaim ඇක්ක්ලේම්, *n.* ප්‍රීතිඝෝෂාව. *n.* -ation

acclimate ඇක්ක්ලයිමේට්, **acclimatise** ඇක්ක්ලයි·මටයිස්, } *v.* දේශගුණයට පුරුදුවෙනවා. *n.* -isation

acclivity ඇක්ක්ලිවිඉටි, *n.* නැගුම, ගොඩැල්ල

accolade ඇක්කොලේඩ්, *n.* නෛට්ධුරය දෙන්නේදී උර
හිසට කඩුපාතත හිම්න් දෙන පාර

accommodate ඇක්කොම්මොඩේට්, *v.* කරුණුවල
ට සුදුසුමෙලස ක්‍රියාකරණවා, ඕනෑකම ඉෂ්ටකර
ණවා. *n.* -ion. *a.* -ive [වා. *n.* -iment

accompany ඇක්කම්·පනි, *v.* එක්ක (කැටුව) යන

accomplice ඇක්කොම්ප්ලිස්, *n.* අපරාධයකට උප
කාරකාරයා [පූර්ණකරණවා. *n.* -ment

accomplish ඇක්කොම්ප්ලිෂ්, *v.* සිද්ධකරණවා, සම්

accord ඇක්කෝර්ඩ්, *v.* දෙනවා, එකඟකරණවා.
n. එකඟකම. *n.* -ance. *a.* -ant. *a.* -ing to, අනුව

accordingly ඇක්කෝර්ඩිංලි, *ad.* එසේ, එසේම

accordion ඇක්කෝර්ඩි·අන්, *n.* එනාම් ගායනා පෙ
ට්ටි වර්ගයක් [ආමාරකරණවා

accost ඇක්කොස්ට්, *v.* (යමෙකුට) කථාකරණවා,

accouchement 'අක්කූෂ්මාං, *n.* දරු වැදීම

account ඇකෞණ්ට්, *n.* ගණන, ප්‍රවෘත්තිය. *v.* වි
නිශ්චයකරණවා, තේරුම්කරණවා. *a.* -able (*n.*
-ility.) *n.* -ant, ගණන්කරු, ගණන් බලන්නා

accoutre ඇක්කූ·ටර්, *v.* යුධයට පලඳද්දනවා, සන්නද්ධකරණවා. *n.* -ments, යුධ පැලඳුම්

accrue ඇක්රූ, *v.* එකතුවෙනවා, උපදිනවා [-ion.

accumulate ඇක්යූමියුලේට්, *v.* රැස්කරණවා. *n.*

accuracy ඇක්ක්යූ·රසි, *n.* හරිබව, නිවැරදිබව. *a.* -te

accursed ඇක්·කාර්·සැඩ්, *a.* ශාපලත්, විනාශයට කැපවූ, අවාසනාවන්ත

accusative ඇක්ක්යූ·සටිව්, *n.* කර්මවිභක්තිය

accuse ඇක්ක්යූස්·, *v.* දොස්තබනවා, දෝෂාරෝපණකරණවා. *n.* -ation

accustom ඇක්කස්·ටම්, *v.* පුරුදුකරණවා [ණය

ace ඒස්, *n.* (කඩදාසිකෙළියෙහි) ආසියා, සුළුප්‍රමා-

ache ඒක්, *v.* කකියනවා, රිදෙනවා. *n.* කැක්කුම

achieve ·අචීව්, *v.* ඉෂ්ටකරගන්නවා. *n.* -men·

acid ඇසිඩ්, *a.* ඇඹුල්. *n.* -ity, -ness

acknowledge ඇක්නොල්එජ්, *v.* එසේය කියනවා, ඒත්තුගන්නවා. *n.* -ment

acme ඇක්මි, *n.* මුදුන, සම්පූර්ණතාව [ශෙසී

acorn ඒකෝර්න්, *n.* ඕක් හෙවත් අලෝන් ගසේ

acquaint ඇක්කෙවේන්ට්, *v.* ඇඳිනගන්නවා, දන්වනවා. *n.* -ance, ඇඳිනීම, අඳුනන්නා

acquiesce ඇක්ක්විඇස්, *v.* එකඟවෙනවා. *n.* -nce

acquire ඇක්කොයර්, *v.* ලබාගන්නවා, සම්බකරගන්නවා. *n.* -ment [ගත්දෙය

acquisition ඇක්ක්විසි·ෂන්, *n.* ලබාගැනීම, ලබා

acquit ඇක්කිව්ට්, *v.* (වරදින්) නිදහස්කරනවා. *n.* tance, -tal

acre ඒ'කර්, *n.* හතැරැස් යාර 4840 ක් මනන ඇති ඉඩම, අක්කරය. *n.* -age, ඉඩමක අක්කරගණන

acrid ඇක්රිඩ්, *a.* කටුක, තිත්ත. *n.* -ness, -ity

acrimony ඇක්රිමොණි, *n.* කටුක බව, තිත්තබව, කකීශභාවය. *a* -ious [තව. එගොඩට

across 'අක්‍රොස්, *prep.* සහ *ad.* හරහට. අතික්පැත්

act ඇක්ට්, *n.* ක්‍රියාව. බලය, නියෝගය, පණත. *v.* කරනවා, හැසිරෙනවා, නාට්‍ය පවත්වනවා. *n.* -ion (*a.* -able.) *n.* -or

active ඇක්ටිව්, *a.* කඩිසර, සක්‍රීය *n.* -ity

actress ඇක්ට්‍රස්, *n.* නාට්‍යකාරි (actor බ.)

actual ඇක්ට්‍යුඅල්, *a.* ඇත්තට තිබෙන, සැබෑ

actuary ඇක්ට්‍යුඅරි, *n.* ලේකම් කළමනා කරු

actuate ඇක්ට්‍යුඒට්, *v.* කරවනවා, පොළඹවනවා

acute 'අක්‍යුට්, *a.* තියුණු, තීක්ෂණ. *n.* -ness

adage ඇඩිජ්, *n.* උපමාකීම, අතීත වාක්‍යය

adamant ඇඩ'අමැණ්ට්, *n.* වජ්‍ර, දියමන්ති. *a.* -ine, වජ්‍රමය, තද [වා. *a.* -able (*n.* -ility). *n.* -ation

adapt 'අඩැප්ට්, *v.* එකඟකරනවා, යෝග්‍යකරණ

add ඇඩ්, *v.* එකතුකරනවා. *n.* -ition (*a.* -al)

adder ඇඩ'ඩර්, *n.* පොළඟා (viper බ.) [-ion

addict ඇඩික්ට්, *v.* නෙමෙදනවා, හාරමෙවනවා. *n.*

addle ඇඩ්ල්, *v.* කුණුකරනවා, ආකූලකරනවා

addle ඇඩල්,
addled ඇඩල්ඩ්, } *a.* කුණුවූ, හිස්වූ, ආකුලවූ

address ඇඩ්රෙස්, *v.* (යමෙකුට) කථාකරණවා, ලියුමක පිට නම ගම ලියනවා. *n.* [-ible

adduce ඇඩ්ඩියුස්, *v.* ගෙණ පානවා, දක්වනවා. *a.*

adept අඩෙප්ට්, *n.* දක්ෂයා, පලපුරුදු අය

adequate ඇඩිකුවේට්, *a.* සෑහෙන, සුදුසු. *n.* -cy

adhere ඇඩ්හීර්, *v.* ඇලෙනවා. *n.* -nce [තරත්තා

adherent ඇඩ්හීරන්ට්, *n.* බැඳීසිටින්නා, පක්ෂය

adhesion ඇඩ්හීෂන්, *n* ඇලීම, ඇලුම. (adherence බ.) *a* -ve (*n.* -ness)

adhibit ඇඩ්හිබිට්, *v.* යොදනවා

adieu අඩියු, *ad.* ආයුබෝවන්

adipose ඇඩිපෝස්, *a.* තෙලඇති [*n.* -ce

adjacent ඇඩ්ජේසන්ට්, *a* ලඟ, ආසන්න, යාබද.

adjective ඇඩ්ජැක්ටිව් (හෝ) ඇඩ්ජිටිව්, *n.* ගුණවචනය, විශේෂණය. *a.* -al [තිබෙනවා

adjoin ඇඩ්ජොයින්, *v.* යාවතිබෙනවා, අල්ලා

adjourn ඇඩ්ජර්න්, *v.* කල්දමනවා. *n.* -ment

adjudge ඇඩජජ්, *v.* තීන්දුකරණවා, විනදනවා

adjudicate ඇඩ්ජුඩිකේට්, *v.* විනිශ්චයකරණවා, නඩුතීන්දුකරණවා. *n.* -ion

adjunct ඇඩ්ජංක්ට්, *n.* යමකට එකතුකරණලද්ද

adjure ඇඩ්ජුර්, *v.* දිව්රවනවා. *n.* -ation

adjust ඇඩ්ජස්ට්, *v.* හරිගස්සනවා. *n.* -ment

adjutant අඩ්ජුටන්ට්. *n.* 'මේජර්' (major) නම් යුධමුලාදෑනියාට ආධාරකරණ මුලාදෑනියා. *n.* -cy, ඒ මුලාදෑනි ධුරය

administer ඇඩ්මිනිස්·ටර්, *v.* සිද්ධකරදෙනවා, ඉෂ්ටකරදෙනවා. *n.* -ration (*a.* -ve.) *n.* -rator, මුදල් බලකාරයා, අද්මිනිස්ත්‍රාසිකාරයා

admiral ඇඩ්මි·රල්, *n.* යුධනැව්වල සේනාපතියා. *n.* -ty, ඔහුගේ ධුරය, යුධනැව් පිළිබඳ නායක විනිශ්චය ශාලාව

admire ඇඩ්මයර්, *v.* උතුම් කොට හෝ සතුටින් සලකනවා, පුදුමවෙනවා. *n.* -ation. *a.* -able

admit ඇඩ්මිට්, *v.* ඇතුල්වෙන්ට අවසරදෙනවා, භාරගන්නවා, ඒත්තුගන්නවා. *n.* -tance

admission ඇඩ්මි·ෂන්, *n.* = admittance

admix ඇඩ්මික්ස්, *v.* කලවම්කරනවා. *n.* -ture

admonish ඇඩ්මොනිෂ්, *v.* අවවාදකරනවා. *n.* -tion. *a.* -tory

ado ·අඩූ, *n.* හිරිහැරය, කලබලය [*a.* -t

adolescence ඇඩොලෙස්·සන්ස්, *n.* තරුණ වයස.

adopt ·අඩොප්ට්, *v.* තමාගේලෙස භාරගන්නවා, වෙනුවට ගන්නවා, තෝරාගන්නවා. *n.* -ion

adore ·අඩෝර්, *v.* නමස්කාරකරනවා, ගෞරව කරනවා. *n.* -ation. *a.* -able (*n.* -ness)

adorn ·අඩෝර්න්, *v.* අලංකාරකරනවා. *n.* -ment

adrift ·අඩ්රිෆ්ට්, *a.* හෝ *ad.* පාවී යන, අසරණ

adroit ·අඩ්රොයිට්, *a.* දක්ෂ, නිපුණ, චතුර. *n.* -ness

adulation ඇඩ්‍යුලේ·ෂන්, *n.* අධික ප්‍රශංසාව. *a.* -ory

adult ·අඩල්ට්, *n.* වැඩිවිය පැමිණි අය

adulterate අඩල්·ටරේට්, *v.* (සාරක ද්‍රව්‍ය දමා) මිශ්‍රකරනවා. *n.* -ion

adulterer අඩල්·ට·රර්, *n.* පරදාරියා

adulteress අඩල්·ටරැස්, *n.* පරපුරුෂයන් සේවනය කරන්නී [සේවනය

adultery අඩල්·ටරි. *n.* පරපුරුෂ හෝ පරස්ත්‍රී

advance ඇඩ්වාන්ස්, *v.* ඉදිරියට පමුණුවනවා, දියුණුකරනවා, කලින් දෙනවා. *n.* එම, -ment

advantage ඇඩ්වාන්ටේජ්. *n.* ප්‍රයෝජනය. *a.* -ous

advent ඇඩ්වෙන්ට්. *n.* පැමිණීම, ක්‍රිස්තුස්වහන්සේගේ ලොව පහළවීම. නත්තලට පූර්වයෙන් ඇති සති හතර

adventure ඇඩ්වෙන්චර්, *n.* නිර්භීත ක්‍රියාව, අපූර්ව සිදුවීම. *n.* -r. නිර්භීතව අන්තරාය සහිත කටයුතුවල යෙදෙන්නා

adventurous ඇඩ්වෙන්චරස්,
adventuresome ඇඩ්වෙන්චර්සම්, } *a.* නිර්භීත

adverb ඇඩ්·වාර්බ්, *n.* ක්‍රියාවිශේෂණය. *a.* -ial

adverse ඇඩ්·වර්ස්. *a.* විරුද්ධවූ, අවාසනාවන්ත. *n.* -ness, adversity

adversary ඇඩ්·වාර්·සරි, *n.* විරුද්ධකාරයා, සතුරා

advert ඇඩ්·වාර්ට්, *v.* යොමුකරනවා, සඳහන්කරනවා; සලකනවා. *n.* -ence [වනවා. *n.* -ment

advertise ඇඩ්·වාර්ටයිස්·, *v.* ප්‍රසිද්ධකරනවා, දන්

advise ඇඩ්වයිස්·, *v.* දැනමුතුකම් දෙනවා, දන්වනවා. *a.* -able (*n.* -ness, advisability)

advice ඇඩ්වයිස්, *n.* දැනමුතුකම, දැනුම්දීම

advocate ඇඩ්වොකේට්, *n.* යමෙකුගේ ප්‍රයෝජනයට කථාකරන්නා, අද්වකාත්. *v.* (*n.* advocacy)

adytum ඇඩිටම්, *n.* පුරාණ දේවාල ආදියේ ශුද්ධ ඇතුල් ගබඩාව

adze ඇඩ්ස්, *n.* වෑය. [සමග මිශ්‍රකරණවා. *n.* -ion

aerate ඒඅරේට්, *v.* වාතය හෝ අඞ්ගාරජ වායුව

aerial ඒඊරිඅල්, *a.* වාතය සම්බන්ධ, ඉතා උස්

aerify ඒඅරිෆයි, *v.* වාතයකරණවා, වාතය සමග මිශ්‍රකරණවා [ආකාරය ඇති

aeriform ඒඅරිෆෝර්ම්, *a.* වාතයේ ස්වභාවයහෝ

aerolite ඒඅරොලයිට්, *n.* උල්කාවකින් වැටෙන ගල හෝ ලෝහපිඩ [ගමන්කරන්නා. *a.* -ic

aeronaut ඒඅරොනෝට්, *n.* ආකාශ යන්ත්‍රයකින්

afar අෆාර්, *ad.* බොහෝදුරට, බොහෝ දුරදී, බොහෝ දුරසිට [*n.* -ness. affability

affable ඇෆබල්, *a.* යහපත් ආචාර ඇති, සුසිලි.

affair ඇෆෙයාර්, *n.* කාර්යය, වැඩ, කරුණ

affect ඇෆෙක්ට්, *v.* වද්දනවා, දස්වනවා, බොරුවට පෙන්වනවා. *a.* -ed, ආරූඪකරනන්, මිථ්‍යා. n. -ation [-ate, ආදරවත්

affection ඇෆෙක්ෂන්, *n.* ආදරය, ස්නේහය. *a.*

affiance ඇෆයිඅන්ස්, *v.* කාරබැඳීමට පොරොන්දුවෙනවා

affidavit ඇෆිඩේවිට්, *n.* දිවුරුම් කඩදාසිය

affiliate ඇෆිලිඑට්, *v.* දරුකමටගන්නවා, සම්බන්ධකරගන්නවා, සභාවක් ආදියකට ඇතුලත් කරගන්නවා. *n.* -ion

affinity ඇෆිනිටි, *n.* නෑකම, සම්බන්ධකම

affirm ඇෆර්ම්, *v.* සත්‍යකලෙස කියනවා, ස්ථිර කරනවා. *n.* -ation. a. -ative

affix ඇෆික්ස්, *v.* අගට යොදනවා. *n.* ප්‍රත්‍යය

afflatus ඇෆ්ලේටස්, *n.* පුස්මපිඹීම, දෙවියන්ගේ සිත් සිතට දීම, දේව බලයෙන් ක්‍රියාවට හිතදීම

afflict ඇෆ්ලික්ට්, *v.* දුක්දෙනවා. *n.* -ion. *a.* -ive

affluence ඇෆ්ලූඑන්ස්, *n.* ගලාඒම, සමෘද්ධිය, සම්පත, පොහොසත්කම. *a.* -t (n. ලොකු ගඟට වැටෙන කුඩා ගඟ) [ලනවා

afford ඇෆෝර්ඩ්, *v.* දෙනවා, උපදවනවා, ලැබ

afforest ඇෆොරෙස්ට්. *v.* කැලෑවගාකරනවා

affray ඇෆ්රේ, *n.* ඩබරය. ප්‍රසිද්ධ ස්ථානයක ගහ ගැනීම

affright ඇෆ්රයිට්, *v.* භයගන්වනවා

affront ඇෆ්රන්ට්, *v.* අවමානකරනවා, ප්‍රසිද්ධයේ නිග්‍රහකරනවා. *n.*

afloat අෆ්ලෝට්, *ad.* පාවෙන. පහලවෙන

afoot අෆුට්. *ad.* පයින්

afore අෆෝර්, *ad.* ඉස්සරින්. *ad.* -hand ඉස්සරින්

aforesaid අෆෝර්සෑඩ්, *a.* ඉහතකී, පූර්වෝක්ත

a fortiori ඒ ෆෝර්ෂිඕරි, *ad.* වඩා ස්ථිරතර ප්‍රකාශිත

afraid අෆ්රේඩ්, *a.* භයවූ, භීත

afresh අෆ්රෙෂ්, *ad.* අලුතෙන්, අමුතුවෙන්, නැවත

African ඇෆ්රිකන්, *a.* අප්‍රිකා, අප්‍රිකාවට පිළිබඳ. *n.* අප්‍රිකා වැසියා

after ·අෆ්ට්·අර්, *ad.* පසුව. *prep.* පස්සෙ, පස් සෙක්

afterbirth ·අෆ්ට්·අර් බාර්ත්, *n.* වැදෑමහ

afterwoon ·අෆ්ට්·අර්නූ න්, *n.* (දවල් 12 ත් පසු) ස වස් කාලය, පස්වරුව

afterward ·අෆ්ට්·අර්·වාර්ඩ්, } *ad.* පසුව,පස්සෙ,
afterwards ·අෆ්ට්·අර්·වාර්ඩ්ස්, } ඉක්බිති

again ·අගැන්, *ad.* නැවත, ආයෙ, දෙවනු

against ·අගැන්ස්ට්, *prep.* විරුඬව, එදිරිව

agate ඇග්·අට්, *n.* අගත්ති (මැණික්ගල්වර්ගයක්)

age ඒජ්, *n.* වයස, ආයුෂ. *a.* -ed, වසස්ඇති වයස් ගත, නාකි

agenda ඇජැණ්ඩා, *n.* කටයුතුවෙද්, කාර්ය්‍ය

agent ඒ·ජණ්ට්, *n.* කාර්‍ය්‍ය,හේතුව, අන්‍යයෙක්වෙනු වට ක්‍රියාකරන්නා, ඒජන්ත. *n.* -cy, කාර්‍ය්‍යකම, හේතුව, ඒජන්ත ධුරය හෝ එහි කටයුතු

agglomerate ඇග්ලොමරේට්, *v.* ගුළිනගණවා, ගුළිගැසෙණවා. *n.* -ion [කාවා. *n.* -ion

agglutinate ඇග්ග්ලූටිනේට්, *v.* මැලියම්ගා අලව

aggrandise ඇග්ග්‍රැන්ඩයිස්·, *v.* උසස්කරණවා, මහත්කරණවා. *n.* -ment

aggravate ඇග්·ග්‍රවේට්, *v.* (දෝෂ හෝ අගුණ) බරපතලකරණවා. *n.* -ion [මුළුගණය. *n.* -ion

aggregate ඇග්‍රිගේට්, *v.* රැස්කරණවා. *n.* රාශිය,

aggress ඈග්ගරැස්, *v.* ඩබරහෝ විරුඩකම පටන් ගන්නවා. *n.* -ion. *a.* -ive (*n.* -ness)

aggrieve ඇග්ග්‍රීව්, *v.* දුක් දෙනවා, පීඩාකරණවා

aghast 'අ'ගැස්ට්, *a.* හෝ *ad.* අදිස්සි භයෙන් සැලී ගෙණ, ත්‍රසනව

agile ඇජ්ඉල්, *a.* ඉක්මන්, සාඩිසර. *n.* -ity [*n.* -ion

agitate ඇජ්ඉටේට්, *v.* සොලවනවා, සලම්බනවා.

ago 'අගෝ, *ad.* ඉස්සර, ප්‍රථම

agony ඇග්ඔනි, *n.* තදවේදනාව. *v.* -ise

agrarian ඇග්රේරි'අන්, *a.* ඉඩම් සම්බන්ධ, ඉඩම් සමව බෙදුම සම්බන්ධ. *n.* -ism

agree 'අග්‍රී, *v.* එකඟවෙනවා, කැමතිවෙනවා. *a.* -able, පුදුප්, ප්‍රියවූ (*n.* -ness) *n.* -ment, එකඟ වීම, පොරොත්තුව [*a.* -al. *n.* -ist.

agriculture ඇග්රිකල්චූර්, *n.* ගොවිකර්මාන්තය

aground 'අග්‍රවුන්ඩ්, *a.* හෝ *ad.* බිම, (නැවක් වෙරළට දිවීමෙන්) බිම ඇනී

ague ඒග්‍යූ, *n.* ශීතජ්වරය, සීතජ්වරය. *a.* -ish

ah ආ, *interj.* අහෝ, අනේ

ahead 'අහෙඩ්, *ad.* ඉස්සරින්

aid ඒඩ්, *v.* ආධාර කරණවා. *n.* ආධාරය

aide-de-camp ඒඩ'ඩකෑම්, *n.* සේනාපතියෙකුගේ අණපණත් ගෙණයන හෝ ලියානැරිණ මුලාදෑනියා, අමාත්‍යයා. (*බ.* aides-de-camp)

ail ඒල්, *v.* අසනීපයෙන් ඉන්නවා. *n.* -ment

aim ඒම්, *v.* එල්ල කරණවා, මානනවා, උත්සාහ කරණවා. *n.*

air එ·ආර්, *n.* වාතය, තාලය, ලීලාව, පෙණුම. *v.*
(පුළුංවදින්ට) එළියේ තබනවා. *a.* -y. පුළුංවදි
න, අහසේ ඉහළ, (වාතය මෙන්) සැහැල්ලු. *n.*
-iness. *n.* -ing, එළියේ පයින් හෝ වාහනයකින්
යාම. [හෝ මාගීය

aisle ඓල්, *n.* (ක්‍රිස්තියානි) දේවස්ථානයක අංශය

ajar ·අජාර්, *ad.* ·මඳක් ඇරී, අඩවල්ව

akin ·අකින්, *a.* නෑකම් ඇති, සමාන ගුණ ඇති

alabaster ඇල්·අබැස්·ටර්, *n.* කිරිගරුඬ

alacrity ·අලැක්රිටි, *n.* (ප්‍රීති සහිත) කඩිසරකම, උ
ත්සුකම [ණ හෝ ශබ්දය, සස. *v.*

alarm ·අලාර්ම්, *n.* පැමිණෙන භය දන්වන ලකු

alas ·අලාස්, *interj.* අහෝ, අනේ

alb ඇල්බ්, *n.* රෝම පූජකවරුන් අඳින පාදක්වා
වැටෙන සුදු කමිසයක් [ලොකු ලිහිණි විශේෂයක්

albatross ඇල්·බට්‍රොස්, *n.* දකුණු මුහුදුවල වසන

albino ඇල්බිනෝ, *n.* ඉමුතු සුදුපාට ඇති අය

album ඇල්·බම්, *n.* ඡායාරූප ආදිය දමන හිස්
පොත [-inous

albumen ඇල්බ්‍යු·මන්, *n.* බිත්තරයේ සුදුමදය. *a.*

alchemy ඇල්කිමි, *n.* රස විද්‍යාව, රසායන ශාස්ත්‍ර
ය. *n.* -ist [මත් පැන්. *a.* -ic

alcohol ඇල්කොහොල්, *n.* මද්‍යසාරය, අති ශුද්ධ

Alcoran ඇල්කොරන්, *n.* මහම්මද් ආගමේ දහම්
පොත (Koran බ.) [ඩාව, ලතාගෘහය

alcove ඇල්කෝව්, *n.* ගබඩාවක මුවාවූ කුඩා ගබ

alder ඕල්·ඩර්, *n* ඕක්වර්ගයේ ගසක්

alderman ඕල්·ඩර්·මන්, *n.* නාගරික සභාවේ ප්‍රධාන මුලාදෑනියා ලඟ මුලාදෑනියා

ale ඒල්, *n.* යවසුරා, බීරවර්ගයක්

alert ඇ·ලාර්ට්, *a.* පරීක්ෂාකාරී, උනන්දු. *n.* -ness

algebra ඇල්ජි·බ්‍රා, *n.* අංක වෙනුවට අක්ෂර යොදන ගණිතශාස්ත්‍රය, බීජ ගණිතය. *a.* -ic, -ical

alias ඒලි·ඇස්, *ad.* නොහොත් *n.* අන්‍ය නාමයක්

alibi ඇ·ලිබෛ, *n.* අපරාධයක් ගැණ චෝදනාරෝපණයකරණුලැබ සිටින අය අපරාධය කල වේලාවට අන් ස්ථානයක සිටිබැව් කීම [කාරණ

alien ඒල්·යන්, *a.* පිටරටකට අයිති. *n.* පරදේශයක්

alienate ඒල්·යනේට්, *v.* හිමිකම අන්‍යයෙකුට දෙනවා, ඉවත්කරණවා. *n.* -ion

alight ·අලෛට්, *v.* බසිනවා, වහනවා (වාහනවලින වා). *a.* සහ *ad.* දල්වනලද, දම්න්

alike ·අලෛක්, *ad.* එකසමානව, ඒකාකාරව

aliment ඇ·ලිමැන්ට්, *n.* ආහාර, පෝෂණකරණද්‍රව්‍යය. *a.* -ary *a.* -al

alimony ඇ·ලිමොනි, *n.* පෝෂණය, පුරුෂයාගෙන් වෙන්වූ ස්ත්‍රීයට ඇගේ ජීවිකාව පිණිස දීමට නීතියෙන් නියමකරණලද මුදල

aliquant ඇ·ලි·ක්වන්ට්, *a.* ඉතුරුවෙන්ට බෙදෙන

aliquot ඇ·ලිකොට්, *a.* ඉතුරුනොවෙන්ටබෙදෙන

alive ·අලෛව්, *a.* සහ *ad.* ප්‍රාණසහිත, පණපිටින්

alkali ඇල්·කලි, *n.* යවක්ෂාර සර්ජිකා. *a.* -ne

Alkoran ඇල්කොරන්, *n.*=Alcoran

all ඕල්, *a.* සියල්ල, සෑම, සකල

allay ඇල්ලේ, *v.* අඩුකරණවා, සංසිඳුවනවා

allege ඇල්ලෑජ්, *v.* කාරණකොට කියනවා, ස්ථිර කොට කියනවා. *n.* -ation

allegiance ඇල්ලීජන්ස්, *n.* රාජපාක්ෂික භාවය, පක්ෂපාතකම, භක්තිය [-ical

allegory ඇල්ලීගරි, *n.* උපමාව. *v.* -ise. *a.* -ic,

alleviate අල්ලීවිඉඒට්, *v.* සැහැල්ලුකරණවා, අඩුකරණවා, *n.* -ion

alley ඇල්ලි, *n.* පටුමග, පටුවීථිය මුඩුක්කුව

all-fool's day ඕල්ෆූල්ස්ඩේ, *n.* අප්‍රේල් 1 වෙනිදා

alliance එලෛඅන්ස්, *n.* (ally බ)

allied ඇලෛඩ්, *a.* ගිවිසුමකින් සම්බන්ධවූ

alligator ඇල්ලිගේටර්, *n.* (ඇමෙරිකාවේ) කිඹුලා

alliteration අල්ලිටරේෂන්, *n.* එකලඟ වචන කීපයක මුල්කුරු සමානවීම, අනුප්‍රාසය. *a.* -ve

allocate ඇල්ලොකේට්, *v.* එක්එක්කෙනාට තීම් කොටස දෙනවා, බෙදාදෙනවා. *n.* -ion

allopathy ඇල්ලොප්අති, *n.* ශරීරගත දෙස් වෙනස්කොට ලෙඩසුවකිරීමට ප්‍රතිකාරකරණ ක්‍රමයක් (දැන් සාමාන්‍යයෙන් පවතින ක්‍රමයයි.) *n.* -ist (homeopathy බ:)

allot ඇල්ලොට්, *v.* නියමකොට දෙනවා, බෙදාදෙනවා. *n.* -ment, කොටස

allow ඇල්ලෞ, *v.* ඉඩ්දෙනවා, ඉඩ හෝ අව

සර දෙනවා. a. -able. n. -ance, අවසර, නිසාම වශයෙන් දෙන කොටස

alloy ඇල්ලොයි, v. මාත්තුව අඩුකරණවා. n. මිශ්‍ර කරණ බාලද්‍රව්‍යය [1 වෙනිදා

all-saints' day ඕල්සේන්ට්ස්ඩේ, n. නොවැම්බර්

all-souls' day ඕල්සෝල්ස්ඩේ, n. නොවැම්බර් 2 වෙනිදා [වා. n. -sion; -siveness

allude ඇල්ලූඩ්, v. සංඥකරණවා, සදහන්කරණ

allure ඇල්ලූර්, v. කැමතිකරණවා, ආශා උපදවනවා, හිත පොළඹවනවා. n. -ment

ally ඇල්ලයි, v. සම්බන්ධවෙනවා, බැඳෙනවා. n. හිතවත්කම ඇති සහායකයා. n. -iance

almanac ඕල්මනැක්. n. ලිත

alma mater ඇල්මාමේටර්, n. තමා ඉගෙණගත් අභ්‍යාස පාඨශාලාව

almighty ඕල්මයිටි, a. සියලු බලය ඇති. n.-iness

almond ආමන්ඩ්, n. කොට්ටම්බා, අමන්ඩල්

almoner ඇල්මොනර්, n. දන් බෙදාදෙන්නා

almost ඕල්මෝස්ට්, ad. සම්පූර්ණයෙන්මවාගේ

alms ආම්ස්, දානය, සිඟන්නන්ට දුන් දෙය

aloe ඇලෝ n. කෝමාරිකා, අලෝ. a. -tic

aloft අලොෆ්ට්, ad. ඉහළ, උඩ

alone අලෝන්, ad තනිකම, උදව්නැතිව [දිගේ

along අලොං ad. දිගට, ඉදිරියට, සමග. Prep.

aloof අලූෆ්, ad. ඈතකින්, ඈතින්

aloud අලෞඩ්, ad. උස්හඬින්, හයියෙන්

alpaca ඇල්'පක, *n.* එනම් බැටළුවෙක්, එනම් රෙදි වර්ගයක්

alphabet ඇල්'ෆබැට්, *n.* හෝඩිය. *a.* -ic, -ical

already ඕල්රෙඩි, *ad.* මෙලහට, පූර්වයෙන්, දැන්

also ඕල්සෝ, *ad* එසේම, ද, ත් ('ඔහුද', 'ඔහුත්' ආදියෙහි මෙන්)

altar ඕල්'ටර්, *n.* පූජාසනය

alter ඕල්'ටර්, *v.* වෙනස්කරනවා. *n.* -ation

altercate ඇල්'ටර්කේට්, *v.* විවාදකරනවා, කලහ කරනවා. *n.* -ion

alternate ඇල්'ටර්නේට්, *v.* මාරුවෙන්මාරුවට කරනවා, මාරුවෙනවා. *a.* මාරුවෙන් මාරුවට පැමිණෙන, එකක් ඇර එකක්. *n.* -ion. *a.* -ive, දෙකකින් එකක් තෝරාගැනීමට දෙන. *n.* දෙකකින් එකක් තෝරාගැනීම, තෝරාගැනීමට ඇති දෙකකින් එකක්

although ඕල්දෝ, *conj.* එසේ නමුත්, නමුත්

altitude ඇල්'ටිටියුඩ්, *n.* උස, උසෙහි කෙලවර

alto ඇල්ටෝ, *n.* සංගීතයෙහි ඉතා උස් පුරුෂ ස්වරයෙත් හා ඉතා පහත් ස්ත්‍රීස්වරයෙත් කියන කොටස [තින්

altogether ඕල්ටුගැ'දර්, *ad.* සම්පූර්ණයෙන්, මුළුමනින්

alum ඇල්'අම්, *n.* සීනක්කාරම්

alumnus ඇල්ම්'නස්, *n.* ශෝල්ලයා, අග්‍ර හෝ උසස් පාඨශාලාවක පණ්ඩිත නාමයක් ලැබූ ශිෂ්‍යයා

always ඕල්වේස්, *ad.* නිතර, නිබඳ

am ඇම්, *v.* 'be' යන ක්‍රියාවේ (මම යන අර්ථ ඇති) 'I' නාමිකයාට ඇතිවිට ගෙනෙදෙන වර්තමානවිධිය

amalgam 'අමැල්'ගම්, *n.* රසදිය සමග මිශ්‍රවූ ලෝහයක් [-ion

amalgamate 'අමැල්'ගමේට්, *v.* මිශ්‍රකරනවා. *n.*

amanuensis 'අමැන්යුඇන්සිස්, *n.* කියනහෝ කිසවන යමක් ලියන අය, ලිපිකරුවා

amass 'අ'මැස්, *v.* රැස්කරගන්නවා

amateur ඇම්'අටයූර්, *n.* (රක්ෂාව පිණිස නොව) සන්තෝෂයට ශිල්පශාස්ත්‍රාදියක් පුහුණුකරගන්නා [ය උපදවන

amatory ඇම්'අටොරි, *a.* ප්‍රේමවත්, කාමුක, රාග

amaze 'අමේස්', *v.* මවිතකරවනවා. *n.* -ment

ambassador ඇම්බැස්'ස'ඩර්, *n.* නානාපතියා, රාජ දූතයා (*f.* -ress)

amber ඇම්'බර්, *n.* දුම් බොන කෝව නළවලට යොදන කහදුම්මල වර්ග, තෘණමණි [*a.* -ous

ambiguity ඇම්බිගුයිටි, *n.* අර්ථය ගැන අනුමානය.

ambition ඇම්බිෂ්'අන්, *n.* බලය හෝ කීර්තිය ලැබීමට ආශාව. *a.* -us

amble ඇම්'බල්, *v.* හීන්සැරේ දුවනවා. *n.*

ambrosia ඇම්බ්‍රෝෂි'ය, *n.* දිව්‍යභෝජනය, අමෘතය

ambulance ඇම්බු'ලන්ස්, *n.* (යුධවලදී භාවිතා කරණ) අනාථරෝගීවූවන් ගෙනයන රථය

ambuscade 'ඇම්'බස්කේඩ්, } *n.* රහසින් රැක සිටීම, රහසින් රැක
ambush ඇම්බුෂ්, }

ජීවිත ස්ථානය, එසේ රැක ජීවිත සේනාව, ඇල්
ලීමට උපාය [දියුණුකරණවා. n. -ion
ameliorate ·අමීල්යොරේට්, v. වඩාහොඳකරණවා,
amen ඒමැන් (හෝ ආමැන්), *interj*. එසේ වේවා,
සිද්ධිරස්තු
amenable ·අමී·න·බල්, a. වගකියයුතු, යටත්
amend ·අමැන්ඩ්, v. හරිගස්සනවා, වඩා හොඳපත්
කරණවා හෝ වෙනවා. n. -ment. n. -s, (කලව
රද අලංක ආදීයට) සහණය
amenity ·අමැන්ඉටි, n. ප්‍රසන්නභාවය, රම්‍යතාව
American ·අමැරිකන්, a. අමැරිකාවට අයිති. n.
අමැරිකාවේ උපන් අය. n. -ism, ඉංග්‍රීසි භාෂාව
පිළිබඳව අමැරිකාවේපවතින යෙදුමක් හෝ රී
තියක් [රත්නය
amethyst ඇමිඉතිස්ට්, n. අඹතේස්ත නමැති
amiab*le* ඒමි·අ·බල්, a. ආදරණීය, සතුටුකරණ. n.
-ility, -leness
amicable ඇමිඉ·ක·බල්, a. මිත්‍ර, සමාදාන
amid ·අමිඩ්,
amidst ·අමිඩ්ස්ට්, } *prep*. අතරේ, මධ්‍යයෙහි
amiss ·අමිස්, *ad*. වැරදිලෙස, අයුතුලෙස
amity ඇමිඉටි, n. මිත්‍රතාව, එකඟකම, සමගිකම
ammonia ඇම්මෝනිඅ, n. ජලකර ආම්ලකර වා
යු දෙකින් සෑදුන වායුව. a. -c [මිනාදේ
ammunition ඇමියුනිෂ්·අන්, n. වෙඩිතිබ්මට උව

amnesty ඇම්නැස්ටි, *n.* (කැරලි කෝලාහල ආදි අපරාධ කළවුන්ට ආණ්ඩුව දෙන) සාමාන්‍ය ක්ෂමාව

among ·අමං,
amongst ·අමංස්ට්, } *prep.* අතරේ

amorous ඇමරස්, *a.* ආලේ ඇති, කාමුක. *n.* -ness

amount ·අමෞන්ට්, *v.* (ගණනක්) වෙනවා, පැමිණෙනවා. *n.* මුළුගණන

amphibious ඇම්ෆිබිඅස්, *a.* මැඩි (කිඹුල් ආදීන් මෙන්) දිය ගොඩ දෙකේම ජීවත්වියහැකි

amphitheatre ඇම්ෆිතිඅටර්, *n.* කව හෝ බිජ ආකාර රඟමඩුව [-ness

ample ඇම්පල්, *a.* විශාල, විපුල, බොහෝ. *n.*

amplify ඇම්ප්ලිෆයි, *v.* විශාලකරනවා, විස්තර ලෙස කියනවා. *n.* -ication

amplitude ඇම්ප්ලිටියුඩ්, *n.* විශාලකම

amputate ඇම්පුටේට්, *v.* අංශයක් කපාදමනවා, *n.* -ion [ක්ෂාවට නොදන දෙය

amulet ඇම්යුලැට්, *n.* නූල් යන්ත්‍ර ආදී ආර

amuse ·අමියූස්, *v.* සතුටුකරනවා, ප්‍රීතිකරනවා. *n* -ment

an ඇන්, =a. (ප්‍රාණාක්ෂරයකින් පටන්ගන්න වචන ආදිය ඉදිරියෙන් 'a' වෙනුවට යොදනු ලැබේ.) [වකීන පිළිබඳ වරද

anachronism ඇනක්රොනිසම්, *n.* යමක් සිද්ධවූ

anaesthesia ඇනස්ඇස්තිසිඅ, *n.* ස්පර්ශය හෝ වේ| දනාව දැනීම නැතිවයාම, සිහිනැතිවීම

anæsthetic ඈස්ඇස්තැටිඉක්, *a.* ස්පර්ශය හෝ වේදනාව දැනීම නැතිකරණ, සිහි නැතිකරණ. *n.* වේදනාව දැනීම නැතිකරණ දෙය

analogy 'ඇනැල්ඔජි, *n.* සමානකම. *a.* -ous, -ical

analyse ඈන්'අලෛස්', *v.* සමක කොඨාස වෙන් කොට දක්වනවා. *n.* -sis; -st. *a.* -tic

anapæst ඈන්'අපැස්ට්, *n.* (කාව්‍ය ශාස්ත්‍රමෙහි) වාපුගණය (— — ⌒). *a.* -ic

anarchy ඈන්'අර්කි, *n.* ආණ්ඩුවක් නැති ස්වභාව, අරාජික භාවය, නීතිය හෝ පිළිවෙලක් නො පැවතීම. *n.* -ist; -ism [ශාපය. *v.* - tise

anathema 'අනැත්ඇ'ම, *n.* විනාශකිරීමට භාරදීම,

anatomy ඇනැට්ඔමි, *n.* සත්වශරීරයන්ගේහෝ පැළසක කොඨාස කපා වෙන්කිරීම උගන්වන ශාස්ත්‍රය. *v.* -ise. *n.* -ist. *a.* -ical

ancestor ඈන්සැස් 'ටර්, *n.* මුතුන් මිත්තන්ගෙන් කෙනෙක්. *a.* -ral. *n.* -ry, මුතුන් මිත්තන් පඹඝතිය

anchor ඈංක්'අර්, *n.* නැංගුරම. *v.* නැංගුරම් දමා නවතිනවා හෝ නවත්වනවා. *n.* -age, නැංගුරම් දමා නැවක් නැවැත්වීමට සුදුසු ස්ථානය, එබඳු ස්ථානයට ගෙවන සුංගම

ancient ඒන්'ෂන්ට්, *a.* පුරාණ. *n.* -s, පුරාතනයෙහි සිටියෝ

and ඈන්ඩ්, *conj.* සහ, ත්, ද [-al, -ic, -ical

anecdote ඈන්ඇක්ඩෝට්, *n.* ලුහුඬු කථාව. *a.*

aneroid ඇනේ‍රොයිඩ්, *n.* උස මැනීම ආදියට යොදන වායුතුලා යන්ත්‍රයක්

anew ·අනිව්, *ad.* අලුතෙන්, නැවත

angel, ඒන්ජ්·ජල්, *n.* දේවදූතයා. *a.* -ic

anger ඇංග්·අර්, *n.* තරහ, කෝපය. *v.* තරහකරවනවා. *a.* -ry

angle ඇං·ගල්, *n.* කොණ, මුල්ල, (බිළිය සහ නූල සහිත) බිළීපිත්ත. *v.* බිළීබානවා, ඇමක්දමනවා

Anglican ඇංගලි·කන්, *a.* ඉංග්‍රීසි. *n.* ඉංග්‍රීසි ක්‍රිස්තියානි සභාවට අයිති අය

Anglo-Saxon ඇංගලොසැක්ස්·අන්, *a.* එනම් මනුෂ්‍ය වර්ගය හෝ ඔවුන්ගේ භාෂාව ආදිය පිළිබඳ. *n.* එනම් වර්ගයේ අය, ඉංග්‍රීසිකාරයා [කණ

anguish ඇංග්විෂ්, *n.* බලවත් වේදනාව හෝ ශෝ

angular ඇංග්‍යුලර්, *a.* උල්වූ, මුළු හෝ කොන් සහිත. *n.* -ity

anight ·අනෙතව්, *ad.* රාත්‍රියේ

animadvert ඇනි·මඩ්·වාර්ට්, *v.* හිත යොමුකරණවා, නින්දාකරනවා, දොස්කියනවා. *n.* -sion

animal ඇනි·මල්, *n.* (මනුෂ්‍යයාම නිව) සත්වයා, තිරිසනා. *a.* සත්වයා පිළිබඳ, තිරිසන් [-ar

animalcule ඇනිමැල්ක්‍යුල්, *n.* ඉතාකුඩා සතා. -*a.*

animate ඇනිමේට්, *v.* ජීවිතය (හෝ ධෛර්යය) දෙනවා, ප්‍රාණවත්කරනවා. *a.* පණඇති. *a.* -ed, ප්‍රාණවත්. *n.* -ion

animosity ඇනිමොස්ඉටි, *n.* එදිරිය, වෛරය

animus ඇනි·මස්, *n.* කපුරු අදහස

anise ඇනිස්, *n.* ශතපුෂ්ප, සාලේය

ankle ඇං·කල්, *n.* වලලුකර

anklet ඇංක්ලැට්, *n.* පාසලඹ, පාදගම්·[යක්,පණම

anna ඇන්න, *n.* ශත 6 ක් වටිනා ඉන්දියාවේ මිල

annals ඇන්·නල්ස්, *n.* අවුරුදුවශයෙන් කරුණු වෙන්කොට දක්වන කථාන්තරය. *n.* -ist

anneal ඇන්නීල්, *v.* (කැඩී·ම බිඳීම් අපහසුවීම පිණිස වීදුරු හෝ ලෝහ) රත්කොට හැමිතිල්ලේ නිවනවා, පණපොවනවා

annex ඇන්නැක්ස්, *v.* (අගම) සම්බන්ධකරණවා හෝ යොදනවා. *n.* -ation [නිකාරණව. *n.* -ion

annihilate ඇන්නෙනිලේට්, *v.* සම්පූර්ණයෙන් නැ

anniversary ඇනිවර්·සරි, *n.* යම් සිදුවීමක් පිළිබඳ (වාර්ෂිකව වරක් ලබන) දවස, ඒ දවස පවත්වන උත්සවය

annotate ඇන්නොටේට්, *v.* (පොතකට හෝ ලියවිල්ලකට) විස්තර කරුණු ලියනවා. *n.* -ion

announce ඇන්නෞන්ස්, *v.* ප්‍රසිද්ධකරණවා, ප්‍රකාශකරණවා. *n* -ment

annoy ඇන්නෝය්, *v.* හිංසාකරණවා. *n.* -ance

annual ඇනුඅල්, *a.* අවුරුදුපතා. *n.* අවුරුද්දක් පවතින පැළය, අවුරුද්දකට වරක් පළකරණ පොත

annuity ඇන්නූඉටි, *n.* අවුරුදුපතා දෙන මුදල. *n.* -ant, අවුරුදුපතා මුදලක් ලබන්නා

annul ඇනල් *v.* අවලංගුකරණවා. *n.* -ment

annular ඇනියුලර්, *a.* වටකුරු, කවාකාර

annunciate ඇනන්ෂිඒට්, *v.* ප්‍රකාශකරණවා. *n.* -ion [*n.* -ment

anoint අනොයින්ට්, *v.* ගානවා, ආලේපකරණවා.

anomalous අනොමලස්, විපරීත, අනියම්

anomaly අනොමලි, *n.* නියමයට විරුද්ධ දෙය

anon අනොන්, *ad.* අප්‍රමාදව, ඉක්මණට, ඒකෙණ, වහාම [නැති, නිර්නාමක

anonymous අනොනිමස්, *a.* (කර්තෘගේ) නම

another ඇනදර්, *a.* වෙන, තව. *Pron.* වෙන හෝ තව කෙනෙක්, වෙන හෝ තව එකක්

answer ඈන්සර්, *v.* උත්තරදෙනවා, වගකියනවා, සෑහෙණවා. *n.* *a.* -able

ant ඇන්ට්, *n.* කූඹියා [-m, විරුද්ධකම. *a.* -tic

antagonist ඇන්ටැගනිස්ට්, *n.* විරුද්ධකාරයා. *n.*

antarctic ඇන්ටාර්ක්ටික්, *a.* ලෝකයේ උතුරු කොණට ප්‍රතිපක්ෂවූ, දකුණු කොණට අයිති

antecedent ඇන්ටිසීඩන්ට්, *n.* පූර්වයෙන් ඇති හෝ වූ දෙය *a.* පූර්ව [*n.* පූර්ව දිනය

antedate ඇන්ටිඩේට්, *v.* ගතවූ දිනක් යොදනවා.

antediluvian ඇන්ටිඩිලූවිඅන්, *a.* (නෝවාගේ කාලයේ) මහා ජලගැල්මට පූර්වවූ. *n.* ඒ ජලගැල්මට පූර්වයෙන් සිටි යම් කෙනෙක්

antelope ඇන්ටිලෝප්, *n.* මුවවිශේෂයක්, කුරඩහා

antenuptial ඇන්ටිනප්ෂල්, *a.* සාරබැඳීමට ප්‍රථම

anterior ඇන්ටීරි·අර්, *a.* ප්‍රථම, පූර්ව [ගීතක්

anthem ඇන්'තම්, *n.* මාරුවෙන් මාරුව කියන

anther ඇන්'තර්, *n.* (මලේ) රේණුකෝෂය

anthill ඇන්ට්හිල්, *n.* හුඹස, තුඹස

anthology ඇන්තොල්'ඕජි, *n.* මධුර මනෝහර කවිමලින් යුත් සංග්‍රහය [යක්

anthracite ඇන්'ත්‍රසයිට්, *n.* යද රට අඟුරු වර්ග

anthropology ඇන්ත්‍රොපොල්'ඕජි, *n.* මනුෂ්‍යයාගේ ශරීර ස්වභාව ආදිය ප්‍රකාශකරණ ශාස්ත්‍රය

antic ඇන්ටික්, *n.* විහිළු ක්‍රියාව, විහිළුකාරයා

antichrist ඇන්ටික්‍රයිස්ට්, *n.* ක්‍රිස්තුස්වහන්සේට විරුද්ධ අය. ක්‍රිස්තුස් නාමය ගත් අය. *n.* -ian

anticipate ඇන්ටිසිපේට්, *v.* ඉස්සරවෙනවා, කලින් සිතනවා, බලාපොරොත්තුවෙනවා. *n.* -ion

antidote ඇන්ටිඩෝට්, *n.* විෂ නසන බෙහෙත. *a.* -al [දමන රෝගයක්

antimacassar ඇන්ටිමකැස්'සර්, *n.* පුටු ආදියෙහි

antimony ඇන්ටිමනි, *n.* සෞවීර නමැති අඤ්ජන වර්ගය [ගෙවරණ

antipathy ඇන්ටිප්'අති, *n.* විරුද්ධබව, අප්‍රියබව,

antipodes ඇන්ටිප්'ඕඩීස්, *n.* පොළොවේ එක් පැත්තකට කෙළින් තිබෙන අනික් (පිට) පැත්ත, ඒ අනික්පැත්තේ වසන්නෝ

antiquarian ඇන්ටික්වෙයරි'අන්, *a.* පුරාණ දේ පිළිබඳ. *n.* -y, පුරාණදේ ගැන පරීක්ෂාකරන්නා

antiquated ඇණ්ටිකුවේටඩ්, *a.* පරණවූ, පරණ විහි යට අයිති

antique ඇණ්ටීක්, *a.* පුරාණ. *n.* පුරාණ දෙය

antiquity ඇණ්ටික්විටි, *n.* පුරාණකාලය. (බු.)-ies, පුරාණ දේවල් [ප්‍රතිබද්ධ විරුධතාව

antithesis ඇණ්ටිත්තිසිස්, *n.* වචන හෝ අදහස්

antler ඇණ්ටි'ලර්, *n.* මුවාගේ අත්ත

anus ඒ'නස්, *n.* අධෝමාර්ගය,ගුදය

anvil ඇන්විල්, *n.* කිහිරය [අවුල්බව. *a.* -ous

anxiety ඇංසෛයිටි, *n.* සිතේ තණගාටුව හෝ

any ඇනි, *a* යම්, යම්කිසි. *Pron.* යමෙක්. යමක්

anybody ඇනිබොඩි, *n.* කවුරුවත්, කිසිවෙක්

anyhow ඇනිහෞ, *ad.* කොහොමනමුත්

anywhere ඇනිහ්වෙයර්, *ad.* කොයේනමුත්

anywise ඇනිවෙයිස්, *ad.* කොහොම නමුත්, කොයිතරමට නමුත් [යම අතීත විධිය

aorist ඒඕරිස්ට්, *n.* ග්‍රීක් භාෂාවේ ක්‍රියාපදයක අනි

apace 'අපේස්, *ad.* ඉක්මණට, යුහුව

apart 'අපාර්ට්, *ad.* වෙන්ව, ඈතින්

apartment 'අපාර්ට්'මණ්ට්, *n.* ගබඩාව, කාමරය

apathy ඇප්'අති, *n.* උත්සාහනැතිබව,(කිසිවක්ගැණ)නොසැලකනසුභාව, උදාසීනතාවය. *a.* -etic

ape ඒප්, *n.* රිළවා, වඳුරා, යමෙකු සමානවෙණ්ට උත්සාහකරණ අහංකාර අය. *v.* එකසම වෙණ්ට ක්‍රියාකරණවා, නවටකම්කරණවා. *a.* -ish, රිළවෙකුගේ සවභාවඇති, මෝඩ: අහංකාර

aperient 'අපිරි'අණ්ට්, *a.* ඝොල්පවශයෙන් පාචක කරවණ

aperture ඇප්'අර්ට්යුර්, *n.* විවරය, සිදුර

apex ඒපැක්ස්, *n.* මුදුන, මස්තකය

aphelion 'ඇෆීලිඔන්, *n.* තාරකාවක් ගමන්කරණ වීථියේ සූර්ය්‍යයාගෙන් ඉතා දුරවූ ස්ථානය (perihelion බ.)

aphorism ඇෆ්ඔරිස්'ම්, *n.* උපදේශකීම, සූත්‍රය

apiary ඒපිඑරි, *n.* මීමැස්සන් ඇතිකරණ ස්ථානය. *a.* -ian, මීමැස්සන් පිළිබඳ; *n.* මීමැස්සන් ඇති කරන්නා [කෙනා, එකිකෙනා

apiece 'අපීස්, *ad.* එක්කෙනාට, එකිකෙනාට, එකි

Apocalypse 'අපොකැලිප්ස්, *n.* බයිබලයේ අලුත් ගිවිසුමේ අන්තිම පොත, ප්‍රකාශකිරීම. *a.*-tic

Apocrypha 'අපොක්රිෆ, *n.* බයිබලයට ඇතුළත්නොවූ සමහරුන් පිළිගත් අග්‍රාමාණ පොත්. *a.* -l

apologue ඇපොලොග්, *n.* දෘෂ්ටාන්ත කථාව, උපකථාව

apology 'අපොල්ඔජි, *n.* සමාව, නිදහසපිණිස කියන කාරණ. *a.* -etic, -etical. *n.* -ist. *v.* -ise, සමාව ඉල්ලනවා, සමාව පිණිස කාරණ කියනවා

apoplexy ඇප්ඔප්ලැක්සි, *n.* අදිස්සියෙන් සිහිනැතිකරණ හෝ මින්යාවනාමට පමුණුවන මොළේ රෝගයක්. *a.* -ctic

apostasy 'අපොස්ටසි, *n.* පළමු පිළිපැදි දහම් හක්තිය හෝ ධර්මයක් ඇරදැමීම. *n.* -te, එසේ අත්ඇරිය අය

a posteriori ඒ පොස්ටීරිඔරෛ, *ad.* ඵලයෙන් හේතුව ඔප්පුකිරීමේ න්‍යායක්‍රමයට

apost*le* අපොස්සල්, *n.* ක්‍රිස්තුස්වහන්සේගේ ශිෂ්‍යයන් 12 ගෙන් කෙනෙක්, දූතයා. *a.* -olic, -olical

apostroph*e* අපොස්ට්‍රොෆි, *n.* කථාව හෝ ලිවීම පිළිබඳ එක් අලංකාර ක්‍රමයක්, අකුරක් හෝ අකුරු ගණනක් අඩුවූ ස්ථානයයි දක්වන ' යන ලකුණ. *v.* -ise [ණන්නා

apothecary අපොතිකරි, *n.* බෙහෙත් සාදා විකු

apothegm ඇපොතෙම්, *n.* කුඩා උපදේශ කීම

appal ඇපෝල්, *v.* ත්‍රාසනාකරණවා, බයකරණවා

apparatus ඇප්පරේටස්, *n.* ආයුධාදිය, උපකරණ, අඩුවැඩිය [වනවා, පලන්දනවා

apparel අප්පැරැල්, *n.* ඇඳුම්, වස්ත්‍ර. *v.* අන්ද

apparent ඇප්පේරන්ට්, *a.* පහසුවෙන් දක්නහැකි, පෙනෙන

apparition ඇප්පරිෂන්, *n.* අවතාරය, ආකාරය

appeal ඇප්පීල්, *v.* සැක යමක් නැවත විනිශ්චය කිරීමට ප්‍රධාන ඔධිකාලාවෙන් හෝ උසාවියක ක්‍රමයට ඉල්ලනවා, යැදිවිල්ල කරනවා. *n. a* -able

appear ඇප්පිඅර්, *v.* පෙනෙනවා. *n.* -ance

appease ඇප්පීස්, *v.* සිත්වලනා කරණවා, සංසිඳුව නවා

appellant ඇප්පැල්ලන්ට්, *n.* (appeal බ.)

appellation ඇප්පැල්ලේෂන්, *n.* නාමය. *n. a.* -ve

append ඇප්පෙණ්ඩ්. *v.* එල්ලනවා, සම්බන්ධකරණවා. *n.* -age, සම්බන්ධකරණලද්ද. *n.* -ix, පොතක අගට යොද්කලද කොටසක්, පරිශිෂ්ටය

appertain ඇප්පර්ටේන්, *v.* අයිතිවතිබෙනවා

appetite ඇප්පිටයිට්, *n.* බඩගිත්ත, රුචිය, ආශාව

appetising ඇප්පෙටයිසිං, *a.* බඩගිත්ත හෝ ආශාව උපදවන

applaud ඇප්ලෝඩ්. *v.* අත්පොළසන් දීමාදියෙන් සතුට හෝ පිළිගැනීම ප්‍රකාශකරණවා, සාධුකාර දෙනවා. *n.* -se

apple ඇප්පල්, *n.* එනම් ගෙඩිවර්ගයක්, ජම්බු

appliance ඇප්ලයන්ස්, *n.* යොදකලද්ද, උපකරණ

applicable ඇප්ලිකබ්ල්, *a.* සුදුසු, සෑහෙන [කරු

applicant ඇප්ලිකන්ට්, *n.* ඉල්ලුම්කාරයා, අයදුම්

application ඇප්ලිකේෂන්, *n.* යෙදීම, ඉල්ලීම

apply ඇප්ලෙයි, *v.* භාවිතාකරණවා, යොදනවා ඉල්ලනවා [කරණවා. -ment

appoint ඇප්පොයින්ට්, *v.* නියමකරණවා, පත්

apportion ඇප්පෝර්ෂන්, *v.* බෙදාදෙනවා. *n.* -ment [*n.* -ness

apposite ඇප්පොසිට්, *a.* ඉතා සුදුසු, ඉතා එකඟ.

apposition ඇප්පොසිෂන්, *n.* ඒකාබද්ධකම, සම්බන්ධකම [කරණවා. *n.* -ment

appraise ඇප්ප්‍රේස්, *v.* මිල නියමකරණවා, අගය

appreciate ඇප්ප්‍රිෂිඒට්, *v.* අගය ප්‍රමාණකරණවා, උතුම්කොට සලකනවා. *n.* -tion. *a.* -ble

apprehend ඇප්‍රිහෙන්ඩ්, *v.* මනාවතේරුම්ගන්න වා, අල්ලනවා, භයහිතෙනවා. *n.* -sion. *a.* -sive

apprentice ඇප්‍රෙන්ටිස්, *n.* යමෙක් ළඟ බැඳී වැඩක් ඉගෙනගන්න අය. *v.* එසේ ඉගෙනගැනීමට බඳිනවා. *n.* -ship

apprise ඇප්‍රයිස්, *v.* දන්වනවා, දැනුම් දෙනවා

approach ඇප්‍රෝච්, *v.* ළඟට පැමිණෙනවා, ළං වෙනවා. *n.* ළංවීම, මග. *a.* -able [හෝ සිතීම

approbation ඇප්‍රොබේෂන්, *n.* මැනවයි කීම

appropriate ඇප්‍රෝප්‍රිඒට්, *v.* යමකට වෙන්කො ට තබනවා, අයිතිකාරගන්නවා. *a.* සුදුසු. *n.* -ion

approve ඇප්‍රූව්, *v.* මනාපවෙනවා, ස්ථිරකරණ වා. *n.* -al. *a.* -able

approximate ඇප්‍රොක්සිමේට්, *v.* ළංවෙනවා. *a.* ළංවූ, සම්පූර්ණයෙන්මවාගේ සමාන හෝ නිවැර දි. *n.* -ion [බෑඩ දෙය

appurtenance අප්පර්ටිනන්ස්, *n.* යමක් සම්

apricot ඒප්‍රිකොට්, *n.* පීච්ගෙඩි සහපාට ඵල වර්ගයක් [ගෙයි අනාගතයි)

April ඒප්‍රිල්, *n.* අප්‍රේල් මාසය (බක් වෙසක් දෙම

a priori ඒ ප්‍රිඕරි, *ad.* හේතුවෙන් ඵලය ඔප්පුකිරී මේ න්‍යායක්‍රමයට [සමට යොදන පෙරවැස්ම

apron ඒප්‍රන් (හෝ ඒපාර්න්), *n.* ඇඳිවත ප්‍රච්

apropos ඇප්රොපෝ, *a.* සහ *ad.* කාලයට නො ගොත් ස්ථානයට සුදුසු හෝ සුදුසුව, කියන කරු ණ සම්බන්ධව, අනෙරේ යමක් ගෙණහැරදැක්වීමට ආරම්භයේදී යොදන වචනයක්

apt ඇප්ට්, *a.* සුදුසු, දක්‍ෂ, සුදුසු, *n.* -ness

apterous ඇප්'ටරස්, *a.* අත්තෑඩි රහිත [ව

aptitude ඇප්ටිට්‍යුඩ්, *n.* සුදුසුකම, දක්‍ෂකම, ස්වභා

aqua ඒ'ක්වා (හෝ ඇක්'ව), *n.* වතුර (සමාසපද සෑදී මට යෙදේ; විස්කි නමැති මත්පැන්

aqua fortis ඒ'ක්වෆෝර්ටිස්, *n.* ගිනිවතුර

aquarium ·අක්වේරි'අම්, *n.* ජලයෙහිවසනහෝ වැවෙන සතුන් හා පැලවගීවලට කරණලද පොකුණ

aquarius ·අක්වෙරිඅස්, *n* කුම්භ රාශිය

aquatic ·අක්වැටික්, *a.* ජලය පිළිබඳ, ජලයෙහි උපදින හෝ වසන. *n.* [කාතුව

aqueduct ඇක්විඩක්ට්, *n.* වතුර බැසයන මාර්ගය,

aqueous ඒක්වි'අස්, *a.* දියවූ, ජලය සහිත, ජලමය

aquiline ඇක්විලෙයින්, *a.* රාජාලි, රාජාලියාගේ තුඩමෙන් වකුවූ

Arab ඇර්ඇබ්, *n.* අරාබිකාරයා, ගෙදරක් නැති ලමයා, අරාබි අශ්වයා. -ian. *a.* අරාබියට අයිති; *n.* අරාබිකාරයා. -ic, *a.* අරාබිය හෝ අරාබින් පිළිබඳ; *n.* අරාබි භාෂාව

arable ඇර්'අබ්ල්, *a.* සීසෑමට සුදුසු

arbit*er* ආර්බි'ටර්, *n.* ආරාවුල් කරුණක් බේරීමට පත්වූ අය. *a.* -rar*y*, ඊශ්‍වකැමැත්ත හෝ තැප්ප -නාව ලෙස නියමකරණ, ශ්‍රීතුවක්කාර(*n.* -iness)

arbitrat*e* ආර්බිටේට්, *v.* ආරාවුල් කරුණක් බේරා දෙනවා. *n.* -ion \

arboriculture ආර්බොරිකල්චූර්, *n.* ගස් වැවීම

arbour ආර්බර්, *n.* වැල් හෝ අතුවලින් මුවාවූ ස්ථානය, ලතා මණ්ඩපය

arc ආර්ක්, *n.* කවයක කොටසක්

arcade ආර්කේඩ්, *n.* (බෝක්කුවලින්) වැසුනු මාර්ගය, ජනතාපථය [කුව. *v.* බෝක්කු තනවා

arch ආර්ච්, *n.* කවාකාරය, ආරුක්කුව, බෝක්

arch ආර්ච් (හෝ ආර්ක්) (ප්‍රාණාක්ෂරයකට පූර්වයෙන් ආර්ක්), ප්‍රධාන යන අර්ථ ඇති උපසර්ගයක්. *a.* චතුර, ප්‍රයෝග දක්ෂ

archæology ආර්කිඕල්ඔජි, *n.* පුරාණ දේ පරීක්ෂා කිරීමේ ශාස්ත්‍රය. *n.* -ist. *a.* -ical

archaic ආර්කේඉක්, *a.* පුරාණ. *n.* -sm, පරණ අවලංගුවූ පදය [යේ දේවදූතයෙක්

archangel ආර්ක්ඒංජල්, *n.* ඉතා උත්තම පංක්ති

archer ආර්ච්අර්, *n.* දුනුකාරයා, වැද්දා. *n.* -y, දුනු ශිල්පය [මුද

archipelago ආර්කිපැල්අගෝ, *n.* දූපත් බහුල

architect ආර්කිටැක්ට්, *n.* ගෘහ ශිල්පියා. *a.* -ural *n.* -ure, ගෘහශිල්පය, ගොඩනැගිල්ල

archives ආර්කයිව්ස්, *n.* ප්‍රසිද්ධ ලියවිලි ආරක්ෂා කරණ ස්ථානය, ප්‍රසිද්ධ ලියවිලි සමූහය

arctic ආර්ක්ටික්, *a.* උතුරු, උතුරට අයිති [*n.* -cy

ardent ආර්ඩන්ට්, *a.* උෂ්ණ, ලැදි, උත්සාහවත්

ardour ආර්ඩර්, *n.* උෂ්ණය, දැඩිකම, උනන්දුකම

arduous ආර්ඩ්‍යුඅස්, *a.* අසීරු, දුෂ්කර. *n.* -ness

are ආර්, *v.* 'be' යන ක්‍රියාවේ වර්තමාන බහුවචනය

area ඒරි·අ, *n.* සමතලා බිම, මහත, මිදුල

arecanut ·ඇරි·කණට්, *n.* පුවක් ගෙඩිය, පුවක්

arena ·අරී·ණ, *n.* රඟමඩල, වාද භූමිය

argue ආර්ග්‍යු, *v.* වාදකරනවා, කරුණු දක්වා කථාකරනවා. *n.* -ment

arid ඇරිඩ්, *a.* රස්නයෙන් වියලි, නිසරු. *n.* -ity

aright ·අරයිට්, *ad.* හරියට, යුතුලෙස

arise ·අරයිස්·, *v.* නැඟිටිනවා, නගිනවා

aristocracy ඇරිස්ටොක්·රසි, *n.* කුලීනයන් හෙවත් රදලවරුන් විසින් ආණ්ඩුකිරීම, කුලීනයෝ. *n.* -t, කුලීනයා. *a.* -tic [*n.* -ian

arithmetic ·අරිත්මිටික්, *n.* අංකගණිතය. *a.* -al.

ark ආර්ක්, *n.* පෙට්ටිය, නෝවාගේ නැව [පමණ

arm ආර්ම්, *n.* අත, අත්ත. *a.* -ful, අතටගතහැකි

arm ආර්ම්, *v.* ආයුධවලින් සන්නද්ධකරනවා. *n.* -s, යුධායුධ *n.* -y, යුධසේනාව [සමූහය

armada ආර්මේ·ඩ (හෝ·ආර්මා·ඩ), *n.* යුධ නැව්

armament ආර්·මමැන්ට්, *n.* යුධසම්භාරය, කොටුවකට හෝ යුධ නැවකට ඕනෑ යුධායුධ]

armistice ආර්මිස්ටිස්, *n.* ටිකවේලාවකට යුධ සමග නැවැත්වීම

armlet ආර්ම්ලැට්, *n.* බාහුවලල්ල, කේයූර

armour ආර්·මර්, *n.* සන්නාහය, යුධ හැට්ටය, ලෝහ තහඩුව. *a.* -rial. *n.* -ury, යුධායුධ තබනහෝ සාදන ස්ථානය

armpit ආර්ම්පිට්, *n.* කිහිල්ල

army ආර්මි, *n.* සේනාව, යුධසේනාව

aroma අරෝම, *n.* සුවඳ. *a.* -tic. *n.* -tics, සුවඳද්‍රව්‍ය

around අරෞණ්ඩ්, *prep.* සහ *ad.* වටේ, වටේට, වටකර

arouse අරෞස්, *v.* උනන්දුකරණවා, අවුදුනවා [නවා

arrack ඇරැක්, *n.* අරක්කු

arraign ඇරේන්, *v.* විනිශ්චයට පමුණුවනවා, විරුද්ධ තබනවා. *n.* -ment

arrange ඇරේන්ජ්, *v.* පිළිවෙලකට තබනවා, පිළිවෙළකරණවා, බේරණවා. *n.* -ment

arrant ඇරන්ට්, *a.* ඉතා නරක, නදබල

array ඇරේ, *v.* පිළිවෙලට තබනවා නොහොත් සිටුවනවා, සරසනවා. *n.*

arrear ඇරිර්, *n.* ඉතුරු කොටස, ඉතුරු මුදල

arrest ඇරෙස්ට්, *v.* බලයෙන්පිට අල්ලනවා, නවත්වනවා. *n.* සහ -ment

arrive ඇරයිව්, *v.* පැමිණෙනවා. *n.* -al

arrogate ඇරොගේට්, *v.* යුක්තිපූර්වලෙස හෝ අහංකාරලෙස ගන්නවා නොහොත් හිමිකරගන්ම ගදනවා. *n.* -ion

arrogance ඇරොගන්ස්, } *n.* අහංකාරය, ආඩම්බර. *a.* -t
arrogancy ඇරොගන්සි, }

arrow ඇරෝ, *n.* ඊතල, ඊය, ශරය

arrowroot ඇරෝරූට්, *n.* හුලංකීරිය

arsenal ආර්සිනල්, *n.* යුධායුධ සාදන හෝ රැස් කොට තබා තිබෙන ස්ථානය

arsenic ආර්සැනික්, *n.* පාෂාණම්. *a.* -al

arson ආර්'සන්, *n.* අල්ලාගතකරණ පිණිස ගෙයක් ගිනිලෑම [තෛකාලික වර්තමාන ද්විතීය

art ආර්ට්, *v.* 'be' යන ක්‍රියාවේ කතෘ, එකවචන

art ආර්ට්, *n.* කර්මාන්තය, ශිල්පය, උපාය, දක්ෂකම

artery ආර්'ටරි, *n.* හෘදයෙන් ලේ ගලායන නහර යක්. *a.* -ial

Artesian ආර්ටීෂි'අන්, *a.* ප්‍රන්සයේ ආර්ටිසිලම් හෙවත් ආර්ට්වා (Artois) නගරය පිළිබඳ, එහි තිබෙන ජලය විදින ළිත් පිළිබද [-ness

artful ආර්ට්ෆුල්, *a.* ප්‍රයෝග, උපායදක්ෂ. *n.*

article ආර්ටිකල්, *n.* වාක්‍යය, වෙණස්කොටස, දෙය; 'a', 'an', 'the' යන ගුණවචනවලට නම. *v.* පොරොත්දුපිට බඳිනවා

articulate ආර්ටික්යුලේට්, *v.* පැහැදිලි ලෙස කියනවා. *a.* පැදිලිලෙස කියනලද, පුරුක් ඇති. *n.* -ion; -eness

artifice ආර්ටිෆිස්, *n.* උපාය, ප්‍රයෝගය

artificer ආර්ටිෆ්ඵි'සර්, *n.* කර්මාන්තකාරයා, කාරීකරුවා [කරණලද

artificial ආර්ටිෆිෂ්'අල්, *a.* සාදනලද, ශිල්පයෙන්

artillery ආර්ටිල්'ලරි, *n.* කාලතුවක්කුආදි වෙඩි තිබීම පිළිබඳ යුද්ධෝපකරණ, ඒවා භාවිතාකරණ සේවාසෙ

artisan ආර්ටි'සන්, *n.* කර්මාන්තකාරයා, ශිල්පියා

artist ආර්ටිස්ට්, *n.* ශිල්පියා, සිතියම් ඇඳයම් ආ

දිය කරණ ශිල්පියා. *a.* -ic, ශිල්පය පිළිබඳ, ශිල්
පයට අනුකූල [අවඩ්‍ය. *n.* -ness

artless ආර්ට්ලැස්, *a.* අදක්ෂ, ප්‍රයෝග නැති,

Aryan ආර්'යන්, *a* ආය්‍ය, සංස්කෘත ග්‍රීක් ආදී ආ
ය්‍ය භාෂා සම්බන්ධ *n.* ආය්‍යභාෂාව, ආය්‍යයා

as ඇස්', *conj.* සහ *ad.* හැටියට, නිසා, සමානව,
උදාහරණයකට [යක්

asbestos ·ඇස්බැස්ටොස්, *n.* දැවිය නොහැකි ද්‍රව්‍ය

asafetida, } ඈ'සෆැටිඩ'ඩ, *n.* පෙරුංකායම්
asafætida, }

ascend ඇස්සෙන්ඩ්, *v.* නගිනවා. -ant, *a.* උතුම්;
n. බලය පැවැත්වීම, අධිපතිබව (*n.* -cy)

ascension ඇස්සැන්'ෂන්, *n.* නැගීම. *n.* -day, ක්‍රිස්
තුස්වහන්සේ ස්වර්ගයට නැංගේයයිසලකන දවස

ascent ඇස්සෙන්ට්, *n.* නැගීම, නැඟුම, කුඩාකන්ද

ascertain ඇස්'සර්ටේන්, *v.* සොයා හරියට දැනගන්
නවා. *a.* -able. *n.* -ment

ascetic ඇස්සැටික්, *n.* තාපසයා. *n.* -ism

ascribe ඇස්ක්‍රෛබ්, *v.* හේතුව කියනවා. *n.* -ption

ash ඇෂ්, *n.* එක්තරා ගස්වර්ගයක්, අළු (*a.* -y)

ashamed ·අශේම්ඩ්, *a* ලජ්ජාවූ

ashes ඇශ්'අස්·, *n.* අළු. (මේ බහුවචන විතරම
බොහෝසේ යෙදේ) [වෙරළම

ashore ·අශෝර්, *ad.* ගොඩදී, වෙරළදී, ගොඩම,

Ash-Wednesday ඇෂ්වැන්ස්ඩේ, *n.* අළුබදාදා

Asiatic ඒෂිඇටික්, *a.* (ලෝකයේ මහා කොටස

ශයක්වූ) ආසියාවට් අයිති. *n.* ආසියාවේකෙනෙක්
aside 'අසෛඩ්, *ad.* පැත්තකට, පැත්තකින්, ඉවත
ask 'අස්ක්, *v.* ඉල්ලනවා, අහනවා
askance 'අස්කෑන්ස්, *ad.* ඇදව, ඇස්කොණින්
aslant 'අස්'ලෑන්ට්, *ad.* ඇලවෙලා, ඇදව
asleep 'අස්ලීප්, *ad.* නිදාගෙන, නිදන්දෙන් [යෙක්
asp 'අස්ප්, *n.* පෙණේ සහිත කුඩා විෂකුරු සර්
asparagus ඇස්පැර්'අගස්, *n.* හාතාවාරිය
aspect ඇස්පැක්ට්, *n.* පෙණුම, පිහිටීම
aspen ඇස්පැන්, *n.* එතරම් ගස්වගයක්
asperity ඇස්පැරිඉටි, *n.* රළුකම, රෞද්‍රකම [-ion
asperse ඇස්'පාර්ස්, *v.* ඉසිනවා, අගුණ කියනවා.*n.*
aspirate ඇස්පිරේට්, *n.* මහා ප්‍රාණාක්ෂරය. *v.* මහා
ප්‍රාණාක්ෂරයක් ශබ්දකරණවා; *n.* -ion
aspire ඇස්පෛර්, *v.* උසස් දෙයක් ප්‍රාර්ථනාකරණ
වා. *n.* -ant [ලෙස
asquint 'අස්ක්විණ්ට්, *ad.* ඇස්කොණෙන්, වපර
ass 'අස්, *n.* බූරුවා, කොටළුවා, ගුඩ්ඩා. *a.* -inine
assafœtida ඇස්'සෆැටිඉ'ඩ, *n.*=asafetida
assail ඇස්සේල්, *v.* විරුඩකම් කරණවා, දොස් ත
බනවා. *a.*-able. *n.* -ant
assassin ඇස්සැස්සින්, *n.* රජතමහෝ හැඟවීඝීට මිනී
මරන්නා. *v.* -ate; *n.* -ation
assault ඇස්සෝල්ට්, *v.* ගහනවා [වා. *n.*
assay ඇස්සේ, *v.* පරීක්ෂාකරණවා, වෑයම්කරණ

assemble ඇසෙම්බල්, v. රැස්වෙනවා. n. -age.
n. -y, රැස්වූ අය, සභාව, පිරිස
assent ඇසෙන්ට්, v. එසේයයි පිළිගන්නවා, එක
ඟ වෙනවා. n. a. -ient
assert ඇසර්ට්, v. ස්ථිරලෙස කියනවා. n. -ion
assess ඇසෙස්, v. අයබදු හෝ වටිනාකම නියම
කරණවා. a. -able. n. -ment [වස්තුව
assets ඇසෙට්ස්, n. ණයගෙවීමට ඉතුරුවතිබෙන
asseverate ඇසෙවරේට්, v. සහතිකලෙස හෝ
ස්ථිරලෙස කියනවා. n. -ion [ස්ථිර. n. -ity
assiduous ඇසිඩියුඅස්, a. නිතර යෙදී සිටින; ක
assign ඇසයින්, v. නියමකරදෙනවා, දක්වනවා,
පවරණවා. a. -able. n. -ation. n. -ment
assimilate ඇසිමිලේට්, v. සමානකමට පමුණු
වනවා, සමානවෙනවා. a. -ive. n. -ion
assist ඇසිස්ට්, v. ආධාරකරණවා. n. -ance; -ant
assize ඇසයිස්, n. නඩුවිභාගවාරය, බඩුවල මි
නුම්හා මිලගණන් පිළිබඳ ආඥාව
associate ඇසෝෂිඒට්, v. ආශ්‍රයකරණවා, සමා
ගම් පවත්වනවා. n. සමාගම්කාරයා. n. -ion
assort ඇසෝර්ට්, v. වර්ගවලට තෝරණවා. n.
-ment [රණවා. n. -ment
assuage ඇස්වේජ්, v. සංසිඳවනයකරණවා, අඩුක
assume ඇස්යූම්, v. තමාපිටටගන්නවා, භාරගන්
නවා. n. -ption [ණවා. n. -ance
assure ඇෂුවර්, v. සත්තයභාරකරණවා, සහතික කර

asterisk ඇස්'ටරිස්ක්, *n.* තාරකා ලකුණ (*)

astern 'අස්'ටර්න්, *ad.* නැවකට පස්සෙන්, පස්සට

asteroid ඇස්'ටරොයිඩ්, *n.* කුඩා ග්‍රහතාරකාව

asthma ඇස්'ම, *n.* ඇදුම, මුහුරෝගය. *a.* -tic

astonish ඇස්ටොනිෂ්, *v.* පුදුමකරණවා. *n.* -ment

astound ඇස්ටවුණ්ඩ්, *v.* පුදුමයෙන් ආකූල කර ණවා, විස්මපත්කරණවා

astral ඇස්'ට්‍රල්, *a.* තාරකා සම්බන්ධ

astray 'අස්ට්‍රේ, *ad.* නොමඟ, මුළාව, මංමුළාව

astride 'අස්ට්‍රයිඩ්, *ad.* (අශ්වයෙකු පිට මෙන්) කකුල් දෙපැත්තට දමාගෙණ, කකුල් විහිදුවාගෙණ

astringent ඇස්ට්‍රින්'ජන්ට්, *a.* විශලවනශෝ අකු ලවන, බඳින, සහම. *n.* විශලවන බෙහෙත. *n.* -cy [ආදිත කියන ශාස්ත්‍රය. *n.* -er. *a.* -ical

astrology ඇස්ට්‍රොල්ඔජි, *n.* නැකැත් ජන්මඵල

astronomy ඇස්ට්‍රොනමි, *n.* ග්‍රහයන් හා තාර කා පිළිබඳ ශාස්ත්‍රය. *n.* -er. *a.* -ical

astute ඇස්ටියුට්, *a.* චතුර, නිපුණ නුවණ ඇති, උපායශීලී දක්ෂ. *n.* -ness

asunder 'අසන්'ඩර්, *ad.* වෙන්ව, දෙකඩව

asylum 'අසයිලම්, *n.* රක්ෂස්ථානය, ශරණ

at ඇට්, *prep.* ළඟ, හි (at sea—මුහුද ළඟ, මුහුදෙහි)

atheism ඒතිඉස්'ම්, *n.* දෙවියෙකෙනෙක් ඇති බව අවිශ්වාස කරණ දෘෂ්ටිය. *n.* -t. *a.* -tical

athenaeum ඇතිනී'අම්, *n.* ශාස්ත්‍රඥයන්ගේ සභා ව, කියවීම් ශාලාව

athirst 'අ'තාර්ස්ට්, *a.* පිපාසාව හෝ ආශාවඇති

athlete ඇත්ලීට්, *n.* සරඹ ආදි ශරීර ව්‍යායාමෙහි දක්‍ෂයා, ශරීරබලඇත්තා. *a.* -ic. *n.* -ics, සරඹ ආදි ශරීරව්‍යායාම පුරුදුකිරීමේ ක්‍රමය, ඒ සම්බන්ධ ක්‍රීඩා

athwart 'අතෙවෝර්ට්, *perp.* හරහා, හරහට [පොත

atlas ඇට්'ලස්, *n.* (රටවල් ආදීන පිළිබඳ) සිතියම්

atmosphere ඇට්මොස්ෆියර්, *n.* පොළොව හාත්පස පවතින වාතය, වලාකුළු දුම ආදිය මෙවා ඇතුළත් කොටස. *a.* -ic, -ical [දූපත් වර්ගයක්

atoll 'අටොල්, *n.* ගිරිගලින් සෑදුන (වැටිසහිත)

atom ඇට්'අම්, *n.* බෙදිය නොහැකි තරම් කුඩා කොටස, පරමාණුව. *a.* -ic, -ical [වා. *n.* -ment

atone 'අටෝන්, *v.* කළවරද ගෙවීමට ක්‍රියාකරණ

atrocious 'අට්‍රෝෂස්, *a.* ඉතා නපුරු, ඉතා දරුණු. *n.* -ness, *n.* atrocity

attach ඇට්ටැච්, *v.* නීතියේ බලයෙන් අල්ලාගන්නවා, සම්බන්ධකරණවා. *a.* -able. *n.* -ment

attack ඇට්ටැක්, *v.* ගහණවා, පහරදෙනවා, දෝෂ නඟා කථාකරණවා. *n.* [*a.* -able. *n.* -ment

attain ඇට්ටේන්, *v.* පැමිණෙනවා, ලබාගන්නවා.

attaint අට්ටේන්ට්, *v.* නරක්කරණවා, නින්දාකරණවා, අයිතිකම අහිමිකරණවා. *n.* -der, අයිතිකම අහිමිකිරීම [මද තෙලක්

attar ඇට්'ටර්, *n.* රෝසමල් පෙතිවලින් සාදන සු

attempt ඇට්ටැම්ප්ට්, *v.* උත්සාහකරණවා. *n.*

attend ඇටැණ්ඩ්, *v.* කැටුවයනවා, පැමිණසිටිනවා, ඇහුම්කන්දෙනවා. *n.* -ant. *n.* -ance

attention ඇටැන්ෂන්, *n.* ඇහුම්කන්දීම, සැලකීම. *a.* -ve (*n.* -ness) [කරණවා. *n.* -ion

attenuate ඇටැනුඑට්, *v.* සිහින්කරණවා, තුනී

attest ඇටැස්ට්, *v.* සහතිකකරණවා, සාක්ෂිපානවා. *n.* -or හෝ -er. *n.* -ation [මහල, සදැල්ල

attic ඇටික්, *n.* වහලට ආසන්නව තිබෙන උඩු

attire ඇටයර්, *v.* අඳිනවා, සරසනවා. *n.* ඇඳුම

attitude ඇටිටියුඩ්, *n.* ආකාරය, පිහිටීම, ස්වභාව

attorney ඇටෝර්නි, *n.* කෙනෙකුන් වෙනුවට ක්‍රියාකරන්නා, නීතිඥයා. *n.* -ship

attorney-general ඇටෝර්නි ජැනරල්, *n.* ආණ්ඩුවේ ප්‍රධාන නීතිඥයා

attract ඇට්‍රැක්ට්, *v.* අදිනවා, සිත අලවනවා. *n.* -ion. *a.* -ive (*n.* -ness)

attribute ඇට්‍රිබියුට්, *v.* අයිතිය කියා දෙනවා, හෝ කල්පනාකරණවා. *n.* ගුණය, ස්වභාව. *n.* -ion. *a.* -ive. *a.* -able [මිහිරි ස්වරඋපදවනවා

attune ඇටියූන්, *v.* ගායනා හඬව් එකඟකරණවා,

auburn ඕබර්න්, *n.* අඳුරු රත, රතු දුඹුර

auction ඕක්ෂන්, *n.* ප්‍රසිද්ධයේ විකිණීම, වෙන්දේසිය. *n.* -eer [-ty

audacious ඕඩේෂස්, *a.* ඉතා නිර්භය, නිර්ලජ්ජ. *n.*

audible ඕඩිබල්, *a.* ඇසෙන. *n.* -ness

audience ඕඩිඅන්ස්, *n.* ඇසීමට පිළිගැනීම, අසාගෙණ ඉන්න සමූහය

audit ඕඩිට්, *n.* ගණන් පරීක්ෂාකිරීම. *v.* ගණන් පරීක්ෂාකරණවා. *n.* -or, අහගෙණ ඉන්න අය, ගණන් පරීක්ෂාකරණ අය (*n.* -ship)

auditory ඕඩිට්ඔරිය්, *a.* ඇසීමේ ඉන්ද්‍රිය සම්බන්ධ. *n.* අහගෙණ ඉන්න පිරිස

auger ඕගර්, *n.* ලොකු විදින ආයුධයක්, අවගාරය

aught ඕට්, *n.* යමක්, ඉතාකුඩා කොටස

augment ඕග්මැණ්ට්, *v.* විශාලකරණවා, වැඩිකරණවා. *a.* -able. *n.* -ation. *a.* -ative

augur ඕගර්, *v.* ලකුණුවලින් නිමිති කියනවා. *n.* ලකුණුවලින් නිමිති කියන්නා. *a.* -al. *n.* -y, නිමිතිකීම, නිමිත්ත

august ඔගස්ට්, *a.* අති උත්තම, ශ්‍රීමත්. *n.* -ness

August ඕගස්ට්, *n.* අගෝස්තු මාසය (හිසිණි කිණර දෙමසෙහි අයත්තේය)

aunt ආණ්ට්, *n.* පියාගේ හෝ මවගේ සහෝදරී

auricle ඕරික්ල්, *n.* පිටකණ, හෘත්පොත්ත, කණ ම සමාන හෘදයවස්තුවේ යොටය් දෙකින් එකක්. *a.* -ular [උපදින

aureate ඕරිඒට්, *a.* සුවර්ණමය

auriferous ඕරිෆ්අරස්, *a.* රත්‍රන් ඇති, රත්‍රන්

aurist ඕරිස්ට්, *n.* කන් වෙදා

aurora ඔරෝර, *n.* අරුණ

aurora borealis ඔරෝර බෝරිඒලිස්, *n.* ලෝකයේ උතුරුදෙස රාත්‍රියේ පවතින එළියක්

auspices ඕස්පිසිස්, *n.* පක්ෂීන්ගෙන් නිමිති කීම

නිමිති, උපකාර, අනුග්‍රහය. *a.* -ious, ශුභලකුණු ඇති, ශුභ, මඞ්ගල්‍ය

austere ඕස්ටීර්, *a.* කර්කශ, රූක්‍ෂ, තද. *n.* -ity

Australian ඕස්ට්‍රේලි'අන්, *a.* ඕස්ත්‍රේලියා රට සම්බන්ධ. *n.* ඕස්ත්‍රේලියාවේ ජන්මන්කාරයා

authentic ඔතැණ්ටික්, *a.* සත්‍යවූ. *v.* -ate, සැබෑ බව ස්ථිරකරණවා හෝ ඔප්පුකරණවා (*n.* -ion.) *n.* -ity

author ඕ'තර්, *n.* සාදන්නා, කර්තෘ, පොත් කර්තෘ [(*f.* -ess.) *n.* -ship

authority ඔතොර්ඉටිය්, *n.* බලය, සාක්‍ෂි (බ. -ies, බලයඇති අයවල්, උදාහරණ දක්වන වැදගත් පොත්.) *a.* -ative

authorise ඔතොර්අයිස්', *v.* බලයදෙනවා, වලංගු [කරණවා, ස්ථිරකරණවා

autobiography ඕටොබයොග්'රෆිය්, *n.* තමා විසින් ලියනලද ස්වකීය ජීවිතකථාව. *a.* -ical

autocrasy, autocracy, } ඕටොක්'රසිය්, *n.* තනිබලයෙන් ආණ්ඩු කිරීම, ශ්‍රෙෂ්ඨබව. *n.* -t, තනිබලය ඇති රජ (*a.* -ic)

autograph ඕටෝ'ග්‍රෆ්, *n.* ස්වකීය අත්සන හෝ [අත් අකුරු

automatic ඕටොමැටිඉක්, *a.* ස්වකීය බලයෙන් ක්‍රියාකරණ

automaton ඕටොම්'අටොන්, *n.* ස්වකීය බලයෙන් [ක්‍රියාකරණ යන්ත්‍රය

autumn ඕටම්, *n.* යුරෝපයේ තුන්වෙනි සෘතුව (සැප්තැම්බර් 23දා සිට දෙසැම්බර් 23දා දක්වා පවතී), ශරත්කාලය. *a.* -al

auxiliary ඔක්ස්·ඉල්යරිය්, *a.* උපකාර, ආධාර. *n.* උපකාරකාරයා [v. *a.* -able

avail ·අවේල්, *v.* ප්‍රයෝජනවෙනවා. *n.* ප්‍රයෝජන

avalanche ඇව්·අලෑන්ච්, *n.* කඳුවලින් වැටෙන හිම කැට සහ පස් මිශ්‍ර මහත් හිම කණ්ඩය

avarice ඇව්·අරිස්, *n.* තණ්හාව, තද ආශාව. *a.* -ious (*n.* -ness)

avaunt ·අවොණ්ට්, *interj.* පල ! පිටවෙය !

avenge ·අවැන්ජ්, *v.* පළිගන්නවා. *n.* -r

avenue ඇව්ඉනෲ, *n.* මාර්ගය, පලල් වීථිය, දෙපස ගස්ඇති පාර

aver ·අ·වාර්, *v.* සහතිකලෙස කියනවා. *n.* -ment

average ඇව්·අරේජ්, *n.* මධ්‍යස්ථ ප්‍රමාණය හෝ ගණන. *a.*

averse ·අ·වාර්ස්, *a.* අප්‍රිය, විරුද්ධ. *n.* -ion; -eness

avert ·අ·වාර්ට්, *v.* වලක්වනවා

aviary ඒවිඑරිය්, *n.* පක්ෂි ගේ, පක්ෂි කූඩුව

avidity ·අවිඩිටිය්, *n.* තද ආශාව හෝ රුචිය

avocation ඇව්ඔකේෂන්, *n.* රක්ෂාව, රක්ෂාවට කාරණ වැඩේ [-able. *n.* -ance

avoid ·අවොඉඩ්, *v.* දුරුකරනවා, වලක්වනවා. *a.*

avoirdupois ඇව්·අර්ඩුපොඉස්·, *n.* රාත්තලට ඕන්ස් 16 ක් ඇති බරක්‍රමය

avouch ·අවෞච්, *v.* සහතිකකොට කියනවා, ස්ථිර කොට කියනවා, පිළිගන්නවා

avow ·අවෞ, *v.* ප්‍රකාශකොට කියනවා, පිළිගන්නවා. *a.* -able. *n.* -al

await ˈඅවේට්, *v.* බලාසිටිනවා, සැරසී සිටිනවා

awake ˈඅවේක්, *v.* (නින්දෙන්) පුබුදුවනවා, පුබුදිනවා. *a.* නොනිදාඉන්න. *v.* -n, පුබුදුවනවා

award ˈඅවෝර්ඩ්, *v.* නියමකරනවා, විනිශ්චය කරනවා. *n.*

aware ˈඅවෙˈඅර්, *a.* දැනගෙණඉන්න, දන්න

away ˈඅවේ, *ad.* අසනාම, අහකින්, ඉදිරිපිටනැතුව

awe ඕ, *n.* ගෞරව (ආදර) සහිත බය. *v.* එබඳු බය ඇතිකරණවා. *a.* -ful, භයානක. (*n.* -ness)

awhile ˈඅශ්වෙල්, *ad.* ටිකකට, මදකවේලාවකට

awkward ඕක්ˈවාර්ඩ්, *a.* අදක්ෂ, අවලක්ෂණ, අයෝග්‍යය. *n.* -ness

awl ඕල්, *n.* සපත්තු මහන්නන්ගේ විදිනකටුව

awn ඕන්, *n.* ධාන්‍ය හෝ තණවර්ගවල රැවුල හෙවත් ලෝම

awning ඕන්ඉං, *n.* වියන [රීත

awry ˈඅරෙ, *a.* හෝ *ad.* පෙරළී, ඇදේව, විප

axe ඈක්ස්, *n.* පොරොව, කෙටේරිය

axiom ඈක්ස්ඉඅම්, *n.* සූත්‍රය, සිද්ධාන්තය. *a.* -atic

axis ඈක්ස්ඉස්, *n.* අක්ෂය, ධුරාවය

axle ඈක්ස්ල්, }
axle-tree ඈක්ස්ල්ට්‍රී, } *n.* (කරත්ත) අලවංගුව

axle-box ඈක්ස්ල්බොක්ස්, *n.* (කරත්තෙ) බොස් ගෙඩිය, නාභිය

ay
aye } ආඉ, *ad.* ඔව්, සත්තකට

aye ඒ, *ad.* නිතර

azure ඈස්උර්, *n.* නිල, ආකාශ වර්ණය, ආකාශය

B.

b බී, ඉංග්‍රීසියේ දෙවෙනි අක්ෂරය

babble බැබ්බල්, v. (කුඩාදරුවන්මෙන්) අසම්පූර්ණ ලෙස කථාකරණවා, දොඩවනවා, රහස්කියනවා. n. අර්ථශූන්‍ය කථාව. n. -ment. n. -r

babe බේබ්, n. ළදරුවා, බිලින්දා

baboon බැබූන්, n. ලොකු වඳුරු වර්ගයක්

baby බේබි, n. ළදරුවා, බිලින්දා

bacchanal බැක්·කා·නල්,
bacchanalian බැක්·කනේ·ලි·යන්, } n. මත්පැන් බීමෙන් ඝෝෂාකාරමින් ප්‍රීතිවෙන්නා. a.

bachelor බැචලර්, n. අවිවාහක පුරුෂයා, අග්‍රශාස්ත්‍රශාලාවක මුල් පණ්ඩිත නාමය ලැබූ අය

back බැක්, n. පිට. පස්ස. a. පස්සෙන් පිහිටි. ad. පස්සට, හැරිත

backbite බැක්බයිට්, v. කේලාම් කියනවා [ඇටය

backbone බැක්බෝන්, n. පිටකොන්ද, කොඳු

backdoor බැක්ඩෝර්, n. පස්සාදොර

background බැක්ග්‍රවුන්ඩ්, n. පාතිය පිහිටි හෝ පස්සපැත්තේ බිම [වෙනවා. n. -r.

backslide බැක්ස්ලයිඩ්, v. පසුබස්සනවා, පසුබම

backward බැක්වර්ඩ්, a. අකමැති, ප්‍රමාද n. -ness. ad. -s, පස්සට

bacon බේකන්, n. ලුණු දු ඌරුමස්

bad බැඩ්, a. නරක, නපුරු. n. -ness [ක්‍රියා)

bade බැඩ් (හෝ) බේඩ්, v. ('bid' යන්නේ අතීත

badge බැජ්, *n.* ලකුණ

badger බැ·ජර්, *n.* බිල් හාරන සිවුපාවෙකු වර්ගයක්

baffle බැෆ්ල්, *v.* පරදනවා

bag බැග්, *n.* මල්ල, කෝෂය. *v.* මල්ලකට දමනවා, පිරුණු මල්ලක්මෙන් වෙනවා, එල්ලෙනවා

baggage බැගේජ්, *n.* ගමන්බඩු

bagging බැගිං, *n.* මලු සාදන රෙදි

bagpipe බැග්පයිප්, *n.* පිඹින නළාවර්ගයක්

bail බේල්, *n.* ඇපය, ඇපකාරයා. *v.* ඇපවෙනවා (*a.* -able.)

bail බේල්, *v.* ඔරුවකින් වතුර ඉසිනවා

bailie බේලි; *n.* ස්කොට්ලන්තයේ විනිශ්චයකාර මුලාදෑනියෙක්

bailiff බේලිෆ්, *n.* මිනිසුන් අල්ලීම දඩමුදල් අය කිරීම ජූරියකා කැඳවීම ආදි කටයුතු කරන මුලාදෑනියෙක්, ඉඩම් පිළිබඳ කළමනාකරු

bait බේට්, *n.* ඇම, සිත අලවන දෙය

bake බේක්, *v.* පුළුස්සනවා. *n.* -r. *n.* -ry, පාං පුළුස්සන ස්ථානය

balance බැල්·අන්ස්, *n.* තරාදිය, සම බර හෝ බලය, ඉතුරු කොටස. *v.* සමකරනවා, ගණන් බේරනවා

balcony බැල්කොනි, *n.* උඩුමහලක පිට බරාඳෙ

bald බෝල්ඩ්, *a.* ඉස මුඩුවූ, නග්න, අලංකාරනැති. *n.* -ness [(දෙවෙනි 'bail' බලනු)

bale බේල්, *n.* (බඩු) මිටිය. *v.* (බඩු) මිටි කරනවා

bale-fire බේල්ෆෛයර්, *n.* ලකුණක්වශයෙන් ගො
දන ගින්න, අන්තරාය ලකුණ

baleful බේල්ෆුල්, *a.* දුක්ගෙණදෙන,විනාශකරණ

balk බෝක්, *v.* වලක්වනවා, බාධාකරණවා. *n.*
නොගා හැරිය බිම්තීරය, ලොකු කද, බාධාව

ball බොල්, *n.* බෝලය, ගෝලය, උණ්ඩය, නැ
වුම් උත්සවය, බෝල

ballad බැල්'ලඩ්, *n.* සින්දුව, ලුහුඬු පදවලින් යුත්
කථාන්තාවස්තු [තිකාව බර

ballast බැල්'ලස්ට්, *n.* බරප්මම නැව්අඩියේ දමන

ballet බැල්ලේ (හෝ) බැල්ලැට්, *n.* නාට්‍ය විශේ
ෂයක් [මට යන්ත්‍රයක්

balloon බැල්ලූන්, *n.* ආකාශනෞකාව, අගසින් ගම

ballot බැල්ලට්, *n.* තෝරාගැණීමට දමන ගෝලි
පත්‍ර ආදිය, එසේ දැමීමෙන් තෝරාගැණීම. *v.*

balm බාම්, *n.* සුවඳතෙල්, ගුගුල්. *a.* -*y.* (*n.* -iness)

balsam බෝල්'සම්, *n.* සුවඳලාටු, ගුගුල්, කුඩලුමල්

baluster බැල්අස්'ටර්, *n.* කුඩාකණුව [කණුපෙල

balustrade බැල්අස්ට්රේඩ්, *n.* තරප්පදියේ කුඩා

bamboo බැම්බූ, *n.* උණගහ [අවුල්කරණවා

bamboozle බැම්බූස'ල්, *v.* වංචාකරණවා, හිත

ban බැන්, *n.* ශාපය, තහණම. *v.* (bann බ.)

banana 'බනා'න, *n.* කෙසෙල්

band බෑන්ඩ්, *n.* බඳිනරෙද්දපටිය, බැඳුම, සමාගම,
තූර්‍ය්‍යකාරණ සමාගම [පටිය

bandage බැන්ඩේජ්, *n.*. තුවාලයක් බඳින රෙදි

bandit බැණ්ඩිට්, *n.* මං පහරණ හොරා

bandy බැණ්ඩිය්, *v.* එහාට මෙහාට ගසනවා, දීලා ගන්නවා. *a.* ඇද. *n.* කරත්තය, රථය

bane බේන්, *n.* විෂ, විනාශයට කාරණය. *a.* -ful

bang බෑන්ග්, *v.* (ශබ්දසහිතව) සැරෙන් ගහනවා, සැරෙන් හෙලනවා. *n.* පහර, ශබ්ද සහිත ගැසීමේ හඬ

bangle බෑංගල්, *n.* වළල්ල

banian බැන්ඉ.අන්, *n.* සිත්පුළුවලෙන්ද, බැනියම

banish බැනිෂ්, *v.* රටෙන් පිට දමනවා *n.* -ment

bank බෑංක්, *n.* ඉවුර, තීරය, ගොඩ, බැංකුව. -er, මුදල් භාණ්ඩාගාරිකයා. *n.* -ing, මුදල් භාණ්ඩාගාරික ධුරය. *n.*-note. බැංකු මිල පත්‍රය

bankrupt බෑංක්රප්ට්, *n.* විසන්‍යාභණ්ඩත්වය ලැබූ අය. *n* -cy, විසන්‍යාභණ්ඩත්වය

banner බැන්'නර්, *n.* කොඩිය, ධ්වජය. *n.* -et

banns බැන්ස්, *n.* පෙරතාජ්(පෙරගම්)

banquet බෑංක්වෙට්, *n.* උත්සව මංගල්‍යය. *v.*

banter බැණ්'ටර්, *v.* කවටකම් කරනවා. *n.*

banyan බැන්'යන්, *n* නුගගහ (banian බ.)

baptism බැප්ටිස්'ම්, *n.* බව්තීස්මය, ජලඅත් සිඳිම. *a* -mal. *n.* -t, බැප්ටිස්ට් සභාවේ අය. *v.* -e

bar බාර්, *n.* පොල්ල, බාධාව, විනිශ්චය ශාලාවේ නීතිඥයන්ට වෙන්කරනලද ස්ථානය, බීමදෙන ස්ථානය. *v.*

barb බාර්බ්, *n.* ඊතල ඇල්ලීකටු ආදීයේ පස්සාතුඩ

barbarian බාර්බේරිඅන්, *n.* වනචරයා. *a.* හෝ -ය. *n.* -ism. *n.* -ty

barbarous බාර්·බරස්, *a.* වනචර, දුෂ්ට, චණ්ඩ

barber බාර්·බර්, *n.* පණික්කියා

bard බාර්ඩ්, *n.* කවි කියමින් ඇවිදින කාව්‍යකාරයා, කාව්‍යකාරයා

bare බේ·අර්, *a.* වැසුම් හෝ සැරසිලි නැති, නග්න. *v.* *n.* -ness. *ad.* වැස්මක් නැතුව, නග්නව

barefaced බේ·අර්ෆේස්ඩ්, *a.* මූණවසා නැති, නිර්ලජ්ජ

bargain බාර්ගෙන්, *n.* විකිණීම හෝ මිලේට ගැනීම පිළිබඳ ගිවිසුම, ලාබෙට මිලදී ගැනීම. *v.*

barge බාර්ජ්, *n.* පාරුව, පඩව්ව

bark බාර්ක්, *n.* ගසේ පොත්ත, නැව්වර්ගයක්

bark බාර්ක්, *v.* බුරනවා, පොතු අරිනවා. *n.*

barley බාර්ලිය්, *n.* යව, බාර්ලි. *n.* -corn, යව ඇටය, අඟලෙන් තුනෙන් පංගුව

barm බාර්ම්, *n.* පැසෙන මද්‍යපැන්හි පෙණ, මුහුන්

barn බාර්න්, *n.* ධාන්‍ය රැස්කරන ගේ

barometer බරොමී·ටර්, *n.* වාතයේ කිරන යන්ත්‍රය, වායුතුලාව. *a.* -ric, -rical

baron බැරන්, *n.* පස්වෙනි තරමේ සිටුවරයා. *n.* -ess. *a.* -ial. *n.* -age [*n.* -age, -cy

baronet බැරනැට්, *n.* හයවෙනි තරමේ සිටුවරයා

barque බාර්ක්, *n.* නැව්වර්ගයක් (bark බ.)

barrack බැර·රක්, *n.* යුධසේවායන්ගේ නිවස

barrel බැරල්, *n.* පිප්පය, පිප්පෙකට [illegible]

barren බැර්·රන්, *a.* වඳ, ඵලනැති, නිසරු. *n.* -ness

barricade බැර්රිකේඩ්, *n.* ගස් පස් යනාදියෙන් ඉක්මණින් කළ පවුර, බාධාව. *v.* [මාඩීම

barrier බැර්රී·අර්, *n.* කොටුව, බාධාව, සීමාව,

barrister බැර්රිස්·ටර්, *n.* ප්‍රධාන නීතිඥයා

barrow බැර්රෝ. *n.* අත්කරත්තේ, රෝද එකේ අත්කරත්තේ

barter බාර්·ටර්, *n.* බඩු හුවමාරුකිරීමෙන් වෙළ ඳම් කරණවා [වශයෙන්

basalt 'බසෝල්ට්, *n.* සුදුවටනුරු කළුපාට ඇති ගල්

base බේස්, *a.* නීච, පහත් (*n.* -ness). *n.* පතුල, අඩිය, පහත් නාදය, මිශ්‍රව සැදුන වස්තුවක ප්‍රධාන කොටස. *v.* පිහිටුවනවා. *a.* basic

basement බේස්·මන්ට්, *n.* ගොඩනැගිල්ලේ පහත කට්ටුව [*n.* -ness

bashful බැෂ්ෆුල්, *a.* ලජ්ජාවෙන, ලජ්ජා සහිත.

basin බේසන්, *n.* වට පළල් තලිය, බේසම, පහත, පහත් භූමිය

basis බේසිස්, *n.* අඩිතාලම, අත්තිවාරම, මුල

bask 'බස්ක්, *v.* (අව්වෙහෝ ගිනි) තපිනවා

basket 'බස්කැට්, *n.* කූඩය, වැල්පෙට්ටිය

bass බේස්, *n.* පහත් නාදය (=base)

bast බැස්ට්, *n.* පට්ටා

bastard බැස්·ටාර්ඩ්, *n.* අවජාතකයා. *a.* අවජාතක, අසත්‍ය [වක්කරණවා

baste බේස්ට්, *v.* කෝටුවකින් තලනවා, තෙල්

bat බැට්, *n.* වවුලා, පක්ෂිපත්‍ර හෝ ගබල. *v.*

batch බැච්, *n.* එකම පිලිස්සූ පාන්රැස, එකට අ පිහි ගොඩ

bath බාත්, *n.* නෑම, ස්නාන ස්ථානය, ස්නානවතුර. *v.* -e බේත්, ස්නානවා [පොල්ල

baton බැට්·අන්, *n.* පොලිස්කාර ආදීන්ගේ අණ

batta බැට්ට, *n.* ගමන්වියදම, බත

battalion බැට්ටැල්යන්, *n.* 500 සිට 1000 දක්වා හේවායන්ගෙන් යුත් පාබල සේනාඛණ්ඩය

batten බැට්න්, *n.* අඟල් හෙල්පයක් පලල ලෑලි කැබැල්ල. *v.* (එබඳු) ලෑලි කැබැල්ලක් සවිකරණවා, තරකරණවා [පයක් මිශ්‍රවූ දෙය

batter බැට්·ටර්, නැවත නැවත ගසනවා, ද්‍රව්‍ය කී

battery බැට්·ටරිය්, *n.* කාලතුවක්කු කොට්ටුව, කාලතුවක්කු දෙකකට හෝ ඊට වැඩිගණන, කාල තුවක්කු ආදිය සහිත හේවා පිරිස, අයුතුගෑසීම

battle බැට්ට්ල්, *n.* යුද්ධය, සටන. *v.* *n.* -ment, මාගී ඇති ප්‍රාකාරය

bauble }
bawble } බෝබ්ල්, *n.* සුළු දෙය, අගය නැති ආභරණය, සෙල්ලබඩුව

bawl බෝල්, *v.* කෑගසනවා, අඬගසනවා. *n.*

bay බේ, *a.* තඹවන්, මදුරත, මහමෝකුවිරය, (බල්ලෙකුගේ)බිරීම, ගස්වර්ගයක්. *v.* බුරණවා

bayonet බේඔනැට්, *n.* තුවක්කු කිරිච්චිය, බයිනෙත්තුව. *v.* බයිනෙත්තුවෙන් අනිනවා

bazaar බැසාර්, *n.* කඩය, සල්පිල

be බී, *v.* වෙනවා, ඉන්නවා, සිටිනවා

beach බීච්, *n.* වෙරළ, තෙර

beacon බීකන්, *n* ලකුණක් වශයෙන් උස් ස්ථානයක දල්වනලද එළිය

bead බීඩ්, *n.* පබළු ඇටය, බොරදම [දැනීමෙක්

beadle බීඩ්ල්, *n.* පණිවුඩකාරයා, පල්ලියේ මුලා

beak බීක්, *n.* (පක්ෂි) තුඩ, තුඩ මෙන් උල්වූ දෙය

beam බීම්, *n.* (ලී හෝ ලෝහ) කද, රශ්මිය, කිරණ. *v.* රැස්විහිදුවනවා, දිලිසෙනවා

bean බීන්, *n.* මෑ බෝංචි ආදී ඇටවර්ගයී, එම පැලය හෝ වැල

bear බෙයාර්, *v.* ගෙණයනවා, දරනවා, දරුවන් වදනවා. *n.* -ing, ආකාරය. පිහිටි අන්දම. *a.*-able

bare බෙයාර්, *n.* වලහා. *a.* -ish, රෞද්‍ර, රළු

beard බිඅර්ඩ්, *n.* රැවුල. *v.* රැවුල අල්ලනවා, විරුධකම් පායනවා. *a.* -less, රැවුල නැති [-ial

beast බීස්ට්, *n.* තිරිසනා, මෘගයා. *a.* -ly (*n.*-liness),

beat බීට්, *v.* ගහනවා, තලනවා. *n.* නිතර නැසී රෙණ පාර හෝ ස්ථානය [*a.* -ic

beatify බිඇටිෆයි, *v.* වාසනාවන්ත කරණවා

beatitude බීඇටිටියුඩ්, *n.* ශ්‍රෙෂ්ඨ සැප

beau බෝ, *n.* ජේයන්තුකාරයා, ස්ත්‍රියකට පෙම් බැඳ සිටින්නා [*a.* -eous, -iful. *v.* -ify

beauty බියුටි, *n.* ලක්ෂණය, ශ්‍රීයාව, ලක්ෂණ අය.

beaver බිවර්, *n.* මුගටියාවැනි එකම් සතෙක්

becalm බිකාම්, *v.* නිශ්චලකරණවා

because බිකෝස්', *conj.* නිසා, බැවින්

beck බැක්, *n.* අතින් හෝ හිසින් කරණ ලකුණ. *v.*

beckon බැක්'කන්, *v.* අතින් හෝ හිසින් සංඥා කරණවා

becloud බික්ලෞඩ්, *v.* අඳුරු කරණවා

become බිකම්, *v.* වෙනවා. *a.* -ing, සුදුසු

bed බැඩ්, *n.* ඇඳ, පතුල, පාත්තිය. *n.* -ding, ඇඳට අයිති උපකරණ. *a.* -rid, -ridden, ඔත්පල

bedaub බිඩෝබ්, *v.* තවරණවා, ගානවා

bedeck බිඩැක්, *v.* සරසනවා [ණවා

bedew බිඩ්යූ, *v.* පිනිකෙන් තෙමනවා, තෙත්කර

bedim බිඩිම්, *v.* අඳුරු කරණවා

bedizen බිඩිස්'න්, *v.* අලංකාරකරණවා, ජේත්තු වට අඳිනවා [හල ඇති ස්ථානය

bedlam බැඩ්'ලම්, *n.* පිස්සන්ගේ කොටුව, කාලකෝලා

Bedouin බැඩුඉන්, *n.* නිත්‍ය වාසස්ථානයක් නැති අරාබි මනුෂ්‍යවර්ගයක්

bedstead බැඩ්ස්ටැඩ්, *n.* ඇඳ, මිඤ්චකය

bee බී, *n.* මීමැස්සා, බඹරු, නොකම්මැලි ශූර අය

beehive බීහයිව්, *n.* මීය

beech බීච්, *n.* ඕක්වර්ගයේ ගසක්. *a.* -en

beef බීෆ්, *n.* හරක්මස්. *n.* -steak, පුලුස්සන හෝ බදින හරක්මස්පෙත්ත [ඉඳද, සිට, තිබී

been බින්, *v.* ('be' යන ක්‍රියාවේ පූර්වක්‍රියා රූපය)

beer බියර්, *n.* බිරතමැති මත්පැන් වර්ගය

bees-wax බීස්වැක්ස්, *n.* මීඉටි

beet බීට්, *n.* අල බසින පැළ වර්ගයක් [වස්

beetle බීට්ල්, *n.* කුරුමිණියා, ලොකු ලී අතකොළු

befall බිෆෝල්, *v.* සිද්ධවෙනවා

befit බිෆිට්, *v.* ඔබිනවා. *a.* -ting, සුදුසු

befool බිෆූල්, *v.* මුළාකරණවා, මෝඩයාකරණවා

before බිෆෝර්, *prep.* ඉදිරියෙහි, ඉස්සරහ. *ad.* ඉදිරියෙන්, ඉස්සර

beforehand බිෆෝර්හෑන්ඩ්, *ad.* කලින්

befriend බිෆ්‍රෙන්ඩ්, *v.* මිත්‍රයෙක් මෙන් ක්‍රියාකරණවා, ආධාරකරණවා [කරණවා

beg බෑග්, *v.* ඔහෑකමින් ඉල්ලනවා, යාච්ඤා

beget බිගෙට්, *v.* ජාතකකරණවා, උපදවනවා

beggar බෙග්ගර්, *n.* හිඟන්නා. *a.* සහ *ad.*-ly. n.-y, හිඟමන, හිඟකම

begin බිගින්, *v.* පටන්ගන්නවා, *n.* -ner, පටන් ගන්නා, ආධුනිකයා. *n.* -ning, පටන්ගැනීම

begird බිගර්ඩ්, *v* වටකරණවා

begone බිගොන්, *interj.* පල, පලයන්

begrime බිග්‍රෛම්, *v.* බොහොම කිළුටුකරණවා

begrudge බිග්‍රජ්, *v.* ඊර්ෂ්‍යාකරණවා [-ment

beguile බිගෛල්, *v.* රවටනවා, මුළාකරණවා. *n.*

behalf බිහාෆ්, *n.* ප්‍රයෝජනය, වාසිය [-iour

behave බිහේව්, *v.* හැසිරෙනවා, ක්‍රියාකරණවා. *n.*

behead බිහෙඩ්, *v.* හිස කපාදැමීමෙන් මරණවා

behest බිහෙස්ට්, *n.* ආඥාව

behind බිහෛන්ඩ්, *prep.* සහ *ad.* පස්සේ, පස්සෙන්. *a.* -hand, අසපසුවී තිබෙන

behold බිහෝල්ඩ්, *v.* බලනවා. *a.* -en, නැඹුරු, බැඳුනාවූ

behove බිහෝව්, *v.* සුතුව තිබෙනවා

behoof බිහූෆ්, *n.* ප්‍රයෝජනය

being බීඉං, *n.* වීම, පැවතීම, සත්වයා

belabour බිලේ·බර්, *v.* වීයඹයෙන්කරනවා, හසියෙන් තලනවා

belated බිලේ·ටඩ්, *a.* ඉතා ප්‍රමාදවූ, රෑවූ

belay බිලේ, *v.* පමකීපයක් ඔනා බඳිනවා [ණවා

belch බෑල්ච්, *v.* රාමතෙල් අරිණවා, ඔක්කාරකර

beleaguer බිලී·ගර්, *v.* සේනාවකින් වටලනවා

belfry බෑල්ෆ්‍රි, *n.* ඝණ්ටාව එල්ලනකණුව

belie බිලෙ, *v.* බොරුකරණවා

belief බිලීෆ්, *n.* විශ්වාසය

believe බිලීව්, *v.* විශ්වාසකරණවා [කරණවා

belittle බිලිට්ල්, *v.* සුළුකරණවා, සුළුකොට කථා

bell බෑල්, *n.* ඝණ්ටාව, මිණිගෙඩිය

belle බෑල්, *n.* ලක්ෂණට අඳින පලඳින රූ ඇති තරුණ ස්ත්‍රී [*n.* -ry; ඝණ්ටා තනන තැම්බලං

bell-founder බෑල්ෆෞණ්·ඩර්, ඝණ්ටා තනන්නා.

bellicose බෑල්ලිකෝස්, *a.* යුධකාමී

belligerent බෑල්ලිජ්·අ·රණ්ට්, *a.* යුධකරණ. *n.*

bell-metal බෑල්මෑට්·අල්, *n.* ලෝකඩ

bellow බෑල්ලෝ, *v.* මොරගසනවා, තප්පලනවා

bellows බෑල්ලෝස්, *n.* මයිනහම

belly බෑල්ලි, *n.* බඩ, උදරය

belong බිලොං, *v.* අයිතිවෙනවා

beloved බිලව්ඩ්, *a.* සෙන්හවත්, ප්‍රේමවත්

below බිලෝ, *prep.* සහ *ad.* යට, පහල, පහලින්

belt බැල්ට්, *n.* පටිය, බඳපටිය

bemire බිමයර්, *v.* මඩගානවා

bemoan බිමෝන්, *v.* වැලපෙනවා, ශෝකකරනවා

bench බෑංච්, *n.* බංකුව, නඩුආසනය, නඩුකාරයෝ

bend බෑන්ඩ්, *v.* නමනවා, යොමුකරනවා

beneath බිනීත්, *prep.* සහ *ad.* යට, පහල, පහලින්

benediction බැනිඩික්ෂන්, *n.* ආශිර්වාදකිරීම, ආශිර්වාදය [කාරයා. *n.* -or, (*f*) -ress

benefaction බැනිෆැක්ෂන්, *n.* යහපතකිරීම, උප

benefice බැනිෆිස්, *n.* දේවගැති ආවාසය, දේවගැති වෘත්තිය. *a.* -d

beneficence බැනිෆිසැන්ස්, *n.* යහපතකිරීම

benefic*ent* බැනිෆිසන්ට්, *a.* කරුණාවන්, යහපතකරන. *a.* -ial. *n.* -iary, ආධාර ලත් අය

benefit බැනිෆිට්, *n.* ප්‍රයෝජනය, යහපත. *v.*

benevolence බැනිවලැන්ස්, *n.* කරුණාව, කුළුණු ක්ෂාම. *a.* -t

benighted බිනයිටඩ්, *a.* අඳුරෙන් වැසුනු

benign බිනයින්, *a.* දයාවන්, පෙම්බර. *a.* -ant බැනිග්නන්ට්. *n.* -ity බැනිග්නිටිස්

bent බෑන්ට්, *n.* නැමීම, සිතඇදීම. *a.*

benumb බිනම්, *v.* ප්‍රාණවත්කම නැතිකරනවා, හිරිවැටෙනවා

bequeath බික්වීත්, *v.* (අන්තිම කැමතිපත්‍රයෙන්) උරුමකර තබනවා (හෝ දෙනවා)

bequest බික්වෙස්ට්, *n.* අන්තිම කැමති පත්‍රයෙන් දෙනලද්දක් [*n.* -ment.

bereave බිරීව්, *v.* දුවත්කරණවා, නැතිකරණවා.

berry බෙරි, *n.* ඇට සහිත කුඩා ගෙඩිය

berth බර්ත්, *n.* නැව් නැවැත්වීමට සුදුසුතැන, නැවේ නිදන ගබඩාව, තනතුර

beseech බිසීච්, *v.* ලැදිව ඉල්ලනවා, යාච්ඤාකරණවා [පෙනවා

beseem බිසීම්, *v.* ඔබිනවා, සැහෙණවා, ගැල

beset බිසෙට්, *v.* වටකරණවා, තෙරපණවා

beside බිසයිඩ්, } *prep.* සහ *ad.* ළඟ, ඈර.
besides බිසයිඩ්ස්, } ඇරත්, තවද

besiege බිසීජ්, *v.* යුධසේනාවක් එසින් වටලනවා

besmear බිස්මියර්, *v.* තවරණවා, ගානවා

besom බීසම්, *n.* මුස්න, පිසදමන කොස්ස [ණවා

besot බිසොට්, *v.* සිහිය නැතිකරණවා, මුලාකර

bespatter බිස්පැට්ටර්, *v.* ඉසිනවා, විසුරුවණවා

bespeak බිස්පීක්, *v.* කලින් කියනවා

besprinkle බිස්ප්‍රිංක්ල්, *v.* ඉසිනවා, විසුරුවණවා

best බෙස්ට්, *a.* ඉතා හොඳ. *ad.* ඉතාහොඳම, *n.*

bestial බිස්ටිඅල්, *a.* තිරිසන්, ඉතා දුෂ්ට

bestir බිස්ටර්, *v.* (ක්‍රියාවට) උනන්දුකරණවා

bestow බිස්ටෝ, *v.* කරුණාවෙන් දෙනවා. *n.* -al.

bestrew බිස්ට්‍රෘ, *v.* විසුරුවණවා, ඉසිණවා

bestride බිස්ට්‍රයිඩ්, *v.* කකුල් හරහම (යමක දෙ පැත්තම) දම්නවා [ලනවා

bet බැට්, *n.* ඔට්ටුව. *v.* ඔට්ටුකාරණවා, ඔට්ටු අල්

betake බිටේක්, *v.* පැමිණෙනවා, යෙදෙනවා

betel බිට්ල්, *n.* බුලත්

betel-nut බිට්ල්නට්, *n.* පුවක් (arecanut බ.)

bethink බිතිංක්, *v.* මතක්වෙනවා, සිහිකරණවා

betide බිටයිඩ්, *v.* සිඩවෙනවා

betimes බිටයිම්ස්, *ad.* වේලාසනින්, කලින්

betoken බිටෝකන්, *v.* ලකුණුවලින් පෙන්නනවා, දක්වනවා [වා, අසූතරණවා. *n.* -al

betray බිට්‍රේ, *v.* පාවාදෙනවා, මිත්‍රද්‍රෝහි වෙන

betroth බිට්‍රෝත්, *v.* භාරබැඳීමට පොරොත්තුවෙනවා. *n.* -al, -ment [දීත්. *v.* දීක්ෂා කරණවා

better බැට්ටර්, *a.* සහ *ad.* වඩා හොඳ, වඩා හො

bettor බැට්ටර්, *n.* ඔට්ටු අල්ලන්නා

between බිට්වීන්, } *prep.* අතරේ (තට්‍ දෙ)
betwixt බිට්වික්ස්ට්, } මධ්‍යයේ

bevel බැවල්, *n.* ඇල ආයුධය, ඇලය. *v.*

beverage බැවරේජ්, *n.* (බොන) බීම

bevy බැවි, *n.* රැළ, සමූහය

bewail බිවේල්, *v.* වැලපෙනවා

beware බිවෙයර්, *v.* ප්‍රවේසම්වෙනවා, වලකනවා

bewilder බිවිල්ඩර්, *v.* සිහිය අවුල්කාරණවා, මුලාකරණවා. *n.* -ment

bewitch බිවිච්, *v.* මන්ත්‍රබලයෙන් පොලඹනවා, ඉ

නා මහත් ප්‍රීතියට පමුණුවනවා. *n.* -ery, -ment

bey බේ, *n.* තුර්කිරටේ පලාතක ආණ්ඩුකාරයා

beyond බියොන්ඩ්, *ad.* සහ *prep.* ඈත, ඈතට, වැඩිය

bhang බෑං, *n.* කංසා, ගංජා

biangular බයිඇංගියු'ලර්, *a.* කොන් (මුලු) දෙකක් ඇති [sed

bias බයි·අස්, *n.* හිතඇදීම, පක්ෂවාදිකම. *a.* -ed,

bib බිබ්, *n.* ළමයින්ගේ නිකටට පාතින් වැගිරෙන කිලු වු නොවීමට බඳින වැස්ම කඩ [බලය. *a.* -ical

Bible බයි·බල්, *n.* ක්‍රිස්තියානි දහම්පොත, බයි

bibliography බිබ්ලිඔග්‍රැෆි, *n.* පොත් පිළිබඳ විද්‍යාව හා කථාන්තරය, යම්කෙනෙකුගේ පොත් ලේඛනය .*a.* -ical [ඇති යානාවක්. *n.* -ist

bicycle බයිසිකල්, *n.* එක පෙළින් වකු දෙකක්

bid බිඩ්, *v.* කැඳවනවා, අණකරනවා, (ප්‍රසිද්ධ විකිණීමකදී) ඉල්ලනවා

biennial බයිඇන්නි·අල්, *a.* දෑවුරුද්දක් පවතින. *n.* දෑවුරුද්දක් පවතින පැළය

bier බි·අර්, *n.* දෙන, තුම්බය

big බිග්, *a.* මහත්, ලොකු. *n.* -ness

bigamy බිග්ඇමි, *n.* ද්විවාහය. *n.* -ist [වරාය

bight බයිට්, *n.* මුහුදුවෙරළ වක්වීමෙන් හැදුනු

bigot බිගට්, *n.* මුරණ්ඩුලෙස තදින් මතයකට බැඳුන අය. *n.* -ry. *a.* -ed, මතයකට තදින් බැඳුනු

bijou බිජූ. *n.* ඉතා ලක්ෂණ කුඩා දෙයක්

bile බෙල්, *n.* පිත. *a.* -ious (*n.* -ness). *a.* -iary

bilge බිල්ජ්, *n.* පිප්පේ බණ්ඩිය, නැවේ පතුලේ පල්ල. *n.* -water, නැවේ පතුලේ වතුර

bill බිල්, *n.* තුඩ, ගණන්පත්‍රය (බිල), කෙටේරිය

billet බිල්ලට්, *n.* කුඩා ලිපුම, සේවකයන්ගේ නවාතැන නියමකරදෙන පත්‍රය, ලීකොටය

bill-hook බිල්හුක්, *n.* කැත්ත

billiards බිලියර්ඩ්ස්, *n.* මේසබෝල ක්‍රීඩාව

billion බිලියන්, *n.* ලක්ෂකෝටිය, 1000000000000

billow බිලෝ, *n.* මහරැළ. *a.* -y.

bimonthly බයිමන්ත්ලි, *a.* දෙමසකට වරක් කරණ හෝ වෙන්නාවූ

bin බින්, *n.* ධාන්‍යාදිය දමන පෙට්ටිය, ගබඩාවක්

binary බයිනරි, *a.* දෙකකින් යුත්

bind බයින්ඩ්, *v.* බඳිනවා. *n.* -ing, බැඳීම, පොත පිටවැස්ම [පාසු] පෙට්ටිය

binnacle බිනකල්, *n.* නැවේ දිශාසූචක(කොම්

biography බයොග්‍රැෆි, *n.* ජීවනචරිතය. *a* -ic: *a.* -ical *n.* -er [කතෘ. *n.* -ist

biology බයොලජි, *n.* සත්ව ජීවිතය පිළිබඳ

biped බයිපෙඩ්, *n.* දෙපා සත්වයා, ද්විපාදයා

birch බර්ච්, *n.* භූර්ජ නමැති ගස්විශේෂයක්, ඉපල

bird බර්ඩ්, *n.* පක්ෂියා, කුරුල්ලා

birth බර්ත්, *n.* උත්පත්තිය, පටන්ගැනීම, උපන් වස්තුව. *n.* -day, උපන්දිනය, උපන්දින සම්බන්ධ සාංවත්සරික දිනය

biscuit බිස්කිට්, n. විස්කෝත්තු

bisect බෛසැක්ට්, v. එකමහතම දෙකට කප
නවා හෝ වෙන් කරනවා. n. -ion

bishop බිෂප්, n. (ක්‍රිස්තියානි)නිකායාධිපති දේ
වගැතියා, බිෂොප්. n. -ric, බිෂොප් පදවිය

bismuth බිස්මත්, n. තද සුදු මහුරු ලෝහ වර්ගයක්

bison බෛසන්, n. වල් ගවජාතියක් [යකඩය

bit බිට්, n. කුඩා කෑබැල්ල, කෑමකට, කටකළියා

bitch බිච්, n. බැල්ලී [හපාකන, සියුණු, තද

bite බෛට්, v. හපනවා, හපාකනවා. n. a. -ing,

bitter බිටර්, a. තිත්ත, හිතට දුක්දෙන. n. -ness

bittern බිටර්න්, n. කොස් වර්ගයේ පක්ෂියෙක්

bitumen බිට්‍යූමන්, n. ගල් කීල් හෝ ගොයි තාර.
a. -inous [හෝ කටුදෙක ඇති සතා

bivalve බෛවැල්ව්, n. (බෙල්ලාමෙන) කබල්

bivouac බිවුඇක්, n. රාත්‍රියේ යුධසේනාවක් එ
ළිමයේ කඳවුර සිටුවීම. v. [හෝ වෙන්නාවූ

biweekly බෛවීක්ලි, a. දෙසතියකටවරක් කරන

blab බ්ලැබ්, v. නොසැලකිල්ලේ කථාකරනවා,
දොඩනවා [-ness. v. -en, කළුකරනවා

black බ්ලැක්, a. කළු. n. කළුව, කාපිරියා. n.

blackamoor බ්ලැක්අමූර්, n. කාපිරියා

black-ball බ්ලැක්බෝල්, n. ඡන්ද කළුකරණ ද්‍ර
ව්‍යයක්, (තේරීමේදී) ප්‍රතික්ෂේප කළ බැව් දක්
වන ගෝලයක්. v.

blackguard බ්ලැග්ගාර්ඩ්, n. අධම පුරුෂයා, අසික්

කීකයා. *v.* නින්දාකරණවා (*n.* -ism)

blacking බ්ලැකිං, *n.* සපත්තු ආදියේ ගාන කළුව

blackish බ්ලැකිෂ්, *a.* මඳක් කළු [ආචාරියා

blacksmith බ්ලැක්ස්මිත්, *n.* යකඩ වැඩකරන්නා,

bladder බ්ලැඩ්ඩර්, *n.* සතුන්ගේ මූත්‍ර හෝ වෙන දියරවර්ගයක් රඳන බොක්ක හෙවත් කෝෂය

blade බ්ලේඩ්, *n.* (තණ, තඹු, ආදි) පත්‍රය, තලය, කඩිසර දක්ෂයා

blain බ්ලේන්. *n.* බිබිල, ගඩුව [*a.* -able

blame බ්ලේම්, *n.* දෝෂනගනවා. *n.* දෝෂය, වරද

blanch බ්ලෑංච්, *v.* සුදුකරණවා, සුදුවෙනවා

bland බ්ලෑණ්ඩ්, *a.* මෘදු. *n.* -ness

blandish බ්ලෑණ්ඩිෂ්, *v.* චාටුකරණවා, පුරතල්කරණවා. *n.* -ment [බද. *n.*

blank බ්ලෑංක්, *a.* හිස්, නොලියනලද, ශී පිළි

blanket බ්ලෑංකට්, *n.* කම්බිලිය

blank-verse බ්ලෑංක් වර්ස්, *n.* කාව්‍යවිශේෂයක්, ගීත

blaspheme බ්ලැස්ෆීම්, *v.* (දෙවියන්ට) අපහාසකරණවා. *a.* -ous. *n.* -y.

blast බ්ලාස්ට්, *n.* තදින් හුලංගෑසීම, පිපිරීම, විනාශය. *v.* නටබුන්කරණවා, පුපුරවණවා [ඝෝෂාවූ

blatant බ්ලේටන්ට්, *a.* බැමළුවෙක්මෙන් අඬන,

blaze බ්ලේස්, *n.* ගිනිදැල්ල හෝ එළිය. *v.*

blazon බ්ලේස්න්, *v.* වංශලකුණු පිහිටුවනවා, පූජිතකරණවා (ප්‍රසිද්ධකරණවා)

bleach බ්ලීච්, *v.* සුදුකරණවා, සුදුවෙනවා

bleak බ්ලීක්, *a.* මුවාවක් නැති, ප්‍රීතියෙහාව නැති. *n.* -ness [සම්බන්ධව)

blear බ්ලි·අර්, *a.* මැදුවූ කඳුළුගත්ත අඳුරු (ඇස්

bleat බ්ලීට්, *n.* බැටළු හඬ. *v.* බැගානවා

bleed බ්ලීඩ්, *v.* ලේයනවා, ලේඅරිණවා

blemish බ්ලෙමිෂ්, *n.* කැලැල, දෝෂය. *v.*

blench බ්ලෙංච්, *v.* පස්සටවෙනවා, බාධාකරණවා

blend බ්ලෙණ්ඩ්, *v.* මිශ්‍රකරණවා

bless බ්ලෙස්, *v.* ආශීර්වාදකරණවා, ප්‍රශංසාකරණවා

blight බ්ලයිට්, *n.* පැලවලගී පිළිබඳ රෝගයක්, පුසුවීම. *v.* වෙලෙනවා, නිෂ්ඵලකරණවා [වා

blind බ්ලයින්ඩ්, *a.* අන්ධ. *n.* -ness. *v.* අන්ධකරණ

blindfold බ්ලයින්ඩ්ෆෝල්ඩ්, *a.* ඇස්වසාලද. *v.*

blink බ්ලිංක්, *n.* බැලීම, මොහොත. *v.* ඇස්පිනගහණවා, මගඅරිණවා. *n.* -ers, අශ්වයාගේ ඇස් වැසුම [(*n.* -ness)

bliss බ්ලිස්, *n.* උසස් ප්‍රීතිය හෝ සැප. *a.* -ful

blister බ්ලිස්·ටර්, *n.* බුබුල. *v.* බුබුළු අටගන්වනවා

blithe බ්ලයිත්, *a.* ප්‍රසන්නවූ, ප්‍රීතිමත්. *a.* -some

blizzard බ්ලිස්·අර්ඩ්, *n.* හිම සහ ශීත සුළඟින් යුත් තද කුණාටුව

bloat බ්ලෝට්, *v.* ඉදිමෙනවා, පිපෙනවා

block බ්ලොක්, *n.* යැබැල්ල, කප්පිය, බාධාව. *v.*

blockade බ්ලොකේඩ්, *n.* වටලෑම. *v.* (නාමර්ම) බාධා කරණවා

blockhead බ්ලොක්හෙඩ්, *n.* ගුඩ්ඩා, මෝඩයා

block-house බ්ලොක්හෞස්, *n.* ලීයෙන්තැනූ බල කොටුව

blockish බ්ලොකිෂ්, *a.* අඥාන, මෝඩ; ගුඩ්ඩ

blonde } බ්ලොණ්ඩ්, *a.* ඉතා සුදු. *n.* ඉතා සුදු
blond } ඉසකේ ඇත්තී

blood බ්ලඩ්, *n.* ලේ, ලේනෑකම. *a.* -y බ්ලඩි, ලේ තැවරුණු, ඉතා ක්‍රූර, මිනීමරු [බලූවර්ගයක්

bloodhound බ්ලඩ්හෞණ්ඩ්, *n.* තියුණු ඉව ඇති

blood-vessel බ්ලඩ්වැස්සල්, *n.* ලේ නහරය

bloom බ්ලූම්, *n.* මල, මල්පිපිම, සම්පූර්ණ පැසීම. *v.* (*a.* -ing, සශ්‍රීක) . *a.* -y, මල්ගහණ

blossom බ්ලොස්සම්, *n.* මල. *v.* මල් පිපෙනවා

blot බ්ලොට්, *v.* (කැලල්වලින්) කෙලෙහනවා, මකනවා. *n.* ලපය, බින්දුව, කැලල. *n.* -ter, මකන්නා, තීන්ත පොවන කඩදාසිකෑබැල්ල, සුළු කරුණු ලියන පොත

blotch බ්ලොච්, *n.* තඹ බිබිල. *a.* -y

blow බ්ලෝ, *n.* පහර, අදිස්සි විපත, ගැසීම, පිපීම. *v.* පිඹිනවා, හමනවා [මස් තෙල

blubber බ්ලබ්‍බර්, *n.* තල්මහ ආදී මහ මුහුදුමසුන්

bludgeon බ්ලඩ්ජ්‍අන්, *n.* කොට බර පොල්ල

blue බ්ලූ, *n* නිල්පාට. *a.* නිල්. (*n.* -ness)

blue-book බ්ලූබුක්, *n.* නිල් පිටකොළ ඇති ආණ්ඩුවේ වාර්තාපොත

bluish බ්ලූඉෂ්, *a* මදක් නිල්

bluff බ්ලෆ්, *a.* ඉතා බෑවුම්, මහත්, සවුල, පරුෂ. *n.* උස් බෑවුම් කන්ද

blunder බ්ලන්ඩර්, *n.* නදබල වරද, අඥානකමින් කළ වරද. *v.* *n.* -buss, නොම තුවක්කුව

blunt බ්ලන්ට්, *a.* මොට, මුවහත හෝ උල්කම නැති, මදක් රළුවූ. *n.* -ness

blur බ්ලර්, *v.* අඳුරු කරණවා, කිලුටුකරණවා. *n.* කැල්ල [කථාකරණවා

blurt බ්ලර්ට්, *v.* ඉක්මණින් අප්‍රවේසම් ලෙස

blush බ්ලෂ්, *v.* ලජ්ජාවෙනවා, ලජ්ජාව අප්‍රියතාව ආදියෙන් මූණ රතුවෙනවා හෝ දිලිසෙනවා

bluster බ්ලස්ටර්, *n.* නදසුලං ඝෝෂාව වැනි මහත් ආකූල ඝෝෂාව, පාරට්ටුකිරීම *v.* ඝෝෂාඅඩින් කථාකරණවා

boa බෝඅ, *n.* මහප්බුරා [පිඹුරා

boa-constrictor බෝඅ කොන්ස්ට්‍රික්ටර්, *n.* මහ

boar බෝර්, *n.* ඌරා, කප්පාදු නොකළ ඌරා

board බෝර්ඩ්, *n.* ලෑල්ල, කෑම; සභාව, නැව් තට්ටුව. *v.* ලෑලිගහණවා, කෑම බීම දෙනවා හෝ ලබනවා

boast බෝස්ට්, *v.* පුරසාරම් කියනවා. *n.* *a.* -ful

boat බෝට්, *n.* ඔරුව, නැව. *v.* ඔරුවෙන් ගවනවා, ඔරුවෙන් ගෙනවා [ආදියෙ භාර මුලාදෑනියා

boatswain බෝට්ස්වේන්, *n.* නැවේ ඔරු රුවල්

bob බොබ්, *n.* ඉහළ පහළ පැනීම, නූලක බැඳ ඉහළ පහළ පන්වනදෙය

bobbin බොබින්, *n.* බිරළුව

bode බෝඩ්, *v.* කලින් කියනවා

bodice බොඩිඉස්, *n.* චෝලිය

bodkin බොඩ්කින්, *n.* විදින හෝ අදින කටුව

body බොඩි, *n.* ශරීරය, සමූහය. *a.* -ily

boer බූර්, *n.* දකුණු අප්‍රිකාවේ ලංසි ජාතිකයා

bog බොග්, *n.* මඩවගුර. *a.* -gy [වංචාකරණවා

boggle බොග්ගල්, *v.* භයෙන් මෙන් නවතිනවා,

bogus බෝගස්, *a.* මිථ්‍යා, බොරු

boil බොයිල්, *v.* උණුවෙනවා, තම්බනවා. *n.* ගෙඩිය, ගඩුව. *n.* -er, උණුකරන්නා, උණුකරණ තලිය හෝ කටාරය

boisterous බොයිස්ටරස්, *a.* කුණාටු, ඝෝෂාකරණ

bold බෝල්ඩ්, *a.* නිර්භීත. *n.* -ness

bole බෝල්, *n.* (ගසේ) කඳ

boll බෝල්, *n.* කරල, බුසල් දෙකක මිනුම

bolster බෝල්ස්ටර්, *n.* බෝලමකොට්ටය, ආධාර කොට්ටය. *v.* ආධාරකරණවා [පලායනවා

bolt බෝල්ට්, *n.* ඊගහ, අගුල. *v.* අගුලදමනවා

bomb බොම්, *n.* පුපුරණ යකඩ ගෝලය

bombard බොම්බාර්ඩ්, *v.* (කොටුවකට) පුපුරණ යකඩ ගෝල ආදිය දමා කාලතුවක්කු වෙඩි තබනවා. *n.* -ment. *n.* -ier, එසේ වෙඩිතිබත්තා

bombast බොම්බැස්ට්, *n.* වයනුය පිපි තිබෙන්ට සොදන ලිහිල් ද්‍රව්‍යයක්, කථාවෙහි හෝ ලිපිමයේ අහංකාරභාවය. *a.* -ic

bombshell බොම්ෂෙල්, *n.* (bomb බ.) [අවඩිතනාව

bonafide බෝනාෆයිඩි, *ad.* සහ *a.* අවඩියා. *n.* -s,

bonbon බොංබොං, *n.* සීනිකැවිලි

bond බොණ්ඩ්, *n.* බැඳීමට යොදන දෙය, පොරොන්දු පත්‍රය, නිරුව නොමගව් බඩු දමන ගබඩාව. *a.* වාල්. *n.* -s, දම්වැල්, සිරඅඩස්සිය. *n.* -age, වාල්කම

bondman බොණ්ඩ්මැන්, } *n.* වාලා
bondsman බොණ්ඩ්ස්මැන්, }

bone බෝන්, *n.* ඇටය. *a.* -y. [ලොකු ගින්න

bonfire බොන්ෆයර්, *n.* උත්සව පිළිබඳව දල්වන

bonmot බොංමෝ, *n.* චතුර කියමන, සරදම් කියමන

bonnet බොනට්, *n.* ස්ත්‍රීන්ගේ තොප්පිය

bonus බෝනස්, *n.* වැඩිපුර දෙන යමක්, තෑග්ග

bonze බොන්ස්, *n.* (ජපන් ආදීන්ගේ) බෞද්ධ මහණුන්නාන්සේ

booby බූබි, *n.* ජඩයා, මෝඩයා

book බුක්, *n.* පොත. *v.* පොතක ලියාතබනවා. *a.* -ish පොත් කියවීමෙහි ආශා ඇති. *n.* -keeper, පොතක ගණන්ලියන්නා. *n* -let. කුඩාපොත. *n.* -maker, ග්‍රන්ථ කරන්නා, ඔට්ටුකරන්නා. *n.* -worm, පොත්පණුවා, නිතර පොත්කියවන්නා.

bookbinder බුක්බෙයින්ඩර්, *n.* පොත්බඳින්නා

boom බූම්, *n.* මුහුදු ඝෝෂාව හෝ කාලතුවක්කු හඬ වැනි ගැඹුරු හඬ, රුවල පළල්කිරීමට යොදන පොල්ල [නවාකාර ලී ආයුධයක්

boomerang බූමරං, *n.* ඕස්ත්‍රලියා ස්වදේශීන්ගේ

boon බූන්, *n.* තෑග්ග, වරය. *a.* සතුටු [(*n.* -ness)

boor බූර්, *n.* ගොවියා, පිට්සරයා, නූගත් අය. *a.*-ish

boot බූට්, *n.* බූට් නමැති උස් සපත්තුව, ප්‍රයෝජන ය. *v.* ප්‍රයෝජන වෙනවා, බූට් පා ලනවා

booth බූත්, *n.* මඩුව, බඩු විකුණන පිල

booty බූටිය්, *n.* කොල්ලකාගත් දෙය

borax බෝරැක්ස්, *n.* සමකාර. *a.* - cic

border බෝර්ඩර්, *n.* ගැට්ය, වාට්ය, අද්දර. *v.*

bore බෝර්, *v.* සිදුරු කරණවා. *n.* සිදුර, කරදරකා රයා, තදවඩ්ඩිය පාර

born බෝර්න්, *a.* උපන් (bear බ.)

borne බෝර්න්, *a.* ගෙණගිය (bear බ.)

borough බර්ඕ, *n.* මහා මන්ත්‍රි සභාවට මන්ත්‍රි යෙස් සවන නුවර, පුරය

borrow බොරෝ, *v.* නයවගන්නවා

bosh බොෂ්, *n.* හිස් කථාව, ප්‍රලාපය, පුවදෙය

bosom බුස්'අම්, *n.* ලපැත්ත, ඇතුල් හෘදය. *a.* හිතේසි. *v.* [*a.* -ed

boss බොස්, *n.* මොට්ටුව වැනි දෙය, ස්වාමියා.

botany බොට්'අනි, *n.* වෘක්ෂ තෘණ ආදීය පිළිබඳ විද්‍යාව. *a.* -ic, -ical. *n.* -ist

botch බොච්, *n.* තරනම දුඹු අණ්ඩය, නරකම ක රණ ලද්ද, ඉදිමුම, ගෙඩිය. *v.*

both බෝත්, *a.* සහ *pron.* දෙදෙනාම, දෙකම

bother බොදර්, *n.* කරදරය. *v.* කරදරකරණවා

bottle බොට්ල්, *n.* බෝතලය. *v.* බෝතලයේ දම නවා

bottom බොට්ටොම්, *n.* පතුල, අඩිය [සාතනැකීම

bottomry බොට්ටම්රිස්, *n.* නැවක් උකස් කාම

bough බෞ, *n.* අත්ත, ශාඛාව

boulder බෝල්ඩර්, *n.* ගෙවීමෙන් වටවූ ගල

bounce බෞන්ස්, *n.* පැනීම, පුච්චම. *v.*

bound බෞන්ඩ්, *n.* සීමාව, ඉම, පැනීම. *v.* සීමා නියම කරණවා, ප්‍රමාණය නියම කරණවා, පනිනවා. *a.* බැඳුනු, සත්තක, නියම, යන, හැරසී ඇති (ලැස්ති) *n.* -ary, ඉම. *a.* -en, බැඳිසිටින, යුතු

bounty බෞන්ටි, *n.* තෑගවන්තකම, තෑග්ග

bouquet බොකේ, *n.* මල් පොකුර [අකුරු වර්ගය

bourgeois බර්ජෝ, *n.* (මේ අකුරු මහත) කුඩා

bourn හෝ bourne බෝර්න්, *n.* සීමාව, ඉම

bout බෞට්, *n.* හැප්පි, වර, උත්සාහය

bovine බෝවයින්, *a.* ගවයන් සම්බන්ධ, ගව

bow බව්, *v.* නමස්කාර කරණවා, නැමෙනවා, යටත්වෙනවා. *n.* ඇනිය [ඉදපදින්නා

bow බෝ, *n.* දුන්න. *n.* -man, දුනුවායා, ඇනියේ

bowels බව්අල්ස්, *n.* බඩවැල්, අනුකම්පාව

bower බව්ර්, *n.* අතු කොළවලින් කළ මූවාව, ලියමඩුල්ල. *a.* -y

bowl බෝල්, *n.* පාත්‍රය, පන්දුව. *v.* පන්දු ගහනවා

bowman බෝමැන්, *n.* දුනුකාරයා, දුනුවායා

box බොක්ස්, *n.* පෙට්ටිය, ආසනය, අතුල්පහර. *v.*

boy බෝය්, *n.* පිරිමිලමයා. *a.* -ish. *n.* -hood, ලමාකාලය

boycott බොයිකොට්, *v.* යමෙකු සමග ගණුදෙනු ආදිය හැරදැමීමට සම්මතකරගන්නවා

brace බ්රේස්, *n.* බඳින දෙය, බැඳීම, ජෝඩුව. *v.*

bracelet බ්රේස්ලැට්, *n.* වලල්ල

bracing බ්රේසිං, *a.* බඳින, ශක්තියදෙන

bracket බ්රැකට්, *n.* 'බ්රැකට්' නමැති කුරුපාව, '[ ]', '{ }' යන ලකුණු. *v.* [-ness

brackish බ්රැකිෂ්, *a.* ලුණුරස ඇති, ස්වල්ප. *n.*

brag බ්රැග්, *n* පුච්චම, පාරට්ටුව. *v.* [චක්කාරයා

braggart බ්රැග්ගාර්ට්, *a.* පුච්චම් දොඩන. *n.* පුච්

Brahman බ්රාමන්, } *n.* බ්රාහ්මණයා. *n.* -ism, බ්රහ්
Brahmin බ්රාමින්, } මාගම

braid බ්රේඩ්, *n.* ගෙතුම් මැයීම. *v.*

brain බ්රේන්, *n.* මොළේ, සිහියුවණ. *v.*

brake බ්රේක්, *n.* හණ කඩන ආයුධයක්, අසුන් පුරුදු කරණ රථය, ගමන බාධාකරණ උපක්රමයක්, ලැහැබ [කටුපඳුරු

bramble බ්රැම්බ්ල්, *n.* කටු සහිත පැළ වර්ගයක්,

bran බ්රැන්, *n.* පරච, දහයියා

branch බ්රැන්ච්, *n.* අත්ත, ශාඛාව. *v.* *a.* -y

brand බ්රෑන්ඩ්, *n.* ගිනි පෙනෙල්ල, කඩුව, හත් තිවරණය, තරම, කැලල

brand-new බ්රෑන්ඩ්නූ, } *a.* ඉතා අලුත්
bran-new බ්රෑන්නූ, }

brandish බ්රැන්ඩිෂ්, *v.* වණනවා, ලෙලවනවා

brandy බ්රැන්ඩි, *n.* මිදිවලින් තනනලද 'බ්රැන්ඩි' නමැති බීම

brasier බ්‍රිසි·අර්, n.=brazier [පිත්තල
brass බ්‍රාස්, n. පිත්තල. a. -y, පිත්තලෙන් කළ,
brat බ්‍රැට්, n. ළමයා, පැටියා
bravado බ්‍රවේඩෝ, n. උඩඟු තර්ජනය, පුරසාරම
brave බ්‍රේව්, a. නිර්භීත, ධෛර්‍යවත්. n.-ry[සාධු!
bravo බ්‍රේවෝ, n. නිර්භීත, හොරා. interj. සාධු!
brawl බ්‍රෝල්, v. කෝලාහල කරනවා n.
brawn බ්‍රෝන්, n. මස්, ඌරුමස්සැපිය, ශරීරශක්තිය. a. -y [වා මෙන් කෑගසනවා. n.
bray බ්‍රේ, v. (වංගෙඩියේ) කොටනවා, කොටළු
braze බ්‍රේස්, v. පිත්තලෙන් පාස්සනවා. a. -n, පිත්තලෙන්කළ, අලජ්ජී [අඟුරු තබන
brazier බ්‍රේසි·අර්, n. පිත්තල වැඩකරුවා, ගිනි
breach බ්‍රීච්, n. සිදුර, විවරය. v. [දෙල්, රටදෙල්
bread බ්‍රෙඩ්, n. පාන්, පූප, ආහාර. n. -fruit, breadth බ්‍රෙඩ්ත්, n. පළල [-age)
break බ්‍රේක්, n. සිදුර, කැඩීම, නැවතීම. v. (n.
breakfast බ්‍රෙක්ෆස්ට්, n. උදෑසන ආහාරය, උදය කාලයේ කෑම .v.
breakneck බ්‍රේක්නැක්, a. අධික පල්ලම ඇති, අනතුරක සහිත
break-up බ්‍රේක්අප්, n. සිඳීයාම, කඩබුන්වීම
break-water බ්‍රේක්වෝ·ටර්, n. මුහුදු ප්‍රාකාරය
breast බ්‍රෙස්ට්, n. ළැපැත්ත, හිත, තනය. v.
breath බ්‍රෙත්, n. හුස්ම, පණ, මඳපවන. v. -e බ්‍රීත්, හුස්ම ගන්නවා, හුස්ම අරිනවා

bred බ්‍රෑඩ්, *v.* 'breed.' යන්නෙහි අතීත විධිය

breech බ්‍රීච්, *n.* පස්ගම, (තුවක්කුවක) පස්සා කොටස

breeches බ්‍රිචිස්, *n.* කොට කලිසම, සරුවාලේ

breed බ්‍රීඩ්, *v.* උපදවනවා, ඇතිකරණවා *n.* වර්ගය, ජාතිය. *n.* -ing, ඉපදීම, හැදීම, ශීලාචාරකම

breeze බ්‍රීස්, *n.* සෙමින් හමන සුළඟ. *a.* -y

brethren බ්‍රෙද්'රන්, *n.* ('brother' යන්නෙහි බහුවචන.) සහෝදරයෝ, එක සමාගමක් හෝ එක රක්ෂාවක් පිළිබඳ අයවල් [ජා පොත

breviary බ්‍රීව්'අරි, *n.* දේවමෙහෙයේ පොත, පූ

brevier බ්‍රිවීර්, *n.* (මේ අකුරට මදක් මහත්) අකුරු වර්ගයක්

brevity බ්‍රෙව්ඉටි, *n.* ලුහුඬුකම, සඞ්ක්ෂේපය

brew බ්‍රූ, *v.* බීමජාති සාදනවා. *n.* -ery, බීම සාදන ස්ථානය [හෝ ගැණීම

bribe බ්‍රයිබ්, *n.* අල්ලස. *v.* *n.* -ry, අල්ලස්දීම

brick බ්‍රික් *n.* ගඩොල. *v.* ගඩොල් අල්ලනවා

bride බ්‍රයිඩ්, *n.* මනමාලි. *a.* -al

bridegroom බ්‍රයිඩ්ගෲම්, *n.* මනමාලයා

bridge බ්‍රිජ්, *n.* පාලම. *v.* [සදය. *v.*

bridle බ්‍රයිඩ්ල්, *n.* කටකලියාව, මැඩපවත්වන

brief බ්‍රීෆ්, *a.* ලුහුඬු, කොට. *n.* සඞ්ක්ෂේප අදහස

brier බ්‍රයි'අර්, *n.* ගොකටු. *a.* -y

brig බ්‍රිග්, *n.* කුඹ දෙකක් සහිත නැව් වර්ගයක්

brigade බ්‍රිගේඩ්, *n.* යුධ සේවා කාණ්ඩ සමූහය. *n.* -ier, එබඳු යුධසමූහයක නායකයා

brigand බ්රිග්ඇණ්ඩ්, *n*. පල්හොරු කාණ්ඩයකින් එකෙක්. *n*. -age, පල්හොරකම

bright බ්රයිට්, *a*. දිලිසෙන, පැහැදිලි. *n*. -ness. *v*. -en, දීප්තිමත්කරණවා

brilliant බ්රිල්යන්ට්, *a* ඉතා දීප්තිමත් (*n*. -cy.) *n*. කාන්තිමත් දියමන්තිය

brim බ්රිම්, *n*. ගැට්ය, වාට්ය. *a*. -ful, හොඳටපිරුණු

brimstone බ්රිම්ස්ටෝන්, *n*. ගෙන්දගම්

brine බ්රයින්, *n*. ලුණුදිය, සමුද්‍ර. *a*. -y

bring බ්රිංග්, *v*. ගෙණෙනවා

brink බ්රිංක්, *n* අද්දර, ඉවුර

brisk බ්රිස්ක්, *a*. කඩිසර, ප්‍රාණවත්. *n*. -ness

bristle බ්රිස්ස්ල්, *n*. ඌරු අල රෝමය. *v*. කෙළින්සිටිනවා. *a*. -y [සම්බන්ධ

British බ්රිටිෂ්, *a*. බ්රිතාන්‍යරට හෝ එහි ජනයා

Briton බ්රිටන්, *n*. බ්රිතාන්‍ය දේශිකයා

brittle බ්රිට්ට්ල්, *a*. පහසුවෙන් බිඳෙන

broach බ්රෝච්, *n*. උල්වූ අගය. *v*. හිල්කරණවා

broad බ්රෝඩ්, *a*. පළල, විශාල. *v*. -en

brocade බ්රොකේඩ්, *n*. රන් රිදී මල්සහිත පටරෙදි

brochure බ්රොෂූර්, *n*. කුඩාපොත

brogue බ්රෝග්, *n*. පදම්නොකළ සම්න් කළ රළු සපත්තුව, අශුද්ධලෙස ශබ්දකිරීම

broil බ්රොයිල්, *v*. (අඟුරුපිට හෝ යකඩමැස්ස පිට) බදිනවා. *n*. කෝලාහලය, ඩබරය

broke බ්රෝක්, *v*. ('break' යන්නේ අතීතවිධිය) කැඩුවා. *a*. -n, කැඩුනු, බිඳුනු

broker බ්‍රෝ.කර්, *n*. අන්‍යයන් වෙනුවට බඩුමිලදී ගෙන විකුණන්නා, පරණ බඩු විකුණන්නා. *n*. -age, එබඳු විකුණන්නාට දෙන කුලිය (කොමිස්)

bronchitis බ්‍රොංකයිටිස්, *n*. යල (උගුර) රෝගය

bronze බ්‍රෝන්ස්, *n*. තඹ හා බෙලෙක්මුස් ලෝහ වර්ගය, එම ලෝහයෙන් කළ පිළිමය. *a*.

brooch බ්‍රෝච්, *n*. හාරිච්චිය, ආභරණය

brood බ්‍රූඩ්, *v*. (බිජුකිකීම වැනි ආදී තමන්) වනාගෙන ඉන්නවා, යමක්ගැටු සත්තව සියිල්ලේ ඉන්න වා. *n*. එකවර රකිණුලැබූ පැටව්, වංශය

brook බ්‍රූක්, *n*. ඇළ, දොළ. *v*. ඉවසනවා

broom බ්‍රූම්, *n*. ඉදල, කොස්ස, පැලෑවර්ගයක්. *a*. -y

broth බ්‍රොත්, *n*. හොද්ද

brother බ්‍රද්'අර්, *n*. සහෝදරයා, එකසමානවට හෝ එක රැකාව කරන්නන්ගේ පන්තියට අයි ති අය. *a*. -ly, ප්‍රේමවන්ත (*n*..-iness)

brother in-law බ්‍රද්'අර්-ඉන්-ලෝ, *n*. මස්සිනා (ස්ත්‍රී යේ හෝ පුරුෂයාගේ සහෝදරයා)

brow බ්‍රෞ, *n*. නළල, අද්දර. *v*. -beat, මැඩපවත් වනවා, සැරකරනවා

brown බ්‍රෞන්, *a*. රතටනුරු දුඹුරු. *v*. *a*. -ish

browse බ්‍රෞස්, *v*. ගස්වල දලුකනවා

bruin බ්‍රූඉන්, *n*. වලහා

bruise බ්‍රූස්, *n*. තැළුම, පොඩිවීම. *v*. [තැළැන්නී

brunette බ්‍රූණැට්, *n*. මදක් තඹවත් හෝ කලු

brunt බ්‍රන්ට්, *n*. සැරකම, වේගය, ගැස්ම

brush බ්‍රෂ්, *n.* සපත්තු ආදිය මදින කොස්ස හෝ බුරුසුව, සායම්ගාන කොස්ය, පුළුනවන. *v.*

brusque බ්‍රස්ක්, *a.* රළුගති ඇති. *n.* -ness

brute බ්‍රූට්, *n.* තිරිසනා, වනචරයා. *a.* තිරිසන්, වනචර, සිත්නැති. *a.* -ish (*n.* -ness), -al (*n.* -ity)

bubble බබ්බිල්, *n.* දියබුබුල, හිස්බව, රැවට්ල්ල. *v.*

buccaneer බක්කැනීර්, *n.* මුහුදේ කොල්ලකන්නා

buck බක්, *n.* මුව ආදීන්ගේ පිරිමි සතා, ජේත්තු කාරයා

bucket බක්ඇට්, *n.* බාල්දිය

buckle බක්ල්, *n.* (අමුණන) ගැස්පරය

bud බඩ්, *n.* දළුව, අංකුරය, මොට්ටුව. *v.*

Buddha බුඩ්ඩා, *n.* බුදුන්. *n.* -ism බුඩ්ඩිස්ම්, බුද්ධාගම. *n.* -ist බුඩ්ඩිස්ට්, බුද්ධාගම්කාරයා

budge බජ්, *v.* යනවා, හෙලවෙනවා

budget බජ්ඉට්, *n.* කුඩාමල්ල, අයවැය ගණන

buff බෆ්, *n.* මීහරක් හම්න් යෑදු මෘදු හම, කහ පාටම ආසන්න වර්ණය. *a.*

buffalo බෆ්ෆලෝ, *n.* මීහරකා

buffer බෆ්ෆර්, *n.* තට්ටුවීමේ වේගය මැඩීමම දුම්රියවල දෙපැත්තේ තිබෙන වට් ඇණය

buffet බෆ්ෆැට්, *n.* රාක්කය, අතුල්පහර. *v.*

buffoon බෆ්ෆූන්, *n.* විහිළුකාරයා, විගඩමා. *n.*-ery, විගඩම

bug බග්, *n.* මකුණා [පමණයා

bugbear බග්බෙආර්, *n.* බයගන්වන දෙයක්,

buggy බග්ගි, *n.* කුඩා (අශ්ව) රථ වර්ගයක්

bugle බ්‍යූග්ල්, *n.* හොරණෑව, නලාව. *n.* -r, හොරණෑව පිඹින්නා [නැගිල්ල

build බිල්ඩ්, *v.* ගොඩනගනවා. *n.* -ing, ගොඩ

bulb බල්බ්, *n.* ගුළි ආකාර අලය, ඒ ආකාර දෙය. *a.* -ous

bulge බල්ජ්, *n.* නෙරීම. *v.* [(*n.* -iness.)

bulk බල්ක්, *n.* මහත, ප්‍රධානකොටස. *a.* -y,

bull බුල්, *n.* ගොණා, පාප්තුමාගේ ආඥාපත්‍රය

bullet බුලැට්, *n.* උණ්ඩය, මුණ්ඩය

bulletin බුලැටින්, *n.* විශේෂ දැන්වීම් පත්‍රය

bullion බුල්යන්, *n.* අච්චුනොගැසූ (මුදල් නොවන) රන් රිදී, පිටරටවල මිල

bullock බුලොක්, *n.* කප්පාදුකල ගොණා, ගංකා

bully බුලි, *n.* ඩබරකාරී, කිනස්සලුනා, කෝලාහලකාරයා. *v.* තරවටුකිරීමාදියෙන් මැඩපවත්වන්ට උත්සාහ කරණවා

bulrush බුල්රෂ්, *n.* ලොකු පන් [පදිර, මුවාව

bulwark බුල්වර්ක්, *n.* ආරක්ෂා කරණ උපායක්,

bumble-bee බම්බල්බී, *n.* බඹර මැස්සා [පහර. *v.*

bump බම්ප්, *n.* ඉදිමුම, දැඩි දෙයක්හි ගසන තද

bumper බම්පර්, *n.* පිරෙවූ වීදුරුව හෝ භාජනය

bumpkin බම්කින්, *n.* විරූප පිට්සරයා

bun
bunn } බන්, *n.* පාන් බිබික්කම, බනිස්ගෙඩිය

bunch බන්ච්, *n.* වල්ල, පොකුර. *n.* -y

bundle බණ්ඩල්, *n.* මිටිය, පොදිය. *v.*

bung බං, *n.* ඇබය. *v.* ඇබය ගහනවා

bungle බංග්ල්, *n.* නරකට කරණලද්ද, අදක්ෂ ක්‍රියාව. *v.* නරකට හෝ අදක්ෂලෙස කරනවා [බාධාව

bunker බංකර්, *n.* අඟුරු දමන ලොකු ලීපෙට්ටිය,

bunting බණ්ටිං, *n.* කොඩිරෙදි, කොඩි

buoy බෝය්, *n.* පාවෙමින් තිබෙන දෙය, ඉපිල්ල. (*v.*) *a.* -ant, ඉපිලෙන, සැහැල්ලු, සතුටු සිත් ඇති (*n.* -cy)

bur } බර්. *n.* (ඇතම් පැලවල ඇති) කටු වැස්ම, තුත්තිරි, ර්කාර ශබ්දය
burr }

burden බාර්ඩ්න්, } *n.* ගෙනයන දෙය, බර, බර ප්‍රමාණය. *v.*
burthen බර්දන්, }

bureau බ්‍යුරෝ, *n.* ලාච්චු පෙට්ටි සහිත මේසය, කිරෝව, කාර්ය ශාලාව

burgh බර්ඕ, *n.* (borough බ.)

burgess බර්ජස්, } *n.* මහජන ප්‍රවරක වැසියා. පුරවැසියා
burgher බර්ග්අර්. }

burglar බර්ග්ලර්, *n.* ගෙවල් බිඳින සොරා. *n.* -y

burial බැරිඉඅල්, *n.* වැළලීම [ලිම, පරිහාසය. *v.*

burlesque බර්ලෙස්ක්, *n.* විහිළු ආකාරයෙන් දක්

Burmese බර්මීස්, *a.* බුරුමරට සම්බන්ධ. *n.* බුරුම යාරයා, බුරුම භාෂාව

burly බර්ලි, *a.* මහත්, ස්ථූල. *n.* -iness

burn බාර්න්, *v.* දවනවා. පුලුස්සනවා. *n.*

burn බාර්න්, *n.* දොල, ඔය [නවා. *n.*

burnish බාර්නිෂ්, *v.* ඔප හා කාන්තිය නගා

burrow ·බර්රෝ, *n.* බිල, ගුල. *v.*
bursar ·බර්·සර්, *n.* මුදල් භාරකාරයා
burst ·බර්ස්ට්, *v.* පුපුරණවා. *n.*
burthen ·බර්·දන්, *n.* =burden
bury බැර්ඉ, *v.* වළලනවා. *n.* -ial
bus ·බස්, *n.* ('omnibus' යන්නේ ලුප්තවිධිය)
bush බුෂ්, *n.* පඳුර, ලැහැබ. *a.* -*y*. (*n.* -iness)
bushel බුෂ්·ඇල්, *n.* සේරු 32 ගණන් මිම්ම, බුසල
business බිස්·නැස්, *n.* වැඩේ, රක්ෂාව
buskin බස්කින්, *n.* පුරාණ නාඩගම්වලදී භාවිතා කළ මද්දිම තරමේ උස් සපත්තුවර්ගය
buss බස්, *n.* සිඹීම, හාද්ද. *v.* [කොටස
bust බස්ට්, *n.* ශරීරයේ ලැපැත්තේ සිට ඉහළ
bustle බස්ස්ල්, *n.* කලබලකම, චංචලය. *v.*
busy බිස්·ඉ, *a.* වැඩෙහි යෙදුන, වැඩඇති, කඩිසර
but බට්, *conj.* නමුත්, එහෙත්. *prep.* ඇර
butcher බුච්·අර්, *n.* කෑම පිණිස සතුන් මරන්නා, මස්විකුණන්නා. *v.* (*n.* -y, මැර්ම, මරණඝාතය)
butler බට්·ලර්, *n.* පිගන් බීම ආදිය භාර වැඩකරුවා, බොටලේරුවා [පය, ඉලක්කය
butt බට්, *v.* ඉසින් අනිනවා. *n.* ඇනීම, ලොකුපිප්ප
butter බට්·ටර්, *n.* වෙඩරු, ගිතෙල්. *v.* වෙඩරු ගානවා, චාටු කියනවා. *n.* -fly, සමනලයා. *n.* -milk, කිරිමෝරු
buttock බට්ටොක්, *n.* තට්ටම [දෙන. *v.*
button බට්ටන්, *n.* බොත්තම, බොත්තම වැනි

buttress බට්ට්රෙස්, *n.* බිත්තියට ආධාරය, කයිරුව. *v.* කයිරු බඳිනවා [තප්පෑලි

buxom බක්ස්'අම්, *a.* ඉතා තරබාරු, ශෝභනා

buy බෛ, *v.* මිලේට ගන්නවා

buzz බස්', *n.* මීමැසි හඬ. *v.* [කෙවිලාවකින්

by බෛ, *prep.* විසින්, ලඟ; *ad.* ලඟ. -and-by, වී

by-end බෛඇණ්ඩ්, *n.* රහස් අදහස

by-gone බෛගොන්, *a.* පසුවූ, ගතවූ

bylaw බෛලෝ, *n.* නගර පණත, අතු පණත

by-path බෛපාත්, *n.* අප්‍රසිඞ පාර, අතුරුපාර

by-word බෛ'වාර්ඩ්, *n.* උපමා කීම, කවට හෝ නින්දා වචනය

C.

c සී, ඉංග්‍රීසියේ 3 වෙනි අක්ෂරය. මෙය ඇතැම් තැන 'ස්' කියාද ඇතැම් තැන 'ක්' කියාද ශබ්ද කරණුලැබේ. 100 ඇඟවීමටද යොදනු ලැබේ.

cab කැබ්, *n.* තනි අශ්වයා බඳින රථ වර්ගයක්

cabal කැ'බල්, *n.* රහස් උපායක් සම්බන්ධවූ කුඩා සභාව [යේ මුදුනේ) බඩය

cabbage කැබ්බේජ්, *n.* ගෝවා, (පොල්ගස් ආදී

cabin කැබින්, *n.* කුඩා ගේ, නැවේ ගබඩාව (කාමරය

cabinet කැබි'නට්, *n.* කුඩා ගබඩාව, රහස් මන්ත්‍රණ සභාව, ලාච්චු සහිත පෙට්ටගම

cable කේබල්, *n.* ගල් කඹය, නැංගුරම් කඹය, මුහුදේ විදුලි කම්බිය. *n.* -gram, මුහුදු විදුලි

කෝකෝබීජයෙන් සෑදූ පානවර්ගය [(cocoa බ.)

cacao කැකේඕ, *n.* 'චොක්ලේට්' නමැති ගස

cackle කැක්කල්, *v.* කොකොරගානවා, දොඩනවා, ශබ්දකරණවා. *n.*

cacography කැකොග්රැෆි, *n.* නරකට ලිවීම හෝ (වචනාන්ත) අකුරු වරදවා ලීම

cactus කැක්'ටස්, *n.* පතොක්, කෝමාරිකා

cad කැඩ්, *n.* නීචයා, කාඩයා

cadaverous කැඩැවි'අ'රස්, *a.* මිනියක පෙණුම ඇති, සුදුමැලි [පෙට්ටිය

caddy කැඩ්ඩි, *n.* තේකොළ දමා තිබෙන කුඩා

cade කේඩ්, *n.* ජිප්පන්. *a.* හීලෑවූ

cadence කේඩැන්ස්, *n.* හඬ බාලුකිරීම

cadet කේඩැට්, *n.* බාලම පුත්‍රයා, ඉගෙණ ගැනීම ම යුධසමුදෘවට බැඳුන අය, සේවාශිෂ්‍යයා

cæsura සිස'යුර, *n.* විච්ඡේදය, විරාමය (නැවතීම)

Caffre කැෆ්'ෆර්, *n.* කාෆිරියා (Kafir බ.)

cage කේජ්, *n.* කූඩුව, මැදිරිය. *v.*-

cairn කේර්න්, *n.* කොනක ආකාර ගල්ගොඩ

caitiff කේටිෆ්, *a.* නීච, යපුරු. *n.* චණ්ඩාලයා

cajole කැජෝල්, *v.* ඉච්චාවෙන් රවටනවා. *n.* -ry

cake කේක්, *n.* 'කේක්' නමැති පැණිරස කෑම, කැවුම්, කැටිය. *v.* කැටිගනණවා [ලබ්බ

calabash කැල්'අබැශ්, *n.* ලබුආදියෙන් කළභාජනය,

calamity කැලැමිඉටි, *n.* විපත්තිය. *a.* -ous

calcareous කැල්කේරි'අස්, *a.* හුණුගතිය ඇති,

ගුණසහිත [ණ කුඩුකරණවා. *n.* -ation

calcine කැල්සයින්, *v.* රස්යාන කරණකොට ගෙ

calculate කැල්කියුලේට්, *v.* ගණින්කරණවා, ගණි
ත් බලනවා. *a.* -ble. *n.* -tion

calculus කැල්කියු·ලස්, *n.* ගණිත ක්‍රමයක්, අස්මරී

caldron කෝල්ඩ්‍රොන්, *n.* ලොකු තාලිය, කල්දේ
රම

calendar කැල්ඇණ්·ඩර්, *n.* ලිත, තඩු ලේඛනය

calender කැල්ඇණ්·ඩර්, *n.* රෙදි මිරිකා මදින
යන්ත්‍රය [එක මාසයේ මුල් දින

calends කැල්ඇණ්ඩ්ස්, *n.* පුරාණ රෝමලින්ගේ එක

calf කාෆ්, *n.* වස්සා, බත්කෙණ්ඩිය. *v.* -ve, වසු
පැටියන් වදනවා

caliber } කැල්ඉ·බර්, *n.* තුවක්කු තල (කාතු)
calibre } ආදියේ මහත, ප්‍රමාණය, ප්‍රකාරය

calico කැලිකෝ, *n.* අමුරෙදි, කපුපිළි

caliph } කේලිෆ්, *n.* මහමත්ගේ පදවිය උරුම
calif } යෙන්දරන්නා, (මහම්මදුගණෙ) මහානා
යකයා. *n.* -ate

caligraphy කැලිග්‍රැෆි, *n.* =calligraphy [රණවා

calk කෝක්, *v.* සිදුරු අනුරණවා, ගලප්පත්ති ක

call කෝල්, *v.* නම තබනවා, අඬගසනවා, කැඳ
වනවා, මදවෙලාවකට බලන්ට යනවා. *n.*

calling කෝලිං, *n.* වැඩය, රක්ෂාව

calligraphy කැල්ලිග්‍රැෆි, *n.* ලක්ෂණ ලෙස ලිවීම

callous කැල්·ලස්, *a.* දැඩි, තද. *n.* -ness

callosity කැලොස්ඉටි, *n.* හම ගතව දැඩිවීම

callow කැල්ලෝ, *a.* පිහාටු නැති, පුබ්බර

calm කාම්, *a.* නිශ්චල. *n.* සහ *v. n.* -ness

calomel කැල්ඕමැල්, *n.* රසදිය විශේෂයක්

caloric කැලොරික්, *n.* උෂ්ණ උපදවන හේතුව හෝ දෙය. *a.* -fic, උෂ්ණෝපදවන

caluminate කැලම්නිඒට්, *v.* බොරු වරද තබන වා, කේලාම් කියනවා. *n.* -ion [සිඩනවෙනා. *n.* -y

calumnious කැලම්නිඅස්, *a.* කේලම්, අසත්‍ය, අප්‍ර

calve කාව්, *v.* වසුපැටවුන් වදනවා

calyx කේලික්ස්, *n.* මලේ පිටවැස්ම, නැටිය

cambric කේම්බරික්, *n.* සිහින්සුදුරෙදි වර්ගයක්

camel කැම්'අල්, *n.* ඔටුවා

cameleon 'කමීලීඅන්, *n.* බොහොඩා, කටුස්සා

camp කැම්ප්, *n.* කඳවුර, කඳවුරේ සේනාව. *v.*

campaign කැම්පේන්, *n.* විශාල තම්භුමි ප්‍රදේශය, යුධකාලය. *n.* -er, පලපුරුදු ඇති යෝධයා

camphor කැම්ෆර්, *n.* කපුරු. *v.* -ate, කපුරු සහි ත කරණවා

can කැන්, *n.* ලෝහමය කුසලාන (කෝප්පය) හෝ භාජනය. *v.* හැකි, පුළුවනි

canal කැනැල්, *n.* ඇල, නළය [බොරු ආරංචිය

canard කැනාර් (හෝ) කැනාර්ඩ්, *n.* අභූතකථාව,

canary කැනේරි, *n.* කැනේරි දූපත්හි මිදිපැන, එනම් පක්ෂියා

cancel කැන්'සල්, *v.* කටුගානවා, අවලංගුකරණවා

cancer කැන්·සර්, *n.* පිළිකාව, කටකාරශිය. *a.* -ous

candid කැණ්ඩිඩ්, *a.* අවංක. *n.* -our

candidate කැණ්ඩිඩේට්, *n.* තනතුරක් ආදිය ඉල්ලා සිටින්නා. *n.* -ure

candied කැණ්ඩිඩ්, *a.* සීනිපැණියේදමාකළ, මාටු

candle කැණ්ඩිල්, *n.* ඉටිපන්දම

candlestick කැණ්ඩිල්ස්ටික්, *n.* ඉටිපන්දම උස්තු කරණ පාත්කද, පහන් රුක

candour කැණ්·ඩර්, *n.* අවංකයම (candid බ.)

candy කැණ්ඩි, *n.* ගල්කණ්ඩ, සුකිරි. *v.*

cane කේන්, *n.* වේවැල. *v.* වේවැලෙන් තළනවා

canine කැනයින්, *a.* බලු, සුනඛ [කුඩා පෙට්ටිය

canister කැනිස්·ටර්, *n.* (බෙලෙක්) භාජනය

canker කැං·කර්, *n.* ගස්වල පතුර දිරණ හෝ වැවෙන රෝගය, කපුරු වණය, අශ්වකුර රෝගයක්, කාවදින දෙය. *v.* *a.* -ous [*n.* -ism

cannibal කැනි·බල්, *n.* මිනීමස් කන වනචරයා.

cannon කැන·නන්, *n.* කාලතුවක්කුව. *n.* -eer

cannonade කැන·නනේඩ්, *n.* කාලතුවක්කු වෙඩි තිබීම. *v.*

cannot කැන්නොට්, *v.* බැරිය, නොහැකිය

canny, cannie } කැනි, *a.* ප්‍රවේශම්, සුවණැති, පහසු

canoe කැනෝ, *n.* කුඩා ඔරුව, පිලාව

canon කැන·අන්, *n* නියමය, ව්‍යවස්ථාව, බයිබලයේ පිළිගත් පොත්, දේවගැතියෙක්. *a.* -ical canopy කැනොපි, *n.* වියන

cant කැන්ට්, *v.* කෙඳිරිගාහන්ඩියේ බොරු හඬින් කථාකරණවා, වංචාසහිත කථාකරණවා, ඇලවෙ රණවා. *n.* [කෝප, චවාදයට ලැදි

cantankerous කැන්ටැංකරස්, *a.* අවගුණ ඇති,

canteen කැන්ටීන්, *n.* බීම ගෙනයන බෙලෙක් භාජනය, සේවා බීමශාලාව

canter කැන්ටර්, *n.* මඳ ජවම

canto කැන්ටෝ, *n.* කාව්‍යයක පරිච්ඡේදය, සගීය

canton කැන්ටන්, *n.* රටක කොට්ඨාසය. *a.* -al. *n.* -ment, සේනාසමූහයක් නවතින ස්ථානය

canvas කැන්වස්, *n.* දළනූලරෙද, රුවල්රෙදි. *a.*

canvass කැන්වස්, *v.* විමසනවා, කැමැත්ත ඉල්ල නවා [රබර්

caoutchouc කුචුක්, *n.* මහාය ලාටු, ඉන්ඩියා

cap කැප්, *n.* කුඩාතොප්පිය. *v.* මුදුන හෝ අග වසනවා, තොප්පිය දමනවා, සම්පූර්ණකරණවා

capable කේපබල්, *a.* පුළුවන්, ශක්තිය ඇති, සමර්ථ. *n.* -ness, capability

capacious කැපේෂස්, *a.* බොහෝ ඉඩ ඇති, විශාල. *v.* -tate, හැකියාවක් කරණවා, සුදුස්සෙක් කරණ වා. *n.* -ty, ප්‍රමාණය, පුළුවන්කම, ධාරිතාව

caparison කැපරිසන්, *v.* (අශ්වයෙකුට) ලක්ෂණ රෙද්දක් එලනවා, සරසනවා. *n.* [ඇඳුමක්

cape කේප්, *n.* දේශතුඩුව, උරහිස්වැසෙන කොට

caper කේ·පර්, v. පනින් කෙළිනවා. n. [වැනි

capillary කැප්ඉල්·ලරි, a. කේශාකාර, කේශයක්

capital කැප්ඉ·ටල්, a. ප්‍රධාන, ඉතා හොඳ, ප්‍රාණ නැසීමෙන් අවවු කළයුතු. n. කුළුනු ඉස, අගනුවර, ලොකු මුල් අකුර, මුල් මුදල. n. -ist, මුදල් ඇත්තා [ම, ඇඟබද්ද

capitation කැපිටේ·ෂන්, n. එක එකා ගණන් කිරී

capitol කැප්ඉටොල්, n. රෝමයේ බෘහස්පතීගේ දේවාලය, අමෙරිකාවේ මහා මන්ත්‍රී ශාලාව

capitulate කැපිට්‍යුලේට්, v. ගිවිසුමක් පිට යටත්වෙනවා. n. -ion

capon කේ·පන්, n. කප්පාදුකළ කුකුළා

caprice කැප්‍රීස්, n. හිතුවක්, චපලතාව. a. -ious (n. -ness)

capricorn කැප්රිකෝර්න්, n. මකර රාශිය

capsicum කැප්සිකම්, n. මිරිස්

capsize කැප්සයිස්·, v. පෙරළනවා. n. -al

capsule කැප්සුල්, n. බීජකෝෂය. a. -ar

captain කැප්ටන්, n. යුධ හෝ නැව් මුලාදෑනියා, කපිත්තා. n. -cy

caption කැප්ෂන්, n. අල්ලාගැනීම [n. -ness

captious කැප්·ෂස්, a. දොස් අල්ලන ස්වභාව ඇති.

captivate කැප්ටිවේට්, v. සිත අල්ලවනවා හෝ ගන්නවා

captive කැප්ටිව්, n. යුධ සිරකාරයා. a. (n. -ity)

capture කැප්·චර්, n. අල්ලාගැනීම. v. n. -or -

car කාර්, *n*. කුඩාරථය, කරත්තය

carabine
carabin } කැර්·අබින්, *n*. කොටතුවක්කුව [ලය

carafe කැරැෆ්, *n*. වතුරවක්කරණ වීදුරු බෝතලය

carat කැර්·අට්, *n*. මංචාඩි හතරයාපමණ රත්රන් බරක්

caravan කැර්·අ·වන්, *n*. බඩුආදිය ගෙණයන ලොකු කරත්ත, එකට ගමන්කරණ වෙළඳ සමූහය, සාත්තුව, *n*. -sary, තානායම

carbine කර්බෛන්, *n*. =carabine

carbolic කාර්බොල්ඉක්, *a*. රටඅඟුරු පිළිබඳ

carbon කාර්බන්, *n*. පිරිසිදු අඟුරු, අඞ්ගාර ධාතුව. *a*. -ic, -acious. *n*. -ate

carcass කාර්·කස්, *n*. මළකුණ, මෘතශරීරය

card කාර්ඩ්, *n*. සහකඩදාසි කැබැල්ල, නෑණ ආදිය පිරණපතාව. *v*.

cardamom කාර්·ඩමම්, *n*. රට එංසාල්, කර්දමුංගු

cardinal කාර්ඩි·නල්, *n*. ප්‍රධාන අඟ, පාප්තුමාම පාත් දෙවෙනි පූජකයා. *n*. -ate, -ship

care කේර්, *n*. ප්‍රවේසම, කරදර. *v*. *a*. -ful, ප්‍රවේසම්. *a*. -less, අප්‍රවේසම්

careen කේරීන්, *v*. අලුත්වැඩියාකිරීමට නැවක් පැත්තකට ඇලකරණවා

career කැරීර්, *n*. වශභාව, පැවැත්ම, මාර්ගය, දිවීම

caress ·කරැස්, *v*. ආදරකරණවා, සුරතල්කරණවා. *n*.

caret කේරැට්, *n*. ලිවීමේදී කාක පදය මෙන් යොන ∧ මෙ ලකුණ

cargo කර්ගෝ, *n.* නැවක සියලු බඩු, බර

caricature කැරිකෙට්චූර්, *n.* විසිළු සිතියම හෝ විස්තරය. *v.* (*n.* -ist)

carmine කාර්මෙයින්, *n.* ලක්ෂණ රතුපාට කුඩක්, රතුවර්ණයක් [දෙනා මැරීම

carnage කාර්ණේජ්, *n.* බලාත්කාරයෙන් බොහෝ

carnal කාර්'නල්, *a.* මාංසය පිළිබඳ, කාමුක. *n.*-ity

carnival කාර්ණි·වල්, *n.* කොරෙස්ම කාලයට පූර්ව උත්සවය [කන සත්තු

carnivorous කාර්ණිවරස්, *a.* මස්කන. *n.* -a, මස්

carol කැරොල්, *n.* ප්‍රීතිගීතිකාව. *v.*

carouse කැරෞස්', *v.* ඝෝෂාපවත්වමින් මත් පැන් අධිකලෙස බොනවා. *n.*

carp කාර්ප්, *n.* මිරිදියමත්ස්‍ය වර්ගයක්. *v.* සුළු වරද අල්ලනවා, දෝෂ තබනවා

carpenter කාර්පැණ්·ටර්, *n.* වඩුවා. *n.* -ry, වඩු කර්මාන්තය

carpet කාර්පැට්, *n.* පලස. *v.* පලසකින් වසනවා

carriage කැරිජ්, *n.* ගැල, රථය, ගෙනයාම, ගෙනයාමේ කුලිය [ගෙනයන්නා

carrier කැරි·අර්, *n.* ගෙනයන්නා, කුලියට බඩු

carrion කැරි·අන්, *n.* කෑමට අයෝග්‍ය කුණුමස්

carrot කැර·රට්, *n.* රතු අලවර්ගයක්. *a.* -y

carry කැරි, *v.* ගෙනයනවා, ඉෂ්ටකරනවා, අල්ලාගන්නවා

cart කාර්ට්, *n.* ගැල, කරත්තය. *v.* කරත්තයෙන්

ගෙණයනවා. *n.* -er, කරත්තකාරයා. *n.* -age, කරත්තෙත් ගෙණයාම, ගෙණයාමේ කුලිය

cartilage කාර්ටිලේජ්, *n.* ශරීරයේ ලපටිඇට. *a.* -inous

cartoon කාර්ටූන්, *n.* දුඹ කඩදාසියේ ඇඳි ආදශී සිතියම. පිටකවරහත ලොකුරූප සටහන

cartridge කාර්ට්‍රිජ්, *n.* පතරෙයම, වෙඩි ගුලිය, ගහ කඩදාසි වර්ගයක් [කරණවා

carve කාර්ව්, *v.* කෑබලිකොට කපනවා, කැටයම්

cascade කැස්කේඩ්, *n.* කුඩා ඇල්ල, ජලධාරාව

case කේස්, *n.* වැස්ම, පෙට්ටිය. (*v.*) *n.* ආකාරය, කාරණ, තඩුව, විභක්තිය

casement කේස්මැන්ට්, *n.* අරින පියන කවුළුව

cash කෑෂ්, *n.* මිල, කාසි. *v.* හෝවුවක් ආදිය කාසිවලට මාරුකරණවා

cashier කැෂිර්, *n* මුදල් භාරකාරයා, සරප්පු. *v.* තිලයෙන් මාරුකරණවා [යක්

Cashmere කැෂ්මීර්, *n.* කාශ්මීර සළුව, රෙදි වර්ග

cask කාස්ක්, *n.* පීප්පය. *n.* -et, කුඩා පෙට්ටිය

cask } කාස්ක්, *n.* ආරක්ෂා තොප්පිය, යුධ
casque } තොප්පිය

cassava කැස්සාව, *n.* මඤ්ඤොක්කා

cassia කැෂ්ශිආ, *n.* වල්කුරුඳු, තෝර, ඇහැල

cassock කැස්සොක්, *n.* පාදිලිවරුන්ගේ ඇතුල් ඇඳුමක් [පක්ෂියෙක්

cassowary කැස්සෝවෙරි, *n.* පෑස්බරයට සමාන

cast කාස්ට්, *v.* විසිකරණවා, වාත්තුකරණවා. *n.*

castanets කැස්·ටනැට්ස්, *n.* කසිතාලම්

castaway කාස්ට්·අවේ, *n.* ඇරදැමූ අය හෝ දේ

caste කාස්ට්, *n.* ජාතිය, කුලභේදය

castellated කැස්·ටල්ලේ·ටඩ්, *a.* කොත් සහිතවූ

caster } කැස්·ටර්, *n.* මේසකූප්පි භාජනය, කුඩා
castor } චක්‍රය (රෝදය)

castigate කැස්ටිගේට්, *v.* හරිගස්සනවා, අච්චුකර
කරනවා. *n.* -ion [වැනි දෙයා

castle කාස්සල්, *n.* බලකොටුව, බලකොටුවක්

castor-oil කැස්·ටර්ඔයිල්, *n.* එඬරුතෙල්

castrate කැස්ට්රේට්, *v.* කප්පාදුකරණවා, දුබල
කරනවා. *n.* -ion [දිස්සි. *n.* -ty

casual කැෂ්·යු·අල්, *a.* අහම්බෙන් සිදුවෙන, අ

cat කැට්, *n.* බළලා, කතා [මහත් විපත

cataclysm කැට්·අක්ලිස්·ම්, *n.* ජලගැල්ම, අදිස්සි

catacomb කැට්·අකෝම්, *n.* සොහොන් ගුහාව

catalepsy කැට්·අලැප්සි, *n.* මූර්ඡාරෝගය, අපස්
මාරය. *a.* -tic

catalogue කැට්·අලොග්, *n.* නාම ලේඛනය, නාම
වට්ටෝරුව. *v.* [නාවටුවරම

catamaran කැට්·අමරන්, *n.* කඳත්තුමණ් පහුර.

catapult කැට්·අපුල්ට්, *n.* ගල් ආදිය විසිකරණ
යන්ත්‍රය හෝ පටිය [රාව

cataract කැට්·අරැක්ට්, *n.* මහඇල්ල, මහ ජලධා

catarrh කැටාර්, *n.* ප්‍රතිශ්‍යාව, පීනස. *a.* -al

catastrophe කැ·ටැස්ට්‍රොෆි, *n.* මහවිපත්තිය, දුකි
ත කෙළවර

catch කැච්, *v.* අල්ලනවා, වළඳිනවා. *n.*

catchup කැච්උප්,
catsup කැට්සුප්, } *n*, ගතු ඉස්ම

catechise කැටිකයිස්, *v.* ප්‍රශ්නෝත්තර ඇසීමෙන් උගන්වනවා, *n.* -m කැටිකිස්ම්, ප්‍රශ්නෝත්තර පොත. *n.* -t කැටිකිස්ට්, ආගමේ ධර්ම මුලින් උගන්වන්නා, කතිකාරු

catechu කැටිචු, *n.* කයිප්පු [ගන, කොළින්

category කැටිගරි, *n.* වර්ගය, පිළිවෙළ. *a.* -ical, නි

cater කේටර්, *v.* කෑම සපයාදෙනවා

cateran කැට්අරන්, *n.* මංකොල්ලකාරයා

caterpillar කැට්අර්පිල්ලර්, *n.* දළඹුවා, පිළුවා

cathedral කැතීඩ්‍රල්, *n.* ප්‍රධාන ක්‍රිස්තියානිපල්ලිය

catholic කැත්අලික්, *a.* සර්වසාධාරණ, මුළු ක්‍රිස්තියානි සභාවම ඇතුළත්, නිදහස් මතඇති, රෝමානු කතෝලික. *n.* රෝමානු ආගම්කාරයා. *n.* -ism, -ity

cat's-eye කැට්ස්අයි, *n.* වයිඩූර්‍යය

cattle කැට්ට්ල්, *n.* ගවයෝ

caudal කෝඩල්, *a.* (සතෙකුගේ) වල්ගයපිළිබඳ

caul කෝල්, *n.* පහතින් පයිප් බඩවැල් වසා තිබෙන සිවිය, උත්පත්තියේදී ඉනවසාතිබෙනසිවියක්

cauldron කෝල්ඩ්‍රන්, *n.* = caldron

cauliflower කෝල්ඉෆ්ලවර්, *n.* සුදු මලක් සහිත ගෝවා වර්ගයක්

caulk කෝක්, *n.* = calk

causal කෝස්'අල්, *a.* කාරණ, ප්‍රයෝජක. *n.* -ity

cause කෝස්', *n.* හේතුව, කාරණ,පාශීවය, නඩුව. *v.* සලස්වනවා, උපදවනවා

causeway කෝස්'වේ, } *n.* උස්කර තැනූ පාර,
causey කෝස්'ඉ, } මහපාර

caustic කෝස්ටික්, *a.* දවන, දැහන, තද. *n.* දවන බෙහෙත, කාරම

cautery කෝ'ටරි, *n.* දැවීම, දවන ආයුධය. *v.* -ise

caution කෝෂන්, *n.* ප්‍රවේසම, කලින් දැන්වීම(*v.*) *a.* -us. *a.* -nary [හෝ පඩකස්ය

cavalcade කැව්'අල්කේඩ්, *n.* අසුන් නැගි පිරිස

cavalier කැව්'අලීර්, *n.* අසරුවා, නෙවිනම් උතුම් හේවායා. *a.* නිර්භීත, උඩඟු, නිදහස්

cavalry කැව්'අල්රි, *n.* අශ්ව සමූදය, අසරුවෝ

cave කේව්, *n.* ගුහාව, ලෙණ. *n.* -ity, කුහරය

caw කෝ; *v.* කාක්කාමෙන් හඬනවා. *n.*

caveat කේවිඇට්, *n.* තහනම, කලින් දැන්වීම

cavern කැව්'ආර්න්, *n.* මහගුහාව. *a.* -ous

cavil කැවිඉල්, *v.* විරුද්ධවාදයෙන් සුළුකාරණ කියනවා; *n.*

cayenne කේ'අන්, *n.* ඉතා සැර රතු මිරිස් වර්ගයක්

cease. සීස්, *v.* නවතිනවා, කෙළවරට පැමිණෙනවා, වැලකෙනවා. *a.*-less, අනවරත, තොරතැති [නවා

cedar සී'ඩර්, *n.* කිහිරි

cede සීඩ්, *v.* ඉඩදෙනවා, යටත් වෙනවා, හැරදම

ceiling සීල්ඉං, *n.* ඇතුල් වහල, වියන්තට්ටුව

celebrate සැල්ඉබ්රේට්, *v.* ප්‍රසිද්ධකරනවා, ප්‍රශංසා කරනවා. *a.*-ed, ලෝකප්‍රසිද්ධ, කීර්තිමත්. *n.*-ion

celebrity සැලිබ්රිටි, *n.* ප්‍රසිද්ධබව, කීර්තිය,ප්‍රශංසාව

celerity සැලැර්ඉටි, *n.* ඉක්මන්කම, ශීඝ්‍රකම, ජවය

celery සැල්'අරි, *n.* සැල්දිරි [ලොව වැසියා, 'චීනා

celestial සැලැස්ටි'යල්, *a.* දිව්‍ය, ස්වර්ගීය. *n.* දෙවි

celibacy සැල්ඉබැසි, *n.* අවිවාහක ස්වභාව [තෘය

celibate සැල්ඉබ්ට්, *n.* විවාහසකට නොබැඳි සිටි

cell සැල්, *n.* කුඩා ගබඩාව (කාමරය), බිල

cellar සැල්'ලර්, *n.* බිංගේ, ගෙයි යට ගබඩාව

Celt සැල්ට්, *n.* යුරෝපයේ පුරාණ සිටි එනම් ආයති මනුෂ්‍යවර්ගීයක්. *a.* -ic

cement සිමැන්ට්, *n.* 'සිමෙන්ති' නමැති බදාම. *v.*

cemetery සිමි'ඉටරි, *n.* සොහොන්පල

censer සැන්'සර්, *n.* සුවඳදුම් භාජනය

censor සැන්සෝර්, *n.* අයබද්ද හා වැස්සන්ගේ සුව ජීත පිළිබඳ රෝම මුලාදෑනියෙක්, ගුරුවරයාට ආධාරකිරිමට පත්වූ ගෝලයා, පරීක්ෂාකාරු, දෝෂ තැබීමට කැමති අය. *a.* -al *a.* -ious (*n.* -ness)

censure සැන්'ෂර්, *n.* වරද තැබීම, ආක්‍රෝශය. *v.* *a.* -able

census සැන්'සස්, *n.* ජනලේඛනය

cent සැන්ට්, *n.* සියය, ශතය. *n.* -age

centaur සැන්ටෝර්, *n.* අඩක් මනුෂ්‍යාකාරද අර්ධයක් අශ්වාකාරද ශරීරයක් ඇති සත්වයෙක්, කිඳුරා

centenary සැන්ටි'නරි, *n.* සියවස්ගණන. *n.* -ian, අවුරුදු සියයක් ජීවත්වූ අය [බද, ශතවර්ෂ

centennial සැන්ටැන්නි·අල්, *a.* වර්ෂ සියයක් පිළි

centesimal සැන්ටැස්·ඉමැල්, *a.* සියවෙනි. *n.*

centigrade සැන්ටිග්‍රේඩ්, *a.* අංශ සියයක් ඇති

centipede සැන්ටිපීඩ්, *n.* පත්තෑයා, ශතපදියා

centre සැන්·ටර්, *n.* මැද. *v.* මැදට අදිනවා. මැදට කරනවා. *a.* -al

centrifugal සැන්ට්‍රිෆ්යු·ගල්, *a.* මධ්‍යයෙන් ඉවතට ඇදෙන [අපිපනිසා

centurion සැන්ටියුරි·අන්, *n.* භේවායන් සියයකට

century සැන්ටියුරි, *n.* ශතවර්ෂ

cereal සිරි·අල්, *a.* ධාන්‍ය. *n.* ධාන්‍ය වර්ග

cerebral සැරි·බ්‍රල්, *a.* මොළය සම්බන්ධ. මූර්ධජ

ceremony සැරිමොනි, *n.* පිළිවෙත, චාරිත්‍ර. *a.* -ial (*n.*) *a.* -ious

certain සර්·ටන්, *a.* සත්‍ය, එක්තරා. *n.* -ty

certificate සර්ටිෆිකේට්, *n.* සහතික පත්‍ර

certify සර්ටිෆයි, *v.* සහතික කරනවා

certitude සර්ටිටියුඩ්, *n.* සත්‍යතා සම

cerulean සිරූලි·අන්, *a.* ආකාශවර්ණ, නිල්

cessation සැස්සේ·ශන්, *n.* නැවතීම, නිවාඩුව

cession සැෂ්·අන්, *n.* ඉඩදීම, යටත්වීම, හැරදැමීම

cesspool සැස්පූල්, *n.* වැසිකිළිය

cesura සිස්·යුරා, *n.* =cæsura

Ceylon සිලෝන්, *n.* ලංකාව, සිංහලද්වීපය

chafe චේෆ්, *v.* ඉලීමෙන් උෂ්ණකරනවා, තරහ කරනවා

chaff චැෆ්, *n.* දහයියා, බොල්, අගයක් නැති දෙය

chagrin ෂග්‍රීන්, *n.* තරහව, අප්‍රසන්නතාවය. *v.*

chain චේන්, *n.* දම්වැල, පෙළ. *v.*

chair චේර්, *n.* පුටුව. *v.* පුටුවක ඉඳුවනවා, පුටුවක ඉඳුවා ගෙණයනවා

chairman චේර්·මන්, *n.* සභාපතියා, අධ්‍යක්ෂයා

chaise ෂේස්, *n.* චක්‍රදෙකේ රථවර්ගයක්

chalice චැලිස්, *n.* කුසලායතන, පාත්‍රය [කරනවා

chalk චෝක්, *n.* රටහුණු. *v.* රටහුණෙන් ලකුණු

challenge චැලෙන්ජ්, *n.* යුද්ධයට හෝ විවාදයට කැඳවීම, විරුද්ධකම පෑම, ඔප්පුකරන්ට කීම, මුරකාරයාගේ විචාරීම. *v.*

chamber චේම්·බර්, *n.* ගබඩාව (කාමරය , කුටාරය

chamberlain චේම්·බර්ලින්, *n.* මාලිගාවේ රාජකීය ගබඩාභාර අමාත්‍යයා, නුවරයේ ගබඩා නිලමේ

chameleon කැමීලිඅන්, *n.* කටුස්සා, බොහොඩා

chamois ෂැමොව(හෝ)ෂමි, *n* මුවවර්ගයක්, ඒ මුවාගේ පදම්කළ සම

champ චැම්ප්, *v* (අශ්වයා කටකලියාව විකන්නාක් මෙන්) ශබ්ද ඇතුව හැපෙන යැවන විකනවා, කෑදරලෙස ඉක්මණට ගිලිනවා, හීත් ඉර කපනවා [තනකන) වැයින්වර්ගයක්

champagne ෂැම්පේන්, *n.* (ප්‍රංශයේ එනම් නුවර

champaign ෂැම්පේන්, *n.* සමතලා රට

champion චැම්පි·අන්, *n.* අන්‍යයෙකු වෙනුවට සට
  නක් හෝ විවාදයක් කාරගන්නා අය, වීරයා. *v.*
  . එමක් සඳහා සටන් කරණවා. *n.* -ship

chance චැන්ස්, *n.* අහම්බය, ඉඩ, ප්‍රස්තාව. *v.* *a.*

chancel චැන්·සල්, *n.* දේවස්ථානයේ පූජාසනය
  පිහිටි හරිය

chancellor චැන්·සල්·ලර්, *n.* සරසවි ශාලාවක හෝ
  රජකාරී පඩිසභාවක හෝ නායක ශාස්ත්‍ර ශාලා
  වක හෝ අධිපතියා. *n.* ship

chancery චැන්·සරි, *n.* ප්‍රධාන නාය්‍ය අධිකරණ
  ශාලාව, එහි කොටසක් [කූරු පාන

chandelier ෂැන්ඩිලීර්, *n.* එල්ලෙන අතු හෝ පො

chandler චැන්ඩ්ලර්, *n.* ඉටිපන්දම් සාදන්නා
  හෝ විකුණන්නා, වෙළෙන්දා. *n.* -y

change චේන්ජ්, *n* වෙනස්වීම, කුඩා මිල, හුවමා
  රු කිරීම. *v.* *a.* -able (*n.* -ness)

changling චේන්ජ්ලිං, *n.* හුවමාරුකළ ළදරුවා

channel චැන·නල්, *n.* ඇළ, මහාසමුද්‍රසන්ධිය,මාර්ගය

chant චැන්ට්, *n.* සින්දුව, සින්දු තාලය. *v.*

chanticleer චැන්ටික්ලීර්, *n.* අඬලන කුකුළා

chaos කේඔස්, *n.* ලෝකයේ මුල් ධාතු පරිශ්‍රණය,
  මුල. *a* -tic [ලේ, කලබ

chap චැප්. *n.* (අතේ හෝ පයේ) පැළුම, කො

chapel චැප්·පල්, *n.* කුඩා දේවස්ථානය, පල්ලිය,
  ඊශ්වරයා සථානය

chaplain චැප්ලින්, *n.* නැවක් යුධසේනාවක් පවු
  ලක් ආදිය සම්බන්ධ දේවගැතියා

chaplet චැප්ලැට්, *n.* හිසවට මල්වඩම, කොත් තාය [බඩු ගණුදෙනුකරන්නා

chapman චැප්මැන්, *n.* ඇවිද බඩු විකුණන්නා,

chapter චැප්ටර්. *n.* පරිච්ඡේදය, නායක දේව ස්ථානයට අයිති දේවගැති පිරිස

char චාර්. *v.* අඟුරුවෙනට දවනවා, මුණු පුළුස් සනවා. *n.* මත්ස්‍යයෙක්

character කැරැක්ටර්, *n.* අකුර, ලකුණ, ගතිය

characterise කැරැක්ටරෙයිස්. *v.* ගතිය නිගම වශයෙන් කියනවා. *n.* -tic, ස්වභාව, ගතිය. *a.*

charade ෂැරේඩ්, *n.* මාත්‍රා හා පද පිළිබඳ තේරවිලි ක්‍රීඩාව

charcoal චාර්කෝල්, *n.* අඟුරු

charge චාර්ජ්, *n.* භාරය, තුවක්කුවකට උවමනා වෙඩිබෙහෙත් හා මුනිස්සන් ප්‍රමාණය, පහරදීම, සබතට අණදීම, වියදම, අසකරණගණන (ගාස්තුව.) *v.* (*a.* -able)

chariot චැරියට්. *n.* යුධරථය, රථවාහීයන්. *n.* -eer

charity චැරිටි, *n.* කරුණාව, දුප්පතුන්ට දීම. *a.* -able (*n.* -ness)

charlatan ෂාර්ලටන්. *n.* ඡද්මමලු වංචාකාරයා, - අසමර්ථ වෙදා. *n.* -ry [යන්ත්‍රය. *v.*

charm චාර්ම්, *n.* සිත්අලවන ගුණය, මන්ත්‍රය,

charnel චාර්නෙල්, *a.* මිනීකඳන් ඇති. *n.* -house, මිනීඇට දවනගෙය

chart චාර්ට්, *n.* මුහුදු හෝ ගංගා සිතියම

charter චාර්'ටර්, *n.* සන්නස, බල පත්‍රය. *v.* නැව
ක් කුලියට ගන්නවා

chary චේරිස්, *a.* ප්‍රවේශම්, සැක. *n.* -iness

chase චේස්, *n.* හස්සෙයන් පස්සෙන් එළවීම, දඩ
යම් කිරීම, සැවු හෝ දඩයම්කළ වස්තුව, ලිවීම,
අච්චු අකුරු රැමුව. *v.*

chasm කැස්'ම්, *n.* විවරය, පැළුම, සිස්තැන

chaste චේස්ට්, *a.* පිරිසිදු, පතිව්‍රතා, ඔබින. *n.*
-eness. *n.* -ity, ශරීරයේ පිරිසිදු භාවය, පතිව්‍රතා
බව [වා. *n.* -ment

chasten චේස්න්, *v.* දඬුවම්කරණවා, මට්ටුකරණ

chatise චැස්ටයිස්, *v.* දඬුවම්කරණවා, මට්ටුකර
ණවා. *n.* -ment

chasuble චැස්'යුබල්, *n.* පූජාපවත්වනවිට දේව
ගැතිවරුන් උඩට අඳින ඇඳුමක්

chat චැට්, *n.* (නිකම්) කතාකිරීම, දෙඩීම. *v.*

chateau ෂැටෝ, *n.* වලව්ව, පිට්නගර නිවස [කස්

chattel චැට්ටල්, *n.* තමාසතු තක දේපලවලින් එ

chatter චැට්'අර්, *v.* (නිකම්) කතාකරණවා, දත්
කට කට ගානවා. *n.* -box, නිතරකථාකරණඅය

chatty චැට්ටිය්, *a.* (නිකම්) කතාකරණ, දොඩමළු

cheap 'චීප්, *a.* ලාභ, අගයඅඩු. *v.* -en. *n.* -ness

cheat චීට්, *v.* වංචාකරණවා, රවටනවා. *n.*

check චෙක්, *n.* නැවැත්වීම, බලපත්‍රය, හතරැස්
අල්ලි ඇති රෙද්ද. *v.* නවත්වනවා, තරවටුකර
ණවා, හරි වැරදි බලනවා [දංගැල්ල

checker චෙ'කර්, *v.* හරස් අල්ලි පිහිටුව කැටා. *n.*

cheek චීක්, *n.* කම්මුල [කරණවා

cheep චීප්, *v.* කුකුළු පැටවුන් මෙන් ශබ්දයක්

cheer චීර්, *v.* ප්‍රසන්නකරණවා, ප්‍රීතිඝෝෂා කරණවා. *n.* (*a.* -ful). *a.* -y

cheese චීස්, *n.* කේජු *a.* -y [ධාතු පිළිබඳ. *n.*

chemical කැමිකල්, *a.* රසායන ශාස්ත්‍රය පිළිබඳ,

chemise ෂිමීස්, *n* ස්ත්‍රීන්ගේ යට ඇඳුම

chemist කැමිස්ට්, *n.* රසායන ශාස්ත්‍රය දන්නයා, බෙහෙත් විකුණන්නා [විද්‍යාව

chemistry කැමිස්ට්‍රිය්, *n.* රසායන ශාස්ත්‍රය, රස

cheque චෙක්, *n.* චෙක් නමැති මුදල් පත්‍රය

chequer චෙකර්, *v.* = checker [තබාගන්නවා

cherish චෙරිෂ්, *v.* ආදරයෙන් සලකනවා, සිතේ

cherry චෙර්රි, *n.* ගෙඩිවර්ගයක්, ලොවි

cherub චෙරබ්, *n.* දේවදූතයා (බහු. -im). *a.* -ic

cherup චෙරප්, *n.* = chirp

chess චෙස, *n.* දාංකෙළිය, චතුරඞ්ග ක්‍රීඩාව

chest චෙස්ට්, *n.* ලොකුපෙට්ටිය, පපුව

chestnut } චෙස්නට්, *n.* ලොකු ගස්වර්ගයක ඇට
chesnut } ය, අඳුරු රතුපාට

chevalier ෂෙවලියර්, *n.* අසරුවා, මහා වීරයා

chew චූ, *v.* විකනවා, හපනවා

chicane ෂිකේන්, } *n.* දඟය, ප්‍රයෝගය, කපටිකම
chicanery ෂිකේනරිය්, }

chick චික්, *n.* =chicken

chicken චිකන්, *n.* කුකුළු පැටියා, දරුවා. *a.* -hearted, බයාදු, බියසුලු. *n.* -pox, පැපොල රෝගය

chicory චිකරිය්, *n.* අල සහිත පැලවර්ගයක්

chide චෛඩ්, *v.* තරවටුකරණවා, හැරකරණවා

chief චීෆ්, *a.* ප්‍රධාන, උත්තම. *n.* ප්‍රධාන අය, නායකයා

chieftain චීෆ්ටින්, *n.* නායකයා, ප්‍රධානයා

chilblain චිල්බ්ලේන්, *n.* සම්පීට ශීතම සෑදුණු කුඩුලු [-ish (*n.* -ness) *n.* -hood

child චයිල්ඩ්, *n.* ළදරුවා, ළමයා (බ. ව.-ren). *a.*

chill චිල්, *a.* මද ශීතලවූ, වෙව්ලුම උපදවන. *n.* (ශීතලම' වෙව්ලුම, ශීතල

chilli චිලි, *n.* මිරිස්

chilly චිලිය්, *a.* මදක් ශීතල

chime චෛම්, *n.* ඝණ්ටානාදය, එකමුතු ශබ්ද පව ත්වන ඝණ්ටා ගණනක්. *v.* එකමුතුනාදය පවතිනවා, එකඟවෙනවා [කිකිනි

chimera කිමීර, *n.* බොරු කල්පනාව, අභූතදෙය,

chimerical කිමැරිකල්, *a.* අභූත, අමූල

chimney චිම්නිය්, *n.* දුම් කුළුණ

chin චින්, *n.* නිකට

china චෛනා, *n.* උතුම් වර්ගයෙ පිඟන් කෝප්ප

Chinese චෛනීස්, *n.* චීනා, චීනභාෂාව

chink චිංක්, *n.* පිපුණ තැනට ඇති කුඩා පැල්ම, 'චිං' හෝ 'චිං'ශබ්දය. *v.* 'චිං හෝ 'චිං' ශබ්දකරණවා

chintz චින්ට්ස්, *n.* චීත්ත

chip චිප්, *n.* පතුර. *v.* සහිණවා, පෙතිගානවා

chirography කයිරොග්‍රැෆි, *n.* අත් අකුරු, අත බලා ශාස්ත්‍රකීම [ශාස්ත්‍රය, සාමුද්‍රිකාශාස්ත්‍රය

chiromancy කයිරොමැන්සි, *n.* අත බලා කීම

chirp චර්ප්, *n.* 'චිප්' හෝ 'චිරු' වැනිකුරුළුහඬ. *v.*

chisel චිස්'ඇල්, *n.* නියන. *v.* නියනෙන්කපනවා

chit චිට්, *n.* ළදරුවා, දළුව, ලියුම්තුණ්ඩුව

chivalry ෂිව්'අල්රිය්, *n.* 'නයිට්' පදවිය, අසරුවෝ හෝ නයිට්වරුසමූහය, ශූරතාව. *a.* -ic, -ous

chloroform ක්ලෝර්ෆෝර්ම්, *n.* මූර්ඡා කරණ බෙහෙත් වර්ගයක් [සෑදූ කුඩුවර්ගයක්, කොකාලත්

chocolate චොක්ඔලෙට්, *n.* කොකෝ ගෙඩිවලින්

choice චොයිස්, *n.* තෝරාගැනීම, තෝරාගත්දෙය. *a.* තෝරාගතයුතු, අගය [ාය. *a.* -ra

choir ක්වයර්, *n.* ගී කියන සමූහය, ගී කියන ස්ථා

choke චෝක්, *v.* (බෙල්ල මිරිකීම ආදියෙන්) හුස්ම හිරකරණවා, අහුරණවා. *a.* -ing

choler කොල්'අර්, *n.* පිත, තරහ. *a.* -ic

cholera කොල්'අර, *n.* ජලහත්තිය.

choose චූස්, *v.* තෝරාගන්නවා (choice බ.)

chop චොප්, *n* කැබැල්ල. *v.* ශීඝ්‍රතරකපනවා. *a* -fallen, මලානික, ධෛර්ය නැති

chopper චොප් පර්, *n.* කපන ආයුධය

choral කෝ'රල්, *a.* =choir [ව, එකාන ශබ්දය

chord කෝර්ඩ්, *n.* (වීණා ආදියේ) තත හෝ ලනු

chorus කෝරස්, *n.* සිංදු ගීවලට සමවූ කොටස, අනුපදය. *n.* -ister, ගී කියන්නා. *a.* -al

chosen චෝ·සන්, *a.* තෝරාගන්නලද, උත්තම

Christ ක්‍රයිස්ට්, *n.* ක්‍රිස්තියානි ආගමේ තථ්‍යේශ්වරයා

christen ක්‍රිස්න්, *v.* බෞතිස්මනාම තබනවා

Christendom ක්‍රිස්න්ඩම්, *n.* ක්‍රිස්තියානීන් වසන රටවල් සමූහය, මුළු ක්‍රිස්තියානි සමූහය

Christian ක්‍රිස්·චන්, *n.* ක්‍රිස්තු භක්තිකයා. *a.* *n.* -ity, ක්‍රිස්තියානි ආගම. *v.* -ise

Christmas ක්‍රිස්·මස්, *n.* ක්‍රිස්තුස්වහන්සේගේ උත්පත්තිය සිහිවීමේ මඞ්ගල්‍යය, නත්තල

chronic ක්‍රොනික්, *a.* බොහෝකලක් පැවති

chronicle ක්‍රොණිකල්, *n.* (කරුණු සිදුවූ පිළිවෙලම දක්වන) කථාන්තරය. *v.* කරුණු සිදුවූ පිළිවෙලට සටහන් කරනවා, කථාන්තර ලියනවා

chronology ක්‍රොනොලොජි, *n.* කාලගණිත ශාස්ත්‍රය, කාලගණිතය. *a.* -ical. *n.* -ist

chronometer ක්‍රොනොමිටර්, *n.* කාලයන්ත්‍රය, කාලය ඉතා හරියට දක්වන ඔර්ලෝසු වර්ගයක්

chrysalis ක්‍රිස්·අලිස්, *n.* සමනල ආදි එබඳු සතුන් කොපුවතුළ ඉන්න තුන්වෙනි බාල අවස්ථාව

chrysolite ක්‍රිස්ඔලයිට්, *n.* මදක් කහ හෝ නිල් වන් රත්නයක්, චන්ද්‍රකාන්ත

chub චබ්, *n.* මත්ස්‍යවර්ගයක්. *a.* -by, මිටි සහ වටවූ (*n.* -iness) [කරනවා

chuck චක්, *v.* කිකිළීමෙන් අඬනවා, හැරෙන් විසි

chuckle චක්ල්, *v.* සැමින් උගුරෙන් සිනාසෙනවා. *n.*

chum චම්, *n.* එකම වාසයකරන්නා, ප්‍රිය යහළුවා

church ·චර්ච්, *n.* දේවස්ථානය, පල්ලිය, මුළුලෝකයේ ක්‍රිස්තියානි සමූහය

churchyard ·චර්ච්යාර්ඩ්, *n.* දේවස්ථානය සම්බන්ධ මිනී වළලන භූමිය

churn ·චර්න්, *v.* මත්ගානවා, ගොදේ කොටනවා

chyle කයිල්, *n.* ආහාරදිරවීමේදී වෙන්වෙන කිරි වැනි ද්‍රව්‍යයක්, අන්නරස

chyme කයිම්, *n.* තරමක් දිරූ කෑම

cicatrice සික් අට්රිස්, } *n.* (සුවාදවූ තුවාලයක)
cicatrix සිකාට්‍රික්ස්, } කැළල

cider සයිඩර්, *n.* ඇපල් (ජම්බු) වර්ගවල යුසවලින් තනන බීමවර්ගයක්

cigar සිගාර්, *n.* සුරුට්ටුව

cigarette සිගරැට්, *n.* කුඩා සුරුට්ටුවර්ගයක්

cimeter සිමිටර්, *n.* =scimitar

cincture සිංක්චූර්, *n.* පටිය, බඳපටිය

cinder සින්ඩර්, *n.* අඟුරු. *a.* -y

cinerary සින්අර්අරිය්, *a.* අළු සම්බන්ධ, අළුවූ

Cingalese සිංගලීස්, *a.* සහ *n.* =Sinhalese

cinnamon සින්නමොන්, *n.* කුරුඳු

cipher සයිෆර්, *n.* බින්දු ඉලක්කම (0), රහස් ලිවීම් ක්‍රමයක්, අගයක් නැති අය හෝ දේ. *v.*

circle ·සර්ක්ල්, *n.* කවය, වළල්ල, පිරිස

circlet ·සර්ක්ලැට්, *n.* කුඩා කවය හෝ වළල්ල

circuit ·සර්කිට්, *n.* වටේයාම, කවයට ඇතුලත් ඉඩම. *v.* *a.* -ous circular 'සර්කියු ලර්, *a.* වටාකාර. *n.* (කීප දෙනෙකුට යවන) සාමාන්‍ය ලියුම

circulate සර් කියුලේට්, *v.* වටේට යවනවා, පතුරු වනවා. *n.* -ion. *a.* -ory [ගාත්‍රය

circumambient 'සර්කම් ඇම්බි අන්ට්, *a.* අවටි

circumcise 'සර්කම් සයිස්', *v.* සම කපනවා, හෘදය පිරිසිදුකරණවා. *n* -ion [ඛාව, වට ප්‍රමාණය

circumference සර්කම් ෆ රන්ස්, *n.* වටේයන රේ

circumflex 'සර්කම්ෆ්ලැක්ස්, *n.* නගින බසින හඬඇති ස්වරය හැඟවීමට ඉංග්‍රීසි පණකුරු මත් තෙහි යොදන ∧ යන ලකුණ [තාවූ

circumjacent 'සර්කම්ජේසන්ට්, *a.* වටකර ඇති

circumlocution 'සර්කම්ලෝ කියුෂන්, *n.* අදහසක් ඇඟවීමට උවමනා බොහෝ ගණනක් පද යෙදීම. *a.*-ory

circumnavigate 'සර්කම් නැවිගේට්, *v.* වටේ (නැවෙන්) යාත්‍රාකිරීම. *n.* -tion. *a.* -ble

circumscribe 'සර්කම්ස්ක්‍රයිබ්, *v.* වටේට ලකුණු කරණවා, සීමාව නියමකරණවා. *n.* -ption

circumspect 'සර්කම්ස්පෙක්ට්, *a.* ප්‍රවේසම්වූ, සිහි පරීක්ෂා ඇති. *n.* -ion

circumstance 'සර්කම්ස්ටැන්ස්, *n.* කාරණය, සිද්ධ වූ දෙය. *a.* -tial, කාරණාපිළිබඳ, සිද්ධවූ. *v.* -tiate, සියලු ආකාරයෙන් කාරණය ඔප්පුකරණවා

circumvallation 'සර්කම්වැල්ලේෂන්, *n.* (වටලන සේනාවක් විසින්) කොටුවක් වටේ කළ පවුරු අගල් ආදී ආරක්ෂාව

circumvent ˈසර්කම්වැණ්ට්, *v.* උපායශීලීත් රවට නවා. *n.* -ion

circumvolution ˈසර්කම්වොලූෂන්, *n.* වටේට පෙරළීම හෝ කරකැවීම, කරකැවෙන දෙය

circus ˈසර්කස්, *n.* වටේට අශ්වයින් පැන්වීම ආදිය කරණ නාට්‍ය ශාලාව

cirrus සිර්රස්, *n.* පුලුන් රෙදක් වැනි වලාකුළ, වැල්විල අත්පසුර [ජලාශය

cistern සිස්ටර්න්, *n.* ජලය තබන පොකුණ,

citadel සිටඩල්, *n.* (නුවර හෝ නුවර අසල) බල කොටුව [දක්වනවා. *n.* -ation

cite සයිට්, *v.* එක්වක්ෂා අරිණවා, ගෙණහැර

citizen සිටිසන්, *n.* පුරවැසියා. *n.* -ship

citric සිට්රික්, *a.* දෙහි පිළිබඳ

citron සිට්‍රන්, *n.* මහ රටදෙහි, සිදරන්

city සිටිය්, *n.* පුරය, ලොකුනුවර

civet සිවිඇට්, *n.* කස්තුරි. *n.* -cat, උරුලෑවා

civic සිවික්, *a.* නුවර හෝ නුවරුන් සම්බන්ධ

civil සිවිල්, *a.* නාගරික, (අපරාධ නොවන) සාමාන්‍ය කරුණු පිළිබඳ, මෘදු මොලොක්, සුසීල. *n.* -ity. *n.* -ion, *n.* සාමාන්‍ය කටයුතුවල සේවයී පින්නා, සීලධාරීභාවයක් [ශිෂ්ටාරකම

civilise සිවිලෙයිස්, *v.* ශිලාචාරකරණවා. *n.* -ation,

clad ක්ලෑඩ්, *a.* වස්ත්‍ර ඇඳි, ඇන්ද

claim ක්ලේම්, *v.* අයිතිවාසිකම කියා ඉල්ලනවා. *n.* *a.* -able. *n.* -ant clairvoyance ක්ලේර්වොයි'අන්ස්, *n.* අංජනම් බැලීම. *n.* -ant, අංජනම්කාරයා

clamber ක්ලැම්'බර්, *v.* අමාරුවෙන් නගිනවා

clammy ක්ලැම්මි, *a.* මෘදු ඇලෙන. *n.* -iness

clamour ක්ලැම්'අර්, *n.* මහා ඝෝෂාව, ගෝට්ටිය. *v.* (*a.* -ous. *n.* -ousness)

claamp ක්ලැම්ප්, *n.* බන්ධනය, කලම්පය. *v.*

clan ක්ලැන්, *n.* වංශය, ගෝත්‍රය. *a.* -nish

clandestine ක්ලැන්ඩෙස්ටෙන්, *a.* රහස්, අප්‍රසිද්ධ

clang ක්ලැං, *n.* (ලෝහමය ද්‍රව්‍ය එකට වැදීමෙන් අවිගන්න) 'ක්ලැං' යන හඬ. *v.*

clank ක්ලැංක්, *n.* (ලෝහමය ද්‍රව්‍ය එකට වැදීමෙන් අවගන්නා) 'ක්ලැංක්' යන හඬ. *v.*

clap ක්ලැප්, *n.* පිපිරීමේ ශබ්දය, අත්පිඩිගැසීම. *v.*

clapper ක්ලැප්'පර්, *n.* අත්පිඩිගහන්නා, සණ්ඩාවේ දිව

claret ක්ලැර්ඇට්, *n.* ප්‍රංශ මුද්‍රිකපාන වර්ගයක්

clarify ක්ලැරිෆයි, *v.* ශුද්ධ කරනවා. *n.* -ication

clarion ක්ලැරිඅන්, *n.* කුඩා හොරණෑ වර්ගයක්. *a*

clash ක්ලැෂ්, *n.* එකට වදින ශබ්දය, විරුද්ධවීම. *v.*

clasp ක්ලැස්ප්, *n.* ගාංචුව, වැළඳගැනීම. *v.* වැළඳ ගන්නවා. *n.* -knife, දුනුපිහියේ

class ක්ලාස්, *n.* වර්ගය, පන්තිය. *v.*

classic ක්ලැස්සික්, *a.* උතුම් පොත් කතෘන් සම්බන්ධ, උතුම්. *n.* ශ්‍රේෂ්ඨ ග්‍රන්ථය, ශ්‍රේෂ්ඨ ග්‍රන්ථකතෘ. *a.* -al

classify ක්ලැස්සිෆයි, v. වර්ගවලට බෙදනවා. n.
-ication [සහිත ඉක්මන් කථාව

clatter ක්ලැටර්, n. 'සටසට' ශබ්දය, ඝෝෂා

clause ක්ලෝස්, n. වාක්‍යයක කොටස, වගන්තිය

claw ක්ලෝ, n. (කිරිසතුන්ගේ) නිය

clay ක්ලේ, n. කිරිමැටි, පස්. a -ey

claymore ක්ලේමෝර්, n. පලල් කඩුවිශේෂයක්

clean ක්ලීන්, a. පවිත්‍ර, පිරිසිදු. ad. සම්පූර්ණයෙන්.
n -ness. a. -ly (n. -iness) [රණවා

cleanse ක්ලෙන්ස්, v. පිරිසිදු කරණවා, ලෙඩ පහක

clear ක්ලියර්, a. පැහැදිලි, කුණුහාද්ද නැති, නිර්
දෝෂ. ad. සම්පූර්ණයෙන්. v. -ness, -ance

cleave ක්ලීව්, v. ඇලෙනවා, පලනවා. a. -able

cleft ක්ලෙෆ්ට්, n. පැලීම, විවරය [n. -cy

clement ක්ලෙමෙන්ට්, a. සෞම්‍ය, කාරුණාවන්ත.

clench ක්ලෙන්ච්, v. මිටමොලවනවා (clinch බ.)

clepsydra ක්ලෙප්සිඩ්‍රා, n. අපරදිග පුරාණ පැතැවි
විශේෂයක් [තියානි) දේවගැතියා

clergy ක්ලර්ජි, n. පූජක පිරිස. n. -man, (ක්‍රිස්

cleric ක්ලෙරික්, n. දේවගැතියා. a. -al, දේවගැ
ති, ලිපිකාරු

clerk ක්ලර්ක්, n. ලියන්නා, ලිපිකරුවා. n. -ship

clever ක්ලෙවර්, a. සමර්ථ, දක්ෂ. n. -ness

clew ක්ලූ, n. නූල් බෝලය, (මගදක්වන) නූල
හෝ කාරණ. (clue බ.)

click ක්ලික්, n. 'ක්ලික්' යන ශබ්දය

client ක්ලයිඅන්ට්, *n.* නීතිඥයෙකුට වැඩදෙන අය, පිහිට ලබන්නා

cliff ක්ලිෆ්, *n.* උස් කෙළින් පර්වතය, ප්‍රපාතය. *a.* -y

climate ක්ලයිමට්, *n.* දේශගුණය, රට. *a.*-ic, -ical

climax ක්ලයිමැක්ස්, *n.* මුදුන, ක්‍රමයෙන් ඉහළ යන්න සොපාව

climb ක්ලයිම්, *v.* (අතින් පයින්) උඩට නගිනවා

clime ක්ලයිම්, *n.* =climate [*n.* (clench බ.)]

clinch ක්ලින්ච්, *v.* මිට්ටමකරණවා, ස්ථිරකරණවා.

cling ක්ලිං, *v.* ඇලෙනවා

clink ක්ලිංක්, *v.* 'ක්ලිංක්' යන ශබ්දනගනවා. *n.*

clip, ක්ලිප්, *v.* කතුරෙන් කපනවා. *n.* කතුරෙන් කැපීම, කතුරෙන් කැපූ කොටස

clique ක්ලීක්, *n.* පක්ෂවූ කණ්ඩායම

cloak ක්ලෝක්, *n.* පිට වැස්ම, වැස්ම, සළුව

clock ක්ලොක්, *n.* ලොකු ඔරලෝසුව

clod ක්ලොඩ්, *n.* (පස්) පිඩැල්ල, මූඪයා. *a.* -dy

clog ක්ලොග්, *n.* ගමන බාධාකරණ දෙය, ලී සෙරෙප්පුව. *v.* *a.* -gy

cloister ක්ලොයිස්ටර්, *n.* තාපස ශාලාව. *v.*

close ක්ලෝස්, *a.* ළඟ, ගනකැර, ඉතා ළඟ, හුළං වැදීමට අවකාශ නැති. *n.* -ness. *v.* වසනවා, ළඟාවෙනවා, නිමකරණවා. *n.*

closet ක්ලොසට්, *n.* කුඩා ගබඩාව (කාමරය)

clot ක්ලොට්, *n.* මිදුණු දියර කැටය. *v.* *a.* -ty

cloth ක්ලොත්, *n.* රෙද්ද. *v.* -*e*, අන්දනවා, අඳින

වා. *n.* -ing, ඇඳුම්. *n.* -ier, ඇඳුම්සාදන්නා හෝ විකුණන්නා. *n.* -es, ඇඳුම්, වස්ත්‍ර. *n.* -s, රෙදි, පිළි

cloud ක්ලෞඩ්, *n.* වලාකුළ. *a.* -*y* (*n.* -iness)

clout ක්ලෞට්, *n.* මාලු රෙදිකඩ, අතුල් පහර

clove ක්ලෝව්, *n.* කරාබුනැටි, බිග

cloven ක්ලෝවින්, *a.* පැලුන, දෙකටබෙදුන

clown ක්ලෞන්, *n.* අශිලාචාරපිටිසරයෙකෙනෙක්, (නාඩගමේ) සමච්චලා. *a.* -ish [*n.* -ness

cloy ක්ලොයි, *v.* මහාසැහෙනතරමට පුරවණවා.

club ක්ලබ්, *n.* පොල්ල, සමාගම. *v.* [ස. *v.*

cluck ක්ලක්, *n.* පැටවුන්ට කිකිළි අඬගසන ශබ්ද

clue ක්ලූ, *n.* =clew

clump ක්ලම්ප්, *n.* ගස් හෝ පැල පඳුර [-iness

clums*y* ක්ලම්සි, *a.* අදක්ෂ, අවිලක්ෂණවසැදුණු. *n.*

cluster ක්ලස්ටර්, *n.* පොකුර, පඳුර, රැස

clutch ක්ලච්, *n.* තදින් ඇල්ලීම. *v.* [වීන

coach කෝච්, *n.* වකු හතරේ රථ වගීයක්, කෝච්

coadjut*o*r කෝඇඩ්ජුටර්, *n.* කොමසකුට ආධාරකරන්නා. *n.* -rix (*f*)

coagulat*e* කොඇග්යුලේට්, *v.* කැටිගැහෙනවා, මිදෙනවා. *a.* -ble. *n.* -tion

coal කෝල්, *n.* රටඅඟුරු. *a.* *n.* -y [*n.* -nce

coalesce කෝඇලෙස්, *v.* ඒකාබද්ධවෙනවා. *n.* -nt.

coalition කෝඇලිෂන්, *n.* ඒකාබද්ධවීම, සම්බන්ධය

coarse කෝර්ස්, *a.* දළ, රළු. *n.* -ness

coast කෝස්ට්, *n.* මුහුදුවෙරළ. *n.* - er, වෙළඳ නැව

coat කෝට්, *n.* කෝට්එක, කබාය, හැට්ටය, වැස්ම

coax කෝක්ස්, *v.* ඉච්චාවෙන් හෝ වාටුවෙන් කැමතිකරවනවා [අශ්වයා

cob කොබ්, *n.* කකුල් කොට ශක්තිමත් පරබෑරැ

cobalt කෝබෝල්ට්, *n.* අඳුරු සුදුපාට ලෝහවිශේෂයක් [සනවා. *n.* -r

cobble කොබ්බල්, *v.* අණ්ඩදූලීම් ආදියෙන් හරිගස්

cobra කෝබ්‍ර,
cobra-de-capello කොබ්‍රඩෙකැපෙල්ලෝ, } නයා, නාගයා

cobweb කොබ්වැබ්. *n.* මකුළු දැල

cochineal කොචිනීල්, *n.* රතු පාටවිශේෂයක් සෑදීම ගන්න කෘමිජාතියක්

cock කොක්, *n.* කුකුළා, ගිනිකිපිහ (කොකෑ), කොකිය. *v.* *n.* -erel, පරෑණ කුකුලා

cockade කොකේඩ්, *n.* (ලකුණක්වශයෙන් යොදන) තොප්පි මල [ඵන, නිරර්ථක

cock-and-bull කොක් ඇන්ඩ් බුල්, *a.* අමූලික, මී

cockatoo කොකටූ, *n.* කොණ්ඩගිරවා

cockatrice කොකට්‍රිස්, *n.* ඕර්ථනැජීවියෙක්

cock-crow කොක් ක්‍රෝ,
cock-crowing කොක් ක්‍රෝඉං, } *n.* කුකුලා අඬලීම, කුකුලා අඬලන වේලාව, ඉතා උදයකාලය

cockle කොක්ල්, *n.* මට්ටියා, සිපිදි

Cockney කොක්නිය්, *n.* ලොණ්ඩන්පුරවැසි කෙනෙකුට පරිහාසවශයෙන් කියන නාමය. *n.* -ism

cockroach කොක්රෝච්, *n.* කැරපොත්තා, දුලියා

cock's-comb කොක්ස්කෝම්, *n.* කුකුල් සරඹල; පැළෑවර්ගයක්, ජේස්තුකාරයා

cockswain කොක්ස්වේන්, *n.* (coxswain බ.)

cocoa කෝකෝ, (හෝ) කෝකෝආ *n.* චොකලට් ගෙඩිවලින් සාදන බීමක්

coco-nut } කෝකෝනට්, *n.* පොල්ගෙඩිය. *n.*
cocoa-nut } -shell, පොල්කටුව

cocoon කොකූන්, *n.* දළඹු කොපුව

cod කොඩ්, *n.* (කැස්ස ආදියට ගුණවූ තෙල්ඇති) මාලුවර්ගයක් [බනවා

coddle කොඩ්ල්, *v.* සුරතල්කරනවා, තරමක් තම්

code කෝඩ්, *n.* නීති සංග්‍රහය. *v.* -ify

codicil කොඩිසිල්, *n.* අන්තිම කැමති පත්‍රයේ අඩු වක් පුරවන පත්‍රය [ඇති. *n.* *n.* -cy

coefficient කෝඇෆිෂන්ට්, *a.* සංයෝගගුණයක්

coequal කෝඊක්වල්, *a.* එකසමවූ. *n.*

coerce කෝඅර්ස්, *v.* වලක්වනවා, බලකරනවා. *n.* -ion, *a.* -ive

coeternal කෝඉටර්නල්, *a.* සම සදාකාල

coeval කෝඊවල්, *a.* සමකාලීන. *n.*

coexist කෝඇක්සිස්ට්, *v.* එකකාලයේ පවතින වා. *a.* -ent. *n.* -ence

coextend කෝඇක්ස්ටෙන්ඩ්, *v.* එකසමානව පැතිරෙනවා හෝ තිබෙනවා [ශාලවූ

coextensive කෝඇක්ස්ටෙන්සිව්, *a.* එකසමාන වි

coffee කොෆී, *n.* කෝපි

coffer කොෆ්'ෆර්, *n.* මිල දමන පෙට්ටගම

coffin කොෆ්ෆින්, *n.* මිනී පෙට්ටිය. *v.*

cog කොග්, *n.* චක්‍රයේ (රෝදයේ) දත [-cy

cogent කෝජැණ්ට්, *a.* අවබෝධකිරීමට හැකි. *n.*

cogitate කොජිටේට්, *v.* කල්පනාකාරණවා. *n.*

-ion, *a.* -ive [වශීන

cognac කොග්නැක්, *n.* ඉතා හොඳ ප්‍රංශ බ්‍රැණ්ඩි

cognate කොග්නේට්, *a.* නෑවූ, සම්බන්ධ, සජාත

cogni*tion* කොග්නිෂ්ශන්, *n.* දැනීම. *a.* -sable. *n.*

-sance. *a.* -sant [පමණ) නම, *a.* -inal

cognom*en* කොග්නෝමැන්, *n.* ගේ (හෝ පෙලප

cohabit කෝහැබිට්, *v* ස්ත්‍රී පුරුෂ දෙදෙනෙක්

මෙන් එකට වාසයකරණවා. *n.* -ation

coheir කෝඑ'අර්, *n.* හවුල් උරුමක්කාරයා

cohere කොහියර්, *v.* එකට ඇලෙනවා. *a.* -nt. *n.*

-nce, -ncy බන්ධනාව, *a.* -ve

cohesi*on* කොහීෂන්, *n.* එකට බැඳීමේ ගුණය, සම්

cohort කොහෝර්ට්, *n.* 500 ක් හෝ 600 දෙනා

ගෙන් යුත් යුධ සමූදූව

coign කොයින්, *n.* කොණ, මුල්ල, කොණේ ගල

coil කොයිල්, *n.* වළල්ල, දරණ. *v.*

coin කොයින්, *n.* මිලය, කාසිය. *v.* [ගැසූ මිල

coinage කොයිනෙජ්, *n.* මිල අච්චුගැසීම, අච්චු

coincide කොයින්සෙයිඩ්, *v.* එක්වෙනවා, එක තැ

නම වැටෙනවා. *a.* -nt. *n.* -nce

coition කෝඉෂන්, *n.* මෛථුනය, සංවාසය

coke කෝක්, *n.* තරමක් දැවූ රටඅඟුරු විශේෂයක්

cold කෝල්ඩ්, *a.* ශීතල. *n. a.* -ish (*n.* -ness)

colic කොල්ඉක්, *n.* බඩරුජාව

collaborate කොලිලැබ්ඔරේට්, *v.* එකට වැඩකර කවා. *n.* -ion [නැතිවීම. *v.*

collapse කොල්ලැප්ස්, *n.* කඩාවැටීම, ශරීර බල

collar කොල්'ලර්, *n.* කරපටිය. *v.* කරපටියෙන අල්ලනවා, කරපටිය දමනවා. *n.* -bone, කුලල් ඇටය, අකුව

collate කොල්ලේට්, *v.* සමකර බලනවා. *n.* -ion

collateral කොල්ලැට්'අ'රල්, *a.* එක සමාන

colleague කොලලීග්, *n.* සමාගම්කාරයා, සහකාර යා [-ive

collect කොල්ලැක්ට්, *v.* රැස්කරණවා. *n.* -ion. *a*

college කොල්ලැජ්, *n.* ශාස්ත්‍රසභාව, මහා ශාස්ත්‍ර ශාලාව. *n.* -ian. *a.* -iate

collier කොල්'යර්, *n.* රටඅඟුරු හාරන්නා, රටඅඟු රු ගෙණයන නැව. *n.* -y, රටඅඟුරු ආකරය (coal බ.)

collision කොල්ලිෂ්අන්, *n.* එකට හැපීම

collocate කොල්ලොකේට්, *v.* එකට තැබීම. පිළි වෙලට තැබීම. *n.* -ion

collop කොල්ලොප, *n.* කුඩා මස් පෙත්ත

colloquial කොල්ලෝක්වි'අල්, *a.* කතාකිරීම සම් බන්ධ. *n.* -ism

colloquy කොල්ලෝක්වි, *n.* එකමකතාකිරීම

collude කොල්ලූඩ්, *v.* කුමන්ත්‍රණය කරණවා, මංචා ලෙස පක්ෂපාතව ක්‍රියාකරණවා

collusi*on* කොල්ලූෂන්, *n.* කුමන්ත්‍රණය. *a.* -ve

colon කෝලන්, *n.* ඉතාම දිග බඩවැල, (:) යන සැවකීමේ ලකුණ [*n.* -cy

colonel කර්නල්, *n.* සේනා සමූහයකට නායකයා.

colonnade කොලනේඩ්, *n.* කණුපෙළ

colon*y*, කොලනි, *n.* පිටරටක වාසයට ගියු සමූහයා, වාසයනට එබඳු පිටරට. *a.* -ial. *n.* -ist. *v.* -ise. *n.* -isation [*a.* -al, ඉතා මහත්

colos*sus* කොලොසස්, *n.* අති මහත් පිළිමයක්.

colour කල්අර්, *n.* වර්ණය, වේශය. (බහු. -s, ධවජය), *v.* *a.* -able. *n.* -ation [ඇවිදින්නා

colporteur කොල්පෝර්ටර්, *n.* පොත් වික්කිණීමට

colt කෝල්ට්, *n.* අශ්වපැටියා. *a.* -ish

colter කොල්ටර්, *n.* නගුල්දත(coulter බ.)

column කොල්අම්, *n.* කණුව, කුලුණ. *a.* -ar

coma කෝමා, *n.* අතිනිද්‍රාව, මූර්ජාව. *a.* -tose,-tous

comb කෝම්, *n.* පනාව, කරමල, වදය. *v.* පීරණවා

combat කොම්බැට්, *n.* සටන. *v.* (*n.* -ant). *a.* -ive. *n.* -iveness [-ation

combine කොම්බයින්, *v.* එකතුකරණවා. *a.*-able. *n.*

combusti*ble* කොම්බස්ටිබල්, *a.* ගිනිගන්න, පත්තුවෙන්ට හැකි. *n.* *n.* -bility. *n.* -on

come කම්, *v.* එනවා, පැමිණෙනවා, සිදුවෙනවා

comedy කොමිඩි, *n.* නාඩගම. *n.* -ian

comely කමලි, *a.* සුදුසු. *n.* -iness
comet කොමෙට්, *n.* වල්ගාතරුව, ධූමකේතුව
comfit කම්ෆිට්, *n.* පැණිරස කැවිලි, [*a.* -able
comfort කම්ෆර්ට්, *n.* සැපපහසු, සැනසිල්ල. *v.*
comic කොමික්, *a.* නාඩගම සම්බන්ධ, සිනා උපද
වන. *a.* -al. *n.* -alness, -ality [කුණ
comma කොම්ම, *n.* (,) යන නැවතීම අගවන ල
command කොමාන්ඩ්, *v.* අණකරනවා, ආඥා
කරනවා, බල පවත්වනවා. *n.* -ant. *n.* -ment
commemorate කොමෙමරේට්, *v.* යමක් කිරී
මෙක් සිහිපත්කරනවා, සිහිපත්කිරීමේ උත්සව
පවත්වනවා. *a.* -ble. *n.* -tion. *a.* -tive [-ment
commence කොමෙන්ස්, *v.* පටන්ගන්නවා. *n.*
commend කොමෙන්ඩ්, *v.* සුදුසුය හෝ උතුම්ය
කියනවා, භාරදෙනවා. *a.* -able. *a.* -ation. *a.*
-atory
commensurate කොමෙන්ෂුරේට්, *a.* එකසමාන
comment කොමෙන්ට්, *n.* තේරුම්කරණ වගන්
තිය, විස්තරය. *n.* -ary, අටුවාව. *n.* -ator
commerce කොමර්ස්, *n.* වෙළඳම. *a.* -ial
commingle කොමිංගල්, *v.* කලවම්කරනවා
commiserate, කොමිසරේට්, *v.* අනුකම්පාකර
නවා. *n* -ation
commissary කොමිසැරි, *n.* යුධහමුදුවනට කෑ
ම ආදිය සපයාදෙවීම භාර මුලාදෑනියා. -iat,
ඒ මුලාදෑනියාගේ කන්තෝරුව.

commission කොමිෂන්, *n.* බඩු විකිණීමට දෙන කුලිය, යමක් කිරීමට පත්වූ සභාව, බලපත්‍රය. *v. n.* -er

commit කොමිට්, *v.* භාරකරණවා, තබනවා, කරණවා. *n.* -ment. *n.* -tal, කිරීම, හිරේ තැබීමට දෙන ආඥා පත්‍රය. *n.* -tee, භාරක සභාව

commix කොම්මික්ස්, *v.* එකට මිශ්‍රකරණවා. *n.* -ture

commode කොම්මෝඩ්, *n.* (කබ පිගන් ආදි) බඩු ෂේස වර්ගයක්, රෑ මලමූත්‍ර කිරීමට ඉන්න පෙට්ටිය

commodious කොම්මෝඩිඅස්, *a.* ඉඩ පාඩු ඇති, සු -පිසු [බඩුව

commodity කොම්මෝඩිටි, *n.* බඩුව, වෙළඳුම්

commodore කොම්මොඩෝර්, *n.* නැව් කණ්ඩායමක නායකයා

common කොම්මන්, *a.* සාමාන්‍ය, බහුල. *n.* පොදු පිට්ටණිය. *n.* -alty හෝ -ality, පොදුජනයා. *ad.* -ly, සාමාන්‍යයෙන්. *a.* -place, සාමාන්‍ය, අප්‍රශෝභන. *n.* -weal හෝ -wealth, මහජනයාට ප්‍රයෝජනය, වැසියන් විසින් පවත්වන ආණ්ඩුව, සමූහය

commotion කොමෝෂන්, *n* චංචලය, කැලඹීම

commune කොමියුන්, *v.* කතාබස්කරණවා, සාකච්ඡාකරණවා. *n.* -ion, සමාගම පැවැත්වීම, ක්‍රිස්තියානි රාත්‍රිභෝජනය කෑම

communicate කොමියුනිකේට්, *v.* දන්වනවා, මිශ

ය ඇණිවටනවා, ක්‍රිස්තියානි රාත්‍රිභෝජනය කන
වා. *n.* -tion. *a.* -tive. *a.* -ble [ච්ඡේදීම. *n.* -t

communism කොම්මියුනිස්ම්, *n.* පොදුමෙච් භුක්ති

community කොම්මියුනිටි, *n.* පොදු අයිතිවාසිකම් ඇති පිරිස, මහජනයා

commute කොම්මියුට්, *v.* වෙනස්කරනවා, මාරුකරනවා. *a.* -able. *n.* -ation. *a.* -ative [(*n.* -ness.

compact කොම්පැක්ට්, *a.* එකට තදවූ, ඝන. *v.*

compact කොම්පැක්ට්, *n.* පොරොන්දුව

company කම්පනි, *n.* සමාගම. *n.* -ion

compare කොම්පෙයර්, *v.* සමානකරනවා. *a.*-able. *a.* -ative. *n.* -ison [වෙනස් කොටස

compartment කොම්පාර්ට්මැන්ට්, *n.* කොඨාසය,

compass කොම්පස්, *n.* වටය, සීමාව, ප්‍රමාණය, දිශා දක්වන යන්ත්‍රය. *n.* -es, කවකටුව

compassion කොම්පැෂන්, *n.* අනුකම්පාව. *a.* ස
හ *v.* -ate [*n.* -ility

compatible කොම්පැටිබල්, *a.* අනුකූල, සුදුසු.

compatriot කොම්පේට්‍රියට්, *n.* තමාගේ රටේ අය, ස්වදේශයේ උපන් අය

compeer කොම්පියර්, *n.* සමඅය, සමාගම්කාරයා

compel කොම්පැල්, *v.* බලකරනවා. *a.* -lable

compendium කොම්පැන්ඩිඅම්, *n.* සංක්ෂේපය, සංග්‍රහය. *a.* -ous

compensate කොම්පැන්සේට්, *v.* අලාභ ගෙවනවා, පිළිවකරනවා, පිරිමසනවා. *n.* -ion compete කොම්පීට්, *v.* තරඟකොට (තරඟකරනවා) උත්සාහ කරනවා. *n.* -itor. *n.* -ition. *a.* -itive

competent කොම්පිටැන්ට්, *a.* සුදුසු, බලය ඇති. *n.* -ce, -cy

compile කොම්පයිල්, *v.* සංග්‍රහකරනවා, සාදනවා. *n.* -ation

complacent කොම්ප්ලේසැන්ට්, *a.* ප්‍රසන්න, සතුටුකිරීමට කැමති. *n.* -ce, -cy

complain කොම්ප්ලේන්, *v.* මැසිවිලි කියනවා, පැමිණිලිකරනවා. *n.* -ant. *n.* -t, පැමිණිල්ල, ලෙඩ

complaisant කොම්ප්ලේසැන්ට්, *a.* ශීලාචාර, ප්‍රසන්නකරණගති ඇති. *n.* -ce

complement කොම්ප්ලිමැන්ට්, *n.* අඩුව සම්පූර්ණකරණදෙය. *a.* -ary

complete කොම්ප්ලීට්, *a.* සම්පූර්ණ. *v.* *n.* -ion [*n.* -eness)

complex කොම්ප්ලැක්ස්, *a.* මිශ්‍ර, අමාරු. *n.* -ity.

complexion කොම්ප්ලැක්ෂන්, *n.* මුහුණේ පාට, පෙනුම

compliance කොම්ප්ලයන්ස්,
compliant කොම්ප්ලයන්ට්, } (comply බ.)

complicate කොම්ප්ලිකේට්, *a.* ආකුල. *v.* *n.* -acy, -ation. *n.* -ity, හතුරකම සහකාරකම්

compliment කොම්ප්ලිමැන්ට්, *n.* ප්‍රසන්නබව කීම, ප්‍රශංසාව, ගෞරවාදර ප්‍රකාශකිරීමට සොදන වචනයක්. *v.* *a.* -ary

comply කොම්ප්ලයි, *v.* ඉෂ්ටකරනවා *a.* -ian [*n.* -iance

component කොම්පෝනන්ට්, n. අඞ්ගු කොටසක්

comport කොම්පෝර්ට්, v. හිඹිනවා, හැසිරෙනවා

compose කොම්පෝස්, v. සාදනවා, සොදනවා, පිළිවෙළකරනවා. n. -ition. a. -ite, කොටස්වලින් සෑදුන. n. -ure. n. -itor, (අච්චු ගැසීමට) අකුරු අමුණන්නා

compost කොම්පෝස්ට්, n. මිශ්‍රවූපොර, සිමෙන්ති

compound කොම්පෞන්ඩ්, n. කොටස්කීපයකින් සෑදුන දෙය, සමාසය. a. සහ v.

comprehend කොම්ප්‍රිහෙන්ඩ්, v. අඩංගුවෙනවා, තේරුම්ගන්නවා. n. -sion. a. -sible. a. -sive. n. -siveness [වා. n. -ion. a. -ible

compress කොම්ප්‍රෙස්, v. තදකරනවා, හකුළුවන

comprise කොම්ප්‍රෛස්, v. අඩංගුවෙනවා, ඇතුළත්කරනවා

compromise කොම්ප්‍රොමෛස්, n. කිව්දුම, එකඟ පොරොන්දුවෙන් බේරගැණීම. v.

comptroller කොන්ට්‍රෝල්'අර්, n. =controller

compulsion කොම්පල්ෂන්, n. බලකිරීම. a. -ory

compunction කොම්පඞ්ක්ෂන්, n. පශ්චාත්තාපය

compute කොම්ප්‍යුට්, v. ගණන්කරනවා, ගණන් බලනවා. n. -ation

comrade කොම්රේඩ්, n. සහචරා, සහකාරයා

con කොන්, v. හොඳින් බලනවා, කටපාඩම්කරනවා. සමග යන අර්ථවත් උපසර්ගයක්

concatenate කොන්කැටිනේට්, *v.* ඈඳනවා, අමුණනවා. -ion

concave කොන්කේව්, *a.* බොකුටු. *n.* *n.* -ity

conceal කොන්සීල්, *v.* සඟවනවා. *a.* -able. *n.*-ment

concede කොන්සීඩ්, *v.* ඉඩදෙනවා, ඒත්තුගන්නවා. *n.* -ssion

conceive කොන්සීව්, *v.* සිතනවා, තේරුම්ගන්නවා, (දරුවක්) පිළිසිඳගන්නවා. *a.* -ivable. *n.* -ption

conceit කොන්සීට්, *n.* අහංකාරකම. *a.* -ed

concentrate කොන්සැන්ට්‍රේට්, *v.* යොමුකරනවා, එකතැනක ගොදනවා. *a.* -ic, පොදුතැනක් ඇති. *n* -ation

conception කොන්සැප්ෂන්, *n.* (conceive බ.)

concern කොන්සර්න්, *n.* කාරණය, සම්බන්ධය, සිතේ ආශාව. *v.* සම්බන්ධවෙනවා, අයිතිවෙනවා. *n.* -ment. *Prep.* -ing, ගැන

concert කොන්සර්ට්, *v.* එකහව්මෙන් බැරගන්නවා, එකට උත්සාහකරනවා. *n.* එකමුතුවීම, සංගීතය [ගුයක්

concertina කොන්සර්ටිනා, *n* සංගීතකරණයක්

concession කොන්සැෂන්, *n.* (concede බ.)

conciliate කොන්සිලිඒට්, *v.* හොඳහිත ගන්නවා, සතුටුකරනවා. *a.* -ory. *n* -ion

concise කොන්සයිස්, *a.* ලුහුඬු, සංක්ෂේප. *n.* -ness

conclave කොන්ක්ලේව්, *n.* පාප් කෙනෙක් තෝ

රාගෑණිමමපවත්වන 'කාර්ඩිනල්'වරුන්ගේරැස් වීම හෝ් සභාව, රහස් සභාව

-conclude කොන්ක්ලූඩ්, v. අවසානම කරණවා, නිශ් වනකරණවා. a. -ding. n. -sion. a. -sive

-concoct කොන්කොක්ට්, v. නොයෙක්දේ ගොඩ සකසනවා, හරිගස්සනවා. n. -ion

-concomitant කොන්කොමිටැන්ට්, a. සම්බන්ධවූ, එක්වඇති. n. n. -ce, -cy

-concord කොන්කෝර්ඩ්, n. එකඟකම. n. -ance, එකඟභාවය, වචන පටුන. a. -ant

-concourse කොන්කෝර්ස්, n. රැස්වූසමූහයා, පිරිස

-concrete කොන්ක්‍රීට්, a. ද්‍රව්‍ය රැසක් එකට දමා හැදූ, සැබෑලෙසින් පවතින. n. n. -ion

-concubine කොන්කියුබයින්, n. පුරුෂයෙක්සමග වෙසඟනවට වසන ස්ත්‍රී. n. -age

-concupiscence කොන්කියුපිස්සෑන්ස්, n. අධික කාමය, තෘෂ්ණාව. a. -nt

-concur කොන්කර්, v. එකඟවෙනවා. a. -rent. n. -rence [සව්ටනය

-concussion කොන්කෂ්ෂන්, n. එකටෙක හැපීම,

-condemn කොන්ඩැම්, v. අවවූවට නිගමකරණවා, මැරදිකාරයාය කියනවා, කුඩුකුසුය කියනවා. n. -ation කොන්ඩැම්නේෂන්. a. -atory

-condense කොන්ඩෑන්ස්, v. ඝනකරණවා. සංක්ෂේපකරණවා. a. -able. n. -ation

-condescend කොන්ඩිසෑන්ඩ්, v. ප්‍රනත් නමවෙනවා, නැමෙනවා. n. -sion condign කොණ්ඩයින්, *a.* යෝග්‍ය, සුදුසු

condiment කොණ්ඩිමැණ්ට්, *n.* කෑමරසවත් කිරීමට යොදන ද්‍රව්‍යය, ව්‍යඤ්ජනය, අච්චාරු

condition කොණ්ඩිෂන්, *n.* ස්වභාව, තත්වය, තරාතිරම, පොරොන්දුව. *a.* -al

condole කොණ්ඩෝල්, *v.* කෙනෙකුගේ දුකේදී දුක්වෙනවා, අනුකම්පා වෙනවා. *n.* -ment. *n.* -nce

condone කොණ්ඩෝන්, *v.* ක්ෂමාකරණවා[වරදක්

condor කොණ්ඩොර්, *n.* දකුණුඅමෙරිකාවේලිහිණි

conduce කොණ්ඩ්‍යුස්, *v.* ආධාරවෙනවා. *a.* -ive

conduct කොණ්ඩක්ට්, *n.* කල්ක්‍රියාව, ගෙණයාම, කරගෙණයාම. *v.* *n.* -ion. *a.* -ive.

conduit කොණ්ඩිට්, *n.* අගල, කානුව

cone කෝන්, *n.* සත්ගෙඩියක උල වැනි වස්තුව, එබදු හැඩ ඇති එල ආදිය

confection කොන්ෆැක්ෂන්, *n.* පැණිරස කැවිලි. *a* -ary. *n.* -ery, පැණිරස කැවිලි ඉකුණන ස්ථානය, පැණිරස කැවිලි

confederate කොණ්ෆැඩිඅරේට්, *v.* ගිවිසුමකින් බැඳෙනවා. *n.* ගිවිසුමෙන් බැඳුන අය, සහකාරයා. *a.* *n.* -tion, -cy [සාච්ජාකරණවා. *n.* -ence

confer කොන්ෆර්, *v.* කරුණාවෙන් දෙනවා, සා

confess කොන්ෆෙස්, *v.* (නොසඟවා) කියනවා, පාපෝච්චාරණයකරවණවා. *n.* -ion. *n.* -ional, පාපෝච්චාරණය කරණ ස්ථානය

confide කොන්ෆයිඩ්, *v.* විශ්වාසකරණවා, (විශ්වාස පිට) භාරදෙනවා. *n.* -ence. *a.* ent. *n.* -ant, විශ්වාස මිත්‍රයා. *a.* -ential, විශ්වාසවූ, රහස්වූ

configure කොන්ෆිගියුර්, *v.* හැඩනකට සාදනවා. *n.* -ation

confine කොන්ෆයින්, *v.* හිරකරණවා, බඳිනවා, මැඩපවත්වනවා. *n.* -ment. *n.* -s, මායිම්

confirm කොන්ෆර්ම්, *v.* ස්ථිරකරණවා. *n.* -ation. *a.* - atory

confiscate කොන්ෆිස්කේට්, *v.* (දඩ වශයෙන්) ආණ්ඩුවටම අල්ලාගන්නවා. *a* -able. *n.* -tion

conflagration කොන්ෆ්ලැග්‍රේෂන්, *n.* මහගින්න

conflict කොන්ෆ්ලික්ට්, *n.* එකමෙක වැදීම, සටන. *v.* එකමෙක වදිනවා, විරුද්ධව සිටිනවා

confluent කොන්ෆ්ලුඇන්ට්, *a.* (ගංගා දෙකක් මෙන්) එක්වගලානන, සම්බන්ධවූ. *n.* ගංගාවක් හා සම්බන්ධවෙන අන්‍ය ගංගාවක්. *n.* -ce [හය

conflux කොන්ෆ්ලක්ස්, *n.* එකට ගලානාම, සමූ

conform කොන්ෆෝර්ම්, *v.* නීතිමාතට එකඟව ක්‍රියා කරණවා, සමානවෙනවා. *a.* -able .*n.* -ation. *n.* -ity

confound කොන්ෆවුන්ඩ්, *v.* (සිත) අවුල්කරණවා

confront කොන්ෆ්‍රන්ට්, *v.* මූණපානවා, ඉදිරියට පමුණුවනවා [*n.* -ion

confuse කොන්ෆියුස්, *v.* පටලවනවා, අවුල්කරණ.

confute කොන්ෆියුට්, *v.* වැරදිබව ඔප්පුකරණවා. *a.* -able. *n.* -ation congeal කොන්ජීල්, *v.* මිදවනවා. *n.* -ation

congenial කොන්ජීනි·අල්, *a.* සුදුසු, සුරු, සමාන

congest කොන්ජෙස්ට්, *v.* රාශිවෙනවා, නොයෑහෙන තරමට (ලේ ආදිය) රැස්වෙනවා. *a.* -ed. *n.* -ion. *a.* -ive

conglomerate කොන්ග්ලොම්·අරේට්, *v.* ගෝලයක් හෝ පිඩක් කරනවා. *n.* තිරුවාණ කැට සහිත ගල්වර්ගයක්. *n.* -ion

congou කොංගෝ, *n.* කලු තේවර්ගයක්

congratulate කොන්ග්රැචුලේට්, *v.* යමෙකුගේ අභිවෘද්ධිය ගැන සතුට ප්‍රකාශකරනවා. *n.* -ion. *a.* -ory

congregate කොන්ග්‍රිගේට්, *v.* රැස්වෙනවා. *n.* -ion. *a.* -ional [සභාව. *a.* -ional

congress කොන්ග්රෙස්, *n.* රැස්වීම, මහාමන්ත්‍රණ

congruous කොංග්‍රූඅස්, *a.* සුදුසු, සම. *n.* -ity

conjecture කොන්ජෙක්චූර්, *n.* අනුමාන කල්පනාව. *a.* -al

conjoin කොන්ජොයින්, *v.* සම්බන්ධකරනවා. *a.* -t

conjugal කොන්ජුගල්, *a.* විවාහසම්බන්ධ [*n.* -ion

conjugate කොන්ජුගේට්, *v.* ක්‍රියාවක්වරනගනවා.

conjunct කොන්ජංක්ට්, *a.* එක්වූ, සම්බන්ධ. *n.* -ion, එක්වීම, සන්නිපාතය. *a.*-ive, එක්වූ, අසම්භාවිත (අනුමානාත්මක පොරොත්තුවක් අඟවන) ක්‍රියා පදය සම්බන්ධ. *n.* -ure

conjure කොන්ජූර්, *v.* සැලකිලිලෙස ඉල්ලනවා,

දිවුරවණවා, මායාකරණවා. *n.* -ation

connect කොන්නැක්ට්, *v.* සම්බන්ධකරණවා. *n.* -ion. *a.* -ive [(connection බ.)

connexion කොන්නැක්·ෂන්, *n.* සම්බන්ධතාම

connive කොන්නයිව්, *v.* අපරාධයකුගේ වරද නොසලකාහරිණවා. *n.* -ance

connoisseur කොන්නි·සර්, *n.* අලංකාර ශිල්ප පිළිබඳ දක්ෂ පරීක්ෂකයා

connubial කොන්නුබි·අල්, *a.* විවාහ සම්බන්ධ

conquer කොන්·කර්, *v.* ජයගන්නවා, පරදවනවා. *a.* -rable. *n.* -st [කම. *a.* -eous

consanguinity කොන්සැන්ග්වින්ටි, *n.* ලේ නෑ

conscience කොන්ෂැන්ස්, *n.* හෘදයසාක්ෂිය, හිත. *a.* -tious. *n.* -tiousness

conscious කොන්·ෂස්, *a.* දන්නා. *n.* -ness

conscript කොන්ස්ක්‍රිප්ට්, *n.* 'කොම්මර ඇදීමෙන්' හේවාකමට තෝරාපත්වූ අය. *a.* නම ලියනු ලැබූ

conscription කොන්ස්ක්‍රිප්ෂන්, *n.* බලෙන් හේවාකමට බැඳවීම

consecrate කොන්සික්‍රෙට්, *v.* ශුද්ධ වස්තුවක් කරණවා, කැපකරණවා. *n.* -ion

consecutive කොන්සැක්‍යුටිව්, *a.* පිළිවෙළට ඇති

consent කොන්සැන්ට්, *n.* එකඟකම, කැමැත්ත. *v*

consequent කොන්සික්වැන්ට්, *a.* හේතුවට අනුව සිද්ධවෙන හෝ පැමිණෙන. *n.* *n.* -ce, ඵලය, විපාකය, වැදගත්කම. *a.* -tial

conservancy කොන්·සර්වැන්සි, *n.* රක්‍ෂාකිරීම, බලාගැනීම

conserve කොන්·සාර්ව්, *v.* රක්‍ෂාකරණවා, දෙසි ද මනවා. *n.* *n.* -ation. *a.* -ative, ආරක්‍ෂක, වෙ ණස් කිරිමට කැමති නැති. *n.* -ator, ආරක්‍ෂා කාරයා. *n.* -atory, ආරක්‍ෂා ස්ථානය, පලතුරු ව වන ආරක්‍ෂාස්ථානය

consider කොන්සි·ඩර්, *v.* කල්පනාකරණවා. *a.* -able, තරමක් මහත්, වටිනා. *a.* -ate, සුපරීක්‍ෂ කල්පනාකරණ,ප්‍රවේසම්, තදහොමන. *n.* -ation

consign කොන්සෛන්, *v.* භාරදෙනවා, භාරකර ණවා. *n.* -ment, භාරදුන්බඩු. *n.*-ee, භාරගන්නා

consist කොන්සිස්ට්, *v.* අඩංගුවතිබෙනවා. *a.*-ent, එකඟ. *n.* -ency, -ence [භාව. *a.* -ial

consistory කොන්සිස්ටරි, *n.* පූජකසභාව, ධර්ම ස

console කොන්සෝල්, *v.* සනසනවා. *a.* -able. *n.* -ation. *a.* -atory [ඒකාබද්ධකරණවා. *n.* -ion

consolidate කොන්සොලිඩේට්, *v.* සවිකරණවා,

consols කොන්සොල්ස්, *n.* ඉංග්‍රීසි ආණ්ඩුවේ ත ෙගත් එක් කොටසක් [ක්‍ෂරය. *n.* -ce. *a.* -tal

consonant කොන්සොනන්ට්, *a.* එකඟ. *n.* ගාත්‍රා

consort කොන්සෝර්ට්, *n.* සමාගම්කාරයා, භාර්‍යා ව, පුරුෂයා. *v.* ආශ්‍රයකරණවා [ෙණන, ප්‍රසිද්ධ

conspicuous කොන්ස්පිකියුඅස්, *a.* හොඳට පෙ

conspire කොන්ස්පෛර්, *v.* කුමන්ත්‍රණයකරණ වා, එකමුතුවෙනවා. *n.* -acy. *n.* -ator constab*le* කන්ස්·ටබ්ල්, *n.* පොලිස්විදානේ, කොස්තාපල්. *a.* -ulary

constan*t* කොන්ස්·ටන්ට්, *a.* ස්ථිර, නිරන්තර. *n.* *n.* -cy. *ad.* -tly, නිතර [ඔසතිය

constellation කොන්ස්ටැල්ලේ·ෂන්, *n.* තාරකාප

consternation කොන්ස්·ටර්නේ·ෂන්, *n.* කැලඹීම [ෂවා, බඩ වෙලනවා. *n.* -ion

constipat*e* කොන්ස්ටිපේට්, *v.* බඩවැල ඇතිරෙ

constituen*t* කොන්ස්ටිටූ·අන්ට්, *a.* අඩංගුවූ, ඔනෑවූ. *n.* ඕනෑවූ හෝ ඇතුලත්වූ කොටස, මහජන මන්ත්‍රීයෙක් තේරීමේදී කැමැත්ත දෙන්නෙක්. *n.* -cy, මහජනමන්ත්‍රීන් තෝරාගැනීමට බලය ලත් සමූහය

constitut*e* කොන්ස්ටිටියුට්, *v.* පිහිටුවනවා, නියම කරණවා. *n.* -ion, ශරීරගතිය, පිහිටි ස්වභාව, ආණ්ඩුක්‍රමය. *a.* -ional. *a.* -ive

constrain කොන්ස්ට්‍රේන්, *v.* බලකරණවා. *n.* -t.

constrict කොන්ස්ට්‍රික්ට්, *v.* මිරිකනවා, අකුලනවා. *n.* -ion

construct කොන්ස්ට්‍රක්ට්, *v.* ගොඩනගනවා, සාදනවා. *n.* -ion. *a.* -ional. *a.* -ive

construe කොන්ස්ට්‍රූ, *v.* (අපීඩිම පිණිස පරභාෂාවක වාක්‍යයක) වචන නිසි පිළිවෙලට යොදනවා, අර්ථ කියනවා [ද්‍රව්‍ය හෝ ස්වභාව ඇති

consubstantial කොන්සබ්ස්ටැන්ෂි·අල්, *a.* සමාන

consul කොන්සල්, *n.* ප්‍රධාන විනිශ්චයකාරයා,

ආණ්ඩුවක් වෙනුවෙන් පිටරටවල සිටින මන්ත්‍රී
යා. *a.* -ar. *n.* -ate. *n.* -ship

consult කොන්සල්ට්, *v.* කල්පනාව අසනවා, (යම
ක් දැනගැණීමට පොතක්) බලනවා. *n.* -ation

consume කොන්සූම්, *v.* කාදමනවා, විනාශකරණ
වා, වියදම්කරණවා, නාස්තිකරණවා. *a.* -able.
n. -ption, ක්ෂයරෝගය, වියදම්කිරීම

consummate කොන්සම්මේට්, *v.* සම්පූර්ණකරණ
වා, සිධකරණවා. *a.* *n.* -ion.

consumption කොන්සම්'ෂන්, *n.* (consume බ.)

contact කොණ්ටැක්ට්, *n.* එකටවැදීතිබීම, ස්පර්ශ

contagion කොණ්ටේ'ජන්, *n.* ස්පර්ශවීමෙන් ලෙඩ
සෑදීම, නපුරක් බෝවීමේ බලය. *a.* -us

contain කොණ්ටේන්, *v.* අඩංගුව තිබෙනවා

contaminate කොණ්ටැමිනේට්, *v.* කිලුටුකරණ
වා, *n.* -ion [කොට සිතනවා.

contemn කොණ්ටැම්, *v.* හෙලාදකිනවා, සුළු

contemplate කොණ්ටැම්ප්ලේට්, *v.* කල්පනාකර
බලනවා, භාවනාකරණවා, අදහස්කරණවා. *n.*
-ion. *a.* -ive [සමකාලීන. *a.* සහ *n.* -ry

contemporaneous කොණ්ටැම්පොරේණි'අස්, *a.*

contempt කොණ්ටැම්ට්, *n.* සුළුකොට සිතීම, අව
මානය. *a.* -ible. *a.* -uous

contend කොණ්ටැණ්ඩ්, *v.* විවාදකරණවා, සටන්
කරණවා, වාදකරණවා. *n.* -tion. *a.* -tious

content කොණ්ටැණ්ට්, *a.* සිතට සෑහුණු, සතුටු

වූ. *n.* සහ *v.* *n.* -ment. *n.* -s, අඩංගු දේ හෝ කරුණු, පටුන

conterminous කොන්ටර්මිනස්, } *a.* එක මායිම
conterminal කොන්ටර්මිනල්, } ඇති, යාබද

contest කොන්ටැස්ට්, *v.* සටන් කරනවා, විවාද කරනවා. *n.* *a.* -able

context කොන්ටැක්ස්ට්, *n.* ඉහලින් හෝ පහලින් තිබෙන වගන්තිය. *n.* -ure, සෑදී තිබෙන ආකාරය, සෑදීම [*n.* -ity

contiguous කොන්ටිග්‍යූඅස්, *a.* යාබද, ආසන්න.

continent කොන්ටිනන්ට්, *a.* තෘෂ්ණාව මැඩපවත්වන, පිරිසිදු. *n.* මහාද්වීපය. *n.* -ce, -cy, තෘෂ්ණාව මැඩපැවැත්වීම, කාමයෙහි ගිජු නොවීම. *a.* -tal

contingent කොන්ටින්ජන්ට්, *a.* අනියම්වූ. *n.* සුළු කොටස, සටන් රටකින් යුධයෑම යවන හේවා සමූහය. *n.* -ce, -cy

continue කොන්ටිනියු, *v.* පවතිනවා, වෙගෙනයනවා, කරගෙනයනවා. *a.* -ous. *n.* -ity. *a.* -al. *n.* -ance. *n.* -ation [-ion

contorted කොන්ටෝර්ටඩ්, *a.* විකාරවූ, ඇදවූ. *n.*

contour කොන්ටූර්, *n.* පිට සටහන, ආකාරය

contraband කොන්ට්‍රබෑන්ඩ්, *a.* තහනම්කළ. *n.* තහනම් කළ බඩු, නීතියට විරුද්ධ වෙළඳාම

contract කොන්ට්‍රැක්ට්, *n.* ගිවිසුම, පොරොන්දු පත්‍රය. *v.* ඇකිලෙනවා, පොරොන්දුවෙනවා, ගන්නවා, මළඳිනවා. *n.* -ion

contradict කොණ්'ට්‍රඩික්ට්, *v.* විරුඬවනවා, නැ
ත කියනවා. *n.* -ion. *a.* -ory

contradistinction කොණ්'ට්‍රඩිස්ටිංක්'ෂන්, *n.* විශෙ
ෂිතතාව, විපක්ෂතාව

contrary කොණ්'ට්‍රරි, *a.* විරුඬ, විපක්ෂ. *n.* -iety.
ad. -iwise, අනික් (හෝ විරුඬ) අතට

contrast කොණ්'ට්‍රාස්ට්, *n.* සමානකිරීමෙන් පෙ
ණෙන වෙණස. *v.*

contravene කොණ්'ට්‍රවීන්, *v.* කඩකරණවා, බාධා
කරණවා. *n.* -tion

contre-temps කොංටරිටොං, *n.* ආකූලකරණබලා
පොරොත්තු නොවූ අදිස්සියක් හෝ විරුඬයක්

contribute කොණ්ටරිබ්‍යූට්, *v.* දෙනවා, සම්මාදම්
දෙනවා. *n.* -ion. *a.* -ive [කොණ්ට්‍රි'ෂන්

contrite කොණ්ට්‍රයිට්, *a.* පසුතැවිලිවූ. *n.* -ion

contrive කොණ්ට්‍රයිව්, *v.* යොදනවා. *n.* -ance,
යෙදීම, උපක්‍රමය [වනවා. *a.* -lable. *n.* -ment

control කොණ්ට්‍රෝල්, *v.* හසුරුවණවා, බල පවත්

controvert කොණ්ට්‍රො'වර්ට්, *v.* විවාදකරණවා. *a.*
-tible. *n.* -sy, වාදය, විවාදය, *a.* -sial. *n.* -sialist

contumacious කොණ්ටියුමේ'ෂස්, *a.* මුරණ්ඩු, අකී
කරු. *n.* -y, මුරණ්ඩුකම, අකීකරුකම,

contumelious කොණ්ටියුමීලි'අස්, *a.* හෙළාදකින,
උදුර. *n.* -y, හෙළාදැකීම, බැණුම [වා. *n.* -ion

contuse කොණ්ට්‍යූස්', *v.* පලනවා, පොඩිකරණ

conundrum කොනන්ඩ්‍රම්, *n.* තේරවිල්ල

convalescent කොන්'වලෙස්'සන්ට්, *a.* ප්‍රකෘති සනී පය ලැබීගෙන එන. *n.* -ce, -cy

convene කොන්වීන්, *v.* රැස්කරණවා. *a.* -able

convenient කොන්වීනි.යන්ට්, *a.* සුදුසු, පහසු ඇති. *n.* -ce, -cy

convent කොන්වෑන්ට්, *n.* තාපස ආවාසය. *a.* ual. *n.* -icle, ආගම් පිළිබඳ රහස්සභාව. *n.* -ion, රැස්වීම, ගිවිසුම. *a.* -ional, පුරුදු, සම්මිත

converge කොන්'වර්ජ්, *v.* එකතැනකට ලංවියන වා. *a.* -nt. *n.* -nce, -ncy

converse කොන්'වර්ස්, *v.* සමග සල්ලාපකරණවා. *a* අනික්, විරුද්ධ, විපරීත. *n.*-ation (*a.* -al). *n.*-ion, හැරවීම, වෙනස්වීම. *a.* -able. *a.* -ant, අඳුනන, දන්න, නිපුණ [ණවා. *n.* *a.* -ible. *n.* -ibility

convert කොන්'වර්ට්, *v.* වෙනස්කරණවා, හරවා

conversazione කොන්'වර්සැට්සියෝනේ, *n.* ශිල්ප ශාස්ත්‍ර සම්බන්ධව කතාබස්කිරීමට රැස්වීම

convex කොන්වෑක්ස්, *a.* පිපිත් වටවූ. *n.* -ity

කොන්වේ, *v.* ගෙණයනවා, පමුණුවනවා. *n.* -ance, ගෙණයාම, සිත්තක්කරය

convict කොන්වික්ට්, *v.* වරදකාරයා කරණවා. *n.* වරදකී පත්වූයා, හිරකාරයා. *n.* -ion

convince කොන්වින්ස්, *v.* ඒත්තුකරණවා, අවබෝධකරණවා

convivial කොන්විවිඅල්, *a.* උත්සව. *n.* -ity

convoke කොන්වෝක්, *v.* රැස්කරණවා. *n.*-cation,

රැස්කරවීම, සඟාව

convolve කොන්වෝල්ව්, *v.* පුරුවිටුකරණවා, අකුලකවා, වික්කරණවා. *n.* -ution

convoy කොන්වොය්, *v.* ආරක්ෂාවට එක්කයනවා. *n.* ආරක්ෂාවට යන සේනාව, එසේආරක්ෂාකරණලද්ද

convulse කොන්වල්ස්, *v.* වෙව්ලනවා, ගැස්සෙනවා. *n.* -ion, ගැස්ම, වලිප්පුව. *a.* -ive

cook කුක්, *v.* පිසනවා, උයනවා. *n.* උයන්නා. *n.* -ery, සූපශාස්ත්‍රය [*n.* -ness

cool කූල්, *a.* තරමක් ශීතල, නිවුනු, නිශ්චල. *v.*

coolie } කූලි, *n.* කූලීකාරයා, බරකාරයා
cooly }

coop කූප්, *n.* (පක්ෂි)කූඩුව, පීප්පය. *v.* *n.* -er, පීප්ප සාදන්නා. *n.* -erage, පීප්ප සාදන පට්ටලය

cooperate කෝඔප්·අරේට්, *v.* එකටක්‍රියාකරණවා. *a.* -ive. *n.* -ion

coordinate කොඕර්ඩිනේට්, *a.* එකසමාන, ඒකාකාර. *v.* තිසිපිළිවෙලටයොදනවා. *n.*-ion[යෙක්

coot කූට්, *n.* දියේ හැසිරෙණ කුඩා කළු පක්ෂි

copartner කෝපාර්ට්·නර්, *n.* හවුල්කාරයා, කොටස්කාරයා. *n* -ship

cope කෝප්, *v.* මැඩපවත්වනවා, සමනොවී ක්‍රියාකරණවා. [*n.* -ness

copious කෝපි·අස්, *a.* බොහෝ, බහුල, අධික.

copper කොප්·පර්, *n.* තඹ, තඹවීල. *a.* -y

coppice කොප්පිස්, *n.* කැලෑව, වනලැහැබ

copulate කොප්යුලේට්, *v.* ඈඳනවා, සංවාසය කරනවා. *n.* -ion. *a.* -ive, ඈඳන; *n.* සන්ධිකරණ විචනය

copy කොප්පි, *n.* සමානව කරණලද්ද, පිටපත, [මුල් ලියවිල්ල. *n.* -ist

coquet කොකෙට්, *v.* ආලය ඉපදවීමට උත්සාහ කරණවා. *n.* -te, ලීලාකාරී, තරුණිය. *a.* -tish

coral කොරල්, *n.* පබළු, කොරල් [සහ කඹ)

cord කෝර්ඩ්, *n.* ගොතා, රැහැ. *v.* *n.* -age, රැහැන්

cordial කෝර්ඩි·අල්, *a.* හිතෛෂී, අවඛක. *n.* -ity

cordite කෝර්ඩයිට්, *n.* දුම නැති ඉතාසැර වෙඩි බෙහෙත් වර්ගයක්

core කෝර්, *n.* ඇතුල්කොටස, මද්‍යය

cork කෝර්ක්, *n.* ඇබය. *v.* ඇබයක් ගහනවා

cormorant කෝර්මොරන්ට්, *n.* ලොකු මුහුදු ලිහිණි වර්ගයක්

corn කෝර්න්, *n.* ධාන්‍ය ඇටය, ධාන්‍ය, කරගැටය

corner කෝර්නර්, *n.* කොණ, මුල්ල. *a.* -ed, මුලු ඇති [හැණ්ඩට පාන් සැරැ ගේවායා. *n.* -cy

cornet කෝර්නෙට්, *n.* කුඩා හොරණෑව, ලැල්ලි

cornice කෝර්නිස්, *n.* කණු හෝ බිත්තිළඩ ලීස් තරය [ල්ල, ශේඛරය

corolla කෝරොල්ල, *n.* වර්ණවත් මල්පෙති වල

corollary කොරොල්ලරි, *n.* තීන්දුව, නිගමනය

corona කොරෝන, *n.* කණු හෝ බිත්තිළඩ ලීස් තරයේ පිටටපැණ තිබෙන පැතලි කොටස,

රැස්වලල්ල. *n.* -l, ඔටුන්න, මාලාව, මල්දම. *a.* -l. *n.* -ation, ඔටුනු පැලඳවීම

coroner කොරෝනර්, *n.* හදිස්සි මරණ ආදිය ගැන විභාගකරණ මූලාදෑනියා

coronet කොරොනැට්, *n.* කුමාරවරුන්ද රදලවරු පලඳින සුළු ඔටුන්න

corporal කෝර්පොරල්, *a.* ශාරීරික. *n.* පාබල සේනාවේ ඉතා පහත් මූලාදෑනියා

corporate කෝර්පොරේට්, *a.* සමාගම්වූ, එක්සත්වූ. *n.* -ion, තනිකෙනෙක්මෙන් ක්‍රියාකිරීමට බලය ඇති සමාගම [කායික

corporeal කෝර්පෝරිඅල්, *a.* ශරීරයක් ඇති,

corps කෝර්, *n.* සේනාසමුදාව

corpse කෝර්ප්ස්, *n.* මිනිය, මළකඳ

corpulence කෝර්පියුලන්ස්, } *n.* අධික ස්ථූලතාව. *a.* -t
corpulency කෝර්පියුලන්සි, }

corpuscle කෝර්පසල්, *n.* ඉතා කුඩාකොටස. *a.* -ular

correct කොරෙක්ට්, *v.* හරිගස්සනවා, වැරදිනිවරදි කරනවා. *a.* *n.* -ion. *a.* -ive. *n.* -ness

correlative කොරෙලටිව්, *a.* එකිනෙකට සම්බන්ධ. *n.* සම්බන්ධය හා සම්බන්ධවෙන වචනය

correspond කොරෙස්පොන්ඩ්, *v.* ගැළපෙනවා, ලිපි ගනුදෙනුකරනවා. *n.* -ence *n.* සහ *a.* -ent

corridor කොරිඩෝර්, *n.* ඉස්තෝප්පුව, (ගෙයි ස්ථානයක් වෙත) යාවූ දිගුමාර්ගය

corroborate කොර්රොබරේට්, v. ස්ථිරකරණවා, ශක්තිකකරණවා. n. -ion. a. -ive

corrode කොර්රෝඩ්, v. ක්‍රමයෙන් තිඝවෙනවා, දිරණවා, මලකඩකනවා. [a. -sive. n. -sion

corrugate කොර්රුගේට්, v. රැලිදමනවා. n. -ion

corrupt කොර්රප්ට්, v. නරක්වෙනවා, කුණුවෙනවා. a. a. -ible. [n. -ibility. n. -ion. [n. -ness

corsair කෝර්සේර්, n. මුහුදු කොල්ලකාරයා, කොල්ලකාර නැව

corselet කෝර්ස්ලැට්, n. සන්නාහය

corset කෝර්සැට්, n. චෝලිය [පෙරහැර

cortege කෝර්ටේෂ්, n. කැටුව සහ පිරිස්වැල,

coruscation කොරස්කේෂන්, n. අදිස්සියෙන් ආලෝකය වැටීම

corvette කොර්වැට්, n. (කාලතුවක්කු 20 ට වඩා ගෙණයනයක) කුඩා යුධනැව [ක්, අඩගරාග

cosmetic කොස්මැටික්, n. හම පහදවන ද්‍රව්‍යය

cosmic කොස්මික්, a. ලෝකය සම්බන්ධ, ලෝක ක්‍රමය පිළිබඳ. a. -al

cosmopolitan කොස්මොපොලිටන්, a. මුළුලෝකයට පොදුවූ. n. ලෝවැසියා

cost කෝස්ට්, n. මිලගණන, වියදම. a. -ly. n. -liness [විකුණන්නා

costermonger කොස්ටර්මංගර්, n. ඇවිද එළවිගී

costive කොස්ටිව්, a. මලබද්ධ. n. -ness

costume කොස්ටියුම්, n. පුරුදු අඳින විධිය, ඇඳුම්

cosy කෝසි, *a.* පහසු ඇති

cot කොට්, *n.* කුඩාගෙය, පැල, කුඩා ඇඳ

cote කෝට්, *n.* බැටළුගාල

coterie කෝටැරි, *n.* මිතුරන්ගේ කුඩා සම්මුතිය

cottage කොට්ටෙජ්, *n.* පුළු ගෙය. *n.* -r

cotton කොටන්, *n.* කපු, පුළුන්, කපුපිළි

cotyledon කොට්ඉලි·ඩන්, *n.* බීජපත්‍රය

couch කෞච්, *n.* පර්‍යඞ්කය, කට්ටිලිය

couchent කෞච්·අණ්ට්, *a.* හිසඔසවා ලැගගත්ත

cougar කුගාර්, *n.* අමැරිකාවේ අඳුන් දිවියා

cough කොෆ්, *n.* කැස්ස. *v.* කහිනවා

could කුඩ්, *v.* හැකිව තිබුනා, හැකි

coulter කෝල්·ටර්, *n.* නගුල් දත

council කෞන්සිල්, *n.* මන්ත්‍රණ සභාව. *n.* -lor *n.* -lorship [නීතිඥයා. *v.* අවවාදකරනවා. *n.* -lor

counsel කෞන්සැල්, *n.* දූතමුතුකම, අවවාදය,

count කෞණ්ට්, *v.* ගණන්කරනවා, *n.* ගණන්කිරීම, දෝෂාරෝපණවලින්එකක්. *n.* -er, ගණින්නා, මිල ගණින හෝ බඩුතබන්මේසය. *a.* -less, ගණන්නැති

count කෞණ්ට්, *n.* ඉංග්‍රිසි 'අර්ල්' නන්නට සමාන්‍ය වූ නිලයක්. *n.* (*f.*) -ess [පිහිට. *v.*

countenance කෞණ්ටි·නන්ස්, *n.* මුණපෙණීම,

counter කෞණ්·ටර්, *ad.* සහ *a.* විරුඬව, විරුඬ (count බ.) [නිෂ්ඵලකරනවා. *n.* -ion

counteract කෞණ්·ටර්ඇක්ට්, *v.* බාධාකරනවා

counterbalance කෞණ්ටර්බැල්ඇන්ස්, *v.* සමකි
රීමට බරක් හෝ බලයක් යොදනවා. *n.*

counterfeit කෞණ්ටර්ෆීට්, *v.* අවසර නැතිව සම
ාන ආකාර කරනවා, වංචාවට කරනවා. *a.* බො
රු, වංචා [මස, පිටපත

counterfoil කෞණ්ටර්ෆොයිල්, *n.* අනික් කො

countermand කෞණ්ටර්මෑණ්ඩ්, *v.* අවලංගුකර
ණවා. *n.* [කරනවා. *n.*

countermarch කෞණ්ටර්මාර්ච්, *v.* ආපසු ගමන්

countermine කෞණ්ටර්මයින්, *n.* බිම් ගෙයක්
විනාශකිරීමට තනනලද බිම්ගෙය, ප්‍රතිවිරුද්ධ
උපාය. *v.*

counterpane කෞණ්ටර්පේන්, *n.* ඇතිරිල්ල

counterpart කෞණ්ටර්පාර්ට්, *n.* අනික් කොටස,
පිටපත [(=counterbalance)

counterpoise කෞණ්ටර්පොයිස්, *n.* සහ *v.*

countersign කෞණ්ටර්සයින්, *n.* රහස් ලකු
ණක් හෝ වචනයක්, දෙවෙනි අත්සන. *v.*

countervail කෞණ්ටර්වේල්, *v.* සමාන බලයක්
පවත්වනවා. *n.* [කරනවා

counterwork කෞණ්ටර්වර්ක්, *v.* විරුද්ධව ක්‍රියා

country කණ්ට්‍රි, *n.* රට, උපන් රට, පිටිසර. *a.*

county කෞණ්ටි, *n.* කෝරලය, ජනපදය

couple කප්ල්, *n.* දෙක, ජෝඩුව. *v.* ඈඳනවා.
n. -ing, ඈඳීම, ඈඳන දෙය *n.* -et, කවි දෙපද
යක්

coupon කූපොං, *n.* සිට්ටුව, සිට්ටු පිටපත [·ous

courage කරේජ්, *n.* ධෛර්‍ය්‍ය, නිර්භීතකම. *a.*

courier කුරි·අර්, *n.* රාජ පණිවුඩකාරයා

course කෝර්ස්, *n.* දිවීම, ධූවතපාර, ක්‍රමය, එක වරකට මේසේ තබන කෑම. *v.*

court කෝර්ට්, *n.* මිදුල, රජ මාලිගාව, රජුගේ පිරිස, නඩුශාලාව, නඩු විසඳීමට රැස්වූ විනිශ්චයකාරයෝ. *v.* සතුටුකරණීට උත්සාහකරණවා. පෙම්බඳිනවා. *n.* -ship. *a.* -ly, සුශීල, ශිෂ්ට. *n.* -liness. *n.* -house, නඩුශාලාව. *n.* -yard, මිදුල

courteous කෝර්ට්ඉඅස්, *a.* සුසීල, ආචාරවත්

courtesan කෝර්ටි·සෑන්, *n.* වේශ්‍යාස්ත්‍රී [*a.* -ous

courtesy කෝර්ට්ඉසි, *n.* ශීලාචාරගුණය, ආචාරය.

courtier කෝර්ට්·යර්, *n.* රාජ සේවකයා, ඉච්චාතරත්තා [කම ඇති අය

cousin කසින්, *n.* මස්සිනා, නෑනා, සහෝදර නෑ

cove කෝව්, *n.* කුඩාවරාය, කුඩා කලපුව [ද්‍රව. *v.*

covenant කවිඉනෑණ්ට්, *n.* කිව්පුම, පොරොන්

cover කව·අර්, *n.* වැස්ම, වේශය, මුවාව. *v.* *n.* -ing, වැස්ම). *n.* -let, ඇඳේ උඩ ඇතිරිල්ල. *a.* -t, සැඟවුනාවූ, රහස්වූ; *n.* සැඟවෙන ස්ථානය, ලෑහැබ [*n.* -ousness

covet කව්ඇට්, *v.* ලැබීමට ආශාවෙනවා. *a.* -ous.

covey කවිඉ, *n.* පක්ෂියෙකුගේ පැටව් සමූහය

cow කෞං, *n.* හරකී, එළදෙන. *v.* බදනිදිනවා. *n.* -pox, ගවවසූරිය

coward කෞ'අර්ඩ්, *n.* ධෛර්‍ය්‍යයක් නැත්තා, බයගුල්ලා. *a.* -ly. *n.* -liness. *n.* -ice

cower කෞ'අර්, *v.* බයෙන් ඇකිළෙනවා හෝ හැඩුරුවෙනවා

cowl කෞල්, *n.* තාපසයන්ගේ හිස්වැසුම, දුම්කවළුවේ උඩ පියන

cowrie } cowry } කෞරි, *n.* සවඩියා, කුඩා බෙල්ලා

cowslip කෞස්ලිප්, *n.* මල්වර්ගයක්

coxcomb කොක්ස්කෝම්, *n.* ජේත්තුකාරයා, වචවාඩියා

coxswain කොක්ස්සේවන්, *n.* පදින ඔරුවක ප්‍රධානයා, තණ්ඩලා

coy කෝය්, *a.* ලජ්ජා ඇති, කෝල. *n.* -ness

cozy කෝසි, *a.* =cosy

crab ක්‍රැබ්, *n.* කකුළුවා, කුඩාඇඹුල්ජම්බුවර්ගයක්, කටක රාශිය. *a.* -bed, තරඟගතියක් ඇති, කර්කශ (*n.* -ness)

crack ක්‍රැක්, *n.* පැල්ම, පිපිරීම, පළුදුව. *v.* *n.*-er, රතිඤ්ඤා, තද විස්කෝත්තු වර්ගයක්. *v.* -le, නිතර සුපුරණ ශබ්දයක් කරනවා

cradle ක්‍රේඩ්ල්, *n.* තොට්ටිල්ල. *v.* තොට්ටිල්ලේ බාවනවා හෝ නැලවනවා

craft ක්‍රාෆ්ට්, *n.* අතේදක්ෂකම, රසාව, ප්‍රයෝග, නැව. *n.* -sman, ශිල්පියා, කර්මාන්තකාරයා. *a.* -y. *n.* -iness

crag ක්‍රැග්, *n.* උස්රළුපර්වතය. *a.* -gy. *n.* -iness.

cram ක්‍රැම්, *v.* ප්‍රමාණයට වැඩියෙන් පුරවනවා, පදකර පුරවනවා

cramp ක්රැම්ප්, *n.* නහරයක් ඇකිලීම, මස්පෙර
ළීම, හැවැත්වීම, හදකාරණ යකඩය. *v.*

crane ක්රේන්, *n.* කොකා, බර උස්සන යන්ත්‍රය,
යතුරු සහිත නලය

cranial ක්රේනි'අල්, *a.* ඉස්කබල සම්බන්ධ

cranium ක්රේනි'අම්, *n.* ඉස්කබල, ඉස්කබලේ
මොළය වසා සිටි කොටස [තය. *a.* -y

crank ක්රෑංක්, *n.* නවාපු අලුවංගුව, නැම්ම, විපරී

cranny ක්රැනි, *n.* විවරය, පැළුම

crape ක්රේප්, *n.* වැහැරැළිසහිත සිහින්රෙදිවර්ගයක්

crash ක්රෑෂ්, *n.* වැටී පොඩිවෙන ශබ්දය. *v.*

crater ක්රේ·ටර්, *n.* දුවන කන්දේ ගිනි ආදිය
නික්මෙන විවරය

cravat ක්රැවැට්, *n.* දූසිය [වෙනවා

crave ක්රේව්, *v.* ලැදිව ඉල්ලනවා, තදින් ආශා

craven ක්රේවන්, *n.* බියසුල්ලා, ධෛර්ය නැත්
තා. *a.*

crawfish, ක්රෝෆිෂ්, } *n.* මිරිදියේ වසන පොකි
crayfish ක්රේෆිෂ්, } රිස්සා වැනි සත්වයෙක්

crawl ක්රෝල්, *v.* බඩගා යනවා, හිමින් යනවා

crayon ක්රේඔන්, *n.* නොයෙක් වර්ණ ඇති රට
හුණු කූර

craze ක්රේස්', *v.* උමතු කරණවා. *n.* *a.* -y

creak ක්රීක්, *v.* 'ක්රීක්' යන ශබ්දය වෙනවා

cream ක්රීම්, *n.* කිරි යොදය, උතුම් කොටස. *a.* -y

crease ක්රීස්, *n.* නැමුම් ලකුණ, රැල්ල, ඉර. *v.*

create ක්‍රිඒට්,*v.* මවනවා, උපදවනවා. *n.*-ion.*a.*-ive

creature ක්‍රීච·වර්, *n.* මවනලද්ද, සත්වයා

cred*ence* ක්‍රී·ඩන්ස්, *n.* විශ්වාසය. *a.*-ible. *n.*-ibility

credentials ක්‍රිඩෑන්·ෂල්ස්, *n.* සාක්ෂි පත්‍ර

credible ක්‍රෑඩිඉබල්, *a.* විශ්වාසකටයුතු. *n.* -ity

credit ක්‍රෙඩිඉට්, *n.* විශ්වාසය, ප්‍රශංසාව, ගෙවීමට දෙන කාලය. *a.* -able. *n.* -or, ණය හිමියා

credul*ous* ක්‍රෙඩියුලස්, *a.* නොසොයා ඉක්මණින් විශ්වාසකරණ. *n.* -ity

creed ක්‍රීඩ්, *n.* ඇදහිල්ල, විශ්වාසය

creek ක්‍රීක්, *n.* කුඩා කලපුව, කුඩාමුල්ල

creep ක්‍රීප්, *v.* බඩගා යනවා, දිගේ වැඩෙනවා. *n.* -er, වැල, ලතාව

cremat*e* ක්‍රමේට්, *v.* දවා පුළුස්සනවා. *n.* -ion

crescent ක්‍රෙස්·සන්ට්, *n.* පසාවක් වැනි අළුත් හඳ, ඒ ආකාර වස්තුව

cress ක්‍රෙස්, *n.* සලාදවලට ගන්න පැල වර්ගයක්

crest ක්‍රෙස්ට්, *n.* කුකුල්කරමල, පක්ෂියෙකු ශීර්ෂය පර්වත මුදුන. *a.* -ed. *a.* -fallen, ඔද බිඳුන [ල්ම

crevasse ක්‍රෙවැස්, *n.* මිදුණුවතුරකත් ඇති විවරය, පෑ

crevice ක්‍රෙවීඉස්, *n.* පැල්ම, විවරය

crew ක්‍රූ, *n.* නැව්කාර සමූහය

crib ක්‍රිබ්, *n.* මංගයන්ට කෑම දමන කොටුව හෝ බරුව, තොටිල්ල, පර භාෂා ග්‍රන්ථයක සන්නය

cricket ක්‍රික්ඇට්, *n.* රැහැයියා, එනම් පන්දුක්‍රීඩාව. *n.* -er

crier } ක්‍රෛ·අර්, *n.* මොරගසන්නා, ප්‍රකාශකර
cryer } න්නා, අණබෙරකාරයා

crime ක්‍රෛම්, *n.* අපරාධය. *a.* -inal. *n.* -inality.
n. -inal, අපරාධකාරයා. *v.* -inate, වරදනබනවා

crimp ක්‍රිම්ප්, *v.* රැලිගස්වනවා *a.* පහසුවෙන්
කැඩෙන. *v.* -le, ඇකිළෙනවා, රැලිගැහෙනවා

crimson ක්‍රිම්ස්·න්, *n.* ලේපාට. *v.* සහ *a.*

cringe ක්‍රින්ජ්, *v.* වාලෙක් ලෙස යටත්පාත්ව ක්‍රියා
කරණවා

cripple ක්‍රිප්පල්, *n.* කොරා. *v.* [කවගාව

crisis ක්‍රෛසිස්, *n.* ඉතා වැදගත් වේලාව හෝ

crisp ක්‍රිස්ප්, *a.* පහසුවෙන් කැඩෙන. *v.* රැලිගැ
හෙනවා. *n.* -ness [සරුණ

criterion ක්‍රෛටීරිඅන්, *n.* නිශ්චයකිරීමට ආධාර

critic ක්‍රිටික්, *n.* ගුණදොස් පරීක්ෂාකිරීමෙහි ස
මර්ථයා. *a.* -al. *v.* -ise. *n.* -ism

croak ක්‍රෝක්, *v.* මැඩියෙකු හෝ කපුටුවෙකුමෙන්
ශබ්දනවා. *n.* [ශබ්දනුම. *v.*

crochet ක්‍රොෂේ, *n.* යොකු ඉදිකටුවෙන් කල

crock ක්‍රොක්, *n.* මැටි භාජනය, මැටි කලය

crockery ක්‍රොක්·අරි, *n.* පිඟන් කෝප්ප ආදි මැටි
බඩුහ

crocodile ක්‍රොක්ඔඩෛල්, *n.* කිඹුලා

crocus ක්‍රොකස්, *n.* කහගස් වර්ගයක්

croft ක්‍රොෆ්ට්, *n.* ගෙදරට යාවූ කුඩා කුඹුර. *n.* -er

crook ක්‍රුක්, *n.* කොක්ක. *v.* ඇදකරවනවා

crop ක්‍රොප්, n. පක්ෂියාගේ පළමුවෙනි බොක්ක, අස්වැන්න, මුර එල. v. කපනවා

croquet ක්‍රොකේ, n. ලී බෝල ක්‍රීඩාවක්

crore ක්‍රෝර්, n. කෝටිය, 10000000

crosier ක්‍රෝසි අර්, n. කුරුස හැඩි සැරයටියක්

cross ක්‍රොස්, n. කුරුසිය (+). v. හරහට ඉරිගහණවා. a. හරහ, විරුඩ. n. -ness. v. -examine, විරුඩව ප්‍රශ්න අසනවා, කෝත්තර අහණවා

crotchet ක්‍රොච්ඇට්, n. හිතුබුඩිය, සංගීත ශාස්ත්‍රය පිළිබඳ ලකුණක්. a. -y

croton ක්‍රෝටොන්, n. ජයපාල, නාගවල්ලි

crouch ක්‍රෞච්, v. ඇතගුත්තනවා, නීචයෙක් ලෙස ක්‍රියාකරණවා

croup ක්‍රූප්, n. ළදරුවන්ගේ උගුරේ ලෙඩක්

crow ක්‍රෝ, n. කපුටා, අඬලනශබ්දය. v. අඬලනවා, පුච්චම් දොඩනවා. n. -bar, අලවංගුව

crowd ක්‍රෞඩ්, n. සමූහය. v. තදවෙනවා

crown ක්‍රෞන්, n. ඔටුන්න, රාජ්‍යකරණ අය, රජ බලය, මුදුන, සිලිම් 5 ක් වටිනා මිල. v.

crucial කෲෂි-අල්, a. නතරක ආකාර, බලවත්, තියුණු [වන

crucible ක්‍රූසිබ්ල්, n. (ලෝහ උණුකරණ) කෝ

crucify ක්‍රූසිෆෛ, v. කුරුසියේ ඇණගසා මරණවා. n. -ixion. n. -ix, කුදුකුරුපය සහිත කුරුසිය [-ity

crude ක්‍රූඩ්, a. අමු, අසම්පූර්ණ, නොපැසුණු. n.

cruel ක්රූඇල්, *a.* ක්‍රෑර, රෞද්‍ර. *n.* -ty

cruet ක්රූඇට්, *n.* අඹ ආදි රසකරණ ද්‍රව්‍ය දමා මේසේ තබන බඳුන

cruise ක්රූස්, *n.* තැනින්තැනට යාත්‍රාකිරීම. *v.* *n.* -r, තැනින්තැනට යාත්‍රාකරණ යුධනැව [වසෙ

crumb ක්‍රම්, *n.* කුඩාකැබැල්ල, පාන්හි මෘදු කොට

crumble ක්‍රම්බල්, *v.* කුඩා කැබලිවලට කැඩෙනවා

crumple ක්‍රම්ප්ල්, *v.* වැකරැලිගැහෙනවා, ඇකිලෙනවා

cruse ක්රූස්, *n.* කුඩාකූජලාන, කුඩාබෝතලය

crush ක්‍රශ්, *v.* පොඩිකරණවා, මිරිකනවා. *n.*

crust ක්‍රස්ට්, *n.* දැඩිවූ පිටිපැත්ත. *v.* දැඩි පිට පොත්තකින් වැසෙනවා. *a.* -y *n.* -iness

crutch ක්‍රච්, *n.* කිහිලිසැරමිටිය

cry ක්‍රෛ, *v.* කෑගසනවා, අඬනවා. *n.* -ier

crypt ක්‍රිප්ට්, *n.* බිත්තිවලලන බිම්ගෙය. *a.* -ic -ical, රහස්, සැඟවුන

crystal ක්‍රිස්ටල්, *n.* බිදිදිය, (එස්)වැනිද්‍රව්‍යය, පළිඟු. *a.* -line. *v.* -lise. *n.* -lisation.

cub කබ්, *n.* පැටවා. *v.* පැටවිගසනවා

cube ක්‍යූබ්, *n.* ඒකාකාර හතරැස්පැති හයක් ඇති දෙය, ගණනක් ඒකින් දෙවරක් වැඩිකොට ලත් ගණන. *a.* -ic, -ical

cubit ක්‍යූබිට්, *n.* රියන. *a.* -al

cuckoo කුක්කූ, *n.* කොවුලා

cucumber ක්‍යූකම්බර, *n.* කැකිරි, පිපිඤ්ඤා

cud කඩ්, *n.* සතුන් වමාරාකන කෑම

cudgel කජ්ඇල්, *n.* පොල්ල, මුගුර. *v.* තඩිබානවා

cuff කෆ්, *n.* ඇඳුමේ අත කෙලවර පස්සට නවන කොටස, අතුල් පහර [බඩ

culinary කියුලි·නරි, *a.* ඉවීම හෝ පිසන ගේ සම්

cull කල්, *v.* රැස්කරණවා, තෝරාගන්නවා

culm කල්ම්, *n.* තෘණ හෝ ගොයම් දඬු

culminate කල්මිනේට්, *v.* මුදුනට පැමිණෙනවා. *n.* -ion [-ility

culpable කල්පැබිල්, *a.* දොෂ තැබීමට සුදුසු. *n.*

culprit කල්ප්‍රිට්, *n.* වරදකාරයා, අපරාධකාරයා

cult කල්ට්, *n.* ආගම විශේෂයක්, අධිකෝත්සාහ යෙන් ඉගෙණගන්න කරුණ

cultivate කල්ටිවේට්, *v.* ගොවිතැන්කරණවා, දියුණුකරණවා. *n.* -ion

culture කල්චූර්, *n.* සහ *v.* =cultivate

culvert කල්·වර්ට්, *n.* බෝක්කුව

cumber කම්·බර්, *v.* බරකරණවා, බාධාකරණවා, කිරිගැරකරණවා. *a.* -ersome, -rous. *n.* -rance

cumin } **cummin** } කමිඉන්, *n* (සුදුදුරු ආදි) දුරු

cumulate කියුමියුලේට්, *v.* ගොඩගහණවා. *a.* -ive

cumulus කියුමියුලස්, *n.* වලාකුල්වගීයක්

cunning කනිං, *a.* උපායෙහි දක්ෂ, ප්‍රයෝගදන්න. *n.* ප්‍රයෝගය, කෛරාටිකකම

cup කප්, *n.* කුසලාන, කෝප්පය

Cupid කියුපිඩ්, *n.* කාම දෙවියා, අනඞ්ගයා

cupidity කියුපිඩිටි, *n.* තණ්හාව, කාමආශාව

cupola කියුපෝල, *n.* වහල මුදුනේ යට්කුරු කල කෝප්පයක ආකාර ගොඩනැගිල්ල

cur කර්, *n.* නිවබල්ලා, ක්‍රෝධකාර අය [*n.* -cy

curate කියුරේට්, *n.* ක්‍රිස්තියානි උප දේවගැතියා.

curb කර්බ්, *v.* මැඩපවත්වනවා. *n.*

curd කර්ඩ්, *n.* දීකිරි, මිදෙවු හෝ ඝැටිකලදෙය *v.* ඝැටිනැගෙණවා, මිදෙනවා. *v.* -le, ඝැටිනැගෙණවා, මිදෙනවා

cure කියුර්, *n.* සුවකිරීම, බෙහෙත, දේවගැතියෙකුගේ ධුරය, කල්තබාගැනීමට පූණුදූමීම හෝ වේලීම. *v. a.* -able. *a.* -ative

curfew කර්ෆියු, *n.* පුරාණ එංගලන්තයේ ගෙදරවල රාත්‍රියේ ගිනි නිවියයුතු වේලාව දැක්වීමට ගසපු ඝණ්ටා ශබ්දය

curio කියුරිඕ, *n.* අපූර්ව සැලකියයුතු දෙය

curious කියුරිඅස්, *a.* අපූර්වදේ දැකීමට ආසාවූ, සූක්ෂම, අරුම. *n.* -sity [ලක්ෂණ. *a.* -y. *n.* -iness

curl කර්ල්, *n.* වකුටු ඉසකේ රොද, එබඳුවූරහෝ

curlew කර්ලු, *n.* කිරලා

currant කර්රන්ට්, *n.* ඒයලූ මුද්‍රිකඵල

currency කර්රන්සි, *n.* පතලවීම, භාවිතාවෙන මිල. *a.* -t, පතල, වලංගු, පොදු, ව්‍යවහාර. *n.* -t, දියපාර, සිද්දවෙමින්යන ආකාර

curricle කර්රිකල්, *n.* වකුදෙකේ රථවගියක්

curriculum කර්රික්යුලම්, *n.* ශාස්ත්‍රශාලාවේ ඉගෙනගැනීමේ ක්‍රමය

curry කර්රි, *v.* අශ්වපනාවකින් පිරා ශුද්ධකරනවා. *n.* ව්‍යංජනය. *n.* -ier, සම්කරුවා. *n.* curry-comb, අශ්ව පනාව

curse 'කර්ස්, *v.* ශාපකරනවා. *n.* ශාපය

cursory 'කර්සෝරි, *a.* ඉක්මන්, උත්තම්

curt 'කර්ට්, *a.* කොට, ලුහුඬු. *n.* -ness

curtail 'කර්ටේල්, *v.* කොටසක් කපාදමනවා, කොටකරනවා. *n.* -ment

curtain 'කර්ටින්, *n.* තිරය, කඩතුරාව. *v.*

curve 'කර්ව්, *n.* නැම්ම, නවයක කොටස. *v.*

curvature 'කර්වෙචිදූර්, *n.* නැමීම, වක්‍රකම

curvilinear 'කර්විලිනිඉ'අර්, *a.* වකුටු රේඛා ඇති, වකුටු ගැඩ ඇති

cushion කුෂ්අන්, *n.* කොට්ටය. *v.*

custard කස්'ටාර්ඩ්, *n.* කිරි බිත්තර කැද හෝ තලප. *n.* -apple, අනෝනා, ආනා [-ian

custody කස්ටොඩි, *n.* රැකවල, භාරය. *a.* -al. *n.*

custom කස්ටම්, *n.* සිරිත, පුරුදු. *a.* -ary, පුරුදු, ව්‍යවහාර. *n.* -er, පුරුද්දෙන මිලේටගන්නා. *n.* -s, බඩුවලට අයකරන මුදල්. *n.*-house, රේගුව

cut කට්, *v.* කපනවා. *n.* කැපීම, පහර, අගල, කපා ඉවත් කොටස, ගැඩේ. *a.* *n.* -throat, බෙල්ල කපන්නා, මිනීමරුවා

cutaneous ක්‍යුටේනිඅස්, *a.* සම පිළිබඳ

cuticle ක්‍යුටික්ල්, *n.* පිට සිහුම් හම

cutlass කට්·ලස්, *n.* පළල් කඩුවර්ගයක්

cutler කට්·ලර්, *n.* කපන ආයුධ තනන්නා. *n.* -y, කපන ආයුධ

cutlet කට්ලැට්, *n.* 'කට්ලිස්' නම් කෑමවර්ගය

cutter කට්·ටර්, *n.* කුඩා යාත්‍රාවර්ගයක්, කපන්නා

cycle සෛකල්, *n.* චක්‍රය, කාලචක්‍රය, ද්වීසිකාලයක්, පාගන රථය. *v.* *n.* -ist.

cyclone සයික්ලෝන්, *n.* තද සුළිහුළඟ, චණ්ඩ මාරුතය [අන්තර්ගත පොත *a.* -c

cyclopædia }
cyclopedia } සයික්ලෝපීඩියා, *n.* සියලු ශාස්ත්‍ර

cyclopean සයික්ලෝපි·අන්, *a.* සයික්ලොප් නම් යෝධයන් පිළිබඳ, විශාල

cyclostyle සයික්ලෝස්ටයිල්, *n.* ලියවිල්ල උඩ තීන්ත ගා අච්චුගසන යන්ත්‍රවර්ගයක්

cygnet සිග්නැට්, *n.* තරුණ හංසයා [*a.*-ric, -rical

cylinder සිලින්·ඩර්, *n.* දික් කවාකාර පොල්ල.

cymbal සිම්·බල්, *n.* කෛතාලම, අත්තාලම

cynic සිනික්, *n.* අමීර ගති ඇත්තා, විනිසුණ්ට සතුරු අය. *a.* *a.* -al. *n.* -ism [ඇති බදය

cynosure සයිනෝෂූර්, *n.* පොදු ප්‍රයෝජනයක්

cypher සයි·ෆර්, *n.* =cipher

cypress සයිප්රස්, *n.* ලීය තද ගස්වර්ගයක්

Czar සා·ර්, *n.* රුසියාවේ අගරජ්ජුරුවෝ

Czarina සා·රීණ, *n.* රුසියාවේ අග්‍ර දේවී

D.

d ඩි, හෝඩියේ 4 වෙනි අක්ෂරය; 500 ඇඟවීමටද යොදනුලැබේ. [පහර, පිඩ, කැටිය

dab ඩැබ්, v. හීත්සැරේ ගහනවා. n. හෙමින් ගැසූ

dabble ඩැබ්බ්ල්, v. දියේ ක්‍රීඩා කරණවා, යමක් සුළුපවශයෙන් කරණවා

dace ඩේස්, n. කුඩා මිරිදිය මත්ස්‍යයෙක්

dacoit ඩැකොයිට්, n. මුළුනැසී මංපහර සොරුන් ගෙන් එකෙක්

dactyl ඩැක්ටිල්, n. දීඝමාත්‍රාවක් මුලටද කොට මාත්‍රාදෙකක් ඊලඟටද ඇති ගණය, බගණ. a.-ic

dad ඩැඩ්, n. පියාට සුරතල්වශයෙන් යොදන නම

dagger ඩැග්ගර්, n. කොට කඩුවර්ගයක්, '†' යන ලකුණ

daily ඩේලි, a. සහ ad. දවස්පතා (day බ.)

dainty ඩේන්ටි a. රසවත්. n. n. -iness

dairy ඩේරි, n. කිරි වෙඬරු ආදිය තබන ගේ

dais ඩේඉස්, n. භෝජනශාලාවේ උස් බිම, උස් ආසනය

daisy ඩේසි, n. කුඩා සුදු මල්වර්ගයක්

dakoit ඩැකොයිට්, n. = dacoit

dale ඩේල්, n. කුඩා මිටියාවත

dally ඩැල්ලි, v. කාලය නිරර්ථකකරණවා, ප්‍රමාද වෙනවා, සුරතල්කරණවා. n. -iance

dam ඩෑම්, v. වතුරබැසීම බැම්මකින් නවත්වනවා. n. වේල්ල, බැම්ම, තිරිසන් මව

damage ඩැමිඒජ්, *n.* අලාභය, හානිය. *v.* අලාභ කරනවා, හානිකරනවා

damask ඩැම් අස්ක්, *n.* විසිතුරු රෙදිවර්ගයක්

dame ඩේම්, *n.* වංශවත් ස්ත්‍රී, මහළු ස්ත්‍රී

damn ඩැම්, *v.* සදාකාල දුකට නියමකරනවා. *a.* -able ඩැම් නබ්ල්. *n.* -ation ඩැම්නේෂන්

damp ඩැම්ප්, *a.* තෙත්වූ. *n.* තෙත්ගතිය. *v.* තෙත් කරනවා, අධෛර්‍ය්‍ය කරනවා. *n.* -ness. *a.* -ish

damsel ඩැම්සැල්, *n.* විවාහනොවූ තරුණ ස්ත්‍රී

dance ඩැන්ස්, *v.* නටනවා. *n.* නැටුම

dandle ඩැන්ඩ්ල්, *v.* සුරතල්කරනවා

dandruff ඩැන්ඩ්‍රෆ්, *n.* ඉස්හොරි

dandy ඩැන්ඩි, *n.* ජේතුත්කාරයා. *a.* -ish. *n.*-ism

danger ඩේන්ජර්, *n.* අනතුර. *a.* -ous.

dangle ඩැංගල්, *v.* එල්ලීවැටෙනවා

dare ඩෙයර්, *v.* නිර්භීතව සිටිනවා, මිගකිනනවා. *a.* සහ *n.* -ing, භයනැති, නිර්භීත

dark ඩාර්ක්, *a.* අඳුරු. *n.* -ness. *a.* -ish. *v.* -en

darling ඩාර්ලිං, *n.* ඉතා ආදරණීය අය. *a.*

dart ඩාර්ට්, *n.* හෙල්ලය. *v.* ඊල් ආයුධයක් හදිස්සියෙන් විසිකරනවා, වේගයෙන් නික්මෙනවා

dash ඩැෂ්, *v.* හදිස්සියෙන් හෝ තදින් ගහනවා. *n.* තදින් හෝ හදිස්සියෙන් ගැසීම, '—' සහ කුඩා ඉර. *a.* -ing, නිර්භීත [ගා. *a.* -ly

dastard ඩැස්ටර්ඩ්, *n.* බයසුල්ලා, නීච බයකාර

data ඩේටා, *n.* පිළිගත් කරුණු

date ඩේට්, *n.* දින, ඉදි. *v.* දින ලියනවා

dative ඩේටිව්, *n.* සම්ප්‍රදාන විභක්තිය

daub ඩෝබ්, *v.* තවරණවා, ගානවා. *n.*

daughter ඩෝ·ටර්, *n.* දූ. *n.* ·in·law, ලේලි

daunt ඩෝණ්ට්, *n.* අධෛර්‍ය්‍යකරණවා. *a.* -less. නිර්භීත

dauphin ඩෝෆින්, *n.* ප්‍රංශ රජුගේ දෙවු කුමරා

daw ඩෝ, *n.* කපුටුවර්ගයේ පක්ෂියෙක්

dawdle ඩෝ·ඩ්ල්, *v.* නිර්ඊක ලෙස කාලය අරි [ණවා

dawn ඩෝන්, *n.* අලුයම, පමත්ගැම්ම. *v.* *n.* -ing, පහන්වීම, පටන්ගැනීම

day ඩේ, *n.* දවස, දින. *n.* -book, එක එක දවසේ ගණන් ලියන පොත. *n.* -break, අලුයම

daze ඩේස්, *v.* ඇස් අඳුරුකරණවා, සිහිනැති කරණවා

dazzle ඩැස්·ස්·ල්, *v.* අධික දීප්තියෙන් ඇස් අඳුරු කරණවා

deacon ඩීකන්, *n.* ක්‍රිස්තියානි සභාවේ ඉතා සුළු [දේවගැතියා

dead ඩෙඩ්, *a.* මලාවූ, පණනැති, නිශ්චල. *n.* -ness. *v.*-en, මලානිකකරණවා, අඩුකරණවා. *n.*-letter, භාරදීම නොගැකිවූ ලිපුම, බලය නැතිවූ යමක්. *n.* -lock, සම්පූර්ණයෙන් නැවතීම

deaf ඩෙෆ්, *a.* බිහිරි, ඇහුම්කන්නොදෙන. *n.* [-ness. *v.* -en

deal ඩීල්, *n.* කොටස, අනියම් ප්‍රමාණය, ලෑල්ල. *v.* බෙදනවා, ගණුදෙනුකරණවා [-ery

dean ඩීන්, *n.* දෙවෙනි දේවගැතියා, ප්‍රධානයා. *n.*

dear ඩිර්, *a.* අල්‍රාහ, ස්නේහවත්. *n.* -ness
dearth ඩර්ත්, *n.* දුර්ලභකම, සිඟය [(ඈද)
death ඩැත්, *n.* මරණය. *n.* -bed, මරණ මංචකය
debar ඩිබා:ර්, *v.* පැමිණීම වලක්වනවා, තහණම් කරණවා [ණවා. *n.* -ment
debase ඩිබේස්, *v.* අඩුතරම් කරණවා, නීචකර
debate ඩිබේට්, *n.* වාදය, වාදකිරීම. *v.* *a.* -able
debauch ඩිබෝච්, *v.* දූෂ්‍ය කරණවා, මුළාකරණවා. *n.* *n.* -ery; *n.* -ee, දූෂ්‍යකරන්නා, සල්ලාලයා
debenture ඩිබැන්ටියුර්, *n.* නය ඔප්පුව
debilitate ඩිබිල්ඉටේට්, *v.* දුර්වලකරණවා. *n.* -y
debit ඩිබිඉට්, *n.* ගණන්පොතේ ලියන නය ගණනක්. *v.* නය ගණනට ලියා තබනවා
debris ඩිබ්‍රි, *n.* කැබලි, රොඩු
debt ඩැට්, *n.* නය. *n.* -or, නයකාරයා [උත්සාහය
debut ඩෙබු, *n.* පළමුවෙන් පෙණිසිටීම, ප්‍රථම
decade ඩැක්එඩ්, *n.* දශකය, අවුරුදු දහය [*a.* -t
decadence ඩිකේඩන්ස්, *n.* ක්ෂයවීම, නටබුන්වීම.
decagon ඩැක්අගොන්, *n.* දශාස්‍රය, දශකෝණය
decalogue ඩැක්අලෝග්, *n.* ආඥා දශය
decamp ඩිකැම්ප්; *v.* කඳවුරෙන් අහක්ව යනවා, පැනලා යනවා. *n.* -ment
decant ඩිකැන්ට්, *v.* එක් භාජනයකින් තවත් භාජනයකට වක්කරණවා. *n.* -er, බීම වක්කර තබන වීදුරු බෝතල විශේෂයක් [-ion
decapitate ඩිකැප්ඉටේට්, *v.* ඉස කපාදමනවා. *n.*

decay ඩිකේ, v. සෘයවෙනවා, දිරණවා. n.
decease ඩිසීස්, n. මරණය. v. (disease බ.)
deceit ඩිසීට්, n. වංචාව. a. -ful. n. -fulness [-able
deceive ඩිසීව්, v. වංචාකරණවා, රවටනවා. a.
December ඩිසැම්බර්, n. දෙසැම්බර් මාසය (උදු වප් දුරුතු දෙමසෙහි අයත්තවූනයි) [සිදුවෙන
decennial ඩිසැන්නිඅල්, a. දශවර්ෂයකට වරක්
decent ඩීසන්ට්, a. සුදුසු, ශෝභන. n. -cy
deception ඩිසැප්ෂන්, n. වංචාව, රැවටීම. a. -ve
decide ඩිසයිඩ්, v. නිශ්චයකරණවා, බේරණවා
deciduous ඩිසිඩ්යුඅස්, a. පැසීමෙන් වැටෙන
decimal ඩැස්ඉමල්, a. දශක ක්‍රමයෙන් ගණිත. n. දශයෙන් කොටස, දශක ක්‍රමයේ ඛණ්ඩ ගණිත
decimate ඩැස්ඉමේට්, v. දශයෙන් කොටසක් නැති කරණවා, තම්ලොකු කොටසක් විනාශනවා
decipher ඩිසයිෆර්, v. තේරුම්කරණවා. a. -able
decision ඩිසිෂ්අන්, n. තීන්දුව, නිශ්චය. a. -ve, අන්තිම, නිශ්චයකාරණ. n. -veness [යරනනවා
deck ඩැක්, n. නැවේ ලෑලිතට්ටුව. v. අන්දනවා,
declaim ඩික්ලේම්, v. ප්‍රසිද්ධ කථිකයන් මෙන් කථා කරණවා. n. -mation. a. -matory
declare ඩික්ලේර්, v. දන්වනවා, සහතිකලෙස කියනවා, ප්‍රකාශකර කියනවා. n. -ation. a. -ative
declension ඩික්ලැන්ෂන්, n. පිරිහීම, නාම වර නැගීම
decline ඩික්ලෛන්, v. නැතිවෙනවා, පිරිහෙනවා,

බැරිය කියනවා, නාමයක් වරනගනවා. n. a. -able

declivity ඩික්ලිවිඉටි, n. බෑවුම, පල්ලම

decoct ඩිකොක්ට්, v කකාරණවා. n. -ion, කෑකෑ ථිම, කෂාය

decollate ඩිකොල්එට්, v. හිස ගහදමනවා

decompose ඩිකොම්පෝස්, v. දිරණවා, කුණුවෙන වා, මූල්ධාතුවිලට වෙන්කරණවා. n. -ition

decorate ඩෑකඔරෙට්. v. සරසනවා. n. -ion. a.-ive

decorous ඩෑකෝරස්, a. සුදුසු, ශෝභන. n. -ness

decorum ඩෑකෝරම්, n. සුදුසුභාවය, සුදුසුපැවැත්ම

decoy ඩිකොයි, n. රැවටිලි උපායෙන් අසුකරණවා. n. රැවටිල්ල

decrease ඩික්‍රීස්, v. අඩුවෙනවා, කුඩාවෙනවා. n.

decree ඩික්‍රී, n. නියෝගය, ආඥව. v. ආඥකරණවා

decrepit ඩික්‍රිප්ඉට්, a. ජරා, දුර්වලවූ. n. -ude

decry ඩික්‍රෛ, v. විරුඩව කථාකරණවා, තරකය කියනව

dedicate ඩෑඩිකෙට්, v. කැපකරණවා, පොතක් ඔප්පුකරණවා. නිවේදනයකරණවා. n. -ion. a. -ory [හෝ තීරණයකරණවා. a. -ible

deduce ඩිඩ්‍යූස්, v. කරුණුවලින් ඔප්පුකරණවා.

deduct ඩිඩක්ට්, v. අඩුකරණවා. n. -ion. a. -ive

deed ඩීඩ්, n. ක්‍රියාව, ඔප්පුව

deem ඩීම්, v. කල්පනාකරණවා [-ness

deep ඩීප්, a. ගැඹුරු, අඩිය. n. මුහුද. v. -en. n.

deer ඩිර්, *n.* මුවා [*n.* -ment
deface ඩිෆේස්, *v.* අවලක්ෂණකරණවා, මකනවා.
defalcation ඩිෆැල්කේෂන්, *n.* වංචාවට මිල අඩුකිරීම හෝ මිල ගැනීම. *v.* -e
defame ඩිෆේම්, *v.* අගෞරවකරනවා, අප්‍රසිද්ධකරණවා. *n.* -ation. *a.* -atory [-er
default ඩිෆෝල්ට්, *n.* යුතුකම ඉෂ්ටනොකිරීම. *n.*
defeat ඩිෆීට්, *v.* පරදවනවා, නිෂ්ඵලකරණවා. *n.*
defect ඩිෆැක්ට්, *n* අඩුපාඩුව, වැරැද්ද. *n.* -ion, අත්ඇරීම, කැරලිගැසීම. *a.* -ive
defence ඩිෆැන්ස්, *n.* ආරක්ෂාව, ආවරණය, උත්තරය. *a.* -sible. *a.* -sive
defend ඩිෆැණ්ඩ්, *v.* ආරක්ෂාකරණවා, මුවාකරණවා. *n.* -ant, විත්තිකාරයා
defer ඩිෆර්, *v.* යමෙකුගේ කල්පනාවට යටත් වෙනවා, කල්දමනවා (*n.* -ment). *n.* -ence, ගෞරවය. *a.* -ential
defiance ඩිෆයැන්ස්, *n.* (defy බ.) [-ce
deficient ඩිෆිෂන්ට්, *a.* අඩු, අසම්පූර්ණ. *n.* -cy,
deficit ඩෙෆිසිට්, *n.* අඩුව, හිඟ ගණන
defile ඩිෆයිල්, *v.* කෙලසනවා, වැලට හෝ පෙලට යනවා. *n.* -ment, කෙලසීම, කඳු අතර පටුමාර්ගය
define ඩිෆයින්, *v.* පරිච්ඡින්නකරණවා, වචනයක අර්ථ විස්තරකරණවා. *a.* -able *n.* -ition. *a.* -ite, නියත, නියම

deflect ඩිෆ්ලෙක්ට්, *v.* කෙළින් මාර්ගයෙන් පැත්තකට නැමෙනවා හෝ ඇදවෙනවා, පැත්තට හැරෙනවා. *n.* -ion [විරූපතාව. *n.* -ation

deform ඩිෆෝර්ම්, *v.* අවලක්ෂණකරනවා. *n.* -ity,

defraud ඩිෆ්රෝඩ්, *v.* අයුතුලෙස නොදී තබාගන්නවා, වංචාකරනවා [*n.* -al, -ment

defray ඩිෆ්රේ, *v.* (වියදම) ගෙවනවා, බේරණවා.

deft ඩෙෆ්ට්, *a.* දක්ෂ, චතුර, ප්‍රතීත

defunct ඩිෆංක්ට්, *a.* මළාවූ, වඳවූ

defy ඩිෆයි, *v.* නිර්භීතව ක්‍රියාකරනවා, අරෝවට අඬගසනවා, නොසලකා ක්‍රියාකරනවා. *n.*-iance

degenerate ඩිජෙනරේට්, *v.* ගුණයෙන් පහළ බසිනවා, හීනවෙනවා. *a.* *n.* -cy. *n.* -tion

degrade ඩිග්‍රේඩ්, *v.* තනතුරෙන් පාත්කරනවා, නින්දාකරනවා. *n.* -ation

degree ඩිග්‍රී, *n.* පරම, ක්‍රමය, අංශකය, මහා ශාස්ත්‍රශාලාවකින් දෙන පටබැඳි නාමය

deify ඩීඉෆයි, *v.* දේවපදකත්වයෙහි තබනවා, දෙවියෙක් කරනවා. *n.* -ication [නවා

deign ඩේන්, *n.* පුදුපුනයි සලකනවා, කැමතිවෙ

deism ඩීඉස්ම්, *n.* දෙවියෙකු සෙක් ඉන්නබව විශ්වාස කිරීම. *n.* -t. *a.* -tic, -tical

deity ඩීඉටි, *n.* දෙවිතුමා, දිව්‍යභාවය

deject ඩිජෙක්ට්, *v.* අධෛර්‍යකරනවා, මලානික කරනවා. *n.* -ion

delay ඩිලේ, *v.* ප්‍රමාදවෙනවා, ප්‍රමාදකරනවා. *n.*

delect*able* ඩිලැක්ටබ්ල්, *a.* බොහෝ ප්‍රීතිදායක. *n.* -tion

delegat*e* ඩැල්ඉගේට්, *n.* තමෙකු වෙනුවෙන් ක්‍රියා කිරීමට යවනලද අය. *v.* තමාගේ කාර්‍ය්‍යය අනෙකෙකුට භාරකරණවා. *n.* -ion

delet*e* ඩිලීට්, *v.* මකනවා. *n.* -ion

deleterious ඩැල්ඉටීරිඅස්, *a.* අන්තරායකරණ හෝ නාශකකරණ ස්වභාව ඇති

deliberat*e* ඩිලිබ්අරේට්, *v.* කල්පනාකරණවා. *a.* *n.* -ion. *a.* -ive [-ious

delic*acy* ඩැල්ඉකසි, *n.* සියුම්කම, රසවත්කම. *a.*

delicate ඩැල්ඉකේට්, *a.* සියුම්, රසවත්, දුබල, මෘදු

delight ඩිලෛට්, *v.* බොහොම සතුටුකරණවා, ප්‍රීති වෙනවා. *n.* *a.* -ful [වා. *n.* -ion

delineat*e* ඩිලින්ඉඒට්, *v.* සටහන්කරණවා, අඳින

delinquen*t* ඩිලිංක්වන්ට්, *n.* තමයුතුකම නොකරන්නා, අපරාධකාරයා. *n.* -cy [-um

deliri*ous* ඩිලිර්ඉඅස්, *a.* සිහිමුලාවූ, මල්මාද. *n.*

deliver ඩිලිව්අර්, *v.* ගලවනවා, භාරදෙනවා, වැදීමෙන් නැගැල්ලුවෙනවා, කියනවා. *n.* -ance; -y

dell ඩැල්, *n.* =dale [න තුන්මුලු ආකාර දූව

delta ඩැල්ට, *n.* ලොකු ගංගා මුවදොරවල සෑදෙ

delu*de* ඩිලූඩ්, *v.* රවටනවා, මුලාකරණවා. *n.*-sion. *a.* -sive [න්පතා. *v.*

deluge ඩැල්යූජ්, *n.* මහා ජලගැල්ම, අති මහත්

delusion ඩිලූෂන්, *n.* } (delude බ.)
delusive ඩිලූසිව්, *a.* }

delve ඩෑල්ව්, *v.* ස්පේත්තුවකින් හාරණවා

demagogue ඩෑමිʼඅගොග්, *n.* මහජනයාගේ නායකයා [නවා. *n.*

demand ඩිමෑණ්ඩ්, *v.* බලෙන්ට ඉල්ලනවා, ඉල්ලු

demean ඩිමීන්, *v.* හැසිරෙණවා, පහත්කරණවා. *n.* -our, හැසිරීම, ලීලාව

demented ඩිමෑන්ʼටිඩ්, *a.* ඔල්මාද, උමතු, පිස්සු

demerit ඩිමෑර්ඉට්, *n.* දඬුවම් ලැබියයුතු ක්‍රියාව, අකුශල, අගුණ, දෝෂ [දේවයා

demi ඩෑමි, *a.* අඩි. *n.* -god, උපදේවතාවා, නර

demise ඩිමයිස්, *n.* උතුම් කෙණෙකුගේ මරණය

democracy ඩිමොක්ʼරසි, *n.* සමූහාණ්ඩුව. *n.* t. *a.* -tic, -tical [කරණවා. *n.* -tion

demolish ඩිමොල්ඉෂ්, *v.* බිඳහෙලනවා, විනාශ

demon ඩිමොන්, *n.* අමනුෂ්‍යයා, යක්ෂයා. *a.* -iac -iacal. *n.* -iac, යක්ෂයෙක් වැහුන අය. *n.* -ism

demonstrate ඩෑමිඔන්ස්ට්‍රෙට්, *v.* ඔප්පුකරණවා, ආදර්ශනයක්වීමෙන් උගන්වනවා. *a.* -ive. *n.* -ion

demoralise ඩිමොර්ʼඅලයිස්, *v.* ආචාරගුණ නැති කරණවා. *n.* -ation [නවා

demur ඩිමර්, *v.* සැකයෙන් පසුබටවෙනවා, නවති

demure ඩිමියූර්, *a.* ශාන්ත, ධීර, ලජ්ජාවූ. *n.* -ness

demy ඩිමෙ, *n.* අඟල් 22 දිග 17 පළල කඩදාසි මහත

den ඩැන්, *n.* ගුහාව, ලෙණ

denial ඩිනෛ අල්, *n.* (deny බ.)

denizen ඩැන්ඉස්න්, *n.* වැසියා, පදිංචිකාරයා

denominate ඩිනොම්ඉනේට්, *v.* නම්කරනවා. *n.* -ion, නම්කිරීම, නාමය, නිකාය. *a.* -ional. *n.* -or, නම දෙන්නා, බණ්ඩගණනක හරය(මැද ඉරෙන් පහත ගණන)

denote ඩිනෝට්, *v.* අඟවනවා, ලකුණකින් කියනවා

denounce ඩිනෞන්ස්, *v.* තර්ජනකරන ආකාරයෙන්, දොස් තබනවා, නින්දාකරනවා, විරුඩව දන් දිනවා. *n.* -unciation. *n.* -uncement

dense ඩැන්ස්, *a.* ඝන, උකු. *n.* -eness. *n.* -ity

dent ඩැණ්ට්, *n.* විවරය, කත්තුව. *v.* දත්ගෑමෙන් ලකුණුකරනවා. *a.* -al, දත් පිළිබඳ; *n.* දන්තජාක්ෂරය. *n.* -ist, දත් වෙදා. *n.* -istry, දත් වෙදකම. *n.*-ition,(කෑවි)දත්ඊම[ණවා. *n* -ation

denude ඩිනූඩ්, *v.* වැසීමඅහක්කරනවා, නග්නකර

denunciation ඩිනන්ෂිඒෂන්, *n.* (denounce බ.)

deny ඩිනෛ, *v.* නැත (හෝ බැරිය) කියනවා. *n.* -ial, නැත (හෝ බැරිය) කීම

depart ඩිපාර්ට්, *v.* අත්අරිනවා, යනවා, පිටත්වෙනවා, මැරෙනවා. *n.* -ure. *n.* -ment, වැඩ පිළිබඳ කොඨාසය. *a.* -mental

depend ඩිපැණ්ඩ්, *v.* විශ්වාසකරනවා, එල්ලෙනවා, ආධාරයේ පවතිනවා. *a.* සහ *n.* -ent හෝ -ant. *n.* -ence. *n.* -ency, මුල් රටට යටත් පිට පු

දේශය

depict ඩිපික්ට්, *v.* සිතියම්කොට දක්වනවා, වචන වලින් විස්තරකරණවා [-ion

deplete ඩිප්ලීට්, *v.* අඩුකරණවා, හිස්කරණවා. *n.*

deplore ඩිප්ලෝර්, *v.* වැලපෙනවා, ශෝකකරණවා. *a.* -able [සේනාව තුනීවෙනවා

deploy ඩිප්ලෝය්, *v.* සමතට මෙන් හේවා යුධ

depone ඩිපෝන්, *v.* දිවුරාකියනවා. *n.* සහ *a.* -nt

depopulate ඩිපොප්පුලේට්, *v.* ජනගහණය නැති කරණවා, වනසනවා. *n.* -ion

deport ඩිපෝර්ට්, *v.* රටෙන් පිට ගෙණයනවාහෝ යවනවා. *n.* -ation. *n.* -ment, ලීලාව, කල්ක්‍රියාව

depose ඩිපෝස්, *v.* තනතුරෙන් පහකරණවා, නීචකරණවා, සාක්ෂිකියනවා. *n.* -it, භාරකළදේ, ඇපය; *v.* තබනවා, ප්‍රවේසම පිණිස තබනවා, බාරකරණවා. *n.* -ition, දිවුරා සාක්ෂිකීම, තනතුරෙන් පහකිරීම. *n.* -itory, ගබඩාව. *n.* -itor

depot ඩිපෝ (නැතහොත්) ඩැප්ඕ, *n.* ගබඩාව, ස්ථානය [*n.* -ity. *n.* -ation

deprave ඩිප්‍රේව්, *v.* නරක්කරණවා, දූෂ්‍යකරණවා.

deprecate ඩැප්රිකේට්, *v.* නම් නපුරක් නොවේවායි පතනවා, නදින් කණගාටුවෙනවා. *n.* -ion. *a.* -ory [-ion. *a.* -ory. *a.* -ive

depreciate ඩිප්‍රිෂිඒට්, *v.* අගය අඩුකරණවා. *n.*

depredate ඩිප්‍රිඩේට්, *v.* කොල්ලකනවා, වනසනවා. *n.* -ion. *n.* -or කොල්ලකාරයා, හොරා

depress ඩිප්රෙස්, *v.* පහතට ඔබනවා, ධෛර්ය අඩුකරණවා, අගය අඩුකරණවා. *n* -ion. *a.* -ive

deprive ඩිප්‍රෛව්, *v.* අහකට ගන්නවා, අහිමිකරණවා. *n.* -ation

depth ඩැප්ත්, *n.* ගැඹුර, මැද, ගැඹුරු සිහිනුවණ

depute ඩිප්‍යූට්, *v.* යමෙක්වෙනුවෙන් ක්‍රියා කිරීමට පත්කරණවා. *n.* -ation, අන්‍යයන් වෙනුවට ක්‍රියාකිරීමට බලයලත් අයවල්. *n.* -y, අන්‍යයෙක් වෙනුවට ක්‍රියාකිරීමට පත්වූ අය

derange ඩිරේන්ජ්, *v.* අවුල්කරණවා. *n.* -ment

derelict ඩිරිලික්ට්, *v.* අත්ඇරදමනවා, අතපසුකරණවා. *n.* -ion

deride ඩිරෛඩ්, *v.* අගෞරව පිණිස සිනාවෙනවා, කවටකම්කරණවා. *n.* -sion. *a.* -sive

derive ඩිරෛව්, *v.* (යමකින්) ඇදගන්නවා, ලබාගන්නවා. *n.* -ation. *a.* -ative. *n.* -ative, වචනයකින් බිඳී ආ වචනය

derogate ඩැරොගේට්, *v.* අගය අඩුකරණවා, සුළුකොට කියනවා. *n.* -ion. *a.* -ory

dervish ඩර්විෂ්, *n.* මහමත් ආගමේ සන්‍යාසියා

descant ඩෙස්කැන්ට්, *v.* දීර්ඝලෙස කථාකරණවා. *n.*

descend ඩිසෙන්ඩ්, *v.* බසිනවා. *n.* -ant, යමෙකුගෙන් පැවතඑන්නා. *a.* -ant

descent ඩිසෙන්ට්, *n.* බැසීම, බැවුම, පහතට මුණදෙන් වූය වැදීම, උත්පත්තිය, වංශය

describe ඩිස්ක්‍රෛබ්, *v.* ප්‍රතින සටහන්කරණවා, වි

සතර කරණවා. *a.* -able [විස්තරකිරීම. *a.* -ve

description ඩිස්ක්‍රිප්ෂන්, *n.* විධිය සටහන්කිරීම,

descry ඩිස්ක්‍රෛ, *v.* දුරදී දකිනවා

desecrate ඩැස්ඉක්‍රෙට්, *v.* (ආගමේ ශුද්ධවස්තු) අප විත්‍ර කරණවා. *n.* -ion

desert ඩැස්අර්ට්, *n.* වාලුකා කාන්තාරය, පාළු කැලෑ සහිත පලාත. *a.* පාළු, තනි

desert ඩිසර්ට්, *v.* සම්පූර්ණයෙන් අත්අරිණවා. *n.* ප්‍රතිඵල, විපාකය. *n.* -ion

deserve ඩිසර්ව්, *v.* යෝග්‍යව සිටිනවා හෝ තිබෙනවා. *ad.* -dly, සුදුසුලෙස, යොග්‍යලෙස

deshabille ඩෙස්ඇබිල්, *a.* බුරුලට ඇන්දවූ. *n.* බුරුලට උඩේම අඳින ඇඳුම, ඇඳීමේ අපශෝභනතාව [ග *a.* -nt, -tive

desiccate ඩිසික්ඒට්, *v.* සිඳුවනවා, හින්දනවා. *n.* ස

desiderate ඩිසිඩ්අරෙට්, *v.* ආශාවෙනවා, කැමති වෙනවා, ඕනෑකරණවා. *a.* -ive. *n.* -um, ලැබීමට ආශා ඇති දේ, ඉතා වුවමනා දේ

design ඩිසෛන්, *v.* සොදනවා, අභිප්‍රායකරණවා, සමනත්කරණවා, උපාය සොදනවා. *n.*

designate ඩැස්ඉග්නෙට්, *v.* ලකුණුකරණවා, නම් කරණවා. *n.* -ion

desire ඩිසෛර්, *v.* පතනවා, ඉල්ලනවා. *n.* *a.* -able. *n.* -ability. *a.* -ous, ආශාවත්, කාමී

desist ඩිසිස්ට්, *v.* නවතිනවා, වැලකෙනවා

desk ඩැස්ක්, *n.* (ඇලහැඩේ) ලියනකාම්සය

desolate ඩැස්ඔලේට්, *a.* පාළු, විශේෂිතවූ, අසරණ.
v. වනසනවා. *n.* -ion [නවා. *n.*
despair ඩිස්පේර්, *v.* බලාපොරොත්තු නැතුව සිටි
despatch ඩිස්පැච්, *v.* යවනවා, මරණට පත්කරණ
වා. *n.* ඉක්මණින් කිරීම, පණිවිඩ ලියුම
desperate ඩැස්පරේට්, *a.* බලාපොරොත්තු නැති
නොසැලකිලි. *n.* -ion [ඩ අය
desperado ඩැස්පරේඩෝ, *n.* නොසැලකිලි වණ්
despicable ඩැස්පිකබ්ල්, *a.* තුච්ඡ, නින්දිත
despise ඩිස්පෛස්, *v.* අවමන් කරණවා, නින්දාක
රණවා [*prep.* විරුඩව නමුත්. *a.* -ful
despite ඩිස්පෛට්, *n.* එදිරිකම. *v.* හිංසාකරණවා.
despoil ඩිස්පොයිල්, *v.* කොල්ලකනවා, පැහැර
ගන්නවා
despond ඩිස්පොණ්ඩ්, *v.* බලාපොරොත්තුනැතික
මින්, අධෛර්‍යවෙනවා, මලානිකවෙනවා. *a.*
-ent. *n.* -ence, -ency
despot ඩැස්පොට්, *n.* ස්වකීය කැමැත්ත ලෙස
ආණ්ඩුකරණ රජ, අගරජ. *a.* -ic. *n.* -ism
dessert ඩැස්සර්ට්, *n.* භෝජන අවසානයේ කෑම
ට තබන කැවිලි හෝ ඵල
destine ඩැස්ටින්, *v.* නියමකරණවා. *n.* -ation, ග
මන් කෙළවර ස්ථානය, අභිප්‍රාය. *n* -y, නියමය,
ඉරණම
destitute ඩැස්ටිටියුට්, *a.* දිළිඳු, අසරණ. *n* -ion
destroy ඩිස්ට්‍රොය්, *v.* විනාශකරණවා

destructible ඩිස්ට්‍රක්ටිබල්, *a.* විනාශකළහැකි. *n.* -on, විනාශකිරීම. *a.* -ve (*n.* -ness)

desuetude ඩෑස්විටියුඩ්, *n.* භාවිතාව හැරදැමීම

desultory ඩෑස්අල්ටරි, *a.* සම්බන්ධනැති, තැනින් තැන යන. *n.* -iness

detach ඩිටෑච්, *v.* වෙන්කරනවා. *n.* -ment, වෙන් කිරීම, මුල් සේනා හෝ නැව් සමූහයෙන් වෙන් කළ කණ්ඩායම

detail ඩිටේල්, *v.* විස්තර කියනවා. *n.* විස්තර

detain ඩිටේන්, *v.* නවත්වනවා. *n.* -ment

detect ඩිටෑක්ට්, *v.* සොයා දැනගන්නවා, අල්ලාග න්නවා. *n.* -ive, අපරාධකාරයන් අල්ලන රහස් පොලිස් මුලාදෑනියා. *n.* -ion

detention ඩිටෑන්ශන්, *n.* නැවැත්වීම

deter ඩිටර්, *v.* භයකරවලක්වනවා, අධෛර්යකර නවා. *a.* -rent[අඩුවෙනවා, පිරිහෙනවා. *n* -ion

deteriorate ඩිටීරිඔරේට්, *v.* නරක්වෙනවා, ගුණය

determine ඩිටර්මින්, *v.* නියමකරනවා. *a.* -ed, ස්ථිරසිත්ඇති. *a.* -able. *a.* -ate, නියමවූ, ස්ථිර. *n.* -ation, නියමකිරීම, ස්ථිරඅදහස[-able. *n.* -ation

detest ඩිටෑස්ට්, *v.* අතිශයෙන් අප්‍රියකරනවා. *a.*

dethrone ඩිත්‍රෝන්, *v.* සිංහාසනයෙන් හෝ රජකා මින් පහකරනවා. *n.* -ment [රණවා. *n.* -ion

detonate ඩෑටිඔනේට්, *v.* සද ශබ්දය ඇතුව පුපු

detract ඩිට්‍රැක්ට්, *v.* අගයඅඩුකරනවා, ගුණ මක නවා. *n.* -ion. *a.* -ive

detriment ඩිට්රිමණ්ට්, *n.* අලාභය, හානිය. *a.* -al [බැල්ල, යක්ෂයා

deuce ඩ්‍යූස්, *n.* තිත්දු දෙකක් සහිත කොල කෑ

devastate ඩැව්ඇස්ටේට්, *v.* වනසනවා, පව්කරණ වා. *n.* -ion [ණවා. *n.* -men

develop ඩිවැල්ඔප්, *v.* විවෘතකරනවා, දියුණුකර

deviate ඩිවිඒට්, *v.* (මාර්ගයෙන්) බැහැරයනවා, මුළා වෙනවා, *n.* -ion

device ඩිවයිස්, *n.* උපාය, වංශලකුණ

devil ඩැවිල්, *n.* යක්ෂයා. *a.* -ish. *n.* -ment, -ry

devise ඩිවයිස්, *v.* යොදනවා, උරුමකරතබනවා

devoid ඩිවොයිඩ්, *a.* හිස්, ඇත්තේනැති, රහිත

devolve ඩිවොල්ව්, *v.* භාරවෙනවා, භාරකරනවා

devote ඩිවෝට්, *v.* කැපකරනවා, නියුක්තවෙනවා, භාරවෙනවා. *n.* -ion, භක්තිවන්තකම, පද ආලය. *a.* -ional. *n.* -ee, ඉතා ලැදිඅය, තාපසයා

devour ඩිවවුර්, *v.* කාදමනවා, නාස්තිකරනවා

devout ඩිවවුට්, *a.* භක්තිවන්ත, අවඛක. *n.* -ness

dew ඩ්‍යූ, *n.* පිණි. *a.* -y. *n.* -iness. *n.* -lap, (ගව යින්ගේ)තැල්ල [*a.* -ous

dexterity ඩැක්ස්ටැරිටි, *n.* දක්ෂකම, සම්පූර්ණකම.

diabetes ඩයිඇබිටීස්, *n.*දියවැඩියාව. *a* -ic, -ical

diabolic ඩයිඇබොලික්, } *a.* යක්ෂ, ඝෝර,
daibolical ඩයිඇබොලිකල්, } ඉතා දුෂ්ට

diacritic ඩයිඇක්‍රිටික්, } *a.* වෙනස පෙන්
diacritical ඩයිඇක්‍රිටිකල්, } වන

diadem ඩෛ·අඩැම්, *n*. ඔටුන්න, කිරුළ

diagnosis ඩෛඇග්නෝසිස්, *n*. ලෙඩ අඳුනීම; රෝග නිදානය. *v*. -e

diagonal ඩෛඇග්ඔ·නල්, *n*. මුදු ගනාරකින් යුත් රූපයක් හරියටම දෙකට බෙදෙනලෙස එක මුල්ල කයිම ඒ කෙළින් අනික්මුල්ලට අඳිනලද ඉර

diagram ඩෛඇග්රැම්, *n*. සටහණ, සිතියම

dial ඩෛ·අල්, *n*. සූර්‍ය්‍යඝටිය (කාලයන්ත්‍රය) [*a*. -ic

dialect ඩෛ·අලැක්ට්, *n*. පලාතක විශේෂභාෂාව.

dialogue ඩෛ·අලොග්, *n*. දෙබස, සල්ලාපය

diameter ඩෛඇමිඉ·ටර්, *n*. කවයක් හරි දෙකට බෙදෑ ඇඳි ඉර, යමක එකපැත්තකයිම අනික් පැත්තට මනන, විශ්කම්භය. *a*. -ric, -rical

diamond ඩෛ·අමොණ්ඩ්, *n*. වජ්‍ර, දියමන්තිය

diaphragm ඩෛ·අෆ්රැම්, *n*. පපුවත් යටිබඩත් අතර කොටස

diarrhœa ඩෛ·අර්රී·අ, *n*. අධික පාවනය

diary ඩෛඇරි, *n*. දිනපොත, දින සටහණ

dice ඩෛස්, *n*. දාදුකැට. *v*. දාදු කෙළිනවා(die බ.)

dicotyledon ඩෛකොට්ඉලීඩන්, *n*. මුල්කොළ දෙකක් සහිත මල් අටගන්න ගහක්

dictate ඩික්ටේට්, *v*. ආඥාවක ආකාරයෙන් කථාකරනවා, ලිවීම පිණිස කියනවා. *n*. අණ යනීතාව කිම, ආඥාව. *n* -or, සම්පූර්ණ බලය ඇති ආණ්ඩුකාරයා (*n*. -ship. *a*. -ial). *n*. -ion

diction ඩික්·ෂන්, *n*. ලිවීමේවිදි හෝ කථාකිරීමේවිදි

ව්‍යවහාර භාෂාවිධිය

dictionary ඩික්ෂ·නරි, *n.* ශබ්දකෝෂය, අකාරාදිය

dictum ඩික්ටම්, *n.* බලය සහිත කීම, වචනය

didactic ඩෛඩැක්ටික්, *a.* උපදෙස් සහිත

die ඩෛ, *v.* මැරෙණවා. *n.* දාදුකැටය (බහු, dice ඩෛස්, දාදුකැට; බහු, dies ඩෛස්·, මිල ආදිය අච්චුගසන අච්චුව)

diet ඩෛඇට්, *n.* ආහාර, පථ්‍ය ආහාර. *n.* -ary ආහාර පිළිබඳ නියමය හෝ ක්‍රමය. *a.* -etic -etical. *n.* -etics

differ ඩිෆ්·ෆර්, *v.* වෙනස්වෙනවා, එකඟ නොවෙනවා. *n.* -ence. *a.* -ent [ය දක්වනවා

differentiate ඩි·ෆරෙන්·ෂිඒට්, *v.* ලකුණකින් වෙන

difficult ඩිෆ්ෆිකල්ට්, *a.* අමාරු, දුෂ්කර. *n.* -y

diffidence ඩිෆ්ෆිඩන්ස්, *n.* අවිශ්වාසය, සැක. *a.* -t

diffuse ඩිෆ්ෆියුස්·, *v.* විසිඳුවනවා, පතුරුවණවා. *a.* විසිරුණ, වචන වැඩිවූ. *n.* -eness. *a.*-ible. *n.*-ion

dig ඩිග්, *v.* හාරණවා, (බිම) කොටනවා

digest ඩයිජෙස්ට්, *v.* සිතෙහි පිළිවෙළට සොදනවා, (ආමාශයේ කෑම) දිරණවා. *n.* -ion *a.* -ible. *n.* -ibility. *a.* -ive [ඇති ස්ථාන

digging ඩිග්ගිං, *n.* හෑරීම. *n.* -s, රත්රන් ආකර

digit ඩිජ්ඉට්, *n.* 1 සිට 9 දක්වා ඉලක්කම් නව යෙන් එකක්, ඇඟිල්ල. *a.* -al

dignify ඩිග්නිෆෛ, *v.* උතුම්කරණවා, උතුම්බවට පමුණුවනවා. *n.* -ty, උතුම්කම, උතුම් පදවිය. *n.*

-tary, උතුම් නිලධාරියා

digress ඩිග්රැස් (නොහොත්) ඩෙග්රැස්, *v.* මාර්ගයෙන් හෝ කාරණයෙන් පිටපැනවා. *n.* -ion

dike } ඩෙයික්, *n.* අගල, වේල්ල, පවුර. *v.*
dyke }

dilapidate ඩිලැප්ඉඩේට්, *v.* ගරාවැටෙනවා, ජරපත් වෙනවා. *n.* -ion

dilate ඩෙයිලේට් (නොහොත්) ඩිලේට්, *v.* විසිදනවා, මහත්කරණවා. *n.* -ation. *a.* -ory, ප්‍රමාද, අලස (*n.* -iness)

dilemma ඩිලැම්ම (නොහොත්) ඩෙයිලැම්ම, *n.* උභයසම්භවනම් තර්ක්‍රමය, තීරණයට දුෂ්කරතාව, අවුල [කම. *a.* -t

diligence ඩිල්ඉජන්ස්, *n.* කඩිසරකම, වීය්‍ර්‍යවත්

dilute ඩිලූට්, *v.* සැර අඩුකරණවා, බාලකරණවා. *n.* -ion

diluvial ඩිලූවිඅල්, } *n.* මහා ජලගැල්මසම්බන්ධ
diluvian ඩිලූවිඅන්, }

dim ඩිම්, *a.* අඳුරු, හොඳට නොපෙණෙන, පැහැදිලි නැති. *n.* -ness

dimension ඩිමැන්ශන්, *n.* මහත, ප්‍රමාණය

diminish ඩිමිනිෂ්, *v.* අඩුකරණවා, හීනකරණවා

diminution ඩිමිනූශන්, *n.* අඩුකිරීම. *a.* -ve (*n.* -ness)

dimple ඩිම්පල්, *n.* කම්මුලේ කුඩා වළ [ණවා

din ඩින්, *n.* ඝෝෂාව. *v.* ඝෝෂාවෙන් ආකුල කර

dine ඩෛන්, *v.* දවසේ ප්‍රධාන භෝජනය (සවස කෑම) කනවා. *n.* -ner, සවසකෑම

dingle ඩිංග්ල්, *n.* පටු මිටියාවත

dingy ඩිංජි, *a.* අඳුරු, ස්ලුටුවු

dint ඩින්ට්, *n.* පහරෙන්වූ ලකුණ, බලය

diocesan ඩෛඔසිස්ඣන්, *n.* බිෂොප්ලාන්කාන්සේ *a.* *n.* -e ඩෛඔසීස්, බිෂොප් බලය පවත්වන පලාත [ක්‍රමයක්. *a.* -ic

diorama ඩෛඔරාම, *n.* සිතියම් පෙන්වන එක්

dip ඩිප්, *v.* (දියේ) ගලාගන්නවා, ගිල්වනවා, තර මකට බලනවා, පාතට නැමෙනවා. *n.* බෑවුම, පල්ලම

diphtheria ඩිප්තීරිඅ, *n.* උගුරේ ලෙඩක්, ගලපම ල රෝගය [ක්ෂර දෙකක්. *a.* -al

diphtong ඩිප්තොං, *n.* එකට ශබ්දවෙන ප්‍රාණා

diploma ඩිප්ලෝම, *n.* බලපත්‍රය, සන්නස. *n.* -cy, නානාපනිශයකුගේ කටයුතු ක්‍රමය, හැසිරවී මේ සම්ඣිතාව. *n.* -t. *n.* -tist. *a.* -tic. *n.* -ties

dire ඩෛර්, *a.* භයානක. *a.* -ful. *n.* -ness

direct ඩිරෙක්ට්, *a.* කෙළින්. *v.* කෙළින් තබනවා, විධාන පෙන්වනවා, අණකරනවා. *n.* -ness. *n* -ion, එල්ලකිරීම, විධාන පෙන්වීම, දෙස, ලිපුම න පිටනව. *n.* -or ප්‍රධාන කලමනාකාරයා. *n.* -orship. *n.* -ory, ක්‍රිස්තු දේවමෙහෙයේ එක් ක්‍ර මයක්, මිනිසුන්ගේ නම්නම් දක්වන පොත

dirge ඩර්ජ්, *n.* මිනී භූමදාන ගීතිකාවක්

dirk ඩර්ක්. *n.* කිරිච්චියක්

dirt ඩර්ට්, *n.* කුණු, මඩ. *a.* *v.* -*y.* (*n.* -iness)

disab*le* ඩිස්ඒබ්ල්, *v.* බලහීනකරනවා. *n.* -ility

disabuse ඩිස්අබ්‍යූස්, *v.* හරිගස්සනවා [*a.* -ous

disadvantage ඩිස්ඇඩ්වාන්ටේජ්, *n.* අවාසිය, පාඩුව.

disaffect ඩිස්ඇෆෙක්ට්, *v.* විශ්වාස බව හෝ මිත්‍ර බව අඩුකරනවා, අප්‍රියකරනවා. -ion

disagree ඩිස්අග්‍රී, *v.* වෙනස්වෙනවා, එකඟ නොවෙනවා. *a.* -able. *n.* -ment

disallow ඩිස්අලව්, *v.* අවසර නොදෙනවා, තහනම්කරනවා. *a.* -able. *n.* -ance

disannul ඩිස්ඇනල්, *v.* අවලංගුකරනවා

disappear ඩිස්ඇපියර්, *v.* නොපෙනීයනවා, අතුරුදහන්වෙනවා. *n.* -ance

disappoint ඩිස්ඇපොයින්ට්, *v.* බලාපොරොත්තුව කඩකරනවා. *n.* -ment [මයිකීම

disapprobation ඩිස්ඇප්‍රොබේෂන්, *n.* නොමැන

disapprov*e* ඩිස්ඇප්‍රූව්, *v.* නොහොඳයැයි කියනවා (හෝ සිතනවා). *n.* -al [-ament

disarm ඩිස්ආර්ම්, *v.* ආයුධ ඉවත්කරනවා. *n.*

disarrange ඩිස්අරේන්ජ්, *v.* පිළිවෙළ අවුල්කරනවා. *n.* -ment [වා. *n.*

disarray ඩිස්අරේ, *v.* ඇඳුම් ගලවනවා, අවුල්කරන

disast*er* ඩිස්ඇස්ටර්, *n.* විපත, අවාසනාව. *a.* -rous

disavow ඩිස්අවව්, *v.* නැතැයිකියනවා. *n.* -al [රිනවා

disband ඩිස්බෑන්ඩ්, *v.* සේනාව අරිනවා, විසුරුවා අ

disbelieve ඩිස්බිලීව්, v. අවිශ්වාසකරණවා. n. -f
disburden ඩිස්·බාර්ඩින්, v. බර පහකරණවා
disburse ඩිස්·බාර්ස්, v. ගෙවනවා, වියදම්කරණවා. n. -ment
disc ඩිස්ක්, n. (disk බ.)
discard ඩිස්කාර්ඩ්, v. ඈරදමනවා, අහක දමනවා
discern ඩිස්·සාර්න්, v. පැහැදිලිලෙස දකිනවා, තේරුම්ගන්නවා. n. -ment. a. -ible
discharge ඩිස්චාර්ජ්, v. බරබානවා, නිදහස්කරණවා, වෙඩිතිබනවා. n
disciple ඩිස්සෙයිප්ල්, n. ශිෂ්‍යයා, ගෝලයා. n.-ship
discipline ඩිස්සිප්ලින්, n. හික්මවීම, පුහුණුකිරීම, අවවාව. n. -arian
disclaim ඩිස්ක්ලේම්, v. අයිතිනැත කියනවා, දත් [තේ නැත කියනවා
disclose ඩිස්ක්ලෝස්, v. එළිදරව්කරණවා. n. -ure
discolour ඩිස්කල්·අර්, v. වර්ණය නරක්කරණවා, දුර්වර්ණකරණවා. n. -ration
discomfit ඩිස්කම්ෆිට්, v. පරදවනවා. n. -ure
discomfort ඩිස්කම්·ෆර්ට්, n. අපහසුකම. v.
discommode ඩිස්කොම්මෝඩ්, v. හිරිහැරකරණවා, අපහසුකරණවා [-ure
discompose ඩිස්කොම්පෝස්, v. අවුල්කරණවා. n.
disconcert ඩිස්කොන්·සාර්ට්, v. අවුල්කරණවා, කැලඹනවා [n. -ion
disconnect ඩිස්කොන්නැක්ට්, v. වෙන්කරණවා.
disconsolate ඩිස්කොන්සොලේට්, a. සැනසිලි නැ

නි, කණගාටුවූ [-ed. *n.* -ment

discontent ඩිස්කොන්ටැන්ට්, *a.* අසතුටුවූ. *n.* *a.*

discontinue ඩිස්කොන්ටින්යු, *v.* නවත්වනවා. *n.* -ity. *n.* -ance, -ation. *a.* -ous

discord ඩිස්කෝර්ඩ්, *n.* එකඟ නැතිකම, විරුඬය. *a.* -ant. *n.* -ance, -ancy

discount ඩිස්කෞන්ට්, *n.* මුදලකින් අඩුකල ගණන. *v.* පොලිය අඩුකොට නයටදෙනවා. *a.* -able

discountenance ඩිස්කෞන්ටිනන්ස්, *v.* අප්‍රසාද කරණවා. *n.* -ment [*n.* -ment

discourage ඩිස්කරේජ්, *v.* හිතඅප්‍රසාදකරණවා.

discourse ඩිස්කෝර්ස්, *n.* එකට කථාකිරීම, දේශනාව. *v.*

discourteous ඩිස්කෝර්ටිඅස්, *a.* අශිෂ්ටාචාර, රළු

discourtesy ඩිස්කෝර්ටැසි, *n.* අශිෂ්ටාචාරකම, රළු බව

discover ඩිස්කවර්, *v.* සොයාගන්නවා, දැනගන්නවා. *n.* -y, සොයා දැනගැණීම, සොයා දැනගත් දෙය. *a.* -able [මත් කරණවා. *n.* *a.* -able

discredit ඩිස්ක්‍රෙඩිට්, *v.* අවිශ්වාසකරණවා, අව

discreet ඩිස්ක්‍රීට්, *a.* නුවණැති, පරීක්ෂාකාරී. *n.* -tion (*a.* -ary)

discrepance ඩිස්ක්‍රෙප්ඇන්ස්, } *n.* වෙනස
discrepancy ඩිස්ක්‍රෙප්ඇන්සි, }

discriminate ඩිස්ක්‍රිමිනේට්, *v.* අතරවෙනස සලකනවා, වෙනස දැනගන්නවා. *a.* -ive. *n.* -ion discursive ඩිස්කර්සිව්, *a.* පැතලා යන, අස්ථිර

discus ඩිස්කස්, *n.* ක්‍රීඩාපිණිසදමනපැතලිවටදෙය

discuss ඩිස්කස්, *v.* ප්‍රශ්නයක් ගැන වාදකරණවා. *n.* -ion [කරණවා. *n.* *a.* -ful

disdain ඩිස්ඩේන්, *v.* සුළුකොට සිතනවා, අවමන්

disease ඩිස්ඊස්, *n.* රෝගය, ලෙඩ

disembark ඩිස්ඇම්බාර්ක්, *v.* නැවකින් ගොඩබානවා, ගොඩබසිනවා. *n.* -ation

disembody ඩිස්ඇම්බොඩිය්, *v.* ශරීරයෙන් වෙන් කරණවා, හේවාසමූහයක් මුදනවා [කරණවා

disembowel ඩිස්ඇම්බව්ඇල්, *v.* බඩවැල් අහක්

disenchant ඩිස්ඇන්චෑන්ට්, *v.* මන්ත්‍රබලයට අසුවීමෙන් මුදනවා. *n.* -ment

disencumber ඩිස්ඇන්කම්බර්, *v.* බාධාවෙන්හෝ බරෙන් මුදනවා. *n.* -rance

disengage ඩිස්ඇන්ගේජ්, *v.* මුදනවා, නිදහස්කරණවා. *n.* -ment [*n.* -ment

disentangle ඩිස්ඇන්ටැන්ගල්, *v.* අවුලඅරිණවා.

disestablish ඩිස්ඇස්ටැබ්ලිෂ්, *v.* පිහිටුවා හෝ නියමකර තිබෙන දෙයක් අහෝස්කරණවා. *n.* -ment [ණවා. *n.* -ation. *n.* -ement

disfigure ඩිස්ෆිගියුර්, *v.* විරූපකරණවා, විකාරකර

disfranchise ඩිස්ෆ්‍රැන්චයිස්, *v.* මහජනමන්ත්‍රීසභාව ආදියටම සාමාජිකයන් තේරීම පිළිබඳ ජනයාට ඇති බලය නැතිකරණවා. *n.* -ment

disgorge ඩිස්ගෝර්ජ්, *v.* වමනදමනවා

disgrace ඩිස්ග්‍රෙස්, *v.* අධිමත්කරණවා, නින්දාකර ණවා. *n.* *a.* -ful

disguise ඩිස්ගෛස්, *v.* වෙස්පෙරලනවා. *n.*

disgust ඩිස්ගස්ට්, *n.* අප්‍රිය බව, පිළිකුල. *v.*

dish ඩිෂ්, *n.* පැතලි භාජනයක්, දීසිය. *v.* දීසියේ තබනවා

dishabille ඩිස්ඇබිල්, *n.* = deshabille

dishearten ඩිස්හාර්ට්න්, *v.* අධෛර්‍ය්‍යකරණවා

dishevel ඩිෂැවිල්, *v.* ඉහකේ මුදා අවුල්කරණවා

dishonest ඩිස්ඔන්ඇස්ට්, *a.* වංචක, වංචාකාර. *n.* -y, වංචාව

dishonour ඩිස්ඔනර්, *n.* අවමානය, අවනම්බුව. *v.* *a.* -able [*n.* -ation

disincline ඩිස්ඉන්ක්ලයින්, *v.* අකමැතිකරණවා.

disinfect ඩිස්ඉන්ෆැක්ට්, *v.* (වසංගත බෝවීමට හේතුවූ) විෂ පහකරණවා. *n.* -ant. *n.* -ion

disingenuous ඩිස්ඉන්ජැන්යුඅස්, *a.* එළියේ නොවන, අවංකනොවන. *n.* -ousness, -ity

disinherit ඩිස්ඉන්හැරිට්, *v.* උරුමේ නැතිකරණවා, අහිමිකරණවා. *n.* -ance

disintegrate ඩිස්ඉණ්ටිග්‍රේට්, *v.* (යමක) ප්‍රධාන කොටස් වෙන්කරණවා. *n.* -ion

disinter ඩිස්ඉණ්ටර්, *v.* (වැළලූදෙයක්) ගොඩ ගන්නවා, එළියට දමනවා. *n.* -ment

disinterested ඩිස්ඉණ්ටර්ඇස්ටඩ්, *a.* ආත්මාර්ථ නොවූ, අපක්ෂපාත

disjoin ඩිස්ජොඉන්, *v.* ඉවත්කරණවා, වියෝගක රණවා. *a.* -ted, සන්ධිගැලවුන, වෙන්කළ, සම්බන්ධ නොවූ

disjunct ඩිස්ජංක්ට්, *a.* අසම්බන්ධ, වෙන්වූ

disjunction ඩිස්ජංක්ෂන්, *n.* වෙන්කිරීම. *a.* -ve

disk ඩිස්ක්, *n.* පැතලි වට දෙය, මණ්ඩලය

dislike ඩිස්ලෛක්, *v.* අප්‍රියකරණවා. *n.*

dislocate ඩිස්ලොකේට්, *v.* සන්ධි පනිනවා. *n.* -ion

dislodge ඩිස්ලොජ්, *v.* ස්ථානයෙන් පහකරණවා. *n.* -ment [නොවන. *n.* -ty

disloyal ඩිස්ලොයල්, *a.* රාජද්‍රෝහි, රජපාක්ෂික

dismal ඩිස්මල්, *a.* අඳුරු, දුඃඛිත

dismantle ඩිස්මැන්ට්ල්, *v.* ඇඳුම් ආදිය ඉවත්කර ණවා, පහකරණවා [වේශය අරිණවා

dismask ඩිස්මාස්ක්, *v.* වෙස්මූණ ඉවත්කරණවා,

dismast ඩිස්මාස්ට්, *v.* නැවේ කුඹ ඉවත්කරණවා

dismay ඩිස්මේ, *v.* අධෛර්‍ය්‍යකරණවා, බයකරණ වා. *n.* [රණවා, වෙන්කරණවා. *n.* -ment

dismember ඩිස්මැම්බර්, *v.* ශරීර අවයව වෙන්ක

dismiss ඩිස්මිස්, *v.* යවනවා, පිටත්වෙන්ට අවසර දෙනවා, නිලයෙන් මාරුකරණවා. *n.* -al

dismount ඩිස්මෞන්ට්, *v.* නැගී උන්තැනින් බසි ණවා, බානවා

disobedient ඩිස්ඔබිඩිඅන්ට්, *a.* අකීකරු. *n.* -ce

disobey ඩිස්ඔබේ, *v.* අකීකරුවෙනවා

disoblige ඩිස්ඔබ්ලෛජ්, *v.* (ඕනෑකම ඉෂට නො

කිරීමෙන් යමෙකු) අසතුටුකරණවා. *n.* -ment

disorder ඩිස්ඕ·ඩර්, *n.* පිළිවෙළ නැතිකම, ආකුල කම, රෝගය. *v.* *a.* -ly

disorganise ඩිස්ඕර්·ගනයිස්, *v.* ආකුලකරණවා, කොටාස වෙන්කරණවා. *n.* -ation

disown ඩිස්ඕන්, *v.* තමාට අයිතිනැත කියනවා

disparage ඩිස්පැර්එජ්, *v.* අගය අඩුකරණවා, සුළු කරණවා. *n.* -ment

disparity ඩිස්පැරිටි, *n.* අසමානකම, වෙණස

dispassionate ඩිස්පැෂ්අනේට්, *a.* විරාග, ශාන්ත, පක්ෂපාත නැති

dispatch ඩිස්පැච්, *v.* සහ *n.* = despatch

dispel ඩිස්පෙල්, *v.* විසුරුවණවා, දුරුකරණවා

dispense ඩිස්පැන්ස්, *v.* බෙදාදෙනවා, ඉෂ්ටකරණ වා. *a.* -able. *n.*-ary, බෙහෙත්ශාලාව. *n.*-ation, අවසර, දේව ආඥාව, ශාසනය

dispeople ඩිස්පීප්ල්, *v.* ජන ශූන්‍යකරණවා

disperse ඩිස්·පර්ස්, *v.* විසුරුවණවා. *n.* -ion

dispirit ඩිස්පිරිට්, *v.* අධෛර්‍යකරණවා

displace ඩිස්ප්ලේස්, *v.* ස්ථානයෙන් අහක්කරණ වා. *n.* -ment [අහක්කරණවා

displant ඩිස්ප්ලෑන්ට්, *v.* ඉන්දුනැතින් උදුරණවා,

display ඩිස්ප්ලේ, *v.* විදහණවා, පෙන්වනවා. *n.*

displease ඩිස්ප්ලීස්, *v.* අසතුටුකරණවා. *n.* -ure

disport ඩිස්පෝර්ට්, *n.* සෙල්ලම, ක්‍රීඩාව. *v.*

dispose ඩිස්පෝස්, *v.* පිළිවෙළටතබනවා, හිත ගැ

රෙණවා. *a.* -able. *n.* -al, නියමය, පිළිවෙල, විකි-
ණීම. *n.* -ition, තැනීම, ස්වභාව

disposs**ess** ඩිස්පොස්'සැ'ස්, *v.* බුක්තියෙන් පහක
රණවා. *n.* -ion

dispraise ඩිස්ප්‍රේස්, *n.* දෝෂනැඟීම, අපවාදය

disproportion ඩිස්ප්‍රොපෝර්'ෂන්, *n.* ප්‍රමාණයේ
අසමභාවය. *a.* -ate [ඛිප්පුකරණවා. *n.* -al

disprove ඩිස්ප්‍රූව්, *v.* බොරුකරණවා, වැරදි බව

dispute ඩිස්පියුට්, *v.* ආරාවුල්කරණවා, විවාදකරණ
වා. *n.* *a.* -able. *n.* -ant. *n.* -ation

disqualify ඩිස්කොලිෆයි, *v.* බලය හෝ යෝග්‍යතාව
සියල්ල නැතිකරණවා, නුසුදුසුකරණවා. *n.*-ication

disquiet ඩිස්ක්වයිඇට්, *v.* කරදරකරණවා. *n.*-ude

disquisition ඩිස්ක්විසි'ෂ'අන්, *n.* කරුණක් ගැණ
පරීක්ෂාකොට ලියනලද්ද

disregard ඩිස්රිගාර්ඩ්, *v.* නොසලකනවා, පුච්ඡකර
ණවා. *n.* නොසැලකීම, පුච්ඡකිරීම [ණවා

disrelish ඩිස්රෙලිෂ්, *n.* අප්‍රියකම. *v.* අප්‍රිය කර

disrepair ඩිස්රිපෙඅර්, *n* අලුත්වැඩියා නොකල
ස්වභාවය [-able

disrepute ඩිස්රෙපියුට්, *n.* අවමානය, අපකීර්තිය. *a.*

disrespect ඩිස්රිස්පැක්ට්, *n.* අවමානය, අනාදරය.
a. -ful [ණවා

disrobe ඩිස්රෝබ්, *v.* වස්ත්‍ර මුදනවා, සිවුරු අරි

disruption ඩිස්රප්'ෂන්, *n.* පිපිරීම, කැඩීම

dissatisfy ඩිස්සැටිස්ෆයි, *v.* සතුටුකරණට බැරි

වෙනවා, අසතුටුකරණවා. *n.* -action

dissect ඩිස්සැක්ට්, *v.* පරීක්‍ෂා පිණිස මලශරීර කපනවා. *n.* -ion

dissemble ඩිස්සැම්බ්ල්, *v.* කපටිකම් කරණවා, බොරු ස්වභාවක් ගන්නවා

disseminate ඩිස්සැමිනේට්, *v.* විසුරුවනවා, පතළකරණවා. *n.* -ion [වීම, භේදය

dissension ඩිස්සැන්ශන්, *n.* කල්පනාව එකනොවීම, භේදය

dissent ඩිස්සැන්ට්, *n.* කල්පනාවේවෙනස, එංගලන්ත සභාවෙන් වෙන්වීම. *v.* *n.* -ient

dissertation ඩිස්සර්ටේෂන්, *n.* යම්කරුණක්ගැන විස්තර කථාව, රචනාව [ණවා. *n.* -ice

disserve ඩිස්සර්ව්, *v.* අවැඩක්කරණවා, අලාභකුර

dissever ඩිස්සැවර්, *v.* ඉරාදමනවා, වෙන්කරණවා.

dissimilar ඩිස්සිමිලර්, *a.* අසමාන. *n.* -ity

dissimilitude ඩිස්සිමිලිටියුඩ්, *n.* අසමානකම.

dissimulate ඩිස්සිමියුලේට්, *v.* අස්වභාවයෙන් හැසිරෙණවා, වංචාකරණවා. *n.* -ion

dissipate ඩිස්සිපේට්, *v.* සම්පූර්ණයෙන් විසුරුවණවා, නැතිකරණවා. *n.* -ion

dissociate ඩිස්සෝෂිඒට්, *v.* වෙන්කරණවා. *n.* -ion

dissolute ඩිස්සොලියුට්, *n.* දුරාචාර, කාමුක, සල්ලාල. *n.* -ion, යමක් කුඩා කොටසවලට බෙදීයාම, උපිරයාම, මරණය

dissolve ඩිස්සෝල්ව්, *v.* දියවෙනවා, උණුවෙනවා, හිඳෙනවා. *a.* -able. *n.* -nt, දියකිරීමට ශක්

තිය ඇති ද්‍රව්‍යය. *a.* dissoluab*le* (*n.* -ility)

dissonan*t* ඩිස්සෝනන්ට්, *a.* ශබ්දයෙන් එකඟ නොවන, විරුද්ධ, අමිහිරි. *n.* -ce

dissua*de* ඩිස්සේව්ඩ්, *v.* යමක්කිරීමට අකමැතික රවනවා, හිත හරවනවා. *n.* -sion. *a.* -sive

dissyllab*le* ඩිස්සිල්'ලබ්ල්, *n.* මාත්‍රා දෙකක් ඇති වචනය. *a.* -ic

distaff ඩිස්ටාෆ්, *n.* ඉද්ද [*a.* -t, දුර, ඈත

distanc*e* ඩිස්'ටන්ස්, *n.* දුර. *v.* දුරට පසුකරයනවා.

distaste ඩිස්ටේස්ට්, *n* (කෑමට හෝ බීමට) අරුචි ය. *n.* *a.* -ful [-ature, කැලඹීම

distemper ඩිස්ටැම්'පර්, *n.* ලෙඩ, රෝගය. *n.*

disten*d* ඩිස්ටෙන්ඩ්, *v.* මහත්කරනවා, පුප්පනවා *a.* -sible. *n.* -tion, -sion

distich ඩිස්ටික්, *n.* කවිදෙපදය, දෙපද කවිය

distil ඩිස්ටිල්, *v.* උණුකිරීමෙන් මද්‍යසාර හෝ තෙල් වෙන්කරනවා, පෙරනවා. *n.* -lation. *n.* -lery, ඉස්කාගාරය

distinct ඩිස්ටින්ක්ට්, *a.* වෙනස්වූ, පැහැදිලි. *n.* -ness. *n.* -ion. *a.* -ive [වා. *a.* -able

distinguish ඩිස්ටිංග්විෂ්, *v.* වෙනස දැනගන්න

distort ඩිස්ටෝර්ට්, *v.* විකාරකරනවා, පෙරළන වා. *n.* -ion [-ion

distract ඩිස්ට්‍රැක්ට්, *v.* හිත වියවුල්කරනවා. *n.*

distrain ඩිස්ට්‍රේන්, *v.* (බඩු) අල්ලනවා, තහනමට ගන්නවා. *a.* -able. *n.* -t, (බඩු) ඇල්ලීම

distress ඩිස්ට්රෙස්, *n.* බලවත් ශරීර වේදනාව හෝ දුක, දුප්පත්කම. *v.* [-ive

distribute ඩිස්ට්‍රිබියුට්, *v.* බෙදනවා *n.* -ion. *a,*

district ඩිස්ට්‍රික්ට්, *n.* ජනපදය, පළාත

distrust ඩිස්ට්‍රස්ට්, *n.* අවිශ්වාසය, සැකය. *v. a.*-ful

disturb ඩිස්ටර්බ්, *v.* වියවුල්කරනවා, විවේකය කඩකරනවා. *n.* -ance

disunion ඩිස්යූනියන්, *n.* එකඟනැතිකම

disunite ඩිස්යුනයිට්, *v.* වෙන්කරනවා

disuse ඩිස්යූස්, *n.* ව්‍යවහාරනැතිකම. *v.* ඩිස්යූස්, ව්‍යවහාරනොකර ඉරිනවා

ditch ඩිච්, *n.* අගල, ඇළ්ල

ditto ඩිට්ටෝ, *n.* ඉහත කියනලද්ද. එම

ditty ඩිට්ටි, *n.* සින්දුව, පුංචි කාව්‍යයක්

diurnal ඩයිඅර්නල්, *a.* දිනපතා

divan ඩිවෑන්, *n.* තුර්කියේ මන්ත්‍රි මණ්ඩලය, මන්ත්‍රි සභාව, උඩුවිය අායතනඇති ශාලාව, උඩුවියන් පැත්තකය (සෝපාව)

dive ඩයිව්, *v.* කිමිදෙනවා

diverge ඩයිවර්ජ්, *v.* එක තැනකින් පටන්ගෙන පැතිරයනවා, එකිනෙකට ඈත්වෙමින් යනවා. *a.* -nt. *n.* -nce, -ncy

divers } **diverse** } ඩයිවර්ස්, *a.* නොයෙක් ආකාර, වෙනස්. *n.* -ity. *v.* -ify

divert ඩයිවර්ට්, *v.* පැත්තකට හරවනවා, සතුටුකරනවා

divest ඩෙවැස්ට්, v. (ඇඳුම් ආදිය) ගලවනවා, පහකරනවා

divide ඩිවෙයිඩ්, v. බෙදනවා. n. -nd ඩිවිඩැන්ඩ්, කොටස, පොළිය, බෙදනුලබන ගණන

divine ඩිවෙයින්, a. දිව්‍යවූ. n. දේවගැතියා, දේව ධර්මාචාර්‍ය්‍යයා. v. දිවස්කියනවා. n. -ation. n. -ity, දිව්‍ය ස්වභාවය, දේවතාවා, දේවධර්ම ශාස්ත්‍රය

divisible ඩිවිස්·ඉබ්ල්, a. බෙදියහැකි. n. -ility

division ඩිවිෂ්·අන්, n. බෙදීම, කොටස, ඡේදය, බෙදීමේ ක්‍රමය. a. -al

divisor ඩිවෙයිස්·අර්, n. බෙදන ගණන

divorce ඩිවෝර්ස්, n. විවාහය අවලංගුකිරීම, දික්කසාදය. v. n. -ment [කරනවා

divulge ඩිවල්ජ්, v. එළිදරව්කරනවා, ප්‍රකාශ

dizzy ඩිස්·ඉ, a. ඉස කරකැවිල්ල ඇති, කල්පනාව නැති, අප්‍රවේශම්. n. -iness

do ඩූ, v. කරනවා (අතීත did, කළා)

docile ඩෝසිල්, a. පහසුවෙන් හික්මෙන, කීකරු. n. -ity

dock ඩොක්, v. කොටකරනවා, අඩුකරනවා

dock ඩොක්, n. නැව් සාදන හෝ අලුත්වැඩියා කරන විශාල වළ, වරදකාරයන් දමන කූඩුව. v.

doctor ඩොක්·ටර්, n. වෛද්‍ය, පණ්ඩිතාචාර්‍ය නාමය ලත් අය

doctrine ඩොක්ට්‍රින්, n. ගුරුකම, ධර්මය. a. -al

document ඩොක්යුමන්ට්, n. ලියවිල්ල, ලේඛනය

පත්‍රය. *a.* -ary

doer ඩූ'අර්, *n.* කරන්නා, කර්තෘ

does ඩස්', *v.* කරයි (do බ.)

doe ඩෝ, *n.* මුවදෙන [ණුවා. *n.* උපාය, දක්ෂ

dodge ඩොජ්, *v.* පැත්තකට පනිනවා, පැහැර අරි

dog ඩොග්, *n.* බල්ලා. *v.* පසුපස්සේ යනවා. *a.* -ged, රළු, මුරණ්ඩු. *a.* -gish, බලු. *n.* -ness. *n.* -star, තාරකාවලින් ඉතා දීප්තිමත් තරුව. *n.* -gerel, අයහපත් කවිය, කුකාව්‍යය

dogma ඩොග්'ම, *n.* නිත්‍ය කල්පනාව, මතය, ධර්මය. *a.* -tic, -tical. *v.* -tise, ස්ථිරලෙස කියනවා. *n.* -tism [සිරම

doing ඩූඉං, *n.* කිරීම. *n.* -s, කරණලද දේවල්, හැ

doit ඩොඉට්, *n.* දෙසිතුව, අලුක්කාල

dole ඩෝල්, *n.* බෙදාදුන් ස්වල්පය, කුඩාකොටස

doleful ඩෝල්ෆුල්, *a.* ශෝකයෙන් පිරුණු, දුඃඛිත

doll ඩොල්, *n.* මනුෂ්‍යරූපකඩය, බෝනික්කා

dollar ඩොල්'ලර්, *n.* පනාකය, සිලිං 4 ත් පැන්ස 1½ වටිනා අමෙරිකාවේ රිදී මිලයක්

dolorus ඩොල්ඔ:රස්, *a.* ශෝකසහිත, දුඃඛිත

dolphin ඩොල්ෆින්, *n.* තල්මස්වර්ගයේ කුඩා මත්ස්‍යයෙක්

dolt ඩෝල්ට්, *n.* මෝට්ටයා, ගුඩ්ඩා. *a.* -ish

domain ඩොමේන්, *n.* රාජ්‍යය, ප්‍රදේශය, වලව්ව අවට ඉඩම

dome ඩෝම්, *n.* කෝප්පයක ආකාර

ම් ගොඩනැගිල්ල, අග්‍ර දේවස්ථානය

domestic ඩොමෙස්ටික්, *a.* ගෘහ හෝ පවුල සම්බ
න්ධ, වල් නොවූ, ගෙදර ඇතිකරණ, පිටරටකට
අයිති නොවූ. *n.* ගෙදර වසන වැඩකාරයා (හෝ
වැඩකාරි). *v.* -ate, හීලෑකරණවා (*n.* -ion).
n. -ity [*a.* -liary

domicile ඩොමිසයිල්, *n.* ගෙදර, නිවාසය. *v.*

dominant ඩොමිනන්ට්, *a.* ආණ්ඩුබලය ඇති,
අධිපතිකම ඇති. *n.* සංගීතස්වරයක්. *v.* -te, ආ
ණ්ඩුකරණවා, බලය පවත්වනවා (*n.* -ion)

domineer ඩොමිනීර්, *v.* සැරලෙස බලය පවත්ව
නවා [ණ, දෙවියන් පිළිබඳ

dominical ඩොමිනිකල්, *a.* ඉරිදා ලකුණුකර

dominion ඩොමිනියන්, *n.* ප්‍රධාන බලය, රාජ්‍යය

don ඩොන්, *v.* ඇඳගන්නවා, දමාගන්නවා [-ve

donation ඩොනේෂන්, *n.* දීම, තෑග්ග. *n.* සහ *a.*

donee ඩෝනී, *n.* තෑග්ග ලබන්නා

donkey ඩොංකි, *n.* කොටළුවා, බූරුවා

donor ඩෝනොර්, *n.* තෑග්ගක් දෙන්නා

doom ඩූම්, *v.* දඬුවමට නියමකරණවා, ස්ථිරලෙස
නියමකරණවා. *n.* තීන්දුව, නියමය, විනාශය.
n. -sday, (ලෝකාන්තිමයේ) විනිශ්චය දවස

door ඩෝර්, *n.* දොර, ඇතුල්වෙන මාර්ග

dormant ඩෝර්මන්ට්, *a.* නිදිවූ, නින්දවැනි ස්ව
භාව, ප්‍රසිද්ධනොවන. *n.* -cy [ශූලන ස්ථානය

dormitory ඩෝර්මිටොරි, *n.* නිදාගන්න ශාලාව, ව

dorsal ඩෝර්·සල්, *a.* පිටසම්බන්ධ, පිට [කොටස.ප.
dose ඩෝස්, *n.* එකවරකට බීමට නියම බෙහෙත
dost ඩස්ට්, *v.* කරහි (do බ.)
dot ඩොට්, *n.* තිත්ත්ත්ත්ත, තිත. *v.* [කම·
dotage ඩෝටේජ්, *n.* මහළු වයසේදී සිතේ දුබල·
dotard ඩෝ·ටාර්ඩ්, *n.* සිහිය දුබල මහල්ලා
dote ඩෝට්, *v.* අධික ආලයෙන් සිටිනවා, මහළුවය·
සේ දුබලකම දක්වනවා
doth ඩත්, *v.* කෙරේ, කරයි (do බ.)
double ඩබ්ල්, *a.* දෙපංගුවක් ඇති. දෙකක් ඇති.
v. දෙකට නවනවා, දෙගුණකරනවා. *n.*
doubt ඩෞට්, *n.* සැකය. *a.* -ful, අනුමාන. *a.* -less.
සැක නැති
dough ඩෝ, *n.* අනාපු පිටි, පාන්මාන. *a.* -y
dove ඩව්, *n.* පරෙවියා, කොබෙයියා, ආදරයදක්වන
වචනයක්. *n.* -cot හෝ cote, පරවිකූඩුව [ස්ත්‍රී
dowager ඩව්·අ·ජර්, *n.* වංශවත්තෙකුගේ වැන්දඹු
dower ඩව්·අර්, *n.* = dowry
down ඩෞන්, *ad.* පහත, පාතට. *a.* -cast, බිම බ·
ලා සිටින, මලානික වූ. *n.* -come, අඳස්සි වැටී·
ම. *n.* -fall, වැටීම, විනාශය. *a.* -right, සම්පූර්ණ.
a. හෝ *ad.* -stairs, උඩුමහලේ පඩිපෙලින් පහ·
ළ. *ad.* -ward හෝ -wards, පහතට
down ඩෞන්, *n.* මුදු අඟුරු ගොබලි පිට්ටකිර, සි·
හින් පිහාටු. *a.* -y
dowry ඩෞරි, *n.* දෑවැද්ද, දායාද

doxology ඩොක්ස්ඔල්ඔජි, *n.* දෙවියන්ට ප්‍රශංසා කරණ ගීය. *a.* -ical [සිටිනවා. *n.*

doze ඩෝස්, *v.* නිදාවැටෙනවා, අඩ නින්දෙන්

dozen ඩස්න්, *n* දොළහ, දුසිම

drab ඩ්‍රැබ්, *a.* දුඹුරු. *n* දුඹුරු ගණලොම් පිළි

drachm ඩ්‍රැම්, *n.* ඖන්ස් එකකින් අටෙන් කොටස, මද්‍රව්‍ය අවක බර (dram බ.)

draff ඩ්‍රැෆ්, *n.* යව බොර හෝ මණ්ඩි

draft ඩ්‍රැෆ්ට්, *n.* සමූහයකින් වෙන්කළ කොටස, මිල ගෙවීමට දෙන පත්‍රය, කෙටුම්පත. *v.*

drafts ඩ්‍රැෆ්ට්ස්, *n.* =draughts

draftsman ඩ්‍රැෆ්ට්ස්මන්, *n.* =draughtsman

drag ඩ්‍රැග්, *v.* අමාරුවෙන් හෝ හැරෙන් අදිනවා. *n.* ඇදීම, බාධාකරණ දෙය

dragon ඩ්‍රැගන්, *n.* පියාපත් සහිත සතෙක්, නාගයා, යක්ෂයා

dragoon ඩ්‍රගූන්, *n.* බයිනෙත්තු අසරු හේවායා

drain ඩ්‍රේන්, *v.* (වතුර) බැස හිඳෙනවා, ඊසින් ඊසා හිස්කරණවා. *n.* අගල. *n.* -age, (වතුර) බැසයාම, බැසයන දිය

drake ඩ්‍රේක්, *n.* තාරාවර්ගයේ පිරිමි සතා

dram ඩ්‍රැම්, *n.* ඖන්ස් එකකින් අටෙන් පංගුව හෝ දහසයෙන් පංගුව, කුඩා කොටස, සෝප්පිය (drachm බ.)

drama ඩ්‍රාමා, *n.* නාඩගම් ප්‍රබන්ධය, නාටකය. *a.* -tic, -tical. *v.* -tise. *a.* -tist, නාඩගම් ප්‍රබන්ධ

කරන්නා

drape ඩරේප්, v. රෙදිවලින් වසනවා. n. -r, රෙදි වෙළෙන්දා. n. -ry, තිර, රෙදි ජාති

drastic ඩරැස්ටික්, a. ඉක්මණින් හා තදින් ක්‍රියා කරණ. n. සැර විරේචන බෙහෙත

draught ඩ්‍රාෆ්ට්, n. එකවරකට බොන ප්‍රමාණය, හුළංපාර, දැලට එකවරයට අසුවෙන මසුන් ගාණය. n. -s, දාංකෙළිය. n. -sman, සිතියම් (ප්ලෑන්) අඳින්නා

Dravidian ඩ්‍රැවිඩියන්, a. ද්‍රවිඩ, දෙමළ

draw ඩ්‍රෝ, v. අදිනවා, ගන්නවා, (සිතියම් ආදිය) අඳිනවා. n. -er, අඳින්නා, ගෙවීමට මිල පත්‍රයක් ලියන්නා, ලාච්චුව. n. -ers, යට කලිසම. n. -ing, ඇඳීම, සමහත් රූපය. n. -ing-room, මිත්‍රයන් පිළිගන්න ගබඩාව, රජදූෂ්ම

drawl ඩ්‍රෝල්, v. ඇදලා කථාකරණවා. n. [කය]

dray ඩ්‍රේ, n. සවිබල ඇති මිටි බර ගැල (කරත්

dread ඩ්‍රෙඩ්, n. ලොකු භය. a. භයානක. v. මහත් සේ භයවෙනවා, a. -ful [භීෂණ දකිනවා. a. -y

dream ඩ්‍රීම්, n. සිහිනය, නිෂ්ඵල සිතිවිල්ල. [v.

drear ඩ්‍රීර්, a. = dreary

dreary ඩ්‍රීරිය්, a. අඳුරුමු, තනිකම නිසා ඇතිවෙන්නාන. ad. -ily. n. -iness

dredge ඩ්‍රෙජ්, n. දියපල්ලෙන් මඩත් පස් ආදිය ඉහළට ගන්න දැල හෝ යන්ත්‍රය. v.

dregs ඩ්‍රෙග්ස්, n. මණ්ඩි, බොර, රොඩු

drench ඩ්රෙංච්, *v.* හොඳට තෙමනවා, පොඟනවා. *n.* සතකුට පොවන බේත්වතුර

dress ඩ්රෙස්, *n.* ඇඳුම්, මෑනුම. *v.* අඳිනවා, පිළියෙළකරනවා, සරසනවා. *a.* -y, ජේත්තුකාර

dribble ඩ්රිබ්බ්ල්, *v.* බින්දු ආකාරයෙන් පාතට දමනවා හෝ වැටෙනවා. *n.* -let, පොද

drift ඩ්රිෆ්ට්, *n.* ගසාගෙණ ගොස් නොඩනැගෙණ දේ, අදහස. *v.* ගොඩගැහෙණවා, ගසාගෙණ යනවා [කිරිම, බිඳු වපුරණ පේළිය. *v.*

drill ඩ්රිල්, *n* විදින යන්ත්‍රය, බුරුමය, යුධ පුරුදු

drink ඩ්රිංක්, *v.* බොනවා. *n.* බිම. *a.* -able

drip ඩ්රිප්, *v.* බින්දු වැටෙනවා. *n.* බින්දු වශයෙන් වැටෙන දෙය, පියසි අග. *n.* -ping, කරකරණ මස්වලින් වැස්සෙන තෙල්

drive ඩ්රයිව්, *v.* දක්කනවා, රථයක් ගෙණයනවා (අතීත drove). *n.* රථයෙන් යාම, රථ යන පාර [වැසිපොද, මදවැස්ස. *a.* -y

drizzle ඩ්රිස්ස්ල්, *v.* වැසිපොද ගහණවා. *n.*

droll ඩ්රෝල්, *a* විසිතුරු, කවට. *n.* කවටයා. *n.* -ery

dromedary ඩ්රමෙඩරි, *n.* එක මොල්ලියක් ඇති අරාබි ඔටුවා

drone ඩ්රෝන්, *n.* පිරිමි මීමැස්සා, කම්මැලියා, මීමැසි හඬ වැනි හඬ [වෙනවා

droop ඩ්රූප්, *v.* පහතට නැමෙනවා, මලානික

drop ඩ්රොප්, *n.* බින්දුව. *v.* බින්දු ආකාරයෙන් හෙළනවා,වැටෙන්ට අරිණවා,දමනවා,ඇරදමනවා

dropsy ඩ්‍රොප්සි, *n.* දිය ළදරය. *a.* -ical

dross ඩ්‍රොස්, *n.* බොර, කුණු, මල. *a.* -y

drought ඩ්‍රෞට්, *n.* නියඟ, වැස්ස නැතිකම. *a.* -y

drove ඩ්‍රෝව්, *n.* දක්කා ගෙණයන සතුන් රැළ, යන සමූහය (drive බ.)

drown ඩ්‍රෞන්, *v.* ගිල්ලා මරණවා

drowsy ඩ්‍රෞසි'ය්, *a.* නිදිමත, අලස. *n.* -iness

drub ඩ්‍රබ්, *v.* තලනවා, තඩිබානවා

drudge ඩ්‍රජ්, *v.* (වාලෙක් වාගේ) හය්‍යෙන් වැඩ කරණවා. *n.* හය්‍යෙන් වැඩකරන්නා. *a.* -ry

drug ඩ්‍රග්, *n.* බෙහෙත් ද්‍රව්‍ය, ඉක්මණට නොවි කිණෙන බඩුව. *n.* -gist [*n.* -ism,

Druid ඩ්‍රෑඉඩ්, *n.* පුරාණ පූජක යොධයෙක්.

drum ඩ්‍රම්, *n.* බෙර වර්ගයක්. *v.* බෙරගසනවා. *n.* -mer [ද. *n.* -enness, බීමත්කම

drunk ඩ්‍රංක්, *a.* බී මත්වූ. *a.* -en. *n.* -ard, බේබද්

dry ඩ්‍රෙයි, *a.* වියළි, කිරි නොදෙන, දියබීරාව නැති, සීය නොඇලවන. *v.* වේලනවා, සින්දනවා. *n.* -ness. *n.* -nurse, කිරි නොපොවන ආමා

dual ඩ්‍යූඅල්, *a.* දෙකක් යුත, ද්වි

dub ඩබ්, *v.* කඩුවෙන් තට්ටුකර ගෞරව නාමයක් දෙනවා, මට්ටම්කරණවා

dubi*ous* ඩ්‍යූබිඅස්, *a.* අනුමාන. *n.* -ety

duc*al* ඩ්‍යූකල්, *a.* 'ඩ්‍යූක්' කුමාරයා පිළිබඳ. *n.* -t ඩ්‍යූක්කෙනෙකුගේ අණින් මුද්‍රණකල මිලයක් [රත්රන මිලය = ෂිලින් 9 ය පැන්ස 4; රිදී

මිලය = ශිලිත් 3 ක් හෝ 4 ක්]

duchess ඩච්ඇස්, *n.* ඩියුක් දේවී

duchy ඩච්ඉ, *n.* ඩියුක් කුමාරයාගේ ප්‍රදේශය

duck ඩක්, *n.* තාරාවා, හිස නැමීම. *v.* දියේ ඔබනවා, හදිස්සියෙන් හිස පහත්කරණවා, නැමෙනවා, දියේ ගිලනවා. *n.* -ling, තාරා පැටවා

duct ඩක්ට්, *n.* නළය [සික්ෂමක. *n.* -ity

ductil*e* ඩක්ටිල්, *a.* වැල්ඇදීමට පහසුවූ, නැමෙන,

dudgeon ඩජෙ:න්, *n.* කිපිච්ච, අමනාපය

du*e* ඩියු, *a.* ගෙවණ්ට හෝ කරණ්ට යුතුවූ, පැමිණෙණ්ට යුතුවූ, නියම, සුදුසු. *n.* දියයුතු හෝ කළයුතු දෙය. *ad.* කෙළින්. *ad.* -ly, නිසිලෙස

duel ඩියුඇල්, *n.* මහී ආයුධ සහිතවූ දෙන්නෙකුගේ යුධය. *n.* -list [දෙකක් ඇති ගීය

duet ඩියුඇට්, *n.* දෙන්නෙකුට කීමට කොටස

duffer ඩෆ්ෆර්, *n.* කමකට නැති එකා, ගුඩ්ඩා

dug ඩග්, *n.* තන පුඩුව. *v.* හෑරූවා (dig බ.)

duke ඩියුක්, *n.* උත්තම පඩකාපියේ කුමාරයා, ඈපා, සිටුවරයා. *n.* -dom, ඩියුක් පදවිය

dull ඩල්, *a.* සතුටු ස්වභාවනැති, මොට්ට, වැටහීම හෝ දැසීම අඩු, අඳුරු. *n.* -ness

duly ඩියුලිය්, *ad.* (due බ.)

dumb ඩම්බ්, *a.* නිශ්ශබ්දවූ, ගොළු. *n.* -ness

dummy ඩම්මිය්, *n.* ගොළුවා, බොරු පොට්ටණිය

dun ඩන්, *a.* දුඹුරු. *v.* ණයක් ඉල්ලනවා [මදියා

dunce ඩන්ස්, *n.* මොට්ටයා, ඉගනීමෙහි අස-

dung ඩං, *n.* ගොම, අශුචි. *v.* *n.* -hill, කසළගොඩ

dungeon ඩන්ජන්, *n.* අඳුරු හිරගෙ

duodecimal ඩුඔඩෙසිමල්, *a* දොළහ බැගින් ගණන. *n.* -als, දොළහ බැගින් ගිණින ක්‍රමය. *n.* -o, කොළේ දොළහට නැමූ ප්‍රමාණයේ පොත *a.*

dupe ඩූප්, *v.* රවටනවා. *n.* පහසුවෙන් රැවටෙන්නා

duplex ඩූප්ලෙක්ස්, *a* දෙ, ද්වි

duplicate ඩූප්ලිකේට්, *a.* දෙකක් සහිත, ද්විගුණ. *n.* සමක දෙවෙනි සමාන දෙය, පිටපත. *n.*-ity, සිතේ හෝ ක්‍රියාවේ දෙආකාරකම, කපටිකම

durable ඩූරබ්ල්, *a.* කල්පවතින. *n.* -ility [ය

durance ඩූරන්ස්, *n.* පැවැත්ම, හිරඅඩස්සිය, භාර

duration ඩූරේෂන්, *n.* පැවැත්ම, පවතින කාලය

durbar ඩර්බාර්, *n.* රජදැක්ම

during ඩූරිං, *prep.* අතරතුරේදී

durst ඩාර්ස්ට්. *v.* dare යන්නෙහි අතීත රූපය

dusk ඩස්ක්, *n.* අඳුර, ඇඳිරි වේලාව. *a.* *n.* -iness. *a.* -y, තරමක් අඳුරු, කළුපාට [ඉසිනවා. *a.* -y

dust ඩස්ට්. *n.* කුඩු, ධූලි. *v.* ධූලිඅරිනවා, කුඩු

Dutch ඩච්, *a.* ලංසි, ඕලන්ද. *n.* ලංසි ජාතියා, ලංසි භාෂාව [කීකරු (*n.* -ness)

duty ඩියුටි, *n.* යුතුකම, කටයුත්ත, බද්ද. *a.* -iful,

dwarf ඩ්වාර්ෆ්, *n.* මිට්ටා, කුරු. *v.* වැඩීම බාධා කරනවා. *a.* -ish dwell ඩ්වැල්, *v.* වාසය කරණවා, විසහරකිරීමේ යෙදෙනවා. *n.* -ing, වාසස්ථානය

dwindle ඩ්විණ්ඩ්ල්, *v.* අඩුවෙනවා, ඇකිළෙනවා

dye ඩෙයි, *v.* සායම්පොවනවා. *n.* සායම

dying ඩෙයිං, *a.* මැරෙණ. *n.* (die බ.)

dyke ඩෙයික්, *n.* =dike

dynamics ඩෙයිනැම්ඉක්ස්, *n.* චංචල වස්තුවල බලයන් පිළිබඳ නීති දක්වන ශාස්ත්‍රය. *a.* -al

dynamite ඩෙයි·නමෛට්, *n.* එනම් පුපුරණ ද්‍රව්‍යය

dynasty ඩි·නැස්ටි, *n.* රාජවංශය

dysentery ඩිස්ඇණ්·ටරිය්, *n.* අතිසාරය [*a.* -tic

dyspepsia ඩිස්පැප්සි·ඇ, *n.* අජීර්ණය, මන්දාග්නිය.

E.

e ඊ, හෝඩියේ 5 වෙනි අක්ෂරය. මෙය භාෂාවේ ඉතා බහුලව යෙදෙන අක්ෂරය වේ. 250 ඇයාවී මටද යොදනුලැබේ.

each ඊච්, *a.* එක එක, සෑම

eager ඊ·ගර්, *a.* තද ආශාවෙන් යුත්. *n.* -ness

eagle ඊග්ල්, *n.* රාජාලියා. *n.* -t, රාජාලි පැටියා

ear ඊර්, *n.* කණ, ඇහුම්කන්දීම, සැලකීම. *a.*-ed, කන්ඇති. *n.* -ache, කන්කැක්කුම. *a.*-less, කන් නැති. *n.* -ring, කඩුක්කම. *n.* -wig, කන්වැයා

ear ඊර්, *n.* කරල. *v.* කරල් අටගන්නවා [-dom

earl ·අර්ල්, *n.* තුන්වෙනි තරමේ වංශාධිපතියා. *n.*

early 'අර්ලි, *a.* ඉක්මණින් එන, අප්‍රමාද. *ad.* වේලා සණින්, අප්‍රමාදව. *n.* -iness

earn 'අර්න්, *v.* උපයනවා, සම්බකරණවා, ලබනවා. *n.* -ings, ඉපැයුම්, පඩි

earnest 'අර්න්ඇස්ට්, *a.* ඕනෑකමින් කරණ, ලැදි. *n.* -ness. *n.* -money, අත්තිකාරම් මුදල

earth 'අර්ත්, *n.* පස්, පොළොව, ගොඩ, ලෝකය. *v.* හාරගෙණ පොළොව ඇතුළේ ඉන්නවා. *a.* -en, මැටියෙන්කළ. *a.* -ly, පොළොව හෝ මෙලොව පිළිබඳ (*n.* -iness). *a.*-*y*, පස්මු, පස්වැනි, පොළොවෙයි විසන (*n.* -iness). *n.* -quake, භූමිකම්පාව. *n.*-worm, බිම්පණුවා, ගැඩවිලා, නීවයා

earthenware 'අර්ත්අන්වේර්, *n.* මැටිභාජන, වලන්

earwig ඊර්විග්, *n.* කන්වැයා (ear බ.)

ease ඊස්, *n.* නිවාඩුව, පහසුව, වේදනාව නැතිකම. *v.* *a.* -*y*, කරදර නැති, පහසු (*n.* -iness)

easel ඊස්'ඇල්, *n.* සිතිනම තබා ඇඳීමට ආධාර ලෑල්ල හෝ මැස්ස

easily ඊස්'ඉලි, *ad.* පහසුවෙන් (ease බ.)

east ඊස්ට්, *n.* පෙරදිග. *a.* *ad.* -erly, පෙරදිගට; *a.* පෙරදිග පිහිටි. *a.* -ern, පෙරදිගම අයිති. *ad.* -ward, නැගෙන ඉර දෙසට

Easter ඊස්'ටර්, *n.* ක්‍රිස්තුස්වහන්සේගේ මරණින් නැගිටීම සිහිවීමට මාර්තු 21 දිනත් අප්‍රේල් 25 දිනත් අතර කාලයක පවත්වන මඞ්ගල්‍යය, පාස්කුව

easy-chair ඊස්'ඉචෙයර්, *n.* සනීප පුටුව (ease බ.)
eat ඊට්, *v.* කනවා, ගෙමෙවනවා, කාවදිනවා. *a.*-able, කෑහැකි, කෑමට සුදුසු; *n.* කෑමට සුදුසු දෙය
eau-de-Cologne ඕ'ඩකොලෝන්, *n.* ඕඩිකොලොං නම් සුවඳ පැන්
eaves ඊව්ස්', *n.* පියස්සේ (පලන) සෙළවර. *n.* -dropper, පිළිකනුවල රහසින් අහගෙණඉන්නා
ebb ඇබ්, *n.* බැස යාම, බාදිය. *v.* බැස යනවා
ebon ඇබ්බන්, *a.* කළුවරලී, කළුවරලීවැනි කළු
ebony ඇබ්'අනිය්, *n.* කළුවර
ebriety ඊබ්‍රයිටි, *n.* බීමත්කම, මත්වනිය
ebullition ඊබල්ලිෂ්අන්, *n.* උණුවීඉහිරීම, කිපීම
eccentric ඇක්සැන්ට්රික්, *a.* නියම හෝ සාමාන්‍ය ඊබියට නොවණස්ව ක්‍රියා කරණ, විකාර. *n.* -ity
ecclesiastic ඇක්ලීසිඇස්ටික්, *a.* පාදිරි සභාව සම්බන්ධ. *n.* පාදිලිඋන්නාන්සේ, පූජකයා,. *a.* -al
echo ඇකෝ, *n.* ප්‍රතිනාද ශබ්දය, ප්‍රතිරාවය. *v.*
eclat ඇක්ලා, *n.* ප්‍රීති ශෝභාව, අලංකාරය
eclipse ඉක්ලිප්ස්. *n.* (සූර්ය හෝ චන්ද්‍ර) ග්‍රහණය. *v.* ග්‍රහණ වෙනවා, අඳුරුකරණවා [කරණමාගීය
ecliptic ඉක්ලිප්ටික්, *n* අවුරුද්දක් තුළ ඉර ගමන්
eclogue ඇක්ලොග්, *n.* එඬේර කාව්‍ය
economy ඉකොණොමි, *n.* පිරිමැසීම, පිරිමසා කට යුතු කිරීම. *a.* -ic, -ical. *v.* -ise. *n.* -ist [-tic
ecstasy ඇක්ස්ටසිය්, *n.* මහත් ප්‍රීතිය, මූර්ඡාව. *a.*
eczema ඇක්සිම, *n.* ජවිගත වණරෝගවිශේෂයක්

eddy ඇඩිස්, *n.* ආපසු හරින දිය හෝ වාත සුළිය. *v.*

edge ඇජ්, *n.* දූව්ව, මුවාත. *v.* [සුළුසු දේ

edible ඇඩිබ්ල්, *a* කෑමට සුදුසු. *n.* -s, කෑමට

edict ඊඩික්ට්, *n.* රාජාඥාව

edifice ඇඩිෆිස්, *n.* ලොකු ගොඩනැගිල්ල

edify ඇඩිෆයි, *v.* දහම්මැති කම්වලින් හිත දියු

ණුකරණවා. *n.* -ication

edit ඇඩිට්, *v.* ප්‍රසිද්ධකිරීමට ශුද්ධකොට පිළියෙළ කරණවා. *n.* -or, පිළියෙළ කරන්නා, කර්තෘ. *a.* -orial. *n.* -orship. *n.* -ion, එක වරකට මුද්‍රණ කළ පොත් ගණන [වා. *n.* -ion (*a.* -al)

educate ඇඩ්‍යුකේට්, *v.* උගන්වනවා, හික්මවන

educe ඉඩ්‍යූස්, *v.* එළියට ගෙණ පානවා. *a.* -ible

eel ඊල්, *n.* ආඳා

e'en ඊන්, = even

e'er ඒර්, = ever [ණවා. *a.* -able

efface ඇෆේස්, *v.* මකනවා, සූරණවා, විනාශකර

effect ඇෆෙක්ට්, *n.* ඵලය, ප්‍රයෝජනය. *v.* සිද්ධක රණවා. *a.* -ive (*n.* -ness) *a.* -ual. *n.* -s, බඩු, වංචල දේපල [ලුම්ල. *n.* -cy

effeminate ඇෆෙමිනේට්, *a.* ස්ත්‍රී ස්වභාව ඇති,

effervesce ඇෆර්වැස්, *v.* පෙණ දමනවා, බුබුළු නගිනවා. *a.* -nt. *n.* -nce [නිශ්ඵල

effete ඇෆීට්, *a.* ශක්තිය නැති, බෙලහීන,

efficacious ඇෆිකේෂස්, *a.* ගුණ ඇති, සඵලවූ, *n.* -y, ගුණය [සමර්ථ. *n.* -cy

efficient ඇෆිෂන්ට්, *a.* කාර්ය සිද්ධකරණ,

effigy ඇෆිජිය්, *n.* රූපය, පිළිමය

effloresce ඇෆ්ලොරෙස්, *v.* මල් අටිගන්නවා, පිදෙනවා. *n.* -nce, මල් අටගැනීම, සුදු පිටි සමාන වර්ගයක්. *a.* -nt

effluent ඇෆ්ලුඅන්ට්, *a.* ගලායන. *n.* වැව්කින් නික්ම යන ඔය. *n.* -ce, යමකින් ගලා යන දේ

effluvium ඇෆ්ලුවිඅම්, *n.* කුණුවෙන ද්‍රව්‍යවලින් නගින වාතය, දුර්ගන්ධය. *a.* al

efflux ඇෆ්ලක්ස්, *n.* පිටතට ගලා යාම

effort ඇෆෝර්ට්, *n.* උත්සාහය, වෑයම

effrontery ඇෆ්‍රන්ටරිය්, *n.* විළිබිය නැතිකම

effulgent ඇෆල්ජන්ට්, *a.* බබලන, දීප්තිමත්. *n.* -ce, දීප්තිය, කාන්තිය [මෙන් පිටකරණ දේ

effusion ඇෆ්‍යූෂන්, *n.* වැගිරීම, වක්කරන්නාක්

egg ඇග්, *n.* බිජුය. *n.*-plant, වම්බටු පැලය. [*n.*-t

egotism ඇගොටිස්ම්, *n.* අහංකාරකම, පුව්වම.

egregious ඉග්‍රීජස්, *a.* අධිකතර, අසුචි, ප්‍රසිද්ධ

egress ඊග්‍රෙස්, *n.* පිටවීම, පිටත්වීම [සරයා

Egyptian ඊජිප්ෂන්, *a.* මිසරදේශය පිළිබඳ. *n.* මි

eight එට්, *a.* සහ *n.* අට. *a.* සහ *n.* -een, දහඅට (*a.* -th, දහඅටවෙනි). *n.* -fold, අට ගුණය. *a.*-h, අටවෙනි. *a.* -y, අසූ; *n.* අසූව. *a.* -ieth, අසූවෙනි

either ඊදර් (හෝ) ඓදර්, *a.* දෙන්නාගෙන් (හෝ දෙදකින්) කවර *conj.* වත්, හෝ

ejaculate ඊජැක්යුලේට්, *v.* හදිස්සියෙන් කියවෙනවා. *n.* -ion. *a.* -ory eject ඉජැක්ට්, *v.* පිටකරණවා. *n.* -ion, -ment

eke ඊක්, *v.* එකතුකරණවා, දීර්ඝකරණවා

elaborate ඉලැබ්ඔරේට්, *v.* සම්පූර්ණලෙසහෝ ඉතා හොඳින් කරණවා. *a.* බොහෝ වෙහෙසවී කළ, විසිතුරු. *n.* -ion

elapse ඉලැප්ස්, *v.* පසුවෙනවා, ගතවෙනවා

elastic ඉලැස්ටික්, *a.* ඇදෙන ස්වභාව ඇති. *n* -ity

elate ඉලේට්, *v.* උඩඟුකරණවා, සිත පිණවනවා. *n.* -ion [කරණවා, තෙරපණවා

elbow ඇල්බෝ, *n.* වැලමිට. *v.* වැලමිටින් තල්ලු

elder ඇල්ඩර්, *a.* වැඩිමහළු. *n.* වැඩිමහල්ලා. *a.* -ly, මඳක් මහළු

elect ඉලැක්ට්, *v.* තෝරණවා. *a.* තෝරාගත්. *n.* තෝරණලද අයවල්. *n.* -ion. *a.* -ive. *a.* -oral

electric ඉලැක්ට්‍රික්, } *a.* විදුලි බලය ඇති.
electrical ඉලැක්ට්‍රිකල්, } *n.* -ian, විදුලි ශාස්ත්‍රඥයා. *n.* -ity, විදුලි බලය

electrify ඉලැක්ට්‍රිෆයි, *v.* විදුලි බලය ආරූඪ කරණවා, අදිස්සියෙන් සැලිත් අවුස්සනවා

electrum ඉලැක්ට්‍රම්, *n.* ජර්මන් රිදී, ඇම්බර්

elegant ඇල්ඉගැන්ට්, *a.* කදිම, ලක්ෂණ. *n.* -ce

elegy ඇල්ඉජිය්, *n.* ශෝක ප්‍රකාශ ගීය *a.* -iac

element ඇල්ඉමැන්ට්, *n.* මුල් ධාතුව. *n.* -s, මුල් ධාතු, මුල් කාරණ. *a.* -al. *a.* -ary

elephant ඇල්ඉෆැන්ට්, *n.* ඇතා, අලියා. *a.* -ine

elevate ඇල්ඉවේට්, *v.* උස්කරණවා, උසස්කරණවා. *n.* -ion

eleven ඉලෑවින්, *a.* එකොළොස්. *n.* එකොළහ.
a. -th

elf ඇල්ෆ්, *n.* කුඩා ප්‍රේතයා, පිශාචයා [තවා

elicit ඉලිස්ඉට්, *v.* එළියට ගෙනෙණවා, දැනගන්

eligible ඇල්ඉජිබ්ල්, *a.* තෝරාගැනීමට සුදුසු, සෑ
හෙණ. *n.* -ness, eligibility

eliminate ඉලිමිඉනේට්, *v.* බැහැරකරණවා. *n.*-ion

elision ඉලිෂ්අන්, *n.* අකුරක් මකා දැමීම, ලොප්
කිරීම

elite එලීට්, *n.* ඉතා උතුම් කොටස

elixir ඉලික්ස්අර්, *n.* උතුම් සාරය, රසායනය

elk ඇල්ක්, *n.* ගෝණා

ell ඇල්, *n.* රියන් දෙකහමාරක ප්‍රමාණය

ellipsis ඇල්ලිප්සිස්, } *n.* පාඩුව, ඇරදැමීම, නොම
ellipse ඇල්ලිප්ස්, } කිරීම, බිත්තාකාරය. *a.* -tical

elm ඇල්ම්, *n.* ගස් වර්ගයක්

elocution ඇල්ඕකියූෂන්, *n.* ප්‍රසිද්ධ කථාවල්කිරී
මේ ශාස්ත්‍රය, වාක්ශක්තිය. *a.* -ary. *n.* -ist

elogium ඊලෝජිඅම්, *n.* භූමිදාන කථාව හෝ දේශ
නාව, ප්‍රශංසාව

elongate ඉලොංගේට්, *v.* දික්කරණවා. *n.* -ion

elope ඉලෝප්, *v.* රහසින් පැනලායනවා. *n.*
-ment [ක්ත. *n.* -ce

eloquent ඇල්ඕක්වෙන්ට්, *a* කථාවෙහි දක්ෂ, වා

else ඇල්ස්, *ad.* තව, වෙන. *ad.* -where, වෙන
කොහේවත්, වෙනතැනක

elucidate ඉලූසිඩේට්, *v.* පහදනවා විස්තරකර
 ණවා. *n.* -ion. *a.* -ive [වා. *n.* -sion. *a.* -sive

elude ඉලූඩ්, *v.* අසුමනාවී සිටිනවා, ඡබිරි යන

Elysian ඉලිෂ්ඉඅන්, *a.* ස්වර්ගීය, ඉතා ප්‍රීතිමත්

Elysium ඉලිසිඅම්, *n.* ස්වර්ගය, අති ප්‍රීතිකර
 ස්ථානය

emaciate ඉමේෂිඒට්, *v.* කෘශ (කෙට්ටු) වෙනවා

emanate ඇමනේට්, *v.* නික්මෙනවා, උපදින
 වා. *n.* -ion [-ion

emancipate ඉමැන්සිපේට්, *v.* නිදහස්කරණවා. *n.*

embalm ඇම්බාම්, *v.* සුවඳ ද්‍රව්‍ය දැමීමෙන් මෘ
 ත ශරීර රක්ෂාකරණවා [-ment

embank ඇම්බෑංක්, *v.* ගිංගෙරත් වටකරණවා *n.*

embargo ඇම්බාර්ගෝ, *n.* තහනම

embark ඇම්බාර්ක්, *v.* නැවනගිනවා, කටයුත්
 තක යෙදෙනවා. *n.* -ation [*n.* -ment

embarrass ඇම්බැරස්, *v.* සිත අවුල්කරණවා.

embassy ඇම්බැස්සි, *n.* තානාපතිකම, තානාපතියා

embellish ඇම්බෙලිෂ්, *v.* අලංකාර කරණවා
 n. -ment

embers ඇම්බර්ස්, *n.* (අළු සහිත) ගිනි අඟුරු

embezzle ඇම්බෙස්ල්, *v.* (තමා භාරයේ ති
 බෙන සමක්) වංචාවෙන ගන්නවා. *n.* -ment

embitter ඇම්බිටර්, *v.* තිත්තකරණවා, අවාස
 නාවන්තකරණවා [නවා *n.* -ment

emblazon ඇම්බ්ලේසන්, *v.* බබුළුවනවා, සරස

emblem ඇම්බ්ලැම්, *n.* ලකුණ *a.* -atic, -atical

embody ඇම්බොඩි, *v.* එකට රැස්කරණවා, ඇතුලත්කරණවා. *n.* -iment [ණවා

embolden ඇම්බෝල්ඩන්, *v.* ධෛර්‍ය්‍යමත් කර

embosom ඇම්බුස්අම්, *v.* මැද තබනවා

emboss ඇම්බොස්, *v.* ඉලිප්පී තිබෙන ලෙස සටහන් පිහිටුවනවා. *n.* -ment

embowel ඇම්බෞඇල්, *v.* බඩවැල් අරිණවා, ඇතුළේ ගිලෙනවා

embrace ඇම්බ්‍රේස්. *v.* බදනවා. *n.* වැළඳගැනීම [ර

embrasure ඇම්බ්‍රේෂූර්, *n.* පවුරේවෙඩිතිබනසිදු

embrocate ඇම්බ්‍රොකේට්, *v.* බෙත්වතුරෙන් තෙමා උලනවා. *n.* -ion [*n.* -y

embroider ඇම්බ්‍රොයිඩර්, *v.* මල්ලනා මහණවා.

embroil ඇම්බ්‍රොඉල්, *v.* පටලනවා. *n.* -ment

embrue ඇම්බ්‍රූ, *v.* =imbrue

embryo ඇම්බ්‍රියෝ, *n.* සත්වයෙකුගේ හෝ පැළයක මුල් ආකාරය, ගර්භය, අසම්පූර්ණ ස්වභාව. *a.* - nic [(amend බ.)

emendation ඇමැන්ඩේෂන්, *n.* හරිගැස්සීම.

emerald ඇමඇරල්ඩ්, *n.* පච්චගල, මරකත මිණ

emerge ඉමර්ජ්, *v.* මතුවෙනවා, නික්මෙනවා- *n* -nce, -ncy, අදිස්සි උවමනාව, තද ඕනෑකම. *a.* -nt [ගල්වලින් තනනලද ද්‍රව්‍යයක්

emery ඇමෙරි, *n.* මැදීමට ලෝහයෙන් හෝ තද

emetic ඊමැටික්, *n.* වමනයකරවන බෙහෙත

emeu ඊමියු, *n.* පැස්බරාවැනි ආස්ත්‍රේලියාවේ ප
ක්ෂියෙක් [වැසයට යන අය. *a.* එසේ යන
emigrant ඇමිග්‍රන්ට්, *n.* සියරට හැර පිටරට
emigrate ඇමිග්‍රේට්, *v.* සියරට හැර පිටරට වාස
යට යනවා. *n.* -ion [ප්‍රසිද්ධ. *n.* -ce
eminent ඇමිනන්ට්, *a.* උත්තම, උත්කෘෂ්ට,
emir ඇමීර්, *n.* (පූර්වදිග රටවල) අධිපතියා, රදල
කෙනෙක්
emissary ඇමිසරි, *n.* රහස් පණිවුඩකාරයා
emission ඉමිෂන්, *n.* නික්මවීම, පිටකිරීම
emit ඉමිට්, *v.* නික්මවනවා, පිටකරනවා. *n.*-ssion
emmet ඇමෙට්, *n.* කූඹියා
emollient ඉමොල්ලිඅන්ට්, *a.* මෘදුකාරක. *n.* ස
ංශමනකාරක බෙහෙත
emolument ඉමොල්යුමන්ට්, *n.* පඩිය, ප්‍රයෝජනය
emotion ඉමෝෂන්, *n.* කැලඹීම, චංචලය. *a.* -al
empale ඇම්පේල්, *v.* උල තබනවා. *n.* -ment
empannel ඇම්පැනල්. *v.* =impanel
emperor ඇම්පරර්, *n* අගරජ, රාජාධිරාජයා
emphasis ඇම්ෆසිස්, *n.* ස්වරය බරකොට කීම.
v. -sise, ස්වරයබරකොට කියනවා. *a.*-tic, -tical
empire ඇම්පයර්, *n.* අග්‍රරාජ්‍යය, අධිපති භාවය
employ ඇම්ප්ලෝය්, *v.* යොදනවා. *n.* -ment,
වැඩේ, රක්ෂාව [වෙළඳ ශාලාව
emporium ඇම්පෝරිඅම්, *n.* ප්‍රධාන වෙළඳපොල
empower ඇම්පවර්, *v.* බලය දෙනවා

empress ඇම්ප්‍රෙස්, *n.* අග්‍රරාජිනී (emperor බ.)

empty ඇම්ප්ටි, *a.* හිස්වූ, නිෂ්ඵල. *v.* හිස්කරණ වා. *n.* -iness

empyrean ඇම්පිරී·අන්, *n.* උත්තම ස්වර්ගය, ආකාශයේ ඉහළ කොටස [

emu ඊම්යූ, *n.* =emeu

emulate ඇම්යුලේට්, *v.* සමානවන්ට හෝ වඩා උසස් වෙන්ට උත්සාහකරනවා. *n.* -ion [දී

emulous ඇම්යුලස්, *a.* සමහෝ වඩා උසස්වීමට ලෑ

emulsion ඉමල්ෂන්, *n.* තෙල්දිය අන්‍ය ද්‍රව්‍යයක ආධාරයෙන් මිශ්‍රකොට හදන සුදු ද්‍රව්‍යයක්

enable ඇනේබල්, *v.* පුළුවන්කරනවා

enact ඇනැක්ට්, *v.* ආඥාපනවනවා. *n.* -ment

enamel ඇනැම්අල්, *n.* (බඩු වසන) ඔප සහිත වීදුරු වර්ගයක්, ඔප සහිත තද පිටපැත්ත. *v.*

enamour ඇනම්·අර්, *v.* ඇලුම්කරනවා [*n.* -ment

encamp ඇන්කැම්ප්, *v.* කූඩාරම් ප්‍රතිෂ්ඨාවනවා.

encase ඇන්කේස්, *v.* ඇතුල්කොට වසනවා

encave ඇන්කේව්, *v.* ගුහාවක දමනවා, ගුහාවක සඟවනවා

enceinte ආංසැන්ට්, *n.* බලකොටුවක ප්‍රාකාරය, එබඳු ප්‍රාකාරයකින් ඇතුළත ප්‍රමාණය. *a.* ගර්භිණී

enchain ඇන්චේන්, *v.* දම්වැලින් බඳිනවා, නවත්වනවා

enchant ඇන්චාන්ට්, *v.* මතුරනවා, අභිචාරකරනවා, සිත පොළඹවනවා, මායාකරනවා. *n.* -ment

enchase ඇන්චේස්, *v.* ඔබ්බනවා, ඔබ්බා අලංකාර කරනවා

encircle ඇන්'සර්ක්ල්, *v.* වටකරණවා

enclose ඇන්ක්ලෝස්, *v.* ඇතුළේ දමා වසනවා. *n.* -ure, ඇතුළේ දමා වැසීම, ඇතුල්කල දෙය, කොරටුව (inclose බ.)

encomiast ඇන්කෝමිඇස්ට්, *n.* ස්තුති ප්‍රශංසා [කරන්නා. *a.* -ic

encomium ඇන්කෝමිඅම්, *n.* ස්තුතිය, ප්‍රශංසාව

encompass ඇන්කම්පස්, *v.* වටකරණවා

encounter ඇන්කෞන්ටර්, *n.* මුණගැසීම, සටන [*v.*

encourage ඇන්කරිජ්, *v.* ධෛර්‍ය්‍යදෙනවා. *n.* -ment

encroach ඇන්ක්‍රෝච්, *v.* අනෙකෙකුගේ අයිතිවාසිකම් අල්ලාගන්නවා, සුදුසු සීමාව ඉක්මවනවා. *n.* -ment

encumber ඇන්කම්බර්, *v.* බරකරණවා, බාධාක[රණවා. *n.* -rance, බාධාව, බැඳීම

encyclopædia } ඇන්සෛක්ලොපීඩිඅ, *n.* විද්‍යා
encyclopedia } සාගරය, ශාස්ත්‍රකෝෂය. *a.* -c

end ඇන්ඩ්, *n.* කෙළවර. *v.* කෙළවර කරණවා. *n.* -ing, කෙළවර, ප්‍රත්‍යය. *a.* -less, කෙළවරක් නැති. *ad.* -most, ඉතා කෙළවරම. *ad.* - wise, අගින්

endanger ඇන්ඩේන්ජර්, *v.* අන්තරායට පමුණු[වනවා

endear ඇන්ඩීර්, *v.* වඩා ප්‍රියකරණවා. *n.* -ment

endeavour ඇන්ඩැවර්, *v.* උත්සාහකරණවා. *n*

endemic ඇන්ඩැමික්, *a.* පළාතකට හෝ මනුෂ්‍ය කොට්ඨාසයකට නියමවූ. *n.* පළාතක පවතින ලෙඩක් [ස්ථිරකරණවා. *n.* ment

endorse ඇන්ඩෝර්ස්, *v.* පමක පිට ලියනවා,

endow ඇණ්ඩෞ, *v.* ඳේපලගිම්කරදෙනවා, වෘත්තිය දෙනවා, යුක්තකරණවා. *n.* -ment

endue ඇණ්ඩ්‍යූ, *v.* (යමකින්) යුක්තකරණවා, සමන්විත කරණවා· [නවා. *a.* -able. *n.* -ance

endure ඇණ්ඩ්‍යූර්, *v.* ඉවසනවා, විඳිනවා, පවතී

enemy ඇනිමි, *n.* සතුරා, විරුඩ සේනාව

energy ඇනර්ජි, *n.* ශක්තිය, උත්සාහය. *a.* -etic

enervate ඇනර්වේට්, *v.* දුර්වලකරණවා. *n.* -ion

enfeeble ඇන්ෆීබල්, *v.* දුර්වලකරණවා· *n.* -ment

enforce ඇන්ෆෝර්ස්, *v.* බලකරණවා, *n.* -ment

enfranchise ඇන්ෆ්‍රැන්චයිස්, *v.* තෝරනැංවීමේ බලය දෙනවා. *n.* -ment

engage ඇන්ගේජ්, *v.* යෙදී සිටිනවා, තොදකවා, පොරොත්දුවෙනවා. *a.* -ing, සිත අලවන. *n.* -ement, නියමකරගැණීම, සටන [වනවා

engender ඇන්ජැණ්ඩර්, *v.* උපදවනවා, අටගන්

engine ඇන්ජින්, *n.* යන්ත්‍රය. *n.* -er, යන්ත්‍ර හරිගස්සන්නා හෝ බලාගන්නා, ඉංජිනේරුවා. *n.* -ering, යන්ත්‍රකාරයාගේ කටයුතුහෝ දක්‍ෂකාවය

English ඉංග්ලිෂ්, *a.* ඉංග්‍රීසි. *n.* ඉංග්‍රීසිජාතිකයා, ඉංග්‍රීසි භාෂාව [භාගම්කරණවා

engrain ඇන්ග්‍රේන්, *v.* ගසකඹට වසනවා හෝ

engrave ඇන්ග්‍රේව්, *v.* කැටයම් කරණවා

engross ඇන්ග්‍රෝස්, *v.* ලොකු අකුරුවලින් පිටපත් කරණවා, මුළුමනින් අල්ලනවා හෝ සොදනවා· *n.* -ment

engulf ඇන්ගල්ෆ්, *v.* ගිල්වාදමනවා [*n.* -ment
enhance ඇන්හෑන්ස්, *v.* උස්සනවා, වැඩිකරණවා.
enigma ඉනිග්ම, *n.* තේරවිල්ල. *a.* -tic, -tical
enjoin ඇන්ජොඉන්, *v.* අණකරණවා
enjoy ඇන්ජෝය්, *v.* ප්‍රීතියෙන් භුක්තිවිඳිනවා, ප්‍රයෝජන ඇතුව සිටිනවා. *n.* -ment. *a.* -able
enkindle ඇන්කින්ඩ්ල්, *v.* දල්වනවා, අවුස්සනවා
enlarge ඇන්ලාර්ජ්, *v.* මහත්කරණවා. *n.* -ment
enlighten ඇන්ලෛට්අන්, *v.* එළියකරණවා, පහදනවා. *n.* -ment
enlist ඇන්ලිස්ට්, *v.* යුද්ධ වැඩට බැඳෙනවා, සේවාකමට ලියවෙනවා. *n.* -ment [කරණවා
enliven ඇන්ලිවන්, *v.* උත්සාහඋපදවනවා, ප්‍රීති
enmity ඇන්මිටි, *n.* සතුරුකම, වෛරිකම
ennoble ඇන්නෝබ්ල්, *v.* උසස්කරණවා, වංශාධිපතිකමට පමුණුවනවා
ennui ආංවි, *n.* අප්‍රසාදය, මලානිකකම
enormous ඉනෝරමස්, *a.* ඉතා මහත්. *n.* -ity
enough ඉනෆ්, *a.* සෑහෙණ, *n.* සෑහුම්කම. *ad.* සෑහෙණතරමට
enquire ඇන්කොයර්, *v.* =inquire [ණවා
enrage ඇන්රේජ්, *v.* කුපිතකරණවා, කෝප කර
enrapture ඇන්රැප්ට්‍යුර්, *v.* ඉතා ප්‍රීතිමත්කරණවා, අපමණ ප්‍රීතියට පමුණුවනවා [රණවා. *n.*-ment
enrich ඇන්රිච්, *v.* පොහොසත්කරණවා, සමෘද්ධක
enrobe ඇන්රෝබ්, *v.* අන්දනවා, පොරවණවා

enrol / enroll ඇන්රෝල්, *v.* නමලියාතබනවා. *n.* -ment

enshrine ඇන්ෂ්‍රයින්. *v.* නිදන්කරණවා

enshroud ඇන්ෂ්‍රවුඩ්, *v.* වසනවා, ඔතනවා, මිනි යක් අන්දනවා

ensign ඇන්සෙයින්, *n.* යුධ කණ්ඩායමක කොඩිය, කොඩිය ගෙණයන යුධමුලාදෑනියා

enslave ඇන්ස්ලේව්, *v.* වහල්කරණවා. *n.* -ment

ensnare ඇන්ස්නෙයර්, *v.* උපායෙන් අල්ලනවා, උගුලකට අසුකරණවා

ensue ඇන්සියු, *v* පැමිණෙනවා, උපදිනවා

ensure ඇන්ෂුවර්, *v.* සත්‍යකකරණවා, සැක නැති කරණවා [ලින් හරස් බැම්ම

entablature ඇන්ටැබ්ලැචූර්, *n.* කුළුණුඉසට ඉහ

entail ඇන්ටේල්, *v* උරුමය නියමකරතබනවා, පැමිණෙනවා. *n.* උරුමනියමය. *n.* -ment

entangle ඇන්ටැංගල්, *v.* පටලවනවා. ආකූල කරණවා. *n.* -ment

enter ඇන්ටර්, *v.* ඇතුල්වෙනවා. *n.* -rance, දොරකඩ, පටන්ගැන්ම. *n* -ry, ඇතුල්වෙන මග, සටහන්කිරීම

enteric ඇන්ටරික්, *a.* අතුණු (බඩවැල්) පිළිබඳ. *n.* -fever, සන්නිපාත උණ, උණසන්නිපාතය

enterprise ඇන්ටර්ප්‍රෛස්, *n.* කිරීමට නිර්භීතව උත්සාහකල කරුණ. *a.* -ing, ධෛර්‍ය ඇති, නිර්භීත

entertain ඇංණ්ටර්ටේන්, *v.* පිළිගන්නවා, සත්කාරකරණවා, දුනියාරණවා, කල්පනාකිරීමට භාර ගන්නවා. *n.* -ment, සංග්‍රහය, ප්‍රීතිකිරීම

enthral / enthrall } ඇංණ්ත්‍රෝල්, *v.* දාසභාවයට පමුණනවා

enthrone ඇංන්ත්‍රෝන්, *v.* සිංහාසනාරූඪ කරණවා

enthusiasm ඇංන්තූසිඇංස්ම්, *n.* උත්සාහය, ඉබං උමාතුව. *n.* -t. *a.* -tic

entice ඇංණ්ටයිස්, *v.* පොළඹවනවා. *n.* -ment

entire ඇංණ්ටයර්, *a.* සම්පූර්ණ, මුළු. *n.* -ness, -ty

entitle ඇංණ්ටයිටිල්, *v.* නම්කරණවා, ඉල්ලීමට බලය දෙනවා

entity ඇංණ්ටිටි, *n.* පැවැත්ම, සත්වයා

entomb ඇංණ්ටූම්, *v.* වළලනවා, සම්පූර්ණයෙන් සඟවනවා. *n.* -ment

entomology ඇංණ්ටෝමොල්ඔජි, *n.* මැසි ආදී කුඩා සතුන් පිළිබඳ ශාස්ත්‍රය. *n.* -ist

entrails ඇංණ්ට්‍රේල්ස්, *n.* බඩවැල්

entrain ඇංණ්ට්‍රේන්, *v.* දුම්රියට ඇතුල්වෙනවා

entrance ඇංණ්ට්‍රාන්ස්, *n.* (enter බ.) *v.* අධික ප්‍රීතියට පමුණුවනවා. *a.* -ing, පිණවන

entrap ඇංණ්ට්‍රැප්; *v.* =ensnare

entreat ඇංණ්ට්‍රීට්, *v.* ඕනෑකමින් ඉල්ලනවා. *n.* -y

entree ඇංට්‍රේ, *n.* පැමිණීමට නිදහස, මේසේ තැබූ දහර බඩුතක්

entry ඇණ්ට්‍රි, *n.* (enter බ)

entwine ඇණ්ට්වයින්, *v.* ඔතනවා [-ion

enumerate ඉනූමරේට්, *v.* ගණන්කරනවා. *n.*

enunciate ඉනන්ෂිඒට්, *v.* උච්චාරණයකරනවා, කියනවා. *n.* -ion. *a* -ory

envelop ඇන්වැලප් (නොහොත්) ඔංවලෝප්, *v.* සම්පූර්ණයෙන් වසනවා. *n.* -e, වැස්ම

enviable ඇන්වි·අබල්, *a.* (envy බ.)

envious ඇන්විඅස්, *a.* (envy බ.)

environ ඇන්වයිරන්, *v.* වටකරනවා. *n.* -s, සමීපය අවට ප්‍රදේශ. *n.* -ment

envoy ඇන්වොය්, *n.* රාජදූතයා [-ious (*n.* -ness)

env*y* ඇන්වි, *v.* ඊර්ෂ්‍යාකරනවා. *n.* ඊර්ෂ්‍යාව. *a.*

epact ඊපැක්ට්, *n.* (චන්ද්‍රමාසයට 11 දවසක් පමණ දැක්වූ) සූර්යමාසයේ අධිකය

epaulet ඇප්ඔලැට්, *n.* යුධ හා නාවික උරඉස පළ දනාව [ණ කොටස

epergne ඒ·පර්න්, *n.* භෝජන මේසේ මැද ලස්ස

ephemeral ඉෆෙ·මි·අ·රල්, *a.* එකදවසක් පවතින, ස්වල්පකාලයක් පැවති

ephemiris ඉෆෙ·මි·අරිස්, *n.* දිනපොත, පඤ්චාංග ලිත (බහු ephemerides)

epic ඇපික්, *n.* වීරචරිතවර්ණිත මහාකාව්‍යය

epicure ඇපිකියුර්, *n.* උතුම් කෑම බීමට ලොල්වූ අය. *a.* සහ *n.* -ean. *n.* -ism [යාය

epidemic ඇපිඩැමික්, *a.* වසංගත. *n.* වසංගා

epidermis ඈපිඩර්මිස්, *n.* පිට සිවිය, පිටහම

epigram ඈපිග්‍රෑම්, *n.* රසවත් කුඩා කාව්‍යය. *a.* -matic, -matical, *n.* -matist [සුළු වාක්‍යය

epigraph ඈපිග්‍රැෆ්, *n.* කොටකලද ලියවිල්ල

epilepsy ඈපිලෙප්සි, *n.* අපස්මාරරෝගය, අපස්මාරය. *a.* -tic *n.* අපස්මාරය වැලඳී අය

Epiphany ඉපිෆනි, *n.* ක්‍රිස්තුස්වහන්සේගේ ප්‍රකාශනය සිහිපත්කරනු පිණිස ජනවාරි 6 දින පවත්වන මංගල්‍යයක්, පෙණීසිටීම

episcopacy ඉපිස්කොපසි, *n.* බිෂොප්වරුන්ගේ ආණ්ඩුක්‍රමය. *a.* -l. *n.* -lian. *n.* -lianism. *n.* -te, බිෂොප් පදවිය [ණු. *a* -ic

episode ඈපිසෝඩ්, *n.* අතුරුකථාව හෝ කරු

epistle ඉපිස්ල්, *n.* ලිපිය, පත්‍රය. *a.* -olary [සත්‍යනිය

epitaph ඈපිටැෆ්, *n.* සොහොන්ගෙයි ලියවිල්ල,

epithet ඈපිතෙට්, *n.* ගුණාඩ්‍ය වාක්‍යය

epitome ඉපිටමි, *n.* සංක්ෂේපය, සංග්‍රහය. *v.*-ise

epoch ඊපොක්, *n.* යුගය, නියමිකාලය

equable ඊක්වබ්ල්, *a.* ඒකසමාන. *n.* -ility. *n.* -leness [-ation)

equal ඊක්වල්, *a.* සමාන. *v.* *n.* -ity. *v.* -ise (*n.*

equanimity ඉක්වනිමිටි, *n.* සම භාවය, සම සිත් තතාව

equation ඉක්වේෂන්, *n.* සම බව දක්වනපදය. *n.* -or ලෝකයේ මැද රේඛාව, නුවවක්ෂය. *a.* -orial

equerry ඇක්වෑර්රි, *n.* රජුන් ආදීන්ගේ අසුන් බලාගන්න මුලාදෑනියා, අශ්වශාලාව [අසරුවූ

equestrian ඉක්වෑස්ට්‍රි·අන්, *a.* අශ්වයන් පිළිබඳ,

equiangular ඉක්විඇංගියු·ලර්, *a.* සමකෝණ ඇති

equidistan*t* ඉක්විඩිස්·ටන්ට්, *a.* එකසමාන දුරවූ. *n.* -ce, එකසමාන දුර

equilateral ඉක්විලෑටි·අ·රල්, *a.* සම පැති ඇති

equilibrium ඉක්විලිබ්රිඅම්. *n.* සමානබරකම, සම තාවය

equine ඊක්වෛන්, *a.* අශ්වයන් සම්බන්ධ

equino*x* ඊක්විනොක්ස්, *n.* සූර්යයා භුවචත්‍රය පසු කර යන කාලය (මාර්තු 21 සහ සැප්තැම්බර් 22. වෙනි දවස්වල රෑ දවල් එකදිග වෙත්) *a.* -ctial

equip ඉක්විප්, *v.* සූදානම් කරදෙනවා. *n.* -age, පිරි වර. *n.* -ment, සම්පාදනය කිරීම, උවමනා උප කරණ

equipoise ඉක්විපොයිස්, *n.* සමාන බරකම

equitable ඇක්විටබල්, *a.* සාධාරණ. *n.* -ness

equity ඇක්විටිය්, *n.* සාධාරණකම

equivalen*t* ඉක්විව·අ·ලන්ට්, *a.* සමවූ. *n.* සමවූ දෙය. *n.* -ce, සම බව, සමදෙය [අනුමාන

equivocal ඉක්විවො·කල්, *a.* අනුමාන අර්ථ ඇති,

equivocat*e* ඉක්විවොකේට්, *v.* අනුමාන අර්ථ ඇති වචන භාවිතාකරනවා, පෙරළා කථාකරනවා. *n.* -ion

era ඊ·ර, *n*. කාලය, (ශකවර්ෂ ආදී) වර්ෂය

eradicate ඉරැඩිකේට්, *v*. මුලින් උදුරනවා, සම් පූර්ණයෙන් විනාශකරනවා. *a*. -able. *n*. -tion

erase ඉරේස්, *v*. සූරාදමනවා, මකනවා. *n*. -er, සූරා දමන්නා, සූරාදැමීමට පාවිච්චි කරන දෙය. *n*. -ure, -ment

erect ඉරෙක්ට්, *v*. කෙලින්කරනවා, පිහිටුවනවා, ගොඩනගනවා. *n*. -ness. *n*. -ion

erelong ඒර්ලොං, *ad*. වැඩිකල් යන්නට ප්‍රථම

eremite ඇරිමයිට්, *n*. වනයේ වසන්නා, තාපසයා,

ergo අර්ගෝ, *ad*. ඒ නිසා [මුගටි ලොම්

ermine අර්මින්, *n*. සුදුපාට මුගටිවගීයක්, (ඒ)

erosion ඊරෝෂන්, *n*. කාවැදීම

erotic ඉරොටික්, *a*. ප්‍රේමය දක්වන, කාමුක

err අර්, *v*. මුලාවෙනවා, වරදිනවා. *n*. -or, වරද. *a* -oneous (*n*. -ness)

errand ඇර්රන්ඩ්, *n*. පණිවුඩය [-ry

errant ඇර්රන්ට්, *a*. මුලාවූ, මුලාව ඇවිදින. *n*.

erratic ඇර්රැටික්, *a*. නියමිතියට නැති

erratum ඇර්රටම්, *n*. (ලිවීමේ හෝ මුද්‍රණයේ) වරද. (බහු errata)

eructate ඉරක්ටේට්, *v*. රාමගෙල් අරිනවා. *n*. -ion

erudite ඇරුඩයිට්, *a*. උගත්, ව්‍යක්ත. *n*. -ion

eruption ඉරප්ෂන්, *n*. පිපිරීයාම, සමේ ගඩු අම් ගෑණීම. *a*. -ve [යක්, උදඩින

erysipelas ඇරිසිපෙලස්, *n*. දැවිල්ලසහිත කුෂ්ට

escalade ඇස්·කලේඩ්, v. ඉණිමංවලින් නැගී කොටුවකට පහර දෙනවා

escapade ඇස්·කපේඩ්, n. පස්සට පැනීත්නැසීම, ආචාරධර්ම කඩවෙන ක්‍රියාව

escape ඇස්කේප්, v. බේරීයනවා, ගැලවෙනවා. n.

escapement ඇස්කේප්·මණ්ට්, n. ඔර්ලෝසුවේ දිවීමට ගේනුවූ උපක්‍රමය

escarpment ඇස්කාර්ප්·මණ්ට්, n. බෑවුම

eschew ඇස්චු, v. වලකිනවා [ච. v.

escort ඇස්කෝර්ට්, n. රැකවල් සේනාව, ආරක්‍ෂා

esculent ඇස්කියු·ලණ්ට්, a. කෑමට සුදුසු. n.

escutcheon ඇස්කච්·අන්, n. කුඩ ශල්‍යකුණ්ඩුදරණි පලිහය [ර. ද්‍රූපත්ති වසන ච්පිම්හුණු විශීය

Eskimo ඇස්කිමෝ, n. උතුරු අමෙරිකාවේ උතුරු

esoteric ඇස්ඔ·ටර්ඉක්, a. රහස්, ගුඩ

especial ඇස්පැෂ්·අල්, a. ප්‍රධාන, විශේෂ. ad. -ly. ප්‍රධානකොට

espionage ඇස්පිඔනේජ්, n. ඔත්තුබැලීම

esplanade ඇස්ප්ලනේඩ්, n. බලකොටුව අසල සම බිම, සමතලා පිට්ටණිය

espouse ඇස්පෞස්., v. සරණපාවාගන්නවා, විවාද ගන්නවා, පිළිගන්නවා. n. -als, විවාහයිවීසුම

espy ඇස්පෛ, v. දුරින් දකිනවා [=Eskimo

Esquimau ඇස්කිමෝ (බහු. Esquimaux), n.

esquire ඇස්ක්වයර්, n. 'නයිට්' (knight) නො කෙකුගේ කුලවත් තරුණ අනවැසියා, බොකේ!

ගම්භීර් ඇත්තා. තමන්වලට පසුව යොදන ('රාළ හාමි' යන්නම් සමාස) ගරු පදයක් [v. n. -ist

essay ඇස්සේ, n. උත්සාහය, කුඩාතරමේ වාක්‍යය.

essence ඇස්'සන්ස්, n. සාරය, මුල්ධාතු

essential ඇස්සැන්'ෂල්. a ඕනෑකරන්නාවූ. n.-ity

establish ඇස්ටැබ්ලිෂ්, v. පිහිටුවනවා. n. -ment: පිහිටුවීම. ව්‍යාපාරය හෝ සම්පූර්ණ කරන ස්ථානය

estate ඇස්ටේට්. n. වත්ත, බූදලය

esteem ඇස්ටීම්, v. උතුම්කොට සලකනවා. n.

estimable ඇස්ටිමබ්ල්. a. උතුම්කොට සැලකිය යුතු

estimate ඇස්ටිමේට්, v. විනිශ්චයකම් හෝ වියදම ප්‍රමාණකරනවා. n. n. -ion, උතුම්කොටසැලකීම

estrange ඇස්ට්‍රේන්ජ්. v. දුරුකරනවා. වෙන්කරනවා. n. -ment

estray ඇස්ට්‍රේ. n. මිලාවී ඇවිදින පිල්ලෑ සතා [බුව

estuary ඇස්ටියුඅරිය්, n. ගංමෝය, පටු මුහුදු තු

etch ඇච්, v. ගිනිවතුරෙන් ලෝහ තහඩුවල කැටයම් කරනවා. n. -ing (එසේ) කැටයම්කිරීම, කැටයම් සිතියම

eternal ඉ'ටර්'නල්, a. සදාකාලික, නිත්‍ය. n -ity

ether ඊ'තර්, n. අවකාශය පුරා පිහිටි සිහින් වායුව, ඉහළ වාතය. a. -eal [-s, ආචාර නීතිය'

ethic ඇතික්, a. ආචාර නීතිය පිළිබඳ. a. -al. n.

ethnic ඇත්නික්, a. අන්‍යදේශීය, හින්ඳ දේශීය| a. -al

ethnography ඇත්නොග්‍රැෆි, } n. මනුෂ්‍යජාති
ethnology ඇත්නොලොජි, } පිළිබඳවිද්‍යාව.
a. -ic [හෝ විධිය

etiquette ඇටිකෙට්, n. යහපත් ආචාර රීතිය

etymology ඇටිමොලොජි, n. පද සිද්ධිය. a. -ic, -ical. n. -ist [ත්‍රි යෝජකයා, ශබ්දප්‍රභවදයා. a. -ic

Eucharist යූකරිස්ට්, n. ක්‍රිස්තුස්වහන්සේගේ රා

eulogy යූලොජි, n. ප්‍රශංසාව, ගුණ වර්ණනාව. n. -ist (a -ic). v. -ise

eulogium යූලෝජියම්, n. =eulogy

eunuch යූනක්, n. නපුංසකයා

euphemism යූෆිමිස්ම්, n. අමිහිරි වචනයක් වෙනුවට කියන මිහිරි වචනය. a. -tic

euphony යූෆොනි, n. යහපත් ශබ්දය, සුබෝච්චාරණය. a. -ic, -ious

European යුරෝපිඅන්, a. යුරෝපා මහාද්වීප පිළිබඳ. n. යුරෝපදේශවාසියා

evacuate ඉවැකියුඑට්, v. නිස්සාරණවා. n -ion

evade ඉවේඩ්, v. මගඇර යනවා, වළකනවා

evanescent ඉවැනෙස් එන්ට්, a. වහා පහවයන, ක්ෂණික. n.-ce, වහා පහවයාම, වහාපහවයන සුලු

evangelic ඉවැන්ජැලික්, a ක්‍රිස්තියානි ධර්මයට එකඟවූ. a. -cal. v.-se, ක්‍රිස්තියානි ආගම ප්‍රකාශ කරණවා, ක්‍රිස්තියානි ආගමට හරවනවා. n. -sation. n. -st, ක්‍රිස්තියානි ශුභාරංචි පොතක කතෘ, ක්‍රිස්තියානි ශුභාරංචිය ප්‍රකාශකරන්නා

evaporate ඉවැප්ඕරේට්, *v.* (දුම් ආකාරයෙන්) පහව යනවා. *n.* -ion [-ve (*n.* -ness)

evasion ඉවේෂන්, *n* මඟඇර යාම, වැලකීම. *a.*

eve ඊව්, *n.* වැදගත් යමක් සිදුවීමට පෙර සැන්දෑව හෝ කාලය

even ඊවන්, *n.* =eve. *a.* සම, ඉරට්ට. *a.* -handed, සාධාරණ, අගතිරහිත. *ad.* සහ *conj.* එසේම, පවා. *v.* සමකරණවා. *n.* -ness

evening ඊව්නිං, *n.* සවස, සැන්දෑව

event ඉවැන්ට්, *n.* සිඩිය. *a.* -ful, වැදගත් සිදුවීම්වලින් පූර්ණ. *a.* -ual, සිදුවෙන, අන්තිම (*n.* -ity)

eventide ඊවන්ටයිඩ්, *n.* සවස්වේලාව

ever එව්වර්, *ad.* කවදාහුමුත්, සිතර

everlasting එව්අර්ලාස්ටිං, *a.* සදාකාලික

evermore එව්අර්මෝර්, *ad* සැමකල්හි

eversion ඉවර්ෂන් *n.* පෙරළීම, විනාශය|දෙනා.

every එව්අරි, *a.* එක එක, සැම. *n.* -body, සැම

everywhere එව්අරිහ්වෙර්, *ad.* සැම්තැන

evict ඉවික්ට්, *v.* බැහැරකරණවා. *n.* -ion

evident ඇවිඩන්ට්, *a.* පැහැදිලි. *n.* -ce, සාක්ෂි, ඔප්පු (*v*). *a.* -tial

evil ඊවිල්, *a.* නපුරු. *n.* නපුර, පාපය

evince ඉවින්ස්, *v.* ඔප්පුකරණවා, දක්වනවා

evoke ඉවෝක්, *v.* කැඳවනවා, උපදවනවා. *n.* -ation [සැදෙනවා. *n.* -ution (*a.* -al. *n.* -ist)

evolve ඉවොල්ව්, *v.* දිගඇරීවැඩෙනවා, ක්‍රමයෙන්

ewe යූ, *n.* බැටළු දෙන

ewer යූ·අර්, *n.* (වතුර ගන්න) පුහුරුව, භාජනය

exact ඇග්ස්·ඇක්ට්, *a.* හරියට තිබෙන, සත්‍ය. *v.* බලෙන් ගන්නවා. *n.* -ion. *n.* -ness. -itude

exaggerate ඇග්ස්·ඇජ්·අරේට්, *v.* වැඩිපුර කියනවා, අධික ලෙස සායම්ගානවා. *n.* -ion

exalt ඇග්ස්·ඕල්ට්, *v.* උසස්කරනවා. *n.* -ation

examine ඇග්ස්·ඇමින්. *v.* විභාග කරනවා. *n.* -ation

example ඇග්ස්·ඇම්පල්, *n.* උදාහරණය, ආදර්ශය

exasperate ඇග්ස්·ඇස් පරේට්, *v.* අධික ලෙස කෝපගන්නවා, ප්‍රකෝප කරනවා. *n.* -ion

excavate ඇක්ස්·කවේට්, *v.* හාරනවා. *n.* -ion

exceed ඇක්සීඩ්, *v.* (ප්‍රමාණය) ඉක්මවනවා, අධිකතර වෙනවා. *a.* -ing, අධික, මහත් [නවා

excel ඇක්සැල්, *v.* අධිකතරව සිටිනවාහෝ තිබෙ

excellent ඇක්සැල්ලන්ට්, *a.* ඉතා හොඳ. *n.* -ce

excellency ඇක්සැල්ලන්සිස්, *n.* ඉතා හොඳකම, උත්තමකම, උත්තමයන්ට යොදන ගරුපදයක්, උත්තමානස්වහන්සේ

except ඇක්සැප්ට්, *v.* හැරදමනවා. *prep.* හැර. මිස. *n.* -ion. ඇරීම, අරිනලද්ද, එකඟ නොවීම (*a.* -al. *a.* -able) [*a.* -ive

excess ඇක්සැස්, *n.* වැඩිප්‍රමාණය, අධිකකම.

exchange ඇක්ස්චේන්ජ්, *v.* හුවමාරු කරනවා. *n.* හුවමාරුව, මුදල් ගණුදෙනුකරන ස්ථානය. *a.* -able

exchequer ඇක්ස්චෙක්'අර්. *n.* රජ භාණ්ඩාගාරය, උතුම් නඩුශාලාවක්

excise ඇක්සෛස්'. *n.* රටක උපදින ද්‍රව්‍යවලට බද්ද *a.* -able. *n.* -man. ඒබද්ද අයකරන්නා

excision ඇක්සිශ්'අන්. *n.* කපාදැමීම

excite ඇක්සෛට්. *v.* අවුස්සනවා, දැඩිගන්වනවා. *a.* -able (*n.* -ility). *n.* -ement

exclaim ඇක්ස්ක්ලේම්. *v.* ස්වරශබ්දයෙන් කියනවා. *n.* -mation, ස්වර ශබ්දයෙන් කීම, ගද්දිකීම දක්වන '!' මේ ලකුණ. *a.* -matory

exclude ඇක්ස්ක්ලූඩ්, *v.* පිටකරනවා. *n.* -sion *a.* -sive (*n.* -ness)

excommunicate ඇක්ස්කොම්මියුනිකේට්. *v.* වෙන් කරනවා. *n.* -ion [වා. *n.* -ion

excoriate ඇක්ස්කෝරිඒට්. *v.* ඉලීමෙන් හම යනවා

excrement ඇක්ස්ක්‍රිමැන්ට්. *n.* අශුචි, මල. *a.* -al

excrescence ඇක්ස්ක්‍රෙස්'අන්ස් *n.* වැඩිපුර ලියන දෙය. ඉන්නා. *a.* -t [සහිත

excruciating ඇක්ස්කෘශිඒටිං. *a.* ඉතා වේදනා

exculpate ඇක්ස්කල්පේට්, *v.* නිර්දෝෂ බව පෙන්වනවා. *n.* -ion. *a.* -ory [*n.* -ist

excursion ඇක්ස්'කර්'ශන්, *n.* සෙල්ලම් ගමන.

excuse ඇක්ස්කියූස්, *n.* නිදොස්වීමට කියන කාරණය, සමාව. *v.* සමාකරනවා. *a.* -able

execrate ඇක්ස්ඉක්‍රේට්, *v.* පිළිකුල්කරනවා, ශාපකරනවා. *a.* -ble. *n.* -tion execute ඇක්ස්එකියුට්, *v.* ඉෂ්ටකරණවා, මරණයට පත්කරණවා. *n.* -ion. *n.* -ioner. *n.* -ive. (ආණ්ඩුවේ) කළමනාකාර අය, කාරක සභාව. *a.* *n.* -ant, ඉෂ්ටකරන්නා. *n.* -or ඇග්සැක්යු·ටර්, මුදලේ බලකාරයා. *n.* -rix ඇග්සැක්යුට්‍රික්ස්, මුදලේ බලකාරී [-tical

exegesis ඇක්ස්එජීසිස්, *n.* අර්ථ විවරණය. *a.* -tic,

exemplar ඇක්ස්·ඇම්ප්·ලර්, *n.* ආදර්ශය. *a.* -ary. *v.* -ify, උදාහරණ පෙන්වාදෙනවා (*n* -ication)

exempt ඇක්ස්·ඇම්ට්, *v.* නිදහස්කරණවා. *a.* නිදහස්. *n.* -ion, නිදහස්කිරීම, නිදහස

exercise ඇක්ස්·අර්සෛස්·, *n.* ශරීර ව්‍යායාම, අභ්‍යාසය. *v.* ක්‍රියාකරවණවා, පාවිච්චිකරණවා, පුරුදුකරණවා, වෙහෙසනවා

exert ඇක්ස්··අර්ට්, *v.* උත්සාහකරණවා. *n.* -ion

exhale ඇක්ස්හේල්, *v.* (හුස්ම ආදිය) පිටකරණවා. *n.* -ation

exhaust ඇක්ස්හෝස්ට්, *v.* කාම්මුතුවටම වියදම්කරණවා, වෙහෙසකරණවා. *n.* -ion. *a.* -ive. *a.*-ible

exhibit ඇක්ස්හිබිට්, *v.* දක්වනවා. *n.* -ion, දක්වීම, ප්‍රදර්ශනය

exhilerate ඇක්ස්හිල්·අරේට්, *v.* පිණවනවා, ප්‍රාණවත්කරණවා. *n.* -ion [-ation

exhort ඇක්ස්හෝර්ට්, *v.* අවවාදකරණවා. *n.*

exhume ඇක්ස්හියුම්, *v.* භාජ ගොඩගන්නවා. *n.* -ation

exigent ඇක්සිජෙන්ට්, *a.* අවශ්‍යයෙන් යවනුතු, ඉසමණින් ඔනෑවූ. *n.* -ce, -cy, පාඩ හෝ ඉක් මන් වුවමනාව [පිටදුමූ අය. *v. n.* -ment

exile ඇක්සයිල්, *n.* රටෙන් පිට දැමීම, රටෙන්

exist ඇග්සිස්ට්, *v.* පවතිනවා, ජීවත්වෙනවා. *a* -ent. *n.* -ence [පිටත්වීම

exit ඇක්සිට්, *n* පිටතට යාම, පිටතට යන මග,

exonerate ඇග්සොනරේට්, *v.* නිදෝස්කරණවා. *n.* -ion *a.* -ive [-ce, -cy

exorbitant ඇග්සෝබිටන්ට්, *a.* ඉතා වැඩිවූ. *n.*

exorcise ඇක්සෝර්සයිස්, *v.* අමනුෂ්‍යයන් දුරුකරණවා. *n.* -t. *n.* -m

exoteric ඇක්සොටෙරික්, *a.* ප්‍රසිද්ධ, ප්‍රකට

exotic ඇග්සොටික්, *a.* පර රටකින් ගෙණ. *n.* පිටරටකින් ගෙනෙනලද පැළය වවසාය ආදිය

expand ඇක්ස්පෑන්ඩ්, *v.* විදහණවා, විහිදකරණවා. *n.* -se. විස්තාරය, විශාලකම. *n.* -ion, විශාලකිරීම. *a.* -sive *a.* -ible [කොම කියනව

expatiate ඇක්ස්පේෂියේට්, *v.* බොහෝසේ විස්තරා

expatriate ඇක්ස්පේට්‍රියේට්, *v.* ස්වකීය රටෙන් නෙරපණවා. *n* ion

expect ඇක්ස්පෙක්ට්, *v.* බලාපොරොත්තු වෙනවා. *a.* සහ *n.* -ant, බලාපොරොත්තුව සිටින, බලාපොරොත්තුව සිටින්නා. *n.* -ation. *n.* -ance, -ancy, බලාපොරොත්තුව සිටීම

expectorate ඇක්ස්පෙක්ටොරේට්, *v.* කාරදමින

වා, ප්‍රාර්ථනා කරනවා. *n.* -tion. *n.* -ant, පෙම් අරි . ණ බෙත [*n.* -ce, -cy, සුදුසුකම

expedient ඇක්ස්පීඩිඅන්ට්, *a.* සුදුසු. *n.* උපාය.

expedite ඇක්ස්පිඩයිට්, *v.* ඉක්මන්කරනවා *n.* -ion, ඉක්මන්කම, සමූහයක් යම් කාරණයක් ස ඳහා යන ගමන (*a* -ary). *a.* -ious, ඉක්මන්

expel ඇක්ස්පෙල්, *v.* පිටකරනවා

expend ඇක්ස්පෙන්ඩ්, *v.* වි යදම්කරනවා, නාස් තිකරනවා. *n.* -iture, වියදම් කිරීම, වියදම

expense ඇක්ස්පෙන්ස්, *n.* වියදම. *a.* -ive, බො හෝ වියදම් අල්ලන, වටිනා (*n.* -ness)

experience ඇක්ස්පීරිඅන්ස්, *n.* අත්දැකීම. *v.*

experiment ඇක්ස්පැරිමන්ට්, *n.* අත්හදාබැලීම. *v.* *a.* -al. *n.* -alist, -ist [-ness

expert ඇක්ස්පර්ට්, *a.* පළපුරුදුවූ, දක්ෂ. *n.* *n.*

expiate ඇක්ස්පිඒට්, *v.* වරද ආදියක් ගෙවනවා හෝ මකනවා. *n.* -tion. *a.* -ble. *a.* -tory

expire ඇක්ස්පයර්, *v.* නසිනවා,(කාලය) ඉක්මෙ නවා. *n* -ation, -y. *a.* -atory

expiscate ඇක්ස්පිස්කේට්, *v.* සොයනවා, උපා යෙන් දැනගන්නවා

explain ඇක්ස්ප්ලේන්, *v.* පහදනවා, තෝරාපද නවා. a -inable. *n.* -nation. *a.* -natory

expletive ඇක්ස්ප්ලීටිව්, *n.* පදපූරණය. *a.* -ory

explicate ඇක්ස්ප්ලිකේට්, *n.* අර්ථය පහදනවා, තෝ රාව කරනවා. *n.* -tion. *a.* -ble explicit ඇක්ස්පලිසිට්, *a.* පැහැදිලි. *n.* -ness

exploit ඇක්ස්පලොයිට්, *n.* දක්ෂක්‍රියාව, වික්‍රමය

explode ඇක්ස්පෙලෝඩ්, *v.* මහහඬින් පුපුරණවා. *n.* -sion. *a.* සහ *n.* -sive, මහහඬින් පුපුරණ, මහ හඬින් පුපුරණ ද්‍රව්‍ය

explore ඇක්ස්පෙලෝර්, *v.* පරීක්ෂාකරණවා. *n.* -ation

explosion ඇක්ස්පලෝෂන්, *n.* (explode බ.)

exponent ඇක්ස්පෝනන්ට්, *n.* තේරුම්කරණ අය කෙනෙක් වදන, ගණනකට ඉහළින් වාරගණන දැක්වීමට යොදන ඉලක්කම හෝ අකුර

export ඇක්ස්පෝර්ට්, *v.* බඩු පිටරට යවනවා. *n.* පිටරට යවන වෙළඳ බඩු. *a.* -able. *n.* -ation

expose ඇක්ස්පෝස්, *v.* එළියේ තබනවා, පානවා. *n.* -ure, එළියේ තැබීම, පෑම [*n.* -ory. *n.* -or

exposition ඇක්ස්පොසිෂන්, *n.* තේරුම්කිරීම.

expostulate ඇක්ස්පෝස්ටියුලේට්, *v.* (වරදක් ගැණ) උදක්ම අවවාදකරණවා. *n.* -ion. *a.* -ory

exposure ඇක්ස්පෝෂර්, *n.* (expose බ.) [තදයනවා

expound ඇක්ස්පෞන්ඩ්, *v.* තේරුම්කරණවා, ප

express ඇක්ස්ප්‍රෙස්, *v.* මිරිකා අරිණවා, කියනවා. *a.* පැහැදිලිවූ. *n.* විශේෂ පණිවිඩකාරයා හෝ රථය. *n.* -ion, කියනආකාරය, කියමන. *a.* -ible. *a.* -ive (*n.* -ness) [*a.* -ve

expulsion ඇක්ස්පල්ෂන්, *n.* නෙරපීම, පිටකිරීම.

expunge ඇක්ස්පන්ජ්, *v.* මකාදමනවා, නැතිකරණවා

expurgate ඇක්ස්පර්ගේට්, *v.* ශුඩකරණවා, දෙස් පහකරණවා. *n.* -ion. *a.* -ory

exquisite ඇක්ස්ක්විසිට්, *a* ඉතා උතුම්, විශිෂ්ට *n.* ඉතා ලක්ෂණට පලඳිත්තා. *n.* -ness

extant ඇක්ස්ටන්ට්, *a.* තවම ඇත්තාවූ හෝ පවතිත්තාවූ

extemporaneous ඇක්ස්ටැම්පොරේණියස්, } *a.*
extemporary ඇක්ස්ටැම්පොරරි, }

කලින් සූදානම් නැතුව කියන හෝ කරණ. *ad.* -e, කලින් සූදානම් නැතුව. *v.* -ise, කලින්සූදානම් නැතුව කථාකරණවා

extend ඇක්ස්ටැණ්ඩ්, *v.* දික්කරණවා, විශාලකරණවා. *n.* -sion. *a.* -sive (*n.* -ness). *a.*-sible. *n.* -t, විශාලකම [හැල්හුකරණවා. *n.* -ion

extenuate ඇක්ස්ටැන්යුඒට්, *v.* අඩුකරණවා, සැ

exterior ඇක්ස්ටීරි අර්, *a.* පිට. *n.* පිටපැත්ත

exterminate ඇක්ස්ටර්මිණේට්, *v.* සම්පූර්ණයෙන් වනසනවා. *n.* -ion. *a.* -ive [පිටත කොට්ඨාස

external ඇක්ස්ටර්ණල්, *a.* පිට, බාහිර. *n* -s,

extinct ඇක්ස්ටින්ක්ට්, *a.* නිවුන, නැතිවිගිය. *n.*-ion

extinguish ඇක්ස්ටිංග්විෂ්, *v.* නිවනවා, නැතිකරණවා *a.* -able. *n.* -ment

extirpate ඇක්ස්ටර්පේට්, *v.* උදුරා දමනවා, සම්පූර්ණයෙන් විනාශකරදමනවා. *n.* ion [රණවා

extol ඇක්ස්ටොල්, *v.* ප්‍රශංසාකරණවා, වර්ණනාක

extort ඇක්ස්ටෝර්ට්, *v.* බලෙන් ගන්නවා. *n.* -ion. *a.* -ionate

extra ඇක්ස්ට්‍රා, *a.* වැඩිපුර. *n.* වැඩිපුර දෙය

extract ඇක්ස්ට්‍රැක්ට්, *v.* ඇදගන්නවා, උපුටා ගන්නවා. *n.* උපුටාගන්නාලද්ද. *a.* -ible. *n.*-ion, ඇදගැනීම, පෙළපත *a.* -ive

extradite ඇක්ස් ට්‍රඩෙයිට්, *v.* රටකින් වරදකාර පලා ආ කෙනෙකු ආණ්ඩුව ඊසින් ඒ රට ආණ්ඩුවට අල්ලාදෙනවා. *n.* -ion

etraneous ඇක්ස්ටේර්නිඅස්, *a.* පිටවූ, බාහිර

extraordinary ඇක්සට්‍රෝඩිනරි, *a.* සාමාන්‍ය නොවන, අපූර්ව, විශේෂ. *ad.* -ily

extravagant ඇක්ස්ට්‍රැවිඅගන්ට්, *a.* අතියාතර, ප්‍රමාණය ඉක්මවන. *n.* -ce, -cy

extreme ඇක්ස්ට්‍රීම්, *a.* ඉතා අධිකවූ, අන්තිම්. *n.* කෙළවර. *n.* -ity, කෙළවර. *n.* -ist

extricate ඇක්ස්ට්‍රිකේට්, *v.* මුදනවා, බේරනවා. *n.* -tion. *a.* -able

extrinsic ඇක්ස්ට්‍රින්සික්. *a.* පිටවූ, බාහිර. *a.* -al

exuberant ඇක්ස්යුබරන්ට්, *a.* බහුලවූ, පරිපූර්ණ. *n.* -ce, -cy [-ation

exude ඇක්ස්යූඩ්, *v.* ඔජස ආදිය පිටකරනවා. *n.*

exult ඇග්ස්අල්ට්, *v.* අතිශයෙන් ප්‍රීතිවෙනවා. *a.* -ant. *n.* -ation

eye අයි, *n.* ඇස. *v.* ඇස් හෙළනවා නෝ බොමනවා. *n.* -ball, ඇස්ගුලිය. *n.* -brow, ඇස් බැම.

n. -lash, ඇස්පිහාට්ට. *n.* -lid, ඇස්පිය. *n.*-sight, ඇස් පෙනුම. *n.* -sore, ඇසටහෝ දුක්මට අප්‍රිය දෙය. *n.* -witness, දුටු සාක්ෂිකාරයා

eyrie } එයිරි, *n.* (රාජාලි ආදි) පක්ෂීන්ගේ කූඩුව
eyry }

F.

f ඇෆ්, ඉංග්‍රීසියේ හයවෙනි අක්ෂරය; =40

fable ෆේබල්, *n.* කථාව, උපමා කථාව. *a.*-d, මිථ්‍යා උපමාකථා වශයෙන් කියනලද

fabric ෆැබ්රික්, *n.* ගොඩනැගිල්ල, පිළිය. *v.* -ate, යොදනවා, බොරුවට සාදනවා (*n.* -ion)

fabulous ෆැබ්යුලස්, *a.* මිථ්‍යා. *n.* -ness

facade ෆැසාඩ් (ෆසාඩෙයි) ෆැසේඩ්, *n.* ගොඩනැගිල්ලක ඉස්සරහ පැත්ත

face ෆේස්, *n.* මූණ, ඉස්සරහ පැත්ත. *v.* මූණ පානවා, තට්ටුවක්ත් වශනවා. *a.* -ial

facet ෆැස්ඇට්, *n.* කුඩා මූණ, පැත්ත

facetious ෆැසීශස්, *a.* කවට. *n.* -ness

facial ෆේෂිඅල්, *a.* මූණ සම්බන්ධ (face බ.)

facile ෆැස්ඉල්, *a.* පහසු, පහසුවෙන් කැමතිවෙන යැමෙන, ඉක්මන්. *n.* -ity, පහසුකම. *v.* -itate, පහසුකරණවා. [හෝ දෙය

facsimile ෆැක්සිමිඉලි, *n.* යවිපු ගී සමාන පිටපත

fact ෆැක්ට්, *n.* සිදුවූ දේ, ඇත්ත, තත්වය

faction ෆැක්ෂන්, *n.* පක්ෂය, භේදය. *a.* -ous, කලහකාර, පක්ෂ පිළිබඳ (*n.* -ness). *a.* -tious

ෆැක්ෂීෂන්, පැදුරු, අසමතාවවූ. *n.* -onary, පක්ෂය කට අයිති අය

factor ෆැක්ටර්, *n.* වෙළඳ කළමනාකාරයා, වැඩි කරණ හෝ වැඩිකරණුලබන ගණන. *n.* -y, බඩු සාදන ස්ථානය

faculty ෆැකල්ටි්, *n.* ශක්තිය, සමාගම, ගණය

fad ෆැඩ්, *n.* සිත බැඳුනු කල්පනාවක් හෝ කාරණයක්

fade ෆේඩ්, *v.* මැලවෙනවා, පරවෙනවා

fæces ෆිසීස්, *n.* බොර, මල, අශුචි

fag ෆැග්, *v.* දුසමයෙක්කරණවා, නිරන්තරයෙන් වෙහෙසෙනවා, ශක්තිය නැතිවෙනවා. *n.* තදින් වැඩකරන්නා

fagot } ෆැගට්, *n.* දරමිටිය, කෑලි මිටිය
faggot }

fail ෆේල්, *v.* වරද්දනවා, අඩුවෙනවා. *n.* -ing, දෝෂය, දුබලභාවය. *n.* -ure, නොහැර ඇරීම, වැරද්දීම

fain ෆේන්, *a.* කීපමට කැමති. *ad.* කැමැත්තෙන්

faint ෆේන්ට්, *a.* දුබල, මද, නොපැහැදිලි. *v.* ක්ලාන්තවෙනවා, අමෙඩනිවෙනවා. *n.* -ness

fair ෆෙයර්, *a.* කැලැල් නැති, ලක්ෂණ, යුතු. *n.* -ness. *a.* -ish. *n.* නියම කාලවල පවත්වන සල්පිල. *n.* -ing, සල්පිලකදී දුන් තෑග්ග

fairy ෆෙයරි, *n* කුඩා බොරු දේවතාවා [-ness]

faith ෆේත්, *n.* ඇදහිල්ල, විශ්වාසය. *a*, -ful (*n*.

fakir
fakeer } ෆකීර්, *n.* සන්නාසියා

falcon ෆෝක්න් (කොහොන්) ෆෙල්කන, *n.* කුරුළුගොයා. *n.* -er. *n.* -ry [*n.*

fall ෆෝල්, *v.* වැටෙනවා, බසිනවා, සිද්ධවෙනවා.

fallacious ෆැල්ලේෂස්, *a.* වැරදිවූ, රැවටිලි. *n.* -y, වැරදිකල්පනාව, වැරදි තීරණය

fallible ෆැල්ලිබල්, *a.* වරදින්ට පුළුවන්. *n.* -ility,

fallow ෆැල්ලෝ, *a.* (කොවපුර) පුරන්වූ, පඩුවන්. *n.* පඩුවන් මුවා [රුව

false ෆෝල්ස්, *a.* අසත්‍ය. *n.* -ness. *n.* -hood, බො

falsify ෆෝල්සිෆයි, *v.* බොරුකරණවා. *n.* -fication. *n.* -ty, බොරුබව

falter ෆෝල්ටර්, *v.* ඇනහිටිනවා, ගොතගහණවා

fame ෆේම්, *n.* කීර්තිය. *a.* -ed, කීර්තිමත්. *a.* -ous, කීර්තිමත්, ප්‍රසිද්ධ

familiar ෆමිල්යර්, *a.* දන්න පුරුදුවූ, කුළුපග. *n.* -ity. *v.* -ise, පුරුදුකරණවා

family ෆැමිලිය්, *n.* පවුල, වංශය

famine ෆැමින්, *n.* සාගතය. *v.* -sh, සාමන් වෙනවා, සාමයෙන්මෙන් මැරෙණවා

famous ෆේමස්, *a.* (fame බ.)

fan ෆෑන්, *n.* පවන්පත, අවාන. *v.* පවන්ගහනවා, උපුල්ලනවා. *n.* -ners, පවන්ගසන්නෝ, පවන් ගසන යන්ත්‍රය. *n.* -palm, තල් ගහ

fanatic ෆැනැටික්, *a.* අති භක්තිමත්, ශුද්ධා උමතු-

n. ශ්‍රද්ධා ළමතුව ඇත්තා. *a.* -al. *n.* -ism, ශ්‍රද්ධා ළමතුව

fancy ෆෑන්සිය්, *n.* නිකම් කල්පනාව. *a.* විසිතුරු, කදිම. *v.* නිකම් කල්පනාකරණවා, නිකම් මනාපවෙනවා. *a.* -iful, මානසික, අනියම්

fane ෆේන්, *n.* දේවාලය

fang ෆෑං, *n.* දළය, දත. *a.* -ed, දළ හෝ දත් ඇති

fantastic ෆෑන්ටෑස්ටික්, *a.* නිකම් කල්පනාවට එකඟ, විසුලු ආකාර. *a.* -al [ලාව

fantasy ෆෑන්ටෑසිය්, *n.* නිකම් කල්පනාව, සිහි මු

far ෆාර්, *a.* දුර, ඈත. *ad.* දුරම, ඈතට. *n.* -ness

farce ෆාර්ස්, *n.* කවට නාඩගම, විහිළුව. *a.* -ical

fare ෆෙඅර්, *v.* යම් ආකාරයක්න් පවතිනවා හෝ සිටිනවා, කවනවා. *n.* පිළියෙළකළකෑම, ගමන් මිල [නාව. *a.*

farewell ෆෙඅර්වෙල්, *n.* වෙන්ව යාමේ ශුභ ප්‍රාර්

far-fetched ෆාර්ෆෙච්ඩ්, *a.* දුරින් ගෙණා, ඈත, නියම විධියට නැති

farina ෆරිනා, *n.* මල් රේණු. *a.* -ceous, පිටිවූ

farm ෆාර්ම්, *n.* කුඹුර. *v.* ගොවිතැන් කරණවා, බද්දට දෙනවා හෝ ගන්නවා. *n.* -ing, ගොවිකර්මාන්තය. *n.* -er, ගොවියා

farrier ෆැරිඅර්, *n.* ලාඩම් ගහන්නා, අශ්වවෙද

farrow ෆැරෝ, *n.* ඌරුපැටව් සමූහය. *v.* ඌරුපැටව් වදනවා [වද

farther ෆාර්දර්, *a.* වඩාදුර. *ad.* වඩාදුරට. *conj.* න

farthing ෆාර්දිං, *n.* ඉංග්‍රීසි පෑන්සයකින් හතරෙන් කොටසක් වටිනා තඹ මිලදී[පිණවනවා. *n.*-ion

fascinate ෆෑස්සිනේට්, *v.* සිත පොලඹවනවා, සිත

fashion ෆෑෂන්, *n.* ආකාරය, රීතිය, විධිය. *v.* හැඩ හුරු කරනවා. *a.* -able

fast ෆාස්ට්, *a.* ස්ථිර, සාඩ්බර, ශීඝ්‍ර. *ad.* ඉක්මනට. *v.* නිරාහාරව ඉන්නවා. *n.* නිරාහාව ඉදීම. *n.* -ness, බලකොටුව. *v.* -en, සවිකරනවා

fastidious ෆැස්ටිඩියස්, *a.* සතුටුකිරීමට අමාරු, සැලකීම වැඩිවූ. *n.* -ness

fat ෆැට්, *a.* තර, සාරවත්. *n.* මස්තෙල. *n.* -ness. *a.* -ty, තෙල් ඇති (*n.* -iness). *n.* -ling, මැරීමට තරකළ සිව්පාවා. *v.* -ten, තරකරනවා

fate ෆේට්, *n.* ඉරණම, නියමය. *n.* -es, උත්පත්තිය ජීවිතය මරණය යන තුන පිළිබඳ දෙවඟු වරු තිදෙනා. *a.* -al, මරණය පමුණුවන. *n.* -ality, මරණභාණිය, විපත. *n.* -alism, ඉරණම විශ්වාසකිරීමේ දෘෂ්ටිය. *n.* - alist

father ෆාදර්, *n.* පියා. *n.* -land, ජන්ම රට. *n.* -in-law, තම යත්‍රියගේ හෝ පුරුෂයාගේ පියා, මාමා. *a.* -ly, පියෙක් වැනි (*n.* -iness)

fathom ෆැදම්, *n.* බඹය. *v.* ගැඹුර මනින ලදී, ප්‍රමාණකරනවා. *a.* -able. *a.* -less, පතුලක් හෝ ප්‍රමාණයක් නැති

fatigue ෆැටීග්, *n.* වෙහෙස. *v.* වෙහෙසකරනවා

fatling ෆැට්ලිං, *n.* } (fat බ.)
fatten ෆැට්න්, *v.* } [-ity

fatuous ෆැචුඅස්, *a.* සිහියෙන් දුබල, මෝඩ. *n.*

fault ෆෝල්ට්, *n.* වරද, දෝෂය. *a.* -less. *a.* -*y*, දෝෂ සහිත (*n.* -iness)

faun ෆෝන්, *n.* වනදෙවියා *n.* -a, සත්ව ජාති

favour ෆේවර්, *n.* කරුණාව, පිහිට. *v.* පිහිට වෙනවා. *a.* -able, උපකාරක, වාසි ඇති. *a.* සහ *n.* -ite, ප්‍රිය, ප්‍රිය දේ හෝ අය. *n.* -itism, පක්ෂපාතකම, පාර්ශ්ව ගතියෙන් ක්‍රියාකිරීම

fawn ෆෝන්, *n.* මුවපැටියා. *a.* මදක් දුඹුරුවූ. *v.* ඉච්චාකරනවා

fay ෆේ, *n.* කුඩා බොරු දේවතාවා

fealty ෆී·ල්ටි, *n.* විශ්වාසකම, භක්තිය

fear ෆිඅර්, *n.* භය, ගෞරවය. *v.* භයවෙනවා. *a.* -ful (*n.* -ness). *a.* -less (*n.* -ness)

feasible ෆීසි·බිල්, *a.* කළහැකි. *n.* -ility

feast ෆීස්ට්, *n* මංගල්‍යය, මගුල්සෑම. *v.*

feat ෆීට්, *n.* දක්ෂක්‍රියාව, වික්‍රම ක්‍රියාව

feather ෆැද්·අර්, *n.* පිහාටිට. *v.* *a.* -y, පිහාටු ඇති, පිහාටුවැනි

feature ෆීචුර්, *n.* පෙණුම, ආකාරය

febrile ෆිබ්රිල්, *a.* ජවර සහිත, උණ පිළිබඳ

February ෆැබ්රුඑරි, *n.* පෙබරවාරි මාසය (නවම් මැදින් දෙමසෙහි අතරගීතයි)

feces ෆිසීස්, *n.* =fæces

fecund ෆිකණ්ඩ්, *a.* සරු, බොහෝ දරුසම්පත ඇති. *n.* -ity

fe*d*eral ෆෑඩ්අරල්, *a.* ආණ්ඩු ගිවිසුම් සහිත. *n.* එක්සත් ආණ්ඩුව පක්ෂපාතකාරන්නා. *n.* -lism එක්සත් ආණ්ඩු ධර්ම. *n.* -list. *n.* -tion, ගිවිසුමෙන් සම්බන්ධවීම, එකතුවීම

fee ෆී, *n.* (නියම) මිල, ගාස්තුව. *v.* ගාස්තුව ගෙවනවා, කුලියට ගන්නවා

feeble ෆීබ්ල්, *a.* දුබල. *n.* -ness [මීඩ

feed ෆීඩ්, *v.* කෑම සපයනවා, කවනවා. *n.* කෑම

feel ෆීල්, *v.* ස්පර්ශකරනවා, දැනෙනවා

feet ෆීට්, (බහු) *n.* පා (foot බ.)

fei*gn* ෆේන්, *v.* බොරුවට අඟවනවා. *n.* -nt

feldspar ෆැල්ඩ්ස්පාර්, *n.* ලෝහවර්ගයක්

felicit*ate* ෆිලිසිටේට්, *v.* සතුට ප්‍රකාශකරනවා. *n.* -ation. *a.* -ous, ඉතා වාසනාවන්ත, සුදුසු. *n.* -y, මහා වාසනාව හෝ සැපත

feline ෆීලයින්, *a.* බළල්වර්ගයට අයිති

fell ෆැල්, *a.* කෲර, දරුණු, චණ්ඩ. *n.* හම. *n.* මුඩු බිම. *v.* බිමට හෙළනවා, කපාදමනවා

fellow ෆැල්ලෝ; *n.* සහකාරයා, ජෝඩුවකින් එකක්, අධමයා, සාමාජිකයා. *n.* -ship

felly ෆැල්ලි, *n.* චක්‍රයක වක්අත්තේ කොටසක්

felon ෆැල්අන්, *n.* අපරාධකාරයා. *n.*-y, අපරාධය. *a.* -ious, දුරාචාර, දුෂ්ට, අපරාධකාර

felt ෆැල්ට්, *n.* නොවියා සෑදූ ලොම් රෙදි වර්ගයක්

female ෆීමේල්, *n.* ස්ත්‍රී, ගෑණි. *a.* ගෑණු [පටි
feminine ෆැමිනින්, *a.* ස්ත්‍රී, ස්ත්‍රීස්වභාව ඇති, ල
fen ෆැන්, *n.* ගොහොරු ස්ථානය, වගුර. *a.* -ny
fence ෆැන්ස්, *n.* වැට, ආරක්ෂාව. *v.* කොටුකරණ, වා, ආරක්ෂාකරණවා, කඩුහරඹ කරණවා. *n.*-in කඩු හරඹය. *n.* -er
fender ෆැණ්ඩර්, *n.* ගින්දර ප්‍රමාණනම්කරණ යක ඩය, නැවේ පැති ආරක්ෂාකරණ දෙයක්
fennel ෆැනල්, *n.* දුරු, රට ඇඳුරු
feracious ෆිරේෂස්, *a.* පලදාව ඇති
ferment ෆර්මැණ්ට්, *v.* පිපෙනවා, පැසෙනවා. *n.* පිපීම කරණ ද්‍රව්‍යය, වස්වලය. *a.* -ative. *a.* -able. *n.* -ation [පැලු වගීය. *a.* -y
fern ෆාර්න්, *n.* මීවන පඹ ආදී ගීන් කොළ ඇති
ferocious ෆිරෝෂස්, *a.* රෞද්‍ර, ක්‍රෑර, ප්‍රචණ්ඩ. *n.* -ness, ferocity
ferret ෆැර්රට්, *n.* මුගටි වර්ගයේ සතෙක්
ferry ෆැර්රි, *n.* තොටුපල. *v.* ගඟකන් හෝ වතුර කින් එගොඩමෙගොඩ කරණවා. *n.*-man, තොටියා
fertile ෆර්ටිල්, *a.* සාරවත්. *n.* -ity. *v.* -ise (*n.* -ation)
ferule ෆැරුල්, *n.* ළමයින්ට තළන කෝටුව
fervent ෆර්වැණ්ට්, *a.* ඉතා ලැදි, ඉතා ඕනෑ, ඉතා උනන්දු. *n.* -cy [*n.* -ness
fervid ෆර්විඩ්, *a.* ඉතා ආශා ඇති, ඉතා උනන්දු
fervour ෆර්වර්, *n.* ඉතාලැදිකම, ඉතාඋනන්දුකම

festal" ෆෙස්ටිල්, *a.* මඞගල්‍ය, ප්‍රීති [-e. *n.* -ity

festival *n.* ෆෙස්ටිවල්, *n.* මංගල්‍යය, උත්සවය. *a.*

fester ෆෙස්ටර්, *v.* පැසවනවා, කුණුවෙනවා

festoon ෆෙස්ටූන්, *n.* මල්දම. *v.* මල්දම්වලින් සරසනවා

etch ෆෙච්, *v.* ගොසින් ගෙවෙනවා, බීරු ගණ නකට යනවා, පැමිණෙනවා, සිඞකරණවා [දීය

féte ෆේට්, *n.* උත්සවය, සෙල්ලම්හත් ගතකිරණ

fetid ෆෙටිඩ්, *a.* දුර්ගන්ධ. *n.* -ness

fetlock ෆෙට්ලොක්, *n.* කුර හඞි මයිල් රොද

fetor ෆීටර්. *n.* දුගඳ

fetter ෆෙටර්, *n.* බන්ධනය, විලංගුව, පාශය. *v.*

feud ෆ්‍යූඩ්. *n.* සණ්ඩුව, ඩබරය

feudal ෆ්‍යූඩල්, *a.* සඞ මෙහෙ ජියා ලත් බිම් ප්‍රවේණි ක්‍රමය පිළිබඳ. *n.* -ism [උණ ඇති

fever ෆීවර්, *n.* උණ, ජ්වර. *v.* *a.* -ish, මදක්

few ෆ්‍යූ, *a.* ස්වල්ප, ටික. *n.* -ness

fez ෆෙස්., *n.* තුර්කි රතු තොප්පිය

fiat ෆයිඇට්, *n.* ආඥාව, නියෝගය

fib ෆිබ්, *n.* බොරුව. *v.* බොරු කියනවා

fibre ෆයිබර්, *n.* කෙඳ, ඇල්වැති දේ. *a.* -ous

fickle ෆික්ල්, *a.* අස්ථිර, එකෙනෙත් වෙනස්වෙන. *n.* -ness [ව, බොරුව. *n.* -onist

fiction ෆික්ෂන්, *n.* බොරු ප්‍රබන්ධය, බොරු කථා

fictitious ෆික්ටිෂස්, *a.* අසත්‍ය, බොරු. *n.* -ness

fiddle ෆිඩ්ල්, *n.* වීණාව. *n.* -r, වීණාගායකයා

fidelity ෆෛඩෙලිටි, *n.* විශ්වාසකම, අවඞකකම·

fidget ෆිජ්ඇට්, *v.* මද මද සෙලවෙනවා හෝ ඇඹරෙණවා. *a.* -y

fie ෆෛ, *interj.* ඡී, ජෑ, ඡිස් [ප්‍රවේණිය

fief ෆීෆ්, *n.* රජුට යුධමෙහෙකිරීම නිසා ලත් ඉඩම්

field ෆීල්ඩ්, *n.* කුඹුර, කෙත, භූමිය

fiend ෆීන්ඩ්, *n.* යක්ෂයා, භූතයා. *a.* -ish (*n.* -ness)

fierce ෆි·අර්ස්, *a.* රෞද්‍ර, චණ්ඩ. *n.* -ness

fiery ෆෛ·අරි, *a.* ගිනි, ගිනිවැනි, තිජෙත

fife ෆෛෆ්, *n.* කුඩා නළාව [පසළොස් වෙනි

fifteen ෆිෆ්ටීන්, *a.* පසළොස්. *n.* පසළොස. *a.*-th,

fifth ෆිෆ්ත්, *a.* පස්වෙනි [වෙනි

fifty ෆිෆ්ටියි, *a.* පනස්. *n.* පනහ. *a.* -ieth, පනස්

fig ෆිග්, *n.* අත්තික්කා, අඹුල්, බෝගහ

fight ෆෛට්, *n.* ගහගන්නවා, සටන්කරණවා. *n.*

figment ෆිග්·මණ්ට්. *n.* බොරු කල්පනාව මිථ්‍යා කථාව

figure ෆිගර්, *n.* හැඩය, රූපය, ඉලක්කම. *v.* *a.* -ative. උපමා, උපමා සහිත

filament ෆිල්·අ·මණ්ට්, *n.* නූල, කෙන්ද. *a.* -ary

filch ෆිල්ච්, *v.* සුළු හොරකම් කරණවා

file ෆෛල්, *n.* කඩදාසිදමන කම්බිය, පෙළ, පීර.*v.* කඩදාසි හෝ පොතක පිළිවෙලට අමුනනවා; පීරෙන් ගානවා, මට්ටම්කරණවා

filial ෆිල්ඉ·අල්, *a.* දරු

fill ෆිල්, *v.* පුරවණවා. *n.* පූරණය, තෘප්තිය

fillet ෆිල්ලැට්, *n.* කුඩා පටිය, තලල්පම

filly ෆිල්ලි, *n.* (ගැණු) අසුපැටවි, සෙල්ලම්කාර තරුණි

film ෆිල්ම්, *n.* තුනී හම හෝ සිවිය. *a.* -y

filter ෆිල්ටර්, *n.* පෙරණ යන්ත්‍රය, පෙරනත්කඩ. *v.* පෙරණවා. *n.* -ration

filth ෆිල්ත්, *n.* කුණු, කසල. *a.* -*y* (*n.* -iness)

fin ෆින්, *n.* වරල, වල්පත. *a.* -ny

final ෆෛනල්, *a.* අන්තිම, අවසාන. *n.* -ity

finance ෆිනෑන්ස්, *n.* ආදායම, අයවැය. *a.* -ial. *n.* -ier

find ෆෛන්ඩ්, *v.* සම්බවෙනවා, දැනගන්නවා. *n.* [සොයා සම්බවූ දෙය

fine ෆෛන්, *a.* සිහින්, සියුම්, කදිම. *v.* දඩගසනවා, ශුද්ධකරණවා. *n.* දඩය. *n.* -ry, ශුද්ධකිරීම, අලංකාර ඇඳුම් පැළඳුම්. *n.* -ness, සිහින්කම, ප්‍රසිද්ධකම, යැදීමභාවය

finger ෆිංගර්, *n.* ඇඟිල්ල. *v* ඇඟිලිවලින් අල්ලනවා, හිමින් ස්පර්ශකරණවා, හොරෙන් ගන්නවා

finical ෆිනිකල්, *a.* ජේත්තුකාර, සුළු දේ ගැණ වැඩිය සලකන

finis ෆෛනිස්, *n.* අන්තිමය, කෙළවර

finish ෆිනිෂ්, *v.* අන්තිමකරණවා. *n.* අන්තිම [වැඩේ

finite ෆෛනෛට්, *a.* ප්‍රමාණයක් හෝ කෙළවරක් ඇති

fir ෆර්, *n.* දේවදාර

fire ෆෛයර්, *n.* ගිනි, වෙඩිගිනිම, උනන්දු බව. *v.*

පත්තුකරණවා. *n.* -arm, තුවක්කුව. *n.* -brand, ගිනිපෙනෙල්ල. *n.* -damp, රටිඅඟුරු ආකර-වල පත්තුවෙන වායුව. -escape, දන ගෙයක මුදුනෙන් පිටවී යාමට උපකාරී යන්ත්‍රය. *n.* -fly, කණාමැදිරියා. *n.* -man, යන්ත්‍රයක ගිනි නිවන හෝ එක්නාරණ අය. *a.* -proof, නොදන

firkin ෆරකින්, *n.* ගැලොම් 36 ක් ඇති පීප්පය කිත් හතරෙන් පංගුව [සමාගම.

firm ෆාර්ම්, *a.* ස්ථිර, තද. *n.* -ness. *n.* වෙළඳ

firmament ෆර්මමෙන්ට්, *n.* අහස. *a.* -al

first ෆර්ස්ට්, *a.* පළමු, පළමුවෙනි. *ad.* පළමුවෙන්. *n.* -ling, -born, කුළුදුලා. *a.* -class, පළමුවෙනි (ශ්‍රේෂ්ඨ) තරමේ. *a.* -rate, ශ්‍රේෂ්ඨ

firth ෆර්ත්, *n.* =frith

fiscal ෆිස්කල්, *a.* ආණ්ඩුවේ මුදල් ගබඩාව හෝ ආදායම පිළිබඳ, පිස්කල්. *n.*

fish ෆිෂ්, *n.* මාළුවා. *v.* මාළු අල්ලනවා. *a.* -y, මාළුවෙකුගේ ස්වභාව ඇති, අනුමාන සහිත (*n.* -iness). *n.* -er, -erman, මස් මරන්නා. *n.* -ery, මස් මරණ රස්සාව, මස් මරණ ස්ථානය. *n.* -monger, මාළු විකුණන්නා

fissure ෆිෂ්ෂර්, *n.* පැළුම, විවරය

fist ෆිස්ට්, *n.* මිට

fit ෆිට්, *n.* මූර්ඡාව, ගැස්ම සහිත රෝගයක්. *a.* -ful (*n.* -ness). *n.* ඇඟට ඇඳුම හරියාමි. *a.* සුදුසු, නිසි. *v.* යෝග්‍යවෙනවා

five ෆෛව්, *a.* පස්. *n.* පහ

fix ෆික්ස්, *v.* සවිකරණවා, නියමකරණවා. *n.* -ation. *a.* -ative. *n.* -ity, ස්ථිරකම. *n.* -ture, සවිකල දෙය [-iness

flabby ෆ්ලැබ්බි, *a.* තියි සවි නැති, මොලොක්. *n.*

flaccid ෆ්ලැක්සිඩ්, *a.* මොලොක් හා දුර්වල. *n.* -ity

flag ෆ්ලැග්, *n.* කොඩිය, පැලවගීයක්, ගල්ලෑල්ල. *v.* දුර්වල වෙනවා, මැලවෙනවා, ගල්ලෑලි අල්ල නවා

flagitious ෆ්ලැජිෂ්අස්, *a.* ඉතා දුෂ්ට, ඝෝර

flagon ෆ්ලැග්අන්, *n.* කුඩා කට ඇති භාජනයක්

flagrant ෆ්ලේග්‍රන්ට්, *a.* ප්‍රකාශ, බරපතල. *n.* -cy [ගහණලීය

flail ෆ්ලේල්, *n.* (පාගනවා වෙනුවට) ගොයම්

flake ෆ්ලේක්, *n.* (හිම ආදි) තුනී පැතලි කෑල්ල

flambeau ෆ්ලැම්බෝ, *n.* පන්දම, හුළු

flame ෆ්ලේම්, *n.* ගිනිදැල්ල, ගින්න. *v.* *a.* -less

flamingo ෆ්ලැමිංගෝ, *n.* රත්වන් රාජහංසයා

flange ෆ්ලැංජ්, *n.* (දුම්රථ වක්‍රවල මෙන්) පිටට නෙරාපු ගැට්ට

flank ෆ්ලැංක්, *n.* බඩේ පැත්ත, පැත්ත, පක්ෂය

flannel ෆ්ලැන්අල්, *n.* ලොම්රෙදි වගීයක්

flap ෆ්ලැප්, *n.* පාතට එල්ලෙන පලල් සැහැල්ලු කොටස. *v.* අත්පැදි මෙන් වණනවා හෝ ගස නවා [වා, අතික ලෙස දැලිසෙනවා. *n.*

flare ෆ්ලෙඅර්, *v.* චංචල වෙමින් තදින් ඇවිලෙන

flash ෆ්ලෑෂ්, *n.* මඳවේලාවක් පවතින දිලිසීම
හෝ ආලෝක පැතිරීම. *a.* -*y* (*n.* -iness)

flask ෆ්·ලාස්ක්, *n.* බෝතලවර්ගයක්, පරස්කුව

flat ෆ්ලැට්, *a.* පැතලි, සමතලා. *n.* තැන්තලා ඉඩ
ම, ගෙයි තට්ටුව. *n.* -ness. *v.* -ten, පැතලිකර
නවා. *a.* -ish [වා, ඉච්චාකරණවා. *n.* -y

flatter ෆ්ලැට්·ටර්, *v.* ප්‍රශංසාවෙන් සතුටුකරණ

flatulent ෆ්ලැට්යු·ලෙන්ට්, *a.* වා වඩන, බඩේ වා
තය ඇති, හිස්. *n.* -ce, -cy [පුච්චම. *a.* -y

flaunt ෆ්ලෝන්ට්, *v.* එහෙ මෙහෙ වනනවා. *n.*

flavour ෆ්ලේ·වර්, *n.* රස, සුවඳ. *v.* *a.* -less

flaw ෆ්ලෝ, *n.* පළුදුව, දෝෂය. *a* -less. *a.* -y

flax ෆ්ලැක්ස්·, *n.* හණ. *a.* -en. *a.* -y

flay ෆ්ලේ, *v.* හමගහනවා, හම ගලවනවා

flea ෆ්ලී, *n.* බලුමැස්සා, වැලිමැස්සා

fledge ෆ්ලෑජ්, *v.* පිහාටු හැඳෙනවා

flee ෆ්ලී, *v.* පලායනවා, පැනලා යනවා

fleece ෆ්ලීස්, *n.* බැටළු ආදී එබඳු සතුන්ගේ
ලොම. *v.* ලොම් කපාගන්නවා, පැහැරගන්න
වා. *a.* -y

fleet ෆ්ලීට්, *v.* ඉක්මණින් යනවා. *a.* ශීඝ්‍ර, ඉක්
මන්. *n.* -nees. *n.* නැව් කණ්ඩායම

flesh ෆ්ලෑෂ්, *n.* මස්, ශරීරය, සමාන ස්වභාව. *a.*
-less. *a.* -*y* (*n.* -iness). *a.* -ly [*n.* -leness, -ility

flexib*le* ෆ්ලැක්සිබල්, *a.* පනපුළුවන් නැමෙන.
xi*le* ෆ්ලැක්සිල්, *a.* පනපුළුවන් නැමෙන. *n.*-ure

flicker ෆ්ලික්·අර්, *v.* චංචලවෙවී ඇවිලෙනවා

flight ෆ්ලයිට්, *n.* පලාගාම, පක්ෂීාව (රාශිය), පතී පෙළ. *n.* -*y*, චපල, සලපකල. (*n.* -iness)

flimsy ෆ්ලිම්සි, *a.* සවිනැති, සිත්, දුබල. *n.* -iness

flinch ෆ්ලිංච්, *v.* ඇකිලෙනවා, පස්සමමෙනවා

fling ෆ්ලිං, *v.* විසිකරනවා. *n.*

flint ෆ්ලින්ට්, *n.* ගිනි ගල්, ඉතා තද ද්‍රව්‍යය. *a.* -y

flippant ෆ්ලිප්·පන්ට්, *a.* වාචාල, චපල. *n.* -cy

flirt ෆ්·ලර්ට්, *v.* සැහැල්ලුලෙස හැසිරෙනවා, ළි ලාස පානවා. *n.* -ation

flit ෆ්ලිට්, *v.* තැනින්තැන පැන යනවා

flitch ෆ්ලිච්, *n.* ලුණු ඌරුමස් පළුව

float ෆ්ලෝට්, *v.* පාවෙනවා, දියට බානවා, ක්‍රියාවට යොදනවා. *n.* ඉලිප්පී තිබෙන දෙය, පහුර, ඉපිනාව. *n.* -ation

flock ෆ්ලොක්, *n.* රැළ, සමූහය, සභාව

floe ෆ්ලෝ, *n.* මුහුදේ පාවෙන මිදිච්ච දියරැයක්

flog ෆ්ලොග්, *v.* තළනවා, ඉපල් පහර දෙනවා

flood ෆ්ලඩ්, *n.* වතුරගැලීම, ජලගැල්ම. *v.*

floor ෆ්ලෝර්, *n.* ගෙයක බිම, තට්ටුව. *n.* -ing, බිම හෝ තට්ටු ඇඳමට ගන්න ද්‍රව්‍ය

flora ෆ්ලෝරා, *n.* රටක හෝ කාලයක පැළ වර්ග. *a.* -al, මල්, මල්සම්බන්ධ. *n.* -et, කුඩා මල. *a.*-id, වර්ණයෙන් දීප්තිමත්, අලංකාර (*n.* -ness). *n.* -ist, මල් වවන්නා, මාලාකාරයා [මිලයක්

florin ෆ්ලොරින්, *n.* සිලිං දෙකක් වටිනා ඉංග්‍රීසි

floss ෆ්ලොස්, *n.* (පැළ ආදියේ) පට පුළුන් වැනි ද්‍රව්‍යයක්

flotilla ෆ්ලෝටිල්ලා, *n.* කුඩා නැව් කණ්ඩායමක්

flounce ෆ්ලාවුන්ස්, *n.* (ගවුමේ මහණ) බුරුල් රැල්ල. *v.* ඔබ මොබ පනිනවා, දඟලනවා

flounder ෆ්ලාවුණ්ඩර්, *v.* දඟලනවා,පෙරළෙනවා

flour ෆ්ලෞර්, *n.* පිටි. *a.* -y

flourish ෆ්ලොරිෂ්. *v.* මල් පිපෙනවා, සඵලවෙනවා. *n.* ලක්ෂණ ඉර, ශබ්දකිරීම

flow ෆ්ලෝ, *v.* ගලනවා, නික්මෙනවා. *n.* ගැලීම, වඩදිය, සමෘධකම

flower ෆ්ලෞර්, *n.* මල, ඉතා උතුම් කොටස. *v.* මල් පිපෙනවා. *n.* -y, මල්වලින් ගැවසී

fluctuate ෆ්ලක්චුඑට්, *v.* (රැළ මෙන්) වරින්වර වෙනස්වෙනවා, අස්ථිරව තිබෙනවා. *n.* -ion

flue ෆ්ලූ, *n.* දුම් නළය, දුම් මග

fluent ෆ්ලූඅන්ට්. *a.* නොනැවතී පහසුවෙන් බසින, ලුහුඹි. *n.* -cy [භාවය

fluid ෆ්ලූඉඩ්, *n.* දියමුලද්‍රව්‍යය, දියර. *a.* *n.*-ity, දියර

flunkey / flunky ෆ්ලංකිය, *n.* නිවි මෙහෙකරුවා, දාසයා, වාචාලකු මෙන් යටත්කම් දක්වන්නා

flush ෆ්ලශ්, *v.* දිලිසෙනවා, රතුවෙනවා. *n.* *v.* හදිස්සියෙන් ගලනවා, හදිසියෙන් වතුර හුගක් ඇර ශුද්ධකරණවා. *a.* සමෘධ, සමතලා

flute ෆ්ලූට්, *n.* නළාව. *n.* -ing, කණුවක නළ

flutter ෆ්ලට්·ටර්, v. පියාපත් ගහණවා, චංචලවෙ නවා. n.

flux ෆ්ලක්ස්, n. ගැලීම, පහළීම

fly ෆ්ලෛ, v. පියාඹනවා, පලායනවා. n. මැස්සා

foal ෆෝල්, n. (අශ්වවර්ගයේ) පැටවා. v. (එලෙව් බ) පැටියන් වදනවා

foam ෆෝම්, n. පෙණ. v. පෙණ දමනවා

fob ෆොබ්, n. (ඔර්ලෝසු ආදියට) කුඩා සාක්කුව

focus ෆෝකස්, n. එලිය රැස්වෙන තැන, රශ්මි ඇස, මැද. v.

fodder ෆොඩ්·ඩර්, n. ගවයින්ට දෙන කෑම

foe ෆෝ, n. සතුරා, එදිරිකාරයා [·iness)

fog ෆොග්, n. මීදුම. a. ·gy, මීදුම සහිත, අඳුරු (n.

foible ෆොයිබල්, n. දුර්වලගතිය, දෝෂය

foil ෆොයිල්, v. ඝාතකරණවා, පරදවනවා. n. මො ට කඩුව, තුනී ලෝහ කොළය

foist ෆොයිස්ට්, v. අයුතුලෙස ඇතුලත්කරණවා හෝ පවරණවා, රවටනවා [පම, වාරය, ගාල

fold ෆෝල්ඩ, v. අකුලනවා, නමනවා. n. (රැළි)

foliaceous ෆෝලිඒෂස්, a. කොළ, කොළ සහිත

foliage ෆෝලිජ්, n. කොළ, පත්‍ර රැස. n. tion, කොළ දැමීම, තුනී තහඩු තැළීම

folio ෆෝලිඔ, n. සම්පූර්ණ කඩදාසිය දෙකට නැමූ කල මහත, ඒ මහත ඇති පොත, පිට

folk ෆෝක්, n. මිනිස්සු, අයවල්. n. ·lore, මුඛ ප රම්පරානය කථා

follow ෆොල්ලෝ, v. පස්සේ යනවා, පුහුබැඳ යනවා. a. -ing, ඊළඟ පස්සෙන් තිබෙන. n. -er, අනුව යන්නා, ගෝලයා, ශ්‍රාවකයා

folly ෆොල්ලි, n. මෝඩකම, අනුවණකම

foment ෆොමැණ්ට්, v. තව නවා, පොළඹවනවා, දියුණු කරණවා. n. -ation [-le, පුරතල් කරණවා

fond ෆොණ්ඩ්, a. මෝඩ, ආලය ඇති. n. -ness. v.

font ෆොණ්ට්, n. බව්තීස්ම පැන් තලිය, අච්චු අකුරු රැස

food ෆූඩ්, n. කෑම, ආහාර

fool ෆූල්, n. මෝඩයා. a. -ish, මෝඩ (n. -ness). n. -ery, අනුවණ ක්‍රියාව, විහිළුව. a. -hardy, අනුවණ ලෙස නිර්භීත (n. -iness). n. -scap, (අඟල් 17 ක් දිගද අඟල් 14 ක් පළලද ඇති) ලියන කඩදාසි වර්ගයක්

foot ෆුට්, n. පාද, අඩිය (අඟල් 12), පාබල සේනාව, (කාව්‍ය) ගණය (feet බහු). n. -ing, පය තබන තැන, ස්ථිර පිහිටීම, ඇතුල්වීම. n. -path, අඩිපාර. n. -print, පාලකුණ

fop ෆොප්, n පේන්තුකාරයා, හැඩකාරයා. n. -pery. a. -ish (n. -ness) [නිසාද

for ෆෝර්, *prep.* නිසා, පිණිස, වෙනුවට. *conj.* මක්

forage ෆොරේජ්, n. අශ්වයන්ගේ හා ගවයන්ගේ කෑම. v. එබඳු කෑම රැස්කරණවා

forasmuch ෆෝර් ඈස්මච්, *conj.* මන්නිසාද

foray ෆොරේ, n. හදිස්සියෙන් සතුරු ක්‍රියාවකට රටකට වැදීම. v.

forbear ෆෝර්බෙයර්, *v*. වලකිනවා, ඉවසනවා. *n*. -ance [තහනම්කළ

forbid ෆෝර්බිඩ්, *v*. තහනම්කරනවා. *a*. -den,

force ෆෝර්ස්, *n*. බලය, වේගය, යුධ බලය හෝ සේනාව. *v*. බලකරනවා, බලෙන් ගන්නවා. *a*. -ible. බලවත්, බලාත්කාර

forceps ෆෝර්සෙප්ස්, *n*. අතින් අල්ලිය නොහැකි දෙයක් බැඳීමට යොදන අඬු

ford ෆෝර්ඩ්, *n*. වතුරේ බැසලා එගොඩවියහැකි තැන, තොට. *v*. පයින් එතරවෙනවා. *a*. -able

fore ෆෝර්, *a*. සහ *n*. ඉස්සරහ, පූර්ව

forearm ෆෝර්ආර්ම්, *n*. වැලමිටත් මැණික්කටුවත් අතර කොටස, අත් දණ්ඩ. *v*. කලින් සටනට සූදානම් කරනවා

forebode ෆෝර්බෝඩ්, *v*. කලින් කියනවා හෝ සිතනවා. *a*. -ing, පූර්වනිමිති දක්වන

forecast ෆෝර්කාස්ට්, *v*. කලින් දකිනවා, කලින් යොදනවා

forecastle ෆෝර්කැස්ල්, *n*. නැවේ ඉස්සරහ කොටස [රණවා

foredoom ෆෝර්ඩූම්, *v*. කලින් (යමකට) නියමකා

forefather ෆෝර්ෆාදර්, *n*. මුල්පියා, මුතුන්මිත්තෙක් [ඇඟිල්ල ලඟ ඇඟිල්ල)

forefinger ෆෝර්ෆිංගර්, *n*. ඩබරඇඟිල්ල (මාපට

forego ෆෝර්ගෝ, *v*. ඉදිරිපත්වී ගිය කොට දෙයක් කියනවා, වලකිනවා. *a*. -ing, ඉස්සරවූ, ඉහතකී. *a*. -ne (ෆෝර්ගොන්), කලින් තීරණය කළ

foreground ෆෝර්ග්‍රෞන්ඩ්, *n.* ඉස්සරහ බිම හෝ කොටස

forehead ෆෝර්හෙඩ්, *n.* නලළ [ර දේශීන

foreign ෆොරින්, *a.* පිටරට, පිට, අන්‍ය. *n.* -er, ප

foreknow ෆෝර්නෝ, *v.* කලින් දැනගන්නවා. *n.* -ledge (ෆෝර්නොලෙජ්), කලින් දැනගැනීම. *a.* -n, කලින් දැනගත්

forelock ෆෝර්ලොක්, *n.* නලළේ කෙස් වරළ

foreman ෆෝර්මන්, *n.* වැඩකිරීම බලන්නා, ජූරි සභාවේ නායකයා

foremast ෆෝර්මාස්ට්, නැවේ ඉස්සරහ කූඹගස

foremost ෆෝර්මෝස්ට්, *a.* පළමුවෙනි, උතුම්

forenoon ෆෝර්නූන්, *n.* පෙරවරු කාලය, උදය භාගය [තර්කයට එකඟ

forensic ෆොරෙන්සික්, *a.* නඩුශාලාව පිළිබඳ,

foreord*ain* ෆෝර්ඕර්ඩේන්, *v.* කල්තියා නියමකරනවා. *n.* -ination

forerun ෆෝර්රන්, *v.* පෙරටුව යනවා. *n.* -ner

foresee ෆෝර්සී. *v.* කලින් දකිනවා හෝ දැනගන්නවා [හෝ අඟවනවා

foreshadow ෆෝර්ෂැඩෝ, *v.* කලින් පෙන්වනවා

foresight ෆෝර්සෛට්, *n.* කලින් දැකීම හෝ දැකීම, කලින් ප්‍රවේශම

forest ෆොරෙස්ට්, *n.* කැලෑව, වනාන්තරය. *n.* -er, වනරැකවලා. *n.* -ry, කැලෑ වැවීමේ හා ආරක්ෂාකිරීමේ ශාස්ත්‍රය

forestall ෆෝර්ස්ටෝල්, v. ඉස්සරින් කරණවා, ඉස්සරවෙනවා [ලින් අත්දකිනවා හෝ විඳිනවා

foretaste ෆෝර්ටේස්ට්, v. කලින් රසබලනවා, ක

foretell ෆෝර්ටෙල්, v කලින් ශකුන් කියනවා, අ නාගත දේ කියනවා [රීම, කලින් ප්‍රවෙනව් වීම

forethought ෆෝර්තෝට්, n. කලින් කල්පනාකි

foretoken ෆෝර්ටෝකන්, v. කලින් පෙන්වනවා

forever ෆොරෙව්අර්, ad. සදාකල්ම, නිරන්තර යෙන්ම [වා හෝ දන්වනවා

forewarn ෆෝර්වෝර්න්, v. කලින් අවවාදකරණ

foreword ෆෝර්වර්ඩ්, n. පූර්විකාව, සංඥාපනය

forfeit ෆෝර්ෆිට්, n. දඩය. v. දඩයක්කොට ගෙව [illegible]නවා, වරදක් නිසා අහිමිවෙනවා. n. -ure

forge ෆෝර්ජ්, v. ලෝහ තලා සදනවා, බොරුව ට සාදනවා හෝ ලියනවා. n. කම්මල. n. -r. n.-ry, බොරුවට සෑදීමේ වරද, බොරුවට සෑද කළද්ද

forget ෆොර්ගෙට්, v. මතකනැතිකරණවා. පැහැර අරිණවා. a. -ful. a. forgotten. n. -me-not, නිල් මල් වර්ගයක් [කල. n. -ness

forgive ෆොර්ගිව්, v. කමාකරණවා. a. -n, කමා

fork ෆෝර්ක්, n. ගෑරුප්පුව, කරුව. v. අතුවලට බෙදීයනවා

forlorn ෆොර්ලෝර්න්, a. පාළු, අසරණ. n. -ness

form ෆෝර්ම්, n. හැඩය, ස්වරූපය, චාරිත්‍රය, දිග බංකුව. v. හැඩහුරු කරණවා, සාදනවා. a. -al,

නියම විධියම එකහවු. *n.* -ality. *n.* -alism. *n.* -alist. *n.* -ation. *a.* සහ *n.* -ative [ඉස්සර

former ෆෝර්'මර්, *a.* පළමු, පූර්ව, ඉස්සර. *ad.* -ly,

formidable ෆෝර්මි·ඩබිල්, *a.* භයංකාර, බැරෑරුම්. *n.* -ness

formula ෆෝර්මියුල, *n.* නියමය, සූත්‍රය, ඇදහිලි ක්‍රමය. *v.* -te, නිසිආකාරයෙන් දක්වනවා. *n.* -ry, නියම කුම ඇතුලත් පොත [*n.* -ion

fornicate ෆෝර්නිකේට්, *v.* වේශ්‍යාකාම්කරණවා.

forsake ෆෝර්සේක්, *v.* අත්අරිනවා. *a.* -n

forsooth ෆෝර්සූත්, *ad.* සැබෑවට

forswear ෆෝර්ස්වෙයර්, *v.* බොරුවට දිවුරනවා

fort ෆෝර්ට්, *n.* (බල) කොටුව [බල කොටස

forte ෆෝර්ට්, *n.* ප්‍රධාන ගුණය, සාධුපතේ සවි

forth ෆෝර්ත්, *ad.* ඉදිරියට, ඉදිරිපිටට. *a.* -coming, පැමිණෙන්ට තිබෙන. *ad.* -with, දැන්ම

fortieth ෆෝර්ටිඅත්, *a.* හතළිස්වෙනි

fortify ෆෝර්ටිෆයි, *v.* බලකොටු සාදනවා, බලවත්කරනවා. *n.* -ication

fortitude ෆෝර්ටිටියුඩ්, *n.* ධෛර්‍යය, ස්ථිරකම

fortnight ෆෝර්ට්නයිට්, *n.* දෙසතිය, පක්ෂය. *a.* සහ *adv.* -ly [කය

fortress ෆෝර්ට්‍රෙස්, *n.* (බල) කොටුව, රක්ෂාස්ථා

fortuitous ෆෝර්ටියුඉටස්, *a.* අදිස්සියෙන් සිදුවෙන. *n.* -ness [*a.* -ate, වාසනාව ඇති, සඵල

fortune ෆෝර්ටියුන්, *n.* දෛවය, භාග්‍යය, සම්පත.

forty ෆෝර්ටි, *a.* සහ *n.* හතළිහ. *a.* -ieth, හතළිස් වෙනි

forward ෆෝර්'වර්ඩ්, *a.* ඉස්සරහට ඇති, කලින් වෙන. *ad.* -s. *n.* -ness. *v.* අපිණවා, ආධාරකරණවා

fosse ෆොස්, *n.* බලකොටු (ජල) අගල

fossil ෆොස්සිල්, *n.* ගල්වූ ද්‍රව්‍යය, ධාතුව. *a.* *a.* -ferous. *v.* -ise, ගල්වූ ස්වභාවකට පෙරළනවා

foster ෆොස්'ටර්, *v.* පෝෂ්‍යකරණවා, ධෛර්‍යදෙනවා. *n* -child, (අන්‍යයෙකුගේ) හදාගත් දරුවා

foul ෆෞල්, *a.* අපිරිසිදු, කැත. *v.* කිළුටුකරණවා. *a.* -mouthed, අශික්ෂිත වචන කියන. *n.* -ness

found ෆෞණ්ඩ්, *v.* අච්චුවකින් සාදනවා, පිහිටුවනවා. *n.* -ation, පිහිටුවීම, අත්තිවාරම. *n.* -ery හෝ -ry, ලෝහවාත්තුකරණ කම්හල

founder ෆෞණ්'ඩර්, *v.* කිඳයනවා, ගිලීයනවා (found බ)

foundling ෆෞණ්ඩ්ලිං, *n.* ඇහිදගත් ළමයා

fount ෆෞණ්ට්, } *n.* උල්පත, මුල, හේතුව
fountain ෆෞණ්ටෙන්, }

four ෆෝර්, *a.* සහ *n.* හතර. *a.* සහ *n.* -score, පස්වරක් හතර. *a.* සහ *n.* -teen, දහහතර. *a.* -teenth, 14 වෙනි. *a.* -th, හතරවෙනි

fowl ෆෞල්, *n.* කුකුළා, පක්ෂියා. *n.* -ing, පක්ෂීන්ට වෙඩිතැබීම. *n.* -ing-piece, පක්ෂීන්ට වෙඩිතබන සුළුතුවක්කුව. *n.* -er, පක්ෂීන්ටවෙඩිතබන්නා

fox ෆොක්ස්, *n.* ශිවලා, නරියා. *a.* -y.
fraction ෆ්‍රැක්ෂන්, *n.* කෑබැල්ල, කොටස. *a.*-al
fractious ෆ්‍රැක්ෂස්, *a.* ඉක්මණින් කිපෙන. *n.* -ness [බිඳුම, කෑඬුම
fracture ෆ්‍රැක්චූර්, *v.* බිඳෙනවා, කඩනවා. *n.*
fragile ෆ්‍රැජ්ඉල්, *a.* පහසුවෙන් බිඳෙන හෝ කෑඩෙන. *n.* -ity [*a.* -ary
fragment ෆ්‍රැග්මෙන්ට්, *n.* කෑබැල්ල. *a.* -al.
fragrant ෆ්‍රේග්‍රන්ට්, *a.* සුවඳ ඇති, සුගන්ධි. *n.*-ce, -cy, සුවඳ
frail ෆ්‍රේල්, *a.* දුබල. *n.* -ty
frame ෆ්‍රේම්, *n.* රාමුව, මෑස්ස, අංකාරය. *v.* සාදනවා, යොදනවා, රාමුවක් දමනවා.
franc ෆ්‍රැංක්, *n.* ඉංග්‍රිසි පෑන්ස 9½ක් පමණ වටිනා ප්‍රංශ රිදී මිලයක් [මෙ බලය
franchise ෆ්‍රැංචයිස්, *n.* මන්ත්‍රීන් තෝරාගෑනී
frank ෆ්‍රැංක්, *a.* අවඩක. *n.* -ness [මල්
frankincense ෆ්‍රැංක්ඉන්සෑන්ස්, *n.* කට්ට කුමං
frantic ෆ්‍රැන්ටික්, *a.* උමතු, රෞද්‍ර [-ise
fraternal ෆ්‍රැටර්නල්, *a.* සහෝදර. *n.* -ity. *v.*
fratricide ෆ්‍රැට්රිසයිඩ්, *n.* සහෝදරයෙකු මරන්නා. *a.* -al
fraud ෆ්‍රෝඩ්, *n.* වංචාව. *a.* -ulent. *n.* -ulence
fraught ෆ්‍රෝට්, *a.* පිරුණු, බරවූ
freak ෆ්‍රීක්, *n.* අදිස්සි සිතිවිල්ල, ජඩිඑම. *a.* -ish
freckle ෆ්‍රෙක්ල්, *n.* කුඩා ලපය, පුල්ලිය. *v.* *a.*-y

free ෆ්‍රී, *a.* නිදහස්, බාධානැති. *v. n.* -ness. *n.* -dom, නිදහස

freeze ෆ්‍රීස්‍, *v.* මුදවනවා, මිදෙනවා

freight ෆ්‍රේට්, *n.* නැවේ බඩු, නැවේ බඩු ගෙණ යාමට කුලිය. *v.* පටවනවා [ජනයා

French ෆ්‍රෙංච්, *a.* ප්‍රංශ, *n.* ප්‍රංශ භාෂාව, ප්‍රංශ

frenzy ෆ්‍රෙංසි, *n.* සිතේ හද කැලඹීම, උමතුව

frequent ෆ්‍රීක්වෙන්ට්, *a.* නිතර වෙන, නිත්‍ය, ගැවසුනු. *v.* ගැවසෙනවා. *n.* -cy. *a.* -tative, නිතර සිදුවෙන

fresco ෆ්‍රෙස්කෝ, *n.* බිත්ති ආදියේ ඇඳි සිත්තම

fresh ෆ්‍රෙෂ්, *a.* අමු, අලුත්, සනීපවූ, පූර්ණරස නැති. *n.* -ness. *v.* -en. *n.* -et, අධිවැස්සෙන් ගඟ ගැලීම

fret ෆ්‍රෙට්, *v.* ගෙවීයනවා, තරඟ උපදිනවා. *n.* තරඟ, සිදුරු නොට කපන කැටයම් වැඩය, *a.* -ful (*n.* -ness)

friable ෆ්‍රෛබල්, *a.* පහසුවෙන් සුණුවී හෝ කැබලිවී යන. *n.* -ility, -leness

friar ෆ්‍රෛඅර්, *n.* රෝමානු තාපසයා

fricassee ෆ්‍රිකැස්සී, *n.* පිරිකිඳෑල (බැදිමස්රොටි)

friction ෆ්‍රික්ෂන්, *n.* ඉලීම, බාධාව. *a.* -al

Friday ෆ්‍රෛඩේ, *n.* සිකුරාදා [*n.* -ship, මිත්‍රකම

friend ෆ්‍රෙන්ඩ්, *n.* මිත්‍රයා. *a.* -ly, මිත්‍ර (*n.* -iness).

frieze ෆ්‍රීස්, *n.* ලොම්රෙදි වර්ගයක්, කුළුනු සකණු වක උඩ කොටස

frigate ෆ්‍රිගේට්, *n.* ශීඝ්‍ර යුධනැවක්

fright ෆ්‍රයිට්, *n.* භය. *v.* -en, භයගන්වනවා. *a.* -ful භයානක (*n.* -ness) [-ity

frigid ෆ්‍රිජිඩ්, *a.* ශීත, ආදරය නැති. *n.* -ness,

frill ෆ්‍රිල්, *n.* රැලිවාටිය

fringe ෆ්‍රින්ජ්, *n.* වාටිය. *v.* වාටියක් දමනවා

frisk ෆ්‍රිස්ක්, *v.* සෙල්ලම්කරනවා. *n.* *a.* -*y* (*n.* -iness)

frith ෆ්‍රිත්, *n.* මෝය අසල කුඩා කලපුව

fritter ෆ්‍රිටර්, *v.* කැබලිකරනවා, ක්‍රමයෙන් නැතිකරනවා

frivol*ous* ෆ්‍රිවලස්, *a.* සුළු. *n.* -ousness, -ity

fro ෆ්‍රෝ, *ad.* සිටත්, ඉදිරියට හෝ පස්සට

frock ෆ්‍රොක්, *n.* බුරුල් පිට ඇඳුමක්

frog ෆ්‍රොග්, *n.* මැඩියා [-some, ක්‍රීඩාවෙහි ඇලුණු

frolic ෆ්‍රොලික්, *n.* සෙල්ලම්කෙළිය, ක්‍රීඩාව. *v.* *a.*

from ෆ්‍රොම්, *prep.* ගෙන්

front ෆ්‍රොන්ට්, *n.* ඉස්සරහ පැත්ත, අභිමුඛය. *v.* *n.* -age, ගෙඩනැගිල්ලක ඉස්සරහ පැත්ත. *a.* -al, ඉස්සරහ. *n.* -ier, දේශසීමාව. *n.* -ispiece, පොතක මුල්පිට කෙළින් සිතියම. *n.* -let, නළල් පටිය

frost ෆ්‍රොස්ට්, *n.* හිමසෑදීම, හිම. *a.* -y

froth ෆ්‍රොත්, *n.* පෙණ. *a.* -*y* (*n.* -iness)

froward ෆ්‍රෝවර්ඩ්, *a.* හිතුවක්කාර. *n.* -ness

frown ෆ්‍රෞන්, *n.* රවාබැලීම. *v.* රවාබලනවා

frozen ෆ්‍රෝස්'න්, *a.* මිදුනාවූ [න්නවා *n.*-ication

fructify ෆ්‍රක්ටිෆයි, *v.* ඵල ඇතිකරණවා, ඵලග

frugal ෆ්‍රෑ'ගල්, *a.* පිරිමසන, වියදම්ගැණ ප්‍ර
වේසම්. *n.* -ity.

fruit ෆ්‍රෑට්, *n.* ගෙඩිය, ඵලය, ප්‍රයෝජනය. *n.*
-age, වාරයක ගෙඩි. *n.* -erer, පලතුරු වෙළෙ
න්දා. *a.* -ful (*n.* -nees). *a.* -y, ඵල, ඵලවැනි

fruition ෆ්‍රෑඉෂ්'අන්, *n.* සැප විඳීම, භුක්තිවි
ඳීමේ සතුට [ණවා. *n.* -ion

frustrate ෆ්‍රස්ටේට්, *v.* පරදවනවා නිෂ්ඵලකර

fry ෆ්‍රයි, *v.* බදිනවා. *n.* කුඩා මාලුරැස

fuel ෆ්‍යූඇල්, *n.* දර, පොලඹවන කාරණය

fugitive ෆ්‍යූජිටිව්, *a.* පලායන, පාදඩ. *n.*

fulcrum ෆල්ක්‍රම්, *n.* ආධාරය [*n.* -ment

fulfil ෆුල්ෆිල්, *v.* ඉෂ්ටකරණවා, සම්පූර්ණකරණවා.

full ෆුල්, *a.* සම්පූර්ණ, පිරීතිබෙන. *n.* -ness. *v.* රෙ
දි ගසනකරණවා, අපුල්ලනවා. *n.* -er, රදවා

fulminate ෆල්මිනේට්, *v.* ගුගුරණවා. *n.* පිපි
රෙණ ද්‍රව්‍යයක්. *n.* -ion

fulsome ෆල්සම්, *a.* (අධික බැවින්) අප්‍රිය, කැත

fumble ෆම්බල්, *v.* අසුරුලෙස අතගාබලනවා
හෝ අල්ලනවා [(-ion).

fume ෆ්‍යූම්, *n.* දුම. *v.* *v.* -igate, ධූමගන්නනවා

fun ෆන්, *n.* සෙල්ලම. *a* -ny [ලධාරියා

function ෆංක්ෂන්, *n.* කෘත්‍යය. *a.* -al. *n.* -ary, නි

fund ෆණ්ඩ්, *n.* මුල්මුදල, අරමුදල, රැසිය

fundament ෆන්ඩමන්ට්, *n.* අන්තිවාරම, ඉඳිමුල, ගුදය. *a.* සහ *n.* -al

funeral ෆ්‍යූනරල්, *n.* මෘතශරීරයවැළලීම. *a.* -eal

fungus ෆංගස්, *n.* හතු, මස්දළුව

funnel ෆනල්, *n.* පුනීලය, දුම්නළය [ගෑවසුනු

fur ෆර්, *n.* ලොම්. *a.*-ry, රෝමවැනි, රෝමවලින්

furious ෆ්‍යූරිඅස්, *a.* ඉතා කෝපවූ හෝ චණ්ඩ. *n.* -ness. *n.* fury

furl ෆර්ල්, *v.* අකුලනවා

furlong ෆර්ලොං, *n.* හැතැප්මෙන් අටෙන්පංගුව

furlough ෆර්ලෝ, *n.* නිවාඩුපිට සිටීමට අවසර

furnace ෆර්නෙස්, *n.* උදුන

furnish ෆර්නිෂ්, *v.* සපයනවා, යුක්තකරනවා.

furniture ෆර්නිචුර්, *n.* ගෙයි ඇඳපුටු ආදී බඩු උපකරණ [*v.*

furrow ෆරෝ, *n.* සීරුව, කුඩා ඇළ, වැකරැල්ල,

further ෆර්දර්, *a.* වඩාදුරවූ. *ad.* වඩාදුරට, තවත්. *v.* අනුබල දෙනවා. *n.* -ance. *ad.* -more, තවද, ඒ හැර. *a.* -most, ඉතා දුරවූ, ඉතාදුරින

furtive ෆර්ටිව්, *a.* හොර, රහස්. *ad.* -ly

fury ෆ්‍යූරි, *n.* රෞද්‍රතාව (furious බ.) [-ity

fuse ෆ්‍යූස්, *v.* උණුකරනවා. *n.* -ion. *a.* -ible (*n.*

fuse, fuze, fuzee } ෆ්‍යූස්, ෆ්‍යූසී, } *n.* පෙවතුල, ගිනිඇල, ගිනිකූර

fusil ෆ්‍යූසිල්, *n.* සැහැල්ලු තුවක්කු වර්ගයක්. *n.*

-eer, -ier, එක් පඩකකින යුධ යෙව්වාගෙන්. *n.*
-ade, තුවක්කු පත්තුකිරීම

fuss ෆස්, *n.* කලබැගෑනිය. *a.* -y

fustian ෆස්චන්, *n.* දළු රෙදිවර්ගයක්

fusty ෆස්ටි, *a.* පුස් බැඳුන. *n.* -iness

futile ෆ්‍යූටෙල්, *a.* සුළු, නිස්සාර. *a.* -ity

future ෆ්‍යූචූර්, *a.* මතු, අනාගත. *n.* *n.* -ity, මතුකාලය

fy ෆෙයි, *interj.* —fie

G.

g ජී, ඉංග්‍රීසියේ හත්වෙනි අක්ෂරය: මෙය ඇතම් තැන 'ජ්' කියාද ඇතම්තැන 'ග්' කියාද ශබ්ද කරණුලැබේ. 400 ඇගයීමට පුරාණකාලයේ යොදනලදී. [මනවා. *n.*

gab ගැබ්, *v.* වැඩිවශයෙන් කථාකරණවා, දොඩ

gable ගේබල්, *n.* වහලේඉහළ තුන්හුළස්කොටස

gadfly ගැඩ්ෆ්ලෙයි, *n.* ඇටමැස්සා

Gaelic ගැලික්, *a.* ස්කොට්ලන්තයේ ගැල් නම් ජනගෝත්‍රයට අයිති. *n.* ඔවුන්ගේ භාෂාව [වා.

gag ගැග්, *n.* මුඛ බන්ධනය. *v.* කථාව නවත්වන

gage ගේජ්, *n.* ඇපය

gaily ගේලි,
gaiety ගේටි, } (gay බ.)

gain ගේන්, *n.* ලාභය, ප්‍රයෝජනය. *v.* ලබාගන් නවා, ප්‍රයෝජනගන්නවා. *a.* -ful

gainsay ගේන්සේ, *v.* විරුඬව කියනවා, නැතැයි යනවා

gait ගේට්, *n.* ඇවිදීමේ ආකාරය, ගමන

gala ගේලා, *n.* ප්‍රසිඬ උත්සවය

galaxy ගැලැක්සි, *n.* සුදුපාටව බබලන තාරකා වැල ('කිරිඋඳ' යයිද කියත්), ලක්‍ෂණ පිරිස

gale ගේල්, *n.* සැර සුළඟ [තවා, තරඟකරණවා

gall ගෝල්, *n.* පිත, අරළු. *v.* හමගානවා, ගෙමෙව

gallant ගැල්ලැන්ට්, *a.* වීර, සුශීල. *n.* ස්ත්‍රීන්ට පෙම් බැඳ සිටින්නා. *n.* -ry, නිර්භීතකම. *v.*

gallery ගැල්ලරි, *n.* ගෙයි දිග ඇතුල් මාවත, නාට්‍යශාලාවේ උස් ආසන

galley ගැල්ලි, *n.* රුවල් හබල් සහිත යාත්‍රාව, අච්චු අකුරු තබන ලෑල්ල

gallon ගැල්ලන්, *n.* බුසලෙන් අටෙන්පංගුවේ ප්‍රමාණය, බෝතල හයේ ප්‍රමාණය, ගැලුම

gallop ගැල්ලප්, *n.* සැර පිම්මේ පැනීම. *v.*

gallows ගැල්ලෝස්, *n.* එල්ලුම්ගහ, පෝරකය

galore ගැලෝර්, *n.* බහුලතාව, සුන

galvanism ගැල්වැනිසම්, *n.* රසායන ද්‍රව්‍යවලින් උපදවන විදුලි බලය. *n.* -ist, *a.* -ic. *v.* -ize

gamble ගැම්බල්, *v.* සූදුකෙළිනවා

gamboge ගැම්බෝජ්, *n.* ගොරකමැලියම්

gambol ගැම්බොල්, *n.* පෙරළිකෙළිය, පැනුම *v.*

game ගේම්, *n.* ක්‍රීඩාව, දඩයම් සතුන්. *a.* *v.* සූදු කෙළිනවා. *n.* -ster, සූදු කාරයා

gander ගෑණ්ඩර්, *n.* පිරිමි පාත්තයා
gang ගෑං, *n.* සමූහය. *n.* -way, තෑවිමග [ගයක්
gangrene ගෑංග්‍රීන්, *n.* ඇගේ මස් කුණුකරණ රෝ
gannet ගැන්නැට්, *n.* ලොකු මුහුදු පක්ෂියෙක්
gantlet ගෑන්ට්ලැට්, *n.* =gauntlet
gaol ජේල්, *n.* සිරගෙය (jail බ.) [වා, ද්‍රිෂ්ණවා
gap ගැප්, *n.* ඉවරය, සිදුරස. *v.* -e ගේප්, ආතය
garb ගාර්බ්, *n.* ඇඳුම, ඇඳුමේ ආකාරය
garbage ගාර්බේජ්, *n.* අහකලන දේ (රොඩු)
garble ගාර්බ්ල්, *v.* උපුටා (හෝ තෝරා) ගන්නවා
garden ගාර්ඩන්, *n.* වත්ත. *v.* වත්තක් කරණවා
gargle ගාර්ගල්, *n.* උගුර සෝදන බේත්වතුර. *v.*
garland ගාර්ලෑණ්ඩ්, *n.* මල්දම. *v.*
garlic ගාර්ලික්, *n* සුදුලූනු
garment ගාර්මණ්ට්, *n.* ඇඳුම, වස්ත්‍රය
garner ගාර්ණර්, *n.* අටුව, කොටුගුල
garnet ගාර්ණැට්, *n.* රතුකැට වර්ගයක්
garnish ගාර්ණිෂ්, *v* සරසනවා
garret ගැර්රැට්, *n.* ඉතා ඉහල උඩුමාල
garrison ගැර්රිසන්, *n.* බලකොටුව, බල කොටුවේ හමුදාව. *v.* [*n.* -ity
garrul*ous* ගැර්රුළස්, *a.* වාචාල, දොඩමලු
garter ගාර්ටර්, *n.* මේස් බඳින පටිය
gas ගෑස්, *n.* වායුව, ගෑස්. *a.* -eous. *n.* -ometer, වායු භාජනය
gash ගෑෂ්, *n.* ගැඹුරු දිග කැපුම. *v.*

gasp ගැස්ප්, *n.* හුස්මගන්ට කට ඇරීම. *v.*

gate ගේට්, *n.* දොර. *n* -way, දොරකඩ

gather ගැද්‍අර්, *v.* එකතුකරනවා, රැස්වෙනවා

gaudy ගෝඩි, *a.* බොරු ලක්ෂණ ඇති, දිලිසීම වැඩි. *n.* -iness

gauge ගේජ්, *n.* මිනුම, ප්‍රමාණය. *v.* මනිනවා

gaunt ගෝන්ට්, *a* බඩ හිස්වූ, කෙට්ටු. *n.* -ness

gauntlet ගෝන්ට්ලැට්, *n.* යකඩ අත්වැස්ම

gauze ගෝස්, *n.* විනිවිද පෙනෙන සිහින් පිළී. *a.* -y, ඒ පිළී වැනි [*ad.* -ily. *n.* -iety

gay ගේ, *a.* ප්‍රාණවත්, සතුටු, පිටසිත් ලක්ෂණ.

gaze ගේස්, *v.* ඇස්හැලා බලනවා. *n.*

gazette ගැසැට්, *n.* ආණ්ඩුවේ ප්‍රවෘත්ති පත්‍රය. *v. n.* -er, භූමි විස්තර අකාරාදිය

gear ගිර්, }
gearing ගිරිං, } *n.* මංගල ඇඳුම්, නැවේ කඹආදිය, උපකරණ, දුනිමෙරෝද පඞ්ක්තිය

gelatine }
gelatin } ජැල්අටින්, *n.* සත්වමැලියම්, පුපුරණ ද්‍රව්‍යයක්. *a.* -ous [කැළු අශ්වයා

geld ගැල්ඩ්, *v.* කපනවා. *n.* -ing, කප්පාදු

gelid ජැල්ලිඩ්, *a.* ඉතා ශීතල. *n.* -ness

gem ජැම්, *n.* රත්නය, ආභරණය. *v. a.* -my

gemini ජැමිනයි, *n.* මිථුනරාශිය

gender ජැණ්ඩර්, *n.* ලිඞ්ගභේදය, ලිඞ්ගය

genealogy ජිනීඇල්ඔජි, *n.* වංශාවලිය, පරම්පරාව. *a* -ical. *n.* -ist

genera ජැනරා, *n.* 'genus' යන්නේ බහුවචන

general ජැන්ඇරල්, *a.* සාමාන්‍ය. *n.* එකම, ප්‍රධාන කොටස, සේනාධිපතියා. *n.* -ity, සාමාන්‍ය බව, වැඩිකොටස. *n.*-ship. *v.* -ise, විශේෂ කරුණු සලකා සාමාන්‍ය කරණවා (*n.* -ation). *n.* -issimo, ප්‍රධාන සේනාපතියා

generate ජැන්අරේට්, *v.* උපදවනවා. *n.* -ion, උත්පාදය, පරම්පරාව. *a.* -ive

generic ජනැරික්, *a.* ජාතියට(වර්ගයට) අයිති. *a.*-al

generous ජැන්අරස්, *a.* ගුණවත්, ත්‍යාගවන්ත. *n.* -sity

genesis ජැන්ඉසිස්, *n.* උත්පත්තිය, බයිබලයේ [මුල් පොත

genial ජීන් අල්, *a.* සුබදායක, ප්‍රසන්න. *n.* -ity

genital ජැන්ඉටල්, *a.* උත්පත්තිය සම්බන්ධ

genitive ජැන්ඉටිව්, *n.* සම්බන්ධ විභක්තිය

genius ජීනිඅස්, *n.* භූතයා, ජනමදේවතාවා, විශේෂ බුද්ධිය, ඉතා උතුම් බුද්ධිය ඇත්තා

genteel ජැණ්ටීල්, *a.* ආචාරවන්ත, සුශීල. *n.* -ility

gentile ජැණ්ටෛල්, *n.* යුදෙව්වන් නොවූ අය

gentle ජැණ්ට්ල්, *a.* මෘදු, ශාන්තදාන්ත. *n.* -ness. *n.* -man, වංශවත් මනුෂ්‍යයා, මහාත්මයා. *n.* -woman, වංශවත් ස්ත්‍රී, මහායම්

gentry ජැණ්ට්‍රි, *n.* වංශවත් අයවල්, මහත්වරු

genuine ජැන්යුඉන්, *a.* අම්ශු, සැබෑවූ. *n.* -ness

genus ජීනස්, *n.* වර්ගය, ජාතිය (genera බ.)

geography ජිඔග්‍රැෆි, *n.* භූගෝල ශාස්ත්‍රය, භූමිවිස්තරය. *n.* -er. *a.* -ic, -ical geology ජිඔලජි, *n.* භූමිවිශේෂ ශාස්ත්‍රය. *a.* -ical. *n.* -ist [-rician. *a.* -ric, -rical

geometry ජිඔමෙට්‍රි, *n.* රේඛාගණිතය. *n.* -er හෝ

georgic ජෝර්ජික්, *n.* ගොවිතැන්පිළිබඳකාව්‍යය

geranium ජිරේණියම්, *n.* ලස්සන මල් ඇති පැල යක්

germ ජර්ම්, *n.* බීජාංකුරය, මොට්ටය. *a.* -inal. *v.* -inate, පැළවෙනවා (*n.* -ion)

german ජර්මන්, *a.* ඇවැස්ස. Cousin german— සහෝදරයෙකුගේ හෝ සහෝදරියකගේ පුතා හෝ දූ

German ජර්මන්, *a.* ජර්මන් රටට අයිති. *n.* ජර්මන්කාරයා, ජර්මන් භාෂාව

germinate ජර්මිනේට්, *v.* පැලවෙනවා. *n.* -ion

gerund ජැරන්ඩ්, *n.* නාමක්‍රියාව. *a.* -ial

gestation ජැස්ටේෂන්, *n.* ගර්භිණිව සිටීම

gesticulate ජැස්ටිකියුලේට්, *v.* අත හිස ආදිය සොලවාලා හෝ වණනවා. *n.* -ion. *a.* -ory

gesture ජැස්චර්, *n.* අත හිසආදිය සෙලවීමහෝ වැණීම

get ගැට්, *v.* ලබාගන්නවා. *n.* -up, සම්පාදනය කිරීම, සම්පාදනයකල ආකාරය, ඇඳුම. *v.* up, නැගිටිනවා

geyser ගෙයිසර්, *n.* උණුවතුර උල්පත [-iness

ghastly ගැස්ට්ලි, *a.* ඉතා සුදුමැලි, භයානක. *n.*

ghat ගාට්, } *n.* කඳුපාර, කඳුමැදින
ghaut ගෝට්, }

Ghee ගී, *n* තෙල්, එලගිතෙල්, දුන්තෙල්

Giant ජෛඅන්ට්, *n.* මහා පුරුෂයා, යෝධයා, මහාබුඩීමයා. *a.* *n.* -ess (*f*) [එල්ලනවා

Gibbet ජිබ්බැට්, *n.* එල්ලුම්ගහ. *v.* එල්ලූ ගසේ

Gibbous ජිබ්බස්, *a.* සඳෙහි අඩ්නකමටවඩා පිරුණු, එබඳු ආකාරවූ

Gibe ජෛබ්, *n.* ගැරිව, කවටිකම. *v.*

Giddy ගිඩ්ඩි, *a.* ඉසකරකැවිල්ල ඇති. *n.* -iness

Gift ගිෆ්ට්, *n.* තෑග්ග, ශක්තිය. *a.* -ed, තෑගිලත්, ගුණ සම්පන්න

Gig ගිග්, *n.* එකු අශ්වයෙක් යැහැල්ලු රථයක්

Gigantic ජෛජෑන්ටික්, *a.* ඉතා මහත්, යෝධ

Giggle ගිග්ගල්, *n.* ලාමක නෝ මෝඩ සිනාව. *v.*

Gigot ජිග්ගට්, *n.* එළුමස් ගාතය

Gild ගිල්ඩ්, *v.* රත්රං ගානවා

Gill ගිල්, *n.* මාලු කරමල

Gill ජිල්, *n.* හුණ්ඩු බාගයක මිම්ම [රන්

Gilt ගිල්ට්, *a.* රන්රන් ගාතලද. *n.* ගාතලද රන්

Gimlet }
Gimblet } ගිම්ලැට්, *n.* බුරුමය, තොරපණය

Gimp ගිම්ප්, *v.* කඩතොලු කරණවා. *n.*

Gin ජින්, *n.* මත්පැන් විශේෂයක්, උගුල, මලපත

Ginger ජින්ජර්, *n.* ඉඟුරු

Gipsy ජිප්සි, *n.* ඇවිදින වනචර මනුෂ්‍ය විශේෂයක්, ශ්‍රීතිමත් තරුණී [උපැති සහ:

Giraffe ජිරැෆ්, *n.* විතුබද්දුවා (සිව්පාවුන්ගෙන් ඉතා

gird ගර්ඩ්, v. බඳින බදිනවා. n. -er. n -le, බඳ පටිය v. [ගැහැනියකගේ බාලකාලය. a. -ish

girl ගර්ල්, n. ගැහැණුලමයා, ලමිස්සි. n. -hood,

girth ගර්ත්, n. බඳපටිය, වට ප්‍රමාණය

gist ජිස්ට්, n. ප්‍රධාන කාරණය, පිණ්ඩාර්ථය

give ගිව්, v. දෙනවා. n -ing, දීම

gizzard ගිස්සර්ඩ්, n. පක්ෂි කෑමබොක්ක

glacial ගෙලේෂල්, a. හිම, හිමෙන් පිරුණ පලාත පිළිබඳ. n. -er, හිමෙන් පිරුණු පලාත

glad ග්ලැඩ්, a. සතුටු. n. -ness. v. -den, සතුටුකරණවා. a. -some, සතුටු, සතුටුදායක (n. -ness). ad. -ly

glade ග්ලේඩ්, n. වනමාර්ගය [-ial

gladiator ග්ලැඩිඑටර්, n. කඩු හරඹකාරයා. n.

glamour ග්ලැමර්, n. ඇස්බැන්දුම, රූපිළි පෙණුම [කිසි හෝ යන්නම් බලනවා

glance ග්ලන්ස්, n. ඉක්මන් බැල්ම. v. ඉක්ම

gland ග්ලෑන්ඩ්, n. ශරීරයේ මාංශ මස්පිඩු වගියක්. a. -ular

glare ග්ලේර්, n. අතිප්‍රභා හෝ දීප්තිය, රවාබැලීම. v. [(n. iness). a -ful

glass ග්ලාස්, n. වීදුරුව, කාච, කැඩපත. a. -y

glaze ග්ලේස්, v. වීදුරු අල්ලනවා, වීදුරුමෙන් ඔපදමනවා. n. n. -ier, වීදුරු අල්ලන්නා

gleam ග්ලීම්, n. කාන්තිය. v. දිලිසෙනවා. a. -y

glean ග්ලීන්, v. ඇහිදිනවා, අවුලනවා

glebe ග්ලීබ්. *n.* දේවස්ථානයට හිමි භූමි

glee ග්ලී, *n.* ප්‍රීතිය, ගී වර්ගයක්. *a.* -ful. *a.* -some

glen ග්ලෙන්, *n.* පටු මිටියාවත

glib ග්ලිබ්, *a.* සිනිඳු, මුඛරී. *n.* -ness

glide ග්ලයිඩ්, *v.* සිමින් ගලා යනවා, ලිස්සනවා

glimmer ග්ලිම්මර්, *v.* ස්වල්පවශයෙන් දිලිහෙනවා. *n.* [මොහොත් දැකීම

glimpse ග්ලිම්ප්ස්, *n.* ඉතා ටිකවේලාවක් බැලීම

glisten ග්ලිස්ටින්, *v* දිලිහෙනවා

glitter ග්ලිටර්, *v.* දිලිහෙනවා *n.* කාන්තිය

gloaming ග්ලෝමිං, *n.* අඳුර, අඳුරුවීම

gloat ග්ලෝට්, *v.* ආශාවෙන් හෝ සතුටින් බලනවා

globe ග්ලෝබ්, *n.* ගෝලය, පෘථිවිය. *a.* -ular. *n.* -ule, කුඩා ගෝලය, බින්දුව

glomerate ග්ලොමරේට්, *v.* ගුලිකරනවා. *n.* -ion

gloom ග්ලූම්, *n.* අන්ධකාරය, සන්තෙවෙණ, මිලානිකකම. *v.* *a.* -y (*n.* -iness)

glory ග්ලෝරි, *n.* තේජස, මහත්තත්වය, ගෞරවය, කීර්තිය, ප්‍රශංසාව. *v.* *v.* -ify, ප්‍රශංසාකරනවා (*n.* -ication). *a.* -ious

gloss ග්ලොස්, *n.* දිස්නය, ඔපය, පිටස්තර පෙනුම, තේරුම්කිරීම, ටීකාව. *a.* -y (*n.* -iness). *n.* -ary, නිඝණ්ටුව, ගැටපද විවරණය (*a.* -ial)

glove ග්ලව්, *n.* අත්වැස්ම, අත් මේස්. *n.* -r, අත් මේස් සාදන්නා හෝ විකුණන්නා

glow ග්ලෝ, *n.* රතුපාට, දිලිහෙන උෂ්ණය.

v. n. -worm, කදෝකිමී, ඇබදුල්ලා

glue ග්ලූ. n. මැලියම්. v. මැලියමින් අලවනවා

glum ග්ලම්, a. අසතුටුවූ, දුර්මුඛවූ [වා. n.

glut ග්ලට්, v. කෑදරකලෙස හෝ අධිකලෙස කන

gluten ග්ලූටැන්, n. තිරිඟු ආදි ධාන්‍යවලින් ගන්න ඇලෙන ද්‍රව්‍යයක්. a. -inous, ඇලෙන සුලු. v. -inate, අලවනවා

glutton ග්ලටන්, n. කෑදරයා, බඩජාලියා, මස් කන සිව්පාවෙක්. a. -ous. n. -y

glycerine ග්ලිස්'අරින්, n. තෙල්හි මිහිරි කොටස

gnarl නාර්ල්, v. හෙමින් ගොරවනවා. n. ගැටය

gnash නෑෂ්, v. දත්මිට්කනවා

gnat නැට්, n. කුඩා මදුරුවිශේෂයක්

gnaw නෝ, v. ක්‍රමයෙන් විකනවා, කාවදිනවා

gnome නෝම්, n. පොළොවයට ලෝහ ඈදී විසනු හිමි භූතයා, කුරු, ක්ෂුද්‍රය, නීතිවාක්‍යය. a. -ic

go ගෝ, v. යනවා. n. -ing, යාම

goad ගෝඩ්, n. කෙවිට. v. පොළඹවනවා

goal ගෝල්, n. දිනුම්පළ, අදහස, අන්තිමය

goat ගෝට්, n. එළුවා. a. -ish [නවා

gobble ගොබ්බිල්, v. ශබ්දනගමින් ගිජුලෙස ගිලි

goblet ගොබ්ලැට්, n. ගුරුලේත්තුව

goblin ගොබ්ලින්, n. භූතයා, රාක්ෂයා

god ගෝඩ්, n. දේවතාවා, දෙවියෝ, දේව පිළිමය. n. -child, සිය අත් තබගලද දරුවා. n. -dess, දේවතාවී. n. -head, දෙවිකම. n. -father, සිය

අස් තබන පිණ. *a.* -less, දේව භක්ති නැති (*n.* -ness). *a.* -ly, දිව්‍ය, භක්තිවන්ත (*n.* -iness)

goggle ගොගල්, *v.* ඇස්පෙරලනවා. *n.* -s, ඇස් ප්‍රවේසමට පාවිච්චි කරන කණ්ණාඩි විශේෂයක්

goitre ගොයිටර්, *n* ගණ්ඩය, (බෙල්ලේ) වායු ගෙඩිය

gold ගෝල්ඩ්, *n.* රන්රත්, මිල, වස්තුව. *a.* *a.* -en

golf ගොල්ෆ්, *n.* ගෝල (පන්දු) ක්‍රීඩාවක්

gondol*a* ගොණ්ඩෝලා, *n.* දික්වූ පටු ඉතාලි ඔරු වර්ගයක්. *n.* -ier, ඒ ඔරුව පදින්නා

gong ගොං, *n.* ශබ්ද කිරීමට ගසන තැටිය

good ගුඩ්, *a.* හොඳ, යහපත්. *n.* යහපත. *n.* -s, බඩු, දේපල. *interj.* -bye ගොස් -day, ආයුබෝවන්. *a.* -ly (*n.* -iness). *n.* ness. *n* -will, කරුණාව, උපකාරය. *a* -for-nothing, කමකට නැති. *n.* -Friday, මහ සිකුරාදා

goose ගුස්, *n.* පාත්තයා (geese බහු) [වර්ගයක්

gooseberry ගුස්බෙරි, *n.* කටු සහිත කුඩා ගෙඩි

gor*e* ගෝර්, *n.* කීලය (කුඤ්ඤය) ක ආකාර රෙදි කෑබෙල්ල, කට්ටගැහුණු ලේ. *a* -y. *v.* අනිනවා

gorge ගෝර්ජ්, *n.* උගුර, කඳු අතර පටු මග, කඳුර. *v.* ගිජුලෙස ගිලකනවා

gorgeous ගෝර්ජිඅස් (හෝ) ගෝර්ජස්, *a.* බබලන, ඉතා අලංකාර. *n.* -ness [ලවං

gorilla ගොරිල්ලා, *n.* ඉතාමත් ලොකු වර්ගයේ වී

gormand ගෝර්මෑන්ඩ් (හෝ) ගෝර්·මන්ඩ්, *n.* කෑදරයා, බඩජාලියා. *v.*-ise, කෑදරලෙස කනවා

gory ගෝරි, *a.* ලේ තැවරුණු, මිනීමරු (gore බ.)

gosling ගොස්ලිං, *n.* පාත්තපැටියා

Gospel ගොස්පැල්, *n.* ක්‍රිස්තියානි ශුභාරංචිය

gossamer ගොස්සමර්, *n.* සිහින් මකුළු නූල්, සිහින් නූල්

gossip ගොස්සිප්, *n.* නිෂ්ඵලයේ දොඩන්නා, නිෂ්ඵල දෙඩවිල්ල. *v.*

got ගොට්, *v.* ලැබුනා, ලබාගත්තා (get බ.)

gourd ගෝර්ඩ් (හෝ) ගුර්ඩ්, *n.* ලබු, පුහුල්

gourmand ගුර්·මණ්ඩ්, *n.* (gormand බ.)

gout ගෞට්, *n.* වාත රක්තය, වාදම් රෝගය. *a.*-y

govern ගව්·අර්න්, *v.* ආණ්ඩුකරණවා, හික්මවනවා. *n* -or, ආණ්ඩුකාරයා (*n.* -ship). *n.* -ess, ළමයින් බලාගෙන ඔවුන්ව ඉගැන්වීම කරන ස්ත්‍රී. *a.* -able. *n.* -ment, ආණ්ඩුව, හික්මවීම

gown ගෞන්. *n.* දිග පිට ඇඳුමක්, ගවුම

grace ග්‍රේස්, *n.* කරුණාව, ශුභාශිංසාව, බිෂප් හෝ අනු බිෂොප්වරයෙකුගේ නාමය මුලට යොදන ගරු පදයක්. *v.* අලංකාර කරණවා. *a.* -ful (*n.*-ness) *a.* -less. *a.* gracious(*n.* -ness)

grade ග්‍රේඩ්, *n.* ප්‍රමාණය. *n.* -ation ග්‍රැඩේ·ෂන්, ක්‍රමයෙන් නැගීම. *n.* -ient, බෑවුම. *a.* -ual ග්‍රැඩ්‍යු·අල්, ක්‍රමික, ක්‍රමයෙන් වෙන. *n.*-uate, ශාස්ත්‍ර ශාලාවකින් පටබැඳි නමක් ලැබු අය; *v.* (*n.* -ion)

graft ග්‍රැෆ්ට්, *n.* ගසකට පාස්සන රිකිල්ල. *v.*

grain ග්‍රේන්, *n.* ධාන්‍ය, ධාන්‍ය ඇටය, මංචාඩිය කින් ¼ පංගුවක් පමණවූ බරක්, ඝෘදිමේදි ද්‍රව්‍ය පිහිටි ආකාරය, ස්වභාව. *v. n.* -nary, ධාන්‍ය අටුව. *a.* -nular, ඇට සහිත හෝ ඇට ආකාර. *v.* -nulate, ඇට ආකාරයට සාදනවා (*n.* -ion) [කන

graminivorous ග්‍රැමිනිවරස්, *a.* තණකොළ

grammar ග්‍රැමර්, *n.* ව්‍යාකරණ, ව්‍යාකරණ පොත. *n.* -rian, ව්‍යාකරණ දත් අය. *a.* -tical

granary ග්‍රැනරි, *n.* (grain බ.)

grand ග්‍රෑන්ඩ්, *a.* මහත්, උතුම්, ප්‍රධාන. *n.* -ee. සිටුවරයා. *n.* -ness. *n.* -eur ග්‍රෑන්ඩ්‍යුර් *n.* -child, මුනුබුරා හෝ මිනිබිරි. *n.* -daughter, මිනිබිරි. *n.* -father, මුත්තා. *n.* -mother, මුත්තනී. ආච්චි. *n.* -son, මුනුබුරා

grandiloquent ග්‍රෑන්ඩිල්ඔක්වෙන්ට්, *a.* අලංකාර සැරසිලි ලත් කථාකරන. *n.* -ce

granite ග්‍රැනයිට්, *n.* කළුගල්

grant ග්‍රෑන්ට් හෝ ග්‍රාන්ට්, *v.* දෙනවා. *n.* දීමා තෑග්ග, සන්නස. *n.* -ee, දීම ලැබූ අය

granular ග්‍රැන්යුලර්, *a.* (grain බ.)

granulation ග්‍රැන්යුලේෂන්, *n.* (grain බ.)

grape ග්‍රේප්, *n.* මිද්‍රිය ඵල, මුද්දිරප්පලම්. *a.* -y

graphic ග්‍රැෆික්, *a.* මහා විස්තර ඇති, ඉතා පැහැදිලි

graphite ග්‍රැෆයිට්, *n.* මිනිරන්

grapple ග්‍රැප්ප්ල්, *v.* තදින් අල්ලාගන්නවා, පොරබදනවා

grasp ග්‍රැස්ප්, *v.* අල්ලාගන්නවා. *n.*

grass ග්‍රෑස්, *n* තණකොළ. *a.* -*y* (*n.* -iness). *n.* -hopper, තණකිරවා, පලගැටියා

grate ග්‍රේට්, *n.* යකඩ මැස්ස. *n.* -ing, ගෑරදීම, සූරණ හෝ උලන ශබ්දය, ගෑරුම්; *a.* අමිහිරි. *v.* ගෑරදී දමනවා, ශබ්දකොට සූරණවා හෝ උලනවා. *n.* -er, සූරණ ආයුධය, හිරමණය

grateful ග්‍රේට්ෆුල්, *a.* කෙළෙහිගුණ සලකන. ප්‍රසන්න. *n.* -ness [tion

gratify ග්‍රැටිෆයි, *v.* සතුටුකරණවා. *n.* -ica-

gratis ග්‍රැටිස් (හෝ) ග්‍රේටිස්, *ad.* නිකම්, නොමිලයේ. *a.* -uitous, නිකම් දෙන, නිකරුණේ කී යන. *n.* -uity, තෑග්ග

gratitude ග්‍රැටිටියුඩ්, *n.* කෙළෙහිගුණසැලකීම

grave ග්‍රේව්, *a.* සැහැල්ලු නොවන, බර, සංසුං. *n.* -ity. *n.* මිනීවළ. *v.* කැටයම්කරණවා

gravel ග්‍රැවෙල්, *n.* මාවැලි, බොරළු, අශ්මරී

gravitate ග්‍රැවිටේට්, *v.* ඇදෙනවා. *n.* -ion

gravity ග්‍රැවිටි, *n.* බර, බරකම, සංසුංකම

gravy ග්‍රේවි, *n.* මස්සුප්, ඉස්ම

gray ග්‍රේ, *a.* අළුපාටවූ, පැසීමෙන් සුදුවූ. *a.* -ish. *n.* -ness [*n.* -ier

graze ග්‍රේස්, *v.* තණකොළ කනවා, ගෑවියනවා.

grease ග්‍රීස්, *n.* මස්තෙල්. *v.* මස්තෙල් ගානවා. *a.* -*y* (*n.* -iness) great ග්‍රේට්, *a.* මහත්, බොහෝ, උතුම්. *n.* -ness

Grecian ග්‍රීෂියන් (හෝ) ග්‍රීශන්, *a.* ග්‍රීස රට පිළිබඳ. *n.* ග්‍රීස්රටේ අය, ග්‍රීක්භාෂාව දන්නා [(*n.* -iness)

greed ග්‍රීඩ්, *n.* ගිජුකම, ලෝභකම. *a.* -*y*, ලෝභ

Greek ග්‍රීක්, *n.* ග්‍රීක් භාෂාව, ග්‍රීක්රටේ අය

green ග්‍රීන්, *a.* කොළපාටවූ, අමු, ලපටි. *a.* -ish. *n.* -ness. *n.* -s, අමු කොළ, පලා [යනවා

greet ග්‍රීට්, *v.* ආචාරකරණවා, ශුභ සිද්ධවේවායි කී.

gregarious ග්‍රෙගේරිඅස්, *a.* රැළේ සිටින

grenade ග්‍රෙනේඩ්, *n* අත් ගිනිඋණ්ඩය. *n.* -ier, ත්‍රිකාශා උස් යෝධපන්තියේ කෙනෙක්

grey ග්‍රේ *a.* (gray බ) *n.* -hound, කුළුංබල්ලා

gridiron ග්‍රිඩ්අයිර්න්, *n.* (මස් බදින) යකඩ මැස්ස

grief ග්‍රිෆ්, *n.* කණගාටුව, දුක

grieve ග්‍රීව්, *v.* කණගාටුකරණවා, කණගාටු වෙවා. *n.* -ance, අමාරුව, දුක්ඛ. *a.* -ous (*n.*-ness)

grill ග්‍රිල්, *n.* බදින යකඩ මැස්ස, බදිනලද මස්. *v.*

grim ග්‍රිම්, *a.* රෞද්‍ර, භයානක. *n.* -ness. *a.* -y

grimace ග්‍රිමේස්, *n.* මුඛ විකාරය, මුණ විකූලකිරීම

grin ග්‍රින්, *v.* දත්විකවනවා. *n.*

grind ග්‍රයින්ඩ්, *v.* අඹරණවා, සුණුකරණවා, මුවාත්කරණවා. *n.* -stone, ඇඹරුම්ගල

grip ග්‍රිප්, *v.* තදින් අල්ලනවා. *n.*

gripe ග්‍රෛප්, *v.* තදින්අල්ලනවා, බඩපීඩෙනවා. *n.*

grisly ග්‍රිස්ලි, *a.* බඳන් සුදුමැලි, භයානක. *n.* -iness

gristle ග්‍රිස්ල්, *n.* මෘදු ඇටය. *a.* -y

grit ග්‍රිට්, *n.* රළු හීන් සැල්, තද බැඳීම, ඒකිනේව ය, හිතේ ස්ථිර භාවය. *a.* -ty (*n.* -iness)

grizzly ග්‍රිස්'ලි, *a.* =grisly

groan ග්‍රෝන්, *n.* කෙඳිරිගෑම, ගෙරවීම. *v.*

groat ග්‍රෝට්, *n.* පැන්ස 4 ක් වටිනා පුරාණ ඉංග්‍රීසි මිලයක්, සුළු මුදල. *n.* -s, පොතු ඇරිය ඕට් (ධාන්‍ය විශේෂයක්) ගෝ ගෝධුම (තිරිඟු)

grocer ග්‍රෝ'සර්, *n.* තේ කෝපි සීනි ආදිය විකුණන්නා. *n.* -y, ඔහුගේ වෙළඳසාලාව. *n.* -ies. ඔහුගේ වෙළඳ බඩු

grog ග්‍රොග්, *n.* වතුර මිශ්‍රකළ මත්පැන්. *a.* -gy, මත්වූ [වර්ගයක්

grogram ග්‍රොග්'රෑම්, *n.* පට සහ ලෝමින් කළ පිළි

groin ග්‍රොයින්, *n.* ඉන්ද්‍රිය, බොක්කු දෙකක් හරහට වැදීමෙන් සෑදුනු වක්වූ මුල්ල

groom ග්‍රූම්, *n.* අස්ගොව්වා. *v.* ශුද්ධකරණවා. *n.* -sman, මණමාලයාගේ අතවැසියා

groove ග්‍රූව්, *n.* සීරුව, පීල්ල. *v.*

grope ග්‍රෝප්, *v.* අන්ධයෙකු මෙන් අතගාගනවා

gross ග්‍රෝස්, *a.* භාරබාරු, දළ, රළු, දෙබල, මුළු. *n.* මුළුල්ල, දුසිම් 12. *n.* -ness

grot ග්‍රොට්, *n.* ගුහාව, කුහරය (grotto බ.)

grotesque ග්‍රොටෙස්ක්, *a.* විලුප්පාකාර. *n.* -ness

grotto ග්‍රොට්'ටෝ, *n.* ගුහාව, කුහරය

ground ග්‍රෞන්ඩ්, *n.* බිම, මුල, කාරණය. *v.* බිම තබනවා, මුල්කාරණ පූර්ණ කරනවා. *a.* -less. *n.* -s, බොරු, කාරණ, මඩ්ඩි. *n.* -sel හෝ -sil, ගෙයි බිම පිහිටි ලී, එළිපත, පඩිය

group ග්‍රූප්, *n.* කුඩා සමූහය. *v.* කැටිකරනවා

grouse ග්‍රෞස්, *n.* වලිකුකුළු වර්ගයක්

grove ග්‍රෝව්, *n.* කුඩා වනය, ගස් පඳුරුකඩිය

grovel ග්‍රෝව් ඇල් (හෝ) ග්‍රාවල්, *v.* බඩගායනවා, නිවට ලෙස හැසිරෙනවා [*n.* -th, වැඩීම

grow ග්‍රෝ, *v.* වැඩෙනවා, වැවෙනවා. *a.* -n.

growl ග්‍රෞල්, *v.* ගොරවනවා. *n.*

grub ග්‍රබ්, *v.* හාරනවා. *n.* පණුවා, පිළුවා. *n.* -ber

grudge ග්‍රජ්, *n.* වෛරය, ක්‍රෝධය. *v.* ඊර්ෂ්‍යාකරනවා, අමනාපයෙන් දෙනවා

gruel ග්‍රූඇල්, *n.* කැඳ

gruesome ග්‍රූසම්, *a.* භයානක, අසික්කිත

gruff ග්‍රෆ්, *a.* කර්කශ, පරුෂ

grumble ග්‍රම්බල්, *v.* කොඳුරනවා, ගොරවනවා

grunt ග්‍රන්ට්, *n.* (ඌරාගේ මෙන්) රළුහඬ. *v.*

guarantee ගැරැන්ටී, *n.* සහතිකය, ඇපය. *v.*

guard ගාර්ඩ්, *v.* ආරක්ෂාකරනවා, මුරකරනවා. *n.* රැකවලා, රැකවල් සේනාව. *n.* -ian, ආරක්ෂාකාරයා (*n.* -ship); *a.* ආරක්ෂාකරන

guava ගුවාව, *n.* පේර

guerdon ගර්ඩන්, *n.* ත්‍යාගය, ප්‍රතිඵල. *v.* [සේනාව

guerilla ගරිල්ලා, *n.* හිරිහැරකරන අනියම් යුධ

guess ගැස්, *n.* අනුමානයට කීම. *v.*

guest ගෙස්ට්, *n.* අන්‍යගෙදරකදී සංග්‍රහ ලබන අමුත්තා හෝ මිත්‍රයා [යා පෙන්වනවා. *n.* -ance

guide ගයිඩ්, *n.* මඟපෙන්වන්නා. *v.* මඟ හෝ එකි

guile ගයිල්, *n.* දඟය, ප්‍රයෝගය. *a.* -ful (*n.* -ness). *a.* -less (*n.* -ness;

guillotine ගිල්ලෝටීන්, *n.* එකපහරින් හිස කපා දමන යන්ත්‍රයක්. *v.*

guilt ගිල්ට්, *n.* වරදකාරකම, අපරාධය. *a.* -less (*n.* -ness). *a.* -*y* (*n.* -iness) [ලයක්

guinea ගිනි, *n.* සිලිං 21 ක් වටිනා රත්‍රන් මි

guise ගයිස්, *n.* පිටස්තර පෙනුම, වේශය

guitar ගිටාර්, *n.* (තත්හයේ) වීණාව

gulf ගල්ෆ්, *n.* මහ බොකු වරාය

gull ගල්, *n.* මුහුදු පක්ෂියෙක්, පහසුවෙන් රැවටෙන්නා. *v.* වංචාකරනවා. *a.* -ib*le* (*n.* -ity)

gullet ගල්ලැට්, *n.* උගුර, කණ්ඨිම කෑම බොක් කට මාර්ගය

gully ගල්ලි, *n.* වතුර බැසීමෙන් සෑදුනු ගැඹුරු ඇල [ගැනීම

gulp ගල්ප්, *v.* ගිලිනවා. *n.* වරකට හුහක් ගිල

gum ගම්, *n.* මැලියම්. *v.* මැලියම් ගානවා. *a.* -m*y* (*n.* -iness). *n.* විදුරුමස

gun ගන්, *n.* තුවක්කුව, කාලතුවක්කුව. *n.* -ner, කාලතුවක්කුකාරයා. *n.* -nery, කාලතුවක්කු

යොදන විසිය. n. -cotton, පුපුරණ වෙඩි පු
ළුන්. n. -metal, (කාලතුවක්කු ආදිය තැනීමට යොදන) තඹ බෙලෙක් මිශ්‍රකොට කළ ලෝහ වර්ගයක්. n. -powder, වෙඩිබෙහෙත්

gurgle ගර්ගල්, v. ගඩගඩගා ගලනවා හෝ වැක්කෙරෙණවා. n. ගැලීමෙන් හෝ වැක්කිරීමෙන් වන ශබ්දය

gush ගශ්, v. වේගයෙන් නික්මෙනවා. n.

gusset ගස්සෙට්, n. ඇඳුමක මහණ තැන්වලට රෙදි කෑබැල්ල

gust ගස්ට්, n. සුළං පහර, හදිසි ක්‍රෝධකෝපය. රස, රුචිය. a. -atory, රසවිඳීම පිළිබඳ. n. -o, රසවිඳීම, රසය, ප්‍රීතිය. a. -y, කුණාටු ඇති

gut ගට් n. බඩවැල. v. ඇතුල් කොටස පිටකරණවා, ඇතුළ විනාශකරණවා, සම්පූර්ණයෙන් හිස්කරණවා

gutta-percha ගට්ට-පර්ච, n. (තොණ්ඩයක් බඳු සෑදීමට යොදන) මැලියම් විශේෂයක්

gutter ගට්ටර්, n. ඇල්ල, ජලමාර්ගය. v. අගල් ඇති මාර්ග සාදනවා

guttural ගට්ටරල්, a. බොටුවේ සැදුන. n. කණ්ඨජාක්ෂරය [යක්, ආධාරලණුව

guy ගයි, n. විකාරලෙස ඇඳි අය, විකාර රූප

guzzle ගස්ල්, v. කෑදරලෙස හෝ නිතර බොනවා

gymnasium ජිම්නේසිඅම්, n. ශරීර ව්‍යායාම ශා

ශක්වය ස්ථානය. *n.* -tics, ව්‍යායාම විධි. *a.* -tic. *n.* -t, ව්‍යායාම පුරුදුකරන්නා

gypsum ජිප්සම්, *n.* සිරිගරුඬ වැනි ගල්වර්ගයක්

gypsy ජිප්සි, *n.* = gipsy

gyrate ජෛරේට්, *v.* යමක් වටේ කරකැවෙනවා. *n.* -ion. *a.* -ory

gyre ජෛර්. *n.* කරකැවීම, කවය, මණ්ඩලය

gyve ජෛව්, *n.* විලංගු, මාංචු. *v.* විලංගු හෝ මාංචු ලනවා

H.

h, ඉංග්‍රීසියේ 8 වෙනි අක්ෂරය. එය සමහරවිට ශබ්දනොදේ (උදාහරණ: honour ඔනර්, right රයිට්). 200 ඇඟවීමේද යොදනු ලැබේ

ha හා, *interj.* හා! අහෝ! ඔහෝ!

haberdasher හැබ්·ආර්ඩෑ·ෂර්, *n.* රෙදිපටි නූල් ආදී සුළු බඩු විකුණන්නා. *n.* -y, රෙදිපටි නූල් ආදී සුළු බඩු

habiliment හැබිලිමැන්ට්, *n.* වස්ත්‍රය

habit හැබිට්, *n.* පුරුද්ද, සිරිත, ඇඳුම. *v.*, *a.* -ual, *v.* -uate, පුරුදුකරණවා

habitable හැබිට·බල්, *a.* වාසයට සුදුසු. *n.* -tion, වාසස්ථානය. *n.*-t, (ශාක හෝ සත්තුන්ගේ) ජන්මරට හෝ වාසස්ථානය

hack හැක්. *v*. කොටනවා, පරක්කට කපනවා. *n*.
hackery හැකරි, *n*. කිරිකේස ළඟ [පට, ඇමි
hackle හැක්ල්, *n*. හණ කෙඳි පිරණ උපාව, අමු
hackney හැක්නි, *n*. කුලී අශ්වයා, වැඩකොට දිරූ අශ්වයා. *a*. -ed. බොහොම වැඩගත්, සාමාන්‍ය
had හැඩ්, *v*. තිබුනා (have බ.)
haddock හැඩොක්, *n*. මුහුදු මත්ස්‍ය වර්ගයක්
hæmorrhage හැමරේජ්, *n*.=hemorrhage
haft හැෆ්ට්, *n*. ආයුධයක මිට. *v*. මිටගහනවා
hag හැග්, *n*. අවලක්ෂණ මැහැල්ලී, මන්ත්‍රකාරී
haggard හැගර්ඩ්, *a*. රූක්ෂ කෙට්ටු පෙණුමක් ඇති, කෙට්ටු
haggle හැගල්, *v*. කුඩා කැබලිවලට කපනවා, හර ගොට කපනවා, පුවකරුණු ගැණ විවාදකරමින් අමාරුකරනවා, කේවැල් කරණවා
hail හේල්, *n* ගල් වර්ෂාව, පාෂාණ වැස්ස. *v*. ගල් වැස්ස වස්සනවා, ඈත සිටින කෙනෙකුට අඬගසනවා, ශුභසිද්ධ වේවා කියනවා. *interj*. ස්වස්ති!
hair හෙයර්, *n*. කෙස්, ලොම්. *a*. -*y* (*n*. -iness) *a*. -less. *a*. -breadth, ඉතාමත් ගෙයක් පළල ඇති, යන්තම්. *n*. -splitting, ඉතා සුළු කාරණු ප්‍රමණේද සැලකීම
halcyon හැල්සියන්, *n*. මත්ස්‍ය වර්ගයක් (දිය පිළිහුඩුවා). *a*. ශාන්ත
hale හේල්, *a*. නිරෝග, සත්ප ඇති

half හාෆ්, *n.* භාගය, අර්ධය. *a.* සහ *ad.* *n.* -brother, දෙමව්පියන්ගෙන් එක්කෙනෙකුගේ පමණක් පුත්‍රයා. *a.* -hearted, නිරුත්සාහ, උත්සාහ අඩු. *n.* -penny හේප්පැනි, පැන්ස භාගය, ශිලිමයක් භාගය

hall හෝල්, *n.* ශාලාව

hall mark හෝල්මාර්ක්, *n.* නීතියෙන් නියම මාත්‍රාව ඇති බවට රිදී රත්‍රන් බඩුවලට ගසාදන ලකුණ

Halleluiah } හැලලූයා, *interj.* ස්වාමින්වහන්සේට ප්‍රශංසා කරව! *n.* ස්තුති හෝ ප්‍රශංසා ගීතිකාව
Hallelujah }

halloo හැලූ, *interj.* ඕයි! *v.* ඕයි කියා සඬහන නඟා, අඬගසනවා *n.*

hallow හැලෝ, *v.* ශුද්ධකරනවා, කැපකරනවා

hallucination හැලූසිනේෂන්, *n.* රැවටිලි සිතිවිලි, මායාව

halo හේලෝ, *n.* ඉරහඳ ආදිය වටේ ප්‍රභාමණ්ඩලය, රැස් වළල්ල

halt හෝල්ට්, *v.* නවතිනවා, කොරගහනවා. *a.* සහ *n.* *n.* -er, අශ්වයාගේ ඉස් පටිය, එල්ලුම් ගහේ ලණුව

halve හාව්, *v.* දෙකට බෙදනවා. *n.* -s, භාග

ham හැම්, *n.* කලවා ගාතය, ලුණු උළාරූගාතය. *v.* -string, කලවේ (කකුලේ) නහර කපනවා

hamlet හැම්ලැට්, *n.* රටක ගෙවල් රැසක්, කුඩා ගම

hammer හැමි·මර්, *n.* මිටිය. *v* මිටියෙන් ගහනවා

hammock හැම්මොක්, *n.* එල්ලන නූල් ඇඳ

hamper හැම්·පර්, *v.* බාධාකරනවා, පැටලිලි කරනවා. *n.* ලොකු වැල් කූඩය හෝ පෙට්ටිය

hand හෑන්ඩ්, *n.* අත, අඟල් 4, අත් අකුරුවල විධිය, වැඩකරන්නා. *v.* අතින් දෙනවා. *a.* -less. *n.* -full, අතලොස්ස. *n.* -cuff, මාංචු; *v.* මාංචු දමනවා. *v.* -icap, බාධාකරනවා; *n.* ඔට්ටුව. *n.* -icraft, හස්තකර්මාන්තය. *n.* -kerchief, ලේන්සුව. *n.* -writing, අත් අකුරු, අත් ලියවිල්ල

handle හෑන්ඩ්ල්, *v.* අල්ලා බලනවා, පාවිච්චිකරනවා, කාරණ දක්වනවා. *n.* (අල්ලන) මිට

handmaid හෑන්ඩ්මේඩ්, } *n.* වැඩකාරී
handmaiden හෑන්ඩ්මේඩන්, }

handsel හෑන්ස්ල්, *n.* ප්‍රථම විකිණීම හෝ භාවිතාව, අත්තිකාරම. *v.*

handsome හෑන්ඩ්සම්, *a.* ලක්ෂණ, ලොකු

handy හෑන්ඩි, *a.* දක්ෂ, ආසන්න, පහසු. *n.* -iness

hang හෑං, *v.* එල්ලනවා, එල්ලා මරනවා. එල්ලී සිටිනවා. *n.* -ings, ලක්ෂණට එල්ලන රෙදි. *n.* -er, එල්ලන්නා, යොදවූ පළල් කඩුව *n.* -man එල්ලුම් ගහේ එල්ලන්නා, අළුගෝසුවා

hank හෑංක්, *n.* නූල් කැරැල්ල

hanker හැං·කර්, *v.* ඉතා ආශාවෙන් ඉන්නවා

hansom හැන්සම්, } *n.* වකුලු දෙකේ රථ
hansom-cab හැන්සම්කැබ්, } වර්ගයක්

hap හැප්, *n.* අහම්බය, හේතු අහේතුව. *a.* -less, අවාසනාවන්ත. *ad.* -ly, අහම්බෙන්වත්. *n.*-hazard, අහම්බය. *v.* -pen, සිඩවෙනවා

happy හැප්පි, *a.* ප්‍රීතිමත්, වාසනාවන්ත. *n.* -iness

harangue හැරැං, *n.* ප්‍රසිඩ කථාව. *v.*

harass හැර්·අස්, *v.* වෙහෙසනවා, හිරිහැරකරණවා

harbinger හාර්බිං·ජර්, *n.* පෙරටුව යන හේවායා, පූර්ව නිමිත්ත [මුවාකරණවා. *n.* -age

harbour හාර්·බර්, *n.* නැව්තොට, රක්ෂා ස්ථානය. *v.*

hard හාර්ඩ්, *a.* තද, අමාරු, බරපතල. *ad.* තදින්, අමාරුවෙන්, ලඟ. *a.* -fisted, ශක්තිමත් අත් ඇති, ලෝභ. *n.* -headed, තීක්ෂණ, චතුර, බුඩිමත්. *a.* -hearted, දැඩි සිත් ඇති, කෲර. *ad.* -ly, අමාරුවෙන්, කම්තමි, පරුෂලෙස. *n.* -ness. *n.* -ship, අමාරු ක්‍රියාව, පීඩාව. *v.*-en, දැඩිකරණවා. *n.* -ware, ලෝහවලින් කළ (කල පිඟාන ආදී) බඩු. *a.* -y, වෙහෙසවිඳීමට පුරුදු, සවිබල, නිර්භීත (*n.* -iness, -ihood)

hare හෙයර්, *n.* හාවා [පුරය, අන්තඃපුරයේ ස්ත්‍රීහු

harem හේරැම්, *n.* ස්ත්‍රීන්ගේ මාලිගාව, අන්තඃ

hark හාර්ක්, *v.* ඇහුම්කන්දෙනවා, අසනවා

harlequin හාර්ලික්වින්, *n.* නාඩගම්වල බහුබූතයා

harlot හාර්ලොට්, *n.* වේශ්‍යා ස්ත්‍රී. *n.* -ry

harm හාර්ම්, *n.* හානිය, වරද. *a.* -full. *a.* -less

harmonic හාර්මොනික්, *a.* නාදයෙන් එකඟ. *a.* -cal. *a.* -ous, කණට මිහිරි, එකඟ (*n.* -ness) *n.* -um, ගායනා පෙට්ටිය. *v.* -se, එකඟකරනවා

harmony හාර්මොනි, *n.* එකඟකම [අන්දනවා

harness හාර්නැස්, *n.* අශ්ව ඇඳුම. *v.* අශ්ව ඇඳුම්

harp හාර්ප්. *n.* වීණාව, *v.* වීණාගානවා. *n.*-er, ist

harpoon හාර්පූන්, *n.* මසුන් මරන හෙල්ලයක්. *v.*

harrow හැර්රෝ, *n.* දැති පෝරුව. *v.*

harry හැර්රි, *v.* කොල්ලයනවා, පීඩාකරනවා

harsh හාර්ෂ්, *a.* රළු, පරුෂ. *n.* -ness

hart හාර්ට්, *n.* මුවා. *n.* - s·horn, මුව අං, මුව අං ආදියෙන් සාදන බෙහෙත් ද්‍රව්‍යයක්

harvest හාර්වැස්ට්, *n.* ගොයම් කපන කාලය. *v.*

hash හැෂ්, *v.* කෑලිවලට කපනවා. *n.* මස්පෙති සහිත උයාපු යෑම

hasp හැස්ප්, *n.* (දොරයක් ආදිය දමන) කොක්ක

haste හේස්ට්, *n.* ඉක්මන. *v.* -en, ඉක්මන්කරනවා. *a.*-*y* (*n.* -iness) [හෝ වීකුණන්නා

hat හැට්, *n.* තොප්පිය. *n.* -ter, තොප්පි සාදන්නා

hatch හැච්, *v.* බිජුරකිනවා, රහසින් සාදනවා. *n.* නැව් තට්ටුවේ දොර

hatchet හැචැට්, *n.* අත් පොරව

hate හේට්, *v.* වෛරකරනවා. *a.* -full

hatred හේට්‍රඩ්, *n.* වෛරය, පිළිකුල

haught*y* හෝටි, *a.* උඩඟු. *n.* -iness

haul හෝල්, *v.* තදෙන් අදිනවා. *n.* තද ඇදීම, දැලෙන් ඇදගත් මසුන් ප්‍රමාණය

haunch හෝංච්. *n.* නිතඹ, උකුල

haunt හෝන්ට්, *n.* නිතර ගැවසෙන ස්ථානය. *v.* නිතර ගැවසෙනවා, හොල්මන් කරනවා

hautboy } hautbois } හෝබෝය්, *n.* නළ දෙකක් ඇති නළාවක්

have හැව්, *v.* සිඹබනවා, සිදුවී තිබෙනවා (had බ.)

haven හේවින්, *n.* නැව්තොට, රක්ෂාස්ථානය

haversack හැව්'ඇ:ර්සැක්, *n.* යුධ භේවායාගේ කෑම මල්ල

havoc } havock } හැවොක්. *n.* බොහෝ දෙනෙක් මරා දැමීම, වැනසීම

haw හෝ, *n.* කටුගස් වර්ගයක ගෙඩි, ඉඩවැටිය

hawk හෝක්, *n.* උකුස්සා, ගිජ්ජා. *v.* වෙළඳාමට තැනින් තැන බඩු ගෙනයනවා. *n.* -er

hay හේ, *n.* වේලාපු තණකොළ

hazard හැස්අර්ඩ්, *n.* අහම්බය හෝ අනතුරක් සහිත කරුණ. *a.* -ous [නොපැහැදිලි (*n.*-iness)

haze හේස්' *n.* හිම් මීදුම. *a.* -*y*, හිම් මීදුම සහිත.

he හී, *pron.* එයා, හෙතෙම. *a.* පිරිමි

head හෙඩ්, *n.* හිස, මුදුන, ප්‍රධාන අය, නායකයා, මුල් ස්ථානය. *v. a.* -less. *n.* -ache, හිස කැක්කුම. *n.* -land, දේශතුඩුව. *a.* -long, ඉස ඉදිරී

සට ඇති, බෑවුම ඉතා වැඩි, ඉස්මත්, අප්‍රවේශම්. *n.* -man, නායකයා, මුලාදෑනියා. *n.* -quarters, ප්‍රධානියාගේ ස්ථානය. *n.* -sman, ඉහ ගහදමන වදකරුවා. *a.* -strong, මුරණ්ඩු. *a.* -*y*, හිතුවක්කාර, මත්කාරක (*n.* -iness)

heal හීල්, *v.* සුවකරනවා [සනීප ඇති (*n.* -iness)

health හෙල්ත්, *n.* සනීපය. *a.* -ful (*n.* -ness). *a.* -*y*,

heap හීප්, *n.* ගොඩ. *v.* ගොඩගහනවා

hear හි'අර්, *v.* අසනවා, ඇහුම්කන්දෙනවා. *n.* -say, ඇසූ දේ, ආරංචිය

hearken හාර්කන්, *v.* ඇහුම්කන්දෙනවා

hearse 'හාර්ස්, *n.* මිනී ගෙනයන රථය

heart හාර්ට්, *n.* හෘදය, සිත, මැද කොටස, අරටුව, ධෛර්යය. *a.* -less, අනුකම්පා නැති. බිය සුළු. *a.* -*y*, අව්‍යාජ (*n.* -iness). *n.* -burn, හෘදය වේදනාව, කෑම බොක්කන් දැවිල්ල [ගල, නිවාසය

hearth 'හාර්ත්, *n.* ලිප, ලිප ඉදිරියෙහි වට පැතලි

heat හීට්, *n.* උෂ්ණය, සැරකම, උනන්දුකම. *v.* රත්කරනවා, අවුස්සනවා

heath හීත්, *n.* මිටි මල් සහිත පැලවර්ගයක්, ඒ පැලවර්ගයෙන් වැසුනු බිම. *a.* -y [*n.* -dom

heathen හීදන්, *n.* මිථ්‍යාදෘෂ්ටිකයා. *a.* -ish. *n.* -ism.

heave හීව්, *v.* උස්සනවා, එක්කරනවා, මුහුද රැළ මෙන් ඉහළ යනවා

heaven හෙවන්, *n.* දිව්‍යලෝකය. *a.* -ly (*n.* -iness)

heavy හැවි, *a.* බරවූ, දුඃඛිත. *n.* -iness

Hebrew හීබ්රූ, *n.* හෙබ්‍රෙව් ජාතියේ අය හෝ භාෂාව. *a.* -aic [සතුන් රැසක් සහිත බිලිපූජාව

hecatomb හැක්'අටොම්, *n.* හරකුන් සීයක් හෝ

hectic හැක්ටික්, *a.* පුරුදු, ස්වභාවික, ස්වභාවික හෝ ක්ෂයරෝග උණ පිළිබඳ

hedge හැජ්, *n.* බඩවැටිය, පැළ ඉණි වැට. *v.* *n.* -hog, ඉත්තෑවා. *n.* -row, බඩවැටිය

heed හීඩ්, *n.* ප්‍රවේසම, සැලකිල්ල. *v.* *a.* -less (*n.* -ness). *a.* -ful (*n.* -ness) [ය දමනවා

heel හීල්, *n.* විළුඹ, අඩිය. *v.* (සපත්තු ආදියේ) අඩි

Hegira හැජ්ඉර, *n.* (ක්‍රි. ව. 622 ජූලි 16 දින වූ) මක්කම්න් මහමත්ගේ පලායාම, මහමත් වර්ෂයේ මුල

heifer හැෆ්'අර්, *n.* වැස්සි, නැම්බි

height හෛට්, *n.* උස. *v.* -en, උස්කරණවා

heinous හේනස්, *a.* ඉතා දුෂ්ට. *n.* -ness

heir එ'අර්, *n.* උරුමක්කාරයා. *n.* -dom. *n.* -ess, උරුමක්කාරී. *a.* -less. -loom, පරම්පරාවෙන් පැවත ආ බඩුව. *n.* -ship

heliograph හේලියෝග්‍රෆ්, *n.* සූර්යයාගේ ජායාරූප ගැනීමට යන්ත්‍රයක්, හිරුරැස්වල ආධාරයෙන් සංඥාකරණ කැඩපත

hell හැල්, *n.* නිරය, අපාය. *a.* -ish

Hellenic හැල්ලැන්ඉක්, *a.* ග්‍රීස්රට ජනයා හෙවත්

හැල්ලැනිස්ව්‍රිත් හෝ ඔවුන්ගේ භාෂාව පිළි බඳ. *n.* -sm, ග්‍රීක් භාෂාරීතිය, පුරාණ ග්‍රීස් රට ශිල්පාචාරකම

helm හැල්ම්, *n.* සුක්කානම, නියෝගකරණ හෝ යොදන ස්ථානය. *n.* -sman, සුක්කානම භාර කාරයා

helmet හැල්මැට්, *n.* යුධ තොප්පිය

help හැල්ප්, *v.* ආධාරකරණවා. *n.* ආධාරය. *a.* -ful. *a.* -less (*n.* -ness). *n.* -mate, සහකාරයා

hem හැම්, *n.* වාට්ටුය. *v.* වාට්ටමහණවා, වටකර ණවා [ම. *a.* -ical

hemisphere හැමිස්ෆියර්, *n.* අර්ධභූගෝල සිතිය

hemlock හැම්ලොක්, *n.* විෂ වල් පැළ වර්ගයක්

hemorrhage හැමරේජ්, *n.* නාසයෙන් හෝ පෙණහලුවෙන් හෝ බඩවැල්වලින් හෝ ලේ යාම

hemorrhoids හැමොරොයිඩ්ස්, *n.* අර්ශස්

hemp හැම්ප්, *n.* හණ. *a.* -en [යටත්

hen හැන්, *n.* කිකිළි. *a.* -pecked, භාර්‍යාවට

hence හැන්ස්, *ad.* මෙයින්, එබැවින්. *ad.* -forth, -forward, මෙතැන් පටන් ඉදිරියට

henchman හැංච්මැන්, *n.* මෙහෙකරුවා

hendiadys හැන්ඩයිඅඩිස්, *n.* එක අර්ථයක් නාම දෙකකින් දක්වන විධිය [න් 7ක් ඇති රූපය

heptagon හැප්ටගොන්, *n.* පැති 7 ක් හා කො

heptarchy හැප්ටාර්කි, *n.* හත්දෙනෙක් විසින් පව ත්වන ආණ්ඩුව

her හර්, *pron.* ඈ, ඇගේ. *pron.* -s, ඇගේ. *pron.* -self, ඇම

herald හැර්අල්ඩ්, *n.* පිළිතෙළකරන්නා, ප්‍රසිද්ධ කරන්නා, දූතයා. *v. a.* -ic. *n.* -ry, පණිවිඩකාර කම, වංශලකුණු කිරීමේ ශිල්පය

herb හර්බ්(හෝ) අර්බ්, *n.* පලා. *a.* -aceous. *n.* -age, පලා ජාති, තණකොළ. *n.* -al, පලාජාති ගැණ පොත. *n.* -alist, පලාජාති එකතුකරන්නා හෝ එකුණන්නා. *n.* -arium, පරීක්ෂාකිරීම පිණිස වෙළූ පලාවල රැස. *a.* -ivorous, පලා වලින් යැපෙන

herculean හර්කියුලිඅන්, *a.* අති ශක්තිමත්, [ඉතා අමාරු

herd හර්ඩ්, *n.* රැළ, සමූහය, එළෙඬරා. *v. n.* -sman, එඬේරා

here හිඅර්, *ad.* මෙහි. *ad.* -after, මින් පසු; *n.* මතු යනභාව. *ad.* -by, මෙයින්. *ad.* -in, මෙහි. *ad.* -inafter, මීට පසු මෙහි. *ad.* -of, මෙහි. *ad.* -to, -unto, මීට. *ad.* -tofore, මීට පූර්ව. *ad.* -with, මේ සමඟ

heredit*able* හිරඩිඉටබ්ල්, *a.* උරුමවිය හැකි. *a.* -ary, උරුමවූ, ප්‍රවේණි. *n.* -y

heresy හැර්ඉසි, *n.* මිථ්‍යාමත

heretic හැර්ඉටික්, *n.* මිථ්‍යාමත ඇත්තා.*a.* -al

herit*able* හැර්ඉටබ්ල්, *a.* උරුමවිය හැකි. *n.* -ge, උරුම වස්තුව [*a.* -ic

hermaphrodite හර්මැෆ්රඩයිට්, *n.* නපුංසකයා.

hermetic ·හර්මැටික්,
hermetical ·හර්මැටික·කල් } *a.* සම්පූර්ණයෙන්වැසූ

hermit ·හර්මිට්, *n.* තාපසයා. *n.* -age, තපස් නිවස

hernia ·හර්නියා, *n.* වෑඩීම, මහත්වීම. *a.* -l

hero හීරෝ, *n.* වීරයා, ශූරයා, නායකයා, කථාපුරුෂයා. *n.* -ine (*f.*). *a.* -ic. *n.* -ism

heron හැර්·අන්, *n.* කොකා

herring හැරිං, *n.* කුඩා මුහුදු මසෙක්

hers ·හර්ස්, *pron.* ඇයගේ දම් ගහනමැස්ස

herse ·හර්ස්, *n.* දැතිපෝරුව වැනිමැස්ස, ඉටිපන්

hesitate හැසිටේට්, *v.* ශංකාකරණවා, ඇනහිටිනවා, විකල්පගහණවා. *n.* -tion. *n.* -ncy

Hesperian හැස්පිරි·අන්, *a.* පශ්චිම, බටහිරි

heterodox හැට·අරොඩොක්ස්, *a.* සිත්හ මත, ධර්ම විරුද්ධ. *n.* -y [අසමානවූ

heterogeneous හැට·අරොජීනිඅස්, *a.* ජාතියෙන්

hew හියූ, *v.* කපනවා, කොටනවා. *a.* -n

hexagon හැක්ස්·අගොන්, *n.* පැති 6 ක් සහ මුළු 6 ක් ඇති රූපය [පදය

hexameter හැක්සැමිටර් *n.* පාද 6 ක් ඇති කවි

hiatus හයිඒ·ටස්, *n.* අතර, හිස් තැන, හිඳීම

hibernate හයි·බර්නේට්, *v.* හේමන්ත (ශීත) කාලය පසුකරණවා. *n.*-ion [සි. *n.* ඓර්ලන්තයා

Hibernian හයි·බර්නිඅන්, *a.* ඓර්ලන්තයට අයි

hiccough } හික්අප්, *n.* ඉක්කාව. *v.*
hiccup }

hide හෛඩ්, *v.* සඟවනවා. *n.* හම. *a.* -den, සැඟවී තිබෙන, රහස්

hideous හිඩිඅස්, *a.* භයානක, ඝෝර. *n.* -ness

hie හෛ, *v.* හනික යනවා, ඉක්මන්කරණවා

hierarch හෛ'අර්ආර්ක්. *n.* ආගම සම්බන්ධ නායකයා. *a.* -ical. *n.* -y, ආගම සම්බන්ධ නායකත්වය, නායක සමූහයා

hieroglyph හෛ'අරොග්ලිෆ්, } *n.* මිසරරටේ රූප අකුරු,
hieroglyphic හෛ'අරොග්ලිෆික්, } ගූඪාක්ෂර. *a.* -ic. *a.* -ical

high හෛ, *a.* උස්වූ, ප්‍රධාන, අධික. *n.* -ness, උස්කම, කුමාරවරුන්ට යොදන ගරු පදයක්. *a.* -church, ආගම චාරිත්‍ර ගැන විශේෂ සැලකීමක් ඇති. *n.* -land, කඳුරට, ගොඩ බිම. *n.* -lander, කඳුරට වැසියා. *n.* -road, මහපාර

hilarious හිලේරිඅස්, *a.* ප්‍රීතිසන්තෝෂ. *n.* -ty

hill හිල්, *n.* මිටි කන්ද. *a.* -y. *n.* -ock, ගොඩැල්ල

hilt හිල්ට්, *n.* මිට, කඩු මිට

him හිම්, *pron.* ඔහු. -self, ඔහුම

hind හෛන්ඩ්, *n.* මුවදෙන. *a.* පසු, පස්ස. *a.* -er. *a.* -most හෝ -ermost, අන්තිම [හෝ -erance

hinder හින්ඩර්, *v.* බාධාකරණවා. *n.* -rance

Hindu හින්ඩු, *n.* හින්දු ජාතියේ කෙනෙක්. *n.* -stani, හින්දුස්ථානි භාෂාව

hinge හිංජ්, *n.* අසව්ව, සරනේරුව. *v.*

hinny හින්නි, *n.* අශ්ව පැටවා, කොටළු පැටවා

hint හින්ට්, *n.* හැඟවීම, ඉඟිය. *v.*

hip හිප්, *n.* උකුල, ගෙඩි වර්ගයක් [මහා සිව්පාවෙක්

hippopotamus හිප්පෝපොටැමස්, *n.* අප්‍රිකාවේ

hire හයර්, *v.* කුලියට ගන්නවා හෝ දෙනවා *n.* කුලිය. *n.* -ling, කුලියට වැඩකරන්නා

hirsute හර්සූට්, *a.* රෝමයෙන් ගැවසී

his හිස්, *pron.* ඔහුගේ [ශබ්දය. *v*

hiss හිස්, *n.* 'හිස' ශබ්දය. නින්දා පිණිස කරන ඒ

history හිස්ටරි, *n.* කථාන්තරය. *n.* -ian, කථාන්තර පොත් ලියන්නා. *a.* -ic, -ical. *n.* -iographer, රජක කථාන්තර ලියන මුලාදෑ නියා [*a.* -al, *n.* -s, නාඩගම් දක්නාව

histrionic හිස්ට්‍රිඔනික්. *a.* නාඩගම් සම්බන්ධ.

hit හිට්, *v.* ගහනවා, හැප්පෙනවා. *n.*

hitch හිච්, *n.* කොක්ක, බාධාව

hither හිදර්. *ad.* මෙහාට. *ad.* මෙහා. *ad.* -most, මෙහාට ඉතා ලඟින්. *ad.* -to, මේ දක්වා. *ad.* -ward, මේ දිසාවට

hive හයිව්, *n.* මීය, මීමැසි කූඩුව. *v.*

ho හෝ, *interj.* ඕයි! (ඈත ඉන්න කෙනෙකුට දැනැස්මට යෙදේ)

hoar හෝර්, *a.* සුදු, පැසුණු. *a.* -*y*, පැසීමෙන් සුදුවූ (*n.* -iness). *n.* -frost, මිදුන සුදු පිණි රල්

hoard හෝර්ඩ්. *n.* රැස, නිධානය. *v.* රැස්කර තබනවා

hoarse හෝර්ස්, *a.* බැරැඩි, රළු. *n.* -ness

hoary හෝරි, *a.* (*n.* -iness) (hoar බ.)

hoax හෝක්ස්, *n.* සරදම් වංචාව හෝ දඟය. *v.*

hobby හොබ්බි, *n.* ශක්ති සම්පන්න මිටි අශ්වයා, ලී අශ්වයා, ආලය ඇති කාරණය

hobgoblin හොබ් ගොබ්ලින්, *n.* ප්‍රේතයා, භූතයා

hock හොක්, *n.* දනිස්සකඹියේ පස්සා කොටස, වැයින් වර්ගයක් [පන්දුවලට ගසන ක්‍රීඩාව

hockey හොකි, *n.* තලයක් සහිත පොලුවලින්

hocus හෝකස්, *v.* රවටනවා. *n.* -pocus, ජප්ජා

hoe හෝ, *n.* උදැල්ල. *v.* උදැල්ලෙන් කොටනවා

hog හොග්, *n.* කප්පාදුකළ ඌරා, අවුරුද්දක බැටළුවා. *a.* -gish [ලොකු ලේගාරය

hogshead හොග්ස්හෙඩ්, *n.* ගැලුම් 54 ප්‍රමාණය,

hoist හොයිස්ට්, *v.* ඔසවනවා *n.* උස්සන යන්ත්‍රය

hold හෝල්ඩ්, *v.* අල්ලනවා. *n.* ඇල්ලීම, බලය, බලකොටුව, නැවේ ඇතුළු කොටස. *interj.* නිශ්චලව ඉඳු! ඉවසව! *n.* -ing, බදු ගත් ඉඩම

hole හෝල්, *n.* සිළුර, සිදුර, වළ [දවස

holiday හොලිඩේ. *n.* නිවාඩු දවස, සෙල්ලම්

holiness හෝලිනැස්, *n.* පවිත්‍රතාවය (holy බ.)

holla හොල්ලා,
hollo } හොලෝ
holloa } ලෝ, } *interj.* ඔයි! *v.* 'ඔයි' කියා මුරගානවා. *n.*

hollow හොල්ලො, *a.* කුහර ඇති, හිස්, විඩසා.
කුහක. *n.* කුහරය. *v. n.* -ness [යක්
holly හොල්ලි, *n.* කටු සහිත කොළ ඇති ගස්වගී
holocaust හොල්ඔකෝස්ට්, *n.* සම්පූර්ණයෙන්
දවන පූජාව [අන්තිම කැමති පත්‍රය හෝ ඔප්පුව
holograph හොල්ඔග්‍රෆ්, *n.* ලියන අය විසින්ම ලි
holster හොල්ස්ටර්, *n.* සැදලේ එල්ලෙන පිස්
තෝල සම් කොපුව
hol*y* හෝලි, *a.* ශුද්ධවූ, පවිත්‍ර. *n.* -iness
homage හොමේජ්, *n.* බැහැදැකීම, නමස්කාරය
home හෝම්, *n.* ගෙදර, ඇතිදැඩිවූ ස්ථානය. *a.*
-l*y*, ගෙදරවැනි, පැහැදිලි, අලංකාර නැති, චාං
(*n.* -iness). *a.* -less. *n.* -stead, වටේ බිම සහ
ගොඩනැගිලි සහිත ගේ, වලව්ව
homeopath*y* හෝමිඔප්අති, *n.* රෝගයට සම
වෛද්‍ය ක්‍රමය. *a.* -ic. *n.* -ist
Homeric හෝමරික්, *a.* හෝමර් නමැති ග්‍රීක්
කාව්‍යකාරයා පිළිබඳ, ඔහුගේ කාව්‍ය පිළිබඳ,
එබඳු කාව්‍ය වැනි [මනුෂ්‍යයෙකු මැරීම. *a.* -al
homicid*e* හොමිසයිඩ්, *n.* මනුෂ්‍යයෙක් විසින්
homil*y* හොමිලි, *n.* පැහැදිලි දේශනාව හෝ
කථාව. *n.* -ist [ජවූ, එක ජාති. *n.* -ity
homogene*ous* හෝමොජීනිඅස්, *a.* සමාන ජා
homolog*ate* හෝමොලොගේට්, *v.* ස්ථිරකරණවා.
a. -ous, සමානවූ

homonym හොමොනිම්, *n.* නානාර්ථ පද, නානාරූප පද

hone හෝන්, *n.* ආයුධ මුවහත් තබන ගල

honest ඔනෙස්ට්, *a.* අවංක. *n.* -y, අවංකකම

honey හනි, *n.* මීපැණි, පැණි. *a.* -ed හෝ honied, මීපැණි ගෑ, ඉතා මිහිරි. *n.* -comb. මීවදය. *n.* -moon, විවාහයේ සිට පළමුවෙනි මාසය

honor ඔනර්, *n.*=(honour

honour ඔනර්. *n.* ගෞරවය. *v.* ගෞරව කරනවා. *a.* -able, ගෞරවණීය (*n.* -ness). *n.* -s, ගරුබුහුමන්. honorary, ගෞරවාන්විත. honorarium, මන්ත්‍රීනට ගෞරව වශයෙන් දෙන මිල

hood හුඩ්, *n.* ඉස් වැස්ම. හිසත් තව්වුව, පෙණය. *v.* -wink, උපායකින් රවටනවා

hoof හුෆ්, *n.* කුරය. *a.* -ed, කුරඇති

hook හුක්, *n.* හෝක්ක, හෝක්කය, දෑකැත්ත. *v. a.* -ed, වකුටු [නුයක්

hookah හුකා, *n.* දිග නළයක් ඇති දුම්බොනයක්

hoop හූප්, *n.* වළල්ල, පට්ටම

hooping cough හූපිං කොෆ්, *n.* කක්කල් කැස්ස

hoot හූට්, *n.* නින්දා පිණිස කෑගැසීම, බකමූණා-ගේ ඇඬීම. *v.* [ගත්ත පැලවගීනක්

hop හොප්, *v.* කුත්තු ගහනවා. *n.* බීරහැදීමට

hope හෝප්, *n.* බලාපොරොත්තුව, විශ්වාසය. *v. a.* -ful (n. -ness), *a.* -less

hopper හොප්·පර්, *n.* පත්තතා, ධාන්‍ය ඔරුව, වැපිරීමේදී බිජුවට තබාගන්න භාජනය, ආප්ප

horal හෝ.රල්, *a* පැ ප්‍රතිබද්, පැ

horary හෝර්අරි, *a.* පැගණය දක්වන, පැනක් පවතින [වෙන හෝරාවක්, සමූහය

horde හෝර්ඩ්, *n.* තැනින් තැන ඇවිද ජීවත්

horizon හොරයිසන්, *n.* පොළොව හා අහස එක්වූ තැන පෙනෙන වක්‍රය, අහස් කෙලවර. *a.* -tal, අහස් කෙලවරට සම, හරි සරස්වූ හෝ මට්ටමවූ [*n.* -bill, පක්ෂිවර්ගයක්

horn හෝර්න්, *n.* අඟ. *a.* -y. *a* -ed, අං ඇති.

hornet හෝර්ණැට්, *n.* දෙබරා [නැටුමක්

hornpipe හෝර්න්පයිප්, *n.* උනන්දු නාලයක්,

horologe හොර්ඕලෝජ්, *n.* කාලය මනින යන්ත්‍රය, හෝරායන්ත්‍රය, ඔරලෝසුව. *a.* -ical. *n* -y, හෝරායන්ත්‍ර ශාස්ත්‍රය (*n.* -ist) [පත්‍රය

horoscope හොරඔස්කෝප්, *n.* හඳහන, ජන්ම

horrible හොරිබ්ල්, *a.* භයානක, ඝෝර. *a.* -d, භයානක. *a.* -fic, බයානක. *v.*-fy, බයකර වන්නට.

horror හොර්·රර්, *n.* භය, බයඋපදවන කරුණ

horse හෝර්ස්, *n.* අශ්වයා, අශ්ව සේනාව. *n.* -back, අසුපිට. *n.* -man, අසරුවා, අශ්වයාපිට යාමට දක්ෂයා, අසරු භටයා. *n.* -power, අශ්වබලය, විනාඩියකට රාත්තල් 32000 ක් අඩියක් එසවීමේ ශක්තිය. *n.* -whip, අශ්ව කසය; *n.* අශ්වකසයෙන් තළනවා

hortative හෝර්ටටිව්, } *a.* දුන්මුතුකම් දෙන,
hortatory හෝර්ටටොරි, } ධෛර්යදෙන

horticulture හෝටිකල්චර්, *n.* වතු හෝ උයන් වැඩීමේ ශාස්ත්‍රය. *n.* -ist

hosanna හෝසැන්නා, *interj.* ප්‍රශංසාවේවා!

hose හෝස්, *n.* මේස්. *n.* -ier, මේස්වෙළෙන්දා. *n.* -iery

hospice හොස්පිස්, *n.* ගමන්කාරයන්ට සත්කාර කරණ ඇල්ප්ස් කන්දේ ආරාමය

hospitable හොස්පිටබ්ල්, *a.* ආගන්තුක සත්කාර කරණ. *n.* -ness

hospital හොස්පිට්අල්, *n.* ආරෝග්‍යශාලාව[කාරණ

hospitality හොස්පිටැලිටි, *n.* ආගන්තුක සත්

host හෝස්ට්, *n.* සේනාව, සමූහය, සංග්‍රහකරු, තානායම්කාරයා, සත්ප්‍රසාද පූජය. *n.* -ess (*f*) *n.* -elry හෝස්ට්ඇල්රි, තානායම

hostage හොස්ටෙජ්, *n.* ඇප පිණිස සතුරන්ට භාරදුන් අය

hostile හොස්ටයිල්, *a.* සතුරු, විරුද්ධ. *n.* -ity

hostler හොස්ලර් (හෝ) ඔස්ලර්, *n.* තානායමෙහි අශ්වයන් බලාගන්නා

hot හොට්, *a.* රස්වූ, උෂ්ණ, සැර. *n.*-ness. *n.*-bed, උණුසුම්ඇති පාත්තිය, ඉක්මණින් වැඩීමට ආධාර ස්ථානය. *a.*-headed, සැර, ඉක්මන් කාර. *n.*-house, (ලපටි පැළ අ දීන ශීතයෙන් ආරක්ෂාකරණ) උණුසුම් ගේ හෝ මඩුව. *a.*-tempered, ඉක්මණින් තරහ්ම කිපෙන

hotel හෝටැල්, *n.* භෝජන ශාලාව, හෝටලය

hough හොක්, *n.* =hock [ගන්විනවා

hound හෞණ්ඩ්, *n.* දඩයම් බල්ලා. *v.* ලුහු

hour අවර්, *n.* පැය. *a.* -ly, පැයෙන් පැයට කරණ. *ad.* -ly, පැයෙන් පැයට. *n.* -glass, කාලය මැනීමට යොදන ගබඩා දෙකක් යුත් වීදුරුවක් (එක ගබඩාවක ලූ වැලි අනික් ගබඩාවට වැටීම අරමුණුකරගෙණ කාලය කියනු ලැබේ)

house හෞස්, *n.* ගේ, ගෙදර, පවුල, මන්ත්‍රී සභාව, වෙළඳ සමාගම. *v.* නවාතැන්දෙනවා. *a.* -less. *n.* -hold, හැම වැසියෝ, ගෙදර. *n.* -holder, ගෙදර ස්වාමියා, ගෘහපතියා. *n.* warming, ගෙවදීම

housings හෞසිංස්, *n.* අශ්වාලංකාර

hovel හොවැල්, *n.* පැල, කුටිය

hover හව්·අර්, *v.* අහල පියාඹමින් සිටිනවා හෝ ගැවසෙනවා, සැකයෙන් බලා සිටිනවා

how හව්, *ad.* කොහොමද. *conj.* -beit, එසේ නමුත්. *ad.* -ever, කොහොම නමුත්, එතකුදු වුවත්. *ad.* -soever, කෙසේ නමුත්, නමුත්

howitzer හවිට්සර්·අර්, *n.* ගිනි උණ්ඩ අරිණ කාලතුවක්කුව

howl හෞල්, *n.* උඩුබුරුලන හඬ. *v.* උඩුබුරලනවා

hubbub හබ්බබ්, *n.* කෝලාහල ශබ්දය, ඝෝෂාව

huckle හකල්, *n* තමාල්ලිය, උකුල

huckster හක්ස්·ටර්, *n.* සුලු බඩු වෙළෙන්දා, නීච ප්‍රයෝගකාරයා

huddle හඩ්ඩ්ල්, *v.* අවුල් ලෙස එකට දමනවා, [මිරිකී සිටිනවා

hue හෲ, *n.* කෑගැසීම, වර්ණය, පාට. *a.* -less

huff හෆ්, *n.* අදිස්සියෙන් ක්‍රීඩම. *v.*

hug හග්, *n.* තදින් බදාගැණීම. *v.*

huge හ්‍යූජ්, *a.* ඉතා ලොකු. *n.* -ness [ඇතිදෙය

hulk හල්ක්, *n.* පරණ නැව්කද, අධික මහත

hull හල්, *n.* ලෙල්ල, පොත්ත, නැව්කද. *v.* පොතුඅරිණවා, නැව්කද සිදුරු කරණවා

hum හම්, *n.* හීමැස්සහඬ, යින් පහත් හඬ, හුං කාරය. *v.* හීත්හඬ පවත්වනවා

human හ්‍යූමන් , *a.* මනුෂ්‍ය. *n.* -ity, මනුෂ්‍ය භාවය, මිනිස්කම, මනුෂ්‍යජාතිය, කරුණාව. *a.* -e හ්‍යූමේන්, කරුණාවන්ත. *v.* -ise

මෑදු හෝ කරුණා ස්වභාවයකට පමුණුවනවා.
n. -itarian, මනුෂ්‍යයන්ට කරුණාව ඇත්තා

humble හම්බිල්, *a.* පහත්, යටත් පහත්. *v. n.* -ness

humbug හම්බග්, *n.* රැවට්ල්ල, රැවටිලිකාරයා. *v.*

humid ‍හ්‍යූමිඩ්. *a.* තෙත්වූ. *n.* -ity

humiliate හ්‍යූමිලිඒට්, *v.* යටත්පහත් කරණවා, බලබිඳිනවා. *n.* -ion

humility හ්‍යූමිල්ඉටි, *n.* යටත්පහත්භාවය

hummock හම්මොක්, *n.* ගොඩැල්ල, ලොකු මිදුනු හිමාර (වෙස්) කෑටියක්

humour හ්‍යූමර් (හෝ) යූමර්, *n.* සිතේහැසිරීමේ හැටි, ප්‍රීතිකරවන විනෝදකම, ශරීරයේ ඕජස. *v. n.* -rist. *a.* -rous (*n.* -ness) *a.* -rsome, විහිළු, නැටවෙ

hump හම්ප්, *n.* මොල්ලිය. *n.* -back, කුදු

Hun හන්, *n.* පුරාණ ටාටර් වර්ගයේ මනුෂ්‍යයා

hunch හංච්, *n.* මොල්ලිය, වැදල්ල. *n.*-back, කුදු

hundred හන්ඩ්රඩ්, *n.* සියය. *a. a.* -th, සියවෙනි. *n.* -fold, සියවරක්, ශතගුණයක්. *n.* -weight, රාත්තල් 112 ක බර, හොන්ඩරය

hunger හංගර්, *n.* බඩගින්න, ක්ෂුධාව. *v. a.* -ry.

hunt හන්ට්, *v.* දඩයම් කරණවා, පස්සෙන් එලවා යනවා. *n. n.* -sman, දඩයක්කාරයා

hurdle හාර්ඩ්ල්, *n.* ලී කොටු මැස්ස

hurl 'හාර්ල්, *v.* සැදින් විසිකරණවා [කීය
hurly-burly 'හාර්ලි'බාර්ලි, *n.* අවුල, කලබැගෑ
hurrah හුර්රා, *interj.* 'හුරා' යන ඔල්වරහඬ. *v.*
hurricane හර්රිකේන්, *n.* සැඩ කුණාටුව, චක්‍රවා
තය [(*n.* -ness)
hurry හර්රි, *v.* ඉක්මන් කරණවා. *n.* *a.* -ied
hurt 'හාර්ට්, *v.* වේදනාකරණවා, තුවාලකාරණ
වා. *n.* *a.*-ful, පීඩා සහිත, අවැඩදායක
hurtle 'හාර්ට්ල්, *v.* කිදෙන ශබ්දයක් කරණවා
husband හස්බන්ඩ්, *n.* ස්වාමිපුරුෂයා. *n.*-man,
ගොවියා. *n.* -ry, ගොවිතැන්කිරීම
hush හෂ්, *v.* නිශ්ශබ්දකරණවා, නලවනවා
husk හස්ක්, *n.* පොත්ත, දහයියා. *v.* ලෙල්ල
හෝ පොත්තඅරිණවා. *a.* -y (*n.* -iness)
hussar හස්සාර්, *n.* සැහැල්ලු ආයුධ දරණ සේව
ගෝවාසයා [සභා මන්ත්‍රිවරුන් තෝරණ ශාලාව
hustings හස්ටිංස්, *n.* කථිකාසනය, මහ ජන
hustle හස්ල්, *v.* කලබල ලෙස එකට සොල
නවා, තෙරපනවා. ඉන්වණින් ක්‍රියාකරණවා
hut හට්, *n.* පැල, මඩුව [ගබඩාව
hutch හච්, *n.* පෙට්ටිය, කූඩුව, කුඩා ඇඳිරි
huzza හස්සා', *n.* සහ *interj.* හුරා, ඔල්වරහඬ. *v.*
hyacinth හෛඅසින්ත්, *n.* මල්පැළ වර්ගයක්.
රතුකැට වර්ගයක්

hyæna හයිනා, *n.* = hyena [පෙරණය
hyaline හයලින්, *a.* කාච, විදුරු, විනිවිද
hybrid හයිබ්‍රිඩ්, *n.* මිශ්‍ර ජාති ඇති සතා හෝ
පැළය. *a.* මිශ්‍ර [ඇති සතෙක්, බහුවිධ ශිරස
hydra හයිඩ්‍රා, *n.* ජලසර්පයෙක්, බොහෝ ඉස්
hydrangea හයිඩ්‍රේංජියා, *n.* කෝප්ප ආකාර
මල් ඇති පැළයක්
hydrant හයිඩ්‍රන්ට්, *n.* ජල යන්ත්‍රය
hydraulic හයිඩ්‍රෝලික්, *a.* වතුර නළවලින්
යැවීම පිළිබඳ, ජල වේගයෙන් ක්‍රියාකරණ.
n. -s , ජලවේග ශාස්ත්‍රය, ජලයන්ත්‍ර ශාස්ත්‍රය
hydrodynamics හයිඩ්‍රොඩයිනැමික්ස්, *n.*
ජලවේග ශාස්ත්‍රය
hydrogen හයිඩ්‍රොජන්, *n.* ජලකාරවායුව
hydrography හයිඩ්‍රොග්‍රෆි, *n.* මුහුදු වැව්
ආදී ජලස්ථාන චරිත හා විස්තරකරණ
ශාස්ත්‍රය [රෝග සුවකරණ ක්‍රමය. *a.* -ic
hydropathy හයිඩ්‍රොප්‍අති, *n.* ශුධ ජලයෙන්
hydrophobia හයිඩ්‍රොෆෝබිය, *n.* බලු ආදී
පිස්සු වැටුණු සතුන් විසින් දෂ්ට කිරීමෙන්
හැදෙන පිස්සුව [ජලය පිළිබඳ ශාස්ත්‍රය
hydrostatics හයිඩ්‍රොස්ටැටික්ස් *n.* නිශ්චල
hyena හයීනා, *n.* වෘක හෝ කොටි වර්ගයක්
hygiene හයිජීන් (හෝ) හයිජීන්, *n.* සෞඛ්‍ය
ආරක්ෂාව පිළිබඳ ශාස්ත්‍රය. *a.* -ic

hymen හයිමෙන්, *n.* විවාහ දේවතාවා. *a.* -eal. විවාහ පිළිබඳ; *n.* විවාහ ගීය

hymn හිම , *n.* ගීතිකාව. *n.* -al, ගීතිකා රැස

hyperbole හයිපර්බොලි, *n.* ඇත්තට වැඩියෙන් හෝ අඩුවෙන් කීම, අතිශයෝක්තිය. *a.* -ic, -ical

hyperborean හයිපර්බෝරිඅන්, *a.* ඉතාමඋතුරු. *n.* ඉතාම උතුරු රටවල වැසි අය

hypercritic හයිපර්ක්‍රිටිඉක්, *n.* අධික ලෙස ගුණ දොස් දක්වන්නා. *a.* -al

hyphen හයිෆන්, *n.* බැඳීමේ කුඩා ඉර (-)

hypnotic හිප්නොටිඉක්, *a.* නින්ද උපදවන. *n.* නින්ද උපදවන බේතක්. *n.* -sm, උපක්‍රම යෙන් උපදවනලද නිද්‍රා ස්වභාව,මූර්ජාකිරීම. *v.* -se, මූර්ජාකරණවා

hypochondria හයිපෝකොන්ඩ්‍රිඅ, *n.* අජීර්ණ යෙන්වූ භාහර දුම්ලකම. *n.* සහ *a.* -c

hypocrisy හිපොක්‍රිසි, *n.* කුහකකම. කපටිකම. *n.* -te හිපොක්‍රිට්, කුහකයා. *a.* -tical

hypotenuse හයිපොටිඉනූස්, *n.* හරිමුල්ලක් සහිත රූපයේ ඉතා දිගපැත්ත

hypothecate හයිපොත්ඉකේට්, *v.* ඇපයක් කොට තබනවා. *n.* -ion

hypothesis හයිපොත්ඉසිස්, *n.* අනුමාන කල්

පතාව, නැඹෑකොට පිළිගත්ත කාරණය, උපන්‍යාසය. *a.* -tical

hyssop හිස්සප්, *n.* මහා සුවඳ ඇති පැල වර්ගයක්

hysteria හිස්ටීරිඅ, } *n.* මූර්ච්ඡාව, වාතෝන්
hysterics හිස්ටැරිකස්, } මාදය. *a.* -cal

I.

i අයි: සෝඩියේ 9 වෙනි අක්ෂරය. *Pron.* මම

iambic අයිඇම්බික් : *n.* මුලට ලඝු ශබ්දයක් හා පිළිගම ගුරු ශබ්දයක් යුත් ගණයක්. *a.*

iambus අයිඇම්බස්, *n.*=iambic

ibex අයිබැක්ස්, *n.* එළු ජාතියක්

ibis අයිබිස්, *n.* ඉ සාක ජාතියක්

ice අයිස්, *n.* මිදුනුවතුර, හිම, මිදුන සීත. *a.*-y. *n.* -eberg, මූහුදේ හිම කන්ද. *n.* -icle, හිමකුර, හිම බින්දුව

ichneumon ඉක්නූමන්, *n.* මුගටියා

ichor අයිකෝර් (හෝ) ඉකෝර්, *n.* දෙවිවරුන්ගේ නහරවල ලේ වෙනුවට ගමන්කරණ ඕජස, දියසැරව

iconoclast අයිකොනොක්ලෑස්ට්, *n.* පිළිම රූප කඩන්නා, රූප ඇදහීමට විරුඩ අය, අන්‍යාදෘෂ්ටි වලට දැඩි විරුඩකාරයා

idea ඓඩිඅ, *n.* කල්පනාව. *a.* -l, මානසික; *n.* ඉතා උතුම් හෝ සම්පූර්ණය. *n.* -lity. *v* -lise. *n.* -lism, අද්‍රව්‍යදර්ශනය, බාහ්‍ය ශූන්‍යවාදය. *n*-list

identical ඓඩෙන්ටිකල්, *a.* එම, අනන්‍ය

identify ඓඩෙන්ටිෆයි, *v.* එම්බසයිකියා දැනගන්නවා, අඳුනනවා. *n.* -ication [ශූය

identity ඓඩෙන්ටිටි, *n.* එකම බව, නිර්විශේ

Ides ඓඩ්ස්, *n.* මාර්තු මැයි ජූලි ඔක්තෝබර්යන මාසවල 15 වෙනිද සහ අනික් මාසවල 13වෙනිද.

idiocy ඉඩිඉඔසි, *n.* (idiot බ.)

idiom ඉඩිඉඅම්, *n.* භාෂාරීතිය. *a.*-atic, -atical

idiosyncrasy ඉඩිඔසින්ක්‍රසි, *n.* ගතිය, විශේෂ ස්වභාවය [මෝඩයා.. *n.* -cy. *a.* -tic, -tical

idiot ඉඩිඉඔට්, *n.* බුද්ධිහීනයා, සිහිය දුර්වල අය,

idiotism ඉඩිඉඔටිස්ම්, *n.* භාෂා විශේෂ විධිය

idle ඓඩ්ල්, *a.* කම්මැලි, අලස. *v.* *n.* -ness

idol ඓඩොල්, *n.* පිළිමය, රූපය, අප්‍රමාණලෙස ආලය බඳිනු ලැබූ අය හෝ දේ. *n.* -ater, රූප අදහන්නා;-atress (*f.*) . *a.* -atrous. *n.* -atry, රූප ඇදහීම. *v.* -ise, අධිකලෙස ප්‍රේම කරණවා

idyl } ඓඩිල්, *n.* කුඩා කාව්‍යය, විසතර දක්වන
idyll } න ග්‍රන්ථය. *a.* idyllic

if ඉෆ්, *conj.* නම්, නොහොත්

igneous ඉග්නිඅස්, *a.* ගිනි,ගින්නෙන් හැදුන

ignite ඉග්නයිට්, *v.* පත්තුකරණවා. *n.* -ion

ignoble ඉග්නෝබ්ල්, *a.* නීච, අධම

ignominious ඉග්නොමිනිඅස්, *a.* අගෞරව, අපකීර්ති. *n.* -y [යශා

ignoramus ඉග්නොරේමස්, *n.* නූගත, අඥ

ignorance ඉග්නොරන්ස්, *n.* අඥානකම. *a.* -t

ignore ඉග්නෝර්, *v.* නොසලකා හරිනවා

iguana ඉග්වානා, *n.* තලගොයා, කබරගොයා

ill ඉල්, *a.* නරක, අවාසනාවන්ත, අසනීප. *n.* *n.* -ness. *n.* -blood, අමනාපය, සතුරුකම. *a.* bred. නුසුදුසු ලෙස වැඩුණු, අශිෂ්ට. *n.*-health, රෝගීකම, අසනීපය. *a.* -judged, පරීක්ෂාවෙන් අඩු, අනුමාණ. *a.* -natured, නපුරු ගති ඇති, කෝප. *n.* -will, අමනාපය, වෛරය

illegal ඉල්ලීගල්, *a.* නීතියට විරුද්ධ. *n.*-ity [යට විරුද්ධ. *n.* -cy

illegible ඉල්ලෙජිබ්ල්, *a.* කියවිමට පැහැදිලි නැති. *n.* -ility

illegitimate ඉල්ලිජිටිමේට්, *a.* අවජාත, නීති

illiberal ඉල්ලිබරල්, *a.* ත්‍යාගවන්ත නැති, ලෝභවූ. *n.* -ity [රුද්ධ

illicit ඉල්ලිසිට්, *a.* නීතියට හෝ නියමයට වි

illimitable ඉල්ලිමිටබ්ල්, *a.* අප්‍රමාණ, අනන්ත

illiterate ඉල්ලිටරේට්, *a.* නූගත්, අඥාන. *n.* -teness.-cy, නූගත්කම, අනුවණකම

illness ඉල්නෙස්, *n.* අසනීපය, රෝගය (ill බ.)

illogical ඉල්ලොජිකල්, *a.* තර්ක නීතියටවිරුද්ධ. න්‍යාය විරුද්ධ

illume ඉල්ලූම්, *v.* එළිය කරනවා

illuminate ඉල්ලූමිනේට්, *v.* ආලෝක කරනවා, ලක්ෂණ අකුරු සිතියම් ආදියෙන් අලංකාර කරනවා. *n.* -ion. *a.* -ive

illumine ඉල්ලූමින්, *v.* ආලෝක කරනවා, අලංකාර කරනවා [යාව. *a.* -ve

illusion ඉල්ලූෂන්, *n.* රැවටිලි පෙනීම, මා

illustrate ඉල්ලස්ට්‍රේට්, *v.* උදාහරණ සිතියම් ආදියෙන් පැහැදිලි කරනවා, අලංකාර කරනවා. *n.* -ion. *a.* -ive

illustrious ඉල්ලස්ට්‍රිඅස්, *a.* උතුම්, කීර්තිමත්

image ඉමේජ්, *n.* පිළිබිඹුය, රූපය. *v.* රූපයක් කරනවා, සිතා ගන්නවා. *n.* -ry, සිතිවිල්ල, ලක්ෂණ දැක්වීම

imagine ඉමැජින්, *v.* සිතාගන්නවා. *a.* -able. *a.* -ary, මානසික, සිතේපමණක් ඇති. *n.*-ation, සිතිවිල්ල, කල්පනාව. *a.* -ative

imbecile ඉම්බෑසිල්, *n.* දුර්වලයා. *a.* *n.*-ity

imbibe ඉම්බයිබ්, *v.* බොනවා, උරනවා

imbitter ඉම්බිටර්, *v.* දුකට පත්කරනවා

imbroglio ඉම්බ්‍රෝලියෝ, *n.* පැටලිල්ල, අවුල

imbrue ඉම්බෲ, *v.* පොඟවනවා, තෙමනවා

imbue ඉම්බියු, *v.* සාත්මණපාවනවා, යුක්තකරණවා

imitate ඉමිටේට්, *v.* අනුව හෝ සමානව කරණ
වා. *n* -ion. *a.* -ive

immaculate ඉම්මැක්යුලේට්, *a.* කැලල් නැති,
ශුධ [පැදගත්

immaterial ඉම්මටීරිඅල්, *a.* අද්‍රව්‍ය, ආත්ම, ශො

immature ඉම්මැචූර්, *a.* නොපැසුනු. *n.* -ity

immeasurable ඉම්මැෂූරබල්, *a.* මනින්ට බැරි,
අප්‍රමාණ [ආයතන

immediate ඉම්මීඩිඑට්, *a.* ශීඝ්‍ර, ප්‍රමාද නැති,

immemorial ඉම්මිමෝරිඅල්, *a.* (මතක නැති
තරම) ඉතා පුරාණ

immense ඉම්මෙන්ස්, *a.* ඉතා මහත්. *n.* -ity

immerge ඉම්මර්ජ්, *v.* ගිල්වනවා [වා. *n.* -ion

immerse ඉම්මර්ස්, *v.* ගිල්වනවා, තදින් යෙදෙන

immethodical ඉම්මෙතොඩිකල්, *a.* පිළිවෙළක්
නැති, ක්‍රමවිරුධ [රටකට ආ අය

immigrant ඉම්මිග්‍රන්ට්. *n.* වාසය පිණිස අන්

immigrate ඉම්මිග්‍රේට්, *v.* වාසය පිණිස අන්
රටකට එනවා. *n.* -ion [සත්ත. *n.* -ce

imminent ඉම්මිනන්ට්, *a.* සිදුවෙමින් යන, ආ

immobile ඉම්මෝබිල්, *a.* නොසෙලවෙන, ස්ථිර
n. -ity [වැනි, අපරිමිත

immoderate ඉම්මොඩරේට්, *a.* සුදුසු ප්‍රමාණයම්

immodest ඉම්මොඩෙස්ට්, *a.* නිර්ලජ්ජා, විලිබිය නැති, අශුබ. *n.* -y

immolat*e* ඉම්මොලේට්, *v.* බිලිපූජාකරණවා, යාග පූජා පිණිස මරණවා. *n.* -ion

immoral ඉම්මොරල්, *a.* දුෂ්ට, දුශ්ශීල. *n.*-ity

immortal ඉම්මෝර්ටල්, *a* අමරණීයවූ. *n.* -ity. *v.* -ise, නොමැරෙන්ට සලස්සනවා, සදාකල් කීර්තිය පවතින්ට සලස්සනවා

immoveabl*e* } ඉම්මූවබල්, *a.* සෙලවිය නොහැක, නිශ්චල, ස්ථිර, අකම්පන.
immovabl*e* }
n. -ity

immunity ඉම්මියුනිටි, *n.* නිදහස

immure ඉම්මියුර්, *v.* ඇතුල්කොට තබනවා, සිර කරණවා [*n.* -ility

immutabl*e* ඉම්මියුටබල්, *a.* වෙනස් නොවෙන.

imp ඉම්ප්, *n.* පිශාචයා, භූතයා, මැරවර ලමයා

impact ඉම්පැක්ට්, *n.* එකට වැදීම [ණවා

impair ඉම්පෙයර්, *v.* අඩුකරණවා, හානිකර

impale ඉම්පේල්, *v.* උලතබා මරණවා, කොටුකරණවා. *n.* -ment

impalpable ඉම්පැල්පබල්, *a.* ස්පර්ශකල නොහැකි, ඉතා සියුම්, අසත්‍ය. [දනවා

impanel ඉම්පැනෙල්, *v.* නම ලේඛනයක සා

imparity ඉම්පැරිටි, *n.* අසමතාව

impart ඉම්පාර්ට්, *v.* දෙනවා, දන්වනවා

impartial ඉම්පාර්·ෂල්, *a.* අපක්ෂපාත, සාධාරණ. *n.* -ity [නොනැසී

impassable ඉම්පාස්·සබ්ල්, *a.* පසුකර යන්ට

impassioned ඉම්පැෂ්·අන්ඩ්, *a.* අනුරක්ත. ඉතා උනන්දුවූ

impassive ඉම්පැස්සිව්, *a.* උනන්දු නොවෙන

impatient ඉම්පේ·ෂන්ට්, *a.* ඉවසිලිනැති, ඉක්මන්. *n.* -ce

impeach ඉම්පීච්, *v.* රාජද්‍රෝහිකම හෝ වෙන ප්‍රසිද්ධ මහා අපරාධයක් ගැන චෝදනාරෝපණය කරනවා, දෝෂාරෝපණය කරනවා. *a.* -able. *n.* -ment

impeccable ඉම්පැක්·අබ්ල්, *a* අපාප, පවුකළ නොහැකි

impecunious ඉම්පික්‍යුනිඅස්, *a.* මිල මුදල් නැති, දිළිඳු. *n.* -sity

impede ඉම්පීඩ්, *v.* බාධාකරනවා. *n.* -iment

impel ඉම්පැල්, *v.* පොළඹවනවා. *a.* -lent

impend ඉම්පැන්ඩ්, *v.* ආසන්නව තිබෙනවා

impenetrable ඉම්පැනිට්‍රබ්ල්, *a.* සිදුරු කළ නොහැකි. ඇතුල්වීමට නොහැකි. *n.* -ility

impenitent ඉම්පැනිටන්ට්, *a.* පසුතැවිලි නොවන, මුරණ්ඩු. *n.* -ce [*n.* විධික්‍රියා විධිය

imperative ඉම්පැර්·අටිව්, *a.* ස්ථිර අණ ඇති අනවන.

imperceptible ඉම්·පර්සැප්ටිබිල්, *a.* ඉන්ද්‍රිය ගෝ
. චර නොවන,ඉතා සියුම් [කාලය පිළිබඳ.*n.* -ion
imperfect ඉම්·පර්ෆැක්ට්, *a.* අසම්පූර්ණ, අතීත
imperforate ඉම්·පර්ෆොරේට්, *a.*සිදුරු නොකළ,
සිදුරු නැති
imperial ඉම්පීරි·අල්, *a.* අග්‍ර රාජ්‍යය පිළිබඳ, රාජ
කීය. *n.* -ism, අධිරාජ්‍ය ආණ්ඩුක්‍රමය. *n.* -ist
imperil ඉම්පැරිල්, *v.* අන්තරායට පමුණුවනවා
imperious ඉම්පීරිඅස්, *a.* බලය තදින් පවත්වන.
උද්ධච්ච. *n.* -ness [වන
imperishable ඉම්පැරිෂ්·අබල්, *a.* විනාශ නො
impermeable ඉම්·පර්මි·අබල්, *a.* ඇතුල්වීය නො
හැකි [අකාශීයතා. *n.* -ity
impersonal ඉම්·පර්සනල්, *a.* පුද්ගලික නොවන,
impersonate ඉම්·පර්සනේට්, *v.* අප්‍රාණි වස්තු
සත්වයන්මෙන් දක්වනවා. *n.* -ion
impertinent ඉම්·පර්ටිනන්ට්, *a.* අසම්බන්ධ, අන්
සිලෙසසම්බන්ධවෙන, ගරු නැති. *n.* -ce
imperturbable ඉම්·පර්·ටර්බි·අබල් *a.* චංචල
නල නොහැකි. *n.* -ility
impervious ඉම්·පර්විඅස්, *a.* ඇතුල්වීය හෝ සිදු
රුකළ නොහැකි. *n.* -ness [-usness,-sity
impetuous ඉම්පැටියුඅස්, *a.* වේගවත්, සැරවූ. *n.*
impetus ඉම්පිටස්, *n.* වේගය, සැර

impi*ety* ඉම්පෙපඉටි, *n.* අශ්‍රද්ධාව, අභක්තිය. *a.*
-ous (*n.* -ness) [තවා

impinge ඉම්පිංජ්, *v.* වදිනවා, හට්ටුවී තිබෙ

impious ඉම්පිඅස්, *a.* (impiety බ.)

implaca*ble* ඉම්පෙල්'කබ්ල්, *a.* එදිරිය හාරිණ,
සංතොෂිදෙන. *n.* -ility, -leness

implant ඉම්ප්ලෑන්ට්, *v.* පිහිටුවනවා

implement ඉම්පලිමෑන්ට්, *n.* ආයුධය, උපකරණ

implicat*e* ඉම්ප්ලිකේට්, *v.* අනුකරණවා, පටල
වනවා. *n.* -ion

implicit ඉම්ප්ලිසිට්, *a.* හැඟෙන, හැක නැති,
සම්පූර්ණ. *n.* -ness [කවා

implore ඉම්පෙප්ලෝර්, *v.* ඉතා ඕනෑකමින් ඉල්ල

imply ඉම්පෙප්ල, *v.* හඟවනවා

impolite ඉම්පොලෛට්, *a.* අශීලාචාර, අශිෂ්ට

impolitic ඉම්පොල්ඉටික්, *a.* අනුවණ, නුවණට
හුරු නැති [ති. *n.* -ility

imponderab*le* ඉම්පොන්'ඩ'රබ්ල්, *a.* බර නැ

import ඉම්පෝර්ට්, *v.* පිටරටකින් ගෙන්වනවා,
හැඟෙනවා. *n.* පිටරටකින් ගෙණෙනලද්ද,
අභිප්‍රාය. *n.* -ation. *a.* an*t*, වැදගත් (*n.* -ce).

importun*e* ඉම්පෝට්යූන්, *v.* ඉතා ඕනෑකමින්
ඉල්ලනවා, පෙරැත්තකරණවා. *a.*-ate. *n.* -ity

impos*e* ඉම්පෝස්. *v.* තබනවා. *a.*-ing, සිතට වදි

ත. *n.*-ition, බද්දක් නියමකිරීම, බද්ද, ප්‍රයෝ ගය. *n.* -t, බද්ද, බර

i*mpossible* ඉම්පොස්සිබල්, *a.* (මෙවණ්ට හෝ කරණ්ට) නොහැකි. *n.*-ility

impost ඉම්පෝස්ට්, *n.* (impose බ.)

imposture ඉම්පොස්චූර්, *n.* දගාඩ, ප්‍රයෝගය. *n.* -or, වංචාකාරයා

impotent ඉම්පොටෙණ්ට්, *a.* දුබල. *n.* -oe, -cy

impound ඉම්පෞණ්ඩ්, *v.* කොටුවක වසා තබනවා, සිරකරණවා

impoverish ඉම්පොව්අරිෂ්, *v.* දිළිඳුතරණවා, සාරය අඩුකරණවා හෝ නැතිකරණවා. *n.*-ment

impracticable ඉම්පරැක්ටිකබ්ල්, *a.* කළනොහැකි, පුරුදුවාගත නොහැකි. *n.*-ility, -leness

imprecate ඉම්ප්‍රිකේට්, *v.* ශාපකරණවා. *n.* -ion. *a.* -ory [ණ්ම නොහැකි. *n.*- ility

impregnable ඉම්පරැග්නබ්ල්, *a.* බිඳ අල්ලා ග

impregnate ඉම්පරැග්නේට්, *v* දරුගැබ අටනන් වනවා, සංයුක්තකරණවා. *n.*-ion

impress ඉම්ප්රැස්, *v.* එබීමෙන් ලකුණක් කර ණවා, ඇතුළම වද්දනවා. *n.* *a.*-ible. *n.* -ion, එබීම, ලකුණ, පිටපත, හැඟීම, එක වරකට ගැසූ පොත්වල මුළු ගණන. *a.*-ionable. *a.* -ive (*n.*-ness)

imprint ඉම්ප්‍රින්ට්, *v.* එබීමෙන් ලකුණක් කරණවා, අච්චුගහණවා, හිතේ ධාරණය කරණවා

imprison ඉම්ප්‍රිස්·න්, *v.* හිරකරණවා. *n.* -ment

improbab*le* ඉම්ප්‍රොබ්·අබ්ල්, *a.* සැබෑවිය නොහැකි, සිදුවීම දුෂ්කරව. *n.* -ility

improbity ඉම්ප්‍රොබිටි, *n.* වඩකකම

impromptu ඉම්ප්‍රොම්ප්ටියු, *n.* එවලේම කී හෝ කළ යමක්. *a.* සහ *ad.* [-riety

impropr ඉම්ප්‍රොප්·අර්, *a.* නුසුදුසු, අයුතු. *n.*

improv*e* ඉම්ප්‍රූව්, *v.* වඩා හොඳකරණවා, දියුණුකරණවා. *a.* -able. *n.* -ement

improviden*t* ඉම්ප්‍රොවිඩ·ඩන්ට්, *a.* මත්ත නොසලකන, පිරිමැස්මනැති. *n.* -ce

improvis*e* ඉම්ප්‍රොවයිස්, *v.* කලින් සූදානමක් නැතුව කරණවා. *n.* -ation

impruden*t* ඉම්ප්‍රූ·ඩන්ට්, *a.* අනුවණ, අපරීක්ෂාකාර. *n.* -ce [නැති. *n.* -ce

impuden*t* ඉම්පියු·ඩන්ට්, *a.* ගරුනැති, ලජ්ජා

impugn ඉම්පියුන්, *v.* විරුද්ධවකරණවා, සටන්කරණවා. *a.* -able

impuls*e* ඉම්පල්ස්, *n.* සිත පෙළඹීමේ වේගය, වැදීමේ වේගය. *n.*-ion. *a.*-ive (*n.* -ness)

impunity ඉම්පියුනිටි, *n.* දඬුවමට හෝ අනතුරට අහුනොවී සිටීම

impur*e* ඉම්පියුර්, *a.* අපිරිසිදු. *n.* -eness. -ity

impute ඉම්පෘවි, *v.* ආරූඪකරණවා, පවරණවා.
a. -able. *n.* -ation

in ඉන්, *prep.* සහ *ad.* තුල, ඇතුළේ, ඇතුළම

inability ඉන්ඇබිල්ඉටි, *n.* නුපුළුවන්කම

inaccessib*le* ඉන්ඇක්සැස්ඉබ්ල්, *a.* ළංවෙන්ට නොහැකි. *n.* -ility

inaccura*te*, ඉන්ඇක්‍යුරේට්, *a.* හරිනැති, වැරදි. *n.* -cy [මැලිකම. *a.* -ve (*n.* -ity)

inacti*on* ඉන්ඇක්ෂන්, *n.* නිකම් සිටීම, කම්

inadequa*te* ඉන්ඇඩිඉක්වේට්, *a.* නොසෑහෙන, මදිවූ. *n.* -teness, -cy

inadmissib*le*, ඉන්ඇඩ්මිස්සිබ්ල්, *a.* ඉඩ දීමට හෝ භාරගැනීමට නොසෑහෙන. *n.* -ility

inadverten*t* ඉන්ඇඩ්වර්ටන්ට්, *a.* අප්‍රවේසම්, කල්පනාව නැති. *n.* -ce, -cy, කල්පනාව නැතිකම, කල්පනාව මදිවීමෙන් සිදුවූ වැරැද්ද

inalienable ඉන්ඒල්යනබ්ල්, *a.* අන්‍යයෙකුට පවරන්ට අයිතිකොට දිය නොහැකි

inane ඉන්ඒන්, *a.* හිස්වූ, අර්ථයක් නැති. *n.* -ity. *n.* -ition, හිස්කම, ශූන්‍යත [නැති

inanimate ඉන්ඇනිමේට්, *a.* පණනැති, උත්සාහ

inapplicab*le* ඉන්ඇප්පලිකබ්ල්, *a.* නොසෑහෙන, නොගැළපෙන. *n.* -ility

inappreciable ඉන්ඇප්‍රිෂිඅබ්ල්, *a.* නොදනෙන, නොසැලකෙන

inapproachable ඉන්ඇප්‍රෝච්·අබල්, *a.* ළංවිය නොහැකි

inappropriate ඉන්ඇප්‍රෝප්‍රිඅ්ට්, *a.* නුසුදුසු, අයෝග්‍ය. *n.* -ness

inapt ඉන්ඇප්ට්, *a.* නුසුදුසු, නුපුරු. *n.* -itude

inarticulate ඉන්ආර්ටික්යුලේට්, *a.* පැහැදිලි ලෙස ශබ්ද නොකළ. *n.* -ness [භාවිත

inartificial ඉන්ආර්ටිෆිෂ්·අල්, *a.* ඉතා සරල, සව

inasmuch ඉන්ඇස්·මච්, *ad.* සහ *conj.* නිසා, බැවින් [කරණ, නොසැලකිලි. *n.* -on

inattentive ඉන්ඇටෙන්ටිව්, *a.* සිත යොමු නො

inaudible ඉනෝඩිබල්, *a.* නොඇසෙන. *n.*-ility

inaugural ඉනෝගියුරල්, *a.* වැදගත් කටයුත් තක් පටන්ගන්න. *v.* -te, පටන්ගන්නවා. ඕපීන් පවත්වා නිල්තයක් භාරකරණවා (*n.* -ion)

inauspicious ඉන්ඕස්පිෂ්අස්, *a.* අශුභ, අනිෂ්ට

inboard ඉන්බෝර්ඩ්, *ad.* නැවක හෝ යාත්‍රාවක

inborn ඉන්බෝර්න්, *a.* ජන්ම, සහජ

inbreathe ඉන්බ්‍රීද්, *v.* (ඇතුළට) හුස්මගන්නවා

inbred ඉන්බ්‍රෙඩ්, *a.* ජන්ම, සහජ

incalculable ඉන්කැල්කියුලබල්, *a.* ගණන් කළ නොහැකි

incandescent ඉන්කැන්ඩෙස්·සන්ට්, *a.* රස්න යෙන් සුදුවූ, රස්නයෙන දිලිසෙන. *n.* -ce incantation, ඉන්කෑන්ටේ'ෂන්, *n.* මැතිරීම්, ජප කිරීම, මායාව [*n.* -ility

incapab*le* ඉන්කේ'පබ්ල්, *a.* අසමර්ථ, අයෝග්‍ය.

incapacit*ate* ඉන්කැපැස්ඉටේට්, *v.* අසමර්ථ හෝ අයෝග්‍යකරණවා. *n.* -y, අසමර්ථකම

incarcerat*e* ඉන්කාර්'සරේට්, *v.* හිරකරණවා. *a.*-ion

incarnat*e* ඉන්කාර්ණේට්, *a.* මාංස ශරීරයක් ඇති. *n.* -ion, ශරීරයක් ගැණීම, අවතාරය

incase ඉන්කේස්. *v.* පෙට්ටි ආදියක දමා තබනවා

incautious ඉන්කෝෂස්, *a.* ප්‍රවේසම් නැති. *n.*-ness

incendiar*y* ඉන්සැන්ඩිඑරි, *n.* තරහට ගිනි තබන්නා. *n.* -ism

incense ඉන්සැන්ස්, *n.* සුවඳ ද්‍රව්‍ය, සුවඳ දුම. *v.* කෝපකරණවා

incentive ඉන්සැන්ටිව්, *a.* පොලඹවන. *n.* පොලඹවන කාරණය

incepti*on* ඉන්සැප්ෂන්, *n.* ප්‍රාරම්භය, පටන් ගැනීම. *a.* -ve

incertitude ඉන්'සර්ටිටිවුඩ්, *n.* අනුමානකම[නැති

incessant ඉන්සැස්'සන්ට්, *a.* නිරන්තර. නොර

incest ඉන්සැස්ට්, *n.* ඉතා ලඟ නෑයෙකු සමග සංවාසය කිරීම, ව්‍යභිචාරය. *a.*-uous

inch ඉංච්, *n.* අඟල, කුඩා ප්‍රමාණය. *ad.* -meal. අඟලෙන් අඟල, ටිකෙන්ටික

incidenc*e* ඉන්සි'ඩන්ස්, *n.* එකක්පිට එකක් වැටෙන දිශාව හෝ ආකාරය

incident ඉන්සි·ඩන්ට්, *n.* සිද්ධවන කාරණය. *a.* වැටෙන, අහම්බෙන් සිද්ධවෙන. *a.* -al, අහම්බෙන් වෙන, අමුතු, ආගන්තුක, සම්බන්ධවූ

incipient ඉන්සිප්ප්‍ය·අන්ට්, *a.* පටන්ගන්න

incise ඉන්සෛස්, *v.* කපනවා. *n.*-ion. *a.* -ive

incite ඉන්සෛට්, *v.* පොලඹනවා, උනන්දුකරනවා. *n.* -ment [*a.* -ity

incivil ඉන්සිවිල්, *a.* ගරු නැති, අශිලාචාර.

inclement ඉන්කලිම්·අන්ට්, *a.* කර්කශ, තද. *n.*-cy

incline ඉන්ක්ලෛන්, *v.* ඇලවෙනවා, නැමෙනවා, සිත ඇදෙනවා, තරමකට කැමතිවෙනවා, *n.* බෑවුම. *a.* -able. *n.* -ation

inclose ඉන්ක්ලෝස්, *v.* =enclose. *n.* -ure

include ඉන්ක්ලූඩ්, *v.* අඩංගුකරනවා, *a.* -sive. *n.* -sion [අසම්බන්ධ. *n.* -ce, -cy

incognisable ඉන්කොග්නිස·බල්, *a.* ඇඳිනගත නොහැකි. *n.* -nce. *a.*-nt

incoherent ඉන්කොහී·රන්ට්. *a.* ගැළපීම් නැති.

incombustible ඉන්කොම්බස්ටිබල්, *a.* දැවිය නොහැකි, අලුකළ නොහැකි. *n.* -ility

income ඉන්කම්, *n.* ආදායම, අය. *n.* -ing, ඇතුළුව ඊම, ලැබීම්

incommensurable ඉන්කොමැන්ෂු·රබල්, *a.* ප්‍රමාණයෙන් අසමාන. *n.*-bility. *a.* -te, මිම්මෙන් හෝ ප්‍රමාණයෙන් අසමාන

incommode ඉන්කොම්මෝඩ්, *v.* අපහසුකරණ වා. *a.* -ious

incommunicable ඉන්කොම්මියුනි'කබල්, *a.* දිය නොහැකි, දැන්වියනොහැකි. *a.* -tive

incomparable ඉන්කොම්'පරබල්, *a.* සමාන කළ නොහැකි. *n.* -ness

incompatible ඉන්කොම්පැටිඉබල්, *a.* එක්ව සිටින්ට බැරි, හුනුරු. *n.* -ility

incompetent ඉන්කොම්පිටෙන්ට්, *a.* පුළුවන්කම නැති, අයෝග්‍ය. *n.* -ce [පුනී. *n.* -ness

incomplete ඉන්කොම්ප්ලීට්, *a.* නොනිමි, අසම්

incomprehensible ඉන්කොම්ප්‍රිහැන්සිබල්, *a.* තේරුම්ගත නොහැකි. *n.* -ility

incompressible ඉන්කොම්ප්‍රෙස්සිබල්, *a.* මිරිකිය නොහැකි. *n.* -ility [බැරි, අචින්ත්‍ය

inconceivable ඉන්කොන්සී'වබල්, *a.* සිතන්ට

inconclusive ඉන්කොන්ක්ලූස්ඉව්, *a.* හරි තීරණයක් නැති. *n.* -ness

incongruity ඉන්කොන්ග්රූඉටි, *n.* එකඟ නැතිකම, අසම්කම. *a.* -ous [වැදගත්, පුළු

inconsiderable ඉන්කොන්සිඩ'අරබල්, *a.* නො

inconsiderate ඉන්කොන්සිඩ'අරේට්, *a.* කල්පනා නොකරණ, ඉක්මන්, නොසැලකිලි

inconsistent ඉන්කොන්සිස්'ටන්ට්, *a* එකඟනැති, විරුද්ධ. *n.* -ce. -cy inconsolable ඉන්කොන්සෝ·ලබ්ල්, *a.* සනසන්ට නොහැකි [අස්ථිර. *n.* -cy

inconstant ඉන්කොන්·ස්ටන්ට්, *a.* වෙනස් වෙන,

incontestable ඉන්කොන්ටෙස්·ටබ්ල්, *a.* අරෝව හෝ විවාදකරන්ට ඉඩනැති, නිසැක

incontinent ඉන්කොන්ටිනන්ට්, *a.* ආශාව මැඩ නොපවත්වන, කාමුක. *n.* -ce, -cy

incontrollable ඉන්කොන්ට්‍රෝල්·ලබ්ල්, *a.* මැඩ පැවැත්විය නොහැකි [වාදකිරීමට ඉඩනැති

incontrovertible ඉන්කොන්ට්‍රෝ·වර්ටිබ්ල්, *a* වි

inconvenience ඉන්කොන්වීන්·යන්ස්, *n.* අපහසුකම. *v. a.* -t, අපහසු, නුසුදුසු

inconvertible ඉන්කොන්·වර්ටිබ්ල්, *a.* හැරවිය හෝ වෙනස්කල නොහැකි

incorporate ඉන්කෝර්පොරේට්, *a.* ශරීරයක් නැති, සංයෝජිත. *v.* සමාගමයක්මෙන් සම්බන්ධ කරණවා, සංයෝගකරණවා. *n.* -ion එකට බැඳීම, සංයෝගය, සමාගම

incorporeal ඉන්කෝර්පෝරි·අල්, *a.* අශරීරික

incorrect ඉන්කොරෙක්ට්, *a.* හරිනැති, වැරදි. *n.* -ness

incorrigible ඉන්කොරිජිබ්ල්, *a.* හික්මවිය නොහැකි, අතිශයෙන් දුෂ්ටවූ. *n.* -leness, -ility

incorrupt ඉන්කොරප්ට්, *a.* අඩුනොවන, දුෂ්ට

නොවන. *a.* -ed. *a.* -ible, දුෂ්කැවිය නොහැකි, නපුරම හැරවිය නොහැකි (*n.* -ness).*n.* -ibility. *n.* -ion

increase ඉන්ක්‍රීස්, *n.* වැඩිවීම, වැඩිකිරීම. *v.* වැඩිකරණවා, මහත්වෙනවා, වැඩෙනවා

incredib*le* ඉන්කරැඩිඉබිල්. *a.* විශ්වාසකළ නො හැකි. *n.* -ility, -leness [සුළු. *n.* -ousness, -ity

incredul*ous* ඉන්කරැඩියුලස්, *a.* අවිශ්වාස කරණ

increment ඉන්ක්‍රිමණ්ට්, *n.* වැඩිවීම, වැඩිකිරීම

incriminate ඉන්ක්‍රිමිඉණේට්, *v.* දෝෂාරෝපණය කරණවා

incrust ඉන්ක්‍රස්ට්, *v.* පොත්තකින්මෙන් වසනවා. *n.* -ation [*n.* -ion

incubat*e* ඉන්කියුබේට්, *v.* උඩඉඳ බිජු රකිණවා.

incubus ඉන්කියුබස්, *n.* දුඃස්වප්නයෙන් හිරි වැටීම හෝ වේදනාව, ඉතා බරවෙන කාරණය

inculcat*e* ඉන්කල්කේට්, *v.* නැවත නැවත ප්‍රේමයෙන් සිතට විද්දනවා. *n.* -ion

inculpate ඉන්කල්පේට්, *v.* වරද තබනවා

incumben*t* ඉන්කම්·බණ්ට්, *a.* පිහිටි, යුතුවූ, කාරණ්ටම ඕනෑ. *n.* නිලධාරියා, භාරකාරයා. *n.* -cy

incumbrance ඉන්කම්·බ්‍රන්ස්, *n.* =encumbrance

incur ඉන්·කර්, *v.* පමුණුවාගන්නවා, අසුවෙනවා

incurable ඉන්කියු'රබ්ල් *a.* සුවකළ නොහැකි, අසාධ්‍ය. *n.* අසාධ්‍යරෝගකාරයා. *n.* -ness

incursi*on* ඉන්'කර්'ෂන්, *n.* සතුරුකමට අදිස්සියෙන් වැදීම හෝ ඇතුල්වීම. *a.* -ve

indebted ඉන්ඩැට්'ඉඩ්, *a.* ණයවසිටින. *n.* -ness

indecenc*y* ඉන්ඩී'සන්සි, *n.* අශෝභනකම, අවක්‍රියාව. *a.* -t [සුළු, අනවරත

indeciduous ඉන්ඩිසිඩ්‍යුඅස්, *a.* නොවැටෙන

indecipherable ඉන්ඩිසයි'ෆ'රබ්ල්, *a.* කියවා දනගත නොහැකි [ණයක් නැති බව. *a.*- ve

indecisi*on* ඉන්ඩිස්ෂ්'අන්, *n.* ස්ථිරනැතිකම, තීර

indeclinable ඉන්ඩික්ලයි'නබ්ල්, *a.* (නාමයක්) වරනැඟිය නොහැකි. *n.* අව්‍යය

indecor*ous* ඉන්ඩිකෝරස්, *a.* නොහොබිනා, අයෝග්‍ය. *n.* -um [එහෙමද!

indeed ඉන්ඩීඩ්, *ad.* ඇත්තටම. *interj.* හැබෑද!

indefatigable ඉන්ඩිෆැටිගබ්ල්, *a.* වෙහෙසකළ නොහැකි, ඉතා වීර්‍යවන්ත

indefeasib*le* ඉන්ඩිෆීස්'ඉබ්ල්, *a.* නිෂ්ප්‍රභාකළ නොහැකි. *n.* -ility

indefensible ඉන්ඩිෆැන්සිබ්ල්, *a.* ආරක්ෂාකළ නොහැකි, නිදොස්කළ නොහැකි

indefinable ඉන්ඩිෆයින්'අබ්ල්, *a.* නියමකට විස්තර නොකළහැකි

indefinite ඉණ්ඩැෆ්ඉනිට්, *a.* අනියත, සත්තක නැති, අප්‍රමාණ. *n* -ness

indelible ඉණ්ඩැල්ඉබිල්, *a.* මකන්ට බැරි

indelicate ඉණ්ඩැල්ඉකේට්, *a.* අවිනීත, රළු, අනාචාර. *n.* -cy

indemnify ඉණ්ඩැම්නිෆෛ, *v.* අලාභහානිවී මෙන් ආරක්‍ෂාකරණවා, අලාභහානි ගෙවනවා. *n.* -fication. *n.* -ty, වන්දිය

indent ඉණ්ඩැණ්ට්, *v.* දැති ආකාරයට කපනවා, කත්තු කපනවා, *n.* -ation. *n.* -ure, පොරොන්දු පත්‍රය [ධනවත්. *n.* -ce, -cy

independent ඉණ්ඩිපැණ්ඩණ්ට්, *a.* යටත් නැති,

indescribable ඉණ්ඩිස්ක්‍රයිබ්අබ්ල්, *a.* විස්තර කළ නොහැකි

indestructible ඉණ්ඩිස්ට්‍රක්ටිබ්ල්, *a.* විනාශකළ නොහැකි. *n.* -ility

indevout ඉණ්ඩිවෞට්, *a.* භක්තිවන්තකමනැති. අශුබාවන්ත [පටුන

index ඉණ්ඩැක්ස්, *n.* යමක් පෙන්වන ලකුණ.

Indian ඉණ්ඩිඅන්, *a.* ඉන්දියා දේශය පිළිබඳ, භාරතදේශීය. *n.* ඉන්දියා වාසියා. *n.* -rubber, මකන ලාටු වර්ගයක්, ඉණ්ඩිය රබර්

indicate ඉණ්ඩිකේට්, *v.* දක්වනවා, හඟවනවා. *n.*-ion. *a.*-ive. *n.*-ive, වර්තමානකාලික ක්‍රියාව. *a.*-ory

indict ඉණ්ඩෛට්, *v.* නඩුසාලාවකදී දෝෂාරෝපණය කරණවා. *a.* -able. *n.* -ment indifferent ඉන්ඩිෆ්ෆ්‍රරන්ට්, *a.* නොසැලකිලි, මධ්‍යස්ථ. *n.* -ce [පත්, ජන්ම

indigenous ඉන්ඩිජ්ඉනස්, *a.* ස්වදේශයේ උ

indigent ඉන්ඩිජන්ට්, *a.* දිළිඳු. *n.* -ce

indigested ඉන්ඩිජැස්ටඩ්, *a.* අජීර්ණ, නොදිරූ, හොඳ පිළිවෙලකට තබා නොගත්. *a.* -ible. *n.* -ion අජීර්ණය

indignant ඉන්ඩිග්නන්ට්, *a.* කෝප සහිතව තදින් අමනාපවූ. *n.* -ation. *n.* -ity, අවනම්බුව, හෙළාදැකීම

indigo ඉන්ඩිගෝ. *n.* නිල්, අවරි

indirect ඉන්ඩිරැක්ට්, *a.* කෙළින් නැති, ඇද

indiscreet ඉන්ඩිස්ක්‍රීට්, *a.* අනුවණ, නුවණට හුරු නැති. *n.* -tion

indiscriminate ඉන්ඩිස්ක්‍රිමිනේට්, *a.* වෙනසක් නැත්, අවුල්වූ. *a.*- ing [විනැමකරණ

indispensable ඉන්ඩිස්පැන්සබ්ල්, *a.* අවශ්‍ය,

indispose ඉන්ඩිස්පෝස්, *v.* අකමැතිකරණවා, විසක අසනීපකරණවා, *n.* -ition

indisputable ඉන්ඩිස්පියුටබ්ල්, *a.*=incontestable

indissoluble ඉන්ඩිස්සොල්යුබ්ල්, *a.* දියකළ නොහැක්, වෙන්කළ නොහැකි

indistinct ඉන්ඩිස්ටිංක්ට්, *a.* ප්‍රභේද නැති, පැහැදිලි නැති. *n.* -ness

indistinguishable ඉන්ඩිස්ටිංග්විෂ්අබ්ල්, *a.* වෙණස දැකනත නොහැකි

indite ඉන්ඩයිට්, *v.* ලියයුතු හෝ කියයුතු දේ කියා දෙනවා. *n.*-ment

individual ඉන්ඩිවිඩ්‍යු·අල්, *n.* තනි එකා, තනි එක්කෙනා. *n.* -ity, තනි පැවැත්ම, ස්වභාවයේ වෙනස්කම. *v.*-ise. *n.* -ism [*n.* -ility

indivisib*le* ඉන්ඩිවිස්·ඉබ්ල්, *a.* බෙදිය නොහැකි.

indocil*e* ඉන්ඩෝසයිල්, *a.* නොහික්මුණු. *n.* -ity

indoctrinate ඉන්ඩොක්ට්‍රිනේට්, *v.* දහගත යුතු මුල්කරුණු උගන්වනවා [භාෂාපිළිබඳ, ආර්ය

Indo-European ඉන්ඩෝ යුරෝපී·අන්,
Indo-Germanic ඉන්ඩෝ ජර්·මනික්, } *a.* ආර්ය

indolen*t* ඉන්ඩො·ලන්ට්, *a.* අලස. *n.* -ce

indomitable ඉන්ඩොමිට·අබ්ල්, *a.* මැඩ පැවැත්විය නොහැකි

indoor ඉන්ඩෝර්, *a.* ගේ ඇතුළ පිළිබඳ

indorse ඉන්ඩෝර්ස්, *v.* =endorse. *n.*-ment

indubitable ඉන්ඩ්‍යුබි·ටබ්ල්, *a.* අනුමාන කළ නොහැකි, නිසැක

induc*e* ඉන්ඩ්‍යුස්, *v.* කැමතිකරණවා, සලස්වනවා. *n.* -ement. *a.* -ible

induct ඉන්ඩක්ට්, *v.* සිරිත්ලෙස නිලයක් භාර කරණවා. *n.* -ion, නිලයක් භාරකිරීම, සමාන කරුණුවලින් විශේෂ කාරණයක් ඔප්පුකිරීමේ තක් ක්‍රමය, විදුලිබලය යැවීම. *a.* -ive

indulge ඉන්ඩල්ජ්, *v.* කැමැත්තට ඉඩදෙනවා, ප්‍රසන්නකරණවා, නිදහසදෙනවා. *n.* -nce. *a.*-nt indurate ඉණ්ඩ්‍යුරේට්, *v.* දෘඩිවෙනවා, දෘඩිකරණවා. *n.* -ion

industrial ඉණ්ඩස්ට්‍රි·අල්, *a.* ශිල්පශාස්ත්‍ර කර්මාන්ත පිළිබඳ. *a.* -ious, රක්‍ෂාවෙහි කඩිසර, උත්සාහවත්. *n.* -y, කඩිසරකම, අනලස්ව සෙදීම, යම් යම් ද්‍රව්‍ය තැනීමේ යෙදීම

indweller ඉණ්ඩ්වැල්·ලර්, *n.* පදිංචිකාරයා, වාසියා. *a.* -ing, ඇතුළෙහි වාසයකරණ

inebriate ඉන්ඊබ්‍රිඒට්, *v.* මත්කරණවා. *n.* -ation. *n.* -ety. *n.* සහ *a.* -ant

inedited ඉන්ඇඩිඉ·ට්ඩ්, *a.* ප්‍රසිඩ කිරීමට භූඩ නොකල, ප්‍රසිඩ නොකල [නොහැකි

ineffable ඉන්ඇෆ්·ෆබිල්, *a.* වචනවලින් කිය

ineffaceable ඉන්ඇෆේස්·ඒබිල්, *a.* මැකිය නොහැකි [නැති. *n.* -ness

ineffective ඉන්ඇෆ්ෆැක්ටිව්, *a.* නිෂ්ඵල, බලය

ineffectual ඉන්ඇෆ්ෆැක්ට්‍යු·අල්, *a.* සිදු නොවෙන ආකාර, ගුණ හෝ බල නැති. *ad.* ly

inefficacious ඉන්ඇෆ්ෆිකේෂස්, *a.* සෑහෙන ගුණය හෝ බලය නැති, ව්‍යර්ථ. *n.* -y

inefficient ඉන්ඇෆ්ෆිෂ්·අණ්ට්, *a.* අසමර්ථ, අයෝග්‍ය. *n.*-cy [සක්‍ෂමදි. *n.* -ce,-cy

inelegant ඉන්ඇල්ඉ·ගණ්ට්, *a.* අශෝභන, ල

ineligible ඉන්ඇල්ඉජිබිල්, *a.* අයෝග්‍ය, සුදුසුකම් නැති. *n.* -ility

inept ඉන්ඇප්ට්, *a.* අයෝග්‍ය, මෝඩ. *n.* -itude

inequality ඉන්ඉක්වොල්ඉටි, *n.* එකසමනැතිකම, ප්‍රමතාව [හැකි

ineradicable ඉන්ඉරැඩිකබ්ල්, *a.* උදුරින් නො

inert ඉන්අර්ට්, *a.* උනන්දු නැති, අලස. *n.*-ness. *n.* -ia, නිශ්චලභාව, ගමන වෙනස්වීමට බා බාව [හැකි, අනාශි

inestimable ඉන්ඇස්ටිමබ්ල්, *a.* අගය කිය නො

inevitable ඉන්ඇවිටබ්ල්, *a.* වැලකිය නො හැකි, අවශ්‍ය

inexact ඉන්ඇග්සැක්ට්, *a.* හරියටනැති, අසත්‍ය

inexcusable ඉන්ඇක්ස්ක්‍යූස්අබ්ල්, *a.* නිදහස්විය නොහැකි, සාවද්‍ය, නිරුත්තර

inexhaustible ඉන්ඇග්ස්ඕස්ටිබ්ල්, *a.* කම්මුතා වට නැතිකල නොහැක්

inexorable ඉන්ඇක්සොරබ්ල්, *a.* ඉල්ලීමෙන් සිත හැරවිය නොහැකි, ස්ථිර

inexpedient ඉන්ඇක්ස්පීඩිඅන්ට්, *a.* සුදුසු හෝ ප්‍රයෝජන නැති. *n.* -cy, -ce

inexpensive ඉන්ඇක්ස්පැන්සිව්, *a.* බොහෝ වියදම් නොවන [සම. *a.* -*d*

inexperience ඉන්ඇක්ස්පීරිඅන්ස්, *n.* නුපුරුදු

inexpert ඉන්ඇක්ස්පර්ට්, *a.* අදක්ෂ, පුහුණුනැති

inexpiable ඉන්ඇක්ස්පිඅබ්ල්, *a.* මැකිය නො හැක්, ශෝධිය නොහැක්

inexplicable ඉන්ඇක්ස්පලිකබල්, *a.* තේරුම් කළ නොහැකි, දුර්බෝධ

inexplicit ඉන්ඇක්ස්පලිස්ඉට්, *a.* පැහැදිලි නැති

inexpressible ඉන්ඇක්ස්පරැස්සිබල්, *a.* කිය නොහැකි

inexpressive ඉන්ඇක්ස්පරැස්සිව්, *a.* නොහඟවන [කළ නොහැක, බේරිය නොහැක

inextricable ඉන්ඇක්ස්ට්‍රිකබල්, *a.* නිදහස්

infallible ඉන්ෆැල්ලිබල්, *a.* වරදින්නට බැරි, නොවරදින සුලු. *n.* -ility

infamous ඉන්ෆමස්, *a.* නින්දිත, අතිදුෂ්ට. *n.*-y

infancy ඉන්ෆැන්සි, *n.* ළදරු අවස්ථාව, ළදරු කාලය. *n.* -t, ළදරුවා, කිලිද (*a.* -ile, -ine)

infanticide ඉන්ෆැන්ටිසයිඩ්, *n.* ළදරුවෙකු මැරීම, ළදරුවන් මරන්නා

infantile ඉන්ෆැන්ටයිල්, } *a.* ළදරුවයස හෝ
infantine ඉන්ෆැන්ටයින්, } ළදරුවන් පිළිබඳ

infantry ඉන්ෆැන්ට්‍රි, *n.* පාබල සේනාව

infatuate ඉන්ෆැචුඑට්, *v.* මෝහයෙන් මත් වෙනවා, සිහිමුළා කරනවා. *n.* -ion

infect ඉන්ෆැක්ට්, *v.* රෝගයෙන් දූෂිතවෙනවා, පැතිරෙනවා. *n.* -ion, *a.* -ious (*n.* -ness), -ive

infelicitous ඉන්ෆිලිසිටස්, *a.* අවාසනාවන්ත, අමනෝඥ. *n.*-y

infer ඉන්'ෆර්, *v.* අමතින් තේරුම්ගන්නවා *a.* -able. *n.* -ence. *a.* -ential [*n.* -ity

inferior ඉන්ෆීරි'අර්, *a.* වඩා පහත් තරම්වූ, හීන.

infernal ඉන්'ෆර් නල්, *a.* නිරයට අයිති, යක්ෂ

infertile ඉන්'ෆර්ටයිල්, *a.* අසාර, නිසරු. *n.* -ity

infest ඉන්ෆෙස්ට්, *v.* බොහෝසේ පීඩාකරනවා, ගහගෑවෙම සිටිනවා හෝ ගැවසෙනවා [*n.* -ity

infidel ඉන්ෆි'ඩෙල්, *n.* ආගම අවිශ්වාසකාරයා.

infinite ඉන්ෆිනිට්, *a.* අනන්ත. *n.* *a.* -esimal, අනන්ත සූක්ෂ්ම, ඉතා සියුම්. *a.* -ive, නාම ක්‍රියාවේ සම්ප්‍රදාන විභක්ති සම්බන්ධ. *n.* -y, අනන්තභාවය. *n.*-ude, අනන්තතාව

infirm ඉන්'ෆර්ම්, *a.* දුබල. *n.*-ary. ආරෝග්‍ය ශාලාව. *n.* -ity, දුබලකම, ගිලන්කම, රෝග.

inflame ඉන්ෆ්ලේම්, *v.* ගිනි අවුලුවනවා, අවුස්සනවා. *a.* -mable, පහසුවෙන් ගිනි ඇවිළෙන්ට පුළුවන් (*n.* ility.) *n.* -mation, දැවිල්ල (*a.* -ory) [ගෙඩිං. *n.* -ion

inflate ඉන්ෆ්ලේට්, *v.* පුප්පනවා, සීත උඩඟු වෙ

inflect ඉන්ෆ්ලෙක්ට්, *v.* නව නවා, වරනගනවා, ශබ්දය ඉහළ පහළ නගනවා. *n.* -ion හෝ -inflexion. *a.* -ional. *a.* -ive

inflexible ඉන්ෆ්ලෙක්ස්ඉබල්, *a.* නැමිය නොහැකි. නොනැමෙන. *n.* -ility. *n.* -leness.

inflict ඉන්ෆ්ලික්ට්, *v.* පනවනවා, පමුණුවනවා. *n.* -ion
inflorescence ඉන්ෆ්ලෝරෙස්සන්ස්, *n.* මල්පිපීම
influence ඉන්ෆ්ලූඇන්ස්, *n.* බලය, ආනුභාව. *v.* *a.* -tial, බලසම්පන්න
influent ඉන්ෆ්ලූඇන්ට්, *a.* ඇතුළට ගලාඑන
influenza ඉන්ෆ්ලූඇන්සා *n.* බෝවෙන තද සෙම්ප්‍රතිශ්‍යාව [ටීම. *n.* -ion
influx ඉන්ෆ්ලක්ස්, *n.* ඇතුළට ගැලීම, හුයක්
inform ඉන්ෆෝම්, *v.* දන්වනවා. *n.* -ant. *n.* -ation, දන්වන කරුණ, දැනගැනීම, ද්‍රෝහාරෝපණය. *a.* -atory, -ative [කාර. *n.* -ity
informal ඉන්ෆෝර්මල්, *a.* අනියම්, අනිත්‍යමා
infraction ඉන්ෆ්‍රැක්ෂන්, *n.* කඩකිරීම
infrangible ඉන්ෆ්‍රැංජිබ්ල්, *a.* කඩනොකළයුතු, කඩනොකටහැකි [වලා සිදුවෙන. *n.*-cy
infrequent ඉන්ෆ්‍රිකුවන්ට්, *a.* දුර්ලභ, ඉඳ හි
infringe ඉන්ෆ්‍රින්ජ්, *v.* කඩකරනවා. *n.* -ment
infuriate ඉන්ෆ්‍යූරිඒට්, *a.* ඉතා කෝපවූ. *v.*
infuse ඉන්ෆ්‍යූස්, *v.* දමනවා, වත්කරනවා, පොගවනවා. *a.* -ible. *n.* -ion, දැමීම, පෙඟවීම, කසාය, සාරය [දියකළ නොහැකි
infusible ඉන්ෆ්‍යූසිබල්, *a.* උණුකළ නොහැකි,
ingathering ඉන්ගැදරිං, *n.* රැස්කරගැනීම,ගොයම් කපන කාලය [*n.* -ness, ingenuity
ingenious ඉන්ජීනියස්, *a.* දක්ෂ, දක්ෂතාලස ඇයළු

ingenuous ඉන්ජෙනුඅස්, *a*. අවංක. *n*. -ness

inglorious ඉන්ග්ලෝරිඅස්, *a*. ගෞරව රහිත, අපකීර්තිමත්

ingoing ඉන්ගෝඉං, *n*. ඇතුළුවයාම, ඇතුල්වීම

ingot ඉන්ගොට්, *n*. ලෝහ කැබැල්ල [ණවා

ingraft ඉන්ග්‍රාෆ්ට්, *v*. පාස්සනවා, පදියම්කර

ingrain ඉන්ග්‍රේන්, *v*. කෙඳිවලටම සායම් පොවනවා, සංයුක්තකරණවා

ingrate ඉන්ග්‍රේට්, *n*. කෙළෙහිගුණ නැති අය

ingratiate ඉන්ග්‍රේෂිඒට්, *v*. ප්‍රසන්නකර ගන්නවා

ingratitude ඉන්ග්‍රැටිටියූඩ්, *n*. කෘතෝපකාර නොසැලකීම

ingredient ඉන්ග්‍රීඩිඅන්ට්, *n*. මිශ්‍රකරණ ද්‍රව්‍ය වලින් එකක් [මග

ingress ඉන්ග්‍රෙස්, *n*. ඇතුල්වීම, ඇතුල්වෙන

ingulf ඉන්ගල්ෆ්, *v*. =engulf

inhabit ඉන්හැබිට්, *v*. වාසයකරණවා. *a*. -able. *n*.-ant, වාසියා. *n*. -ation

inhale ඉන්හේල්, *v*. ආඝ්‍රාණයකරණවා. *n*. -ation

inharmonious ඉන්හාර්මෝනිඅස්, *a*. (ශබ්දයෙන්)අමිහිරි,එකඟ නැති [වා. *a*.-nt. *n*. -nce,-ncy

inhere ඉන්හීර්, *v*. යමක් තුළ පිහිටා තිබෙ

inherit ඉන්හෙරිට්, *v*. උරුමවෙනවා. *n*. -ance

inhibit ඉන්හිබිට්, v. නවත්වනවා, තහනම්කර නවා

inhospitable ඉන්හොස්පිටබිල්, a. ආගන්තුක උපකාර නොකරන, සරුනා නැති. n. -lity

inhuman ඉන්හියුමන්, a. අසත්පුරුෂ. n. -ity

inhume ඉන්හියුම් , v. වළලනවා. n. -ation

inimical ඉනිමිකල්, a. සතුරු, එදිරි

inimitable ඉනිමිටබිල්, a. සමාන ලෙස කළ නොහැකි, අසදෘශ [n. -y

iniquitous ඉනික්විටස්, a. අධාර්මික, දුෂ්ට, පාපිෂ්ඨ.

initial ඉනිෂල්, a. මුලම. n. පටන්ගන්න අකුර, මුල් අකුර. v. නමේ මුලකුරුවලින් අත්සන් කරනවා

initiate ඉනිෂිඑට්, v. ආරම්භකරනවා, මුල් කුරු සව උගන්වනවා, ඇතුළත්කරනවා. a. ඇබ n. -ive. n. -ion. a. -ory

inject ඉන්ජෙක්ට්, v. ඇතුළට විදිනවා, විසනිකර නවා. n. -ion. විසනිකිරීම, විසනිය

injudicious ඉන්ජුඩිෂස්, a. අනුවණ, යුක්ති නැලස්ම නිදි. n. -ness [තහනමක්

injunction ඉන්ජංක්ෂන්, n. ආඥාව, තඩු මිශ්‍රයේ

injure ඉන්ජුඅර්, v. පීඩාකරනවා, අනතුරු කරනවා, හානිකරනවා. a. -ious. n. -y, අනතුර

injustice ඉන්ජස්ටිස්, n. අයුක්තිය, අධර්මය

ink ඉංක්, *n.* තීන්ත. *v.* තීන්තගානවා. *a.* -y, තීන්ත ගෑවුණු, කළු. *n.* -ling, සංඥව. *n.* -stand, තීන්තකුඩුව

inland ඉන්·ලෑන්ඩ්, *a.* මුහුදෙන් දුරවූ, පිට්සර. *ad.* සහ *n.* *n.* -er, පිට්සර වැසියා

inlay ඉන්ලේ, *v.* ඇත දත් කැබලි ඇඳුන ගිල්වා සංකීර්ණ කරනවා

inlet ඉන්ලැට්, *n.* ඇතුල්වෙන මග, පටු වරාය

inmate ඉන්මේට්, *n.* වාසියා, එකට වැසි අය

inmost ඉන්මෝස්ට්, *a.* ඉතා ඇතුල්වූ [ලාව

inn ඉන්, *n.* තානායම, අම්බලම, නීත් ශිෂ්‍ය ශා

innate ඉන්නේට්, *a.* ජන්ම, සහජ [ඇතුල්වූ

inner ඉන්·නර්, *a.* වඩා ඇතුල්. *a.* -most, ඉතා

innervate ඉන්·නර්වේට්, *v.* නහර ශක්ති මත් කර ණවා. *n.* -ion

innings ඉන්නිංස්, *n.* ධාන්‍ය රැස්කිරීම, පන්දු පිත්ත අල්ලන වාරය

innocent ඉන්නෝ·සන්ට්, *a.* නිරපරාධ, නිර්දෝෂ, අහිංසක. *n.* -ce, -cy [ද්‍රව නැති

innocuous ඉන්නොක්යුඅස්, *a.* අහිංසක, උප

innovate ඉන්නොවේට්, *v.* අලුත් යමක් පානවා, අමුතුකරණවා. *n.* -ion [නැති

innoxious ඉන්නොක්ෂිඅස්, *a.* අහිංසක, උපද්‍රව

innuendo ඉන්යුඇන්ඩෝ, *n.* සංඥාව, අනියම්
ලෙස ඇඟවීම [හැකි

innumerable ඉන්යූමරබල්, *a.* ගණන්කළ නො

innutritious ඉන්නූට්‍රිෂස්, *a.* පෝෂ්‍යයනැති

inoculate ඉනොක්යුලේට්, *v.* අත්වද්දනවා, පාස්
සනවා. *n.* -ion [ගඩ

inodorous ඉනෝඩරස්, *a.* ගඳ සුවඳ නැති, නිර්

inoffensive ඉනොෆෙන්සිව්, *a.* අහිංසක, නිර
පරාධ, අනදර නොකරණ. *n.* -ness

inoperative ඉනොප්අරේටිව්, *a.* බලය නැති.
ගුණ නැති [යථාන, අකාල

inopportune ඉනොපෝර්ටියුන්, *a.* අයෝග්‍ය, අ

inordinate ඉනෝර්ඩිනේට්, *a.* ප්‍රමාණාතික්‍රාන්ත,
අධිකතර. *n.* -cy [අප්‍රාණි

inorganic ඉනෝර්ගැනික්, *a.* ඉන්ද්‍රිය රහිත,

inquest ඉන්ක්වෙස්ට්, *n.* (මරණ ගැන) විභාගය

inquietude ඉන්ක්වයිඅටියුඩ්, *n.* සිතේ චංචල
භාවය, අපහසුව [වා. *n.* -y, විභාගය

inquire ඉන්ක්වයර්, *v.* අහණවා, විභාගකරණ

inquisition ඉන්ක්විසිෂ්අන්, *n.* විභාගකිරීම, ප
රීක්ෂක සභාව. *a.* -onal. *a.* -ve, ප්‍රශ්න ඇසී
මට ආශාවූ, සෙවීමට ආශාවූ (*n.* -ness) [වැදීම

inroad ඉන්රෝඩ්, *n.* (සතුරාකමට) ඇතුළට

insane ඉන්සේන්, *a.* ඔල්මාද, උමතු. *n.* -ity

insati*able* ඉන්සේෂිඅබ්ල්, *a.* තෘප්තියට නොපැමිණෙන, සංසිඳවිය නොහැකි. *n.* -bility, -bleness. *a.* -te, සංතොසිඳුන, සංසිඳවීම නොහැකි

inscri*be* ඉන්ස්ක්‍රයිබ්, *v.* පිට ලියනවා, (යමෙකුගේ නම) ලියාඔප්පුකරනවා. *n.* -ption. *a.*-ptive

inscruta*ble* ඉන්ස්කෘ'ටබ්ල්, *a.* සොයා දැනගත නොහැකි, අචින්ත්‍ය. *n.* -leness, -ility

insect ඉන්සැක්ට්, *n.* පණුවා, මැස්සා. *a.*-ivorous, පණුමැසි ආදී කුඩා සතුන් කන

insecur*e* ඉන්සික්‍යූර්, *a.* සුරක්ෂිතනැති, අයථාර්ථ විය හැකි. *n.* -ity

insens*ate* ඉන්සැන්සේට්, *a.* සිහි කල්පනා නැති, මෝඩ. *a.* -ib*le*, දැනීම් නැති, සිහිනැති.(*n.*-ility)

insepara*ble* ඉන්සැප්'අ'රබ්ල්, *a.* වෙන්කළ නොහැකි, අභේද්‍ය. *n.* -leness, -ility [*n*- -ion

insert ඉන්'සර්ට්, *v.* ඇතුල්කරනවා, ඔබනවා.

inset ඉන්සැට්, *v.* ඇතුළේ පිහිටුවනවා. *n.*

inside ඉන්සයිඩ්, *n.* ඇතුළත. *a.* ඇතුළ් *ad.* ඇතුළේ, ඇතුළට

insidious ඉන්සිඩිඉඅස්, *a.* ප්‍රයෝග, ද්‍රෝහිකාර, රහස්. *n.* -ness [ලෙස දැකීම

insight ඉන්සයිට්, *n.* තීක්ෂණ බැල්ම, බේරුම්

insignia ඉන්සිග්නිය, *n.* ධුරය ආදියේ ලකුණු

insignificant ඉන්සිග්නිෆිකණ්ට්, *a.* නොවැදගත්, සුළු. *n.* -ce, -cy [*n.* -ity

insincere ඉන්සින්සිඅර්, *a.* අවිශ්වාස, වංචක.

insinuate ඉන්සිනුඑට්, *v* මද මද හෝ උපායෙන් ඇතුල්කරණවා, සංඥාකරණවා. *n.* -ion

insipid ඉන්සිප්ඉඩ්, *a.* රසනැති, අසාර, දුර්වල, උත්සාහ නැති. *n.* -ity, -ness

insist ඉන්සිස්ට්, *v.* බලකරණවා. *n.* -ence

insnare ඉන්ස්නෙයාර්, *v.* =ensnare

insobriety ඉන්සෝබ්‍රිඉටි. *n.* බීමත්කම

insolate ඉන්සෝලේට්, *v* අව්වේ වේලනවා. *n.*-ion

insolent ඉන්සෝලණ්ට්, *a.* උද්ධතකම්පාන, මහලොදක්ක. *n.* -ce

insoluble ඉන්සොල්යුබ්ල්, *a.* දියකල නොහැකි, තේරුම්කල නොහැකි. *n.* ility

insolvable ඉන්සොල්වබ්ල්, *a.* තේරුම්කල නොහැකි, ගෙවිය හෝ නිදහස්කල නොහැකි

insolvent ඉන්සොල්වණ්ට්, *a.* ණය ගෙවිය නොහැකි. *n.* වස්තු සංඝයාවලයට පත්වූ ණය, බංකොලොත් ලාබූ අය. *n.*-cy

insomnia ඉන්සොම්නිඅ, *n.* නින්දනොයාම, නිදිනොලැබීමේ රෝගය

insomuch ඉන්සෝමච්, *ad.* තරමට, ලෙස

inspan ඉන්ස්පෑන්, *v.* ඈඳනවා

inspect ඉන්ස්පෑක්ට්, *v.* පරීක්ෂාකරණවා, බලා ඉන්නවා. *n.* -ion. *n.* -or. *n.* -orship

inspire ඉන්ස්පයර්, *v.* ආශ්වාසකරණවා, සිතම වද්දනවා, දේවබලයෙන් දන්වනවා. *n.*-ation. *v.* -it, උත්සාහවත් කරණවා, ප්‍රාණවත් කරණවා

inspissate ඉන්ස්පිස්ස්ට්, *v.* උණුකිරීමෙන් උකු (ඝන) කරණවා

instability ඉන් ස්ටබිල්ඉටි, *n.* ස්ථිරනෑතිකම. චපලතාව

install ඉන්ස්ටෝල්, *a.* තනතුරකම පත්කරණවා. *n.* -ation [ගෙවන කොටස

instalment ඉන්ස්ටෝල්මන්ට්, *n.* මුළුගණනින්

instance ඉන්ස්ටෑන්ස්, *n.* ප්‍රස්තාව, උදාහරණය, ඉල්ලීම. *v.* (උදාහරණයක්) සඳහන්කරණවා. *a.* -t, එවලේම වෙන, ඉක්මන්; *n.* මොහොත. *a.* -taneous, එසැණෙණහිම වෙන

instead ඉන්ස්ටෙඩ්, *ad.* වෙනුවට

instep ඉන්ස්ටෑප්, *n.* කකුලත් උඩිපතලත් එක් වෙන ස්ථානය [ල දෙනවා. *n.* -ion

instigate ඉන්ස්ටිගේට්, *v.* පොළඹවනවා, අනුබ

instil ඉන්ස්ටිල්, *v.* මඳ මඳ වත්කරණවා, මඳ මඳ උගන්වනවා. *n.* -lation, -ment

instinct ඉන්ස්ටින්ක්ට්, *n.* සහජ දැනීම, ස්වභාවික දැනීම, ඉව. *a.* ප්‍රාණවත්, සෙලවෙන. *a.* -ive institute ඉන්ස්ටිටියුට්, *v.* පිහිටුවනවා, පණවනවා, පමත්ගන්නවා. *n.* ව්‍යවස්ථාව, පණ්ඩිත සභාව හෝ සභා ශාලාව. *n.* -ion, පිහිටුවීම, සභාව, ශාලාව(*a.* -al,-ary)

instruct ඉන්ස්ට්‍රක්ට්, *v.* උගන්වනවා, දැනම්තිකම් දෙනවා, ආඥා දෙනවා. *n.* -or හෝ -er. *n.*-ion. *a.* -ive, උපදේශක, දැනම්තිකම් උගන්වන

instrument ඉන්ස්ට්‍රුමෙන්ට්, *n.* ආයුධය, යන්ත්‍රය, තූර්යභාණ්ඩය,ඔප්පුව.*a.*-al,හේතු,උපකාරක, කරණ(විබත්), තූර්ය භාණ්ඩවලින් උපදවනලද [මත් නොවන. *n* -ion (*n.* -ity)

insubordinate ඉන්සබෝර්ඩිනේට්, *a.* අණට න

insufferable ඉන්සෆ්ෆ්‍රබල්, *a.* දරන්ට හෝ ඉවසන්ට බැරි [හෙණ. *n.* -cy

insufficient ඉන්සෆිෂ්අන්ට්, *a.* මදි, නොසෑ

insular ඉන්සියුලර්, *a.* දිවයිනක් සම්බන්ධ. දි නෙත් වමවූ. *n.* -rity. *v.* -te, තනිතර හෝ වෙන්කර තබනවා (*n.* -ion)

insult ඉන්සල්ට්, *n.* අපහාසය, බැණුම. *v.*

insuperable ඉන්සූපරබල්, *a.* බැරිතරම් අමාරු, මැඩපැවැත්විය නොහැකි. *n.* -ility

insupportable ඉන්සප්පෝර්ටබල්, *a.* දරන්ට හෝ ඉවසන්ට බැරි [කල නොහැකි

insuppressible ඉන්සප්පරෙස්සිබල්, *a.* යටපත්

insur*e* ඉන්ෂූර්, *v.* සහතික කරණවා, අලාභ හානි ගෙවන ලෙස පොරොන්දුකරවා ගන්නවා. *n.*-ance. *a.* -able [කැරලිකාරයා

insurgent ඉන්·සර්·ජන්ට්, *a.* කැරලිකාර. *n.*

insurmountable ඉන්·සර්මෞන්ට්·අබ්ල්, *a.* නැගිය නොහැකි, මැඩපවත්වන්ට බැරි [*a.*-al, -ary

insurrection ඉන්·සර්රැක්·ෂන්, *n.* කැරලිගැසීම.

insusceptib*le* ඉන්සස්සැප්ටිබ්ල්, *a.* දැනීම නැති, වෙනස්විය නොහැකි. *n.* -ility

intact ඉන්ටැක්ට්, *a.* අත නොගැසූ, නැල්පු

intangible ඉන්ටැංජිබ්ල්, *a.* අතට නොදැනෙන, ස්පර්ශකළ නොහැකි

integ*er* ඉන්ටී·ජර්, *n.* සම්පූර්ණඑක, අඛණ්ඩ ගණය. *a.* -ral, -rant. *v.*-rate, මුළුගණයක්කරණවා, මුළුගණය දෙනවා (*n.*-ion). *n.* -rity, අඛණ්ඩතාව, අවංකකම

integument ඉන්ටැගු·මන්ට්, *n.* ස්වාභාවික වැස්ම, සිවිය. *a.* -ary, -al [ශීල. *a.*-ual(*n.*-ity)

intellect ඉන්ටැල්ලැක්ට්, *n.* බුද්ධිය, ඥානශක්

intellig*ence* ඉන්ටැල්ලි·ජන්ස්, *n.* බුද්ධිමත්කම. කාරණ දැනීම, ආරංචිය, බුද්ධිමතා, *a.* -ent. *n.*-encer, ආරංචිගෙණයන්නා. ඔත්තුකාරයා. *a.* -ib*le*, පැහැදිලි (*n.* -ility, -leness)

intemper*ance* ඉන්ටැම්·පරන්ස්, *n.* පමණනොදැන ක්‍රියාකිරීම, ප්‍රමාණයට වැඩිය භුක්ති විඳීම. *a.* -te

intend ඉන්ටෙන්ඩ්, *v.* අදහස්කරනවා, *n.* -ant, භාරකාරයා, බලාගන්නා (*n.*-cy)

intense ඉන්ටෙන්ස්, *a.* අධිකතර, සැර, තියුණු. *n.* -eness. *n.* -ity. *v.* -ify, වැඩිකරනවා. *n.* -ion

intent ඉන්ටෙන්ට්, *a.* සිත යොමුකල. *n.* අදහස, තේරුම. *n.* -ion, අභිප්‍රාය, අදහස. *a.* -ional

inter ඉන්ටර්, *v.* වළලනවා. *n.* -ment

intercalary ඉන්ටර්කැලරි, *a.* අධික (මාසය), දවසක වැඩිය ඇති. *v.* -ate

intercede ඉන්ටර්සීඩ්, *v.* මැදහත් වෙනවා. *n.* -ssion. *n.* -ssor (*a.* -y)

intercept ඉන්ටර්සෙප්ට්, *v.* නවත්වනවා, අල්ලනවා, බාධාකරනවා. *n.* -ion

intercession ඉන්ටර්සෙෂ්අන්, (intercede බ.)

interchange ඉන්ටර්චේන්ජ්, *v.* හුවමාරු කරනවා. *n.* *a.* -able

intercommunion ඉන්ටර්කොම්මියුනියන්, *n.* අන්‍යෝන්‍ය සහභාගිවීම, එකතුවීම

intercourse ඉන්ටර්කෝර්ස්, *n.* ආශ්‍රය, සමාගම

interdependence ඉන්ටර්ඩිපෙන්ඩන්ස්, *n.* අන්‍යෝන්‍ය විශ්වාසය හෝ සම්බන්ධය. *a.*-t

interdict ඉන්ටර්ඩික්ට්, *v.* තහනම්කරනවා. *n.* n. -ion. *a.*-ory

interest ඉන්ටරෙස්ට්, *n.* ප්‍රයෝජනය, ඇල්ම, පොලිය. *v.* *a.* -ing, ප්‍රීති උපදවන, මනෝඥ

interfere ඉන්ටර්ෆි·අර්, *v.* මැදහත්වෙනවා,බාධා පැමිණෙ ඤවා. *n.* -nce [රතුර

interim ඉන්·ටර්ඉම්, *n.* අතරතුර කාලය, අත

interior ඉන්ටීරි·අර්, *a.* ඇතුල්, පිටිසර. *n.*

interjacent ඉන්ටර්ජේ·සන්ට්, *a.* අතර පිහිටි

interject ඉන්·ටර්ජැක්ට්, *v.* අතරම දමනවා, අතරතුරේදී අදියසිමයෙන් යමක් කියනවා. *n.* -ion, අතරට දැම්ම, උස්වනාපී පදය (*a.* -al)

interlace ඉන්·ටර්ලේස්, *v.* ගොතනවා, පටලවනවා [තර අතරේ තබනවා

interlard ඉන්·ටර්ලාර්ඩ්, *v.* සංමිශ්‍රකරණවා, නි

interleave ඉන්·ටර්ලීව්, *v.* පොතක කොළ අතුරේ අලුතු කොළ දමනවා

interline ඉන්·ටර්ලෛන්, *v.* පේළි අතුරෙහි ලියනවා. *a.* -ar, -al, *n.* -ation [*n.* -ory

interlocution ඉන්·ටර්ලොකියුෂන්, *n.* දෙබස.

interloper ඉන්·ටර්ලෝ·පර්, *n.* අනිසිලෙස මැදිවෙන්නා [ගානයාවක්

interlude ඉන්·ටර්ලූඩ්, *n.* අතුරු නාට්‍යයක් හෝ

interlunar ඉන්·ටර්ලූ·නර්, *a.* අමා, හඳපානයෑහි

intermarry ඉන්·ටර්මැරි, *v.* සිර ගණු දෙනු කරණවා. *n.* -iage

intermediate ඉන්·ටර්මිඩිඒට්, *a.*අතරපිහිටි.*a.*-ry.

intermeddle ඉන්·ටර්මැඩ්ල්, *v.* අනුන්ගේ කාරණවලට මැදිවෙනවා

interment ඉන්·ටර්·මන්ට්, *n.* (inter බ.)

interminable ඉන්·ටර්මි·නබල්, *a.* අන්තිමයක් නැති. *a.* -te, අන්තිමයක්හෝ සීමාවක්හෝ නැති

intermingle ඉන්·ටර්මිංගල්, *v.* සංමිශ්‍ර කරනවා

intermission ඉන්·ටර්මිෂ්·අන්, *n.* කාලයකට නැවතීම [*a.* -tent

intermit ඉන්·ටර්මිට්, *v.* කාලයකට නවතිනවා.

intermix ඉන්·ටර්මික්ස්, *v.* සම්මිශ්‍රකරනවා. *n*-ture

intermural ඉන්·ටර්මියු·රල්, *a.* බිත්ති අතර පිහිටි, නගරය තුළ

internal ඉන්·ටර්·නල්, *a.* ඇතුල් [අතරමු

international ඉන්·ටර්නැෂ්·අ·නල්, *a.* ජාතීන්

internecine ඉන්·ටර්නීසෛන්, *a.* අන්‍යෝන්‍යඝාතක

interpolate ඉන්·ටර්පොලේට්, *v.* ලියවිල්ලක් අතරට අලුතෙන් යමක් යොදනවා. *n.* -ion

interpose ඉන්·ටර්පෝස්, *v.* බාධාවක්මෙන් අතරෙහි තබනවා, මැදිකරනවා. *n.* -ition, -al

interpret ඉන්·ටර්ප්‍රිට්, *v.* තේරුම්දෙනවා, කථිත් භාෂාන්තරනවා, තෝල්කකියනවා. *n.* -er. *n.* -ation

interregnum ඉන්·ටර්රෙග්නම්, *n.* රජෙක් නැති කාලය

interrogate ඉන්·ටර්රෝගේට්, *v.* විචාරනවා, ප්‍රශ්නකරනවා. *n.* -ion. *a.* ive. *a.* -ory

interrupt ඉන්·ටර්රප්ට්, *v.* නවත්වනවා, බාධාකරනවා. *n.* -ion

intersect ඉන්·ටර්සෙක්ට්, *v.* හරහම කපනවා හරහට වැටෙනවා. *n.* -ion

intersperse ඉන්·ටර්ස·පර්ස්, *v.* අතරතුර විසුරුවනවා. *n.* -ion [විවරය.*a.*-tial

interstice ඉන්·ටර්ස්ටිස්, *n.* අතර, අතර කුඩා

intertropical ඉන්·ටර්·ට්‍රොපිකල්, *a.* ක්‍රාන්ති වලයාන්තර [තුර දමා වෙලෙනවා හෝ ඔතනවා

intertwine ඉන්·ටර්ට්වයින්, *v.* කීපයක් අතර

intertwist ඉන්·ටර්ට්විස්ට්, *v.* එකට ගොතනවා

interval ඉන්·ටර්·වල්, *n.* අතර, අවකාශය

intervene ඉන්·ටර්වීන්, *v.* අතරට පැමිණෙන වා, මැදිහත්වෙනවා. *n.* -tion [වීම, සාක්ෂිකාව. *v.*

interview ඉන්·ටර්වියු, *n.* දෙදෙනෙකුගේ හමුවීම

interweave ඉන්·ටර්වීව්, *v.* එකට වියනවා

intestate ඉන්ටැස්ටේට්, *a.* අන්තිම කැමති පත්‍රයක් නොලියා මැරෙන. *n.* -cy. *a.* -ble

intestine ඉන්ටැස්ටින් (හෝ) ඉන්ටැස්ටෙයින්, *a.* අභ්‍යන්තර, දේශීය. *n.*-*es*, අතුණු,බඩවැල්(*a.* -al)

intimacy ඉන්ටිමසි, *n.* යහළුකම. *a.* -te

intimate ඉන්ටිමේට්, *v.* හඟවනවා, ස්වල්ප වශයෙන් දන්වනවා. *n.* -ion

intimidate ඉන්ටිමිඩේට්,භයගන්වනවා. *n.* -ion

into ඉන්ටු, *prep.* ඇතුළට

W

intolerable ඉන්ටොල්·ඇ·රබ්ල්, a. ඉවසිය හෝ දරිය නොහැකි. n. -nce. a. -nt

intonate ඉන්ටෝනේට්, v. ස්වරනගනවා. n.-ion

intone ඉන්ටෝන්, v. යන්ත්‍ර ශාස්ත්‍රයට ස්වර නගා කියනවා

intoxicate ඉන්ටොක්සිකේට්, v. මත් කරනවා. n. -tion. n. -nt, මත්කාරක ද්‍රව්‍යය, මද්‍යය

intractable ඉන්ට්‍රැක්·ටබ්ල්, a. යටත්කරන්න නොහැකි, මුරණ්ඩු. n. -ility

intransitive ඉන්ට්‍රැන්සිටිව්, a. අකර්මක (ක්‍රියා)

intrench ඉන්ට්‍රෙන්ච්, v. වළකාර අගල් කපනවා, සුරක්ෂිත වෙනවා. n.-ment [n. -ity

intrepid ඉන්ට්‍රෙපිඩ්, a. ශූරතර, ධෛර්‍යවත්.

intricate ඉන්ට්‍රිකේට්, a. පැටලිලි ඇති, අපැහැදිලි. n. -cy [n. v.

intrigue ඉන්ට්‍රීග්, n. රහස් උපාය, කුමන්ත්‍රණ

intrinsic ඉන්ට්‍රින්සික්, } a. සැබෑවට ඇති,
intrinsical ඉන්ට්‍රින්සිකල්, } සැබෑ.

introduce ඉන්ට්‍රොඩියුස්, v. ඇතුළට පමුණුවනවා, අඳුන්වනවා, පළමුකොට ගෙනෙනවා. n. -tion. a. -tory

intrude ඉන්ට්‍රූඩ්, v. අවසර නෝ බලය නෝ නැතුව ඇතුල්වෙනවා. n.-sion. a. -sive

intrust ඉන්ට්‍රස්ට්, v. =entrust

intuition ඉන්ටියුඉෂ්අන්, *n*. සමක වනා අවබෝධ කරණ නුවණ, සහජ ඥානය. *a*. -ve

inundate ඉනන්ඩේට්, *n*. වතුරගලා යම මෙ කළා. *n*. -ion [දූෂිකරණය

inure ඉනියුර්, *n*. පුරුදුකරණවා, භාවිතාමෙන්

inurn ඉන්අර්න්, *v*. භාජනයකලනවා, වළලනවා

inutility ඉන්යුටිලිටි, *n*. නිෂ්ප්‍රයෝජනකම

invade ඉන්වේඩ්, *v*. විරුඬයාම පිණිස පැමිණෙනවා. *n*. -sion [*n*. -ity. *v*. -ate (*n*. -ion)

invalid ඉන්වැලිඩ්, *a*. වලංගු නෝ බලය නැති.

invalid ඉන්වලිඩ්, *a*. ලෙඩවූ, දුබල. *n*. ලෙඩා, දුබල අය. *v*. ලෙඩෙක් කරණවා

invaluable ඉන්වැල්යුබල්, *a*. අගනා කිය නොහැකි, අනඝ [ය, ස්ථිර. *n*. -ness

invariable ඉන්වේරිඅබ්ල්, *a*. වෙනස් නොවෙ

invasion ඉන්වේෂන්, *n*. (invade බ.)

invective ඉන්වැක්ටිව්, *n*. නින්දාබස, ගර්හාව

inveigh ඉන්වේ, *v*. විරුඬව කථාකරණවා, ගරහනවා [වාවෙන පොලඹනවා. *n*.-ment

inveigle ඉන්වීගල්, *v*. රවටා ඇදගන්නවා, වං

invent ඉන්වැන්ට්, *v*. අලුතුදෙයක් උපදවනවා හෝ සොදනවා. *n*. -er හෝ -or. *n*. -ion. *a*. -ive (*n*. -ness.)

inventory ඉන්වැන්ටරි, *n*. බඩුලේඛනය. *a*. -ial

inverse ඉන්'වර්ස්, *a.* විරුද්ධ පිළිවෙලකට තැබූ, පූර්වාපර, විපරීත [වා. *n.* -sion

invert ඉන්'වර්ට්, *v.* පෙරළනවා, පූර්වාපරයකරණ

invertebrate ඉන්'වර්ටිබ්‍රෙට්, *a.* පිට්කොන්ද (මුදුන් ඇටය) නැති. *n.* පිට්කොන්ද නැති සතා

invest ඉන්වෙස්ට්, *v.* අන්දනවා, පළඳවනවා, වටලනවා, ප්‍රයෝජනගැනීම පිණිස මිල යොදනවා. *n.* -ment

investigate ඉන්වෙස්ටිගේට්, *v.* පරීක්ෂා කරනවා. විභාගකරනවා. *n.* -ion

investiture ඉන්වෙස්ටිචූර්. *n.* තිලක ආදියක් දීම, පැළඳවීම (invest බ)

investment ඉන්වෙස්ට්මන්ට්, *n.* (invest බ.)

inveterate ඉන්වෙටරේට්, *a.* බොහෝ කල්ගිය, බලවත්, බද්ධ. *n.* -cy

invidious ඉන්විඩිඅස්, *a.* වෛර හෝ ඊර්ෂ්‍යා උපදවන, අප්‍රිය. *n.* -ness [වා. *n.*-ion

invigorate ඉන්විගරේට්, *v.* ශක්තිමත්කරණ

invincible ඉන්වින්සිබ්ල්, *a.* පරාජයකළ නොහැකි. *n.* -ility

inviolable ඉන්වයොලබ්ල්, *a.* නොලඟිණ්ට බැරි, කඩකරණ්ට බැරි, අනතුරුකළ නොහැකි. *n.*-bility. *a.* -te

invisible ඉන්විසිබ්ල්, *a.* නොපෙනෙන, දකින්න නොහැකි. *n.* -ility invite ඉන්වෛට්, *v.* කැඳවනවා, ඉල්ලනවා. *a.* -ing, සිත ඇලවන. *n.* -ation

invocate ඉන්වොකේට්, *v.* =invoke. *n.*-ion

invoice ඉන්වොයිස්, *n.* විකුණපු බඩු සටහන් පත්‍රය, වාර්තාව [නවා, අයැදිනවා

invoke ඉන්වෝක්, *v.* යාච්ඤාකර පිහිට ඉල්ල

involucre ඉන්වොලූකර්, *n.* සම්පූර්ණයෙන් කොපිපු මල වටේ තිබෙන පත්‍ර පංක්තිය

involuntary ඉන්වොල්අන්ටෙරි, *a.* සිය කැමැත්තෙන් නොකරණ හෝ නොවෙන

involute ඉන්වෝලූට්, *a.* වාත් ඇතුලට ඇකිළුණු

involve ඉන්වෝල්ව්, *v.* අඩංගුකරණවා, වසනවා, පටලනවා. *n.* -vement. *n.*-ution

invulnerable ඉන්වල්නරබල්, *a.* තුවාල හෝ අනතුරයකළ නොහැකි. *n.* -ility

inward ඉන්වාර්ඩ්, *a.* ඇතුල්, ඇතුලේ පිහිටි. *ad.* ඇතුලට. *ad.*-s, ඇතුලට

inwrought ඉන්රෝට්, *a.* රූප විසා සැරසූ

iodine අයඩින් (හෝ) අයඩයින්, *n.* බෙහෙත් වලට හා ඡායාරූප ගැණීමට යොදන ධාතු වර්ගයක්

iota අයෝටා, *n.* එනම් ග්‍රීක් හෝඩියේ ඉතා කුඩා අක්ෂරය, ස්වල්ප, ස්තිත්ත [*n.* -ility

irascible අයිරැස්සිබල්, *a.* ඉක්මණට කිපෙන.

irate අයිරේට්, *a.* කෝප, තරහ

ire ඒඊර්, *n.* කෝපය, තරහ. *a.* -ful

iris ඓරිස්, *n.* දේදුන්න, දේදුන්නවැනි පෙණිම, ඇසේ කළුඉංග්‍රියාව වටේටි තොටිටාගය, මල් වර්ගයක් [ආකාර. *n.* -ce

iridescent ඓරිඩිස්·සෙන්ට්, *a.* දේදුන්නේ වණි

Irish ඓරිෂ්, *a.* අයර්ලන්ත රට සම්බන්ධ. *n.* අයර්ලන්තකාරයෝ

irksome 'අර්ක්සම්, *a.* වෙහෙසකාරක. *n.*-ness

iron ඓ·අර්න්, *n.* යකඩ, යන්ත්‍රකය. *n.* -s, යදම්, විලංගු. *a.* යකඩ. තද. *v.* යකඩයෙන් මදිනවා, විලංගුලනවා

irony ඓරණි, *n.* විරුඩාර්ථයක් ඇතිකිරීම, විප රීතය. *a.* යකඩ, යකඩ වැනි, තද. *a.* -ical

irradiate ඉර්රේඩිඒට්, *v.* රැස් විහිදුවනවා, එලිය කරනවා. *n.* -tion. *a.*-nt. *n.*-ce, -cy [නැති

irrational ඉර්රැෂ්·අ·නල්, *a.* අචේතන, සිහිබුද්ධි

irreclaimable ඉර්රික්ලේ·මබල්, *a.* හරිගස්සාගත නොහැකි, නිස්ම්ජිය නොහැකි

irreconcilable ඉර්රෙකොන්සි·ලබල්, *a.* එකඟ කළ නොහැකි. *n.* -ness

irrecoverable ඉර්රිකව්·අ·රබල්, *a.* නැවත හරි ගැස්සිය නොහැකි, නැවත ලබාගත නොහැකි

irredeemable ඉර්රිඩීම්·අබල්, *a.* නිදහස්කළ නොහැකි,ගැලවිය නොහැකි

irrefragable ඉර්රිෆ්‍ර·ගබ්ල්, *a.* බිඳීය නොහැකි, බොරු කල නොහැකි

irrefutable ඉර්රිෆ්‍යු·ටබ්ල්, *a.* බොරුබව ඔප්පු කල නොහැකි, උත්තරදිය නොහැකි

irregular ඉර්රෙග්‍යු·ලර්, *a.* අනියම්, විධි විරුඬ, පිළිවෙලකට නැති. *n.* -ity [නැති. *n.* -ce, -cy

irrelevant ඉර්රෙල්·අ·වන්ට්, *a.* අසම්බන්ධ, ඈතල

irreligion ඉර්රිලිජ්·අන්, *n.* ආගම නොසැලකීම, අභක්තිය. *a.* -us [නැති, අසාධ්‍ය

irremediable ඉර්රිමීඩි·අබ්ල්, *a.* හරිගැස්සිය නොහැකි

irreparable ඉර්රෙප්·ප·රබ්ල්, *a.* අලුත්වැඩියා කල නොහැකි, හරිගැස්සිය නොහැකි

irrepressible ඉර්රිප්‍රෙස්සිබ්ල්, *a.* මැඩපවත්වන්ට නොහැකි [නිරපරාධ. *n.*-ness

irreproachable ඉර්රිප්‍රෝච්·අබ්ල්, *a.* අනින්ද්‍ය,

irresistible ඉර්රිසිස්ටිබ්ල්, *a.* වැළැක්විය නොහැකි, බාධාකල නොහැකි

irresolute ඉර්රෙස්·ඔලූට්, *a.* ස්ථිරනැති. *n.* -ness

irrespective ඉර්රිස්පෙක්ටිව්, *a.* සම්බන්ධනැති [නැති

irresponsible ඉර්රිස්පොන්සිබ්ල්, *a.* වගකීම පුතු

irretrievable ඉර්රිට්‍රීව්·අබ්ල්, *a.* නැවත ලබාගත නොහැකි, නැවත හරිගන්නාගත නොහැකි

irreverent ඉර්රෙව්·අ·රන්ට්, *a.* ගරුනැති. *n.*-ce

irreversible ඉර්රිවර්සිබ්ල්, *a.* විපර්‍යාසකල නොහැකි, අවලංගුකල නොහැකි

irrevocable ඉර්රිවොකබල්, *a.* අවලංගු කළ නොහැකි

irrigate ඉර්රිගේට්, *v.* බිම්වලට වතුර අරිනවා. *n.* -ion

irritate ඉර්රිටේට්, *v.* කෑසීම වේදනා ආදියෙන් අපහසුකරනවා, අවුස්සනවා, කෝපයකරනවා. *a.* -ble (*n.*-ility). *a.* සහ *n.*-nt. *n.*-tion

irruption ඉර්රප්ෂන්, *n.* බලෙන් ඇතුල්වීම. *a* -ve

is ඉස්, *v.* වේ, සිටී, ඇත්තේ

isinglass ඓසිංගලැස්, *n.* මත්ස්‍ය ලාටු

Islam ඉස්ලාම්, *n.* මහමද් දහම. *n.*-ism

island ඓලන්ඩ්, *n.* දිවයින. *n.* -er, ද්වීප වැසියා

isle ඓල්, *n.* දිවයින. *n.*-t ඓලැට්, කුඩා දිවයින

isobar ඓසොබාර්, *n.* භූගෝල සිතියමක ශීතෝෂ්ණ ප්‍රමාණය සම වශයෙන් ඇති ස්ථාන දක්වන රේඛාව. *a.*-ic [කරනවා. *n.*-ion

isolate ඓසොලේට් (හෝ) ඉස්ඕලේට්, *v.* තනිකර

isosceles ඓසොස්සලීස්, *a.* සම පැති දෙකක් ඇති

isotherm ඓසොතර්ම්, *n.* භූගෝල සිතියමක සම ශීතෝෂ්ණ ප්‍රමාණය දක්වන රේඛාව. *a.*-al

issue ඉශ්ශු, *n.* නික්මීම, අවසානය, උපදින දරුවෝ. *v.* ප්‍රචාරකරනවා, නිසි බලය ඇතුව දෙනවා, ප්‍රචාරයට යනවා, සිද්ධවෙනවා. *a.*-able

isthmus ඉස්ත්මස්, *n.* දේශසන්ධිය

it ඉට්, *pron.* ඒක, එය, ඌ

Italian ඉටැලිඅන්, *a.* ඉතාලිරට සම්බන්ධ. *n.* ඉතාලියා, ඉතාලි භාෂාව

italic ඉටැලික්, *a.* ඉතාලිය හෝ ඉතාලි භාෂාව පිළිබඳ, (*a*, *b*, *c* ආදීය වැනි) ඇල අකුරු. *v.* -ise, ඇලවූ අකුරු යොදනවා [(*n.* -iness)

itch ඉච්, *n.* හොරිරෝගය. *v.* කසනවා. *a.* -*y*

item අයිටම්, *n.* ගණනයින් එකක්

iterate ඉටරේට්, *v.* නැවත කරනවා, නැවත කියනවා. *n.* -ion. *a.*-ive [ණවා

itinerant අයිටිනරන්ට්, *a.* තැනින් තැන ගමන් කරණ. *n.* *n.*-ncy. *a.*-ry, ගමන්; *n.* ස්ථාන විස්තරඇති ගමන් පොත. *v.*-te, ගමන් කරණවා

its ඉට්ස්, *pron.* ඒකේ, ඌගේ

itself ඉට්සෙල්ෆ්, *pron.* ඒකම

ivory අයිවරි, *n.* ඇත් දත. *a.* ඇත්දත්

ivy අයිවි, *n.* ඉත්තාවැල (ගස් විශේෂයක්). *a.* -ied

J.

j ජේ, හෝඩියේ 10 වෙනි අක්ෂරය

jabber ජැබ්බර්, *v.* දොඩවනවා; *n.*

jack ජැක්, *n.* 'ජෝන්' වෙනුවට කියන සුළු නාමයක්, බර උස්සන යන්ත්‍රයක්, මස් කරකරණ යන්ත්‍රයක්, කොඩි වර්ගයක්, නාවිකයා, කොස්, ගෙරළි

jacinth ජේසින්ත්, *n.* =hyacinth

jackal ජැකෑල්, *n.* හිවලා, සිගාලයා

jackass ජැක්ඇස්, *n.* කොටළුවා, බූරුවා, ගුඩ්ඩයා

jackboot ජැක්බූට්. *n.* දනහිසට ඉහළසිට වැසෙන සපත්තුවගීයක්

jackdaw, ජැක්ඩෝ, *n.* කපුටුවිශේෂයක්

jacket ජැක්'අට්, *n.* බාචිචිය, හැට්ටය

Jacobite ජැක්ඔබයිට්, *n.* එංගලන්තයේ ii වෙනි ජේම්ස් රජුට හෝ ඒ රජුගේ පෙළපතට පක්ෂ වාදී අය

jade ජේඩ්, *v.* වෙහෙසකරණවා, වෙහෙසවෙනවා. *n.* වෙහෙසවූ නීච අශ්වයා, නීච ස්ත්‍රී

jag ජැග්, *n.* දත්ත, කත්තුව, කඩතොල්ල. *v.*

jaggery, jagghery, } ජග්'අරි, *n.* හකුරු

jail ජේල්, *n.* සිරගෙය. *n.* -er හෝ -or, සිරගෙයි භාරකාරයා. *n.* -bird, සිරේ සිටිය හෝ සිටි අය ට කවම නම (gaol බ.)

jam ජැම්, *n.* පැණි සමඟ ඉසූ ඵල, සමූහය, මිරිකීම. *v.* තදේට මිරිකණවා

jamb ජැම්බ්, *n.* උළුවස්සකණුව

jangle ජැංගල්, *v.* අමිහිරි ශබ්දකරණවා. *n.*

janitor ජැනිටර්, *n.* වාරපාලයා, මුරකාරයා

January ජැනියුඑරි, *n.* ජනවාරි මාසය (උදුවප් දුරුතු දෙමසෙහි අයත්තයි)

japan ජපෑන්, *n.* ජපන්රට කළු දුම්මල වර්ගය
ක්, කළු දුම්මලු වාරණිස්ගාපු බඩු. *v.*
jape ජේප්, *v.* කවටකම් කරණවා. *n.*
jar ජාර්, *n.* අඹිහිරි කටසැබගාන ගැබ්දය, බර
[illegible]ණිය, බුජම. *v.*
jargon ජාර්ගන්, *n.* ප්‍රලාපය, දෙබිඩිල්ල
jasmine ජෑස්මින්, *n.* දෑසමන්, සමන්පිච්ච
jasper ජෑස්පර්, *n.* ඔපඇති තිරුවාණගල්වර්ගයක්
jaundice ජෝණ්ඩිස්, *n.* පාණ්ඩුරෝගය. *a.*-d
jaunt ජෝණ්ට්, *n.* ලුහුඬු සෙල්ලම් ගමන. *v.*
jaunty ජෝණ්ටි, *a.* ප්‍රාණවත්, සැහැල්ලු
javelin ජෑව්ලින්, *n.* හෙල්ලය
jaw ජෝ, *n.* හක්ක, හකුව
jay ජේ, *n.* ලක්ෂණ කුරුල්ලවර්ගයක්
jealous ජෑල්අස්, *a.* කුහුයිවූ, ඊර්ෂ්‍යා. *n.* -y
jean ජේන්, *n.* කපු පිළි වර්ගයක්
jeer ජීර්, *v.* සරදම්කරණවා. *n.* [දෙවියෝ
Jehovah ජෙහෝව, *n.* ක්‍රිස්තියානි ආගමේ එකම
jejune ජෙජූන්, *a.* නිස්සාර, විකලි [ජල්ලි
jelly ජෑල්ලි, *n.* සීනි සමග තැම්බූ ඵල ගුණ,
jeopard ජෑප්අර්ඩ්, *v.* අන්තරාය සවභාවට පමුණු
වනවා. *v.* -ise ජෑප්අර්ඩයිස්, අන්තරාය ස්වභා
වට පමුණුවනවා. *n.* -y, අන්තරාය. *a.*-ous
jerk ජර්ක්, *v.* අඳිස්සියෙන් සෙලවෙනවා හෝ
ඇදෙනවා. *a.* -y

jessamine ජැස්අමින්, *n.* =jasmine

jest ජැස්ට්, *n.* කවට්කම, කවටකිම. *v.* කවටම කම් කරනවා. *n.* -er

Jesuit ජැස්යුඉට්, *n.* ජැස්යුඉට් නමැති ක්‍රිස්තියානි සභාවේ කෙනෙක්, ප්‍රයෝජනකාරයා. *a.* -ic, -ical. *n.* -ism, -y

Jesus ජීසස්, *n.* ක්‍රිස්තු භක්තිකයන්ගේ ගැලවුම් කාරයාවූ ක්‍රිස්තුස්වහන්සේ

jet ජැට්, *n.* ඉතා කළු රමඅහුරා විශේෂයක්, ඊසිවෙන ද්‍රවැල, හිනිදලුව.*a.*-black, ඉතා කළු

jetty ජැට්ටි, *n.* (බඩු බෑම පැටවීම් ආදිය පිණිස) මුහුදු හෝ ගංගාවට යැදූ පාලම

jewel ජූඅැල්, *n.* ආභරණය, රත්නය. *v.* ආභරණවලින් හෝ රත්නවලින් සරසනවා. *n.* -ler, ආභරණ හෝ රත්න වෙළෙන්දා. *n.* -lery හෝ -ry, ආභරණ ජාති, රත්න ජාති

Jew ජූ, *n.* යුදෙව්වා. *a.*-ish. *n.*-ess, යුදෙව් ස්ත්‍රී

jib ජිබ්, *n.* නැවේ ඉස්සරහ රුවල [ලය

jig ජිග්, *n.* ඉක්මන් නැටුමක්, ඒම සඳහා තා

jilt ජිල්ට්, *n.* විවාහබස් ගැන වංචාකරන්නී. *v.*

jingle ජිංගල්, *n.* මිණිගෙඩි ශබ්දය වැනි ශබ්දය

jingo ජිංගෝ, *n.* සුළු දිවුරුම් පදයක්, කලහකාර ස්වදේශාලය ඇති අය

jinricksha ජින්රික්ෂා, } *n.* රික්ෂෝ රථය
jinrikisha ජින්රික්ෂා, }

job ජොබ්, n. අදිස්සි ඇතිම, සුළු වැඩක්. v. අදිස්සියෙන් අනිනවා, සුළුවැඩ කරණවා, කුලියට දෙනවා, මිලේට ගෙණ එකුණනවා. n. -bery, අයුතු උපාය, අයුතු ප්‍රයෝජන ලබා ගැණීමට ක්‍රියාකිරීම

jockey ජොක්කි, n. විසිදුවන (රේස්) අසුන් පිට යන්නා, අසුන් වෙළෙන්දා, වෙළදාමෙහි රැවටිලි කරන්නා. v. [කරණ. n. -ness

jocose ජොකෝස්, a. කවටකම්කරණ, සිනා

jocular ජොක්යුලර්. a. =jocose. n. -ity

jocund ජොකන්ඩ්, a. කවට, ප්‍රීතිමත්

jog ජොග්, v. මදක් සොලවනවා, බරලෙස හිමින් යනවා. n. මද සෙලවීම හෝ තල්ලුකිරීම. v.-gle, මදක් සොලවනවා

join ජොයින්, v. සන්ධිකරණවා, ගළපනවා: n. -er, වඩුවා. n. -ery, වඩුවැඩ. n. -t, සන්ධිය, මස් ගාතය, අැඹුම. a. හවුල්. v. සන්ධිකරණවා

jointure ජොයින්ට්‍යුර්, n. භාර්යාවගේ දායාද ගම්බිම්

joist ජොයිස්ට්, n. බාල්කය, පරාලය. v.

joke ජෝක්, n. කවටකම, සරදම. v.

jolly ජොල්ලි, a. සෙල්ලම්. n. -ity, -iness

jolt ජෝල්ට්, v. ගැස්සෙමින් සෙලවෙනවා. n.

jostle ජොසල්, v. තෙරපා තල්ලුකරණවා

jot ජොට්, *v.* ලුහුඬින් සටහන් කරනවා. *n.* බිත් දුව, සිකිත්ත

journal ජර්නල්, *n.* දිනපොත, දිනපතා ගණන් ලියන පොත, ප්‍රවෘත්තිපත්‍රය, සඟරාව. *n.* -ism, ප්‍රවෘත්තිපත්‍ර හෝ සඟරා පැවැත්වීම. *n.* -ist, ප්‍රවෘත්ති පත්‍රයක හෝ සඟරාවක යත්‍ා, ඊට වාක්‍ය ලියන්නා (*a.*-ic)

journey ජර්නි, *n.* ගමන. *v. n.* -man, කම්‍ාන් - න ඉගෙණගත් අය

joust ජෝස්ට්, *n.* කසළුලම්ව අසුන් උඩ නැගී ලනස ආදියෙන් කරණ සටන. *v.*

jovial ජෝවිඅල්, *a.* සෙල්ලම්. *n.* -ity

joy ජෝය්, *n.* ප්‍රීතිය. *v.* ප්‍රීතිවෙනවා. *a.* -ful, ප්‍රීතිමත් (*n.*-ness). *a.*-ous, ප්‍රීතිමත් (*n.*-ness)

jubil*ate* ජුබිලේට්, *v.* අතිශයෙන් ප්‍රීතිවෙනවා. *a.* -nt ජුබිලන්ට්, ඉතා ප්‍රීතිමත්, ජයඝෝෂාකාර. *n.* -tion

jubilee ජුබිලි, *n.* 50 වෙනි සංවත්සරමඞ්ගල්‍යය

Judias*m* ජුඩිඉස්ම, *n.* යුදෙව් ආගම. *v.* -e

judg*e* ජජ්, *n.* නඩුකාරයා, විනිශ්චය කරන්නා. *v.* විනිශ්චය කරණවා. *n.* -ment, විනිශ්චය, කල්පනාව

judicature ජුඩිකචුර්, *n.* අධිකරණ බලය, නඩු [ශාලාව

judici*al* ජුඩිෂල්, *a.* නඩුශාලාව හෝ නඩුකාරයා සම්බන්ධ. *a.*-ary. *a.*-ous, නැණවත් (*n.* -ness) jug ජග්, *n.* ඇල්ලීමට අතක් සහිත පැන් භාජන වර්ගයක්, කූරුව [රණජා. *n.*-ry

juggle ජග්ල්, *v.* ඇස්බැන්දුම් හෝ ජජ්ජ, ක

jugular ජුගලර්, *a.* බෙල්ල හෝ උගුර සම්බන්ධ

juice ජූස්, *n.* ඉස්ම, යුෂ. *a.*-*y* (*n.*-iness)

July ජූලයි, *n.* ජූලි මාසය (පොසොන් ඇසල දෙමසෙහි ඇතුළත්)

jumble ජම්බල්, *v.* අවුල්වලින එකට දමනවා. *n.*

jump ජම්ප්, *v.* පනිනවා. *n.* පැනීම, පිම්ම

junction ජංක්ෂන්, *n.* සන්ධිකිරීම, සන්ධිය. *n.* -ure, සන්ධිය, අමාරු ප්‍රස්ථාවය

June ජූන්, *n.* ජූනි මාසය (වෙසක් පොසොන් දෙමසෙහි ඇතුළත්)

jungle ජංගල්, *n.* කැලේ, කැලෑ බිම [බාල අය

junior ජූනි'අර්, *a.* වඩා බාල, දෙවැනි. *n.* වඩා

junk ජංක්, *n.* පරණ කඹකෑලි, නැව්වලට දෙන ලුණු හරක් මස්, චීන නැව වර්ගයක්

Jupiter ජූපි'ටර්, *n.* (රෝමවරුන්ගේ ප්‍රධානදෙවි වූ) බෘහස්පති, බෘහස්පති තරුව

juridical ජූරිඩි'කල්, *a.* විනිශ්චයකාරයා හෝ විනිශ්චයකාර ධුරය සම්බන්ධ

jurisdiction ජූරිස්ඩි'ක්ෂන්, *n.* ආණ්ඩුවෙන් ලත් බලය, බලය පැවැත්විය හැකි ප්‍රමාණය

jurisprudence ජූරිස්පෘ'ඩන්ස්, *n.* නීති ශාස්ත්‍රය, න්‍යාය දැනීම

jurist ජූරිස්ට්, *n.* නීතිය හොඳම දන්නා අය. *n.*-y. ජූරියභාවය *n.* -or හෝ -yman, . ජූරිකාරයා

just ජස්ට්, *a.* ධර්මිෂ්ඨ, යුතු. *n.* -ness. *n.* -ice, යුක්තිය, නඩුකාරයා

justify ජස්ටිෆයි, *v.* නිදොස්කරණවා. යුතු බව පෙන්වනවා. *a.* -ied. *a.*-iable. *n.* -ication

jut ජට්, *v.* නෙරණවා. -*n.* *a.*-ting

jute ජූට්. *n.* කෙඳිගන්න පැළ වර්ගයක්

juvenescent ජුවිනැස්සන්ට්, *a.* තරුණ වෙන්නා වූ. *n.*-ce [*n.*-ity

juvenile ජුවිනයිල්, *a.* බාල, බාලයින්ට ගැළපු.

juxtapose ජක්ස්ටපෝස්, *v.* ළඟතබනවා. *n.*-ition

K.

k කේ, ඉංග්‍රීසි 11 වෙනි අක්ෂරය. සමහර වච නවලදී එය ශබ්ද නොවේ

kaffer
kaffir
kafir } කැෆ්ඒර්, *n.* කාපිරියා, කාපිරි භාෂාව

kaiser, කෛසර්, *n.* අගරජ

kaleidoscope කැලෙයිඩොස්කෝප්, *n.* විචිත්‍ර වර්ණ දර්ශන පෙන්වන කැඩපත් ඇති යන්ත්‍රයක්

kalendar කැලැන්ඩර්, *n.* =calendar

kalif කැලිෆ්(හෝ)කේලිෆ්, *n.* =calif [සත්වයෙක්

kangaroo කැංගරූ, *n.* ආස්ත්‍රේලියාවේ සිව්පා

keel කීල්, *n.* නැවේ අඩියේ ලීදණ්ඩ

keen කීන්, *a.* සැර, තියුණු, තද. *n.*-ness

keep කීප්, *v.* තබාගන්නවා, ආරක්ෂාකරණවා, ඉෂ්ට කරණවා. *n.*-sake, දෙන අය සිහිවීම පිණිස තබාගැණීමට දෙන යමක්

keg කැග්, *n.* කුඩා පීප්පය

kelp කැල්ප්, *n.* මුහුදු වැල් ජාතියක්

Kelt කැල්ට්, *n.* *a.*-ic =Celt, Ceitic

kennel කැනල්, *n.* බලුකූඩුව, බලුරැළ

kerchief 'කර්චිෆ්, *n.* හිසවැසන රෙදිකඩ, රෙදිකඩ

kernel 'කර්'නල්, *n.* මදය, මැද කොටස

kerosene කැරසීන්, *n.* භූමිතෙල්

kestrel කැස්'ට්‍රල්, *n.* කුරුළුගොයි වර්ගයක්

ketchup කැච්'අප්. *n.* =catchup

kettle කැට්ල්, *n.* කේතලේ, කොතලේ. *n.*-drum, පිත්තල තම්මැට්ටම [පොත

key කී, *n.* යතුර, යතුරු මුද්ද, විසඳීම ඇති

khaki කාකී, *a.* දුඹුරු කහ. *n.* දුඹුරු කහපාට, ඒ වර්ණය ඇති රෙදි වර්ගයක්

Khedive කේඩිව්, *n.* මිසර රට ආණ්ඩුකාරයා

kick කික්, *n.* පා පහර. *v.* පයින් ගසනවා

kichshaw කික්ෂෝ, *n.* ඉතා සුළු දෙය

kid කිඩ්, *n.* එළුපැටවා

kidnap කිඩ්නැප්, *v.* මිනිසුන් හොරකම්කරණවා, ඇල්ලා බලෙන් ගෙණයනවා. *n.* -per

kidney කිඩ්නි, *n.* වකුගඩුව

kill කිල්, *v.* මරණවා

kiln කිල්න්, *n.* උදුන, ලොකු පෝරණුව

kilt කිල්ට්, *n.* (ස්කොට්ලන්තයේ) පිරිමි කොට සායක් [නෑකමට හෝ පෙලපත්තියට අයිතිකම. *a.*

kin කින්, *n* නෑකම්, නෑයා, නෑයෝ, එක පෙල්

kind කයින්ඩ්, *n.* වර්ගය, ජාතිය. උපදින ද්‍රව්‍යය, අස්වැන්න. *a.* කරුණාවන්ත. *a.* -ly. *n.*-ness. *n.* -red, නෑකම, නෑයෝ. *n.* -sfolk, නෑයෝ. *n.* -sman, නෑයා; *n.* -swoman (*f.*). In kind, මිල වෙනුවට ද්‍රව්‍යයෙන්

kindergarten කින්ඩර්ගාර්ටන්, *n.* සෙල්ලම්ක්‍රම වලින් ඉගැන්වීමකරණ ළදරුවන්ගේ අක්ෂර ශාලාව [උත්සාහවත් වෙනවා

kindle කින්ඩල්, *v.* දල්වනවා, මොලවනවා,

kindred කින්ඩ්‍රඩ්, *n.* (kind බ.)

kine කයින්, *n.* එලදෙන්නු, හරක්

king කිං, *a.* රජ. *a.*-ly, රජුට යෝග්‍ය, රාජකීය. *n.*-dom, රාජ්‍යය, වංශය, ගණය. *n.* -ship

kingfisher කිංෆිෂර්, *n.* දිය පිලිහුඩුවා

kinsfolk කින්ස්ෆෝක්, }
kinsman කින්ස්මන්, } *n.* (kind බ.)

kiss කිස්, *v.* ඉඹිනවා. *n.* හාද්ද

kitchen කිච්'අන්, *n.* උයන ගෙය, කුස්සිය.
n.-garden (ගෙදර කෑමට) එලවලු කොටුව

kite කයිට්, *n.* උකුස්සුවිශේෂයක්, සරුංගලය

kith කිත්, *n.* නෑයෝ හෝ මිත්‍රයෝ

kitten කිට්'ටින්, *n.* බළල් පැටවා. *v.*

knack නැක්, *n.* දක්ෂතාව

knag නැග්, *n.* ලීයේ ගැටය, ඉත්තා අංදලුව,
a. -gy [තාරණ මල්ල

knapsack නැප්'සැක්, *n.* (යුධ සේවාකායේ) උප

knave නේව්, *n.* රැවට්ලිකාරයා, පක්ෂඝාතියා. *n.*
-ery. *a.*-ish (*n.* -ness)

knead නීඩ්, *v.* අනනවා

knee නී, *n.* දණහිස. -cap =knee -pan. *v.* -l, දණගසා
නවා. -pan, දණමඬල, දණපොල්කටුව

knell නෙල්, *n.* ඝණ්ඨා ශබ්දය

knick-knack නික්'නැක්, *n.* අගේ නැති සුළු බඩුව

knife නයිෆ්, *n.* පිහිය

knight නයිට්, *n.* වංශාධිපති යුධ මුලාදෑනියා,
එනම් ගෞරව නිලයක්. *a.*-ly, 'නයිට්' කෙ
නෙකුට යෝග්‍ය. *n.*-hood, 'නයිට්' ධුරය. *n.*
-errant, අපූර්ව සිද්ධීන් සොයන ඇවිදින නයිට්

knit නිට්, *v.* ගොතනවා, සම්බන්ධකරනවා

knob නොබ්, *n.* ගැටය, ඉළිප්ප, මොට්ටුව. *a.* -by

knock නොක්, *n.* බර හෝ තද දෙයකින් ගැසීම, තට්ටුකිරීම. *v. n.* -er, ගහන්නා. දොරට තට්ටුකරණ මිටිය

knoll නොල්, *n.* ගොඩැල්ල

knot නොට්, *n.* ගැටය, රැස. *v. a.*-ty, ගැට සහිත, අමාරු (*n.* -iness)

know නෝ, *v.* දන්නවා. *a.* -ing, දනුම් තේ රුම් ඇති, ප්‍රඥාවන්ත. *a.* -able. *n.* -ledge නොල් ඒජ්, දැනගැනීම. *a.* -n, දන්න

knuckle නක්ල්, *n.* ඇඟිලි සන්ධිය, ඇඟිලි පුරුක

Koran කෝ'රන්, *n.* මහමත් ආගමේ දහම්පොත

kraal ක්‍රාල්, *n.* ගම, ගාල

kudos කියුඩොස්. *n.* ප්‍රශංසාව. කීර්තිය

L.

ඇල්, සංඛ්‍යාවේ 12 වෙනි අක්ෂරය. පවුම හා පංගු ආකෘතිවලද යොදනු ලැබේ.

label ලේ'බල්, *n.* ජව් අලවන පත් කෑබැල්ල

labial ලේබි'අල්, *n.* තොල්වලින් ශබ්දවෙන අකුර, ඕෂ්ඨජාක්ෂරය. *a.* තොල් සම්බන්ධ

laboratory ලැබ'ඔ'ර'ට'රි, *n.* බෙහෙත් ආදිය සම්පාදනය කරන ශාලාව

labour ලේ'බර්, *n.* මාංසය, වෑයම, උපද්‍රවය. *v.* වෙහෙසදරනවා, වැඩකරනවා, පළිපහරණ

වා. *a.* -rious, වෙහෙස මාංසි සහිත (*n.* -ness)

labyrinth ලැබ්ඉරින්ත්, *n.* පැටලිලි මාර්ග ඇති තැන, වංකගිරිය, බෙරෙණ්ට අමාරු පැටලිල්ල. *a.* -ian, -ine

lac ලැක්, *n.* ලාකඩ, ලක්ෂය.

lace ලේස්, *n.* ගෙතූ පටිය. රේන්ද පටිය, සපත්තු බඳින පටිය. *v.* *a.*-y

lacerate ලැස්'අරේට්, *v.* ඉරණවා, තුවාලකරණවා. *a.* -ble. *n.* -tion [අයුතු ප්‍රමාදය

laches ලැචිඅස්, *n.* අතපසුකිරීම,නොසැලකිල්ල,

lack ලැක්, *n.* අඩුව. හිඟකම. *v.*

lackey ලැක්ඉ, *n.* පහත් වැඩකාරයා

laconic ලකොනික්, *a.* සංක්ෂෙප, ලුහුඬු. *a.*-al

lacquer ලැක්'අර්, *n.* ඔපතෙල් (වාර්නිස්) වර්ගයක්. *v.* ඒ ඔපතෙල් ගානවා

lactation ලැක්ටේෂන්, *n.* කිරිදීම,කිරිදෙනකාලය

lacteal ලැක්ටීඅල්, *a.*කිරිසම්බන්ධ, අන්නරස ගෙණයන. *n.* අන්නරස ගෙණයන නහරය

lad ලැඩ්. *n.* කොල්ලා, ගැටයා

ladder ලැඩ්'ඩර්, *n.* ඉණිමග

lade ලේඩ්, *v.* පටවනවා, ඇතුලට හෝ පිටට දමනවා. *n.* අගල, වාරිමාර්ග, මෝය

laden ලේඩ්න්, *a.* පැටවූ, බරවී තිබෙන

ladle ලේඩ්ල්, *n.* ලොකු හැන්ද

lady ලේඩි, *n.* කුල ස්ත්‍රී, ලමාඑතනී, නෝනා

lag ලැග්, *v.* හෙමිහිට යනවා, ප්‍රමාදවෙනවා

laggard ලැග්ආර්ඩ්, *a.* ප්‍රමාද, අලස. *n.* ප්‍රමාද වෙන්නා, අලසයා

lagoon ලැගූන්, *n.* කලපුව

laic ලේඉක්, *a.* ගිහි, ගෘහස්ථ. *n.* ගිහියා (lay බ.)

lair ලෙ'අර්, *n.* වල් සතෙකුගේ නිවාසය, උගේ ගුහාව

laity ලේඉටි, *n.* ගිහියෝ

lake ලේක්, *n.* වැව, අඳුරු රතුපාට

lama ලාමා, *n.* ටිබැට් හෝ මොංගෝලිය රටේ බෞද්ධ භික්ෂූන් වහන්සේ [බැටළු පැටියා

lamb ලැම්බ්, *n.* බැටළුපැටියා. *n.* -kin, කුඩා

lambent ලැම්බැන්ට්, *a.* දත්තම් ස්පර්ශවෙන. එහාට මෙහාට වැනෙන

lame ලේම්, *a.* කොර, අසම්පූර්ණ. *v.* *n.* -ness

lament ලැමැන්ට්, *v.* වැලපෙනවා, කනගාටුවෙනවා. *n.* -ation. *a.*-able

lamina ලැමිඉන, *n.* සිවිය, පොරබොත්ත. *v.*-ate, පෙත්වලට තලනවා (*n.* -ion)

lamp ලැම්ප්, *n.* පහන, ප්‍රදීපය. *n.* -black, දූලියෙන් හෝ දුඹුලෙන් හෝ කළු වර්ණ ද්‍රව්‍යයක්

lampoon ලැම්පූන්, *n.* නීච නින්දා ප්‍රබන්ධය. *v.*

lamprey ලැම්ප්‍රේ, *n.* ආඳමැති මාලුවෙක්

lance ලෑන්ස්, *n.* හෙල්ලය, *v. a.* -olate, ඊතල ශක ආකාර. *n.* -t, (වෙද්‍යයෝ) පිඳින කටුව

land ලෑන්ඩ්, *n.* භිම, ඉඩම, දේශය. *v.* ගොඩ බෑසනවා, ගොඩබස්සනවා. *n.* -ing, ගොඩබෑම, ගොඩබෑන සථානය. *a.* -ed, ගොඩබෑ, වතුපිටි සහිත. *ad.*-ward, ගොඩදෙසට. *n.*-holder, ඉඩම් හිමියා. *n.*-lord, ඉඩම් අදිය හිමියා, තානායම්කාරයා; -lady (*f.*). *n.* -slip හෝ -slide, කඩාවැටුන පස් කණ්ඩිය. *n.* -sman, ඉඩමේ පදිංචිකාරයා, අලුත් නුපුරුදු නැවියා

landau ලෑණ්ඩෝ, *n.* රථ වර්ගයක්

landscape ලෑණ්ඩ්ස්කේප්, *n.* දෘෂ්ටිගත ප්‍රදේශ, පිටසර ප්‍රදේශයක සිතියම

lane ලේන්, *n.* පටුවීදිය, දෙවැම, පටු පාර

language ලෑංග්වේජ්, *n.* භාෂාව

languid ලෑංග්විඩ්, *a.* දුබල, මලානික. *n.* -ness

languish ලෑංග්විෂ්, *v.* දුබලවෙනවා, මලානික වෙනවා. *n.* -ment. [මලානිකකම

languor ලෑංග්වර් (හෝ) ලෑංගර්, *n.* දුබලකම,

lank ලෑන්ක්, *a.* කෘශ, *n.* -ness. *a.*-y, හීන්දෑරි

lantern ලෑන්ටර්න්, *n.* ගමන් පහණ, ලන්තෑරුම

lap ලැප්, *n.* දිග කබායේ එල්ලෙන පහත් කොටස, උකුල. *v.* වටේ ඔතනවා, එකක්පිට එකක් තබනවා, ලෙවකා ගන්නවා. *n.*-pet, සත්‍රී ඉස්

වැස්නේ එල්ලෙන කොටසක් [වෙළෙන්දා

lapidary ලැප්ඉඩරි, *n.* රත්න කපන්නා. රත්න

lappet ලැප්·පට්, *n.* (lap බ.)

lapse ලැප්ස්, *n.* ගතවීම, සුළු දෝෂ. *v.* ගතවෙනවා

lapwing ලැප්විං, *n* කිරලවගියේ පක්ෂියෙක්

larboard ලාර්බෝර්ඩ්, *n.* නැවේ වම්පැත්ත

larceny ලාර්සිනි, *n.* සුළු හොරකම

larch ලාර්ච්, *n.* දේවදාරුවැනි ගස් වර්ගයක්

lard ලාර්ඩ්, *n.* ඌරුතෙල්, ඌරුතෙල් ගානවා.
n. -er, ආහාර ද්‍රව්‍ය ගබඩාව

large ලාර්ජ්, *a.* මහත්, ලොකු. *n.* -ness

largess ලාර්ජ්ඇස්, *n.* තෑග්ග, දීමනාව

lark ලාර්ක්, *n.* පක්ෂි වර්ගයක්

larva ලාර්·ව, *n.* දළඹුවා, පණුවා. *a.* -l

larynx ලැරිංක්ස්, *n.* උගුරුදණ්ඩේ හුළං යොමුව

lascivious ලැස්සිවිඉඅස්, *a.* සල්ලාල, කාමුක.
n. -ness. *ad* -ly

lash ලැෂ්, *v.* කසයෙන් ගහනවා, පහරදෙනවා,
තදෙන් වදිනවා, යමකට බැඳ තබනවා, සැ
ර උච්චාරණවා. *n.* කසයා, කසපහර

lass ලැස්. *n.* කෙල්ල, ගෑනු ළමයා

lassitude ලැස්සිටියුඩ්, *n.* විඩාව, දුර්වලකම

lasso ලැස්සෝ. *n.* පුඩුව සහිත දිග කඹය හෝ
වරපට [*n.* සපත්තු අච්චුව

last ලාස්ට්, *a.* අන්තිම. *ad.* -ly. *v.* පවතිනවා.

latch ලැච්, *n.* දොර අගුල, වාරබන්ධකය

latchet ලැච්·අට්, *n.* සපත්තුවක බඳිනු පටිය

late ලේට්, *a.* ප්‍රමාදවූ, අපවත්වූ, සිටපු, අලුතද් ස්දුවූ. *ad. n.* -ness. *ad.*-ly, මෑතදී

lateen ලැටීන්, *n.* තුන්කුලස් රුවලක්

latent ලේ·ටන්ට්. *a.* සැගවුනාවූ, අප්‍රකාශ. *n* -cy

lateral ලැට්·අ·රල්, *a.* පැත්ත සම්බන්ධ, පාර්ශ්ව යෙයි පිහිටි

lath ලාත්, *n.* රීප්පය. *v.* රීප්පගහනවා

lathe ලේත්, *n.* (ලී ආදිය) ලියන යන්ත්‍රය

lather ලැද්·අර්, *n.* සබන් පෙණ, පෙණ. *v.*

Latin ලැටින්, *a.* ලතින් ජාතිය පිළිබඳ, රෝම. *n.* ලතින් භාෂාව. *n.*-ist, ලතින් හොඳින් දත් අය. *n.* -ity, ලතින් භාෂා රීතිය

latitude ලැටිටියුඩ, *n.* අක්ෂය, රේඛාන්තරය, නිදහස, ඉඩ, විශාලකම

latter ලැට්·ටර්, *a.* දෙකක්න් දෙවෙනිවූ, එකකට පසුව එන හෝ සිදුවෙන. *ad.* -ly

lattice ලැටිස්, *n.* ජලිස්, ජලිස් කවුළුව හෝ පැලැල්ල [-ation

laud ලෝඩ්, *v.* ප්‍රශංසා කරනවා. *a.* -able. *n.*

laudanum ලෝඩ·අනම්, *n.* වයින් සාරයෙන් දියකළ අබින්

laugh ලාෆ්, *v.* සිනාසෙනවා. *n.* සිනාව. *a.*-able (*n.* -ness). *n.* -ter, සිනාසීම,සිනාශබ්දය. *n.*-ing-stock, සීකාවට කාරණ කෙනෙකක් හෝ දෙය

launch ලෝංච්, *v.* දියට බානවා. විසිතුරණවා. *n.* දියට බෑම, පාරුවර්ගයක්

laundress ලෝණ්ඩරැස්, *n.* අපුල්ලත්ති. *n.* -y, ඇඳුම් අපුල්ලන ස්ථානය

laureate ලෝරිඉඒට්, *n.* රජුගේ කාව්‍යකාරයා

laurel ලෝරල්, *n.* දවුල්කුරුඳු, මාපත් කුරුඳු

lava ලාව, *n.* ලෝදිය, උණුව දියවී ගිය ගල්

lave ලේව්, *v.* සෝදනවා, නාවනවා, ගලා යනවා. *n.*-er. සේදීමට පාවිච්චි කරණ භාජනය. *n.* -atory ලැව්ටරි, සේදීම කරණ ගෙය

lavender ලැවිඇණ්ඩර්, *n.* සුවඳ ගස් වර්ගයක්, සුවඳ පැන් වර්ගයක්

lavish ලැවිෂ්, *v.* අධිකලෙස වියදම්කරණවා. නිෂ්ඵල වියදම් කරණවා. *a.*

law ලෝ, *n.* නීතිය, පණත. *a.* -ful, පණතට එකඟ, යුතු (*n.* -ness). *a.* -less. *n.* -suit, නඩුව. *n.* -yer, නීතිඥයා

lawn ලෝන්, *n.* පිට්ටනිය, සිහින් පිළි වර්ගයක්. *n.* -tennis, දෙපස සිට වියපු හබල්වලින් බෝල වලට ගැසීම් කරණ සෙල්ලම

lax ලැක්ස්, *a.* ලිහිල්, බුරුල්. *n.* -ity, -ness, *a.* -ative, පාචනකරණ; *n.* විරේචන බෙහෙත

lay ලේ, *v.* තබනවා, බිජු දමනවා. *n.* කාව්‍යය,

ගීස. *a.* ගිසි, ඕරයක කටයුතු නොදත්. *n.*-man, ගිසියා

layer, ලේඅර්, *n.* තබන්නා, තට්ටුව

lazar, ලේසර්, *n.* කුෂ්ඨරෝගියා, පිළිකුල් කරණ රෝගයකින් පෙළෙනා අය

lazaretto ලැසැරෙට්ටෝ, lazar-house ලේසර්හෞස්, } *n.* කුෂ්ඨරෝග ආදී යෙන් පෙළෙන්නන් වසනා ආරෝග්‍යශාලාව

lazy ලේසි, *a.* කම්මැලි, අලස. *n.*-iness

lea ලී, *n.* තණබිම, ඊට්ටණිය [ඊයම්

lead ලෙඩ්, *n.* ඊයම්, ලම්බය, ඊයම් පතුරු. *a.*-en,

lead ලීඩ්, *v.* පෙරටුව යනවා, මග පෙන්වනවා, කැඳවාගෙණ යනවා. *a.*-ing, ප්‍රධාන, පෙරටුව යන. *n.*-er, පෙරටුව යන්නා, අධිපතියා, ප්‍රධාන කතෘ වාක්‍යය (*n.*-ship). *n.*-erette ලීඩරැට්, කුඩා කතෘවාක්‍යය

leaf ලීෆ්, *n.* කොළය, පතුය, පත්ඉරුව. *a.* -ed හෝ leaved. කොළ ඇති. *a.* -less. *n.*- age, කොළ, පත්‍ර *n.*-let කුඩා කොළය. *a* -*y*, කොළ බහුල (*n.* -iness) [සැතැප්ම තුණක ප්‍රමාණය

league ලීග්, *n.* සිටුම, සම්බන්ධය. *v.* *n.* ඉංග්‍රීසි

leak ලීක්, *v.* කාන්දුවෙනවා, වැක්සෙනවා. *n.*-age, කාන්දුවෙන දිය. *n.* -*y* (*n.* -iness)

leal ලීල්, *a.* රාජපාක්ෂික, පක්ෂවාදී, සැබෑ

lean ලීන්, *v.* ඇලවෙනවා. *a.* කෘශ, කෙට්ටු. *n.* -ness

leap ලීප්, *v.* පනිනවා. *n.* පැනීම, පිම්ම. *n.* -year, (අවුරුදු 4 ට වරක් ලබන)දවස් 366 ඇති වර්ෂය

learn ලර්න්, *v.* ඉගෙනගන්නවා. *n.*-ing, ඉගෙනගැනීම, උගත්කම

lease ලීස්, *v.* බදුදෙනවා. *n.* බද්දෙදීම, බද්ද. *n.*-hold. [බදුගත්] ස්ථානය

least ලීස්ට්, *a.* (සියල්ලෙන්) ඉතා කුඩා. *ad.*

leather ලැද්අර්, *n.* පදම්කළ හම. *a.*-n. *a.*-y, හමවැනි [නවා. *n.* අවසර, හැරයාම

leave ලීව්, *v.* හැරයනවා. අත්අරිනවා, තබා ය

leaven ලැවින්, *n.* මුහුන්, ඇඹුල් පිටි *v.*

leaves ලීව්ස්, *n.* කොළ, පත්‍ර (leaf යි බහු)

lecher ලැච්අර්, *n.* සල්ලාලයා. *v.* සල්ලාලකම් කරණවා. *a.* -ous. *n.* -y

lectern ලැක්ටර්න්, *n.* දේවස්ථානයේ කියවන මේසේ [ව, තරවටුව. *v.*

lecture ලැක්චුර්, *n.* නියම කථාවක්, දේශනා

ledge ලැජ්, *n.* මුදුන්වැටිය, රාක්කය [ත් පොත

ledger ලැජ්අර්, *n.* (ගණන් ලියන) ප්‍රධාන ගණ

lee ලී, *n.* වාතාභිමුඛ දිශාව, සුළඟින් මුවාවූ පැත්ත. *a.*-ward, එකී පැත්ත පිළිබඳ

leech ලීච්, *n.* කුඩැල්ලා, වෙදා

leek ලීක්, *n.* රටලූනු වර්ගයක්

leer ලීර්, *n.* හොරැසින් බැලීම, කටාක්ෂය. *v.*

lees ලීස්, *n.* මඩ්ඩි, බොර [වන්තේග් ලේබනය

leet ලීට්, *n.* ධුරයකට තෝරණලද ඉල්ලුම්කරු

left ලැෆ්ට්, *a.* වම්, හැරදමූ. *n.* වම

leg ලැග්, *n.* කකුල. ගාතය. *n.*-gings, කකුලේ පහත් කොටසට වැසුම්

legacy ලැග්'අසි, *n.* අන්තිම කැමති පත්‍රයෙන් දුන් වස්තුව. *n.* -tee. අන්තිම කැමතිපත්‍රයකින් වස්තුවක් ලබන අය

legal ලීගල්, *a.* නීතියට එකඟ, *n.*-ity. *v.*-ise. නීතියට අනුකූල කරණවා, බලය දෙනවා

legate ලැග්එට්, *n.* දූතාපතියා. *n.* -ion, දූතාපති සමූහය, දූතාපතියාගේ ධුරය පිළිබඳ නිවාසය. *a.*-ine

legatee ලැග්'අටී. *n.* (legacy බ.)

legend ලැජ්'අණ්ඩ්. *n.* විශ්වාසකළ නොහැක්කාරම් අපූර්ව කථාව. පුරාණ කථාව. *a.*-ary

legerdemain ලැජර්ඩිමේන්, *n.* මායාව, දෑසබැන්දුම [හැඳිලී. *n.* -leness, -ility

legible ලැජ්ඉබල්, *a.* කියවිමට හැකි හෝ පැ

legion ලීජන්, *n.* 4500 සිට 6000 දක්වා භටයන් ඇති යුධ සේනාව, මහත් ගණන. *n.* -ary

legislate ලැජ්ඉස්ලේට්, *v.* නීති පණත් පණවනවා. *n.*-ion. *a.* -ive. *n.* -ure, නීතිදායක සභාව

legist ලීජිස්ට්. *n.* නීතියෙහි දක්ෂ අය

legitim*ate* ලිජිටිමේට්, *a.* අවජාතක නොවන, නීතියම එකඟ, නිසිවූ. *v.* *n.*-cy. *n.*-tion

legum*e* ලෙගියුම්, *n.* බෝංචි මෑ ආදී කරල් වැනි කරල. *a.*-inous [ක කාලය. *a.* සහ *ad.*-ly

leisure ලීෂුර්(හෝ)ලෙෂ්ෂුර්, *n.* නිවාඩුව, විවේ

lemon ලෙම්අන්. *n.* දෙහි. *n.*-ade, දෙහි ඇඹුල් සමග සාදන රසවත් පානයක්

lend ලෙණ්ඩ්, *v.* ණයටදෙනවා, දෙනවා

length ලෙංත්, *n.* දිග, ප්‍රමාණය. *a.*-*y*, දිග, දික් (*n.*-iness). *ad.*-wise, දිග අයට. *v.* -en, දීර්ඝ කරණවා. *ad.* -ily. At length, සම්පූර්ණ දිගට, අන්තිමේදී [-ncy,-ty. *a.*-tive

leni*ent* ලීනි·අන්ට්, *a.* තද නැති, මෘදු. *n.* -nce,

lens ලෙන්ස්, *n.* මැද උස්වූ හෝ පාත්වූ හෝ වෙය ආකාරවූ විදුරු කැබැල්ලක්

lent ලෙන්ට්, *n.* අලු බදාදා සිට පාස්කුව දක්වා කාලය (දවස් 40 යි), සොරෙස්මය. *a.* -en. *a.* කාලට දුන්

lentil ලෙන්ටිල්, *n.* කොල්ලු වර්ගයක්

leonine ලිඔනයින්. *a.* සිංහ, සිංහයෙකු වැනි

leopard ලෙප්·අර්ඩ්, *n.* කොටියා, තිත් දිවියා

leper ලෙ·පර්, *n.* කුෂ්ඨරෝගකාරයා, ලාදුරුලෙඩා

lepro*sy* ලෙප්රොසි, *n.* කුෂ්ඨරෝගය. *a.*-us

lesion ලීෂන්, *n.* අනතුරය, තුවාලය

less ලෑස්, *a.* වඩා කුඩා. *ad.* *v.* -en, අඩුකරණවා. *n.* හැකි (වචන අගට යොදන ලෑබේ.)

lessee ලෑස්සී, *n.* බදුගත් අය, බදුකාරයා

lesson ලෑස්සන්, *n.* පාඩම, ගුරුකම

lest ලෑසට්, *conj.* බය නිසා, නොවන හෝ නො කරණ පිණිස

let ලෑට්, *v.* ඉඩදෙනවා, බද්දට දෙනවා

lethal ලෑතල්, *a.* ප්‍රාණඝාතිකරණ

lethargy ලෑතඅර්ජි, *n.* උත්සාහනැතිකම, නිදිමත, අලසකම. *a.* -ic [විස්මරණය

lethe ලීති, *n.* නිරයේ ගංගාවක්, මතකනැතිවීම.

letter ලෑටඅර්, *n.* අකුර, ලියුම. *v.* අකුරු ගහණවා හෝ යොදනවා. *a.*-ed. උගත්. *n.* -press, මුද්‍රිත වාක්‍යය

lettuce ලෑටිස්, *n.* සලාද [කොළ

levee ලෑවිඉ (හෝ) ලෑවීජ් *n.* රජදක්ම, හැගීම.

level ලෑවඅල්, *a.* සමතලා, ජලමට්ටම්. *n.* සමතලාව, සම භාවය, මට්ටම් ලෑල්ල, ජල මට්ටම. *v.* සමතලාකරණවා, එල්ලකරණවා.

lever ලීවර්, *n.* (අඩයක්උඩ තබා) උස්සන දණ්ඩ. *n.* -age, දණ්ඩෙයි ගැසීමෙ බලය [සැලක්ම

levity ලෑවිටි, *n.* සැහැල්ලුකම, වැදගත්කම නො

levy ලෑවිඉ, *v.* අයකරණවා, රැස්කරණවා. *n.* බදු අයකිරීම, යුධ සේවායට රැස්කිරීම, රැස් කළ අයබදු හෝ යුධ සේවකයෝ. *a.*-iable

lewd ලූඩ්, *a.* කාමුක; සල්ලාල

lexicography ලැක්ස්ඉකොග්'රෆි, *n.* අකාරාදිකිරීම.
n. -er. *a.* -ic, ical [ශබ්ද

lexicon ලැක්ස්ඉකන්, *n.* අකාරාදිය, ශබ්දකෝෂ

liab*le* ලෛ'අබ්ල්, *a.* බැඳී සිටින, අල්ලන ස්වභාව ඇති. *n.*-ility, බැඳී සිටීම, අසුවීම, නය

liar ලෛ'අර්, *n.* බොරුකාරයා

libation ලෛබේ ෂන්, *n.* දිය පූජාව [*a.*-lous

libel ලෛ'බල්, *n.* අපහාසය, පැමිණිලිපත්‍රය. *v.*

liberal ලිබ්'අ'රල්, *a.* නිර්ලෝභ, තෑගිදෙන, තදතැති, නිදහස්. *n.* වැඩිහරිය වැඩි නිදහස ගෙනදීමට ක්‍රියාකරන්නා. *n.* -ity, තෑගිදෙන්න කම, තදතැතිකම. *n.*-ism. *v.*-ise, වඩා නිදහස් භාවයකට පමුණුවනවා

liberat*e* ලිබ්' රේට්, *v.* නිදහස්කරණවා. *n.*-ion

libertin*e* ලිබ්'අර්ටෛන්, *n.* සල්ලාලයා, නිදහස් අය. *n.*-ism

libert*y* ලිබ්'අර්ටි, *n.* නිදහස

libidinous ලිබිඩිඉනස්, *a.* කාමුක. සල්ලාල

librar*y* ලෛ'බ්‍රරි, *n.* පොත්රැස, පොත්ගුළ. -ian, පොත්ගුළ භාරකාරයා (*n.* -ship)

lice ලෛස්, *n.* උකුණෝ (louse හි බහු.)

licence } ලෛ'සන්ස්, *n.* අවසර, බලපත්‍රදීම. *v.*
license } license.

licentiate ලෛසැන්ෂිඑට්, *n.* අවසර ලත් අය

licentious ලෙසැන්ෂස්, *a.* අනාචාර, කාමුක
lichen ලිච්·අන් (හෝ) ලෛ·කන්, *n.* පාසිවර්ගයක්
lick ලික්, *v.* ලෙව කනවා, ලෙවකනවා. *n.*
licorice ලික්·අරිස්, *n.* =liquorice
lid ලිඩ්, *n.* පියන, මූඩිය [බොරුව
lie ලෙ, *v.* බොරු කියනවා, වැටී ඉන්නවා, *n.*
lief ලීෆ්, *a.* ප්‍රේමවත්, ප්‍රියවූ. *ad.* සතුටින්
liege ලීජ්, *n.* දාසයා, බැඳී සිටින වැසියා, ස්වාමියා
lien ලීන් (හෝ) ලෛ·අන්, *n.* වස්තුව පිළිබඳ නඩු හිමිකම් බලය
lieu ලූ, *n.* වෙනුව, සිලව්ව [මුලාදෑනියා. *n.*-cy
lieutenant ලැෆ්ටෙන්·අන්ට්, *n.* උප (දෙවෙනි)
life ලෛෆ්, *n.* පණ, ජීවිතය, ප්‍රාණවත්කම, ජීවිත කථාව. *a.*-like, පණඇති කෙනෙක් වැනි. *a.*-less, පණ නැති. *a.*-long, ජීවිතාන්තය දක්වා පවතින. *a.*-size, දක්වන ලද අයගේ හෝ වස්තුවේ මහත ඇති. *n.* -time, ජීවිතකාලය
lift ලිෆ්ට්, *v.* උස්සනවා, ඔසවනවා [බන්ධනය
ligament ලිග්·අ·මන්ට්, *n.* බැම්ම, අස්ථි (ඇට)
ligature ලිගේචුර්, *n.* බඳින නූල හෝ පටිය, බැම්ම
light ලෛට්, *n.* එළිය, එළිය දෙන යමක්, දීපය, පැහැදිලිකිරීම. *a.* පැහැදිලි, දීප්තිමත්, සැහැල්ලු. *v.t.* එළිය කරනවා, පත්තුකරනවා. *n.*-ness,

පැහැදිලිකම, සැහැල්ලුකම. *a.*-fingered, හොර, සුළු හොරකම් පුරුදු. *a.*-footed, කඩිනර, ශීඝ්‍ර. *a.*-headed, කල්පනාව නැති, මොහොසැලසිලි, ඉස කරකැවිල්ල ඇති. *a.*-hearted, බරදරනැති. සතුටු සිත් ඇති. *n.*-house, එළිගෙයි. *n.*-s, ආලෝකවත්, සතුන්ගේ පෙණහල්ල. *a.*-some, සෙල්ලම්. ප්‍රීති

lighten ලෛටන්, *v.* එළිනකරණවා, සැහැල්ලු කරණවා. *n.* -ning, විදුලිය

lighter ලෛටර්, *n.* බඩු ගොඩබාන හෝ පටවන පැරුව, බත්තල. *a.* වඩා සැහැල්ලු

ligneous ලිග්නියස්, *a.* ලී, දාරුමය

like ලෛක්. *a.* වාගෙ, වැනි; *ad.* *v.* කැමති වෙනවා. *n.* සමාන එකක්, සමාන අය. *a.*-ly, සිදුවිය හැකි: *ad.* බාගවෙලාවට. *n.*-lihood, සිදුවිය හැකි බව. *n.*-ness, සමානකම, සමානරූපය. *ad.* -wise. එමෙන්, තවද

liken ලෛක්න, *v.* සමානකරණවා [පාට

lilac ලෛලැක්, *n.* සුවඳපැළ වර්ගයක්, එළ නිල්

lilliputian ලිලිපියුශන්, *n.* ඉතා මිටි අය, කුරු

lily ලිලි, *n.* මානෙල්, උපුල්

limb ලිම්බ්, *n.* අංගය, ශාඛය, අවයවය, අද්දර

limbo ලිම්බො, *n.* ක්‍රිස්තියානි ආගම නොදැනසිටියවුන්ගේ ආත්ම රඳනැයි සලකන පරසක්වල, නිරයේ

lime ලෙයිම්, n. දෙහි, හුණු. n. -kiln, හුණු පුලුස්සන උදුන

limit ලිමිට්, n. මායිම, අද්දර, තෙර. v. මායිම නියමකරනවා. a.-less. n.-ation

limn ලිම්, v. සායම හෝ පාට ගානවා, සිතියම් කරනවා. n.-er ලිම්නර්, රූප සිතියම් කරන්නා

limp ලිම්ප්. v. කොරගහනවා, තොන්ඩිගහනවා. n. a. මෙලෙක්, නැමෙන [සක්කෙල්ලා

limpet ලිම්පෙට්, n. ගලුවල ඇලෙනමෙන කුඩා

limpid ලිම්පිඩ්, a. පැහැදිලි. n. -ity, -ness

linch-pin ලින්ච්පින්,n.(චක්‍රයනවත්වන)කුඩා ඇණේ

linden ලින්ඩන්, n. සුවඳ මල් ඇති ලොකු ගස් වර්ගයක්

line ලෛන්, n. ඉර, පේලිය, වැල, ලණුව, වර්ගය. v. ඇතුල වසනවා, පෝරු දමනවා. n.-er, නැව් පංක්තියක්හ එකක්. n.-ing, වැස්ම, පෝරුව

lineage ලින්ඉඒජ්, n. පෙළපත; පවුල

lineal ලින්ඉඅල්, a. දිග සම්බන්ධ, පෙළපතෙන් පැවත එන. n.-ment, ස්වභාව, රූපාකාරය. a. -r, ඉරිවලින් හෝ පේලිවලින් යුත්

linen ලින්අන්, n. හණනූල් පිළි

ling ලිං, n. 'කොඩ්' නම් වර්ගයේ මත්ස්‍යයෙක්

linger ලිංගර්, v. දුවමෙනවා, ප්‍රමාදවෙනවා

lingual ලිංග්වල්, a. දිව සම්බන්ධ, n. ජිහ්වාක්ෂරය, මූර්ධජාක්ෂරය

linguist ලිංග්විස්ට්, *n.* භාෂා කීපයක් හොඳින් දත් අය. *a.*-ic, භාෂා සම්බන්ධ. *n.*-ies, භාෂා ශාස්ත්‍රය

liniment ලිනි·මන්ට්, *n.* සමේ ගා උලන තෙල් සහිත බෙහෙතක්, ආලේපය

link ලිංක්, *n.* දම්වැල් පුරුක, වැලක එක් කොටසක්. *v.* සම්බන්ධකරණවා

linnet ලින්·නට්, *n.* වල් පක්ෂි වර්ගයක්

linoleum ලිනෝ·ලිඅම්, *n.* දුඹුකොළ දෙරණිතෙල්

linseed ලින්සීඩ්, *n.* හණවර්ගයේ ගසක ඇට

lint ලින්ට්, *n.* කපු පුළුන් හෝ සිත් හණ පුළුන් ඇලෙන රෙද්ද, පුළුන් [පඩිය

lintel ලින්·ටල්, *n.* දොරේ හෝ කවුළුවේ උඩ

lion ලයන්, *n.* සිංහයා. *n.*-ess (*f.*)

lip ලිප්, *n.* තොල, වාටිය, අද්දර [දියකිරීම

liquefy ලික්විෆයි, *v.* දියකරණවා. *n.*-action.

liquid ලික්විඩ්, *n.* දිය, දියර. *a.* *n.*-ity. *v.*-ate. (යය)බේරණවා(*n.*-ion)

liquor ලික්·අර්, *n.* දිය, මද්‍යපානය

liquorice ලික්·අරිස්, *n.* වැල්මී

lisp ලිස්ප්, *v.* සකාරය තකාරයමෙන් ශබ්දකරණවා, කුඩා ළමයින් මෙන් ශබ්ද වරදවා කථාකරණවා. *n.*

list ලිස්ට්, *n.* ලේඛනය, ලේකම් පොත. *v.* යුධ සේවාවෙහි නම් ලියවනවා හෝ බැඳෙනවා

listen ලිස්න්, *v.* ඇහුම්කන් දෙනවා, අහණවා

listless ලිස්ට්ලෙස්, *a.* උත්සාහ නැති. නොසැලකිලි. *n.*-ness

litany ලිට්·අනි, *n.* යාච්ඤා පිළිවෙළ

litera*l* ලිට්·අ·රල්, *a.* වචනවල නියම අභිප්‍රායට එනය. *n.* -lness. *a.*-ry, පොත්පත් හෝ උගතුන් පිළිබඳ, ශාස්ත්‍රාභිලාෂී, විද්‍යාවත්. *n.*-ture ලිට්·අරෙචුර්, පොත්පත්. *a* -te, උගත්

lith ලිත්, *n.* අවයවය, අඩහය, සන්ධිය

lithe ලෛත්, *a.* පහසුවෙන් නැමෙන. *n.*-ness. *a.*-some, පහසුවෙන් නැමෙන සුළු, පහසුවෙන් පාවිච්චිකළහැකි

lithograph ලිත්ඕ·ග්‍රැෆ්, *v.* ගලකින් මුද්‍රණය කරණවා. *a.*-ic. *n.* -y, ගලෙන් මුද්‍රණකිරීම. *n.*-er

litig*ate* ලිට්ගෙයිට්, *v.* නඩුක්‍රමෙන් අරෝවකරණවා. *a.*-ant. *n.* -ation. *a.* -ious (*n.*-ness)

litter ලිට්·ටර්, *n.* ලැයීමට දමන කොළ පිදුරු ආදිය, පැටව්, අශ්‍රාව

litterateur ලිට්·අරටුර්, *n.* ශාස්ත්‍රාභිලාෂීඅය,පොත්පත් කිරීමෙහි නියුක්තය අය

little ලිට්ල්, *a.* කුඩා.*n.* ටික, ස්වල්පය. *ad.* *n.*-ness

litur*gy* ලිට්·අර්ජි, *n.* නියම යාච්ඤා ක්‍රමය. *a.* -ic, -ical

live ලිව්, *v.* ජීවත්වෙනවා, *n.* -living, රක්ෂාව, ජීවිකාව. *a.* ලෛව්, පණ ඇති. *n.* -lihood

ලෙව්ලිහුඩ්, ජීවිකාව. *a.*-long, කල් පවතින.
a.-ly, ප්‍රාණවත් (*n.*-iness)

liver ලිව්'අර්, *n.* කැවුත. අක්මාව

livery ලිව්'අරි, *n.* මෙහෙකරුවන්ගෙ නිලම ඇඳුම. *a.* -ied

lives ලෙලිව්ස්, *n.* life හි බහු. *v.* ලිව්ස්, ජීවත්වේ

livid ලිවිඩ්, *a.* පාට වෙණස්වූ, රියම් පාටවූ

lizard ලිස්''අර්ඩ්, *n.* හූණා

lo ලෝ, *interj.* බලව! අනේ!

load ලෝඩ්, *n.* බර, පැටවූ දේ. *v.* පටවනවා. වෙඩිබෙහෙත් දමනවා. *a.* -ed හෝ laden, පටවන ලද, බරවූ [ගල

loadstone ලෝඩ්ස්ටෝන්, *n.* කාන්දම, කාන්දම්

loaf ලෝෆ්, *n.* පාන්ගෙඩිය. *v.* හාංසිවෙනවා. නිකම් කාලය ගතකරණවා. *n.*-er

loam ලෝම්, *n.* මැටි වැලි පෝර මිශ්‍ර පස්

loan ලෝන්, *n.* ණයට දුන් දෙය, ඒක කලකට පාවිච්චියට දීම [පිළිකුල්, කැත (*n.* -ness)

loathe ලෝත්, *v.* පිළිකුල්කරණවා. *a.* -some.

lobby ලොබ්බි, *n.* ගබඩාවලට යන ගෙයි ඇතුල් මග හෝ ශාලාව

lobe ලෝබ්, *n.* පිටට නෙරා තිබෙන කොටස, පෙත්ත. *n.* -ule, කුඩා පෙත්ත හෝ (පිටට නෙරපු) කොටස (*a.*-ar)

lobster ලොබ්ස්'ටර්. *n.* පොකිරිස්සා

local ලෝකල්, *a.* ස්ථාන සම්බන්ධ. *n.*-ity, තැන, පලාත. *v.* -ise, යම් තැනක් නියමකරණවා, එක් තැනක නවත්වනවා. *n.*-ism [*n.*-ion

locate ලෝකේට්, *v.* පිහිටුවනවා, පදිංචිවෙනවා.

loch ලොක්, *n.* වැව, මුහුදු තුඩුව

lock ලොක්, *n.* යතුරු තහඩුව, රොද, බොකුටු ඉසකේ රොද. *v.* යතුරු ලනවා, බැඳගන්නවා, ස්ථිර කරණවා. *n.*-up, ස්වල්පකාලයක් සිරේ තබන ගෙය

locket ලොකැට්, *n.* ආභරණයක්, ලොවැන්දුව

lock-jaw ලොක්ජෝ, *n.* හණුපුප්පිටුව

locomoti*on* ලෝකොමෝෂන්, *n.* තැනින් තැන යාම හෝ යාමේ බලය. *a.*-ve. *n.* -ve; ධූම යන්ත්‍රය

locum-tenens ලෝකම්ටීනැන්ස්, *n.* ස්වල්ප කාලයක් කෙනෙක් වෙනුවට වැඩකරණ අය

locust ලෝකස්ට්. *n.* පලඟැටියා

lode ලෝඩ්, *n.* ලෝහ වැල හෝ ඇල්ලම්, කොවැසූ දගල. *n.*-stone (=loadstone බ.)

lodg*e* ලොජ්. *n.* නවාතැන, බංගලාව, දොරටුපාලයාගේ කුඩා ගෙය, රහස් සමාගමක කොට්ඨාසයක්. *v.* ප්‍රවේශමට තබනවා, නවාතැන් ගන්නවා. *n.* -ing, නවාතැන. *n.* -ment

loft ලොෆ්ට්, *n.* උඩුමහල, අටුව. *a.*-*y*, ඉතා උස්, උසස් (*n.* -iness)

log ලොග්, *n.* කොටය, ලීකඳ

logarithm ලොග්අරිත්ම්, *n.* ගණිත ක්‍රමයක්. *a.*-ic, -ical

logan
loggan } ලොග්ගන්, *n.* පැද්දෙන ගල

log-book ලොග්බුක්, *n.* (නැවේ ගමන් මාර්ග හා යාත්‍රාවේදීවූ වැදගත්කරුණු ලියන) නැව්පොත

loggerhead ලොග්දර්හෙඩ්, *n.* ගුඩ්ඩියා. At loggerheads, දබරෙට, පොරට

logic ලොජික්, *n.* තර්ක ශාස්ත්‍රය, න්‍යාය ශාස්ත්‍රය. *a.*-al. *n.* -ian, තර්ක ශාස්ත්‍රඥයා

loin ලොයින්,
loins ලොයින්ස්, } *n.* ත්‍රිකපිය, කටිය

loiter, ලොයිටර්, *v.* නතරවෙනවා, අලස ලෙස ඇවිදිනවා [ත් එල්ලෙනවා

loll ලොල්, *v.* යාන්සිවෙනවා, බල්ලු දිව මෙන් කට

lone ලෝන්,
lonely ලෝන්ලි, } *a.* තනිවූ, විවේකවූ. *n.*-liness. *a.* -some, තනි

long ලොං, *a.* දිග, දික්වූ. *ad.* *a.*-ish, මදක් දිග. *v.* අධිකලෙස ආශාවෙනවා. *n.* -ing, දැඩි ආශාව. *n.* -hand (කොට ලිවීම නොව) සාමාන්‍ය ලිවීම (shorthand බ.)

longeval ලොංජීවල්, } a. බොහෝකල් ජීවත්
longevous ලොංජිවස්, } වෙන. n. -ity, බොහෝ කාලක් ජීවත්වීම, දීඝායුෂා

longitude ලොංජිටියුඩ්, n. හිරකම් තැනකසිට නැගෙනහිරට හෝ බටහිරට ඇති දුර, රේඛාංශය. a.-inal (ශ ඉන්නවා. n.

look ලුක්, v. බලනවා, පෙණෙනවා, බලාගෙ

loom ලූම්, n. අලුව, හබල්ඔම. v. දුරදී ලොකුවට පෙණෙනවා

loop ලූප්, n. පුඩුව, තොණ්ඩුව. v.

loose ලූස්, a. ලිහුණාවූ, අබඩ, දුරාචාර. v. ලිහණවා, මුදනවා. n. -ness. v. -n, ලිහිල් (බුරුල්) කරණවා

loot ලූට්, n. කොල්ලය. v. කොල්ලකනවා

lop ලොප්, v. කොළවරින් කපනවා, ලොප්කරණවා [n. -ness, loquacity

loquacious ලොකේෂස්. a. වාචාල, දොඩමලු.

lord ලෝර්ඩ්, n. ස්වාමියා, වංශාධිපතියා. a. -ly, ස්වාමියෙකුට සෑහෙණ, උඩඟු (n. -iness). n. -ship, ස්වාමිභාවය, ස්වාමිදරුවෝ

lore ලෝර්, n. උගත්කම, ඥානය, විද්‍යාව

loris ලෝරිස්, n. උණහපුළුවා

lose ලූස්, v. නැතිවෙනවා, පරදිනවා. a. -t, නැතිවූ, වනාකුලවූ. n. -s, නැතිවීම, පාඩුව

lot ලොට්, *n.* නියමවූ කොටස, ඉරණම, හේතු අහේතුව, කොටස

lotion ලෝ·ෂන්, *n.* සෝදන බෙහෙත් වතුර

lottery ලොට්·ටරි, *n.* දඩු දූමිමාදියෙන් බෙදීම, ලොතරැයිය

lotus ලෝටස්, *n.* නෙලුම්, පද්මය

loud ලෞඩ්, *a.* මහා ශබ්ද ඇති. *n.*-ness

lounge ලෞංජ්, *v.* අලසලෙස නැන්න් නැත ඇවි දිනවා, හාංසිමෙතවා. *n.* හාංසිවීම, හාංසිවෙන ස්ථානය, හාංසිවෙන ආසනය. *n.*-er, කම්මැලි යා, හාංසිවෙන පුටුව

louse ලෞස්, *n.* උකුණා. *a.*-y

love ලව්, *v.* ආදරේ වෙනවා, පෙම්බඳිනවා, මන වඩනවා. *n.* ආදරය, ආලය, ආලයකරණලද අය හෝ දේ. *a.* -able. *a.*-ely, සිත අලවන. මනෝරම්‍ය (*n.*-iness)

low ලෝ, *a.* පහත්, මිටි, නීච, අඩු, හීන්. *ad.* *v.* නප්පුලනවා [*a.* වඩා පහත්

lower ලෝ·අර්, *v.* පහත් කරණවා, අඩුකරණවා.

lowland ලෝ·ලෑන්ඩ්, *n.* පහළරට, වෙල්බිම. *n.* -er, පහළ රට වැසියා

loyal ලෝය්·අල්, *a.* රාජපාක්ෂික, පක්ෂවාදී, විශ්වාස. *n.* -ist. *n.* -ty, රාජපාක්ෂිකභාවය, පක්ෂභාවය

lozenge ලොස්·එංජ්, *n.* රසකැවිලි වර්ගයක්

lubber ලබ්'අර්, *n.* තර අවලක්ෂණ මිනිහා

lubricate ලූබ්‍රිකේට්, *v.* තෙල් ගෑමෙන් සිලුටු කරණවා. *n.*-or [-ity

lucid ලූසිඩ්, *a.* පැහැදිලි, දීප්තිමත්. *n.* -ness,

lucifer ලූසි'ෆර්, *n.* පහන් තරුව, ගිනිකූර

luck ලක්, *n.* භාග්‍යය, ශුභය, වාසනාව. *a.*-*y*, වාසනාවන්ත(*n.* -iness). *a.*-less

lucrative ලූ·ක්‍රටිව්, *a.* වස්තුහෝ ලාභ උපදවන, ප්‍රයෝජනවූ

lucre ලූකර්, *n.* ධනය, අනිසි ලාභය

ludicrous ලූඩික්‍රස්, *a.* සිනා උපදවන, විහිළු: *n.* -ness [ගෙණයනවා

lug ලග්, *v.* අමාරුවෙන් ගෙණයනවා හෝ ඇද.

luggage ලග්ගෙජ්, *n.* ගමන් බඩු [ක සහිත

lugubrious ලූගූබ්‍රිඅස්, *a.* විලාප සහිත, ශෝ

lukewarm ලූක්වෝර්ම්, *a.* යන්තම් උණු ඇති, ඇල්මැරුණු, සැලකිලි මදි. *n.* -ness

lull ලල්, *v.* නලවනවා, නිශ්චල කරණවා. *n.* නිශ්චලවීම, නිශ්චලවෙන වේලාව

lullaby ලල්අබෙ, *n.* දරුවන් නලවනගීය, නැල වන නමක් [නාව

lumbago ලම්බෙගො, *n.* කටිවායුව, කටි වේද

lumbar ලම්බර්, *a.* කුකර්ය පිළිබඳ, කුකර්යලක

lumber ලම්·බර්, *n.* පාවිච්චි නොකරණවැඩි බඩු, අගේ නැති බඩු. *v.* එබඳු බඩුවලින් පුරවණවා

luminary ලූමිනෙරි, *n.* අහසේ ආලෝකයක්, ආලෝක දෙන කෙනෙක්. *a.*-ous, දීප්තිමත්, ප්‍රභාමත් (*n.*-ness). *n.* -osity

lump ලම්ප්, *n.* පිඩ, කුට්ටිය. *v.* ගොඩක් කරණවා. *a.* -ish. *a* .-y

lunacy ලූ·නසි, *n.* පිස්සුගතිය, උන්මාදය. *n.* [-tic, පිස්සා; *a.*

lunar ලූනර්, *a.* හඳ සම්බන්ධ, චන්ද්‍ර. *n.* -tion, චන්ද්‍ර මාසය

lunch ලංච්, } *n.* අතුරුපස, විපිත්
luncheon ලංචන්, }

lune ලූන්, *n.* අඬචන්ද්‍රාකාර දෙය

lung ලං, *n.* පෙණහල්ල, පෙණපවපු

lurch 'ලාර්ච්, *n.* හදිස්සියෙන් පැත්තකට හැමී හෝ ඇඹරවීයාම, අමාරුව

lure ලූර්, *n.* පොලඹවන දෙය, ඇම. *v.* පොලඹනවා

lurid ලූරිඩ්, *a.* අඳුරු, මලානික

lurk 'ලාර්ක්, *v.* රැක ඉන්නවා, සැඟවී ඉන්නවා

luscious ලශ්අස්, *a.* ඉතා මිහිරි. *n.* -ness

lust ලස්ට්, *n.* තද ආශාව, කාමය, තෘෂ්ණාව, රාගය. *v.* *a.*-ful. *a.* -*y* (*n.* -iness)

lustrate ලස්ට්‍රේට්, *v.* ශුද්ධකරණවා. *a*. -al. *n.*-tion

lustre ලස්·ටර්, *n.* කාන්තිය, දීප්තිය, කීර්තිය,

එල්ලෙන වීදුරු කෑබලිවලින් අලඞ්කෘත අතු පාන. *a.*-eless, *a.*-ous

lute ලූට්, *n.* වීණාව, කිණ්ණාරම

luxuriant ලක්ස්යුරි·අන්ට්, *a.* ඉතා බහුල. *n.*-ce

luxuriate ලක්ස්යුරිඒට්, *v.* සැපයෙන් වැඩෙනවා, සැපයෙන් වසනවා

luxurious ලක්ස්යුරිඅස්, *a.* සැපෙහි ගිලී සිටින, සුඛභෝග, සැප ගෙණ දෙන. *n.*-ness

luxury ලක්ෂුරි, *n.* සැප අනුභවය, සැපය, ඉන්ද්‍රියයන් පිණවන දේ [*a.*-in, වදන. (lie බ.)

lying ලෙලිං, *a.* බොරුකියන. *n.* බොරුකීම.

lymph ලිම්ෆ්, *n.* වතුර, ඕජස, සැරව. *a.* -atic

lynx ලිංක්ස්, *n.* (බළලෙක්වැනි) මස් කා ජීවත් වෙන සතෙක්

lyre ලෙයර්, *n.* වීණාව. *a.* -ic, -ical, වීණා සම්බන්ධ, වීණා. *n* -ic, වීණා කාව්‍යයක්. *n.*-ist

M.

m එම්, හෝඩියේ 13 වෙනි අක්ෂරය; දහස (1000) ඇඟවීමටද යොදනු ලැබේ

macadamise මැ·කැඩ·අමයිස්, *v.* පාර කැටගල් දමා හදනවා. *n.*-ation

macaroni මැකරෝනි, *n.* තෝධුම(තිරිඟු)පිටියෙන් කළ නළ වැල්, මුරුක්කු. *a.*-c macaroon මැකරූන්, *n.* කොට්ටම්බා මුසු කැවුම් වර්ගයක්

macaw මකෝ, *n.* ගිරවි වර්ගයක්

mace මේස්, *n.* අණපොල්ල, වේත්‍රය. *n.*-r, අණපොල්ල අල්ලා සිටින්නා, වේත්‍රධරයා

macerate මැසැරේට්, *v.* දියවනතරම් පොඟවනවා, දියකරණවා. *n.*-ion

machinate මැකිනේට්, *v.* කපටි උපායක් යොදනවා. *n.*-ion

machine මෂින්, *n.* යන්ත්‍රය, සූත්‍රය. රථ. *n.*-ery, යන්ත්‍රයේ කොටස, යන්ත්‍ර වර්ග. *n.*-ist, යන්ත්‍ර තනන්නා, යන්ත්‍ර පදවන්නා

mackerel මැකරල්, *n.* මත්ස්‍ය වර්ගයක්

mackintosh මැකින්ටොෂ්, *n.* වතුර කාල්ලන ඉන්ඩියා රබර් කෝට් ඇඳුමක්, වැසි කබාය

macrocosm මැක්‍රොකොස්ම්, *n.* මහා ලෝකය

macula මැකියුල, *n.* ලපය, පුල්ලිය. *v.*-te, පුල්ලි නගණවා; *a.*

mad මැඩ්, *a.* පිස්සු, උන්මාද. *n.*-ness, පිස්සුව, තද මෝඩකම. *n.*-cap, පිස්සෙක්වාගේ ක්‍රියා කරන්නා. *n.*-man, පිස්සු මිනිහා

madam මැඩෑම්(හෝ)මැඩම්, *n.* විවාහ වැදගත් ස්ත්‍රීන්ට කොදන ගරු පදයක්, හාමිනේ

madden මැඩන්, *v.* උමතුකරණවා [වර්ගයක්

madder මැඩර්, *n.* වර්ණ සාදන මුල් ඇති ලතා

made මේඩ්, *a.* සෑදූ, කළ (make බ.)

madonna මැඩොන්නා, *n.* කන්‍යාමරියා, කන්‍යාමරියාගේ ප්‍රතිමාව

madrigal මැඩ්රිගල්, *n.* එක්තරා කාව්‍ය වර්ගයක්

magazine මැග්අසීන්, *n.* භාණ්ඩාගාරය, ගබඩාව

magdalen මැග්ඩලෙන්, } *n.* පව්කාරව අත්හැරි
magdalene මැග්ඩලීන්, } යන්නී

maggot මැගට්, *n.* ඉතා කුඩා පණුවා, ගැඩිස්සි සිත් ඒල්ල. *a.* -y

Magi මේජයි, *n.* පූර්විදිග ශාස්ත්‍රවන්තයෝ, පාර්සීක පූජකයෝ

magic මැජික්, *n.* මන්ත්‍ර ශාස්ත්‍රය, මන්ත්‍රයෝගය. *a.*-al. *n.*-ian මැජිෂ්අන්. මන්ත්‍රකාරයා, මායාකාරයා

magistrate මැජිස්ට්‍රේට්, *n.* සුළු නඩුකාරයා. *a.* -erial. *n.* -racy, නඩුකාරකම, නඩුකාරමණ්ඩලය

magnaimous මැග්නැනිමස්, *a.* උදාර, උතුම් අදහස් ඇති, ඉතා ගුණවන්ත. *n.*-ity

magnate මැග්නේට්, *n.* උත්තමයා, සිටානෝ

magnesia මැග්නීෂිඅ, *n.* බෙහෙත්වලට ගන්න සුදු කුඩු වර්ගයක්. *a.*-n

magnet මැග්නැට්, *n.* කාන්දම, බලවත් ආකර්ෂණය. *a.*-ic, -ical. *v.*-ise, කාන්දම් බලය පිහිටුවනවා. *n.* -ism, කාන්දම් ගුණය, කාන්දම් පිළිබඳ ශාස්ත්‍රය, ආකර්ෂණ ශක්තිය

magnificent මැග්නිෆිසන්ට්, *a.* අතිශෝභන, ශරුගම්භීර. *n.*- ce magnify මැග්නිෆයි, v. මහත්කොට දක්වනවා, වර්ණනාකරණවා. n. -ier

magniloquent මැග්නිලොක්වෙන්ට්, a. ගම්භීර වි බියකිත් කථාකරණ. n. -ce

magnitude මැග්නිටියුඩ්, n. මහත, ප්‍රමාණය

magpie මැග්පයි, n. කථාකරණ කුරුලුවර්ගයක්

mahogany මහොගනි, n. අමෙරිකාවේ ගස්වර්ගයක්, එම ලී

Mahomedan මහොමඩන්, n.=Mohammedan

maid මේඩ්, } n. කන්‍යාව. ලමිස්සි, වැඩකාරි.
maiden මේඩන්, } a. -en, කන්‍යාව සම්බන්ධ. අවිවාහක. අලුත්. a. -enly, කන්‍යායෝග්‍ය. ලජ්ජ මඳ. n. -enhood. n.-servant, වැඩකාරි

mail මේල්, n. ලියුම් ගෙණයන අය හෝ රථය තැපෑලෙන් ගෙණයන දේ; යකඩ සන්නාහය v. තැපෑලෙන් යවනවා, යකඩ සන්නාහ පල දිනවා [ණවා

maim මේම්, v. අංගහීන කරණවා, විරූපකර

main මේන්, a. ප්‍රධාන. n. මැඩිකොටස, මහාසමුද්‍රය, ප්‍රධාන වාරිමාර්ගය, මහා වීදිය. n.-land (ද්වීප නොවන) මහාප්‍රදේශය

maintain මේන්ටේන්, v. පවත්වනවා, ආරක්‍ෂා කරණවා. කියා සිටිනවා. n. -enance. a.-ainable

maize මේස්., n. ඉරිඟු

majesty මැජ්ඇස්ටි, *n*. මහත්තත්වය, රජවරුන්ට යොදන ගරු පදයක්. *a*.-ic, -ical

major මේජර්, *a*. ගණනින් හෝ මහතින් වැඩි, ප්‍රධාන. *n*. නීතියේ ප්‍රකාර සම්පූර්ණ (අවුරුදු 21 ට වැඩි) වයසට පැමිණි අය, 'කැප්ටන්' ට ඉහළ යුධ මුලාදැනියා. *n*.-ity, වැඩි ගණන හෝ දෙකා, සම්පූර්ණ වයස

make මේක්, *v*. සාදනවා, කරනවා. *n*. ආකාරය. *v*. -away with, ඉවත්කරනවා, විනාශකරනවා. *v*. -good, ඔප්පුකරනවා, ඉෂ්ටකරනවා. අලාභ ගෙවනවා. *v*. -off-with, අරන් දුවනවා. *v*. -out, දැනගන්නවා, ඔප්පුකරනවා. *v*. -over, භාරදෙනවා, භාරදෙනවා. *v*. -up, හරිගස්සනවා, එක්සත්කරනවා, යොදනවා. *v*. water, කාන්දුවෙනවා, මූත්‍රකරනවා

maladministration මැල්ඇඩ්මිනිස්ට්‍රේෂන්, *n*. අයෝග්‍යලෙස ආණ්ඩුකිරීම හෝ පාලනයකිරීම

maladroit මැල්අඩ්‍රොයිට්, *a*. අවලක්ෂණ, අදක්ෂ. *n*. -ness

malady මැල්අඩි, *n*. කල්පවතින රෝගය, ලෙඩ

malapert මැල්අපර්ට්, *a*. ගරුමද්, ගරුනැති

malaria මලේරිය, *n*. උණ උපදවන කුණු වාතය. *a*.-al, -ous

Malay මැලේ, } *n*. ජාවා, ජාභාෂාව. *a*.
Malayan මැමලයන, }

malcontent මැල්කොන්ටෙන්ට්, *a.* අසතුටුවූ, අවසාපවූ

male මේල්, *a.* පිරිමි. *n.* පිරිමියා

malediction මැල්ඉඩික්ෂන්, *n.* ශාපකිරීම, ශාපය

malefactor මැල්ඉෆැක්ටර්, *n.* දුෂ්ටකාර්‍යකරන්නා, අපරාධකාරයා

malevolent මලිවොලන්ට්, *a.* දුෂ්ට බුද්ධි, කුඩු සෝදු. *n.*-ce [සැදීම, විරූපතාව

malformation මැල්ෆෝර්මේෂන්, *n.* නරකම

malice මැල්ඉස්, *n.* ක්‍රෝධය, *a.*-ious (*n.*-ness)

malign මලයින්, *a.* එදිරි. *v.* අගුණ කියනවා. *a.*-ant මැලිග්නන්ට්, ඉතා ක්‍රෝධ, ඉතා බල වත්. *n.*-ancy, -ity [බොරු ලෙඩ අඟවනවා

malinger මැලිංගර්, *v.* යුධ සේවාකම්න් මිදීමට

malison මැල්ඉස්න්, *n.* ශාපය

mall මෝල්, *n.* ලොකු අතකොළුව

mallard මැල්ලර්ඩ්, *n.* වල් තාරා වර්ගයක්

malleable මැල්ලිඅබ්ල්, *a.* තැළීමෙන් හැදෙගත හැකි ස්වභාව ඇති. *n.*-ility

mallet මැල්ලට්, *n.* අතකොළුව

mallow මැල්ලො, *n.* බෙහෙත්වලට ගන්න වල් පැළ වර්ගයක් [නරක පුරුද්ද

malpractice මැල්ප්‍රැක්ටිස්, *n.* අවකල්ක්‍රියාව,

malt මෝල්ට්, *n.* පැලකර බැදපු යව, යව සුරා (බීර). *v.* යව පැලකර බදිනවා. *n.* -ster, man, යම පුරා තනන්නා

maltreat මැල්ට්‍රීට්, v. පීඩාකරණවා, n. -ment

mama } මමා, n. අම්මා, මෑණියන්, තන
mamma } [සඪයා

mammal මැම්·මල්, n. කිරිපොවන තන සහිත

mammalia මැමෙ·ලිඅ, n. සත්වයන්ගෙන් දත්
සෑණට පැටවුන් කිරිපොවන වර්ග

mammon මැම්මන්. n. වස්තුව, සම්පත

mommoth මැම්මොත්, n. පුරාණ සිටි ඉතා ලොකු
ඇත් වර්ගයක්. a. ඉතා ලොකු

man මැන්, n. මනුෂ්‍යයා, මිනිහා, පිරිමියා, (පිරිමි)
වැඩකාරයා, පුරුෂයා. v. මිනිසුන් සපයා දෙන
වා, මුරකරණවා. a.-ful, පිරිමියාට සුදුසු, සෙධ
සම්පන් (n.-ness). n.-hood, මනුෂ්‍යභාවය, සවු
සූරී පුරුෂභාවය. n.-kind, මනුෂ්‍ය වර්ගයා,
පුරුෂයෝ. a. -ly, පුරුෂාකාර, ශූරවීර(n.-iness)

manacle මැන්·අ·කල්, n. මාංචුව. v. මාංචුදම
නවා

manage මැනේජ්, v. කලමනාකරණවා, හසුරුවණ
වා, නිසිමවනවා, ඉෂ්ටකරගන්නවා. a. -able.
n.-ment

mandamus මැන්ඩේමස්, n. උසස් තඩුශාලාවෙන්
පහත් තඩු ශාලාවට යැවූ ආඥා පත්‍රය

mandarin මැන්·ඩරින්, n. චීන උසස් මුලාදෑනි
යා, ප්‍රදේශාධිපතියා

mandate මැන්ඩේට්, *n.* ආඥාව, නියෝගය. *a.*-ory

mandible මැන්ඩිබල්, *n.* හනුව, යටිහනුව

mandoline මැන්ඩොලින්, *n.* වීණා වර්ගයක්

manducate මැන්ඩ්‍යුකේට්, *v.* චිකනවා, හපනවා. *n.* -ion [කේශර. a.-d, එබඳු මයිල් ඇති

mane මේන්, *n.* සතුන්ගේ බෙල්ලේ දිග මයිල්,

manege මැනේජ්, *n.* අශ්වයන් හසුරුවන ක්‍රමය. ඒ ක්‍රමය උගන්වන ශාලාව

Manes මේනීස්, *n.* මළවුන්ගේ ආත්ම

mange මේන්ජ්, *n.* (අශ්ව හරක් බලු ආදීන්ගේ) හොරි හෝ කුෂ්ඨ. *a.* -y [ට්ටිය හෝ ඔරුව

manger මේංජර්, *n.* මෘගයන්ට කෑම දමන පෙ

mangle මැංගල්, *v.* කැබලිකරනවා, විකාරක රනවා. *n.* රෙදි මදින යන්ත්‍රය

mango මැංගෝ, *n.* අඹ [හෝ එළ

mangosteen මැන්ගෝස්ටීන්, *n.* මැංගුස්තන් ගස

mangrove මැන්ග්‍රෝව්, *n.* කඩොල් ගස

mania මේනිඅ, *n.* උමතුකම, තද ආශාව. *n.* -c, පිස්සා. *a.*-cal

manifest මැනිෆෙස්ට්, *a.* ප්‍රකාශ, පැහැදිලි. *n.* (රේගුවෙහි පෙන්වන) බඩු සටහන් පත්‍රය. *v.* පැහැදිලි ලෙස පෙනවනවා (*n.*-ation). *n.* -o, ප්‍රකාශපත්‍රය [හෝ

manifold මැනිෆෝල්ඩ්, *a.* අනේකාකාර, බො

manikin මැන්ඉකින්, *n.* කුඩා මිනිහා, මිට්ටා, දේහ රූපය

manilla } මැනිල්·අ, *n.* මැනිලා සුරුට්ටු වර්ග
manila }

manipulate ·මනිප්පුලේට්, *v.* අතින් කරණවා, මෙහෙයවනවා. *n.*-ion

manis මේනිස්, *n.* කබල්ලෑවා

mankind මැන්කොයින්ඩ්, *n.* (man බ.)

manly මැන්ලි, *a.* (man බ.)

manna මැන්·න, *n.* ඊශ්‍රායෙල්වරුන්ට කැළෑවෙහිදී ලැබුන ආහාර වර්ගයක්, කැපිනැසුන ගස් යුෂ වර්ගයක්

manner මැන්·නර්. *n.* ආකාරය, විධිය. *n.*-s, හැසිරීම, ආචාර. *n.*-ism, එක ආකාරයක් සේම හැසිරීම. *a.*-ly, ආචාරවත්, සදාචාර

manœuvre ·මනූවර්, *n.* දක්ෂලෙස හැසිරීම, උපාය. *v.* යුධ හමුදාවක් හෝ නැව් දක්ෂ ලෙස ගමන් කරවනවා, උපායවලින් ඉෂ්ටකරනවා

man-of-war මැන්ඔව්වෝර්, *n.* යුධ නැව

manor මැන්·අර්, *n.* උත්තමයෙක් භුක්ති විඳින ඉඩම, වලව්වේ බිම. *a.*-ial

manse මැන්ස්, *n.* ක්‍රිස්තියානි දේවගැති ආවාසය. *n.* -ion, මන්දිරය, වලව්ව

manslaughter මැන්සෝ·ටර්, *n.* ක්‍රෝධයක් නැ

ති අතියම් මිනීමැරීම්

mantel මැන්ටල්, *n.* ගිනිහලේ කණුව උඩ තැබූ ගල්ලෑල්ල

mantle මැන්ටල්, *n.* පොරවණ රෙද්ද, වැස්ම

manual මැනුඅල්, *a.* අතින්කරණ, හස්ත. *n.* අත්පොත

manufac*ture* මැනුෆැක්චුර්, *v.* බඩු සාදනවා. *n.* බඩු සෑදීම, සෑදූ බඩු, කර්මාන්තය. *n.*-ory, බඩු සාදන ස්ථානය, හස්තකර්මාන්ත ශාලාව

manure මැනූර්, *v.* පෝර දමනවා. *n.* පෝර

manuscript මැනුස්ක්‍රිප්ට්, *n.* අතින් ලියනලද්ද, ලේඛනය

Manx මැංක්ස්, *n.* මැන් නමැති දිවයිනේ භාෂාව. *a.* ඒ දිවයින් හෝ එහි ජනයා හෝ හොත් භාෂාව සම්බන්ධ

many මැනි, *a.* බොහෝ, නොයෙක්. *n.* නොයෙක් දෙනා, පොදු ජනයා, බොහොමයක්

map මැප්, *n.* (භූමි ආදියේ) සිතියම. *v.* (භූමි ආදියේ) සිතියම් අඳිනවා

maple මේපල්, *n.* උතුරු අමෙරිකාවේ ගස් විශේෂයක්

mar මාර්, *v.* නරක්කරණවා, විරූපකරණවා

maraud මරෝඩ්. *v.* කොල්ලකනවා. *n.* -er

marble මාර්බල්, *n.* ගරුඬතම් ගල්විශේෂ, ගල් පිහං මැටි හෝ විදුරු ගෝලය. *a.* ගරුඬ. ගරුඬ සමාන, තද, ශීතල, පිරිසිදු. *v.* ගරුඬ

මෙන් නොයෙක් වර්ණ කරණවා

March මාර්ච්, *n.* මාර්තු මාසය (මැදින් බක් දෙමසෙහි අන්තර්ගතයයි). march මාර්ච්, *n.* යුධ සේවා සිත්මෙන් අඩි තබා යන විධිය, දියුණුව, මායිම, දේශ සීමාව. *v.* යුධ සේවාසිත්මෙන් පෙළට යනවා, පෙළට ඇවිද්දවනවා

marchioness මාර්ෂනෙස්, *n.* (marquis බ.)

mare මෙඅර්, *n.* අශ්වඑළෙම්බ

margin මාර්ජින්, *n.* අද්දර, ඉවුර, වතුවට ඉතුරු කොට තැබූ මුදල. *a.*-al

marigold මැරිගෝල්ඩ්, *n.* කහ දැස්මල්

marine මරීන්, *a.* මුහුදු, නාවික. *n.* නාවික යුධ සේවායා, යුධ නැව් සමූහය, නැව් කටයුතු. *n.* -r, නැව්කාරයා

marionette මැරිඔනැට්, *n.* රූකඩය

marital මැරිටල්, *a.* ස්වාමි පුරුෂයා සම්බන්ධ

maritime මැරිටයිම්, *a.* මුදු, මුහුදුබඩ

marjoram මාර්ජොරම්, *n.* පලාවර්ගයක්, සමීරණ

mark මාර්ක්, *n.* ලකුණ, සටහන, කැළල, ඉලක්කය, විශේෂ ලක්ෂණය. *v.* ලකුණුකරණවා, සිහියට ගන්නවා. *n.* -sman, එල්ලකිරීමේ දක්ෂයා, කුරුමාණම්කාරයා [*a.*-able

market මාර්කට්, *n.* ප්‍රසිද්ධ වෙළඳපොළ, කඬේ

marl මාර්ල්, *n.* හුණු මිශ්‍ර මැටි. *a.*-y, -aceous

marmalade මාර්·මලේඩ්, *n.* තිත්ත දොඩම් ජෑම්

marone මරෝන්, }
maroon ·මරූන්, } *n.* ගන අරුණුවන් පාට

marquee මාර්කී, *n.* ලොකු ඉටි ගෙයක

marquess මාර්ක්වෙස්, *n.*=marquis

marquis මාර්ක්විස්, *n.* ඩියුක්පදවියට පාත් තිලක ඉංග්‍රීසි තිලක ලත් අය. *n.* -ate, ඒ මාර්ක්විස් තිලය. *n.* marchioness (*f.*)

marriage මැරිජ්, *n.* විවාහබන්ධනය, විවාහය. *a.*-able, විවාහවීමට සුදුසු

marrow මැරෝ, *n.* ඇටමිදුළු, මේද, සාරය

marry මැරි, *v.* කාරබඳිනවා. *a.*-ied

Mars මාර්ස්, *n.* අඟහරු ග්‍රහයා, යුධ පිළිබඳ ග්‍රහයා

marsh මාර්ෂ්, *n.* වගුර, ගොහොරු බිම. *n.* -y

marshal මාර්·ෂල්, *n.* ශ්‍රේෂ්ඨ යුධ මුලාදෑනියා. සංවිධාන කරන්නා, පෙරමුව යන මුලාදෑනියා. *v.* පිළිවෙළට සොදනවා, පෙරමුව යනවා

marsh-mallow මාර්ෂ්මැලෝ, *n.* (කැවුම්) අනෝද

marsupial මාර්සුපි·අල්, *a.* පැටවුන් ගෙණයන කෝෂයක් ඇති

mart මාර්ට්, *n.* වෙළඳපොළ, කඩේ

marten මාර්ටෙන්, *n.* මුගටිවර්ගයේ සතෙක්

martial මාර්·ෂල්, *a.* යුධ සම්බන්ධ, යුධකාමී

martin මාර්ටින්, *n.* වැහි ලිහිණි වර්ගයක්

martinet මාර්ටිනැට්, *n.* තදබලය හසුරුවන්නා

Martinmas මාර්ටින්·මස්, *n.* මාර්ටින් නම් ශුද්ධ වන්තයාණගේ පූජා දිනවූ නොවැම්බර් 11 දින

martyr මාර්·ටර්, *n.* ස්වකීය ඇදහම හෝ මතය නිසා දිවි පුදන්නා, බොහෝ දුක් විඳින්නා. *v.* *n.* -dom, එබන්දකුගේ මරණය හෝ දුක්විඳීම

marvel මාර්·වල්, *n.* පුදුමය. *v.* පුදුමවෙනවා. *a.* -lous, පුදුමවූ [රව, පුරුෂලිංගික

masculine මැස්කියුලින්, *a.* පුරුෂ, පුරුෂාකාර,

mash මැෂ්, *n.* කලවම. *v.* පොඩිකරණවා

mask මාස්ක්, *n.* වෙස්මුණ, කෝලම් නැටුම, බොරු වේශය, වෙස්මුණක් දමාගත් අය. *v.* වෙස් පෙරලනවා, සඟවනවා

mason මේ·සන්, *n.* ගල්වඩුවා, පෙදරේරුවා, 'ෆ්‍රිමේසන්' නම් මිතුරු සමාගමේ කෙනෙක්. *a.*-ic. *n.*-ry, ගල්වඩු කර්මාන්තය, පෙදරේරු වැඩ, 'ෆ්‍රීමේසන්' සංකථාවන

masque මාස්ක්, *n.* =mask. *n.* -rade, වෙස්මුණු කාරයන්ගේ නාඩගම. *v.* කෝලම් නටනවා, වෙස් පෙරළාගන්නවා

mass මාස්, *n.* වැදුල්ල, රාශිය, සත්ප්‍රසාදය, පූජාව. *v.* එකට ගොඩගහණවා. *a.*-ive, මහත හා බර ඇති, බරවූ (*n.* -ness). *a.* -y, බරවූ [දැමීම. *v.*

massacre මැස්·සකර්, *n.* රාශියක් කෲරලෙස මරා

massage මැසාෂ් (හෝ) මැස්ජ්ජ්, *n.* රෝගයක්

පුවකිරීමට ශරීරයේ යම් කොටසක් මිරිකීම v. n.-ist [සහිත

mast මාස්ට්, *n.* කුඹගහ, ගෙඩිය. *a.* -ed, කුඹ

master මාස්'ටර්, *n.* ස්වාමියා, ප්‍රධානයා, ගුරුවරයා, ඉතා නිපුණ අය, මහත්මයා හෝ ප්‍රංචිමහත්මයා යන අභ්‍යාත්විත ගරු පදයක්, කුඹ සහිත නැව. *v.* වැඩ පවත්වනවා, සම්පූර්ණලෙස ඉගෙණ ගන්නවා. *a.*-ly, දක්ෂ. *n.* -y, ජය, ප්‍රධානකම, අති දක්ෂතාව. *n.* -hand, අති සමර්ථයාගේ අත, අති සමර්ථයා. *n.* -piece, ඉතා උතුම් වැඩය. *n.* -ship

masticate මැස්ටිකේට්, *v.* (කෑම ආදිය) විකනවා. *n.*-ion

mastiff 'මැස්ටිෆ්, *n.* ලොකු බලු වර්ගයක්

mastodon මැස්ටෝඩන්, *n.* පුරාණ සිටි (ඇතාට සමාන) ඉතා ලොකු සතෙක්

mat මැට්, *n.* පැදුර. *v.* පැදුරක්මෙන් වියනවා, පටලනවා. *n.*-ting, හිම එලන පැදුරු

match මැච්, *n.* සම දෙයක් හෝ කෙනෙක්, පොරය, සෙල්ලම, විවාහය, ගිනිකූර. *v.* යෝග්‍යවෙනවා, එකඟවෙනවා, විවාහවෙනවා. *a.* -less. *n.*-maker, මඟුල් කපුකම් කරන්නා, ගිනිකූරු සාදන්නා

mate මේට්, *n.* සහායකයා, නැවේ දෙවෙනි මුලාදෑනියා, කුට්ටමකින් පිරිමි සතා හෝ ගෑණු

සභා. v. බැඳෙනවා, විවාහකරගන්නවා

material ·මටීරි·අල්, *a.* ද්‍රව්‍යමූ, සාරවත්, වැදගත්. *n.* ද්‍රව්‍යය. *n.* -ism, අනාත්මදෘෂ්ටිය. *n.* -ist. *a.* -istic

maternal ·ම·ටර්·ණල්, *a.* මව්, මව් පිළිබඳ. *n.* -ity, මව් භාවය

mathematics මැත්ඉමැටිඉක්ස්, *n.* මූළ ගණිත ශාස්ත්‍රය. *a.* -al. *n.* -ian, ගණිත ශාස්ත්‍රඥයා

matin මැටින්, *n.* උදය. *n.* -s, උදය යාච්ඤාව, උදය පූජාව

matrices මෙට්‍රිසීස්, *n.* matrix හි බහුවචනය

matricide මැට්‍රිසයිඩ්, *n.* මාතෘඝාතනය, මව් මරන්නා

matriculate ·මට්‍රික්යුලේට්, *v.* ශාස්ත්‍ර සභාවකට හෝ අග්‍ර පාඨශාලාවකට භාරගන්නවා. *n.* -ion

matrimony මැට්‍රිමොණි, *n.* විවාහබන්ධනය, විවාහක සවභාව. *a.* -ial

matrix මෙට්‍රික්ස්, *n.* ගර්භය, අච්චුව

matron මේ·ට්‍රන්, *n.* මදක් වයස්වූ විභාහ ස්ත්‍රී, අම්මණ්ඩී, බලාගන්න ස්ත්‍රී. *a.* -ly

matted මැටිඇඩ්, *a.* පැදුරු එළූ, ගෙතුනු

matter මැට්·ටර්, *n.* ද්‍රව්‍යය, කාරණය, අමාරුව, වැඩේ, හැරව (*a.* -y). *v.* වැදගත්ව හෝ කාරණයක්ව තිබෙනවා. *a.* -of-fact, ඇති යරුණු ම දකවන, අභූත නොවන

matting මැටිං, *n.* (mat බ.)

mattock මැට්ටක්, *n.* ගල්කටු වර්ගයක්

mattress මැට්ට්‍රස්, *n.* ශුද්දිරිය

mature මචුවර්, *a.* පැසුන, මේරූ, සම්පූර්ණවූ. *v.* *n.* -ation. *a.* -ative. *n.*-ity [න් ගහණවා

maul මෝල්, *n.* =mall. *v.* ලොකු අතකොළුවෙ

maund මෝණ්ඩ්, *n.* රාත්තල් 85 ක් පමණ බර

mausoleum මොසෝලිඅම්, *n.* ශෝභාත්චෛත්‍යය

mauve මෝව්, *n.* රත් නිල්පාට

maw මෝ, *n.* පක්ෂීන්ගේ කෑම බොක්ක

mawkish මෝකිශ්, *a.* අප්‍රිය උපදවන, අරුචි

maxillar මැක්ස්ඉල්ලර්, } *a.* හකුපාඩාව(ඇටේ)
maxillary මැක්ස්ඉල්ලරි, } සම්බන්ධ

maxim මැක්ස්ඉම්, *n.* සූත්‍රය, පිළිගත් ව්‍යවහාර නීම, ආවක්කු වර්ගයක් [*a.* ඉතා මහත්

maximum මැක්ස්ඉමම්, *n.* ඉතා වැඩි ප්‍රමාණය.

May මේ, *n.* මැයිමාසය (වෙනක් පොහොත් දෙව ගෙහි අස්තගීනයි). *n.* -day, මැයිමාසේ 1 වෙ නිද. may මේ, *v.* කැමැත්ත අවසර අඟවන ක්‍රියා පදයක්, පුළුවනි

mayor මේඅර්, *n.* නගරාධිපාදයෝ. *a.* -al. *n.*-alty, නගරාධිපාද ධුරය. *n.* -ess (*f.*)

maze මේස්, *n.* =labyrinth *v.* විශවුල් කරණවා, මත්තකරණවා. *a.*-y

me මී, *pron.* මා (I බ.) [යක්

mead මීඩ්, *n.* මීපැණි ආදියෙන් හැදු පාන වර්

mead මීඩ්,
meadow මැඩෝ, } n. තණ පිට්ටනිය [n. -ness

meagre මීගර්, a. කෘශ, හීන්, දුබල, ඉතා මදි.

meal මීල්, n. ඇඹරූ ධාන්‍ය පිටි, එකවේලක කෑම, කෑම වේලාව. a. -y

mean මීන්, v. තේරෙනවා, අභිප්‍රාය කරනවා. n. -ing, තේරුම, අභිප්‍රාය (a. -less). a. නීච, සුළු. n. මධ්‍ය ප්‍රමාණය. n. -s, උපක්‍රමය, හේතුව, ධනය, ශක්තිය. adv. -time හෝ -while, ඒ අතර, ඒ අතරතුරේ

meander මීඇණ්ඩර්, v. වක්‍රලෙස හෝ ඇදේට යනවා. n. වක්‍ර මාර්ග [a. -y

measles මීස්ල්ස්, n. සරම්පරෝගය. a. -ed.

measure මැෂර්, n. මිම්ම, ප්‍රමාණය, සීමාව, ව්‍යාපාරය, තාලය. v. මනිනවා. a. -less. n. -ment

meat මීට්, n. කෑමට ගන්න මස්, ආහාර

mechanic මිකැනික්, a. යන්ත්‍ර සම්බන්ධ, යන්ත්‍ර වලින් කළ, පුරුද්දේ බලයෙන් කළ. n. කර්මාන්තකරුවා, ශිල්පියා. a. -cal. n. -cs, යන්ත්‍ර ශාස්ත්‍රය. n. -sm, යන්ත්‍රයේ විධිය, යන්ත්‍රයේ කොටස්

medal මැඩ්අල්, n. පදක්කම, පුරාණ මිලාකාසි. n. -list, පදක්කමක් ලැබූ කෙනෙක්. n. -lion, විශාල පදක්කමක්

meddle මැඩ්ල්, v. මැදිවෙනවා, අතගහනවා.

a. -some, මැදපීවට හෝ අතගෑසීමට ලැදිවූ
mediæval මීඩිර්·වල්, *n*. =medieval
mediate මිඩිඒට්, *a*. මධ්‍යස්ථ, දෙවෙනි. *v*. මැද
හත් වෙනවා. *n*. -or (*a*.-ial)
medical මැඩිඉ·කල්, *a*. වෙද, වෙදකම සම්බන්ධ
medicine මැඩිඉස්න්, *n*. බෙහෙත. *a*. -al
medieval මීඩිර්·වල්, *n*. ක්‍රිස්තු වර්ෂයේ මැදකාලය
(එනම් ක්‍රි. ව. 500 සිට 1500 දක්වා කාලය)
සම්බන්ධ. *n*. -ism
mediocre මීඩිඕ·කර්, *a*. මද්දිම. *n*. -ity
meditate මැඩිඉටේට්, *v*. මෙනෙහිකරනවා, භාව
නාකරනවා. *n*. -ion. *a*.-ive
medium මීඩිඅම්, *n*. මධ්‍යම ප්‍රමාණය, උපක්‍රමය,
හේතුව [ගසක්
medlar මැඩ්·ලර්, *n*. 'ඇපල්' වැනි ගෙඩි ඇති
medley මැඩ්ලි, *n*. කලවම, ලටපට
meed මීඩ්, *n*. විපාකය, ප්‍රතිඵලය [-ness
meek මීක්, *a*. මෘදු, සෞම්‍ය, ඉවසිලිවන්ත. *n*.
meet මීට්, *a*. යෝග්‍ය, යුතු. *n*.-ness
meet මීට්, *v*. සම්බවෙනවා, රැස්වෙනවා. *n*.-ing
melancholy මැල්ඇන්කොලි, *n*. දොම්නස, දුකෙන්
න් මලානිකකම. *a*. *a*.-ic
melee මෙලේ, *n*. ආකුල සමඟ
meliorate මිල්යෝරේට්, *v*. වඩා හොඳතත්වයකට
පමුණුවනවා, දියුණුකරනවා. *n*.-ion

mellifluous මැල්ලිෆ්ලුඅස්, } *a.* මී පැණිමෙන්
mellifluent මැල්ලිෆ්ලුඅණ්ට්, } ගලන මිහිරි

mellow මැල්ලො, *a.* ඉදුනාවූ, මෘදු, මිහිරි. *v.*

melody මෙලඩි, *n.* ශබ්දයේ මධුරතාවය, තාලය. *a.* -ious. *n.*-eon, නාගසා නාණ්ඩයක්

melon මැල්අන්, *n.* කැකිරි, කොමඩු

melt මැල්ට්. *v.* උණුවෙනවා, දියවෙනවා, යො පෙණී යනවා, යටත්වෙනවා

member මැම්බර්, *n.* අඩගය, අවයවය, සාමාජික යා, මෙකාට්ඨාසය. *n.* -ship

membrane මැම්බ්රේන්, *n.* හීන් විනිවිද පෙණෙ න සිව්ය හෝ පටලය. *a.*-ous

memento මෙමැණ්ටො, *n.* සිහිපත්වීමට දෙයක්

memoir මැම්වෝර්, *n.* වැදගත්කරුණක් සම්බන්ධ කථාන්තරය, ලියුනු ජීවිත කථාව

memory මැමරි, *n.* සිහිය, මතක, සිහිවීම. *a.* -able, සිහිකලයුතු, ප්‍රසිද්ධ. *n.*-andum මැමො රැණ්ඩම්, සිහිවීමට සටහන. *n.* -ial, සිහිපත් කරවණ දෙයක්, අයදුම් පත්‍රය. *v.* -ialise, අය දුම්පතක් දෙනවා (*n.*-t). *v.* -ise, සිහිකරවණවා, සටහන්කරණවා

menace මැනස්, *n.* තරවටුව. *v.* තරවටුකරණවා

menagerie මැනේජ්අර්, *n.* වල්සතුන් සමූහ, වල් සතුන් තිබානන්න ස්ථානය

mend මැණ්ඩ්, *v.* අලුත්වැඩියා කරණවා, හරිගස් සනවා

mendacious මැන්ඩේෂස්, *a.* මිථ්‍යා, බොරු. *n.* -ty

mendicant මැන්ඩිකන්ට්, *n.* භික්ෂාකන අය, භික්ෂුව, යාචකයා. *a.* *n.* -cy, යාචක භාවය

mendicity මැන්ඩිස්ඉටි, *n.* යාචක භාවය, යාචක ජීවිතය

menial මීනි·අල්, *a.* වැඩකාර, අධම. *n.* පහත් වැඩකරුවා

menses මැන්සීස්, *n.* (ස්ත්‍රීන්ගේ) මාසේ මාරුවීම

menstrual මැන්ස්ට්‍රු·අල්, *a.* මාසික. *v.* -te, (ස්ත්‍රීන්ගේ) මාසේමාරුවෙනවා. *n.* -tion

mensurable මැන්ෂූරබල්, *a.* මැනියහැකි. *n* -tion, මැනීම, මැනුම් සම්බන්ධ ශාස්ත්‍රය

mental මැන්ටල්, *a.* සිතට අයිති, මනෝමය

mention මැන්·ෂන්, *v.* මතක්කරනවා, සඳහන් කරනවා. *n.* *a.* -able

mentor මැන්ටෝර්, *n.* මිත්‍ර තැණවත් අවවාදකරු

menu මිනූ, *n.* කෑමකට තබන භෝජන බඳුන් ආදියේ ලේඛනය

mercantile ·මර්කැන්ටයිල්, *a.* වෙළඳ

mercenary ·මර්සිනරි, *a.* වස්තු ආශාවෙන් ක්‍රියා කරන, කුලියට සේවාකම් කරන. *n.* කුලියට ගත් අය, කුලී හුඩ සේවායා

mercer ·මර්·සර්, *n.* පට පිළි හෝ ලොම් පිළි වෙළෙන්දා, *n.*-y, පට ලොම් කපු ආදියෙන් කළ පිළි වෙළෙන්දාගේ බඩු

merchan*t* ·මර්·චන්ට්, *n.* වෙළෙන්දා. *n.* -dise ·මර්·චන්ඩයිස්, වෙළඳම් බඩු. *n.* -tman, වෙළඳ නැව

mercur*y* ·මර්කියුරි, *n.* රසදිය, පාරද. *a.*-ial

Mercur*y* ·මර්කියුරි, *n.* බුදගු. *a.* -ial, බුදගු සම්බන්ධ, සැහැල්ලු ශරීර ඇති, උත්සාහ සහිත

merc*y* ·මර්සි, *n.* දයාව, අනුකම්පාව, සමාගුණය. *a.*-iful (*n.*-ness). *a.*-iless (*n.*-ness)

mere මි අර්, *a.* තනි, නිකම, අමිශ්‍ර. *n.* විල

meretricious ·මර්ඉට්රිෂ්අස්, *a.* පිටත පෙනුමෙන් සිත අලවන, මිථ්‍යා ශෝභන

merge ·මර්ජ්, *v.* ගිල්වනවා, ගිලෙනවා

meridi*an* මිර්ඩිඉ·අන්, *n.* මුදුන් රේඛාව. මද්දහන, උත්තම ස්ථානය, ඉතා උතුම් සොභාවය. *a.* -onal

merino මැරීනෝ, *n.* සිහින් ලොම් ඇති බැටළු වර්ගයක්, සිහින් ලොම් පිළිංගියක්

merit මැර්ඉට්, *n.* වර්ත්‍යාකම, ගුණය, කුශල. *v.* යෝග්‍යව සිටිනවා. *a.*-orious, ප්‍රශංසනීය, පින්වත්, සහපතක් ලැබීමට සුදුසු

merlin ·මර්ලින්, *n.* උකුස්සා [නාව. *n.* -n (*m.*)

merma*id* ·මර්මේඩ්, *n.* මුහුදු කිඳුරී, ජලාඞ්ගනා

merr*y* ·මර්රි, *a.* සීතාකරණ, සෙල්ලම්ත්. ප්‍රීතිමත්. *n.* -iness. *n.* -iment. *ad.* -ily. *n.* -andrew.

කවටයා, විහිළුකාරයා [කවා

meseems මිසීම්ස්, *v.* මට පෙණෙනවා, මට හැඟෙ

mesh මැෂ්, *n.* දැල් ඇස, දැල් මැඩ. *a.*-y

mesmerism මැස්මරිස්ම්, *n.* මූර්ච්ඡා කර්ම. *a.* -c, -cal. *v.* -se, මූර්ච්ඡාකරණවා. *n.* -st

mess මැස්, *n.* (එකවරට) කෑම පංගුව, කලවම. අවුල. *v.* (කීප දෙනෙකු සමග) එකටකනවා

message මැසේජ්, *n.* පණිවුඩය, හසුන

messenger මැසෙංජර්, *n.* පණිවුඩකාරයා, දූතයා

Messiah මෙසයිආ, *n.* ක්‍රිස්තුස් වහන්සේට නමක්

messieurs මැස්යර්ස්, *n.* මහතුන්ලා (නම් කීපයක් මුල්ල යොදනු ලැබේ. Mr. හි බහු. සාමාන්‍යයෙන් Messrs. ස ලුහුඬුකොට ලියනු)

messuage මැස්වේජ්, *n.* සම්බන්ධ ගොඩනැගිලි සහිත පදිංචි ගෙය

metal මැටල්, *n.* ලෝහය, කැඩූ ගල් කැබලි. *a.* -lic, -line. *n.* -list. *a.*-liferous මැටලිෆෙරස්, ලෝහ ඇති හෝ උපදවන. *n.* -lurgy මැටලර්ජි, ලෝහ පස්වලින් ලෝහ වෙන් කරණ ශාස්ත්‍රය (*a.*-ic. *n.* -ist)

metamorphosis මැටමෝර්ෆොසිස්, *n.* ආකාරය වෙනස්වීම. *v.*-e. *a.*-ic [*a.*-ic, -ical

metaphor මැටෆර්, *n.* උපමාකීම, රූපකය.

metaphysics මැටෆිසික්ස්, *n.* චෛතසික ධර්ම

ශාස්ත්‍රය, අභිධර්මය. *a* -al. *n.* -ian

metathesis මැටැතිසිස්, *n.* විපර්‍යාසය, පෙරළීම

mete මීට්, *v.* මනිනවා, බෙදාදෙනවා. *n.*-r, මනින යන්ත්‍රය [සහර ගමන

metempsychosis මිට්ැම්සිකෝසිස්, *n.* සංසාරය,

meteor මීටිඅර්, *n.* උල්කාපාතය, දිව්‍යලෝකය. *a.*-ic. *n.*-ite. *n.*-lite, අහස්ගල. *n.* -ology මීටිඔරොලජි, ආකාශ විද්‍යාව (*a.* -ical. *n.*-ist)

methinks මිතිංක්ස්, *v.* මට සිතෙනවා

method මැත්අඩ්, *n.* පිළිවෙළ, ක්‍රමය. *a* -ic, -ical. *v.*-ise, පිළිවෙළසම තබනවා

Methodist මැත්ඔඩිස්ට්, *n.* වැස්ලියන් සභාවේ කෙනෙක්. *n.* -m

methystic මිතිස්ටික්, *a.* මත්කරවන

metonymy මිටොනිමි, *n.* වචනයක් ඒ සම්බන්ධ අනෙක් දෙයක් දක්වීම පිණිස යෙදීමේ අලංකාරවිධිය.(උදාහරණයක: Milton=මිල්ටන්ගේ කාව්‍ය)

metre මීටර්, *n.* ඡන්දස්,වෘත්තය, දිග ප්‍රමාණයක්. *a.*-ic. *a.*-ical [නුවර. *a.*-tan

metropolis මිට්‍රොප්ඔලිස්, *n.* රාජධානිය, අග

mettle මැට්ල්, *n.* උත්සාහ සහිතකම, ශෞර්‍යය, පැරකම. *a.* -d

mew මිව්, *v.* බළලෙක්මෙන් හඬනවා. *n.*

miasma මිඇස්ම, *n.* කුණුවාතය.*a*-tic. *a* -ceous

mica මයිකා, *n.* තහඩු සහිත ලෝහ වර්ගයක්

mice මෛයිස්, *n.* මීයෝ (mouse බ.)

microbe මෛක්‍රෝබ්, *n.* ලෙඩ දිරීම ආදියට හේතුවූ ඉතා සියුම් ධාතුවක් [නය, මනුෂ්‍යයා

microcosm මෛක්‍රෝකොස්ම්, *n.* ක්ෂුද්‍ර ලෝ

microscope මෛක්‍රොස්කෝප්, *n.* සියුම්දේ දක්වන කණ්ණාඩිය. *a.* -ic, -ical

mid මිඩ්, *a.* මැද. *n* -night, මධ්‍යම රාත්‍රිය. *n.* -st, මැද. *n.* -shipman. යුධ නැවක පුළු මූලාදෑනියෙක්. *n.* -summer, ග්‍රීෂ්මඍතුවේ මැද කාලය. *n.*-summer-day, ජූනි 24 දින. *a.* -way, පාර මැද තිබෙන; *ad.* පාර මැද; *n.* පාරමැද

middle මිඩ්ඩ්ල්, *a.* මැද. *n.* මැද. *a.*-ing, මධ්‍යම ප්‍රමාණ. middle ages, ක්‍රි. ව. 476 සිට 1450 දක්වා පමණ කාලය

midge මිජ්, *n.* මදුරුවා, හෝහපුටුවා

midriff මිඩ්රිෆ්, *n.* බඩ මැද හම

midst මිඩ්ස්ට්, *n.* (mid බ.) [ප්‍රසූතම

midwife මිඩ්වෛෆ්, *n.* වින්නඹුවා. *n* -ry, වින්න

mien මීන්, *n.* පෙණීම, ආකාරය

miff මිෆ්, *n.* පුළු ඩබරය

might මෛට්, *n.* බලය. *a.* -y (*n.* -iness). *v* (එමට හෝ කිරීමට) පුළුවන්ව තිබුනා (may බ.)

migrate මෛග්රේට්, *v.* ගමුහයක් විසීමට පිට ප්‍රාන්තයකට යනවා. *n.* -tion. *a.* -tory, පලාතෙන් පලාතට යන. *n.* -nt, එසේ යන්නා

mikado මිකාඩො, *n.* ජපන් රජ [හරකී
milch මිල්ච, *a.* කිරි දෙන. *n.*-cow, කිරිදෙන
mild මෛල්ඩ්, *a.* මෘදු, ශාන්ත. *n.* -ness
mildew මිල්ඩ්‍යු, *n.* පුස්. *v.* *a* -y
mile මෛල්, *n.* සැතැප්ම. *n.* -age, සැතැප්ම ගණන, සැතැප්ම ගණනේ ගෙවීම. *n.* -stone, සැතැප්ම කණුව
militant මිලිටන්ට්, *a.* යුධයෙහි යෙදී සිටින. *a.* -ry, යුධකාර; *n.* යුධ සමූහය. *v.* -te, විරුඛ වෙනවා
militia මිලිෂ්අ, *n.* නිතර යුධ සේනාවට නොබැඳී සේවාකම් පුරුදු කරගන්න සෙනග
milk මිල්ක්, *n.* කිරි. *v.* කිරිදොවනවා. *a.* -y. *n.* -maid, කිරිදොවිත්තී
mill මිල්, *n.* අඹරණ යන්ත්‍රය, යන්ත්‍රය, මෝල. *v.* අඹරනවා, මිල කැබලිවල අද්දර මුද්‍රාව ගසනවා. *n* -er, බානා යන්ත්‍රයක් තිබාගෙණ හෝ බලාගෙණ ඉන්න අය [*a.* -ial
millenary මිල්ලිනරි, *a.* දහස. *n.* අවුරුදු දහස.
millennium මිල්ලෙනිඅම්, *n.* අවුරුදු දහසක කාලය, (ක්‍රිස්තු රජ්‍යය පවතීයයි විශ්වාසකරණ ලෝකයේ අන්තිම) අවුරුදු දහස. *a.* -al
milleped මිල්ලිපැඩ්, }
milliped මිල්ලිපැඩ්, } *n.* සැකරැල්ලා
milliner මිල්ලිනර්, *n.* ස්ත්‍රීන්ගේ තොප්පි අය

දිය විකුණන්නී හෝ සාදන්නී. n. -y, ස්ත්‍රීන් ගේ තොප්පි ආදී බඩු

million මිල්‍යන්, n. දශලක්‍ෂය. a. -th, දශලක්‍ෂ වෙනි. n. -aire මිල්‍යොනෙයර්, පවුම් දශලක්‍ෂ යක් වටිනා ලද, ඉතා පොහොසත් අය

milt මිල්ට්, n. බඩදිව, මාළු බිජු

mime මෛම්, n. නාඩගම් විශේෂයක්. a. -tic, ස මාන ආකාර

mimic මිමික්, a. අරදමට සමානලෙස ක්‍රියා කරණ. n. විහිළුකරන්නා. කවටයා. v. අරද මට සමානලෙස ක්‍රියාකරනවා. n. ry[කොන

minaret මින්අරට්. n. මිරක්කල පල්ලියේ උස්

mince මින්ස්, v. කුඩා කෑබලිකොට කපනවා. හිස්කර කපනවා. සනවා කොටකර කියනවා

mind මෛණ්ඩ්, n. සිත, කැමැත්ත, අදහස. v. සිතටගන්නවා, සලකනවා. a. -ful, සල කන, සිතටගන්න

mine මෛන්, n. ආකරය, පතලය, බිම්ගෙය, උත්පත්තිස්ථානය. v. (ආකර ආදිය) හාරනවා. *Pron.* මගේය

mineral මින්අරල්, n. ලෝහ ධාතු, ඛනිජ n. -ogy, ලෝහ විද්‍යාව (n. -ist)

mingle මිංගල්, v. මිශ්‍ර කරනවා

miniature මිනිඉඑචුර්, n. කුඩා සිතියම, අඩු කරණලද ප්‍රමාණය. a. කුඩා, කුඩා තරමේ

minify මින්ඉෆෛ, *v.* පුළුකරණවා, කුඩාකරණවා

minikin මින්ඉකින්, *n.* කුඩා පූරතල් දරුවා. *a.* කුඩා

minim මින්ඉම්, *n.* ගායනා ශාස්ත්‍රයේ එක් ලකුණක්, ඉතා කුඩා දිය මිම්ම, බිංදුව, මිට්ටා. *v.*-ise, පුළුකරණවා, කුඩාකරණවා. *n.* -um මින් ඉමම්, ඉතා අඩු ප්‍රමාණය

minion මින්යන්, *n.* ප්‍රියයා, බැගෑපත් ඉච්චාකාරයා. ඔීත් අච්චු අකුරු වගීයක්

minister මින්ඉස්ටර්, *n.* ඇමතියා, දේවගැතියා, උපාධ්‍යායයා, සේවකයා. *v.* මෙහෙකරණවා, උපස්ථානකරණවා. *n.* -ration. *a.* -erial. *n.* -erialist, පවිජිත අමාත්‍ය මණ්ඩලයට පක්ෂ අය. *n.*-ry. මෙහෙකිරීම, අමාත්‍යධුරය, දේවගැති ධුරය, දේවගැතිවරු

minnow මින්නෝ, *n.* කුඩා මිරිදිය මාලු වර්ගයක්

minor මෛනර්, *a.* අඩු, පුළු. *n.* ගායනා ශාස්ත්‍රයේ ලක්ෂණ කුමය, (අවුරුදු 21 ට) අඩු වයස් ඇත්තා. *n.* -ity, අඩු වයස් ඇති කාලය, වඩා අඩුගණන [නෑ. ප්‍රධාන දෙවස්ථානය

minster මින්ස්ටර්, *n.* පාපස් මඩමේ දෙවස්ථා

minstrel මින්ස්ට්‍රල්, *n.* වීණා සින්දුකාරයා. *n.* -sy, ගායනාකාරකම, ගන්ධර්ව සමූහය, ගීරස

mint මින්ට්, *n.* පුවදතලා, මිල මුද්‍රාඞකණශාලාව. *n.*-age, මිල මුද්‍රණකිරීම මුද්‍රිත මිල ආදිය,

මිල මුද්‍රණකිරීමට ගෙවන මුදලක්

minuend මින්යුඇණ්ඩ්, *n.* අඩුකිරීමේ ගණන් දෙකින් ලොකු ගණන

minuet මින්යුඈට්. *n.* සිම්ත් නමැති නැටුමක්, ඊට ගායනා කරන තාලය [අඩු, රහිත

minus මෙනස්, *n.* අඩුකිරීමේ ලකුණ (—). *a.*

minute මෙනෘවුට්, *a.* ඉතා කුඩා, සියුම්, ඉතා සුළු දේ පවා සඳහන්වූ. *n.* -ness. *ad.* -ly

minute මින්නුට්, *n.* ඉංග්‍රීසි පැයෙන් 60 න් පංගුව, ඒකාංශය, විනාඩිය, ලුහුඩු සටහන. *v.*

minx මිංක්ස්, *n.* ලජ්ජා මදි ලමිස්සි [*a.* -ulous

miracle මිරි·අක්ල්, *n.* අද්භූතය, ආශ්චර්යය.

mirage මි·රෂ්, *n.* මිරිඟු ජලය

mire මෙමර්, *n.* මඩ, ගොහොරුව. *a.* -y

mirror මිරු·රර්, *n.* කැඩපත. *v.* කැඩපතකින් එලිය ආපසු හරවනවා

mirth මර්ත්, *n.* සෙල්ලම, ප්‍රමෝදය. *a.* -ful

misadventure මිස්ඇඩ්වැන්ට්‍යුර්, *n.* අවාසනාව, විපත [සුදුසු විවාහය

misalliance මිස්ඇල්ලෙයන්ස්. *n.* ප්‍රමාණයට නුසු

misanthrope මිස්ඇන්ත්‍රෝප්, } *n.* මනුෂ්‍යයින්
misanthropist මිසෑන්ත්‍රොපිස්ට්, } ම වෛර කරන්නා. *a.* -ic, -ical. *n.* -y, මිනුස්සයින්ට වෛරවීම හෝ සතුරුවීම [*v.* *n.* -ication

misapply මිස්ඇප්ලෙයි, *v.* වැරදිලෙස යොදනවා

misapprehend මිස්ඇප්‍රිහෑණ්ඩ්, *v.* වැරදි ලෙස තේරුම්ගන්නවා. *n.* -sion

misappropriate මිස්ඇප්‍රෝප්‍රිඒට්, *v.* අයුතු ලෙස අත්කරගන්නවා හෝ සොරකනවා. *n.* -ion

misbehave මිස්බිහේව්, *v.* අයුතු ලෙස හැසිරෙනවා. *n.* -iour [ගණනවා. *n.* -ion

miscalculate මිස්කෑල්කියුලේට්, *v.* වැරදි ලෙස

miscall මිස්කෝල්, *v.* වැරදිලෙස නම් තබනවා

miscarry මිස්කෑරි, *v.* ඉෂ්ටනොවී යනවා, ගැබ් සා වෙනවා. *n.* -iage, ඉෂ්ටනොවීයාම, ගබ්සාවීම

miscellany මිස්සැල්ලෙනි, *n.* නොයෙක් මිශ්‍ර කාරණ ඇති පොත හෝ සඟරාව. *a.* -eous, නානාවිධ, දිවිධ

mischance මිස්චාන්ස්, *n.* අවාසනාව [-vous

mischief මිස්චිෆ්, *n.* හානිය, වැරදි ක්‍රියාව. *a.*

misconceive මිස්කොන්සීව්, *v.* වැරදි ලෙස තේරුම් ගන්නවා. *n.* -ption මිස්කොන්සැප්ෂන්

misconduct මිස්කොණ්ඩක්ට්, *n.* අයුතු හැසිරීම

misconstrue මිස්කොන්ස්ට්‍රූ, *v.* වැරදි ලෙස තේරුම්ගන්නවා. *n.*-ction මිස්කොන්ස්ට්‍රක්ෂන්

miscreant මිස්ක්‍රිඅණ්ට්, *n.* පාපයා, තක්කඩියා

misdeed මිස්ඩීඩ්, *n.* අයුතු ක්‍රියාව, වරද

misdemeanour මිස්ඩිමීනර්, *n.* අයුතු හැසිරීම, අයුතු ක්‍රියාව

misdirect මිස්ඩිරෙක්ට්, *v.* වැරදි ලෙස මගකියන
වා, වැරදිලෙස (ලියුමක) නම ගම ලියනවා.
n. -ion [නවා

misemploy මිස්ඇම්පෙලොයි, *v.* වැරදිලෙස යොද

miser මෛසර්, *n.* ලෝභයා, මසුරා. *a.*-ly. *n.*-y
මිස්අරි, දුඃඛිතයම, කාලකණ්ණිකම. *a.*-able
මිස්අරබල්, කාලකණ්ණි (*n* -ness)

misfortune මිස්ෆෝර්ට්යූන්, *n.* අවාසනාව, විපත

misgive මිස්ගිව්, *v.* සැක සිතෙනවා, විශ්වාස
නැතිවෙනවා, ධෛර්‍ය්‍ය නැතිවෙනවා

misgovern මිස්ගව්අර්න්, *v.* අයුතුලෙස ආණ්ඩු
කරණවා. *n.* -ment

misguide මිස්ගයිඩ්, *v.* වැරදිලෙස ගෙණයන
වා හෝ හසුරුවණවා

mishap මිස්හැප්, *n.* අවාසනාව, අත්වැරැද්ද

misinform මිස්ඉන්ෆෝර්ම්, *v.* වැරදිලෙස දැනු
ම් දෙනවා [තේරුම් කරණවා. *n.*-ation

misinterpret මිස්ඉන්ටර්ප්‍රිට්, *v.* වැරදි ලෙස

mislay මිස්ලේ, *v.* වැරදි තැනක තබනවා

mislead මිස්ලීඩ්, *v.* මුලාකරණවා

misletoe මිස්ල්ටෝ, *n.* =mistletoe

mismanage මිස්මැනේජ්, *v.* අයුතුලෙස හසුරු
වණවා. *n.* -ment [වා

misname මිස්නේම්, *v* වැරදිලෙස නම් තබන

misnomer මිස්නෝමර්, *n.* වැරදිනම

misogamy මිසොගැමි, n. විවාහය අප්‍රියකිරීම. n. -ist

misplace මිස්ප්ලේස්, v. වැරදි තැනක තබනවා

misprint මිස්ප්‍රින්ට්, v. වැරදිලෙස අච්චු ගසනවා. n. අච්චුගැසීමේ වරද

mispronounce මිස්ප්‍රොනෞන්ස්, v. වැරදි ලෙස වචන ශබ්දකරනවා. n. -unciation

misquote මිස්ක්වෝට්, v. වැරදිලෙස ගෙණහැර පානවා. n. -ation

misrepresent මිස්රෙප්‍රිසෙන්ට්, v. වැරදි ලෙස දක්වනවා. n. -ation [වා. n.

misrule මිස්රූල්, v. අයුතුලෙස ආණ්ඩුකරණ

miss මිස්, n. අවිවාහක තැනැත්තියම ගොදන ගරු පදය, තරුණී. v. වරදිනවා, හම්බනොවී යනවා, නැති බව දැනෙනවා. n.

misseltoe මිස්ල්ටෝ, n. =mistletoe

misshape මිස්ෂේප්, v. හරහැඩෙකම කරණවා, විරූපකරණවා. a. n, විරූප [අඩහවිය

missile මිස්සිල්, n. අසිත් විසිකරණ ආයුධය.

mission මිෂ්'අන්, n. (ව.දගත් කමයුත්තක් පිණිස) යවනලද අයවල්, පණිවිඩකාරතම, මිසිගොණරි සමාගම. a. -ary, යවනලද අයවල් පිළිබඳ; n. යවනලද කෙනෙක්

missive මිස්සිව්, n. යවනලද ලියුම, පණිවිඩය.

misspel මිස්ස්පෑල්, v. වැරදිලෙස වචනයක අ
කුරු ලියනවා හෝ කියනවා [කරණවා

misspend මිස්ස්පෑණ්ඩ්, v. අයුතු ලෙස වියදම්

mist මිස්ට්, n. මීදුම, අඳුරුකම. a. -y (n. -iness)

mistake මිස්ටේක්, v. වරදවාගන්නවා, වැරදි ලෙස තේරුම් ගන්නවා. n. වැරදීම. a. -able. a. -en, වැරදි

mister මිස්ටර, n. (master බ.)

mistime මිස්ටයිම්, v. කාලය හරහට නියම කරගන්නවා [වර්ගයක්

mistletoe මිස්ල්ටෝ, n. ගස්උඩ වැවෙන පැළ

mistranslate මිස්ට්‍රෑන්ස්ලේට්, v. වැරදිලෙස භාෂා කරණවා. n. -ion

mistress මිස්ට්‍රෙස්, n. ස්වාමිදූ, හාමිනේ, ගුරුවරී, කාරබැඳ ස්ත්‍රීන්ගේ නම් මුලට යොදනපදයක්

mistrust මිස්ට්‍රස්ට්, v. අවිශ්වාස කරණවා, අනුශංකා කරණවා. a. -ful

misunderstand මිස්අණ්ඩර්ස්ටෑණ්ඩ්, v. වැරදි ලෙස තේරුම්ගන්නවා. n. -ing, වැරදි ලෙස තේරුම්ගැනීම, භේදය

misusage මිස්යූස්'ඒජ්, n. අයුතු හෝ වැරදි භාවිතාව [භාවිතාකරණවා, n.

misuse මිස්යූස්, v. වැරදිලෙස හෝ අයුතුලෙස

mite මයිට්, n. ඉතා කුඩා පණුවෙක්, (පැස්

ගෙන් ඊසිනකරෙන් පංගුමක් වපිනා) කුඩා මිලයක්, ඉතා කුඩා දෙයක්

mitigate මිටිගේට්, v. සැහැල්ලුකරණවා, ශග·ණය කරණවා. n. -tion. a.-nt

mitre මි·ටර්, n. උසස් ඡද්වගෑතිවිරුන් හාඩිනා කරණ තොප්පි වර්ගයක්, පාරිදශීක මකුටය, පාරිදශීක උතුම්කම. a. -d

mix මික්ස්, v. මිශ්‍රකරණවා. n. -ture මික්ස්ට්ෂුර්, මිශ්‍රකිරිම, කලවම, බෙහෙත් වතුර

mizzen මිස්·ස්·න්, }
mizen මිස්·න්, } n. අවරේ රුවල

mnemonic නිමොනික්, a. මතක්කරවණ. a.-al. n. -s, සිහිපත්කරවීමට උපාය

moan මෝන්, v. වැලපෙනවා, කෙඳිරිගානවා

moat මෝට්, n. බලකොටුව වටකර අගල

mob මොබ්, n. කෝලාහල සහිත සමූහය, ජන සමූහය. v. අධම්මයෙන්පටහ්කරණවා

mobile මෝබිල්, a. අස්ථිර, චංචල. n. -ity

mobilise මොබිඉලෙයිස්, v. ක්‍රියාකිරීමටසරසනවා. n. -ation

moccasin මොක්·කසින්, n. සම් වහන් වර්ගයක්

mock මොක්, v. සවටකම්කරණවා. a. බොරු. n. -ery. n. -ing· bird, ඇමරිකා පක්ෂියෙක්

mode මෝඩ්, n. ආකාරය, විධිය, මාර්ග. a. -al (n.-ity). a. -ish

model මොඩ්අල්, *n.* ආදර්ශය, ප්‍රතිරූපය. *v.* ආදර්ශයක් ලෙස කරනවා, හැඩගුරුකරනවා

moderate මොඩ්අරේට්, *a.* මධ්‍යස්ථ ප්‍රමාණ, අධික නැති. *v*, මදක් අඩුකරනවා, මධ්‍යස්ථකරනවා. *n.* -ion. *n.* -ism

modern මොඩ්අර්න්, *a.* මෑත කාලය සම්බන්ධ, අභිනව. *v.* -ise, අලුත්විධියට හරවනවා

modest මොඩ්ඉස්ට්, *a.* සාධුශීල, ලජ්ජාවූ, විනීත, අහංකාර නැති. *n.* -y

modicum මොඩිකම්, *n.* ස්වල්පයක්, ටිකක්

modify මොඩිෆයි, *v.* මදක් වෙනස් කරනවා, තරම අඩුකරනවා. *n.* -ication

modulate මොඩියුලේට්, *v.* හසුරුවනවා, වෙනස කරනවා. *n.* -ion [gol ඛ.)

Mogul මෝගල්, *n.* මොංගෝලිය ජාතිකයා (Mon-

mohair මොහෙයර්, *n.* එක් එළු වර්ගයක රෝමවලින් තැනූ පිළි

Mohammedan මොහැමිඩන්, *a.* මහමත් හෝ මහමත්ගේ ආගම සම්බන්ධ. *n.* මහමත් ආගමිකයා. *n.* -ism, මහමදාගම [කොටස

moiety මොඉටි. *n.* දෙකින් කොටස, අර්ධය,

moist මොයිස්ට්, *a.* තෙතවූ. *n.* -ness. *v.* -en, තෙමනවා. *n.* -ure, තෙතමන

molar මෝලර්, *a.* අඹරන හෝ පොඩිකරන. *n.* හක්කේ දතක්

molasses මොලෑස්සෑස්, n. උක් පැණි, උක්රස

mold මෝල්ඩ්, n. =mould

mole මෝල්, n. ඇඟේ ලපය, වරාය ප්‍රවේශමට බඳින ඕලු ගල් ප්‍රාකාරය, වැලි හිටා

molecule මොලෙකියුල්, n. ඉතා කුඩා කොටසයක්, පරමාණුව. a. -ar

molest මොලෙස්ට්, v. හිංසාකරණවා. n. -ation

mollify මොලිෆයි, v. මෘදුකරණවා, සහනය කරණවා. n. -ication

mollusc } මොලස්ක්, n. කාවාටි, ඉන්නිකිරි ආදී
mollusk } ලත් මෙන් කබලු සහිත වර්ගයේ සතෙක්. a. -can. a. -cous [යෙන් කළ

molten මෝල්ටන්, a. උණුකල, උණුකල ලෝහ

moment මෝමන්ට්, n. මොහොත, වැදගත්කම. a. -ary, ක්ෂණයක් පවතින. a. -ous, ඉතා වැදගත්. n. -um, බර සහිත වේගය

monachism මොනැකිස්ම්, n. තාපසකම. a -al

monad මොනැඩ්. n. පරමාණුව

monarch මොනර්ක්. n තනි බලැති ඇති රජ හෝ රජිනි. a. -al. a. -ic, -ical. n. -ist. n. -y, රජාණ්ඩුව, රජ්ජය

monastery මොනැස්ටරි, n. තාපසාරාමය, පන්සල. a. -ic, -ical. n. -icism, තාපසකම

Monday මණ්ඩේ, n. සඳුදා

money මනි, n. මිල, මුදල්. a. -yed, -ied, මුද

ල් ඇති, ධනවත්. *a.* -tary, මුදල් සම්බන්ධ

monger මං'ගර්, *n.* වෙළෙන්දා

Mongol මොං'ගොල්, *n.* මොංගෝලිය ජාතිකයා. *a*

mongoose මංගූස්, *n.* මුගටියා [ක සතෙක්

mongrel මංග්‍රල්, *a.* මිශ්‍ර, මිශ්‍රජ. *n.* මිශ්‍ර ජාති

monism මොනිඉස්'ම්, *n.* සියල්ල එකම හේතුවකි
න් වූ බැව් දක්වන දෘෂ්ටිය. *n* -t. *a.* -tic, -tical

monition මොනිෂ්අන්, *n.* කලින් දෙන දැනුම්දී
කම හෝ දැන්වීම. *n.* -or, කලින් දැනුම්දෙනුන
හෝ දැනුම් දෙන්නා, උපගුරුවරයා; -ress, -rix
(*f.*) *a.* -orial, -ory

monk මොංක්, *n.* තාපසයා, පැවිද්දා. *a.* -ish

monkey මංකි, *n.* වඳුරා, රිළවා

monogamy මොනොග්'අමි, *n.* එක භාර්යාවක්
පමණක් පාවාගැනීම. *a.* -ous. *n.* -ist

monogram මොනොග්‍රැම්, *n.* අක්ෂර කීපයකින්
යුත් සලකුණ. *n.* -ph මොනොග්‍රැෆ්, එක කා
රණයක් ගැන ලියවිල්ල [න කතාව

monologue මොනොලෝග්, *n.* තනියම කරන

monomania මොනොමේනිඅ, *n.* එක කාරණයක්
ගැන ඇති උන්මාදය. *n.* -c, එබඳු උමතුවා

monopolise මොනොපොලයිස්, *v.* තනි සම්පූර්ණ
භුක්තිය හෝ භාවිතාව ලබනවා. *n.* -ist. *n.* -y

monosyllable මොනොසිල්'ලබ්ල්, *n.* එක වරට
කියවෙන වචන කැබැල්ලක්. *a.* -ic

monotone මොනොටෝන්, *n.* ඒකාකාර ශබ්දය, එකම ශබ්දයක් ඇති බව. *a.* -ous, එක විධියටම ඇති. *n.* -y, ඒකාකාරකම, ඒකාකාරකම

monsoon මොන්සූන්, *n.* වර්ෂාකාලය, "අප්‍රෙල් සිට ඔක්තෝබර් දක්වා නිරිත දිගින්ද ඔක්තෝබර් සිට අප්‍රෙල් දක්වා ඊසාන දිගින්ද හමන සුළඟක්. *a.* -al

monster මොන්ස්ටර්, *n.* අසාමාන්‍ය දෙය හෝ සතා, විරූපයා, අමනුෂ්‍ය වේෂය ඇති අය. *a.* -rous, අසාමාන්‍ය රූප ඇති, ඝෝර දුෂ්ට, අති මහත්. *n.* -rosity

month මන්ත්, *n.* මාසය. *a.* සහ *ad.* -ly, මස්පතා. *n.* -ly, මස්පතා පළකරන සඟරාව

monument මොනියුමන්ට්, *n.* යමෙක් හෝ යමක් සිහිවීමට ගොඩනගනලද්ද, කොත, සොහොන් ගෙය. *a.* -al [කෝප, උදාසීන

mood මූඩ්, *n.* විධිය, ස්වභාවය, ක්‍රියාවිධිය. *a.* -y,

moon මූන්, *n.* සඳ, චන්ද්‍රයා. *a.*-lit, සඳෙන් ආලෝකවූ. *n.* -light, සඳපාන. *n.* -shine, සඳපාන, අසාරදෙය, මිථ්‍යා දෙය. *n.* -stone, චන්ද්‍රකාන්ත මණිය. *a.* -struck, සඳේ බලයෙන් පීඩිත, පිස්සු. *a.*-y

moor මූර්, *n.* පඳුරු සහිත බිම. *a.* -ish, -y. *v.* නැංගුරම් දමා(නැව් ආදිය) ස්ථිරකරණවා. *n.*

මරක්කලයා. *n.* -age, කෑංගුරම් දමන ස්ථානය

moose මූස්, *n.* අමෑරිකාවේ ගෝණ ජාතියක්

moot මූට්, *v.* විචාරණවා, විවාදකරණවා. *a.*

mop මොප්, *n.* රෙදි මුස්සක [*a.* -ish

mope මෝප්, *v.* දොම්නස්වෙනවා, දුක්වෙනවා.

moraine මෝරේන්, *n.* හිම යාළු උඩ ගෝ පාවු ල කෑබලිවූ ගල් පස් ආදිය

moral මොරල්, *a.* ගුණධර්ම සම්බන්ධ, සදාචාර, පුනු, ගුණවත්. *n.* ගුරුයාම, දෘෂ්ටාන්තකම. *n.* -s, න කෑබලිවූ පුසිල්ධමි. *v.*-ise, පුසිල්ධමි ගැණ කි යනවා. *n.* -ist. *n.* -ity, සදාචාරය, පුශල්ධර්මය

morass මොරැස්, *n.* නොහොරුව, වගුර [-ity

morbid මෝර්බිඩ්, *a.* දූෂිත, රෝගාතුර. *n.* -ness,

more මෝර්, *a.* වඩා, වැඩි. *ad.* තව, වැඩියෙන්. *n.* වැඩි කොටස. *ad.* -over, තවද, ඇරත්

morn මෝර්න්,
morning මෝර්නිංග්, } *n.* උදය, උදය වරුව

morocco මොරොක්කෝ, *n.* අනගෑ සම් වර්ගයක්

morose මොරෝස්, *a.* කඨින, කෝප. *n.* -ness

morphia මොර්ෆියා,
morphine මොර්ෆෙන්, } *n.* අබින් සාරය

morrice
morris } මොරිස්, *n.* පුරාණ ඉංග්‍රීසි උත්සව නැටුමක්

morrow මොර්රෝ, *n.* හෙට, පසුවදා

morsel මොර්සල්, *n.* කුඩා කෑබැල්ල

mortal මෝර්ටල්, *a.* මැරෙණසුළු, මරණය පමුණුවන, මනුෂ්‍ය, ඉතා සැඩ. *n.* මනුෂ්‍යයා. *n.*-ity, මැරෙණ ස්වභාව, මැරෙණ ප්‍රමාණය, මනුෂ්‍ය ජාතිය

mortar මෝර්ටර්, *n.* වංගෙඩිය, ගොඩ කාලතුවක්කුවක්, හුණු බදාම [*n.* -e, උකසට ලැබූ අය

mortgage මෝර්ගේජ්, *n.* උකස, උකස්තැබීම. *v.*

mortify මෝර්ටිෆයි, *v.* දරණවා, කුණුවෙනවා, ඉතා අප්‍රසන්න කරණවා, මැඩ පවත්වනවා. *n.* -ication [ය, ශෝකතාපය

mortuary මෝර්ටියුඅරි, *n.* මෘතශරීර තබන සළා

mosaic මොසේඉක්, *n.* සිරිසරුණ මැණික් ආදිය අල්ලායල චිත්‍රරූ වැඩය

Moslem මොස්ලෑම්, *n.* මහම්මදාගම්කාරයා

mosque මොස්ක්, *n.* මරක්කල පල්ලිය

mosquito මොස්කීටෝ, *n.* මදුරුවා [(*n.* -iness)

moss මොස්, *n.* පාසි, ගසවල, මඩවගුර. *a.* -*y.*

most මෝස්ට්, *a.* ඉතා වැඩි, බොහෝ. *ad.* -ly

mote මෝට්, *n.* ඉතා කුඩා දෙය, පොඩිය

moth මොත්, *n.* සමනලවර්ගයේ කුඩා සතෙක්, කාවා. *a.* -y

mother මදර්, *n.* මව. *a.* මවුවූ, ජන්ම, උපන්. *a.*-ly, මව සම්බන්ධ, මවක් වැනි, ආදරවන්ත. *a.* -less. *n.* -hood, මව්කම. *n.* -in-law, (භාර්‍යාවගේ හෝ පුරුෂයාගේ මව්වු) නැන්දා

n. -of-pearl, සිප්පි, බෙලිකටුවල ඇතුල්පෑත්ත. n. -tongue, ජන්ම භාෂාව. a. -y

motion මෝෂන්, n. සෙලවීම, පාවනවීම, යෝජනාව. a. -less [ණ. n. අදහස, හේතුව

motive මෝටිව්, a. ක්‍රියාකාරවණ, ගමන කරව

motley මොට්ලි, a. නා නා වර්ණ සහිත, විවිධාකාර. n. (විගඩ කවටයන්ගේ ඇඳුමමෙන්) නානා වර්ණවත් ඇඳුම

motor මෝටර්, a. ක්‍රියාකාරවණ, ගමනකාරවණ. n. ගමනකාරවණ යන්ත්‍රයක් [ටෝ.n.

mottle මොට්ල්, v. නා නා වර්ණ ලප පිහිටුවව

motto මොට්ටෝ, n. මාතෘකාව, ආදර්ශ වාක්‍යය

mould මෝල්ඩ්, n. පස්, පෝරපස්, අච්චුව, ආකාරය, පුස්. v. පුස්අල්ලනවා, හැඩයකට සාදනවා. v. -er, සුණුවෙනවා, දිරායනවා. a.-y, පුස් බෑදුන (n. -iness). n. -ing, වාත්තුව, වාට් ආදී හැරසිලි කොට්ඨාසයක්

moult මෝල්ට්, v. (පිහාටු ආදිය) වැටෙනවා

mound මෞන්ඩ්, n. පස් හෝ ගල්ගොඩ, ගොඩැල්ල, ප්‍රාකාරය

mount මෞන්ට්, n. කන්ද. v. නගියනවා, උස්වනිඹනවා, නංවනවා, රාමු දමනවා, බඳිනවා

mountain මෞන්ටින්, n. උස්කන්ද. n. -eer, කඳුරට වැසියා. a. -ous, කඳු ගැවසිගත්

mountebank මෞන්ට්බෑංක්, *n.* කූහක වෙදා, ප්‍රපංචකාරයා [*a.* -ful

mourn මෝර්න්, *v.* දුක්වෙනවා, වැලපෙනවා.

mouse මෞස්, *n.* මීයා (බහු mice)

moustache මුස්ටාෂ්, *n.* උඩු රැවුල

mouth මෞත්, *n.* මුඛය, කට, මෝය, මුවදොර. *v.* බර ශබ්ද ඇතුව කථාකරනවා. *n.* -ful, කට පිරෙන තරමක්, උගුරක්. *n.* -piece, මුඛයේ තබන කොටස, නළාවේ පිඹින කොටස, අනික් යන් වෙනුවෙන් කථාකරන්නා

move මූව්, *v.* ස්ථානය මාරුකරනවා, සොලවනවා, යනවා, පොලඹවනවා, යෝජනා කරනවා. *n.* -ment. *a.* -able. *n.* -ables, චංචල බඩු

mow මෝ, *n.* ගොනම් ගොඩ, අටුවේ ගොනම් රැස්කරණ තැන. *v.* (ලොකු දෑකැත්තකින්) කපනවා

much මච්, *a.* බොහෝ, අධික. *ad.* බොහෝම, අතිශයින්. *n.* බොහෝමයක් [මැලියම්

mucilage මියුසිලේජ්, *n.* ඵලැම්ලු සෙවල, දියබු

muck මක්, *n.* තෙත්වූ පොර, කුණුකසල. *v.*

mucous මියුකස්, *a.* සිදුරු ඔජන ඇති, වෙලසුල් *n.* -membrane, ඔජස පිටවෙන සිදුරු සම්බන්ධ සම

mucus මියුකස්, *n.* ශ්ලේෂ්මාව, සිඳුන්

mud මඩ්, *n.* මඩ. *a.* -dy (*n.* -iness)

muddle මඩ්ල්, *n.* මඩගතිය, අවුල. *v.* මඩකර නවා, බොරකරනවා, අවුල්කරනවා [අඥානයා

muff මෆ්, *n.* ස්ත්‍රීන්ගේ රෝම අත්වැස්ම, මෑද්ද

muffin මෆින්, *n.* කිරිගුලිපිටි ආප්ප

muffle මෆ්ල්, *v.* ඔතා වසනවා, ඇස්වසා වෙළනවා, ශබ්දය යටකරනවා, සඟවනවා. *n.* -r, මුහුණ හෝ බෙල්ල වටකර ඔතාගන්න රෙද්ද

mug මග්, *n.* පුකුරු වීනීසක්

mulatto මියුලැටෝ, *n.* කාපිරි හා යුරෝපා ර මව්පියන්ගෙන් උපන් කෙනෙක්

mulberry මල්බැරි, *n.* රට ඇඹිල්ල ගහ

mulct මල්ක්ට්, *n.* දඩය. *v.* දඩගහනවා

mule මියුල්, *n.* අශ්වතරයා, නූල් කටින යන්ත්‍ර යක්. *a.* -ish, මුරණ්ඩු (*n.* -ness). *n.* -eteer මියුල්ටීර්, අශ්වතරයන් දක්කන්නා

mullet මල්ලැට්, *n.* කොළ හෝ තඹවන් මුහුදු මත්ස්‍යයෙක් [යක්. *a.* -ed

mullion මලියන්, *n.* කවුළුවේ කෙළින් මැද ලී

multifarious මල්ටිෆේරිඅස්, *a.* නානාප්‍රකාර

multilateral මල්ටිලැටරල්, *a.* බොහෝ පැති ඇති

multilineal මල්ටිලිනිඅල්, *a.* බොහෝ ඉරිඇති

multiped මල්ටිපැඩ්, *n.* බොහෝ පා ඇති සතා

multiple මල්ටිපල්, *a.* බොහෝ වාර ඇති. *n.*

ගුණිතය. *v.* -y මල්ටිප්ලයි, වැඩිකරණවා. බෝකරණවා. *n.*-ier, වැඩිකරන්නා. ගුණකය. *n.* -icand. ගුණ්‍යය, වැඩිකරණ්ට තිබෙන ගණන. *n.* -ication, වැඩිකිරීම, බෝවීම. *n.* -icity, බහුලතාව [බොහෝවූ

multitude මල්ටිටියුඩ්, *n.* සමූහය, රාශිය. *a.* -inous.

multure මල්ටියුර්, *n.* ධාන්‍ය ඇඹරීම

mumble මම්බුල්, *v.* තොල් මදක් තදකරගෙණ කථාකරණවා, කොඳුරණවා

mummer මම්·මර්. *n.* කෝලම්කාරයා, විහිළුකාරයා. *n.* -y, කෝලම් නැටීම, විහිළුකිරීම

mummy මම්මි, *n.* සුවඳ ගල්වා ඊයළු මෘතශරීරය

mumps මම්ප්ස්, *n.* අඩප්පර, ඇස්කාත්තාව

munch මංච්, *v.* ශබ්දසහිතව කෑදරලෙස විකනවා

mundane මණ්ඩේන්, *a.* මෙලොව, ලෞකික

municipal මියුනිස්ඉපල්, *a.* නාගරික, නාගරික සභා අණට යටත්. *n.* -ity, නාගරික සභාව. නාගරික පලාත [කරුණාවන්ත. *n.* -ce

munificent මියුනිෆිසෙණ්ට්, *a.* ඉතා ත්‍යාගවන්ත,

munition මියුනිශ්අන්, *n.* යුද්ධෝපකරණ

mural මියුරල්, *a.* භිත්තිය සමාන හෝ සම්බන්ධ

murder මර්·ඩර්, *n.* මිනීමැරීම. *v.* *a.* -ous, මිනීමරු, ඉතා කෲර. *n.* -er, මිනීමැරූ අය (-ess *f.*)

murk මර්ක්, } *a.* අඳුරු. *n.* -iness
murky මර්කි, }

murmur මර්·මර්, *n.* කෙඳිරීම, මැසිවිල්ල. *v.*

murrain මර්රින්, *n.* ගව වසංගතය

muscadel මස්·කඩෙල්, } *n.* සුවඳ මුද්‍රික පානය,
muscatel මස්·කටෙල්, } සුවඳ මිදි ඵල

muscat මස්කැට්, *n.* මුද්‍රික ඵල වර්ගයක්, ඉන් සෑ
දූ මත්පැන්

muscle මසල්, *n.* බලු සහරය, මට්ටිත්තා. *a.* -ular,
බලගතර සම්බන්ධ, ශක්තිමත් (*n.* -ity)

muse මියුස්, *n.* ශාස්ත්‍ර දේවි, කාව්‍ය ශක්තිය,
කාව්‍යය. *v.* මෙනෙහි කරණවා, භාවනාකරණ
වා. *n.* මෙනෙහිකිරීම, භාවනාකිරීම

museum මියුසි·අම්, *n.* කෞතුකාගාරය, කටුගෙය

mushroom මශ්රූම්, *n.* හත්ත, බිම්මල

music මියුසික්, *n.* ගායනය, ගායනා ශාස්ත්‍රය.
a. -al. *n.* -ian මියුසිෂි·අන්, ගායනාකාරයා

musk-මස්ක්, *n.* කස්තූරි. *a.* -y

musket මස්කැට්, *n.* අත් තුවක්කුව. *n.* -eer, අත්
තුවක්කුකාර සෙබළා. *n.* -ry, අත්තුවක්කු,
අත්තුවක්කුවලින් වෙඩි තැබීම

muslin මස්·ලින්, *n.* සිහින් පිළි වර්ගයක්, කවනි

musquito මස්කීටෝ, *n.* =mosquito

mussel මසල්, *n.* මට්ටියා, බෙල්ලා [(බහු·ඉ)

Mussulman මසල්මන්, *n.* මහමදුගම්කාරයා

must මස්ට්, *v.* ඕනෑ. *n.* නොපැසුණු අලුත් මු
ද්‍රික යුෂ, අලුත් මුද්‍රික පානය

mustard මස්'ටර්ඩ්, *n.* අබ

muster මස්'ටර්, *v.* රැස්කරණවා. *n.*

musty මස්ටි, *a.* අම්රි රස ඇති, පුස් ගඳ ඇති. *n.* -iness [යන, අසීරු. *n.* -ility

mutable මියු'ටබ්ල්, *a.* වෙනස් කළ හැකි, අනි

mutation මියුටේ'ෂන්, *n.* වෙනස්වීම

mute මියුට්, *a.* ගොළු, නිශ්ශබ්ද. n. ගොළුවා, ශබ්ද නොවෙන අක්ෂරයක්

mutilate මියුටිලේට්, *v.* අංග හීනකරණවා, අබ බාගාතකරණවා. *n.* -ion

mutiny මියුටිනි, *n.* (යුධ සේවායතනයේ හෝ නැව් නායකයෙන්ගේ) කැරලිගැසීම. *n.* -eer. *a.* -ous

mutter මට්'ටර්, *v.* කොඳුරණවා. *n.* කෙඳිරීම

mutton මටන්, *n.* එළු හෝ බැටළු මස්

mutual මියුටියු'අල්, *a.* අන්‍යෝන්‍ය, පරස්පර

muzzle මස'ස්ල්, *n.* හොස්ස, කට, කටබැඳුම, තුවක්කුකට. *v.* කටබඳිනවා, අනතුරු කිරීමක් වලක්වනවා

my මයි, *pron.* මගේ

myopia මයෝපිඅ, } *n.* ළඟපෙනීම, ඇස්දුර
myopy මයෝපි, } නොපෙනීම [යක. *a.*

myriad මිරිඅඩ්, *n.* ඉතා ලොකු ගණන, දසදහ

myrmidon 'මර්මිඩන්, *n.* චණ්ඩ භට හෝ සේවායා

myrrh 'මර්, *n.* සුගන්ධ වර්ගයක්

myrtle 'මර්ට්ල්, *n.* ගස්වර්ගයක්, රටමැරද

myself මෛසැල්ෆ්, *pron.* මම්ම
mystery මිස්ටරි, *n.* රහස, අසුළු දෙයක්. *a.* -ious
mystic මිස්ටික්, *a.* අඳුරු, රහස්. *a.* -al. *n.* රහස් දේ දත් අය, මුනිවරයා, *n.* -ism [කරණවා
mystify මිස්ටිෆයි, *v.* අඳුරු කරණවා, වියාකූල
myth මිත්, *n.* මිථ්‍යා ප්‍රබන්ධය, අභූතාන. *a.* -ic, -ical. *n.* -ology මිතොලජි, දෙවි දේවතාවන් ගැණ ඉතිහාස කථා (*a.*-ical. *n.*-ist)

N.

n ඇන්, හෝඩියේ 14 වෙනි අක්ෂරය. 900 ඇඟ වීමටද යොදනලදී
nab නැබ්, *v.* හදිස්සියෙන් අල්ලනවා
nabob නේබොබ්, *n.* අධිරජ, මහා ධනවන්තයා
nadir නේ·ඩර්, *n.* අධෝ දිශාව, ඉතා පාත තැන
nag නැග්, *n.* අශ්වයා. කුඩා තරමේ අශ්වයා
nail නේල්, *n.* ඇණය, නියපොත්ත, අගල් $2\frac{1}{2}$ හෝ $2\frac{1}{4}$. *v.* ඇණිගහනවා. *n.* -ery, ඇණ කම්මල
nainsook නේන්සුක්, *n.* මුස්ලින් රෙදි වර්ගයක්
naked නේකැඩ්, *a.* නග්න, නිර්වස්ත්‍ර, වැසුම් නැති, ආධාරයක් නැති. *n.* -ness
namby-pamby, නැම්බිපැම්බි, *a.* බොරු ලස්සන

නක් හෝ ශිෂ්ටාචාර ගතියක් පාන. *n.* එබඳු කථාවක් හෝ ලියවිල්ලක්

name නේම්, *n.* නම, කීර්තිය. *v.* නම කියනවා, සඳහන්කරණවා. *a.* -less. *n.* -sake, සමාන නමක් ඇත්තා [නින්ද, සිහිඳු රෝම

nap නැප්, *v.* මඳවේලාවක් නිදනවා. *n.* මඳ

nape නේප්, *n.* පිටිකර සන්ධිය, පිටිතර

napery නේ·පරි, *n.* මේස රෙදි වර්ග [විශේෂයක්

naphtha නැප්ත (හෝ) නැෆ්ත, *n.* භූමිතෙල්

napkin නැප්කින්, *n.* ඉදුල්කඩ, කුඩා තුවාය

narcotic නාර්කොටික්, *a.* නිද්‍රමත උපදවන. *n.* වේදනාව දුරුකොට නිද්‍රමත උපදවන බේතක්

narial නේරිඅල්, *a.* නාස්පුඩු පිළිබඳ, නාසික

narrate නැරේට්, *v.* කියාදෙනවා. *n.* -ion. *n.* -ive, කථාව, කථා ප්‍රබන්ධන

narrow නැරෝ, *a.* පටු, මදවූ. *v.* පටුකරණවා. *n.* -ness. *a.* -minded, නිදහස්කල්පනා නැති

narwhal නාර්·වල්, *n.* දිග දළදෙකක් ඇති තල්මසුන් වර්ගයේ සතෙක්

nasal නේ·සල්, *a.* නාසය සම්බන්ධ, නාසික. *n.*

nascent නැස්එන්ට්, *a.* නැගිටින, පණ ලබන

nasty නැස්ටි, *a.* ඉතා අපවිත්‍ර, පිළිකුල්. *n.* -iness

natal නේ·ටල්, *a.* ජන්ම, උපත්

natant නේටන්ට්, *a.* පාවෙන, පීනන. *n.* -tion. *a.* -tory

nation නේ'ශන්, *n.* මනුෂ්‍ය ජාතිය. *a.* -al, මනුෂ්‍ය ජාතියකට අයිති, සාමාන්‍ය මහජනයාට අයිති. *n.* -ality, ජාතියේ ස්වභාවය, ජාතිය. *v.* -alise, මනුෂ්‍යජාතියකට අයිතිකරණවා

native නේටිව්, *a.* ජන්ම, උපන්, ස්වදේශ. *n.* ජන්මස්කාරයා, ස්වදේශිකයා. *n.* -ity, උත්පත්තිය, ක්ෂේත්‍රය

nature නේචූර්, *n.* මුළු ලෝකය, ස්වභාවධර්මය, ස්වභාවය. *a.* -al, සහජ, ප්‍රකෘති (*n.* -ness). *v.* -alise, දේශගුණයට පුරුදු කරණවා, ස්වදේශිකයෙක් ලෙස නියම කරණවා (*n.*-ation). *n.* -alist, සජීව වස්තු ශාස්ත්‍රඥයා

naught නෝට්, *n.* ශූන්‍යය (=nought)

naughty නෝටි, *a.* අයහපත්, අමෑඩ කරණ

nausea නෝෂි'අ, *n.* බඩ දූහලීම, ඔක්කාරය, නද අප්‍රියකම. *v.* -ate. *a.* -ous [බඩ, කාව්ක

nautical නෝටි'කල්, *a.* නැව් හෝ යාත්‍රා ගැ

naval නේවල්, *a.* (navy බ.)

nave නේව්, *n.* දේවස්ථානයේ මැද (ප්‍රධාන) කොටස, බොස්ගෙඩිය නෙවත් නාභිය

navel නේවිල්, *n.* පෙකනිය

navigate නැවිගේට්, *v.* මුහුදේ යාත්‍රා කරණවා. නැවක් හසුරුවණවා. *n.* -tion. *a.* -ble, යාත්‍රා

සල හැකි [නේවල්. *a.* -al

navy නේවි, *n.* (යුධ) නැව් සමූහ, නෞකා යුධ

nawab නවොබ්, *n.* උප රජ, වෙනුවට ක්‍රියා කරන්නා

nay නේ, *ad.* ඔපමණකුත් නොව

neap නීප්, *a.* අඩු, පහත්, බාදිය සම්බන්ධ

near නි'අර්, *a.* ලඟ, සමීප. *ad.* ලඟට, ලඟින්, *v.* ලංවෙනවා. *n.* -ness. *ad.* -ly, ආසන්නව, ඒකත් අඩුමෙන්

neat නීට්, *a.* පවිත්‍ර, යහ, කදිම. *n.* -ness

neatherd නීට්·හර්ඩ්. *n.* ගව එඬේරා

neb නැබ්, *n.* තාලය, තුඩ

nebula නැබ්යු'ල, *n.* කුඩා අප්සිමත් වලාකුළ, දිලිසෙන තාරුකා සමූහය. *a.* -ar. *a.* -ous, වලා කුල් ආකාර, නොපැහැදිලි

necessary නැස්'අස්'සරි, *a.* ඕනෑම, අවශ්‍ය. *n.* ඕනෑම දෙය. *ad.* -ily

necessitate නිසැස්සිටේට්, *v.* ඕනෑම කරනවා, බලකරනවා, සලස්සනවා. *n.* -y, ඕනෑකම, හිඟකම. *a.* -ous, අග හිඟකම්ඇති, දිළිඳු

neck නැක්, *n.* බෙල්ල. *n.* -lace, ඇමවැල

necrolatry නැක්‍රොල්ඇට්රි, *n.* මළවුන්ට වැඳුම් පුදුන් කිරීම

necrology නැක්‍රොල්ඔජි, *n.* මරණ ලියන පොත

necromancy නැක්රෝමැන්සි, *n.* භූත විද්‍යාව, මන්ත්‍ර කිරීම. මළවුන්ගෙන් විචාරීම. *n.* -er necropolis නැක්‍රොප්ඔලිස්, *n.* සොහොන් භූමිය

nectar නැක්ටාර්, *n.* අමෘතපානය, රසවත්පානය.
a. -eal, -ean, -eous. *a.* -ine, -ous

nee නේ, *a.* උපන්. (විවාහයට ප්‍රථම තිබුන පරම්පරා නාමය දක්වීමට ඒ මුලට යොදන පදය)

need නීඩ්, *n.* ඕනෑකම, සිහකම. *v.* ඕනෑ කරනවා. *a.* -ful. *a.*-less. *ad.* -s, ඉතාඕනෑම්, නැතුවම බැරි. *a* -y, දුප්පත්

needle නීඩ්ල්, *n.* ඉඳිකටුව, මාල්මියන්ත්‍ර කටුව.
n. -work, මැහුම් ගෙතුම් වැඩ

ne'er නෙයර්, never යන්නෙහි හැකුළු විදිය

nefarious නිෆේරිඅස්, *a.* පාපිෂ්ඨ, අති දුෂ්ට. *n.* -ness

negative නැගටිව්, *a.* නැතහකින. *n.* නැහ කීම. *v.* නැත බව හෝ වැරදි බව ඔප්පු කරනවා, ප්‍රතිසෙඃපකරනවා. *n.* -on, නැහකීම

neglect නිග්ලැක්ට්, *v.* අනපෙක්ෂාකරනවා, පැහැර අරිනවා. *n.* *a.* -ful [පක්ෂකරන. *n.* -ce

negligent නැග්ලිජන්ට්, *a.* නොසැලකිලි, අන

negotiate නිගෝෂිඒට්, *v.* ගණුදෙනුකර ගන්නවා, ගිවිසගන්නවා. *a.* -ble. *n.* -tion

negro නීග්‍රෝ, *a.* කාපිරි. *n.* කාපිරියා(-ess *f.*)

neigh නේ, *v.* හේෂාරවකරනවා. *n.* අශ්වනාදය

neighbour නේබර්, *n.* අසල්වාසියා. *v.* අසල සිටිනවා. *n.* -hood, අසල, අසල්වාසි උදවිය. *a.* -ly, අසල්වාසි, කාරුණවන්ත, මිත්‍ර; *ad.*

අසල්වාසියෙක් ලෙස

neither නී·දර් (නයි) නෙ·දර්, *pron.* සහ *conj.*
දෙකින් එකක්වත් නොවන එක, මත් නැති

Nemesis නෙමෙසිස්, *n.* ප්‍රතිඵලදෙන දේවි, ඵල වි
පාක දුක්ඛය, පළිගැනීම [ණ අය, ආධුනිකයා

neophyte නියොෆයිට්, *n.* අලුත ආගමට හැරු

nephew නෙෆියු, *n.* (සහෝදරයාගේ හෝ සහෝ
දරියගේ පුත්) බෑනා

nepotism නෙපොටිස්·ම්, *n.* නෑයින් කෙරෙහි ප
ක්ෂපාතකම [ඩක්, මුහුදු

Neptune නෙප්ටියුන්, *n.* මුහුදු දෙවියා, ග්‍රහතරු

nerve නර්ව්, *n.* (දැනීම හා ක්‍රියාකරවීමේ) නහර
ය, පටලය, ශක්තිය, ධෛර්‍ය්‍යය. *v.* ශක්තිය දෙ
නවා. *a.* -eless. *a.* -ous, බලවත්, ශක්තිමත්,
නහර වලනවන, බයාදු (*n.* -ness) ... [තාව

nescience නෙෂිඇන්ස්, *n.* නොදැනුම්කම, අඥාන

ness නෙස, *n.* දේශතුඩුව

nest නෙස්ට්, *n.* පක්ෂීන්ගේ කූඩුව

nestle නෙසල්, *v.* තුරුල් කරගන්නවා. *n.* -ing,
පක්ෂීන්ගේ කූඩුවෙ පැටව් [අය, උපදේශිකයා

Nestor නෙස්·ටර්, *n.* බොහෝ පලපුරුදු ඇති

net නෙට්, *n.* දැල. *v.* දැල් අටවනවා, දැලින්
අල්ලනවා. *n.* -ting, දැල් ගෙතුම, දැල. *a.* -ty

net }
nett } නෙට්, *a.* තනි, අමිශ්‍ර

nether නෙද්අර්, *a.* යට, පහළ. *a.* -most, ඉතා පහත්

nettle නැට්ටල්, *n.* කහඹිලියා

neural නයුරල්, *a.* නහර පිළිබඳ[ස ශූලය. *a.* -c

neuralgia නයුරල්ජිඅ, *n.* නහර කැක්කුම, වා

neuter නයූටර්, *a.* අලිංග, නපුංසක, අකර්මක

neutral නයූට්‍රල්, *a.* අපක්ෂපාත, මධ්‍යස්ථ. *n.* -ity. *v.* -ise, අපක්ෂසාරණවා, බල නැතිකරණවා. නිරකාරණය කරණවා (*n.* -ation)

never නැවඅර්, *ad.* කවදාවත් නෑ. *ad.* -more, ආයෙත් කවදාවත් නෑ. *ad.* -theless නැවඅර් දිලැස්, එසේවී නමුත්

new නෲ, *a.* අලුත්. *n.* -ness. *a.*-ish, මදක් අලුත්

news නෲස්, *n.* ආරංචි, ප්‍රවෘත්ති. *n.* -monger, ආරංචිකාරයා. *n.* -paper, ප්‍රවෘත්ති පත්‍රය

newt නෲට්, *n.* දියහූණා

next නැක්ස්ට්, *a.* ඊලඟ. *ad.* ඊලඟට

nib නිබ්, *n.* තුඩ, පෑන්තලය. *a.*-bed

nibble නිබ්බල්, *v.* ටික ටික විකනවා. *n.*

nice නයිස්, *a.* කදිම, යස, රුචි. *n.* -ness. *n.* -ty නයිසිටි; හරි සවභාව, රසවත්කම, රස වත් කෑමක්

niche නිච්, *n.* යමක් තැබීමට බිත්තියේ කරණ කුහරය

nick නික්, *n.* සිදුර, කැපුම. හරිවෙලාව, ඉතා වැදගත් වෙලාව. *v.* [වගීයක්

nickle නික්·අල්, *n.* අළුවම හුරු සුදුපාට ලෝහ

nicknacks නික්නැක්ස්, *n.* සුළු කුඩා බඩු

nickname නික්නේම්, *n.* තමාට හෝ තමන්ගේ වංශයෙන් භාවිතා කරණ නම. *v.* [ගේ දුවූ) ලේලි

niece නීස්, *n.* (සහෝදරයෙකුගේ සහෝදරියක

niggard නිග්·ගර්ඩ්, *a.* මසුරු. *n.* මසුරා. *n.* -ness

niggardly නිග්·ගර්ඩ්ලි, *a.* මසුරු, ලෝභ. *n.*-iness

nigger නිග්·ගර්, *n.* කාපිරියා (සරදම් වශයෙන් යොදන පදයක්)

nigh නෙ, *a.* ආසන්න, සමීප

night නෛට්, *n.* රාත්‍රිය. *a.*-ly, රාත්‍රියේ හෝ රාත්‍රියක් පාසා කරණ. *ad.* -ly, රාත්‍රියේ, රාත්‍රියක් පාසා

nightingale නෛටිංගේල්, *n.* රාත්‍රියේ නාද කරණ කුඩා පක්ෂියෙක් [න ගීතය

nightmare නෛට්මෙ·අර්, *n.* සිහිවැටීමක් සහි

nightsoil නෛට්සොඉල්, *n.* වැසිකිළිවල අශුචි

nigrescent නෛගරැස්ඇණ්ට්, *a.* මදක් කළු, කළු වෙගණ එන

nihilism නිහිලිස්·ම්, *n.* ශූන්‍යතාව, කිසිත් දත නොහැකි යන ආකල්පය, රුසියාවේ රහස් සමාගමේ ප්‍රඥප්ති. *n.* -t

nil නිල්, *n.* කිසිත් නැති බව

nimble නිම්බ්ල්, *a.* සැහැල්ලු ඉක්මන් ස්වභාව ඇති, කඩිනර. *n.*-ness

nimbus නිම්බස්, *n.* රැස්වලල්ල, වැසිවලාකුළ

nine නයින්, *a.* නව *n.* නම, නවය. *a.* නව *n.* -teen, දහනවය. *a.* -teenth, දහනව වෙනි. *a.* නව *n.* -ty නයින්ටි, අනූව. *a.* -tieth, අනූවෙනි. *a.* ninth නයින්ත්, නවවෙනි

nip නිප්, *v.* කොනගසනවා, නැති කරනවා. *n.* සෙනහයිම, කපාදැමීම, කුඩා සොම්ස. *n.* -pers, කුඩා අඬුව

nipple නිප්ප්ල්, *n.* තනපුඩුව, තුවක්කු කණ

nit නිට්, *n.* ලේඩියා. [*a.*-ic, -ous

nitre නෛටර්, *n.* වෙඩිලුණු, යවකාර ලුණු.

nitrogen නෛට්‍රොජැන්, *n.* ජීවාන්තක වායුව

nival නිවල්, *a.* හිමගහන, හිමේ වැඩෙන, හේමන්තකාලයේ මල් පිපෙන

no නෝ, *ad.* නැ. *a.* නැති. *n.* නැතැයි කීම

noble නෝබ්ල්, *a.* උතුම්. *n.* වංශාධිපතියා, සිටුවරයා. *n.* -ility, උත්තමකම, වංශවත්කම, රදළපෙළ. *n.* -leness. *n.* -leman, වංශවත් අය, සිටුවරයා

nobody නෝබොඩි, *n.* කිසිවෙක් නැ

nocturnal නොක්ටර්නල්, *a.* රාත්‍රියේ කරණ හෝ සිදුවෙන, රාත්‍රි

nod නොඩ්, *v.* (හිස) පුහුව නමනවා, නිදිවැ

වෙනවා. *n.* හිස පුහුව නැමීම

noddle නොඩල්, *n.* හිස, මළුව [ජාතියක්

noddy නොඩි, *n.* ගුඩ්ඩා, මෝඩයා, මුහුදු පක්ෂි

node නෝඩ්, *n.* ගැටය. Ascending node=රාහු. Descending node=කේතු

nodule නොඩ්යූල්, *n.* කුඩා ගැටය හෝ ගුලිය

noetic නෝඇටික්, *n.* සිත පිළිබඳ

nog නොග්, *n.* ලී ඇණේ

noggin නොගින්, *n.* කුඩා ලී කෝප්පෙ

noise නොයිස්, *n.* ඝෝෂාව. *v.* පතුරුවනවා. *a.* -eless, නිශ්ශබ්ද. *a.* -y, ඝෝෂා සහිත (*n.* -iness)

noisome නොයිසම්, *a.* අන්තරාය සහිත, දුර්ගන්ධ

nomad නොමැඩ්, *n.* තණ බිම් සොයමින් ඇවිදින එකඩිර ගෝත්‍රයක කෙනෙක්, එසේ හැසිරෙන අය. *a.*-ic, සංචාරණය කරණ

nomenclature නෝමැන්ක්ලේචර්, *n.* ශිල්ප ශාස්ත්‍ර පිළිබඳ විශේෂ පද, නාම ලේඛනය

nominal නොමිනල්, *a.* නම් සම්බන්ධ, නමක් පමණක් පවතින, යන්තම් [කරණවා. *n.* -ion

nominate නොමිනේට්, *v.* තනතුරකට නියම

nominative නොමිනේටිව්, *a.* කර්තෘකාරක. *n.* ප්‍රථමාවිභක්තිය

nominee නොමිනී, *n.* නියමකරණලද අය

non නොන්, නැත යන අර්ථ ඇති පද මුලට

යොදන නිපාතයක්

nonagenarian නොන්·අජිනේරි·අන්, *n.* අවුරුදු අනූවක් වයස් ඇත්තා, *a.* [භාවය

nonchalance නොන්·ෂලන්ස්, *n.* නොසැලකිලි

nonconforming නොන්කොන්ෆෝර්මිං, *a.* නියම ක්‍රමයකට එකඟව ක්‍රියා නොකරණ. *n.* -st. *n.* -ty

nondescript නොණ්ඩිස්ක්‍රිප්ට්, *n.* පහසුවෙන් විස් තරකල නොහැකි අය හෝ දෙය

none නන්, *pron.* කවුරුවත් නැ, කිසිත් නැ, එක් කෙනෙකක්වත් නැ, එකක්වත් නැ

nonentity නොන්ඇණ්ටිටි, *n.* නොපැවැත්ම, ශූන්‍යතාව, වැදගත් නොවන කෙනෙක්

nones නෝන්ස්, *n.* මාර්තු මැයි ජූලි ඔක්තෝබර් යන මාස්වල 7 වෙනිදා සහ අනික් මාස්වල 5 වෙනිදා

nonesuch නන්සච්, *n.* අසමාන අය හෝ දෙය

non·juror නොන්ජූ·රර්, *n.* රාජපක්ෂවාදීකම ගැණ නොදිවුරන්නා

nonpareil නොන්පැරල්, *n.* අසමාන අය හෝ දෙය. ඇපල් වර්ගයක්, ඉතා කුඩා අච්චු අකුරු වර්ගයක්

nonplus නොන්ප්ලස්, *v.* හිත අවුල් කරණවා. නිරුත්තරකරණවා [දෙය, ප්‍රලාප, *a.* -ical

nonesense නොන්සැන්ස්, *n.* තේරුමක් නැති

nonsuit නොන්සූට්, *n.* (නඩුවක) පැමිණිල්ලේ

කටයුතු ඇරදැමීම,නිශ්ප්‍රභාකිරීම. *v.*

noodle නූඩල්, *n.* ගුඩ්ඩෑ, ග්‍රාමකයා

nook නුක්, *n.* මුල්ල, කොණ, අස්ස [වෙලාව, උසෙ

noon නූන්, ඉරමුදුන් වෙලාව. *n.* -tide, මද්දහන්

noose නූශ්, *n.* පුඩුව, කඹමල. *v.* පුඩුවකින් අසුකරණවා, පුඩුවක් ගහණවා

nor නෝර්, *conj.* වත් නෑ, එසේම නෑ

norm නෝර්ම්, *n.* නියමපිළිසිය, ආදශීන, මිනුම

normal නෝර්මල්, *a.* නියමපිළිවෙළට එකඟ, විධිවත්, ස්වභාවික. *n.* -school, ගුරුවරුන් පුහුණු කරණ පාඨශාලාව

Norman නෝර්මන්, *a.* නෝර්මැණ්ඩි; නෝර්මන්වරුන් සම්බන්ධ.*n.* නෝර්මැණ්ඩි රටවැසියා

Norse නෝර්ස්, *a.* ස්කැණ්ඩිනේවියා රට හෝ එහි වැසියන් හෝ එහි භාෂාව සම්බන්ධ. *n.* පුරාණ ස්කැණ්ඩිනේවියා භාෂාව

north නෝර්ත්, *n.* උතුර. *a. n.* -east, ඉසාන දිග. *n. a.* -easterly. *ad.*-eastward. *a.* සහ *ad.*-erly නෝර්දර්ලි, උතුරට තිබෙන, උතුරු; උතුරු දෙසට. *a.* -ern, උතුරු. *a.* -ernmost, අතිශයෙන් උතුරට තිබෙන. *a.* -ward, උතුරුදෙසට තිබෙන. *ad.* -ward, - wards, උතුරු දෙසට. *n.* -west, වයඹ. *a.* සහ *ad.* *a.* -western. *ad.* -westward [නෝර්වේ දේශිකයා

Norwegian නෝර්විජන්, *a.* නෝර්වේරට පිළිබඳ.

nose නෝස්, *n.* නාසය. *n.* -tril නෝස්ට්‍රිල් නාස් පුඩුව. *n.* -egay නෝස්ගේ, කුඩා මල් පොකුර

nosology නොසොලජි, *n.* රෝග නිදාන ශාස්ත්‍රය, රෝග ප්‍රභේද දක්වන ශාස්ත්‍රය

nostrum නොස්ට්‍රම්, *n.* රහස් බෙහෙත

not නොට්, *ad.* නෑ [*n.* -ility

notable නෝටබල්, *a.* සිහිකටයුතු, අපූර්ව, ප්‍රසිද්ධ.

notary නෝටරි, *n.* ඔප්පු සහතිකකිරීමට බලය ලත් අය, නොතාරිස්. *a.* -ial

notation නෝටේෂන්, *n.* ගණනක් සුදුසු ඉලක්කම්වලින් දැක්වීම, අඞ්ක විද්‍යාව, ගායනා ශබ්ද ලකුණුවලින් දක්වන ක්‍රමය

notch නොච්. *n.* කප්තුව. *v.* කප්තුකපනවා

note නෝට්, *n.* සලකුණ, සටහන, විස්තර සටහන, කොට ලියුම, ගායනා ශබ්දය අඟවන ලකුණ. *v.* සිහියට ගන්නවා, සටහන්කරනවා. *a.* -d, ප්‍රසිද්ධ, කීර්තිමත්. *a.* -worthy, සැලකිය යුතු [වශ. *ad.*

nothing නතිං, *n.* කිසිවක් නැත, ශූන්‍යය, අභාව

notice නෝටිස්, *n.* සැලකීම, දැන්වීම. *v.* *a.*-able

notify නෝටිෆයි, *v.* දන්වනවා, දැනුම් දෙනවා. *n.* -ication

notion නෝෂන්, *n.* කල්පනාව, මතය. *a.* -al

notorious නොටෝරිඅස්, *a.* නරකක් ගැණ ප්‍රසිඬවූ, ලෝක ප්‍රසිඬ. *n.* -ety නොටෝරෙටි, ප්‍රසිඬිය [මේ නමුත්

notwithstanding, නොට්විත්ස්ටෑණ්ඩිං, *conj.* එ

nought නෝට්, *n.* =naught

noun නෞන්, *n.* නාමපදය

nourish නරිෂ්, *v.* පෝෂණකරණවා. *n.* -ment. පෝෂණකිරීම, ආහාරය

novel නොව්'අල්, *n.* අමුතු මිථ්‍යාකථාව. *a.* අලුත්, අමුතු. *n.* -ist, බොරු කථා පොත් ලියන්නා. *n.* -ty, අමුතු භාවය, අමුතු දෙය

November නොවැම්'බර්, *n.* නොවැම්බර් මාසය (වප් ඉල් දෙමසෙහි අන්තර්ගතයි)

novice නොවිස්, *n.* ආධුනිකයා, වැඩකට හෝ රක්ෂාවකට අලුතෙන් පත්වූ අය. *n.* -tiate, ආධුනික භාවය, ආධුනික කාලය

now, නෞ, *ad.* දැන්, ඉතින්. *ad.* -adays, මේ දවස්වල, මේ කාලයේ

noway නෝවේ, } *ad.* කොයි ප්‍රකාරයකින්වත් නැති
noways නෝවේස්, }

nowhere නෝහ්වෙ'අර්, *ad.* කොහේවත් නැත

nowise නෝවෙයිස්, *ad.* කිසිසේත් නැත

noxious නොක්ෂස්, *a.* උපද්‍රව සහිත, අවැඩදායක. *n.* -ness

nozzle නොස්'ල්, *n.* නාස්පුඩුවක් හෝ කලයක

වැනි දෙසක කෙලවර, ශොම, හොද්බ

nubile නූබෙල්, *a.* විවාහයට සුදුසු

nucleus නූක්ලිඅස්, *n.* හාත්පසින් ද්‍රව්‍ය රැස් වෙන වස්තුව හෝ මධ්‍යය, ගර්භය

nude නූඩ්, *a.* නග්න, නිර්වස්ත්‍ර. *n.* -ity

nugatory නූ'ගමොරි, *a.* බලයනැති, නිෂ්ඵල

nugget නග්ගැට්, *n.* (රන්රිදී ආදී) ලෝහ කැබැල්ලක් [අප්‍රිය දේ, කෝපය

nuisance නූ'සන්ස්, *n.* පීඩාවට හේතුවූ දෙයක්,

null නල්, *a.* අවලංගු. *n.* -ity, බලය නැතිකම, අවලංගුවූ දෙය. *v.* -ify, බලය නැතිකරණවා

numb නම්, *a.* හිරිවැටුන, ශීතාකුල. *v.* *n.* -ness

number නම්·බර්, *n.* ඉලක්කම, ගණන, කීපයක්, (ගහර ආදීයෙහි) කලාපය, (එක බස බහු බස ආදී) සංඛ්‍යා භේදය. *v.* ගණන් කරණවා. *a.* -less, ගණන් නැති

numbles නම්බිල්ස්, *n.* මුවාගේ බඩවැල්

numeral නියු'ම·රල්, *n.* ඉලක්කම. *a.* ගණන් සම්බන්ධ. *a.* -able, ගණන්කලහැකි *a.*-ary, ගණන් සම්බන්ධ. *v.* -ate, ගණන්කරණවා.*n.*-ator නූ'මරේමර්, ගණන්කරන්නා, බණ්ඩ ගණනක (¾, ½ ආදියේ)ඉහල ගණනවූ ලවය. *n.* -ation, ගණන් කිරීම, සඩාන ක්‍රමයෙන් ගණන්කීම. *a.* -ical, ගණන් සම්බන්ධ. *a.*-ous, බොහෝවූ

numismatic නූමිස්මැටිඉක්, *a.* මිල හෝ පදක්

කාසි සම්බන්ධ. n. -cs, මිල හා පදක්කම් සම්බ
න්ධ ශාස්ත්‍රය නොහොත් දැනගැනීම. n. -st

numskull නම්ස්කල්, n. මූඩ්ඩයා, මොට්ටයා

nun නන්, n. තාපසී, පරිබ්‍රාජිකාව. n -nery නන්
නරි, තාපසීන්ගේ ආරාමය [විවාහය

nuptial නප්·ෂල්, a. විවාහ සම්බන්ධ, විවාහ. n.-s,

nurse ·නර්ස්, n. ආමා, ළමයින් හෝ ලෙඩුන්
බලාගන්න ස්ත්‍රී. v. කිරිපොවනවා, සාත්තුකර
ණවා. n. -ery, ළමයින්ගේ ගබඩාව, පාත්තිය,
තවාන. n. -ling, ළදරුවා [ම, විකීණය. v.

nurture ·නර්චූර්, n. පෝෂණය කිරීම, ඉගැන්වී

nut නට්, n. කටුව හා මද ඇති ගෙඩිය, ඉස්කුරුප්
පු පෙත්ත. n.-shell, (ගෙඩියේ මදයට පිටින් ති
බෙන)කටුව, සුළු වපසරියක් ඇති දෙයක්. n.
-ting, ගෙඩි කඩාගැනීම. a. -ty, ගෙඩිවල
රස ඇති, ගෙඩි බහුල, ගෙඩිසමාන

nutmeg නට්මැග්, n. සාදික්කා, ජාතිඵල

nutriment නියුට්‍රි·මන්ට්, n. ආහාරය. a.-ent, පෝ
ෂණගුණ ඇති; n. පෝෂණය ගෙනදෙන ද්‍රව්‍යය. a.
-tious නියුට්‍රිෂස්, පෝෂණ ගුණ ඇති, පුෂ්ටිකර.
n. -tion, පෝෂණකිරීම, පෝෂණය. a. -tive,
පෝෂණකාරක

nux-vomica නක්ස්වොමිකා, n. ගොඩ කදුරු

nymph, නිම්ෆ්, n. දේවතාවී, දෙව්දූ. a. -ean

O.

o ඕ, හෝඩියේ 15 වෙනි අක්ෂරය. *Interj.* අහෝ!
අනේ! [මෝඩ, ගුඩ
oaf ඕෆ්, *n.* විරූප දරුවා, මෝඩයා. *a.* -ish,
oak ඕක්, *n.* අලෝං ගහ, සිංදූර ගහ. *a.* -en
oakum ඕක්අම්, *n.* කිත්තම් [ස්තා
oar ඕර්, *n.* හබල, *n.* -sman, හබලෙන් පදි
oasis ඕ·අසිස් (හෝ) ඔඒසිස්, *n.* කාන්තාරයේ සා
රවත් තැන, සෞම්‍ය භූමිය [ඕට් ධාන්‍ය ජිප
oat ඕට්, *n.* ධාන්‍ය විශේෂයක්. *a.* -en. *n.* -meal,
oath ඕත්, *n.* දිවුරුම, ශපථය
obdurat*e* ඔබ්ඩ්‍යුරේට්, *a.* දැඩි, මුරණ්ඩු *n.* -cy
obedien*t* ඔබීඩි·අන්ට්, *a.* කීකරු. *n.* -ce
obeisance ඔබේ·සන්ස්, *n.* වැඳීම, අභිවාදනය
obelisk ඔබිලිස්ක්, *n.* (ඉහළට ක්‍රමයෙන් සිහි
වූ) හතරැස් ටැඹ, † යන ලකුණ
obes*e* ඔබීස්, *a.* ස්ථූල, තරබාරු. *n.* -ity
obey ඔබේ, *v.* කීකරුවෙනවා. යටත්වෙනවා
obit ඔබිට්, *n.* මරණය, අවමංගල්‍යය
obituary ඔබිච්යු·අරි, *a.* මරණය සම්බන්ධ.
මරණයක් ගැන පලකරණ දැන්වීම හෝ
ප්‍රවෘත්තිය
object ඔබ්ජැක්ට්, *n.* ද්‍රව්‍යය, කාරණය, අදහස,

කර්මවිභක්ති පදය. *v.* විරුද්ධවෙනවා. *a.* -less. *n.* -ion (*a.* -able). *a.* -ive, බාහිර; *n.* කර්මවිභක්තිය

objure ඔබ්ජුර්, *v.* දිවුරනවා. *n.* -ation

objurgate ඔබ්'ජර්ගේට්, *v.* සැරකරනවා. *n.* -ion

oblation ඔබ්ලේෂන්, *n.* පූජාව

oblige ඔබ්ලෛජ්, *v.* බලකරනවා, උපකාරකරනවා. *a.* -ing, උපකාරකිරීමට ලෑදි, කරුණාවන්ත. *n.* -ation. *a.* -atory, අවශ්‍යක, යුතුකමක්ව තිබෙන

oblique ඔබ්ලීක්, *a.* ඇලවූ, ඇද, ප්‍රථමාවිනොවන විභක්ති, අප්‍රධාන කාරක. *n.* -ity, ඇලය, ඇදය, වංචාකම

obliterate ඔබ්ලිට්'අරේට්, *v.* මකාදමනවා. *n.* -ion

oblivion ඔබ්ලිවිඉයන්, *n.* මතකනැතිවීම. *a.* -us, මතකනැතිකරණ (*n.* -ness)

oblong ඔබ්ලොං, *a.* පළලට වඩා දිගවූ. *n.* පළලට වඩා දිග ඇති රූපය

obloquy ඔබ්ලෝක්වි, *n.* නින්දාව, අපවාදය

obnoxious ඔබ්නොක්ෂස්, *a.* ඉතා අප්‍රිය, නින්දා කටයුතු. *n.* -ness

obscene ඔබ්සීන්, *a.* කැත, පිළිකුල්. *n.* -ity

obscure ඔබ්ස්කියුර්, *a.* අඳුරු, අප්‍රසිද්ධ, නොපැහැදිලි. *v.* අඳුරුකරනවා. *n.* -ity

obsequies ඔබ්සිකිවිස්, *n.* අවමඞ්ගල්‍ය චාරිත්‍ර

obsequious ඔබ්සීක්විඅස්, *a.* අනිසි ලෙස යටත් පාත්. *n.* -ness [*n.* -ion

obsecrate ඔබ්සික්‍රේට්, *v.* බැගෑලෙස ඉල්ලනවා.

observe ඔබ්'සර්ව්, *v.* බලනවා, සිතටගන්නවා, කියනවා, පවත්වනවා. *a.* -able. *n.* -ance. *a.* -ant. *n.* -ation. *n.* -atory, ඉර හඳ තාරකා ආදිය පරීක්‍ෂාකරණ ශාලාව

obsolescent ඔබ්සෝලිස්අ.ණ්ට්, *a.* භාවිතාව නැති වෙගණ යන [යටපත්වූ

obsolete ඔබ්සෙලීට්, *a.* භාවිතාව නැතිවී ගිය,

obstacle ඔබ්ස්ටැකල්, *n.* බාධාව

obstetric ඔබ්ස්ටැට්රික්, *a.* වැදවීම සම්බන්ධ. *a.* -al. *n.* -s, ප්‍රසවකර්මය, වැදවීමේ ශාස්ත්‍රය

obstinate ඔබ්ස්ටිනේට්, *n.* මුරණ්ඩු. *a.* -cy

obstreperous ඔබ්ස්ට්‍රිප්·අරස්, *a.* ඝෝෂාකාර

obstruct ඔබ්ස්ට්‍රක්ට්, *v.* බාධාකරණවා, අහුරණවා. *n.* -ion. *a.* -ive [රගන්නවා.*a.* -able

obtain ඔබ්ටේන්, *v.* ලබාගන්නවා, අත්පත්ක

obtrude ඔබ්ට්‍රූඩ්, *v.* බලෙන්මෙන් දෙනවා, බලෙන් වදිනවා හෝ ඉදිරියට පැමිණෙනවා. *n.* -sion. *a.* -sive

obtuse ඔට්‍යූස්, *a.* තියුණුනැති. මොට්ට, *n.* -ness

obverse ඔබ්·වර්ස්, *n.* මිලයේ මූණ පැත්ත. *a.*

obviate ඔබ්විඒට්, *v.* වලක්වනවා, පහකරණවා

obvious ඔබ්විඅස්, *a.* පැහැදිලි. *n.* -ness

occasion ඔක්කේ'ෂන්, *n.* ප්‍රස්තාවය, හේතුව. *v.* සලස්වනවා, සිඬකරණවා. *a.* -al, ඉදහිටලා වෙන

occident ඔක්සිඩෑන්ට්, *n.* බටහිර දෙස. *a.* -al

occult ඔකල්ට්, *a.* රහස්, ගුප්ත. *n.* -ation, රහස්කිරීම, (සූර්‍ය්‍යාදීන්ගේ) ග්‍රහණය. *n.* -ness

occupy ඔක්කියුපෙ, *v.* යම්තැනක සිටිනවා හෝ වසනවා, අල්ලනවා, ගනකරණවා, යොදනවා. *n.* -ant, අත්පත්කරගෙණ සිටින්නා, වාසයකරන්නා. *n.* -ancy, -ation, අත්පත්කරගැණීම, රක්ෂාව

occur ඔක්'කර්, *v.* සිඬවෙනවා, තිබෙනවා, කල්පනා වෙනවා. *n.* -rence

ocean ඕ'ෂන්, *n.* සාගරය. *a.* -ic [-eous

ochre ඕ'කර්, *n.* මැටිවර්ගයක්, සිරිනල්. *a.* -y.

octagon ඔක්'ටගන්, *n.* අෂ්ටාස්‍රය, අටපට්ටම. *a.* -al [ඇති

octangular ඔක්ටැංග්‍යු'ලර්, *a.* කොන් අටක්

octave ඔක්ටේව්; *n.* අටවෙනි එක. *n.* -o ඔක්ටේවෝ, සම්පූර්ණ කොළය අටට නැමූ ප්‍රමාණය, ඒ ප්‍රමාණයේ පොත

octennial ඔක්ටෑන්ඉඅල්, *a.* අට වර්ෂයකට වරක් වන, අට වර්ෂයක් පවත්නා

October ඔක්ටෝ'බර්, *n.* ඔක්තෝබර් මාසය (බිණර වප් දෙමසෙහි අයත්තර්ගතයි.)

octogenarian ඔක්ටෝජිනෑ'රිඅන්, *n.* අවුරුදු අසූවක්වූ අය

ocular ඔක්යු'ලර්, *a.* ඇස සම්බන්ධ, ප්‍රත්‍යක්ෂ. *n.*-ist, ඇස් වෙද

odd ඔඩ්, *a.* අසම, අපූර්‍ව, විකාර, [ඔත්ත. *n.*-ity අපූර්‍වකම, විකාරකම, අපූර්‍ව අය හෝ දෙය. *n.* -ment, ඉතුරු දෙය. *n.* -ness

ode ඕඩ්, *n.* ගීත, සිත්පුම [-ness

odious ඕඩිඅස්, *a.* ඉතා අප්‍රිය, වෛර කටයුතු. *n.*

odium ඕඩිඅම්, *n.* තද අප්‍රියකම, වෛරය

odoriferous ඕ'ඩරිෆ්'අරස්, *a.* සුගන්ධ

odour ඕ'ඩර්, *n.* සුගන්ධය. *a.* -rous

o'er, ඕ'අර, over යන්නෙහි ලුප්ත රූපය

of ඔව්, *prep.* 'ගේ' 'ගෙන්' යන ප්‍රත්‍යයන්වල අර්ථ ඇති නිපාතයක්

off ඔෆ්, *a.* එහා, ඈත. *ad.* ඈතට, අහකට. *prep.* ගෙන්. *interj.* යව! පල! Well off, හොඳින්, අසිරිමත්ව. Ill off, අසරණව, නිර්ධනව

offal ඔෆ්'අල්, *n.* අනවශ්‍ය නොවටිනා කෑලි, රොඩු

offence ඔෆ්ෆෙන්ස්, *n.* අමනාපය, වරද. *a.* -sive, අමනාපකාරක, කෝප උපදවන; *n.* පහරදෙන්ව පටන්ගැනීම (*n.* -ness) [කවා

offend ඔෆ්ෆෙන්ඩ්, *v.* අමනාප කරනවා. වරදකර

offensive ඔෆ්ෆෙන්සිව්, *a.* (offence බ.)

offer ඔෆ්'අර්, *v.* පූජාකරනවා, ඔප්පුකරනවා, පැමිණෙනවා, (ගණිතයට) ඉල්ලනවා. *n.*

offertory ඔෆ්ෆර්ටෝරි, *n.* මිලපූජාව

off-hand ඔෆ්හෑන්ඩ්, *a.* සිතා නොබලා හෝ ඇතනොසිටම කල. *ad.* එවලේම

office ඔෆ්ෆිස්, *n.* ධුරය, තනතුර, කාර්යශාලාව, කන්තෝරුව. *n.* -er, නිලධාරියා, මුලාදෑනියා. *a.* -ial, ධුරය සම්බන්ධ, මුලාදෑනි බලය හෝ ආණ්ඩු බලය සහිත; *n.* නිලධාරියා. *v.* iate, ධුරයේ කටයුතු කරණවා, දේවමෙහෙය පවත්වනවා. *a.* -ious, (යමක් කිරීමට) ඇධිකමලය හිතැති, අනිසි ලෙස මැදිවෙන (*n.* -ness)

offing ඔෆ්ෆිං, *n.* (මුහුදේ) දිගබ

offset ඔෆ්සෙට්, *n.* යමක් වෙනුවට තබන ගණන, එළෙඹුද්දුව, අංකුරය

offshoot ඔෆ්ෂූට්, *n.* ඇංකුරය, අත්ත, අමගයන් දේ

offspring ඔෆ්ස්ප්‍රිං, *n.* දරුවෝ, පැවත එන්නෝ, අල්ගන්න දේ

oft ඔෆ්ට්, }
often ඔෆ්න්, } *ad.* බොහෝවිට. *ad.* -times, නොයෙක්විට

ogle ඔග්ල්, *v.* ඇස්කොණින් බලනවා. *n.*

ogre ඕගර්, *n.* රාක්ෂයා (-ss *f.*)

oh ඕ, *interj.* අහෝ! අනේ! අපොයි!

oil ඔයිල්, *n.* තෙල. *v.* තෙල්ගානවා හෝ දමනවා. *a.* -y. තෙල් ඇති, තෙල් මිශ්‍ර, තෙල් ආකාර (*n.* -iness). *n.* -man, තෙල් විකුණන්නා. *n.* -cloth, ඉටි රෙද්ද. *n.* -skin, ඉටිරෙද්ද

දිශිකක්

ointment ඔයින්ට්මන්ට්, *n.* තෛලය, විලේ
පන, අංජනම [*n.* -ness. *a.* -ish

old ඕල්ඩ්, *a.* පරණ, මහලු *a.* -en, පුරාණ.

oleander ඔලිඇන්ඩර්, *n.* අලරිය [ගන්න, නාසා

olfactory ඔල්ෆැක්ටොරි, *a.* ගඳ සුවඳ දැන

oligarch ඔලිගාර්ක්, *n.* ආණ්ඩු බලය පවත්ව
න ස්වල්පදෙනාගෙන් කෙනෙක්, රදලයා. *n.*-y,
ස්වල්ප දෙනෙක් විසින් පවත්වන ආණ්ඩුව.
a. -ic, -ical

olive ඔලිව්, *n.* රට වෙරළු. *a.* රතට හුරු අ
හුරු නිල සහ කොලපාටත් මිශ්‍රවූ වර්ණ. *n.*
-branch, ඔලිව අත්ත, සමාදානයේ ලකුණ

Olympic ඔලිම්පික්, *a.* ග්‍රීක් දෙව්වරුන්ගේ වා
සස්ථානයවූ ඔලිම්පස් කන්ද හෝ තැනිතලා
ව සම්බන්ධ, එහි වර්ෂ 4 ට වරක් පැවැත්වූ සැණ
කෙළි සම්බන්ධ. *a.*-an. *n.* -*ad*, වර්ෂ 4 ක කාලය

omelet } ඔම්ලිට් (හෝ) ඔම්ලැට්, *n.* කැවුම්
omelette } වර්ගයක්, බිජු කැවුම්

omen ඕමෙන්, *n.* නිමිත්ත, පූර්වලක්ෂණ. *a.* -inous.
අනිෂ්ට හෝ අශුභ දක්වන, දුර්ලක්ෂණ (*n.*
-ness) [රීම .*n.* -ble. *a.*-ve

omission ඔමිෂන්, *n.* අතපසුවීම, නොකර ඇ

omit ඔමිට්, *v.* අත්අරිනවා, පැහැරඅරිනවා

omnibus ඔම්නිබස්, *n.* මගීන් ගෙන යන ලොකු
රථයක්

omnipotent ඔම්නිප්·ටෙන්ට්, *a.* සියලු බලය ඇති. *n.* සියලු බලය ඇති දෙවියෝ. *n.* -ce, සියලු බලය ඇතිකම

omnipresent ඔම්නිප්‍රෙස්·එන්ට්, *a.* හැමතැන ඇති හෝ සිටින. *n.* -ce [සර්වඥ. *n.* -ce, -cy

omniscient ඔම්නිෂ්·එන්ට්, *a.* සියල්ල දත්,

omnivorous ඔම්නිවරස්, *a.* සියලු දේ කන

on ඔන්, *prep.* උඩ, පිට, කෙරෙහි ('හි' 'හි' ආදී ආධාර විභක්ති ප්‍රත්‍යයවල අර්ථ ඇති නිපාත යක). *ad.* තව දුරට, ඉස්සරහට, මත්තෙහි

once වන්ස්, *ad.* එකවරක්, වරක්. at once— එකපාරට

oncoming ඔන්කමිං, *a.* පැමිණෙන. *n.* පැමිණීම

one වන්, *a.* යන *n.* එය, එක්, එක. *n.* -ness, එකමකම, ඒකත්වය, ඒකාකාරකම. *pron.* -self, තමාම. *a.* -sided, එක්පැත්තක් පමණක් ඇති, පාක්ෂිකගති ඇති (*n.* -ness). one another එකිනෙකා. one by one, එක එක. පිළිවෙළට [අභිප්‍රායකල,බර අස්තගිත

onerary ඔන්·අරරි, *a.* බරගෙණයාමට සුදුසු හෝ

onerous ඔන·අරස්, *a.* බර, භාරදූර

onion අනියන්, *n.* ලූනු, ලොකුලූනු

only ඕන්ලි, *a.* එකම, තනි. *ad.* පමණක්

onomatopœia ඔනමැටපීඅ, *n.* ශබ්දයට අනුව වචන සෑදීම, අනුකරණය. *a.* -ic, -tic onset ඔන්සැට්, *n.* තද පහරදීම

onslaught ඔන්ස්ලෝට්, *n.* පහරදීම

ontolology ඔන්ටොලජි, *n.* සත්ව විද්‍යාව, ද්‍රව්‍ය හා ජීවාගේ පැවැත්ම පිළිබඳ ශාස්ත්‍රය, භූත විද්‍යාව. *n.* -ist

onus ඕනස්, *n.* බර

onward ඔන්·වර්ඩ්, *a.* ඉදිරියට යන, දියුණුවෙන. *ad.* ඉදිරියට. *ad.* -s [යක්

onyx ඔනික්ස් (හෝ) ඕනික්ස්, *n.* අගේත්තුවර්ගයක්

oolite ඕඔලයිට්, *n.* හුණුගල් වර්ගයක්. *a.* -ic

ooze ඌස්, *v.* වැස්සෙනවා. *n.* මෘදු මඩ, වැස්සීම. *a.* -y, ගොහොරුවූ, මොලොක් මඩ ඇති

opacity ඔපැස්ඉටි, *n.* විනිවිද නොපෙණෙන ස්වභාව, අඳුර, පැහැදිලි නැතිකම

opal ඕ·පල්, *n.* උපලනම් රත්නය. *a.* -ine

opalescence ඕ·පලෙස්·සන්ස්, *n.* උපලය මෙන් වර්ණ දක්වන ස්වභාව. *a.* -t

opaque ඔපේක්, *a.* විනිවිද නොපෙණෙන, අඳුරු, පැහැදිලි නැති. *n.* -ness

open ඕපන්, *a.* ඇරිතිබෙන, සෘජු, මුවාවක් නැති. *v.* අරිනවා, පටන්ගන්නවා. හෙළිදරව්කරනවා. *n.* -ing, ඇරීම, විවරය, සිදුර. *n.* -ness. *a.* -handed, විදහූ අතක් ඇති, ත්‍යාගවත්. *a.* -hearted, නොසඟවන, ශංකානැති, ත්‍යාගවත්

opera ඔප්·ඉ·ර *n.* සංගීතනාටකය, නාටක නා

වන ප්‍රබන්ධය. *a.* -tic

operate ඔප් අරේට්, *v.* ක්‍රියාකරණවා, බලය පව ත්වනවා, ගුණාගුණ ලැබෙනවා. *n.* -ion, ක්‍රියා කිරීම, කාර්‍ය්‍යය, ගුණාගුණ, ශල්‍යකර්මය. *a.*-ive

ophidian ඔෆිඩිඅන්, *a.* සර්පයන් පිළිබඳ

ophiology ඔෆිඔලජී, *n.* සර්ප විද්‍යාව

ophthalmia ඔෆ්තැල්මිඅ, *n.* ඇස් රෝගයක්, ඇස්දැමිල්ල. *a.* -c. *n.* -st

opiate ඕපිඒට්, *n.* අබින් මිශ්‍ර බෙහෙත, නිදිබෙහෙත

opine ඔපයින්, *v.* සිතනවා. *n.* -ion ඔපිනියන්, කල්පනාව. *a.* -ionative, තමාගේ මතයට ඉතා ඇලුම්

opium ඕපිඅම්, *n.* අබින් [ලියාවේ සිව්පා සතෙක්

opossum ඔපොස්සම්, *n.* අමෙරිකාවේ හා ඕස්ත්‍ර

opponent ඔප්පෝනන්ට්, *n.* විරුද්ධකාරයා

opportune ඔප්පෝර්ට්‍යූන්, *a.* කාලෝචිත හෝ ප්‍ර යෝජනවත් සුදුසු. *n.* -ness

opportunity ඔප්පෝර්ට්‍යූනිටි, *n.* සුදුසු කාලය, ප්‍රස්තාවය [කරණවා. *n.* -ition

oppose ඔප්පෝස්, *v.* විරුද්ධකම් පානවා, බාධා

opposite ඔප්පොසිට්, *a.* ඉස්සරහ, ඉදිරියේ තිබෙන. *n.* විරුද්ධ එක, විරුද්ධකාරයා

oppress ඔප්ප්‍රෙස්, *v.* පීඩාකරණවා, බරව තිබෙනවා. *n.* -ion, පීඩාව, බරකම, හුස්ම ගැණිමේ අමාරුව. *a.* -ive (*n.* -ness) opprobrious ඔප්ප්‍රෝබ්රිඅස්, *a.* ගර්හා සහිත, පරුෂ. *n.* -ness

opprobrium ඔප්ප්‍රෝබ්රිඅම්, *n.* නින්දාව, ගර්හාව

oppugn ඔප්පියුන්, *v.* විරුද්ධකම් පානවා, බාධාකරණවා. *n.* -ancy. *a.* -ant; බාධක, විරුද්ධ

optative ඔප්ටටිව්, *a.* ආශංසාත, ප්‍රාර්ථිත

optic ඔප්ටික්, *a.* දෘෂ්ටිය සම්බන්ධ. *a.*-al. *n.* -s. දෘෂ්ටි දනව, ආලෝකවිද්‍යාව. *n.* -ian ඔප්ටිෂ්අන්, දෘෂ්ටිවිද්‍යාව සම්බන්ධ, සාක්ෂිණ්‍ණ ආදිය සාදන්නා [සහ යහ මතය. *n.* -t. *a.* -tic

optimism ඔප්ටිමිස්ම්, *n.* සියල්ලම යහපත පිණි

option ඔප්ෂන්, *n.* කැමැත්ත, තෝරා ගැණීමේ අවසරය. *a.*-al [හොසත්කම, ධනය

opulent ඔප්යුලන්ට්, *a.* ධනවත්. *n.* -ce, පො

opuscule ඔපස්ක්‍යුල්, } *n.* පුළු වැඩේ, කුඩා පොත
opuscle ඔපස්ල්, }

or ඔර්, *conj.* හෝ, නොවත්, නොහොත්

oracle ඔර්අක්ල්, *n.* පේණකීම, පේණ කියන ස්ථානය, ශුභාවකාශය, ශුභාවකාශකීම, දේව ආඥාව *a.* -ular

oral ඕරල්, *a.* කටවචන. මුඛ වාක්‍ය

orange ඔරේන්ජ්, *n.* දොඩම්. *a.* දොඩම්, යහපාට. *n.* -ry, දොඩම් වත්ත, දොඩම් වවන ස්ථානය

orangutan ඔරංඋටන්, } *n.* මිනිසා වැනි මහා
orangoutong ඔරංඋටං, } කළු වඳුරු විශේෂ

oration ඔරේෂන්, n. ව්‍යක්ත ප්‍රබන්ධ කථාව. n. -or ඔර්එටෝර්, ව්‍යක්ත කථිකයා. a. -orical. n. -ory, ව්‍යක්ත ලෙස කථාකිරීම

oratorio ඔර්·අටෝරිඔ, n. ශුද්ධ කාරණයක් සම්බන්ධ සංගීත ප්‍රබන්ධය [කුරු

orb ඕර්බ්, n. ගෝලය, මණ්ඩලය. a. -ed, වට

orbicular ඔර්බික්යු·ලර්, a. ගෝලාකාර, වටකුරු

orbit ඕර්බිට්, n. කක්ෂය, ග්‍රහයාරකා ගමන්කරන මාර්ගය. a.-al

orchard ඕර්·චර්ඩ්, n. පලතුරුවත්ත, උයන

orchestra ඕර්කෙස්·ට්‍ර, n. ගායක මණ්ඩපය, ගායකයා සමූහය. a. -l [යක්

orchid ඕර්කිඩ්, n. ලක්ෂණ සුවඳ මල් ඇති පැළ

ordain ඕර්ඩේන්, v. පත්කරණවා, උපසම්පදාකරණවා, නියමකරණවා. n. -ment

ordeal ඕර්ඩී·අල්, n. විභාගය, බරපතල පරීක්ෂාව.

order ඕර්·ඩර්, n. පිළිවෙල, ආඥාව, වර්ගය, සමාගම. v. හසුරුවණවා, අණකරණවා. a. -ly, පිළිවෙලක් ඇති, සංසුන් (n. iness); n. පණිවිඩකාර යුධ සේවකයා

ordinal ඕර්ඩි·නල්, a. ක්‍රමික. n. ක්‍රමිකසංඛ්‍යාව

ordiance ඕර්ඩි·නන්ස්, n ආඥාපණත [ad. -ily

ordianary ඕර්ඩිනෙරි, a. සාමාන්‍ය, උතුම්නොවන

ordinate ඕර්ඩිනේට්, a. ක්‍රමික, පිළිවෙලඇති

ordination ඕර්ඩිනේෂන්, n. පත්කිරීම, පත් කි

ඊම, උපසම්පදාකිරීම

ordnance ඕර්ඩ්'නන්ස්, *n.* යුද්ධායුධ, කාලතුවක්කු

ordure ඕර්ඩ්‍යුර්, *n.* අශුචි

ore ඕර්, *n.* ලෝහ පස්

organ ඕර්'ගන්, *n.* ගායනා පෙට්ටිය. ඉන්ද්‍රියය, උපක්‍රමය, මුඛය. *a.* -ic. -ical. *v.* -ise, රොද කවා, සංවිධාන කරණවා, සම්බන්ධ කරණවා (*n.* -ation). *n.* -ism, ගැලපීම, රොහැමයක් කොටස්සවලින් යුත් වස්තුව. *n.* -ist, ගායනා පෙට්ටිය තව්වුකරන්නා

oriel ඕරිඇල්, *n.* ලොකු බොකු සවුළුව

orient ඕරි'අන්ට්, *a.* පෙරදිග, උදාවෙන. *n.* පෙරදිග. *a.* -al, පෙරදිග; *n.* පූර්වදේශ වාසියා. *n.* -alist, පූර්වදේශීය භාෂා දත් අය [තිමත් ලකුණ

oriflamme ඕර්ෆ්ලැම්, *n.* රාජපතාකය, දීප්

orifice ඕර්ෆිස්, *n.* විවරය, කට, දොර

origin ඕර්ඉජින්, *n.* පටන්ගැන්ම, උත්පත්තිය, මුල. *a.* -al, මුල්වූ, පිටපත් නොකළ. *n* -ality. *v.* -ate, උපදවනවා, පටන්ගන්නවා (*n.* -ion)

oriole ඕරිඕල්, *n.* කහ කුරුළු වර්ගයක් [තරුව

Orion ඔරෙරයන්, *n.* මුවසිරිස නම් නැකැත්

orison ඕර්ඉසන්, *n.* යාච්ඤාව

ornament ඕර්'න'මන්ට්, *n.* ආභරණය, සැරසිලි. *v.* සරසනවා. *a.* -al. *n.*-ation

ornate ඕර්නේට්, *a.* අලංකෘත. *n.* -ness

ornithology ඕර්ණිතොල්ඔජි, *n.* පක්ෂිවිද්‍යාව. *n.* -ist. *a.* ical

orography ඔරොග්‍රෆි, *n.* පර්වතප්‍රකරණය

orology ඔරොල්ඔජි, *n.* පර්වතප්‍රකරණ, පර්වතවිද්‍යාව

orphan ඕර්ෆන්, *n.* මව්පිය දෙදෙනා නැසුනාවූ ළමයා. *a.* *n.* -age, මව්පියන් නැති භාවය, මව්පියන් නැති ළමයින් වඩනා ශාලාව

orpiment ඕර්පිමැන්ට්, *n.* සිරියල්, ප්‍රීතනා

orrery ඕර්රිරී, *n.* ග්‍රහ තාරකාවල ප්‍රමාණ හා ගමන් දක්වනා යන්ත්‍රය [ග්දෑණ්ව්. *n.* -y

orthodox ඕර්තොඩොක්ස්, *a.* ධර්මානුකූල, සම්‍ය

orthoepy ඕර්තොඉපි, *n.* ශුද්ධෝච්චාරණය, හරියාකාර ශබ්දකිරීම. *a.* -ic, -ical. *n.* -ist

orthography ඕර්තොග්‍රෆි *n.* අක්ෂර වින්‍යාසය, සැබෑ පිළිවෙළ වචන ලියමෙට ලිවීම. *a.* -ic, -ical

oscillate ඔස්සිලේට්, *v.* ඔබ මොබ පැද්දෙනවා. *n.* -ion. *a.* -ory

osculate ඔස්කූලේට්, *v.* දූඹිනවා, මදිනවා. *n.*-ion

osier ඕසිඅර්, *n.* 'විල්ලෝ' නමැති ගස්විශේෂයක්

osprey ඔස්ප්‍රේ, *n.* මුහුදු රාජාලියා, කුරලයා

osseous ඔස්සිඅස්, *a.* ඇටකටුවූ, ඇටකටු ආකාරවූ [-ication

ossify ඔස්සිෆයි, *v.* ඇට කටු කරණවා. *n.*

ostensible ඔස්ටැන්සිබ්ල්, *a.* සුප්‍රකාශ, දක්වන

ostensive ඔස්ටැන්සිව්, *a.* දක්වනා

ostentation ඔස්ටැන්ටේෂන්, *n.* අහංකාර පෙන්

නිම, ආඩම්බරය. *a.* -us

osteology ඔස්ටිඔල්ඔජි, *n.* ඇටපිළිබඳ ශාස්ත්‍රය

ostler ඔස්'ලර්, *n.* අස්ගොව්වා [පණිවා. *n.* -m

ostracise ඔස්ට්‍රසයිස්', *v.* පිටකරණවා, සොර

ostrich ඔස්ට්‍රිච්, *n.* ඉතා ලොකු පක්ෂි වර්ගයක්

other අද්දර්, *a.* වෙන, අනික්. *pron.* අනිකා, අනික. *ad.* -wise, වෙන ආකාරයකින්, එසේ නැත්නම් [බඳ ශාස්ත්‍රය

otolgy ඔටොල්ඔජි, *n.* කණ හා එහි රෝග පිළි

otter ඔට්'ටර්, *n.* දියබල්ලා

Ottoman ඔට්ටො'මන්, *a.* තුර්කි. *n.* තුර්කියා, මෙත්ත ඇති ආසනයක් [කවා

ought ඕට්, *v.* ඕනෑව තිබෙනවා, යුතුව තිබෙ

ounce ඖන්ස්, *n.* රාත්තලෙන් 12 ත් හෝ 16ත් පංගුව, දිවියා

our අවර්, *pron.* අපේ, අපගේ. -s, අපේය

oust ඖස්ට්, *v.* පිටත දමනවා, පහකරණවා

out ඖට්, *ad.* පිටත. *v.* පිටදමනවා. *ad.* -and -out, සම්පූර්ණ. *n.* -ing, සුළු සෙල්ලම් ගමන, එළියේ ඇවිදීමේ යෑම. *a.* -of-door, ගෙයින් පිටත, එළිය (*ad.* -of-doors). *a.* -of-the-way, වෙන්වූ, අප්‍රසිද්ධ, සාමාන්‍ය නොවන

outbalance ඖට්බැල්'අන්ස්, *v.* බරින් හෝ ගුණ යෙන් වඩා වැඩිවෙනවා

outbid ඖට්බිඩ්. *v.* වඩා වැඩිගණනකමඉල්ලනවා

outbreak ඖට්බ්‍රේක්, *n.* නිදහස්ගෙණයාම, රෝග ආදිය වැරේම අවගැණීම

outbuilding ඖට්බිල්ඩිං, *n.* (මහ ගෙයින්) පිට ගොඩනැගිල්ල [අමගැණීම

outburst ඖට්·බර්ස්ට්, *n.* වැරේට නික්මීම හෝ

outcast ඖට්කාස්ට්, *n.* පිටමංගලා, කුලභ්‍රෂ්ටයා

outcome ඖට්කම්. *n.* ඵලය, විපාකය

outcry ඖට්ක්‍රෛ, *n.* කෑමොරගැසීම, ගෝට්ටිය

outdo ඖට්ඩූ, *v.* වඩා වැඩියෙන් හෝ ඉහලින් කරණවා [-s, පිටත,එලියේ

outdoor ඖට්ඩෝර්, *a.* ගෙයින් පිට, එලියේ. *ad.*

outer ඖ·ටර්, *a.* පිට, පිටත. *a.* -most, ඉතා පිටවූ, අතිබාහ්‍ය

outfall ඖට්ෆෝල්, *n.* (ගඟක හෝ අගලක) මුවදොර [උවමනාදේ සපයන්නා

outfit ඖට්ෆිට්, *n.* උවමනා උපකරණ. *n.*-ter.

outflank ඖට්ෆ්ලෑංක්, *v.* යුධසේනාවේ පැත්තක් වඩා දික්කරණවා, වාසි ලබනවා

outflow ඖට්ෆ්ලෝ, *n.* පිටත ගලායාම

outgeneral ඖට්ජැන්·අ·රල්, *v.* සේනාධිපති කම් ත් වඩා අධිකව සිටිනවා [සිටිනවා

outgo ඖට්ගෝ, *v.* පිටත යනවා, වඩා අධිකව

outgrow ඖට්ග්‍රෝ, *v.* වඩා අධිකලෙස වැවෙනවා. *n.* -th, අධික වැඩීම, විපාකය

outhouse ඖට්හෞස්, *n.* ප්‍රධාන ගෙයින් පිටගෙය

outlandish ඖට්ලැන්ඩිෂ්, *a.* පිටරට. පිටිසර

outlast ඖට්ලාස්ට්, *v.* වඩා අධික කල් පවතිනවා

outlaw ඖට්ලෝ, *n.* ආණ්ඩුවේ ආරක්ෂාවෙන් පහකරණලද අය. *v.* *n.* -ry, එසේ පහකිරීම

outlay ඖට්ලේ, *n.* වියදම්, වියදම්කරණ ගණන

outlet ඖට්ලැට්, *n.* පිටවෙන මග

outline ඖට්ලෙයින්, *n.* පිටත ආකාරයේ සටහණ, සංක්ෂේප සටහණ. *v.*

outlive ඖට්ලිව්, *v.* වඩා අධිකව ජීවත්වෙනවා හෝ පවතිනවා [පොරොත්තුව

outlook ඖට්ලුක් *n.* කලින් බලාසිටීම, බලා

outlying ඖට්ලෙයිං, *a.* පිටත තිබෙන, පිටිසර

outmost ඖට්මෝස්ට්, *a.* ඉතා පිටවූ

outnumber ඖට්නම්·බර්, *v.* වඩා ගණනින් අධික වෙනවා [ල, එහි සේනාව

outpost ඖට්පෝස්ට්, *n.* කඳවුරෙන් පිට මුරප

outpour ඖට්පෝර්, *v.* විගුරුවිණවා

output ඖට්පුට්, *n.* (යම් කාලයක් තුළ)තැනූ හෝ වළින් ගොඩදැමූ ද්‍රව්‍ය ප්‍රමාණය

outrage ඖට්රේජ්, *n.* තද බලාත්කාරය, නපුරු අනාචාරය. *v.* *n.* -ous, ඉතා සැර, චණ්ඩ

outreach, ඖට්රීච්, *v.* වඩා දුරට තිබෙනවා

outride ඖට්රයිඩ්, *v.* වඩා ඉක්මණින් පිටලඩ යනවා. *n.* -r, මෙහෙකරු අසරුවා

outrigger, ඖට්රිග්·ගර්, *n.* කොල්ලෑව

outright ඖට්රයිට්, *ad.* එවලේම, මුළුමනින්
outrun ඖට්රන්, *v.* ඉක්මවා දුවනවා
outset ඖට්සැට්, *n.* මුල, ආරම්භය
outside ඖට්සයිඩ්, *n.* පිටපැත්ත, ඉතා වැඩි ත
රම. *a.* පිම, පිටත. *prep.* පිටත. *n.*-r, පිට අය
ontskirt ඖට්ස්කර්ට්, *n.* අයිත, ඉම
outspoken ඖට්ස්පෝක්න්, *a.* නොසඟවා කථා
කළ, වංචා රහිත [නොසඟවවාවූ
outstanding ඖට්ස්ටෑණ්ඩිං, *a.* පෙර තිබෙන,
outstretch ඖට්ස්ට්රෙච්, *v.* දික්කරණවා, විදහ
ණවා [ඉස්සරවෙනවා
outstrip ඖට්ස්ට්රිප්, *v.* වඩා ඉක්මණට යනවා,
outvote ඖට්වෝට්, *v.* (තෝරාගැණීමේදී) වඩා
වැඩිය කැමැත්ත දෙනවා
outward ඖට්වර්ඩ්, *a.* පිටත, බාහිර. *ad.* *ad.*-s
outweigh ඖට්වේ, *v.* වඩා බරව තිබෙනවා
outwit ඖට්විට්, *v.* වඩා සමර්ථකමින් දිනනවා
හෝ රවට්ටනවා
oval ඕවල්, *a.* බිජුහැඩයඇති. *n.* බිජුහැඩේ. *n.*
-ry ඕවරි, බිජු හෝ ඇට හැදෙන ස්ථානය
ovation ඕවේෂන්, *n.* ප්රසිද්ධ ගෞරව කිරීම හෝ
ස්තුති ඝෝෂාකිරීම
oven අවන්, *n.* උදුන
over ඕවර්, *prep.* උඩ, වැඩිය. *ad.* පැත්තෙන්
පැත්තට, වැඩියෙන්, මුළුල්ලේ, අන්තිමදී

overact ඕ·වර්ඇක්ට්. *v.* අධිකලෙස කරණවා

overalls ඕ·වර්ඕල්ස්, *n.* හැමට පිටින් අඳින ක
ලිසම

overawe ඕ·වර්ඕ, *v.* භයින් යටත් කරණවා

overbalance ඕ·වර්බැල්·අන්ස්. *v.* වඩා බරව හෝ
වැදගත්ව තිබෙනවා

overboard ඕ·වර්බෝර්ඩ්, *ad.* නැවෙන් පිටතට

overcast ඕ·වර්කාස්ට්, *v.* වලාකුළුවලින් වැසෙ
නවා, අඳුරු කරණවා

overcharge ඕ·වර්චාර්ජ්, *v.* අධිකලෙස පුරවණ
වා, ගතයුතු මිල ගණනට වැඩිය දමනවා. *n.*

overcoat ඕ·වර්කෝට්, *n.* පිටින් අඳින මග කබාය

overcome ඕ·වර්කම්, *v.* මැඩ පවත්වනවා, පරද
වනවා, ජයගන්නවා [සනවා

overdo ඕ·වර්ඩු, *v.* අධිකලෙසකරණවා, වෙහෙ

overdraw ඕ·වර්ඩ්‍රෝ, *v.* වඩා අධිකලෙස මුදල්
ගන්නවා

overdue ඕ·වර්ඩ්‍යු, *a.* ගෙවිය යුතු කාලය පසුවූ

overflow ඕ·වර්ෆ්ලෝ, *v.* ඉතිරයනවා, ගලායන
වා. *n.* [වැවෙනවා. *a.* -n. *n.* -th

overgrow ඕ·වර්ග්‍රෝ, *v.* නිසිතරමට වැඩියෙන්

overhang ඕ·වර්හැං, *v.* ඉස්සරහට නැමී හෝ
එල්ලී තිබෙනවා

overhaul ඕ·වර්හෝල්, *v.* පෙරළා පරීක්ෂාකර
ණවා, නැවත පරීක්ෂාකර බලනවා

overhead ඕ·වර්හෙඩ්, *ad.* (ඉහම) උඩින්, ඉහළ

overhear ඕ·වර්හි·අර්, *v.* (අන්‍යයෙකුට කියන ලද්ද) අදිස්සියෙන් ඇසෙනවා

overjoy ඕ·වර්ජෝය්, *v.* ඉතා ප්‍රීතිමත්කරණවා

over-king ඕ·වර්කිං, *n.* නායක රජ

overland ඕ·වර්·ලෑන්ඩ්, *a.* ගොඩින් යන

overlap ඕ·වර්ලැප්, *v.* එකක්පිට එකක් තරමක් වැටී තිබෙනවා [එකක් තබනවා

overlay ඕ·වර්ලේ, *v.* වසාලනවා, එකක් පිට

overload ඕ·වර්ලෝඩ්, *v.* අධිකලෙස බරපටවනවා

overlook ඕ·වර්ලුක්, *v.* උඩින් සිට බලනවා, නොසලකා හරිනවා

overlord ඕ·වර්ලෝර්ඩ්, *n.* ස්වාමිවරුන්ගේ ස්වාමියා

overmuch ඕ·වර්මච්, *a.* ඕනෑවාට වැඩි. *ad.*

overnight ඕ·වර්නයිට්, *ad.* රාත්‍රියේ, ඊයේ රෑ

overpay ඕ·වර්පේ, *v.* (ගණනට) වැඩියෙන් ගෙවනවා

overplus ඕ·වර්ප්ලස්, *n.* වැඩිපුර දේ

overpower ඕ·වර්පා·වර්, *v.* වැඩි බලයෙන් මැඩපවත්වනවා [ණවා

overrate ඕ·වර්රේට්, *v.* අධික ලෙස අගයකර

overreach ඕ·වර්රීච්, *v.* ඉතා ඈතට දික්ව තිබෙනවා, අධික දක්ෂකමින් රවටනවා

override ඕ·වර්රයිඩ්, *v.* අශ්ව පිටින් අධිකලෙස යනවා, මැඩපවත්වනවා, අවලංගු කරණවා

overrule ඕ·වර්රූල්, v. බලයෙන් හසුරුවනවා, නිෂ්ප්‍රභාකරනවා

overrun ඕ·වර්රන්, v. අධිකලෙස වැව් හෝ පැතිරී යනවා, සෑමතැන දුව ඇවිදිනවා

oversea ඕ·වර්සී, a. පාරදේශික,මුහුදෙන් එතර. ad. -s, පිටරටකට [ගත්තා

oversee ඕ·වර්සී, v. බලාගන්නවා. n. -r, බලා

overset ඕ·වර්සැට්, v. පෙරළනවා

overshadow ඕ·වර්ෂැඩෝ, v. සෙවණ වැටෙනවා, මුවාකරනවා

overshoe ඕ·වර්ෂු, n. පිට සපත්තුව

overshoot ඕ·වර්ෂූට්, v.සීමාව ඉක්මවා යනවා

oversight ඕ·වර්සයිට්, n.බැරිවීම, ප්‍රමාද දෝෂය, බලාගැනීම [තිබෙනවා

overspread ඕ·වර්ස්ප්‍රැඩ්, v. විසාලනවා, එහිදී

overstep ඕ·වර්ස්ටැප්, v. නිසිතැනට එපිටින් පය තබනවා, ප්‍රමාණය ඉක්මවනවා

overstock ඕ·වර්ස්ටොක්, v. ඕනෑවාට වඩා සපයා තබනවා [ප්‍රසිඩ

overt ඕ·වර්ට්, a. ප්‍රකාශ, සැඟවී නැති, ප්‍රත්‍යක්ෂ,

overtake ඕ·වර්ටේක්, v. සමීපකරගන්නවා, ලඟාවෙනවා, එලවා අල්ලනවා [න් වෙහෙසනවා

overtax ඕ·වර්ටැක්ස්, v. සෑහෙන තරමට වැඩියෙ

overthrow ඕ·වර්ත්‍රෝ, v. පෙරළාදමනවා, බිඳ හෙලනවා. n. පරාජය, විනාශය

overtime ඕ·වර්ටයිම්, n. වැඩිවේලාව

overtop ඕ·වර්ටොප්, v. වඩා උස්වෙනවා, අධික
වෙනවා [නාව, ප්‍රාරම්භ ගායනාව

overture ඕ·වර්චුර් (හෝ) ඕ·වර්ටියුර්, n. යෝජ

overturn ඕ·වර්·ටාර්න්, v. පෙරළනවා [රණවා

overvalue ඕ·වර්වැල්යු, v. අධික ලෙස අගය ක

overweening ඕ·වර්වීනිං, a. ඉතා අභිමාන, අහං
කාර [ගිල්ලවා දමනවා

overwhelm ඕ·වර්හ්වැල්ම්, v. යටකර දමනවා,

overwork ඕ·වර්·වාර්ක්, n. අධික වැඩ. v. අධික
ලෙස වැඩකරණවා

oviform ඕවිෆෝර්ම්, a. බීජාකාර

oviparous ඕවිප්·අරස්, a. බිජුදමන

owe ඕ, v. ණයව සිටිනවා. a. -ing, ණයට තිබෙන, කාරණව තිබෙන

owl ඕවුල්, n. බකමූණ, බස්සා. n. -et ඕවුලැට්, බකමූණු පැටියා. a. -ish

own ඕන්, v. හිමිව සිටිනවා, කියා සිටිනවා, එත් තුගන්නවා. a. ස්වකීය, ම. n. -er, අයිතිකාරයා. n. -ership, අයිතිවාසිකම

ox ඔක්ස්, n. කප්පාදුකල ගොනා, හරකා. n. -en (බහු) [ආම්ලතර ධාතුව

oxide ඔක්සයිඩ්, n. අන්‍ය ධාතුවක් හා මිශ්‍රවූ

Oxonian ඔක්සෝනිඅන්, a. ඔක්ස්ෆෝර්ඩ් නගරය හෝ එහි මහා ශාස්ත්‍රශාලාව පිළිබඳ. n. ඔක්ස්ෆෝර්ඩ්නාගරිකයා, ඒ ශාස්ත්‍රශාලාවේ ශිෂ්‍යයෙක්

oxygen ඔක්ස්ඉ·ජන්, *n.* ආම්ලකර වායුව
oyster ඔඉස්·ටර්, *n.* කාමාටිශා, බෙල්ලා [යක්
ozone ඕසෝ·න් (හෝ)ඕසෝ·න්, *n.* වායු විශේෂ

P.

p පී, හෝඩියේ 16 වෙනි අක්ෂරය
pabulum පැබ්‍යුලම්, *n.* ආහාර. *a.* -ar
pace පේස්, *n.* යාමේදී පා තබන දුර, අඩි 2½ ක් පමණ දුර, පා තබා යන අත්දම, ඔව්ගමේ ප්‍රමාණය. *v.* අඩිතබායනවා, සක්මන්කරණවා
pacha ·පාෂා, *n.* = pasha
pacific ·පසිෆ්ඉක්, *a.* සමාදාන, ශාන්ත
pacify පැස්ඉෆෛ, *v.* සමාදානකරණවා, නිශ්චල කරණවා. *n.* -ication (*a.* -ory)
pack පැක්, *n* මිටිය, කඩදාසිකුට්ටම, රැළ. *v.* මිටි බඳිනවා, අඩුක්කුකරණවා, පිටත්කරණවා. *n.* -age, බඩුමිටිය. *n.* -et පැක්·එට්, කුඩා මිටිය, නැවක්. *n.* -ing, මිටිබැඳීම, අඩුක්කු කිරීම, ඇසිරීමේදී බඩු සඳකිරීමට දමන ද්‍රව්‍යය
packhorse පැක්හෝර්ස්, *n.* බර ගෙණයන අශ්වයා, තවලම් අශ්වයා
pad පැඩ්, *n.* පැතලි කුෂ්ණ කොට්ටය, දරණුව, මංපැහරණ හොරා. *v.* පෝරු දමනවා, පුරවණවා. *n.* -ding, ගත්කිරීමට දමන ද්‍රව්‍යය. පෝරු

paddle පැඩ්ඩල්, v. පදිනවා, හීන්සැරේ දියකෙළිනවා. n. හබල. n. -wheel, දුම්නැව පද්දවන වකුය (රෝදය)

paddock පැඩොක්, n. කුඩා පිට්ටනිය

paddy පැඩි, n. වී

padlock පැඩ්ලොක්, n. ඉබිඅගුල, ගෙඩි අගුල

pæan පීඅන්. n. ප්‍රීති ගීය, ජය ගීය

pagan පේගන්, n. ක්‍රිස්තියානි නොවන අය, රූප වඳින්නා. a. -ise. n. -ism

page පේජ්, n. අනවාසියා. අ. සිත්තා, (පත්ඉරු) පිට. v. පිටුවල ගණන ලියනවා

pageant පැජ්අණ්ට් (හෝ) පේජණ්ට්, n. පිටත අලංකාර පෙණීම, පෙරහර. n. -ry, පිටත ලක්ෂණකම පෙන්වීම, පෙරහර

pagination පැජිනේශන්, n. පිටුවල ගණන ලිවීම. පිටුවල ගණන් දක්වන අංක [දිය

pagoda පගෝඩ, n. විහාරය, දේවාලය, පගෝ

pail පේල්, n. බාල්දිය. n. -ful, බාල්දියේ අල්ලන ප්‍රමාණය

paillasse පැල්යැස්, n. පිදුරු යට ගුදිරිය

pain පේන්. n. වේදනාව, පීඩාව. v. වේදනාකරණවා, දුක් දෙනවා. n. -s, රුජාව, උත්සාහ, මානසිකි. a. -ful (n. -ness). a. -less (n. -ness). a. -staking, උත්සාහගන්නා, මානසිගන්න

paint පේණ්ට්. v. පාටගානවා, සිතියම්කරණවා.

n. පාට, සායම. *n.* -ing, පාටගෑම, සිතියම් ඛි
ජිම, සිතියම් රූපය

pair පෙ·අර්, *n.* පුගල, කුට්ටම, ජෝඩුව. *v.* දෙක දෙක හෝ කුට්ටම් වශයෙන් තබන වා හෝ යොරණවා

palace පැල්එස්, *n.* මාලිගාව, රජවාසල

palæography පැලිඔග්රැෆි, *n.* පුරාණ ලියවිලි කියවීමේ ශාස්ත්‍රය

palæontology පේලිඔන්ටොල්ඔජි, *n.* පුරාණ ඩා [කිය
ලූ පිළිබඳ ශාස්ත්‍රය

palanquin පැ·ලන්කීන්, *n.* දෝලාව, පල්ලැක්

palate පැල්එට්, *n.* උඩුතල්ල, රස, ආශාව. *a.* -able, රසවත්. *a.* -al, උඩුතල්ල සම්බන්ධ; *n.* තාලුජාක්ෂරය

palatial පැලේ·ශල්, *a.* මාලිගාවට අයිති, රාජ [ඵාව
සයෝගය, විශාල

palaver පලා·වර්, *n.* නිෂ්ඵල කථාව, ඉච්චා ක

pale පේල්, *a.* සුදුමැලි, පාට මදිවූ. *v.* සුදුමැලි වෙනවා, පාට අඩුවෙනවා. *n.* -eness. *a.* -ish

pale පේල්, *n.* වැටේ උල්කළ ලෑලි පටියක්, සොකාරවුම. *n.* -ing, දඬුවැට

paletot පැලටෝ, *n.* සැහැල්ලු බුරුල් පටකබාය

palette පැල්·එට්, *n.* සිත්තරාගේ පාට මිශ්‍රකර [අශ්වයා
ණ ලෑල්ල

palfrey පෝල්ෆ්‍රි, *n.* කුඩා අශ්වයා, පිටලඩ යක

palisade පැලිසේඩ්, *n.* මුදුන උල්වූ වැට, ගරාදි වැට [තිය හෝ රස හීනවෙනවා

pall පෝල්, *n.* උතුරුසළුව, මිනීවැස්ම. *v.* ශක්

pallet පැල්ලට්, *n.* කුඩා ඇඳ, ඥදිරි වර්ගයක් (=palette බ.) [වා. *n.* -ion. *a.* -ive

palliate පැලියේට්, *v.* මෘදුකරණවා, අඩුකරණ

pallid පැල්ලිඩ්, *a.* සුදුමැලි, පාණ්ඩු. *n.* -ness

palm පාම්, *n.* අල්ල, (පොල් පුවක් ආදී) තාල වර්ගයේ ගස. *v.* වංචාකරණවා. -er, සාමුද්‍රිකශාස්ත්‍රඥයා. *n*, -Sunday, පාස්කුදිනට පෙර ඉරිදා. *a.* -y, තල්ගස්වර්ගයේ ගස් බහුල, සශ්‍රීක, සඵල. *a.* -aceous, තල්වර්ගයට අයිති. *a.* -ate පැල්මේට්, අත්හැඩ ඇති. *n.* -istry පැල්මිස්ට්‍රි, සාමුද්‍රිකාශාස්ත්‍රය, අල්ල බලා ශාස්ත්‍රකීම

palmyra පැල්මයිරා, *n.* තල්ගස, තල්

palpable පැල්පබ්ල්, *a.* අතගාබැලියහැකි, පැහැදිලි [ණවා. *n.*-ion

palpitate පැල්පිටේට්, *v.* (භයආදියෙන්) ගැහෙ

palsy පෝල්සි, *n.* අංශභාගරෝගය. *v.* අංශභාග රෝගය හැදෙනවා. *a.* -ied

palter පෝල්ටර්, *v.* වංචා ලෙස හැසිරෙණවා, ඇත්ත සඟවා සැටාකරණවා

paltry පෝල්ට්‍රි, *a.* සුළු, අධම. *n.* -iness

pampas පැම්පස්, *n.* දකුණු අමෙරිකාවේ ගස් නැති විශාල තැනිතලා

pamper පැම්'පර්, *v.* ප්‍රීතිකරණ දේ දෙනවා, ඉතා තෘප්තිමත් කරණවා

pamphlet පැම්'ෆ්ලට්, *n.* කුඩා පොත, පත්‍රිකාව. *n.* -eer, කුඩා පොත් ලියන්නා [ගත් දෙවියා

Pan පැන්, *n.* වන කඳු ගවපට්ටි ආදීනට අරක්

pan පැන්, *n.* හට්ටිය. ඇතිලිය

panacea පැ'නසී'අ, *n.* සියලුරෝග සුවකරණබෙහෙත

Pandemonium පැණ්ඩිමෝනියම්, *n.* සියලු නරක යක්ෂයන්ගේ සභා ශාලාව, නිරය

pander පැණ්'ඩර්, *v.* නීචලෙස සපයා දෙනවා තිමලෙස යමක් වෙනවා. *n.*

pandit පණ්ඩිට්, *n.* පණ්ඩිතයා. උගතා

pane පේන්, *n.* හතුරැස් වීදුරුකෑල්ල

panegyric පැනිජිරික්, *n.* ගුණ වර්ණනා කථාව ප්‍රශංසාව. *a.* *a.* -cal. *v.* -ise, උතුම් ලෙස ප්‍රශංසාකරණවා. *n.* -st. ගුණ වර්ණනා කරන්නා

panel පැන්'අල්, *n.* පැනල්ලය, ජූරි සාමලේඛනය, ජූරි සභාව

pang පැං, *n.* බලවත් වේදනාව

pangolin පැන්ගෝලින්, *n.* කබල්ලෑවා [සය

panic පැනික්, *n.* නිෂ්කාරණ අදිස්සි භය, ත්‍රාස

pannier පැනිඅර් (හෝ) පැන්'යර්, *n.* අශ්වපිට එල්ලන පාත් පැස [-ied

panoply පැනොප්ලි, *n.* සම්පූර්ණ සන්නාහය. *a.*

panorama පැනෝරාමා. *n.* සියල්ල දක්වන දිග

සිතියමක්. *a.* -ic, සියල්ල දක්වන

pansy පැන්සි, *n.* ලක්ෂණ මල් ඇති පැළ වර්ගයක්

pant පැන්ට්, *v.* හතිදමනවා[අඟ යලිසම් වර්ගයක්

pantaloon පැන්ටලූන්, *n.* විහිළුකාරයා. *n.* -s,

pantheism පැන්තීස්ම්, *n.* මුළු ලෝකය දෙවි යෝය යන දෘෂ්ටිය. *n.* -t, සර්වදේව දෘෂ්ටිකයා. *a.* -tic, -tical

pantheon පැන්තිඔන්, *n.* සියලු දෙවි දේවතා වුන් නමින් කළ දේවාලය, මනුෂ්‍ය ජාතියක් විසි න් වඳින පූදන දේව සමූහයා

panther පැන්තර්, අඳුන් දිවියා. *n.* -ess (*f*)

pantograph පැන්ටෝග්රැෆ්, *n.* සිතියම් ඇඳීමට යොදන යන්ත්‍රයක්

pantomime පැන්ටොමයිම්, *n.* නිශ්ශබ්ද අඩග විකාර දක්වන නාඩගම, අංග විකාරවලින් අද හස් දක්වන්නා.- *a.* -ic, -ical

pantry පැන්ට්රි, *n.* ආහාර ගබඩාව

pap පැප්, *n.* තනපුඩුව, කලප, පාප්ප

papa පපා, *n.* තාත්තා

papacy, පේපසි, *n.* පාප් පදවිය. *a.* -l

papaw පැපො, *n.* පැපොල්

paper පේපර්, *n.* කඩදාසිය,ප්‍රවෘත්තිපත්‍රය,ලියවිල් ල, *a.* *v.* කඩදාසිවලින් වසනවා. *n.* -hanger, බි ත්තිවල කඩදාසි ගහන්නා. *n.* -hangings, බිත් තිවල ගහන කඩදාසි. *n.* -money, මිලපත්‍ර(බැංකු නෝට්ටු ආදිය). *a.* -y

Papist පේපිස්ට්, *n.* රෝමානු කතෝලිකයා. *a.* -ic, -ical. *n.* -ry

papyrus 'පපෛරස්, *n.* පලමුවෙන් කඩදාසි තැනීමට භාවිතාකළ බට වර්ගයක්

par පාර්, *n.* ඒකාකාරකම, සමකම [-olic, -olical

parable පැර්'අබල්, *n.* උපමාව, නිදර්ශනය. *a.*

parachute පැර්'අෂූට්, *n.* ආකාශ යානාවේ ඡත්‍රය

parade 'පරේඩ්, *n.* යුධ සේවා අභ්‍යාසය, පෙරහර, පිටි අලංකාර පෙන්වීම. *v.* යුධ සේවා පිළිවෙළට රැස්වෙනවා, පෙරහර පවත්වනවා, පෙන්වීමට සංචාරණය කරනවා

paradigm පැර්'අඩිම්, *n.* නිදර්ශනය, වරනැගීමේ ආකාරය [සුඛ භවනය, ස්වර්ගය

Paradise පැර්'අඩෛස්, *n.* ඒදන් නම් උයන;

paradox පැර්'අඩොක්ස්, *n.* සත්‍ය නමුත් පෙනුමට අවිශ්වාස හෝ අඥාන යමක්. *a.* -ical

paraffin පැර්ඇෆින්, *n.* රට අඟුරු උණුකිරීමෙන් ලැබෙන ගඳ සුවඳක් නැති තද ද්‍රව්‍යයක්

paragon පැර්'ඇගොන්, *n.* උතුම් ආදර්ශය, ඉතා උතුම් එකක්, අච්චුඅකුරු වර්ගයක්

paragraph පැර්'අ'ග්‍රැෆ්, *n.* කථාවකින් හෝ ලියවිල්ලකින් කොටසක්, භාගය [ලම්බනය

parallax පැර්'අල්ලැක්ස්, *n.* ස්ථාන පෙරළීම,

parallel පැර්'ඇල්ලෑල්, *a.* සමාන්තර, එකසමාන. *n.* එක් ඉරකට සමාන දුරින් වූ ඉරක්, ස

මාහාත්තර රෙබාව. *v.* සමව තබනවා. *n.* -ism, සමකම. *n.* -ogram, දික් චතුරශ්‍රය

paralyse පැර්·අලෙස්, *v.* අංගභාගරෝග උපද වනවා, බල නැතිකරණවා. *n.* -sis පැ·රලිසිස්. අංගභාගරෝගය. *n.* -tic, අංගභාගරෝගකාරයා: අංගභාගරෝගය සම්බන්ධ හෝ ඉන් පෙළෙන

paramount පැර්·අමෞණ්ට්, *a.* ප්‍රධාන, ඉතා උතුම්

paramour පැරමූර්. *n.* පෙම්බඳින්නා, හොරපුරු ෂයා

parapet පැර්·අ·පට්, *n.* ප්‍රාකාරය, තාප්පය. *a.* -ed

paraphernalia පැ·ර·ෆර්ණේලි·ය, *n.* සැරසිලි, ආ යිත්තම්

paraphrase පැර්·අෆ්‍රේස්', *n.* ඝන්නය, විස්තර ය. *v. n.* -t, ඝන්න කත්‍රා. *a.* -tic, -tical

parasite පැර්·අසෛට්, *n.* ඉච්චාවෙන් කෑම ල බන්නා, පිළිල්ලය, තුරුලිය, අන්සතුන් පිට ජී වත්වෙන සතෙක්. *a.* -ic, -ical [රවරණ

parasol පැර·අසොල්, *n.* කුඩා කුඩ වර්ගයක්, කි

parboil පාර්බොඉල්, *v.* තරමක් තම්බනවා

parcel පාර්·සල්, *n.* සමකින් ඔතන ලද්ද, මිටිය, පොට්ටනිය, ඉඩම් කෑබෙල්ල, රැස. *v.* කො ටස්කරණවා

parcener පාර්සෑනර්, *n.* හවුල් උරුමක්කාරයා

parch පාර්ච්, *v.* වියලනවා, බදිනවා

parchment පාර්ච්·මෙණ්ට්, *n.* ලිවිමට හැනූ එළු

හෝ බැටළු සම, හැළිසම

pard පාර්ඩ්, *n.* දිවියා, අඳුන් දිවියා

pardon පාර්ඩන්, *n.* ක්‍ෂමාව. *v.* ක්‍ෂමාකෙරනවා, ක්‍ෂමාව දෙනවා. *a.* -able

pare පෙ අර්, *v.* මුදුනෙහත් හෝ අගිය කපනවා. *n.* -ing, එසේ කපාදමනලද්ද, පොත්ත

parent පේර්·අණ්ට්, *n.* දෙමව්පියන්ගෙන් එක්කෙනෙක්, මුල. *n.* -age, මව්පිය පෙළපත. *a.*-al, දෙමව්පියන්ට සුදුසු, දෙමව්පිය

parenthesis පරෙන්ත්සිස්, *n.* වරහන් ලකුණ, ඒ ස්තර ඇතුළු වගන්තිය. *a.* -tic, -tical

parhelion පාර්හිලියන්, *n.* මිථ්‍යා සූර්‍ය්‍යයා

pariah පරිය, *n.* පරයා, චණ්ඩාලයා

parish පැරිෂ්, *n.* පල්ලියක් සම්බන්ධ පලාත හෝ එහි වැසියෝ. *n.* -ioner, පල්ලියක් සම්බන්ධ පලාතේ වැසියා

Parisian පැරිස්·ඉ·අන්, *a.* පැරිස් නගරය පිළිබඳ. *n.* පැරිස්හි වැසියෙක් හෝ උපන්නෙකෙක්

parity පැරිටි, *n.* සමකම, සමානතාවය

park පාර්ක්, *n.* මහ පිට්ටනිය [ව, භාෂාව

parlance පාර්ලන්ස්, *n.* කථාකරණ විධිය, කථා

parley පාර්ලි, *n.* සම්මුඛ කරණ කථාව, සම්භා ෂණය *v.* [භාව. *a.* -ary

parliament පාර්ලි·මණ්ට්, *n.* මහාජන මන්ත්‍රිස

parlour පාර්ලර්, *n.* ගෙයි පවුල රැස්වෙන ගබ

ධාව. ගෙසි දෙමෙව්නි ශාලාව

parochial 'පරෝකි'යල්, *a.* පල්ලියක් හෝ යම් ස්ථානයක් සම්බන්ධ, ග්‍රාමීය [වශීයක්. *n.* -ist

parody 'පැරඩි, *n.* සරදම් හෝ කවට ලියවිලි

parole 'පරෝල්, *n.* නිදහස පිණිස දෙන සහතිකය, රැකවල් මුලාදෑනීන්ගේ මුර වචනයක්

paroxysm පැරොක්සිස්'ම්, *n.* තද කෝපය, රෝගය නැවත දියුණුවීම

parrakeet පැර'කීට්, *n.* කුඩා ගිරවා [රෑ අස

parricide පැරිසයිඩ්, *n.* පියා මැරීම, පියා මැ

parrot පැරට්, *n.* ගිරවා

parry පැරි, *v.* වලකනවා

parse පාර්ස්, *v.* වාක්‍යයක පද විභාගකරණවා

Parsee පාර්සී, *n.* පාර්සීකාරයා

parsimony පාර්සිමොනි, *n.* මුදල් අධික ලෙස ඉතුරුකරගැනීම, ගිජුකම. *a.* -ious

parsley පාර්ස්ලි, *n.* අසමෝදගම්

parsnip පාර්ස්නිප්,
parsnep පාර්ස්නැප්, } *n.* 'කැරට්' අල වැනි අල සහිත පැලයක්

parson පාර්සන්, *n.* පල්ලියක් සම්බන්ධ පලාතේ දේවගැතියා. *n.* -age, දේවගැතියාගේ නිවාසය

part පාර්ට්, *n.* කොටස, කෑබැල්ල, සම්බන්ධකම. *v.* කොටස්වලට කඩනවා, වෙන්කරණවා

partake පාර්ටේක්, *v.* බෙදාගන්නවා

parterre පාර්ටෙයර්, *n.* මල් පාත්ති මතා පිළිවෙ
ළට ඇති මල්වත්ත [පූර්ණ, පක්ෂපාත. *n.* -ity

partial පාර්ශල්, *a.* කොටසක් සම්බන්ධ, අසම්

partible පාර්ටිබල්, *a.* බෙදියහැකි

participate පාර්ටිසිපේට්, *v.* බෙදාගන්නවා, පං
ගුකාරයෙක් වෙනවා. *n.* -ion

participle පාර්ටිසිපල්, *n.* ක්‍රියාවක හා නාමයක
ස්වභාවය ඇති වචනය. *a.* -ial

particle පාර්ටිකල්, *n.* ඉතාකුඩා කොටස, අව්‍යය

particular පාර්ටිකියුලර්, *a.* සාමාන්‍ය නොවන.
විශේෂ, හරි. *n.* එක කාරණය. *v.* -ise, විස්තර
ලෙස සඳහන්කරණවා. *n.* -ity

partisan පාර්ටිසන්, *n.* පාර්ශවකාරයා. *n.* -ship

partition පාර්ටිෂන්, *n.* බෙදීම, වෙන්කිරීම. *v.*
n. -ve, කොටසක් අඟවන පදය; *a.* බෙදන

partly පාර්ට්ලි, *ad.* කොටසක්, තරමක්

partner පාර්ට්නර්, *n.* කොටස්කාරයා, සමාගම්
කාරයා, පුරුෂයා හෝ භාර්යාව. *n.* -ship

partridge පාර්ට්රිජ්, *n.* ඇටිකුකුළා [සත්ය

parturient පාර්ටියුරියන්ට්, *a.* වදන, වදන්ට ආ

parturition පාර්ටියුරිෂන්, *n.* වැදීම, ප්‍රසූතය

party පාර්ටි, *n.* සමාගම, කොටස්කාරයා, කොටස

pasch පැස්ක්, *n.* පාස්කුව. *a.* -al

pasha පශා, *n.* තුර්කි යුවරජා, උසස්ගරු නාමයක්

pasquil පැස්ක්විල්, } *n.* =pasquinade
pasquin පැස්ක්වින්, }

pasquinade පැස්ක්විනේඩ්, *n.* නින්ද, ඇනුම් සහිත ලියවිල්ල

pass පාස්, *v.* යනවා, යවනවා, පසුකරගෙණ යනවා, ළඟවනවා. *n.* පටුමාර්ගය, යාමේ ඊමට අවසර පත්‍රය, පහර, අවස්ථාව. *a.* -able, පසුකරණ්ට හැකි, පිළිගතහැකි, මදක් හොඳ. *n.* -bell, මැරුණුකල ගහන සණ්ටාව. *n.* -key, යතුරු කීපයකට හරියන යතුරුපෙත්ත. *n.* -word, මුරවචනය [යාම හෝ ඊම, වගන්තියක්

passage පැස්සේජ්, *n.* මාර්ග, ගමන් වේලාව,

passenger පැස්සැංජර් *n.* මගියා, ගමන්කාරයා

passible පාස්ඉබිල්, *a.* දුකීම ඇති

passim පාස්ඉම්, *ad.* එහේ මෙහේ

passion පැෂ්අන්, *n.* තද ආශාව හෝ ප්‍රීතිය, තද කෝපය, කෙලෙස්, දුකී දුක්විඳීම. *a.* -ate. පහසුවෙන් කිපෙන, තද ආලය ඇති (*n.*-ness)

passive පැස්සිව්, *a.* විරුඬ නැතුව ඉඳින, කර්මවාච්‍ය, කර්මකාරක. *n.* -ness

Passover 'පස්ඕ'වර්, *n.* පාස්කුව

passport 'පස්පෝර්ට්, *n.* ගමන් අවසර පත්‍රය

past 'පස්ට්, *a.* පසුවූ, ගතවූ, අතීත. *n.* පසුගිය කාලය, පසුවූ කාරණය

paste පේස්ට්, *n.* අනාපුහිටි, අලවන තලප. *v*

තලපමලියක් අලවනවා. *a.* -y, තලප වැනි. *n.* ලෙෂි කැවිලි වර්ගයක් [පුරුෂ

pastern පැස්ටර්න්, *n.* අශ්ව කකුලේ පහත

pastime 'පස්ටයිම්, *n.* සෙල්ලම

pastor 'පස්ටර්, *n.* පල්ලියක් භාර දේවගැතියා. *n.* -ate, දේවගැතිධුරය, දේවගැති සමූහය. *a.* -al, පල්ලිය භාරකාරකම සම්බන්ධ, දේවගැති, එඬේර, පිටිසර. *n.* එඬේර හෝ පිටිසර ජීවිතය සම්බන්ධ කාව්‍යය, බිෂොප් කෙනෙක් සවකීය දේවගැතිවරුන්ට යවන ලියුම

pastry පේස්ට්‍රි, *n.* පස්තැල ආදි පිටි කෑම ජාති

pasture 'පස්ට්‍යුර්, *n.* තණ බිම, කඩා කෑමට තිබෙන තණකොළ. *v.* තණ කවනවා, තණ කඩාකනවා. *n.* -age, තණබිම

pat පැට්, *v.* හෙමින් තට්ටු කරනවා. *n.* සැහැල්ලු පහර, කුඩා බටර්පෙට්ටිය. *a.* හරියට සුදුසු, යෝග්‍ය

patch පැච්, *n.* අණ්ඩය, බිම් කැබැල්ල. *a.* -y [දකමඩල

pate පේට්, *n.* හිස, හිස්මුදුන

patella පැටැල්ල, *n.* කුඩා වලඳ හෝ භාජනය,

patent පේටැණ්ට්, *a.* ප්‍රත්‍යක්ෂ, ප්‍රසිද්ධ, හිමිකම බලපත්‍රයකින් ස්ථිරවූ. *n.* බලපත්‍රය. *v.* බලපත්‍රයක් දෙනවා. *n.* -ee, හිමිකම ගැණ බලපත්‍රයක් ලැබූ අය

paterfamilias පේටර්ෆැමිලිඅස්, *n.* පවුලේ

ප්‍රධානයා හෙවත් පියා [n -ity, පියකම

paternal 'පටර්·නල්, a. පියා සම්බන්ධ, පිය.

paternoster පේ'ටර්නොස්'ටර්, n. ස්වාමින්වහන්සේගේ යාච්ඤාව, කොත්තය [පාර, අඩිපාර

path පාත්, n. මාර්ගය. a. -less. n. -way, යන

pathetic ·පතැටිඉක්, a. සිතම වැදී යන, අනුකම්පා උපදවන

pathology ·පතොල්ඔජි, n. රෝගනිදාන ශාස්ත්‍රය. a. -ic, -ical. n. -ist [දවීම

pathos පේතොස්, n. අනුකම්පාව, කරුණාඅද

patience පේ·ශන්ස්, n. ඉවසීම. a. -t පේ·ශන්ට්, ඉවසන; n. වෙදකම ලබන ලෙඩා [භාෂා විසිය

patois පැට්වා n. පිටිසර පලාතක පවතින අධම

patriarch පේට්රිආර්ක්, n. පවුලේ හෝ ගෝත්‍රයේ ප්‍රධානියා, මුල් පියා, වැඩි ගරු කටයුතු මනුෂ්‍යයා. a. -al

patrician 'පට්රිශ්·අන්, n. කුලවත්තයා. a.

patrimony පැට්රිමොණි, n. පිය උරුමය. a. -ial

patriot පේට්රිඔට්, n. ස්වකීය රටට ආලය ඇත්තා. a. -ic. n. -ism [සම්බන්ධ

patristic 'පට්රිස්ටික්, a. ක්‍රිස්තියානි සභා පියතුමන්

patrol 'පට්රෝල්, n. සංචාරණය කරණ මුරකාර සේනාව, ඇවිදින මුරකාරයා

patron පේට්රන්, n. ආරක්ෂාකාරයා, උපකාරකයා

රයා. *n.* -age, ආරක්‍ෂාව, උපකාරය. *n.* -ess (*f*). *v.* -ise, ආධාරකරණවා

patronymic පැට්‍රොනිමික්, *n.* ගේ නම, පියා ගෙන් ලැබෙන නම

patten පැටිඅන්, *n.* ලීසපත්තු ඇතුල් අඩිය, සප ත්තුයෙහට වලල්ලක්, කණු අඩිය

patter පැට්ටර්, *v.* වැහිබිත්දුමෙන් පට පටනා තවා. *n.* පට පටගාන ශබ්දය, දෙඩවිල්ල

pattern පැට්ටාර්න, *n.* මුල් ආදර්ශය, ආකාරය

patty පැට්ටි, *n.* පත්තැල

paucity පෝසිටි, *n.* අල්පතාව, අඩුකම, හිඟකම

paunch පොංච්, *n.* බඩ, කෑම බොක්ක. *n.* -y

pauper පෝපර්, *n.* දිළිඳ්‍ය, අසරණ ජන පඩිකා රයා. *n.* -ism, ඉතා දිළිඳු භාවය. *v.* -ise, ඉතා දිළිඳු භාවයට පමුණුවනවා

pause පෝස්, *v.* විකක් නවතිනවා. *n.* නැවතීම

pave පේව්, *v.* ගල් හෝ ගඩොල් අල්ලනවා. *n.* -ment, ගල් හෝ ගඩොල් අල්ලා තැනූමාර්ගය

pavid පැවිඩ්, *a.* බය, බයාදු

pavilion පවිලියන්, *n.* කූඩාරම, මන්දිරය

paw පෝ, *n.* නියඇති මෘගපාදය. *v.* ඉස්සර හ සකුලෙන් පහුරුගානවා

pawn පෝන, *n.* උකස, දෑතිගේවා ඉත්තා. *v.* උකස් තබනවා. *n.* -broker, උකස් බඩු ගෙන පොලී දෙන්නා

pay පේ, *v.* ගෙවනවා, කුලී හෝ පඩි දෙනවා. *n.* පඩිය, කුලිය. *a.* -able, ගෙවියයුතු, ගෙවිය හැකි. *n.* -ee, මුදල ලැබූ අය. *n.* -ment, ගෙවීම, ගෙවනලද්ද. *n.* -bill, ගෙවන්ට තිබෙන මිල ලේඛනය. *n.* -master, පඩි ගෙවන මුලාදෑනියා

pea පී, *n.* රටමෑ, බෝල මෑ (peas, pease බ.)

peace පීස්, *n.* සමාදානය, සමගිකම. *a.* -able (*n.* -ness). *a.* -ful, සාමදානා, ශාන්ත (*n.* -ness) [ඇටඹ

peach පීච්, *n.* ගෙඩි පලගන්න ගස් වර්ගයක්, ඊට

peacock පීකොක්, *n.* මොනරා, මයුරයා (peahen *f.*)

peak පීක්, *n.* කඳු මුදුන, කූටය, කන්ද. *a.* -ed, තුඩක් ඇති, උල්වූ [නාදය. *v.* නාදකරණවා

peal පීල්, *n.* අහස ගොරවන ශබ්දය, ඝණ්ටා

pear පෙ'අර්, *n.* පේරඵැති ගස් වර්ගයක්

pearl 'පාර්ල්, *n.* මුතුඇටය, මුතුඇට ආකාර යමක්, ඉතා වටිනා දෙයක්, කුඩා ඇටවුඅකුරු වර්ගයක්. *a.* -ed. *a.* -y, මුතු සමාන, මුතුවල බැබලීම ඇති (*n.* -iness)

peas පීස්, *n.* pea හි බහු (pease බ.)

peasant පැස්''අණ්ට්, *n.* ගොවිකාර්යකරන්නා, පිටිසරයා. *n.* -ry, පිටිසර මිනිස්සු

pease පීස්, *n.* pea හි බහු (ගණන අනියම් වශයෙන් කියනවිට; ගණන නියම වශයෙන් කියනවිට peas කියි යෙදේ.)

peat පීට්, *a.* වගුරුවල දිරූ ගස්මුල් දර. *a.* -y

pebble පැබ්බ්ල්, *n.* වටකුරු කුඩා ගල, බොරළු ගල, කණ්ණාඩි පළිඟුගල. *a.* -y [වියහැකි

peccable පැක්·අබ්ල්, *a.* පව්කරණ සුළු, පව් සිඩ

peccadillo පැකඩිල්ලෝ, *n.* සුළුවරද, සුළුඅපරාධය

peccant පැක්අණ්ට්, *a.* පව්කරණ, අණ කඩක රණ, දුශහපත්, අසනීප

peck පැක්, *n.* බුශලෙන් හතරෙන් පංගුව. *v.* හොටෙන් අනිනවා, හොටෙන් ඇහිඳකනවා

peckish පැක්ඉශ්, *a.* බඩගිනි ඇති

pectoral පැක්ටෝ·රල්, *a.* ළය සම්බන්ධ

peculate පැකියුලේට්. *v.* පොදු මුදලක් හොර ත් ගන්නවා. *n.* -ion

peculiar පිකියුල්·යර්, *a.* සාමාන්‍ය නොවන, විශේෂ. *n.* -ity, විශේෂය

pecuniary පිකියුනිඇරි, *a.* මුදල් සම්බන්ධ

pedagogue පැඩගොග්, *n.* ගුරුවරයා. *n.* -y. *a.* -ic. *n.* -ics, ඉගැන්වීමේ ශාස්ත්‍රය

pedal පැඩ්·අල්, *n.* ක්‍රියාකරවන පයි ලෑල්ල

pedant පැඩ·අණ්ට්, *n.* අහංකාරකමින් උගත්කම් පාන්නා, පණ්ඩිත මානියා. *a.* -ic, -ical. *n.* -ry, පණ්ඩිතමානිකම

peddle පැඩ්ල්, *v.* සුළු බඩු විකිණීමට ගෙණය නවා, සුළු දේ ගැන වෙහෙසෙනවා. *n.* -r

pedestal පැඩ්ඇස්·ටල්, *n.* කනුවක හෝ පිළිම යක අඩිය

pedestrian පිඩෑස්ට්‍රි·අන්. *n.* පයින් ගමන් යන්නා. *a.* *n.* -ism, පයින් ගමන් යෑමේ අභ්‍යාසය, පාද ගමනය

pedigree පැඩිඉග්‍රී, *n.* පෙළපත්තිය, වංශය

pediment පැඩිඉ·මන්ට්, *n.* දොරේ ඉහළ කොටස ගරාව ලක්ෂණයට තැබූ තුන්හුළස් ගලක්

pedlar පැඩ්·ලර්, *n.* සුළු බඩු විකිණීමට ගෙන යන්නා (peddle බ.)

peduncle පිඩංකල්, *n.* මල් නටුව

peel පීල්, *n.* ලෙල්ල, පොත්ත. *v.* ලෙලි ගසනවා, පොතු අරිනවා

peep පීප්, *v.* එබී බලනවා. පෙනෙන්ට පටන් ගන්නවා, කුකුළුපැටියෙක්මෙන් අඬනවා. *n.*

peer පිර්, *n.* වංශාධිපතියා, සමයා. *n.* -age, වංශාධිපතිකම, වංශාධිපති සම්භයා. *n.* -ess (*f*). *a.* -less. අනුපම, අතුල්‍ය. *v.* හොඳම බලනවා, එබී බලනවා

peevish පීවිෂ්, *a.* අසතුටු ගතියක් ඇති, නොසුරණ. *n.* -ness [රනවා

peg පැග්, *n.* ලී ඇනය. *v.* ලී ඇන දමා සවි ක

Pegasus පැග්·අසස්, *n.* පියාපත් අශ්වයා, උතුරු තාරකා පංක්තියක්, පියාපත් මත්ස්‍යයා, කාව්‍ය තැනීමේ ආනුභාව

pekoe පීකෝ. *n.* හොඳ කළු තේකොළ

pelf පැල්ෆ්, n. මිල, ධනය [කොකා
pelican පැල්ඉ·කන්, n. බටුමා නා, කරවැල්
pelisse පෙලීස්, n. ස්ත්‍රීන් අඳින දිග කබායක්
pell පැල්, n. හම, තැළිහම (පාර්ච්මැණ්ට්) මිජන
pellet පැල්ලැට්, n. කුඩා ගුලිය, බූසිය
pellicle පැල්ලිකල්, n. සිවිය, හැවය
pell-mell පැල්මැල්, ad. හොඳට අවුල්ලෙලය, අවුල්
වියවුල් ලෙලය [නා පැහැදිලි
pellucid පැල්ලුසිඩ්, a. විනිවිද පෙනෙණන, ඉ
pelt පැල්ට්, v. විසිකරණවා, යමක් විසිකිරීමෙන්
ගහණවා. n. විසිකළ දෙයක පහර, පදන්
නොකළ හම
peltry පැල්ට්රි, n. පදම් නොකායල (රෝම සහි
න) හම, රෝම [ශ්‍රෝ. a. -c
pelvis පැල්විස්, n. උප්බඩෙය කුහරය, වස්තිදේ
pen පැන්, n. ලේඛනිය, පෑන, පට්ටිය,කොටුව.
v. ලියනවා, පට්ටියේ දමනවා. n. -man, ලියු
ක්කා. n. -manship, ලිවීමේ විද්‍යාව, ලියන
ආකාරය
penal පීනල්, a. දඬුවම් නියමකරණ, දඬුවම් ක
රණ. n. -ty, දඬුවම, දඩය [ඬුවම
penance පැනන්ස්, n. තපස, පව් ශෝධනාව ද
pence පැන්ස්, n. පැන්නැවල් ආ ගණන)(penny බ.)
pencil පැන්සල්, n. පැන්සල, තුලිකාව,චිත්‍රකූරැ.
v. පැන්සලෙන් ලියනවා හෝ අඳිනවා

pendant පැන්ඩන්ට්, *n.* ලක්‍ෂණ කිරමට එල්ලනලද්ද, කඩුක්කම, කුණ්ඩලාභරණය

pendent පැන්ඩන්ට්, *a.* එල්ලෙන, හෙර තිබෙන [*prep.* තිබෙද්දී

pending පැන්ඩිං, *a.* අනිශ්චිත, තීන්දු නැති.

pendul*ous* පැන්ඩ්‍යුලස්, *a.* එල්ලෙන. *n.* -um, ඔරලෝසුවේ ඔංචිල්ලාව

penetr*ate* පැන්ට්‍රේට්, *v.* ඇතොනවා, ඇතුලට වදිනවා. *a.* -ting, ඇතෙන, තියුණු. *n.* -tion. *a.* -b*le* (*n.* -ility)

peninsula පැනින්සුලා, *n.* අර්ධද්වීපය. *a.* -r

peniten*t*, පැනිටෙන්ට්, *a.* පසුතැවිලිවෙන. *n.* පශ්චාත්තාපවූ අය. *n.* -ce, පසුතැවිල්ල. *a.* -tial. *n.* -tiary, දණ්ඩනාගාරය, හිරගෙ

penknife පැනනයිෆ්, *n.* සාක්කු කුඩා පිහිය, පෑ කපන්නේ

pennant පැනන්ට්, *n.* කුඩා කොඩිය

pennies පැනිස්, *n.* පැන්ස මිල කෑබලි(ගණන) (penny බ.)

pennon පැනන, *n.* දිග උල් කොඩිය

penn*y* පැනි, *n.* පැන්සය(බහු: pence, pennies බ.). *a.* -iless, මිල මුදල් නැති, දිළිඳු. *n.* -yweight, ඕන්ස් එකක්න් 20 න් කොටසක බර. *a.* -ywise, සුළු මුදල සලකන ලොකු මුදල ගැන නොසලකන. *n.* -yworth, පැන්සයම

ගතහැකි බවුව හෝප්‍රමාණය. To turn an honest penny=අවඹක විඩියෙක් මුදල් සම්බකරණවා

pensile පැන්සෙල්, *a.* එල්ලෙන

pension පැන්ෂන්, *n.* පින්පඩිය. *v.* පින්පඩි දෙනවා. *n.* -er, පින් පඩි ලබන්නා. *a.* -ary, පින් පඩි ලබන, පින් පඩි; *n.* පින් පඩියක් ලබන්නා. *a.* -able [ඉන්න, උදාසීන. *n.* -ness

pensive පැන්සිව්, *a.* කණගාටුලෙස සිතිවිල්ලේ

pentagon පැන්ටගොන්, *n.* කොන් හා පැති පහක් ඇති හැඩය. *a.* -al [කම් පදය

pentameter පැණ්ටැමිටර්, *n.* ගණ පහක් ඇති

Pentateuch පැණ්ටටියුක්, *n.* බයිබලයේ පරණ ගිවිසුමේ මුල් පොත් පහ [වෙනි දින මඞ්ගල්‍යය

Pentecost පැණ්ටිකොස්ට්, *n.* පාස්කුවේ සිට 50

penthouse පැණ්ට්හෞස්, *n.* ගොඩනැගිල්ලේ පැත්තක එකපලේ මඩුව. බිත්තියට බැඳුම් ඇති පියස්ස

penult පීනල්ට් (හෝ) පැනල්ට්. *n.*=penultimate [ම මාත්‍රාවීලඟ මාත්‍රාව. *a.*

penultimate පිනල්ටිමේට්, *n.* වචනයක අන්තිම

penumbra පිනම්බ්‍ර. *n.* ග්‍රහණයේ බාල ඡායාව සිතියමේ සෙවණ අද්දර

penury පැන්යුරි, *n.* දිළිඳුකම. *a.* -ious. මුදල ගැණ ලෝභ, මසුරු (*n.* -ness)

peon පියන්, *n.* පණිවිඩකාරයා

people පීප්ල්, *n.* මිනිස්සු, ජනයා, සෙනග. *v.* මිනිසුන් පදිංචිකරණවා

pepper පැප්පර්, *n.* ගම්මිරිස්. *v.* ගම්මිරිස් ඉසිනවා. *a.* -y, කටදන, කටුක. *n.* -corn, ගම්මිරිස් ඇටය, සුළු වටිනාකම ඇති දෙයක්

peppermint පැප්පර්මින්ට්, *n.* සුවඳ ඇති පැලවර්ගයක්, ඉන් තැනූ වතුරක්

peptic පැප්ටික්, *a.* කෑම දිරවීමට හිත, කෑම දිරවීම සම්බන්ධ, දීපන

per පර්, *prep.* ට, අත, බැගින් (per annuam—අවුරුද්දට; per diem දවසට; per beaser—එක් ශ්‍රෝණ එක අය අත; ten per cent.—ten per centum=සියයේට දහය බැගින්)

perentage පර්සැන්ටේජ්, *n.* සියයෙන් නියම් කරණ ගණන

perdventure පර්ඇඩ්වැන්චූර්, *ad.* හදිස්සියෙන්, බාගවෙලාවට

permbulate පර්ඇම්බියුලේට්, *v.* මුළුල්ලෙහි ඇවිදිනවා. *n.* -ion. *n.* -or, කුඩා ළමයින් ඇවිද්දවන රථය

peceive පර්සීව්, *v.* දැනගන්නවා, තේරෙනවා. *a.* -able

peceptible පර්සැප්ටිබල්, *a.* දැනෙන, පෙනෙන. *n.* -ility

peception පර්සැප්ෂන්, *n.* දැනීම, ඥානශක්තිය, චේතනාව. *a.* -ve, දැනීමේ බලය ඇති

prch පර්ච්, *n.* මිරිදිය කුඩා මත්ස්‍යයෙක්, ලෑ

න ලීස හෝ සට්ටානය, සාර 5½ දිග මිම්ම. *v.* ලගිනවා, දමක් උඩ වැස සිටිනවා [විට

perchance 'පර්චෑන්ස්, *ad.* හදිස්සියෙන්, සමහර

percipient 'පර්සිප්ඉඇන්ට්, *a.* දැනෙනා, හැඟෙන

percolate 'පර්කොලේට්, *v.* කාන්දුවෙනවා; පෙරෙනවා. *n.* -ion

percuss 'පර්කස්, *v.* තට්ටුකරනවා, විද්දවනවා. *n.* -ion, හද සෙලවීම, සංඝට්ටනය, ඉස්සීත් පහර. *a.* -ive [සදහකාල දුක

perdition 'පර්ඩිෂ්අන්, *n.* පරලොව විනාශය,

peregrinate පැරිග්‍රිනේට්, *v.* තැනින් තැනට ගමන් කරනවා, සැරිසරනවා. *n.* -ion

peregrine පැරිග්‍රින්, *a.* පරදේශික

peremptory 'පර්ඇම්ප්ටොරි, *a.* ආඥා, අනාර ජ්කාන්ත ස්ථිර. *ad.* -ily

perennial 'පර්ඇන්ඉ·අල්, *a.* මුළු අවුරුද්දේ පවතින, නිත්‍ය. *n.* අවුරුදු දෙකකට වැඩිකල් පවතින පැලය

perfect 'පර්ෆැක්ට්, *a.* සම්පූර්ණ, නිර්දෝෂ, අසි ත. *v.* සම්පූර්ණ කරනවා, කෙළවර කරනවා. *a.* -ible (*n.* -ility). *n.* -ion. *n.* -ness. *a.* -ive

perfidious 'පර්ෆිඩ්ඉඅස්, *a.* ද්‍රෝහි, විශ්වාසඝාති. *n.* -ness, perfidy [කෝ. *n.* -on

perforate 'පර්ෆොරේට්, *v.* සිදුරුකරනවා. [දි

perforce 'පර්ෆෝර්ස්, *ad*. බලාත්කාරයෙන්, ඕනෑ කම නිසා

perform 'පර්ෆෝර්ම්, *v*. ඉෂ්ට කරණවා. *a*. -able. *n*. -ance, ඉෂ්ට කිරීම, නාට්‍යය

perfume 'පර්ෆ්‍යූම්, *n*. සුවඳ ද්‍රව්‍ය, සුවඳ. *n*. -r, සුවඳ කරන්නා, සුවඳ වෙළෙන්දා. *n*. -ry, සුවඳ ද්‍රව්‍ය වර්ග [සකරණ. *n*. -iness

perfunctory 'පර්ෆංක්ටොරි, *a*. නොසැලකිලිමල

perhaps 'පර්හැප්ස්, *ad*. සමහරවිට

pericarp පැරිකාර්ප්, *n*. බීජකෝෂය

perigee පැරිඉජී, *n*. චන්ද්‍රමාරයේ පෘථිවියට ඉතාම ආසන්න තැන[යේ ඉතාම ආසන්න තැන

perihelion පැරිහීලියන්, *n*. ග්‍රහයෙකුගේ චාර

peril පැරිල්, *n*. අන්තරාය, උපද්‍රවය. *a*. -ous

perimeter පැරිමිටර්, *n*. මුළු අවට සීමාව

period පීරිඅඩ්, *n*. කාලය, සමය, සම්පූර්ණ නැවතුම (. යන) ලකුණ. *a*. -ic, -ical. *n*. -ical, කලින් කලට පළකරණ සඟරාව

peripatetic පැරිපතැටික්, *a*. සක්මන් කරණ. සක්මන් කරමින් උගැන්වූ ඇරිස්ටෝටල් ගේ ග්‍රීක් ආචාර්යයාගේ ශිෂ්‍යයා

periphery පිරිෆ්අරි, *n*. වට ප්‍රමාණය, පරිණාමය

perish පැරිෂ්, *v*. විනාශවෙනවා. *a*. -able

periwig පැරිවිග්, *n*. කුඩා ඉසකේ වැස්ම

periwinkle පැරිවින්කල්, *n*. ලතාවර්ගයක්, මුහුදු

බෙල්ලෝ වශයෙන් [බොරු දිවීම

perjure 'පර්ජූර්, *v.* බොරුවට දිවුරණවා. *n.* -y,

perk 'පර්ක්, *a.* ජේත්තු, තලේලි, කෙළින් *v.*

permanent 'පර්·ම·ණන්ට්, *a.* පවතින, ස්ථිර චි
 රස්ථායි. *n.* -ce, -cy [වා. *a.* -ble. *n.* -ion

permeate 'පර්මිඒට්, *v.* ඇතුල් වෙනවා, උරණ

permission 'පර්මිශ්අන්, *n.* අවසරදීම, අවසර.
 a. -ve. *a.* -ble [*n.* අවසර පත්‍ර

permit 'පර්මිට්, *v.* ඉඩ දෙනවා, අවසර දෙනවා.

permutation 'පර්මුටේශන්, *n.* හුවමාරු කිරීම,
 ආවර්තකිරීම [යන. *n.* -ness

pernicious 'පර්නිශ්අස්, *a.* විනාශකර, අනර්ථ

peroration පැරොරේශන්, *n.* කථාවේ අවසාන
 කොටස

perpendicular 'පර්පැන්ඩික්යු'ලර්, *a.* හරියට කෙ
 ළින්. *n.* හරිමුල්ලක කෙළින් ඉර

perpetrate 'පර්පිට්රේට්, *v.* (යම් දුෂ්ට ක්‍රියාවක්
 කරණවා. *n.* -ion

perpetual 'පර්පැච්චූඅල්, *a.* නිතර පවතින
 පැවැත්ම. *n.* -ity, නිතර පැවතීම, නිත්‍යතාව

perpetuate 'පර්පැච්චූඒට්, *v.* පවත්වනවා, පසු
 වේලාවට පැවැත්වනවා. *n.* -ion

perplex 'පර්ප්ලැක්ස්, *v.* ආකුලකරණවා. *n.* -ity

perquisite 'පර්ක්විසිට්, *n.* පඩියෙන් පිට පුළු ප්‍ර
 යෝජනය

perry පැරි, *n.* රටපේර පානය

persecute 'පර්සිකියුට්, *v.* පීඩා කරනවා, වද දෙනවා. *n.* -ion

persevere 'පර්සිවිඅර්, *v.* අත් නොහැර කරනවා. [*n.* -ance

Persian පර්ෂිඅන්, *a.* පර්ෂියා රට හෝ පර්ෂියා ජනයා හෝ ඔවුන්ගේ භාෂාව හෝ සම්බන්ධ. *n.* පර්ෂියා ස්වදේශිකයා, පාර්ෂියා භාෂාව, තුසී භේද වර්ගයක්

persiflage 'පර්සිෆ්ලාශ්, *n.* නිස්සාර කවට කථාව

persist 'පර්සිස්ට්, *v.* පසුබට නොවී කරගෙන යනවා. *n.* -ence, -ency. *a.* -ent

person 'පර්සොන්, *n.* කෙනෙක්, අය, (ව්‍යාකරණයෙහි) පුරුෂ හෙවත් කාරකය. *a.* -able, හොඳ පෙනුම ඇති. *n.* -age, අය, උතුම් අය. *a.* -al, කෙනෙකුට අයිති, පුද්ගලික. *n.* -ality, පුද්ගල භාවය, කෙනෙකු සඳහා නින්දාව. *n.* -alty, පුද්ගලික වස්තුව. *v.* -ate 'පර්සොනේට්, වෙන කෙනෙක් හැටියට පෙනී සිටිනවා (*n.* -ion). *v.* -ify 'පර්සොන්ඉෆයි, යම් දෙයක් කෙනෙක් කොට දක්වනවා (*n.* -ication). *n.* -nel, යම් කටයුත්තක යෙදෙන සමූහය. In person, තමාම

perspective 'පර්ස්පැක්ටිව්, *n.* යම් ස්ථානයක දී ඇසට පෙනෙනාකාර රූප ඇඳීමේ ශිල්පය, දුරදර්ශන ස්ථිතිය

perspicaci*ous* ·පර්ස්පිකේෂස්, *a.* තීක්ෂණ දෘෂ්ටිය ඇති, තීක්ෂණ ඥානය ඇති. *n.* -ty

perspicu*ous* ·පර්ස්පිකියුඅස්, *a.* පැහැදිලි, පහසුවෙන් තේරුම් ගත. *n.* -ousness, -ity

perspir*e* ·පර්ස්පයර්, *v.* දහඩිය දමනවා. *n.* -ation. *a.* -atory

persua*de* ·පර්ස්වේඩ්, *v.* යමක් කිරීමට කැමති කරවනවා. *a.* -sive (*n.* -ness). *n.* -sion

pert ·පර්ට්, *a.* බහු ලජ්ජා මදිවූ, අවිනීත. *n.* -ness

pertain ·පර්ටේන්, *v.* අයිතිව තිබෙනවා

pertinaci*ous* ·පර්ටිනේෂස්, *a.* තදින් අල්ලාගෙන සිටින, ස්ථිර. *n.* -ty [අනුකූල. *n.* -ce, -cy

pertinen*t* ·පර්ටිනන්ට්, *a.* යෝග්‍ය, ප්‍රස්තාවික.

perturb ·පර්·ටර්බ්, *v.* කලඹනවා, චකිත කරනවා. *n.* -ation

peruke පැරූක්, *n.* කුඩා බොරු ඉසකේ වැස්ම

perus*e* පැරූස්·, *v.* සැලකිල්ලෙන් කියවා බලනවා. *n.* -al, කියවා බැලීම

perva*de* ·පර්වේඩ්, *v.* පැතිරයනවා, ව්‍යාප්ත වෙනවා. *n.* -sion. *a.* -sive [*n.* -eness, -ity

pervers*e* ·පර්·වර්ස්·, *a.* හිතුමත්කාර, මුරණ්ඩු.

perver*t* ·පර්·වර්ට්, *v.* නරක ස්වභාවයකට පෙරළනවා, විකාරකරනවා. *n.* -sion. *a.* -sive

pervious ·පර්විඅස්, *a.* ඇතුල්විය හැකි

pessimis*m* පැස්ඉමිස්·ම්, *n.* ලෝකයේ දුකට ප

වතින විසිය අයහපත පිණිසය් යහ දාළවිය, අයහපත් කොමහම සලකන සහාව. *n.* -t. *a.*-tic

pest පැස්ට්, *n.* වසංගතය, විනාශක හෝ දූෂක දෙයක් [රණවා

pester පැස්'ටර්, *v.* කරදර කරණවා, ගැහැට කා

pestiferous පැස්ටිෆ්'අරස්, *a.* වසංගත ආකාර, විනාශක, දූෂක

pestilence පැස්ටි'ලන්ස්, *n.* වසංගතය. *a.* -t, වසංගත ජනක, විනාශක. *a.* -tial

pestle පැස්ටල් (හෝ) පැස්ල්, *n.* මෝල් ගහ

pet පැට්, *n.* සුරතල් දරුවා, සුරතල් සතා, වඩා ප්‍රිය අය හෝ දේ, සුළු තරහ, අසතුට *v.* ආදර කරණවා, සුරතල් කරණවා. *a.* -tish (*n.* -ness)

petal පැට්ල්, *n.* මල්පෙත්ත

petiole පැටිඕල්, *n.* කොළ නැට්ට

petite පටීට්, *a.* රූපයෙන් කුඩා

petition පිටිෂ්අන්, *n.* ඉල්ලීම, අයදුම, අයදුම් පත. *v.* ඉල්ලුම් කරණවා, අයදුම් පත්‍රයක් ඉදිරිපත්කරණවා. *a.* -ary

petrel පැට්'රල්, *n.* මුහුදු පක්ෂියෙක්

petrifaction පැට්රිෆැක්ෂන්, *n.* ගල්වීම, ගල් කිරීම. *a.* -ve [ව, ගල්ගැහෙණවා

petrify පැට්රිෆයි, *v.* ගල්වෙනවා, ගල්කරණ

petroleum පිට්‍රෝලිඅම්, *n.* බුම්තෙල්

petrology පෙට්‍රොලොජි, *n.* ශෛලවිද්‍යාව [මක්
petticoat පැටිකෝට්, *n.* ස්ත්‍රීන්ගේ යට ඇඳු
pettifogger පැටිෆොග්ගර්, *n.* සුළු නඩු භාර ගන්න ජීනිඥයා, සුළු කාරණ කරන්නා. *n.* -y
pettish පැටිෂ්, *a.* (pet බ.)
petto පැට්ටෝ, *n.* ළය, In petto=රහසේ
petty පැටි, *a.* කුඩා, සුළු, නොවැදගත්. *n.* -iness [කනීෂ, අප්‍රීත. *n.* -ce, -cy
petulant පැටියුලන්ට්, *a.* සුළු ලෙස කිපෙන,
pew පියු, *n.* දේවස්ථානයේ දොරක් ඇති ආසනය
pewit පීවිට්, *n.* පක්ෂි වර්ගයක්
pewter පියුටර්, *n.* තුත්තනාගම් බෙලෙක් ඊයම් මිශ්‍ර ලෝහ වර්ගයක්. *n.* -er, මේ ලෝහ වර්ග යෙන් බඩු හදන්නා. *a.* -y
phaeton ෆේඉටන්, *n.* චක්‍ර හතරේ රථ වර්ගයක්
phalanx ෆැලැංක්ස්, *n.* සතරැසට සිටින යුධ අවි ගත් හේවා සමූහය, බලසේනාව, හොඳට ළංව සිටින සමූහය, ඇඟිල්ලක කුඩා ඇටය (බහු: -ges, -xes)
phallus ෆැල්ලස්, *n.* ලිංගය (පුරුෂ හෝ ස්ත්‍රී නිමිත්ත), උත්පාද කිරීමේ ලකුණ. *n.* -ic
phantasm ෆැන්ටැස්ම්, *n.* අභූත රූපය, ජාතිව, මායාව. *a.* -mal. *n.* -y [ව, හිස් කල්පනාව
phantom ෆැන්ටම්, *n.* අවතාරය, භූතයා, මායා

Pharisee ෆැරිසී, *n.* යුදෙව්වරුන්ගේ එක් නිකායක කෙනෙක්, බාහිර චාරිත්‍රම සලකන්නා. *a.* -aic, -aical. *n.* -aism

pharmacy ෆාර්මසි, *n.* බෙහෙත් සෑදීම, බෙහෙත් සෑදීමේ විද්‍යාව. *n.* -opœia, බෙහෙත් සෑදීම දක්වන ග්‍රන්ථය

phase ෆේස්, *n.* පෙනුම, පෙනෙන ආකාරය

pheasant ෆෑස්'අන්ට්, *n.* වලිකුකුළා, ජීවංජීව

phenix ෆීනික්ස්, *n.* 500 වර්ෂයක් ඉඳ මැර යක්ෂ අළුවලින් නැවත ජීවිතය ලැබුවේයයි විශ්වාස කරන පක්ෂියෙක්, අමරණීයකමට ලකුණක්

phenomenon ෆිනොමිනොන්, *n.* අපූර්ව දර්ශනය අද්භූතය (බහු: -a). *a.* -al, අපූර්ව, පුදුම

phial ෆයිඅල්, *n.* කුප්පිය, කුඩා බෝතලය

philanthropy ෆිලැන්ත්‍රොපි, *n.* ලෝකයාට දයාව හෝ හිතකාමීකම, ලෝකයාට යහපත කිරීම. *a.* -ic, -ical. *n.* -ist

philately ෆිලැටෙලි, *n.* තැපැල් මුද්දර එක්කාසු කිරීම. *n.* -ist. *a.* -ic

philology ෆිලොලොජි, *n.* ශබ්දශාස්ත්‍රය, නිරුක්තිය. *a.* -ic, -ical. *n.* -ist, -er

philosphy ෆිලොසොෆි, *n.* තත්ත්ව ශාස්ත්‍රය, තත්ත්ව විද්‍යාව, ශාස්ත්‍රය. *n.* -er, තත්ත්ව ශාස්ත්‍රඥයා, පණ්ඩිතයා. *a.* -ic, -ical. *v.* -ise, තත්ත්ව ශාස්ත්‍රඥයෙක්මෙන් හේතු පරීක්ෂාකරණවා

philtre } ෆිල්ටර්, *n.* ඉතා බෙහෙත, හිත ගැණි
philter } මට දෙන බේත

phlegm ෆ්ලෙම්, *n.* සෙම. *a.* -atic ෆ්ලෙග්මැටික්, -atical, සෙම් අධික, උත්සාහමඳ

phœnix ෆීනික්ස්, *n.* (=phenix බ.)[ස්වර විද්‍යාව

phonetic ෆොනැටික්, *a.* ස්වර. *a.* -al. *n.* -s,

phonograph ෆොනෝග්‍රැෆ්, *n.* ශබ්ද අසා එම ශබ්ද උපදවන යන්ත්‍රය. *n.* -y, ශබ්ද විස්තරය, ශබ්ද අකුරුවලින් දක්වීම. *a.* -ic, -ical

phonology ෆෝනොලොජි, *n.* මුඛ ශබ්දය සම්බන්ධ ශාස්ත්‍රය

phosphorous ෆොස්ෆොරස්, *n.* ප්‍රකාශද නම් ද්‍රව්‍යය. *v.* -esce ෆොස්ෆොරෙස්, සවකීය දීප්ති යෙන් දිලිසෙනවා (*a.* -nt. *n.* -nce).*a.* -ic

photograph ෆෝටෝග්‍රැෆ්, *n.* ඡායාරූපය. *v.* ඡායාරූප ගන්නවා. *n.* -y, ඡායාරූප ශිල්පය, ආලෝකයෙන් සිතියම්කිරීම. *a.* -ic, -ical

photology ෆෝටොලොජි, *n.* එළිය පිළිබඳශාස්ත්‍රය

phrase ෆ්‍රේස්, *n.* පුහුඩු වගන්තිය, වචන දෙකක් හෝ තුණක් ඇති විශේෂාකාර කියමනක් *v.* විශේෂ වචනවලින් කියනවා. *n.* -ology ෆ්‍රේසියොලොජි, වාක්‍ය විධිය

phrenology ෆ්‍රිනොලොජි, *n.* කපාල ලක්ෂණ විද්‍යාව. *a.* -ical. *n.* -ist

phrensy ෆ්‍රෙන්සි, *n.* (=frenzy බ.)

phthisis තෛසිස්, *n.* ක්‍ෂයරෝගය. *a.* -cal

phylactery ෆිලැක්ටරි, *n.* ආරක්‍ෂාවටම බඳින නූල් යන්ත්‍රාදිය, ධර්මපට්ට බන්ධනය

physic ෆිස්ඉක්, *n.* ප්‍රතිකාර ශාස්ත්‍රය, ඖෂධය, විරේචන බෙහෙත. *v.* බෙහෙත් දෙනවා, වි රේචන කරණවා. *a.* -al, භෞතික, ශරීර, ද්‍රව්‍යමු. *n.* -ian ෆිසිෂ්අන්, වෛද්‍ය. *n.* -s, ද්‍රව්‍ය ධර්ම ශාස්ත්‍රය

physiognomy ෆිස්ඉඔග්නොමි, *n.* මුහුණුවර, මුඛ ලක්‍ෂණය. *n.* -ist, මුඛ ලක්‍ෂණ විද්‍යාව දත් අය

physiography ෆිසිඔග්රැෆි, *n.* ලෝක විස්තරය

physiology ෆිස්ඉඔල්ඔජි, *n.* සත්ව ධර්ම හා වෘක්‍ෂ ධර්ම පිළිබඳ ශාස්ත්‍රය. *n.*-ist. *a.* -ic, -ical

physique ෆිසීක්, *n.* ශරීරය පිහිටි ආකාර

piano පිආනෝ, *ad.* මෘදු හඬින්. *n.* පිඇනෝ, තූ ර්‍ය භාණ්ඩයක්. *n.* -forte පිඇනෝෆෝර්ටෙ, තූර්‍ය භාණ්ඩයක්

piazza පිඇස්ස, *n.* වටේ ගොඩනැගිලි ඇති හ තරැස් ස්ථානය, ගෙයි පිටපැත්තේ දික් මාර්ගය

pibroch පීබ්රොච්, *n.* යුධ තූර්‍යනාදය, මිසිකා හම් නළාව

pica පෛක, *n.* අච්චු අකුරු වර්ගයක්

pice පෛස්, *n.* තුට්ටුව

pick පික්, *v.* අවුලනවා, තෝරනවා, තෝරණවා,

අණිනවා. *n.* -axe, ගල්කටුව

picket පික්ඇට්, *n.* උල, මුදුන උල්වූ ලෑලි පළි ය, සුබ මුර කණ්ඩායම. *v.* උල් හිටුවා කො ටුකරණවා, හිටවූ උලක බඳිනවා

pickle පික්ල්, *n.* ලුණු වතුර, අච්චාරු, අචාරු

pickpocket පික්පොක්ඇට්, *n.* සාක්කු හොරා, ගැටකපන්නා

picnic පික්නික්, *n.* පිටිසරට සෙල්ලමේ යන පිරිස, සෙල්ලම් ගමන් භෝජනය

Pict පික්ට්. *n.* පුරාණ ස්කොට්ලන්තයේ විසූ ආයාස මනුෂ්‍ය වර්ගයක් [සිතියම් සහිත

pictorial පික්ටෝරිඅල්, *a.* සිතියම් සම්බන්ධ.

picture පික්ට්යූර්, *n.* සිතියම, පින්තූරය, වචන වලින් කරණ විස්තරය. *v.* සිතියමකින් දක්වන වා, විසිතුරුලෙස විස්තරකරණවා. *a.* -al

picturesque පික්ට්යූරැස්ක්, *a.* සිතියමක සතුටු ආ රණ ලක්ෂණ ඇති, විචිත්‍ර, දර්ශනීය

pie පෙයි, *n.* කපුටු වර්ගයක්, කලවම් අච්චාරු. පස්තෑල [ඇති, කබර

piebald පෙයිබෝල්ඩ්, *a.* කළු පුල්ලි සුදු පුල්ලි

piece පීස්, *n.* කෑබැල්ල, කොටස, ලියවිල්ලක්. *v.* කෑලි එකට හරිගස්සනවා. *a.* -meal, කෑලි ප්‍රකාර; *ad.* ඒකෙකන්විත, කෑලි වශයෙන්

pied පෙයිඩ්, *a.* පුල්ලි ඇති [බසින පෑලම්

pier පීඅර්, *n.* පාලම් දරණ ගල් බැම්ම, තොටු

pierce පි·අර්ස්, *v.* සිදුරුකරණවා, අනිනවා

piety පෛඅටි, *n.* භක්තිවන්තකම (pious බ.)

pig පිග්, *n.* ඌරා, නොතැළු යකඩ පොල්ල. *n.* -gery, ඌරුකොටුව. *a.* -headed, ලොකු අළු ලක්‍ෂණ හිසක් ඇති, මෝඩකමින් මුරණ්ඩු. *n.* -iron, පළමුවර උණුකළ පොලු යකඩ

pigeon පිජ්අන්, *n.* පරවියා, කොබෙයියා. *a.* -hearted, බියසුලු, බයාදු. *n.* -hole, පරවි කූඩු වේ ගබඩාව, ලියන මේසේ උඩ තබන ගබඩා බෙරා සැදු පෙට්ටිය

pigment පිග්·මෙණ්ට්, *n.* වර්ණ, පාට, සායම

pigmy පිග්මි, *n.* අවයව කුඩා අය, මිට්ටා

pike පෛක්, *n.* උලු; හෙල්ලය, මාලු විශේෂයක්. *n.* -man, හෙල්ල ධ හේවායා

pilaster පිලැස්·ටර්, *n.* හතරැස් කණුව

pile පෛල්, *n.* හිටවූ ලොකු ලී කණුව, මිනුපිට සිහින් රෝම, ගොඩ. *v.* ගොඩගහනවා, අඩුක්කුකරණවා. *n.* -s, අර්ශස්රෝගය

pilfer පිල්·ෆර්, *v.* සුළු ශද් හොරකම් කරණවා

pilgrim පිල්ග්‍රිම්, *n.* වන්දනාකාරයා, තැනින් තැන ඇවිදිනනා. *n.* -age, වන්දනාවට යාම, වන්දනාව

pill පිල්, *n.* බෙහෙත් ගුළිය, අරුචි දෙයක්

pillage පිල්ලෙජ්, *v.* කොල්ලකනවා. *n.* කොල්

ලකෑම, කොල්ලය

pillar පිල්'ලර, n. කණුව, උසුලන්නා

pillory පිල්ලොරි, n. වදදීමට යොදන දඬුරාමුවක්

pillow පිල්ලෝ, n. කොට්ටය. n. -case, කොට්ට උරය. a. -y

pilot පයිලට්, n. නැව්කරම මග පෙන්වන්නා, නැව වරායයට ගෙනයන්නා. v. මග පෙන්වනවා. n. -age, එසේ මග පෙන්වන් කාට ගෙවන කුලී

pilule පිල්‍යූල්, n. කුඩා ගුලිය [නා. v.

pimp පිම්ප්, n. කාමුකයන්ට ස්ත්‍රීන් සපයා දෙන්

pimple පිම්පල්, n. කුරුලෑව, බිබිලි. a. -d

pin පින්, n. අල්පෙනෙත්ත, කටුව. v. අල්පෙනෙත්ති ගහනවා [උඩ ඇඳුමක්

pinafore පින·ෆෝර්, n. කුඩා ළමයින් අඳින

pincers පින්'සර්ස්', n. අඬුව

pinch පින්ච්, v. කොණගහනවා, මිරිකනවා. n. (ඇඟිලි තුඩුමෙන්) එක්කොට ගැදක්රීම, ඇඟිලිතුඩුවලින් ගතහැකි තරම, ස්වල්පයක්. n. -ers (=pincers)

pinchbeck පින්ච්බෙක්, n. තඹාක්ක. a. මිථ්‍යා, බොරු

pine පයින්, n. දේවදාරුගහ. v. කෙට්ටුවෙනවා, දුකින් පසුවෙනවා. n. -apple, අන්නාසි ගෙඩිය. a. -y, piny

pinfold පින්ෆෝල්ඩ, n. හරක් කොටුව

pinion පින්යන්, n. පියාපත, පියාපතේ පිට හන්

ධිය, මාංචුව, කුඩා දූනි රෝගය. *v.* පියාපත් මි දිකවා, අත්බද්ධකම.

pink පිංක්, *v.* අනිනවා, ලක්ෂණ කරණවා. *n.* ලා රතු පාට මල් වර්ගයක්, මද රතුපාට, ආදර් ශය. *a.*

pinnace පින්නෙස්, *n.* කුඩා නැවක්

pinnacle පින්·නක්ල්, *n.* උස් කොත, මුදුන් කොත, ශිඛරය [නෑව

pint පෛන්ට්, *n.* ගැලුමකින් අටෙන් පංගුව, මි

pioneer පෛඔනීර්, *n.* පෙරටුව යන සේවකයා, මග හරින්නේස්මම පෙරටුව යන්නා

pious පෛපඅස්, *a.* භක්තිවන්ත, ශ්‍රද්ධාවත්

pip පිප්, *n.* දොඩම් ආදී ගෙඩිවල ඇට. *n.* -pin, රට ජම්බු වර්ගයක්

pipe පෛප්, *n.* නලය, නළාව, දුම් කෝච්චිය, පිප්පය. *v.* නළාපිඹිනවා; තීන් ශබ්දයක් නගනවා [කුඩා, සැර. *n.* -cy

piquant පී·කන්ට් (හෝ) පික්·අන්ට්, *a.* තියුණු,

pique පීක්, *n.* මද තරහව, ක්‍රෝධය. *v.* මදක් තරහකරණවා, ඊර්ෂ්‍යා උපදවනවා

piquet පික්·අට් (හෝ) පී·කට්, *n.* =picket

pirate පෛපරෙට්, *n.* මුහුදු කොල්ලකාරයා, අන්‍යයෙකුගේ අයිතිවාසිකම් අයුතුලෙස තිබ්බාර ගන්නා. *v.* *n.* -cy. *a.* -tical

pistol පිස්ටල්, *n.* කොට අත්තුවක්කුව. *v.* කො

ම අත් තුවක්කුවකින් වෙඩිතියනවා

piston පිස්ටන්, *n.* ජලයන්ත්‍රයේ හෝ ධූමයන්ත්‍රයේ ඉහල පහල යන ඇතුල් තහඩුව

pit පිට්, *n.* වල, බිල, නාට්‍ය ශාලාවේ පාත තට්ටුව. *v.* කුඩා වලවල් කරනවා, පොරට සිටුවනවා. *n.* -fall, බොරුවල

pit-a-pat පිට්ඇපැට්, *ad.* චංචලලෙස, ගැහි ගැහී

pitch පිච්, *v.* විසිකරනවා, ජපිහිටුවනවා, මූණින් වැටෙනවා. *n.* බෑවුමේ ප්‍රමාණය, වීසිකිරීම. උස් හෝ පහත් නාලය, ක්‍රිකට් ක්‍රීඩාවේ බිම හිටවන පොලු පේළි දෙක අතර දුර, කීල්. *a.* -y, කීල් වැනි, ඉතා අඳුරු. *a.* -dark, ඉතා අඳුරු

pitcher පිච්·අර්, *n.* පැන් භාජනය, කලය

piteous පිට්ඉඅස්, *a.* දුඃඛිත, අනුකම්පා කටයුතු. *n.* -ness

pith පිත්, *n.* ගස්වල බඩය, බලය, වැදගත්කම සාරය. *a.* -less. *a.* -y (*n.* -iness)

pitiable පිට්ඉ·අබ්ල්, } *a.* (pity බ.)
pitiful පිට්ඉෆුල්, }

pitiless පිට්ලැස්, *a.* දයාවනැති (pity බ.)

pitman පිට්මැන්, *n.* වළේ වැඩකරන්නා, පතල් කාරයා [කොටස

pittance පිට්·ටන්ස්, *n.* ආහාර කොටස, කුඩා

pity පිට්ඉ, *n.* අනුකම්පාව, දයාව. *a.* -iable, අනුකම්පා කටයුතු, කාලකණ්ණි. *a.* -iful,

තාලකණ්ණි, අනුකම්පා ඇති (*n.* -ness). *a.* -iless (*n.* -ness)

pivot පිවිඅට්, *n.* යමක් කරකැවෙන මැද ඇණය

pix පික්ස්, *n.* =pyx

placab*le* පෙල්·කබ්ල්, *a.* සමාදානවෙන, සමාව් මට කැමති. *n.* -ility. *n.* -leness

placard ·පලකාර්ඩ්, *n.* තැන් තැන්වල අල වන ප්‍රසිද්ධ පත්‍රය

place ප්ලේස්, *n.* තැන, ස්ථානය, ඉඩ, තනතුර, පලල් වීදිය. *v.* තබනවා, පත්කරණවා. *n.* -man, නිලයක් දරන්නා

placenta ප්ලසැණ්·ට, *n.* වැදෑමහ

placid පලෑස්ඉඩ්, *a.* සංසුන්, නිස්චල. *n.* -ness, -ity[නා හොරාගන්නවා. *n.* -ism. *n.* -ist. *n.* -y

plagiar*ise* පෙල්ජි·අරෛස්, *v.* අන්‍යයෙකුගේ රච

plague ප්ලේග්, *n.* වසංගතය, හිරිහැරය. *v.* වසංගත හෝ හිරිහැර හෝ විපත්තිවලින් පීඩිත වෙනවා [රෝගය

plaid පෙල්ඩ් (හෝ) පලෑඩ්, *n.* විචිත්‍ර ලෝම පො

plain පෙල්න්, *a.* සමතලා, පැහැදිලි, චාත්, වඩාඃ නැති. *n.* සමතලාව, තැනිතලාව. *n.* -ness

plaint පේලණ්ට්, *n.* පැමිණිල්ල. ලතෝනිය, දුඃඛිත ගීය. *n.* -iff පෙල්ණ්ටිෆ්, පැමිණිලි කාරයා. *a.* -ive, දුක්මුසු, විලාප (*n.* -ness)

plait පේලට්, *v.* පට ගොතනවා, නොවනවා, වින

තවා. *n.* පම, ගෙතීම, වියුම

plan පලෑන්, *n.* ආකාර සටහණ, විධිය, උප ක්‍රමය. *v.* ආකාරය සටහන්කරණවා, යොදනවා

plane ප්ලේන්, *a.* උස් මිටි පැත් නැති, සම. *n.* සමතලය, යතුකෑටය. *v.* යතුගානවා

plane-tree ප්ලේන්ට්‍රී. *n.* විසිද් අතු හා පලල් කොල ඇති උස් ගහ [තරුව. *a.* -ary

planet ප්ලෑනැට්, *n.* ග්‍රහතාරකාව, නැකැත්

plangent ප්ලෑන්ජන්ට්, *a.* ගැසන, ඝෝෂකාරී

planish ප්ලෑනිෂ්, *v.* සමතලාකරණවා, මට්ටම්කර ණවා [ගහනවා

plank ප්ලෑංක්, *n.* ගහ ලෑල්ල. *v.* ගහ ලෑලි

plant පලෑන්ට්, *n.* පැලය, කුඩාගහ. *v.* සිටුවන වා, පිහිටුවනවා. *n.* -ation, වැවිල්ල, වැවිලි ඇති ඉඩම [ලා වර්ගයක්

plantain පලෑන්ටෙන්, *n.* කෙසෙල්, කදලි, ප

plantigrade පලෑන්ටිග්‍රේඩ්, *a.* යටිපතුලෙන් යන. *n.* වලසුන් මෙන් යටි පතුලෙන් යන සතා

plaque පලැක්, *n.* 'ඇනමල්' නම් ද්‍රව්‍යයෙන් සි ත්තම් කළ ලෝහ තහඩුව, යම් අලංකාර තහඩුවක්

plash ප්ලෑෂ්, *n.* ඉහිරුණු වතුර, මඩවතුර. *v.* දියකෙළිනවා, ඉසිනවා

plaster ·පලස්·ටර්, *n.* හුණුබදාම ලෙවන මේ
ස. *v.* බදාමගානවා [නම ඇති. *n.* -ity

plastic පලැස්ටික්, *a.* හැඩහුරුකිරීමම මෙලෙක්

plat පලැට්, *n.* =plot. *v.*ගොතනවා, වියනවා.

plate පෙල්ට්, *n.* පිඟාන, ලෝහ තහඩුව, සිකි
යම් තහඩුව, තහඩුවකින් අච්චුගැසූ සිකියම.
v. තහඩු ගසා වසනවා, රන් රිදී ආදියෙන්
වසනවා. *n.* -layer, දුම්රථ පාරෙට පිලි සවි
කරන්නා

plateau ·පලටෝ, *n.* උස්වූ විශාල සමතලාව

platform පලැට්පෝර්ම්, *n.* පිල, තට්ටුව

platina ප්ලැටිනා(හෝ)·ප්ලටීනා, } *n.* අඩු
platinum ප්ලැටිනම්(හෝ)·පලටිනම්, }
පාට ලෝහ වර්ගයක්

platinotype ප්ලැටිනෝටෛප්, *n.* කඩදාසියේ
'ප්ලැටිනම්' ගා පවතිනඡායාරූප සාදනක්‍රමය,එ
සේ තැනූ ඡායාරූපය

platitude ප්ලැටිටියුඩ්, *n.* කල්පනාව නිපුණු නැ
ති බව දක්වන යමක්, වැදගත්සේ සිතා කියන
ලද නිසරු කීම. *a.* -inous

platter ප්ලැට·ටර්, *n.* තැටිය, පලංගාන

plaudit ප්ලෝඩිට්, *n.* ප්‍රශංසාව; සාධුකාර නඬ,
අත්පොලසන්දීම. *a.* -ory

plausible ප්ලෝසි·බල්, *a.* ප්‍රශංසාව ලැබියහැකි,
පෙනීමට හරි. *n.* -leness, -ility

play ප්ලේ, *v.* සෙල්ලම්කරණවා, නාට්‍ය කරණවා, ගායනා කරණවා, ක්‍රීඩා කරණවා, රඟවනවා. *n.* සෙල්ලම්, නාඩගම, නාඩගම් රඟනාව. *a.* -ful, සෙල්ලම්කාර (*n.* -ness). *n.* -ground, ක්‍රීඩා භූමිය. සෙල්ලම්පල. *n.* -house, නාට්‍ය ශාලාව. *n.* -mate, එකට සෙල්ලම් කරණ යාලුවා. *n.* -thing, සෙල්ලම්බඩුව. *n.* -wright, නාටක ලියන්නා [ණය

plea ප්ලී, *n.* නඩුව, උත්තරය, නිදහසට කාර

plead ප්ලීඩ්, *v.* වාසියට කාරණ දක්වනවා, ප්‍රතිපක්ෂයෙන් උත්තර දෙනවා, උදක්ම ඉල්ලනවා [ලියා වෙන්කරණලද ප්‍රකාශය

pleasance ප්ලෑසංනස්, *n.* සතුට, විනෝද ගස්ව

pleasant ප්ලෑස්'අණ්ට්, *a.* ප්‍රිය, මිහිරි. *n.* -ry, විනෝදකතා, සරදම, සරදම් කථාව

please ප්ලීස්', *v.* සතුටුකරණවා

pleasure ප්ලෑෂ්ශුර්, *n.* ප්‍රීතිය, සැප, කැමැත්ත. *a.* -able, සතුටු කරණ, සතුට දෙන

plebeian ප්ලිබී'අන්, *a.* මහජනයා සම්බන්ධ. *n* පොදු ජනයාගෙන් කෙනෙක්

pledge ප්ලෑජ්, *n.* ඇපය, උකස, පොරොන්දුව, යමෙකුට ආචාර පිණිස බීම. *v.*

pleiad ප්ලෙයැඩ්, *n.* (බහු) -s, -es, කෘති කෑකත, හත්දින්න [ඉටුපුඩ්, සම්පූර්ණතාව

plenary ප්ලී'නරි, *a.* සම්පූර්ණ. *n.* -itude ප්ලෑනි

plenipotent ප්ලෙනිප්පොටෙන්ට්, *a.* සර්වපූර්ණබලය ඇති. *n.* -ce, -cy

plenipotentiary ප්ලෙනිපොටෙන්ෂියරි, *a.* සර්වපූර්ණ බලය ඇති. *n.* සර්වපූර්ණ බලය ඇති; තානාපතියා

lenty ප්ලෙන්ටි, *n.* බහුලතාව, සමෘද්ධිය. *a.* -eous, -iful, බහුල, සම්පූර්ණ, සමෘද්ධ, හොඳට සෑහෙන (*n.* -ness)

leonasm ප්ලීඔනැස්ම්, *n.* අධික වචන ඇති කම, අධිකමලස වචන යෙදීමේ දෝෂය. *a.* -tic, වචනාධික [අධික පූර්ණකම. *a.* -ic

plethora ප්ලෙත්ථර, *n.* ලේ අධිකකම, රක්තපිත,

pleurisy ප්ලූරිසි, *n.* පපුවේ දැවිල්ල. *a.* -tic

pliable ප්ලයිඅබල්, *a.* පහසුවෙන් නැමෙන. *n.* -leness, -ility [*n.*-cy.

pliant ප්ලයිඅන්ට්, *a.* පහසුවෙන් නැමෙන.

pliers ප්ලයිඅර්ස්, *n.* අල්ලා නැමීමට භාවිතා කරන කුඩා අඬුව

plight ප්ලයිට්, *n.* අවස්ථාව, ස්වභාවය. *v.* ඇප මෙන් දෙනවා, පොරොන්දු දෙනවා

plinth ප්ලින්ත්, *n.* කණුවක අඩිය

plod ප්ලොඩ්, *v.* නොකඩවා හෙමින් යනවා. තදින් වෙහෙසෙනවා හෝ ව්‍යායාම කරනවා. *n.* -der

plot ප්ලොට්, *n.* බිම්කැබැල්ල, කුමන්ත්‍රණය, උපාය, වස්තුව, කථාසංයෝගය. *v.* කුමන්ත්‍ර

කරණවා, උපාය යොදනවා. n. -ter

plough ප්ලෞ, n. නගුල. v. සාණවා, සීසානවා. n. -man, ගොවියා. n. -share. නගුල් දත, හීවැල

plover ප්ලව්'අර්, n. කිරලා නම් පක්ෂියා

pluck ප්ලක්. v. උදුරණවා, (ගෙඩි ආදිය) කඩන වා. n. පපුකැනැත්ත, ධෛර්‍ය්‍ය (a. -y)

plug ප්ලග්, n. ඇබය. v. ඇබ ගහණවා

plum ප්ලම්, n. ගෙඩිවර්ගයක්, වියලි මුද්‍රික ඵල

plumage ප්ලූමිඑජ්, n. පක්ෂියෙකුගේ පිහාටු

plumb ප්ලම්, n. ලඹකැටය. a. ලඹයට හරි කෙළින්. ad. කෙළින්. n. -ing, ඊයම් වැඩ කිරීම. n. -er, ඊයම් වැඩකරුවා

plumbago ප්ලම්බේගො, n. මිනිරන්

plume ප්ලූම්, n. ලොකු පිහාටුව. v. පිහාටුවලින් සරසනවා, පාරම්බාකරණවා. a. -ose, -ous, පිහාටුඇති, පිහාටුවැනි. a. -y [ලඹය

plummet ප්ලම්මැට්, n. ගැඹුර බලන බරුව,

plump ප්ලම්ප්, a. තර, තප්පාලි, සම්පූර්ණ. v. වටකුරුවම මහත්වෙනවා, අදිසියෙන් බර ලෙස වැටෙනවා, ඡන්දරාගැනීමට එක්කෙනෙක් ගැන පමණක් කැමැත්ත දෙනවා. n. -ness. a. -y, තර, තප්පාලි [අංකුරය (මොරසියා)

plumule ප්ලූමියුල්, n. කොල බේරීගෙන එන

plunder ප්ලන්'ඩර්, n. කොල්ලය. v. කොල්ල කනවා

plunge ප්ලංජ්, *v.* හැරෙන් ගිල්වනවා. *n.* ගිල්වීම

pluperfect ප්ලූ'පර්ෆැක්ට්, *a.* ('had' යන පදය යෙදීමෙන් අඟවන) සම්පූර්ණ අතීත

plural ප්ලූ'රල්, *a.* එකට වැඩිවූ, බහු. *n.* -ity, බහුත්වය, වැඩි ගණන [එක්කා

plus ප්ලස්, *n.* + යන එකතුකිරීමේ ලකුණ. *a.*

plutocracy ප්ලූටොක්රසි, *n.* ධනය නිසා ඇති බලය. *n.* -t

pluvial ප්ලූවි·අල්, }
pluvious ප්ලූවිඅස්, } *a.* වර්ෂාව සම්බන්ධ, වර්ෂාව ඇති

ply ප්ලෙයි, *v.* නැවත නැවත පාවිච්චිකරනවා, කරගෙන යනවා, ස්ථාන දෙකක් අතර නියමයට ගමනාගමනය කරනවා. *n.* ගණකම, ගෙතුම

pneumatic නියුමැටික්, *a.* වායු, වායු බලයෙන් වැඩ කෙරෙන, වායුවෙන් පිරුණු. *n.* -s, වායු ශාස්ත්‍රය [කහල්ලේ දුර්ලය

pneumonia නියුමෝනි·අ, *n.* පපුවේ සෙමත් සෙ

poach පෝච්, *v.* හොරෙන් දඩයම් කරනවා

pock පොක්, *n.* බිබිල, වසූරි බිබිල. *a.* -y

pocket පොක්ඇට්, *n.* සාක්කුව, ඔඩොක්කුව. *v.* සාක්කුවේ හෝ ඔඩොක්කුවේ දමනවා, හොරෙන් ගන්නවා. *n.* -ful

pod පොඩ්, *n.* කරල

poem පෝඇම්, *n.* කාව්‍යය, කාව්‍ය ප්‍රබන්ධය

poesy පෝඉසි, *n.* කාව්‍යශාස්ත්‍රය, කාව්‍ය රචනාව

poet පෝඇට්, *n.* කාව්‍යකාරයා. *n.* -ess (*f.*). *a.* -ic, -ical, කාව්‍ය, ඉතා උස්. *n.* -ry පොඉට්රි, කවි, කාව්‍ය රචනාව. *n.* -aster, කුඩා කවිකාරයා, කුකවියා [වන නිපාතයක්

poh පෝ, *interj.* සුළුබව හෙවත් ගැරහුම් අඟ

poignant පොඉග්'අණ්ට්, *a.* තියුණු, සැර, ඇඟෙන, වේදනාකාරණ. *n.* -cy

point පොඉන්ට්, *n.* තුඩ, උල, තැන, බින්දුව, කාරණය, අදහස, රථ මාරු කරන දුම්රිය පීලි. *v.* උල් කරනවා, අතින් පෙන්වනවා, ලකුණු දමනවා, එල්ල කරනවා. *n.* -er, පෙන්වීමට යොදන දෙය, දඩයම් බල්ලු වර්ගයක්. *a.* සහ *ad.* -blank, එකඑල්ලේ, කෙළින්ම, පැහැදිලි ලෙස. *n.* -sman, දුම්රිය මාරුකරන පීලි භාර අය

poise පොඉස්, *v.* සම බරකරනවා. *n.* බර, පඩිය, සම බර

poison පොඉස'න්, *n.* විෂ. *v.* විෂ දෙනවා, නරක්කරනවා. *a.* -ous, විෂ, විෂකුරු, මරණ පමුණුවන (*n.* -ness)

poke පෝක්, *n.* මල්ල, ඇනීම. *v.* අනිනවා, අතගා සොයනවා. *n.* -r, කොළවන යකඩ කූර

polar පෝලර්, *a.* පෘථිවි ධ්‍රැව සම්බන්ධ, ධ්‍රැව අසල පිහිටි. *n.* -ity, ධ්‍රැව දෙකම ඇදීමේ ගු

ණය, කාන්දම් ගුණය

pole පෝල්, *n.* ධ්‍රැවය, දණ්ඩ, යාර 5½ දිග මිම්ම *n.* -axe, යුධ කෙටේරිය, හරකුන් මරණ පොරව. *n.* -cat, උගුඩුවා. *n.* -star, ධ්‍රැව තාරකාව. ජ්‍යෝතිරථ්‍ය

polemic පෝලිමික්, *a.* වාද සම්බන්ධ. *n.* වාදකරු. *n.* -s, වාදකිරීම, වාද ලියවිලි

police පොලිස්, *n.* නගරාරක්‍ෂක සේනාව, රජ පුරුෂයෝ. *n.* -man, -officer. පොලිස්කාරයා. [පොලිස් මුලාදෑනියා

policy පොලිසි, *n.* ආණ්ඩු ක්‍රමය. උපාය, ඔප්පුව, ශිප්පුම් පත්‍රය

polish පොලිෂ්, *n.* ඔපය, ශිෂ්ටතාව. *v.* ඔප දමනවා, සුචිත්තකරනවා [*n.* -ness

polite පොලයිට්, *a.* මනාව හැදුනු, ශිෂ්ටාචාර.

politic පොලිටික්, *a.* රාජ්‍යසිවෘඛියට යෝග්‍ය වූ, නැණවත්, දූතමුත්. *n.* -s, රාජ්‍යානුශාසන ශාස්ත්‍රය, රාජ්‍ය නීති. *a.* -al. *n.* -ian, රාජනීති නිපුණ අය. Body politic. රාජ්‍ය වාසි ජන සමූහය [ව්‍යවස්ථා

polity පොලිටි, *n.* ආණ්ඩු ක්‍රමය, රජ නීති.

polka පෝල්කා, *n.* සරසැවෙන නෘත්‍යයක්, සරසැවෙන ජ්‍යාන තාලය

poll පෝල්, *n.* ඉස, නාමලේඛනය, නිලධාරීන් තෝරාගැණීම. *v.* ලොම් කපනවා, නම් ලේඛනයේ ලියනවා. *n.* -tax, ඇඟබද්ද

pollard පොල්'අර්ඩ්, *n.* කප්පාදුකළ ගහ, අං මැමුණු මුවා, ගෝධුම පප් මුසු දවනීය

pollen පොල්'ලෙන්, *n.* රේණු, රජස්

pollute පොලූට්, *v.* දූෂ්‍ය කරනවා, කෙලෙසනවා. *n.* -ion

polo පෝලෝ, *n.* අසුන්පිට සිද කරන ගෝල ක්‍රීඩාවක් [කාරයා

poltroon පොල්ට්‍රූන්, *n.* ධෛර්‍ය නැත්තා, බය

polyandry පොලිඇන්ඩ්‍රි, *n.* පුරුෂයන් දෙන්නෙක් හෝ ඊට වැඩිදෙනෙකු ඇතුව සිටීම

polygamy පොලිග්'අමි, *n.* පුරුෂයෙක් හෝ භාර්‍යාවන් දෙන්නෙක් හෝ ඊට වැඩිදෙනෙකු ඇතුව සිටීම. *n.* -ist

polyglot පොලිග්ලොට්, *n.* නොයෙක් භාෂාවලින් ලියූ පොත, භාෂා කීපයකින් පළ කළ බස්බලය. *a.*

polygon පොලිගොන්, *n.* පැති හා කොන් කීපයක් ඇති හැඩය, බහුස්‍රය. *a.* -al

polysyllable පොලිසිල්ලබ්ල්, *n.* මාත්‍රා තුනකට වැඩිය ඇති වචනය. *a.* -ic

polytechnic පොලිටැක්නික්, *a.* බහු ශිල්ප සහිත

polytheism පොලිතීඉස්ම්, *n.* බහු දේවදෘෂ්ටිය. *n.* -t, බහු දේව දෘෂ්ටිකයා. *a.* -tic, -tical

pomade පොමේඩ්, }
pomatum පොමේටම්, } *n.* ඉසකෙස්හි ගාන සුවඳ තෙලය

pomegranate පොමිගරැනේට්, *n.* දෙළුම්

pommel පමමැල්, *n.* පොහොට්ටුව, ගැටයක් හෝ ගුලියක් මෑත් දෙය. *v.* ගස දෙයකින් ගහණවා, ගුට් ඇත්තවා

pomology පොමොලජි, *n.* ගඩාගෙඩි පිළිබඳ ශාස්ත්‍රය, පලතුරු වගා වෑවීම

pomp පොම්ප්, *n.* ශෝභාව, අලංකාරය, ඓශ්වර්යය. *a.* -ous (*n.* -ness, -osity)

pond පොණ්ඩ්, *n.* පොකුණ

ponder පොණ්ඩර්, *v.* කල්පනාකර බලනවා, මෙනෙහිකරණවා. *a.* -ous, ඉතා බර, බර හා මහත ඇති (*n.* -ness). *n.* -able, කිරියහැකි

poniard පොන්යර්ඩ්, *n.* කුඩා කරිච්චිය. *v.* කුඩා කරිච්චියකින් අනිනවා

pontiff පොන්ටිෆ්, *n.* සාසක පූජකයා, පාප්ළුන් නාන්සේ, සංඝරාජ. *a.* -ic, -ical. *n.* -icate, සාසක පූජකකම, පාප් පදවිය, සංඝරාජ ධුරය

pontoon පොන්ටූන්, *n.* පාලම් පාරුව

pony පෝනි, *n.* මිට් අශ්ව වර්ගයක්

poodle පූඩල්, *n.* පට වැනි ලොම් ඇති කුඩා බලු වර්ගයක්

pooh පූ, *interj.* ච්! (ආදී නිග්‍රහය හෝ අප්‍රියක ම අඟවන පදයක). *v.* -pooh, නිග්‍රහ කරණවා. පූපකරණවා

pool පූල්, *n.* පොකුණ,|වතුර වළ, බව්වූ, අවරය

poop පූප්, *n.* නැවේ පසු කෙලවරම ඉහල තට්ටුව, අවරය [*n.* -ness

poor පූර්, *a.* දුප්පත්, දිළිඳු, දුර්වල, සුළු, අසාර.

pop පොප්, *v.* 'පප්' වැනි ඉක්මන් ලුහුඬු ශබ්ද කරණවා, හුනුව එහාට මෙහාට පනිනවා. *n.* ඒ ආකාර ශබ්දය. *n.* -corn, පොරි, විලඳ

Pope පෝප්, *n.* පාප්ලන්තාන්සේ. *n.* -dom, පාප් පදවිය. *n.* -ry, රෝමානු ආගම

Popish පෝපිෂ්, *a.* රෝමානු ආගම සම්බන්ධ

poplar පොප්'ලර්, *n.* උස් ගස් වර්ගයක්

poplin පොප්ලින්, *n.* පට හා ලොම් නූල්වලින් කළ පිළි වර්ගයක්

poppy පොප්පි. *n.* කන්සා වර්ගයේ ගස [කයා

populace පොප්යුලෙස්, *n.* මහජනයා, පොදු ජ

popular පොප්යු'ලර්, *a.* මහජනයා සම්බන්ධ, සාමාන්‍ය, ලෝකප්‍රිය, ලෝක ප්‍රසිද්ධ. *n.* -ity. *v.* -ise, පොදු ජනයාට යෝග්‍යකරණවා, පතලකරණවා

popul*ate* පොප්යුලේට්, *v.* ජනගහණය කරණවා. *n.* -ation, ජනගහණය, රටවැසියෝ. *a.* -ous, බොහෝ ජනයා ඇති, ජනාකීර්ණ (*n.* -ness) [හැජන වර්ගයක්

porcelain පෝර්සිලින්, *n.* අනර්ඝ මකුල් මැටි

porch පෝර්ච්, *n.* පියස්ස ඇති දොරටුව

porcine පෝර්සෛන්, *a.* ඌරු, ඌරෙකුවැනි

porcupine පෝර්කියුපයින්, *n.* ඉත්තෑවා
pore පෝර්, *v.* බලාබලා සිටිනවා, මනොවිචාරයෙහි සිටිනවා. *n.* සිදුර, ඩහදිය සිදුර. *a.* -ous (*n.* -ness). *a.* -y, සිදුරු ඇති. *n.* -osity, සිදුරු ඇතිබව
pork පෝර්ක්, *n.* ඌරුමස්. *n.* -er, තරකළ ඌරු
porous පෝරස්, *a.* (pore බ.) [පැටියෙක්
porphyry පෝර්ෆිරි. *n.* ලෝහ කෑට මිශ්‍ර ගිනිගල
porpoise පෝර්පස්, *n.* මුහුදු ඌරා
porridge පොරිජ්, *n.* තලප
port පෝර්ට්, *n.* වරාය, නැව්තොට, ලීලාව, ද්‍රාක්ෂපාන වර්ගයක්. *v.* නැව වම්පැත්තට හරවනවා. *n.* -al, කුඩා දොරකෝ දොරටුව. *n.* -er, දොරටුපාලයා, බර ගෙනයන මිනිහා. *a.* -able, පහසුවෙන් ගෙනයාහැකි, කොණ්ඩය ගලවා ගෙනයා හැකි. *n.* -age, ගෙනයෑම, ගෙනයෑමේ කුලිය. *n.* -erage, බඩුගෙනයෑමේ කුලිය. *a.* -ly, ගරුවූ, උතුම්, ස්ථූල (*n.* -iness) [දොර
portcullis පෝර්ට්කල්ලිස්, *n.* ආරක්ෂක හරස්
porte පෝර්ට්, *n.* තුර්කි ආණ්ඩුව
portend පෝර්ටෙන්ඩ්, *v.* කලින් පෙන්වනවා. *n.* -t, අශුභ නිමිත්ත. *a.* -tous, නිමිති ඇති, අශුභ
portfolio පෝර්ට්ෆෝලියෝ, *n.* කඩදාසි කබල

ලොකු වැස්ම, රජ මන්ත්‍රීයෙකුගේ ධුරය හා කටයුතු [වරණය, වගල්කඩ

portico පෝර්ටිකෝ, n. දොරකඩ ඉදිරිපිට ආ

portion පෝර්ෂන්, n. කොටස, දෑවැද්ද. a.-ed, කොටස්කල [පෙට්ටිය

portmanteau පෝර්ට්මැන්ටෝ, n. ගමන ගම්

portrait පෝර්ට්රේට්, n. රූප සිතියම. n. -ure, රූප සිතියම් කිරීම

portray පෝර්ට්රේ, v. සිතියම් කරනවා, විස්තර කොට දක්වනවා. n. -al

Portuguese පෝර්චුගීස්, n. පෘතුගාල් භාෂාව, පෘතුගාලුවරු, පරංගිකාරයා. a.

pory පෝරි, a. (pore බ.)

pose පෝස්, v. ප්‍රශ්නවලින් ආකුල කරනවා, කරුණයතර කරනවා. n. -r, ආකුල කරන ප්‍රශ්නය

position පොසිෂන්, n. පිහිටි ස්ථානය, පිහිටි ආකාරය, අවස්ථාව, ස්ථානය, පදවිය, භාවය, මග්ගුල, පක්ෂය [ය, ඉතා අඩු ප්‍රමාණ

positive පොසිටිව්, a. ඒකාන්ත, අනුමාන නැ

posse පොසි, n. කුඩා සමූහය, සිවිලියගැන්බව

possess පොසෙස්, v. බුක්තිවිඳිනවා, හිමිව හෝ ඇතුළු තිබෙනවා. n. -or. n. -ion a. -ive, හිමිකම සම්බන්ධ, සම්බන්ධ [n.-ility

possible පොසිබ්ල්, a. විය හැකි, කළ හැකි

post පෝස්ට්, *n.* කණුව, පුබ ලේඛා ස්ථානය, තනතුර, තැපැල. *v.* ඉක්මණින් ගමන් කරනවා, තැනක තබන්වනවා, තැපෑලේ දමනවා, කණුවක අලවා තබනවා. *ad.* ඉක්මණට, පසුව. *n.* -age, තැපැල් වියදම. *a.* -al, තැපැල්. *v.* -date, නියමිත දිනට වඩා ආසන්න දිනක් යොදනවා. *n.* -er, දැන්වීම් කොළ අලවන්නා, අලවන දැන්වීම් කොළය, ලියුම් ගෙණයන්නා. *n.* -haste, ඉක්මණ; *ad.* ඉක්මණින්. *n.* -man, තැපැල්කාරයා, ලියුම් ගෙණගොස් බෙදන්නා. *n.* -master, තැපැල් මහත්මයා [පර

posterior පොස්ටීරි'අර්, *a.* පසුව පැමිණෙන, අ

posterity පොස්ටැරිටි, *n.* පැවතඑන්නෝ, දරු මුනුබුරෝ [දොර

postern පෝස්ට්'අර්න්, *n.* කුඩා දොරකඩ, රහස්

postfix පෝස්ට්ෆික්ස්, *n.* අගට යොදනලද්ද ප්‍රත්‍යය. *v.* අගට යොදනවා

posthumous පෝස්ට්හියුමස්, *a.* පියාගේ මරණෙ ම පසුව උපන්, කර්තෘගේ මරණින් පසුව ප්‍ර සිද්ධ කළ [පිට නැගී දක්කන්නා

postilion පෝස්ටිල්යන්, *n.* රථයේ අශ්වයෙකු

postmeridian පෝස්ට්මැරිඩිඅන්, *a.* පස්වරු, අපරභාග

post-mortem පෝස්ට්මෝර්ටැම්, *a.* මරණයට පසු. *n.* මරණයට පසුව කරණ විභාගය

postpone පෝස්ට්පෝන්, *v.* කල් දමනවා. *n.* -ment

postscript පෝස්ට්ස්ක්‍රිප්ට්, *n.* ලියුම අවසාන කළාට පසුව එහි පාතින් ලියනලද්ද

postulate පොස්ටියුලේට්, *n.* ප්‍රත්‍යක්ෂ සත්‍යය. *v.* සාක්ෂි නැතුව සත්‍යය ලෙස නියම කරණවා

posture පෝස්චර්, *n.* ශරීර ආකාරය, ආකාරය. *v.* යම් ආකාරයකට පිහිටුවනවා

posy පෝසි, *n.* මල් පොකුර, ආදර්ශවාක්‍යය

pot පොට්, *n.* මුට්ටිය, කළය. *v.* මුට්ටි හෝ කළවල දමනවා. *n.* -ter, වළං සාදන්නා, බඩ හැළනා. *n.* -tery, වලන් සෑදූම ස්ථානය, මැටි භාජනවයි [බීම, බොන ප්‍රමාණය

potable පෝටබ්ල්, *a.* බීමට යෝග්‍ය. *n.* -tion

potash පොට්ඇෂ්, *n.* යවක්ෂාර ලුණු [ණය

potation පෝටේෂන්, *n.* පානයකිරීම, බොනප්‍රමා-

potato පොටේටෝ, *n.* බතල, අර්තාපල්

potent පෝටැන්ට්, *a.* බලසම්පන්න. *n.* -tate, බලසම්පන්නයා, රජ. *a.* -tial, ඒකාන්ත, අනෝන්‍යතාවත (*n.* -ity). *n.* -cy, බලය

pother පොදර්, *n.* කලබලගැනීම, කැළඹීම. *v.*

pothouse පොට්හෞස්, *n.* නීච පානාගාරය

potion පෝෂන්, *n.* බොන බෙහෙත් කොටස, වරකම බොන පානය

potsherd පොට්ෂර්ඩ්, *n.* කැබිලිත්ත[යෝ එලවළු

pottage පොටිජ්, *n.* තම්බා පොඩිකළ මස්

potter පොට්ටර්, } *n.* (pot බ.)
pottery පොට්ටරි, }

pouch පෞච්, *n.* කුඩා කෝෂය, සමහර සතුන්ගේ කුඩා කුඩුපසිකක් වැනි එක් කොට්ඨාසයක්

poult පෝල්ට්, *n.* කුකුල්පැටව්, පැටව්. *n.*-ry, කුකුල් ආදිය. *n.* -erer, කුකුළන් ආදිය වි කුණන්නා

poultice පෝල්ටිස්, *n.* ගෙඩිවලට බඳින පල්ප

pounce පෞන්ස්. *v.* නියපොතුවලින් අල්ලාගන්නවා. ඉදිරියෙන් උඩට පනිනවා

pound පෞන්ඩ්, *n.* රාත්තල, පවුම, මහගාලොවුව. *v.* තලනවා, තලනවා, *n.* -age, පවුමට අනුව ගණන. මාන කොටුවට ගෙවන ගණන. *n.* -er, තොලන අය හෝ දෙය. රාත්තල් ගණනක් බර අය හෝ දෙය [වි] ණුවා

pour පෝර්, *v.* වක්කරනවා. ගලනවා, වගුරු

pout පෞට්, *v.* තොල් හෝ කම්මුල් තෙර වනවා හෝ උල්කරනවා, මූහුණ ඇඹුල්කර ගන්නවා

poverty පොවර්ටි, *n.* දිළිඳුකම, දුප්පත්කම

powder පෞඩර්, *n.* කුඩු, චූර්ණය. *v.* කුඩුකරනවා. *a.* -y, කුඩු, කුඩු සහිත

power පව්අර්, *n.* බලය, ශක්තිය, වේගය. *a.* -ful, බලවත් (*n.* -ness). *a.* -less (*n.* -ness)

pox පොක්ස්, *n.* බිබිලි රෝගයක්, කුණුලෙඩ

practicable ප්‍රැක්ටි·කබ්ල්, *a.* (මනුෂ්‍ය බලයෙන්) කළහැකි. *n.* -ility, -leness

practice ප්‍රැක්ටිස්, *n.* පුරුද්ද, ගණන් විශේෂයක්. *v.* -se, පුරුදුකරණවා, ධුරයේ කටයුතු කරණවා. *a.* -cal ප්‍රැක්ටිකල්, භාවිතාකළහැකි, අත්හදා දුටුතන්, ප්‍රයෝජනවත්. *n.* -tioner, ධුරයක කටයුතු කරන්නා

pre ප්‍රී, මේ අකුරු මුලට ඇති බොහෝ වචන 'pre' අත අකුරු මුලට තොද මෙසි දක්වන ලද්දක. per බ.

prairie ප්‍රේරි, *n.* උතුරු අමෙරිකාවේ විශාල [තෘණ තලාව

praise ප්‍රේස්, *v.* ප්‍රශංසාකරණවා. *n.* ප්‍රශංසාව *a.* -worthy, ප්‍රශංසාකටයුතු [නිකවා

prance ප්‍රන්ස්, *v.* (අශ්වයෙකුමෙන්) උඩ පැ

prank ප්‍රැංක්, *n.* සෙල්ලම, විහිළුව [කරණවා

prate ප්‍රේට්, *v.* දොඩවනවා, මෝඩලෙස කථා

pratique ප්‍රැටීක්, *n.* තහනම්කාලයට පසු නැවකට දෙන අවසර පත්‍රය

prattle ප්‍රැට්ල්, *n.* බොළඳ කථාව, දෙඩවීම්. *v.*

prawn ප්‍රෝන්, *n.* ඉස්සා

praxis ප්‍රැක්සිස්, *n.* පාවිච්චිය, පුරුද්ද, භාවිතාව

pray ප්‍රේ, *v.* යාච්ඤාකරණවා, බැගෑපත්ලෙස ඉල්ලනවා. *n.* -er ප්‍රේ·ආර, යාච්ඤාව, අයැදුම (*a.* -less. *a.* -ful) [ශ්‍රනාව

preach ප්‍රීච්, *v.* දේශනාකරණවා. *n.* -ment, දේ

preamble ප්‍රිඇම්බල්, *n.* ප්‍රාරම්භය

prebend ප්‍රිබෙන්ඩ්, *n.* දේවගැතියෙකුට දෙන නියම පඩිය. *n.* -ary [*n.* -ness

precarious ප්‍රිකේරිඅස්, *a.* අනියත, අනුමාන.

precaution ප්‍රිකෝෂන්, *n.* කලින් ප්‍රවේසම් වීම, පූර්වෝපාය. *a.* -ary

precede ප්‍රිසීඩ්, *v.* පෙරටුව යනවා, ඉදිරියෙන් තබනවා. *a.* -nt, පෙරටුව යන, පූර්ව; *n.* පූර්ව නිදර්ශනය, ආචාරය, *n.* -nce, -ncy, ඉස්සර වීම, ඉස්සරවීමේ අයිතිවාසිකම

precentor ප්‍රිසෙන්ටර්. *n.* ප්‍රධාන ගීතාචාර්‍ය්‍යා, එක් ප්‍රමාණයක දේවගැතියෙක්. *n.* -ship

precept ප්‍රිසෙප්ට්, *n.* නියෝගය, උපදේශය, ශික්ෂාව. *n.* -or, ගුරුවරයා, උපදේශකයා. *n.* -ress (*f.*). *a.* -ive

precession ප්‍රිසෙෂන්, *n.* පෙරටුව යාම [මාව

precinct ප්‍රිසිංක්ට්, *n.* වටකරනලද ස්ථානය, සී

precious ප්‍රෙෂස්, *a.* අගයැති, මාහැඟි. *n.* -ness. *n.* -stone, රත්නය, මාණික්‍යගල [බෑවුම

precipice ප්‍රෙසිපිස්, *n.* ප්‍රපාතය, ඉතා අධික

precipitate ප්‍රිසිපිටේට් , *a.* අධෝමුඛ, හදිසියෙන් බසින, අප්‍රවේසම්, වඩා කල්පනාව නැති. *v.* මුණින් හෙළනවා, කල්පනාවක් නැතුව බොහොම ඉක්මන්කරනවා. *a.* -nt, *n.* -nce, -ncy, -tion precipitous ප්‍රිසිපිටස්, *a.* ප්‍රපාතවූ, අධික ඉක්මනවූ

precis ප්‍රේසි, *n.* සංක්ෂේපය, සාරය

precise ප්‍රිසයිස්, *a.* සම්පූර්ණයෙන් හරිවූ, නියත. පිළිවෙත දෙයක් අධික සැලකිලි ඇති. *n.*-ion

preclude ප්‍රික්ලූඩ්, *v.* වළක්වනවා, බාධාකර කරවා. *a.* -sive

precocious ප්‍රිකෝෂස්, *a.* නියම කලට පුර්ව පැසුණු, වැඩුණු හෝ ප්‍රෞඪ වූ. *n.* -ty, -ousness [නය, *n.* -ption

preconceive ප්‍රිකන්සීව් *v.* කලින් සිතා ගත්

preconcert ප්‍රිකන්සර්ට්, *v.* කලින් මිත්‍රත්වය කොට නියම කරගන්නවා, කලින් සම්මතකරගත් දෑ

precurrent ප්‍රිකරන්ට්, *a.* පෙරටුව යන

precursive ප්‍රිකර්සිව්, *a.* පෙරටුව යන, බලාපොරොත්තුවෙන [දෙ, පූර්වනිමිත්ත. *a.* -y

precursor ප්‍රිකර්සර්. *n.* පෙරටුව යන අය හෝ

predaceous ප්‍රිඩේෂස්, *a.* කොල්ලකෑ ජීවත්වෙන

predal ප්‍රීඩල්, *a.* කොල්ලකෑවූ, කොල්ලකන

predatory ප්‍රිඩෙටරි, *a.* කොල්ලකන

predecease ප්‍රිඩිසීස්, *v.* කෙනෙකුට ඉස්සරින් මැරෙනවා *n.* එසේ මැරීම

predecessor ප්‍රිඩිසෙස්සර්, *n.* කෙනෙකුට ප්‍රථම
පැත් සිටි අය [කරණවා. *n.*-ion

predestinate ප්‍රීඩෙස්ටිනේට්, *v.* කලින් නියම

predestine ප්‍රිඩෙස්ටෙන්, *v.* කලින් නියම කරණවා

predetermine ප්‍රිඩිටර්මින්, *v.* කලින් නියම කර
ණවා, කලින් අරමුණු කරණවා. *n.* -ation

predial ප්‍රිඩිඅල්, *a.* ගම්බිම් සම්බන්ධ, ඉඩම්වලින්
උපදින

predicate ප්‍රෙඩිකේට්, *v.* යමක් ගැන කියන
වා. *n.* කියනලද්ද. *a.* -ble. *n.* -tion. *a.* -tive

predicament ප්‍රිඩික්අමන්ට්, *n.* අවස්ථාව, අමාරුව

predict ප්‍රිඩික්ට්, *v.* මතුදේ කියනවා, දිවස් කි
යනවා. *n.* -ion. *a.* -ive [ප්‍රියත්වය

predilection ප්‍රිඩිලෙක්ෂන්, *n.* සුවි ආශාව, සුවි

predispose ප්‍රිඩිස්පෝස්, *v.* කලින් කැමති කර
වණවා. *n.* -ition

predominate ප්‍රිඩොමිනේට්, *v.* අධිකව තිබෙ
නවා හෝ සිටිනවා. *a.* -nt, අධික, ප්‍රධාන.
n. -nce, -ncy [ම. *n.* -ce

preeminent ප්‍රිඑමිනන්ට්, *a.* ශ්‍රේෂ්ඨ, උත්ත

preemption ප්‍රිඑම්ෂන්, *n.* අනෙකාට ප්‍රථම මිලේ
ට ගැනීම; එකේස්තිරිමට අයිතිවාසිකම

preen ප්‍රීන්, *v.* පිහාටුසුබකර තෙල් ගාගන්නවා

preengage ප්‍රිඑංගේජ්, *v.* කලින් පොරොන්දු
කරලා ගන්නවා. *n.* -ment

preexist ප්‍රීඇග්ස්ඉස්ට්, *v.* (යමකට) පූර්වයෙන් පවතිනවා. *n.* -ence. *a.* -ent

preface ප්‍රෙෆ්එස්, *n.* ප්‍රාරම්භය, සංක්ෂේපකය, උපක්‍රමය. *a.* -tory [*n.* -ure

prefect ප්‍රීෆෙක්ට්, *n.* ආණ්ඩුකාරයා, අධිපතියා.

prefer ප්‍රිෆර්, *v.* වඩා කැමතිවෙනවා. *n.*-ment. වඩා උතුම් අධිකතම පත්වීම, වඩා උසස් නිලය. *a.* -able, වඩා හොඳ හෝ සුදුසු (*n.* -ness). *n.* -ence, වඩා කැමතිවීම (*a.* -tial)

prefigure ප්‍රිෆිගියුර්, *v.* රූප ආදියකින් කලින් දක්වනවා. *n.* -ation

prefix ප්‍රිෆික්ස්, *v.* මුලට යොදනවා හෝ තබනවා. *n.* උපසර්ග [ගැනි

pregnable ප්‍රෙග්නබ්ල්, *a.* සටන්කොට ගත

pregnant ප්‍රෙග්නන්ට්, *a.* ගර්භිණිවූ, පරිපූර්ණ. ඵල විපාක බහුල. *n.* -cy [ණීමට බලය ඇති

prehensile ප්‍රිහැන්සිල්, *a.* අල්ලන, අල්ලා ගැ

paehension ප්‍රිහැන්ෂන්, *n.* අල්ලාගැනීම. *a.*-ble

prehistoric ප්‍රිහිස්ටෝරික්, *a.* කථාන්තරයට ඇතුලත් කාලයට පෙර [රණවා. *n.*-ment

prejudge ප්‍රිජජ්, *v.* කල්මත්තෙන් විනිශ්චය ක

prejudicate ප්‍රිජුඩිකේට්, *v.* කලින් විනිශ්චය කරණවා, අගණිතයෙන් විනිශ්චයකරණවා

prejudice ප්‍රෙජුඩිස්, *n.* කල්මත්තෙන් ඇති කල්පනාව, පක්ෂවාදිකම, හානිය. *v.* කල්ම

ජ්ෂෙහත් පක්ෂපාතකරනවා, ගාණිකරනවා. *a.* -ial, අසිත, ගාණිකර

pre*late* ප්‍රෙලිට්, *n.* බිෂොප් ආදි ප්‍රධාන දේව ගැති කෙනෙක්. *a.* -tic, -tical. *n.* -cy

prelect ප්‍රිලැක්ට්, *v.* ප්‍රසිද්ධයේ ලියවිල්ලක් කියවනවා. *n.* -ion, කියවන ප්‍රසිද්ධ කථාව

preliminary ප්‍රිලිමිනරි, *a.* ප්‍රාරම්භ, මුලදී කරන. *n.* මුලදී කරන දේ, ප්‍රාරම්භකාරණය

pre*lude* ප්‍රිලූඩ් (හෝ) ප්‍රෙල්යූඩ්, *n.* ප්‍රාරම්භය. *v.* ප්‍රාරම්භකරනවා, ප්‍රාරම්භ ගායනාවක් කරනවා. *a.* -sive, ප්‍රාරම්භ

premature ප්‍රිමටියුර්, *a.* නියම කාලට පූර්ව පැසුනු හෝ සිදුවූ. *n.* -ness

premedita*te* ප්‍රිමෙඩිටේට්, *v.* කලින් අරමුණු කරනවා. *n.* -ion [මාත්‍යතා. *n.* -ship

premier ප්‍රිමිඅර්, *a.* ප්‍රධාන, පරම. *n.* ප්‍රධානා

premise } ප්‍රෙමිස්, *n.* (තර්ක) පක්ෂය, ප්‍රතිඥාව.
premiss } *v.* ප්‍රිමයිස්, මුල්කාරණකොට නියම වී කියනවා හෝ ලියනවා, ප්‍රාරම්භයක් කරනවා. *n.* -es, (තර්ක) පක්ෂ ඔප්පුවන නියම කාරණ, ගේදොර, ඉඩම්කඩම්

premium ප්‍රිමිඅම්, *n.* ලාභය, එලය, ආරක්ෂාකිරීමට පොරොන්දුවීම ගැණ ගෙවන මුදල

premoni*sh* ප්‍රිමොනිෂ්, *v.* කලින් දැනුම්දෙනවා. *a.* -tive, -tory. *n.* -tion, කලින් දැනුම්දීම

prentice ප්‍රෙන්ටිස්, *n.* =apprentice

preoccupy ප්‍රීඔකියුපයි, *v.* ඉස්සරින් අල්ලාගෙන සිටිනවා හෝ පැමිණ ගන්නවා. *n.* -ancy, -ation

preordain ප්‍රීඕඩේන්, *v.* කලින් නියම කරනවා. *n.* -ination

prepare ප්‍රිපෙයර්, *v.* පිළියෙල කරනවා. *n.* -ation. *a.* -ative, පිළියෙල කරන, සංස්කාරක. *a.* -atory, ආරම්භක, ප්‍රථම

prepay ප්‍රීපේ, *v.* කලින් ගෙවනවා. *n.* -ment

preponderate ප්‍රිපොන්ඩරේට්, *v.* වැඩි බල ඇතිව සිටිනවා, පැත්තකට බරව තිබෙනවා. *a.* -ant. *n.* -ance [නාම. *a.* -al

preposition ප්‍රෙපොසිෂන්, *n.* විභක්ති නිපාත

prepossess ප්‍රීපොසෙස්, *v.* ඉස්සරින් අල්ලා ගන්නවා හෝ බැඳ ගන්නවා, පක්ෂපාත කරගන්නවා, විශ්වාස කරවනවා. *n.* -ion

preposterous ප්‍රිපොස්ටරස්, *a.* විපරීත, අයුතු, මෝඩ. *n.* -ness [කලින් උවමනා දෙය

prerequisite ප්‍රීරෙක්විසිට්, *a.* කලින් ඕනෑවූ. *n.*

prerogative ප්‍රිරොගටිව්, *n.* විශේෂ බලය හෝ අයිතිවාසිකම

presage ප්‍රිසේජ්, *v.* කලින් කියනවා, නිමිති කියනවා. *n.* ප්‍රෙසේජ්, පූර්ව නිමිත්ත

presbyter ප්‍රෙස්බිටර්, *n.* සභාවේ වැඩිමහල්ලා, දේවගැතිනා, සභා විනිශ්චය ශාලාවේ කෙනෙක

ක්. *n.* -y, දේවගැතිවරුන් සහ වැඩිමහල්ලන්ගෙන් යුත් සභා විනිශ්චය ශාලාව

Presbyterian ප්‍රෙස්බිටීරියන්, *n.* වැඩිමහල්ලන් ජනන් පාලනයකරණ එක් ක්‍රිස්තියානි සභාවක්. *n.* -ism, එකී සභා ක්‍රමය

prescience ප්‍රිසියන්ස්, *n.* කලින් දැනීම, පූර්වඥානය. *a.* -t, කලින් දන්නා

prescind ප්‍රිසින්ඩ්, *v.* වෙන්කරනවා, යම් අදහස කට නොබැඳී කල්පනා කරණවා

prescribe ප්‍රිස්ක්‍රයිබ්, *v.* නියම කරණවා. *n.* -ption, නියෝගය, නියමකිරීම; රෝගය, බෙහෙත් චිට්ටෝරුව, භුක්තියේ අයිතිවාසිකම. *a.* -ptive, ව්‍යවහාරයෙන් හෝ භුක්තියෙන් ස්ථිරවූ

present ප්‍රෙසන්ට්, *a.* පෙනෙන දුර හෝ ළඟ සිටින හෝ තිබෙන, වර්තමාන, දැනට තිබෙන. *n.* තෑග්ග. *v.* ප්‍රිසෙන්ට්, ඉදිරිපත්කරනවා, දක්වනවා, දක්වනවා, පිළිගන්වනවා, තෑගිදෙනවා, මානනවා (*n.* -tation). *a.*-table. *n.* -ce, ඉදිරිපිට සිටීම හෝ තිබීම, ඉදිරිපිට, පෙනුම. *n.* -tee, පූජාව ලැබූ අය

presentiment ප්‍රිසෙන්ටිමන්ට්, *n.* කලින් දැනීම

presently ප්‍රෙසන්ට්ලි, *ad.* වහා, ඉක්මනින්

preserve ප්‍රිසර්ව්, *v.* ආරක්‍ෂාකරණවා, පවත්වනවා, නරක්නොවී තිබීමට සීනි පැණි ආදියේ

දමනවා. *n.* -ශනි. *n.* -ation. *a.* -ative

presido ප්‍රිසයිඩ්, *v.* ප්‍රධානත්වකරණවා, සභු රුවණවා, *n.* -ncy ප්‍රෙසිඩෙන්සි, -ntship ප්‍රෙසිඩෙන්ට්ෂිප්, ප්‍රධානත්වය, සභාපතිධුරය. *n.* -nt, ප්‍රධානියා, නායකයා, සභාපතියා (*a.*-ial)

presignify ප්‍රිසිග්නිෆයි, *v.* කලින් අඟවනවා හෝ දැනුම්දෙනවා

press ප්‍රෙස්, *n.* මිරිකණ යන්ත්‍රය, මුද්‍රා (අච්චු) යන්ත්‍රය, පොත්පත්, සමූහය, ඉක්මන, මිරිකීම, අල්මාරිය. *v.* මිරිකනවා, තදකරණවා, ඉදන් බලාත්කාරණවා, බලකරණවා. *a.* -ing, මිරිකණ, බලගතු, ඉක්මන්. *n.* -man, මුද්‍රණකරන්නා. *n.* -ure, මිරිකීම, මිරිකණ බලය, තදබලකම. *n.* -gang, නාවික සේවයට මිනිසුන් බැඳගැනී මේ බලය ලත් නාවික කණ්ඩායම

prestidigitation ප්‍රෙස්ටිඩිජිටේෂන්, *n.* ඇස්බැන් දුමෙහි දක්ෂතාව, එප්ජාව. *n.* -or, ඇස්බැන් දුම්කාරයා [නාම

prestige ප්‍රෙස්ටීජ්, *n.* ආනුභාවය, ගෞරවය, මා

presume ප්‍රිසියූම්, *v.* විශ්වාස කරණවා, අවසර නැතුව ක්‍රියාවක් කරණවා. *a.* -ing, අනුතු තර මට විශ්වාසය ඇති, අහංකාර. *a.* -able, හොඳයි තමුන විශ්වාසකල හැකි. *n.* -ption, හොඳයි තමුන් විශ්වාසකිරීම, එසේ විශ්වාසකිරීමට කා රණය, අහංකාරය (*a.* -ive). *a.* -ptuous, අති

[ූ සි තරමට විශ්වාසය ඇති, අහංකාර (*n.* -ness)

presuppose ප්‍රිසප්පෝස්, *v.* පූර්වයෙන් කල්පනා කරනවා හෝ පිළිගන්නවා. *n.* -ition, පූර්ව කල්පනාව හෝ පිළිගැනීම

pretence ප්‍රිටෑන්ස්, *n.* (pretend බ.)

pretend ප්‍රිටෑන්ඩ, *v.* බොරුවට හඟවනවා, බොරුවට ක්‍රියාකරනවා. *n.* -ce, බොරුවට ඇඟවීම, ප්‍රකාර පෙන්වීම. *n.* -sion, සැබෑ හෝ බොරු අයිතිවාසිකම ඇඟවීම, බොරුවට ඇඟවීම. *a.* -tious

preterite ප්‍රෙටරයිට්, *n.* අතීතකාලය

pretermit ප්‍රීටර්මිට්, *v.* අත්අරිනවා, නොසලකා අරිනවා

[පෙණෙනවූ, අද්භූත

preternatural ප්‍රීටර්නැචුරල්, *a.* ස්වභාවට

pretext ප්‍රීටෑක්ස්ට්, *n.* බොරු කාරණය

pretty ප්‍රිටි, *a.* සතුටුකරණ, ලක්ෂණ, කදිම. *ad.* මදක්, තරමක්. *ad.* -ily. *n.* -iness

prevail ප්‍රිවේල්, *v.* පරදවනවා, ජයගන්නවා, බහුලව තිබෙනවා. *n.* -lence, -lency, බහුලව තිබීම. *a.* -lent, බහුලව තිබෙන

prevaricate ප්‍රිවැරිකේට්, *v.* වංචාලෙස කියනවා, ඇත්තපෙරලා කියනවා. *n.* -ion

prevenient ප්‍රිවීනියන්ට්, *a.* පෙරටුව යන, වලක්වන

prevent ප්‍රිවෙන්ට්, *v.* වලක්වනවා, බාධාකරනවා. *n.* -ion. *a.* -ive, -ative, වලක්වන, බාධක; *n.* වලක්වන හෝ ආරක්ෂාකරණ යමක්

previous ප්‍රීවියස්, *a.* ඉස්සර, පූර්ව

prevision ප්‍රිවිශන්, *n.* කලින් දකීම හෝ දැනීම

prey ප්‍රේ, *n.* ගොදුර, කොල්ලය. *v.* සතුන් අල්ලා කනවා, කොල්ලකනවා

price ප්‍රයිස්, *n.* මිල, මිල ගණන. *a.* -less, අගය කිය නොහැකි, අනර්ඝ

prick ප්‍රික්, *n.* කටුව, ඇනුම් වේදනාව, ඇනුම් සිදුර. *n.* -le ප්‍රික්ක්ල්, කටුව. *a.* -ly (*n.* -iness)

pride ප්‍රයිඩ්, *n.* උඩඟුකම. (proud බ.)

priest ප්‍රීස්ට්, *n.* පූජකයා, පාදිලිත්‍යාන්සේ, කපුවා, පැවිද්දා. *n.* -ess (*f.*). *a.* -ly, පූජක, පැවිදි (*n.* -iness). *n.* -craft, පූජක හෝ පැවිදි උපාය හෙවත් ප්‍රයෝගය. *n.* -hood, පූජකකම, පැවිදි භාවය

prig ප්‍රිග්, *n.* අහංකාර අය, හොරා. *a.* -gish

prim ප්‍රිම්, *a.* පිළිවෙළට සැදුණු, කැල්ලි. *n.* -ness

primacy ප්‍රයිමසි, *n.* (primary බ.)

prima-donna ප්‍රිමඩොන්න, *n.* නාඩගම්පලේ ප්‍රධාන ගීතිකාකාරී

prima facie ප්‍රයිම ෆේෂිඉ, *a.* පළමු දැකීමේදීම සැලෙන, සැලෙන සාක්ෂි ඇති

primage ප්‍රයිමේජ්, *n.* බඩු ආරක්ෂාකිරීම ගැන නැවේ ප්‍රධානයාට ගෙවන මුදල

primary ප්‍රෛමරි, *a.* මුල්වූ, පළමුවෙනි, ප්‍රධාන. *n.* ප්‍රධාන එක. *ad.* -rily. *n.* -te, ප්‍රධාන බිෂොප් (*a.*-ial). *n.* -teship, -cy, අග්‍ර බිෂොප් පදවිය

prime ප්‍රෛම්, *a.* මුල්, ප්‍රධාන, ඉතා හොඳ. *n.* ඉතා උතුම් කොටස, යෞවනකාලය. *v.* සූදානම් කරණවා, (තුවක්කු කණ ආදි පත්තුකරණ ස්ථානයේ) වෙඩිබෙත් දමනවා, මුල් තීන්තපාර ගානවා. *a.* -al, ප්‍රථම, මුල්. *n.* -ing, එසේ දමන වෙඩි බෙත්, පළමු ගෑ තීන්තපාර. *n.* -eness. *n.* -er ප්‍රිම්·අර්, පළමුවෙනි පාඩම් පොත

primeval ප්‍රෛමී·වල්, *a.* ආදිම, පූර්ව, පුරාතන

primitive ප්‍රිමිටිව්, *a.* පුරාණ, පූර්ව, මුල්. *n.* ප්‍රකෘති වචනය. *n.* -ness

primogenitor ප්‍රෛමොජෙනිටර්, *n.* මුල් පියා. *n.* -ure, වැඩිමහල්කම, වැඩිමල් පුත්‍රයාගෙ අයිතිවාසිකම. *a.* -al

primordial ප්‍රෛමෝර්ඩිඅල්, *a.* ප්‍රථම, මුල්. *n.* මුල් කරුණ හෝ ධාතුව

primorse ප්‍රිම්රෝස්, *n.* මල්වර්ගයක්

prince ප්‍රින්ස්, *n.* රාජකුමාරයා, රජ දරුවා. රජ. *n.* -ss (*f.*). *n.* -dom. *a.* -ly, රාජ යෝග්‍ය, රජෙක් වැනි, රාජකීය, ඉසුරුමත්, ඉතා මහඟු (*n.* -iness) principal ප්‍රින්සි'පල්, *a.* ප්‍රධාන. *n.* ප්‍රධාන අය, මුල් මුදල

principality ප්‍රින්සිපැල්ඉටි, *n.* රාජකුමාරයෙක් පාලනයකරණ ප්‍රදේශය [ය, මූලික සත්‍යය

principle ප්‍රින්සිප්ල්, *n.* හේතුව, මුල් කාරණ

print ප්‍රින්ට්, *v.* ඔබා ලකුණු කරණවා, අච්චු ගසනවා, මුද්‍රණකරණවා, ප්‍රසිද්ධකරණවා. *n.* එබීමෙන් කළ ලකුණ, අච්චු සිසීයම, අච්චුරෙදි. *n.* -ing-press, අච්චු යන්ත්‍රය [නාව

prior ප්‍රෛ'අර්, *a.* ප්‍රථම, පූර්ව. *n.* -ity, ප්‍රථම

prior ප්‍රෛ'අර්, *n.* තාපසාරාමයෙහි ප්‍රධානයා. *n.* -ship. *n.* -ess (*f.*). *n.* -y, තාපසාරාමය, ආශ්‍රමය

prise ප්‍රෛස්', *v.* උස්සනවා, ඔසවනවා

prism ප්‍රිස්'ම්, *n.* තුන් පුළුස් කාච (වීදුරු) කෑබැල්ලක්. *a.* -atic, -atical [සිරකාරයා

prison ප්‍රිස්න්, *n.* සිරගෙය, දඬුගෙය. *n.* -er,

pristine ප්‍රිස්ටෛන්, *a.* මුල්වූ, පුරාණ

prithee ප්‍රිති, =pray thee=I pray thee, මම තුඹට යාච්ඤා කරමි [කය, විවේක ස්ථානය

privacy ප්‍රෛවසි(හෝ)ප්‍රිවසි, *n.* රහස්කම, ඒකෙවි

private ප්‍රෛවේට්, *a.* පුද්ගලික, රහස්, අප්‍රසිද්ධ. *n.* සාමාන්‍ය සේවකයා. *n.* -ness, රහස්කම, අප්‍රසිද්ධකම. *n.* -er, ආණ්ඩුවට අයිති නැති නැව, සතුරන්ගෙන් කොල්ලකෑමට යෙදූ

රහස් ගූඪ තැන. In private, රහසේ

privation ප්‍රෙවේෂන්, *n.* අගහිඟකම, හානිය, නැතිකම. *a.* -ve, හානිකරණ, නැත්තාවූ; *n.* අභාව ශබ්දය, 'නෑ' අර්ථ ඇති නිපාතය

privet ප්‍රිවිඇට්, *n.* පැලඹුණි වැටවල සිටවන ගස් වර්ගයක්

privilege ප්‍රිවිඉලිජ්, *n.* විශේෂ ප්‍රයෝජනය හෝ අයිතිවාසිකම, වරම. *v.* විශේෂ ප්‍රයෝජනයක් හෝ නිදහසක් හෝ වරයක් දෙනවා

privy ප්‍රිවිඉ, *a.* අප්‍රසිද්ධ, රහස්, පුද්ගලික. *ad.* -ily. *n.* -ity, දැනුවත්කම, රහස්කම. y -council, රජුගේ විශේෂ මන්ත්‍රණ සභාව

prize ප්‍රෙයිස්', *n.* දිනාගත් තෑග්ග, විශේෂ විපාකය, දිනූ දෙය, යුධයේදී කොල්ලකාගත්දේ. *v.* අගයකරණවා, අගේකොට සලකනවා

probable ප්‍රොබ්'අබල්, *a.* ඇත්තවාගේ පෙනෙන, වියහැකිවූ. *n.* -ility, වියහැකි ස්වභාව, ඇත්තවාගේ පෙනීම, වියහැකි දෙය, අනුමානය

probate ප්‍රොබේට්, *n.* ඔප්පුකරණලද අන්තිම කැමති පත්‍රයේ සහතික පිටපත, අන්තිම කැමති පත්‍රයක් ඔප්පුකළ බවට නඩුසාලාවෙන දෙන ලියවිල්ල

probation ප්‍රොබේෂන්, *n.* පරීක්ෂාව, පරීක්ෂාව පිණිස සිටීම, පරීක්ෂාවපිණිස ජීවත් කාලය. *a.* -al. *a.*-ary. *n.* -er, පරීක්ෂාවට සිටින්නා, ආධුනිකයා

probe ප්‍රෝබ්, *n.* තුවාල පරීක්ෂාකරණ කූර. *v.* හොඳින් පරීක්ෂාකරණවා

probity ප්‍රොබිටි, *n.* අධික අවංකභාවය

problem ප්‍රොබ්ලැම්, *n.* තීරණය කටයුතු ප්‍රශ්නය. *a.* -atic, -atical, අනිශ්චිත, අනුමාන

proboscis ප්‍රොබොස්සිස්, *n.* සොඬවැල

procedure ප්‍රොසීඩ්‍යුර්, *n.* ක්‍රියාකරණ ආකාරය, ක්‍රියාකිරීම

proceed ප්‍රොසීඩ්, *v.* යනවා, (යම් ක්‍රියාවක්) කරගෙන යනවා, නික්මෙනවා. *n.* -ing, ක්‍රියාකිරීම, ක්‍රියා ක්‍රමය, ප්‍රවෘත්ති, *n.* -s, යමකින් ලැබූ මුදල හෝ ඵලය, ලාභය, ප්‍රවෘත්ති

process ප්‍රෝසැස්, *n.* ක්‍රමය, පිළිවෙල, ඉදිරියට යාම. *n.* -ion, පෙරහර (*a.* -al)

proclaim ප්‍රොක්ලේම්, *v.* ප්‍රසිද්ධලෙස දන්වනවා, අණබෙරයෙන් ප්‍රසිද්ධ කරණවා. *n.* -mation, එසේ දැන්වීම හෝ ප්‍රසිද්ධකිරීම, රාජාඥාපත්‍රය

proclivity ප්‍රොක්ලිවිටි, *n.* ලැදිකම, ඇල්ම

procrastinate ප්‍රොක්රැස්ටිනේට්, *v.* කල් දමනවා, ප්‍රමාදකරණවා. *n.* -ion [වා. *n.* -ion

procreate ප්‍රෝක්‍රිඒට්, *v.* ජාතක කරණවා, උපදවනවා.

proctor ප්‍රොක්ටර්, *n.* පෙරකදෝරුවා, අග්‍ර පාඨශාලා භාණ්ඩාගාරයා [ජ්ත, පතිත

procumbent ප්‍රෝකම්බැන්ට්, *a.* මුණින් වැටී ඉන්න

procure ප්‍රොක්‍යුර්, *v.* සපයාගන්නවා, ලබාගනිා

නවා. *a.* -able. *n.* -ator, අන්‍යයකු වෙනුව ට ක්‍රියාකිරීමට බලයලත් අය, කළමනාකාරයා. *n.* -ement. *n.* -er, සපයාදෙන්නා, ස්ත්‍රීන් සපයා දෙන්නා

prodigal ප්‍රොඩිගල්, *a.* අධිකලෙස වියදම් කරන. *n.* අධික ලෙස වියදම්කරන්නා, ධන නාස්තිකරන්නා. *n.* -ity

prodigy ප්‍රොඩිජි, *n.* අපූර්වය, අද්භූතය, අසාමාන්‍ය සත්‍ව හෝ දෙය. *a.* -ious, ඉතා මහත්, අද්භූත

produce ප්‍රොඩ්‍යූස්, *v.* උපදවනවා, පානවා, සලස්වනවා, දික්කරණවා. *n.* ප්‍රොඩ්‍යූස්, ඵලය, ලාභය. *a.* -ible

product ප්‍රොඩක්ට්, *n.* ඵලය, ලාභය. *n.* -ion, උපදවීම, පෑම, උපදවූ දෙය. *a.* -ive, උපදවන, සාරවත් (*n.* -ity, -eness)

profane ප්‍රොෆේන්, *n.* අශුද්ධ, අකැප, ලෞකික, අගෞරව. *v.* අපවිත්‍රකරණවා, අගෞරව කරණවා, *n.* -ation, -eness, -ity

profess ප්‍රොෆෙස්, *v.* කියා සිටිනවා, ලබ්ධිය ප්‍රකාශකරණවා, ප්‍රසිද්ධ කරණවා, බොරුවට අඟවනවා. *n.* -ion, කියා සිටීම, රැකියාව, රැකියාවක යෙදී සිටි සමූහය (*a.* -al). *n.* -or, කියා සිටින්නා, සත්‍යවනම බැඳී සිටින්නා, මහා ශාස්ත්‍රඥාලාවක ගුරුවරයා. *a.* -orial. *n.* -orship proffer ප්‍රොෆ්·ෆර්, *v.* පිළිගැණීමට ඔප්පුකරණවා. *n.*

proficiency ප්‍රොෆිෂ්·අන්සි, *n.* පුහුණුව, දසුණුව, දක්ෂකම. *n.*-ce. *a.*-t, පුහුණුවූ, දක්ෂ; *n.* පුහුණුවූ අය, දක්ෂ අය

profile ප්‍රෝෆීල් (හෝ) ප්‍රෝෆෛල්, *n.* පිටත ආකාරයේ හුළු සටහණ, මුහුණේ පැත්තක් දක්වන රූප සටහණ

profit ප්‍රොෆ්ඉට්, *n.* ලාභය, ප්‍රයෝජනය. *v.* ලාභ ලැබෙනවා, යහපතක් හෝ වැඩක් සිද්ධවෙනවා. *a.* -able, ලාභ ලැබෙන, ප්‍රයෝජනවත් (*n.* -ness). *a.* -less [නාචාර. *n.* -teness, -cy

profligate ප්‍රොෆ්ලිගෙට්, *a.* අවකල්ක්‍රියාකාර, අ

profound ප්‍රොෆෞණ්ඩ්, *a.* ගැඹුරු, ඉතා, මහා. සම්පූර්ණ. *n.* *n.* -ness [කම

profundity ප්‍රොෆණ්ඩිටි, *n.* ගම්භීරතාව, අධික

profuse ප්‍රොෆ්‍යූස්, *a.* ඉතා අධික, සම්බාධ. *n.* -eness, -ion

progeny ප්‍රොජ්ඉනි, *n.* දරුවෝ, පැවතඑන්නෝ *n.* -itor, පූර්ව පුරුෂයා, මුල් පියා

prognostic ප්‍රොග්නොස්ටික්, *n.* පූර්වනිමිත්ත. *v* -ate, කලින් දන්වනවා, නිමිති කියනවා (*n.* -ion) [පත්‍රය

programme ප්‍රෝග්‍රෑම්, *n.* වැඩපිළිවෙළ, නාය

progress ප්‍රොග්‍රෙස්, *n.* ඉස්සරහටයාම, වර්ධනය

v. ප්‍රොගරිස්, ඉස්සරහට යනවා, වඩීනවෙන වා. *n.* -ion. *a.* -ive, ඉස්සරහට යන, වඩීන වෙන (*n.* -ness)

prohibit ප්‍රොහිබිට්, *v.* තහනම්කරනවා, බැධා කරනවා. *n.* -ion. *a.* -ive, -ory

project ප්‍රොජ්එක්ට්, *n.* උපාය, උපක්‍රමය, යෝජනාව. *v.* ප්‍රොජෙක්ට්, ඉදිරියට විසිකරනවා. කැඩය අඳිනවා, සොදනවා. *n.* -ion. *n.* -ile, විසිකරනලද්ද

prolific ප්‍රෝලිෆික්, *a.* බහුල, සරු. *n.* -ness

prolix ප්‍රෝලික්ස්, *a.* ඉතා දීර්ඝකරනලද, අති විස්තර. *n.* -ity, -ness

prologue ප්‍රෝලොග්, *n.* ප්‍රාරම්භය, ප්‍රස්තාවනාව

prolong ප්‍රොලොං, *v.* දීර්ඝකරනවා. *n.* -ation

promenade ප්‍රොම්ෙණේඩ්, *n.* සෙල්ලම් සක්මන, සක්මන්පල. *v.* සක්මන්කරනවා

prominent ප්‍රොමිනෙන්ට්, *a.* නෙරා තිබෙන. ප්‍රධාන, පරම. *n.* -ce, -cy

promiscuous ප්‍රොමිස්කියුඅස්, *a.* මිශ්‍ර, නිර්විශේෂ, පොදු. *n.* -ness

promise ප්‍රොමිස්, *n.* පොරොන්දුව, ප්‍රතිඥාව, බලාපොරොත්තුවට කාරනය. *v.* පොරොන්දු වෙනවා, බලාපොරොත්තු ඇතිකරනවා. *n.* -er, -or, පොරොන්දුවෙන්නා. *a.* -sory, පොරොන්දු

promontory ප්‍රොමොණ්ටරි, *n.* උස් දේශතුඩුව

promote ප්‍රොමෝට්, v. දියුණු කරනවා, අනුබල දෙනවා, පොළඹවනවා, වඩා උසස් අධියකට පත්කරනවා. n. -ion

prompt ප්‍රොම්ට්. a. අප්‍රමාද, ඉක්මන්. v. පොළඹනවා, මතක කරවනවා. n. -ness, -itude

promulgate ප්‍රොමල්ගේට්, v. ප්‍රසිද්ධකරනවා, පතුරුවනවා. n. -ion [බෙන, ලැදි. n. -ness

prone ප්‍රෝන්, a. මුණින් වැටී සිටින, නැමී ති

prong ප්‍රොං, n. දැත්ත, උල, කටුව

pronominal ප්‍රනොමිනල්, a. සර්වනාම

pronoun ප්‍රෝනවුන්, n. සර්වනාමය

pronounce ප්‍රොනවුන්ස්, v. ශබ්දකරනවා, උච්චාරණ කරනවා, ප්‍රකාශකරනවා, කියනවා. a. -ounceable, n. -unciation

proof ප්‍රෑෆ්, n. ඔප්පුව, සාක්ෂිය, ශෝධ්‍යපත්‍රය

prop ප්‍රොප්, n. රුකුල, ආධාරය. v.

propagate ප්‍රොප්අගේට්, v. බෝකරනවා, පතුරුවනවා, පතළකරනවා. n. -ion

propel ප්‍රොපැල්, v. තල්ලුකරනවා, දුවවනවා

propensity ප්‍රොපැන්සිටි, n. ඇලුම්කම, ඇදීම

proper ප්‍රොප්අර්, a. යුතු, සුදුසු, අසමාන්‍ය, නියම

property ප්‍රොප්අර්ටි, n. නියම ගුණය, විශේෂය, වස්තුව, දේපල, ඉඩම්කඩම්

prophecy ප්‍රොෆ්ඉසි, n. අනාගතවාක්‍යය, අනාගත වාක්‍ය පොත, දේශනාකිරීම. v. -sy

ප්‍රොෆ්ඉසෙ, මතු දේ කියනවා.

prophet ප්‍රොෆ්ඇට්, *n.* අනාගතවක්තෘ. *a.* -ic, -ical. *n.* -ess (*f.*) [වු හැකම

propinquity ප්‍රොපිංක්විටි, *n.* ආසන්නකම, කිට්

propitiate ප්‍රොපිෂ්ඉඒට්, *v.* සහණය කරණවා, සමගිකරණවා. *n.* -ion. *a.* -ory

propitious ප්‍රොපිෂ්අස්, *a.* හිතකාමී, කරුණවන්ත, ශුභ, මඞ්ගල්‍ය. *n.* -ness

proportion ප්‍රොපෝර්ෂන්, *n.* ප්‍රමාණය, හිසි ප්‍රමාණය, සම ප්‍රමාණ ගණිත ක්‍රමය, හුරුකම, සාධාවසම. *v.* සම ප්‍රමාණාන කරණවා. *a.*-able. *a.* -al, සම ප්‍රමාණ; *n.* සම ප්‍රමාණ ගණන. *a.* -ate, සම ප්‍රමාණ

propose ප්‍රොපෝස්, *v.* යෝජනා කරණවා, අරමුණුකරණවා. *n.* -al, යෝජනාව. *n.* -ition, යෝජනාව, කිය්මන, වගන්තිය, සිඬාන්තය

propound ප්‍රොපෞණ්ඩ්, *v.* සල්පනා කිරීමට ගෙණ පානවා, තේරුම්කර දෙනවා

proprietor ප්‍රොප්‍රෛඉටර්, *n.* අයිතිකාරයා. *n.* -ress හෝ -trix (*f.*). *n.* -orship. *n.* -ary, අයිතිකාරයා; *a.* හිමිකාර

propriety ප්‍රොප්‍රෛඉටි, *n.* යුතුකම, සුදුසුකම

propulsion ප්‍රොපල්ෂන්, *n.* තල්ලුකිරීම, දුවවීම. *a.* -ve [රණවා. *n.* -ation

prorogue ප්‍රොරෝග්, *v.* කල් දමනවා, හමාරකරණවා.

prosaic ප්‍රෝසේඉක්, *a.* (prose බ.)

proscri*be* ප්‍රොස්ක්‍රයිබ්, *v.* තහනම් කරනවා, ප්‍රතික්ෂේපකරනවා, පිටකරනවා, ජීවිතය හා වස්තුව අඹුවන් පිණිස පිදියයුතු වරදක් කළ අයගේ නම ප්‍රසිද්ධකරනවා. *n.* -ption. *a.*-ptive

pros*e* ප්‍රෝස්, *n.* (කවි නොවන) වාක්‍යගත ලිඛිත, ගද්‍ය. *v.* ගද්‍ය විධියෙන් ලියනවා, වඩා උසස්ද්‍රව්‍ය නැති විධියකට කථාකරනවා හෝ ලියනවා. *a.* -aic, -aical, ගද්‍ය. *n.* -*y*, රසහීන, උසස්ද්‍රව්‍යනැති (*n.* -iness)

prosecut*e* ප්‍රොස්ඉකියුට්, *v.* අදහස සිද්ධකර ගැනීමට කරගෙන යනවා, නඩුශාලාවේ පැමිණිලි කරනවා. *n.* -ion

proselyt*e* ප්‍රොස්ඉලයිට්, *n.* යම් ආගමකටහෝ පක්ෂයකට හැරෙන කෙනෙක්. *v.* *v.* -ise, එසේ හරවනවා. *n.* -ism [-ic, -ical· *n.* -ist

prosod*y* ප්‍රොස්ඔඩි, *n.* ඡන්දස් ශාස්ත්‍රය. *a.*-ial,

prospect ප්‍රොස්පැක්ට්, *n.* පෙනුම, බලාපොරොත්තුව සිටීම, බලාපොරොත්තුවීමට කාරණය. *a.* -ive, මතුකාලය බලන, මතු. *n.*-u . වැඩක ක්‍රමය දක්වන පත්‍රය

prosper ප්‍රොස්පර්, *v.* සඵලවෙනවා. *a.* -ous, සඵලවූ, සමෘද්ධ, ඉසුරුමත්. *n.* -ousness, -ity

prostitut*e* ප්‍රොසටිටියුට්, *v.* දූෂ්‍යකමට භාරකරනවා. *n.* වේශ්‍යාවී. *n.* -ion, වේශ්‍යාකම් කිරීම

prostrat*e* ප්‍රොස්ට්‍රේට්, *v.* බිම හොනදමිනවා, මුණින් වැටෙනවා, ඉතා යටහත්භාවයෙන් නමස්කාර කරණවා. *a.* *n.* -ion

prosy ප්‍රෝසි, *a.* (prose බ.) [වෙණස්වෙන

protean ප්‍රෝටීඅන්, *a.* වෙස්මාරු කර ගන්න,

protect ප්‍රොටැක්ට්, *v.* ආරක්‍ෂාකරණවා. *n.* -ion. *n.* -ionist, රටවල් අතර නිදහස් වෙළඳාමට විරුබ අය. *a.* -ive, ආරක්‍ෂා කරණ. *n.* -orate, ආරක්‍ෂකයෙකුගේ පාලනය, අන්‍යයෙකු විසින් ආරක්‍ෂාකරණ රට. *n.* -ress, -rix (*f.*)

protege ප්‍රොටේෂේ. *n.* අමෙකුගේ ආරක්‍ෂාව යටතේ සිටින්නා. *n.* -e (*f.*)[වා. *n.* *n.* -ation

protest ප්‍රෝටැස්ට්, *v.* තද විරුබ භාවය කියන

Protestant ප්‍රොටිඇස්ටන්ට්, *n.* රෝමානුයයි නියම විරුබ ක්‍රිස්තියාන් සභාවක කෙනෙක්. *n.* -ism [වුම්පත

protocol ප්‍රෝටොකෝල්, *n.* ප්‍රථම සටහණ, මෙ

protoplasm ප්‍රෝටෝප්ලෑස්ම්, *n.* මුල් ධාතුව

prototype ප්‍රෝටොටයිප්, *n.* මුල් ආදර්ශය

protract ප්‍රොට්‍රැක්ට්, *v.* දීර්ඝකරණවා, බොහෝ වේලා පවත්වනවා, ප්‍රමාදකරණවා. *n.* -ion. *a.* -ive [නවා. *n.* -sion. *a.* -sive

protru*de* ප්‍රොට්‍රූඩ්, *v.* නෙරියණවා, පිටට පනි

protubera*nt* ප්‍රොටියුබරන්ට්, *a.* නෙරාතිබෙන

ඉලිප්පී තිබෙන, උස්. *n.* -nce *v.* -te, නෙරණවා [මස්, මස්දලුව

proud ප්‍රෞඩ්, *a.* උඩඟු, ප්‍රෞඩ්. *n.* -flesh, ඍබාරු

prove ප්‍රෑව්, *v.* ඔප්පුකරණවා, අත්හදා බලනවා. *a.* -able [ලි කෑම

provender ප්‍රොව්'එණ්ඩර්, *n.* පිදුරු ආදි වියු

proverb ප්‍රොව්'අර්බ්, *n.* උපමාකීම. *n.* -s, උපමාක්ම, බයිබලයේ පොතක්. *a.* -ial

provide ප්‍රොවයිඩ්, *v.* කල්තියා සපයනවා, සූදානම් වෙනවා. *a.* -d, යැපනු, (ඔව්නහොත් ආදයේ) හොත්. *n.*-nce, කලින් සූදානම් කිරීම, දේව පිහිට. *a.* -nt, කලින් සූදානම්කාරණ, මත්තනැණ සලකන, සකසුරුවම්. *a.* -ntial, දේව පිහිටෙන් සිද්ධවූ

province ප්‍රොවින්ස්, *n.* නමත්කරගත් පලාත, අටපුත්ත, කොට්ඨාසය. *a.* -ial, පලාත්, පලාත්ආකාර, අසංස්කෘත: *n.* පලාත් වැසියා. *n.* -ialism, අසංස්කෘත භාෂාව, යම් ප්‍රදේශයක පාවිච්චාවෙරය විශේෂ පදයක් හෝ භාෂා රීතිය

provision ප්‍රොවිෂ්අන්, *n.* සැපයීම, සූදානම, ආහාර, නියමය. *v.* ආහාර වර්ග සපයා දෙනවා. *a.* -al, කලකට නොහොත් ප්‍රයනාවට සැපපු හෝ කරණ, කාලීන, පිරිමසන

proviso ප්‍රෝවෛසෝ, *n.* විශේෂ නියමය. *a.* -ry

provoke ප්‍රොවෝක්, *v.* උදදවනවා, අවුස්සනවා, කෝපකරණවා. *n.* -cation, ඇවිස්සීම, කෝපය, කෝප උපදවන කාරණය. *a.* -cative

provost ප්‍රොවිඅස්ට්, *n.* අග්‍ර පාඨශාලාවක නායකයා, ප්‍රධාන සභාකාරයා. *n.* -ship

prow ප්‍රෞ, *n.* නැවේ ඉස්සරහකොටස, ඇනිය

prowess ප්‍රෞඇස්, *n.* වික්‍රමය, පරාක්‍රමය, ශෞර්යය [ශෞර්‍ය්‍ය]

prowl ප්‍රෞල්, *v.* සොයා හොරෙන් ඇවිදිනවා, [ශෞද්‍රයා සොයා ගැසිරෙණවා

proximate ප්‍රොක්ස්ඉමේට්, *a.* ඉතා ළඟ. *n.* -ity, ඉතා සමීපකම

proxy ප්‍රොක්ස්ඉ, *n.* අනෙකක් වෙනුවෙන් ක්‍රියාකරන්නා, එසේ කිරීමට බලය දෙන පත්‍රයක්

prude ප්රූඩ්, *n.* බොරුවට අධික ලජ්ජා හා සුකුනම් අඟවන ස්ත්‍රී, අධික ලජ්ජා ඇත්තී. *n.* -ery. *a.* -ish, බොරුවට අධික ලජ්ජා හෝ ගුණවත්කම අඟවන, බාහිර චාරිත්‍ර අධික, පිටාතර දේ ගැන වැඩිය සලකන

prudent ප්රූඩන්ට්, *a.* නුවණ ඇති, සිහිපරීක්ෂා ඇති. *n.* -ce. *a.* -tial

prune ප්රූන්, *v.* වැඩි අතු කපනවා, වැඩිඒවා පහකරණවා. *n.* වියලි ඵලවර්ගයක්

prurient ප්රූරිඅන්ට්, *a.* අභිරති, කාමුක කල්පනා හා ආශාවලට නැමුණ. *n.* -ce, -cy

pry ප්‍රෛ, *v.* හොඳින් බලනවා; එබී බලනවා

psalm සාම්, *n.* ගීතිකාව, භක්ති ගීතය. *n.* Psalms, බයිබලයේ පරණ ගිවිසුමේ පොත ක. *n.* -ist, ගීතිකාකාරයා. *n.* -ody, ගීතිකා කීම, ගීතිකාරයා (*n.* -ist)

Psalter සෝල්'ටර්, *n.* ගීතිකාපොත. *n.* psaltery, පුරාණ හෙබ්‍රෙව්වරුන්ගේ තත් සහිත වීණා වර්ගයක් ['බොරු'යන අර්ථවත් පදයක්

pseudo සුඩෝ, (වචන මුලට යෙදෙන) 'මිථ්‍යා'

pseudonym සුඩොනිම්, *n.* බොරු නාමය. *a.* -ous

pshaw ෂෝ!, *interj.* ඡා ! ඡෝ ! ඡී ! ඡිස් !

psychic සයිකික්, *a.* ආත්මය සම්බන්ධ. *a.* -al

psychology සයිකොලජි, *n.* අධ්‍යාත්ම විද්‍යාව. *n.* -ist. *a.* -ic, -ical [පක්ෂි වර්ගයක්

ptarmigan ටාර්මි'ගන්, *n.* වලිකුකුළන් වැනි

puberty ප්‍යූ'බර්ටි, *n.* වැඩිවිය පැමිණීම

pubescent ප්‍යූබෙස්'එන්ට්, *v.* වැඩිවියට පැමිණෙන. *n.* -ce

public පබ්ලික්, *a.* මහජනයාට අයිති, පොදු, ප්‍රසිද්ධ. *n.* මහජනයා. *n.* -an. බදු අයකාරයා, සුරාපාන ශාලාකාරයා. *n.* -ity පබ්ලිසිටි, ප්‍රසිද්ධිය. *n.* -house, සුරාපාන ශාලාව. In public, ප්‍රසිද්ධියේ

publish පබ්ලිෂ්, *v.* ප්‍රසිද්ධ කරනවා, අච්චු ගසා විකිණීමට ප්‍රසිද්ධ කරනවා. *n.* -cation පබ්ලිකේෂන්, ප්‍රසිද්ධ කිරීම

pucker පක්·අර්, *v.* රැලිකරණවා, රැලි ගහනවා. *n.*

pudding පුඩිං, *n.* පිටි කිරි ආදිය මිශ්‍රකොට සෑදූ කෑම වර්ගයක් [ඩ කරණවා

puddle පඩ්ඩල්, *n.* මඩවල, මඩකාඩිත්ත. *v.* ම

pudgy පජ්ජි, *a.* කොට තරබාරු, පත

puerile ප්‍යූ·අරෛල්, *a.* ළාමක, බොළඳ. *n.*-ity

puerperal ප්‍යූ·අර්·පැරල්, *a.* දරු වැදීම් සම්බන්ධ

puff පෆ්, *n.* තදින් හුස්ම පිට කිරීම, ශ්වාසය, හදිසි සුළංපහර, පුනර්මල, අති ප්‍රශංසාව. *v.* පුම්බනවා, පුප්පනවා, අතිශයෙන් ප්‍රශංසා කරණවා. *a.* -*y*, පිම්බී තිබෙන (*n.* -ness)

puffin පෆ්ෆින්, *n.* මුහුදු පක්ෂි වර්ගයක්

pug පග්, *n.* වඳුරා, මිට් බලු වර්ගයක්

pugilis*m* ප්‍යූජිලිස්·ම්, *n.* මල්ලව පොරඇල්ලීම. *n.* -t. *a.* -tic [ඇති, සටන ප්‍රිය. *n.* -ty

pugnaci*ous* පග්නේෂස්, *a.* ගහගැනීමට ආශා

puisne ප්‍යූනි, *a.* පසුවෙන්, අප්‍රධාන [*n.* -ce

puissan*t* ප්‍යූඉස්·සන්ට්, *a.* වික්‍රමාන්විත, ප්‍රබල.

puke ප්‍යූක්, *v.* වමන කරණවා

pulchritude පල්ක්‍රිට්‍යූඩ්, *n.* ශෝභනතාව, ලක්ෂණ

pull පුල්, *v.* අදිනවා, තඩනවා. *n.* ඇදීම, අදිනා උත්සාහය, ඇදීමට අල්ලන දෙය

pullet පුල්ලැට්, *n.* තරුණ කිකිළි, කුකුල්පැටියා

pulley පුල්ලි, *n.* කප්පිය

pulmonary පල්මොනෙරි, *a.* පෙණහල්ල සම්බන්ධ, පුප්පුස

pulp පල්ප්, *n.* මිදුලු, ලොද, ලොදවැනි මොලොක් ද්‍රව්‍යයක්. *a.* -y, මෘදු, මිදුලු ආකාර (*n.* -iness)

pulpit පුල්පිට්, *n.* දේශනාකූඩුව, ධර්මාසනය. *n.* -eer, දේශනාකාරයා [ණවා. *n.* -ion

pulsate පල්සේට්, *v.* නාඩි වැටෙනවා, ගැහෙ

pulse පල්ස්, *n.* මෑ මුං කොල්ලු බෝංචි ආදී වර්ග, නාඩිවැටීම, නාඩිය, ගැහෙණ පාර

pulverise පල්වරෛස්, *v.* සුණුසුණුකරණවා. *n.* -ation

pumice පමිස්, *n.* (ගිනිකඳුවලින් නික්මෙන) සැහැල්ලු ගල වැනි ද්‍රව්‍යයක්. *a.* -ous

pump පම්ප්, *n.* දිය ආදිය ගන්න යන්ත්‍රය. *v.* දිය ආදිය ගන්නවා

pumpkin පම්ප්කින්, *n.* පුහුල්, වට්ටක්කා, ලබු

pun පන්, *v.* සරදමට වචන කියනවා හෝ යොදනවා. *n.* *n.* -ster

punch පංච්, *v.* සිල්කරණවා, අනිනවා, *n.* පහර, සිදුරුකරණ ආයුධයක්, කඩට පත්‍රය, පොත්ත. *n.* -eon පංචන්, ආධාර ලීකණුව, ගැලුම් 84 අල්ලන පිප්පය හෝ මිම්ම. *a.* -y, මොටාම තරබාරු

punctilio පංක්ටිල්යො, *n.* සූක්ෂමකම, සූක්ෂම නියමය හෝ කාරණය. *a.* -us, සුළු නියමවල් හෝ ඊරිත් සලකන (*n.* -ness) punctual පංක්චුඅල්, a. නියමිතවේලාවටම කරන. n. -ity

punctuate පංක්චුඑට්, v. (, ; ආදි) කාවත්වය ලකුණු යොදනවා. n. -ion

puncture පංක්චර්, n. සිදුර, ඉඳිකටු ආදිය ඇන් වූ කුඩා තුවාලය. v.

pundit පණ්ඩිට්, n. බ්‍රාහ්මණ පණ්ඩිතයා, උගතා

pungent පංජන්ට්, a. කටුක, රට්ටදවන, සැර. n. -cy [n. -ment

punish පනිෂ්, v. දඬුවම් කරනවා. a. -able.

punitive පූනිටිව්, punitory පූනිටොරි, } a. දඬුවම් කිරීම පිළිබඳ, දණ්ඩ

punka punkah } පංකා, n. පවන් සැලීමට එල්ලා තබනු ලද්දක්, පංකාව

punt පන්ට්, n. පල්ල පැතලි මස්ඔරු වර්ගයක්

puny පූනි, a. කුඩා, බල නැති

pup පප්, puppy පප්පි, } n. බලුපැටියා, අඩම්බර තරුණයා. n. -pyism [n. -age. a. -ary

pupil පූපිල්, n. ශෝල්‍යා, ශිෂ්‍යයා, කළුඉංගිරියාව.

puppet පප්පට්, n. රූකඩය, බෝනික්කා. n. -show, රූකඩනැටීම [-ness

purblind පර්බ්ලයින්ඩ්, a. ඇස් අඳුරු වූ. n.

purchase පර්චෙස්, v. මිලට ගන්නවා. n. මිලට ගැනීම, මිලේට ගත් දේ. a. -able

pur පර්, v. =purr [[illegible]

pure ප්‍යුර්, a. ශුබ, පිරිසිදු, නිදොස් සැති. n. -ity

Purgatory 'පර් ගටෝරි, n. රෝමානු ආගමේ පාපශෝධනස්ථානය, ශුද්ධිකිරීස්ථානය

purge 'පර්ජ්, v. (කුණු ආදිය) පහකරණවා, විරේචනකරණවා. n. -ation. a. -ative, පවිත්‍ර කරණ, විරේචනකරණ; n. විරේචන බෙහෙත

purify ප්‍යුරිෆයි, v. පවිත්‍ර කරණවා, පහදවනවා. n. -ication

Puritan ප්‍යුරි·ටන්, n. ක්‍රිස්තියානි ආගම පිරිසිදු ලෙස ඇදහීමට උත්සාහ කළ එක් සභාවක කෙනෙක්. n. -ism. a. -ic, -ical

purity ප්‍යුරිටි, n. (pure බ.)

purl 'පර්ල්, v. කුඩා ගල් අස්සෙන් බසින වතුරමෙන් හීන් ශබ්දයක් ඇතුව බැස යනවා. n. එබඳු හීන් අඬ, ගෙත්තම් වැටිය

purlieu -පර්ලියු, n. පිට අවට ස්ථානය

purloin 'පර්ලොයින්, v. සොරාගන්නවා

purple 'පර්පල්, n. රත් නිල් පාට, රජබලය හෝ තේජස, රත්නිල් පොරෝණය. a.

purport 'පර්පෝර්ට්, v. හැඟෙනවා, අදහස් කරණවා. n. අභිප්‍රාය, අදහස

purpose 'පර්පස්, v. අරමුණුකරණවා, අදහස්කරණවා. n. අදහස, අරමුණ. a. -less. ad. -ly

purr පර්, v. බළලෙකුමෙන් 'පුරු' ශබ්ද.[illegible]

යක් කරණවා. n. එබඳු ශබ්දය

purse පර්ස්, *n.* කුඩා මිල පසුම්බිය; *v.* මුදල් පසුම්බියේ දමනවා, හකුළු කට මෙන් හද කරණවා

pursue පර්සියු, *v.* ලුහුබඳිනවා, කරමගෙණයනවා, ලබාගැණීමට උත්සාහ කරණවා. *a.* -ant, අනුව යන, අනුරූප. *n.* -ance. *n.* -it ලුහුබැඳීම කරමගෙණයාම, ලබාගැණීමට උත්සාහ කිරීම

pursuivant පර්ස්විවණ්ට්, *n.* අනුචරයා, දූතයා

pursy පර්සි, *a.* මිටි තරබාරු [*n.* -ness

purvey පර්වේ, *v.* (භෝජන ආදිය) සපයනවා

pus පස්, *n.* සැරව

push පුෂ්, *v.* තල්ලු කරණවා, ඉක්මන් කරණවා, වෑයම් කරණවා. *n.* තල්ලු කිරීම, හදිසි ඕනෑකම

pusillanimous පුසිලැනිමස්, *a.* ධෛර්ය නැති, බයාදු. *n.* -ity

puss පුස්, *n.* බළලාට හුරතල් නමක්, සාවා. *n.* -y, කුඩා බළලාට හුරතල් නමක්

pustule පස්ටියුල්, *n.* සැරව ඇති බිබිලි

put පුට්, *v.* දමනවා, තබනවා. *n.* දැමීම, විසිකිරීම, කුඩා පහර

putative පියුටටිව්, *a.* අභිමත, ප්‍රසිද්ධ

putrefy පියුට්රිෆයි, *v.* කුණුවෙනවා, දිරාපවා. *n.* -action. *a.* -active

putrescent පියුට්රෙස්සන්ට්, *a.* කුණුවෙන. *n.* -ence

putrid පියුට්රිඩ්, *a.* කුණුවූ. *n.* -ness, -ity

putrification පියුට්රිෆිකේෂන්, *n.* කුණුවීම

putty පටි, *n.* (වීදුරු ඇල්ලීමට භාවිතාකරණ බදාම. *v.* ඒ බදාමෙන් අල්ලනවා හෝ සවි කරණවා

puzzle පස්ල්, *n.* ව්‍යාකූලතාව, ගැටලුව, ප්‍රහේලිකාව. *v.* ආකුල කරණවා, කලබල කරණවා, අනුමානයෙන් සිතනවා. *n.* -ment

pygmy පිග්මි, *a.* *n.* =pigmy

pyjamas පෙජාමාස්, *n.* නිදාගැනීමට අඳින ඇඳුම්. නිදන ඇඳුම්

pyramid පිරමිඩ්, *n.* පැතලි පතුළක් ඇති ත්‍රිකෝණ හැඩති වස්තුවක්, ඝන රූපය. *a.* -al, -ic, -ical

pyre පයර්, *n.* දරසෑය

pyrolatry පයිරොලැට්‍රි, *n.* ගිනිදෙවියා ඇදහීම

pyrotechnic පයිරොටෙක්නික්,
pyrotechnical පයිරොටෙක්නිකල්, } *a.* ගිනිකෙළි සෑදීම සම්බන්ධ. *n.* -ics, -y, ගිනිකෙළි සෑදීමේ ශාස්ත්‍රය. *n.* -ist

python පයිතන්, *n.* පිඹුරා, *n.* -ness පිඹුරු ශාස්ත්‍රය, පේනකියන්නී, නිමිති කාරී. *a.* -ic

pyx පික්ස්, *n.* මිල මුද්‍රණ ශාලාවේ මාත්‍රකබලයට රන් රිදී මිල තබන පෙට්ටිය, ශුභ භාජනයක්

Q.

q ක්‍යූ. හෝඩියේ 7 වෙනි අක්ෂරය, 500 ඈත එකමද යොදනු ලැබේ

quack ක්වැක්. v. තාරාවෙක් මෙන් හඬනවා, බොරු වෙදකම් කරණවා n. තාරාහඬ පුච් චම්කාරයා, බොරු වෙද්‍ය, අසම්පූර්ණ වෙද්‍ය. n. -ery, බොරු හෝ අසම්පූර්ණ වෙදකම්. a. -ish

quadrangle ක්වාඩ්රැංගල් n. චතුෂ්කෝණය; සතරැස් මිදුල a. -ular

quadrant ක්වාඩ්රන්ට් n. වක්‍රයෙන් වතුර් භාගය. පාදය උන්නතාංශ මනින යන්ත්‍ර a. තුරීය සත්‍ය [n. -ure වතුරස්‍ර කිරීම

quadrate ක්වාඩ්රේට්ලක් a. චතුරස්‍ර ය. හත n. -ය

quadrilateral ක්වාඩ්රිලැටරල් a. පැති සතරක් හා කොන් සතරක් ඇති n. චතුරස්‍රය, සමචතුරස්‍රය

quadrille ක්වඩ්රිල් (හෝ) ක්‍යඩ්‍රිල්; n. පුරුෂ සතර දෙනෙකුත් කාන්තා සතර දෙනෙකුත් කරන නැටුම. සතර දෙනෙකු එක්ව කරන පත්‍ර ක්‍රීඩාවක්

quadrillion ක්වාඩ්රිලියන්, n. එකක් ඉලක්කමක් යටින් බින්දු 24 ක් ලියන සංඛ්‍යාව

quadruped ක්වාඩ්රුපැඩ, n. සිව්පාවා

quadruple ක්වාඩ්රුපල්, n. චතුර්ගුණය, සතර වරක්. v. සතරෙන් වැඩිකරණවා

quaff 'ක්වෆ්, v. හුඟක් කටට ගෙණ බොනවා.
quagga ක්වැග්'ග, n. 'සීබ්‍රා' වැනි දකුණු අප්‍රිකාවේ සිව්පාවෙක්
quagmire ක්වැග්මයර්, n. මඩගුර, ගොහොරුව
quail ක්වේල්, n. ඇටිකුකුළු වර්ගයේ පක්ෂියෙක්. v. භයින් ඇකිළෙනවා, අධෛර්යවෙනවා
quaint ක්වේන්ට්, a. විකාර, අනියම්, විලක්ෂණ, පුදුම අති සූක්ෂම. n. -ness [n. -er. a. -y
quake ක්වේක්, v. වෙව්ලනවා, කම්පාවෙනවා.
Quaker ක්වේ·කර්, n. Society of Friends නම් ආගම් සභාවේ කෙනෙක්. n -ess. (f.) n. -ism
qualify ක්වොල්ෆයි, v. යෝග්‍ය කරණවා, මදක් බාලකරණවා. a. -iable. n. -ication
quality ක්වොල්ඉටි, n. ගුණය, ජාතිය, තත්වය a. -ative, ගුණ සම්බන්ධ, යමක ද්‍රව්‍ය ගුණ නිර්ණය කරණ [කසකාපය
qualm ක්වාම්, n. ඔක්කාරය, පසුතැවිල්ල, ම්
quantity ක්වන්ටිටි, n. ප්‍රමාණය, ගණන. a. -ative, ප්‍රමාණ සම්බන්ධ, යමක ද්‍රව්‍ය ප්‍රමාණය නිශ්චය කරණ [ශබ්ධයේ තගැණුම් කාලය
quarantine ක්වොරන්ටීන්, n. නැවේ ගමනා
quarrel ක්වොර්·රල්, n. ඩබරය, සණ්ඩුව, v. ඩබර කරණවා. a. -some, ඩබර කිරීමට ලෝදී (n. -ness)
quarry ක්වොරි, n. (ගල් කඩාගන්න) ගල්

වලු, මැරැ හෝ දඩයම්කල සතා ගොදුර. v. (ගල් වලෙන්) ගල් කඩා ගන්නවා. n. -ier, -yman

quart ක්වෝර්ට්, n. ගැලුමෙන් හතරෙන් පංගුව, කැලීය. a. -an, චතුර්ථක, හතරවෙනිදින

quarter ක්වෝර්'ටර්, n. හතරෙන් කොටස, කාලු, රාත්තල් 28, බුසල් අට, දිශා හතරෙන් එකක්, දිශාව, පලාත. v. හතරට බෙදනවා, (ශේවාසණ්ම) නවාතැන් තියම කරණවා, නවාතැන් ගන්නවා a. -ly, තුන්මාසයකට වරක්; n. තුන්මසකට වරක් පලකරණ සඟරාව. n. -master, යුධ සමුද්‍රයේ ලැගුම් ගෙවල් හා බඩු භාර මුලාදෑනියා, නැවේ කොසී ආදිය භාර සුළු මුලාදෑනියෙක්. n. -n හතරෙන් කොටස

quartette } ක්වෝර්ටැට්, n. කොටස් හතරකින්
quartet } යුත් යමක්, සිව්පද කාව්‍ය, චතුරංග තාලය ' ।රම හැමූ. n. හතරේ ප්‍රමාණ පොත

quarto ක්වෝර්ටෝ, a. සම්පූර්ණ කොළය හත

quartz ක්වෝර්ට්ස්', n. තිරුවාණගල [නවා

quash ක්වොෂ්, v. අවලංගුකරණවා, යටකරදමි

quasi ක්වේසෛ, වැනි. බොරු,, යන අර්ථවත් උපසර්ගයක්

quarternary ක්වාර්ටර්ණරි, a. හතරක් ඇති, හතර බෑගින් ඇති [කය

quaternion ක්වටර්ණිඅන්, n. චතුෂ්ටය චතුෂ්

quatrain ක්වොට්රේන්, *n.* සිව්පද කවිය

quaver ක්වේවර්, *v.* ලෙලදෙනවා; ලෙලවා කියනවා: *n.* [බාග සටහන. *n.* -age

quay කී, *n.* වෙරළෙල් බඩු පටවන හෝ ගොඩ

quean ක්වීන්, *n.* පරාණ ස්ත්‍රී, වේශ්‍යා ස්ත්‍රී

queasy ක්වීසි, *a.* බඩදගලන, වමනෙ එන

queen ක්වීන්, *n.* බිසව. රැජිනී *n.* -hood. *a.* -ly, රැජිනී සදෘශ, බිසවම ඔබින

queer ක්වියර්, *a* අපූරු, විකාර. *n.* -ness

quell ක්වැල්, *v.* මැඩපවත්වනවා, සමනයකරනවා

quench ක්වැන්ච් නිවනවා, සිංසිඳුවනවා, මැඩ පවත්වනවා. *a.* -able

quern ක්වර්න්, *n.* බාහා අඹරණ ගල

querulous ක්වෙරූලස්, *a.* දොස කියන. නොදු රස්නාවූ *n.* -ness

query ක්වීරි. *n.* ප්‍රශ්නය. *v.* ප්‍රශ්න කරනවා. *n.*-ist

quest ක්වෙස්ට් *n.* සෙවීම [-able (*n.*-ness)

question ක්වෙශ්චන් *n.* ප්‍රශ්නය සැකය. *a*

quibble ක්විබ්ල්, *n.* පෙරළාකීම, වැලකීම

quick ක්වික්, *a.* ශීඝ්‍ර, ඉවාමන්. *aa.* ඉක්මණින්. *n.* -ness. *v.* -en, ඉක්මන්කරනවා, ප්‍රාණවත් කරනවා, උනන්දුකරනවා. *n.* -hedge, පැල ඉනි වැට. *n.* -lime, වතුර නොගැසූ පිලිස්සූ හුණු. *n.* sand, ජලය යට අන්තරාය සහිත එරු බසින වැලි, ද්‍රෝහී කරුණ හෝ දේ. *n* -set, පැළ ඉනි

quicksilver ක්වික්සිල්වර්, n. රසදිය, පාරද

quid ක්විඩ්, n. සුළුපිට, විකන දෙයක්, ද්‍රව්‍යය, රස රස ප්‍රමාණ

quiddity ක්විඩිටි, n. සාරය, සුළු වෙනස, ප්‍රයෝග. වචනයේ ප්‍රශ්නය [සා. n. -ce

quiescent ක්වයිඇස්සන්ට්, a. නිශ්චල, ශාන්ත

quiet ක්වයිඑට්, a. නිශ්චල, ශාන්ත. n. නිශ්චලතාව, ශාන්තිය, කෝලාහල නැතිකම. v. නිශ්චල කරනවා, කලඹවනවා. n. -ness, -ude

quill ක්විල්, n. ලොකු පිහාටුව, පිහාටු පෑන, ඉඟටු කූර

quilt ක්විල්ට්, n. ඇඳේ එලන ගත-ඇතිරිල්ලක්. n. -ing, එබඳු ඇතිරිලි නැතීම. ඒ ඇතිරිලි න තම්මී ගන්නා ද්‍රව්‍යය

quinary ක්වයිනරි, a. අංක පහ ඇති, පහ බැගින් ඇති.

quince ක්වින්ස්, n. ගෙඩි වර්ගයක්

quinine ක්වෙනයින් (හෝ) ක්විනයින් (හෝ) ක්වීනීන්, n. උණ්ඩයගේ බෙහෙත් ද්‍රව්‍යය

quinquennial ක්වින්ක්වෙනියල්, a. පස් අවුරුද්දකට වරක් සිදුවෙන. වසර 5 ක් පවතින

quinsy ක්වින්සි, n. උගුරේ ලෙඩක්

quintal ක්වින්ටල්, n. කොණ්ඩරය [කොට්ඨා

quintessence ක්වින්ටෙසන්ස්, n. සාරය, උතුම්

quintillion ක්වින්ටිලියන්, n. එකේ ඉලක්කමෙන් පසු බින්දු 30 ක් යුත් ගණන

quintuple ක්විණ්ටියුපල්, *a.* පස්ගුණ. *v.* පස්ගුණ කරනවා

quip ක්විප්, *n.* කැපෙන තද උත්තරය, වචන පහර, ඇනුම් පදය

quire ක්වෛර්, *n.* කඩදාසිකොල 24, ප්‍රවෘත්ති පත්‍ර හෝ සඟරා කඩදාසි 25 සිට 28 දක්වා ගණනක, ගායක සමූහය (choir බ.)

quirk ක්වාර්ක්, *n.* පෙරළීම, වැලකීම, වද්න උත්තරය [*n.* -tance, නිදහස්කිරීම, හැරවන දීම

quit ක්විට්, *v.* අත්ඇර- යනවා. *a.* නිදහස්.

quite ක්වෛට්, *ad.* සම්පූර්ණයෙන්ම; ඉතාම

quiver ක්විව්අර්, *v.* වෙව්ලනවා, ලෙලදෙනවා.
n. ඊතොපුව [ප්‍රියව හෝ පවලිනවා

quixotic ක්විස්ස්ඔට්ඉක්, *a.* මෝඩලෙස අද්භූත

quiz ක්විස්, *v.* සමච්චල්කරනවා. *n.*

quoin කොඉන්, *n.* පිට කොණ, කීලය(කුසඤ්ඤය)

quoit කොඉට්, *n.* ක්‍රීඩා පිණිස විසිකරන පැතලි වලල්ලක් (දුන් කොවත්,

quondam ක්වොණ්ඩැම්, *a.* ඉස්සර පදිංචිවූ

quorum ක්වෝරම්, *n.* කටයුතුකිරීමට ඕවමනා සාමාජික ගණන

quota ක්වෝට, *n.* නියමවූ කොටස

quote ක්වෝට්, *v.* සඳහන්කරනවා, ගෙන පාන වා, උපුටාගන්නවා. *a.* -able. *n.* -ation

quoth ක්වොත් (හෝ)ක්වත්, *v.* කීවෙමි, කීවේය

quotidian ක්වටිඩ්ඉඅන්, *a.* දිනපතා සිදුවෙන දිනපතා. *n.* [උත්තරය, භාජිතය, ලබ්ධිය

quotient ක්වෝෂන්ට්, *n.* බෙදීමේ ගණිතවල

R

r ආර්. හෝඩියේ 18 වෙනි අක්ෂරය. 80 ඇතැම් මට්ටම යොදනු ලැබේ.

rabbi රැබයි, } *n.* යුදෙව් ශික්ෂිත ගුරුවරයා, ශේ
rabbin රැබින්, } ෂ්ඨ යුදෙව් දේවධර්මවේදියා

a. -nic. -nical

rabbit රැබිට්, *n.* රට හාවා [පිරිස. *n.* ment

rabble රැබල්, *n.* කෝලාහල සමූහය, අධම

rabid රැබිඩ්, *a.* පිස්සු, උමතු. *n.* -dness. -es රැබීස්. බලු පිස්සුව

race රේස්, *n.* වේගයෙන් දිවීම, තරඟවලට දුවීම, කල්ගතවීම, වංශය, වංශය, ගෝත්‍රය. *v.* වේගයෙන් දුවනවා. *n.* -es, අසුන් දුවවීමේ ස්ථානය. *n.* -er, තරඟවලට දුවවන අශ්වයා. *a.* -ial, ගෝත්‍ර පිළිබඳ

rack රැක්, *n.* පුරාණ වධක උපකරණයක්, අදින හෝ පලල් කරන යන්ත්‍රය, රාක්කය, බත් කීය වත් පැත් වශීනක්. *v.* ඇඟ ඇදීමෙන් වධකරනවා

racket රැකිට්, *n.* (ටැනිස් ක්‍රීඩාවේ) දැල් පන්දු පිත්ත, කලබල ගෝෂාව

raccoon රැකූන්, n. චිලුස්වගීයේ කුඩා සිව්පා සතෙක්

racy රේසි, a. පීසස්කූහෝ උග්‍ර රස, බලගතු. [ව, මාවර
n. -iness

raddle රැඩල්, n. රතුකාශම, අතු පටලවා කළ වැ

radial රේඩිඅල්, a අරය පිළිබඳ (radius බ.)

radiant රේඩිඅන්ට්, a. රැස් විහිදුවන, දීප්තිමය
n. -ce, -cy

radiate රේඩිඒට්, v. රැස් විහිදෙනවා n. -or, රැස් නික්මෙන දෙය. n. -ion

radical රැඩිකල්, a. මුල්වූ, ස්වභාවික, ගැඹුරු n. මුල් වචනය, ප්‍රකෘතිය, ධාතුව අභිනලෙස වෙනස්කිරීම උවමනා බව සිතන්නා. [ජයේ කොටස
n. -ness. n. -ism

radicle රැඩිකල්, n. කුඩා මුල, මුල හැදෙන තැ

radish රැඩිෂ්, n. රාබු

radius රේඩිඅස්, n. වක්‍රයක මැදසිට පිට සීමාව ම ඇදි කෙළින් ඉරක්, අරය. a. -al

radix රේඩික්ස්, n. මුල, ධාතුව, උත්පත්තිය

raff රැෆ්, n. ජරාව, කැළිකසළ අය [රෙයිනා. p.

raffle රැෆල්, n. කොට්ඨාශ ඇදීම්, ලොතරැ

raft රැෆ්ට්, n. පහුරු, උඩුපාරු. n. -er රැෆ්ටර්, පරාලය, උඩත් ලීය

rag රැග්, n. කඩමාල්ල, වැරහැල්ල. a. -ged. කඩමාලු, වැරහැලි අඳින (n. -ness) ragamuffin රැග්'අමෆ්ෆින්, n. කඩමාලු ඇඳි ලමයා, පාදඩයා [වේගවත්, වෑරෙන් පවතින

rage රේජ්, n. තද කෝපය, තද ආශාව. a. -ing,

ragout රගූ, n. හොඳින් රසවත්කළ මස්පෙති

ragwort රැග්'වර්ට්, n. පැලවගයක්

raid රේඩ්, n. හදිසි [illegible] තැනකට වැදීම

rail රේල්; n. හරස් දණ්ඩ, ආවරණ, දුම්රිය යන කඩ පීල්ල, අත්වැල. v. ආවරණ බැඳ කොටුකරනවා, බණිනවා; ගරහනවා. n. -ing, කම්බි හෝ දැව ආවරණ වැට, ආවර, ගැරහුම. n. -way, -road, දුම්රිය පාර. n. -lery, කවටකම, සරදම් බස

raiment රේමන්ට්, n. ඇඳුම්; වස්ත්‍ර

rain රේන්, n. වර්ෂාව වැස්ස. v. වහිනවා. -less. a. -y, වැසි අධික වර්ෂා (n. -iness). n. -bow රේන්බෝ, දේදුන්න. n. -fall, වැසි වැසීම, වැසි ප්‍රමාණය

raise රේස්, v. ඔසවනවා. ගොඩනගනවා, වැඩි කරනවා, රැස්කරනවා; වවනවා, ඇතිකරනවා, උත්තුංගකරනවා

raisin රේසින්, n. වියළි මුද්‍රික ඵල

rajah රාජ (හෝ) රාජා, n. රජ, රාජ්‍යා, කුමාරයා

rake රේක්, n. දැතිගොටය, එකතුකරන දැති සහිත ආයුධය, සල්ලාලයා. v. දැතිගොටයෙන් එකතුකරනවා ප්‍රවේශමෙන් එකතුකරනවා;

සොහොබලනහා, වතු කරණවා

rally රැල්ලි, *v.* නැවත රැස්කරණවා, නැවත හොඳ සුවාවකට පැමිණෙනවා, සමච්චල් කරණවා

ram රැම්, *n.* (පිරිමි) බැටළුවා, මේෂරාශිය, ජම් බාරය. *v.* අණිනවා, එද්දනවා, එකට තදකරණවා. *n.* -mer. *n.* -rod, තදකරණ දණ්ඩ

ramble රැම්බල්, *v.* තැනින් තැන ඇවිදිනවා, නොමඟ යනවා, එකක නැති කථාකරණවා. *n.* තැනින් තැන ඇවිදීම

ramify රැම්ෆිෆෛ, *v.* අතු විහිදෙනවා, කොටසක් අතට බෙදී යනවා. *n.* -ication

ramp රැම්ප්, *v.* වැලක් ධුවනවා, පනිනවා, පස්සාගාය දෙකින් කෙලින්වී හිටිනවා. *a.* -ant එහා මෙහා පනින, පස්සා ගාය දෙකින් කෙලින්වී සිටින (*n.* -cy)

rampart රැම්පාර්ට්, *n.* කොටු පවුර

ran රැන්, *v.* දිව්වා (run යි අතීත)

ranch රැංච්, *n.* තණ බිම් [*n.* -ness, -ity

rancid රැන්සිඩ්, *a.* ඌණු නෑඩ පිළුනු, ඇඹුල්.

rancour රැංකර්, *n.* අති වෛරය, අති ක්‍රෝධය.
a. -rous [සිතෙන් කළ, අප්‍රවේශම්

random රැන්ඩම්, *a.* අනුමානලෙස කළ, අදී

range රේංජ්, *v.* පෙළට තබනවා, අස්කරණවා, ක්‍රමයට යනවා, තැනින් තැන ඇවිදිනවා. *n.*

පෙළ, යත දුර ප්‍රමාණය, ප්‍රමාණය, අපයාසය, දුර ගේ ශක්තිය, ශිතිමැස්ස. *n.* -r; රාජකීය වන පාලයා

rank රෑංක්, *n.* පෙළ, වගය, තරම, ස්ථානය, තිලය. *v.* වර්ගයකට අයිතිවෙනවා. *a.* ඉතා … ලද්ට වැවෙන, කුණු රස ඇති, අධික, තද. *n.* -ness. *n.* -s, සාමාන්‍ය යුධසේවා පංක්තිය

rankle රෑංක්ල්, *v.* කුණුවෙනවා ඇවිලෙනවා, ඇවිස්සෙනවා [සමා

ransack රැන්සැක්, *v.* සම්පූර්ණයෙන් සොයා බලනවා

ransom රැන්සම්, *n.* මිදීමේ මිල, මිදීම. *v.* මි… ලදී මුදනවා, නිදහස්කරණවා. *a.* -able

rant රැන්ට්, *v.* ඝෝෂාවෙන් ත්‍රශල ලෙස … ථාකරණවා, ප්‍රලාප දොඩනවා

rap රැප්, *n.* ඉක්මන් පහර. *v.*

rapacious රැපේෂස්, *a.* ගිජු, කොල්ලකාර. *n.* -ousness, -ty [වගියෙක්

rape රේප්, *n.* බලාත්කාරයෙන් ගෙණ යාම, ගන්

rapid රැපිඩ්, *n.* කුඩා ඇල්ල, ගඟේ හැඩපාතර් බැවුම. *a.* ඉක්මන්, වේගවත්. *n.* -ness, -ity

rapier රේපිඅර්, *n.* කුඩා කඩුව [කෑම

rapine රැපින්, *n.* බලෙන් ගැනීම, කොල්ල

rapt රැප්ට්, *a.* ගැරගෙණ ගිය, ප්‍රීතියෙන් පිණ ගිය [ගත්ත

raptorial රැප්ටෝරිඅල්, *a.* අදිසිලෙය අල්ලා

rapture රැප්චර්, *n.* අතිශය ප්‍රීතිය, බලවත් උද්දාමය, සන්තුෂ්ටකම. *a.* -ous

rare රෙ·අර, *a.* දුර්ලභ, අසාර්ථ, තුනී, වඩා සිදු නොවන. *n.* -eness, -ity

rarefy රැරිෆයි, *v.* තුනී කරනවා. *n.* -action

rascal රැස්·කල්, *n.* තක්කඩියා, ප්‍රයෝගකාරයා. *a.* -ly, තක්කඩි, හොරපිත, නීච. *n.* -ity

rase රේස්, *v.* හිමමම ගෙලා දමනවා, මකාදමනවා, සුරාදමනවා. *n.* -ure, -ion (raze බ.)

rash රැෂ්, *n.* පලු, සරප්පත්. *a.* ඉක්මන් දුර නොබලා ක්‍රියා කරන, මුරණ්ඩු. *n.* -ness

rasher රැෂ්·අර්, *n.* තැම්බූ සූරුපු ඌරු මස් පෙත්තක්.

rasp රැස්ප්, *n.* දැති පීර, සිරමණය. *v.* දැතිපීරෙන් ගානවා; සිරමිණෙන් ගානවා. *n.* -berry, රට කටු ඇඹිල්ල වර්ගයක්

rat රැට්, *n.* මීයා. *n.* snake, ගරඬියා; Smell the rat, සැක කිරීම ගන්නවා.

rate රේට්, *n.* ප්‍රමාණය, නියම ප්‍රමාණය, මිලය, අයබද්ද. *v.* තක්සේරු කරනවා, තැර කරනවා, අගය කරනවා, ප්‍රමාණය නියම කරනවා. *a.* -able (*n.* -ility) At any rate, කොහොමහරි

rather රැ·දර්, *ad.* වඩා කැමැත්තෙන්, වැඩියෙන්, මදක් [නවා. *n.* -ication

ratify රැටිෆයි, *v.* ස්ථිර කරනවා, විලංගු

ratio රේෂිඕ, *n.* ප්‍රමාණය [වා. *n.* -ion

ratiocinate රැෂිඕසිනේට්, *v.* තර්කණය කරණ

ration රේෂන්, *n.* නියමවූ කෑම බීම කොටස

rational රැෂ්-අ-නල්, *a.* සිහිබුද්ධි ඇති, තර්කා
නුකූල, නුවණැති, යුක්ති සහිත. *n.* -ness, -ity.
n. -ist, තාර්කවාදියා, හේතු දර්ශියා. *n.* -ism.
a. -istic. *n.* -e රැෂනේල්, තේරුම් කිරීම

rattan රැටෑන් *n.* වේවැල්. වේවැල, හැරමිටිය

rattle රැට්ල්, *n.* කට කට ශබ්දය, කට කට
ගාන කෙළි බඩුව. *v.* කට කට ගානවා. *n.*
-snake, වල්ගේ ඇටවලින් කට කට ශබ්දයක්
මවන විශකුරු සර්පයෙක්

ravage රැවෙජ්, *v.* අලාපාලු කරණවා, විනාශක
වා, කොල්ලකනවා

rave රේව්, *v.* උමතු ලෙස හෝ කලබල ලෙස
කථාකරණවා, ප්‍රලාප දොඩනවා. *a.* -ing,
ප්‍රලාප කථාකරණ, උමතු; *n.* උමතුකමින්
කථාකිරීම, උන්මාදය [කළු

ravel රැවල් *v.* පැටලිල්ල ලිහණවා, පටලැවෙ

raven රේවන්, *n.* කැළුවිටගියා, ඩෝර්ණකාක
යා. *v.* රැවින්, ගිජුලෙස කනවා, බලෙන්ගන්
නවා; *a.* -ous, ඉතා ගිජු ලෙස කන ඉතා
ගිජු (*n.* -ness) (කඳුරු

ravine රවීන්, *n.* කඳු අතර ගැඹුරු පටු මාර්ග,

ravish රැවිෂ්, *v.* බලෙන් අල්ලාගෙන යනවා, බලාත්කාරයෙන් ස්ත්‍රියක් හෝ කන්‍යාවක් දූෂණ කරනවා, ප්‍රීතිමත්කරනවා. *n.* -ment

raw රෝ, *a.* අමු, අසංස්කෘත, හරිගස්සා නැති, හමගිය. *n.* -ness

ray රේ *n.* කිරණ, රශ්මිය, ඍජු එළිය, මඩුවා ආදිය අයිති මත්ස්‍යවර්ගයක්. *n.* less

raze රේස්, *v.* බිමට හෙළාදමනවා, මකාදමනවා, සවිබුන්කරනවා.

razor රේසර්, *n.* දැලිපිහිය, ක්ෂුරය

reach රීච්, *v.* අත්වා තිබෙනවා, දිග්කරනවා, ලබාගන්නවා, ලඟාවෙනවා. *n.* ලබා ගැනීමේ හෝ ලඟාවීමේ බලය, ප්‍රමාණය, ජලය පැතිරී තිබෙන හරිය

react රිඇක්ට්, *v.* නැවතකරනවා, ප්‍රතික්‍රියාකර නවා, අන්‍යෝන්‍ය බලයකින් ක්‍රියා කෙරෙනවා. *n.* -ion (*a.* -ary)

read රීඩ්, *v.* කියවනවා, ලකුණුවලින් දැනගන්නවා. *a.* -able (*n.* -ness)

readily රැඩිලි, *ad.* අප්‍රමාදව, පහසුවෙන් (ready බ.)

readjourn රිඇඩ්ජර්න්, *v.* නැවත කල්දමනවා

readjust රිඇඩ්ජස්ට්, *v.* නැවත හරිගස්සනවා

readmission රිඇඩ්මිෂන්, *n.* නැවත වැද්දගැනීම, නැවත ඇතුළුකිරීම

readmit රිඇඩ්මිට්, *v.* නැවත වැද්දගන්නවා

නැවත එක්තුගන්තනවා. *n.* -tance

readopt රීඇඩොප්ට්, *v.* නැවත දරු තමට පිළි ගන්නවා හෝ ඇතිකරගන්නවා

ready රැඩි, *a.* අප්‍රමාද, සූදානම්, දක්ෂ, පහසු, අත්පිට.—*ad.* -ily. *n.* -iness. *a.*-y-made, කලින් සෑදූ. *n.*-y-reckoner, සෑදූ ගණන් දක්වන පොත

reaffirm රීඇෆර්ම්, *v.* නැවත සහතික කරනවා, නැවත කියා සිටිනවා

real රීඇල්, *a.* ඇත්තටම පවතින, සැබෑ, අව්‍යාජ *n.* -ity, ඇත්තට තිබීම, ඇත්ත. *v.* -ise, සත්‍ය පරිද්දෙන් ... හෝ ... ඉෂ්ට කරනවා, ලබාගන්නවා, බඩු මුදල් ... (*a.* -able. *n.* -ation, *n.* -ism, ... (ස්වභාවික) ලෙස දක්වීමට උත්සාහය. *n.* -ist *a.* -istic.

realm රැල්ම්, *n.* රාජ්‍යය, ප්‍රදේශය

ream රීම්, *n.* කඩදාසි පුසිල් ... [රණවා

reanimate රීඇනිමේට්, *v.* නැවත ප්‍රාණවත් කර

reap රීප්, *v.* ගොයම් කපනවා, ලබාගන්නවා

reappear රීඇපියර්, *v.* නැවත පෙනෙනවා. *n.* -ance [වත ඉල්ලනවා. *n.* -ication

reapply රීඇප්ලයි, *v.* නැවත යොදනවා, නැ

reappoint රීඇපොයින්ට්, *v.* නැවත පත්කරනවා, *n.* -ment

rear රියර්, *n.* පස්සා පැත්ත, පසු භාගය. *v.*

ඇති කරණවා, පස්සා තකුල ලීප් කෙළින් වෙනවා. *n.* -guard, යුධසේනාවේ පස්සෙන් යන රැකවල් කොටස

reascend රීඇසෙන්ඩ්, *v.* නැවත නගිනවා

reason රීස්න්, *n.* සිහිබුද්ධිය. හේතුව, කාරණය, අදහස, යුක්තිය. *v.* කල්පනාකර බලනවා, ඔප්පුකරණවා. *a* -able (*n.* -ness) [නවා

reassemble රීඇසැම්බ්ල්, *v.* නැවත රැස් වෙ-

reassert රීඇසර්ට්, *v.* නැවත ස්ථිර කියනවා

reassign රීඇසයින්, *v.* නැවත නිසම්බර දෙනවා, නැවත පවරණවා

reassure රීඇෂුවර්, *v.* නැවත සහතිකකරණවා නැවත ධෛර්ය දෙනවා. *n.* -ance

reattempt රීඇටැම්ප්ට්, *v.* නැවත උත්සාහ කරණවා

reave රීව්, *v.* බලෙන් ගෙණයනවා

reavow රීඅවව්, *v.* නැවත ප්‍රකාශකොට කියනවා, නැවත පිළිගන්නවා [*n.* *n.* ment

rebate රිබේට්, *v* මොටකරණවා, අඩුකරණවා.

rebel රිබැල්, *v.* කැරලි ගහණවා. *n.* රැබ්ඇල් *n.* කැරලිකාරයා, රාජද්‍රෝහියා

rebellion රිබැල්යන්, *n.* කැරලිගැසීම, කැරැල්ල. *a.* us (*n.* -ness)

rebirth රීබර්ත්; *n.* නැවත ඉපදීම [පනිනවා: *n.*

rebound රිබවුන්ඩ්, *v.* ආපසු පනිනවා,. පැන්නීම

rebuff රිබෆ්, n. ඉක්මන්, හදිස්සි බාධාව හෝ නැහැණම, පරාජය. v.

rebuild රිබිල්ඩ්, v. නැවත ගොඩනගනවා

rebuke රිබ්‍යූක්; v. තරවටුකරනවා; අවවාදකර නවා. n. [රවිල්ල

rebus රිබස්, n. වචන රූපවලින් දක්වන-සේ

rebut රිබට්, v. නිරාකරණය කරනවා, ප්‍රතික්ෂේප කරනවා. n. -tal

recall රිකෝල්, v. නැවත අඬගසනවා, ආපසු ගෙන්වාගන්නවා, අවලංගු කරනවා, සිහිකර ගන්නවා. n. [කරනවා. n. -ation

recant රිකැන්ට්, v. කී දේ දෙවනු ප්‍රතික්ෂේප

recapitulate රිකපිට්‍යුලේට්, v. සඳහන්කළ ප්‍රධාන දේ නැවත කියනවා. n. -ion [වා: n.

recapture රිකැප්චූර්, v. දෙවනු අල්ලා ගන්න

recast රිකාස්ට්; v. නැවත විසිකරනවා, නැවත වාත්තුකරනවා

recede රිසීඩ්, v. පස්සට යනවා, අනුබසිනවා

receipt රිසීට්, n. ලැබීම, භාරගත් බවට දෙන ලියවිල්ල, කුවිතාන්සිය. v.

receive රිසීව්. v. ලබනවා, පිළිගන්නවා. a. -able

recension රිසැන්ෂන්, n. පොතක් ශුද්ධකිරීම, ශුද්ධිය. n.-ist

recent රීසන්ට්. a. අභිනව, අලුත්, අළුතෙන් පැමිණි හෝ සිදුවූ. n. -cy

receptacle රිසෙප්ටකල්, *n.* භාජනය, යමක් තබන තැන [*a.* -ve. *n.* -vity

reception රිසෙප්ෂන්, *n.* ලැබීම, පිළිගෙණ ලැබීම

recess රිසෙස්, *n.* ඇතුල් හෝ කුහර ස්ථානය; ඒකාන්ත ස්ථානය, විශ්‍රාමය, වැඩ නැවැත්වූ කාලය [(recede බ.)

recession රිසෙෂන්, *n.* පස්සට යාම, බුරුලදීම

recipe රෙසිපි, *n.* (බෙහෙත් ආදි) වට්ටෝරුව

recipient රිසිපිඅන්ට්, *n.* ලබන්නා, ලබනදෙය

reciprocate රිසිප්‍රොකේට්, *v.* මාරුවෙන මාරුවට කරනවා, හුවමාරු කරනවා. *a.* -al, *n.* -ation. *n.* -ity

recite රිසයිට්, *v.* කියා දෙනවා *n.* -al, කියූ දෙය. *n.* -ation රෙසිටේෂන්, කීම, සැදෑරීම, උච්චාරණය (*a.* -ve)

reck රෙක්, *v.* ප්‍රවේසම හෝ කල්පනාව ඇති වෙනවා. *a.* -less, සඳ අප්‍රවේසම්, නොසැලකිලි (*n.* -ness)

reckon රෙකන්, *v.* ගණන්කරනවා; සලකනවා, කල්පනාකරනවා. *n.* -ing. ගණන් කිරීම, ගණන් බැලීම

reclaim රික්ලේම් *v.* නැවත ලබා ගැනීමට කූසා කරනවා, අස්වද්දනවා, පරිග්‍රහනාගත කරනවා *a.* -imable. *n.* -mation [නව

recline රික්ලයින්, *v.* ඇලවෙනවා, හාන්සිවී

recluse රික්ලූස්, *n.* තාපසයා, වනවාසියා. *n.* -ion, වෙන්ව හෝ තාපසයෙකු මෙන අප්‍රසිද්ධව වාසයකිරීම. *n.* -eness, ප්‍රසිද්ධ වාසයෙන් වෙන්වීම, වනවාසී බව

recognise රෙක්ඔග්නයිස්, *v.* අඳුනනවා, පිළිගන්නවා. *a.* -sable. *n.* -sance. *n.* -tion

recoil රිකොයිල්, *v.* පස්සට පනිනවා. *n.*

recollect රිකොල්ලෙක්ට්, *v.* නැවත එකතුකරණවා; (රෙක්ඔල්ලෙක්ට්) සිහිකරගන්නවා, මතක්වෙනවා. *n.* -ion

recombine රිකොම්බයින්, *v.* නැවත එක්කරණවා [ගන්නවා

recommence රිකොම්මෙන්ස්, *v.* නැවත පටන්

recommend රෙක්ඔම්මෙන්ඩ්, *v.* යමෙකු ගැන ප්‍රශංසාකර කියනවා. යමක් කිරීමට දැනුම්දී කාම් දෙනවා. *n.* -ation. *a.* -atory

recommit රිකොමිට්, *v.* නැවත භාරකරණවා, නැවත හිරකරණවා. *n.* -ment, -tal

recompense රෙක්ඔම්පෙන්ස්, *v.* ප්‍රතිඵලදෙනවා, ගෙවනවා. *n.* ප්‍රතිඵලය, විපාකය

reconcile රෙක්ඔන්සයිල්, *v.* සමගිකරණවා; එකඟකරණවා. *a.* -able. *n.* ement. *n.* -iation

recondite රෙකොන්ඩයිට් (හෝ) රිකොන්ඩයිට්, *a.* රහස්, ගුඪ, ගම්භීර [ගෙනයනවා

reconduct රිකොන්ඩක්ට්, *v.* නැවත කැඳවා

reconnaissance රිකොනිස්සාන්ස්, *n.* යුධකාම

ගුතු ගැන පරීක්ෂාකිරීම. [බලනවා

reconnoitre රැකනොයිටර්, v. පරීක්ෂාකර

reconquer රිකොන්කර්, v. නැවත ජයගන්නවා

reconquest රිකොංක්වෙස්ට්, n. නැවත ජයගැනීම

reconsecrate රිකොන්සික්‍රේට්, v. නැවත පූජා කරනවා, n.-ion [කරනවා. n.-ation

reconsider රිකොන්සිඩර්, v. නැවත කල්පනා

reconstruct රිකොන්ස්ට්‍රක්ට්, v. නැවත ගොඩනගනවා, නැවත යොදනවා

reconvey රිකොන්වේ, v. නැවත ගෙනයනවා, නැවත අයිතිකර දෙනවා

record රෙක්ඕර්ඩ්, n. සටහන, ලියවිල්ල. v. රිකෝර්ඩ්, සටහන්කරනවා, සිතෙහි ධාරණකරගන්නවා

recount රිකෞන්ට්, v. නැවත ගණිනවා, වෙන් වශයෙන් කියාදෙනවා [n. -ment

recoup රිකූප්, v. ගෙවනවා, අලාභ ගෙවනවා.

recourse රිකෝර්ස්, n. උපාය, පිහිට

recover රිකව්අර්, v. නැවත ලබාගන්නවා, සුවාමවනවා, සනීපවෙනවා. a. -able. n. -y

recreant රික්‍රිඅන්ට්, n. බයකාරයා, තිව හිත ඇත්තා

recreate රික්‍රිඑට්, v. එබා සංසිඳුවනවා, සතුටු කරනවා, සෙල්ලම්කරනවා. n. -ion. a. -ive

recrement රික්‍රිමැන්ට්, n. රොඩු, මල

recriminate රික්‍රිමිනේට්, v. එකට එක වරද ගෙවනවා. a. -ive. a. -ory. n. -ion

recross රීක්‍රොස්, v. නැවත හරහට යනවා, නැවත එගොඩවෙනවා

recrudesce රික්‍රූඩෙස්, v. ව්‍රණවත්කරණවා. n -nce

recruit රික්‍රූට්, n. අලුත බැඳුන යුධ සේවායා. v යුධ හමුදාවට මිනිසුන් අලුතෙන් බැඳගන්නවා, නැවත ලබාගන්නවා

rectangle රෙක්ටැංගල්, n. සමචතුරස්‍රය. a. -ular

rectify රෙක්ටිෆයි, v. හරිගස්සනවා, ශුද්ධ කරනවා. n. -ication

rectilineal රෙක්ටිලිනිඅල්, } a. ඍජු රේඛා සහිත, ඍජු රේඛා
rectilinear රෙක්ටිලිනිඅර්, }

rectitude රෙක්ටිටියුඩ්, n. ඍජුතාව, අවංකකම.

rector රෙක්ටර්, n. එක් පල්ලියක පල්ලිගැතියෙක්, වඩා උසස් පාඨශාලාවක මුල් ගුරුවරයා, සමහර ශාස්ත්‍රශාලාවක අධිපතියා. a. -ial. n. -ship, -ate. n. -y, එකී අයගේ නිවස හෝ පල්ලිය

rectum රෙක්ටම්, n. මලපහවෙන බඩවැලේ අග

recumbent රිකම්බන්ට්, a. ඇලවූ, හාන්සිව සිටින. n. -cy. [සුවවෙනවා. a. -ive. n. -ion

recuperate රිකූපරේට්, v. හරිගැස්සෙනවා,

recur රිකර්, v. නැවත මතක්වෙනවා, නැවත හෝ වරින්වර සිදුවෙනවා. a. -rent. n. -rence

recusant රිකියුසන්ට්, a. යටත් නොවෙන, අකී

මතා. n. n. -ce, -cy

red රැඩ්, a. රතු. n. රතුපාට, රත. n. -ness

a. -dish, මදක් රතු. v. -den, රතු කරණවා

රතුවෙනවා. n. -breast, පක්ෂි විශේෂයක්

redact. රිඩැක්ට්, v. ඇඹකොට පිළිවෙළකරණවා.

n. -ion

redeem රිඩීම්, v. මුදාගන්නවා, ගලවනවා, සුද

ගස්කරණවා. a. -able [n. -y

redeliver රිඩිලිව්.අර් v. නැවත භාරදෙනවා

redemption රිඩැම්ප්ෂන්, n. මුදාගැනීම

red-handed රැඩ්හැන්ඩඩ්, a. රත සහ ලේ තැව

රුණු අත ඇති, ක්‍රියාකරද්දී

rediscover රිඩිස්කව්.අර්, v. නැවත සොයාග

න්නවා. n. -y [නවා

redistribute රිඩිස්ට්‍රිබියුට්, v. නැවත බෙදා දෙ

red-letter රැඩ්ලැට්.අර්, a. රතුවන් අකුරු ඇති, ශුභ

redolent රිඩොලන්ට්, a. සුගන්ධ. n. -ce, -cy

redouble රිඩබ්ල්, v. ද්විගුණ කරණවා, නැවත

නැවත කරණවා හෝ වැඩිකරණවා

redoubt රිඩෞට්, n. තාවකාලික කුඩා බල

කොටුව, a. -able, භයජනක, මහා පරාක්‍රම-

a. -ed, ශූරවීරභාව ගැන ප්‍රසිද්ධ, ශූරවීර

redound රිඩෞන්ඩ්, v. (විපාක වශයෙන්) සිදු

වෙනවා, වෙනවා, ආපසු යනවා

redout රිඩෞට්, n. =redoubt

redress රිඩ්රැස්, *v.* හරිගස්සනවා, සහණයකරණවා. *n.*

red-tape රැඩ්ටේප්. *n.* රතුපටිය, රජකාර්‍යාලවල පිළිබඳ සද්කාවය *n.* -ism

reduce රිඩ්යූස්, *v.* අඩුකරණවා, වඩා පහත් තත්ත්වයට පමුණුවනවා. යටත් කරණවා, මැඩපවත්වනවා, අන්‍ය වර්ගයකට පමුණුවනවා. *a.* -ible. *n.* -tion රිඩක්ෂන් [-ce, -cy

redundant රිඩන්ඩන්ට්, *a.* වැඩිපුර, අතිකාන

reduplicate රිඩ්යූප්ලිකේට්; *v* ද්විගුණ කරණවා; දිගුණ කරණවා, වැඩිකරණවා. *n.* -ion

re-echo රීඑකෝ; *v.* දෙවෙනුවර ඝෝෂාකර දෙනවා. *n.* ඝෝෂාකාරයෙන් උපන් ඝෝෂාකාරය

reed රීඩ්, *n.* බට, බටලීය. *a.* -y, බටගස් ගහණ

reef රීෆ්, *n.* මුදේ ගල්පර හෝ වැටිය, රුවල් හරින කොට කඹ පංක්තිය. *v.* රුවලෙන් කොටසක් අකුලා බඳිනවා. *a.* -y

reek රීක්, *v.* දුම් ගහණවා, දුම් නගිනවා

reel රීල් ... නූල් ඔතන රෝදය, බිරවීම. වැණෙනවා, මැණි වැණි යනවා

re-elect රීඉලැක්ට්, *v.* නැවත තෝරගන්නවා *n.* -ion [නැවත තේරීම

re-embark රීඇම්බාර්ක්, *v.* නැවත නැවනගිනවා

re-enact රීඇනැක්ට්, *v.* නැවත ආඥාපණවනවා

re-engage රීඇන්ගේජ්, *v.* නැවත යොදනවා

re-enlist රී-ඉන්ලිස්ට්, *v.* නැවත බැඳෙනවා, නැවත ලියාපදිංචි කරනවා. *n.* -ment

re-enter රී-එන්ටර්, *v.* නැවත ඇතුල්වෙනවා, [කරනවා
n. -ry. *n.* -rance

re-establish රී-එස්ටැබ්ලිෂ්, *v.* නැවත පිහිටුවනවා

reeve රීව්, *n.* සමාදාන මූලාදෑනියෙක්. *v.* සිදුරක් (කඹයක්) දමනවා

re-export රී-එක්ස්පෝර්ට්, *v.* නැවත බඩු පිටරට [යවනවා
යවනවා

refashion රීෆැෂන්, *v.* නැවත හැඩගස්වනවා

refasten රීෆාස්න්, *v.* නැවත සවිකරනවා

refection රිෆෙක්ෂන්, *n.* අහාරපාන. *n.* -ory, අහාරපාන ශාලාව

refer රිෆර්, *v.* භාරදෙනවා, නියමකරනවා, සඳහන්කරනවා, (කාරණයක් දැනගැනීමට) අහනවා හෝ බලනවා. *a.* -able. *n.* -ee. *n.* -ence

refine රිෆයින්, *v.* පිරිසිදුකරනවා. *n.* -ment. *a.* -d. (*n.* -ness) *n.* -ry, පිරිසිදු කරන [ස්ථානය
ස්ථානය

refit රිෆිට්, *v.* නැවතහරිගස්සනවා, නැවත ස

reflect රිෆ්ලෙක්ට්, *v.* ආපසුහරවනවා, මෙනෙහි කරනවා. *n.* ion. *a.* -ive (*n.* -ness)

reflex රිෆ්ලෙක්ස්, *a.* ආපසු එහිවෙන හෝ හැරී යන. *n.* ආපසු හැරවීම, ආපසු හැරවූ එළිය. *a.* -ible. *n.* -ion. *a.* -ive

refluent රිෆ්ලුඑන්ට්, *a.* දිය බහින, පෙරලාබසින

reflux රිෆ්ලක්ස්, *n.* පෙරලා බැසීම, බාදිය

reform රිෆෝර්ම්, *v.* හරිගස්සනවා, සපුරු සව හැඩවත් හොඳ ස්වභාවය පවණවා, යහපත් කරණවා. *n.* -ation. *a.* -atory

refract රිෆ්රැක්ට්, *v.* පැත්තකට හරවණවා. *n* -ion. *a.* -ive. *a.* -ory (*n.* -iness)

refragable රිෆ්‍රැගබ්ල්, *a.* බිඳියහැකි

refrain රිෆ්රේන, *v.* වැලකෙනවා, වලක්වනවා. *n.* කාව්‍යයක නැවත නැවත යෙදෙන පදය; පුනරුක්ත පදය

refrangible රිෆ්රැන්ජිබ්ල්, *a.* පැත්තකට නැමිය හැකි. *n.* -ility

refresh රිෆ්රෙෂ්, *v.* වෙහෙස අරවණවා, ප්‍රාණවත් කරණවා, අලුත්කරණවා. *n.* -ment

refrigerate රිෆ්රිජ්‍අරේට්, *v.* සිසිල් කරණවා. *a.* -nt; *n.* උෂ්ණය අඩුකරණ බෙහෙත. *n.* -tor ශීතාරක්ෂක පෙට්ටිය, සිසිල් කරණ භාජනය. *a.* -tory. *n.* tion

refuge රිෆ්යූජ්, *n.* ආරක්ෂාව, සරණ, මුවාව. *n.* -e, ශරණගතයා, ආරක්ෂාව පිණිස අන් රටකට යන්නා

refulgent රිෆල්ජන්ට්, *a.* දීප්තිමත් ආලෝකයක් ද බබලන. *n*, -ce. -cy

refund රිෆන්ඩ්, *v.* නැවත දෙනවා හෝ ගෙවනවා

refurnish රිෆර්නිෂ්, *v.* නැවත සපයනවා

refuse රිෆ්‍යූස්, *v.* නැතකියනවා, බැරිය කියනවා, ප්‍රතික්ෂේපකරණවා. *a.* අගක දමන, නොවටිනා. *n.* රැෆ්‍යුස්, අගක දමන දේ, නොවටිනා දේ, රොඩු. *a.* -al

refute රිෆ්‍යූට්, *v.* තිරස්කාර්ණය කරණවා, වැරදි බව ඔප්පුකරණවා. *a.* -ation

regain රිගේන්, *v.* නැවත ලබාගන්නවා

regal රීගල්; *a.* රාජකීය, රාජ. *n.* -ity, රජකම

regale රිගේල්, *v.* අතිකමල්‍ය සංග්‍රහ කරණවා, සංතර්පණය කරණවා, සත්කාර කරණවා

regalia රිගේලිඅ, *n.* (ඔටුන්න රාජශෛවින ආදි) රජකකුඩ භාණ්ඩ

regard රිගාර්ඩ්, *v.* සලකනවා, ගරු කරණවා. *n.* සැලකීම, ආදරය *a.* -less (*n.* -ness)

regatta රිගැට්ට, *n.* ඔරු දිලවීම

regenerate රිජෙනරේට්, *v* වඩා හොඳ අලුත් ස්වභාවයකට පමුණුවනවා, නැවත උපදිනවා *a.* නැවත උපන්, සිත වෙනස්වූ. *n.* -tion; -cy

regent රීජන්ට්, *n.* බාල රජු වෙනුවට ආණ්ඩු කරන්නා *n.* -tship, -cy

regicide රැජිසයිඩ්, *n.* රජෙකු මරන්නා

regime රෙශීම්, *n.* ජීවත්වන කරණ විධිය, ආණ්ඩුක්‍රමය, පත්තියම, පරිපාලන නියමය

regimen රැජිමැන්, *n.* ආහාරපාන විධිය, පත්තියම, හැසිරවීම

regiment රෙජිමෙන්ට්, n. යුධභටයන්ගේ කණ්ඩායම. a. -al. n. -als, යුධ ඇඳුම් පැලඳුම්

region රීජන්. n. පලාත, ප්‍රදේශය

register රෙජිස්ටර්, n. නාම සටහන, සටහන් පොත, ලෝම්බුව. v. නිශ්චලෙන සටහන් කරණවා, ලියා පදිංචිකරණවා. n. -ration. n. -rar, සටහන්කරන්නා, ලෝම්බු ලේකම (n. -ship). n. -ry, සටහන්කිරීම, ලියාපදිංචි කරණ ස්ථානය

regnant රෙග්නැන්ට්, a. රජකරණ

regress රීග්‍රෙස්, a. පෙරලා යාම, පෙරලා යාමට ශක්තිය. v,

regret රිග්‍රෙට්, n. කණගාටුව. v. කණගාටු වෙනවා. a. -ful. a. -table [විඛිවත්. n. -ity

regular රෙගියුලර්, a. නියමයට එකඟ, නියම,

regulate රෙගියුලේට්, v. සැඳුරුවණවා, ක්‍රමයකට පමුණුවනවා, හරිගස්සනවා. n. -ion. a. -ive

rehearse රිහර්ස්, v. ප්‍රකාශ දකනවා, නිකුත්කරද්ද කට අනුව කියනවා. n. -al, කියාදීම; අනුව කීම, ප්‍රසිද්ධ අප්‍රසිද්ධ කීම, සංගායනාව

reign රේන්, v. රාජ්‍යය කරණවා. n. රාජ්‍යයකිරීම, රාජ්‍ය කාලය

reimburse රීඉම්බර්ස්, v. ආ වන දෙනවා හෝ ගෙවනවා. n. -ment [ගෙස්වනවා

reimport රීඉම්පෝර්ට්, n. නැවත ඒව රටකින්

reimpose රීඉම්පෝස්, *v.* නැවත තබනවා

rein රේන්, *n.* කටකලියාපටිය, කාන් ලනුව, අංකුසරීම. *v.* පටියෙන් හෝ ලනුවෙන් පසුරුවනවා, මැඩ පවත්වනවා. *a.* -less

reincorporate රීඉන්කෝර්පොරේට්, *v.* නැවත සංයෝගකරනවා

reindeer රේන්ඩීර්, *n.* උණමුවා

reinforce රීඉන්ෆෝර්ස්, *v.* අලුත් සේනා ආදී යෙන් ශක්තිමත්කරනවා. *n.* -ment

reinhabit රීඉන්හැබිට්, *v.* නැවත වාසයකර නවා [ඇතුල් කොට්ඨාශ, පාදය, ආශා

reins රේන්ස්, *n.* වකුගඩුව, තුනටි ප්‍රදේශය

reinsert රීඉන්සාර්ට්, *v.* නැවත ඔබනවා

reinspect රීඉන්ස්පැක්ට්, *v.* නැවත පරීක්ෂාකර නවා [පත්කරනවා

reinstall රීඉන්ස්ටෝල්, *v.* නැවත තනතුරකට

reinstate රීඉන්ස්ටේට්, *v.* නැවත දෙනවා හෝ පත්කරනවා

reinstruct රීඉන්ස්ට්‍රක්ට්, *v.* නැවත උගන්වන වා හෝ දැනමුතුකම් දෙනවා

reinsure රීඉන්ෂුවර්, *v.* නැවත සහතික කරනවා හෝ පොරොන්දුකරවා ගන්නවා. *n.* -ance

reintroduce රීඉන්ට්‍රොඩියුස්, *v.* නැවත ඇතුළු ම [illegible]නවා, නැවත අඳුනවනවා

reinvest රිඉන්වෙස්ට්, v. නැවත පළදවනවා, නැවත මිල යොදනවා. n. -ment [පිමත්කරණවා
reinvigorate රිඉන්විගරේට්, v. නැවත ශක්
reissue රිඉෂ්ශු, v. නැවත ප්‍රසිද්ධකරණවා. n.
reiterate රිඉටරේට්, v. නැවත නැවත කිය නවා. n. -ion [රණවා. n. -ion
reject රිජැක්ට්, v. අහකදමනවා, ප්‍රතික්ෂේපක
rejoice රිජොයිස්, v. ප්‍රීතිවෙනවා
rejoin රිජොයින්, v. නැවත බැඳෙනවා, ප්‍රත්‍යුත්තර දෙනවා. n. -der, ප්‍රත්‍යුත්තරය
rejudge රිජජ්, v. නැවත විනිශ්චය කරණවා
rejuvenate රිජුවිනේට්, v. නැවත තරුණ භාවට පමුණුවනවා. n. -escence
rekindle රිකින්ඩල්, v. නැවත දල්වනවා
relapse රිලැප්ස්, v (පූර්වයෙන් තිබුන ආකාරය ට) නැවත පැමිණෙනවා, (ලෙඩක් පළමු තිබු න ආකාරයටම) නැවත අමාරු වෙනවා. n.
relate රිලේට්, v. විස්තරකොට කියනවා, කියා දෙනවා. n. -ion, කීමාදීම, සම්බන්ධකම; නෑයා (n. -ship, නෑකම). a. -ive, සම්බන්ධ; n. කිට්ටු නෑයා. a. -ed, නෑවූ, සම්බන්ධ
relax රිලැක්ස්, v. බුරුල්කරණවා, අඩු කරණ වා. n. -ation
relay රිලේ, n. මාරුවට තබන අශ්වයන් ගණ න, අලුත් දඩයම් බලු සමූහය. v. නැවත තබනවා

release රිලීස්, *v.* මුදනවා, යණ්ම අරිනවා, (රිලීස්) නැවත බදුදෙනවා. *n.* නිදහස්කිරීම, මිදීම

relegate රැලිගේට්, *v.* ඈතකට දමනවා, රටෙන් පිට දමනවා

relent රිලැණ්ට්, *v.* වඩා මෘදුවෙනවා, අනුකම්පා වෙනවා, බුරුල දෙනවා. *a.* -less(*n.*-ness)

relet රිලැට්, *v.* නැවත බද්දට දෙනවා

relevant රැල්ඉවණ්ට්, *a.* ප්‍රස්තාවට හෝ කථාවට සුදුසු, අනුරූප, අදාල. *n.* -ce, -cy

reliable රිලෛඅබ්ල්,
reliant රිලෛඅණ්ට්, } *a.* (rely බ.)

relic රැල්ඉක්, *n.* නටබුන්වූ යමකින් ඉතුරුවූ කොටස, ධාතුව

relict රැල්ඉක්ට්, *n.* වැන්දඹු

relief රිලීෆ්, *n.* පහසුව, සහාය, පිහිට, මාරුකිරීම, රූපය තෙරා හෝ මතුව් තිබීම

relieve රිලීව්, *v.* පහසුදෙනවා, සහාය කරණවා, මුදනවා, මාරුකරණවා

religion රිලිජ්අන්, *n.* ආගම. *a.* -us, ආගමි, ආගමානුකූල, භක්තිවන්ත (*n.* -ness). *n.* -sity, භක්තිවන්තකම. *n.* -nist, ආගම්කාරයා

relinquish රිලිංක්විෂ්, *v.* අත්අරිනවා. *n.* -ment

reliquary රැල්ඉක්වරි, *n.* ධාතු කරඬුව හෝ පෙට්ටිය

relish රිලිෂ්, *v.* කැමැත්තෙන් කනවා, රුචියෙන් කනවා. *n.* රසය, රුචිය, ව්‍යඤ්ජනය, ලැදිකම

reluctant රිලක්ටන්ට්, *a.* අකමැති, අප්‍රිය. *n.* -ce, -cy

relume රිලූම්,
relumine රිලූමින්, } *v.* නැවත එළිය කරනවා

rely රිලෙ, *v.* විශ්වාසය තබනවා, විශ්වාසක රනවා. *a.* -iable, විශ්වාස කළ හැකි (*n.* -ness). *n.* -iance, විශ්වාසය. *a.* -iant, විශ් වාසයරණ

remain රිමේන්, *v.* නැවතී සිටිනවා, ඉතුරුවෙ නවා, පවතිනවා. *n.* -der, ඉතුරු දෙය හෝ කොටස. *n.* -s, ඉතුරු දේ, මෘතශරීරය, පොත් කතෘ කෙනෙක් මැරුණුවිට ප්‍රසිද්ධ නොකොට තිබුන ග්‍රන්ථ, විනාශ නොවී ඉතුරුවූ දේ

remand රිමාන්ඩ්, *v.* දෙවනු විභාග පිණිස හිර භාරයේ නැවත තබනවා. *n.*

remanent රෙමනන්ට්, *a.* ඉතුරු

remark රිමාර්ක්, *v.* වචනවලින් කියනවා, සල කනවා. *n.* කීමන, සටහන. *a.* -able, අ පූරු, අද්භූත, විශිෂ්ට

remarry රිමැරි, *v.* නැවත කාරබඳිනවා

remeasure රිමැෂුර්, *v.* නැවත මනිනවා

remedial රිමීඩිඅල් *a.* (remedy බ.)

remedy රෙමිඩි, *v.* සුව කරනවා. *n.* පිළියම, බෙ

හෙත, උපාය, සහණය. *a.* -iable. *a.* -ial, පිළියම්, සහණය දෙන [-rance, සිහක

remember රිමෙම්බර්, *v.* මතක්වෙනවා. *n.*

remind රිමයින්ඩ්, *v.* සිහිකරවණවා

reminiscence රැමිනිස්සන්ස්, *n.* මතක්වීම. මතක්වෙන දේ. *a.* -nt [-ness. *a.* -ful

remiss රිමිස්, *a.* අනපසුකරණ, අප්‍රමාදවසම්. *n.*

remission රිමිෂ්අන්, *n.* අඩුවීම, බුරුලදීම, සමාකිරීම, අත්ඇරීම

remit රිමිට්, *a.* (යමක් වෙනුවට) යවනවා, වරද ක්ෂමාකරණවා, අඩුකරණවා. *n.* -tance, ඈත කෙනෙකුට මිල යැවීම, එසේ යවනලද මුදල. *a.* -tent, කලකට නවතින හෝ අඩුවෙන; *n.* නගින බහින උණ [ශෙෂ

remnant රැම්නණ්ට්, *n.* ඉතුරු කොටස, ශේ

remodel රිමොඩඇල්, *v.* නැවත හැඩහුරුකරණවා

remonstrate රිමොන්ස්ටෙර්ට්, *v.* විරුඩව කාරණ ගෙණ පානවා, උදක්ම අවවාද කරණවා, තරවටුකරණවා. *a.* -nt. *n.* -nce [*a.* -less

remorse රිමෝර්ස්, *n.* පශ්චාත්තාපය. *a.* -ful.

remote රිමෝට්, *a.* දුරවූ, මඳ *n.* -ness

remount රිමවුණ්ට්, *v.* නැවත නගිනවා

remove රිමූව්, *v.* අහක්කරණවා. *n.* ස්ථාන

remunerate රිමූ·ණරේට්, *v.* මාත්සිය දෙනවා, විපාක දෙනවා, සුදුසු ගණනක් ගෙවනවා· *n.* -ion. *a.* -ive

renaissance } රිනේස්'සන්ස්, *n.* නැවත ඉපදීම හෝ ප්‍රාණවත්වීම. *a.* -t
renascence }

renal රීනල්, *a.* වකුගඩුව සම්බන්ධ

renard රෙ·නර්ඩ්, *n.* (reynard බ.)

rend රෙන්ඩ්, *v.* පලනවා, ඉරණවා. *a.* -ible

render රෙන්·ඩර්, *v.* ආපසුදෙනවා, ආපසුගෙවනවා, දෙනවා, සිදුකරණවා, පිටපත් තේරුම් කරණවා, හගනවා

rendezvous රෙන්ඩෑවූ, *n.* රැස්වීමට නියම සථානය

[සතුරු පක්ෂයට බැදෙන්නා

renegade රෙන්ඉගේඩ්, *n.* භක්තිය අත්අරින්නා,

renew රිනිව්, *v.* අලුත්වැඩියා කරණවා, නැවත කරණවා, නැවත දෙනවා, නැවත සපිරකරණවා. *n.* -al

reniform රිනිෆෝර්ම්, *a.* වකුගඩු ආකාර

rennet රෙන්නැට්, *n.* කිරිමිදුව්මට යොදන වෙලු වඩු හෝ බැටළු බොක්කේ සාරයක්

renounce රිනෞන්ස්, *v.* අත්හරිණවා, තමාට අයිති නැත කියනවා. *n.* -ment

renovate රෙන්ඕවේට්, *v.* අලුත් කරණවා, අලුත් වැඩියාකරණවා. *n.* -ion

renown රිනෞන්. *n.* කීර්තිය. යශස. *a.* -ed.

කීර්තිමත්, ලෝක ප්‍රසිද්ධ

rent රෙන්ට්, *n.* බද්ද, ඉරුම, පැළුම, භේදය. *v.* බද්දට ගන්නවා හෝ දෙනවා. *a.* -able. *n.* -al, බදු මිල [-nounce බ.)

renunciation රිනන්සිඒෂන්, *n.* අත්හැරීම (re-

reoccupy රිඔක්යුපෙ, *v.* නැවත වාසයකරන වා, නැවත හොඳනවා

reopen රිඔප්න්, *v.* නැවත අරිනවා

reoppose රිඔප්පෝස්, *v.* නැවත බාධාකරනවා

reordain රිඔර්ඩේන්, *v.* නැවත පත්කරනවා, නැවත නියමකරනවා

reorganise රිඔර්ගනෛස්, *v.* නිසි ක්‍රමයකට නැවත පිහිටුවනවා හෝ යොදනවා. *n.* -ation

repair රිපෙඅර්, *v.* අලුත්වැඩියාකරනවා, හරිගස්සනවා, පිළිසම්කරනවා, යනවා. *n.* -ration. අලුත්වැඩියාකිරීම, අලාභ ගෙවීම. *a.*-rable

repartee රෙප්අර්ටී, *n.* දක්ෂ උත්තරය [නවා

repass රිපස්, *v.* නැවත යනවා, නැවත පණිව

repast රිපස්ට්, *n.* භෝජනය, අතුරු පස

repatriate රිපේට්රිඒට්, *v.* ස්වකීය රටට නැවත යවනවා. *n.* -ion

repay රිපේ, *v.* නැවත ගෙවනවා, ප්‍රතිඵලදෙනවා. *a.* -able. *n.* -ment

repeal රිපීල්, *v.* අවලංගුකරනවා. *n.*

repeat රිපීට්, *v.* නැවත කියනවා, නැවතකරනවා.

කියනවා. *n.* නැවත ගායනා කිරීමට යො
දන ලකුණ. *ad.* -edly, නැවත නැවත

repel රිපෙල්, *v.* ආපස්සපන්නනවා, විරුඬකම්
පානවා. *a.* -lent. *n.*-lence, -lency

repent රිපෙණ්ට්, *v.* පසුතැවිලිවෙනවා. *a.* බඩ
ගාන. *a.*-ant, පසුතැවිලිවෙන. *n.* -ance, පසුතැ
විලිවීම

repeople රිපීපල්, *v.* නැවත මිනිසුන් පදිංචි
කරවනවා [එම ශබ්දය නිතරවීම

repercussion රිපර්කෂ්අන්, *n.* පස්සට පැනීම,

repertory රැපාර්ටොරි, *n.* භාණ්ඩාගාරය [කය

repetend රැප්ඉටැණ්ඩ්, *n.* දශකගණනේ ප්‍රකාරං

repetition රැප්ඉටිෂ්අන්, *n.* නැවතකීම, නැව
ත කිරීම, කීම [රණවා

repine රිපෙයින්, *v.* කණස්සලුවෙනවා, කොඳු

replace රිප්ලේස්, *v.* තිබුනතැන නැවත තබනවා

replant රිප්ලෑණ්ට්, *v.* නැවත ඉන්දනවා

replenish රිප්ලැන්ඉෂ්, *v.* නැවත පුරවනවා.
පරිපූර්ණකරනවා. *n.* -ment

replete රිප්ලීට්, *a.* සම්පූර්ණයෙන් පිරී තිබෙන,
ආඪ්‍යව තිබෙන. *n.* -eness, -tion

replication රිප්ලිකේෂන්, *n.* උත්තරය, පිටපත

reply රිප්ලෙයි, *v.* උත්තරදෙනවා. *n.* උත්තරය

repolish රිපොල්ඉෂ්, *v.* නැවත ඔප දමනවා

report රිපෝර්ට්, *v.* දන්වනවා, ප්‍රසිඬ කරනවා,

වාර්තාකරණවා. *n.* දැන්වීම, ආරංචිය, වාර්තාව(ලිපිරූ)ශබ්දය

repose රිපෝස්. *v.* සැතපෙනවා, ශාන්තිවෙනවා, විශ්වාසය තබනවා. *n.* සැතපීම, විශ්වාසය, නිශ්චලය. *n.*-al [-ory, භාණ්ඩාගාරය

reposit රිපොස්-ඉට්, *v.* ප්‍රවේශමට තබනවා. *n.*

repossess රීපොස්-සැ-ස්, *v.* නැවත බුක්තිවිඳිනවා [දෝෂාරෝපණ කරණවා

reprehend රෙප්රිහැණ්ඩ්, *v.* තරවටු කරණවා,

reprehensible රෙප්රිහැන්සිබල්, *a.* තරවටු කළ යුතු, දෝෂාරෝපණ යටයුතු. *n.* -ness

reprehension රිප්රිහැන්ෂන්, *n.* තරවටුකිරීම, දෝෂාරෝපණකිරීම. *a.* -ve

represent රෙප්රිසෙ-න්ට්, *v.* දක්වනවා, වෙනුවට පෙණී සිටිනවා, කාරණ ගෙණ පානවා. *a.* -able. *n.* -ation, දැක්වීම, රූපය, රැඟුම, ගණපාත කාරණ වෙනුවට පෙණී සිටීම. *a.* -ative, *n.* වෙනුවට පෙණී සිටින්නා

repress රිප්රෙස්, *v.* මැඩපවත්වනවා, යටකරණවා. *a.* -ible. *n.* -ion. *a.* -ive

reprieve රිප්රීව්, *v.* මරණ දඬුවම කල් දමනවා. *n.* මරණ දඬුවම කල්දැමීම [ණවා

reprimand රෙප්රිමැණ්ඩ්, *v.* තදින් තරවටුකර

reprint රීප්රින්ට්, *v.* නැවත අච්චුගසනවා. *n.* නැවත අච්චුගැසූ පොත

reprisal රිප්‍රයිස්'අල්, *n.* පළිගැණීම පිණිස අැල්ලීම, පළි හෝ අලාභවශයෙන් සතුරාගෙන් උදුරාගත් දෙය

reproach රිප්‍රෝච්, *v.* දොස්තබනවා, සැරකරණවා, ගරහණවා. *n.* *a.* -able. *a.* -ful (*n.* -ness)

reprobate රිප්‍රොබේට්, *a.* දුෂ්ට, අත්‌හැරිය. *v.* මොෂ්කරණවා, අප්‍රිය කරණවා, හැර දමනවා. *n.* දුෂ්ටයා, පව්කාරයා, දුරාචාරයා. *n.* -ion

reproduce රීප්‍රොඩ්‍යූස්, *v.* නැවත උපදවනවා. *a.* -tive රිප්‍රොඩක්ටිව්, නැවත උපදවන. *n.* -tion රීප්‍රොඩක්ෂන්

reprove රිප්රූව්, *v.* තරවටුකරණවා, (වරද ගැණ) අවවාදකරණවා. *a.* -able. *n.*-al

reproof රිප්රූෆ්, *n.* තරවටුව, අවවාදය

reptile රැප්ටිල් (හෝ) රැප්ටයිල්, *n.* බඩගාගෙන යන සත්‍වයා, සර්පයා, කීටයා. *a.* -ian රැප්ටිලිඅන්

republic රිපබ්ලික්, *n.* මහජනසම්මත ආණ්ඩුව, සමූහාණ්ඩුව, එබඳු ආණ්ඩුව පවතින රට. *a.* -an; *n.* මහජන ආණ්ඩුවට පක්ෂ අය. *n.* -anism

republish රිපබ්ලිෂ්, *v.* නැවත ප්‍රසිද්ධ කරණවා. *n.* -cation රිපබ්ලිකේෂන්, නැවත ප්‍රසිද්ධ කිරීම

repudiate රිප්‍යූඩිඒට්, *v.* තමාට නැත කියනවා; [ප්‍රතික්ෂේපකරණවා. *n.* -ion

repugnant රිපග්'නන්ට්, *a.* අකැමති, විරුද්ධ,

පිළිකුල්. *n.* -ce, -cy

repulse රිපල්ස්, *v.* ආපසු පන්නනවා. *n.* ආප සු පැන්නීම, පරාජය, ප්‍රතික්ෂේපය. *n.* -ion, අප්‍රියතාව, විරුඬතාව, ආපසු පැන්නීම. *a.* -ive, අප්‍රිය, බාධක (*n.* -ness)

repurchase රී·පාර්චෙස්, *v.* නැවත මිලේට ගන් [නවා

repute රිප්‍යුට්, *v.* සිතනවා, කල්පනා කරනවා. *n.* සහ *n.* -ation, සාමාන්‍ය කල්පනාව, ප්‍ර සිඬිය, කීර්තිය, කල්ක්‍රියාව. *a.* -able, අන්‍ය යන්ගේ හොඳ කල්පනාව ඇති, ප්‍රශස්ත, ගම් බූකාර. *ad.*-edly

request රික්වෙස්ට්, *n.* ඉල්ලීම; ඉල්ලන දේ. *v.* [ඉල්ලනවා

requiem රික්විඇම්, *n.* මළවුන් වෙනුවෙන් ක රණ යාච්ඤාව හෝ පූජාව

require රික්වයර්, *v.* ඕනෑ කරනවා, අයිතිවාසි කමට හෝ බලයට ඉල්ලනවා. *n.* -ment

requisite රෙක්විසිට්, *a.* ඕනෑකරණ. අවශ්‍ය. *n.* ඕනෑම්කරණදෙය. *n.* -ion, ඉල්ලීම

requite රික්වයිට්, *v.* විපාකදෙනවා, පළිගන්න වා. *n.* -al, විපාකදීම, ප්‍රතිඵල

rescind රිසින්ඩ්, *v.* අවලංගුකරණවා. *n.* -ssion

rescript රීස්ක්‍රිප්ට්, *n.* විනිශ්චය, රාජාඥාව

rescue රෙස්ක්‍යු, *v.* ගලවනවා, මුදනවා. *n.* ග ලවාගැනීම, මුදාගැනීම

research රිසර්ච්, *n.* හොඳට සොයාබැලීම

resell රීසැල්, *v.* නැවත විකුණනවා

resemble රිසැ'ම්බිල්, *v.* සමානවෙනවා. *n.*-ance

resent රිසැ'න්ට්, *v.* අමනාපවෙනවා, තුරුස්ස නවා, අමනාපය ක්‍රියාවෙන් දක්වනවා. *n.* -ment, තද අමනාපය, කෝපය. *a.* -ful, ඉක්මණින් අමනාපවෙන

reserve රි'සෘ'ර්ව්, *v.* ඉතුරුකර තබාගන්නවා. *n.* ඉතුරුකර ගත් දෙය, වැඩිපුර සේනාව, වැසිය හැථා හොකරණ ගතිය. *n.* -ation

reservoir රැස්''ආර්වොඉර්, *n.* වැව, ජලාශය

reset රීසැට්, *v.* නැවත පිහිටුවනවා, අපරාධකා රයෙකු භාරගෙණ ආරක්ෂාකරණවා, හොර බඩු භාරගන්නවා

reship රීෂිප්, *v.* (නැවකට බඩු) නැවත පටව නවා. *n.* -ment, (නැවකට බඩු) නැවත පැටවීම, එසේ පැටවූ බඩු

reside රිසෛ'ඩ්, *v.* වාසය කරණවා. *a.* -nt, වාසය කරණ, වැසි; *n.* වාසය කරන්නා. *n.* -nce, වාසයකිරීම, වාසස්ථානය (*a.* -tial)

residency රැසි''ඩන්සි, *n.* ඉන්දියාවේ බ්‍රිතාන්‍ය අමාත්‍යයෙක් වසන ආණ්ඩුවේ නිවස

residue රැස්'ඉඩියු, *n.* ඉතුරු කොටස: *a.*-al, -ary

resign රිසෛ'න්, *v.* ඉල්ලා අහක්වෙනවා, භාර වෙනවා, සමත්වෙනවා. *n.* -ation රැසිග්නේ ෂන්, ඉල්ලා අහක්වීම, අහක්වීමට ඉල්ලා

අපිරණ ප්‍රියම්ල්ල, ගාරවීම, ඡමණ්වීම

resile රිසෛල්, v. ආපසු පනිනවා. a. -ient රිසිලිඅන්ට්, ආපසු පනින. n. -ience; -iency

resin රෙස්ඉන්, n. දුම්මල. a. -ous

resist රිසිස්ට්, v. විරුද්ධකම් පානවා, බාධාකරණවා. n. -ance, විරුද්ධවීම, බාධාව. a.-ant, -ent. a. -ible. a. -less (n. -ness)

resolute රෙස්ඔලූට්, a. ස්ථිර, ධෛර්‍යමත්. n. -eness. n. -ion, ස්ථිරතාව, ධෛර්‍යය, යෝජනාව, බේරීම

resolve රිසොල්ව්, v. ස්ථිරලෙස අදහස් කරණවා, කොටස්වලට වෙන්කරණවා හෝ බේරණවා, නිශ්චයකරණවා, යෝජනාවක් කරණවා. n. ස්ථිර අදහස. a. -able (n. -ility). a. -ent

resonant රෙස්ඔනන්ට්, a. ඝෝංකාරශබ්දදෙන, ශබ්දය පැතිරී යන. n. -ce

resort රිසෝර්ට්. v. නැවත නැවත යනවා, ගැවසෙනවා, ආශ්‍රයකරණවා. n. නැවත නැවත යාම, ගැවසෙන තැන, ආශ්‍රය, උපාය

resound රිසෞන්ඩ්, v. ඝෝංකාරදෙනවා, ශබ්දය පැතිරෙනවා [a.-ful. a. -less

resource රිසෝර්ස්, n. උපක්‍රමය, උපාය, ධනය.

respect රිස්පැක්ට්, v. සලකනවා, ගෞරවකරණවා, සම්බන්ධව තිබෙනවා. n. සැලකීම,

ගෞරවය, සම්බන්ධ. *a.* -able, වැදගත් (*n.* -ility). *a.* -ful, ගෞරව සහිත, නිසි ලෙස ගරුකරණ (*n.* -ness). *a.* -ive, අනෙකුන් ගේ, එකිනෙකා සම්බන්ධ, පුද්ගලික. *prep.* -ing, සම්බන්ධව

respire රිස්පයර්, *v.* ආශ්වාස ප්‍රශ්වාසකරණවා, හුස්මහෙළනවා. *n.* -ation. *a.* -atory, ආශ්වාස ප්‍රශ්වාස සම්බන්ධ. *a.* -able

respite රෙස්පිට්, *n.* නැවතීම, අවකාශය. *v.* කල් තබ ප්‍රමාදකරණවා හෝ අවකාශ දෙනවා

resplendent රිස්ප්ලෙන්ඩන්ට්, *a.* දීප්තිමත්. *n.* -ce, -cy [-ent, දීප්තිකාරයා

respond රිස්පොණ්ඩ්, *v.* උත්තර දෙනවා. *n.*

response රිස්පොන්ස්, *n.* උත්තරය. *a.* -ible, වග කියයුතු (*n.* -ility). *a.* -ive, උත්තර දෙන. *a.* -ory

rest රෙස්ට්, *n.* නිවාඩුව, නැවතිල්ල, නින්ද, පිහිටි තැන, ඉතුරු කොටස. ශේෂය. *v.* නිවාඩු ගන්නවා, නවතිනවා, නිදාගන්නවා, පිහිටා තිබෙනවා. *a.* -less (*n.* -ness). *a.* -ful

restaurant රෙස්ටෝරන්ට්, *n.* භෝජන ශාලාව. හෝටලය. *n.* -teur රෙස්ටෝරටර්, හෝටල් කාරයා

resthouse රෙස්ට්හවුස්, *n.* තානායම [ගාණිගෙවීම

restitution රෙස්ටිටියුෂන්, *n.* නැවතදීම, අලාභ

restive රෙස්ටිව්, *a.* දඟලන, දඟකරණ. *n.* -ness
restore රිස්ටෝර්, *v.* නැවත දෙනවා, පලමු ස්ථානට නැවත පමුණුවනවා. *n.* -ation. *a.* -ative, සජීපකරණ, ශරීර බලවඩන; *n.* බල වඩන බෙහෙත [ඩපවත්වනවා. *n.* -t
restrain රිස්ට්‍රේන්, *v.* මදක් නවත්වනවා, මැ
restrict රිස්ට්‍රික්ට්, *v.* සීමාව හෝ ප්‍රමාණය නියම කරණවා, අවසිර කරණවා. *n.* -ion. *a.*-ive
result රිසල්ට්, *v.* අවගන්නවා, සිද්ධවනවා. *n.* ඵලය, විපාකය, නින්දුව. *a.* -ant, අවගන්න. *n.* වෙන බලවලින් අවගත් බලය
resume රිසූම්, *v.* නැවත පටන්ගන්නවා, නැවත ගන්නවා. *a.* -able. *n.* -ption. *a.* -ptive
resume රෙසූමෙ, *n.* සාරාංශය, සංක්ෂේපය
resummon රිසම්මන්, *v.* නැවත කැඳවනවා, එන්ට නැවත අණකරණවා
resurrection රෙස්‍අර්රෙක්ෂන්, *n.* මළවුන්ගේ නැවත නැඟිටීම හෝ ජීවත්වීම
resurvey රීසර්වෙ, *v.* නැවත පරීක්ෂාකර බලනවා, නැවත මනිනවා
resuscitate රිසස්සිටේට්, *v.* නැවත ප්‍රාණවත්කරණවා. *n.* -ion [ලර විකිණීම
retail රිටේල්, *v.* සිල්ලර විකුණනවා. *n.* සිල්
retain රිටේන්, *v.* තබාගන්නවා, නවත්වා ගන්නවා, මිලයක් ගෙවා අල්ලාගන්නවා. *n.* -er,

සේවකයා, නීතිඥයෙකුට නඩුවක් භාරදීමට ගෙවන මිල. *a.* -able

retake රිටේක්, *v.* නැවත ගන්නවා

retaliate රිටැලිඑට්, *v.* එකට එක කරනවා, පළිගන්නවා. *n.* -ion. *a.* -ive, -ory

retard රිටාර්ඩ්, *v.* බාධා කරනවා. *n.*-ation

retch රෙච්, *v.* ඔක්කාර කරනවා

retention රිටෙන්ෂන්, *n.* තබාගැනීම, තවත්වා ගැනීම, සිතේ දරාගැනීමේ ශක්තිය. *a.* -ve (*n.* -ness)

reticence රෙටිසෙන්ස්, } *n.* වැඩිය කථා නොකරන ගතිය. *a.* -t
reticency රෙටිසෙන්සි, }

reticule රෙටිකියුල්, *n.* දැල් ආකාර මල්ල. *a.* -ar, -ate, දැල් ආකාර. *n.* -ation, දැල් වැඩ

retina රෙටිනා, *n.* ඇසේ පෙනීමට කාරණයවූ දැල් ආකාර සිවිය

retinue රෙටිනියු, *n.* පිරිවර

retire රිටයර්, *v.* අයින්වෙනවා, අහක්වෙනවා, පසුබසිනවා. *a.* -d, අහක්වූ, අප්‍රසිද්ධ, මුළු හැර. *n.* -ment

retort රිටෝර්ට්, *v.* ඇනුම්පද සහිතව තදේත් උත්තර දෙනවා. *n.* එබඳු උත්තරය, රසායන පෙරණ භාජන වර්ගයක්

retouch රිටච්, *v.* වඩා හොඳකිරීමට පින්සල් ගටිගාන්නවා

retrace රිට්රේස්, *v.* ආපසු අඩි තබා යනවා, නැවත අඳිනවා

retract රිට්රැක්ට්, *v.* අහක්කරගන්නවා, අකුලාගන්නවා. *n.* -ion, -ation. *a.* -able, -ile. *a.* -ive

retreat රිට්රීට්, *v.* ආපසු යනවා, පසුබසිනවා. *n.* පසුබැසීම [-ment

retrench රිට්රෙංච්, *v.* වියදම් අඩුකරණවා. *n.*

retribution රෙට්රිබ්යුෂන්, *n.* ඵල විපාකදීම, ප්‍රති ඵලය. *a.* -ive, -ory

retrieve රිට්රීව්, *v.* ප්‍රථම තත්වයට ගෙණ එනවා, නැවත ලබාගන්නවා. *n.* -er, දඩයම් බලු වර්ගයක්. *a.* -able. *n.* -al

retroact රිට්රෝඇක්ට් *v.* විරුද්ධව ක්‍රියාකරණවා. *n.* -ion [පසු යනවා .*n.* -ssim

retrocede රිට්රෝසීඩ්, *v.* නැවත භාරදෙනවා, ආ

retrograde රිට්රෝග්‍රේඩ්, *v.* පස්සට යනවා, පසුබසිනවා, පිරිහෙණවා. *a.* [පිරිහීම. *a.* -ve

retrogression රිට්රෝග්‍රෙෂන්, *n.* පස්සට යාම.

retrospect රිට්රෝස්පැක්ට්, *n.* පසුවූ කාරණ ගැන සිතාබැලීම. *n.* -ion. *a.* -ive

return රිටර්න්, *v.* නැවත පැමිණෙනවා හැරී යනවා, නැවත දෙනවා. *n.* නැවත පැමිණීම ප්‍රතිලාභය, ආණ්ඩුවේ වාර්තාව

reunion රියූනියන්, *n.* නැවත ගැලපීම හෝ සම්බන්ධවීම, නැවත සමාගම්වීම

reunite රියුනයිට්. *v.* නැවත සම්බන්ධකරණවා

revaccinate රිවැක්සිනේට්, v. නැවත අඟ් එදී කෙ. n. -ion

revalue රීවැල්යූ, v. නැවත අගය (මිල) කරණවා. n. -ation [ණවා

reveal රිවීල්, v. ප්‍රකාශකරණවා, එළිදරව කර

revelation රෙවලේෂන්, n. එළිදරව කිරීම, එළිදරව කරණලද්ද, බයිබලයේ පොතක්

revel රෙවල්, n. ඝෝෂා සහිත මංගල්‍යයක්. v. ඝෝෂා සහිත මංගල්‍ය පවත්වනවා, ප්‍රීතියෙන් ප්‍රීණනවා. n. -ry. ඝෝෂාවී සස්ථම මංගල්‍ය පැවැත්ම [කිම. a. -ful (n. -ness)

revenge රිවෙංජ්, v. පළිගන්නවා. n. පළි ගැ

revenue රෙවනියු, n. ආදායම

reverberate රිවර්බරේට්, v. ඝෝෂාකාරදෙනවා, වැනෙනවා. n. -ion. a. -ory, ඝෝෂාකාර දෙන, ආපසු එවන

revere රිවීර්, v. ඉතා ගරුකොට සලකනවා. n. -nce රෙවරන්ස්, ඉතා ගරුකොට සැලකීම්, නමස්කාරය, [illegible]; v. ගෞරවකරණවා, නමස්කාරකරණවා. a. -nt a. -ntial. a. -nd, ගරුකටයුතු, පූජාර්හ

reverie රෙවරි, n. නානාප්‍රකාර සිතිවිලි පරම්පරාව, භාවනාව, ධ්‍යානය, හීනයක් වැනි සිතැල්ල

reverse රිවර්ස්, *v.* පූර්වාපර කරනවා, පෙරළනවා, අවලංගුකරනවා. *a.* ප්‍රතිපක්ෂ, විරුද්ධ. *n.* විශා යරයා සැහාළට පෙරළීම, විපක්ෂකය, අවාසනාව, විපත්තිය, පරාජය, පිටපැත්ත. *n.* -al, විපක්ෂකකර්ම. *a.* -ible

reversion රිවර්ෂන්, *n.* හැරවීම, මතු ගුත්තිය ගැනීම බලය හෝ බලාපොරොත්තුව, ඇවෑමෙන් පැමිණෙන බලය, ඉතුරු කොටස [*a.* -ible

revert රිවර්ට්, *v.* නැවත බසිනවා හෝ එනවා

review රිව්‍යූ *v.* නැවත බලනවා හෝ පරීක්ෂා කරනවා, ගුණ දෝෂ පරීක්ෂාකරනවා, පරීක්ෂා කරනවා හෝ බලනවා. *n.* *n.* -al

revile රිවයිල්, *v.* නින්දාකරනවා, බණිනවා

revindicate රිවින්ඩිකේට්, *v.* නැවත නිදහස් කරනවා

revise රිවයිස්, *v.* වැරදි බලනවා. *n.* හරි වැරදි බැලීම, මුද්‍රණයේ ශෝධනපත්‍ර. *n.* -al, -ion.

revisit රිවිසිට්, *v.* නැවත බලන්නටයනවා

revive රිවයිව්, *v.* නැවත පණ උපදවනවා, අලුත්කරනවා. *n.* -al, නැවත ජීවත්වීම, නැවත ප්‍රාණවත්වීම, අලුත් කිරීම. *n.* -alism. *n.* -alist

revivify රිවිවිෆයි, *v.* නැවත ප්‍රාණවත්කරනවා

revocable රිවොකබල්, *a.* අවලංගුකල හැකි

revocation රිවොකේෂන්, *n.* අවලංගුකිරීම

revoke රිවෝක්, v. වෙලංගු කරණවා

revolt රිවෝල්ට්, v. ඇක්මලෙණිව සලස්සනවා, පිළිකුල් සිතවනවා, රාජ ද්‍රෝහිකම් කරණවා, කැරලිගසනවා

revolution රිවොලූෂන්, n. කරකැවීම, ආණ්ඩු පෙරලීම, වෙණස්වීම. a. -ary. v. -ise, විප ර්‍යාස කරණවා, සම්පූර්ණයෙන් වෙණස්කරණ වා. n. -ist

revolve රිවෝල්ව්, v. කරකැවෙණවා, කල්පනා කරකර ඉන්නවා. n. -r, කරකැවෙන පිස්තෝ [තාව ලය

revulsion රිවල්ෂන්, n. ආපසු ඇදගැණීම, අප්‍රිය

reward රිවෝර්ඩ්, n. ප්‍රසාදය, තෑග්ග. v. ප්‍රසාදදනවා, ඵලදෙනවා

rewrite රිරයිට්. v. නැවත ලියනවා

reynard රේණාර්ඩ (හෝ) රෙන්නාර්ඩ, n. නරියා

rhapsody රැප්සොඩි, n. දිගී නිබන්ධ රචනාව. a. -ic, -ical, අනිබන්ධ. n. -ist

rhetoric රෙටොරික්, n. අලංකාර ශාස්ත්‍රය. a.-al. n -ian, අලංකාර ශාස්ත්‍රඥයා

rheum රූම් (හෝ) රූම්, n. සෙම, සොටු. [a. -y

rhinal රයිනල්, a. නාසය පිළිබඳ.

rheumatism රූමටිස්ම්, n. වාතරෝගය.a. -c,-al

rhinoceros රයිනොසරස්, n. කගවෙණා

rhododendron රෝඩොඩෙන්ඩ්‍රන්, n. මාරත් මල්ගස, කෝපඩි

rhombus රොම්බස්, } n. පැති සතරක් ඇති අලු
rhomb රොම්, } වා ගැඹඩ රූපය. n. -oid,
විපක්ෂ පැති සමානවූ අලුවා ගැඹය (a.-al).a.-ic

rhubarb රූබාර්බ්, n. පැල වගීයක්

rhyme
rime } රෛම්, n. ශබ්දමයේත් හෝ අක්ෂරමයේත්
එකඟතාව, එලිසම්තාව, ඡන්දස, පද්‍යය, කා
ව්‍ය, තීව්‍ර ශබ්දය. v. එලිසම්කොට ලියන
වා, ශබ්දමයේත් සමකරණවා [-ical

rhythm රිත්ම්, n. තාල්‍යය, ශබ්ද සමතාව. a.-ic,

rib රිබ්, n. ඉළු ඇටය. මුදුන් තාප්පය. v. රැළි
ආකාර සාදනවා, ඉළ ඇට සමාන ලී දමනවා

ribald රිබ්'අල්ඩ්, n. තුච්ඡ කෑන, නීච. a. නීච,
තුච්ඡ. n. -ry, තුච්ඡ හෝ කුණුහරුප කථාව,
තුච්ඡ භාෂිය

riband රිබ'ණ්ඩ්,
ribbon රිබ'න්, } n. පිත්ත පටිය, සේද පටිය

rice රෛස්, n. හාල්, බත්

rich රිච්, a. පොහොසත්. සැරවත්, අගනී. n.
-es, වස්තුව, සම්පත. n. -ness [ශෝභා

rick රික්, n. කුඹුරක හොයෙව ගොඩ, පිදුරු

rickets රික්'ඇට්ස්, n. කුඩා ළමයින්ගේ ඇට
සැකිලි දුබලකමින් හැදෙන රෝගයක්. a. -y,
ඇට සැකිලි දුබල, සවිශක්තියන් සෙලවෙන,
ජීර්ණ [n. -dance, නිදහස්වීම, බේරීම

rid රිඩ්, v. නිදහස් කරනවා, පහකරණවා.

riddle රිඩල්, n. තේරවිල්ල, ප්‍රහේලිකාව, ලොකු පෙනේරය. v. (තේරවිල්ලක්) තෝරණවා, පෙනේරයේ බේරණවා, බොහෝයේ සිදුරු කරණවා

ride රෛඩ්, v. රථයෙන් යනවා, අශ්වපිටින් යනවා, හැංගුරම් දමා තිබෙනවා. n. පිටිලඹ යාම. n. -er, රථයෙන් හෝ අශ්වපිට යන්නා, ඇඹුළු පුරවණ වාක්‍යය [ග, (මහල්) මුදුන

ridge රිජ්, n. දික් කඳු පෙළ, (කඳු) මුදුනමෑත්

ridicule රිඩිකියුල්, n. සමච්චලය, පරිහාසය, සිනාව, ගර්හාව. v. සමච්චල් කරණවා, ගර්හා කරණවා. a. -ous, විපුලු සිනා උපදවන (n. -ness)

rife රෛෆ්, a. බහුල. n. -ness [සනා

riffraff රිෆ්රැෆ්, a. රොඩු, නොවටිනා දේ, අධම ජ

rifle රෛෆල්, v. කොල්ලකනවා. n. රැළි තුවක්කුව. n. -man, රැළි තුවක්කුකාරයා

rift රිෆ්ට්, n. විවරය, පැල්ම. v. පැලෙනවා

rig රිග්. v. සදනවා, සජ්ජිත කරණවා, උපකරණ වලින් යුක්තකරණවා. n. කුඹ හා රුවල් පිහිටුවන ආකාරය. n. -ging, කුඹවල ගම

right රෛට්, a. ඍජු, හරි, යුතු. ad. කෙළින්, හරි ලෙස, යුතු ලෙස. n. හරිඑක, යුක්තිය, අයිතිවාසිකම, දකුණ. v. යුක්තිය කරදෙනවා, කෙළින්කරණවා. a. -ful, හරි අයිතිවා

සිසම් ඇති, යුතු (n. -ness). a. -eous ධෛර වත්, ධර්මිෂ්ඨ, යුක්තියට එකඟ (n. -ness) n. -hand, දකුණත (a. -ed). ad. -ly. හරියට, සුදුසුලෙස [කීශ, දැඩි. n. -ness. -ity

rigid රිජ්ඉඩ්, a. පහසුවෙවත් නොනැමෙන, ස

rigmarole රිග්'මෙරෝල්, n. අසම්බන්ධ වූ කථාව හෝ ලියවිල්ල, හෑල්ල, අ... ඒක කථාව

rigour රිග්'අර්, n. තදකම, සැරකම්, අති ශීතලය. a. -rous, තද, සතීශ, අති ශීතල (n. -ness)

rill රිල්, n. කුඩා දොළ: කුඩා ඇල

rim රිම්, n. වාටිය. ගැට්ය, නිම්වළල්ල

rime රෛම්, n. මිදුණු පිණි. a. -y (rhyme බ.)

rind රින්ඩ්, n. ලෙල්ල. පොත්ත

rinderpest රින්'ඩාර්පෑස්ට්, n. ගව වසංගතය

ring රිං, n. වලල්ල, මුදුව, මණ්ඩලය, කණ්ඩායම, රාං ශබ්දය, නාදය. v. (ඝණ්ටා ආදිය) නාදකරණවා, වටකරණවා, මුදුවක් හෝ වලල්ලක් දමනවා. n. -finger, මුදුඇඟිල්ල. n. -leader, නපුරු කණ්ඩායමක ප්‍රධානයා. n. -let, බොකුටු ඉසකේ රොද. n. -worm, පණුකැවිල්ල, දද

rinse රින්ස්, v. සේදුම අවසන්කිරීමට වතුරේ දමා ගන්නවා හෝ වතුර දික්කර සොලවා හරිනවා

riot රෛඅට්, *n.* කෝලාහලය, පොදු සමාදානය කඩකිරීම. *v.* කෝලාහල කරනවා, විසත් ශෝෂා ඇතුව උත්සව පවත්වනවා. *a.* -ous. කෝලාහල, ශෝෂකාර (*n.* -ness)

rip රිප්, *v.* ඉරනවා, පලනවා, ඇද දමනවා

ripe රෛප්, *a.* පැසුණු, ඉදුණු. සම්පූර්ණ. *n.*-ness. *v.* -n, පැසෙනවා, ඉදෙනවා; සම්පූර්ණවෙනවා

ripple රිප්පල්, *n.* කුඩා රැල්ල, කුඩා දිය රැල්ල, කුඩා දියරැල්ලේ ල්හී ශබ්දය වැනි ශබ්දය: *v.* කුඩා රැළි නගිනවා

rise රෛස්, *v.* නැගිටිනවා, නගිනවා. උපදිනවා, මතුවෙනවා. *n.* නැගිටීම, ඉපදීම, වැඩීම, උස්තැන, ගොඩැල්ල [වනා. *n.* -ility

risible රිස්ඉබ්ල්, *a.* සිනාකරවන හෝ උපද

risk රිස්ක්, *n.* අන්තරායවියහැකි ස්වභාව, අන්තරායවීමේ අනුමානය. *v.* අනුමානපිට කරනවා. *a.* -y

rite රෛට්, *n.* පිළිවෙත, චාරිත්‍රය. *a.* -ual. චාරිත්‍ර සම්බන්ධ; *n.* ආගම ආදිය සම්බන්ධව පවත්වන චාරිත්‍ර ක්‍රමය, චාරිත්‍ර පොත. *n.* -ualism, අධික ලෙස චාරිත්‍ර පැවැත්වීම. *n.* -ualist

rival රෛවල්, *n.* දිනාගන්ට හෝ සමවෙන්ම උත්සාහ කරන්නා, තරඟකාරයා, අරෝවකාරයා. *a.* දිනාගන්ට හෝ සමවෙන්ම උත්

සාහ කරණ, තරඟකාර. *n.* සමාන වෙන්ම හෝ වඩා උසස්ව සිටින්ට උත්සාහ කරන්නා. *n.* -ry

rivage රිවිජ්, *n.* ඉවුර, වෙරළ

rive රෛව්, *v.* පළනවා

river රිවං අර්, *n.* ගඟ

rivet රිවැට්, *n.* තර ඇණය. *v.* තර ඇණයෙන් සවිකරණවා, සවිකර සබනවා

rivulet රිව්යුලැට් *n.* දෙළ, ඔය

roach රෝච්, *n.* මිරිදිය මත්ස්‍යයෙක්

road රෝඩ්, *n.* මාර්ගය, මාවත. *n.* -stead, මුදු බොක්ක, නැව්තොට. *n.* -metal, කැටිගල්. *n.* -way, ඇතුළ් ඇස පාරේ මැද කොටස

roam රෝම්, *v.* තැනින් තැන යනවා, ඉබාගාතේ යනවා

roan රෝන්, *a.* සුදු මිශ්‍ර දුඹුරු රතු. *n.* එසී වර්ණ ඇති අශ්ව ආදි වර්ගයක සතා, පදම්කළ ප්‍රසිද්ධ බැටළු සම්

roar රෝර්, *v.* ගුගුරුවනවා, බෙරිහන්දෙනවා, කෑගහනවා. *n.* ගෙරවීම, දැඩි ගෑඹුරු ශබ්දය [සූ මස්කොල්ල

roast රෝස්ට්, *v.* (මස්) පුලුස්සනවා. *n.* පිලිස්

rob රොබ්, *v.* හොර පැහැරගන්නවා, කොල්ලකනවා. *n.* -ber, හොරා, කොල්ලකාරයා. *n.* -bery, හොරකම, කොල්ලකෑම

robe රෝබ්, *n.* උතුරුසළුව, පොරෝණය, සිවුර. *v.* පොරවණවා, පළඳිනවා

robbin රොබින්, *n.* රතු ලය ඇති කුරුල්ලා, අච්චිච්චා

robust රොබස්ට්, *a.* ශක්තිමත්, සම්පූර්ණ ශක්ති[ය ඇති. *n.* -ness

rock රොක්, *n.* පර්වතය, ගල. *v.* පද්දනවා, සොලවනවා. *n.* -er, පද්දන්නා, තොට්ල්ලේ අසිලියක්. *a.* -y, පර්වත ගේ ගල්ගහණ, ඉතා තද (*n.* -iness). *n.* -ery, පැල සිටවන ගල් ගොඩ. *n.* -oil, භූමිතෙල්. *n.* -salt, සහිදලුණු

rocket රොක්ඇට්, *n.* ආකාශ වෙඩිල්ල

rod රොඩ්, *n.* ඉපල, කෝටුව, දණ්ඩ, බිලිපිත්තය, යාර 5½ ක මිම්ම

rodent රෝඩෙන්ට්, *a.* දත්වලින් කපන. *n.* දත්වලින් කපන මීයන් ආදී සත්තු

rodomontade රොඩමොන්ටේඩ්, *n.* හිස්පුච්චම්, බොරු පාරට්ටුව

roe රෝ, *n.* කුඩා මුවවර්ගයක්, මුවදෙන, මාලුබිජු

rogue රෝග්, *n.* තක්කඩියා, කපටියා, හොරා. *n.* -ery, තක්කඩිකම, ප්‍රමාදගාන, සරදම් මැරකම. *a.* -ish, තක්කඩි, සරදමට මැරකම් කරණ

roister රොයිස්ටර්, *v.* ඝෝෂ අධික කථාකරණවා

rôle රෝල්, *n.* ආරුඪකරනය වේශය, නාට්‍ය කරුවෙකුගේ ක්‍රියාකොටස

roll රෝල්, *v.* පෙරළා ගෙණයනවා, හරවනවා, ඔතනවා, පෑතලි කරණවා, වැනෙනවා. *n.* ලේඛනම් පොත, වටේට ඔතන හෝ පුරාවිටු කරණලද්ද. *n.* -er, වටිකුරුකඳ, කපුටු වගී යේ පක්ෂියෙක්. *n.* -ing-stock, (දුම් රතකාරේ යෙතක) රථ සත්තුාදිය

rollick රොලික්, *v.* වැණී වැණී සතුටින් යනවා

Roman රෝමන්, *a.* රෝම නුවර සම්බන්ධ, රෝමාණු, කෙලින් (අච්චු අකුරු). *n.* රෝම නුවර වැසියා

romance රෝමෑන්ස්, *n.* බොරු කථා ප්‍රබන්ධය, අපූර්ව ශූරවීරකම් ප්‍රකාශිත මිථ්‍යා කථාව, බොරුව. *a.* පුරාණ ලතින් භාෂාවෙන් හින්න භාෂා පිළිබඳ. *v.* අපූර්ව බොරු කථා කියනවා

romantic රෝමැන්ටික්, *a.* අපූර්ව බොරු කථා ආකාර, අද්භූත, ශූරවීර

Romish රෝමිෂ්, *a.* රෝමාණු

romp රොම්ප්, *v.* දුව්පැන සෙල්ලම් කරණවා, පෙන්කෙළිනවා. *n.* දුවපැන සෙල්ලම්කරණ කෙල්ල, පෙන්කෙළිය. *a.* -ish

rood රූඩ්, *n.* කුරුසිය, අක්කරයෙන් හතරෙන් පංගුවේ ප්‍රමාණය

roof රූෆ්, *n.* වහල, පියස්ස. *v.* වහලක් දමනවා, සෙවිලිකරණවා. *n.* -ing, වහලේ ද ව්‍ය. *a.* -less

rook රූක්, *n.* කපුටුවිශේෂයේ පක්ෂියෙක්. *n.* -ery, එකී පක්ෂීන්ගේ ලැගුම්පල, ජීව ගෙමල් රැස, හොරපල

room රූම්, *n.* අවකාශය, ගබඩාව (කාමරය), වෙනුව. *a.* -ful. *a.*-y, බොහෝම අවකාශ ඇති (*a* -iness)

roost රූස්ට්, *n.* පක්ෂීන් ලගින ලීය *v.* පක්ෂියෙන් ලගිනවා. *n.* -er, කුකුලා

root රූට්, *n.* මුල, (ව්‍යාකරණ) ධාතුව හෝ ප්‍රකෘතිය, කාරණය, හේතුව, පහත කොටස, (ගණිත සම්බන්ධ) මූලය. *v.* මුල් අදිනවා, *a.* -ed, මුල් ඇද ගැනීම් තිබෙන, තදින් බැඳී තිබෙන (*n.* -ness). *n.* -let, කුඩා මුල. *a.* -y

rope රෝප්, *n.* කඹය. *n.* -ry, කඹ සාදන ස්ථානය [සංඥාව

rosary රෝසැරි, *n.* රෝස උයන, ජප මාලාව,

rose රෝස්, *n.* ජපා හෙවත් හේම පුෂ්පය, රෝස මල. *n.* -e-apple, රට ජම්බු. *a.* -eate රෝසියේට්, රෝසමල්පාට, මදුරතු. *n.* -ery, රෝස උයන, රෝස තවාන්පල. *a.* -y, රෝස පාට (*n.* -iness)

rosemary රෝස්මැරි, *n.* සුවඳ පැලවර්ගයක්

rosette රෝසැට්, *n.* පීත්තපට් මල [මණ්ඩ.

rosin රොස්ඉන්, *n.* දුම්මල, ටර්පැන්ටයින්

rot රොට්, *v.* දිරනවා, කුණුවෙනවා. *n.* දිරුම,

කුණුවීම. *a.* -ten, දිරූ, කුණුවූ, නව් නැති (*n.* -ness)

rotary රෝටරි, *a.* (චක්‍රයමෙන්) කරකැවෙන

rotate රෝටේට්, *v.* කරකැවෙනවා. *n.* -ion. *a.* -ory, කරකැවෙන

rote රෝට්, *n.* අර්ථය නොසලකා කටපාඩම් කිරීමට පමණක් නැවත නැවත කීම, කටපාඩම

rotund රොටන්ඩ්, *a.* වටකුරු. *n.* -ity

rouble රූබල්, *n.* ඉංග්‍රීසි ශිලිං 2 ක් පැන්ස 10 ක් වටින රුසියන් රිදී මිලයක් [නාණය

rouge රූශ්, *n.* සිනුව රතුපාටක්. *v.* ඒ පරිණ

rough රෆ්, *a.* රළු, රොඩු, දළ. *v.* -en, රළුකරනවා. *n.* -ness

round රෞන්ඩ්, *a.* වට, වටකුරු. *ad.* සහ *prep.* වටේම, වටකර. *n.* වටකරගාව, වටේට ගමන, වටය, වෙඩිමුරය, ඉණිමංපෙත්ත, වටකුරු දෙයක්. *n.* -ness. *a.* -about, කෙළින් නැති, වට කර යන, වටකර. *a.* -ish, මදක්වටකුරු

rouse රෞස්, *v.* පුබුදුවනවා, ඇවිස්සනවා

rout රෞට්, *n.* පරදවා එළවාහැරීම, ඝෝෂාකාර සමූහය, මහ ඝෝෂාව, සවස උත්සව සමාගමය. *v.* පරදවනවා, එළවාහරිනවා

route රූට් (හෝ) රෞට්, *n.* යන මාර්ගය [රූදිද

routine රූටීන්, *n* අවශ්‍යතා වැඩ පිළිවෙළ, ක්‍ර

rove රෝව්, *v.* තැනින් තැන යනවා

row රෝ, v. (ඔරුව) පදිනවා. n. පෙළ, වැල
row රෞ, n. කෝලාහලය, ඝෝෂාව
rowdy රෞඩි, n. චණ්ඩියා, කෝලාහලකාරයා. a. -ish. n. -ism
rowan රෝඅන්. n. 'ඈෂ්' නම් විශේෂයේ ගසක්
rowel රව්ඇල්, n. තාරකාවක්වැනි කුඩා කටුචක්‍රය
royal රොයිඅල්, a. රජ, රාජකීය. n. අඟල් 23½ සහ 12 ක් දිග පළල ඇති කඩදාසි විශේෂයක්. n. -ty, රජකම. රජ රජපවුලේ කෙනෙක්, රාජමහිමය. රාජෛශ්වර්‍යය, රජුගේ අයිතිවාසිකම්, රාජ බද්ද. n. -ist, රාජපාක්ෂිකයා
rub රබ්, v. උලනවා, පිසදමනවා, මකනවා. n. -ber, මකන්නා, මකනවදන [ලුම්පම. a. -y
rubbish රබිෂ්, n. කැටකැබලි, රොඩු, කුණු,
rubble රබ්ල්, n. රළු හැඩයකට කැණි ගල්කැබලි
rubicund රුබිකණ්ඩ්, a. රතට හුරුවූ
rubric රුබ්‍රික්, a. රතු. n. මාතෘකාව
ruby රූබි. n. රත්කැටය. a. රතු
rudder රඩ්ඩර්, n. සුක්කානම, අරිත්ත
ruddy රඩ්ඩි, a. රතුපාට ඇති. n. -iness
rude රූඩ්, a. හැඩහුරු මදි, රළු, අශිලාචාර, නූගත්. n. -ness
rudiment රූඩිමෙන්ට්, n. මුල් සැකහාව, ප්‍රාරම්භය, බීජය, මූලද්‍රව්‍යය. a. -al. -ary
rue රූ, v. දුක්වෙනවා, පසුතැවෙනවා. a. -ful,

දුක්මුසු, ඛේදජනක (*n.* -ness)   [විශ

ruff රෆ්, *n.* රැලි කරපටිය, බෙල්ලේ ලොව්ව

ruffian රෆ්'ඉයන් (හෝ) රෆ්ලි'අන්, *n.* චණ්ඩ හෝ රොඬු අය. *a.* චණ්ඩ, උපාවර. *n.* -ism, චණ්ඩකම

ruffle රෆ්ල්, *n.* රැලි පටිය, ලොව්විය. *v.* රැලි දමනවා, චංචල කරනවා, අවුස්සනවා, කලඹ කරනවා

rug රග්, *n.* පලස, කම්බිලිය

rugged රග්ගඩ්, *a.* රළු, කතින රළු. *n.* -ness

ruin රූඉන්, *n.* විනාශය. *v.* විනාශ කරනවා. *n.* -s, ඉතුරු පුරාවුත් කොටස්. *a.* -ous, ජරාපත්, විනාශකර. *v.* -ate, විනාශකරනවා (*n.*-ion)

rule රූල්, *n.* ආණ්ඩුව, පරිපාලනය, සූත්‍රය, නියමය, ඉරිගහන ලීය, මනින දණ්ඩ. *v.* ආණ්ඩු කරනවා. නියම කරනවා *n.* -r, ආණ්ඩුකාරයා, ඉරිගහන ලීය   [යක්. *a.* -my

rum රම්, *a.* විකාර, අතිනම්. *n.* මත්පැන් වර්ග

rumble රම්බ්ල්, *v.* රථ වක්‍ර හඬ වැනි ගුගුරන ශබ්දයක් කරනවා. *n.*

ruminant රූමි'නන්ට්, *a.* කෑම චමාරන. *n.* කෑම චමාරන සතා   [හිරකරනවා. *n.* -ion

ruminate රූමි'නේට්, *v.* චමාරනවා, මෙනෙ

rummage රමේජ්, *v.* (බඩු පෙරළා අනුමුල්ල බලා) හොඳින් සොයනවා

rumour රූමර්, *n.* ආරංචිය, ජනශ්‍රැතිය. *v.* ආරංචිවෙනවා

rump රම්ප්. *n.* තට්ටම, පිටිකොන්දේ පාත කෙළවර ලඟ කොටස [කරැල්ල, ගෙතුම

rumple රම්පල්, *v.* වැකරැලි ගහනවා. *n.* වැ

rumpus රම්පස්, *n.* මහා ඝෝෂාව

run රන්, *v.* දුවනවා, දුවවනවා, පලායනවා, ගලායනවා, පිට පිට පදවනවා. *n.* දිවුම, ගලායාම. *n.* -ner

runagate රන්අගේට්,
runaway රන්අවේ, } *n.* පලාගත්තා, යුතුකම් අයහැර යන්නා

rung රං, *n.* ඔර පොල්ල, නැව්තට්ටුවේ ලෑල්ලක, ඉණිමංපෙත්ත

runnel රනල්, *n.* ඇල

rupee රූපී, *n.* රුපියල [වා, පිපිරෙනවා

rupture රප්චර්, *n.* කැඩුම, පිපිරීම. *v.* කැඩෙන

rural රූරල්, *a.* පිටිසර, ගම්බද

ruse රූස්, *n.* දක්ෂ උපාය හෝ ප්‍රයෝගය

rush රශ්, *v.* හැමරයනවා. *n.* හැමරෙන් යාම, පන්, පොතුකොළ. *a.* -en, පන්වලින් කළ. *a.* -y, පන් ගහණවූ

rusk රස්ක්, *n.* උසකොත්තු [ජම්බු වර්ගයක්

russet රසැට්, *a.* දුඹුරු. *n.* දුඹුරුපාට, දුඹුරුපාට

Russian රෂියන්, *a.* රුෂියාරට සම්බන්ධ. *n.* රුෂියන්කාරයා, රුෂියා භාෂාව

rust රස්ට්, *n.* මල, මලකඩ. *v.* මල බැඳෙනවා. *a.* -y (*n.* -iness)

rustic රස්ටික්, *a.* පිටිසර, ග්‍රාමීය, අශිෂ්ට. *n.* පිටිසර රටා, ගම්වැසියා. *n.* -ity, පිටිසර ගතිය, ග්‍රාම්‍යතාව. *v.* -ate, පිටිසර වාසය කරණවා, කලකට පහ කරණවා (*n.* -ion)

rustle රස්ල්, *v.* සර සර ගානවා. *n.*

rut රට්, *n.* රථ මග (රෝද) පාර, චක්‍රාංකය, මදය. *v.* මද වැමෙනවා. *a.* -tish

ruth රූත්, *n.* අනුකම්පාව. *a.* -ful. *a.* -less, අනුකම්පා නැති (*n.* -ness)

rye රෛ, *n.* කුඩා තිරිඟු වර්ගයක්

ryot රෛඔට්, *n.* ගොයියා, ගොවිතැන් කරන්නා

S.

s ඇස්, හෝඩියේ 19 වෙනි අක්ෂරය

Sabbath සැබ්බැත්, *n.* (ක්‍රිස්තියානි) නිවාඩුදවස (ඉරිදා), සැබත්කාලය. *a.* -arian, එකී නිවාඩු දිය සම්බන්ධ; *n.* එක් නිවාඩු දින පවත්වන්නා. *a.* -ic, -ical [ව ලොම. *a.* කලු

sable සේබල්, *n.* කලු මුගටි වර්ගයක්, කලු මුග

sabre සේබර, *n.* උකුටු පල්ල් කඩුව

sac සැක්, *n.* මල්ල, කෝෂ්ඨය. *a.* -cular, මල්ලක්වැනි. *n.* -ule, කුඩා මල්ලක හෝ කෝෂ්ඨය

saccharine සැක්'කරින්(හෝ)සැක්'කරෙයින්, *a.* සීනි සම්බන්ධ, ශකීර, පැණි, මධුර

sacerdotal සැස්'ඇර්ඩෝ'ටල්, *a.* පූජක. *n.* -ism

sachet සැෂේ, *n.* සුවඳ කෝශය හෝ කොට්ටය

sack සැක් *n.* මල්ල, ගෝණිය, කොල්ලකෑම, බුසල් 5 ක් හෝ රාත්තල් 280 ක් ප්‍රමාණය. *v.* කොල්ලකනවා, වනසනවා, වැඩෙන් අහක් කරණවා. *a.* -ful. *n.* -cloth, ගෝණි රෙදි, ගණපිළි. To get the sack, වැඩෙන්මාරුවෙනවා

sacrament සැක්'ර'මන්ට්, *n.* ක්‍රිස්තියානි ආගමේ විශේෂ චාරිත්‍රයක්, රාත්‍රි භෝජනය, සත්ප්‍රසාද ය. *a.* -al. *a.* -ary

sacred සේක්‍රඩ්, *a.* ශුද්ධවූ, කැපවූ. *n.* -ness

sacrifice සැක්රිෆයිස්', *n.* පූජාකිරීම, බිලි පූජාව, පුදනලද්ද, (යමක් පිණිස) හැරීකර ගන්නවා, ත්‍යාගය, පරිත්‍යාගය. *v.* පූජා කරණවා, බිලිපුදනවා, හැරීකරගන්නවා. *a.* -ial

sacrilege සැක්රිලැජ්, *n.* ආගමේ ශුද්ධ දේ කෙලෙසීම හෝ සොරාගැනීම. *a.* -ious (*n.*-ness)

sacristan සැක්රිස්'ටන්, *n.* දේවස්ථානයේ බඩු භාරකාරයා. *n.* -y, දේවස්ථානයේ බඩු ගබඩාව

sad සැඩ්, *a.* කණගාටු උපදවන, කණගාටු, මලානික. *n.* -ness. *v.* -den. කණගාටුකරණවා, මලානිකකරණවා

saddle සැඩ්ඩල්, *n.* සෑදලය, පනාභාණ්ඩය. *v.* සෑදල් දමනවා. *n.* -r, සෑදල සාදන්නා. *n.* -ry, සෑදල තැනීමේ රස්සාව, සෑදලවලමලුවම් තැඩුවා

safe සේෆ්, *a.* අනතුරු නැති, සුරක්ෂිත. *n.* වලංග පෙට්ටිය. *n.* -ness, -ty, අනතුරු නැතිකම, ප්‍රවේසම. *n.* -guard, ආරක්ෂාව

saffron සැෆ්රන්, *n.* කහ. *a.* කහ පාට. *a.* -y

saga සාග, *n.* උතුරු යුරෝපයේ පුරාණ ශූර වීරයන් සම්බන්ධ කථාව [-ousness, -ty

sagacious සගේෂස්, *a.* සිහි නුවණ ඇති. *n.*

sage සේජ්, *n.* ප්‍රාඥයා, පණ්ඩිතයා, මුනිවරයා, පැලවර්ගයක්. *a.* ඥානවන්ත, පණ්ඩිත

sago සේගෝ, *n.* සවුගාල්

said සෙඩ්, *v.* කීවා. *a.* කී (say බ.)

sail සේල්, *n.* රුවල, නැවෙන් යන සෙල්ලම ගමන. *v.* යාත්‍රා කරනවා, නැවක් යනවා, නැවෙන් පිටත්වෙනවා. *a.* -able. *n.* -er, නැව. *n.* -or, නැව්කාරයා, නාවිකයා

saint සේන්ට්, *n.* ශුද්ධවන්තයා, මුනිවරයා, සාන්ත. *a.* -ed, ශුද්ධවන්තයෙක්වූ. *a.* -ly, ශුද්ධවන්තයෙක් වැනි, පවිත්‍ර. *n.* -ship, ශුද්ධවන්තකම. *n.* -dom [තනා, උදෙසා

sake සේක්, *n.* කාරණය, හේතුව, ප්‍රයෝජනය,

salaam } සලාම්, *n* පූර්වදේශවාසීන්ගේ, ශරීරය බොහෝ
salam } නැම්මෙන් කරන නමස්කාරය

salad සැලඩ්, *n.* අමුව්‍යංජනය, සලාද

salamander සැල්'අමැණ්'ඩර්, *n.* සතුරුමෙසකු වැනි සතෙක්. *a.* -rine [ගිනෙක් ලැබෙන

salary සැල්'අරි, *n.* පඩිය, වැටුප්. *a.* -ied, ප

sale සේල්, *n.* විකිණීම. *a.* -able, විකිණියහැක් (*n.* -ness). *n.* -sman, විකුණන්නා

salic { සැල්ඉක්, *a.* පිරිමින්ට පමණක් ඉඩම්
salique { හිමිවියයුතුයයි නියමකළ ප්‍රංශයේ එක් නීතියක් සම්බන්ධ [ප්‍රත්‍යක්ෂ. *n.*-ce

salient සේලි'අණ්ට්, *a.* නෙරාපු, විශිෂ්ට, ප්‍රධාන,

saline සේලෛන් (හෝ) 'සමෙලන්, *a.* ලුණුමු, ලවණ. *n.*-ness

saliva 'සලෛ'ව, *n.* කෙළ. *a.* -l. *a.* සහ *n.*-nt

sallow සැල්ඕ, *a* සුදුමැලි, පඬුවන්. *n.* -ness

sally සැල්ඉ, *n.* පනරදීමට අදිසියෙන් ඉදිරිපනම පැනරීම. *v.* අදිසියෙන් පැන එනවා [ම

salmon සැම්අන්, *n.* මත්ස්‍යවර්ගයක්, දුඹුරු කහපාට

saloon 'සලූන්, *n.* මහා ශාලාව

salt සෝල්ට්, *n.* ලුණු, රස, තියුණුභාවය, කටුකකම. *a.* ලුණුරස ඇති. *v.* ලුණුදමා රසවත් කරනවා, ලුණු දමනවා. *n.* -ness. *n.* -s, රසායන සම්බන්ධ ලුණු වර්ග. *a.* -y, -ish

saltpetre සෝල්ට්පී'ටර්, *n.* වෙඩිලුණු[-ness, -ty

salubrious 'සලූබ්රිඅස්, *a.* සනීපවඩන. *n.* -ous-

salutary සැල්යුටරි, *a.* වැඩදායක, ප්‍රයෝජනවත්. *n.* -iness

salute සලූට්, *n.* ආචාරය, නමස්කාරය. *v.* ආචාරකරණවා, නමස්කාරකරණවා. *n.* -ation
salvage සැල්විජ්, *n.* නැඹුන නැවක බඩු ගලවා දීම ගැණ දෙන කුලිය, එසේ ගලවනලද බඩු
salvation සැල්වේශන්, *n.* ගැලවීම
salve සාව්, *n.* අංජනම, විලේපය. *v.* අඳුන් ගානවා, විලේප ගානවා
salver සැල්වර්, *n.* තැටිය, පාත්‍රය, බත්දේසිය
නැඹුන නැවක බඩු ගලවා දෙන්නා
salvo සැල්වෝ, *n.* ඉතුරුකරගත් දෙය, ආචාර වෙඩි තිබ්බීම [ම, ප්‍රකාශාරකම
same සේම්, *a.* එම. *n.* -ness, එම එකව තිබී
sample සැම්පල්, *n.* ආදර්ශය, මෝස්තරය. *n.*-r, පුරුදුවීමට වැඩදමා කරණ ගෙතුම
sanative සැනටිව්, *a.* සුවකරණ. *n.* -ness
sanatorium සැනටෝරිඅම්, *n.* = sanitarium
sanatory සැනටොරි, *a.* සුවකරණ, සනීප ගෙණ දෙන
sanctify සැංක්ටිෆයි, *v.* පව්වලින් පවිත්‍රකරණවා, කැපකරණවා. *n.* -ication
sanctimony සැංක්ටිමොනි, *n.* භක්තිවන්තකම, ශුඞවන්තකම, බක ශුඞවන්තකම. *a.* -ious
sanction සැංක්ශන්, *n.* අවසරය, අනුදැනීම, ස්ථිරකිරීම. *v.* අවසරදෙනවා, ස්ථිරකරණවා
sanctity සැංක්ටිටි, }
sanctitude සැංක්ටිටියුඩ්, } *n.* ශුඞවන්තකම

sanctuary සැංක්ට්‍යුඑරි, *n.* ශුද්ධ ස්ථානය, දේව ස්ථානය [ව නොහොත් ස්ථානය

sanctum සැංක්ටම්, *n.* ශුද්ධ හෝ රහස් ගබඩාව

sand සැන්ඩ්, *n.* වැලි. *v.* වැලි ඉසිනවා. *a.* -*y*, වැලි ගහණ, වැලි (*n.* -iness)

sandal සැන්ඩල්, *n.* සෙරෙප්පු, වහන්, සඳුන්

sandwich සැන්ඩ්විච්, *n.* පාන්පෙති දෙකක් මැදට මස් දමා හරිගස්සන කෑමක්

sane සේන්, *a.* සිහිපඇති, හරිසිහියඇති, ප්‍රකෘති සිහිය ඇති. *n.* -eness, -ity

sangfroid සාංෆ්‍රවා, *n.* අචලතාව, නොසැලෙසිල්ල

sanguine සැංග්වින්, *a.* ලේපාටඇති, දැඩි ආශා ඇති, උද්යෝග ඇති (*n.* -eness). *a.* -ary, බොහෝ ලේ වගුරුවන; මිනීමරු. *n.*-ity

sanitary සැනිටෙරි, *a.* සනීපවඩන, සනීපාරක්ෂක. *n.* -ium, ආරෝග්‍ය ශාලාව, උෂ්ණකාලයට සනීපගන්න ස්ථානය

sanitation සැනිටේෂන්, *n.* සනීපාරක්ෂාව පිණිස කටයුතුකිරීම

Sanscrit } සැන්ස්ක්‍රිට්, *n.* සංස්කෘත. *a.* -ic.
Sanskrit } *n.* -ist

sap සැප්, *n.* ඔජස, පුස, කොට්ටුවක ආරක්ෂක අගල, උමග, එලය. *v.* යටින් හාරනවා, නොදන්වා ක්‍රමයෙන් අන්තරායකරනවා. *a.*- ful. *a.* -less. *n.* -per, උමං හෝ අගල් හාරන සේවකා. *n.*

-ling, තරුණ ගහ. *a.* -py, ඔජස පිරුණු; ශොබවූ (*n.* -iness)

sapid සැප්ඉඩ්, *a.* රසවත්. *n.* -ity, -ness

sapient සේපි·අන්ට්, *a.* ප්‍රාඥ, ප්‍රඥාවන්ත. *n.* -ce

sapphire සැෆ්ෆයර්(හෝ)සැෆ්·ආර්, *n.* නිල්මැණික

Saracen සැර්·අසැන්, *n.* අරාබියා, මහමදුගම්කාරයා. *a.* -ic. *n.* -ism, මහමදුගම

sarcasm සාර්කැස්·ම්, *n.* සද ඇනුම්පදය, නින්දාගර්භ වචනය. *a.* -tic, -tical

sarcophagus සාර්කොෆ්·අගස්, *a.* මස්කන. *n.* (මෘතශරීර දැවීමට ශක්ති ඇතැයි සලකනලද) හුණු ගල් වර්ගයක්, ගල් මිනීපෙට්ටි වර්ගයක්

sard සාර්ඩ්,
sardine සාර්ඩින්,
sardius සාර්ඩිඅස්, } *n.* ලේපාට රත්නමැණික වර්ගයක්, ලෝහිතාංකය

sardonic සාර්ඩොන්ඉක්, *a.* නිග්‍රහ අභවන, නිරවිලි [සා

sardine සාර්ඩින්. *n.* කුඩා මත්ස්‍ය වර්ගයක්, සූඩ

sarsaparilla සාර්·ස·පරිල්ල, *n.* ඉරමුසු

sash සැෂ්. *n.* ජිදුරු තහඩු එල්ලන දොර, ඉනේ බඳින හෝ කරේ දමන පටිය [-ical

Satan සේ·ටන්, *n.* 'සාතන්' නම් යක්ෂයා. *a.* -ic,

satchel සැච්ඇල්, *n.* කුඩා මල්ල, පොත් පයිය

sate සේට්, *v.* =satiate

satellite සැට්ඇල්ලයිට්, *n.* මහග්‍රහයෙක් වටේ

යක කුඩා ග්‍රහයා, පිරිවර ග්‍රහයා, නිතර පස්සෙ න් යන්නා [හැකි. *n.* -ility

satiable සේෂිඅබල්, *a.* තෘප්තියට පැමිණවිය

satiate සේෂිඒට්, *v.* තෘප්තියට වැඩියෙන් කවනවා, පිළිකුලය කනවා. *n.* -ety [බුරුතු

satin සැටින්, *n.* ඔප ඇති පට රෙදි වර්ගයක්,

satire සැටයර්, *n.* ඇනුම්පදය, කවටකම. *a.* -ic, -ical. *v.* -ise, නින්දිත් ඇනුම්පද කියා හෝ වටනවා හෝ දොස් තබනවා. *n.* -ist

satisfy සැටිස්ෆයි, *v.* සතුටුකරණවා, තෘප්තියට පමුණුවනවා, සංසිඳුවනවා. *n.* -action. *a.* -actory (*n.* -iness). *a.* -iable

satrap සේට්‍රප් (හෝ) සැට්‍රප්, *n.* පුරාණ පාර්ශියා රටේ පලාතක ආණ්ඩුකාරයා

saturate සැචුරේට්, *v.* අතිශයෙන් පුරවණවා, හොඳට පොඟවනවා. *n.* -ion

Saturday සැටර්ඩේ, *n.* සෙනසුරාදා, ශනි දින

Saturn සැටර්න්, *n.* සෙනසුරා, සෙනසුරු ග්‍රහ තාරකාව. *a.* -ine, උත්සාහ නැති, ජඩ, අඳුරු

satyr සේටර්, *n.* (අඩියක් මනුෂ්‍ය ශරීරද අඩියක් එළුවාගේ ශරීරද ඇතැයි කියන) වන දේවතාවෙක්. *a.* -al

sauce සෝස්, *n.* ව්‍යංජන ඉස්ම, බය ලජ්ජා මදිකම. *a.* -y, ගරු නැති, බය ලජ්ජා මදි (*n.* -iness) saucer සෝ'සර්, n. පිරිසිය

saunter සෝන්'ටර්, v. අලස ලෙස ඇවිද්දනවා. n. අලස ලෙස සිමින් ඇවිදීම

saurian සෝරි'අන්, n. හූණු වර්ගයේ සතෙක්. a.

sausage සොසෙජ්, n. ලිංගුස්, ශීත්කර කෑලි මසින් පිරෙවූ බඩවැල

savage සැවිජ්, n. වනචරයා, කෲරයා. a. වනචර, කෲර. n. -ness, -ry. n.-dom

savanna } සවැන්'න, n. අමෙරිකාවේ විශාල
savannah } සමතලා තණබිම

savant 'සවාං, n. පණ්ඩිතයා, ශාස්ත්‍රඥයා

save සේව්, v. ගලවනවා, ආරක්ෂා කරණවා, වලක්වනවා, ඉතුරුකරණවා. *prep.* මිස, ඇර. n. -ing, ඉතුරුකරගැණීම, ඉතුරුකර ගන්න දේ; *prep.* ඇර. n. -ings, ඉතුරුකරගන්න මුදල්. n. -iour, ගලවන්නා, ගැලවුම්කාරයා

savour සේ'වර්, n. රස. v. (යමක) රස හෝ පෙණුම ඇතුව තිබෙනවා. a. -less. a. -y, රසවත්, රුචිර (n. -iness)

savoy 'ස්‍වොය්, n. ගෝවා වර්ගයක්

saw සෝ, n. කියත, ව්‍යවහාර කීම, උපමා කීම. v. කියතෙන් ඉරණවා, දුටුවා (see බ.). n.-yer, ඉරන්නා n. -dust, කියත් කුඩු

saxon සැක්සන් (සෝ) සැක්සොන්, n. උතුරු ජර්මණියේ විසූ එනම් ජාතියක අය, එම ජාතියේ භාෂාව. a. -ic say සේ, *v.* කියනවා. *n.* -ing, කීම, ව්‍යවහාර කීම, උපමා කීම

scab ස්කැබ්, *n.* කබොල්ල, කබල. *a.* -by

scabbard ස්කැබ්·බර්ඩ්, *n.* කඩුකොපුව

scaffold ස්කැෆ්ෆොල්ඩ්, *n.* අට්ටාලය, පලංචිය, පෙරහය. *n.* -ing, මැස්ස, පලංචිය, එහි උපකරණ

scald ස්කෝල්ඩ්, *v.* උණුදියෙන් දවනවා

scale ස්කේල්, *n.* කොරපොත්ත, තරාදිය, තරාදි තට්ටුව, ප්‍රමාණය, ක්‍රමය, ඉණිමග. *v.* කොරපොතු අරිණවා, පොතුඅරිණවා, නගිනවා. *a.* -ed, මාලුන්ගේ මෙන් කොරපොතු ඇති. *a.* -y, කොරපොතු ගහණ

scalene ස්·ක්ලීන්, *a.* අසමාන පැති ඇති

scallop ස්කොල්ලප්, *n.* කබලු මත්ස්‍ය වර්ගයක්, එකී මත්ස්‍ය කබල. *v.* අද්දර වංගු කපනවා

scalp ස්කැල්ප්, *n.* ඉස්කබලේ හම. *v.* ඉස්කබල් හම ගලවනවා [කාරණ පිහියක්

scalpel ස්කැල්පැල්, *n.* ශල්‍යකර්මකිරීමට ශාස්ත්‍ර

scamp ස්කැම්ප්, *n.* ප්‍රයෝගකාරයා, තක්කඩියා. *v.* තක්කඩිකමට වැඩකරණවා

scamper ස්කැම්·පර්, *v.* හැරෙන් දුවනවා, ඉක්මණින් පැන දුවනවා. *n.* හැරෙන් පැනයාම

scan ස්කැන්, *v.* සියුම්ලෙස පරීක්ෂාකරණවා, සවිපදයක මාත්‍රා බෙදා දක්වනවා, ප්‍රභාර ක

රණවා. *n.* -sion

scandal ස්කෑණ්ඩල්, *n.* කෝලම, නින්දාව. *v.* -ise, කෝලම්කියනවා, අමනාප කරණවා. *a.* -ous, නින්දිත (*n.* -ness)

scant ස්කෑණ්ට්, *a.* සෑහීමට මදි, හිඟ, ස්වල්ප. *v.* මදිවෙනවා, මදිකරණවා. *n.* -ness

scanty ස්කෑණ්ටි, *a.* =scant. *n.* -iness

scapegoat ස්කේප්ගෝට්, *n.* යුදෙව්වායන පූජකයා විසින් මිනිසුන්ගේ පව් පටවනු ලැබූ එළුවා, අනුන්ගේ දෝෂ උසුලන්නා, බිල්ල

scapegrace ස්කේප්ග්‍රේස්, *n.* කම්කටහැති අය

scar ස්කාර්, *n.* කැලල. *v.* කැලලක්වෙනවා

scarce ස්කෙඅර්ස්, *a.* ස්වල්ප, දුර්ලභ. *n.* -eness, -ity, හිඟකම, දුර්ලභතාව

scare ස්කෙඅර් *v.* අදිස්සියෙන් භයගන්වනවා. *n.* -crow, පක්ෂීන් භයකිරීමට තබනලද්ද, පඹයා, නිෂ්කාරණයේ භයකරවණ කාරණය. ව රගැලි ඈදි අය

scarf ස්කාර්ෆ්. *n.* ලක්ෂණට කරේ බඳින මිර්කු කැබැල්ලක්, උතුරු සළුව [හම

scarfskin ස්කාර්ෆ්ස්කින්; *n.* පිට හීන් හම, හෝ

scarify ස්කෑරිෆයි, *v.* ලේයාමට විදින කටුව කිහ සම යන්නම් සිදුරුකරණවා හෝ කොණනණවා. *n.* -ier, -icator, එසේ සිදුරු කිරීමට යොදන කටුව. *n.* -ication

scarlatina ස්කාර්·ලටීර්·නා,
scarlet fever ස්කාර්ලැට්ෆී·වර්, } n. රතු පළු පිට කරණ උණ රෝගයක්, උදපිය

scarlet ස්කාර්ලැට්, n. දීප්ති රතුපාට

scarp ස්කාර්ප්, n. කොටුපවුරලඟ අගලේ ඇතුල් බැවුම

scathe ස්කේත්, v. තදෙත් හානි කරණවා. n. [තද හානිය, අලාභය. a. -ful

scatter ස්කැට්·ටර්, v. විසුරුවණවා

scavenger ස්කැවින්·ජර්, n. වීථි ශුද්ධකරන්නා

scene සීන්, n. නාඩගම් ශාලාවේ නානා දසුන් වන තැන, පෙණුම, සිදුවූ තැන, නාඩගමේ කොට්ඨාසයක්, ස්ථානය, රැඟුම් සිතියම, අපූර්ව සිහියක්. n. -ery සී·නරි, රටේ පලාතක සාමාන්‍ය පෙණුම, නාඩගම් සිතියම. a. -ic, -ical

scent සෙන්ට්, n. ගන්ධය, හොඳ හෝ නරකගඳ, සුවඳ, ඉව. v. ගන්ධයට පස්සේ යනවා, ඉව අල්ලනවා, සුවඳ කවනවා. a.-ful

sceptic ස්කැප්ටික්, a. සැක කරණ, අවිශ්වාසකරණ. n. ශංකාකරන්නා. a. -al, සැකකරණ, අවිශ්වාසකරණ (n. -ness). n. -ism, අනුමානය, අවිශ්වාසය

sceptre සැප්·ටර්, n. ජයකොන්තය, රාජයෂ්ටිය හෝ දණ්ඩ. a. -d, ජයකොන්තය දරණ, රාජයෂ්ටිය දරණ. a. -less

schedule ෂැඩ්යුල්, n. ලියවිල්ලකට ඇමුණූ ලේ

බන්ධනය, පරිශිෂ්ටය. *v.* ලේඛනයක් හෙවත් වර්ගීකරණයක් කරනවා

scheme ස්කීම්, *n.* යෙදීම, උපක්‍රමය, උපාය. *v.* උපායක් යොදනවා. *n.*-er, -ist

Schechinah ෂිකෙයි'න, *n.* =Shekinah

schism සිස්'ම්, *n.* භේදය, වෙන්වීම, ශාඛාව. *a.* -atic, -atical

scholar ස්කොල්'අර්, *n.* ගෝලයා, ශිෂ්‍යයා, උගතා, පණ්ඩිතයා. *a.* -ly, පණ්ඩිතාකාර, උගත්, පණ්ඩිතකමට සුදුසු. *n.* -ship, උගත්කම, පණ්ඩිතකම, ශිෂ්‍යයෙකුට තෑගි වශයෙන් ගෙවන මුදල, ශිෂ්‍යත්වය

scholastic ස්කොලැස්ටික්, } *a.* පණ්ඩිතයන්ගේ
scholastical ස්කොලැස්ටි'කල්, } කූ හෝ පාඨශාලාවක් සම්බන්ධ, පණ්ඩිතමානී. *n.* -ism

school ස්කූල්, *n.* පාඨශාලාව. *n.* -ing, පාඨශාලාවක ඉගැන්වීම, ශික්ෂණය. *n.* -master, පාඨශාලා ගුරුවරයා (*n.* -mistress *f.*)

schooner ස්කූන්'අර්, *n.* කුඹ දෙකක් ඇති කුඩා නැව, සුළුප්පුව [*n.* -tist

science සෛ'අන්ස්, *n.* ඥානය, විද්‍යාව, ශාස්ත්‍රය.

scientific සෛඅැණ්ටිෆ්ඉක්, } *a.* ශාස්ත්‍රානු
scientifical සෛඅැණ්ටිෆ්ඉ'කල්, } සාර, ශාස්ත්‍ර

scimitar සිමිඉ'ටර්, *n.* කොට වකුටු කඩුව

scintillate සිණ්ටිල්ලේට්, *v.* ගිනිපුපුරු පිටකර

ණවා, දිලිහෙණවා, දිස්ස විහිදෙනවා. *n*.-ion

scion සෛඅන්, *n*. ගසකින් කපා අනා ගසක පැස්සූ රිකිල්ල, තරුණ අත්ත, පැවත එන්නා, දරුවා, උරුමක්කාරයා [යොදනු ලැබේ.]

scissors සිස්''අර්ස්', *n*. කතුර (pair of scissors ඊ

scoff ස්කොෆ්, *n*. සමච්චලය, නිග්‍රහ කවටකම. *v*. සමච්චල්කරණවා, රවටනවා

scold ස්කෝල්ඩ්. *v*. පරුෂලෙස කථාකරණවා, වගපල කියනවා, බණිනවා. *n*. අශිෂ්ටාචාර ලෙස කෑමොරගසන ස්ත්‍රී

scoop ස්කූප්, *n*. කිනිස්ස, ලොකු හැන්ද. *v*. කිනිස්සෙන් හෝ හැන්දෙන් ගන්නවා, ඉස දමනවා, බොකු කරණවා, කුහර හිච්ණට හාරණවා, කුහරයකින් යමක් ඉවත්කරණවා

scope ස්කෝප්, *n*. අවකාශය, නිදහස, ප්‍රමාණය. අදහස

scorbutic ස්කෝර්බ්‍යූටික්, } *n*. පරංගි සම්
scorbutical ස්කෝර්බ්‍යූට්'කල්, } බන්ධ, පරංගි

scorch ස්කෝර්ච්. *v*. පිච්චි කරකැවෙනවා. *a*. -ing, පිච්චිකරකැවෙන, ඉතා උෂ්ණ, දහ

score ස්කෝර්, *n*. ගණනක් සිහිපිටට කරණ කත්තුව හෝ ඉර. විස්ස. *v*. කත්තුවලින් හෝ ඉරිවලින් ලකුණු කරණවා

scorn ස්කෝර්න්. *n*. නිග්‍රහය, පරිභවය. *v*. නිග්‍රහ කරණවා, පරිභව කරණවා. *a*. -ful (*n*. -ness)

scorpion ස්කෝර්පිඅන්, *n.* ගෝනුස්සා

scot ස්කොට්, *n.* බද්ද, දඩය. *a.* -free, අනතු රකට අසුනොවන, නිදහස්

Scot ස්කොට්,
Scotsman ස්කොට්ස්මන්,
Scotchman ස්කොච්මන්.
} *n.* ස්කොට්ලන්ත රට උපන් අය, ස්කොට්ලන්ත ජාතිකයා. *a.*

Scots, Scottish, Scotch, ස්කොට්ලන්තයෙහි ස්කොට්ලන්තකාරයන් සම්බන්ධ. *n.* Scotticism ස්කොටිසිස්ම්, ස්කොට්ලන්තයේ භාෂා රීති යක් [ල කපනවා. *n.* සුළු කැපුම

scotch ස්කොච්, *v.* යන්තම් කපනවා හෝ තුවා

scoundrel ස්කවුන්ඩ්‍රල්, *n.* නරක තක්කඩියා, ජඩයා, අධමයා. *n.* -ism, නරක තක්කඩි කම, ජඩතාව [ල්ලනවා

scour ස්කවර්, *v.* අතුල්ලා ශුද්ධකරණවා, අතු

scourge ස්කර්ජ්, *n.* අච්චුකරණ කසය, කවුඩු මිටිය, නරක දඬුවම, විපත, වදය. *v.* කසෙන් තලනවා, වදකරණවා, තදින් දඬුවම්කරණවා

scout ස්කවුට්, *n.* ඔත්තුකාරයා, චරපුරුෂයා. *v.* ඔත්තුබලනවා, නිග්‍රහ ලෙසින් ප්‍රතික්ෂේප කරණවා, නිග්‍රහකරණවා

scowl ස්කවුල්, *v.* රවා බලනවා. *n.* රවාබැලීම

scrag ස්ක්‍රැග්, *n.* කෘශ රළු දෙය. *a.* -gy, කෘශ හා රළු (*n.* -iness)

scramble ස්ක්‍රැම්බල්, *v.* අතපයගසා නගිනවා,

ලබාගණ්ට යෝෂා සහිතව තද්ත් උත්සාහ කරණවා. n.

scrap ස්ක්රැප්, n. කුඩා කෑබැල්ල. n. -book, මෑ කෑ කෑබලි රූප ආදිය අලවා තබන පොත

scrape ස්ක්රේප්, v. සූරණවා, එකතුකරගන්න වා. n. සීරීම, අමාරු අවශ්‍යතාව. n. -r, සූරණ ආයුධය, සපත්තු පිසින යකඩය, මසුරා, අශ මර්ථ වීණාකාරයා

scratch ස්ක්රැච්, n. සීරුම, සුළු තුවාලය. v. පු සුරුගානවා, සූරණවා, මකනවා

scrawl ස්ක්රෝල්, n. නරක ඉක්මන් ලිවීම හෝ ඇඳීම. v. නරකට ඉක්මණින් ලියනවා හෝ අඳිනවා, කුරුටුගානවා

scream ස්ක්‍රීම්, n. භයට හෝ වේදනාවට හීන් අ ඩින් පුහුව කෑගැසීම. v. එසේ කෑගසනවා

screech ස්ක්‍රීච්, n. ('ස්ක්‍රීම්' එකට වඩා) තියුණු හඩින් කෑගැසීම. v.

screen ස්ක්‍රීන්, n. මුවාව, මුවාකරණ යමක්, පෑ ලැල්ල, ලොකු පෙණේරය. v. මුවාකරණවා, වෙනකරණවා

screw ස්ක්රූ, n. පුලි ඇණය, ඉස්කුරුප්පුව, එ ක් බලයක්. v. ඉස්කුරුප්පු ඇණයකින් හය් කරණවා, මිරිකණවා, අඹරණවා. n. -driver, ඉස්කුරුප්පු නියනය. n. -pine, වෑටකේයියා, රණගන

scribble ස්ක්‍රිබ්ල්, *v.* අප්‍රවේසම්ලෙස හා ක්‍ෂ
වාගණ්ට අවාරුලෙස ලියනවා, කුරුටුගාන
වා. *n.* එසේ ලිවීම

scribe ස්ක්‍රයිබ්, *n.* ලියන්නා, ලිපිකරුවා

scrimp ස්ක්‍රිම්ප්, *v.* කොටකරණවා, ඉතා පිකු
කරණවා. *n.* මසුරා [ණ්ඩුව

scrip ස්ක්‍රිප්, *n.* කුඩා පසුම්බිය, සුළු ලියුම, තු

script ස්ක්‍රිප්ට්, *n.* ලියන ආකාර අම්චු අකුරු

scripture ස්ක්‍රිප්ට්ෂූර්, *n.* ශුද්ධ ලියවිල්ල, බයිබ
ලය. *a.* -al [ලියට මිල නයටදෙන්නා

scrivener ස්ක්‍රිවි·ණර් (හෝ) ස්ක්‍රිවි·අ·ණර්, *n.* පො

scrofula ස්ක්‍රොෆ්යු·ල, *n.* ගණ්ඩමාලය. *a.* -ous.

scroll ස්ක්‍රෝල්, *n.* අකුලන ලියවිල්ල

scrub ස්ක්‍රබ්, *n.* අකුල, මිටිකැලෑව. *v.* තදින්
උලනවා. *a.* -by, ලොකුවීම වැලකුනු, තුච්ඡ,
හීන, මසුරු

scruple ස්ක්රූප්ල්, *n.* සැකය, මංචාඩී පහක බ
ර, ඉතා සොල්පය. *v.* සැකකරණවා. *a.*-ulous
සැක ඇති, ප්‍රවේසම්, යුක්ති සලකන. *a.*
-ulosity, -ulousness

scrutiny ස්ක්රූටිනි, *n.* හොඳින් සෙවීම හෝ
පරීක්ෂාකිරීම. *n.* -eer. *v.* -ate,-ise, හොඳින් සො
යනවා හෝ පරීක්ෂාකරණවා. *a.*-ous

scud ස්කඩ්, *v.* වේගයෙන් දුවනවා. *n.* සුලඟ
ට දුවන තුනී වලාකුල, ඉක්මණින් දුවන්නා

scuffle ස්කෆ්ල්, *n.* අවුල් පොරය, සණ්ඩුව, කලහය. *v.* අවුල් ලෙස පොරකනවා, ගහ ගන්නවා

scull ස්කල්, *n.* කොට හබල, කුඩා ඔරුව. *v.* කොට හබල්වලින් පදිනවා. *n.* -er, කොට හබල් දෙකක් සහිත එක්කෙනා පදින ඔරුව. *n.* -ery, පිසනගෙයි උපකරණ තබන ගබඩාව

scullion ස්කල්යන්, *n.* වළන් පිඟන් ආදිය සෝදන වැඩකාරයා

sculp ස්කල්ප්, *v.* කැටයම් කපනවා, හමගහණවා

sculp*ture* ස්කල්ප්චුර්. *n.* කැටයම් ශිල්පය, කැටයම් කර්මාන්තය. *v.* කැටයම්කරණවා. *n.*-or. කැටයම්කාරයා. *a.*-ural

scum ස්කම්, *n.* දියර වර්ගවල මතුවෙන අශුද්ධ ද්‍රව්‍යය, මල; පෙණ. *v.* මතුවෙන මල හෝ පෙණ අරන්දමනවා. *a.*-my [පිටකරණ සිළ

scupper ස්කප්පර්, *n.* (නැව්තට්ටුවෙන්) වතුර

scurf ස්කාර්ෆ්, *n.* හෝයමේ කොරළ, ඉස්සොරි

scurril*ous* ස්කර්රිලස්, *a.* පරුෂ, නිග්‍රහ, බැණුම් දෙඩුම් සහිත. *n.* -ity, -ousness

scurv*y* ස්කාර්වි, *a.* කොරළ ඇති, තුච්ඡ, නීච. *n.* හකම් පැල්ලම් හැදෙන රෝගයක්, පරංගි රෝගයක්. *n.* -iness

scutchion ස්කච්න්, *n.* =escntcheon

scuttle ස්කට්ටල්, *n.* ගල් (රට) අඟුරු දමන ලෝහ භාජනය, නැව් තට්ටුවෙහි දොරක් ස හිත කුඩා කවුළුව හෝ මාර්ගය. *v.* නැවක දේ හිල් කපනවා

scythe සෛත්, *n.* වාගේ ලොකු දෑකැත්ත

sea සී, *n.* මුහුද, සාගරය. *a.* -board, මුහුදුකර

seal සීල්, *n.* මුහුදු බල්ලා, මුද්‍රාව, හස්මුද්ද, ස මක් ස්ථිරකරණ දේ. *v.* මුද්‍ර කරණවා, හස් ඔබනවා, ස්ථිරකරණවා. *n.* -ing -wax, ලාකඩ

seam සීම්, *n.* මූට්ටුකිරීම, මූට්ටුව. *v.* මූට්ටුකර ණවා. *a.* -less [කාරී

seamstress සීම්ස්ට්‍රෙස්, *n.* මහණ ස්ත්‍රී, මැහුම්

sear } සීර්, *a.* වියලි. *v.* පිච්චි දවනවා හෝ
sere } වියලනවා

search සාර්ච්, *n.* සෙවීම, පරීක්ෂාකිරීම, සොයා සාම. *v.* සොයනවා. *a.* -able. *n.* -ableness

season සීස්·න්, *n.* ඍතුව, සුදුසු කාලය. *v.* මෝ රණවා, පදම්කරණවා, පාවිච්චියට හරිගස්සන වා, රසකරණවා. *a.* -able, කාලයට සුදුසු (*n.* -ness)

seat සීට්, *n.* ආසනය, පුටුව; ඉඳගන්න ආකාරය, වාසස්ථානය. *v.* වැඩ්කරවණවා, ආසනපිහිටු වනවා. [ජු රේඛාව (ඉර)

secant සිකැන්ට්, *n.* කවයක් සරහ වැටෙන සෘ

secede සිසීඩ්, *v.* අහක්වෙනවා

sesession සිසැශන්, n. අහක්වීම

seclude සික්ලූඩ්, v. වෙන්කර තබනවා. a. -ded, වෙන්කර තැබූ, අප්‍රසිද්ධයේ වසන. n. -sion, වෙන්කර තැබීම, අප්‍රසිද්ධකම, විවේකස්ථානය

second සෙකන්ඩ්, a. දෙවෙනි, අප්‍රධාන. n. දෙවෙනියා, විනාඩිය, තත්පරය, ශබ්දාන්තරය. v. ස්ථිරකරනවා, උපකාරීවෙනවා. a. -ary, දෙවෙනි, දෙවෙනි ප්‍රමාණයේ, අප්‍රධාන

secrecy සීක්‍රසි, n. රහස්කම, එළිනොකර සිටීම

secret සීක්‍රට්, n. රහස. a. රහස්. n. -ness

secretary සෙක්‍රිටෙරි, n. ලේකම, ලේකම් අමාත්‍යයා. n. -ship

secrete සික්‍රීට්, v. සඟවනවා, වෙන්කරනවා හෝ බේරනවා. n. -ion. a. -ive (n. -ness)

sect සෙක්ට්, n. නිකාය, සමාගම. a. -arian, නිකායික. n. නිකායිකයා (n. -ism, පක්ෂය සහාවම ලැදිවීම). a. -arial. n. -ary, නිකාය සම අයිති කෙනෙක් [a. -al

section සෙක්ෂන්, n. කොටස, පළුව, කාණ්ඩය.

secular සෙක්යුලර්, a. මෙලොව, ලෞකික. n. -ist, ලෞකික කාරණා ගැන පමණක් සලකන අය. n. -ity, -ness. v. -ise, ලෞකික අතට හරවනවා (n. -ation). n -ism

secure සිකියුර්, v. ආරක්ෂා කරනවා, අන්තරායෙන් හෝ භයෙන් හෝ අනුමානයෙන් මුදා

සවා, ලබාගන්නවා. *a.* අසතුරු නැති, සුරක්ෂිත, සවිවූ. *n.* -ity, අසතුරු නැතිකම, ආරක්ෂාව, ඇපය

sedan සිඩෑන්, *n.* ඩෝලා පුටු වර්ගයක්

sedate සිඩේට්, *a.* සංසුන්, අචංචල. *n.* -eness. *a.* -ive, ශාන්තිකර, මර්දනයකරණ, නිශ්චල කරණ; *n.* ශමනයකරණ බෙහෙත

sedentary සෑඩ්ඇන්ටෙරි. *a.* ඉඳිමෙන් කාලය බොහෝසේ ගතකිරීමට පුරුදු, වැඩිවී ඉඳින, අචල. *n.* -iness [පැමැත්වීම

sederunt සිඩීරන්ට්, *n.* සභාවක් රැස්වීම හෝ

sedge සැජ්, *n.* පන් වර්ගයක්. *a.* -y

sediment සැඩිමෙන්ට්, *n.* මණ්ඩි. *a.* -ary

sedition සිඩිෂන්, *n.* කැරලිගැසීම. *a.* -nary. *a.*-us, කැරලිගසන (*n.*-ness)

seduce සිඩ්‍යූස්, *v.* නපුරටහරවා ගන්නවා, මුළා කරණවා, දූෂණකරණවා.. *n.* -tion. *a.* -tive

sedulous සෑඩ්‍යුලස්, *a.* කඩිසර, වීර්‍යවත්, ආලස්‍ය නැති. *n.* -ness

see සී, *v.* දකිනවා, බලනවා, තේරුම්ගනවා. *n.* බිෂොප් කෙනෙකුගේ ආසනය හෝ බලය හෝ පලාත, පාප්ලන්නාන්සේගේ අණයක. *conj.* -ing, නිසා. *n.* -r, දකින්නා, පේණ කියන්නා, අනාගත කරුණු කියන්නා

seed *n.* බීජය, බිජුවට, ඇට, ශුක්‍ර, වංශය.

n. -ling, බීජයකින්වූ පැලය. *n.* -sman, බීජ වෙළෙන්දා, වපුරන්නා. *n.* -time, වපුරණ කාලය. *a.* -y, බීජ ගහණ, සහිත මද, මිලානික පෙණීමක් ඇති

seek සීක්, *v.* සොයනවා, ලබාගණ්ම උත්සාහ [කරණවා, ඉල්ලනවා

seem සීම්, *v.* පෙණෙනවා, සදෘශකමක් තිබෙනවා. *a.* -ly, ඔබින, ශෝභන (*n.* -iness)

seer සී·අර්, *n.* (see බ.)

seesaw සීසෝ, *n.* ඉහළ පහළ යාම, පැදෙන [ක්‍රීඩාව

seethe සීත්, *v.* (උණුවතුරෙන්) තැම්බනවා

segment සැග්මැණ්ට්, *n.* කෑලි හෝ වෙන්කළ කොටස. *a.* -al. *a.* -ary

segregate සැග්රිගේට්, *v.* වෙන්කර තබනවා. *n.* [-ion.

seize සීස්, *v.* අදිසියෙන් හෝ බලෙන් අල්ලා ගන්නවා. *a.* -able. *n.* -ure, අල්ලාගැණීම, අල්ලාගත් දෙය

seldom සැල්ඩම්, *ad.* කලාතුරකින්

select සිලැක්ට්, *a.* තෝරණලද, උත්තම, උත්කෘෂ්ට. *v.* තෝරාගන්නවා. *n.* -ion. *a.* -ive

self සැල්ෆ්, *n.* තමාම. *a.* ස්ව, ස්වකීය, තමාම. *a.* -ish, තමාගේම කාරණා පමණක් සලකන (*n.* -ness)

sell සැල්, *v.* විකුණනවා (sale බ.)

semblance සැම්බ්ලන්ස්, *n.* සමානකම, ආකාරය. [*a.* -t

semen සීමැන්, *n.* බීජ, ශුක්‍රධාතු.

semibreve සැමිබ්‍රීව්, n. සංගීතයේ ඉතා දීඝ ස්වරය

semicircle සැමිඉ·සර්ක්ල්, n. අඩ වකුය. a.-ular

semicolon සැමිඉකෝලොන්, n. එකම් පවත්වන ලකුණ (;) [කම්පනය

semidiameter සැමිඉඩෛඇමිඉ·ටර්, n. අඩ ජ්‍ය

seminary සැමිඉනෙරි, n. විද්‍යාශාලාව, තවාන

seminal සැමිනල්, a. බීජසම්බන්ධ, ශුක්‍ර, මුල්

seminate සැමිඉනේට්, a. විසුරුවනවා, පතුරවනවා. n. -ion [ධ්‍රැති ස්වරය

semiquaver සැමිඉක්වේ·වර්, n. සංගීතයේ අඩම්

Semite සැමිඉටේ, n. ශැම්ගෙන් පැවත එන්නා, යෙව්ජ්‍ය ජාතිකයා. a. -ic

semitone සැමිඉටෝන්, n. සංගීතයේ අඩස්වරය

semi-transparent සැමිඉ ට්‍රැන්ස්පේ·රණ්ට්, a. අසම්පූර්ණලෙස විනිවිද පෙනෙන [ස්ත්‍රී

sempstress සැම්ස්ට්‍රැස්, n. ඉඳිකටුවෙන් මහණ

senary සිනරි, a. හය සම්බන්ධ හෝ ඇති

senate සැනේට්, n. ආණ්ඩුවේ මන්ත්‍රසභාව. n -or, ඒ සභාවේ සාමාජිකයෙක්. n. -orship. a. -orial, මන්ත්‍රී සභාව සම්බන්ධ

semi-vowel සැමිඉවෞඇල්. n. අඩ ප්‍රාණාක්ෂරය, අන්තස්ථාන (l, m, r ආදි අක්ෂර)

send සැණ්ඩ්. v. යවනවා, අරිණවා [වෘද්ධකම

senile සිනෛල්, a. මහලුවෘද්ධ. n. -ity, මහලු

senior සීන්·යර්, *a.* වැඩිමහළු, වැඩිකල් සිටි. *n.* වැඩිමහල්ලා, වැඩිකල්සිටි අය. *n.* -ity

senna සෑන්·න, *n.* විරේචක කොළවර්ගයක්, සෙනෙහෙකොළ [*a.* -al. *n.* -alism

sensation සැන්සේෂන්, *n.* දැනීම, සිත් චංචලය.

sense සෑන්ස්, *n.* දැනීමේ ශක්තිය, දැනීම, සිහිය, අභිප්‍රාය. *a.* -eless, දැනීම නැති, සිහිනුවණ නැති (*n.* -ness). *a.* -ible, දැනෙන, සිහිනුවණ ඇති (*n.* -ness). *n.* -ibility

sensitive සෑන්සිටිව්, *a.* තීක්ෂණලෙස දැනෙන. *n.* -ness [මාංසික, කාමුක. *n.*-ity, -ism. *n.* -ist

sensual සෑන්ෂු'අල්, *a.* ඉන්ද්‍රියයන්ම සම්බන්ධ,

sensuous සෑන්ෂුඅස්, *a.* ඉන්ද්‍රියයන් සම්බන්ධ. *n.* -ness

sentence සෑණ්·ටන්ස්, *n.* නිශ්චය, තීන්දුව, වාක්‍යය. *v.* තීන්දුව කියනවා, වරදට පත් කරණවා. *a.*-tial

sententious සැණ්ටැන්ෂස්, *a.* සූත්‍රවත්, වාක්‍ය සූත්‍ර හිතෝපදේශාදිය බහුල. *n.* -ness

sentient සෑන්ෂි·අණ්ට් (හෝ) සෑන්·ෂණ්ට්, *a.* සචේතන, දැනීමේ බලය ඇති

sentiment සැණ්ටි·මණ්ට්, *n.* කල්පනාව, මතය. *a.* -al. *n.* -ality. *n.* -alist

sentinel සෑණ්ටි·නල්, *n.* මුරකාරයා

sentry සෑණ්ට්රි, *n.* මුරකාරයා, මුර [-ness

separable සැප්'අ'රබල්, *a.* වෙන්කළ හැකි. *n.*

separate සැප්'අරේට්, *v.* වෙන්කරණවා. *a.* වෙන්වූ, තනි. *n.* [-ion. *n.* -ist, වෙන් වෙන්නා.

a. -ory, -ive [සිපසියා

sepoy සිපොයි, *n.* ඉන්දියා ස්වදේශී යුධ භේවායා,

sept සැප්ට්, *n.* ගෝත්‍රය, වංශය [ඇති

septangular සැප්ටෑංග්යු'ලර්, *a.* කොන් හතක්

September සැප්ටැම්'බර්, *n.* සැප්තැම්බර් මාසය (බිණර වප් දෙමසෙහි අන්තර්ගතයි.)

septenary සැප්ටැනරි, *a.* හතබැගින් ඇති, හත් වර්ෂයක් පවතින

septennial සැප්ටැන්නි'අල්, *a.* අවුරුදු හතක් පවතින [තෑ අවුරුදු වයස් ඇති අය

septuagenarian සැප්ටියු'අජිනේරි'අන්, *n.* හැත්

Septuagint සැප්ටියු'අජිණ්ට්, *n.* හැත්තෑ දෙනෙක් විසින් ග්‍රීක් භාෂාවට තගතලද බයිබලයේ පරණ ගිවිසුම් පොත

sepulchre සැප්අල්'කර්, *n.* සොහොන, මිනීවළ.

a. -al, සොහොන්, ගැඹුරු [රීම

sepulture සැප්අල්චූර්, *n.* මිනියක් භූමදානය කි

sequel සීක්වැල්, *n.* යමකින් අවගන්න දෙය, ප්‍රතිඵලය [යුක්ත

sequacious සීක්වේෂස්, *a.* පස්සෙන් එන, යුක්ති

sequence සී'ක්වන්ස්, *n.* අනුක්‍රමය, පිළිවෙළ. *a.*-

sequester සීක්වැස්ටර්, } *v.* අලගස්ව තබනවා,
sequestrate සීක්වැස්ට්‍රේට්, } පැහැරගන්නවා, තහනම් කරනවා. *n.* -ration

seraglio සිරැල්යෝ (හෝ) සිරාල්යෝ, *n.* අන්තඃ පුරය, ස්ත්‍රීන් වසන ඇතුල් මාලිගාව

seraph සැර්අෆ්, *n.* දේවදූතයා. *n.* -im හෝ -s (බහු). *a.* -aic, -ic,-ical, දේවදූත, අති පිරි සිදු, ඉතා උතුම්

sere සිර්, *a.* =sear

serenade සැර්ඉනේඩ්, *n.* යමෙකුට ගෞරව පිණිස රාත්‍රියේ කරන ගායනාව. *v.* එසේ ගායනා කරනවා

serene සිරීන්, *a.* පැහැදිලි හා නිස්මල, ශාන්ත, ශුබ. *n.* -ity

serf සාර්ෆ්, *n* දාසයා, ගොවිදාසයා. *n.* -dom, [යොවි දාසකම්

serge සාර්ජ්, *n.* පට හෝ ලොම් රෙදි විශේෂයක්

sergeant සාර්ජන්ට්, (හෝ) සාර්ජන්ට්, *n.* =serjeant. *n.* -cy, -tcy,-tship

serial සිරිඅල්, *a.* ක්‍රමික, පිළිවෙළ. *n.* පිළිවෙළට කාණ්ඩවශයෙන් පළවෙන පොත

seriatim සිරිඒටිම්, *adv.* පිළිවෙළට

series සිරීස් (හෝ) සිරිඊස්, *n.* වැල, මාලාව, පෙළ

serious සිරිඅස්, *a.* වැදගත්, බරපතල, සැලකිලි. *n.* -ness [මුලාදෑනියෙක්, සරයම්, *n.*-cy

serjeant සාර්ජන්ට් (හෝ) සාර්ජන්ට්, සුළු සුබ

sermon 'සාර්මන්, *n.* ධර්ම දේශනාව. *v.*

serpent 'සර්පණ්ට්, *n.* සර්පයා. *a.* -ine

serrate සැරේට්, } *a.* කියතක්මෙන් දැති ඇති.
serrated සැරේටිඩ්, } *n.* -ion. *n.* -ure

serried සැරිඩ්, *a.* එකට තදවූ [රුවා

servant 'සාර්වණ්ට්, *n.* වැඩකාරයා, මෙහෙකා

serve 'සාර්ව්, *v.* මෙහෙකරණවා, වැඩකරණවා, ආධාරකරණවා, දෙනවා, සපයනවා

service 'සාර්විස්, *n.* වැඩය, මෙහෙය, කාර්‍යය, ප්‍රයෝජනය. *a.* -able, ප්‍රයෝජනවත්, වැඩදායක (*n.* -ness)

servile 'සාර්වෛල්, *a.* දාසවූ, වාල්, නීචලෙස යටත්වෙන. *n.* -ity, -eness, දාසභාවය, නීචයටත්කම

servitor 'සාර්විටර්, *n.* මෙහෙකරුවා, අතවැසියා

servitude 'සාර්විටියුඩ්, *n.* දාසකම, වාල්කම

sesame සැස්අමි, *n.* තල

sess සැස්, *n.* =cess

session සැෂ්අන්, *n.* සභාවාරය, සභාව රැස්ව ඉඳීම. *a.* -al

set සැට්, *v.* තබනවා, පිහිටුවනවා, බහිනවා. *a.* තැබූ, නියම, ස්ථිර, සූදානම්කළ. *n.* පංක්තිය, සමූහය. *n.* -ter, අඩියම් බල්ලා

settee සැටී, *n.* ඇඳි බංකුව

settle සැට්ල්, *n.* උස් ඇඳි බංකුව. *v.* ස්ථිර කා

රණවා, පිහිටුවනවා, පදිංචිකරණවා, බේරණ
වා, නිශ්චලවෙනවා, බේරෙණවා. *n.* -ment

seven සැවැන්, *n.* සහ *a.* හත. *n.* -th,හත්වෙනි.
n. සහ *a.* -teen, දහහත. *a.* -teenth, දහහත්
වෙනි. *n.* සහ *a.* -ty, හැත්තෑව. (*a.* -leth,
හැත්තෑවෙනි) [*a.*-able. *n.* -ance

sever සැව්·වර්, *v.* වෙන්කරණවා, බෙදනවා.

several සැව්·අ·රල්, *a.* වෙනස්, නොයෙක්, කීප

severe සිවීර්, *a.* තද, සැර, දූෂි. *n.* -ity

sew සෝ, *v.* මහණවා

sewage ස්‍යූඉජ්, *n.* වාරිමාර්ග (කානු)වලින් බැහැ
යන කුණු සහිත වතුර

sewer ස්‍යූ·අර්, *n.* වාරිමාර්ගය, කානුව. *n.* -age,
වාරිමාර්ග ක්‍රමය, වාරිමාර්ගවල කැත කුණු

sex සැක්ස්, *n.* ලිංගය, ලිඟුව. *a.* -ual, ලිංග
පිළිබඳ [වුරුදු වයස්වූ අය,

sexagenarian සැක්ස්·අජිනේරි·අන්, *n.* හැට අ

sextant සැක්ස්·ටන්ට්, *n.* වෘත්තයෙන් සයෙන්
කොටස, මුළු මැනීමට භාවිතාකරණ යන්ත්‍ර
යක් [දෑනියා, මිනීවල් හාරන්නා

sexton සැක්ස්ටන්, *n.* දේවස්ථානයක පූජ මූලා

sexual සැක්ෂු·අල්(හෝ)සැක්ස්යු·අල්, *a.* (sex බ.)

shabby ෂැබි, *a.* ඉරුණු, බොහෝ ගෙවුණු
හෝ අබලිවූ, පෙණුමෙන් අධම *n.* -iness.

shackle ෂැක්ල්, *n.* විලංගුව, මාංචුව. *v.* වි

ලංගු හෝ මාංචු දමනවා

shade ශේඩ්, *n.* සෙවණ, මුවාව, අඳුරු කොටස. *v.* සෙවණකරණවා, මුවාකරණවා, අඳුරු කරණවා

shady ශේඩි, *a.* මුවාවූ, සෙවණවූ. *n.* -iness

shadow ෂැඩෝ, *n.* සෙවණැල්ල, ඡායාව. *v.* සෙවණකරණවා, අඳුරුකරණවා, අසම්පූර්ණලෙස දක්වනවා, ඡායාවක්මෙන් එක්ව යනවා. *a.* -y, සෙවණ ඇති, අඳුරු, අසාර

shaft ෂාෆ්ට්, *n.* ඊය, අඩයට්ට, කණුවේ මැද කඳ, බෝක්ලීන, ඒරියාකඳ, මිට, අලමංගුව

shag ෂැග්, *n.* දළු රෝම ඇති රෙදි වර්ගයක්, දුම්කොළ වර්ගයක්. *a.* -gy, දළු රෝම ඇති (*n.* -iness)

shagreen ෂැග්‍රීන්, *n.* රළු මත්ස්‍ය සම් වර්ගයක්

shah ෂා, *n.* පාර්සිකානයේ රජ

shake ශේක්, *v.* සොලවනවා, චංචල කරණවා, ශංකාකරණවා. *n.* සෙලවීම, චංචලය, කම්පාව. *a.* -y

shako ෂැකෝ, *n.* යුධ සේවා තොප්පියක්

shale ශේල්, *n.* ගල්ලෑලි වැනි කිරිමැටි තට්ටුව පොත්ත

[පද සමග යොදන පදයක්

shall ෂැල්, *v.* මතුකාලය ඇඟවීමට අන්‍ය ක්‍රියා

shallot ෂැල්ලොට්, *n.* ලූනු වර්ගයක්

shallow ෂැල්ලෝ, *a.* ගැඹුරු නැති. *n.* වතුර

හැඩුරු නැති කැත. *n.* -ness

sham ෂැම්, *n.* රැවටිල්ල, බොරුව. *a.* බොරු, ව්‍යාජ. *v.* බොරුවට අඟවනවා හෝ ක්‍රියා කරනවා [රණ ස්ථානය, මස්කඩේ

shambles ෂැම්බල්ස්, *n.* විකිණීමට සතුන් මර

shame ෂේම්, *n.* ලජ්ජාව, අවනම්බුව. *v.* ලජ්ජාවට පමුණුවනවා. *a.* -ful, ලජ්ජා කරණ, නින්දිත (*n.* -ness). *a.* -less. ලජ්ජා නැති (*n.* -ness)

shampoo ෂැම්පූ, *v.* සබන් ගා උලා සෝදනවා

shamrock ෂැම්රොක්, *n.* අයර්ලන්තයේ ලකුණක් හැටියට භාවිතා කරණ පැල විශේෂයක්

shank ෂැංක්, *n.* දනහිසේ සිට වළලුකර දක්වා කොටස, කෙණ්ඩය, ආයුධයක මිට

sha'n't ෂාන්ට්, =shall not

shanty ෂැන්ටි, *n.* පැල

shape ෂේප්, *v.* හැඩහුරු කරණවා. *n.* හැඩය, ආකාරය. *a.* -less, හැඩයක් නැති (*n.* -ness)

share ෂෙයාර්, *n.* කොටස, හිදස. *v.* බෙදනවා, බෙදාගන්නවා. *n.*-holder, කොටස්කාරයා

shark ෂාර්ක්, *n.* මෝරා, ප්‍රයෝගකාරයා

sharp ෂාර්ප්, *a.* මුවහත්, තියුණු, උල්වූ. *n.* සංගීතයේ උස් හෝ තියුණු ශබ්දය. *v.* -en. මුවහත් කරණවා, තියුණු කරණවා, උල් කරණවා. *n.* -ness

shatter ෂැට්·ටර්, *v.* පොඩිකරණවා, භාගකර ණවා

shave ෂේව්, *v.* කපිණවා, කපනවා හෝ බූගාන වා, පෙති කපනවා. *n.* කැප්ම, බූගෑම, කැ පූ පෙත්ත, වැ ඩගීනක්. *n.*-ling, හිතමුඩු කල අය, තවුසා

shawl ෂෝල්, *n.* සාළුව, පොරවණ රෙද්ද

she ෂී, *pron.* අ. *a.* ගෑණු (he බ.)

sheaf ෂීෆ්, *n.* ගොයම් මිටිය, උප්පිඩ

shear ෂීර්, *v.* කතුරෙන් මතුප්ම කපනවා. *n.* -s, ලොකු කතුර

sheath ෂීත්, *n.* කොපුව, කෝෂය. *v.*-e, කොපු වේ දමනවා, වහනවා

sheave ෂීව්, *n.* කප්පි චක්‍රය [හෙලනවා

shed ෂැඩ්, *n.* පැල, මඩුව. *v.* වගුරුවණවා,

sheen ෂීන්, *n.* දිප්තිය, දීප්ත

sheep ෂීප්, *n.* බැටළුවා. *a.*-ish, බැටළුවෙක්වැ නී, අධික ලජ්ජා ඇති. (*n.* -ness). *n.*-fold, බැටළුගාල [හැරීයනවා

sheer ෂීර්, *a.* තනි, සම්පූර්ණ, අමිශ්‍ර. *v.* අගයකට

sheet ෂීට්, *n.* තොලය, තහඩුව, ඇතිරිල්ල, එක ම පැතිරී තිබෙන යමක්. *v.* තොලවලින් හෝ ඇතිරිලිවලින් ඔතනවා තොහොත් වසනවා, තොල හෝ ඇතිරිලි දමනවා. *n.* -ing, ඇති රිලිවලට ගන්න රෙදි. *n.* -anchor, අත්යාවශ්‍ය

ද දමස මහ කැංගුරම්, අත්‍යිම පිඹිම. *n.*-iron, යකඩ තහඩු හෝ පත්‍ර. *n.* -lightning, විශාලව පැතිරෙන විදුලිය

sheik ෂීක් (හෝ) ශේක්, *n.* (අරාබි) රාජකයා

shekel ෂැක්'අල්, *n.* (ජුදෙව්වරුන්ගේ) බිංදුන්ස් බාගයක පමණ බර ප්‍රමාණයක්, සිලිං 2 ත් පැන්ස 7 ක් වටිනා රිදී මිලයක්

Shekinah ෂිකෛනා, *n.* කරුණාසනය පිට පැවති දේව බැල්මේ ලකුණ

shelf ෂැල්ෆ්, *n.* බඩු තබන ලෑල්ල, රාක්කය, උඩහල්ල, සෙරු කිඹෙන පැතලි වැලි කණ්ඩිය හෝ පමින තව්වුව. *v.* -ve, රාක්කයේ තබනවා, අහක තබනවා

ෂැල්, *n.* ලෙල්ල, පිටකටුව, කබල, යිති උණ්ඩය. *v.* ලෙලිඅරිනවා.*n.*-fish, බෙල්ලා

shelter ෂැල්'ටර්, *n.* මුවාව, ආවරණය, පිහිට, සරණ. *v.* මුවාකරනවා, ආරක්‍ෂාකරනවා.*a.*-less.

shelve ෂැල්ව්, *v.* (shelf බ.) [-ess (*f.*)

shepherd ෂැප්'ආර්ඩ්, *n.* බැටළු එඬේරා. *n.*

sherbet 'ෂාර්බැට්, *n.* 'සරුවත්' නම් පානය

sheriff ෂැරිෆ්, *n.* (එංගලන්තය ආදී රටවල) කෝරළේ මුලාදෑනියා. *n.* -ship, -dom

sherry ෂැරි, *n.* එකව මුද්‍රිකපාන වර්ගයක්

shew ෂෝ, *v.* (show බ.) [රක්‍ෂා කරනවා

shield ෂිල්ඩ්, *n.* පලිහ. *v.* මුවාකරනවා, ආ

shift ෂිෆ්ට්, *v.* වෙනස්කරනවා, මාරුකරනවා, වෙනතැනක තබනවා. *n.* උපාය, ප්‍රයෝගය, වැඩ මුරය හෝ වාරය, ස්ත්‍රීන්ගේ යට ඇඳුම. *a.* -*y*, වෙනස්වෙන (*n.* -iness)

shilling ෂිල්ලිං, *n.* එනම් ඉංග්‍රීසි රිදී මිලයක්

shin ෂින්, *n.* කකුලේ දනහිසෙන් පහල ඉස්සරහ කොටස, දණලීය

shine ෂයින්, *v.* බබලනවා, දිලිසෙනවා. *a.* -y

shingle ෂිංගල්, *n.* තුනී ලෑලි පතිය, වතුරෙන් ගෙවුනු වට ගල්කැම

ship ෂිප්, *n.* නැව. *v.* නැවනට පටවනවා හෝ නංවනවා, නැවේ පාවා අරිනවා. *n.* -ping, නැවි ගණන, නැව්, නැවට පැටවීම. *n.* -ment, නැවක පැටවීම, පැටවූ බඩු ගණන, *n.* -board, නැවේ පැත්ත හෝ තට්ටුව, නැවේ ඇතුල. *n.* -wreck, නැව බිඳීම හෝ නැඩීම. *n.* -wright රෙව්ව, නැව් හදන්නා, නැව් වඩුවා. *n.* -yard, නැව් හදන ස්ථානය [කෝරලය

shire ෂෛර් (හෝ) ෂීර්, *n.* (එංගලන්තාදිරටවල)

shirk ෂර්ක්, *v.* තම කටයුතු නොකර අරිනවා හෝ කොන්වෙනවා

shirt ෂර්ට්, *n.* කමිසය. *n.* -ing, කමිස රෙදි

shive ෂෛව්, *n.* පෙත්ත, කෑබැල්ල

shiver ෂිව්අර්, *v.* වෙව්ලනවා, ගැහෙනවා, ගසා පොඩිකර දමනවා. *a.* -*y* shoal ෂෝල්, *n.* ගඟේ හෝ මුහුදේ ගැඹුරනැති තැන, වැලිකන්ඩිය, මාලු අයිනි, සමූහය. *a.* ගැඹුරනැති. *n.* -ness. *a.* -y

shock ශොක්, *n.* සටනේදී එකට හැප්පීම, හදපහර, හදිස්සියේ සිත කැලඹීම. කෙළින් සිටවූ ගොයම් මිටි කැට්ය. *v.* සිත උද්දිග්න පෙළනවා හෝ කම්පා කරනවා. සසල කරනවා

shod ෂොඩ්, *v.* shoe යන්නේ අතීත විධිය

shoddy ෂොඩ්ඩි, *n.* බාල ලොම්රෙදි වර්ගයක්

shoe ශූ, *n.* මිරිවැඩි සපත්තුව, ලාඩම. *v.* ලාඩම් ගහනවා. *n.* -black, සපත්තු සළුව ගා ශුද්ධ කරන්නා. *n.* -horn, සපත්තු පැලැඳීමට යොදන අංපලුව හෝ ඒ සමාන දෙය. *n.* -maker, සපත්තු හදන්නා

shoot ශූට්, *v.* වෙඩිතියනවා, වෙඩිතියා මරණවා, විදිනවා, සැරෙන් යනවා, පැළවෙනවා, ඈතුදමනවා. *n.* වෙඩිතිබීම, විදීම, ගොබය, රිකිල්ල

shop ෂොප්, *n.* බඩු විකුණන ශාලාව, අවන්හල, සාප්පුව, පට්ටිලය, ශාලාව, ස්වකීය විශේෂ වැඩේ. *v.* බඩු මිලේට ගැනීමට සාප්පුවලට යනවා. *n.* -keeper, සාප්පුකාරයා. *n.* -lifter, සාප්පුවෙන් බඩු සොරකම්කරන්නා. *n.* -man, කුඩා වෙළෙන්දා, සාප්පුවේ බඩු විකුණන්නා. *a.* -py, සාප්පුව පිළිබඳ, ස්වකීය රක්ෂාවම ගැණ කථාකර සුලු

shore ෂෝර්, *n.* වෙරළ, ඉවුර, තෙර, රුකුල, බලතරුව. *a.* -less, වෙරළක් නැති, අප්‍රමාණ

shorn ෂෝර්න්, *v.* shear හි භූත කෘදන්ත

short ෂෝර්ට්, *a.* කොට, ලුහුඬු, අඩු, කෙටි. *n.* -ness. *v.* -en ෂෝර්ට්න්, කොටකරණවා, අඩු කරණවා. *n.* -age, අඩුව. *n.* -coming, අඩුලුහු ඩු, වැරදි, දෝෂ. *n.* -hand, ලිවීමපිළිබඳ ලුහුඬු ක්‍රමයක්. *a.* -handed, ආධාරකරුවන්ගේගණන අඩුවී ඇති. *a.* -sighted, ඈත නොපෙනෙන දුර කල්පනා නොකරණ

shot ෂොට්, *n.* මුනිස්සම්, උණ්ඩ, වෙඩිල්ල, සමර්ථ කුරුමාණම්කාරයා [විඳින)

should ෂුඩ්, *v.* ඕනෑය, යුතුය. (shall හි අතීත

shoulder ෂෝල්-ඩර්, *n.* උරහ, උරහිස, පිටිකර. *v.* උරේ තබාගන්නවා, කරම ගන්නවා. *n.* -blade, උරපත්ත [*n.* ඝෝෂාකිරීම, මොරහැඬීම

shout ෂෞට්, *v.* ඝෝෂාකරණවා, මොරගහනවා.

shove ෂව්, *v.* තල්ලුකරණවා. *n.* තල්ලුකිරීම

shovel ෂවල්, *n.* පස් ආදිය ගන්න පළල් හැන්දක්. *v.* ඒ හැන්දෙන් ගෙණ විසිකරණවා හෝ එකතුකරණවා. *n.* -ful

show ෂෝ, *v.* පෙන්වනවා, පෙනෙනවා. *n.* පෙණුම, දැක්වීම, ප්‍රදර්ශනය. *a.* -y, අභිදර්ශනීය, පිටත ලක්ෂණ වැඩි (*n.* -iness). *n.* -man, විසිතුරුදේ දක්වන්නා

shower ශෞ'අර්, *n.* වැසිවල්ලාව, වර්ෂාව. *v.* බෙහෝ සෙයින් විසුරුවණවා, වර්ෂාකරණවා. *a.* -y, නිතර වසින

shred ශ්‍රෙඩ්, *n.* ඉරූ දිග හීන් තීරය. *v.* දිග හීන් තීර ඉරණවා. *a.* -dy

shrew ශ්‍රූ, *n.* කර්කශ ඩබරකාර ස්ත්‍රී, මීයෙකු වැනි සතෙක්. *a.* -ish (*n.* -ness)

shrewd ශ්‍රූඩ්, *a.* චතුර, තියුණු නුවණ ඇති, දක්ෂ. *n.* -ness

shriek ශ්‍රීක්, *v.* හීන් අඬින් කෑගසනවා. *n.*

shrift ශ්‍රිෆ්ට්, *n.* පිරණකස්කඅයගේ පාපෝච්චාරණය. (shrive බ.)

shrill ශ්‍රිල්, *a.* කර්කශ, තියුණු. *a.* -y, තරමක් කර්කශ හෝ තියුණු. *n.* -ness

shrimp ශ්‍රිම්ප්, *n.* ඉස්සා, මිච්චා

shrine ශ්‍රයින්, *n.* ධාතු පෙට්ටිය හෝ කරඬුව, චෛත්‍යය, ශුද්ධස්ථානය, දේවායතනය. *v.* පෙට්ටියක හෝ කරඬුවක තබනවා, නිදන්කර ණවා [ලීම

shrink ශ්‍රින්ක්, *v.* ඇකිළෙනවා. *n.* -age, ඇකි

shrive ශ්‍රයිව්, *v.* පාපෝච්චාරණය අසා සමාව දෙනවා [කනවා

shrivel ශ්‍රිවල්, *v.* ඇකිළෙනවා, රැලිවැටෙ

shroud ශ්‍රවුඩ්, *n.* මිනී වැස්ම හෝ ඇඳුම. *v.* සඟවනවා, වසනවා

Shrove-tide ෂ්‍රෝව්ටයිඩ්, *n.* (අලුබදාදව පෙර දිනතුන) පාපෝච්චාරණ අඟහරුවාදා

shrub ෂ්‍රබ්, *n.* මිටි ගහ, පඳුර, සරුවජ්ජාසය. *n.* -bery, පඳුරු මත්ත. *a.* -by, පඳුරු ගහණ (*n.* -ness)

shrug ෂ්‍රග්, *n.* උරහිස් ඉස්සීම හෝ සෙලවීම, *v.* (අනුමාන ආදිය ඇඟවීමට) උරහිස් උස්සනවා හෝ සොලවනවා [විලනවා. *n.*

shudder ෂඩ්ඩර්, *v.* බියෙන් ගැහෙනවා හෝ වෙව්

shuffle ෂෆ්ල්, *v.* එහාමෙහා කරනවා, කලවම් කරනවා, ඇත්ත සඟවා කියනවා

shun ෂන්, *v.* දුරුවෙනවා, පිලිකිනවා, නොසැර අරිනවා

shunt ශන්ට්, *v.* අයින්කරනවා. *n.* අයින්කිරීම

shut ෂට්, *v.* වසනවා. නවත්වනවා. *n.* -ter, වසන දොර, පියන [හට පස්සට යනවා

shuttle ෂට්ල්, *n.* (වියන) නඩාව. *v.* ඉස්සර

shy ශයි, *a.* තත ලජ්ජා ඇති, සෝල්. *v.* (අශ්ව යෙකුමෙන්) හඩින් පැත්තකට පනිනවා. *n.* -ness, shiness

siamese සයමීස්, *n.* සියම්ජාතිකයා, සියම්භාෂාව

sibilant සිබිලන්ට්, *a.* 'සූ' ශබ්දයක් කරන. *n.* (s, z ආදිය ඇතුලත්) උෂ්මාක්ෂරය

sibyl සිබිල්, *n.* පේණ කියන්නී, දෛවඥ

සාස්ත්‍රී. a. -line, දෛවඥ සාස්ත්‍රීන් සම්බන්ධ, පේණ කියන.

sick සික්, a. අසනීප, ලෙඩින්ඉන්න. a. -ish, මඳක් අසනීපෙන් හෝ ලෙඩින් ඉන්න. a. -ly, ස්වභාවයෙන් අසනීපවූ, දුබල (n. -iness) n. -ness, අසනීපය, ලෙඩ. v. -en, අසනීපවෙනවා, පිළිකුල් කරවනවා

sickle සික්ල්, n. දෑකැත්ත

side සෛඩ්, n. පැත්ත, අංශය, අසල, පක්ෂය. ad. පැත්තට, v. පක්ෂයකටවෙනවා. n. siding, පක්ෂයකටවීම, අසින්කරණ අතුපාර. n. -arms, (කඩු බයිනෙත්තු ආදි) පැත්තෙන් එල්ලාගෙන යන ආයුධ. n. -board, (කෑමමේසයට උවමනා භාජන තබන) මේසයක්. n. -saddle, ස්ත්‍රීන් පැත්තට ඉඳ යන සෑදලය. ad. -ways හෝ -wise, පැත්තට, පැත්තෙන් [නක්ෂත්‍ර

sidereal සෛඩීරිඅල්, a. තාරකා සම්බන්ධ,

sidle සෛඩ්ල්, v. පැත්තෙ පා යනවා

siege සීජ්, n. අල්ලාගැනීමට වටලෑම

sierra සිඅර්ර, n. රළු කඳුවැටිය

siesta සිඇස්ට, n. දවල් ලුහුඬු නින්ද

sieve සිව්, n. (පිටි ආදිය) හලන උපකරණය, පෙනේරය [නා, පෙනේරේ

sift සිෆ්ට්, v. (පෙනේරෙන්) හලනවා. n. හලන්

sigh සෛ, v. සුසුම්ලනවා, ලතවෙනවා

sight සයිට්, *n.* දැකීම, දර්ශනය. *a.* -ed, විශේෂ දැකීමක් ඇති. *a.* -less, දැකීම හෝ පෙනීම නැති. *a.* -ly, ප්‍රිය දර්ශනීය, ශෝභන(*n.*-iness)

sign සයින්, *n.* ලකුණ, නිමිත්ත. *v.* ලකුණු කරනවා, සංඥාකරනවා, අත්සන් කරනවා. *n.* -al සිග්·නල්, නියම සලකුණ; *a.* විශේෂ, සිහි කටයුතු, අපූර්ව; *v.* ලකුණුවලින් අඟවනවා, සංඥාකරනවා. *v.* -alise, උතුම් කරනවා, විශේෂ කරනවා. *n.* -ature සිග්නේචර්, අත්සන. *n.* -et සිග්නැට්, රාජමුද්‍රාව, මුද්‍රාව. *a.* -atory සිග්·නටෝරි (හෝ)-atary සිග්·නටරි, අත්සන්කිරීමපිළිබඳ; *n.* අත්සන්කරන්නා. *n.* -board, රසාව හෝ විකුණන බඩු සඳහන්වන දැන්වීම් ලෑල්ල. *n.* -manual, ස්වකීය අත්සන. *n.* -post, තාමපෝරුව දරණ කණුව

significant සිග්නිෆි·කන්ට්, *a.* අර්ථ යුක්ත, අර්ථවත්, නිමිත්තක. *n.* -ce, -cy, අර්ථය, අදහස

signify සිග්නිෆයි, *v.* අඟවනවා, තේරුම් දෙනවා. *a.* -iable. *n.* -ication, තේරුම, අර්ථය. *a.* -icative. *a.* -icatory [වර්ගයක්

sil සිල්, *n.* පුරාණ සිත්තරුන්ගේ තනවන් පාට

silence සයි·ලන්ස්. *n.* නිශ්ශබ්දතාව, කථානොකර සිටීම. *v.* නිශ්ශබ්දකරනවා. *a.* -t සයි·ලන්ට්, නිශ්ශබ්ද

silk සිල්ක්, *n:* පටනූල්, පටපිළී. *a.* -en, පට

a. -*y*, පට වැනි, මෘදු, සිලුටු, ඔප ඇති. (*n.* -iness)

sill සිල්, *n.* එලිපත, පඩිකඳ

silly සිල්ලි, *a.* අනුවණ, මෝඩ (*n.*-iness)

silo සෛලෝ, *n.* සතුන්ට දෙන තණකොල ආදිය කොටවලෙන පිණිස තබන වලක්

silt සිල්ට්, *n.* වතුරේ පතුලට බසින මඩ හෝ වැලි. *a.* -y

silvan සිල්වන්, *a.* වන, කැලෑ, වනයේ වසන

silver සිල්වර්, *n.* රිදී, රිදී මිල. *a.* රිදී. *v.* රිදී ගානවා, රිදියෙන් වසනවා. *v.* -n, රිදියෙන් කළ, රිදී. *n.* -smith රිදී කර්මාන්තකාරයා.*a.* -tongued, කථාවෙහි දක්ෂ. *a.* -y, රිදීමෙන් පෙනෙන, රිදී වර්ණ ඇති, ඉතා සුදු

similar සිමිලර්, *a.* සමාන, ඒකාකාර. *n.*-ity, සමානකම [සමානකම

simile සිමිලි, *n.* උපමාව, නිදර්ශනය. *n.*-itude,

simitar සිමිටර්, *n.* =scimitar

simmer සිමර්, *v.* 'සිස්' යන ශබ්දකරමින් හෙමින් උණුවෙනවා

simoom සිමූම්, *n.* ග්‍රීෂ්ම සුලඟක්

simper සිම්පර්, *v.* මෝඩ ලෙස සිනාවෙනවා, කාරණයක් නැතිව සිනාසෙනවා. *n.*

simple සිම්පල්, *a.* අමිශ්‍ර, තනි, ලිහිල්, පැහැදිලි, වාත, ලාමක. *n.* -eness, -icity. *n.*-eton, ලාමකයා, මෝඩයා. *ad.* -y

simplify සිම්ප්ලිෆෛ, *v.* පැහැදිලි කරණවා, ප්‍රගුණකරණවා, අනාකූල කරණවා. *n.* -ication

simulate සිමියුලේට්, *v.* බොරුවට අඟවනවා. *n.* -tion. *a.* -nt. *a.* -r. *a.*-tory

simultaneous සිමල්ටේනිඅස් (හෝ) සෛමල්ටේනිඅස්, *a.* එකවිටම සිද්ධවන. *n.* -ness

sin සින්, *n.* පාපය. *v.* පව්කරණවා. *a.* -ful, පව්කාර, පාප, දුෂ්ට (*n.* -ness). *a.* -less (*n.* -ness). *n.* -ner, පව්කාරයා [ෂිව. *ad.* ප්‍රථමයෙන්

since සින්ස්, *conj.* නිසා, බැවින්. *prep.* පමණ්,

sincere සින්සිර්, *a.* අවඩක. *n.* -eness, -ity

sine සෛන්, *n.* තවංක සෑදූ රේඛාවක්, ජ්‍යාව

sinecure සෛනිකියුර්, *n.* ප්‍රයෝජන ලැබෙන වැඩහැති ධුරය [ශක්තිමත්(*n.*-iness)

sinew සිනියු, *n.* බලනහරය, ශක්තිය. *a.* -y,

sing සිං, *v.* ගීතිකාකරණවා, ගීයෙන් හෝ කවියෙන් කියනවා. *n.* -song, ඇදලාකීම

singe සිංජ්, *v.* මතුපිට පිළිස්සක් දනවා

Singhalese සිංහලීස්, *n.* =Sinhalese

single සිංගල්, *a.* තනි, අවිවාහක. *v.* *n.* -ness, තනිකම, ඒකනාව, අවංකකම. *n.* -entry, පොත්වල ගණින් ලියන ක්‍රමයක්. *a.* -handed, ආ ආධාර නැතුව, තනිනම. *a.*-minded, වංචාරහිත, අවංක. *ad.* singly [ශුම්. *n.* -ity

singular සිංග්‍යුලර්, *a.* එකම, ඒක, විශේෂ, අ

Sinhalese සිංහලීස්', *n.* සිංහලයා, සිංහල භාෂාව. *a.* සිංහල [*a.* -ral, *a.* -rous

sinister සිනිස්'ටර්, *a.* වම්, ප්‍රයෝග,අසුබ, දුෂ්ට.

sink සිංක්, *v.* කිඳහාවා, එරෙණවා, බසිණවා, දුකාවෙනවා. *n.* පතුලේ තලයක් ඇසිත කුණු වතුර වක්කරණ පෙට්ටිය

sip සිප්, *v.* තොල්ලීන් ඒක ඒක බොනවා. *n.* කිමම කටට ගන්න ඒක (බොන) සුල්පයක්

siphon සයිෆන්, *n.* දිය අදින තලය

sir 'සාර්, *n.* මහත්මයා යනී, 'නෛට්' හෝ 'බැරෝණැට්' වරුන්ගේ නම් මුලට යොදන ගෞරව පදයක්

sirdar 'සාර්දර්, *n.* ප්‍රධානයා, මුලාදෑනියා

sire සයර්, *n.* පියා, දේවයන්වහන්ස (රජුට)

siren සයිරන්, *n.* මෝහිනී, ජලාඬගනාව, සිත බැඳගන්න ස්ත්‍රී, මධුර ලෙස ගී කියන අය

sirloin 'සාර්ලොයින්, *n.* (හරක්) තුනට්ටේ මස් කෑල්ල

sirocco සිරොක්කො, *n.* (ඉතාලි මෝල්ටා සිසිලී ආදී පලාත්වල පවතින) ග්‍රීෂ්ම හුළඟක්

sirrah සිර්'ර, *interj.* බල! අඩෝ!

sirup සිර්අප්, *n.* =syrup

sister සිස්'ටර්, *n.* සහෝදරී. *a.* -ly, සහෝදරී, සෙනහවන්ත. *n.* -in-law, නෑනා, බෑනා; බෑදෑනී හෝ. *n.* -hood, ස්ත්‍රී සමාගම, ස්ත්‍රී ගණය

sit සිට්, *v.* වාඩිවෙනවා, ඉඳගන්නවා, සභාව රැ
ස්වෙනවා. *n.* -ting, වාඩිවීම, වාරය, ආසනය
site සයිට්, *n.* ස්ථානය, බිම, පිහිටීම
situate සිට්යුඒට්, } *n.* පිහිටා තිබෙන. *n.*
situated සිට්යුඒ·ටඩ්, } -ion, පිහිටීම, ස්ථානය,
අවස්ථාව, අනතුර [ජනය, ඉඳගෙන නෑම
sitz-bath ·සිට්ස්·බාත්, *n.* ඉඳගෙන නැහැකි හා
six සික්ස්, *n.* සය *a.* හය. *a.* -fold, හයපට.
සගුණ; *n.* සගුණය. *n.* සය *a.* -teen, දහසය
(*a.* -th, දහසයවෙනි). *a.* -th, සවෙනි. *n.* සය
n. -ty, හැට (*a.* -ieth, හැටවෙනි)
size සයිස්, *n.* මහත, ප්‍රමාණය, මැලියම් වර්ග
යක්. *a.* -ed, එක් මහතක් ඇති. *a.* -able,
මහත්. *n.* -ing. *a.* -y
skate ස්කේට්, *n.* ලිස්සායාමට දමන යකඩ වශ
ක්, මඩුවා. *v.* ඒ වගේ දමා යනවා
skein ස්කේන්, *n.* නූල්කැරැල්ල, නූල්මල
skeleton ස්කැල්ඉටන්, *n.* ඇටසැකිල්ල, කුඩුව
සංක්ෂේප සටහන. *n.* -key, තොටයක් යතුරු
ඇරියහැකි හීන් යතුරු පෙත්ත
skeptic ස්කැප්ටික්, *a.* සහ *n.* } (sceptic,
skepticism ස්කැප්ටිසිසම්, *n.* } -ism බ.)
skerry ස්කැර්රි, *n.* කඳු සහිත දිවයින, පර
sketch ස්කැච්, *n.* ඩුහුඩු සටහන, කොල්පචිශශෙ
ත් ඇඳි ඩිතියම. *v.* කොල්පචශයක් සටහන්

කරණවා හෝ අඳිනවා. *a.* -y, ලුහුඬු, ලුහුඬින් සටහන්වූ හෝ ඇඳි (*n.* -iness)

skew ස්කෘ, *n.* ඇලෙල්ට හෝ ඇදෙද්ට සෑදූ බෝක්කුව, එසේ සෑදූ යමක්. *a.* -bald, දුඹුරු හා සුදු පුල්ලි ඇති. *n.* -bridge, ඇල ආකාරයෙන් බෝක්කුපිට තැනූ පාලම

skewer ස්කෘඅර්, *n.* මස්කූර. *v.* කූර දමනවා

skid ස්කිඩ්, *n.* වකුන නවත්වන දම්වැල හෝ පොල්ල. *v.*

skiff ස්කිෆ්, *n.* කුඩා නැව

skill ස්කිල්, *n.* සමර්ථකම, හොඳින් දැනගැනීම. *a.* -ful, සමර්ථ (*n.* -ness). *a.* -led, සමර්ථ

skim ස්කිම්, *v.* උඩින් ගෑවීගෙන යනවා, යොදය ආදි පාවෙන යමක් අරන්දමනවා, පාදනවා. *n.* -mer, මිස්පෑන් පැදන භාජනය, ජලමය පක්ෂියෙක්. *n.* -milk, යොදය අහක්කල කිරි

skin ස්කින්, *n.* සම, සිවිය, හැමය, ලෙල්ල. *v.* හම හෝ වැස්ම අරිනවා. *a.* -deep, මතුපිට, යන්තම්. *n.* -flint, මසුරා. *n.* -ner, සිණිදු රෝම හම් වෙළෙන්දා. *a.* -ny

skink ස්කිංක්, *n.* සිකනලා

skip ස්කිප්, *v.* පනිනවා, පෙත් තාලිනවා, ඇරයනවා, පන්නා යනවා. *n.* කුඩාපිම්ම, ඇරයාම. *n.* -per, වෙළඳ නැවක ප්‍රධානයා

skirmish ස්කාර්මිෂ්, *n.* කුඩා සණ්ඩායම් විසින්:

කරණ අතුරු සමග. v. එසේ අතුරු සමග් කරණවා

skirt ස්කෘර්ට්, n. සාය, අද්දර, වාටිය, සීමාව, අ දිත රෙදි පාදය. v. අද්දර දිගේ යනවා හෝ ඔබෙනවා. n. -ing, අද්දර කෙළින් සිටුවන පටු ලෑල්ල [ප්‍රබන්ධය

skit ස්කිට්, n. ඇනුම්පදයෙන් නිශ්‍රිත සහිත සුළු

skittish ස්කිට්ටිෂ්, a. පෙංගෙකළීන, චංචල,චපල

skittles ස්කිට්ට්ල්ස්, n. එක් ඉංග්‍රීසි ක්‍රීඩාවක්

skiver ස්කෛවර්, n. ඉරිතැළු බැටළුසම්වලින් ගත බාල සම් වර්ගයක් [මුළු ගැන්වෙනවා

skulk ස්කල්ක්, v. හැංගිමිම කොහේ වෙනවා,

skull ස්කල්, n. ඉස්කබල, හිස, මොළේ

sky ස්කයි, n. ආකාශය. n, -lark, නාදකරමින් ඉහළ යන පක්ෂියෙක්. n. -larking, (නැවේ කඹ ආදියේ එල්ලී) පනිමින් ක්‍රීඩාකිරීම

slab ස්ලැබ්, n. පැතලි ගල්ලෑල්ල, කඳේ පිට ලෑල්ල

slack ස්ලැක්, a. බුරුල්, තදනැති, ප්‍රමාද. v. බුරුල්කරණවා, පුණුවෙනවා. n. -ness, v. -en, බුරුල්කරණවා, තදකම අඩුකරණවා, පුණුකරණවා

slag ස්ලැග්, n. ලෝහ බොර [අලුකරණවා

slake ස්ලේක්, v. සංසිඳුවනවා, වතුර ඉසීමෙන්

slam ස්ලැම්. v. (දොරක් ආදිය) හඬ්ගෙන ගසා

වියනවා. *n.* (දොරක් ආදිය) තදින් වැසීම

slander ස්ලෑන්ඩර්, *n.* කේලම. *v.* කේලම් කියනවා. *a.* -ous, කේලම් කියන, කේලම්

slang ස්ලෑං, *n.* (සාමාන්‍ය වශයෙන් පිළිගනො ගත්) අවිශිෂ්ට පදය හෝ භාෂා රීතිය. *a.*-ey. -y

slant ස්ලෑන්ට්, *v.* ඇලතරනවා. *n.* බෑවුම

slap ස්ලැප්, *v.* අතුල් පහර දෙනවා. *n.* අතුල් පහර, *ad.* -dash, එකවර, අප්‍රවේසම් ලෙස

slash ස්ලෑෂ්, *v.* පහරකින් දිගට කපනවා. *n.* දිග කැපුම

slate ස්ලේට්, *n.* තැඹිලි ගල්වර්ගයක්, ගල්ලෑල්ල. *v.* ගල්ලෑලිවලින් සෙවිලිකරනවා. *n.*-er, ගල්ලෑලිවලින් වහල් සෙවිලි කරන්නා. *a.* -y

slattern ස්ලැටර්න්, *n.* අශෝභන ලෙස ඇඳින ස්ත්‍රී. *a.* -ly, අශෝභනලෙස ඇඳින, නොසැලකිලි [මරා දමනවා, මරණවා. *a.* -ous

slaughter ස්ලෝටර්, *n.* මරදූවීම, මැරීම. *v.*

Slav ස්ලාව්(හෝ)ස්ලැව්, **Slavonian** ස්ලැවෝනියන්, *n.* (රුසියාවේ හා පෝලන්තයේ වස විසන) ආර්ය මනුෂ්‍යවර්ගයක්. *a.* -onic, -onian, ඒ වර්ගය සම්බන්ධ; *n.* ඔවුන්ගේ භාෂාව

slave ස්ලේව්, *n.* වහලා. *v.* නිතරවැඩකරනවා හෝ වෙහෙසෙනවා. *n.* -er, වහලුන් ගෙන යන නැව. වහල් වෙළඳ නැව, වහල්වෙළෙන්දා. *n.* -ery, වහල්කම. *a.* -ish, වහලෙක් වැ

නි, චාල්, නීච, බොහොම වෙහෙස මාංසිගත්
ත (n. -ness)

slaver ස්ලැවර්, n. කට්ටි වැගිරෙන කෙළ. v. කෙළ වගුරුවණවා, කෙලගානවා

slay ස්ලේ, v. මරණවා. n. -er

sled ස්ලැඩ්,
sledge ස්ලැජ්,
sleigh ස්ලේ, } n. (හිමඋඩ යන වකු නැති) ලිස්සන යානාව හෝ රථය. v.

sledge ස්ලැජ්, n. කුළුගෙඩිය, දකුළ. n.-hammer, කුළුගෙඩිය [නිඳුකරණවා. n. -ness. a.-y

sleek ස්ලීක්, a. සිනිඳු, ඔපවැටෙන, මෘදු v. සි

sleep ස්ලීප්, v. නිදාගන්නවා. n. නින්ද. a. -y, නිදිමත (n. -iness). a. less, නිදනොගත්ත (n. -ness) [a. -y

sleet ස්ලීට්, n. හිම හෝ හිම කැට මිශ්‍ර වැස්ස.

sleeve ස්ලීව්, n. ඇඳුමේ අත. v. අත් ද මසනවා හෝ මහණවා. a. -less

sleigh ස්ලේ, n. (sled බ.) [ලය

sleight ස්ලයිට්, n. දක්ෂකම, මායාව, ඉන්ද්‍රජා

slender ස්ලැණ්ඩර්, a. සිහින්, කෘශ, අල්ප, අඩු. n. -ness

slice ස්ලයිස්, v. පෙති ගහණවා, කොටස් කරණවා. n. පෙත්ත. n. -r, පලල් පැතිලි පිහිය

slide ස්ලයිඩ්, v. ලිස්සනවා, ලිස්සාගෙණයනවා. n. ලිස්සීම, ලිස්සන මාර්ගය, උස් පාත්කරණපියන

slight ස්ලෙයිට්, *a.* කුඩා, සුළු. *v.* නොසලකා අරිනවා, සුළුකරනවා. *n.* නොසැලකීම, සුළු කිරීම. *n.* -ness

slily ස්ලයිලි, *ad.* =slyly

sliness ස්ලයිනැස්, *n.* =slyness

slim ස්ලිම්, *a.* සිහින්, කෘශ. *n.* -ness [*a.* -y

slime ස්ලයිම්, *n.* ඇලෙන මඩ, නොහොරු මඩ.

sling ස්ලිං, *v.* ගැස්සීමෙන් විසිකරනවා, පටියෙන් විසිකරනවා. *n.* ගල් විදින පටිය, අතඑල්ලන පටිය [යනවා

slink ස්ලින්ක්, *v.* හෙමින් හෝ නීචලෙස සැඟවී

slip ස්ලිප්, *v.* ලිස්සනවා, වරදිනවා, මගඇරනනවා. *n.* කපා වෙන්කළ රිකිල්ල, ලිස්සීම, ප්‍රමාද දෝෂය, දිගකෑල්ල, නැව් උස්සන යන්ත්‍රය. *n.* -per, පාදුකාව, පාපුස්එක, විනෝලය. *a.* -pery, ලිස්සෙන, සිනිඳු, චපල, අස්ථිර

slit ස්ලිට්, *v.* දිග අතට කපනවා හෝ ඉරනවා. *n.* දිග අතට ඉරුම හෝ කැපුම, පැල්ම

sloe ස්ලෝ, *n.* කුඩා ඇඹුල් ගෙඩි වර්ගයක්

slogan ස්ලෝගන්, *n.* ස්කොට්ලන්ත හවගන්ගේ (රැස්වීමට කරන) යුධ ඝෝෂාව

sloid } ස්ලොයිඩ්, *n.* හස්තකර්මාන්ත සම්බන්ධ ප්‍රාථශාලා ඉගැන්වුම ක්‍රමය
sloyd }

sloop ස්ලූප්, *n.* එක කුඹයක් ඇති නැව

slop ස්ලොප්, *n.* ඉහුරුණු වතුර, ගොහොරු තැ

ස, බාල මිත්පෑත්. *n.* -s, දුප්පත් දියකෑම, කිලුටුවතුර. *a.* -py, මඩ, ගොහොදු (*n.*-iness)

slope ස්ලෝප්, *n.* ළල්ලම, බෑවුම. *v.* ඇලවෙ කවා, බෑවුම් ආකාර කරණවා. *a.* -y

sloth ස්ලොත්, *n.* තද කම්මැලිකම, තද අලස කම, උණගපුටුවා. *a.* -ful, ඉතා කම්මැලි (*n.* -ness)

slouch ස්ලෞච්, *n.* අශෝභන සක්මන් පිළිවෙ ක්. *v.* ඉස එල්ලාගෙණ ඉන්නවා

slough ස්ලෞ, *n.* මඩවගුර. ගොහොරු තැන. (සර්ප) හැවය. *v.* ගැලවී වැටෙනවා

sloven ස්ලව්·අන් (ගෝ) ස්ලවින්, *n.* ඇඳුම්ගෝ පවිත්‍රකම ගැණ සැලකීමක් නැති අය. *a.* -ly, එසේ සැලකීමක් නැති (*n.* -iness)

slow ස්ලෝ, *a.* ඉක්මන් නැති, කඩිසර නැති, ප්‍රමාද, උනන්දු නැති. *n.* -ness

sludge ස්ලජ්, *n.* =slush [යක්, ගොලා

slug ස්ලග්. *n.* කටුව නැති ගොළුබෙල්ලන්වගී

sluggard ස්ලග්·ගාර්ඩ්, *n.* තද අලසයා, කුසීතයා

sluggish ස්ලග්ගිෂ්, *a.* උනන්දු නැති, අලස. *n.* -ness

sluice ස්ලූස්, *n.* දිය දොර, සොරොව්ව

slumber ස්ලම්·බර්, *n.* මද නින්ද, අඩනින්ද, නිදාවැටීම. *v.* මද නින්දෙන් නිදනවා, නිදා වැටෙයනවා, ඉතා අලසව සිටිනවා. *a.* -rous

slur ස්ලර්, *v.* කිලුටුකරණවා, නොසැලකිලි ලෙස හෝ අසම්පූර්ණලෙස කරණවා. *n.* කැලල, නින්දාව, ප්‍රයෝගය

slush ස්ලශ්, *n.* ඉතා දියවූ මඩ, බුරුල් මඩ, කුණුදිය, තෙල් කලවම. *a.* -y

slut ස්ලට්, *n.* සකසුරුවම් නැති කිලුටු ස්ත්‍රී. *a.* -tish, සකසුරුවම්නැති [*n.* -ness. *ad* -ly

sly ස්ලෙ, *a.* ප්‍රයෝග, රහසිගතව ක්‍රියා කරණ.

smack ස්මැක්, *n.* තලුගහණ ශබ්දය, රස, ස්වල්ප රස, සුළු දැනීම, (ශබ්දයක් සහිත) හාද්ද,එක කුඹය ඇති කුඩා නැව්, හම්බාන, අතුල් පහර. *v.* තලුගහණවා, අතුල් පහර දෙනවා, (කසය) පුපුරවණවා, හාද්දක් දෙනවා, රස තිබෙනවා

small ස්මෝල්, *a.* කුඩා, සුළු. *n.* -ness. *n.*-arms, (කාලතුවක්කු නොවන මිනිහාට ගෙණයාහැකි) තුවක්කු ආදි කුඩා ආයුධ. *n.* -beer, බාල බීර මත්පැන්. *n.* -clothes, කොට කලිසම්, සරුවාල. *n.* -hand, ලියන් අකුරු. *n.* -pox, වසූරිය, මහා ලෙඩ

smart ස්මාර්ට්, *a.* තැර, කඩිසර, නිපුණ, දක්ෂ, ශෝභන. *v.* විසගහණවා, තද්ත් හිත් වේදනා විඳිනවා. *n.* විසගැහීම, තද හිත්වේදනාව. *n.* -ness. *v.* -en, උනන්දුකරණවා [ඩිකර දැම්ම

smash ස්මැශ්, *v.* පොඩිකර දමනවා. *n.* පො

smatter ස්මැටර්, *v.* ස්වල්ප රසයක් හෝ ද

තිමක් ඇබෙතවා, (නමක් ගැණ) දෙබවනවා.
n. -ing, ස්වල්ප දූතගැම්ම

smear ස්මීර්, v. ගානවා, තවරණවා

smell ස්මැල්, n. ගඳසුවඳ දැනීම, (හොඳ හෝ නරක) ගන්ධය. v. ඉඹිනවා, ආඝ්‍රාණය කරණවා, ගන්ධය දැනගනවා [ලෝහ උණුකරණ තැන

smelt ස්මැල්ට්, v. ලෝහ උණුකරණවා. n.-ery,

smile ස්මයිල්, v. මඳ ලෙස සිනාසෙනවා. n. මඳ සිනාව [ණවා

smirch ස්මර්ච්, v. කිලුටු කරණවා, අප්‍රසිද්ධකර

smirk ස්මාර්ක්, v. බොරුවම සිනා මූණක් හෝ මෘදු ගුණයක් පානවා. n. වංක සිනාව

smite ස්මයිට්, v. ගහනවා; පහරදෙනවා

smith ස්මිත්, n. ලෝහ කර්මාන්තකාරයා, ආචාරියා. n. -ery, -y, කම්මල

smoke ස්මෝක්, n. දුම. v. දුම්ගහනවා, දුම් ගස්සනවා, දුමෙන් පහකරණවා, දුම් කවනවා, දුම් බොනවා. a. -eless. a. -y(n. -iness)

smooth ස්මූත්, a. සම; සිනිඳු, මෘදු. v. සමතලා කරණවා, සිනිඳුකරණවා, මෘදුකරණවා, මර්දනය කරණවා. v. -en. n. -ness

smote ස්මෝට්, v. smite හි අතීත විධිය

smother ස්මදර්, v. හුස්ම හිරකර මරණවා, යටපත්කරණවා, වසනවා. a. -y [සිල්ලේ දහවා

smoulder ස්මෝල්ඩර්, v. (පත්තුනොවී) හැව

smudge ස්මජ්, v. කිළුටුකරණවා, තවරණවා. n. කිළුව

smuggle ස්මග්ල්, v. බුදු බද්ද නොගෙවා බඩු අවංගවා හෝ ගෙන්වනවා, රහසින් ගෙණෙනවා [ශරුප. a. -ty

smut ස්මට්, n. කුණු ලපය, දුඹුරුපාද, කුණු

snaffle ස්නැෆ්ල්, n. තනි යකඩයක් ඇති කටකලියාම

snail ස්නේල්, n. ගොළුබෙල්ලා [සර්ප

snake ස්නේක්, n. සර්පයා. a. -y, සර්පාකාර,

snap ස්නැප්, v. ඩැහැගන්නවා, හපා කන්ට හදනවා, එකපාරම කැඩෙනවා, (අසුර) ගහණවා. n. හදිසිහැපීම, එකපාරට කැඩීම, පිපිරීම් ශබ්දය, අසුර. a. -pish, හපාකන්ම ලැදි, තරහගතියක් ඇති (n. -ness). n. -shot, (දුවන සතෙකුට තබන) ඉක්මන් වෙඩිල්ල, අත්යන්ත්‍රයකින් ඉක්මණින් ගත්ත ඡායාරූප

snare ස්නෙ'අර්, n. මලපත, පුඩුව, උගුල. v. මලපතෙහ් හෝ උපක්‍රමයෙන් අල්ලනවා. a.-y

snarl ස්නාර්ල්, v. (බල්ලෙක්මෙන්) ගොරවණවා, රෞද්‍රලෙස කථාකරණවා

snatch ස්නැච්, v. හදිසියෙන් උදුරාගන්නවා, උදුරාගණ්ට හදනවා. n. අදිසියෙන් උදුරාගැණීම

sneak ස්නීක්, v. නීචලෙස ක්‍රියාකරණවා, a. -y

snare ස්නෙයර්, v. බැල්මෙන් නිග්‍රහකරණවා, පුළු කර යථාකරණවා. n. නිග්‍රහ බැල්ම
sneeze ස්නීස්, v. කිවිසිණවා. n. කිවිසීම
sniff ස්නිෆ්, v. ඉඹිනවා, ඉවකරණවා. n. ඉඹීම
snigger ස්නිග්‍අර්, v. මිරිකා සිනාසෙනවා
snip ස්නිප්, v. එකපාරම කතුරෙන් කපනවා. n. එසේ කැපීම, කැපූ කුඩා කැබැල්ල, අං ශුරුෂ කැබැල්ල. n -pet, කුඩා කැබැල්ල
snipe ස්නයිප්, n. කැස්විටුවා
snivel ස්නිව්අැල් (හෝ) ස්නිව්ල්, n. හොටු, හොටු ඉහළට ඇදීම, නාසයෙන් ඇඬීම. v. හොටු ඉහළට අදිනවා, හොටු ඉහළට අදිමින් හඬනවා, නාසින් හඬනවා
snob ස්නොබ්, n. උත්තමයෙක්යයි හඟවන අධමයා. n. -bery. a. -bish, -by
snooze ස්නූස්, v. මඳ වේලාවක් නිදනවා. n. මඳ නින්ද [ගෙරවීම
snore ස්නෝර්, v. නින්දෙන් ගොරවණවා. n.
snort ස්නෝර්ට්, v. (අශ්වයෙකු මෙන්) නාසයෙන් හුස්ම ඇරීමෙන් ශබ්දකරණවා
snot ස්නොට්, n. හොටු [ශූකරයෙකුගේ
snout ස්නවුට්, n. (ශූකරයාගේ) හොම්බ, හො
snow ස්නෝ, n. හිම, තුෂාරය. v. හිම වැටෙනවා. a. -y, හිමැති. හිම ගහන. a. -less
snub ස්නබ්, v. අවමන්කරණවා, වචනයෙන් ප

හරදෙනවා, පුළුහොැම සලකනවා. *n.* -nose, පැතලි නාසය

snuff ස්නෆ්, *v.* හුස්ම ඉහලට අදිනවා, නාසයෙන් ඇදගන්නවා හෝ උරණවා. *n.* දුම්කුඩු, නාසයෙන් හුස්ම ඉහලට ඇදීම, පොටු, ගඳකා, පාන්තිරයේ දන කොටස, දැ අඟුරුවූ පාන්තිරය. *n.* -ers, පාන්තිරයේ අඟුරු පොමන කතුර. *v.* -le, නාසයෙන් කතාකරණවා, නාසයෙන් තදින් හුස්ම එලනවා. *a.* -y

snug ස්නග්, *a.* උණුසුම හා මුවාව ඇති, සැපපහසු. *v.* -gle, උණුසුම පිණිස ලංකරගන්නවා. *n.* -ness. *n.* -gery, තදිව සැප පහසු ඇති තැන.

so සෝ, *ad.* සහ *conj.* එසේ, මෙසේ, ඒ නිසා, ඒ (පමණ), ඔ (පමණ), මෙ (පමණ), ලෙස. So-and-so; නම හෝ විස්තර නොදත් යම්කෙනෙක් හෝ දෙයක්

soak සෝක්, *v.* පොගනවා, පෙවෙනවා. *a.* -y

soap සෝප්, *n.* සබන්. *v.* සබන්ගානවා. *a.* -*y*, සබන්මුසු, සබන් ගෑ, සබන්වැනි (*n.* -iness)

soar සෝර්, *v.* ඉහල පියාසරකරණවා, ඉහල නගිනවා

sob සොබ්, *v.* ඉකිගහණවා. *n.* ඉකිනැගීම

sober සෝබර්, *a.* මත්නොවූ, උමතු නැති, සංසුන්, බැබලීම නැති. *v.* මත්ගතිය අරිණවා, සං

සුස්සාරණමා, n. -erness. -riety

sobriquet සොබ්‍රිකේ, n. කවට නම

sociology සෝෂිඔලජි, n. මිනිසා සංගමයේ එහි විකාශය ශිෂ්ටාචාර වර්ධනය ආදිය පිළිබඳ ශාස්ත්‍රය. n. -ist

sociable සෝෂබ්ල්, a. සමාගම් පැවැත්වීමට ලැදි, සංගම ප්‍රිය, සුශීල, මිත්‍ර, සිදහස්. n. -leness, -ility

social සෝෂල්, a. සමාගම්වීමට කැමති, සාමාජික, මිත්‍ර, අන්‍යොන්‍ය. n. -ness, -ity. v. -ise

socialism සෝෂලිස්ම්, n. වස්තු පොදුවේ භුක්ති විඳීම, වස්තු සම්යෝගය. n. -t, වස්තුසම්යෝග මතිකයා. a. -tic [සංඝා

society සොසයිටි, n. සමාගම, සභාව, [illegible]

sock සොක්, n. කොමේස් එක

socket සොකට්, n. ආධාරය, වළ

sod සොඩ්, n. තණ පිඩැල්ල. a. පිඩැලි. v. පිඩැලි අල්ලනවා. a. -dy

soda සෝඩ, n. (මුහුදු පැළ වර්ගයක අලුවලින් සාදන) එකම් ද්‍රව්‍යයක්, ක්ෂාර(කාරම්)ද්‍රව්‍යයක්

sodality සෝඩැලිටි, n. සංඝභාගිකම, සමාගම

sodden සොඩන්, a. තැම්බූ (seethe බ.)

sodium සෝඩිඅම්, n. ලුණු සැහැල්ලු රිදී වැනි ලෝහ වර්ගයක්

sodomy සොඩමි, n. පුංමෛථුනය, අසොභාචාර

මෛථුනය. *n.* -ite, පුංමෛථුනයකල අය, සොඩොම්හි වැසියා

sofa සෝ·ෆා, *n.* දෙඉස් ඇති කවිච්චිය, සෝපාව

soft, සොෆ්ට්, *a.* මෘදු, මොලොක්, ලපටි. මිහිරි. *n.* -ness, *n.* -en, මොලොක්කරණවා. *a.* -ish

soho සෝහෝ, *interj.* අඬගැසීමේ නිපාතයක්

soil සොයිල්, *n.* පස, කුණු, කැලෑ. *v.* කුණුවන වරණවා, කිළුටුකරණවා

soiree සොයරේ, *n.* සැන්දෑ මිතුරු සමාගම

sojourn සෝ·ජාර්න් (හෝ) සො·ජාර්න්, *v.* කලකට වාසයකරණවා. *n.* මද කලක් වාසයකිරීම; අල්පකාල නිවාසය

solace සොලේස්, *n.* සැනසිල්ල. *v.* සනසනවා

solar සෝ·ලර්, *a.* සූර්ය සම්බන්ධ, සූර්ය

solatium සෝලේෂිඅම්, *n.* අලාභ හෝ ප්‍රතිඵල වශයෙන් දුන් මුදල [ආස්සනවා

solder සෝල්·ඩර් (හෝ) සොඩ්·අර්, *v.* (ලෝහ)

soldier සෝල්·ජර්, *n.* යුධ යෝධයා. *a.* -ly, යුධ යෝධයෙක් වැනි. *n.* -y, යුධයෝධයෝ

sole සෝල්, *n.* යටිපතුල, පැතලි මත්ස්‍යයෙක්, පලා මඩුව. *a.* තනි, කේවල. *v.* පතුලක් දමනවා

solecism සොල්ඉසිස්·ම්, *n.* ව්‍යාකරණයට විරුද්ධ යෙදීම, අයෝග්‍ය හෝ විරුද්ධ යමක්, කඩ කිරීම. *v.* -e

solemn සොල්අැම්, a. හිතට වැදී යන, බරපතල, ඉතා වැදගත්, ඉතා සංසුන්. n. -ess,-ity. v. -ise, ආගමේ චාරිත්‍ර ඇතුව සිදුකරණවා හෝ පවත්වනවා, සිදුකරණවා. (n. -ation)

solicit සොලිස්ඉට්, v. මදක් ඕනෑකමින් ඉල්ලනවා, අයදිනවා, පොලඹනවා. a. -ant. n. -ation. n. -or, ඕනෑකමින් ඉල්ලන්නා, (නඩු ශාලාවේදී අන්‍යයෙකු වෙනුවට ක්‍රියාකිරීමට බලය ලත්) නීතිඥයා (n. -ship). a. -ous, ආශාවෙන් සිටින. අනුමාන සිතින් සිටින. n. -ude සොලිස්ඉටියූඩ්. ආශාව, අනුමානයෙන් සිටීම, කණගාටුසිතීම

solid සොල්ඉඩ්, a ඝන, දෘඪ, දිගටපවතින, සාරවත්. n. ඝන හෝ දෘඪ දෙයක්. n. -ity, -ness. ඝනභාව, දෘඪ බව, සවිබලකම. v. -ify, ඝනීකරණවා, දෘඪකරණවා, මුදවනවා (n. -ication)

soliloquy සොලිලොක්වි, n. තනියමකථාකර ගැනීම, තමා කරනත් කථාවක ආකාරයෙන් සකස්කළද රචනාව. v. -ise, තනියම් කතාකර ගන්නවා [ඒවේක. n. -iness

solitary සොල්ඉටෙරි, a. තනි, තනියම වසන,

solitude සොල්ඉටියූඩ්, n. තනියම වාසය කිරීම, විවේක ස්ථානය, විවේකකම

solo සෝලො, n. ඒකතාලය, තනිතාලය

solstice සොල්ස්ටිස්, n. අයනාන්ත, අයන කාලය ක්‍රාන්තිය, ක්‍රාන්තිකාලය. a. -tial

soluble සොල්යුබිල්, *a.* දියකළ හැකි. *a.* -le-
-ness, -ility

solution සොලූෂන්, *n.* දියකිරීම, දියවූ ද්‍රව්‍යය, ද්‍රව්‍ය දියකිරීමෙන් තැනූවතුර, විසඳීම, පැහැදීම

solve සොල්ව්; *v.* විසඳනවා, පහදනවා. *a.* -nt, දියකරණ; *n.* (යමක්) දියකරවන ද්‍රව්‍යය. *n.* -ncy, ණය ගෙවන්ට පුළුවන්කම

sombre සොම්'බර්, *a.* අඳුරු, කණස්සලු. *n.*-ness

some සම්, *a.* සමහර, ස්වල්ප, මදක්ලොකු, යම්, පමණ. *pron.* සමහරු, සමහරක්. *n.* -body, කවුරුවත්, යමෙක්. *ad.* -how, කොහොම නමුත්. *ad.* -time, ඉස්සර, මතු කවදා නමුත්. *ad.* -times, සමහරවිට, බොහෝමලෝවම. *n.* -thing, යමක්, මොකවත්, ටිකක්; *ad.* ටිකක් තරමක්. *n.* -what, මොකක් නමුත්, යමක්; *ad.* ටිකක්, තරමක්. *ad.* -where, කොහේ නමුත්, යම්කිසි තැනක

somersault සම්'අර්සොල්ට්,
somerset සම්'අර්සැට්, } *n.* කරණම, පිණුම

somnambulism සොම්නැම්බ්‍යුලිස්'ම්, *n.* නින්දෙන් ඇවිදීම. *a.* -c, නින්දෙන් ඇවිදීම සම්බන්ධ, නින්දෙන් ඇවිදින. *n.* -st, නින්දෙන් ඇවිදින්නා

somniferous සොම්නිෆ්'අරස්,
somnific සොම්නිෆික්, } *a.* නින්ද උපදවන

somniloquence සොම්නිල්ඕක්වැන්ස්, } a. නින්දෙ
somniloquism සොම්නිල්ඕක්විස්.ම්, } න් කතාකි
රීම [-cy, නිද්මත
somnolent සොම්නොලන්ට්, a. නිදිමතවූ. -ce,
son සන්, n. පුත්‍රයා, පිරිමිදරුවා. a. -in-law,
(දූ දූන්) බෑනා. n. -ship, පුත්‍රකම [ස්වරය
sonant සෝනන්ට්, a. ඝෝෂාකරණ. n. ඝෝෂ
song සොං, n. ගීත, සිංදුව, පක්ෂිනාදය, ඇමෙද
යස්. n. -ster, ගීකියන්නා, නාදකරණ පක්ෂියා
(n. -ress f.) [කවිය
sonnet සොන්නැට්. n. පද 14 ක කවිය, ශ්ලෝකය
sonorous සොනෝරස්, a. පැහැදිලි ලොකු ශබ්ද
දෙන, නාදදෙන, මධුර. n. -ousness, -ity
soon සූන්, ad. ඉක්මණින් [(n. -iness)
soot සූට්, n. සුඹුළු. a. -y, සුඹුළු, දූලිපාට ඇති
sooth සූත්, a. සැබෑ, විශ්වාසකටයුතු. n. සැබෑව
soothe සූත්, v. නලවනවා, සහනයකරනවා
soothsay සූත්සේ, v. ප්‍රශ්නකියනවා, නිමිති කිය
නවා, ශාස්ත්‍ර කියනවා. n. -er
sop සොප්, n. කෑමට පෙගෙවූ ද්‍රව්‍යය, සහනය
කරණ දෙය, ඉතා නොවටිනා දෙය. a. -py
sophism සොෆ්ඉස්ම්, } n. (මුළාකිරීමට පාස)
sophistry සොෆිස්ට්‍රි, } බොරු තර්කනය. n. -t,
පණ්ඩිතයා, බොරු තාර්කිකයා. a. -tic, -tical,
තර්කණයෙන් මුළාකරණ. v. -ticate. මුළාකරණ

වා, නරක්නරණවා. බාලකරණවා (*n.* -ion)

soporific සොප්ඔරිෆික්, *a.* නින්ද උපදවන. *n.* නින්ද උපදවන ඖෂධය

soprano සොප්‍රාණෝ, *n.* ස්ත්‍රියකගේ හෝ ළම යෙකුගේ උස්හඬ, ඉතා උස් සංගීතස්වරය

sorcerer සෝර්සරර්, *n.* මායාකාරයා, මන්ත්‍රකාරයා. *n.* -ess (*f.*). *n.* -y, මායාව, පේණකීම, මන්ත්‍රකම් [*n.* -ness

sordid සෝර්ඩිඩ්, *a.* නීච, ඉතා ලෝභ, කෑත.

sore සෝර්, *a.* වේදනා ඇති, වණවූ, දුඃඛිත,තද, උග්‍ර, බර. *n.* වණය, කණගාටුව. *n.* -ness

sorrel සොර්රල්, *n.* ඇඹුල් ඇඹිලියා. *a.* අඳුරුරතු

sorrily සොරිලි, *ad.* කණගාටුලෙස, අධමලෙස

sorrow සොර්රෝ, *n.* කණගාටුව, ශෝකය. *v.* කණගාටුවෙනවා. *a.* -ful, කණගාටු (*n.* -ness)

sorry සෝර්රි, *a.* කණගාටු, කාලකණ්ණි, අධම, කොඩ්ඩිත [ණවා. *n.* -ment

sort සෝර්ට්, *n.* විශේෂ. *v.* තෝරණවා, බේර

sortie සොර්ටි, *n.* (වටලනු ලැබූවන් විසින් වැටලුවණ්ට) පහරදීමට නික්මීම

sot සොට්, *n.* තද බේබද්දා, ගුඞ්ඩයා. *a.* -tish. බේබදු; මත්වූ, උමතුවූ, ගුඞ්ඩ

sough සෆ්, *n.* (හුළං ශබ්දය බඳු) ගීත් ශබ්දය. *v.* ගීත් ශබ්දයක් කරණවා

soul සෝල්, *n.* ආත්මය, පණ, අය. *a.* -less,

පණ නැති, අධම, නීච, උනන්දු නැති

sound සෞණ්ඩ, *n.* ශබ්දය, හඬ, පටුමුහුදුසන් සිය. *v.* ශබ්ද කරණවා, ගැඹුර බලනවා, පරීක්‍ෂාකරබලනවා, දැනගැණිමට උත්සාහ කරණවා. *a.* සම්පූර්ණ, නිරෝගී, කැඩී බිඳී නැති, වකලවයාවූ, සාරවත්. *n.* -ings, ශංගා ආදියේ ගැඹුර දැනගතහැකි තැන්. *n.* -ness

soup සුප්, *n.* බොහෝ කොද්ද, ජස

sour සෞර්, *a.* ඇඹුල්. *v.* ඇඹුල්වෙනවා, අසතුටු කරණවා. *a.* -ish. *n.* -ness

source සෝර්ස්, *n.* මූල, නිදානය, හේතුව

souse සෞස්, *v.* අද්දිගෙන් වතුරේ ගිල්වනවා

south සෞත්, *n.* දකුණ. *a.* දකුණු. *a* -erly සඃදර්ලි, දකුණුදිගින් එන, දකුණුදිග. *a.*-ern සඃදර්න්, දකුණු. *n.* -east, ගිනිකොණ. *n.* -easter, ගිනිකොණින් හමන සුළඟ. *a.*-easterly. *a.* -eastern. *n.* -erner, දකුණේ වැසියා හෝ උපන් අය. *a.* -ermost, -ernmost, -most, ඉතා දකුණු, දකුණේ ඉතා ඈත්. *n.* -ing, දකුණට යාම. *ad.* -ward, දකුණු දෙසට. *n.* -west, නිරිත ,(*a.* -erly, -ern), *n.* -wester, නිරිත දිගින් හමන තද සුළඟක්

souvenir සූවනීර් (හෝ) සූවනීර්. *n.* සිහිවීමට යමක්, සිහිකරවීමට දෙනලද්දක්

sovereign සව්‍රින්, *n.* රජ, රැජිනි, රජරජ

පමුඛ. *n.* -ty සර්ව·අධිපති, රජකම, ඊශ්වර භාවය

sow සෞ, *n.* ඊරි, දිග ලෝහ කෑලි වක්කර ණ ඔරුව, වක්කළ ලෝහ කෑබැල්ල

sow සෝ, *v.* (බීජ) වපුරණවා, ඉසිණවා

space ස්පේස්, *n.* ආකාශය, අවකාශය, ඉඩ, දුර, අතර. *v.* ඈත්කරණවා. *a.* -ious, බොහෝ ඉඩ ඇති, විශාල. (*n.* -ness)

spade ස්පේඩ්, *n.* බිම හොවා පස්ගන්න ආයුධ යක්, ඉස්කෝප්පය

spake ස්පේක්, *v.* speak හි අතීත විධිය

span ස්පෑන්, *n.* වියත, බෝක්කු පළල, ප්‍රමා ණය, කුළුඹු කාලය, (සතුන්) බාන හෝ ඇ ගය. *v.* වියතින් මණිනවා, මුළු පළලටයනවා, *a.* -new, ඉතා අලුත්

spangle ස්පෑංගල්, *n.* දිලිසෙන කුඩා ලෝහ පො ත්ත, දිලිසෙන කුඩා දෙය. *v.* දිලිසෙන දේව ලින් සරසනවා. *a.* -y

Spaniard ස්පෑන්යර්ඩ්, *n.* ඉස්පාඤ්ඤ දේශිකයා

spaniel ස්පෑන්යැල්, *n.* දිගලොම් සහ එල්ලෙන කන් ඇති දඩයම් බලු වර්ගයක්

Spanish ස්පෑනිෂ්, *a.* ඉස්පාඤ්ඤ රට සම්බන්ධ. *n.* ඉස්පාඤ්ඤ භාෂාව

spank ස්පෑංක්, *v.* දුරට පනිනවා (ඉක්මනින් යනවා), අතුල් පහරක් ගහනවා. *n.* -er, රුවලක

spanner ස්පැන්'අර්, *n.* ඉස්කුරුප්පු අඬුව

spar ස්පාර්, *n.* වටකුරු ලීය හෝ දණ්ඩ, පරාලය, දිලිසෙන තහඩු හෝ පුපුරු ගල්වර්ගයක්, අත්මිටි හරඹය, මල්ලව පොරය. *v.* අත්මිටි වලින් ගහගන්නවා, හරඹකරණවා.

spare ස්පේර්, *a.* අධික, ඉතුරු, සීන්. *v.* ඉතුරුකරණවා, ගලවනවා

spark ස්පාර්ක්, *n.* ගිනිපුපුර [මෙහෙණවා

sparkle ස්පාර්ක්ල්, *v.* ගිණිපුපුරු පතිනවා, දිලි

sparrow ස්පැර්රෝ, *n.* ගේකුරුල්ලා

sparse ස්පාර්ස්, *a.* තැනින් තැන විසිරී තිබෙන, ගන නොවූ, අබහුල. *n.* -ness

spasm ස්පැස්'ම්, *n.* හදිස්සියෙන් නහර ඇකිලීම, මස් පෙරළීම, ගැස්ම. *a.* -modic, -tic

spatial ස්පේෂල්, *a.* අවකාශගත (ඉඩ) සම්බන්ධ

spatter ස්පැට්'ටර්, *v.* ඉසිණවා

spawn ස්පෝන්, *n.* (මාලු මැඩි ආදීන්ගේ) බිජු. *v.* (ඒ සත්තු) බිජු දමනවා

speak ස්පීක්, *v.* කථාකරණවා, කියනවා, ප්‍රකාශවෙනවා. *a.* -able. *n.* -er, කථාකරන්නා, මහජන මන්ත්‍රී සභාවේ අධිපතියා [සනවා

spear ස්පිර්, *n.* හෙල්ලය. *v.* හෙල්ලෙන් අණි

special ස්පෙෂ්'අල්, *a.* පොදු නොවූ, විශේෂ, වර්ගය සම්බන්ධ. *v.* -ise, විශේෂ කරණවා *n.* -ist. එක් විශේෂකරුණක් ගැණ දැනුම් ඇ,

ත්තා. *n.* -ity, විශේෂකරුණ, විශේෂතාව. *n.* -ty, යමෙක ප්‍රසිද්ධවූ විශේෂ කරුණ

specie ස්පීෂි, *n.* රන් රිදී මිල

species ස්පීෂීස්, *n.* වර්ගය, වර්ග

specify ස්පැස්ෆිෆයි, *v.* විස්තරවශයෙන් (එක එක) හඳුනාගත්කරණවා හෝ කියනවා. *a.* -ic, වර්ග්‍ය, විශේෂ, නියම; *n.* නියම හෝ විශේෂ බෙහෙත. *n.* -ication

specimen ස්පැසිමෙන්, *n.* ආදර්ශය, නිදර්ශනය

specious ස්පීෂස්, *a.* හරි හෝ ප්‍රසන්න වාගේ පෙනෙන, ලස්සණ, ඇසට ප්‍රියවූ. *n.* -ness

speck ස්පැක්, speckle ස්පැක්ල්, *n.* ලපය, කැලැල, බින්දුව, ඉතා කුඩා දෙය. *v.* කුඩා බින්දු හෝ පුල්ලි ඉහිරණවා

spectacle ස්පැක්ටකල්, *n.* අපූර්ව දර්ශනය. *n.*-s, ඇස් කණ්ණාඩි. *a.* -d, ඇස් කණ්ණාඩි දැමූ

spectacular ස්පැක්ටැක්යුලර්, *a.* අපූර්ව දර්ශනය සම්බන්ධ, ඇස් කණ්ණාඩි සම්බන්ධ

spectator ස්පැක්ටේටර්, *n.* බලාසිටින්නා. *n.* -ress (*f.*), බලාසිටින්නී

spectre ස්පැක්ටර්, *n.* අවතාරය, භූතයා, ප්‍රේතයා. *a.* -al, අවතාර, භූත. *n.* -um, තුන් හුළුස් වීදුරු කැබලි ආදියට පෙනෙන නොයෙක් වර්ණ

speculate ස්පැක්යුලේට්, *v.* නොයෙක් ආකාර

යෙන් සිතා බලනවා, විතක්කකරණවා, (විකුණ) ලාබගැනීමට ඉඩෑ ආද්ස මිලේම ගන්නවා. n. -ion. a. -ive [කථාතොකරණ. v. -ify

speech ස්පීච්, n. භාෂාව, කථාව. a. -less,

speed ස්පීඩ්, n. ඉක්මණ, වේගය. v. ඉක්මන් කරණවා, සඵලවෙනවා. a. -y, ඉක්මන් (n. -iness. ad. -ily) [මන්ත්‍රය, වාරය

spell ස්පැල්, v. වචනයක අකුරු කියනවා. n.

spend ස්පැණ්ඩ්, v. වියදම්කරණවා, ගතකරණවා, වෙහෙසනවා. n. -thrift, ධන නාස්තිකාරයා

spent ස්පැණ්ට්, a. වියදම්කළ, ගතකළ, වෙහෙසුන [සර් නමැති ඉංග්‍රීසි කවිවරයා සම්බන්ධ

Spenserian ස්පැන්සිරි·අන්, a. ඇඩ්මණ්ඩ් ස්පැන්

sperm ස්·පර්ම්, n. ශුක්‍රධාතු, බීජ. a. -atic

sphere ස්ෆීර්, n. ගෝලය, මණ්ඩලය, අවස්ථාව දශාව, නියෝගය

sphinx ස්ෆිංක්ස්, n (එක් තේරවිල්ලක් විසඳිය නොහැකිවූවත් මැරූ හිස කොටස ස්ත්‍රී ආකාරවූද ඉතුරු කොටස සිංහාකාරවූද පියාපත් සහිත) මිථ්‍යා සත්වයෙක්, තේරවිලි අසන්නා, සමතල වයීනක්

spice ස්පයිස්, n. කුළු ද්‍රව්‍ය, සුගන්ධ ද්‍රව්‍ය. v. කුළුබඩු දමනවා, රසවත්කරණවා. a. -y, කුළුරස ඇති, සුරස, සුගන්ධ (n. -iness)

spider ස්පයිඩර්, n. මකුළුවා

spigot ස්පිගට්, *n.* පීප්පයිලේ ගසන ඇබය

spike ස්පයික්, *n.* උල, ලොකු කුර හෝ ඇණය, කෑය, සරල. *n.* -let [කෑනු පුවද ද්‍රව්‍යය

spikenard ස්පයික්නාර්ඩ්, *n.* ජටාමාංස, ඉන්

spill ස්පිල්, *v.* ඉහිරෙණවා, විසුරුවනවා. *n.* ලී පතුර, ලීකූර, (පානක් පත්තුකිරීමට) ඇඹුල් කඩදාසි හෝ යතුකූඩු කූර, සුළුමුදල. *n.*-water, පිටාරය, සොරොව්ව

spin ස්පින්, *v.* (නූල්) කටිනවා, කරකවනවා

spinach }
spinage } ස්පිනච්, *n.* නිවිතිවැල, නිවිති

spindle ස්පින්ඩල්, *n.* ඉද්ද, දික් සිහින් දණ්ඩ

spine ස්පයින්, *n.* පිටිකොන්දේ ඇටය, කටුව, *a.* -al. *a* -y [වාහක යන්ත්‍ර

spinster ස්පින්ස්ටර්, *n.* (නූල්) කටින්නී, අවි

spiracle ස්පයිරකල් (හෝ) ස්පිර්අකල්, *n.* වාතය යන්නා කුඩා සිදුර, කුහරය

spire ස්පයර්, *n.* උල්හැඩි කොත, එබඳු දෙයක්. *a.* -al, උල් කොත ආකාර හෝ සම්බන්ධ, දඟර, ඉස්කුරුප්පු ආකාර. *a.* -y

spirit ස්පිරිට්, *n.* ප්‍රාණය, ආත්මය, අභිප්‍රාය, භූතයා, උනන්දුකම, ප්‍රීතිමත්කම, සාරය, රසමෙර. *a.* -ed, ධෛර්යවත්, ප්‍රාණවත් (*n.* -ness). *a.* -less. *n.* -level, මට්ටම බැලීමට

ව්‍යවහාරකරණ විද්‍යුත් ජලයක්. *a.* -uous ස්පිර් ඉචුඅස්, රහමෙර, සුරා

spiritual ස්පිර්ඉචුඅල්, *a.* අද්‍රව්‍ය, ධර්ම, පරිශුද්ධ, ආත්මික, ආධ්‍යාත්මික, පාරලෞකික. *n.* -ity. *v.* -ise, පරලොව හෝ ආත්මික අතට හරවනවා. *n.* -ism, ආත්ම දෘෂ්ටිය, මළ අයවලුන්ගේ ආත්ම හෝ අව්‍යාර සම්බන්ධ දෘෂ්ටිය. *n.* -ist (*a.* -ic) [වා

spirt ස්පර්ට්, *v.* වැලක ආකාරයෙන් දියපිටකරණ

spit ස්පිට්, *n.* තුඩක් ඇති දිග දෙය, මස්කූර. *v.* කූරගහනවා, කෙළගහනවා. *n.* -fire, රෞද්‍ර තරහකාරයා

spite ස්පෛට්, *n.* වෛරය, ක්‍රෝධය, එදිරිය. *v.* වෛරකම්කරනවා. *a.* -ful, වෛරකාර, කුඩුකේඩු (*n.* -ness). In spite of, නොසලකා

spittle ස්පිට්ල්, *n.* කෙළ

spittoon ස්පිට්ටූන්, *n.* පඩික්කම

splash ස්ප්ලෑෂ්, *v.* (වතුර හෝ මඩ) ඉහිනවා, ඉහිරවනවා. *n.* ඉස්ස හෝ ඉහිරෙව්වූ දිය හෝ මඩ, *a.* -y

splay ස්ප්ලේ, *a.* පළල්, පිටට යැරි තිබෙනවා. *a.* -footed, පැතලි පා ඇති

spleen ස්ප්ලීන්, *n.* බඩදිව, ගුල්මය, අවගානය, දෙව්තනය. *a.* -ic. *a.* -y

splendid ස්ප්ලෙන්ඩිඩ්, *a.* තේජවත්ත, අතිදීප්ති

මත්, විශිෂ්ටතර. *a*. -ent, බබලන, කීර්තිමත්. *n*. -our, තේජස, විශිෂ්ටතාව, ඉසුරුමත්කම

splenetic ස්ප්ලෑනෙටික් (හෝ) ස්ප්ලිනෑටික්, *a*. ගුල්මරෝගකාර, අශනි, කෘතීන, දෙම්නස්

splice ස්ප්ලයිස්, *v*. පුරුද්දනවා. *n*. පිරිද්දුම

splint ස්ප්ලින්ට්, *n*. පතුර, කීර, තදනල් (රට) අකුරු වර්ගයක්. *n*. -er, පතුර, කීර (*a*. y) *v*. පතුරුගහනවා, පතුරුවලට පලනවා

split ස්ප්ලිට්, *v*. පලනවා, මාත්කරනවා. *n*. පැල්ම, භේදය [කථාකරනවා

splutter ස්ප්ලට්ටර්, *v*. ආකුලමලස ඉක්මනින්

spoil ස්පොයිල්, *n*. බලාත්කාරයෙන් ගත් දෙය කොල්ලය. *v*. කොල්ලකනවා, නරක්කරනවා, නරක්වෙනවා. *a*. -t, නරක්වූ

spoke ස්පෝක්, *v*. කථාකලා. (speak හි අතීත විභිය) *n*. (රෝදය) දත, අරය. *a*.-n, කතාකල. *n*. -sman, අනුන් වෙනුවට කථාකරන්නා

spoliate ස්පෝලියේට්, *v*. කොල්ලකනවා. *n*. -ion

spondee ස්පොන්ඩී, *n*. ගුරු දෙකක් ඇති ගණය. *a*. -aic

sponge ස්පොංජ්, *n*. මුහුදු හත්ත, මුහුදු හත්තයකට සමාන දෙයක්. *v*. මුහුදුහත්තෙන් සෝදනවා හෝ පිසදමනවා. *a*. -y, මුහුදු හතු වැනි, මෘදු සහ සිදුරු ඇති

sponsor ස්පොන්සර්, *n*. අන්‍යයෙකු වෙනුවම

විගස්මිට බැඳෙන්නා, ඇපකාරයා, හිස අත් තැබූ පියා හෝ මව්. *n.* -ship

spontaneous ස්පොණ්ටේනිඅස්, *a.* සිය කැමැත්තෙන්ම කරණ, ඉබේම වෙන. *n.* -ousness, -ity

spook ස්පූක්, *n.* අවතාරය

spoon ස්පූන්, *n.* හැන්ද. *n.*-ful, හැන්දකට අල්ලන තරම, ටිකක්. *a.* -y, මන්දබුද්ධි, මෝඩ; *n.* අඥානයා

spoor ස්පූර්, *n.* සතෙක් ගිය මග, ඉවපාර

spore ස්පෝර්, *n.* මල් අටනොගත්ත පැලවල ක්ෂුද්‍ර බීජයක්

sport ස්පෝර්ට්, *n.* ක්‍රීඩාව, සෙල්ලම, සච්චකම, සෙල්ලම් අඩයම. *v.* සෙල්ලම්කරණවා, අඩයම්කරණවා, සච්චකම්කරණවා. *a.*-ful, *a.*-ive සෙල්ලක්කාර, ක්‍රීඩාවට ලාදී (*n.* -ness). *n.* -sman, අඩයක්කාරයා, අඩයමට දක්ෂයා

spot ස්පොට්, *n.* කුඩා ඉඩම, ලපය, තිත්තුව, පැල්ලම. *v.* ලපයක් හෝ කැලලක් කරණවා. *a.* -less (*n.* -ness). *a.* -ty

spouse ස්පෞස්, *n.* විවාහවූ අය, පුරුෂයා හෝ භාර්‍යාව. *a.* -al, විවාහ. *n.* -als, විවාහය

spout ස්පෞට්, *n.* කොම්බය, නළය, පීල්ල. *v.* (කොම්බයකින් මෙන්) සැරෙන් පිටකරණවා හෝ වක්‍කරණවා

sprain ස්ප්‍රේන්, *n*. උළුක්කුව, ඇමෑවීම. *v*. උළුක්කුවෙනවා

sprat ස්ප්‍රැට්, *n*. හාල්මැස්සා

sprawl ස්ප්‍රෝල්, *v*. වැතිරෙණවා, අතපය විසිදාගෙණ ඉන්නවා [තුරරල්

spray ස්ප්‍රේ, *n*. රිකිල්ල, තිරිකඩ, විසිවෙන වතුර

spread ස්ප්‍රෙඩ්, *v*. අතුරණවා, විසිදුවනවා, පතුරුවණවා, පතලකරණවා, පැතිරෙණවා. *n*. පැතිරෙණ ප්‍රමාණය

sprig ස්ප්‍රිග්, *n*. රිකිල්ල, කිනිත්ත [-iness

sprightly ස්ප්‍රයිට්ලි, *a*. ප්‍රාණවත්, උනන්දු. *n*.

spring ස්ප්‍රිං, *v*. පනිනවා, උපදිනවා, පැලවෙනවා, පැවත එනවා. *n*. පැනීම, ආපසු පැනීමේ බලය, දුන්න, උල්පත, හේතුව, වසන්ත කෑතුව. *a*. -*y* ස්ප්‍රිංගි, ආපසු පනින සුලුවාව ඇති (*n*. -iness). *n*. -tide, අමාවක දින හා පුරහඳ දින ඇති වඩදිය

sprinkle ස්ප්‍රිංකල්, *v*. ඉසිනවා, විසුරුවණවා

sprit ස්ප්‍රිට්, *n*. ඉකිරිය, ශිරඩෑව, (රුවල් මුදුන් කරණ) ඇල දණ්ඩ

sprite ස්ප්‍රයිට්, *n*. අවතාරය, භූතයා

sprout ස්ප්‍රවුට්, *v*. පැලවෙනවා, දලු දමනවා. *n*. ඉකිරිය, ශිරඩෑව

spruce ස්ප්‍රූස්, *n*. දේවදාර ගස් වර්ගයක්. *a*. ජෝන්තුකාර. *v*. ජෝන්තුවට අඳිනවා

spume ස්පූම්, *n.* පෙණ. *v.* පෙණ නගිනවා. *a.* -y, -ous, පෙණදමන, පෙණ ඇති

spur ස්පර්, *n.* කත්කටුව, දොරකටුව, පොලඹවන කාරණය. *v.* කත්කරණවා, පොලඹවන වා

spurious ස්පූරිඅස්, *a.* සැබෑ නොවන, බොර. [*n.* -ness

spurn ස්පර්න්, *v.* පයින් ගසනවා, නින්දාවෙන් ප්‍රතික්ෂේපකරණවා

spurt ස්පර්ට්, *n.* සිදුරකින් දිය නලෙන් ජවවීම. *v.* නාලයක් දැවනක ආකාරයෙන් දිය පිටවෙන වා, ලඳුසි කළ වේගයක් හෝ උත්සාහයක් උපදවනවා

sputter ස්පටර්, *v.* (කිත්දු ආකාරයෙන්) විසි වෙනවා හෝ ඉහෙණවා, ඉක්මණින් ඇකුල ලෙස කථාකරණවා [ලනවා. *n.*ඔත්තුකාරයා

spy ස්පෙ, *v.* ඔත්තුබලනවා, රහස් ළෙස බ

squab ස්ක්වොබ්, *a.* කොට තර. *n.*කොට තරඅය

squabble ස්ක්වොබ්ල්, *n.* සුළු ඩබරය, සණ්ඩුව. *v.* සණ්ඩු ඩබරකරණවා

squad ස්ක්වොඩ්, *n.* කුඩා සමූහය, කුඩා යුධ භට කණ්ඩායම. *n.* -ron ස්ක්වොඩ්‍රන්, (මධ්‍යම තර මේ) යුධ නැව් කණ්ඩායම

squalid ස්ක්වොලිඩ්, *a.* ඉතා අපවිත්‍ර. *n.* -ness

squall ස්ක්වොල්, *v.* කෑගසනවා. *n.* කෑගැසීම හදිසි වැසි සහිත කුණාටුව. *a.* -y

squalor ස්ක්වොල්·අර්, n. අපවිත්‍රකම [කරණවා
squander ස්ක්වොණ්ඩර්, v. නිෂ්ඵලයේ වියදම්
square ස්ක්වෙඅර්, a. හතරැස්, පළල්, සාධාරණ, සම; n. හතරැස් හැඩය, චතුරස්‍රය, හතරැස් ඉඩම, ගණනක් එයින් වැඩිකලාම ලැබෙන ඵලය, (කෙළින් ඉරි අඳින) මට්ටම් ලෑල්ල. v. හතරැස්කරණවා, ගණනක් එයින් වැඩිකරණවා, එළෙන්ද්‍ර කරණවා, බේරණවා. n. -ness
squat ස්ක්වොට්, v. ඇණතියාගෙණ ඉන්නවා, අයිතිවාසිකමක් නැතුව අලුත් ඉඩමක පදිංචි වෙනවා [යේ විවාහවූ ස්ත්‍රී හෝ තරුණි
squaw ස්ක්වො, n. අමෙරිකානු ඉන්දියානු වර්ගී
squeak ස්ක්වීක්, v. ලුහුඹු හීන් අඬින් කෑගසන වා. n. එබඳු හඬ හෝ කෑගැසීම
squeal ස්ක්වීල්, v. තියුණු හඬින් කෑගසනවා
squeamish ස්ක්වීමිෂ්, a. ඉක්මණින් පිළිකුල් සිතෙන, බඩදහලන. n. -ness
squeeze ස්ක්වීස්, v. මිරිකණවා, ඔබනවා, තද කරණවා. n. මිරිකීම, එබීම, තදකිරීම
squib ස්ක්විබ්, n. රතිඤ්ඤා, සුළු නිග්‍රහ ප්‍රබන්ධය
squill ස්ක්විල්, n. තිල්මල් හා ලූනු වැනි අල යක් ඇති පැලයක් [පර බැල්ම
squint ස්ක්වින්ට්, v. වපරකර බලනවා. n. ව
squire ස්ක්වෛර්, n. පුරාණ 'නයිට්' නිලයලත් අයගේ අනුචරයා හෝ සේවකයා, වංශාධිපති

කෙනෙකුගේ අනුචරයා, අප්පුහාමි, [රාළහාමි

squirrel ස්ක්විර්රල් (හෝ) ස්ක්වාර්රල්, n. දඬු ලේනා, ලේනා [මසයිකුඩුව, වීසිමෙන දිගවැල

squirt ස්ක්වාර්ට්, v. තමඳුන් දිග එදිනවා. n.

stab ස්ටැබ්, v. ඇණිනවා, ඇණ මරණවා, කේලම් හෝ බොරු කියා අපකීරුකරණවා. n. ඇණිම, ඇණුම් පහර

stab*le* ස්ටේබ්ල්, a. අචල, ස්ථිර. n. අශ්ව ශාලාව. n. -leness, -ility, අචලතාව, ස්ථිරකම

stablish ස්ටැබ්ලිෂ්, v. (=establish බ.)

stack ස්ටැක්, n. (පිදුරු දර ආදි) ගොඩක්, ගොඩමකොලය. v. ගොඩගහණවා

staff ස්ටාෆ්, n. පොල්ල, සැරයටිය, අණපොල්ල, සංගීත ලියන ඉරි පහ සහ කට්ටි, උදව්කාර යුධ මුලාදෑනි සමූහය, සමූහය

stag ස්ටැග්, n. මුවා

stage ස්ටේජ්, n. නාට්‍ය ශාලාව, එහි මැස්ස, තට්ටුව, ගොඩබසිණ තැන, එහි රඟමඩල, ක්‍රීයාකරණ ස්ථානය, ගමනක (සතුන් මාරුකර්ම ආදියට මඳ වේලාවක්) නවතින ස්ථානය, කවිජිය. n. -ing, මැස්ස, පලංචිය, කට්ටමෙන් කවිජිය තවත්ව නවත්වා යන කෝච්චි තිබීම, එබඳු කෝච්චියකින් යාම

stagger ස්ටැග්ගර්, v. වැනි වැනි යනවා, සදෙහ් චකිතකරණවා, අධුෂ්ටා සිතනවා

stagnate ස්ටැග්නේට්, *v.* නැවතී තිබෙනවා, පල්වෙනවා. *a.* -nt. *n.* -tion, -ncy

staid ස්ටේඩ්, *a.* තිර, ස්ථිර, සංසුන්. *n.* -ness

stain ස්ටේන්, *v.* සායම්පොවනවා, දුර්වර්ණකරණ වා, කෙලසනවා. *n.* ලපය, පැල්ම, කැලල. *a.* -less [බී පෙල. *n.*-case, පඩිපෙල

stair ස්ටෙයර්, *n.* පඩිය, (නගින හෝ බසින) ප

stake ස්ටේක්, *n.* ඉත්ත, උල, දිවස්ගුල, ඔට්ටු ව. *v.* ඉණිවලින් කොටුකරනවා, උලතියන වා, ඔට්ටුතියනවා [ලෙන) හුණුකූර

stalactite ස්ටැලැක්ටයිට්, *n.* (ගුහාවල එල්

stalagmite ස්ටැලැග්මයිට්, *n.* (ගුහාවල හුණු කූරෙන් වැටී බිම සෑදෙන) උල්වූ හුණු ගොඩ

stale ස්ටේල්, *a.* (කල්තාමාදියෙන්)රස නැතිවූ, පල්වූ, පරණවූ, අරුචිවූ. *n.* -ness

stalk ස්ටෝක්, *v.* උඩඟුලෙස හෝ අඩි උස්ස තබා යනවා, ගොදුරෙන් මුවාවෙවී පසුපස්සේ යනවා. *n.* (ගොයම්) දණ්ඩ, නැට්ට

stall ස්ටෝල්, *n.* (සතුන් බඳින) ශාලා, වෙළඳ පිල, ආසනය. *v.* ශාලේ බඳිනවා

stallion ස්ටැල්යන්, *n.* අශ්ව මදයා

stalwart ස්ටෝල්වාර්ට්, *a.* විශාල මහා ශරීරයක් ඇති, මහත් ශක්තිමත්

stamen ස්ටේමැන්, *n.* (මල්වල) පුරුෂ කේසර ය. *n.* -ina, පුරුෂ කේශර, සාරය, ශක්තිය

stammer ස්ටැම'මර්, *v.* ගොතගගහනවා

stamp ස්ටැම්ප්, *v.* අඩිගසනවා, කොටනවා, මුද්‍රාතගහනවා. *n.* මුද්‍රාව, මුද්‍රා ලකුණ, (තැපැල්) මුද්දරය, අච්චුව, ආකාරය [අවල. *n.* -ness

stanch ස්'ටෑංච්, *v.* ලේ නවත්වනවා. *a.* ස්ථිර,

stand ස්ටෑණ්ඩ්, *v.* සිටිනවා, කෙළින් ඡෙබන වා, පිහිටා තිබෙනවා, සංසිඳනවා, (විභාග ආදියකට) සිටීමට ඉදිරිපත්වෙනවා, ස්ථිරව සිටිනවා, *n.* නැවතීම, සිටීමට ස්ථානයක්, තට්ටුව, කඳප්පුව. *a* -ing, සිටින, නිතර, පවතින; *n.* සිටීම, පදවිය, තරාතිරම, පැවතීම

standard ස්ටෑණ්ඩාර්ඩ්, *n.* නියම ප්‍රමාණය, නියම මිනුම, ධවජය, ආධාර කණුව. *a.* නියම හෝ ස්ථිර වටිනාකමක් ඇති, නියම, ස්ථිර

stanza ස්ටැන්'සා', *n.* කවිපංක්තිය, කවිය හෝ ශ්ලෝකය, ගාථාව

staple ස්ටේප්ල්, *n.* රටක උපදින හෝ වෙළඳාම් කරන ප්‍රධාන ද්‍රව්‍ය, හරිකොටස්ස ද්‍රව්‍ය, කොක්ක. *a.* ප්‍රධාන

star ස්ටාර්, *n.* තාරකාව, නක්ෂත්‍රය, තාරකා රූපය, *a.* -ry, තාරකා ගහණ, තාරකා වැනි. *a.* -less [ස්ත

starboard ස්ටාර්බෝර්ඩ්, *n.* නැවේ දකුණු පැ

starch ස්ටාර්ච්, *n.* (රෙදි ආදියට දමන) කැඳ. *v.* කැඳ දමනවා. *a.* -y, කැඳ වැනි

stare ස්ටෙඅර් *v.* ඔරවා බලනවා. *n.* ඔරවා
 බැලීම [යෙන්

stark ස්ටාර්ක්, *a.* තද, දරදඬුවූ. *ad.* සම්පූර්ණ

starling ස්ටාර්ලින්, *n.* පක්ෂිවර්ගයක්

start ස්ටාර්ට්, *v.* භයෙන් ගැස්සෙනවා, හදිසි
 යෙන් පනිනවා, පටන්ගන්නවා. *n.* ගැස්සීම,
 හදිසියෙන් පැනීම, පිටත්වීම, පටන් ගැනීම

startle ස්ටාර්ට්ල්, *v.* භයගන්වනවා, භයෙන්
 ගැස්සෙනවා [ත් වෙනවා. *n.* -ation

starve ස්ටාර්ව්, *v.* හාමත්වෙනවා, ඉතාම දුප්ප

starveling ස්ටාර්ව්ලිං, *a.* හාමත්වූ. *n.* කෑම
 හෝ පෝෂණය නොලැබීමෙන් දුර්වලවූ සතා
 හෝ පැළය

state ස්ටේට්, *n.* ස්වභාව, අවස්ථාව, රාජාණ්ඩුව,
 රාජ්‍යය, මහජනයා, ඓශ්වර්යය. *v.* කියා සිටි
 නවා, දක්වනවා. *a.* -d, කියනලද, දක්වන
 ලද, නියමිවූ. *n.* -ment, කියා සිටීම, දැක්වීම,
 කියනලද දේ, දක්වනලද දේ. *a.* -ly, උතුම්.
 සශ්‍රීක. *n.* -sman, රාජනීති හෝ ආණ්ඩු ක්‍රම
 නිපුණ අය (*a.* -like, එබඳු අයෙකුගේ ස්වභා
 ව ඇති.) *n.* -ship

statics ස්ටැටික්ස්, *n.* අචලබල විද්‍යාව

station ස්ටේෂන්, *n.* ස්ථානය, නියම ස්ථානය,
 තරණිරම, දුම්රියපල, පොලිස් ශාලාව. *v.*
 (යම් තැනක) සිටුවනවා හෝ නවත්වනවා.

a. -ary, අචල, නොසෙල්වෙන

stationer ස්ටේෂනර්, *n.* ලියන ද්‍රව්‍යාදිය විකුණන වෙළෙන්දා. *n.* -y, ලියන ද්‍රව්‍ය

statistics ස්ටැටිස්ටික්ස්, *n.* රට ජනතා ආදියේ තොරතුරු ගණන් ලේඛනය. *a.* -c, -al. *n.* -cian, එබඳු ගණන් ලේඛන කිරීමේ දක්ෂයා

statue ස්ටැට්‍යු, *n.* පිළිමය, ප්‍රතිමාව. *n.* -ary, පිළිම් සෑදීමේ ශිල්පය, පිළිම. *n.* -ette ස්ටැට්‍යුඑට්, කුඩා පිළිමය [කුමයේ] ළස ප්‍රමාණය

stature ස්ටැචූර්, *n.* (කෙළින් සිටින කෙනෙ

status ස්ටේටස්, *n.* තරාතිරම, තරම

statute ස්ටැට්‍යූට්, *n.* ව්‍යවස්ථාව, පණත. *a.*-ory, නීතියෙන් නියමවූ

staunch ස්ටෝන්ච්, *a.* (=stanch බ.) *n.* -ness

stave ස්ටේව්, *n.* පීප්ප ලෑල්ල, සංගීත ස්වර ල කුණු ලියන රේඛා. *v.* සිලක්කරණවා

stay ස්ටේ, *v.* නවත්වනවා, නැවතිනවා, පවති නවා, බලා සිටිනවා. *n.* නැවතීම, ආධාරය, රුකුල. *n.* -s, ස්ත්‍රීන් අඳින චෝලි වර්ගයක්

stead ස්ටෙඩ්, *n.* වෙනුව, මාරුව. *a.* -y, අචල, වෙණස් නොවන, ස්ථිර; *v.* නොසෙල්වෙ න පිණිස අල්ලනවා (*n.* -iness)

steadfast ස්ටෙඩ්ෆස්ට්, *a.* අචල, ස්ථිර. *n.*-ness

steak ස්ටේක්, *n.* මස්පෙත්ත

steal ස්ටීල්, *v.* සොරකම්කරණවා, රහසින් ශ

කවා. *n.* -th ස්ටෑල්ත්, රහස්කම (*a.* -*y*, රහස්)

steam ස්ටීම්, *n.* දුම. *v.* දුම් අල්ලනවා, දුම්ව
ද්දනවා. *n.* -er, දුම් නැව. *a.*-y

steed ස්ටීඩ්, *n.* අශ්වයා, යුධ අශ්වයා

steel ස්ටීල්, *n.* වානේ, වානේ ආයුධය. *v.* වා
ණෙන් වසනවා, දැඩිකරණවා [ලිය

steelyard ස්ටීල්යාර්ඩ්, *n.* තරාදිදණ්ඩ, වෙල්

steep ස්ටීප්, *v.* පොඟවනවා, පුරවණවා. *n.* ය
මක් පෙනෙණ්ට දමන දිය, බෑවුම, ප්‍රපාතය.
a. ඉතා බෑවුම්වූ, ප්‍රපාත. (*n.* -ness)

steeple ස්ටීපල්, *n.* උස්කොත. *a.* -d, උස්
කොත්වලින් හෙබියාවූ, කොතක්මෙන් උස්වූ

steer ස්ටීර්, *n.* කරඇඹූ ගොන්නාම්බා. *v.* සුක්
කානමෙන් යාත්‍රාකරවණවා, සුක්කානම අල්
ලනවා, යම් දිශාවක් දෙසට යනවා

stem ස්ටෑම්, *n.* කඳ, නැට්ට, නාරටිය, ඇතිගේ
දුවය, ඇතිය, වචනයක ප්‍රකෘති විධිය, වංශය.
v. විරුඬව යනවා, හැඩපෑර කපා යනවා

stench ස්ටෑංච්, *n.* තද දුගඳ, පල්ගඳ

stenography ස්ටැනොග්‍රෆි, *n.* ලුහුඬු අකුරු
ක්‍රමයෙන් ලිවීම. *a.* -ic, -ical. *n.* -er, ලුහුඬු
අකුරු ක්‍රමයෙන් ලියන්නා [හඬ ඇති

stentorian ස්ටෑන්ටෝරිඅන්, *a.* ඉතා තද කම

step ස්ටැප්, *n.* අඩිය, අඩිය තබනපුර, පඩිය, පෙ
ත්ත. *v.* අඩිය තබනවා, අඩියතබා යනවා. *n.*-s.

තරප්පුව, පඩිපෙළ. *n.* -father, (මව්ගේ පුරුෂයාවූ) බාප්පා. *n.* -mother, (පියාගේ භාර්යාවූ) බාම්මා. *n.* -brother, *n.* -sister

steppe ස්ටෙප්, *n.* (රුසියාවේ සහ සයිබීරියාවේ) තැනිතලාවක්

stereotype ස්ටිරියෝටයිප් (හෝ) ස්ටෙරියෝටයිප්, *n.* අච්චු කුරු සහඩුව. *v.* අකුරු සහඩුවලින් අච්චුගහනවා, අකුරු සහඩු වාත්තුකරණවා

sterile ස්ටෙරයිල්, *a.* වඳ, අසාර. *n.* -ity

sterling ස්ටර්ලින්, *a.* නියම වටිනාකම ඇති, රජ නියම, අම්ශු, සැබෑ [රය. *n.* -ness

stern ස්ටර්න්, *a.* තද, කෲර, පරුෂ. *n.* අව

stethoscope ස්ටෙතොස්කෝප්, *n.* පපුව පිරික්සා පරීක්ෂාකරණ නළය [*n.* ගොඩි මුසු මස්පෙති

stew ස්ටෲ, *v.* වතුර ටිකකින් හිමින් තම්බනවා.

steward ස්ටිවර්ඩ්, *n.* කළමනාකාරයා, ගබඩාකාරයා, භාණ්ඩාගාරිකයා. *n.* -ess (*f.*). *n.*-ship

stick ස්ටික්, *v.* ඇණනවා, (ඇණකට) ගහා තබනවා, අලවනවා, ඇලෙනවා. *n.* කෝටුව, ඉත්ත, පොල්ල, හැරමිටිය. *a.* -*y*, ඇලෙන සුළු භාව ඇති (*n.* -iness) [ණවා

stickle ස්ටිකල්, *v.* තරහකරණවා, අරෙවකර

stiff ස්ටිෆ්, *a.* පහසුවෙන් නොනැමෙන, තද, සමක් නොවෙන. *n.* -ness. *v.* -en, තදකරණවා, දැඩිකරණවා, දැඩිවෙනවා, උකුකරණවා.

n. -ening, තද හෝ ලකුකිරීමට දමන ද්‍රව්‍යය

stifle ස්ටයිෆල්, *v.* හුස්ම හිරකරනවා, හුස්ම වලක්වා මරනවා [-tize, කැලැල්කරනවා

stigma ස්ටිග්මා, *n.* කැලල, අවනම්බුව. *v.*

stile ස්ටයිල්, *n.* පඩිපෙළ, කඩුල්ල [වක්

stiletto ස්ටිලැටෝ, *n.* තුඩ වටවූ අණිය කඩු

still ස්ටිල්, *a.* නිශ්චල. *v.* නිශ්චල කරනවා. *ad.* තවම, එසේවුවත්. *n.* (අරක්කු ආදිය) පෙරණ යන්ත්‍රය, පෙරණ මඩුව

stilt ස්ටිල්ට්, *n.* බොරුපාව. *a.* -ed, උඩඟු, බහුමාන [මානයක්

stimulant ස්ටිමියුලන්ට්, *n.* ශක්තිය වඩන ද්‍ර

stimulate ස්ටිමියුලේට්, *v.* උනන්දුකරනවා. *n.* -ion [ණය

stimulus ස්ටිමියුලස්, *n.* උනන්දු කරන කාර

sting ස්ටිං, *n.* දෂ්ටකිරීම, දෂ්ටකරන දලය; තුඩ, තද වේදනාකරන යමක්. *v.* දෂ්ටකරනවා

stingy ස්ටිංජි, *a.* ලෝභ, කෑදර, මසුරු. *n.* -iness

stink ස්ටිංක්, *v.* ගඳගහනවා. *n.* දුර්ගන්ධය

stint ස්ටින්ට්, *n.* නියමකරම, සීමාව, කොටස. *v.* එක් ප්‍රමාණයක් නියමකරනවා

stipend ස්ටයිපෙන්ඩ්, *n.* නියම පඩිය හෝ වැටුප්. *a.* -iary ස්ටිපැන්ඩියරි, පඩි ලබන; *n.* පඩි ලබන්නා

stipulate ස්ටිප්යුලේට්, *v.* පොරොන්දු ආදිය

නියමකරගන්නවා, ගිවිසිනවා. *n.* -ion, පොරොන්දුව, ගිවිසුම

stiuple ස්ටිප්යූල්, *n.* (කොළයේ) අඩි කොළය

stir ස්ටර්, *v.* හොලවනවා, කලතනවා, කලඹනවා, අවුස්සනවා. *n.* වැවලය, කෝලාහලය

stirrup ස්ටර්රප් (හෝ) ස්ටිර්රප්, *n.* සෑදලේ පා මලල්ල, පාදපි යකඩය

stitch ස්ටිච්, *v.* මහනවා. *n.* (එකවරක් ඉඳිකටුව ගසා මැහූ) මැහුම්පාර

stithy ස්ටිදි, *n.* කිනීරය, කම්මල

stoat ස්ටෝට්, *n.* මුගටිවර්ගයේ සතෙක්

stock ස්ටොක්, *n.* ගසේ හෝ පැළයේ කඳ, දණ්ඩ, කණුව, (අල්ලන) මිට, වංශය, කුලය, ගබඩාව, අරමුදල, ඇතිගණය, ආණ්ඩුවේ ණය මුදලෙන් කොටසක්, වෙළඳම මුදල් හා භාණ්ඩාගාරය ආදිය සම්බන්ධව යොදන මුදල් හෝ බඩු. *n.* -s, දඬුකඳ. *v.* සපයාදෙනවා, සෑහෙණතරමට රැස්කර තබනවා, *n.* -ade, උල් වැට. *n.* -ing, මේස්එක

Stoic ස්ටොයික්, *n.* එක් පණ්ඩිත සමාගමක කෙනෙක්, සැප දුක් දෙක ගැණ නොසලකන කෙනෙක්. *a.* -al, ඒ කෙනෙක් සම්බන්ධ, සංසුන්, සම්බුඩි, උදාසීන. *n.* -ism

stole ස්ටෝල්, *n.* පූජක පටිය. *v.* සොරකම් කළා. *a.* -n, සොරකම් කළ

stolid ස්ටොල්ඉඩ්, *a.* (සිහිය) මොට්ට, මෝඩ, අමන, *n.* -ity

stomach ස්ටම්'අක්, *n.* කෑම බොක්ක, ආමාශය, රුචිය. *a.* -ic, -ical. *n.* -er, ඝණ්ඩිත්ගේ තන පලඳනාවක්

stone ස්ටෝන්, *n.* ගල, (ගෙඩියක) ඇටය, රත් තන, රාත්තල් 14 ක බර. *v.* ගල්ගසනවා, ගෙඩිවලින් ඇට අරත් දමනවා. *a.* -y, ගල්ග හණවූ, ගල්, දැඩි (*n.* -iness). Stone-blind, සම පූර්ණයෙන් අන්ධ. Stone-ware, මැටිපට්ටෙන මැටි භාජන

stood ස්ටුඩ්, *v.* stand හි අතීත විතිය

stool ස්ටූල්, *n.* ඇඳිහැති පුටුව, පාපුටුව

stoop ස්ටූප්, *v.* නැමෙනවා, යටත්වෙනවා. *n.* නැමීම, යටත්වීම

stop ස්ටොප්, *v.* නවත්වනවා, නවතිනවා. *n.* නැවතීම, බාධාව, ලිවීමේ නවත්වන ලකුණක්. *n.* -page, නැවැත්වීම, බාධාව. *n.* -per, නවත්වන්නා, ඇබය. *n.* -ple, ඇබය. *n.* -cock, නළ යතුර. *n.* -gap, අඩුව පුරවණ යමක්, උපාය

store ස්ටෝර්, *n.* සපයා තැබූ ද්‍රව්‍ය, ගුහස්, සම්භාරය, ගබඩාව. *v.* සපයා රැස්කර තබනවා, ගබඩාවේ තබනවා. *n.* -age, ගබඩාවේ තැබීම, ගබඩාබද්ද. *n.* -es, බඩු, උපකරණ

storey ස්ටෝරි, *n.* =story

stork ස්ටෝර්ක්, *n.* කොකා

storm ස්ටෝර්ම්, *n.* කුණාටුව, තද කැලඹීම, බල කොටුවකට හුනුව පහරදීම. *v.* කුණාටුවක් මෙන් සිදුවෙනවා, ඝෝෂා සහිතව පවතිනවා, හුනුව පහරදීමෙන් අල්ලනවා. *a.* -y, කුණාටු (*n.* -iness)

story ස්ටෝරි, *n.* කථාව, ගෙයි තට්ටුව, මාලය. *a.* -ied, තට්ටු ඇති, ප්‍රසිද්ධ කථාන්තරයක් ඇති [කළු බීර. *n.* -ness

stout ස්ටෞට්, *a.* සවිබල, තරබාරු, ස්ථූල. *n.*

stove ස්ටෝව්, *n.* ගිනි උදුන, ගිනි පෙට්ටිය

stow ස්ටෝ, *v.* තබාගන්නවා, ගබඩාකරණවා. *n.* -age, ගබඩාකිරීම, ගබඩාව, ගබඩාකිරීමට අයකරණ ගණන. *n.* -away, නැවෙන් නො ගෙවා සැඟවී යන්නා

straddle ස්ට්‍රැඩ්ල්, *v.* කකුල් පළල්කරණවා, කකුල් පළල්කර ඉන්නවා

straggle ස්ට්‍රැග්ල්, *v.* අනියම් ලෙස මාර්ගයක් අතට යනවා, ඉබාගාතේ යනවා

straight ස්ට්‍රේට්, *a.* කෙළින් තිබෙන, ඇද නැති. *n.* -ness. *v.* -en, කෙළින්කරණවා, ඇද අරිනවා. *a.* -forward, සෘජු, අවංක. *ad.* -way, ඉක්මණින්ම, අප්‍රමාදව

strain ස්ට්‍රේන්, *v.* අධිකලෙස වෙහෙසකරවා හෝ උත්සාහකරණවා, එසවීමෙන් උදුනවා, පෙරමින

වා, පෙරණවා. *n.* අධික උත්සාහය, අසීසා මට ගෙසිම. *n.* -er, පෙරන්නා, පෙරගන්නබඩ

strait ස්ට්‍රේට්, *a.* පටු, අවහිර, අමාරු. *n* සමුද්‍ර සන්ධිය, අමාරුව, තද ඒගෑම. *n.* -ness. *v.* -en, පටුකරණවා, අවහිරකරණවා, හිතනමට පමුණුවනවා

strand ස්ට්‍රෑණ්ඩ්, *n.* වෙරළ, (ලනු හෝ කඹ) පට. *v.* ගොඩඅෑණෙනවා, වෙරළගහණවා

strange ස්ට්‍රේන්ජ්, *a.* අපූර්, පුදුම, අමුතු, අපූත්, නාඳුනන. *n.* -ness. *n.* -er, අමුත්තා, නාඳුනන අය

strangle ස්ට්‍රැංගල්, *v.* හුස්ම නවත්වා මරණවා, වලක්වනවා, සටපත් කරණවා. *n.* -ulation, හුස්ම නවතා මැරීම, උගුර තදවීම, බඩවැලේ අඩස්සිය. *n.* -les, අශ්වයාගේ සල්ලේ ගෙඩිය

stranguary ස්ට්‍රැංග්‍යුරි, *n.* මූත්‍ර දුර්වල

strap ස්ට්‍රැප්, *n.* පටිපට්ට. *v.* පටියකින් බඳිනවා

stratagem ස්ට්‍රැටිඅජැම්, *n.* උපාය, ප්‍රයෝගය

strategy ස්ට්‍රැටිජි, *n.* යුධශාස්ත්‍රය, උපායදක්ෂකම. *a.* -ic, -ical. *n.* -ist, යුධ ශාස්ත්‍රඥයා, උපාය දක්ෂයා [නවා. *n.* -ication

stratify ස්ට්‍රැටිෆයි, *v.* තට්ටු වශයෙන් තබ

stratum ස්ට්‍රේටම්, *n.* තට්ටුව, පැත්ත

straw ස්ට්‍රෝ, *n.* පිදුරු, පිදුරුගස. *n.* -berry, කුඩා ගෙඩි වර්ගයක්. *a.* -y, පිදුරු, පිදුරු වැනි, තැනැල්ලී

stray ස්ට්රේ, v. මංමුළාව යනවා, මුළාවෙනවා

streak ස්ට්‍රීක්, n. වර්ණ රේඛාව, ඉර. v. (වෙනස් පාට ඇති) ඉරි ඇඳිනවා. a. -y

stream ස්ට්‍රීම්, n. දියපාර, ඔය, ගඟ, නිතර ගලනාකාර යමක්. v. ගලනවා, රේඛා වශයෙන් විසිරෙදනවා. n. -er, දිගඇරිය කෝ වැනෙන කොඩිය. n. -let, ඇළ, දෙළ

street ස්ට්‍රීට්, n. වීථිය

strength ස්ට්‍රෙංත්, n. ශක්තිය, බලය, සැරකම, ප්‍රමාණය. v. -en, ශක්තිමත් කරණවා; ස්ථිරකරණවා [-ness

strenuous ස්ට්‍රෙනුඅස්, a. බලවත්, තද. n.

stress ස්ට්‍රෙස්, n. බලය, සැරකම, බර

stretch ස්ට්‍රෙච්, v. අදිනවා, පලල්කරණවා, දිගඅරිණවා, ඇදෙනවා, පැතිරී තිබෙනවා. n. පැතිරී තිබෙන ප්‍රමාණය, යන දුර ප්‍රමාණය. n. -er, (යමක්) අදින අය හෝ දෙය, මැස්ස

strew ස්ට්‍රූ (හෝ) ස්ට්‍රෝ, v. විසුරුවණවා, තුනියට දමනවා

stricken ස්ට්‍රික්න්, a. තුවාලවූ, පහරලැබූ, වැඩිවූ [-ness

strict ස්ට්‍රික්ට්, a. තද, නියමයමම එකග. n.

stricture ස්ට්‍රික්චූර්, n. ගුණ දොස්කීම, හිරවීම, අවස්ථිය [ගණවා. n. a. -nt, කතීක

stride ස්ට්‍රයිඩ්, v. දුරින් අඩිතබනවා, පාද විද

strife ස්ට්‍රයිෆ්, *n.* ඩබරය, ආරවුල
strike ස්ට්‍රයික්, *v.* ගහනවා, තට්ටුකරනවා, පා ත්කරනවා, (වැඩ) අත්අරිනවා. *n.* (ගම්විරද කට කීපදෙනෙක් එකවර වැඩ) අත්ඇරයාම. *a.* -ing, හිතට වැදී යන
string ස්ට්‍රිං, *n.* ලනුව, පටිය, පෙළ. *v.* අමු නනවා. *a.* -y, කෙඳි හෝ වැල් ආකාර
stringent ස්ට්‍රින්ජන්ට්, *a.* තද. *n.* -cy
strip ස්ට්‍රිප්, *v.* ගලවනවා, ඉවත්කරනවා, පැ හැරගන්නවා. *n.* පටු තීරය [තීරනායවා
stripe ස්ට්‍රයිප්, *n.* වෙනස් පාට ඇති තීරය. *v.*
stripling ස්ට්‍රිප්ලිං, *n.* කොල්ලා [රනවා
strive ස්ට්‍රයිව්, *v.* උත්සාහකරනවා, තරග කා
stroke ස්ට්‍රෝක්, *n.* පහර, ගැසූ ඉර, (පැදීමේ) හබල්පාර, අතගෑම, පිරිමැදීම
stroll ස්ට්‍රෝල්, *v.* සිමින් නිසැව් ඇවිදිනවා. *n.*
strong ස්ට්‍රොං, *a.* ශක්තිමත්, බලවත්, සවිප ඇති, ස්ථිර. *ad.* බලවත්ලෙස. *n.* -hold, බල කොටුව, රක්ෂාස්ථානය [නවා
strop ස්ට්‍රොප්, *n.* දැලිපිහියා සම. *v.* සමේ ගා
trophe ස්ට්‍රෝෆි, *n* පළමුවෙනි කවි පදය
strove ස්ට්‍රෝව්, *v.* strive හි අතීත විධිය
struck ස්ට්‍රක්, *v.* strike හි අතීත විධිය
structure ස්ට්‍රක්චර්, *n.* සාදා තිබෙන ආකාරය, සැදුම, ගොඩනැගිල්ල. *a.* -al

struggle ස්ට්‍රග්ල්, v. දඟලනවා,? උත්සාහකරණ වා. n. දඟලීම, තද උත්සාහය, තද පොරය

strut ස්ට්‍රට්, v. උඩඟුව ලෙස ඇවිදිනවා. n.

stub ස්ටබ්, n. =stump. a. -by

stubble ස්ටබ්ල්, n. (ගොයම් කැපුවාම ඉතුරු වෙන) මුල, ඉපනැල්ල

stubborn ස්ටබ්·බෝර්න්, a. මුරණ්ඩු. n. -ness

stucco ස්ටක්කො, n. සිනිඳු බදාම විශේෂයක්

stuck ස්ටක්, v. ඇලෙනවා, stick යි අතීත විධිය

stud ස්ටඩ්, n. ලීකණුව, පොහොට්ටුව, අලංකාර කම්ස බොත්තම, බෝට්ටුව ඇර තිබෙන අශ්ව රැළ, ඒ රැළ සිටින තැන. v. කුඩා නිස්ට්‍රුවලින් ගැවසෙනවා, ගැවසෙනවා

student ස්ටූ·ඩෙන්ට්, n. }
studious ස්ටූඩිඅස්, a. } (study බ.)

studio ස්ටූඩියො, n. චිත්‍රාගාර ශාලාව

study ස්ටඩි, n. ඉගෙනගැනීම, ඉගෙනගැනීමට කාරණය, ඉගෙනගන්න ගබඩාව. v. ඉගෙනගන්නවා, කල්පනාකර බලනවා. n. -ent, ශිෂ්‍යයා, මහා ශාස්ත්‍ර ශාලාවක ශිෂ්‍යයා, ඉගෙනගන්න අය, පරීක්ෂාකරණ අය. a. -ious, ඉගෙනීමට ලැදි (n. -ness)

stuff ස්ටෆ්, n. (යමක් සාදා තිබෙන) ද්‍රව්‍යය, රෙදි, පිළී, රොඩු, ලමපට. v. හොඳට පුරවනවා, හිප්‍රලෙස කනවා

stultify ස්ටල්ටිෆයි, *v.* අනුචිතබව පෙන්වනවා. *n.* -ication

stumble ස්ටම්බ්ල්, *v.* පැකිලෙනවා, ඉබේට සම්බවෙනවා, වරදකට පැමිණෙනවා. *n.* පැකිලීම, වරද. *n.* -ing -block, වැරදීමට හේතුව

stump ස්ටම්ප් *n.* (කපා ඉතුරුවූ) මුල හෝ කොටස. කොටය. *a.* -y, කොටයක්වැනි

stun ස්ටන්, *v.* සිහි නැතිකරනවා, බිහිරිකරනවා

stunt ස්ටන්ට්, *v.* වැඩීමට බාධාකරනවා, මිටිකරනවා

stupefy ස්ටියුපිෆයි, *v.* මදක් සිහිය නැතිකරනවා, මලානිකකරනවා. *n.* -action

stupendous ස්ටියුපැන්ඩස්, *a.* ඉතා විශාල, අද්භූත. *n.* -ness

stupid ස්ටියුපිඩ්, *a.* අඥාන, ජඩ, හිස්. *n.* -ity, -ness, අඥානකම [මූඪාකාර ස්වභාව

stupor ස්ටියුපෝර්. *n.* සිහිනැතිවූ ස්වභාව, හිරිවැ

sturdy ස්ටර්ඩි, *a.* සවිබල, තද. *n.* -iness

sturgeon ස්ටර්ජන්, *n.* ලොකු මුහුදු මත්ස්‍යයෙක්

stutter ස්ටටර්, *v.* ගොතගහනවා. *n.* ගොතගැසීම [කාශ

sty ස්ටයි, *n.* ඌරුකොටුව, ඌරුමඩුව, කශ

style ස්ටයිල්, *n.* විධිය, ආකාරය, චාරිත්‍රක්‍රමය, රීතිය, නාමය, උල්කටුව, පංහිද. *v.* කියනවා. *a.* -ish, පිළිවෙල පෙණුම ඇති, හැඩකාර

suasion ස්වේෂන්. *n.* කැමතිකරවීම. *a.* -ve

suave ස්වේව් (හෝ) ස්වාව්, *a.* මධුර මොලොක්. මනෝඥ. *n.* -ity, ප්‍රසන්නකම, මනෝඥකම

subaltern සබ්ඕල්'ටර්න්, *n.* 'කපිතාන්' ප්‍රමාණයට පාත් ප්‍රධ මුලාදෑනියෙක්. *a.* පාත්, යටත්

subdivide සබ්ඩිවෛඩ්, *v.* තවත් කුඩා කොඩාශවලට බෙදනවා *n.* -sion

subdue සබ්ඩ්‍යූ. *v.* මැඩපවත්වනවා, දමනය කරනවා, යටත් කරනවා. *n.* -al, මැඩපැවැත්වීම

sub-editor සබ්ඈඩිටර්, *n.* උප කර්තෘ

subject සබ්ජැක්ට්, *a.* යටත්වූ, වගීත්වර අල්ලන. *n.* රජුම යටත් වැසියා, කාරණය, කර්තෘ. *v.* යටත් කරනවා, පමුණුවනවා. *n.* -ion. *a.* -ive

subjoin සබ්ජොයින්, *v.* අගට සම්බන්ධකරනවා

subjugate සබ්ජුගේට්, *v.* බලෙන් යටත්කරගන්නවා, ජයගන්නවා. *n.* -ion [සම්බන්ධ

subjunctive සබ්ජංක්ටිව්, *a.* අසම්භාවන ක්‍රියාව

sublet සබ්ලැට්, *v.* (බද්දට ගත් දෙයක්) නැවත බද්දට දෙනවා

sublime සබ්ලයිම්, *a.* විශිෂ්ට, ඉතා උසස්. *n.* ඉතා උතුම් ස්වභාව. *v.* උතුම් භාවයකට පමුණුවනවා. *n.* -ity, -eness, ඉතා උසස්කම, අලංකාරකම, විශාලකම

sublunary සබ්ලූනරි, *a.* මෙලොව

submarine සබ්·මරීන්, *a.* මුහුදයට තිබෙන [-nce
submerge සබ්'මාර්ජ්, *v.* දියයට ගිල්වනවා. *n.*
submissi*on* සබ්මිෂ්අන්, *n.* යටත්වීම. *a.* -ve, යටත්, කීකරු (*n.* -ness). (submit බ.)
submit සබ්මිට්, *v.* යටත්වෙනවා, කීකරුවෙනවා, භාරදෙනවා
subordinat*e* සබ්ඔර්ඩිනෙට්, *a.* යටත්, පාත්, අප්‍රධාන. *n.* යටහත් සිටින්නා. *n.* -ion, යටත්කම [-ation
suborn සබ්ඔර්න්, *v.* බොරු දිවුරවනවා. *n.*
subpœna සබ්පී·නා, *n.* සිතාසිය. *v.*
subscri*be* සබ්ස්ක්‍රයිබ්, *v.* පාතත් අත්සන් කිරීමෙන් සහතික කරණවා, පාතින් අත්සන්කරණවා, දායකවෙනවා. *n.* -ption, පාතින් අත්සන්කිරීම, දායක මුදල [ප්‍රමු, ඊලඟ. *n.*-ce
subsequen*t* සබ්සී·ක්වන්ට්, *a.* පසුව කල හෝ සි
subser*ve* සබ්·සාර්ව්, *v.* යටහත් ක්‍රියා කරණවා, කරමකට උදවුවෙනවා. *a.* -ient, ප්‍රයෝජනවත්, යටත්. *n.* -iency, -ience, යටත්කම, ප්‍රයෝජනවත්කම
subside සබ්සයිඩ්, *v.* (මඩ්ඩි ආදිය පතුලට)බසිනවා, නිශ්චල වෙනවා. *n.* -nce
subsidiary සබ්සිඩිඅරි, *a.* උදව්වෙන, සහකාරී. *n.* උදව්කාරයා [මිල දෙනවා
subsid*y* සබ්සිඩි, *n.* උදව් මිල. *v.* -ise, උදව්

subsist සබ්සිස්ට්. *v.* (ජීවත්ව) සිටිනවා, රක්‍ෂා වෙනවා, පවතිනවා. *n.* -ence, පැවතීම, ජීවිකාව

subsoil සබ්සොයිල්, *n.* යටපස

substance සබ්ස්ටන්ස්, *n.* ද්‍රව්‍යය, ඇත්තටම පවතින යමක්. ධනය, භාවාර්ථය, *a.* -tial, සත්‍ය, සාරවත්, සවිමත්, ධනවත්. *v.* -tiate, ඔප්පුකරනවා. *a.* -tive, පැවතීම අඟවන, ස්ථිර, යටත් නැති; *n.* නාමපදය

substitute සබ්ස්ටිටියුට්, *n.* නියෝජිතව සිටින්නා. *v.* නියෝජනය කරනවා (*n.* -ion)

substratum සබ්ස්ට්‍රේටම්, *n.* යට තට්ටුව

substructure සබ්ස්ට්‍රක්චර්, *n.* යට ගොඩනැගිල්ල, අත්තිවාරම [නවා

subtend සබ්ටෙන්ඩ්, *v.* ඉස්සරහපිට අගට නිමනවා

subterfuge සබ්ටර්ෆියුජ්. *n.* බේරීමේ උපාය

subterranean සබ්ටැරේනියන්, *a.* පොළව ඇතුළේ පිහිටි. *a.* -ous

subtile සට්ල් (හෝ) සටිල්, *a.* සියුම්. ගනකොළු, සියුම්. *n.* -eness, -ity

subtle සට්ල්, *a.* ප්‍රයෝග දක්‍ෂ. *n.* –ness, -ty

subtract සබ්ට්‍රැක්ට්, *v.* කොටසක් හැරගන්නවා, අඩුකරනවා. *n.* -ion. *a.* -ive

subtrahend සබ්ට්‍රහෙන්ඩ්, *n.* අඩුකරන ගණන

suburb සබ්ආර්බ්, *n.* පිටනුවර, පිටකොටුව.

a. -an [විනාශක. *a.* -ve

subversion සබ්·වර්ෂන්, *n.* පෙරළීම, සම්පූර්ණ

subvert සබ්·වර්ට්, *v.* පෙරළනවා, සම්පූර්ණයෙ
න් විනාශකරණවා

subway සබ්වේ, *n.* උමග

succeed සක්සීඩ්, *v.* පසුව පැමිණෙනවා, සඵල
වෙනවා, ඉෂ්ටවෙනවා

success සක්සෙස්, *n.* සඵලභාවය, ඉෂ්ටසිද්ධි. *a.* -ful,
සඵල, ඉෂ්ටවෙන, වාසනාවන්ත. *n.* -ion, ප
සුව පැමිණීම, පරම්පරාව, පෙළ. *a.* -ive, පිළි
වෙළට පැමිණෙන, පිටපිටම පැමිණෙන. *n.* -or,
(යමෙකුට) පසුව පැමිණෙන්නා

succinct සක්සිංක්ට්, *a.* ලුහුඬු, සංක්ෂේප. *n.*-ness

succour සක්කර්, *v.* පිහිටවෙනවා, ආධාර වෙ
නවා. *v.* පිහිට

succulent සක්කුලන්ට්, *a.* සරස. ඕජස බො
හොම ඇති. *n.* -ce,-cy [වෙනවා

succumb සකම්බ්, *v.* යටවෙනවා, යටහත්

such සච්. *a.* බඳු, ආකාර, පමණ

suck සක්, *v.* උරනවා, උරාබොනවා. *n.* උරා
ගැනීම. *n.* -er, උරන්නා, ඉරීමට යොදන
යමක්, මුලෙන් අටගත් පැළය. *v.* -le සක්ල්,
කිරි පොවනවා

suction සක්ෂන්, *n.* ඇදගැනීම, ඉරීම

suctorial සක්ටෝරි·අල්, *a.* උරණ සුදු

sudden සඩ්ඩෑන්, *a.* අද්සියෙන් සිද්ධවෙන, අදිසි, ඉක්මන්. *n.* -ness [-erous,

sudorific ස්‍යූඩොරිෆික්, *a.* ඩහදිය උපදවන. *a.*

suds සඩ්ස්, *n.* සබන් පෙන

sue ස්‍යූ, *v.* ඉල්ලුම්කරණවා, පැමිණිලි කරණවා.

suet ස්‍යූඇට්, *n.* සතකුගේ අඹු තෙල, මේද තෙල. *a.* -y [විඳීම, වේදනාව, පීඩාව *n.* -ance

suffer සෆ්ෆ'ර්, *v.* විඳිනවා, දරණවා. *n.* -ing,

suffice සෆ්ෆයිස්, *v.* සෑහෙණවා, ඇතිවෙනවා.

a. -ient සෆ්ෆිෂ්'අන්ට්, සෑහෙන, සෑහෙන පමණ (*n.* -cy) [වා, ප්‍රත්‍යය යොදනවා

suffix සෆ්ෆික්ස්, *n.* ප්‍රත්‍යය. *v.* අගට යොදන

suffocate සෆ්ෆොකේට්, *v.* හුස්ම හිරකරණවා, හුස්ම හිරකරමරණවා, හුස්ම ගැණීමට බැරුව මැරෙණවා. *n.* -ion

suffrage සෆ්ෆ්‍රේජ්, *n.* (තෝරාගැණීමට) කැමැත්තදීම, ආධාරය. *n.* -an, උප බිෂොප්

suffuse සෆ්ෆ්‍යූස්, *v.* පතුරුවණවා. *n.* -ion

sugar ෂුග්'ආර්, *n.* සීනි. *v.* සීනි දමනවා, පැණි රසකරණවා. *a.* -y, සීනි ආකාර, සීනි මිශ්‍ර. *n.* -candy, ගල්කණ්ඩ. *n.* -cane, උක්

suggest සග්ජෑස්ට් (හෝ) සඩ්ජෑස්ට්, *v.* අඟවනවා, සැහැත්කරණවා. *n.* -ion, ඇඟවීම, අඟවනලද කාරණය. *a.* -ive

suicide ස්‍යූඉසයිඩ්, *n.* පණ නසාගැණීම. *a.* -al

suit සූට්, *n.* ඉල්ලීම, අයදුම, නඩුව, ජෝඩුව. *v.* සැහෙනවා, ගැලපෙනවා. *a.* -able, සුදුසු, යෝග්‍ය (*n.* -leness,-ility).*n.*-or, ඉල්ලුම්කාරයා. නඩු කියන්නා. විවාහ බඳ ඉල්ලන්නා

suite ස්වීට් *n.* ජෝඩුව, සම්බන්ධ ගණය, පිරිවර

sulk සල්ක්, *v.* මුහුණ ගන ඉන්නවා. *a.* -*y*, මුම මත ගනි ඇති. උදාසීන (*n.* -iness)

sullen සල්'ලන්, *a.* තරහයෙන් මැලවුනු, ඇනුණු කැලඹුනු. මුරණ්ඩු. *n.* -ness (sulk බ.)

sully සල්ලි, *v.* කිලුටුකරණවා

sulphide සල්ෆයිඩ් (හෝ) සල්ෆිඩ්. *n.* ගෙන්දගම් ධාතුවක් හා එකතුවීමෙන් සෑදුන ද්‍රව්‍යයක්

sulphur සල්'ෆර්, *n.* ගෙන්දගම්. *a.* -y, -eous, -ic

sultan සල්'ටන් (හෝ) සුල්තාන්, *n.* තුර්කිරජ, මහමද් ආගමේ රජ. *n.* -a, -ess, සුල්තාන්ගේ භාර්යාව (නොහොත් දූ හෝ මව්)

sultry සල්ට්‍රි, *a.* ඉතා ග්‍රීෂම, හුළඟ නැති රස්නය -iness

sum සම්, *n.* මුළු ගණන. මුදල් ගණනක්. *v.* එකතුකරණවා. *n.* -mary, සංක්ෂේපය, ලුහුඬු සංග්‍රහය; *a.* ලුහුඬු, ක්ෂණික. *v.*-marise.කොට කරණවා. *n.* -mation, එකතුකිරීම. මුළු ගණන

summer සම්'මර්, *n.* ග්‍රීෂ්ම ඍතුව

summit සම්මිට්. *n.* මුදුන, කූටය, ඉතා උස්තරම

summon සම්මන්. *v.* එන්ට අණකරණවා, සිතා

සිකරණවා, උපදෙස්නොක්නාවා. n. -s, එණම් අණකිරීම, සිනාසීම [කොටමළුවා

sumpter සම්ප්'ටර්, n. තවලම් අශ්වයා හෝ

sumptuary සම්ප්චුඅරි, a. වියදම් නියම සම්බ න්ධ, වියදම්. a. -ous, බොහෝ වියදම් අල්ල න, අගයි, විශිෂ්ට (n. -ness)

sun සන්, n. ඉර, සූර්ය්‍යා, අව්ව, හිරකාම, අවු රුද්ද, බොහෝකාවට හෝ තේජසට මූල. v. අව් වේ තබනවා. a. -ny, අව්ව පායන, උණුසුම ඇති, දීප්ථිමත් (n. -iness). a. -less, ඉරනො පායන, අඳුරු. n. -beam, ඉරුරැස. n. -down, ඉරබැසීම. n. -rise, ඉර උදාවීම, ඉර පායන වේලාව, උදය. n. -set, ඉරබැසීම, ඉරබසින වේලාව. n. -shine, අව්ව, උණුසුම. n.-stroke, අව් රස්නය වැදීමෙන්වූ ශරීර පීඩාව

Sunday සණ්ඩේ, n. ඉරිදා. ඉරුදින

sunder සණ්'ඩර්; v. වෙන්කරණවා, බෙදනවා

sundry සණ්ඩ්‍රි, a. නොයෙක්. n. -ies, නො යෙක් බඩු, නොයෙක් විසිරයේ ගණන්[තිබෙන

sunken සංකෙන්, a. කිලි ගිබෙන, පාතට වැටී

sup සප්, v. රාත්‍රියට කනවා, හොල්ගා බොන වා. n. කටට ගන්න ඒකක්, උගුරක්. n. -per, රාත්‍රි කෑම [ස්වීයහැකි

superable ස්යූ'පරබල්, a. ජයගතහැකි, මැඩපැවැ

superabound ස්යූ'පාර්'අබෞණ්ඩ්, v. ඉතා බහු

ඉතාම තිබෙනවා. *a.* -undan*t*, ඉතා අධික (*n.* -ce) [එකතුකරණවා

superadd සූ'පාර්ඇැඩ්, *v.* තවත් හෝ වැඩියෙන්

superannuate සූ'පාර්ඇැන්නූඒට්, *v.* වයස නිසා පින්පඩි නියමකොට නිලයෙන් අහක්කරණවා. *n.* -ion

superb සූ'පාර්බ්, *a.* අති ශෝභන. *n.* -ness

supercargo සූ'පාර්කාර්ගෝ, *n.* නැවක බඩු භාරකාරයා [න. -ness

supercilious සූ'පාර්සිල්ඉඅස්, *a* උඩඟු, අභිමාන

supereminen*t* සූ'පාර්ඇැමිඉ'නන්ට්, *a.* ඉතාම උතුම්, අති ශ්‍රේෂ්ඨ. *n.* -ce

supereroga*tion* සූ'පාර්ඇැරොගේෂන්, *n.* නියම තරමට වැඩියෙන් කිරීම. *a.* -ory

superficial සූ'පාර්ෆිෂ්අල්, *a.* මතුපිට තිබෙන, පිටත, ගැඹුර නැති. *n.* -ity

superficies සූ'පාර්පිෂ්ඊස්, *n.* මතුපිට, තලය, (ගණකාම නැතුව) දිග පළල ඇත් මතුපිට

superfine සූ'පාර්ෆෛන්, *a.* ඉතා සියුම්, ඉතා සිහින්. *n.* -ness [මාට වැඩිවූ. *n.* -ity

superfluo*us* සූ'පාර්ෆ්ලූඅස්, *a.* අතිරික්ත, ඕනෑ

superhuman සූ'පාර්හ්‍යූ'මන්, *a.* මනුෂ්‍ය ප්‍රමාණ යම වැඩිවූ, මනුෂ්‍යාධික [බනවා

superimpose සූ'පාර්ඉම්පෝස්, *v.* අනික් පිට ත

superintend සූ'පාර්ඉන්ටෙන්ඩ්, *v.* වැඩකිරීම

බලනවා, පරීක්ෂාකරණවා. *n.* -ent, වැඩ බල ත්නා, පරීක්ෂකයා. *n.* -ence, වැඩ බැලීම

superior සුපිරි·ආර්, *a.* වඩා උතුම් හෝ උසස්, *n.* වඩා උසස් හෝ උතුම් අය, තපස් අරමේ ප්‍රධාන අය. *n.* -ity, වඩා උතුම්කම හෝ උසස්කම

superlative සු·පාර්·ලටිව්, *a.* ඉතා වැඩි, අතිශය, ඉතා අධික ගුණය කියන. *n.* අධික ගුණය කියන විශේෂණය. *n.* -ness [ශ්‍රේෂ්ඨය

supernal සු·පාර්·නල්, *a.* පරලොව සම්බන්ධ,

supernatural සු·පාර්·නැටචු·රල්, *a.* අලෞකික, ප්‍රකෘති නොවූ, ආශ්චර්යමත්. *n.* -ism. *n.* -ist

supernumerary ස්‍යු·පාර්·න්‍යූ·මරෙරි, *a.* ඔතැ (හෝ නියම) ගණනට වැඩි. *n.* එසේ වැඩි කෙනෙක් හෝ දෙයක්

superscribe ස්‍යු·පාර්ස්ක්‍රයිබ්, *v.* පිට හෝ උඩින් ලියනවා නොහොත් කොටනවා. *n.* -ption, පිට හෝ උඩින් ලියූ නොහොත් කෙටූ යමක්, ලියුමක පිට ලියූ නම ගම [වපත් කරණවා

supersede ස්‍යු·පාර්සීඩ්, *v.* අවලංගු කරණවා, ත

superstition ස්‍යු·පාර්ස්ටිෂ්අන්, *n.* මෝඩ විශ්වාසය, මිථ්‍යා කල්පනාව. *a.* -us (*n.* -ness)

superstructure ස්‍යු·පාර්ස්ට්‍රක්චූර්, *n.* උඩ ගොඩනැගිල්ල [කතුවෙනවා, සිදුවෙනවා

supervene ස්‍යු·පාර්වීන්, *v.* පැමිණෙනවා හෝ එ

supervise සුපර්වයිස්, *v.* පරීක්ෂාකරණවා, මෑ බැසිරීම බලනවා. *n.* -al, -ion, *a.* -ory

supine සූපයින්, *a.* උඩුබැල්මෙන් ඉන්න, නොසැලකිලි. *n.* ක්‍රියාභාවය, භාවක්‍රියාව. *n.* -ness

upper සප්ප‍ර්, *n.* (දවිසේ අත්ගම) රාත්‍රී හෝ ජනය. *a.* -less [නොකම පැමිණෙනවා

supplant සප්ප්ලෑන්ට්, *v.* අනක්කරණවා, අහක්

supple සප්ල්, *a.* පහසුවෙන් නැමෙන. *n.* -ness

supplement සප්පලිමෙන්ට්, *n.* අඩුවක් පිරවීමට එකතුකරණලද්ද, ඌනපූරණය. *v.* අඩුව පුරවණවා. *a.* -al, -ary

suppliant සප්ප්ලිඅන්ට්, *a.* ලැදිව හෝ බැගෑපත්ව ඉල්ලන, යදින. *n.* අයදින අය. *n.* -ce

supplicant සප්ලිකෑන්ට්, *a.* සහ *n.* =suppliant

supplicate සප්ප්ලිකේට් *v.* අයදිනවා, යාච්ඤාකර ඉල්ලනවා. *n.* -ion. *a.* -ory, බැගෑපත්, යටත්

supply සප්ප්ලෙ, *v.* සපයාදෙනවා, සපයනවා. *n.* සැපයීම, ඕනෑ ද්‍රව්‍යවල සැපයීම, උවමනා දේ, ආණ්ඩුවේ වියදම් ගැණ නියම කල මිල ගණන

support සප්පෝර්ට්, *v.* උසුලනවා, රක්ෂාකරණවා, අනුබල දෙනවා, ඔප්පුකරණවා, ස්ථිරකරණවා. *n.* උසුලන බලය හෝ දෙය, රුකුල,

රක්ෂාකිරීම, ආධාරය. *a.* -able (*n.* -ness)

suppose සප්පෝස්, *v.* කල්පනා කරනවා, සිත නවා *n.* -ition, සාක්ෂි නැතුව විශ්වාසකිරීම, සිතීම (*a.* -onal. *a.* -tious). *a* -able

suppress සප්‍රෙස්, *v.* මැඩ පවත්වනවා, යට පත් කරනවා. *n.* -ion, *a.* -ive [*a.*-ive

suppurate සප්පුරේට්, *v.* පැසවනවා. *n.* -ion.

supreme සුප්‍රිම්, *a.* පරම, අති ශ්‍රෙෂ්ඨ, ප්‍රධාන. *n.* -acy [වා. *n.* වැඩි මිල ගණන

surcharge සර්චාර්ජ්, *v.* වැඩි මිල ගණන් දමන

surd සර්ඩ්, *n.* හරියට දැනගත නොහැකිගණන, අශබ්දාක්ෂරය. *a.*

sure ෂුවර්, *a.* සත්‍යක, අනුමාන නැති. *ad.* සත්‍යකම, අනුමාන නැතුව. *n.* -ty, සත්‍යකකම, ඇපය, ඇපකාරයා

surf සර්ෆ්, *n.* වෙරළට ගසන රළපතර [විටුව

surface සර්ෆෙස්, *n.* පිටපැත්ත, තලය, උඩත

surfeit සර්ෆිට්, *n.* කෑමේ හෝ බීමේ අධිකකම, අජීර්ණය, අධි තෘප්තිය. *v.*

surge සර්ජ්, *n.* මහරළ, රළපතර. *v.* (රළ මෙන්) නැග පෙරළෙනවා

surgeon සර්ජන්, *n.* ශල්‍ය වෙද, කැපුම් කොටුම් වෙද. *n.* -ery, ශල්‍ය වෙදකම, ශල්‍ය ශාලාව. *a.* -ical

surly සර්ලි, *a.* කකීශ, රළු. *n.* -iness

surmise සර්මයිස්, *n.* අනුමානයට සිතනවා,

නිකම් සිතනවා. n. අනුමානයෙන සිතීම

surmount 'සාර්මෞන්ට්, v. මැඩ පවත්වනවා, ජයගන්නවා. a. -able

surname 'සාර්නේම්, n. අග් නම. කුල නාමය, උප නාමය. v. උප නාමයක් දෙනවා

surpass 'සාර්'පස්, v. අතික්‍රමනය කරනවා, අධිකව සිටිනවා, a. -able. a. -ing, උත්තම. අධිකතර

surplice 'සාර්ප්ලිස්, n. (ක්‍රිස්තියානි) දේවගැති යෙකුගේ සුදු ඇඳුම. a. -d [කොටස. n.-age

surplus 'සාර්ප්ලස්, n. වැඩිවූ කොටස, ඉතුරුවූ

surprise 'සාර්ප්‍රයිස්, v. හදිසියෙන් ඉදිරිපත්ව පැමිණෙනවා, මවිතකරනවා. n. හදිසියෙන් ඉදිරියට පැමිණීම, පුදුමය, මවිතය. n. -al

surrender 'සරෙන්ඩාර්, v. භාරදෙනවා, යටත් වෙනවා. n. යටත්වීම [හොරෙන් කළ

surreptitious සර්රෙප්ටිෂ්අස්, a. රහසින් හෝ

surround සර්රෞන්ඩ්, v. වටකරනවා

surtout 'සාර්ටූට්(හෝ)'සර්ටූ, n. දිග කබා(කෝට්) වර්ගයක් [පරීක්ෂාකිරීම

surveillance 'සාර්වේල්යන්ස්, n. බලාගැනීම,

survey 'සාර්වේ, v. බලනවා, පරීක්ෂාකරනවා, (බිම) මනිනවා. n. බැලීම, පරීක්ෂාකිරීම, (බිම්) මැනීම. n. -or

survive 'සාර්වයිව්, v. පසුව ජීවත්වෙනවා, ඉතුරුවෙනවා, n. -al, පසුව ජීවත්වීම, ඉතුරුවීම

susceptible සස්සැප්ටිබ්ල්, *a*. පහසුමෙන් වෙණ ස්වයගැකි, ඉක්මණින් දුකෙහන සවභාවයක් ඇති, සිතට වැදී ගන. *n*. -leness, -ility

susceptive සස්සැප්ටිව්, *a*. =susceptible

suspect සස්පැක්ට්, *v*. අනුමානයට සිතනවා, සැකකරණවා, අවිශ්වාසකරණවා

suspend සස්පැණ්ඩ්, *v*. එල්ලනවා, කලකට නවත්වනවා, කලකට අහස්සුරණවා. *n* -ders, කලිසම පටි. *a*. -sible [වාගය

suspense සස්පැන්ස, *n*. කලකට නැවතීම, අනුවාගය

suspension සස්පැන්ෂන්, *n*. කලකට නැවතීම, එල්ලීම

suspicion සස්පිෂ්අන්, *n*. අනුමානයට සිතීම, සැකය. *a*. -us, සැක කටයුතු, අවිශ්වාස (*n*.-ness)

sustain සස්ටේන්, *v*. දරණවා, ඉවසනවා, පෝෂණය කරණවා. *a*. -able

sustenance සස්ටි·නන්ස්, *n*. ජීවිකාව, වෘත්තිය, කෑම බීම. *n*. -tation, ඉසිලීම, රක්ෂාකිරීම

sutler සට්·ලාර්, *n*. යුධසේනාව කැටුව යන වෙළෙන්දා [හින

suture සූචර්, *n*. ඉස්කබලේ ඇටසන්ධිය, සන්ධිය

suzerain සූසැ·රේන්, *n*. සිටුවරයා, ප්‍රධාන අධිපතියා. *n*. -ty [ලනවා

swaddle සොඩල්, *v*. රෙදි ඔතනවා හෝ වෙළනවා

swagger සැග්·ගාර්, *v*. ලොකුවට කථාකරණවා,

සුම්බම් අඳුඛනවා, උදුරච්ලෙස වැණි වැණි ගසනවා. *n.* [රෑවා, ආදරේ ඇස්සා

swain ස්වේන්, *n.* තරුණයා, තරුණ මෙහෙකා

swallow සොල්ලො, *n.* වැහිලිහිණියා, දිසලිහිණියා. *v.* ගිලිනවා, ගිලෙනවා, බිහත්තවා

swamp ස්වොම්ප්, *n.* ගොහොරුබිම, වගුර. *v.* වතුර පුරවා ගිල්ලනවා. *a.* -y, ගොහොරු, වගුරු [හංසයන් ඇති කරණ තැන

swan ස්වොන්, *n.* හංසයා, රාජහංසයා. *n.* -nery,

sward ස්වෝර්ඩ්, *n.* තණ බිම

swarm ස්වොර්ම්, *n.* (පිළිවෙලකට නැතිව ගත) සමූහය. *v.* ආකුලලෙස රැස්වෙනවා, පුරී යනවා

swart ස්වෝර්ට්, }
swarth ස්වෝරත්, } *a.* අඳුරු, මදක් කළු

swarthy ස්වෝර්ති, *a.* අඳුරු, මදක් කළු. *n.* -iness

swath ස්වෝත්, *n.* දෑකැත්තෙන් කැපී වැටෙන තණකොළ පීරිය [ඔතන පටිය

swathe ස්වෝත්, *v.* ඔතනවා, වෙළනවා. *n.*

sway ස්වේ *v.* පැද්දෙනවා, ආණ්ඩුකරණවා, බලය පවත්වනවා. *n.* බලය, අනුහස

swear ස්වේර්, *v.* දිවුරණවා, දිවුරා කියනවා

sweat ස්වැට්, *n.* ඩාදිය. *v.* ඩාදිය දමනවා. *a.* -y, ඩාදියෙන් තෙත්වූ (*n.* -iness)

Swede ස්වීඩ්, *n.* ස්වීඩන් රට අය. *a.* -ish, ස්වීඩන් රට පිළිබඳ; *n.* ස්වීඩන් භාෂාව

sweep ස්වීප්. *v.* අතුගානවා, අමදිනවා. *n.* අතුගෑම, අතුගාන්නා, පැද්දෙන දුර ප්‍රමාණය, ඉස්මත් බැල්ම. *n.* -ings, අතුගෑ රොඩු

sweepstake ස්වීප්ස්ටේක්, } *n.* ඔට්ටු ස්පයක්
sweepstakes ස්වීප්ස්ටේක්ස්, } ඇති අතුම

sweet ස්වීට්, *a.* පැණිරස, මිහිරි, මනෝඥ, සංසුමිරු, ලුණුරසනැති, ඇඹුල්නොවී තිබෙන, පිළිදුණු නැවී තිබෙන. *n.* පැණිරසදෙය. *n.* -ness. *v.* -en, පැණිරසකරණවා, සිහිදමනවා, මිහිරිකරණවා. *n.* -flag, වදකහ. *a.* -ish. *n.* -heart, පෙම්බඳිනු ලැබූ අය. *n.* -meat, පැණිරස කෑම්ලි. *n.* -potato, බතල, *a.* -scented, සුවඳ කෑවු, සුවිඳ. *a.* -y

swell ස්වෙල්, *v.* ඉදිමෙනවා, පිපෙනවා, වැඩිවෙනවා, මහත්වෙනවා. *n.* වැඩිවීම, මහත්වීම. ජේරතුකාරයා [ඊඩා විදිනවා

swelter ස්වෙල්ටර්, *v.* රස්නයෙන් අධික ලෙස

swerve ස්වර්ව්, *v.* පිටයනවා, හැරී යනවා

swift ස්විෆ්ට්, *a.* ඉක්මන්, ශීඝ්‍ර. *n.* මැසිලිහිණි වර්ගයක්. *n.* -ness

swill ස්විල්, *v.* වතුර පුහක් මක කර සෝදනවා, බිහුලෙස බොනවා. *n.* බොතහුහක්, ඉඳුල් වතුර [වා, ඉහිරගනවා

swim ස්විම්, *v.* පීනනවා, පාවෙනවා, ගලාගන

swindle ස්වින්ඩල්, *v.* රවටනවා, වංචාකරණවා

swine ස්වයින්, *n.* ඌරා, ඌරෝ. *a.* -ish, ඌරු, තිරිසන්, නීච, කෑත. *n.* -herd, ඌරු පාලයා, ඌරු එඬේරා

swing ස්විං, *v.* පද්දනවා, පැද්දෙනවා, වැනේ නවා, කරකවනවා. *n.* පැත්තෙන් පැත්තට පැදීම, ඔංචිල්ලාව, පැදෙන ප්‍රමාණය

Swiss ස්විස්, *n.* ස්විට්සර්ලන්ඩ් රටේ අය. *a.*

switch ස්විච්, *n.* හිත් නැමෙන ඉපල හෝ කෝ ටුව, තල්ලුකරණ හෝ දිශාව වෙනස් කරණ උපක්‍රමයක්. *v.* ඉපලෙන් ගසනවා, පැත්තකට ගසනවා හෝ තල්ලුකරණවා

swivel ස්විවෙල්, *n.* කරකැවෙන කොක්ක හෝ විලල්ල, කරකැවෙන කාලතුවක්කුව

swollen ස්වෝල්න්, *a.* ඉදිමුනු, මහත්වූ (swell බ.)

swoon ස්වූන්, *v.* මූර්ඡාවෙනවා. *n.* මූර්ඡාව

swoop ස්වූප්, *v.* වේගයෙන් බැස අල්ලාගන්න වා. *n.* ඇල්ලීමට හදිසියෙන් පැනීම, අදිසියෙ න් ඇල්ලීම

sword ස්වෝර්ඩ්. *n.* කඩුව. *n.* -sman, කඩුකාරයා

sworn ස්වෝර්න්, *a.* දිවුරූ (swear බ.)

sycamore සික්අමෝර්, *n.* අත්තික්කා (හෙවත් දිඹුල) වර්ගයේ ගසක්

sycophant සික්ඕෆන්ට්, *n.* නීච වාටුකාරයා, නීච ඉච්චාකාරයා. *n.* -cy. *a.* -tic

syllable සිල්ලබිල්, *n.* සම්පූර්ණ ශබ්දයක්, ඒශබ්

දශ අඟවන අකුර, අක්ෂරය. *a.* -ic, -ical

syllabus සිල්ලබස්, *n.* සංක්ෂේපය, සාරය, පටුන

syllogism සිල්ලොජිස්ම්, *n.* න්‍යායය, ත්‍රිපද ත
ර්ක වාක්‍යය

syllogise සිල්ලොජෛස්, *v.* ත්‍රිපද තර්ක වාක්‍ය
ක්‍රමයෙන තර්කණය කරනවා. *a.* -tic, -tical

sylph සිල්ෆ්, *n.* ආකාශභූතයා, විද්‍යාධාරී, දිවන
ඞ්ගනාව, සිහින් ලක්ෂණ ශරීර ඇත්තී

sylvan / silvan සිල්වන්, *a.* කැලෑව සම්බන්ධ, වන. *n.* වන දේවියා

symbol සිම්බොල්, *n.* ලකුණ, ලක්ෂණය, සංඥාව.
a.-ic, -ical, ලකුණුවලින් අඟවන. *v.* -ise, ලකු
ණුවලින් අඟවනවා. *n.* -ism. *n.* -ist

symmetry සිමෙට්‍රි, *n.* සමතාව, සම ප්‍රමාණතා
ව, අනුකූලතාව. *a.* -ical, සම ප්‍රමාණ, අනුකූල

sympathy සිම්පති, *n.* සහභාගි දුකීම, අනුකම්
පාව. *a.* -etic, -etical, සහභාගි දුකීම් සහිත,
අනුකම්පා සහිත. *v.* -ise, දුකීම ආදියෙන් අනු
කූලවෙනවා, අනුකම්පා වෙනවා

symphony සිම්ෆොනි, *n.* නාදවල එකඟකම,
අනුකූල නාද තාලය. *a.* -ious

symposium සිම්පෝසිඅම්, *n.* එකට පානය කි
රීම, සෙල්ලම් සහිතව මගුල් කෑම, මංගල්‍ය
යක්, එක කාරණයක් ගැන ලී වාක්‍ය රැසක්

symptom සිම්ප්ටම්, *n.* ලකුණ, නිමිත්ත. *a*-

-atic, -atical [සභා ශාසන

synagogue සින්'අගොග්, *n.* යුදෙව් සභාව,යුදෙව්

synalepha සිනැ'අලීෆ, *n.* එකලඟ ප්‍රාණාක්ෂරදෙකක් එකක්කිරීම

synchron*al* සින්ක්‍රො'නල්, } *a.* සමකාලීන. *n.* -ism,
synchron*ous* සින්ක්‍රොනස්, } සමකාලීනතාව

syncope සින්කොපි, *n.* මධ්‍ය වර්ණ ලෝපය

syndicate සින්ඩිකේට්, *n.* විශේෂ කළමනාකාර සභාව

synecdoche සිනැක්ඩොකි, *n.* කොටසක් කීමට සම්පූර්ණය හෝ සම්පූර්ණය කීමට කොටසක් හෝ යෙදීමේ විධියක්

synod සින්අඩ්, *n.* ආගම සම්බන්ධ කටයුතු නියමකර ගැනීමට පවත්වන සභාව. *a.* -al, -ic, -ical [ය වචනය. *a.* -ous

synonym සිනනිම්, *n.* සමානාර්ථ පදය, පර්යා

synop*sis* සිනොප්සිස්, *n.* සාරසංග්‍රහය. *a.*-tic,-tical

syntax සින්ටැක්ස්, *n.* වාක්‍ය විද්‍යාව

synthe*sis* සින්තිසිස්, *n.* සංයෝජනය. *a.* -tic, -tical

syphili*s* සිෆිලිස්, *n.* උපදංශය, කුණුලෙඩ. *a.* -tic

syphon සයිෆොන්, *n.* (siphon බ.)

syren සයිරන්, *n.* (siren බ.) [කාරණවා

syringe සිරිංජ්, *n.* වස්තිය, වස්තිකූඩුව. *v.* විසනි

syrup සිරප්, *n.* පැණිය. *a.* -y

system සිස්ටැම්, *n.* ගැලපූ පිළිවෙළ, ක්‍රමය. *a.*

-atic, -atical, -ic, ක්‍රමයිලිබඳ. v. -atise, පිළිවෙළකට යොදනවා

sythe සයිත්, n. =scythe

T.

t ටී, ඉංග්‍රීසියේ විසිවෙනි අක්ෂරය; 100 ඇඟවීමට යොදනු ලැබේ

tab ටැබ්, n. තොල්ල

tabby ටැබි, n. බොහෝ ජල රේඛා සහිත පට, දුඹුරු රේඛා සහිත බළලා, බැළලී

tabefaction ටෙබිෆැක්ෂන්, n. දිරීම, ක්ෂයවීම

tabernacle ටැබ'ඇර්'නැක්ල්, n. කුඩාරම, මඩුව, සඳෙව් දේවස්ථානය. v. නවාතැන්ගන්නවා

table ටේබිල්. n. මේසය, පැතලි වූ දෙය, කරුණු ලේඛනය, විච්ඡේදරුව. v. මේසයේ උඩ තබනවා. n. -land, උස්තැන්න. කඳුතලාව

tableau ටැබ්ලෝ (හෝ) ටැබ්ලෝ. n. පැහැදිලි සිතුම (pl. -x)

tablet ටැබ්ලැට්, n. කුඩා පැතලි දෙයක්, කුඩා පෑල්ල

tabloid ටැබ්ලොයිඩ්, n. බෙහෙත් සහිත පැතලි පෑල්ල

taboo ටැබූ, n. සැල්ලෑවෙන්වැළකීම, ස්පර්ශ තහනම්කිරීම. v.

tabour } ටේ'බර්, n. එක දණ්ඩෙන් ගසන බෙරවිශේෂයක් මිදංගය. n. -et
tabor }

tabular ටැබියුලාර්, *a.* පැතලි ආකාර, පිළිවෙළුම් කළ සටහන් ආකාර. *v.* -te, පිළිවෙළුම් සටහන්කරණවා (*n.* -ion)

tacit ටැසිට්, *a.* නිශ්ශබ්ද,(කොයි කවුත්) නෑ කෙන. *a.* -urn, වචා කථා නොකරණ (*n.* -ity)

tack ටැක්, *n.* කුඹක් සහිත කුඩා ඇණය, නැව් යන මාර්ග. *v.* කුඩා ඇණවලින් සවිකර තබනවා, නැව් යන මාර්ග වෙනස් කරණවා

tackle ටැකල්, *n.* කඹ සහිත කප්පිය, නැව්ක රොත් කඹ ආදිය, උපකරණ. *n.* -ing, කුඹ උපකරණ

tact ටැක්ට්, *n.* නුවණ, උපාය, දක්ෂකම. *a.* -less

tactic ටැක්ටික්, tactical ටැක්ටිකල්, } *a.* යුධ සේනාව හැසිරවීමේ ශාස්ත්‍ර සම්බන්ධ උපායවත්. *n.* -ian, යුධසේනා හැසිරවීමේ දක්ෂයා, යුධෝපායෙහි දක්ෂයා

tactics ටැක්ටික්ස්, *n.* යුධසේනාව හැසිරවීමේ ශාස්ත්‍රය, උපාය, උපක්‍රම

taction ටැක්ශන්, *n.* ඇල්ලීම, ස්පර්ශය

tadpole ටැඩ්පෝල්, *n.* මැඩි පැටියා, ඩිංගා

tag ටැග්, *n.* නූල කෙළවර ලෝහතුඩ, ලෝහතුඩු සහිත නූල. *v.* ගලපනවා, සන්ධිකරණවා

tail ටේල්, *n.* වල්ගය, පශ්චාත්භාගය. *a.* -ed, වල්ගයක් ඇති. *a.* -less, වල්ගයක් නැති

tailor ටේලර්, *n.* (පුරුෂ ඇඳුම්) මහන්නා. *v.*

ඇඳුම් මහණිවා. n. -ess (f.)

saint වෙරණ්ට්, n. දේශාන, කැලල. v. පිකක් සරක්මෙකවා හෝ කුණුවෙනවා, කැලල් කරණවා

take ටේක්, v. ගන්නවා, අරිනන්නවා, සිතනවා, කයළුා හෝ බොනවා, (මාර්ගෙයි) යනවා. n. ගැණිම, අල්ලාගන්නාලද දෙය. a. -ing, සිත අලවන, ලොබ්ඤ; n. ගැණිම

tale ටේල්, n. පුරා කථාව, ප්‍රබන්ධය, කේලම. n. -bearer, කේලම්

talent ටැල්'අන්ට්, n. පුරාණ බර ප්‍රමාණයක් හෝ මිලයක්, බුද්ධිමත්කම, බුද්ධියේ ශක්තිමත්කම. a. -ed, ඉතා සමර්, ඩිමත්

talisman ටැලිස්මන්, n. (ආරක්ෂා) යන්ත්‍රය, මැතුරූ නූල, කවචය. a. -ic

talk ටෝක්, n. කතාව, දෙඩීම. v. කථාකරණවා, දොඩනවා. a. -ative, බොහෝසේ කථාකිරීමට සතුටු, වාචාල (n. -ness)

tall ටෝල්, a. උස්. n. -ness, උස්කම, උස

tallow ටැල්ලෝ, n. උණුකරමිදුනු (සතුන්ගේ) තෙල. a. -y

tally ටැල්ලි, n. (අන්‍යකට සමානව) කැන්තු කෑලි කෝටුව. v. සමකරණවා, හරියටම එක හවෙනවා [යුදෙව් නීති සංග්‍රහය

Talmud ටැල්මඩ්, n. බයිබලයට ඇතුළත් නැති

talon ටැල්අන්, n. (සතකුගේ) නිය

tamarind ටැමරින්ඩ්, n. සියඹලා

tamarisk ටැමරිස්ක්, n. ලුණු පැල වර්ගයක්

tambour ටැම්බූර්, n. කිකිණි රබාන, බෙර වර්ගයක්. n. -ine ටැම්බූරීන්, කුඩා බෙර හෝ රබන් වර්ගයක්, කුඩා කිකිණි රබාන

tame ටේම්, a. හීලෑ, දමුනු, උත්සාහ නැති. v. හීලෑකරණවා. a. -able. n. -eness. a. -eless, හීලෑ නැති, වල්, කුරු [හෝ දෙමළ, ද්‍රවිඩ

Tamil ටැමිල්, n. දෙමලා, දෙමළ භාෂාව. a.

tamper ටැම්පර්, v. මැදිවෙයනවා, අතගානවා, අයුතු ලෙස හෝ කපටිලෙස කරණවා

tan ටැන්, n. හම් පදම්කිරීමට ගන්නා 'ඕක්' ආදි ගසක පොත්ත. a. දුඹුරු, තඹවන්. v. පදම් කරණවා, අව්වේ ත්ඩ්මෙන් දුඹුරුපාට කරණවා. n. -nery, හම පදම් කරණ ශාලාව

tandem ටැන්ඩැම්, ad. දිගට, වැලට. n. රථයේ දිගට පෙළ අශ්වදෙන්නා අඳින රථ වර්ගයක්

tang ටැං, n. ආයුධයේ මිටට යටවෙන කොටස, රස, ගැඹුරෙ ඇනෙන් [n. -cy, -ce

tangent ටැංජන්ට්, n. ස්පර්ශ රේඛාව. a. -tial.

tangible ටැංජබල්, a. අතටම දැනෙන, ස්පර්ශනය, ප්‍රකට. n. -ility, -leness

tangle ටැංගල්, n. මුහුදු පැළවර්ගයක්, ආකුලලෙස වෙළීම හෝ පටලැවීම. v. පටලවනවා

tank ටැංක්, n. වැව, තඩාගය [නය

tankard ටැංකාර්ඩ්, n. ලොකු ලෝහ කුසලා

tannery ටැන්'අරි, n. (tan බ.)

tantalise ටැණ්'ටලෛස්', v. (බලාපොරොත්තුක ඩක්ෂණමත්) සිරිහැර කරණවා, විදැ කරණවා

tantamount ටැණ්'ටමොෟණ්ට්, a. සම, සමානාර්ථක

tap ටැප්, v. දින පිටිච්චමට එදනවා, සෙමින් තට්ටුකරණවා. n. දිය පිටවෙන කලය, කැබෑරු මෙ මත්පැන් පිප්පෙන් ගනන තැන, ඇබය, සෙමින් තට්ටුකිරීම [පණුවා

tape ටේප්, n. රෙදිපටිය. n. -worm, පැතලි

taper ටේ'පාර්, n. කුඩා ඉටිපන්දම. a ක්‍රමයෙ න් සිහින්වෙගෙණ යන. v. ක්‍රමයෙන් සිහින්වෙ ගෙණ යනවා

tapestry ටැප්ඇස්ට්රි, n, (ලක්ෂණ පිණිස එල්ල න) එම්බු ශරදි හෝ ජවනිකා. a. -ied

tapioca ටැප්ඉඔ'ක, n. මඤ්ඤොක්කා පිටි

tapir ටේ'පර්(හෝ)ටේපිර්, n. ඌරුවැනි සතෙක්

tapis ටේපිස් (හෝ) ටාපී, n. කල්පනාකිරීම

tar ටාර්, n. තීල්, තාර. v. තීල්ගානවා. a. -ry ටාර්ඉ, තීල්, තීල් ගෑවී තිබෙන

tarantula ටරැණ්ටුල, n. දිවමකුළුවා [-iness

tardy ටාර්ඩි, a. සෙමින ක්‍රියාකරණ, ප්‍රමාද. n,

tare ටෙඅර, n. වස් පැළවර්ගයක්, (බඩු දමාතිබෙ න ගෝණිආදියෙහි) අඩුකරණ බරගෙණන

targe ටාර්ජ්,
target ටාර්ජට්, } *n.* පලිහය, ඉලක්කය

tariff ටැරිෆ්, *n.* (බඩුවලට ගෙවිය යුතු) මුදල බද්ද ලේඛනය, නිරුව

tarn ටාර්න්, *n.* කුඩා පර්වත වැව

tarnish ටාර්නිෂ්, *v.* අඳුකරණවා, මැලවෙනවා, කැලල්කරණවා, දීප්තිය අඩුවෙනවා [රෙදි

tarpaulin ටාර්පෝලින්, *n.* තාර්ගාල රෙදි. *n.* -g, සීල්

tarry ටැරි, *v.* නවතිනවා, ප්‍රමාදවෙනවා (tar *a.*)

tart ටාට්, *n.* එල හෝ මාංස ඇතුලම දමා පිලිස්සූ කෑලි පාත් වර්ගයක්. *a.* ඇඹුල්, සැර (*n.* -ness). *a.* -ish

tartan ටාර්ටන්, *n.* විසිතුරු කොටු පිලි

Tartar ටාර්ටර්, *n.* ටාර්ටරිරටේ කෙනෙක්, අති සා කෝපී හෝ තද අය, දතේ බුරුලු ඇණ (*a.* -eous, -ous). *a.* -ic

task ටාස්ක්, *n.* නියමිතල වැඩක්, කාර්යය, පාඩශාලා පාඩම. *v* කටයුතු ප්‍රමාණය නියම කරණවා, බරකරණවා. *n.* -master, බිරිතැර ලැබෙනලෙස වැඩ නියමකරන්නා, තදින් වැඩකරවන්නා

tassel ටැසල්, *n.* පල්ලෙහ සැරසිලි පොකුරු ඇටුව, සේද පට්ය. *a.* -led

taste ටේස්ට්, *v.* රස බලනවා, ටිකක් කා හෝ බී බලනවා. *n.* රස, රසඥත්ම, (රසබැලීම වා)

තෑ ව්ෆුල්. *a.* -ful (*n.* -ness), tasty, හොඳ රස ඇති, මනෝහර. *a.* -less, රසනැති

ta-ta ටට, *interj.* වෙන්ව යනවිට කියන ආචාර පදයක්, =good-bye

tatter ටැට්ටර්, *v.* වැරහැලිකොට ඉරණවා. *n.* -s, වැරහැලි. *a.* -ed, ඉරුණු, වැරහැලි

tattle ටැට්ල්, *v.* ප්‍රලාප දොඩනවා. *n.* ප්‍රලාප දෙඩීම්, කත්දෙඩීම

tattoo ටැටූ, *n.* රාත්‍රිකාලවලට යාමට ගසන බෙරය හෝ පිඹින හොරණෑව. *v.* ශරීරයේ සම ඉරා සායම් රූපාදිය කොටනවා

taunt ටෝන්ට්, *v.* නින්දාකරණවා, තදින් දොස් තබනවා. *n.* නින්දාකිරීම, දොස්තැබීම

tautology ටෝටොලජි, *n.* පුනරුක්තිය, නැවත කීම. *a.* -ic, -ical, පුනරුක්ත

tavern ටැවර්න්, *n.* සුරා සැල, අම්බලම

taw ටෝ, *v.* සම්සුදුකරණවා. *n.* කුඩා ගෝලය, ගෝල ක්‍රීඩාව. *n.* -ery, සම් සුදුකරණස්ථානය

tawdry ටෝඩ්රි, *a.* පිටතින් පෙණුම හෝ ශෝභාව ඇති, මිථ්‍යාශෝභාව ඇති, අගය නැති ලක්ෂණ යුත්. *n.* -iness

tawny ටෝනි, *a.* පිඟුවන්, අඳුරු කසාවන්

tax ටැක්ස්, *n.* අයබද්ද, සුංගම, බර. *v.* අයබදු ගන්නවා, දොස්පවරණවා, අධිකයෙන් පෙළනවා. *a.* -able, *n.* -ation

taxidermy ටැක්සිඩර්මි, n. සතුන්ගේ සම් පම නිත ලෙස හැදුම සහ ඒවා සතුන්ගේ සිරුරට නැඟීම. n. -ist

tea ටී, n. තේගහ, තේකොළ, තේවතුර. n.-cup. තේ කෝප්පේ. n. -pot, තේ පෝච්චිය. n. -service, -set, තේ බොන්නට උවමනා පිරිසි ඇඳි බඩු

teach ටීච්, v. උගන්වනවා. n. -er, ගුරුවරයා. a. -able, ඉගැන්විය හැකි, ඉගෙනගැනීමට ලැදි (n. -ness)

teak ටීක්, n. තේක්ක, අශීවෘක්ෂය

teal ටීල්, n. සේරු

team ටීම්, n. බාන, ඇගෑ. ක්‍රීඩාවක එක්පක්ෂයක්. n. -ster, බානක හෝ ඇඟෑයක්දක්කන්නා

tear ටෙයාර්, v. ඉරනවා. n. ඉරුම

tear ටීර්, n. කඳුල. a. -ful, කඳුළු සහිත (n. -ness). a. -less, කඳුළු නැති

tease ටීස්, v. කරදර හෝ හිරිහැර කරනවා. (ලොම්) පීරනවා

teat ටීට්, n. තනපුඩුව

technic ටෙක්නික්, a. =technical. n. ශිල්ප විද්‍යාව, ශිල්පකර්මය. n. -s, ශිල්ප

technical ටෙක්නිකල්, a. ශිල්පශාස්ත්‍ර, පරිභාෂිත. n. -ness, -ity

technology ටැක්නොල්ඔජි, *n.* ශිල්ප විද්‍යාව. *a.* -ical [වෙහෙසකරණ, *n.* -ness

tedious ටීඩියස් (හෝ) ටීඩිඅස්, *a.* (දිගු නිසා)වෙ

tedium ටීඩිඅම්, *n.* වෙහෙසකරණ ගතිය

teem ටීම්, *v.* බහුලව තිබෙනවා, පරිපූර්ණව ති බෙනවා

teens ටීන්ස්, *n.* (බහු).වයසේ *teen* යන අකුරු වලින් අවසානවන පදවලින් කියන අවුරුදු (එනම් 13 සිට 19 ට) [දත් එනවා

teeth ටීත්, *n.* (බහු). දත් (tooth බ.) *v.* -e,

teetotal ටීටෝට්ල්, *a.* මද්‍යපානයෙන් සම්පූර්ණ යෙන් වැළකෙන. *n.* -ism. *n.* -er, -ler

tegument ටෙගුමෙන්ට්, *n.* වැස්ම, ආවරණය, සම

telegram ටෙල්ඉග්‍රෑම්, *n.* විදුලි පණිවුඩය, විදු ලි පුවෘත්තිය

telegraph ටෙල්ඉග්‍රෆ්, *n.* විදුලි පණිවුඩ යවන යන්ත්‍රය; *v.* විදුලි කම්බියෙන් දන්වනවා. *a.* -ic.,-ical, විදුලි කම්බියෙන් දන්වන, විදුලි. *n.* -ist, විදුලි පණිවුඩ යැවීමේ නිපුණයා අය. *n.* -y, වි දුලිකම්බියෙන් දැන්වීම, ඒ සම්බන්ධ ශාස්ත්‍රය

telepathy ටෙල්එපැතී, *n.* ඈත සිටියත්කවුණට අදහස් ඇඟවීමේ රහස් ක්‍රමයක්. *a.* -ic

telephone ටෙල්ඉෆෝන්, *n.* දුරසිට කථාකරණ යන්ත්‍රය, ශබ්දය දුර අසිය යන්ත්‍රය. *a.* -ic

telescope ටෙල්ඉස්කෝප්, *n.* දූරදර්ශන යන්ත්‍රය,

සමුත්සාව. *a.* -ic

telic ටැලික්, *a.* අන්තිමාන හෝ අදහස් දක්වන

tell ටැල්, *v.* කියනවා, දක්වනවා, ගණිනවා. *a.* -ing, බලවත්වූ, හිතට වදින. *n.* -er, කියන්නා, ගණින්නා, බැංකුවේ මුදල් ගෙවන්නා

temerity ටමැරිටි, *n.* අනුවණ නිර්භයකම හෝ මෝඩකම

temper ටැම්පර්, *v.* ප්‍රමාණයකරණවා, නියිතර වට මිශ්‍රකරණවා, මෘදුකරණවා, පණපොවනවා. *n.* මිශ්‍රකතිය, (සිතේ) ස්වභාව හෝ ගතිය, ලෝහවල ස්වභාවය. *n.* -ament, ශරීරයේ හා සිතේ ස්වභාව, ගතිය. *n.* -ance, පමණ දැන කෑමබීමාදිය කිරීම. *a.* -ate, පමණ දැන කෑමබීමාදිය කරන, තරහ නැති, සංසුන් (*n.* -ness) [මාණය

temperature ටැම්පරෙටයුර්, *n* ශීතෝෂ්ණ ප්‍ර

tempest ටැම්පැස්ට්, *n.* සැඩ කුණාටුව. *a.* -uous, [ ] කුණාටුවූ (*n.* -ness)

temple ටැම්පල්, *n.* දේවාලය, දේවස්ථානය, [ ] පන්සල, නළල් කෙලවර. *n.* -ar, යුධකාර එක් ක්‍රිස්තියානි සභාවක කෙනෙක්, ජෙසුයිතය

temporal ටැම්පොරල්, *a.* කාලය පිළිබඳ, මේ ජීවිතය සම්බන්ධ, සදාකාල නොවන, ලෞකික, නළල් කෙලවර. *n.* -ity, -ty temporary ටෙම්පොරෙරි, *n.* සලකම පමණක් පවත්නා, අනිත්‍ය

temporise ටෙම්පොරයිස්, *v.* කාලයට හෝ ප්‍රස්තාවට එකඟව ක්‍රියාකරණවා, යටත්වෙනවා

tempt ටෙම්ප්ට්, *v* පොලඹනවා, පරීක්ෂාකරණවා. *n.* -ation, පෙලඹීම, පරීක්ෂාව

ten ටෙන්, *a.* සහ *n* දහය. *a.* -th, දහවෙනි; *n.* දහයෙන් කොටස [රක්ෂණීය. *n.* -ness

tenable ටෙනබ්ල්, *a.* තබාගෙණ සිටිය හැකි,

tenacious ටිනේෂස්, *a.* තදින් ඇලෙන. *n.* -ousness, -ty, තද ඇල්ම, තද බැඳීම

tenant ටෙනන්ට්, *n.* කුලියට අරන් සිටින්නා, බදුකාරයා, වාසයකරන්නා. *v.* කුලියට හෝ බද්දට අරන් වාසයකරණවා. *n.* -cy, කුලියට හෝ බද්දට අරන් සිටීම. *a.* -table, වාසයට සුදුසු. *a.* -tless. *n.* -try, ඉඩම්කර බදුකාර ළදවිය

tend ටෙන්ඩ්, *v.* බලාගන්නවා, සාත්තුකරණවා, නැමුව යනවා, යම් දිනාවකට යනවා, ආධාරව තිබෙනවා, *n.*-ance. *n.* -ency, යමකට ඇදීම, ඇදීන ස්වභාවය

tender ටෙන්ඩර්, *a* ලා, ලාබාල, ලපටි, මොලොක්, සිතට වැදී යන. *n.* -ness

tender ටෙන්ඩර්, *n.* ධූමනත්තුවට ඇඳු දරනා වතුර ගෙණියන රථය, පිළිගැනීම පිණිස

පෑම, එසේ පාසලද්ද, ඉල්ලුම්කාරණ ගණය, ඉල්ලුම. *v.* පිළිගෑණීම පිණිස යානවා

tendon ටෙන්ඩන්, *n.* මස්පෙශ: ඇටවලට සවි කාරණ බල නහරය

tendril ටෙන්ඩ්‍රිල්, *n.* ලතා පසුර

tenebrous ටෙනිබ්‍රස්, } අඳුරු. *n.* -sity, අඳුර
tenebrose ටෙනිබ්‍රෝස්, }

tenement ටෙන්ඉමෙන්ට්, *n.* වාස ගෘහය, නිවාස, කුලියට හෝ බද්දට ගත් ඉඩම. *a.* -al, -ary

tenet ටෙන්ඇට්, *n.* යමෙක් විශ්වාසකාරණ ධර්මය, මතය

tennis ටෙන්නිස්, *n.* එනම් ගෝල ක්‍රීඩාවක්

tenor ටෙන්ආර්, *n.* සාමාන්‍ය ආකාරය, භාවය, භාවාර්ථය, ඉතාම උසස් පුරුෂ ස්වරය

tense ටෙන්ස්, *a.* ඇදීමෙන් තදවූ (*n.* -eness, -ity). *n.* (ක්‍රියාපද සම්බන්ධ) කාලය

tent ටෙන්ට්, *n.* ඉපිගෙය, කූඩාරම. *v.*

tentacle ටෙන්ටැකල්, *n.* ඉස්පෙසැත්ද හෝ මයිල්

tentative ටෙන්ටටිව්, *a.* පරීක්ෂක

tenth ටෙන්ත්, *a.* දසවෙනි (ten බ.)

tenuous ටෙනියුඅස්, *a.* තුනී. *n.* -ity ටෙනියුඉටි, *n.* තුනීකම [කී ළදීම

tenure ටෙනියුර්, *n.* භුක්තිවිඳීමේ නියමය, භුක්
tepid ටෙපිඩ්, *a.* මඳක් උණ ඇති. *n.* -ness, -ity

tergiversation ටාර්ජිවාර්සේෂන්, *n.* පිටිපෑම, මගඇර යාම

term ·ටර්ම්. *n.* නියම කාලය. වාරය, සීමාව, විනිසය, පදය, නාමය, ප්‍රතිඥාව. *a.* -less

termagant ·ටර්මගන්ට්, *n.* ඩබරකාර ස්ත්‍රී, ඝෝෂා කලහ ප්‍රිය ස්ත්‍රී

terminate ·ටර්මිනේට්, *v.* සීමාව නියම කරනවා, අවසාන කරනවා, අන්තිම වෙනවා. *n.* -ation, සීමාව, අග. අන්තය, අවසානය, වචනයක අග කොටස. ප්‍රත්‍යය. *a.* -able. *n.* -ology, ශිල්ප ශාස්ත්‍රවල පාරිභාෂික ශබ්දමේ ශාස්ත්‍රය

[කෙළවර

terminus ·ටර්මිනස්, *n.* සීමාව, දුම්රිය පාරේ

termite ·ටර්මයිට්, *n.* වේයා

tern ·ටර්න්, *n.* මුහුදු පක්ෂියෙක්. *a.* තුන්

terrace ටැරෙස්, *n.* පිල, වේදිකාව, උස්වූ තට්ටුව, පැතලි පියස්ස, සඳල්ල, වීදියේ එකපැත්තක ගෙවල් පේළිය. *a.* -d

terraqueous ටැරේක්විඅස්, *a.* දිය පස් සහිත

terrestrial ටැරෙස්ට්‍රිඅල්, *a.* ලෝකයසම්බන්ධ. පොළොවෙහි පවතින

terrible ටැරිබල්, *a.* භයානක. *n.* -ness

terrier ටැරිඅර්, *n.* කුඩා දඩයම් බලු විශේෂයක්

terrify ටැරිෆයි, *v.* තදින් භය ගන්වනවා. *a.* -ic, බොහෝ භය උපදවන

territory ටැරිටෝරි, *n.* පළාත, ප්‍රදේශය. *a.*

-ial, පළාතට හෝ රට සම්බන්ධ, දේශික, පලාත් [ඉතා භයපත්වූ ස්වභාව

terror ටෙරර්, n. අතිශයභය, ත්‍රාසය. v. -ise, n. -ism,

terse ටර්ස්, a. ලුහුඬු හා පැහැදිලිවූ, සංක්ෂිප්ත. n. -ness [ගෙන

tertian ටර්ෂන්, a. තුන් දවසකට වරක් පැමි

tesselated ටෙස්සැලේටඩ්, a. චතුරස්‍ර ආදීවයෙන් චිචිත්‍රවූ [දිය. v.

test ටෙස්ට්. n. පරීක්ෂාව, විනිශ්චය, ලොකුමෙය

testament ටෙස්ටමෙන්ට්, n. අන්තිම කැමති පත්‍රය, ක්‍රිස්තියානි දහම් පොත. a. -ary, -al

testate ටෙස්ටේට්, a. අන්තිම කැමති පත්‍රයක් ලියාතැබූ. n. -or, අන්තිම කැමති පත්‍රයක් ලියා තබා මළ අය; n. -rix (f.)

testify ටෙස්ටිෆයි, v. දිවුරුම්පිට කියනවා, සාක්ෂිදෙනවා [සාක්ෂිපත්‍රය, සහතික පත්‍රය

testimony ටෙස්ටිමොනි, n. සාක්ෂිය. n. -ial,

testudo ටෙස්ටියුඩෝ, n. පලිස් මුවාව, ඉබ්බන් වර්ගයක්, ඉබි ලෙල්ල

testy ටෙස්ටි, a. කිපෙන, -නොඉවසිලිමත්. n. -iness

tetanus ටෙටනස්, n. ඉක්මනින් හකර ඇකිලීම, පිටගැස්ම

te-te ටේට්, n. හිස, හිස් ඇඳුම. tete-a-tete ටේට අටේට්, ad. මුහුණට මුහුණලා, රහසේ. n. රහස් කථාව

tether ටෙද්'ආර්, n. සතුන් අමෙල්ලිකිරීමට බඳින කඹය. v. අමෙල්ලිකරණවා

tetrameter ටෙට්‍රැම්ඉ'ටර්, n. සතරපද කවිපාදය

tetrarch ටෙට්‍රාර්ක්, n. පලාතක සතරෙන් කොටසක අණ්ඩුකාරයා. n. -y

tetter ටෙට්'අර්, n. හම සම්බන්ධ රෝගයක්

Teuton ටියුටොන්, n. යුරෝපයේ පුරාණ ආර්යවංශිකවූ ජා විශේෂයක්. a. -ic, ඒ මනුෂ්‍යයන්ගේ හෝ ඔවුන්ගේ භාෂාව සම්බන්ධ; n. ඔවුන්ගේ භාෂාව

text ටෙක්ස්ට්, n. මාතෘකාවාක්‍යය, පාඨය, මූල ග්‍රන්ථය, ඉතා ලොකු අත් අකුරු. a. -ual

textile ටෙක්ස්ටිල්, a. වියූ [යාරය, ඊයුම්ලිය

texture ටෙක්ස්ට්‍යූර්, n. වියමන, වියා තිබෙනආ

than දැන්, conj. වඩා

thane තේන්, n. රජු සමග හැසිරෙන පුඩගේ වාණයක්, විශාල ගම්බිම් සිටි අය. n. -dom

thank තැංක්, v. ස්තුතිකරණ. n. -s, ස්තුතිය. a. -ful, ස්තුතිවන්ත, කෙලෙහිගුණ සලකන (n. -ness). a. -less, ස්තුතිනොකරණ, කෙළෙහිගුණ නොසලකන (n. -ness)

that දැට්, a. ඒ, අර, ඔය. pron. (සිංහලෙන් ක්‍රියා ගුණ පදයෙන් අඟවන) සර්වනාම පදයක්. conj. යයි, කියා, බව, පිණිස

thatch තැච්, v. (අතු ඈදිය) සෙවිලිකරණවා. n. වහල සෙවිලිකරණ අතු ආදිය

thaw තෝ, *v.* (හිමමෙන් ,දි. .වෙනවා. *n.* දියවීම
the ද (හෝ ප්‍රාණාක්‍ෂරයකින් පටන්ගන්න පදයකට පූර්වයෙන් හෝ තත්යම යෙදුනවිටද ස්ථිර ලෙස කියනවිටද) දි, *a.* ඒ
theatre තීඅටර්, *n.* නාට්‍යශාලාව, නෘත්‍යශාලාව. *a.* -ic, -ical. *n.* -icals, නාඩගම්
thee දී, *pron.* තා, ඔබ (thou' යන්නෙන් සාම)
theft තැෆ්ට්, *n.* සොරගැණීම, සොරකම
their දෙඅර්, *pron.* ඔවුන්ගේ (they බ.)
theism තීඉස්'ම්, *n.* දෙවිකෙනෙක් ඉන්න බව විශ්වාසකිරීම, දේව දෘෂ්ටිය. *n.* -t, දේවදෘෂ්ටිකා. *a.* -tic, -tical
them දැම්, *pron.* ඔවුන් (they යන්නේ නාම). *pron.* -selves, ඔවුන්ම තමන්ම
theme තීම්, *n.* කාරණය, ප්‍රබන්ධය. *a.* -atic
then දැන්, *conj.* එහෙකොට, එවිටවින්. *ad.* එවිට
thence දැන්ස්, *ad.* එතනින්, ඒකාලයෙන්. *ad.* -forth, –forward, එතැන්සිට, ඒකාලයේ සිට
theocracy තිඔක්'රසි, *n.* දෙවියන්ගේ ආණ්ඩුකිරීම, එසේ ආණ්ඩුකල රජ්‍යය. *a.* -tic, -tical
theodolite තිඔඩොලයිට්, *n.* බිම මනින්නන් වසින් භාවිතා කරණ යන්ත්‍රය. *a.* -ic
theology තිඔලොජී, *n.* දේවධර්ම ශාස්ත්‍රය. *n.*-ian, දේවධර්ම ශාස්ත්‍රඥයා. *a.* -ic, -ical. *n.* -ist
theorem තීඔරම්, *n.* ඔප්පුකරණිම ඇතිබව කී

සමකය, සූත්‍රය

theory තියරි, *n.* මතය, අනිශ්චිත වාදය, කල්පනාව, ක්‍රමය, ප්‍රස්තාරය. *a.* -etic, -etical, මානසික, මනෝමය, විස්තරාකාර. *v.* -ise, අනුමානවශයෙන් බලනවා හෝ විස්තරදක්වනවා (*n.*-t)

theosophy තියසොෆි. *n.* ආගමික ප්‍රඥාවෙන් (බහුයෝගයක්) දෙවියන් ගැන ලබන ඥානය, ඊශ්වර ඥානය. *a.* -ic, -ical. *n.* -ist

therapeutic තැරපියූටික්, *a.* සුවකිරීමේ ශාස්ත්‍රය පිළිබඳ, සුවකරණ. *n.* -s, සුවකිරීමේ ශාස්ත්‍රය

there දෙඅර්, *ad.* එහි, එහිදී, අන්න; -about, -abouts, එහි ළඟ, පමණ; -after, ඉන්පසු, ඒ ප්‍රකාර; -at, එහිදී, ඊට; -by, එයින්, ඒ කාරණ කොට; -fore. එබැවින්; -from, එයින්; -in, එහි; -into, එහි, ඒක ඇතුලට; -of, එහි, ඒකේ; -on, එපිට; -to, -unto, ඊට, ඒකට; -upon, එහි පිට, එවිට, එවෙලේම; -with, ඒ සමග; -withal, ඒ සමග, එවෙලේම, ඒ අරත්

thermal 'තාර්'මල්, උෂ්ණය සම්බන්ධ, උණුසුම්

thermometer 'තාර්මොමිටර්, *n.* උණුසුම ප්‍රමාණය බලන යන්ත්‍රය, උෂ්ණමාපක යන්ත්‍රය. *a.* -ric, -rical

these දීස්, *pron.* මේවා, මොවුන් (this බ.)

thesis තීසිස්, *n.* පරීක්ෂක රචනාව, යෝජනාව

thew ත්‍යූ, *n.* බලසම්පත, ශක්තිය

they දේ, *pron*. ඔව්හු, ඒවා (he, she, it බ.)
thick තික්, *a*. ගන, උකු, මිහත්, බොර, ජඩ. *n*. ඉතා ගන හෝ ගහණ කොඨාසය. *ad*. ගනකමට, ඉක්මණට, නිතර. *n*. -ness, ගනකම, උකුකම. *v*. -en, ගන කරණවා, උකුකරණවා. *n*. -et, ලෑහෑව, වනගහණය. *n*. -head, මොට්ට යා, ගුඩ්ඩා. *a*. -headed, මොට්ට, ගුඩ්ඩ. *a*. -ish
thief තීෆ්, *n*. සොරා (බහු: thieves)
thieve තීව්, *v*. සොරකම් කරණවා. *v*. -ish, සොරකම්කාරණ (*n*. -ness)
thigh තයි, *n*. කලවය
thimble තිම්බල්, *n*. අඟුලය
thin තින්, *a*. තුනී, ශීන්. *v*. තුනීකරණවා, ශීන්කරණවා, දියාරුකරණවා, ගණය අඩුකරණවා. *n*. -ness. *a*. -nish
thine දෛන්, *pron*. තාගේය, ඔබගේය (thou බ.)
thing තිං, *n*. දෙය, ද්‍රව්‍යය, කාරණය
think තිංක්, *v*. සිතනවා, කල්පනාකරණවා
third 'තර්ඩ්, *a*. තුන්වෙනි. *n*. සම කොටස් තුණකින් එකක්, සතර දෙකක් අතර
thirst 'තර්ස්ට්, *n*. පිපාසාව, සද ආශාව. *v*. පිපාසාව සිටිනවා, ඉතා ආශාවෙනවා. *n*. -*y*, පිපාසාවූ (*n*. -iness)
thirteen 'තර්ටීන්; *n*. සහ *a*. දහතුණ. *a*. -th, දහතුන්වෙනි

thirty 'තාර්ටි, n. සහ a. තිහ: a. -ieth, තිස්වෙනි

this දිස්, a. මේ. pron. මෙය [කටු. a. -y

thistle තිස්ල්, n. කුඩා කටු පැලවර්ගයක්, ගො

thither තිදර්, ad. එහාට, එතනට. ad. -ward, -wards. ඒ දෙසට

thong තොං, n. වරපට, පටු හම්පටිය

thorax තෝරැක්ස්, n. මූර් පපුව [වු සහිත

thorn තෝර්න්, n. කටුව, කටුගස. a. -y, ක

thorough තරෝ, a. සම්පූර්ණ. n. -ness. n. -fare, යම් සාමාන්‍ය පාර, ප්‍රසිද්ධ වීදිය හෝ පාර

thorp
thorpe } තෝර්ප්, n. ගෙවල් රැස, කුඩා ගම

those දෝස්, a. ඒ. pron. ඒවා, ඔව්හු

thou දෞ, pron. තෝ, ඔබ

though දෝ, conj. නමුත්, එසෙත්

thought තෝට්, n. සිතිවිල්ල, කල්පනාව, අදහ ස. a. -ful, සිතාබලන (n. -ness). a. -less, සි තා නොබලන, කල්පනාව නැති (n. -ness). v. (think හි අතීත විධිය.) [දහස්වෙනි

thousand තෞසන්ඩ්, n. සහ a. දහස. a. -th,

thrall ත්‍රෝල්, n. වහලා, n. -dom, -ldom, වාල්කම

thrash
thresh } ත්‍රැෂ්, v. ගොයම්ගහනවා හෝ පාගනවා, තදට තළනවා

thread ත්‍රෙඩ්, n. නූල, කෙන්ද. v. (සිදුරේ) නූල දමනවා. a. -bare, නූල් පෑදුන, ගෙ

ටී ශ්න [තර්ජනය කරනවා, දක්වනවා

threat ත්රෙට්, *n.* තර්ජනය, තරවටුව. *v.* -en,

three ත්රී, *n.* තුන *a.* තුන. *n.* -fold, ත්රිගුණය, තුන්පංගුව. *n.* -score, විසිවරක් තුන, හැට

threshold ත්රෙෂ්හෝල්ඩ්, *n.* එළිපත, දොරකඩ

thrice ත්රයිස්, *ad.* තුන්වරක්, ඉතා

thrift ත්රිෆ්ට්, *n.* නිසි පිරිමැස්ම, පිරිමසා වියදම් කිරීම. *a.* -*y*, පිරිමසා වියදම්කාරණ (*n.*-iness). *a.* -less, පිරිමසා වියදම් නොකරන (*n.* -ness)

thrill ත්රිල්, *v.* වංචල කරවනවා, ගැහෙනවා. *n.*

thrive ත්රයිව්, *v.* සඵල වෙනවා, දියුණු වෙනවා

throat ත්රෝට්, *n.* උගුර [ගැහීම

throb ත්රොබ්, *v.* (නාඩි ආදිය) ගැහෙනවා. *n.*

throe ත්රෝ, *n.* බලවත් වේදනාව [තේජස

throne ත්රෝන්, *n.* සිංහාසනය, රාජ බලය හා

throng ත්රොං, *n.* (එකට තදවූ) සමූහය. *v.* එකට තදකරනවා, තෙරපනවා

throstle ත්රොස්ල්, *n.* නාදකරන කුරුල්ලෙක්

throttle ත්රොට්ල්, *v.* හුස්ම හිරකරනවා, බෙල්ල මිරිකා මරනවා. *n.* උගුරුදණ්ඩ

through ත්රූ, *ad.* එක කෙළවරක සිට අනික් කෙළවරට, සම්පූර්ණයෙන්. *prep.* අතරෙන්. මුළුල්ලෙහි, කාරණකොට. *ad.* -out, සැමතැනම, සහමුලින්ම. *prep.* මුළුල්ලේම

throw ත්රෝ, *v.* විසිකරනවා. *n.* විසිකිරීම

thrum ත්‍රම්, n. කපසාලුද වියාන නූමල් කෙලම රක්. v. අනමජීමලාන ගායනා කරණවා

thrush ත්‍රෂ්, n. නාදතරණ කුරුල්ලෙක්, උල් මලෝගම

thrust ත්‍රස්ට්, v. අණිනවා, බමල්ට ඇතුල්කරණවා. n. බිමෙලන් තල්ලුකිරීම, ඇණුම් පහර

thud තඩ්, n. බොල් ශබ්දයක් සහිත පහර

thumb තම්බ්, n. අතේ මාපටඟිල්ල. v. ඇඟිලි ගෑමෙන් කිලුටුකරණවා [ගනණවා

thump තම්ප්, n. බර පහරක්. v. බර පහරක්

thunder තණ්ඩර්, n. අහස ගෙරවීම. v. අහස් ගොරවණවා. n. -bolt, හෙණ, අකුණ. n.-clap, අදිසි තද අහස් ගිගුරුම. a. -ous

Thursday තර්ස්ඩේ, n. බෘහස්පතින්දා

thus දස්, ad. මෙමෙස්, එමස් [දෙනවා

thwack තවැක්, n. තද පහරක්. v. තද පහරක්.

thwart තවෝර්ට්, a. හරස්. v. බාධාකරණවා, වලක්වනවා

thy දෙ, *pron.* තගේ, ඔබගේ, (thou බ.). *pron.* -self, තෝම, ඔබම

thyme ටෛම්, n. සුවඳ පැල විශේෂයක්. a. -y

tiara ටෙටිඒ'ර (ටෝ) ටිඒ'ර, n. මුකුට, කිරීටය

tick ටික්, n. කිණිතුල්ලා, 'ටික්' යන ශබ්දය, කුඩා බින්දුව. v. 'ටික්' යන ශබ්දකරණවා, පෑනෙන් කුඩා බින්දු ගහණවා.

tick ටික්, } *n.* මෙත්තෙ හෙවත් කුඩිරි
ticking ටිකිං, } ගේ උරය

ticket ටිකෙට්, *n.* සිට්ටුව, ප්‍රවේශ පත්‍රය. *v.* යමක තුණ්ඩුවක් ගසනවා හෝ අලවනවා

tickle ටික්ල්, *v.* කිති කවනවා. *a.* -ish, කිති කැව, පහසුවෙන් කෙලෙසෙන හෝ දූෂණය, අනුමාන, අමාරු

tide ටයිඩ්, *n.* වඩදිය හෝ බාදිය. *v.* වඩබා දියෙන් යාත්‍රාකරණවා. *a.* -al. To tide over, ජයගන්නවා, මැඩපවත්වනවා

tidings ටයිඩිංස්, *n.* ආරංචි, ප්‍රවෘත්ති

tidy ටයිඩි, *a.* නිසි පිළිවෙලට හරිනැස්සූ (*n.* -iness). *v.* නිසිපිළිවෙළට හරිනැස්සෙනවා, *n.* කවිච්චිවල දමන ගෙතුම රෙද්දක්. *ad.* -ily

tie ටයි, *v.* බඳිනවා, ගැටගහනවා, ඒකාබද්ධ කරණවා. *n.* බැම්ම, ගැටය, ගණිතවල සම තාව, ලූසිය

tier ටියර්, *n.* පේළිය, තට්ටුව

tierce ටියර්ස්, *n.* ගැලුම් 36 ක් ඇති පීප්පය

tiff ටිෆ්, *n.* සුළු අමනාපය හෝ ඩබරය

tiffin ටිෆ්ෆින්, *n.* අතුරුපස (=lunch)

tiger ටයිගර්, *n.* දිවියා, කොටියා. *a.* -ish

ight ටයිට්, *a.* තද, සිදුරු නැති. *n.* -ness. *v.* -en, තදකරණවා

tigress ටයිග්‍රෙස්, *n.* දිවිදෙන

tile ටයිල්, *n.* උළුකැටය, පැතලිකැටය. *v.* උළු සෙවිලිකරණවා, පැතලිකැට අල්ලනවා

till ටිල්, *conj.* තුරු, තෙක්, තාක්. *n.* මිල දමන ලාච්චුව හෝ පෙට්ටිය. *v.* (බිම) අස්වද්දනවා, ගොවිතැන්කරණවා. *n.* -age, අස්වැද්දීම, ගොවිතැන්කර්මාන්තය. *n.* -er, ගොවිකම් කරන්නා, සුක්කානම් මිට

tilt ටිල්ට්, *n.* අසුන්පිටින් මොට හෙල්ල දරා පොරට්ටු සැසඳීම්, පැත්තකට නිම්කරණවා. *n.* උඩුපියන, ඇඳියව [දෙනවා

timber ටිම්බර්, *n.* ලීදඬු, දැව. *v.* ලීදඬු සපයා

timbre ටිම්'බර්, *n.* ශබ්දයක හෝ සංගීත ස්වරයක විශේෂ ස්වභාවයක්

timbrel ටිම්බ්‍රල්, *n.* රබන් වර්ගයක්

time ටයිම්, *n.* කාලය, අවද්‍ය, වතාව, වර, ප්‍රස්තාවය, නියම කාල ප්‍රමාණය. *v.* වේලාවට යෝග්‍යකරණවා, වේලාව නියමකරණවා හෝ සමගත්කරණවා. *a.* -ly, කලට වේලාවට යෝග්‍ය, කාලානුරූප (*n.* -iness). *n.* -piece, ඔර්ලෝසුව. *n.* -table, ක්‍රියා නියමවේලා දක්වන ලියවිල්ල, කාලවක්‍ර

timid ටිමිඩ්, *a.* බයාදු, චකිත. *n.* -ness, -ity

timorous ටිමෝ'අරස්, *a.* බයාදු, චකිත. *n.* -ness

tin ටින්, *n.* බෙලෙක්, බෙලෙක් භාජනය, සල්ලි. *v.* බෙලෙක් තහඩුවලින් වහනවා. *n.* -foil.

බෙලලක් කොලය. *n.* -man, බෙලෙක් බඩු වෙළෙන්දා. *n.* -ner, බෙලෙක් කම්කරුවා

tincture ටිංක්චුර්, *n.* ආසවය, සාරය. *v.* යම් කම වර්ණය දෙනවා

tinder ටින්ඩර්, *n.* ගිනි පුලුන්

tinge ටිංජ්, *v.* සායම්පොවනවා. *n.* අන්‍ය ද්‍රව්‍යය කින් ලත් ස්වල්ප වර්ණය හෝ ස්වාදාව

tingle ටිංගල්, *v.* පොපියනවා, පුපුරුගසනවා

tinker ටිංකර්, *n.* පරණ භාජන ඇදිස අලුත්වැඩියාකරන්නා, ලෝකුරුවා. *v.* අලුත්වැඩියා කරනවා

tinkle ටිංකල්, *v.* ටිංටිංගානවා. *n.* ටිංටිංශබ්දය

tinsel ටින්සැල්, *n.* කොච්චිය දිලිසෙන ද්‍රව්‍යයක්. *a.* බොරු දිලිසිම ඇති

tint ටින්ට්, *n.* සුළු පාට හෝ වර්ණය. *v.* සුළුව ගමෙන් වර්ණාකරනවා

tiny ටෛනි, *a.* ඉතා කුඩා, ක්ෂුද්‍ර

tip ටිප්, *n.* අග, තුඩ. *v.* අගඅසනවා, පෙරලනවා, හෙමින් තට්ටුකරනවා. *n.* -cart, පස්සා කොණ පහත්කොට බඩුබානා ගැල. *n.* -toe, පා ඇඟිලි තුඩ. *a.* -top, ඉතා හොඳ. On the tip of the tongue, දිවග

tippet ටිප්පැට්, *n.* බෙල්ල හා උරහිස්වැස්මක්, ස්ත්‍රීවාචිජාදනය

tipple ටිප්ල්, *v.* නිතර හෝ පුරුද්දක් වශයෙන් බොනවා. *n.*

tipsy ටිප්සි, *a.* මත්වූ. *n.* -iness, මත්තතිය

tirade ටිරේඩ්, *n.* වැලුම බැණීම හෝ දෙස්කීම

tire ටයර්, *v.* වෙහෙස කරණවා. *a.* -d, වෙහෙසවූ (*n.* -ness). *a.* -some, වෙහෙස කරණ (*n.* -ness)

tissue ටිෂ්යු, *n.* සිහින් වියමන, දැල, වැල

tit ටිට්, *n.* කුඩා දෙය, කුඩා පක්ෂියා, කුඩා අශ්වයා. *n.* -bit, යහ කුඩා කෑබැල්ල

Titan ටයිටෑන්, *n.* ග්‍රීක යෝධයෙක්. *a.* -ic, 'ටයිටන්' නම් යෝධයන් සම්බන්ධ, යෝධ[යන්ගේවා

tithe ටෛත්, *n.* දහයෙන් කොටස, බද්ද. *v.* බදු

title ටයිට්ල්, *n.* (පොත ආදීක) නම, නම්බු හෝ පටබැඳි නම, අයිතිවාසිකම් ඔප්පු කරණ ලිපුම, අයිතිවාසිකමේ බලය. *v.* නමක් තබනවා. *a.* -d, නම්බු හෝ පටබැඳි නමක් ඇති

titter ටිට්ටර්, *n.* යටපත්කළ චිට්චිට් ශබ්ද සිනාව. *v.* [-tattle, කිත්තල දෙඩීම *v.*

tittle ටිට්ල්, *n.* ඉතා සුළු කොටස, පොද. *n.*

titular ටිටියුලර්. *a.* තිලනයේ නම පමණක් දරණ. *n.* තිලනයේ නම පමණක් දරණයා

to ටු, *prep.* ට, හට, වෙතට, තුරට. *ad.* දිශාවට. *a.* -and-fro, ඉස්සරහට පස්සට. *n.* -day,

අද. *n.* -night, අද හෝ මේ රාත්‍රිය. *n.*-morrow, හෙට

toad ටෝඩ්, *n.* ගෙම්බියා. *n.* -y, නීචලෙස ඉච්චා කරන්නා; *v.* නීචලෙස ඉච්චා කරනවා. *n.* -stool, හතුවිශේෂයක්

toast ටෝස්ට්, *v.* ගින්නෙහි තර කරනවා, යමෙකු ගේ සෞඛ්‍යය හෝ ගෞරවය ප්‍රාර්ථනාකොට බොනවා. *n.* ගින්නෙන් තරකළ පාන්, එසේ ප්‍රාර්ථනාකොට බිබ්බෙම යෙදෙනකරණ අය, මුර් ණිනාව

tobacco ටොබැකෝ, *n.* දුම්කොළ. *n.* -nist, දුම්කොළ වෙළෙන්දා [ණණ්ටාව

tocsin ටොක්සින්, *n.* අන්තරාය ඇඟවීමට ගහන

today ටුඩේ, *n.* අද

toddle ටොඩ්ල්, *v.* (කුඩා ලමයෙක් හෝ දුබල කෙනෙක්මෙන්) අස්ථිරලෙස ඇවිදිනවා

toddy ටොඩි, *n.* රා, සුරා

toe ටෝ, *n.* පයේ ඇඟිල්ල. *a.* -d, පදඟිලි ඇති

toga ටෝගා, *n.* පිරිමි පිට ඇඳුමක්

together ටුගෙද්අර්, *ad.* එක්ව, එකට

toil ටොයිල්, *n.* වෙහෙස ලැබෙන වැඩේ, දූලි, මලපත. *v.* වෙහෙසෙනවා. *n.*-some, වෙහෙස ලැබෙන (*n.* -ness). *a.* -less. [හැකිම

toilet ටොයිලෙට්, *n.* ඇඳුම් පැලඳුම් මේසය, ඇඳ

token ටෝකන්, *n.* ලකුණ, මිලයක්, සාධකයක්

tolerable ටොල්'ආරබ්ල්, *a.* ඉවසියහැකි, මදක් හොඳහෝ හොඳයා. *n.* -ness

tolerate ටොල්'අරේට්, *v.* ඉවසනවා, ඉඩදෙනවා. *a.* -nt, ඉවසන, ඉඩදෙන (*n.* -ce). *n.*-tion. ඉවසීම ඉඩදීම

toll ටෝල්, *n.* තොටුපල් බද්ද, බද්ද. *v.* නැව සිල්ලේ (ඝණ්ඨා) නාදකරණවා. *n.* -age, තොටුපල් බද්ද, ඒ බද්ද ගෙවීම. *n.* -bar, තොටුපල් ලීය [යක්

tomahawk ටොම්'අහෝක්, *n.* යුධ පොරෝවක්

tomato ටොමාටෝ (හෝ) ටොමේටෝ, *n.* තක්කාලි

tomb ටූම්, *n.* මිනීවළ, සොහොන්ගෙය. *n.*-stone, සොහොන්ගල

tome ටෝම්, *n.* ලොකු පොත

tomfool ටොම්ෆූල්, *n.* විහිළුකාරයා. *n.* -ery විහිළුකිරීම, අඥානකම

tomorrow ටුමොරෝ, *n.* හෙට *ad.* හෙට

ton ටන්, *n.* හොන්ඩර 20 ක බර. *a.* -al. *n.* -nage, නැවක ගෙනයාහැකි බර ප්‍රමාණය

tone ටෝන්, *n.* ස්වරය, නාදය, හඬ. *v.* අමුතු අඩක් කියනවා, ඇදලා කියනවා, වර්ණය වෙනස්කරණවා. To tone down, මන්දකරණවා, බාලකරණවා

tonic ටොනික්, *a.* විශේෂවඩන, ස්වර සම්බන්ධ *n.* වීර්‍යවඩන පානය හෝ ඖෂධය

tongs ටොංස්, *n.* දිග අඬුව

tongue ටං, *n.* දිව, ජිහ්වාව

to-night ටුනයිට්, *n.* අද රාත්‍රි, මෙම රාත්‍රි

tonsil ටොන්සිල්, *n.* උගුරු කරමල

tonsure ටොන්ෂුර්, *n.* ඉස්මුදුන මුඩු කිරීම, ඉස්මුදු නේ මුඩු කරිය. *n.* -or, මුඩු කරන්නා

too ටු, *ad.* ඉතා වැඩි, එසේම, ද

tool ටුල්, *n.* ආයුධය

tooth ටුත්, *n.* දත, දලය, දන්තය. *v.* කත්තු කපනවා. *a.* -ed, දත් හෝ දති ඇති. *n.* -ful, ජිකක්, කුඩා බින්දුව, රසවත්. *a.* -less, දත් හෝ දති නැති. *n.* -ache, දත්කැක්කුම. -pick, දත්කටුව. *a.* -some, රසවත් (*n.* -ness)

top ටොප්, *n.* මුදුන, ඉහළ කොටස, උස, අතිශ කරම, බඹරය. *v.* ඉතා උසස්වෙනවා, මුදුනත් පැමිණෙනවා, පරදවනවා. *a.* -most, ඉතාඋස්

topaz ටෝපෑස්, *n.* පුෂ්පරාගය

tope ටෝප්, *n.* ටෝරවිශියේ මත්කෑමෙක්, දාගැබ. *v.* අතිශලෙස මත්පැන් බොනවා. (*n.* -r)

topic ටොපික්, *n.* කාරණය, මාතෘකාව. *a.* -al

topography ටොපොග්‍රෆි, *n.* ස්ථාන විස්තරය *a.* -ic, -ical. *n.* -er [ඉන්සරකට වැටෙනවා

topple ටොප්ල්, *v.* පෙරළා දමනවා, උඩම සෙ

topsy-turvy ටොප්සි·ටර්වි, *ad.* උඩපැත්තපාතට

torch ටෝර්ච්, *n.* ගිනිහුළු, පන්දම

torment ටෝර්මැණ්ට්, *v.* වදකරණවා, හිරිහැර කරණවා. *n.* තද වේදනාව, වදය

tornado ටෝර්ණේඩෝ, *n.* ගෙරවීම් සහ විදුලිය සහිත තද කුණාටුව

torpedo ටෝර්පීඩෝ, *n.* විදුලිබලය ඇති මත්ස්‍ය විශේෂයක්, නැව් විනාශකරණ මත්ස්‍යාකාර යුධ යන්ත්‍රයක්

torpid ටෝර්පිඩ්, *a.* උත්සාහය නැති, දැනීම මඳි, [මොට්ටම

torrent ටොර්·රණ්ට්, *n.* වේගවත් දියවැල හෝ බස්නාව

torrid ටෝර්රිඩ්, *a.* නියලි, උෂ්ණ. *n.* -ity, -ness

torsion ටෝර්ෂන්, *n.* ඇඹරවීම, වලිකෑවීම

tortoise ටෝර්ටිස් (හෝ) ටෝර්ටොයිස්, *n.* ඉබ්බා, කෑස්බෑවා

tortuous ටෝර්ට්‍යුඅස්, *a.* වකුටු, වක්‍ර, වංගු ඇති, [වංක. *n.* -ness

torture ටෝර්ට්‍යුර්, *n.* බලවත් වේදනාව හෝ වදය. *v.* තදින් පීඩාකරණවා විදකරණවා

Tory ටෝරි, *n.* පිරවූ පුරාණ චාරිත්‍ර ආරක්ෂාකරණ සභා පාර්ශ්වයේ අය. *n.* -ism, ඒ පාර්ශ්වයේ ධර්ම

toss ටොස්, *v.* අතින් උඩවිසිකරණවා

tot ටොට්, *n.* කුඩා පුළු දෙය

total ටෝටල්, *a.* සම්පූර්ණ, අඛණ්ඩ. *n.* මුළු ගණන. *n.* -ity, මුළුගණන

totter ටොට්ටර්, *v.* සෙලවෙනවා, වැණෙනවා. *a.* -ry, සෙලවෙන, අස්ථිර

touch ටච්, *v.* අතගානවා, ස්පර්ශක ස්පර්ශය, ස්පර්ශේන්ද්‍රියය. *n.* -stone, උරගල. *a.* -*y*, ඉක්මණින් අමනාපවෙන හෝ තිපෙන (*n.* -iness)

tough ටෆ්, *a.* පහසුවෙන් නොකැඩෙන, තද, තදබල, දුෂ්කර. *n.* -ness. *v.* -en, තදකරණවා, පදකරණවා

tour ටූර්, *n.* සංචාරණය, දුරගමන. *v.* (*n.*-ist)

tournament ටුර්·ණ·මන්ට්(හෝ)·ටෝර්·ණ·මන්ට්, *n.* සෙල්ලගස් අත් ඇති අසරුවන්ගේ සෙල්ලම් සටන [ඇවිදිනවා. *n.*

tout ටෞට්, *v.* සරව හෝ වැඩගන්නන් සොයා

tow ටෝ, *n.* දළු හණකෙදි, කිත්තන්. *v.* තම යකින් (බරුවක් ආදිය) වතුරේ ඇදගෙණ යන වා. *n.* -age. ඇදීම, ඇදුම් මිල

toward ටෝ·ආර්ඩ්, } *ad.* දිහාට, අතට, ලඟ
towards ටෝ·ආර්ඩ්ස්·, } යි, පමණට. *n.* -ness, සුදුනම්කම [වාග

towel ටෞඇල්, *n.* ඇඟපිස්නාව, රෙදිකඩ, තු

tower ටෞ·ආර්, *n.* අට්ටාලය, උස්කොටුව. ෲ

ඉතා උස්ව තනිකවා, ඉතා උසකතාවා, උසස්ව සිටිනවා [යට ඇතුළත් ප්‍රදේශය

town ටවුන්, n. නුවර, නගරය. n. -ship, නගර

toy ටෝයි, n. සෙල්ලම් බඩුව. v. හැසැල්පුලෙය ක්‍රීඩා කරණවා, සෙල්ලම්කරණවා

trace ට්‍රේස්, n. ලකුණ, අඩිලකුණ, රථය ආදිය පදින හෝ කමය හෝ දම්වැල. v. අඩිපාර හෝ ලකුණ අනුව යනවා, ආකාරය අදිනවා. a. -able. n. -ry, කැටයම් සහිත ගල්වඩු කර්මාන්තය, ලතාකර්මය

track ට්‍රැක්, n. ගිය පාර හෝ ලකුණ, අඩිපාර, මාර්ග. v. අඩි ලකුණු ආදියෙන් පසුපස්සේ යනවා. a. -less, අඩි ලකුණු හෝ පාරනැති

tract ට්‍රැක්ට්, n. ප්‍රමාණය නියම නැති භූමි හෝ ජල ප්‍රදේශය, කැබැල්ල, කුඩා පොත, පත්‍රිකාව

tractable ට්‍රැක්ටබ්ල්, a. පහසුවෙන් හික්මවිය හෝ ඉගැන්විය හැකි, විනීත. n. -leness, -ility

traction ට්‍රැක්ෂන්, n. ඇදීම, ආකර්ෂණය

trade ට්‍රේඩ්, n. වෙළඳාම, කර්මාන්තය. v. වෙළඳාම්කරණවා. n. -r, -sman, වෙළෙන්දා, ව්‍යාපාරිකයා. n. -wind, අවුරුද්ද මුළුල්ලේ එක දිශාවෙන්ම හමන සුළඟක්

tradition ට්‍රැඩිෂන්, n. පරම්පරාවෙන් ඒම, පරම්

පුරා කථාව. *a.* -al, -ary, පරම්පරාගත.
-alism [කරණවා. *a.* -ible

traduce ට්‍රඩ්‍යූස්, *v.* කෝලම් කියනවා, අප්‍රසිද්ධ

traffic ට්‍රැෆික්, *n.* වෙළඳාම, ගණුදෙනුව, බඩු ආදිය ගෙනයාමේ ව්‍යාපාරය. *v.* වෙළඳාම්කර නවා, ගණුදෙනු කරණවා (*n.* -ker.) *a.* -less.

tragedy ට්‍රැජඩි, *n* දුක්මුසු නැඩගම, ප්‍රාණහානිය හා ශෝක සහිත සිද්ධවීම. *n.* -ian, දුඃඛ නාට්‍යකාරයා

tragic ට්‍රැජික් }
tragical ට්‍රැජිකල් } *a.* දුඃඛ නාට්‍යය සම්බන්ධ ප්‍රාණ හානිවෙන දුක්මුසු සිද්ධවීම් සම්බන්ධ. *n.* -alness

trail ට්‍රේල්, *n.* යමෙකු ගිය පාර, අඩිපාර. *v.* ඇදගෙන යනවා, මතුපිට ඇදගෙන යනවා

train ට්‍රේන් *n.* දුම්රිය පෙළ, දුම්රියය, පෙළ, වැල, පිරිවර, ස්ත්‍රියකගේ ඇඳුමේ පස්ස දිග කොටස. *v.* පුහුණුකරණවා, පලපුරුදු කර හරිගස්සාගන්නවා

trait ට්‍රේට්, *n.* විශේෂගුණය, ලක්ෂණය

traitor ට්‍රේ'ටර්, *n.* ද්‍රෝහියා. *a.* -ous, ද්‍රෝහී

traitress ට්‍රේට්‍රස්, *n.* ද්‍රෝහි ස්ත්‍රී

tram ට්‍රැම්, *n.* බෝඩුලීය, ඊරිනකද, රථ දුවන යකඩ පීල්ල. *n.* -way, යකඩ පීලි පාර

trammel ට්‍රැමල්, *n.* විලංගුව, බාධාව. *v.* විලංගුලනවා, බාධාකරණවා

tramp ට්‍රැම්ප්, v. පයින් යනවා, පාගනවා. n. පාද ඝෝෂා. v. -le ට්‍රැම්පල්, පාගනවා, පිළිකුල්කරනවා

trance ට්‍රාන්ස්, n. සමාධිය, විසංඥාව, මූර්ඡාව

tranquil ට්‍රැංක්විල්, a. නිශ්චල, ශාන්ත. n. -lity. v. -lise, නිශ්චලකරනවා

transact ට්‍රැන්ස්ඇක්ට්, v. කරනවා, ඉෂ්ටකරනවා, සම්පූර්ණකරනවා. n. -ion, කිරීම, කරණලද්ද, වැඩ, ගණුදෙනුව

transalpine ට්‍රැන්ස්ඇල්පයින්, a. රෝම නුවර සිට ඇල්ප්ස් කඳුවැටියෙන් එහා පිහිටි

transatlantic ට්‍රැන්ස්ඇට්ලැන්ටික්, a. ලියන්නා හෝ කතාකරන්නා සිටින තැන සිට ඇට්ලැන්ටික් සාගරයෙන් එහා පිහිටි

transcend ට්‍රැන්සෙන්ඩ්, v. අභිභවනවා, අධිකව සිටිනවා. a. -ent, -ental, අති උත්තම. n. -entalism, අති උත්තමභාවය, පරම විඥාන ධර්මය (n. -t)

transcribe ට්‍රැන්ස්ක්‍රයිබ්. v. පිටපත්කරනවා. n. -pt, පිටපත. n. -ption [කොපිධානය

transept ට්‍රැන්සෙප්ට්, n. දේවස්ථානයේ හරස්

transfer ට්‍රැන්ස්ෆර්, v. පමුණුවනවා, ගෙනයනවා, මාරුකරනවා. n. මාරුකිරීම, පැමිණවීම, ප්‍රත්‍යක්ෂකරන. a. -able හෝ -rible. n. -ableness, -ribility. n. -ence

transfigure ට්‍රැන්ස්ෆිග්යුර්, *v.* පෙනුම හෝ පිටත ආකාරය වෙනස්කරණවා, වෙස් පෙරළනවා. *n.* -ation

transfix ට්‍රැන්ස්ෆික්ස්, *v.* ඇණ පසාරුකරණවා

transform ට්‍රැන්ස්ෆෝර්ම්, *v.* ආකාරය වෙනස්කරණවා. *n.* -ation

transfuse ට්‍රැන්ස්ෆ්‍යූස්, *v.* තුලටම වකව.. *n.*-ion

transgress ට්‍රැන්ස්ග්‍රෙස්, *v.* කඩකරණවා, පව්කරණවා. *n.* -ion, කඩකිරීම, අපරාධය, පව

transient ට්‍රැන්ෂියන්ට්, *a.* ස්වල්පකාලයක් පවතින; අනිත්‍ය. *n.* -ce, -cy. *n.*-tness

transit ට්‍රැන්සිට්, *n.* යාම, ගෙනයාම, සංක්‍රාන්තිය. *n.* -ion, යාම, සංක්‍රමණය, වෙනස්කිරීම. *a.* -ional. -ionary

transitive ට්‍රැන්සිටිව්, *a.* සකර්මක

transitory ට්‍රැන්සිටෝරි, *a.* ස්වල්පකාලයක් පවතින, අනිත්‍ය, ළුහුඬු. *n.* -iness

translate ට්‍රැන්ස්ලේට්, *v.* ගෙනයනවා, භාෂාව කම නගනවා, මාරුකරණවා. *a.* -able. *n.*-ion

transliterate ට්‍රැන්ස්ලිට්‍රේට්, *v.* ශබ්ද වෙන අකුරුවලින් ලියනවා. *n.* -ion

translucent ට්‍රැන්ස්ලූසන්ට්, *a.* පැහැදිලි, විනිවිද පෙනෙන. *n.* -ce, -cy

translucid ට්‍රැන්ස්ලූසිඩ්, *a.* =translucent

transmarine ට්‍රැන්ස්මරීන්, *a.* මුහුදෙන් එපිට

transmigrate ට්‍රෑන්ස්මයිග්‍රේට්, v. එක ස්ථානයක සිට අන්‍ය ස්ථානයකට වාසය පිණිස යනවා, සසර ඇවිදිනවා. n. -ion. a. -ory

transmissible ට්‍රෑන්ස්මිස්සිබල්, a. ඇරිය හැකි. n. -ility [mit බ.)

transmission ට්‍රෑන්ස්මිෂන්. n. ඇරීම (trans-

transmit ට්‍රෑන්ස්මිට්, v. අරිනවා. n. -tal. -tance

transmute ට්‍රෑන්ස්මියුට්, v. වෙනස්කරනවා, අලුත් ස්වභාවයකට පමුණුවනවා. a. -able.(n. -ility -leness). n. -ation

transparent ට්‍රෑන්ස්පේරන්ට්, a. පිනිවිද පෙනෙන, පැහැදිලි. n. -tness, -ce, -cy

transpire ට්‍රෑන්ස්පයර්, v. සමේ කුඩා සිදුරු වලින් පිටකරනවා, ප්‍රසිද්ධ වෙනවා. a. -able. n. -ation, a. -atory

transplant ට්‍රෑන්ස්ප්ලෑන්ට්, v. (උදුරා) වෙන තැනක සිටුවනවා. n -ation

transport ට්‍රෑන්ස්පෝර්ට්, v. ගෙනයනවා, රට හරවනවා, පිණවනවා. n. ගෙනයාම, බඩු ගෙනයන නැව, අධික ප්‍රීතිය. a.-able. n. -ation

transpose ට්‍රෑන්ස්පෝස්, v. පිළිවෙල මාරුකරනවා, පූර්වාපරකරනවා. a. -able. n.-ition, -al

trans-ship ට්‍රෑන්ස්ෂිප්, v. එක නැවකින් වෙන නැවකට ගෙනයනවා. n. -ment

transubstantiate ට්‍රෑන්සබ්ස්ටෑන්ෂියේට් v. අන්‍ය

ද්‍රව්‍යයකට වෙණස්කරණවා. *n.* -ion, අන්‍යද්‍රව්‍ය යකට වෙණස්කිරීම, පාන් සහ මුද්‍රිකපානය ක්‍රිස්තුස්වහන්සේගේ මස් හා ලේ වීම

transude ට්‍රැන්සියුඩ්, *v.* සම් ද්‍රව්‍යයක සිදුරුවලින් වෑස්සෙනවා [විශ්වාසියා. *a.* -al

transverse ට්‍රැන්ස්වර්ස්, *a* හරස්. *n.*, හරස්

trap ට්‍රැප්, *n.* උගුල, මලපත, කාණු තලුමකින් දුර්ගන්ධය පිටවීම වලක්වන උපායක්, රථය. *n.* -door, සිවිලිමේදොර, පිහන්මිදොර. *n.* -s, සැබුම් ගෙන යන බඩු

trapeze ට්‍රපීස් *n.* උනාපිල්ලාවක් වැනි ක්‍රීඩා උපකරණයක්. *n.* -ium, විෂම චතුරස්‍රය

trappings ට්‍රැප්පිංස්, *n.* (අශ්වයාගේ) හැරසිලි උපකරණ [මනාපිළියෙල

trash ට්‍රෑෂ්, *n.* අගය නැති දේ, ලමපට. *a.* -y,

travail ට්‍රැවේල්, *v.* දුක්පසනවා, වෙහෙසෙනවා. *n.*

travel ට්‍රැවල්, *v.* ගමන් යනවා, සංචාරණය කරනවා. *n.* -ler. *n* -s, ගමන

traverse ට්‍රැවර්ස්, *v.* සැරිසරනවා, හරස්කරනවා. *a.* හරස්. *n.* හරස් දෙය, හරස් මග

travesty ට්‍රැවෙස්ටි, *v.* විහිළු විහිළුවට අනුකරණය කරනවා හෝ පෙරළනවා.. *n.* විහිළු පිටපත හෝ පෙරළීම

trawl ට්‍රෝල්, *v.* අදින දැලෙන් මාළු අල්ලනවා

tray ට්‍රේ, n. බත්දේසිය. පාත්‍රය, වට්ටිය

treacherous ට්‍රෙචරස්, a. ද්‍රෝහී. n. -ness

treachery ට්‍රෙචරි, n. ද්‍රෝහිකම

treacle ට්‍රීකල්, n. උක්පැණි ගුඩ

tread ට්‍රෙඩ්, v. පාගනවා, අඩිය තබා යනවා. n. අඩිය තැබීම, අඩි ශබ්දය. n. -le, (යන්ත්‍රයේ පාගන) අඩි ලෑල්ල [(n. -ness)

treason ට්‍රීසන්, n. රාජද්‍රෝහීකම. a. -able

treasure ට්‍රෙෂර්, n. නිධානය, ධනය, නිධානය, ඉතා අගනා කොට සලකන දෙයක්. v. මතු ප්‍රයෝජන පිණිස රැස්කර තබනවා. නිදන්කරනවා. n. -er. භාණ්ඩාගාරික තැන. n. -e-trove, නිධානය. n. -y, මුදල් ගබඩාව, භාණ්ඩාගාරය

treat ට්‍රීට්, v. සංග්‍රහ කරනවා, (කරුණු) දක්වනවා, සාකච්ඡා කරනවා, ප්‍රතිකාර කරනවා. n. සංග්‍රහය, ප්‍රීතිදායක දෙයක්. n. -ment, හැසිරවීම, හැසිරීම. ප්‍රතිකාරය [කල රචනාව

treatise ට්‍රීටිස්, n. යම් විශේෂ කරුණක් ගැන

treaty ට්‍රීටි, n. ගිවිසුම

treble ට්‍රෙබල්, a. තුන්ගුණ, ත්‍රිවිධ. n. සංගීතයේ ඉතා උසස් නාදය. v. ත්‍රිගුණකරනවා

treddle ට්‍රෙඩල්, n. =treadle tread බ.)

tree ට්‍රී, n. ගස. a. -less, ගස් නැති

trefoil ට්‍රෙෆොයිල්, n. කොළ තුණ බැගින් ඇති පැළෑටි, ත්‍රිපර්ණය

trellis ට්‍රෙලිස්, *n.* කතුරු වැට හෝ මැස්ස

tremble ට්‍රෙම්බල්, *v.* වෙව්ලනවා, කම්පා වෙනවා. *n.*

tremendous ට්‍රිමැන්ඩස්, *a.* භයංකාර; ඉතාමහත්

tremor ට්‍රිමෝර් (හෝ) ට්‍රෙමර්, *n.* වෙව්ලීම

tremulous ට්‍රෙම්යුලස්, *a.* වෙව්ලන, චංචල. *n.* -ness

trench ට්‍රෙංච්, *v.* අගල් කපනවා, බිම සාරා කානවා, වටකරනවා, අල්ලාගන්නවා. *n.* -er, අගල් කපන්නා, කාන්නා, ලී පිඟාන, කෑම. *a.* -ant, කැපෙන, තියුණු

trend ට්‍රෙන්ඩ්, *v.* යම් දිශාවකට යනවා හෝ පැතිරෙනවා, හරවනවා. *n.* යම් අතකට හැරීම, මාර්ගය

trepan ට්‍රිපෑන්, *n.* ඉස්කබල කපන කියත. *v.* ඒ කියතෙන් ඉස්කබල කපනවා [ලය

trepidation ට්‍රෙපිඩේෂන්, *n.* වෙව්ලුම, චංච

trespass ට්‍රෙස්පස්, *v.* සීමාව ඉක්මවනවා, අවසර නැතුව ඇතුල්වෙනවා. *n.* අයුතුලෙස ඇතුල්වීම, කඩසිරිව

tress ට්‍රෙස්, *n.* ඉසකේ රොද

tressel ට්‍රෙසල්, } *n.* ([illegible] සිරිමට්ට) අඩු සත
trestle ට්‍රෙසල්, } රස් [illegible] යල බැල්කය

tret ට්‍රෙට්, *n.* පැය්‍යුම් [illegible] ගණන

triable ට්‍රයබල්, *a.* උත්සාහකල හැකි

triad ට්‍රයිඇඩ්, *n.* තුණකින්යුත් සමූහයක්, ත්‍රිත්වය

trial ට්‍රයිඅල්, *n.* උත්සාහකිරීම, අත්හදාබැලීම, විනිශ්චයකිරීම (try බ.)

triangle ට්‍රයිඇංගල්, *n.* ත්‍රිකෝණය. *a.* -led. -ular, කොන් තුනක් ඇති. *n.* -ulation, ත්‍රිකෝණ කිරීම, මැනීම පහසුව පිණිස පළාතක් බෙදීම

tribe ට්‍රයිබ්, *n.* ගෝත්‍රය, පෙළපත. *a.* -al. ගෝත්‍ර. *n.* -sman, ගෝත්‍රයක සාමාජිකයා

tribrach ට්‍රයිබ්රැක්, *n.* ලඝු අක්ෂර තුනකින් යුත් පද්‍ය ගණය

tribulation ට්‍රිබියුලේෂන්, *n.* මහ පීඩාව, කරදරය

tribune ට්‍රිබියුන්(හෝ)ට්‍රයිබියුන්, *n.* ගෝත්‍රයක මූලාදෑනියා, මහජන ආරක්ෂකයා, කථිකාසනය. *n.* -eship, *n.* -al, විනිශ්චයාසනය, විනිශ්චය සභාව, නඩුශාලාව

tribute ට්‍රිබියුට්, *n.* කප්පම, ආදර ආදිය දක්වීමට කරන ලද්ද හෝ දෙනලද්ද. *a.* -ary, කප්පම් දෙන, යටත්; *n.* කප්පම් දෙන අය හෝ රාජ්‍යය, අතුගඟ

trice ට්‍රයිස්, *n.* ක්ෂණය

trick ට්‍රික්, *n.* ප්‍රයෝගය, දඟය; උපාය. *v.* රවටනවා. *n.* -ery, ප්‍රයෝගය, මැවීම. *a.* -ish, ප්‍රයෝගකාර. *a.* -some, ප්‍රයෝග බහුලවඇති. *n.* -ster, ප්‍රයෝගකාරයා. *a.* -y, ප්‍රයෝගකාර

trickle ට්‍රික්ල්, *v.* බිඳු බිඳ වෑස්සෙනවා

tricolour ට්‍රයි·කලර් *n.* තුන් වර්ණ කොඩිය. ප්‍රන්ස කොඩිය

tricycle ට්‍රයිසිකල්, *n.* චක්‍ර තුනේ පදින රථය

trident ට්‍රයිඩන්ට්, *n.* ත්‍රිශූලය

triennial ට්‍රයිඑනි·අල්, *a.* තුන් අවුරුද්දක් පවතින, තුන් අවුරුද්දකට වරක් සිදුවෙන

trifle ට්‍රයිෆ්ල්, *n.* සුළු දෙය, වැදගත් නොවන කාරණය. *v.* නිකම් කාලය ගතකරනවා, සෙල්ලම් කරනවා. *a.* -ing, සුළුකරන ස්වභාව ඇති, සුළු

trigamy ට්‍රිගැමි, *n.* එකවර පුරුෂයන් හෝ භාර්යාවන් තිදෙනෙක් ඇතිවීම [කොක්ක

trigger ට්‍රිග්·ගර්, *n.* තුවක්කු කොක්ක, රෝද

trigonometry ට්‍රිගනොමෙට්‍රි, *n.* ත්‍රිකෝණ මිති ශාස්ත්‍රය. *a.* -ic, -ical

trilateral ට්‍රයිලැට්·අ·රල්, *a.* පැතිතුනක් ඇති

trilingual ට්‍රයිලිංග්වල්, *a.* භාෂා තුනක් ඇතුළත් හෝ සම්බන්ධ

trill ට්‍රිල්, *v.* ලෙලදෙනවා

trillion ට්‍රිලියන්, *n.* දසදහස් ප්‍රකෝටිය, 1000000000000000000

trim ට්‍රිම්, *a.* පිළිවෙළ, ලස්සනට සැරසුණු. *v.* කිසි පිළිවෙළකට යොදනවා, හරිගස්සනවා. *n.* -ness

trimester ට්‍රෛමැස්ටර්, n. මාස තුණකින් යුත් කාලය [ත්‍රිත්වදෘෂ්ටියා (n. -ism)

trinity ට්‍රිනිටි, n. ත්‍රිත්වය, ත්‍රිමූර්තිය. n. -arian,

trinket ට්‍රිංකැට්; n. සුළු ආභරණය, කෙළිබඩුව

trio ට්‍රෛඕ (හෝ) ට්‍රීඕ, n. ත්‍රිකය, තුන්දෙනෙකු සම්බන්ධ තාලය

trip ට්‍රිප්, v. පැකිලෙනවා, පැකිලී වැටෙනවා, වරදිනවා. n. පැකිලීම, පැකිල වැටීම, සුළු ගමන [බෝක්ක, බඩවැල්, බඩ

tripe ට්‍රෛප්, n. කෑමට පිළියෙළ කළ ගව

triphthong ට්‍රිප්තොං (හෝ) ට්‍රිෆ්තොං, n. එකක්ව ශබ්දවෙන ප්‍රාණාක්ෂර තුණ

triple ට්‍රිපල්, a. ත්‍රිගුණ, ත්‍රිවිධ, තුන්වරක්කරණ v. තුන්වරක් කරණවා, ත්‍රිගුණකරණවා

tripod ට්‍රෛපොඩ්, n. කකුල් තුණක් ඇති පුටු ආදී යමක්

trisect ට්‍රෛසැක්ට්, v. සම කොටස් තුණකට කපණවා හෝ බෙදනවා. n. -ion

trisyllable ට්‍රිසිල්ලබල්, n. මාත්‍රාතුණක්ඇති වචනය. a. -ic, -ical

trite ට්‍රෛට්, a. ජීර්ණ, නිතර ව්‍යවහාරවූ, පරණ n. -ness [n. -ion

triturate ට්‍රිට්‍යුරේට්, v. සිහිණට කුඩුකරණවා.

triumph ට්‍රෛඅම්ෆ්, n. ජය, ජය උත්සවය. v. ජය

ගන්නවා. *a.* -al, ජය, ජය සිහිපත් කරණ. *a.* -ant, ජය සිහිපත්කරණ, ජයගත්, ජයනැණ ප්‍රීතිවෙන

triumvir ට්‍රෙයිඅම්·වාර්, *n.* එක තිලයක් සම්බන්ධ තිදෙනෙකුගෙන් කෙනෙක්. *n.* -ate, එකතිල යෙහි තිදෙනෙකුගේ සංයෝගය, තුන් දෙනෙකුගෙන් යුත් සමාගම හෝ සාණ්ඩය

triune ට්‍රෙයිශූන්, *a.* ත්‍රෛක [ගත්. *n.* -ity

trivial ට්‍රිවිඅල්, *a.* සුළු, නොවටිනා, නොවැද

trochee ට්‍රෝකී, *n.* මුලට දික් ශබ්දයක්ද ඊළඟට හ්‍රස්ව ශබ්දයක්ද සහිත කාව්‍ය පදය. *a.* -aic

Trojan ට්‍රෝජන්, *n.* පුරාණ ට්‍රෝය්නගරයේඋපන් කෙනෙක්, නිර්භීත ධෛර්‍යවත් අය. *a.*

troll ට්‍රෝල්, *v.* පෙරළනවා, කරකවාගෙණ යන වා, පෙල්ලම් ආකාරයෙන් ඔබ අඩින් ගී කිය නවා. *n.*

trolley } ට්‍රොලි, *n.* බරගෙණ යන කුඩා
trolly } ගැලක්

trombone ට්‍රොම්බෝන්, *n.* තුන්තාල හොරණෑව

troop ට්‍රූප්, *n.* සේනාව, සුබ ගමුදාව, අසරු සේවා සාණ්ඩය. *n.* -er, අසරු සුබ සේවායා. *n.* -s, සේවායෝ, සුබ සේවායෝ [පදය

trope ට්‍රෝප්, *n.* රූපකය, උපමා අර්ථයෙන් යෙදූ

trophy ට්‍රොෆි, *n.* ජය සලකුණ, ජය සිහිවටන

රණ විසතුව. a. -ied, ජය ලකුණු පැලඳි
tropics ට්‍රොපික්ස්, n. අයන වෘත්තය, ක්‍රාන්ති මණ්ඩලය. a. -al [මේ දිවීම. n. -ter
trot ට්‍රොට්, v. බලුහැල්මේ දුවනවා. n. බලුහැල්
troth ට්‍රොත්, n. විශ්වාසය
troubadour ට්‍රූ·බඩුර්, n. විරිදුකව්වරයා
trouble ට්‍රබ්ල්, n. දුක, පීඩාව. v. දුක්දෙනවා, කරදරකරනවා. a. -esome, වෙහෙස දෙන, වෙහෙස මහන්සි සහිත (n. -ness). a. -ous ට්‍රබ්ලස්, දුක් කණගාටුවලින් පීඩිත
trough ට්‍රොෆ්, n. සතුන්ගේ කෑම ඔරුව
troupe ට්‍රූප්, n. සමූහය; කණ්ඩායම
trousers ට්‍රවුසර්ස්, n. කලිසම [ටිය
trousseau ට්‍රූසෝ, n. මනමාලියගේ ඇඳුම් පෙට්
trout ට්‍රවුට්, n. කුඩා මත්ස්‍ය වර්ගයක්
trowel ට්‍රවුඇල්, n. හුණුහැන්ද
troy ට්‍රොය්, n. රත්බර, රත් බර ක්‍රමය
truant ට්‍රූඅන්ට්, a. අලස, පැහැරා යන. n. හොරෙම පාඨශාලාවට නොගොස් සිටින ලමයා. n. -cy
truce ට්‍රූස්, n. කලකට සටන් නැවැත්වීම
truck ට්‍රක්, v. මිල නැතුව බඩුගණුදෙනුකරනවා. n. බඩු ගෙනයන රථය. n. -age
trudge ට්‍රජ්, v. ඇදරල්ලනවා, හිමලෙස යයින්

වේසනඩ. *a.* -ing, නීචලෙස යටත් *n.* නීච යටත්කම

truculent ට්රුකුලන්ට්, *a.* චණ්ඩ, ක්රූර. *n* -ce, -cy

trudge ට්රජ්, *v.* අපහසුව පයින් යනවා

true ට්රූ, *a.* සැබෑ, සත්ය. *n.* -eness, සැබෑකම, සත්යතාව. *n.* -ism, ප්රත්යක්ෂ සත්යය. *ad.* -ly

truffle ට්රෆල් (හෝ) ට්රුෆල්, *n.* බිමකුරු සතු විශේෂයක්

trump ට්රම්ප්, *n.* දිනුම් කඩදාසි ගණය, දිනුම් ක්රීඩා පත්රය, තුරුම්පුව, ඉතා යහපත් අයෙ (trumpet බ.)

trumpet ට්රම්පට්, *n.* හොරණෑව. *v.* හොර නැවෙන් දන්වනවා හෝ ප්රසිද්ධකරණවා. *n.* -er

trumpery ට්රම්පරි, *n.* නොවටිනදේ. *a.* නොවටින

truncate ට්රංකේට්, *v.* මුදුන කපාදමනවා *n.* -ion

truncheon ට්රන්චන්, *n.* කොටපොල්ල, අණ [පොල්ල

trundle ට්රන්ඩල්, *v.* (රෝදයක් මෙන්)පෙරළා ගෙනයනවා. *n.*

trunk ට්රංක්, *n.* (ශාඛා ආදිය දරාගෙණ සිත) පෙට්ටිය, කඳ, ප්රධාන කොටස, සොඬවැල. *n.* -line, ප්රධානපාර

truss ට්රස්, *n.* පිදුරු ආදී මිටිය, බන්ධනය, පිටප වම, කාප්පය. *v.* මිටියකට බදිනවා

trust ට්රස්ට්, *n.* විශ්වාසකිරීම, විශ්වාසය, (විශ්

විශ්වාසදීම) භාරකළ සම්පත්. *v.* විශ්වාසකරණවා, භාරකරණවා, නැවත දෙනවා. *n.* -ee, භාරකාරයා, භාරගන්නා. (*n.* -ship) *a.* -ful. *a.* -*y*, -worth*y*, විශ්වාසකටයුතු, විශ්වාසයට යෝග්‍ය. (*n.* -iness)

truth ට්‍රූත්, *n.* සැබෑව, සත්‍යය, සත්‍යතාව, විශ්වාසභාවය. *a.* -ful, සැබෑව කියන, සත්‍යවාදී සත්‍ය (*n.* -ness). *a.* -less

tr*y* ට්‍රයි, *v.* උත්සාහකරණවා, විනිශ්චයකරණවා, පරීක්ෂාකර බලනවා, අත්හදා බලනවා. *n.* trial. *a.* -ing, අමාරු, පීඩාකර. *a.* -yable, -iable.

Tsar ට්සාර්, *n.* =Czar

tub ටබ්, *n.* බාල්දිය, දෙණ හෙවත් ද්‍රෝණිය. *a.* -ful

tub*e* ට්‍යුබ්, *n.* නළය. *n.* -ing, නළ

tuber ට්‍යූබර්, *n.* අල. *n.* -cle, කුඩා කුරුළෑව, ගැටිය. *a.* -cular, කුඩා කුරුළෑ හෝ ගැට සම්බන්ධ. *n.* -culosis, ක්ෂයරෝගය

tubular ට්‍යුබ්‍යුලාර්, *a.* නළහැඩය ඇති, නළයකින

tuck ටක්, *v.* නමනවා, ඉහළට ගසනවා, ඔපකැඩි (රැළි) මහනවා. *n* ඔපකැඩීම

Tuesday ට්‍යූස්ඩේ, *n.* අඟහරුවාදා

tuft ටෆ්ට්, *n.* පොකුර, කුඩුම්බිය. *v.* *a.* -ed, පොකුරක් හෝ කුඩුම්බියක් ඇති, ශෝභිත

tug ටග්, *n.* විශේෂයෙන් ඇදීම, නැව් අදින දුම්

ගැව්. *v.* වෑයමෙන් අදිනවා. *n.* -ging. *n.* -of-
-war, කඹයක් දෙකොණෙන් ඇදීමෙන් පිරිස්
දෙකකශක්තිය පරීක්ෂාකිරීම

tuition ටියුඉෂන්, *n.* ඉගැන්වීම

tulip ටියුලිප්, *n.* සූරිය

tumble ටම්බල්, *v.* අදිස්සියෙන් වැටෙනවා, පෙර
පෙරළෙනවා. *n.* අදිස්සියෙන් වැටීම. *n.* -r,
පෙරළෙන්නා, පිනුම් දමන්නා, පරවිචියෙක්.
කාචපාත්‍රය හෙවත් තඹලේරුව. *n.* -rful, තඹ
ලේරුවට අල්ලන ප්‍රමාණය

tumbrel ටම්බ්‍රල්, } *n.* වක්‍ර දෙකේ පුංඩාපක
tumbril ටම්බ්‍රිල්, } රණ රථය

tumid ටියුමිඩ්, *a.* ඉදිමී තිබෙන, ඉලිප්පී තිබෙ
න. *n.* -ness, -ity

tumour ටියුමොර්, *n.* ඉදිමුම, මාංසාර්බුදය

tumult ටියුමල්ට්, *n.* කෝලාහලය. *a.* -ary,
කෝලාහල, ආකුල. *a.* -uous, කෝලාහල ආ
කාර (*n.* -ness) [ඩැල්ල. *a.* -ar

tumulus ටියුමියුලස්, *n.* මිනීවලමත්තේ කළ ගො

tun ටන්, *n.* ලොකු පීප්පය, මිදි පැන් ගැලොම්
252 ප්‍රමාණය (ton බ.)

tune ටියුන්, *n.* තාලය, තාලයේ එකඟතාව, එකඟ
බව. *v.* නිශ්ශබ්ද ලැබෙනලෙස යොදනවා,
ශබ්ද සරිගස්සනවා. *a.* -able, ශබ්ද එකඟකළ
හැකි. *a.* -eful, (ශබ්දයෙන්) මිහිරි. *a.* -eless

tunic ටියුනික්, *n.* පුරාණයෙහි සාටට ඇඳි දිග සාමි සායක්, ඉහපට යටා වර්ගයක් [-ling

tunnel ටනෙල්, *n.* උමග. *v.* උමං හාරනවා. *n.*

tunny ටනි, *n.* මත්ස්‍ය වර්ගයක්

Turanian ටියුරේනිඅන්, *a.* තුර්කි මොංගෝලිය ආදිය ඇතුළත් භාෂා වර්ගය පිළිබඳ

turban ටර්බන්, *n.* හිස්වෙළුම, තලප්පාව

turbid ටර්බිඩ්, *a.* මඩවූ, බොරවූ. *n.* -ness -ity [යක්

turbot ටර්බොට්, *n.* පැතලි ලොකු මත්ස්‍ය වර්ග

turbulent ටර්බියුලන්ට්, *a.* ඝෝෂ චංචල, කෝලාහල. *n.* -ce

tureen ටියුරීන්, *n.* හොදි භාජනය

turf ටර්ෆ්, *n.* තණකොළව, අලුත් පත්තන භූමිය, අලුත් පැත්සීම, පොළවේ දිරා මුල් දර [-ity

turgid ටර්ජිඩ්, *a.* ඉදිමුන, ප්‍රාවචනකාර *n.* -ness,

Turk ටර්ක්, *n.* තුර්කි රට අය, වණිඩයා. *a.* -ish, *n.* තුර්කි භාෂාව [පාට

turkey ටර්කි, *n.* කලුකුමා. *n.* -red, [illegible]

turmeric ටර්මරික්, *n.* කහ [වෙතෙත්ව

turmoil ටර්මොයිල්, *n.* චංචලය, ආරවුල, කද

turn ටර්න්, *v.* හරවනවා, කරකවනවා. *n.* හැරීම, හැඹීම, වාරය, ආකාරය, ඇවිද්ම. *n.* -er, ලියන වඩුවා. *n.* -ery, ලියනවඩුකම, ශිල්පය. *n.* -key, හිරගෙයි යතුර භාරකාරයා. *n.* -out,

ර්ඩ, පැමිණි සමූහය, රථය, අශ්වැත්ත. *n.* -coat, පක්ෂය අත්අරින්නා. *n.* -pike, රේන්දපලේ ලීය, රේන්දපල ඇති පාර, ප්‍රධානපාර. *n.* -screw, ඉස්කුරුප්පු නියනා, ලිව්වමෙන් සෑදූ බඩු

turnip ටර්නිප්. *n.* අලවර්ගයක්, ශිනාමූල

turnsole ටර්න්සෝල්, *n.* පැලවර්ගයක්(එහි මල නිතර ඉර දෙසට හැරේයයි විශ්වාසකරනලදී)

turpentine ටර්පැන්ටයින්, *n.* එනම් තෙල, දේවදාරු තෙලය

turpitude ටර්පිටියූඩ්, *n.* නපුරුකම; දුෂ්ටතාව

turquoise ටර්කොයිස් (හෝ) ටර්කීස්, *n.* මදක් කොළපාටට හුරු නිල් රත්නයක්, පේරුස් මිණ [ඇණි

turret ටර්රට්, *n.* කුඩා කොත. *a.* -ted, කොත්

turtle ටර්ට්ල්, *n.* කොසබයිනා, කැස්බෑවා. *n.* -dove, යුරෝපීය පරවියා, කොබෙයිනා

tusk ටස්ක්, *n.* (ඇත් ඌරු ආදීන්ගේ) දලය. *a.* -ed, දළ සහිත. *n.* -er, දළඇති ඇතා. *a.* -y

tussle ටස්ල්, *v.* දඟලනවා, පොරකනවා. *n.* දඟලීම, පොරකෑම

tussock ටසොක්, *n.* තණ පදුර

tutelage ටියුටිලේජ්, *n.* භාරකාර ධුරය, ආරක්ෂාව

tutelar ටියුටිලර්,
tutelary ටියුටිලරි, } *a.* ආරක්ෂාකරණ

tutor ට්යූටර්, *n.* ගුරුවරයා, (අප්‍රාප්තවයස්කයෙක්) උගන්වන්නා.(*f.* -ess) *v.* උගන්වනවා. *n.* -ship. *a.* -ial, ගුරුවර, ආචාර්ය [වා, දොඩවනවා

twaddle ට්වොඩ්ල්, *v.* මෝඩකෙස කථාකරණ

twain ට්වේන්, *n.* හෝ. *a.* දෙක

twang ට්වෑං, *v.* 'ටං' යන ශබ්දයවෙනවා. *n.* 'ටං' යන ශබ්දය, ටංකාරය

tweak ට්වීක්, *v.* (නාසය අල්ලා අඹරාගෙන) අදිනවා. *n.* එසේ ඇදීම

tweed ට්වීඩ්, *n.* ලොම් රෙදි වර්ගයක් [අඬුව

tweezers ට්වීසර්ස්, *n.* කෙස් උදුරාදමන කුඩා

twelfth ට්වෑල්ෆ්ත්, *a.* දොළොස්වෙනි. *n.* දොළහෙන් කොටස [*n.* -month, අවුරුද්ද

twelve ට්වෑල්ව්, *n.* හෝ. *a.* දොළහ, දොළොස්.

twenty ට්වෙන්ටි, *n.* සහ *a.* විස්ස, විසි, *a.*-ieth, විසිවෙනි. *n.* විස්සෙන් කොටස

twice ට්වයිස්, *ad.* දෙවරක්

twiddle ට්විඩ්ල්, *v.* හැඟැල්සු ආකාරයෙන් කරකවනවා හෝ ගානවා

twig ට්විග්, *n.* රිකිල්ල

twilight ට්වයිලයිට්, *n.* ඉරඋදාවීමට පෙර හා බැස්සාට පසුවත් දව තින එළිය, අරුණ [රෙදි

twill ට්විල්, *v.* ගිරිආකාරයට වියනවා. *n.* ගිරි

twin ට්වින්, *n.* නිඹුල්ලා. *a.* නිඹුල්

twine ට්වයින්, *n.* නූල් දෙකුන්පටක් ඇඹිල

නුව. v. වෙලනවා, ඹතනවා [n.

twinge ට්විංජ්, v. වේදනාකරනවා, කොනගනවා

twinkle ට්විංක්ල්, v. තරුමෙන් දිලිසෙනවා, ඇස්පිය ගහනවා. n.

twirl ට්වෑර්ල්, v. ළුහුව කරකවනවා, බමනවා. n. වේගයෙන් කරකෑවීම

twist ට්විස්ට්, v. ඹතනවා, අඹරනවා, වළිනවනවා, පෙරළනවා. n. ඇඹරූ නූල, වෙළුම, පෙරළීම

twit ට්විට්, v. වරදක් ආදිය මතක්කිරීමෙන් වේදනා කරනවා හෝ කෝපකරනවා

twitch ට්විච්, v. අදින්සි ගැස්මක් ඇතුව අදිනවා, ගැහෙනවා. n.

twitter ට්විට්ටාර්, v. චිප් චිප් ගානවා, චංචල වෙනවා. n. චිපි චිපි ගෑම, චැංචලය

two ටූ, n. සක a. දෙක, දෙ. a. -fold, දෙපට, ද්විගුණ, දෙයාකාර; ad.

type ටෛප්, n. ලකුණ, ආකාරය, අච්චු අකුර. a. -ical, ආදශී, ප්‍රතිරූපක. v. -ify, ඈදර්ශයෙන් හෝ ප්‍රතිරූපයෙන් දක්වනවා

typohid ටෛෆොයිඩ්, n. සන්නිපාත උණ

typhoon ටෛෆූන්, n. චීනමුහුදේ සැඩ කුණාටුවක්

typhus ටෛෆස්, n. බෝවෙන සන්නිපාත උණ

typography ටෛපොග්‍රෆි, n. මුද්‍රාඹකණය, මුද්‍රණ ශිල්පය. a. -ic, -ical. n. -er, මුද්‍රණ කාරයා

tyrant ටෛට'රන්ට්, *n.* පීඩාකිරීමම බලාන සො දන ආණ්ඩුකාරයා, බලාත්කාරයෙන් ආණ්ඩු කරන්නා

tyrannic ටෛරැන්නික්, } *a.* පීඩාකාර, බලා
tyrannical ටෛරැන්නි'කල්, } ත්කාර

tyrannise ටිර්'අනෛස්', *v.* පීඩාකරණවා, බලාත් කාර කරණවා [ආණ්ඩුකිරීම. *a.* -ous

tyranny ටිර්'අනනි, *n.* පීඩාකිරීම, බලාත්කාර

tyre ටෛර්, *n.* (චක්‍රයේ) පට්ටම, නිම්වලල්ල

tyro ටෛරෝ, *n* ආධුනිකයා; අලුත ඉගණීම පටන්ගත් අය

Tzar සාර්, } *n.* (Czar, Czarina, බ.)
Tzarine සරීණ, }

U.

u යූ, ඉංග්‍රීසියේ 21 වෙනි අක්ෂරය

ubiquitous යුබික්විටස්. *a.* හැමතැන සිටින. *n.* -y, හැමතැන සිටීම

udder අඩ'ඩර්, *n.* දෙනුන්ගේ තනය, කිරිබුරුල්ල

ugly අග්ලි, *a.* අවලක්ෂණ, විරූප. *n.* -iness

ulcer අල්'සාර්, *n.* වණය, පාඩුවණය. *v.* -ate, වණවෙනවා, වණ හැදෙනවා (*n.* -ion). *a.* -ous, වණ ආකාර, වණ සහිත

ulterior අල්ටීරි'අර්, *a.* (ගමනම) වඩාදුරවූ, එපිට

ultimate අල්ටිමේට්, *a.* අන්තිම. *ad.* -ly, අන්තිමේදී [අන්තිම යෝජනාව

ultimatum අල්ටිමේටම්, *n.* අන්තිම වාක්‍යය.

ultimo අල්ටිමෝ, *a.* ගතවූ (මාසය)

ultra අල්ට්‍රා, *a.* නියම සීමාවට ඈත්, ඉතා අධික

ultramarine අල්·ට්‍රා·මරීන්, *n.* නිල්වර්ණ ද්‍රව්‍යයක්

ultramontane අල්·ට්‍රමොණ්ටේන්, *a.* ඇල්ප්ස්කඳු වැටියට එපිට, රෝම සභාවේ ඉතාලි නිකාය සම්බන්ධ. *n.* -ism

umbilic අම්බිලික්, *a.* පෙකණි. *a.* -al, පෙකණි

umbrage අම්බ්රේජ්, *n.* සෙවණ, ගස්මුඩාව, අමනාපය. *a.* -ous

umbrella අම්බ්රෙල්ල, *n.* කුඩය, ඡත්‍රය

umpire අම්පයර්, *n.* මැදහත්ව යමක් බේරුම් කිරීමට පත්වෙන්නා

un අන්, නැත යන අර්ථ ඇති උපසර්ගයක්. විරුද්ධාර්ථ ප්‍රකාශකිරීමට මෙය බොහෝ වචනවලට යොදනු ලැබේ. සම්භරතැනක 'un' යන අනුරූ උපසර්ගයක් වශයෙන් නොයෙදේ. මේ උපසර්ගය යෙදූ අන්‍ය වචනවල අර්ථ මේ අනුසාරයෙන් ('un' නොයෙදූ මුල් වචනවල අර්ථ බලා) දතහැක්කේය.

unable අන්ඒබල්, *a.* නොහැකි, අසමර්ථ, දුබල [ප්‍රාණි

unabridged අන්·අබ්රිජ්ඩ, *a.* සංක්ෂිප්ත නොකළ, සම්

unaccountable අන්·අකෞණ්ට්·අබ්ල්, *a.* තේරුම් ගණ්ට බැරි, ම‍ගකියණ්ට බැරි

unaffected අන්ඇෆ්ලැක්ට්·අඩ්, *a.* ස්වභාවික, අවංක, නොවැදි [නොහැකි

unalterable අන්ඕල්·ට·රබ්ල්, *a.* වෙණස් කල

unanimous යුනැනිමස්, *a.* එක්සිත්වූ. *a.* -ity

unassuming අන්ඇස්සූමිං, *a.* උඩඟු නොවන, යටහත් [තෝර්ජන

unavailable අන්·අවේල්·අබ්ල්, *a.* නිෂ්ඵල, අප්‍ර

unavailing අන්·අවේලිං, *a.* නිෂ්ඵල, නිරර්ථක

unaware අන්·අවෙයර්, *a.* නොදන්න. *ad.* -s, නොදැනුවත්ව, අදින්සිනෙන් [අයෝග්‍ය

unbecoming අන්බිකමිං, *a.* නොගැලපෙන

unbelief අන්බිලීෆ් *n.* නොඇදහීම, අනුමානය. *n.* -ver, අවිශ්වාසකාරයා

unbosom අන්බූස්·අම්, *v.* එළිදරව්කරණවා

unburden අන්·බාර්ඩින්, *v.* බර අහක්කරණවා, සැහැල්ලුකරණවා

unceasing අන්සීස්ඉං, *a.* නොනවතින, අනවරත

uncertain අන්·සාර්ටින්, *a.* අනුමාන, ස්ථිරසාරනැති

unchangeable අන්චේං·ජබ්ල්, *a.* වෙණස්කල නොහැකි

uncivil අන්සිවිල්, *a.* අසභ්‍ය, අවිනීත, අශීලාචාර. *a.* -ised, අශීලාචාර, වනචර

uncle අංකල්, *n.* පියාගේ හෝ මව්ගේ සහෝදර

ශා, මාමා, බාප්පා [-ness

unclean අන්ක්ලීන්, *a.* අපිරිසිදු, අපවිත්‍ර. *n.*

unclothe අන්ක්ලෝත්, *v.* වස්ත්‍ර මුදහරවා හෝ ඉවත්කරණවා [සිරිනැර සහිත

uncomfortable අන්කම්'ෆර්'ටබල්, *a.* අපහසු,

uncommon අන්කොමන්, *a.* අසාමාන්‍ය, වඩා නැති, අපූර්ව, දුර්ලභ

uncompromising අන්කොම්ප්‍රොමයිසිං', *a.* ගිවිසුම්වලට එකඟ නොවන, අස්ථිර, තමන්ට බැරි [භාවය, උපේක්ෂාව. *a.*-ed

unconcern අන්කොන්'සර්න්, *n.* නොසැලකිලි

unconditional අන්කොන්ඩිෂ්'නල්, *a.* පොරොන්දුවක් නැති, නියමයක් නැති

unconnected අන්කොනෙක්'ටිඩ්, *a.* අසම්බන්ධ

unconquerable අන්කොං'කරබල්, *a.* පැරදිය නොහැකි, ජයගත නොහැකි

unconscious අන්කොන්ෂස්, *a.* දැනීම නැති, සිහි නැති. *n.* -ness [නොකල, නොසැලකූ

unconsidered අන්කොන්සිඩ'ඩ්, *a.* කල්පනා

unconstitutional අන්කොන්ස්ටිටියුෂ'නල්, *a.* ව්‍යවස්ථාවලට හෝ නියම්වලට එකඟ නැති

unconstrained අන්කොන්ස්ට්‍රෙන්ඩ්, *a.* බලාත්කාරකම්න් නිදහස් [අවිනීත

uncourteous අන්කර්ටියස්, *a.* අශිෂ්ටාචාර,

uncouth අන්කූත්, *a.* අවලක්ෂණ, හැඩහුරුමදි. *n.* -ness

unct*ion* අංක්ෂන්, *n.* ආලේපකිරීම. ආලේපයට ගන්න ද්‍රව්‍ය, විලේපනය, සිත චංචලකරණ ගුණය, ස්නිග්ධතාව. *a.* -uous, තෙල් ආකාර, සිත චංචලකරවන

undaunted අන්ඩෝන්ටිඩ්, *a.* භයට පටත් නොවන, අභීත. *n.* -ness

undeceive අන්ඩිසීව්, *v.* රැවටිල්ලෙන් හෝ මුළාවෙන් මුදනවා

undecided අන්ඩිසයිඩිඩ්, *a.* අනිශ්චිත. අස්ථිර

undefaced අන්ඩිෆේස්ඩ්, *a.* විරූපවූ, නොමැකුණු,

undefiled අන්ඩිෆයිල්ඩ්, *a.* කිලුටුවූ නොකරණලද, අදූෂිත

undefin*able* අන්ඩිෆයිනබල්, *a.* විග්‍රහය නොහැකි, නියමකල නොහැකි. *a.* -ed, නොවිස්තර, අනියත [නොහැකි, අනුමාන නැති

undeniable අන්ඩිනයිඅබල්. *a.* නෑය කිය

under අන්ඩර්, *prep.* සහ *ad.* යට, යටින්, අඩුවෙන් [හැඩපාර

undercurrent අන්ඩර්කරන්ට්, *n.* ජලය යට

undergo අන්ඩර්ගෝ, *v.* විඳිනවා

undergraduate අන්ඩර්ග්‍රැඩ්‍යුඒට්, *n.* තාමත් ශාස්ත්‍රශාලාවක ප්‍රධාන උපාධිය නොලත් අය

underground අන්ඩර්ග්‍රවුන්ඩ්, *n.* භූමිට යටින් උපබන ගරිය. *a.* සහ *ad.* භූමිට යටින් ඇබෙ

ස, බිම්ම යටින්

underhand අණ්·ඩාර්හෑණ්ඩ්, a. රහස්, රැවටිලි

underline අණ්·ඩාර්ලෛන්, v. යටින් ඉරිඅඳිනවා

underling අණ්·ඩාර්ලිං, n. යමෙකු යටතේ සිටින අය, සේවකයා [රහස් ලෙසින් හානිකරණවා

undermine අණ්·ඩාර්මෛන්, v. යටින් හාරණවා,

undermost අණ්·ඩ·ර්මෝස්ට්, a. ඉතා පහතින් සිටින හෝ තිබෙන [නට

underneath අණ්·ඩාර්නීත්, ad සහ prep. යටින්,

underrate අණ්·ඩ·රරේට්. v. වටිනාකමට අඩු වෙන් අගයකරණවා

undersign අණ්·ඩාර්සෛන්, v. පාතින් අත්සන් කරණවා. a. -ed, පාතින් පේණ ලියවිලි සෙ ලවර අත්සන්කල; n. එසේ අත්සන්කල අය

understand අණ්·ඩාර්ස්ටෑණ්ඩ්, v. තේරුම් ගන්නවා, තේරෙණවා (අතීත understood). a. -ing, දන්න, දක්ෂ; n. බුද්ධිය, ඥානශක්තිය, දැනගැනීම, එකමුතුකම [අඩුකර කියනවා

understate අණ්·ඩාර්ස්ටේට්, v. (ඇත්තම වඩා)

undertake අණ්·ඩාර්ටේක්, v. භාරගන්නවා. n. -ing, කිරීමට භාරගන්න වැඩේ, කාර්යය. n. -er, අවමඟුල්ලා කටයුතු කරන්නා [අඩ

undertone අණ්·ඩාර්ටෝන්, n. හීන් හෝ පහත්

undervalue අණ්·ඩාර්වැල්යු, a. පහත්කොට අගය

කරණවා, සුද්කරණවා

underwood අණ්·ඩාර්වුඩ්, *n*. ලොකු ගස් යට වැවෙන කුඩා ගස් හා පඳුරු

underwrite අණ්·ඩාර්රයිට්, *v*. යටින් ලියනවා, අලාභ ගෙවන ගිවිසුමකට අත්සන්කරණවා

undeserved අණ්ඩි·සා·ර්ව්ඩ්, *a*. අයෝග්‍ය, අයුතු. *a*. -ing, අයෝග්‍ය, අයුතු [ඩිත, අධම

undignified අණ්ඩිග්නිෆෛඩ්, *a*. උතුම් නොපණ්

undisciplined අණ්ඩිසිප්ලින්ඩ්, *a*. පුහුණු නුවූ, අවිනීත, නොහික්මුනු

undisguised අණ්ඩිස්ගයිස්·ඩ්, *a*. බොරු වේශයක් නැති, බොරු පෙනුමක් නැති, අවංක

undismayed අණ්ඩිස්මේඩ්, *a*. භය නිසා අධෛර්‍ය නොවූ, නිර්භය

undistinguished අණ්ඩිස්ටිංග්විෂ්ඩ්, *a*. වෙනස් නොසැලු, පහසුවෙන් වෙනස නොපෙනෙන, ප්‍රභේද ලකුණක් නැති

undisturbed අණ්·ඩිස්·ටාර්බ්ඩ්, *a*. චංචල නැති, අබාධ, නිශ්චල [නැති

undivided අණ්ඩිවෙඩෑඩ්, *a*. නොබෙදුනු, බෙදී

undo අණ්ඩු, *v*. (කල දේ) විපර්‍යාස කරණවා, ලිහණවා, විනාශකරණවා

undoubted අණ්ඩෞටැඩ්, *a*. අනුමාන නැති, *a*. -ing, සැක නැති. ඇත නොහිටින

undress අණ්ඩ්‍රෙස්, *v*. ඇඳුම් ගලවනවා. *n*. සැ

හැල්ලූ නිකම් ඇඳුම

undried අන්ඩ්‍රයිඩ්, *a.* නොවේළුනු, නොවියළු

undue අන්ඩ්‍යූ, *a.* ලැබීමට අයුතු, අධික

undulate අන්ඩ්‍යුලේට්, *v.* (රැළි මෙන්) ඉහළ පහළ යනවා. *n.* -ion, ඉහළ පහළ යාම, රැළි. මෙන් උස් මිටි වන. *a.* -ory

undutiful අන්ඩ්‍යූටිෆුල්. *a.* අකීකරු, සැලකිලි නැති [සදාකාලික

undying අන්ඩයිං, *a.* නොනසින, ජීවත්,

unearth අන්'අර්ත්, *v.* බිමෙන් පිටත ගලවා, පොළොවෙන් හාරගන්නවා, හොයාදැනගන්නවා, *a.* -ly, මෙලොවට අයිති නැති

uneasy අන්ඊසි, *a.* අපහසු, චංචල, *n.* -iness

uneducated අන්එඩියුකේටඩ්, *a.* වඩා ඉගෙනීම නැති, නූගත් [හුවසිටින, නිකම් සිටින

unemployed අන්එම්ප්ලොයිඩ්, *a.* වැඩක් නැ-

unendurable අන්එන්ඩියුරබල්, *a.* ඉවසිය නොහැකි, දරිය නොහැකි [ෂ්‍යාව නූපදවන

unenviable අන්එන්වියබල්, *a.* ඊර්ෂ්‍යා කළ නොහැ-

unequal අන්ඊක්වල්, *a.* එකසමාන නොවන, අසම, ඒකාකාර නොවන. *a.* -led, අසමාන වූ, අතුලා වූ [සසැඳිලි

unequivocal අන්ඉක්විවකල්, *a.* අනුමාන නැති

unerring අන්අරිං, *a.* නොවරදින, සත්‍යක

unessential අන්එසෙන්ෂල්, *a.* (නැතුව බැරි

තරමට) ඉතා ලමණිතා ව නාවන

uneven අන්ඊවින්, a. සමතලා නැති, අසම, ඔත්ත

unexampled අන්ඇග්සෑම්පල්ඩ්. a. ආදර්ශයක් නැති, අසහාය, අසමාන

unexpected අන්ඇක්ස්පෙක්ටඩ්, a. බලාපොරොත්තු නුවූ, අදිසි [අන්තිම නොවූ

unexpired අන්ඇක්ස්පයර්ඩ්, a. ගත නොවූ,

unfaded අන්ෆේඩඩ්. a. නියම හෝ වර්ණ නැති නොහොත් අඩු නොවූ, පරණ නොවූ. a. -ing, පරණ නොවන, අවතින

unfailing අන්ෆේලිං. a. අඩුවෙ නොවන, නොපිරිහෙන, නොවරදින, සත්‍යක

unfair අන්ෆෙයර්, a. අසාධාරණ, අසුදුසු. n. -ness, අසාධාරණය [කඩන

unfaithful අන්ෆේත්ෆුල්, a. අවිශ්වාස, විශ්වාසය

unfasten අන්ෆාසන්, v. ලිහනවා, මුදනවා

unfavourable අන්ෆේවරබල්, a. අවාසි, විරුඩ, අහිතට

unfeeling අන්ෆීලිං, a. දුඩි, නරුද, ක්‍රූර

unfeigned අන්ෆේන්ඩ්. a. හැබෑ, අවංක

unfilial අන්ෆිලියල්, a. දරුවෙකුට නොහොබින

unfit අන්ෆිට්, a. නුසුදුසු. n. -ness [නොහොබවන

unflinching අන්ෆ්ලින්චිං, a. නිර්භය, පසුබට

unfold අන්ෆෝල්ඩ්, v. දිගඅරිනවා, පිටපතනවා, විස්තර කරනවා.

unforeseen අන්ෆෝර්සීන්, *a* කලින් නුදුටු හෝ දැනනොගත්

unforgiven අන්ෆොර්ගිව්න්, *a.* සමාව නොලැබූ. *a.* -ing, සමා නොදෙන [වින්ත

unfortunate අන්ෆෝර්චුනේට්, *a.* අවාසනා

unfounded අන්ෆවුන්ඩඩ්, *a.* අමූලක, අසත්‍ය

unfrequented අන්ෆ්‍රිකුවෙන්ටඩ්, *a.* ගොයාගැම සෙත

unfriendly අන්ෆ්‍රෙන්ඩ්ලි, *a.* අමිත්‍ර

unfruitful අන්ෆ්‍රූට්ෆුල්, *a.* ඵල නොදරණ, අඵල, වඳ

unfurl අන්ෆර්ල්, *v.* දිගඅරිනවා

ungainly අන්ගේන්ලි, *a.* අශෝභන, අවලක්ෂණ

ungallant අන්ගැල්ලන්ට්, *a.* ආචාරමදි, අවිනීත

ungenerous අන්ජෙනරස්, *a.* ත්‍යාගවන්ත නොවන, ගුණවත්ත නොවන [සමා

ungird අන්ගර්ඩ්, *v.* බඳපටිය හෝ බැම්ම මුද

ungodly අන්ගොඩ්ලි, *a.* අභක්ති, පාපිෂ්ඨ

ungovernable අන්ගවර්නබල්, *a.* ආණ්ඩු කළ නොහැකි, ශික්ෂිත නොහැකි *n.* -ness

ungracious අන්ග්‍රේෂස්, *a.* අප්‍රිය [ලෙකාශ

ungrateful අන්ග්‍රේට්ෆුල්, *a.* කෘතෝපකාර නො

unguarded අන්ගාර්ඩඩ්, *a.* අප්‍රවේශම්

unguent අංග්වන්ට්, *n.* විලවුන්. ආලේපන [-iness

unhappy අන්හැපි, *a.* අවාසනාවන්ත, අශුභ. *n.*

unhealthy අන්හැල්ති, *a.* සනීප නැති, අසනීප. *n.* -iness [ඩීඝා, අප්‍රමාද

unhesitating අන්හෑස්ඉටේටිං, *a.* ඇත නොකී

unhinge අන්හින්ජ්, *v.* අසව් ගලවනවා, විසන්ධි කරනවා, අස්ථිර කරනවා

unholy අන්හෝලි, *a.* අශුබ

unhorse අන්හෝර්ස්, *v.* අශ්වපිටින් හෙළනවා

unicorn යුනිකෝර්න්, *n.* කඟවේණා

uniform යුනිෆෝර්ම්, *a.* ඒකාකාර, එක සමාන. *n.* නිලම් ඇඳුම

unify යුනිෆෛ, *v.* එකක් කරනවා

unimpassioned අන්ඉම්පැෂ්අන්ඩ්, *a.* කම්පා නොවෙන, නිශ්චල

unimportant අනිම්පෝර්ට්අන්ට්, *a.* නොවැදගත්, සුළු [ක්‍ෂුද්‍රක

uninhabitable අන්ඉන්හැබිටබ්ල්, *a.* විසීමට

unintelligent අන්ඉන්ටෙලිජන්ට්, *a.* දනුම් තේරුම් නැති. *a.* -ible, තේරුම් ගත නොහැකි

uninteresting අන්ඉන්ටරෙස්ටිං, *a.* ප්‍රීති නූපදවන, මනෝහර නොවන

uninvited අන්ඉන්වයිටිඩ්, *a.* කැඳවනු නොලැබූ. *a.* -ing, ප්‍රිය නූපදවන

union යුනියන්, *n.* එක්වීම, සංයෝගය, එක්සත්වීම, සමාගම. *n.* -ism, එක්සත්වීමේ ධර්මය (*n.* -t). *n.* -jack, මහාබ්‍රිතාන්‍ය හා අයර්ලන්ත

ගණ සම්බන්ධ භාජනීය සොබාව

unique යුනීක්, *a.* අද්විතීය, අසමාන, සමාන අන් කෙනෙක් හෝ වස්තුවක් නැති

unison යුනිසන්, *n.* එකමුතුකම

unit යූනිට්, *n.* ඒක අංක හෝ දෙය, ඒකප්‍රමාණය

Unitarian යුනිටේරියන්, *n.* ත්‍රිත්වයක නැත දෙවියෝ එක්කෙනෙක්මය යන මතය පිළිගන්නා. *n.* -ism

unite යුනයිට්, *v.* සම්බන්ධ කරනවා, එක්සත් කරනවා. *n.* -y, සමඟිකම, එකගකම

univalve යුනිවැල්ව්, *a.* තනිකටුව ඇති. *n.* තනි කටුව ඇති බෙල්ලා [න්‍ය, සමස්ත. *n.* -ity

universal යුනිවර්සල්, *a.* සියල්ල අඩංගු, සාමා

universe යුනිවර්ස්, *n.* මුළු ලෝකය. *n.* -ity ඉතා අග්‍ර ශාස්ත්‍ර ශාලාව

unjust අන්ජස්ට්, *a.* අධර්මිෂ්ඨ. අයුතු

unjustifiable අන්ජස්ටිෆයිඅබ්ල්, *a.* නිදොස්කළ නොහැකි, නිවැරදි බව ඔප්පුකළ නොහැකි. *a.* -ed. නිදොස් නොකළ [*n.* -ness

unkind අන්කයින්ඩ්, *a.* අකරුණාවන්ත, කෲර.

unknowing අන්නෝයිං, *a.* නොදන්න, අඥාන. *a.* -n, නොදත්, අප්‍රකට

unlade අන්ලේඩ්, *v.* (බර හෝ බඩු) බානවා

unlawful අන්ලෝෆුල්, *a.* නීතියට විරුද්ධ, අයුතු. *n.* -ness

unlearn අන්ලාර්න්; *v.* ඉගෙණගත් දේ මතක නැති කරණවා. *a.* -ed, නූගත් [නොපිහුත
unleavened අන්ලැවිණ්ඩ්, *a.* මුහුන නොදැමූ,
unless අන්ලැස්, *conj.* නොහොත්, නැත්නම්
unlettered අන්ලැට්ටාර්ඩ්, *a.* නූගත්, නූගැත්මූ
unlicensed අන්ලෛසන්ස්ඩ්, *a.* බල පත්‍රයක් නැති, බලය නුදුන්
unlike අන්ලෛක්, *a.* අසමාන, වෙණස්. *n.* -ness. *a.* -ly, ඉතා අනුමාන, සිදුවීම අනුමාන(*n.*-ihood)
unload අන්ලෝඩ්, *v.* බඩු හෝ බර බානවා
unlock අන්ලොක්. *v.* යතුර අරිණවා
unloose අන්ලූස්, *v.* බැඳීම හෝ සම්බන්ධතාව කඩනවා, ලිහණවා
unlovely අන්ලව්ලි, *a.* අමනයෝඥ, මනෝහර නොවන. *n.* -iness [නොවන
unlucky අන්ලක්ඛි, *a.* අවාසනාවන්ත, අඑල
unman අනමැන්, *v.* අනධෛර්‍ය්‍යකරණවා. *a.* -ly, මනුෂ්‍යයාට අයෝග්‍යවූ, බයගුලු (*n.* -iness)
unmanageable අන්මැනේජබල්, *a.* හසුරුවණ්ට හෝ සික්මවණ්ට නොහැකි. *n.* -ness
unmannerly අන්මැන්නර්ලි, *a.* අශිෂ්ටාචාර, අවිනීත [බෑ. ආකාර දක්වනවා
unmask අන්මාස්ක්, *v.* වෙශය පහකරණවා, සෑ
unmatched අන්මැච්ඩ්, *a.* අසහාය, අසමාන
unmeaning අනමීනිං, *a.* අර්ථයක් නැති, වෘථා

unmelodious අන්මැලෝඩිඅස්, a. ශබ්දයේ මිහිරි කම නැති, රෞද්‍ර

unmerciful අන්'මර්සිෆුල්, a. දයානැති, කෲර

unmerited අන්මැරිටැඩ්, a. ලබන්ට නොවටින, අයුතු [නොසැලකිලි. n. -ness

unmindful අන්මයින්ඩ්ෆුල්, a. සිතට නොගත්ත,

unmingled අන්මිංගල්ඩ්, a. අමිශ්‍ර, පිරිසිදු

unmistakable අන්මිස්ටේ'කබ්ල්, a. වැරදිලෙස තේරුම්ගත නොහැකි

unmoor අන්මූර්, v. නැංගුරම් අස්කරනවා

unmusical අන්මියුසි'කල්, a. මිහිරි ශබ්ද නැති, අමධුර, රෞද්‍ර

unmuzzle අන්මස්'ස්'ල්, v. කටබැම්ම ලිහනවා

unnatural අන්නැචු'රල්, a. අස්වාභාවික

unnecessary අන්නැස්ඇස්'සරි, a. ඕනෑ නැති, අප්‍රයෝජන

unnerve අන්'නර්ව්, v. දුර්වලකරනවා

unoccupied අන්ඔක්යුපෙයිඩ්, a. පදිංචිනොවූ, හිස්, වැඩක් නැති [අහිංසක

unoffending අන්ඔෆ්ෆැන්ඩිං, a. වරදනොකරන,

unorganised අන්ඕර්'ගනයිස්'ඩ්, a. නොවිධාන නොගැලපු, ඉන්ද්‍රිය සහිත නොවූ, අසම්බන්ධ

unostentatious අන්ඔස්ටැන්ටේෂස්, a. අහංකාර පෙන්වීම නැති, නිරහංකාර

unpalatable අන්පැල්'අ'ටබ්ල්, a. රසනැති, අරුචි

unparalleled අන්පැර්'අලැල්ඩ්, a. අසමාන, අසලා

unparliamentary අන්පාර්ලිමැන්ටරි, a. මහජන මන්ත්‍රීසභා චාරිත්‍රවලට විරුඬ, මන්ත්‍රී සභා රීති හීන [හිරි

unpleasant අන්ප්ලෑස්'අන්ට්, a. අප්‍රසන්න; අමි

unpoetic අන්පෝඇටික්, a. කාව්‍යාකාර නො [වන, කාව්‍යාලඞ්කාර නැති. a. -al

unpopular අන්පොප්යු'ලර්, a. මහජනයාම ප්‍රිය නැති. n. -ity [ප්‍රසාද්‍ය නැති

unpractised අන්ප්‍රැක්ටිස්ඩ්, a. පුරුදු නැති.

unprecedented අන්ප්‍රෙසිඩෙන්ටැඩ්, a. පූර්ව ආදර්ශයක් නැති, පෙර නොසිදුන

unprejudiced අන්ප්‍රෙජුඩිස්ඩ්, a. අපක්ෂ, පක්ෂපාත නැති [මානය නැති, අහංකාර නැති

unpresuming අන්ප්‍රිස්යූමිඞ්, a. අයුතුතරමට උඩඟු

unpretending අන්ප්‍රිටෙන්ඩිං. a. බොරුවට ඇඟ වීම නැති, නිරහංකාර

unprincipled අන්ප්‍රින්සිප්ල්ඩ්, a. නිසි ප්‍රතිපත්ති නැති. දුශ්චරිත. නපුරු

unproductive අන්ප්‍රොඩක්ටිව්, a. අසාර, ඵල ප්‍රයෝජන නොදෙන. n. -ness

unprofitable අන්ප්‍රොෆ්ඉ'ටබ්ල්, a. ප්‍රයෝජන නැති. නිෂ්ඵල [නැති

unpromising අන්ප්‍රොමිසිං, a. ඉෂ්ට වීමට නිමිති

unpropitious අන්ප්‍රොපිෂ්අස්, *a.* අසමෘති, අශුභ

unqualified අන්ක්වොල්ඉෆෛඩ්, *a.* නිසි යෝග්‍ය නැති, සම්පූර්ණ [නැති

unquenchable අන්ක්වෙංච්'අබ්ල්, *a.* නිවිය නො

unquestionable අන්ක්වෙස්චන්'අබිල්, *a.* අනුමාන කළයුතු නොවන, සත්‍යක. *a.* -ed, අනුමාන නොකළ, විවාද හෝ අරෝව නැති

unquiet අන්ක්වෛඅට්, *a.* නිශ්චලනැති, සිරිනැර. *n.* -ness [විකරණවා, විවෘතකරණවා

unravel අන්රැවිල්, *v.* අවුල් අරිණවා, බේරා

unread අන්රීඩ්, *a.* නොකියවූ, පොත් කියවා නැති, නූගත් [අසාර, අසත්‍ය. *n.* -ity

unreal අන්රී'අල්, *a.* පෙණීම පමණක් ඇති,

unreasonable අන්රීස්'න්'අබිල්; *a.* සිහියම හුරු නැති, සීමාතරමට වැඩි. *n.* -ness

unreclaimed අන්රික්ලේම්ඩ්, *a.* නැවත ලබා නොගත්, සකස්කර නොගත්

unrefreshed අන්රිෆ්රෙෂ්ඩ්, *a.* වෙහෙස දුරු නොකළ, ප්‍රාණවත් නොවූ. *a.* -ing, ප්‍රාණවත් (ශක්තිමත්) නොකරණ

unrelenting අන්රිලැණ්ටිං, *a.* පදනම් නාරිණ, අනුකම්පාව නැති, කෘර

unrepentent අන්රිපැණ්'ටණ්ට්, *a.* පසුතැවිලි නොවෙන

unrequited අනරික්වෛටැඩ්, *a.* විපාක නුදුන්

unreserved අන්රිසර්ව්ඩ්, *a.* ඉතුරු නොකළ, සම්පූර්ණ සැඟවීම නැති

unresisted අන්රිසිස්ටැඩ්, *a.* විරුද්ධ නොවූ. *a.* -ing, විරුද්ධ නොවෙන, යටත්වෙන [භාවය

unrest අන්රෙස්ට්, *n.* නිශ්චල නැතිකම, චංචල

unrestrained අන්රිස්ට්රේන්ඩ්, *a.* නොනවත්ව සලද

unrestricted අන්රිස්ට්රික්ටැඩ්, *a.* සීමාව හෝ ප්‍රමාණය නියම නොකළ, අවශිර නැති

unrevealed අන්රිවීල්ඩ්, *a.* ප්‍රකාශ නොකරණ ලද, එළිදරව් නොකළ

unrighteous අන්රෙචස් (හෝ) අන්රෙචුස්, *a.* පාපිෂ්ඨ, අධාර්මික, අසාධාරණ. *n.* -ness

unripe අන්රෙප්, *a.* නොපැසුනු, නොමේරු, අමු, අසම්පූර්ණ. *n.* -ness

unrivalled අන්රෛවල්ඩ්, *a.* අතුල්‍ය, අනුපම

unromantic අන්රොමැන්ටික්, *a.* අපූර්ව බොරු කථා ආකාරනොවූ, අද්භූත නොවූ

unroof අන්රූෆ්, *v.* වහල (පියස්ස) ගලවනවා

unroot අන්රූට්, *v.* මුලින් උදුරදමනවා

unruffled අන්රෆ්ල්ඩ්, *a.* නිශ්චල, රැළ නැති

unsafe අන්සේෆ්, *a.* අනතුරු සහිත, ප්‍රවේසම නැති. *n.* -ness

unsaleable අන්සේල්අබල්, *a.* විකිණිය නොහැකි. *n.* -ness

unsanctified අන්සෑංක්ටිෆයිඩ්, *a.* පිරිසිදු නොකල, අශුද්ධ

unsatisf*actory* අන්සැටිස්ෆැක්ටරි, *a.* සතුටු නොකරණ, ඒත්තු නොයන. *a.* -ied, සතුටු නොවූ, නොසංසිඳුන, ඒත්තුනොගිය

unsavoury අන්සේවරි, *a*, කරන රසක් හෝ ගඳක් නැති, රසනැති, අරුචි, අමිහිරි

unsay අන්සේ, *v.* පලමුකී දේ නැතැයිකියනවා

unscathed අන්ස්කේත්ඩ්, *a.* අනතුරුනොවූ

unscrew අන්ස්ක්‍රෑ, *v.* ඉස්කුරුප්පු ගලවනවා

unscriptural අන්ස්ක්‍රිප්චූරල්, *a.* ශුද්ධ ලියවිලි (ආගමේ දහම් පොත්) වලට එකඟ නැති

unscrupulous අන්ස්ක්‍රෑපියුලස්, *a.* සැක නැති, ප්‍රවේසම් නැති, යුක්ති නොසලකන. *n.* -ness

unseal අන්සීල්, *v.* මුද්‍රය කඩනවා

unsearchable අන්සර්ච්අබල්, *a.* පරීක්ෂාකල නොහැකි, සොයා දැනගත නොහැකි, සැඟවූ, රහස් [*n.*-ness

unseasonable අන්සීස්'නබල්, *a.* අකාල, අයෝග්‍ය.

unseat අන්සීට්, *v.* ආසනයෙන් පහකරණවා

unseaworthy අන්සීවර්දි, *a.* මුහුදේ යාත්‍රාකිරීමට අයෝග්‍ය [*n.* -iness

unseemly අන්සීම්ලි, *a.* නොසෝභිත, අයෝග්‍ය

unseen අන්සීන්, *a.* නුදුටු, නොපෙනෙන, අදෘශ්‍යමාන

unselfish අන්සෙල්ෆිෂ්, *a.* අලෝභී, [illegible]

ප්‍රයෝජනය නොගලනක [නිශ්ඵල

unserviceable අන්'සාර්විස්'අබිල්, *a.* අප්‍රයෝජන,

unsettle අන්සැට්ල්, *v.* අනුමාන හෝ අස්ථිරකර ණවා, චංචලකරණවා [කම්

unsheath අන්ෂීත්, *v.* කොපුවෙන් එලියට අදි

unship අන්ෂිප්, *v.* නැවෙන් (බඩු) බානවා, ගලවනවා

unsightly අන්සෛට්ලි, *a.* අදර්ශනීය, අවිලක්ෂණ

unskil*ful* අන්ස්කිල්ෆුල්, *a.* අසමර්ථ, අදක්ෂ. *n.* -fulness. *a.* -led, නිපුණ නැති, පලපුරුදු නැති [නැති

unsociable අන්සෝෂබිල්, a. සමාගමට පසුබ

unsolicit*ed* අන්සොලිසිටිඩ්, *a.* නොඉල්ලූ. *a.* -ous, ඉතා ආශා නොවූ

unsophisticated අන්සොෆිස්ටිකේ'ටිඩ්, *a.* සැබෑ, අවංක, ශුබ, අමිශ්‍ර [*n.* -ness

unsound අන්සෞන්ඩ්, *a.* දුර්වල, ගිලන්, මැරදි.

unsparing අන්ස්පෙයාරිං, *a.* බිහිසුණු, නොමසුරුව දෙන, ඉතුරු නොකරණ

unspeakable අන්ස්පීක්'අබිල්, *a.* කිව නොහැකි

unstable අන්ස්ටේබිල්, *a.* සෙලවෙන, අස්ථිර. *n.* -ness [ණත් වෙන. *n.* -iness

unatead*y* අන්ස්ටැඩි, *a.* සෙලවෙන, අස්ථිර, වෙ

unstratified අන්ස්ට්‍රැටිෆයිඩ්, *a.* තට්ටු ආකාර / සැදී නැති

unstring අන්ස්ට්‍රිං, v. ලිහනවා, බුරුල්කරනවා.

unstudied අන්ස්ටඩිඩ්, a. කලින් කල්පනා නොකල, අභ්‍යාස නොකරනලද, ස්වභාවික

unsubdued අන්සබ්ඩ්‍යූඩ්, a. යටත් නොපැවැත්වූ, යටත් නොකල

unsubstantial අන්සබ්ස්ටැන්ෂල්, a. සාරවත් නොවූ, ඝන නොවූ, අසත්‍යවූ. n. -lity. a.-ted, ඔප්පු නොකල

unsuccessful අන්සක්සෙස්ෆුල්, a. ඉෂ්ටනුත, සඵල නොවූ, වාසනාවන්ත නොවන

unsuitable අන්සූට්අබ්ල්, a. නුසුදුසු, අයෝග්‍ය. n. -ableness. a. -ed. යෝග්‍ය නොවූ

unsullied අන්සල්ලිඩ්, a. කිළුටු නොවූ, කිළුටු නැති, නිර්මල [යෙන් වර්ණිත නොකල

unsung අන්සං, a. කවියෙන් ස්තුති නැති, කවි

unsurpassed අන්සර්පැස්ඩ්, a. අධික නොවූ

unsuspected අන්සස්පැක්ටඩ්, a. සැක නොකල, නොසිතූ [නොවන, සැක පුදුවක

unsuspicious අන්සස්පිෂ්අස්, a. සැක කටයුතු

unsymmetrical, අන්සිමෙට්‍රිකල්, a. සමප්‍රමාණ නොවූ [ලෙල් නැති

untainted අන්ටේන්ටඩ්, a. කිළුටු නොවූ, නැ

untamable අන්ටේමබ්ල්, a. හීලෑ කල නොහැකි

untenable අන්ටෙනබ්ල්, *a.* තබාගෙණ සිටිය නොහැකි, පුනු බව පෙන්විය නොහැකි

unthinking අන්තිංකිං, *a.* කල්පනා නැති

unthoughtful අන්තෝට්ෆුල්, *a.* සිතා නොබලන

unthrifty අන්ත්‍රිෆ්ටි, *a.* පිරිමසාවියදම් නොකරණ

untidy අන්ටෛඩි, *a.* කැඳිමිලෙන නැත්ද, හොඳ පිළිවෙලම නැති. *n.* -iness

untie අන්ටෛ, *v.* ගැට ලිහණවා

until අන්ටිල්, *prep.* සහ *conj.* තුරා, දක්වා

untimely අන්ටෛම්ලි, *a.* අකාල, නොකල්

untiring අන්ටෛරිං, *v.* වෙහෙස නොමෙන

unto අන්ටූ, *prep.* ට, හට, වෙතට ('to' වෙනු වට කාව්‍යවල යෙදෙන වචනයකි) [මුන

untoward අන්ටෝ·ආර්ඩ්, *a.* මුරණ්ඩු, නොහික්

untrained අන්ට්‍රේන්ඩ්, *a.* පුහුණුනුන, පුරුදු නැති [ල නොහැකි. *a.* -ed, භාෂා නොකල

untranslatable අන්ට්‍රැන්ස්ලේ·ටබ්ල්, *a.* භාෂාන

untravelled අන්ට්‍රැව්·අල්ඩ්, *a.* ගමන්නොකල, සංචාරණය නොකල

untried අන්ට්‍රෛඩ්, *a.* උත්සාහ නොකල, පරීක්‍ෂාකර නොබලපු, විනිශ්චය නොකල

untroubled අන්ට්‍රබ්ල්ඩ්, *a.* නොපෙලෙන, දුක් කරදර නැති, නොකැළඹුන

untrue අන්ට්‍රූ, *a.* සැබෑ නැති, බොරු

untrustworthy අන්ට්‍රස්ට්·වර්දි, *a.* අවිශ්වාස

ntruth අන්ට්‍රූත්, n. අසත්‍යය, බොරුව. a. -ful, අසත්‍යවාදී. බොරු කියන

untutored අන්ට්‍යූ·ටර්ඩ්, a. නූගත්වනලද

untwist අන්ට්විස්ට්, v. ලිහනවා, මෙළමැරිනවා

unused අන්යූස්ඩ්, a. පාවිච්චි නොකළ, භාවිත නොකළ, අව්‍යවහාර [කැරී

unusual අන්යූෂුඅල්, a. සාමාන්‍ය නොවන, විශා

unutterable අන්අට·ට·රබ්ල්, a. කියනොහැකි

unvanquished අන්වෑන්ක්විෂ්ඩ්, a. නොපැරදුණු

unvarnished අන්වාර්නිෂ්ඩ්, a. ඔපනෙල්ලනොගෑ, අලංකාර නොකළ [අරිණවා

unveil අන්වේල්, v. මූණවැස්ම අරිණවා, මැස්ම

unwarlike අන්වෝර්ලෛක්, a. යුධයට නුසුදුසු

unwarrantable අන්වෝර්·රන්·ටබ්ල්, a. අයෝග්‍ය, අයුතු. a. -ed, අවසර නැති, සහතික නොකළ

unwary අන්වේරි, a. අප්‍රවේසම්, අනුමාන

unwatered අන්වෝ·ටර්ඩ්, a. නොතෙමූ, වියලි

unwavering අන්වේ·වරිං, a. නොසෙලවෙන ස්ථිර

unwearied අන්වීරිඩ්, a. වෙහෙස නොවූ

unwelcome අන්වෙල්කම්, a. හොඳින් පිළි නොගත, අප්‍රිය

unwell අන්වෙල්, *a*. අසනීප

unwept අන්වෙප්ට්, *a*. නොඇඩූ, නොවැලපුනු

unwholesome අන්හෝල්සම්, *a*. අගුණ, අපථ්‍ය

unwieldy අන්වීල්ඩි, *a*. ඉතා මහත්, ස්ථූල *n*. -iness

unwilling අන්විල්ලිං, *a*. අකමැති [දිගඇරිනවා

unwind අන්වයින්ඩ්, *v*. (එතිම) ලිහනවාහෝ

unwise අන්වයිස්, *a*. අනුවණ, මෝඩ

unwitting අන්විටිං, *a*. නොදත්. *ad*. -ly, නො
දැනුවත්ව [නොබින

unwomanly අන්වුමන්ලි, *a*. ස්ත්‍රීනට නො

unwonted අන්වොන්ටඩ්. *a*. පුරුදුනැති, අසාමා
න්‍ය [නිර්ගුණ

unworthy අන්වර්දි, *a*. නොවටිනා, අයෝග්‍ය,

unwrap අන්රැප්, *a*. එතූ යමක් දිගඇරිනවා

unwritten අන්රිටන්. *a*. නොලියූ, ලියානැති

unyoke අන්යෝක්, *v*. වියගෙලෙන් ලිහනවා, මුද
නවා, වියෝගකරනවා

up අප්, *ad*. ඉහල, උඩ; *prep*. ට; *a*. ප්‍රධාන නගරට
නගරට යන; *v*. නැගිට්ටු, නගලූ

upas යූපස්, *n*. ජාවා රටේ උස් විෂ ගස් විශේෂයක්

upbraid අප්බ්‍රේඩ්, *v*. දොස්කියා සැරපරනවා

upheave අප්හීව්, *v*. බරකින් උස්සනවා, ඉහලට
වැඩෙනවා. *n*. -al

uphill අප්හිල්, a. කන්දට නගින ආකාර, අමාරු

uphold අප්හෝල්ඩ්, v. (වැටෙන්ට නොදී) අරණවා, පවත්වනවා

upholsterer අප්හෝල්ස්ටෙරර්, n. (ගෙවලම උච මෙතා ඇඳපුටු ආදී) බඩු වෙළෙන්දා n. -y, ඒ වෙළෙන්දාගේ බඩු

upkeep අප්කීප්, n. පැවැත්වීම, පාලනය

upland අප්ලන්ඩ්, a. කඳුබිම්. n. -er. n. -s, උස් බිම, තැනිත් තැන උස්වූ බිම

uplift අප්ලිෆ්ට්, v. උස්සනවා, නගනවා

upmost අප්මෝස්ට්, } a. ඉතා උස්, ඉහළ
uppermost අප්පර්මෝස්ට්, }

upon අපොන්, *prep.* පිට, උඩ, ගැන, කල්හි

upper අප්පර්, a. ඉහළ; උඩ. n. -hand, ප්‍රධානකම, ප්‍රධාන බලය

uppish අප්පිෂ්, a. ආඩම්බර, අහංකාර. n. -ness

upright අප්රයිට්, a. කෙළින් සිටින, අවංක, n. -ness

uprising අප්රයිසිං, n. නැගිටීම, කැරලිගැසීම

uproar අප්රෝර්, n. කෝලාහලය. a. -ious, මහා ඝෝෂා ඇති

uproot අප්රූට්, v. මුලින් උදුරණවා [නියම

upset අප්සෙට්, v. පෙරළනවා. n. පෙරළීම. a.

upshot අප්ෂොට්, n. සිද්ධිය, ඵලය, විපාකය

upside අප්සයිඩ්, n. ඉහළ පැත්ත හෝ කොන

වශ. *ad.* -down, යටිකුරු අතම

upstairs අප්ස්ටෙයර්ස්, *a.* සහ *ad.* උඩුමහලටවූ හෝ

කිය, උඩුමහලේ, උඩුමහලට

upstart අප්ස්ටාර්ට්, *n.* හදිසියෙන් උසස්වූ කෙනා

හෝ අය. *a.* අදිසියෙන් උසස්වූ ප්‍රමාණ

upturn අප්ටර්න්, *v.* ඉහළට හරවනවා, පෙර

ළනවා *ad.* උඩට, උඩුකුරුව. *ad.* -s, ඉහළට

upward අප්වර්ඩ්, *a.* උඩ අතට යන හෝ යොමුවන.

urban 'අර්බන්, *a* නාගරික. *a.* -e, අර්බේන්, ආ

චාරශීලී (*n.* -ity)

urchin 'අර්චින්, *n.* ඉත්තෑවා, දඟ ළමයා

urge 'අර්ජ්, *v.* පොළඹවනවා, තදින් බලකරනවා

urgent 'අර්ජන්ට්, *a.* ඉතා හදිසි කරන, අවශ්‍යක,

ඉක්මන්. *n.* -cy, මහත් හදිසිකම, ඉක්මන්කම

urine යූරින්, *n.* මුත්‍ර. පුළුරිය. *n.* -al. *a.* -ary. *n.*

-ate, මුත්‍රාකරනවා

urn 'අර්න්, *n.* පුෂ්පාධාරය, භාජනය

us අස්, *pron.* අප ('we' ශබ්දයේ කර්ම)

use යූස්, *v.* පාවිච්චිකරනවා, භාවිතාකරනවා *n.*

පාවිච්චිය, භාවිතාව, ප්‍රයෝජනය. *n.* -age,

පාවිච්චිය, ව්‍යවහාරය. *a.* -able. *a.* -eful, ප්‍රයෝ

ජනවත් *n.* -ness) *a.* -eless, අප්‍රයෝජක (*n.*

-ness). *a.* -ual, සාමාන්‍යයෙන් කරන හෝ සිදු

වන, ..., ව්‍යවහාර

usher අෂ්·අර්, n. ද්වාරපාලයා, අඳුන්වා දෙන්නා, පෙරටුව යන්නා, උපගුරුවරයා. v. අඳුන්වනවා, පෙරටුව යනවා, ඇතුල්කරනවා

usurp යූ·ස·ර්ප්, v. බලෙන් අත්පත්කරගන්නවා. n. -ation

usury යූෂුරි, n. අධික පොලිය. a. -ious (n.-ness)

utensil යුටෙන්සිල්, n. භාජනය, උපකරණය

uterus යූ·ටරස්, n. කුක්ෂිය. a. -ine

utility යුටිලිටි, n. ප්‍රයෝජනවත්කම. a. -arian, ප්‍රයෝජනවත් දේ සම්බන්ධ.(n. -ism)

utilise යූටිලයිස්·, v. ප්‍රයෝජනවත් දේකට යොදනවා. n. -ation [ඉතා අධික ප්‍රමාණය

utmost අට්මෝස්ට්, a. ඉතා දුර, ඉතාමත්ම. n.

utopian යුටෝපිඅන්, a. ඉතා සම්පූර්ණ ස්වභාව සම්බන්ධ, ඉතා සම්පූර්ණ, මනඃකල්පිත n. -ism

utter අට්·අර්, a. සම්පූර්ණ. ad. -ly, සම්පූර්ණයෙන්. a. -most, ඉතා අධික; n. ඉතා අධික ප්‍රමාණය

utter අට්·අර්, v. කියනවා, වදාරණවා, දොඩනවා, පැහැදිලිව පිටකරණවා. a. -able. n. -ance, කථාකරණ අන්දම, කියමන

uxorial අක්සෝරි·අල්, a. භාර්යාව පිළිබඳ

uxorious අක්සෝරිඅස්, a. භාර්යාවට ඉතා ඇලුම්වූ

V.

v වී, ඉංග්‍රීසියේ 22 වෙනි අක්ෂරය. 5 ඇඟවීමට යොදනු ලැබේ

vacant වේකන්ට්, *a.* හිස්, ශූන්‍ය, පුරප්පාඩු, කල්පනා නැති. *n.* -cy, හිස්කම, හිස් ඉඩම්. පුරප්පාඩුව, අවකාශය

vacate වැකේට්, *v.* හිස්කරනවා, ඇරදමනවා.

vacation වැකේෂන්, *n.* හිස්කිරීම, නිවාඩු කාලය

vaccinate වැක්සිනේට්. *v.* (විසූචිය වැලැක්වීම පිණිස) අත්එදිනවා. *n.* -ion [ගෙරි

vaccine වැක්සින්, *a.* ගෙරිදෙනගෙන් ලැබෙන,

vacillate වැසිලේට්, *v.* චිරිත්වර වෙනස්වෙනවා. *n.* -ion

vacuum වැක්යුඅම්, *n.* ශූන්‍යය, ශූන්‍ය ස්ථානය, අවකාශය. *n.* -ity, හිස් තැන. *a.* -ous

vagabond වැගබොන්ඩ, *a.* පාදඩ. අවලම්, *n.* පාදඩයා, අවලමා. *n.* -age, -ism

vagary වේගේරි, *n.* කල්පනාව. මනෝනාම, බොරු කල්පනාව, හිතුවක්කය

vagina වැජිනා, *n.* යෝනිය, ස්ත්‍රී මූත්‍ර මාර්ගය. *a.*-l

vagrant වේග්‍රන්ට්, *a.* ඇවිදින, පාදඩ, නොහික්මුණු. *n.* පාදඩයා, හිඟන්නා. *n.* -cy

vague වේග්, *a.* පැහැදිලි නැති, අනියම්, අනූ

මෝඩකම. n. -ness

vain වේන්, a. නිෂ්ඵල, වැඩකට නැති, අහංකාර. a. -glorious, අහංකාර, ආඩම්බර (n. -y: ආඩම්බරය)

vale වේල්, n. =valley

valediction වැලිඩික්ෂන්, n. (ගෞරවාන්විත) යන ගමන් සිදුවෙච්ච කීම, ආයුබෝවන් කීම. a. -ory

valentine වැලන්ටයින්, n. ආදර ලිපිය හෝ ත්‍යාගය, (වැලන්ටයින් සාන්තුවරයාගේ දිනවූ) පෙබරවාරි 14 වෙනි දින තෝරගත් පෙම්වතා [පෙම්වතිය

valet වැලේ, n. උත්තමයෙකුගේ අතවැසියා

valetudinarian වැලිටියුඩිනේරිඅන්, n. සනීප නැති අය, ගිලනා

Valhalla වැල්හැල්ල, n. =Walhalla

valiant වැලිඅන්ට්, a. ධෛර්යවත්, නිර්භීත

valid වැලිඩ්, a. ස්ථිර, නිලය සහිත, යුක්ත. වලංගු, සත්‍ය. n. -ity

valise වලීස්. n. ගමන්මල්ල

valley වැලි, n. කඳු අතර පහත්බිම, මිටියාවත

valour වැලර්, n. නිර්භීතකම, ධෛර්යය. a. -ous, ධෛර්යමත්. නිර්භීත (n. -ness)

value වැලියු, n. වටිනාකම, මිල ගණන, අගයකම, අගය. v. මිලකරනවා, අගයකොටසලකනවා. n. -ation, අගය (මිල) කිරීම, අගය

කල ගණන. a. -eless, නොවටිනා [ප්‍රභේද සහිත

valve වැල්ව්, n. පියන. a. -ular, පියන් ආකාර,

vampire වැම්පයර්, n. නිදනත්සවට ලේ උරා බොන යකා, අනුන්ගේ දේ අල්ලාගෙන ජීවත් වෙන්නා, ලේ වවුලා

van වෑන්, n. බඩු ගෙන යන ලොකු කරත්තය. පෙරමුණ (vanguard බ.)

Vandal වැන්ඩල්, n. පුරාතන ජර්මන්ජාතියේ ගෝත්‍රිකයෙක්, ම්ලේච්ඡ කොල්ලකාරයා, ශිල්පශාස්ත්‍ර නාශකයා. n. -ism

vane වේන්, n. සුළං පෙන්නා [කමල් ජේසාම්

vanguard වැන්ගාඩ්, n. පෙරමුණෙහි යන රැ

vanish වැනිෂ්, v. නොපෙනී යනවා, අතුරුදහ න වෙනවා [එල්ලනම, අහංකාරකම

vanity වැනිටි, n. නිෂ්ඵල උඩඟුකම, හිස්

vanquish වැන්ක්විෂ්, v. පරදවනවා

vantage වෑන්ටේජ්, n. වාසිය, ප්‍රයෝජනය

vapid වැපිඩ්, a. රස නැති, රසහීන, ලො හිකා. n. -ness

vapour වේපර්, n. දුම, වාෂ්පය. a. -rous, මීදුම් සහිත, ජලවාෂ්ප සහිත, අභාර. v.-rize (n. -ation)

variable වේරිඇබල්, a. }
variance වේරිඅන්ස්. n. } (vary බ.)
variation වේරිඒෂන්, n. }

variegate වේරිගේට්, v. විචිත්‍රකරනවා, නො

වෙනස් වර්ණ ගානවා. *n.* -ion

variety වැරයිටි, *n.* }
various වේරිඅස්, *a.* } (vary බ.) [සාධිකා

varlet වාර්ලට්, *n.* අනාථ මෙහෙකරුවා, යන්

varnish වාර්නිෂ්, *n.* ඔපතෙල. *v.* ඔපතෙල් ගානවා

vary වේරි, *v.* වෙනස්කරනවා, නානාප්‍රකාර කරනවා. *a.* -iable, වෙනස්වෙන, අස්ථිර. *n.* -iableness, -iability, වෙනස්වෙන ස්වභාව, ඒකාකාර නැතිකම. *n.* -iance, එකඟනැති කම, භේදය. *a.* -iant, වෙනස්; *n.* වෙනස්කිරීමේ හෝ ප්‍රකාරය, වෙනස්වෙන ප්‍රමාණය. *n.* -iation, වෙනස්වීම, භේදය, *n.* -iety, නොයෙක් වර්ග, විචිත්‍රතාව, නානත්වය. *a.* -ious, නොයෙක්, අනේකාකාර ප්‍රාත්‍ර

vase වාස් (වෙස්) වේස්, *n.* අලංකාර භාජනය,

vaseline වැස්ලීන්, *n.* භූමිතෙල් කලප

vassal වැස්සල්, *n.* උත්තමයෙකුගේ ඉඩම් භුක්ති විඳිමින් ඔහුගේ මෙහෙ කරන්නා, දාසයා. *n.* -age, එබඳු දාසකම

vast වාස්ට්, *a.* ඉතා විශාල. *n.* -ness [විපුලය

vat වැට්, *n.* ලොකු භාජනය, ලොකු බාල්දිය හෝ

vatican වැටිකන්, *n.* රෝමයේ පාප්උත්තමයාණ් වහන්සේගේ මාලිගාව, පාප්ලාණ්ඩුවේ බලය හෝ ආණ්ඩුව.

vault වෝල්ට්, n. සිංගෙය්, ගුහාව, (අශ්වයාගෙය්) පිම්ම. v. බෝක්කු සාමා සාදනවා, (අශ්වයෙකු මෙන්) පනිනවා. a. -ed, පලල බෝක්කු වක් ඇති, බෝක්කු ආකාර

vaunt වෝන්ට්, v. පුච්චම් දොඩනවා, පාරම්බා කරනවා. n. පුච්චිම

veal වීල්, n. වසුමස් [පොත

Veda වේඩ, n. වේදය, හින්දුවරුන්ගේ දහම්

vedette විඩෙට්, n. අසරු මුර්කාරයා

veer වීර්, v. දිශාව වෙනස්කරනවා, හරවනවා

vegetate වැජ්ඉටේට්, v. වැඩෙනවා, අලසලෙස ජීවිතය ගතකරනවා. n. -tion, වැවීම, ගස්කොළක් ජාති. a. -tive, වැවෙන. n. -rian, මස් කෑමෙන් වෙන්වූ දය (n. -ism) [පු. n.-ce

vehement වීහිමන්ට්, a. බලවත්වූ, ඉතාලතත්

vehicle වීහික්ල්, n. වාහනය, රථය. මාර්ගය, වාරක

veil වේල්, n. මුහුණුවැස්ම, වැස්ම, තිරය. v. මුහුණු වැස්ම දමනවා, සඟවනවා, වසනවා

vein වේන්, n. ලේ නලය, නාඩිය, ඉල්ලම, වසිරම, විවරය, වෘත්තිය, භාවය. a. -ed, නාඩි සහිත, වර්ණ රේඛා සහිත

vellum වැල්ලම්, n. සිහින් ලියන සම්වර්ගයක්

velocipede විලොස්ඉපීඩ්, n. පයින් පදින චක්‍ර දෙකේ රථය

velocity විලොස්ඉටි, n. වේගය, වේගප්‍රමාණය

velvet වැල්වැට්, *n.* වෙල්ලුද. *a.* -*y*, වෙල්ලුදමෙන්, මෘදු. *n.* -een, වෙල්ලුදට සමානව හැදූ රෙදි වර්ගයක් [ගතහැකි. *n.* -ity

venal වී·නල්, *a.* මිලට ගතහැකි, අල්ලස් දී

vend වෙණ්ඩ්, *v.* විකුණනවා. *n.* -er, -or. *a.* -ible, විකිණිය හැකි

veneer වි·නීර්, *v.* (තුනී ලී ආදි පතුරුවලින්) වසනවා, පතුරු ගසනවා. *n.* (ලී ආදි) තුනී පතුරු

venera*te* වෙන්·අරේට්, *v.* ගරු කොට සලකනවා. *n.* -tion. *a.* -ble, පූජ්‍ය, ගෞරවණීය (*n.*-ness)

vengeance වෙන්·ජ්·අන්ස්, *n.* පළිගැනීම, ප්‍රතිහිංසාව

venial වීනි·අල්, *a.* සමාකටයුතු, සමාවිය හැකි

venison වෙන්ඉස්·න්, *n.* මුවමස්

venom වෙන්අම්. *n.* (සර්ප ආදි සතු) විෂ. *a.* -ous, විෂකුරු, අවගුණ (*n.* -ness)

venous වීනස්, *a.* ලේනල, වණිරේඛා, ඉල්ලම්

vent වෙණ්ට්, *n.* සිදුර, මාර්ග, වාරය

ventilat*e* වෙණ්ටිලේට්, *v.* අලුත් වාතය ගෙනෙනවා, පුළං ගසනවා, ප්‍රසිද්ධ වාද විවාද කරවනවා, ඉඩහරිනවා. *n.* -ion

ventral වෙණ්·ට්‍රල්, *a.* බඩට අයිති, උදර

ventricle වෙණ්ට්‍රිකල්, *n.* (ශරීරය තුළ) කුඩා කුහරය, කූපය

ventriloquis*m* වෙණ්ට්‍රිල්ඕක්විස්·ම්, *n.* කථාකරන දිශාවට වෙනස් දිශාවකින් ශබ්දය නිකු

මෙතනෙන් ඇසෙනලෙස කථාකරනවා. n. -t

venture වෙංචර්, n. අනුමාන හෝ අන්තරාය සහිත ක්‍රියාව. v. අනුමාන හෝ අන්තරාය ඇතුව කරනවා. a. -ous, -esome, සාහසික

Venus වීනස්, n. සිකුරු, රති

veracious වැරේෂස්, a. සැබෑව කියන, සත්‍යවාදී. n. -ty, සත්‍යවාදීකම

veranda
verandah } වැරැණ්ඩ. n. ඉස්තෝප්පුව

verb වර්බ්, n. ක්‍රියාපදය. a. -al, වචන සම්බන්ධ, කටින් කී, මුඛ මාත්‍ර. ad. -atim, එම වචන සමගින්, සෑම වචනයක්. n. -iage, අධික වචන කීම. a. -ose, වචන බහුල, වාචාල. (n. -ity)

verdant වර්ඩන්ට්, a. අමු වෘක්ෂාදියෙන් වැසුන, අලුත්, අමු. n. -cy, පත්‍රවත්කම, අමු කම [වශ, කල්පනාව

verdict වර්ඩික්ට්, n. (ජූරිසභා) තීන්දුව, තීර්

verdure වර්ඩ්යුර්, n. අමු කොළ ආදිය, පලාවස් කම

verdigris වර්ඩිග්‍රිස්, n. කිලුට (හෝ දියකලප්) මල

verge වර්ජ්, n. බිම කෙළවර දණ්ඩ, අද්දර. v. ආසන්න වෙනවා. n. -r, (පල්ලි ශාලාවල හෝ පල්ලිවල) දණ්ඩධරයා

Vergilian වර්ජිලිඅන්, a. =Virgilian

verify වැරිෆයි, v. සැබෑ බව ඔප්පුකරනවා,

(පරීක්ෂාකොට හරිය කියා) සහතිකරණවා. n. -ication

verity වෙරිටි, n. සැබෑකම, සත්‍යභාව, සැබෑව

verjuice වර්ජූස්, n. දඹු ඇලෙන්ලීය මිරිකූ ඇඹුල් යුෂ [සිගලිපිමැල්

vermicelli වර්මිචෙලි (ඉතා). වර්මිසෙල්ලි, n.

vermicide වර්මිසයිඩ්, n. බඩපණුවන් නැසීකරණ ද්‍රව්‍යයක් [ණ බෙහෙත

vermifuge වර්මිෆියුජ්, n. බඩපණුවන් පිටකර

vermillion } වර්මිල්යන්, n. ඊකුල්, සාදිලිංගම [ජීව සුදුනාගා
vermilion }

vermin වර්මින්, n. කරදර අප්‍රියසතා, පණුපැණි,

vernacular වර්නැක්යුලර්, a. ජනක, ස්වදේශීය

vernal වර්නල්, a. වසන්ත කාලය සම්බන්ධ, වසන්ත, තරුණ

versatile වර්සටිල්, a. පහසුවෙන් හැරෙණසෝ වෙනස්වෙන, චපල, නොයෙක පැහැ ඇති. n. -ity

verse වර්ස්, n. කවිපදය, සිව්පදය, ශ්ලෝකය, ගැටිව්, පදය. a. -ed, කිපුණ, ප්‍රවීණ, දක්ෂ. v. -ify, කවිකරනවා (n. -ication, [සැරැද්ම

version වර්ෂන්, n. ප්‍රකාශය, භාෂාව, විස්තරය,

versus වර්සස, prep. විරුද්ධව

vertebrate වර්ටිබ්‍රේට්, a. පිට්ටකාටු ඇති ස

තුන් සම්බන්ධ. *n.* පිටකොඳු ඇටය ඇති සතා

vertex වාර්ටෙක්ස්, *n.* මුදුන, අග්‍රය, ශිඛරය.

vertigo වාර්ටිගෝ, *n.* ඉස කරකැවිල්ල, භ්‍රමණය

verve වාර්ව්, *n.* උත්සාහය, ධෛර්යය

very වැරි, *a.* එම, සත්‍ය. *ad.* ඉතා, බොහොම. *ad.* -ily, සැබැවින්ම, සැබවින්ම

vesicle වෙසිකල්, *n.* කුඩා කුහරය, බිබිල

vesper වෙස්පර්, *n.* හැන්දෑතරුව, සවස, සවස් යාඥාව, සවස් පූජා යාඥාව. *n.* -s, සවස් යාඥාව, සවස් පූජාව [කලශය, භාජනය

vessel වෙස්සල්, *n.* භාජනය, නැව, යාත්‍රාව,

vest වෙස්ට්, *n.* ඇතුල් කොට කබාය, වස්ත්‍රය, ඇඳුම. *n.* -ment, පිටවස්ත්‍රය, පොරෝණය. *n.* -ure, වස්ත්‍රය

vestal වෙස්ටල්, *a.* 'වෙස්ටා' නමැති රෝම දේවතාවී සම්බන්ධ, ශුද්ධ, පවිත්‍ර

vestibule වෙස්ටිබියුල්, *n.* වාසල්කඩ, දොරටුව

vestige වෙස්ටිජ්, *n.* පාලකුණ, ලකුණ

vestry වෙස්ට්‍රි, *n.* (වස්ත්‍රාදිය තබන) පල්ලියේ ගබඩාවක්, [illegible] කළමනාකාර සභාව

vesture වෙස්චර්, *n.* (vest බ.)

vetch වෙච්, *n.* පැළෑටි වර්ගයක්, මිපන

veteran වෙටරන්, *a.* අභ්‍යාස වෘද්ධ, පුහුණුවාබ. *n.* [illegible] පළපුරුද්ද ඇති අය

veterinary වෙටරිනරි, *a* සතුන්ගේ වෛද්‍ය

කවි සම්බන්ධ

veto වීටෝ, *n.* ප්‍රතික්ෂෙපකිරීමේ බලය; ප්‍රතික්ෂෙප කිරීම, ප්‍රතික්ෂෙපය. *v.* ප්‍රතික්ෂෙපකරනවා, නොගණන්කරනවා

vex වෙක්ස්, *v.* තරහකරවනවා, හිංසාකරනවා. *n.* -ation, *a.* -atious, තරහ කරණ, හිංසාකරණ (*n.* -ness)

via වෙයිඅ, *prep.* පාරේ, මාර්ගයේ

viaduct වෙයිඅඩක්ට්, *n.* මිටියාවතක පාර උස් කර තැනීමට සෑදූ බෝක්කු බැම්ම

vial වෙයිඅල්, *n.* කුප්පිය, කුඩා බෝතලය

viands වෙයිඅන්ඩ්ස්, *n.* ඉවුකෑම, භෝජන

vibrate වෙයිබ්‍රේට්, *v.* ලෙලදෙනවා, ලෙලව නවා, ඔබ මොබ පැද්දෙනවා. *a.* -ory, ඔබ මොබ පැද්දෙන, ලෙලවන

vicar වි'කාර්, *n.* කෙනෙකුගේ වෙනුවට ආණ්ඩු කටයුතු කරන්නා, පල්ලියක ප්‍රධාන ආදායම් නොලබන පූජකයා. *n.* -age, එබඳු පූජකයෙකුගේ නිවස. *a.* -ious, නියෝජිතව කළ, අනෙකෙකුගේ තනතුරු දරණ

vice වයිස්, *prep.* වෙනුවට, උප. *n.* දුෂ්ට ගුණය, දුශ්චරිතය, දුර්ගුණය, දුෂ්ට ගති, කැලල. *a.* -ious, දුෂ්ට දුශ්චරිත, නපුරු (*n.* -ness)

vicegerent වයිස්ජෙරන්ට්, *n.* අනෙකෙකුගේ බලය පැවැත්වීමට පත්වූ තැනැත්තා, උප ආණ්ඩුකාරයා

viceregal වෛස්රීගල්, *a.* උපරාජ

viceroy වෛස්රෝයි, *n.* උපරාජයා. *n.* -alty, උප රාජ ධුරය

vicinity විසිනිටි, *n.* අසල, සමීපය

vicious විෂස්, *a.* (vice බ.)

vicissitude විසිසිටියුඩ්, *n.* වෙනස්වීම, පෙරළීම

victim වික්ටිම්, *n.* බිල්ල. *v.* -ise වික්ටිමයිස්, බිල්ලක් කරණවා, රවටනවා

victor වික්ටර්, *n.* ජයගත්තා, ජයගත් අය. *a.* -ious, ජයගත්ත, ජයගත්. *n.* -y, ජයගැණීම, දිනුම

victoria වික්ටෝරියා, *n.* වතු හතරේ රථ වර්ගයක්

victual වික්ටිල් *v.* ආහාර සපයාදෙනවා. *n.* -s, භෝජන. *n.* -ler වික්ලාර්, ආහාර සපයන්නා, භෝජනශාලාකාරයා

vide වෛඩී, *v.* බලනු

videlicet වෛඩෙලිසිට්, *ad.* එනම්. බොහෝ සේ viz. යි ලුහුඩුකොට යොදනු ලැබේ.

vie වෛ, *v.* තරගවෙනවා

view වියු, *v.* බලාසිටී, කල්පනාකර බලනවා. *n.* බැලීම, දර්ශනය, පෙනීම, කල්පනාව

vigil විජිල්, *n.* නොනිදා ඉඳීම, අවදිව ඉඳීම. *a.* -ant, අවදිව සිටින, සාවධානව බලාසිටින (*n.* -ce) [සයාදුන ලයා ඩවීම

vignette විනැටි, *n.* කැරසිල් පිඹිස පොත්පත්හි

vigour විග්ංආර්, *n.* ශක්තිය, වීයඝීවත්කම. *a.* -rous, ශක්තිමත්, වීයඝීවත් (*n.* -ness)

viking වෛකිං, *n.* මුහුදු ගේවාපා, මුහුදු කො ල්ලකාරයා

vile වෛල්, *a.* අධම, නීචාෂට (*n.* -eness). *v.* -ify විල්ෆයෙඉ, අපකීර්තිකරණවා, තුච්ජකර ණවා [ගෙයක්, බංගලාව

villa විල්ල, *n.* (ගමේ ඉඩින්ව පිහිටි) නගරවාස

village විල්ලජ්, *n.* ගම. *n.* -r, ගම්මැසියා

villain විල්ලින්, *n.* තක්කඩියා, අති දුෂ්ටයා. *a.* -nous, තක්කඩි, අති දුෂ්ට. *n.* -ny, තක් කඩිකම, අතිදුෂ්ටතාව [බෝතලය

vinaigrette විනේග්රෙට්, *n.* ඉත්ත සුගන්ධ විනාකිරි

vindicate විණ්ඩිකේට්, *v.* රක්ෂා කරණවා, ස්ථිර කරණවා, යුතු බැව් ඔප්පුකරණවා. *n.* -ion. *a.* -ory

vindictive විණ්ඩික්ටිව්, *a.* පළිගන්න. *n.* -ness

vine වෛන්, *n.* මිද්‍රිකාවැල, වැල, ලතාව. *n.* -ry, මුද්‍රිකා වවන මඩුව. *n.* -yard වින්යාර්ඩ්, මිදි වත්ත [මුද්‍රිකාපාන

vinous වෛනස්, *a.* මුද්‍රිකාපානය සම්බන්ධ.

vintage විණ්ටේජ්, *n.* මුද්‍රිකා එලු නෙලන කාලය, එක මුද්‍රිකා වාරයක හෑනු මුද්‍රිකාපානය. මුද්‍රිකා අස්වැන්න

vinegar වින්ඉ'ගාර්, n. විනාකිරි, කාඩි

vintner වින්ට්'නාර්, n. මුද්‍රිකපාන වෙළෙන්ද

viol වෛඅල්, n. සත් ගෙයේ වීණාව. n. -in, වි
යෝලය, රවුකිඤ්ඤා. n. -inist, වියෝල ගායක
යා. n. -oncello, මහා වියෝල වර්ගයක්

violate වෛඔලේට්, v. කඩකරණවා, කෙලෙසණ
වා. n. -ion [වරණ

violent වෛඔ'ලන්ට්, a. බලාත්කාර, සැර

violet වෛඔලිට්, n. අඳුරු නිල්පාට මල් වශ
යක්. a. අඳුරු නිල්, එළු රත් නිල්

violin වෛඔලින්(හෝ)වෛඔලීන්. } n.(viol බ.)
violoncello විඔලොන්සෙල්ලො, }

viper වෛපර්, n. පොළඟා, කුඩුන්ඩුවා. a.
-ous, පොළඟෙකුගේ ස්වභාව ඇති, විෂකුරු

virago විරේගෝ, n. පෙරළිකාර ස්ත්‍රී, පුරුෂා
කාර ස්ත්‍රී

Virgilian වාර්ජිල්ඉඅන්, a. වර්ජිල් නම් රෝම
කවීන්ද්‍රයාගේ කාව්‍ය හෝ ගීතය සම්බන්ධ

virgin වාර්ජින් n. කන්‍යාව, තරුණි a. කන්‍යා.
අලුත්, කිලුටු නොවූ. n. -ity, කන්‍යාභාවය,
අවිවාහක භාවය

virile විරිල්(හෝ)වෛරිල්, a. පුරුෂ, ශක්තිමත්.
n. -ity, පුරුෂභාවය, ශක්තිමත්භාවය

virtu වාර්ටූ, n. දුර්ලභ හෝ අරුම ගුණය

virtue වාර්ට්චූ, *n.* ගුණය, සදාචාරය, සුශීලතාව, නිර්මලතාව. *a.* -al, සාරයෙන් සමාන, සාරයෙන් හැඟෙන. *a.* -ous, ධාර්මික, සාධු, සුශීල, නිර්මල [*n.* -ss

virulent විරුලන්ට්, *a.* උග්‍ර, තීක්ෂණ, චණ්ඩ.

visage විස්එජ්, *n.* මුහුණ, පෙනුම

viscid විස්සිඩ්, *a.* ඇලෙන, ඇලෙන ගතියක්ඇති

viscount වයිකවුන්ට්. *n.* (අර්ල්ට පහත්වූද බැරන්ට උසස්වූද) වංශාධිපතියා. *n.* -ess (*f*)

visible විස්ඉබ්ල්, *a.* පෙනෙන, දෘශ්‍යමාන. *n.* -leness, -ility

vision විශන්, *n.* (දෘෂ්) පෙනීම, දෘෂ්ටිය, දැකීම, මායාව, ස්වප්නය. *a.* -ary, මානසික, ශූන්‍ය, සිද්ධ නොහැකි; *n.* සිද්ධකල නොහැකි දේ පතන්නා, සිත් සිනිඳුව සිතන්නා

visit විස්ඉට්, *v.* බලන්ට යනවා, යවනවා, පැමිණෙනවා. *n.* බලන්ටයාම. *n.* -ant, බලන්ට එන්නා, අමුත්තා, සැලන් හැවත්මට පලාතෙන් පලාතට යන සතා. *n.* -ation, බලන්ටයාම, පරීක්ෂණය, දුර්විපාකය [රණ කොටස

visor විස්ආර්, *n.* යුධ තොප්පියේ මූණ මුවාය

vista විස්ටා, *n.* (පේළි අතර) දිගට පෙනීම

visual විෂ්යුඅල්, *a.* පෙනීම සම්බන්ධ, දෘෂ්ටිගත

vital වයිටල්, *a.* ප්‍රාණ, අවශ්‍යක. *n.* -ity, ප්‍රාණ ඇත්තම, ප්‍රාණශක්තිය. *v.* -ise, පණදෙනවා, ප්‍රා

ණවත්කරණවා (*n.* -ation). *n.*-a: ශරීරයේ පණ
තිබීමට උවමනා කොටස් [*n* -ion

vitiate විෂිඑට්, *v.* නරක්කරණවා, දූෂ්‍යකරණවා.

vitreous විට්‍රිඅස්, *a.* වීදුරුවල දිලිසීම හෝ
පෙණුම ඇති, කාච [වා. *n.* -action

vitrify විට්‍රිෆෛ, *v.* කාච හෙවත් වීදුරු කරණ

vitriol විට්‍රිඅල්, *n.* තුත්තත්, කාසීස

vituperate විටියූපරේට්, *v.* බණිනවා, නින්දාකර
ණවා. *n* -ion. *a.* -ive [*n.* -ousness, -ty

vivacious විවේෂස්, *a.* උනන්දු, උත්සාහ සහිත.

vivid විවිඩ්, *a.* ඉතා දීප්තිමත්, පැහැදිලි. *n.*
-ness [කරණවා

vivify විවිෆෛ, *v.* ප්‍රාණවත්කරණවා, ජීවත්

viviparous විවිප්'අරස්, *a.* පණ ඇති (පැටවුන්)
වදන, ජරායුජ [ස්ත්‍රී

vixen වික්සන්, *n.* නරිදෙන, කර්කශ ඩබරකාර

vizier විස්''යාර් (හෝ) විසි'ර්, *n.* (මහමදීගම්ආණ්
ඩුවල) අමාත්‍යයා

vizor විස්''අර්, *n.* (=visor බ.)

vocab*le* වෝකබල්, *n.* වචනය, පදය. *n.*-ulary,
ශබ්ද සංග්‍රහය, ශබ්දකෝෂය, නිඝණ්ටුව

vocal වෝකල්, *a.* කටහඬ සම්බන්ධ, කටහඬින්
කරණ, කටහඬ ඇති, ස්වර ඇති. *n.*
-ist; (ගායක) ශික්ෂා කරන්නා

vocati*on* වොකේෂන්, *n.* (වැඩක් ආදීයම) කැද

විම, රත්‍යාව. *n.* -ve, ආලපන විභක්තිය

vociferate වෝසිෆ්'අරේට්, *v.* කෑගසනවා, ඝෝරගසනවා. *n.* -ation. *a.* -ous, මහා ශබ්ද, කෑගසන. (*n.* -ness)

vogue වෝග්, *n.* ව්‍යවහාරය, රීතිය

voice වොයිස්, *n.* කටහඬ, නාදය, මතය, සිත මය, වාච්‍යය. *v.* කියනවා. *a.* -less

void වොයිඩ්, *a.* හිස්, අවලංගු. *n.* හිස්තැන, ශූන්‍ය ස්ථානය. *v.* හිස්කරණවා, අහෝසිකරණවා. *n.* -ance

volatile වොල්'අටිල්, *a.* පහසුවෙන් වාෂ්පවට හැරෙන, උකන්ලු, අස්ථිර. *n.* -eness. *n.* -ity

volcano වොල්කේනෝ, *n.* ගිනිකන්ද. *a.* -ic

volition වොලිෂ්අන්, *n.* (සිතින්) නියමකරගැනීම, ඉටාගැනීම

volley වොලී, *n.* වෙඩිමුරය, එකවරම විසීන [රණ රැසියක්

voluble වොල්යුබ්ල්, *a.* පහසුවෙන් කථාකරණ, චපල, පෙරලෙන සුලු. *n.* -ility

volume වොල්යූම්, *n.* පොත, කාණ්ඩය, මහත. *a.* -inous වොල්යූමිනස්, බොහෝ කාණ්ඩ ඇති, බොහොම විශාල (*n.* -ness)

voluntary වොල්අන්'ටෙරි, *a.* සිතකැමැත්තෙන්ම ක්‍රියාකරණ. *n.* සිතකැමැත්තෙන්ම ක්‍රියාකරන්නා, ස්වෛරීකාලය. *n.* -iness. *n.* -yism, සිත කැමැත්තෙන් දෙන ආධාරවලින්ම ආගම පැ

මැත්විණ ප්‍රත්‍යය සහ මතය

volunteer වොල්අන්ටීර්, *n.* කැමැත්තෙන් යුධ සේවයට බැඳෙන්නා; *v.* භාරදෙනවායයි කියනවා

voluptuous වෝලප්ට්‍යුඅස්, *a.* සැප සෙල්ලමෙහි ගැලී සිටින, පංචකාමයෙහි ලැදි. *n.* -ousness. *n.* -ary, පංචකාමයෙහි ලැදිවූ අය

vomit වොමිඉට්, *v.* වමනය කරනවා, වමාරනවා. *n.* වැමෑරූ දේ, වමනය [*n.* -ousness, -ty

voracious වොරේෂස්, *a.* ගිජුලෙස කන, ගිජු.

vortex වෝර්ටැක්ස්, *n.* භ්‍රමය, සුළිය [කණ

votary වෝ·ටරි, *n.* කැපවූ අය, භාරවූ අය, පූජ

vote වෝට්, *n.* (තෝරාගැනීම ආදියට) කැමැත් තදීම, කැමැත්ත අඟවන හමක්. *v.* කැමැත්ත දෙනවා. *a.* -ive, භාරයකින් පොරොන්දුවූ

vouch වෞච්, *v.* ස්ථිරකරනවා, සහතිකකරනවා, *n.* -er, ගෙවීම තිබෑරදිබැව් ස්ථිරකරන පත්‍රය. *v.* -safe, කරුණාවෙන් දෙනවා. ඉඩදෙනවා, අවසරදෙනවා

vow වෞ, *v.* ඉතා වැදගත් ලෙස පොරොන්දුවෙනවා, භාරවෙනවා. *n.* පොරොන්දුව, භාරය

vowel වෞඇල්, *n.* ස්වරය, ප්‍රාණාක්ෂරය. *a.* -led, ප්‍රාණාක්ෂර සහිත [*v.* යාත්‍රා කරනවා

voyage වොයේජ්, *n.* යාත්‍රාගමන, ජල යාත්‍රාව,

vulgar වල්ගාර්, *a.* සාමාන්‍ය ජනයා සම්බන්ධ

ග්‍රාම්‍ය, අශිෂ්ට. n. පෘථුජනයා, අධම ජනයා. n. -ity, අශීලාචාරකම, අධමකම. v. -ise, අශිෂ්ටාචාරයට පමුණුවනවා. n. -ism, අශීලාචාර කථාවිධිය, ග්‍රාම්‍යරීතිය

Vulgate වල්ගෙට්, n. ලතින් බයිබලය

vulnerable වල්'නරබ්ල්, a. තුවාල කළ හැකි, අපහාසය දියහැකි. n. -ility

vulture වල්චූර්, n. ගිජුලිහිණියා

vying වෙයිං, a. තරඟවන (vie බ.)

W.

w ඩබ්ල්යු, ඉංග්‍රීසියේ 23 වෙනි අක්ෂරය; වචන වල ඉදිරිපිට 'ව්' කියා ශබ්දවේ; 'low' ආදියේ මෙන් සමහරවිට ශබ්ද නොවේ

wad වොඩ්,
wadding වොඩිං, } n. -පුළුන් පෝරුව, බූසිය

waddle වොඩ්ල්, v. කාටනවා, ඔකලගහනවා

wade වේඩ්, v. වතුරේ බැහැලා යනවා, අමාරුවෙන් වීරියකරගෙන යනවා

wafer වේ'ෆර්, n. (ලියුම් ආදිය) අලවනපෙත්ත

waft වෆ්ට්, v. (සුළඟට හෝ වතුරට) ගසාගෙන යනවා. n. පාවෙන යමක්, හුස්ම දීම

wag වැග්. v. වනනවා. n. -gery, කවටකම.

a. -gish, කවටකම් (n. -ness). n. -tail, ගොම කුරුල්ලා

wage වේජ්, n. කුලිය, වැටුප්. v. කරනවා, ආරම්භකරනවා, ඔට්ටුකරනවා. n. -r වේජර්, ඔට්ටුව; v. ඔට්ටුකරනවා [කවා

waggle වැග්ල්, v. (පක්ෂි පෙඳය මෙන්) වණ

waggon } වැග්ගන්, n. බර ගෙනයන වකු හතරේ ගැල. n. -er, එබඳු රථය දක්කන්නා. n. -ette වැගනෙට්, වකු හතරේ රථ වර්ගයක්
wagon }

wagtail වැග්ටේල්, n. (wag බ.)

waif වේෆ්, n. හිමියෙක් නැති පාදඩයා, අයිතිකාරයෙක් නැති බඩුව හෝ සතා

wail වේල්, v. වැලපෙනවා, විලාප කියනවා. n. විලාපය, ලතෝනිය

wain වේන්, n. බර ගෙනයන වකු හතරේ ගැල

wainscot වේන්ස්කොට්, n. සිත්තිලෑලි. v. සිත්තිලෑලි ගසා වසනවා. n. -ing, -ting, සිත්තිලෑලි

waist වේස්ට්, n. ඉගටිය; කටිය. n. -band, ඉන පටිය. n. -coat, ඇතුල් කොට කබාය

wait වේට්, v. බලාසිටිනවා, සිටිනවා, ලඟ සේවයකරනවා. n. නැවතීසිටීම, ප්‍රමාදය. n. -er, ලඟ මෙහෙකරන්නා, සේවකයා, බත්දේ

සීර. n. -ress (f.) [අරිනවා

waive වේව්, v. එතකොලව කල් දමනවා, අත්

wake වේක්, v. පුබුදුවනවා. a. -ing, පිබිදී සිටි නා; n. පිබිදීම. a. -ful, නොනිදා සිටින, පිබිද සිටින (n. -ness). v. -en, පුබුදුවනවා

Walhalla වොල්හැල්ල, n. යුධයෙහි මළාවුන් ගේ ආත්ම පැමිණ වසන ස්ථානය

walk වෝක්, v. පයින් යනවා, ඇවිදිනවා, ඇවිද්දවනවා. n. පයින් යාම, ඇවිදින ආකාරය, ඇවිදින පාර, සක්මන්පල, ආකාරය, ජීවිතය ගතකරණ ආකාරය. n. -ing. n. -stick, සැරමිටිය

wall වෝල්, n. භිත්තිය, පවුර. v. භිත්ති බඳිනවා, කොටුකරණවා. n. -flower, පැළ විශේෂයක්

wallet වොල්ලැට්, n. ගමන් මල්ල, පසුම්බිය, මිල දමන පසුම්බිය

wallow වොල්ලෝ, v. පෙරළෙනවා. නීචලෙස ජීවත්වෙනවා

walnut වොල්නට්, n. අක්රෝට නම් ගස, එහි ලී හෝ ගෙඩි [සත්වයෙක්

walrus වෝල්රස්, n. දික දළ ඇති ලොකු මුහුදු

waltz වොල්ට්ස්, n. කරකැවෙන නැටුමක්, ඒ සම්බන්ධ තාලය. v. කරකැවෙන නැටුම් නටනවා

wampum වොම්පම්, n. සිප්පි පබලු මල

wan වොන්, *a.* සුදුමැලි. *n.* -ness. *a.* -nish
wand වොණ්ඩ්, *n.* සෝටිුව, අණපොල්ල
wander වොණ්ඩර්, *v.* නැතිත් තැන යනවා, මංමුලාව යනවා [අඩුවීම, පිරිහීම
wane වේන්, *v.* අඩුවෙනවා, පිරිහෙනවා. *n.*
want වොණ්ට්, *n.* නිගතම, දිළිඳුකම, ඌවමනා ව. *v.* ඕනෑකරණවා, අඩුව තිබෙනවා, නැතුව තිබෙනවා
wanton වොණ්ටන්, *a.* අසංයත, කාමුක, සල්ලාල, තිශ්කාරණ. *n.* රතවත් අය, සල්ලාල අය. *v.* සල්ලාලලෙස හැසිරෙණවා, සොම්ල කරණවා. *n.* -ness (*f*)
war වෝර්, *n.* යුඩය. *v.* යුඩකරණවා. *n.*-fare, යුඩසිරීම, සටන. *a.* -like, යුඩකාමී, යුඩ දක්ෂ. *n.* -rior, යුඩ යෝධයා [ලවා නාදකරණවා
warble වෝර්බ්ල්, *v.* ලෙලෙවා ගී කියනවා, ලෙ
ward වෝර්ඩ්, *v.* ප්‍රවේසමෙන් තබනවා, වලක්වනවා. *n.* මුරය, රැකවල, භාරකාරයෙකු යට තේ සිටින බාලයා, පලාත, ගබඩාව. *n.* -en, භාරකාරයා, ප්‍රධානයා. *n.* -er, රැකවලා. *n.* -robe, ඇඳුම් එල්ලන අල්මාරිය, ඇඳුම් එල්ලන ගබඩාව, ඇඳුම්. *n.* -room, යුඩ නැවක ප්‍රධාන මුලාදෑනීන් කෑම අනුභව කරණ ගබඩාව

ware වෙඅර්, } *n*. බඩු, වෙළඳ බඩු. *n*.-house,
wares වෙඅර්ස්, } භාණ්ඩාගාරය

wariness වේරිනෙස්, *n*. (wary බ.) [භාරයා

warlock වෝර්ලොක්, *n*. මායාකාරයා, සූනියම්

warm වෝර්ම්, *a*. තරමක් උණුසුම්, උනන්දු, තීක්ෂණ. *v*. උණුසුම් කරනවා. *n*. -th වෝර්ම්ත්, උණුසුම, උත්සාහ, තීක්ෂණකම. *a*. -hearted, හෘදයේ උණුසුම ඇති, අවංක

warn වෝර්න්, *v*. (යම් අනතුරු ආදියක්ගැන) කලින් දන්වනවා, තරවටුකරනවා. *n*. -ing, (එසේ) කලින් දැන්වීම, තරවටුකිරීම

warp වෝර්ප්, *v*. ඇදගැහෙනවා, දූෂ්‍යකරනවා. *n*. ඇදවීම, ඇඹරීම, (අනුවේ) දිග නූල

warrant වර්රන්ට්, *n*. බලපත්‍රය, බලය, යමක් ඔප්පුකරන හෝ සහතිකකරන එක. *v*. බලයදෙනවා, සහතිකකරනවා, නුතුබැව් පෙන්වනවා. *a*. -able, සුදුසු බැව් පෙන්විය හැකි. *n*. -y, සහතිකපත්‍රය, සහතික කිරීම

warren වොර්රන්, *n*. (රම්භාවුන් ආදි සතුන්) ඇතිකරන පිට්ටනිය

wart වෝර්ට්, *n*. ඉන්නා, ගැටිය. *a*. -y

wary වේරි, *a*. ඉතා ප්‍රවේශම්, දක්ෂ

was වෝස්, *v*. උන්නේය, තිබුණේය, වූයේය

wash වොෂ්, *v*. සෝදනවා, අපුල්ලනවා. *n*. සේදීම, සෝදන බෙහෙත් වතුර, ඉඳුල් වතුර.

n. -hand-basin, අතසෝදන තාලිය

wasp වොස්ප්, *n.* බඹරා. *a.* -ish, කීපෙන, ඇවිස්සෙන

waste වේස්ට්, *a.* නොවපිත නිසා ඉවත දැමූ, අස්වද්දනැති, මුඩු, පාළු, නිස්සාර, ශූන්‍ය, නිර්ජන. *v.* නාස්තිකරණවා, අපතේ අරිණවා. *n.* නාස්තිය, පාළු ඉඩම, කාන්තාරය. *n.* -age, නාස්තිය. *a.* -eful, නිෂ්ඵලලෙස විනාශකරණ, අපතේඅරිණ (*n.* -ness)

watch වොච්, *v.* මුරකරණවා; *n.* මුරකිරීම, රැකවල, රැකවලා, මුරඅවිලාව, අත්ඔරලෝසුව. *a.* -ful, හොඳට බලාගත්ත, රැකගිපිණ (*n.* -ness). *n.* -ward, මුරවිචනය. *n.* -maker, අත්ඔරලෝසු සාදන්නා

water වෝ·ටර්, *n.* වතුර, ජලය. *v.* වතුරවක් කරණවා. *n.* -closet, වැසිකිළිය. *n.* -course, අගළ. *n.* -fall, දියඇල්ල. *a.* -y, ජලයෙන් පිරුණු, දියාරු, දියවූ (*n.* -iness)

wattle වොට්ල්, *n.* රිකිල්ල, කෝඹුව, (කුකුළ් ආදීන්ගේ) තැල්ල

wave වේව්, *v.* වනනවා, වණ සංඥාකරණවා. *n.* රැල, තරංගය. *a.* -y, රැලවලින් ගහණ, රැල ආකාර. *n.* -elet, කුඩා රැල [නවා

waver වේ·වර්, *v.* වැනෙනවා, සැකෙන් බිඳී

wax වැක්ස්, *n.* මීඅටි, ඉටි, ලාකඩ. *v.* ඉටි ගා

කවා, ලාකඩගානවා, වැඩෙනවා, වෙනවා
a. -en, ඉටියෙන් කළ. a. -y, ඉටිසමාන

way වේ, n. පාර, මාර්ගය, අභ්‍යාසය, ක්‍රමය. n. -farer, මඟියා. a. -faring, මඟී, ගමන්කාර. v. -lay, මඟරැක සිටිනවා [n. -ness

wayward වේ·වඩ්, a. සිතුවක්කාර, මුරණ්ඩු.

we වී, pron. අපි (I බ.)

weak වීක්, a. දුබල, සැරඅඩු, මෝඩ. n. -ness. v. -en, දුබලකරනවා, සැරකම අඩු කරනවා

weal වීල්, n. ශුභය, ඉසුරු බව [හොයත්

wealth වෙල්ත්, n. ධනය, සම්පත. a. -y, පො

wean වීන්, v. කිරිවරනවා, (යමකින්) පහකරනවා

weapon වෙපන්, n. ආයුධය. n. -s, යුධායුධ. a. -ed, ආයුධවලින් යුක්ත හෝ සැරසුන

wear වෙ·අර්, v. අඳිනවා, පලඳිනවා, ගෙවෙනවා, කල් පවතිනවා

wear
weir } වීර්, n. ග. වේල්ල, නියර

weary වීර්‍රි, a. වෙහෙසුණු. v. වෙහෙසෙනවා. n. -iness. a. -isome, වෙහෙසකරණ (n. -ness)

weasel වීසල්, n. මුගටියා

weather වෙද්·අර්, n. කාලගුණය. v. දරනවා. පසුකර යනවා, පලපුරුදු වෙනවා

weave වීව්, v. වියනවා, ගොතනවා

web වැබ්, n. කෘමිජාල, එනමවරප් වියූ රෙද්ද, පාසිදීග, දැලු, මලපත. a. -bed වැබ්ඩ්, පාසිවීය ඇති, බඩ

wed වැඩ්, v. කාරබඳිනවා, විවාහකරනත්තවා, ස්ථිරලෙස සම්බන්ධකරණවා. n. -ding, විවාහය. n. -lock, විවාහ බන්ධනය

wedge වැජ්, n. කීලය, කුඤ්ඤය

Wednesday වැන්ස්ඩෙ, n. බදාදා

weed වීඩ්. n වල්පැලෑ. v. වල්පැල උදුරණවා. n. -s, වැන්දඹුවගේ ඇඹමඩගල්ප වස්ත්‍රය. a. -y

week වීක්, n. සතිය, සුමානය. a. -ly, සතිපතා

ween වීන්, v. නිකම් සිතනවා, අනුමානයට සිත නවා

weep වීප්, v. අඬනවා, වැලපෙනවා

weevil වීවිල්, n. ධාන්‍ය ගබඩාගෙහි වසනසත කුරුමිණි වර්ගයක්

weft වැෆ්ට්, n. රෙද්දේ හරස් නූල

weigh වේ, v. කිරණවා, කල්පනාකර බලනවා. a. -able. n. -t වෙට්, බර, ප්‍රමිය, වැද ගත්කම. a. -ty, බරවූ, බලවත්, වැදගත් (n. -iness)

weir වීර්, n. (wear බ.)

weird වීර්ඩ්, a. [illegible] සම්බන්ධ, මෙලොව සම්බන්ධ නැති, අභව්‍යම

welcome වෙල්කම්, *a.* සතුටින් පිළිගත්, ප්‍රිය, අභිමත, සතුටුදායක. *n.* සාදරයෙන් පිළිගැනීම. *v.* සාදරයෙන් පිළිගන්නවා

weld වෙල්ඩ්, *v.* (ලෝහ උණුකොට) පාස්සනවා

welfare වෙල්ෆෙයාර්, *n.* ශුභසිද්ධිය

welkin වෙල්කින්, *n.* අහස් කුහරය, අහස

well වෙල්, *n.* ළිඳ. උල්පත. *v.* වෑස්සෙනවා. *a.* යෝග්‍ය, සනීප. *ad.* හොඳට, හරියම. *n.* -being, ශුභසිද්ධිය, සුබ ජීවනය. *a.* -to-do, සරුමත් පොහොසත්

Welsh වෙල්ෂ්, *a.* වේල්ස් පලාත හෝ ජනයා හෝ භාෂාව සම්බන්ධ. *n.* වෙල්ස් ජනයා, වේල්ස් භාෂාව

welt වෙල්ට්, *n.* වාටිය, සපත්තුවල සම් කෙරිය

welter වෙල්ටර්, *v.* (අපවිත්‍රවූ හෝ දියවූ යමක් උඩ) පෙරළෙනවා

wen වෙන්, *n.* මාංසගෙඩිය, මාංසාර්බුදය

wench වෙංච්, *n.* ගැටිස්සි, තරුණී, පාදය කෘත්‍රිකාවෙ තරුණී

wend වෙන්ඩ්, *v.* යනවා, ගමන්කරනවා

went වෙන්ට්, *v.* ගියා (go බ.)

were වාර්. *v.* උන්නාහු, තිබුණාහ. බහුව. (was බ.)

west වෙස්ට්, *n.* බස්නාහිර දිශාව. *a.* -erly, බස්නාහිර; *ad.* බස්නාහිරදෙසට. *a.* -ern, බස්නාහිර. *ad.* -ward, බස්නාහිර දෙසට

wet වැට්, a. තෙත්. v. තෙමනවා, තෙත්කරණවා. n. -ness, තෙතමනය. n. -nurse, කිරි මව්. a. -tish

whale හ්වේල්, n. තල්මසා. n. -r, තල්මසුන් අල්ලන නැව. n. -bone, තල්මසාගේ ඉහල හක්කේ නැමෙන ඇටය

wharf හ්වෝර්ෆ්, n. නැව්වලට බඩු පටවනස්ථානය. n. -age, බඩු පටවන ස්ථානයට ගෙවන මිල

what හ්වොට්, pron. මොකද? මොකක්ද? ක්ශද? එක, ඒවා. *pron.* -ever, කුමක්: -soever කුමක්ව නමුත්

what-not හ්වොට්නොට්, n. පොත් ආදිය තබන ලෑලි තට්ටු සහිත බඩුවක්

wheat හ්වීට්, n. ගෝධුම, තිරිඟු. a. -en, තිරිඟු පිටියෙන් කල [ගන්නවා

wheedle හ්වීඩ්ල්, v. ඉච්චාවෙන් කැමතිකරවා

wheel හ්වීල්, n. චක්‍රය, රෝදය, කරකැවීම, වට චක්‍රය. v. චක්‍රයිට ගෙණයනවා, කරකවනවා. a. -ed, රෝද ඇති. n. -wright, රථ චක්‍ර තනන්නා

wheeze හ්වීස්, v. අමාරුවෙන් හුස්ම අරිනවා

whelk හ්වැක්, n. කබල ඇති මාලු විශේෂයක්

whelm හ්වැල්ම්, v. ගිල්වනවා, යටකරනවා

whelp හ්වැල්ප්. n. (බලු සිංහාදීන්ගේ) පැටවා.

v. පෑමව් ගහණවා

when හ්වැන්, *ad.* සහ *conj.* කොයි වේලාවේද? කවදාද? විට. *ad.* -ever, -soever, කොයි වේලාවේ නමුත් [කොතැනින් නමුත්

whence හ්වැන්ස්, *ad.* කොතැනින්ද? *ad.* -soever,

where හ්වෙ·අර්, *ad.* කොතැනද? කොහේද? *ad.* -about හෝ -abouts, කොයි තැරීමේද? *ad.* සහ *conj.* -as, අනික්අතට, නමුත්. *ad.* -at, ඊට, මක්නිසාද? *ad.* -by, එයින්, මොකින්ද? *conj.* සහ *ad.* -fore, මක්නිසාද? එබැවින්. *ad.* සහ *conj.*-in, -on, එහි. *ad.* -of මොකක් ගැනද? ඒ ගැන. *ad.* සහ *conj.* -soever, කොතැන නමුත්. *ad.* -unto, -to, ඊට, මොනවද? *ad.* -upon, එවිට, මොකක්පිටද? *ad.* -ver හ්වෙ·අර්ඇව්·අර්, කොහේ නමුත්. *ad.* -with හෝ -withal, එයින්, ඊට, මොකෙන්ද?

wherry හ්වැර්රි, *n.* මිනිසුන් ගෙනයන හැහැල්ලු ඔරුව

whet හ්වැට්, *v.* මුවහත්කරණවා, ආශා උපදවනවා. *n.* -stone, කැටගල, හණිගල

whether හ්වැද්·ආර්, *pron.* දෙකින් කොයිකද: *conj.* නමුත්, යත් හෝ අත් (අසම්භාවිත ක්‍රියා ප්‍රත්‍යය)

whey හ්වෙ, *n.* මෝරු දිය, මෝරු

which ව්හිච්, *pron.* කොයිකද? කොයි ඒවාද? ඒක, ඒවා, (කල, කාරණ, වැනි) ක්‍රියා ගුණ පදය සෙදීමෙන් අඟවන එක් අංශයක් [උදාහරණයක්: The book which he sold=ඔහු විකුණ (=which sold) පොත.] *pron.* -ever, -soever, කොයිකීවත් කමුත්, කොයි ඒවා කමුත්

whiff ව්හිෆ්, *n.* හදිසියෙන් මාතාන හෝ දුම පිඹ ඇරීම [පාක්ෂික අය. *n.* -gery, -gism

Whig ව්හිග්. *n.* එංගලන්තයේ මහජන නිදහස්

while ව්හයිල්, *conj.* අතර. *n.* මද වෙලාව. *v.* ගතකරණවා. *conj.* -st, අතර

whim ව්හිම්. *n.* හදිසි ප්‍රකාර සිතිවිල්ල, හිතුබුම්ප. *a.* -sical, ප්‍රකාර සිතිවිලි ඇති, හිතුබුම්ප (*n.* -ness, -ity) *n.* -sy, -sey

whimper ව්හිම්පර්, *v.* හෙට් අඬින් දුත් කියනවා. *n.* කෙනිත්ත ඇඬීම

whin ව්හින්, *n.* කහමල් ඇති කටු පැළ වර්ගයක්

whine ව්හයින්, *v.* මැලවෙන අඬත් කියනවා, කෙඳිරිනවා [වගා නාදකරණවා

whinny ව්හිනි, *n.* අශ්වයාගේ නාදය. *v.* අශ්

whip ව්හිප්, *n.* කසය. *v.* කසෙන් තලනවා

whir ව්හර්, *v.* (වකුරක් මෙන් [illegible] ශබ්ද) ඉක්මණට යනවා

whirl ව්හර්ල්, *v.* වේගයෙන් කරකැවෙනවා. *n.* -gig, කරකැවෙන සෙල්ලම් බඹරයක්. *n.* -pool

දිශා සුළිය, දිශා සුළඟ. n. -wind, සුළිසුළඟ
whisk හ්විස්ක්, n. චාමරය, ඉක්මන් පිහදන කුඩා පහර. v. මිදු පහරවලින් පිහදමනවා. n. -ers, කාතුල, කම්මුලේ රැවුල. a. -ered, කම්මුලේ රැවුල ඇති, කාතුල්
whisky
whiskey } හ්විස්කි, n. එකම් යව මත්පැන
whisper හ්විස්‍පර්, v. කොඳුරනවා, හීන් අඩින් කථාකරනවා. n. කෙඳිරිම, පහස් හීන් අඩ
whist හ්විස්ට්, n. සතරදෙනෙකු විසින් කරන කාඩ්පුසි සෙල්ලම
whistle හ්විසල්, v. සියුරු අඩලනවා, හුරුළු මෙන් බැනවා, (නලාව) පිඹිනවා, සියුරු ශබ්ද නගිනවා. n. කුඩා නලාව, හීන් නලා ශබ්ද සියුරු අඩලන ශබ්දය
whit හ්විට්, n. ටිකක්, පොඩ්ඩක්
white හ්වයිට්, a. සුදු, පිරිසිදු. n. සුදු, සුද්ද. n. -ing, මිදුමාලු වර්ගයක්, පිරිසිදු රටහුණු. a. -ed, සුදුකළ. n. -eness, සුදුකම. a. -ish, මඳක් සුදු, එලලු. v. -en, සුදුකරනවා. n. -ening, සුදුකරන ද්‍රව්‍යය. n. -ewash, සුදු හුණුවතුර; v. සුදුහුණු ගානවා, සුදුකරනවා, පවිත්‍රකරනවා
whither හ්විද්‍ආර්, ad. කොහේද? ad. -soever, කොතනට නමුත්
whitlow හ්විට්ලො, n. නිය ගඩුව, නියපණුව

Whitsunday හ්විට්සන්ඩේ, **Whitsuntide** හ්විට්සන්ටයිඩ්, } *n.* පාස්කුමෙන් පසු හත් වෙනි ඉරිදා [යන ශබ්දය

whiz හ්විස්, *v.* 'විස්' යන ශබ්දයකරණවා. *n.* 'විස්'

who හූ, *pron.* යම් කෙනෙක් ගැන යොදන පදයක් [එහි අතීත ක්‍රියා ගුණ වචනයකින් දක්වනු ලැබේ. උදාහරණයක්: The man who came here=මෙහි ආ (=who came) මිනිසා]; කවුද? *pron.* -ever, -so, -soever, කවරෙක් නමුත්, කවුරු නමුත්

whole හෝල්, *a.* මුළු, සම්පූර්ණ, අඛණ්ඩ, සනීප. *n.* මුළුගණන, මුළු එක. *n.* -ness, සම්පූර්ණකම, අඛණ්ඩභාවය. *a.* -sale. (සිල්ලර නොව) රැසී ගණනේ විකුණන (retial යන්නේ විරුද්ධාර්ථය). *a.* -some, සනීප වඩන, සජීව, ශෝජනවත්

whom හූම්, *pron.* (who යන්නේ කර්මවිභක්තිය)

whoop හූප්, *v.* ඔල්වර හඬ දෙනවා, මුරගානවා. *n.* ඔල්වරහඬ, මුරහඬ

whore හෝර්, *n.* වේශ්‍යාගෑණි. *n.* -dom, වේශ්‍යාකම. *n.* -monger, සල්ලාලයා

whorl හ්වෝර්ල්, *n.* නූල් කටින චක්‍රයේ වේගය සමඩාරණ චක්‍රය, වෘත්තය. *a.* -ed, වෘත්ත ඇති, වළලු ඇති

why හ්වයි, *ad.* මක්නිසාද? මන්ද!

wick වික්. *n.* පහන්තිරය, පහන්වැටිය

wicked වික්ඇඩ්, *a.* දුෂ්ට, නපුරු, අධාර්මික. *n.* -ness [කුරු පොකුරු

wicker වික්·ඇර්, *n.* සිහින් කෝටුවලින් සෑදූ වැල්,

wicket වික්ඇට්, *n.* කුඩා දොර, (ක්‍රිකැට් ක්‍රීඩාවේ) පොලු ඉලක්කය, උඩින් පොල්ලක්

wide වෛඩ්, *a.* පළල්, විශාල. *n.* -eness. *v.* -en, පළල් කරනවා, විශාලකරනවා. *n.* -th, පළල

widgeon විජ්අන්, *n.* ගංගා තාරාවගයක්

widow විඩෝ, *n.* වැන්දඹු ස්ත්‍රී. *a.* -ed, වැන්දඹු. *n.* -er, ස්ත්‍රී මළ පුරුෂයා. *n.* -hood, වැන්දඹුකම [පවත්වනවා, භාවිතා කරනවා

wield විල්ඩ්, *v.* හසුරුවනවා, ලෙලදෙනවා. බල-

wife වෛෆ්, *n.* භාර්යාව, අඹුව. *a.* -ly, භාර්යාවකට ඔබින

wig විග්, *n.* බොරු ඉසකේ, බොරු ඉසකේ වැස්ම

wight වෛට්, *n.* අය, සත්වයා, මොහොත

wigwam විග්වෝම්, *n.* (අමෙරිකා ඉන්දියාවරුන්ගේ) පැල, කුඩා ගෙය

wild වෛල්ඩ්, *a.* වල්, වන, වනචර, උමතු, නිරපීක. *n.* පාළුතැන, කැලෑය, කාන්තාරය. *n.* -ness. *n.* -erness විල්·ඩර්නැස්, වනය, පාළු පලාත, කාන්තාරය

wile වෛල්, *n.* මායාව, රැවටිලි උපාය, ඉගෙ-ගෙන. *v.* රවටනවා, මුළාකරනවා. *a.* -y, ප්‍ර

ලෝභකාර (n.-iness)

wilful විල්ෆුල්, a. හිතුවක්කාර. n. -ness (will බ.)

will විල, v. හිතේ නිශ්චය කරගන්නවා, අධිෂ්ඨාන කරනවා, අණකරනවා. අන්තිම කැමති පත්‍රයෙන් නියම කරනවා, මතු කාලය ඇඟවීමට යොදන ආධාර ක්‍රියාවක් (උදාහරණයක්: I will come=මම එන්නෙමි). n. අධිෂ්ඨානය, කැමැත්ත, අන්තිම කැමති පත්‍රය. a. -ing, කැමති, මනාප (n. -ness)

willow විලෝ, n. එක්තරා ගස්වර්ගය

wily වෛලි, a. (wile බ.) [වැස්ම

wimple විම්පල්, n (තාපසින්ගේ) බෙල්ලේ

win වින්, v. දිනනවා, ලබාගන්නවා, a. -ning, දිනන, සැලී, හිත සතුටුකරණ, චිත්තාකර්ෂණ. n. -ner. n. -nings, දිනුම්, දිනුම්දෙවල්. a. -some, චිත්තාකර්ෂණ, ලස්සන, ඉතා ප්‍රසන්න (n.-ness)

wince වින්ස්, v. ඇකිළෙනවා, මිරිකෙනවා

wincey වින්සි, n. ගණ ලෝම් රෙදි වර්ගයක්

winch විංච්, n. වක්‍රය හෝ අලවංගුව කරකවන මිට

wind විණ්ඩ්, n. සුළඟ, පවන, වාතය. v. පිඹිනවා. a. -y, වාත අධික, සුලං හමන (n. -iness). a. -less. n. -age (සුළඟට) හැරී හෝ ඇදුණු තැන. n. -fall, බලාපොරොත්තු නොවූ ලැබීම හෝ

ලෑහීම. *n.* -mill, සුළඟින් දුවවන යන්ත්‍රය. *n.* -pipe, සුසුම් නළය, ශ්වාස නාළිකාව. *n.* -ward, සුළඟ හමනතේ යම් දිශාවකින්ද ඒ දිශාව, ඊට සුළං පැත්ත; *ad.* උඩුසුළඟට, වාතාභිමුඛව

wind වයින්ඩ්, *v.* ඔතනවා, කරකවනවා. *a.* -ing, කරකැවෙන, කැරකෙන, වංගු; *n.* කරකැවීම, හැරීම. වංගුව [දෑඹකරය

windlass වින්ඩ්ලස්, *n.* බරඋස්සන යන්ත්‍රය.

window වින්ඩෝ, *n.* කවුළුව, ජනේලය. *n.* -blind, කවුළුවට තිරය හෝ මුවාව

wine වයින්, *n.* මුද්‍රිකපානය, මිදිරස. වීලම් දබන

wing විං, *n.* අත්තටුව, අංශය, යුධසේනාවේ දකුණු හෝ වම් කෙළවර කොටසය. -ed, අත්තටු ඇති, ශීඝ්‍ර [පෙළීම

wink වින්ක්, *v.* ඇස්පිය ගසනවා. *n.* ඇස් පිය

winnow විනෝ, *v.* පොළනවා, සුළං ගසනවා, බේරනවා

winsome වින්සම්, *a.* (win බ.)

winter වින්ටර්, *n.* (අවුරුද්දේ සතරවෙනි ඍතු) ඉතා ශීතල කාලය, හේමන්ත කාලය. *v.* හේමන්ත කාලය ගතකරනවා. *a.* -ry, හේමන්ත කාලය සම්බන්ධ, ශීතල, කුණාටු සහිත

wipe වයිප්, *v.* පිසිනවා, පිසදමනවා. *n.* පිසීම, පිසදැමීම, පහර

wire වයර්, n. කම්බිය. v. කම්බි අමනවා, කම්බියෙන් බඳිනවා, විදුලියෙන් දන්වනවා. a. -y, කම්බිආකාර, කම්බි සහිත (n. -iness)

wisdom විස්ඩම්, n. ප්‍රඥාව, නුවණ (wise බ.)

wise වයිස්, a. ඥානවන්ත, ප්‍රඥාවන්. n. -acre වයිස්ඒකර්, පණ්ඩිතකම් අඟවන මෝඩයා

wish විෂ්, n. කැමැත්ත, ආශාව, ප්‍රාර්ථනාව, කැමතිවනලද්ද. v. කැමති වෙනවා, පතනවා, අණ කරණවා. a. -ful, ලොකු ආශා, ඉතාලැදි (n. -ness)

wisp විස්ප්, n. පිදුරු හෝ වීඇලි තණමිටිය

wist විස්ට්, v. දැනගන්නා, දැනගණ සිටියා. a. -ful, කල්පනාවෙන් යුක්ත, කණස්සලු, ආශා (n. -ness)

wit විට්, v. දන්නවා. (to wit=එනම්.) n. බුද්ධි තීක්ෂණතාව, බුද්ධිය, නුවණ, වාක්චතුරතා. a. -ty, වාක්චතුරවූ, දක්ෂ, වචන කීමෙහි සමර්ථ, සැවටකාරී ඇති (n. -iness) a. -less, දක්ෂ බුද්ධිය නැති, සිහිය නැති, අඥාන. -ticism, වචතුරකීම, රසක වාක්‍යය. n. -s, සිහිබුද්ධිය

witch විච්, n. මායාකාරී, මන්ත්‍ර බලය ඇත්තී. a. -ing, සිත අලවන. පොළඹවන. n. -craft, මායාම. n. -ery, මායාව, මායා කර්මය, සිත ඇදීම

witenagemote විට්ඉනගෙමෝට්, n. පුරාණ ඉංග්‍රීසි මහජන මන්ත්‍රී සභාව

with විත්, *prep.* සමග, කැටුව, එක්

withal විත්ඕල්, *ad.* සමගම, ඇතුව

withdraw විත්ඩ්‍රෝ, *v.* අහක්කරගන්නවා, ආපසු ගෙන්නගන්නවා, ඉවත්ව යනවා. *n.* -al, අහක් කරගැනීම, ඉවත්ව යාම [රිකිල්ල

withe විත් (හෝ) වෛත්, *n.* විල්ඕ (සව්ගසේ)

wither විද්‍අර්, *v.* වේලෙනවා, මලවෙනවා, වේලෙ නවා, මැලවෙනවා [කර

withers විද්‍අර්ස්, *n.* (අශ්වා මුව ආදී සතුන්ගේ)

withhold විත්හෝල්ඩ්, *v.* වලක්වනවා, (නොදී) තබාගන්නවා

within විතින්, *prep.* තුළ, ඇතුළේ. *ad.* ඇතුළෙහි

without විතෞට්, *prep.* නැතුව, රහිතව, පිටත. *ad.* පිටත, පිටතින්. *conj.* ඇර

withstand විත්ස්ටෑන්ඩ්, *v.* විරුද්ධවෙනවා, විරුද්ධව සිටිනවා, යටනොවී පවතිනවා

witness විට්නෙස්, *n.* සාක්ෂිය, සාක්ෂ්‍ය, සාක්ෂිකාරයා. *v.* බලාසිටිනවා, සාක්ෂිදෙනවා, සහතික කරනවා

witticism විටිසිස්ම්, *n.*
wittiness විටිනෙස්, *n.*
witty විටි, *a.* } (wit බ.)

wittingly විටිංලි, *ad.* දැනුවත්ව

wizard විසාර්ඩ්, *n.* මායාකාරයා, මන්ත්‍රකාරයා

wizen විස්න්, *a.* වේලුණ, ඇකිළුණු. *v.* වේලෙන

ය, ඇකිලෙනවා, මැලවෙනවා

wo } වෝ!, *n.* දුක, කැලැසන්තිකම. *interj.*
woo } අහෝ! හා! [යක්

woad වෝඩ්, *n.* නිල් සායමක් සාදන පැලවගී

wold වෝල්ඩ්, *n.* තැනිතලාව, පතන

wolf වුල්ෆ්, *n.* වෘකයා. *a.* -ish. වෘකාකාර; ගිජු, කොල්ලකාර, සැර (*n.* -ness)

woman වුමන්, *n.* ස්ත්‍රී, ගෑනී. *n.* -hood, ස්ත්‍රී භාවය. *a.* -ish, ස්ත්‍රීකාර, ගෑණු, කෝමල (*n.* -ness). *n.* -kind, ස්ත්‍රීජාතිය, ගෑනු. *a.* -ly, ස්ත්‍රියකට ඔබි, ගෑණු (*n.* -iness)

women විමෙන්. *n.* ස්ත්‍රීහු (woman හි බහු)

womb වූම්, *n.* යෝනිය, කුස

wombat වොම්බැට්, *n.* කුඩා වලසෙකු වැනි ඔස්ත්‍රේලියාවෙ සතෙක්

won වන්, *v.* (win යන්නේ අතීත) දිනුව, ලැබුවා

wonder වන්ඩර්, *n.* විස්මය, පුදුමය. *v.* පුදුම වෙනවා. *a.* -ful, අද්භූත, ආශ්චර්ය, පුදුම. *n.* -ment, පුදුමය

wondrous වන්ඩ්‍රස්, *a.* පුදුම [වෙනවා. *a.* පුරුදුවූ

wont වන්ට්, *n.* පුරුද්ද, භාවිතාව. *v.* පුරුදු

won't වෝන්ට්=will not (I won't come=මම එන්නේ නෑ)

woo වූ. *v.* පෙම්බඳිනවා, කැඳවනවා, ලබාගැනීමට හෝ සිදුකරගැනීමට උත්සාහ කරනවා

wood වුඩ්, *n.* වනය, බැද්ද, ලීය. *a.* ලී. *a.* -en, ලී, ලීයෙන් කළ, දැරමය. *a.* -y, කැලෑ බහුල, ලී ආකාර (*n.* -iness). *n.* -apple, දිවුල්, බෙලි. *n.* -bine, ගස්වල එතෙන වැල්වර්ගයක්. *n.* -cut, ලීයේ කෙටූ සිතියම, ලී තහඩුවකින් අච්චු ගැසූ සිතියම. *n.* -pecker, කොට්ටෝරුවා, කෑරලා

woof වූෆ්, *n.* වියම්මෙහි හරස් නූල

wool වුල්, *n.* ලොම්, පරෝම. *n.* -len, ලොම්, ලොම්වලින් කළ. *a.* -ly, ලෝමාකාර, ලොම් ඇති, ලොම්හි වැදු (*n.* -iness)

word වර්ඩ්, *n.* වචනය, පොරොන්දුව, පණිවුඩය. *n.* -ing, වචන පිළිවෙළ, වචන ගැලපීම. *a.* -y, වචන බහුල, අධික වචනවලින් සම්පූර්ණ (*n.* -iness). *n* -building, වචන තැනීම

work වර්ක්, *n.* වැඩය, ක්‍රියාව, රැකියාව, ග්‍රන්ථය. *v.* වැඩ කරනවා, ක්‍රියාකරනවා. *n.* -s, කර්මාන්ත ශාලාව පිළිබඳ ගොඩනැගිලි හා අවට භූමි, යන්ත්‍රයක කොටස්. *a.* -able, වැඩ ගත හැකි. *n.* -man, කර්මාන්තකාරයා, ශිල්පියා. *n.* -manship, කර්මාන්තයේ ආකාරය, [illegible]. *n.* -house, අසරණ දුප්පතුන්ට කෑම හා ඉඳුම් හිටුම් දෙන ශාලාව

world වර්ල්ඩ්, *n.* ලෝකය, ලෝකයා. *a.* -ly, මෙලෝ, ලෞකික (*n.* -iness)

worm වර්ම්, *n.* පණුවා, පණුවෙකු මෙන් ඇදු

ලෙස් නැමසිල්ලේ ව්‍යාකරණ හෝ අලංකාර
ශාස්ත්‍රය

worn වෝර්න්, v. ගෙවුණා (wear බ.). a. -out, ගෙවුණාවූ [රණවා

worry වර්රි, v. දත්වලින් අපනවා, හිරිහැර ක

worse වාර්ස්, a. වඩා අශෝභන, වඩා නරක. ad. වඩා නරක ලෙස. a. -t, ඉතා නරක; v. පරදවනවා

worship වාර්ෂිප්, n. නමස්කාරය, වැඳීම, ගෞරව කිරීම. v. නමස්කාර කරණවා, වඳිනවා, ගෞරව කරණවා, දේව මෙහෙවත්ද් කවා. n. -per. a. -ful, පූජනීය, ගෞරවාර්හ

worth වර්ත්, n. වටිනාකම. a. වටිනා. a. -less, නොවටිනා. a. -y, වටිනා (n. -iness)

wot වොට්, v. දන්නවා

would වුඩ්, v. will හි අතීත

wound වූණ්ඩ්, n තුවාලය, අනතුර, කණගාටුව. v. තුවාලකරණවා, දුක්දෙනවා

wound වෞණ්ඩ්, v. wind හි අතීත

wove වෝව්, v. weave හි අතීත

wrack රැක්, n. වෙරළට පාවෙන මුහුදු පැලවැටි, විනාශය, බිඳීම

wrangle රැංගල්. v. තරගයෙන් තරහෙට කථා කරණවා, අරෝව කරණවා, ඩබර කරණවා. n. -r, තරහෙට කථාකරන්නා. ඩබර කරන්නා,

කේම්බ්‍රිජ් මහා ශාස්ත්‍රශාලාවේ ගණිතශාස්ත්‍ර ඥාණ ඉතා සම්පීවූ අය

wrap රැප්, v. ඔතනවා, දවටනවා, සඟවනවා. n. ගමනක් යනවිට ඇඟවටේ ඔතාගන්න රෙද්දක් හෝ ඇඳුමක්. n. -ping, දවටීම, වැස්ම. n. -per, දවටීමට ගන්න යමක්, පෙරවාගන්න රෙද්දක් හෝ ඇඳුමක්

wrath රෝත්, n. අධික කෝපය. a. -ful, ඉතා කෝප (n. -ness)

wreak රීක්, v. පළිගන්නවා, පමුණුවනවා

wreath රීත්, n. අඹරවා කළ යමක්, මාලාව, දම්ය v. -e, ගොතනවා, ඔතනවා

wreck රැක්, n. නැව බිඳීයාම, විනාශය. v. නැව බිඳිනවා. n. -age, බිඳීම,බිඳුන නැවක ඉතුරුවූ දේ. n. -er, බිඳුන නැවකින් දෙරළම පාවූ බඩු කොල්ලකන්නා

wren රැන්, n. කුඩා පක්ෂියෙක්

wrench රැංච්, n. අදිස්සියෙන් හෝ තදෙන් ඇඹරවීම, බලෙන් ඇදගැනීම. v. තදින් අඹරවනවා, අධිකලෙස ඇඹරවීමෙන් අන්තරාය වෙනවා, ළුක්කු වෙනවා, බලෙන් අදිනවා

wrest රැස්ට්, v. උදුරාගන්නවා. v. -le, පොර අල්ලනවා, පොරට සිටිනවා

wretch රැච්, n. ඉතා කාලකණ්ණි අය, අති දුකවියා. a. -ed, ඉතා කාලකණ්ණි, නොවටින (n. -ness)

wriggle රිග්ල්, *v.* සලිතකරනවා, ඇඹරෙනවා

wright රෛට්, *n.* කම්කරුවා

wring රිං, *v.* තදේම ඇඹරෙනවා හෝ මිරිකනවා. *n.* තදේට ඇඹරීම හෝ මිරිකම

wrinkle රිංක්ල්, *n.* රැල්ල, වැකරැල්ල, දත්ම කැළඳකාම හෝ මිහාය. *v.* රැලි ගැහෙනවා

wrist රිස්ට්, *n.* මැණික්කටුව

writ රිට්, *n.* ලියවිල්ල; ආඥාපත්‍රය, බලපත්‍රය

write රෛට්, *v.* ලියනවා, ග්‍රන්ථකරණවා, ලියුම් යවා ඇරිණවා. *a.* -ing, ලියන; *n.* ලිවීම, ලියවිල්ල, ග්‍රන්ථය. *a.* -ten, ලියනලද, ලියූ. *n.* -er, ලියන්නා, ග්‍රන්ථකාරයා, තීන්දුවෙක්

writhe රෛද්, *v.* ඇකිළෙනවා, ඇඹරෙනවා

written රිට්න්, *a.* ලියූ (write හි අතීත කෘදන්තය)

wrong රොං, *a.* වැරදි, අයුතු. *n.* වරද, අයුත්ත. *v.* වරද හෝ අයුතුකමකරනවා. *a.* -ful, වරදකාර, දුෂ්ට, අයුතු (*n.* -ness)

wrote රෝට්, *v.* (write හි අතීත)

wroth රෝත්, *a.* කෝපවූ, තරහවූ

wrought රෝට්, *v.* වැඩකලා, සිදුකළා, කළා, සෑදුවා, පණබඳවූවා

wrung රං, *v.* (wring හි අතීත)

wry රෛ, *a.* ඇදවූ, වකු. *n.* -ness

Wyclifite වික්ලිෆෛට්, *n.* (බයිබලය පළමුවෙන් ඉංග්‍රීසියට නැගූ) ජෝන් වික්ලිෆ්ගේ මතය පිළිගත් අය

X.

x ඇක්ස්, ඉංග්‍රීසියේ 24 වෙනි අක්ෂරය, ගුණන ඇඟවීමටද යොදනු ලැබේ.

xebec සීබැක්, *n.* කුඩා වෙළඳ නැවක්

xylophone සයිලොෆෝන්, *n.* (කුඩා මිටිවලින් ඩීදුරු හෝ ලීදඬු පත්තියම ගැසූකල මිහිරි ශබ්ද උපදින) තූර්ය භාණ්ඩයක්

Y.

y වෛ, ඉංග්‍රීසියේ 25 වෙනි අක්ෂරය

yacht යොට්, *n.* සැහැල්ලු වේගවත් නැව, සෙල්ලම් නැව

yak යැක්. *n.* ගව විශේෂයක්, සෙමර

yam යැම්, *n.* අල

Yankee යැංකි. *n.* (ඇමෙරිකාවේ යුනයිටඩ් ස්ටේට්ස් සඳ) එක්සත් රාජ්‍යයේ වැසියාට කට නාමය

yard යාර්ඩ්, *n.* අඩි තුනක ප්‍රමාණය, යාරය, දණ්ඩ, වැඩකිරීමට වෙන්කරණලද ස්ථානය. ගොඩපළ, මිදුල [සැල්ල

yarn යාර්න්, *n.* ලොම් නූල්, කම්පම, දිග

yawl යෝල්, *n.* නැවක අමුණා සැහැල්ලු පඩු බ

රූම, කුඩා මස් බරුව [ඇතිම

yawn යෝන්, *v.* ආකතනවා, ඈනුම්; අරිනවා. *n.*

ye යී, *pron.* තොපි, උඹලා, තමුසේලා, තමුන නාන්සේලා

yea යේ, *ad.* එහෙයි, ඔව්, ඇත්තටම

year යියර්, *n.* අවුරුද්ද, වර්ෂය. *n.* -ling, අවුරුද්දක්වූ සතා, උපන් දෙවෙනි අවුරුද්ද ලැබූ සතා. *a.* සහ *ad.* -ly, අවුරුදුපතා

yearn යර්න්, *v.* (යමකට) බොහෝ ආශාවෙන

yeast යීස්ට්, *n.* අලුත් කිර පෙණ, මුහුන්, මණ්ඩ, *a.* -*y*, මුහුන් සහිත, පෙණ ඇති (*n.* -iness)

yell යෙල්, *v.* අම්බිරීලෙස හඬින් කෑගසනවා, හයියෙන් අඬගසනවා. *n.*

yellow යෙල්ලෝ, *a.* කහමන්, කහපාට ඇති. *n.* කහපාට. *n.* -ness, පීතවර්ණ, පීතතාව, කහමන් ගතිය

yelp යෙල්ප්, *v.* බුරනවා, මුරදෙනවා. *n.*

yeoman යෝමන්, *n* ගොවියා, කුඩා බිම් හිමියා. *n.* -ry, ගොවි උදවිය

yes යෙස්, *ad.* ඔව්, එහෙයි [ඊයේ

yesterday යෙස්ටර්ඩෙ, *n.* ඊයේ දවස. *ad.*

yet යෙට්, *ad.* තව, තවම. *conj.* එහෙත්, එසේ නමුත්

yew යූ, *n.* ලොකු ගස් වර්ගයක්

yield යීල්ඩ්, *v.* දෙනවා, උපදිනවා, ලැබෙනවා,

රැයිත්ෆේතම්. *n.* අස්වැන්න, ඵලප්‍රයෝජන. *a.*
-ing, ඵලප්‍රවෙන, කීකරුවෙන

yoke යෝක්, *n.* වියගහ, බඳින්න, යුගය, චිාඝ
දාසකම්. *v.* වියගෙයේ බඳිනවා, ඈඳනවා

yolk යෝක් (හෝ) යෝල්ක්, *n.* (බිත්තර) කහමදය

yon යොන්, } *a.* පෙනෙන දුරවූ, ඈර
yonder යොණ්ඩ:ර්, }

yore යෝර්, *n.* පුරාණකාලය (of yore=පුරාණ
කාලයෙහි) [තා, උඹ

you යූ, *pron.* තොපි, තෙපි, උඹලා, තෝ,

young යං, *a.* තරුණ, ලාබාල. *n.* පැටව්, තරු
ණයෝ. *a.* -ish, මදක් බාල. *n.* -ster, බාල
යා, තරුණ දූය, නෑවියා [උඹේ

your යූර්, *pron.* තොපගේ, උඹලාගේ, තාගේ

yours යූර්ස්, *pron.* තොපගේය, උඹලාගේය,
තාගේය, උඹේය

youth යූත්, *n.* බාලකාලය, තරුණයා. *a.*
-ful, තරුණ, යෞවන (*n.* -ness)

yucca යුක්කා, *n.* මානිල් දිළියේ පැලයක්

yule යූල්, *n.* නත්තල, නත්තල් මඩගලය

Z.

z ඡෙඩ්, ශෝඩියේ අන්තිම අකුර

zeal සීල්, *n.* උත්සාහවන්තකම. *a.* -ot, සැල්අවි.

උත්සාහවන්තයා. *a.* -ous, උත්සාහවත් (*n.* -ness) [ඉරි ඇති අප්‍රිකාවේ සතා

zebra සී·බ්‍ර, *n.* වල් කොටළුවෙකුට සමාන සාම

zenana සී·නා·න, *n.* ගෙයි ස්ත්‍රීන් වසන කොටස, අන්තඃපුරය

Zend සැ'ණ්ඩ්, *n.* පාර්සියාවේ පුරාණ භාෂාවක්

zenith සී·නිත් (හෝ) සැ·නිත්, *n.* අහස්මුදුන, මුදුන [මෘදු පවන

zephyr සැ·ෆ්·ආර්, *n.* බටහිර සුළඟ, මන්දමාරුතය,

zero සී·රො, *n.* බින්දු ඉලක්කම, ශූන්‍යය

zest සැස්ට්, *n.* රස ගෙණදෙන යමක්, රස, ආශාව

zigzag සි·ග්සැ·ග්, *a.* කියත් දත් හැඩ ඇති. *n.* කියත් වැනි හැඩ. ඒ හැඩ ඇති යමක්

zinc සිංක්, *n.* තුත්තනාගම් [චක්‍රය. *a.* -al

zodiac සෝ·ඩිඇ·ක්, *n.* (ජ්‍යොතිශ්ශාස්ත්‍රයෙහි) රාශි

zone සෝ·න්, *n.* බඳපටිය, මණ්ඩලය, වලය

zoology සෝ·ඔල·ජි, *n.* සත්ව විද්‍යාව. *a.* -ical. *n.* -ist, සත්වවිද්‍යාකාරු

zoophyte සෝ·ඔෆයිට්, *n.* (හිරිගල්, මුහුදු හතු ආදී) ගැල ආකාර සතා [අපරයක්

Zulu සූ·ලූ, *n.* දකුණු අප්‍රිකාවේ කාපිරි ජාතිකා

zyme සයි·ම්, *n.* මංචලය, පැසීම, රෝග බීජය. *a.* -otic සයිමොටික්, පැසීම හෝ රෝග බීජ සම්බන්ධ, පැසීමෙන් අවිගන්නා

Abbreviations and Contractions:
ඇතැම්විට ලුහුඬුකොට ලියන පද.

---

a. හෝ @ (L. *ad.*). To හෝ at.

A*bp*. Archbishop.

A. C. (L. A*nte* *Christum*). Before Christ

a/c. හෝ *acct.* Account.

A. D. (L. A*nno* D*omini*). In the year of our Lord.

A. D. C. Aide-de-camp.

ad inf. (L. *ad infinitum*). To infinity.

ad. init. (L. *ad initium*). At the beginning.

A*dvt.* Advertisement

Æ හෝ æt. (L. *ætatis*). Of age; aged

A. G. Adjutant-General, Attorney-General.

A. H. (L. A*nno* H*egiræ*). In the year of the Hegira

A*m* හෝ A*mer.* America හෝ American.

A. M. (L. A*nno* M*undi*). In the year of the world; (L. A*nte meridiem*) before noon, (L. A*rtium* M*agister*) Master of Arts.

A*non.* Annonymous.

A*ns.* Answer.

A. *U.* C. (L. A*nno* U*rbis* C*onditæ* හෝ A*b* U*rbe* C*ondita*). In the year from the building of the city (of Rome).

B. A. Bachelor of Arts, British Association.

Bart. or *Bt.* Baronet.

B. C. Before Christ; British Columbia

B. L. Bachelor of Law; *b. l.* Bill of lading

Bp. Bishop.

Brit. Britain, British.

C. or *Cap.* (L. *caput*). Chapter.

Cantab. (L. *Cantabrigiensis*). Of Cambridge

Cf. (L. *confer*). Compare.

Ch. Chapter, Church

C. I. Order of the Crown of India. [Empire

C. I. E. Companion of the Order of the Indian

C. J. Chief Justice. [and St. George.

C. M. G. Companion of the Order of St. Michael

C. M. S. Church Missionary Society.

Co. or *Coy.* Company. County

c/o. Care of

Cr. Credit or Creditor. [of Session.

C. S. Civil Service, Clerk to the Signet, Court

C. S. I. Companion of the Star of India.

Cwt. (L. *centum* a hundred, and Eng. *weight*). A hundred weight or hundred weights.

d. (L. *denarius, denarii*). A penny or pence, uied.

D. C. L. Doctor of Civil Law

D. D. Doctor of Divinity.

Do. (It. *ditto*). The same

Dr. Debtor, Doctor, Dram ഒന്ന് drams.

D. V. (L. Deo *volente*). God willing.

Dwt. (L. *denarius*, penny, and Eng. *weight*) A pennyweight ഒന്ന് pennyweights.

E. East ഒന്ന് eastern, English.

E*d*. Edition, editor.

E. E. Errors excepted; Early English.

e. g. (L. *exempli gratia*). For Example.

E*ng*. English.

E*sq*. Esquire.

E*tc*. (L. *et cæteri, cæteræ,* ഒന്ന്. *cætera*). And others; and so forth.

Et. seq. ഒന്ന് *et sqq.* (L. *et sequentes* ഒന്ന് *sequentia*). And the following.

E. & O. E. Errors and omissions excepted.

f. Feminine.

F*cp*. Foolscap.

F*t*. Foot ഒന്ന് feet.

G. C. I. E. Knight Grand Cross of the Indian Empire.

G. C. M. Greatest Common Measure.

G. C. M. G. Knight Grand Cross of St. Michael and St. George.

G. C. S. I. Knight Grand Commander of the Star of India.

H. E. His Excellency.

H. H. His (ഓർ Her) Highness.

H. M. His (ഓർ Her) Majesty.

H. M. S. His (ഓർ Her) Majesty's Service, His (ഓർ Her) Majesty's Ship.

Hon. Honourable.

Ib. ഓർ *ibid.* (L. *ibidem*). In the same place

I. C. S. Indian Civil Service.

Id. (L. *idem*). The same.

i. e. (L. *id est*). That is.

Imp. (L. *imperator*). Emperor, Imperial.

Inst. Instant, the present month.

I. O. U. I owe you.

J. P. Justice of the Peace.

K. B. Knight of the Bath, Knight Bachelor, King's Bench.

K. C. King's Counsel.

K. C. B. Knight Commander of the Bath.

K. C. I. E. Knight Commander of the Indian Empire.

K. C. M. G. Knight Commander of St. Michae and St. George.

K. C. S. I. Knight Commander of the Star of India.

K. G. Knight of the Garter

Kt. Knight. [(මල).

L., *l.*, හෝ £ (L. *libra*). Pound හෝ pounds

L. Latin, Liberal.

L*b*. හෝ lb. Pound හෝ Pounds (බර).

LL. D. (L. *Legum Doctor*). Doctor of Laws.

m. Minute හෝ minutes.

M. A. Master of Arts. (A. M. බලනු.)

M. B. (L. *Medicinæ Baccalaureus*). Bachelor of Medicine.

M. D. (L. *Medicinæ Doctor*). Doctor of Medicine

Me*ssrs*. Messieurs, Gentlemen.

M. L. C. Member of the Legislative Council.

M*me* Madame.

M*r*. Master (මිස්ටර්).

M*rs*. Mistress (මිසිස්).

MS. Manuscript, *mss*. Manuscripts. [Note.

N. Noon, North, Nothern, Nationalist (Irish).

N. B. New Brunswick; North Britain (ස්කොට්ලන්තය); (L. *Nota Bene*) Note well හෝ take notice.

N. D. No Date.

N. N. E. North-north-east.

N. N. W. North-north-west.

No. (L. *numero*). Number.

N. P. Notary-public.

N. W. North-west, North-western.

N. Y. New York.

O. H. M. S. On His Majesty's Service.

Oxon. (L. *Oxoniensis*). Of Oxford.

p. page; *pp.* pages.

P. & O. Co. Peninsular and Oriental Steam Navigation Company.

P. C. Police Constable, Privy Council and Privy Councillor, Parish Councillor.

Per. cent. and *pr. ct.* (L. *per centum*). By the hundred

P. M. (L. *post meridiem*). Afternoon, Post Master, Police Magistrate.

P. M. G. Postmaster-general.

P. O. Post office, Postal Order.

P. O. O. Post-office Order.

Pp. Pages.

Pro tem. (L. *pro tempore*). For the time being.

Prox. (L. *proximo*). Of the next month.

P. S. (L. *post scriptum*). Postscript.

P. S. Privy Seal.

P. T. O. Please turn over.

P. W. D. Public works Department.

Q. B. Queen's Bench.

q. v. (L. *quod vide*). Which see.

R. A. S. Royal Asiatic Society, Royal Astronomical Society.

R. C. Roman Catholic.

Rev. Reverend.

Rt. Hon. Right Honourable.

Rt. *Rev.* Right Reverened.

S. Saint; Signor, South, Southern, Socialist.

s. Second അഥവാ Seconds, shillings.

Sc. (L. *scilicet*). To wit, namely, being understood

S. E. South-east, South-eastern.

Seq. അഥവാ *Sqq.* (L. *sequentes* അഥവാ *sequentia*). The following അഥവാ the next.

S. G. Solicitor-general.

S. P. C. K. Society for the Promotion of Christian Knowledge.

S. S. E. South-south-east.

S. S. W. South-south-west.

s. v. (L. *sub voce*). Under the word (അഥവാ title)

T. O. Turn over.

Ult. (L. *ultimo*). Of the last month.

U. S. United States.

U. S. A. United States of America, United States Army.

V. (L. *versus*). Against, (L. *vide*) See.

Viz. (L: *videlicet*). Namely, to wit.

V. R. (L. *Victoria Regina*). Queen Victoria.

W. West, western.

W. C. Water-closet, Western Central (postal district, London).

W*t*. Weight

X*m*. [illegible] X*mas*. Christmas.

X*n*. Christian.

X*nty*. Christianity.

X*t*. Christ.

X*tian*. Christian.

Y. M. C. A. Young Men's Christian Association

Y. W. C. A. Young Women's Christian Association.

&=et. ([illegible])

&c=etc. ([illegible])

Biographical Dictionary.

උත්තමයන්ගේ සංක්ෂෙප චරිත.

—(අ)—

Addison (ඇඩිසන්), Joseph, ඉංග්‍රීසි කවිවරයා හා දක්ෂ ලියන්නා, 1672—1719 [456

Æschylus ඇස්කිලස්, ග්‍රීක් කවිවරයා, පූ. 525—

Æsop ඊසොප්, ග්‍රීක් උපමා කථා කතෘ, පූ. 560

Akbar අක්බාර්, ඉන්දියාවේ අගරජ, 1542—1605

Albert, Francis Charles Augustus Emmanuel, ජෙර්ගයස්ටවු වික්ටෝරියා මහරාජිනියගේ පුරුෂයා, 1819—1861

Alexander (ඇලෙක්සැන්ඩර්) the Great, මැසිඩන්සි රජ, පූ. 356—323

Alfred (ඇල්ෆ්‍රඩ්) the Great, එංගලන්තයේ බටහිර සැක්සන්වරුන්ගේ රජ, 849—901

Alvis, James de, ලංකාණ්ඩුවේ ව්‍ය. ආ. ස. මන්ත්‍රීයෙක්ව සිටි අද්විතීය ධුරන්ධර සිංහල පණ්ඩිතයෙක්, 1823—1878

Anthonisz, Dr. Peter Daniel, ලංකාවේ ප්‍රසිද්ධ ලංසි වෛද්‍යවරයෙක් හා ව්‍ය. ආ. ස. මන්ත්‍රී, 1904 මි.

Archimedes ආර්කිමිඩීස්, ග්‍රීක් ජාතික මහා ගණිතඥයෙක්, පූ. 287—212

Aristotle ඇරිස්ටෝටල්, ග්‍රීක් ජාතික මහා පණ්ඩිතවරයෙක්, පූ. 384—322

Arnold, Sir Edwin, ඉංග්‍රීසි කාව්‍යකාරයා හා ප්‍රවෘත්ති පත්‍ර කතෘ, 1832—1904

Asoka අශෝක, මගධරට රජ, පූ. 223 ම.

Augustus Caesar ඔගස්ටස් සීසර්, 1 වෙනි රෝම අධිරාජ, පූ. 63.—ව. 14

Bacon (බේකන්), Francis, ඉංග්‍රීසි පණ්ඩිතයා හා අමාත්‍යයා, 1561—1626 [1214—1294

Bacon, Roger, ඉංග්‍රීසි සඞ්ඝයා හා පණ්ඩිතයා,

Beaconsfield (බීකන්ස්ෆීල්ඩ්), Benjamin Disraeli, earl of, ඉංග්‍රීසි අමාත්‍යයා හා ග්‍රන්ථ කතෘ, 1805—1881 [672—735

Bede බීඩ්, ඉංග්‍රීසි සඞ්ඝයා හා ඉතිහාස කතෘ

Bonaparte, Napoleon iii., ප්‍රංශ අධිරාජ, 1808-1878

Bradlaugh (බ්‍රැඩ්ලෝ), Charles, ඉංග්‍රීසි දේශපාලකයා හා වාදකාරයා, 1833—1891

Bright (බ්‍රයිට්), John, ඉංග්‍රීසි කථිකයා හා මන්ත්‍රීයා. 1811—1889

Burke (බර්ක්). Edmund, ඉංග්‍රීසි මන්ත්‍රීයා හා කථිකයා, 1729—1797

Burnouf (බර්නූෆ්), Eugene, ප්‍රංශ පූර්වදිග ශාස්ත්‍රඥයා, 1801—1852 [1788—1824

Byron (බයිරන්) Lord, ඉංග්‍රීසි කවිවරයා

Casie Chitty, Simon, ලංකාවේ සිවිල් නිලධාරියෙක්ව සිටි දෙමළ පණ්ඩිත මහතෙක්, 1807—1860

Charlemagne (ෂර්ලිමේන්), Charles the Great. ප්‍රංශ රජ, 742—814

Cicero (සිසරෝ), Marcus Tullius. රෝම ප්‍රසිද්ධ කථිකයා හා ග්‍රන්ථකාරී, ක්‍රි. 106—43

Colebrooke (කෝල්බ්‍රුක්), Henry Thomas; සුළුදිග ශාස්ත්‍ර පිළිබඳ පොත් කළ ඉංග්‍රීසි පණ්ඩිතයෙක්, 1765—1837

Colenso (කොලෙන්සෝ), John William, නටාල් හි බිෂොප් සහ ග්‍රන්ථ කාරී 1814—1883

Columbus (කොලම්බස්), Christopher (ක්‍රිස්ටෝෆර්), අමෙරිකාව සොයාගත් අය, 1445—1506

Coomara Swamy, Sir Muttu, ලංකා ව්‍යවස්ථාදායක සභාවේ මන්ත්‍රියෙකුව සිටි දෙමළ පණ්ඩිතයෙක්, 1879 මි. [ක්‍රි. 551—479

Confucius කොන්ෆ්‍යුෂියස්, චීන පඬිවරයෙක්,

Couto (කොටෝ) Diogo de, ප්‍රතිකාල් ඉතිහාස කතෘ, 1542—1616

Cowper (කෞපර් හෝ කූපර්), William, ඉංග්‍රීසි කවිවරයා, 1731—1800

Creasy (ක්‍රීසි), Sir Edward Shepherd ඉංග්‍රීසි ඉතිහාස කතෘ, ලංකාවේ නායක විනිශ්චයකාරයා, 1812—1878

Darwin (ඩාර්වින්), Charles Robert, ඉංග්‍රීසි පණ්ඩිතයෙක්, 1809—1882

Demosthenes ඩිමොස්තිනීස්, ඇතන්ස්හි ප්‍රසිද්ධ කථිකයෙක්, ඉ. 384—322

Dias, Sir Harry, ලංකාවේ සිංහල නායක විනිශ්චයකාරයෙක්, 1822—1901

Disraeli ඩිස්රේලි (හෝ) ඩිස්රීලි, (Beaconsfield බ.)

Epicurus ඇපිකියුරස්, ග්‍රීක් පණ්ඩිතයෙක්, ඉ. 342—270

Euoild යුක්ලිඩ්, ග්‍රීක් රේඛාගණිතඥයා, ඉ. 300

Franklin (ෆ්‍රැංක්ලින්), Benjamin, අමෙරිකා පණ්ඩිතයෙක් හා මන්ත්‍රියෙක්, 1706—1790

Galen ගේලන්, රෝම වෛද්‍යවරයෙක් හා වෛද්‍ය ග්‍රන්ථකරුවෙක්, 130—200

Gautama Buddha, ගෞතම බුද්ධරජාණන්වහන්සේ, ඉ. 623—543

Gibbon (ගිබ්බන්), Edward, ඉංග්‍රීසි ඉතිහාසකරුවෙක්, 1737—1794

Gilchrist (ගිල්ක්‍රයිස්ට්), John Borthwick, පූර්ව දිග ශාස්ත්‍ර දන්නාවූ පණ්ඩිතයෙක්, 1759
1841 [ග්‍රීසි අමාත්‍යයා, 1809—1898

Gladstone (ග්ලැඩ්ස්ටන්), William Ewart, ඉං

Goldstucker (ගෝල්ඩ්ස්ටකර්), Theodor, ජර්මන් සංස්කෘත පණ්ඩිතයා, 1821—1872

Harvey (හාර්වි), William, ඉංග්‍රීසි වෛද්‍යවරයෙක් (ශරීරයේ ලේ දිවීම ඇති බැව් පළමුවෙන් දැනගත් බටහිර වෛද්‍යවරයා), 1578—1658

Hippocrates හිප්පොක්‍රේටීස්, ග්‍රීක් වෛද්‍යවරයෙක් (බටහිර වෛද්‍ය ශාස්ත්‍රය ඉපදෙවූ අය), ඉ. 468—367

Huxley (හක්ස්ලි), Thomas Henry, ඉංග්‍රීසි පණ්ඩිතයෙක් 1825—1895.

Irving (අර්වින්), Washington, අමෙරිකා ග්‍රන්ථකරුවෙක්, 1783—1859

Isocrates අයිසොක්‍රටීස්, ඇතැන්ස්හි ප්‍රසිද්ධ කථිකයෙක්, ඉ. 426—338

Johnson (ජොන්සන්), Samuel, ඉංග්‍රීසි අකාරාදිය හා කාව්‍ය සහ නොයෙකුත් පොත් කළ පණ්ඩිතයෙක්, 1709—1784

Jones (ජෝන්ස්), Sir William, පූර්වදිග ශාස්ත්‍රඥ ඉංග්‍රීසි පණ්ඩිතයෙක්, 1746—1794

Josephus (ජොසීෆස්), Flavius, යුදෙව් ඉතිහාස කාව්‍ය ලේඛකයෙක්, 37—100

Kalidasa කාලිදාස, ඉන්දියාවේ ප්‍රසිද්ධ කවිවරයෙක්, ඉ. 50 හෝ ප. 500 පමණෙහි

Kepler (කැප්ලර්), Johann, ජර්මන් ජ්‍යොතිෂ ශාස්ත්‍රඥ පණ්ඩිතයෙක්, 1571—1631

Landseer (ලැන්ඩ්සීර්), Sir Edwin Henry, ප්‍රසිද්ධ ඉංග්‍රීසි චිත්‍රකර්ම කරුවෙක්, 1802—1873

Linnæus (ලින්නීඅස්), Carolus, වෘක්ෂායුර්වේදයෙහි නිපුණ ස්වීඩන්හි පණ්ඩිතයෙක්, 1707

—1778 [ඉ. 59—ප.

Livy ලිවි, රෝම ඉතිහාස කර්තෘ කෙනෙක්,

Lorensz, Charles Ambrose, ලංකාවේ අතිප්‍රසිද්ධ නීතිඥයෙක්, 1829—1871

Macaulay (මැකෝලි), Thomas Babington, ඉංග්‍රීසි [illegible] හා ප්‍රසිද්ධ ග්‍රන්ථකර්තෘවරයෙක්. 1800—1859 [1608—1674

Milton (මිල්ටන්), John, ඉංග්‍රීසි කවිවරයෙක්

Mohammed මොහමඩ්, [illegible] කළාවූ මහා මිය, 571—632

Morgan, Sir Richard Francis, ලංකා නායක විනිශ්චයකාරයෙක්, 1821—1876

Muller (මුල්ලර්), Friedrich Max, සංස්කෘත දත් [illegible] පොත් කළ ජර්මන් පණ්ඩිතයෙක්, 1823—1900

Nelson (නෙල්සන්), Horatio, ප්‍රසිද්ධ ඉංග්‍රීසි නාවුක සේනාපතියෙක්, 1758—1805

Newton (නියුටන්), Sir Isaac, ගණිතයෙහි නිපුණ ඉංග්‍රීසි පණ්ඩිතයෙක්, 1642—1727 [17

Ovid ඔවිඩ්, රෝම කාව්‍යකාරයෙක්, ඉ. 43. ප

Paley (පේලි), William, ක්‍රිස්තියානි ධර්මය හා සදාචාරය ඉගැන්වූ පණ්ඩිතයෙක්, 1743—1805

Pascal (පැස්කල්), Blaise, ප්‍රංශ පණ්ඩිතයෙක් හා ගණිත ශාස්ත්‍රඥයෙක්, 1623—1662

Pasteur (පාශ්චර), Louis, ප්‍රංශ රසායන ශාස්

ත්‍රඥයෙක්, 1822—1895

Pereira, John, ජ්‍යොතිශ්ශාස්ත්‍රඥ සිංහල පණ්ඩිත මහතෙක්, 1824—1891

Pitman (පිට්·මන්), Sir Isaac, ඉංග්‍රීසි ලඝු ලේඛන ක්‍රමය ඉපදෙවූ අය, 1813—1897

Plato (ප්ලේටෝ), ග්‍රීක් පණ්ඩිතයෙක්, ඉ.429-347

Plutarch ප්ලූටාර්ක්, ජීවිත කථා ලී ගද්‍යකාරයෙක්වූ ග්‍රීක් පණ්ඩිතයෙක්, 50—120

Pope (පෝප්), Alexander, ඉංග්‍රීසි කවිවරයෙක්, 1688—1744

Ptolemy ටොල්ඉමි, ග්‍රීක් ජාති මිසර ජ්‍යොතිශ් ශාස්ත්‍රඥ භූගෝල ශාස්ත්‍රඥ රේඛාගණිත ශාස්ත්‍රඥ පණ්ඩිතයෙක්, 200 පමණේදී

Pythagoras පිතැගොරස්, ග්‍රීක් පණ්ඩිතයෙක්, ඉ. 580—500

Quintilian ක්වින්ටිල්ඉ·අන්, රෝම ප්‍රසිද්ධ කථික[යෙක්, 42—118

Rajapakse, Sampson de Abrew, ලංකාවේ නාමග වන්ත සිංහල මහා ධනවතෙක්, වාසල මුදලි, 1830—1888

Rabelais (රබිලෙ), Francois, ප්‍රංශ වෛද්‍යයෙක් හා පණ්ඩිතයෙක්, 1495—1553

Raphael රැෆ්එ·අල්, ඉතා විස්තුරු සිත්තම්කිරීමෙහි දක්ෂ ඉතාලි මහතෙක්, 1483—1520.

Reuter (රොයිටර්), Paul Julius (Baron), එක මියන් විදුලි පණිවිඩ යවන සමාගම පිහිටෙවූ ජර්මන් ඉංග්‍රීසි ජාතික අය, 1815—1899

Rost (රෝස්ට්), Reinhold, පූර්වදිග ශාස්ත්‍රඥ ජර්මන් පණ්ඩිතයෙක්, 1822—1896

Ruskin (රස්කින්), John, අසන ලෙස ග්‍රන්ථ ලී ඉංග්‍රීසි පණ්ඩිතයෙක්, 1819—1900

Sa'di සාදි, පාර්සික කවිවරයෙක්, 1175—1292

Seneca සෙනේකා, රෝම පණ්ඩිතයෙක්, ඉ. 3—ප. 65 [ස්හි පණ්ඩිතයෙක්. ඉ. 470-399

Socrates සොක්‍රටීස්, ඉවසීමගැණ ප්‍රසිඬ ඇතෑන්

Solon සෝලන්, ඇතැන්ස්හි පණ්ඩිතයෙක් හා නීති කර්තෘවරයෙක්, ඉ. 638—558

Soysa, Charles de, ලංකාවේ සිංහල තානාපතිවත්ත මහා ධනවතෙක්, 1836—1890

Southey (සෞදි හෝ සද්ඩි), Robert, ඉංග්‍රීසි කවිවරයෙක් හා ග්‍රන්ථකරුවෙක්, 1774...1843

Tennent (ටෙනන්ට්), Sir James Emerson, කලක් ලංකාවේ මහලේකම් ධුරය ඉසුළු ඉංග්‍රීසි පොත් කර්තෘවරයෙක්, 1794...1869

Tyndall (ටින්ඩල්), John, ජීවශාස්ත්‍රය සම්බන්ධ බොහෝ පරීක්ෂාකළ ඉංග්‍රීසි පඬිවරයෙක්, 1820...1893

Vasco da Gama වැස්කෝ ද ගාමා, පෘතිකාල් නැව් යාත්‍රාධාරයෙක්, 1450...1524

Victoria (වික්ටෝරියා), බ්‍රිතාන්‍ය රාජ්‍යයේ රැජිනී, 1819...1901

Walker (වෝකර්), John, ඉංග්‍රීසි අකාරාදියක් කළ ඉංග්‍රීසි පණ්ඩිතයෙක්, 1732...1807

Webster (වැබ්ස්ටර්), Noah, විශාල ඉංග්‍රීසි අකාරාදියක් කළ අමෙරිකා පඬිවරයෙක්, 1758-1843

Wesley (වෙස්ලි), John, 'මෙතෝඩිස්ට්' නම් ක්‍රිස්තියානි නිකාය පිහිටුවූ අය, 1703...1791

Williams (විලියම්ස්), Sir Monier, සංස්කෘත දැනීම ගැන ප්‍රසිද්ධ ඉංග්‍රීසි පණ්ඩිතයෙක්, 1819...1899

Wilson (විල්සන්), Horace Hayman, පූර්වදිග ශාස්ත්‍ර දැනීම ගැන ප්‍රසිද්ධ ඉංග්‍රීසි පණ්ඩිතයෙක් 1786...1860

Worcester (වුස්ටර්), Joseph Emerson ඉංග්‍රීසි අකාරාදියක් කළ අමෙරිකා පණ්ඩිතයෙක්, 1784...1865

Zoysa, Maha Mudaliyar Lewis de, ලංකාවේ ප්‍රධාන භාෂාපරිවර්තක ධුරන්ධර සිංහල පණ්ඩිතයෙක්, මහමුදලි, 1816...1884

English Christian Names and Their Meanings.

ඉංග්‍රීසි පුද්ගලික නාම හා ඒවායේ මුල් අර්ථ.

Aaron ඒ·රන්, උසස් කඳුරට වැසියා

Abraham ඒ·බ්‍රහැම්, සමූහයක පියා

Adam ඈඩ·අම්, මිනිසා, පස් මිනිසා, රතු පස්

Adaline ඈඩ·අලෙන් }
Adeline ඈඩි ඉලෙන් } උතුම් වංශ ඇත්තී, රජ කුමාරී

Adolphus ඇඩොල්ෆස්, උතුම් වෘකයා, උතුම් වීරයා

Adrian ඒඩ්‍රි·අන්, ඒඩ්‍රියා නගරය සම්බන්ධ

Agatha ඈග්·අ·ත, යහපත්, කරුණාවන්ත

Agnes ඈග්නිස්, ශුද්ධ, නොකිලුටු

Aggie හෝ **Aggy** ඈග්ගි, Agnes හි ලුහුඬු විධිය

Albert ඇල්·බර්ට්, උතුම් ලෙස දීප්තිමත්, කීර්තිමත් (*f.*-a)

Alexander ඇල්ඇක්සැන්·ඩර්, මනුෂ්‍යයන් ආරක්ෂා කරන්නා (*f.* -ra හෝ -rina)

Alfred ඇල්ෆ්‍රඩ, යහපත් අවවාද දෙන්නා

Alice ඇලිස්, උතුම් වංශ ඇත්තී

Allan ඇල්ලන්, එකමුතුකම

Ambrose ඇම්බ්‍රෝස්, දිව්‍ය

Amelia ඇමීලිඅ, වෙහෙසෙන, ධෛර්‍යවීමත්

Andrew ඇන්ඩෘරූ, ශක්තිමත්, ශූරවීර

Angelina ඇංජිලිනා, ප්‍රියවූ, දේවදූත

Ann, Anne ඇන්, Annie ඇන්නි, ශ්‍රීයාව, ශෝභනකම

Anthony, Antony ඇන්ටොනි, අගයි, ප්‍රශංසා කළ යුතු (*f.* -ia) [රාජකුමාරයා

Archibald ආර්චිබෝල්ඩ්, ඉතා නිර්භීත, ශූර

Arnold ආර්නෝල්ඩ්, රාජාලියෙකු මෙන් ශක්තිමත්

Arthur ආර්තර්, උසස්, උතුම්

Augustus ඔගස්ටස්, උතුම්, උත්කෘෂ්ට (*f.* -a)

Barbara බාර්බර, පිටරටට අයිති

Bartholomew බාර්තොලමිව්, *n.* යුධකාමී පුත්‍රයා, තම සහෝදරයාගේ පුත්‍රයා

Beatrice බීඇට්‍රිස්, Beatrix බීඇට්‍රික්ස්, වාසනාවන්ත හෝ ප්‍රීතිමත් කරන

Benedict බෙනඩික්ට්, ආශීර්වාද ලැබූ (*f.* -a)

Benjamin බෙංජමින්, දකුණතේ පුත්‍රයා (නොහොත් වාසනාවන්ත පුත්‍රයා)

Bennet බෙනට්, Benedict හි ලුහුඬු විධිය

Benny බෙනී, Benjamin හි ලුහුඬු විධිය

Bernard බර්නර්ඩ්, වලසෙකු මෙන් නිර්භීත

Bertha බර්ත, දීප්තිමත්

Bertie හෝ Berty ·බෑර්ටි, Bertha යි ලුහුඬු විම

Bertram ·බෑර්·ට්‍රම්, දිලිසෙන කපුටා

Bessie බෑස්සි, Elisabeth යි ලුහුඬු විධිය

Cæsar සී·සෑ·ර්, කෙස් ඇතිසා, නිල් ඇස් ඇති

Cain කේන්, කම්මාන්තකාරයා, ලෝකරුවා

Caroline කෑර්ඔලෛන්, (Charles බ.)

Catherine කෑත්·අරින්.
Catharina කෑත්·අරි·නා, } පොසිලිවූ, ශුධ

Cecil සිසිල්, අන්ධ (*f.* -ia)

Charlie
Charley } චාර්ලි, Charles යි ලුහුඬු විධිය

Charles චාර්ල්ස්, ශක්තිමත්, උතුම් අදහස් ඇති (*f.* Caroline, Charlotte)

Christian ක්‍රිස්·චන්, ක්‍රිස්තුස්වහන්සේට අයිති, ක්‍රිස්තුස්වහන්සේ අදහන්නා (*f.* -ana, -na)

Christopher ක්‍රිස්ටෝෆර්, ක්‍රිස්තුස් වහන්සේ උසුලනා

Cis සිස්
Cissy සිස්සි }, Cicilia යි ලුහුඬු විධි

Clara ක්ලෑර·අ, දීප්තිමත්

Clarence ක්ලෑර·අන්ස්, කීර්තිමත්

Clement ක්ලෑම්·අන්ට්, මෘදු, අනුකම්පා ඇති

Connie කොන්නි, Constance යි ලුහුඬු විධිය

Constance කොන්ස්·ටන්ස්, Constant යි ස්ත්‍රී ලිංගික විධිය

Constant කොන්ස්·ට්න්ට්, ස්ථිර, විශ්වාස

Constantine කොන්ස්ටැන්ටයින්, ස්ථිර

Cornelius කොර්නීලියස්, (අශ්වය අශ්‍රුමානසි. *f.*-ක)

Cyril සිරිල්, උත්කෘෂ්ට

Cyrus සයිරස්, සූර්යයා [ව්‍යාකාරණ

Daniel ඩැනියල් (හෝ) ඩැන්‍යල්, දිව්‍ය විනිශ්

CDdavi ඩේවිඩ්, ප්‍රේමවන්ත, ආදරණීය (*f.* -ක)

Demetrius ඩිමීට්‍රියස්, ශස්‍ය දේවතාවිට අයිති

Dionysius ඩයොනිසියස්, මුද්‍රිකපානය සම්බන්ධ දෙවියාට අයිති

Donald ඩොනල්ඩ්, උඩහු අධිපතියා

Dora ඩෝරා, (Dorothea හි ලුහුඩු විධිය)

Dorothea ඩොරතීයා, } දෙවියන්ගේ තෑග්ග
Dorothy ඩොරතී, }

Duncan ඩන්කන්, පලුඑළලුපාට අධිපතියා

Edmund එඩ්මන්ඩ්, වාසනාව ආරක්ෂාකාරයා

Edward එඩ්වර්ඩ්, වස්තු රැකවලා

Edwin එඩ්වින්, වාසනාවන්ත මිත්‍රයා, වස්තු ලැබූයා [සතුමෙව දිලිසීම

Egbert එග්බර්ට්, කඩුවක ලෙස දීප්තිමත්,

Eddy එඩී, (Edward හෝ Edwin හි ලුහුඩු විධිය)

Eleanor එලිනෝර්, } ආලෝකය
Elinor එලිනෝර්, }

Elizabeth } එලිසබෙත්, } දෙවියන්ට වදින්නී, දෙවියන්ට කැපවූ
Elisabeth }
Eliza එලයිසා, }

Ella ඇල්ලා, }
Fllen ඇලෙලැන්, } Eleanor හි ලුහුඬු විධිය

Emeline ඇමිලෙලන්, }
Emmeline ඇම්මිලෙලන්, } වියසිවත්ත, උත් සාහවන්ත

Emily ඇමිලි. (=Emeline බ.)

Fmma ඇම්මා, (=Emeline බ.)

Fmmie ඇමිමි, Emma හි ලුහුඬු විධිය [ගෙ

Emmanuel ඉමැනුඇල්, දෙවියෝ අප සම

Ernest අර්නැස්ට්, ඔහැකමින් යෝ ලැදිව කරණ (*f.* -ine)

Eudora යුඩෝරා, මහාභාග්‍ය [උපත්. *f.* -ia

Eugene යූජින්, මනාව උපන්, උතුම් කුලයේ

Eusebius යුසේබිඅස්, ශ්‍රද්ධාවත්

Eustace යුස්ටස්, සතිප ඇති, ස්ථිර

Eva ඊවා, }
Eve ඊව්, } ජීවිතය [ණය

Evangeline ඉවැංජලෙලන්, සතුටු ආරංචි ගෙ

Everard ඇව්ආරඩ්, වල් ඌරෙක්මෙන් ශක්තිමත්

Faustina ෆෝස්ටීනා, }
Faustine ෆෝස්ටීන්, } විශ්වාසවන්ත

Felecia ෆිලිෂිආ, ප්‍රීති සැප

Felix ෆීලික්ස්, ප්‍රීතිමත් (*f.* -cia)

Ferdinand ෆර්ඩිනැන්ඩ්, නිර්භීත

Festus ෆෙස්ටස්, ප්‍රීතිමත්

Fidelia ෆෛඩීලිඅ, විශ්වාසී

Flora ෆ්ලෝරා, මල්

Florence ෆ්ලොරන්ස්, මල් අටගන්න, සුදීන

Frances ෆ්රැන්සිස්, Francis හි ස්ත්‍රී ලිංගය

Francis ෆ්රැන්සිස්, නිදහස් (*f.* -es)

Frank ෆ්රැංක්, Francis හි ලුහුඬු විධිය

Federick, } සමාදානය, ආණ්ඩුකාරයා (එහි ලුහුඬු
Frederic, } විධි: Fred, Freddy) *f.* -a [යෝධයා

Gabriel ගේබ්‍රිඇල්, දෙවියන්ගේ වීරයා හෝ

George ජෝර්ජ්, ගොවියා (ලුහුඬු විධිය: Georgie, *f.* -iana, -ina

Gerald ජැරල්ඩ්, } හෙල්ල බලය
Gerard ජැරාඩ්, } [හෝ ලම්ස්සි

Gertrude ජාර්ට්‍රූඩ්, හෙල්ල දරණ තරුණි

Gilbert ගිල්බර්ට්, දීලිසෙන, ඇපය

Godfrey ගොඩ්ෆ්‍රි, දෙවියන්ගේ සමාදානය

Godwin ගොඩ්වින්, දෙවිය මිත්‍රයා

Grace ග්‍රේස්, කරුණාව, ශ්‍රීයාව

Gregory ග්‍රෙගරි, මුරකරුවා

Hannibal හැනිබල්, -බාල් (ෆිනීෂියවරුන්ගේ- ප්‍රධාන දෙවියා) ගේ කරුණාව

Harriet හැරිඇට්, } Harry හා Henry හි
Harriot හැරිඔට්, } ස්ත්‍රීලිංගික ලුහුඬු විධි

Helen හැලන්, }
Helena හැලිනා, } ආලෝකය, එළිය

Henrietta හැන්රිඇට්ට, Henry හි කුඩා බැවි අඟවන ස්ත්‍රීලිංගික ප්‍රංශ විධිය

Henry හැන්රි, ගෙයි ස්වාමියා, ගෙදර ආණ්ඩු

කාරයා. (ලුහුඬු විධිය: Harry. *f*. Henrietta, Harriet)

Herbert 'හාර්·බාර්ට්, සේනාවක ආලෝකය

Hercules 'හාර්කියුලීස්', උත්කෘෂ්ට කීර්තිය

Herman 'හාර්·මන්, යුධ භටයා

Hilary හිල්·අරි, ප්‍රීතිමත් (*f*. -ia)

Homer හෝ·මර්, ඇපය

Honora හොනෝ·ර,
Honoria හොනෝ·රි·අ, } ගරු කටයුතු (ලුහුඬු විධි: Norah, Nora)

Hortensia හෝර්ටැන්සියා, වතුකාරී

Hubert හ්‍යූ·බර්ට්, සිත දීප්තිමත්

Hugh හ්‍යූ,
Hugo හ්‍යූගෝ, } සිත, ආත්මය

Ignatius ඉග්නේෂ්අස්, ඉතා උනන්දු, සැර

Ingram ඉන්ග්‍රැම්, පළිත කපුටා

Isaac
Izaak } අයි·සැ·ක්, සිනාව, සිනාසේ

Isabella ඉස්·අබැල්·ල,
Isabel ඉස්·අබැල්,
Isobel ඉස්·ඔබැල්, } (=Elisabeth බ.)

Jacob ජේ·කොබ්. පස්සෙන් එන්නා, උපායෙන් අයත්කරගන්නා

James ජේම්ස්, (=Jacob බ.) (ලුහුඬු විධිය: [Jimmy. *f*.-ina)

Jane ජේන්, John හි ස්ත්‍රීලිංගය

Jerome ජැරෝම්, ශුද්ධනාමය

Jessie ජැසි, ස්වාමින්වහන්සේගේ කරුණාව

Joan ජෝඈන්,
Joanna ජොඈන්'න,
Johanna ජොහැන්'න, } John යි ස්ත්‍රීලිඞ්ගය

John ජෝන්, දෙවිඳුගේ කරුණාමත්ත තෑග්ග

Jonathan ජොන්'අ'තන්, දෙවියන්ගේ තෑග්ග

Joseph ජෝසැෆ්, එසෙම තව දරුවන ලබාවා

Joshua ජෝෂ්යු'අ, ගැලවීමේ දෙවිඳෝ

Judith ජුඩිත්, ප්‍රශංසා ලැබූ (ලු. ව. Judy)

Julian ජූලි'අන්, ජූලිඅස් නම් පැවත ආ (*f.* -a)

Julius ජූලිඅස්. මෘදුමෙයෙ හෝ රැවුලක් ඇති

Justin ජස්ටින්, ධර්මිෂ්ඨ (*f.* -a)

Kate කේට්, Catherine යි ලුහුඬු රූපය

Katharine
Katherine } කැත්'අරින්, (=Catherine බ.)

Lambert ලැම්'බාර්ට්, තම ඉඩම් නිසා ප්‍රසිද්ධ, රටේ දීප්තිය

Laura ලෝ'ර, මාපත් කුරුළු ඔටුන්න

Laurence
Lawrence } ලෝරැන්ස්, } මාපත් කුරුළු ඔටුනු යක් දුන්

Lazarus ලැස්'අරස්, දෙවිඳෝ පිහිටවෙත්

Lena ලී'න, Helana යි ලුහුඬු විධිය

Leonard ලැන්'ආර්ඩ්, සිංහයෙකුමෙන් ශක්තිමත් හෝ නිර්භීත

Leonora ලීඔනෝ'ර, (=Eleanor බ.)

Letitia ලිටිෂි'අ,
Lettice ලැටිස්, } වාසනාවන්තකම, ප්‍රීතිය

Lewis ලුවිස්, ප්‍රසිද්ධ යුධභටයා

Lionel ලයනල්, තරුණ සිංහයා

Louis ලුවිස්, Lewis හි ප්‍රංශ විධිය

Louisa ලුවීසා }
Louise ලුවීස් }, Louis හි ස්ත්‍රීලිංගික විධිය

Lucia ලූසියා. Lucy හි ඉතාලි විධිය

Lucius ලූෂියස්, අලුයම් උපන් (*f.* -y)

Luther ලූතර්, ප්‍රසිද්ධ යුධකරු

Mabel මේබල්, ආදරණීය

Maggie }
Meggy } මැග්ගි, Margaret හි ලුහුඬු විධිය

Marcellus මාර්සෙලස්, Marcus හි කුඩා බැව් අඟවන විධිය (*f.* -a) [එක්සා (*f.* -ia)

Marcus මාර්කස්, මිටිය, අඟහරුගෙන් පැවත

Margaret මාර්ගරට්, මුතු ඇටය

Maria මරයා, Mary හි ලතින් විධිය

Marion මැරියන්, Mary හි ප්‍රංශ විධිය

Martha මාර්තා. උතුම් ස්ත්‍රී (ලුහුඬු විධිය: Matty)

Martin මාර්ටින්, අඟහරුගේ, යුධකාමි

Mary මෙරි, තික්ත (ලු. වි. May)

Matilda }
Mathilda } මැටිල්ඩා, බලසම්පන්න යුධකන්‍යාව (ලු. වි. Matty)

Matthew මැතිව්, ස්වාමීත්වයානන්සේගේ තෑග්ග

Maud මෝඩ්, Matilda හි ලුහුඬු විධිය

Maurice මොරිස්, මරක්කල, කළු

May මේ, මැයිමාසය, Mary හි ලුහුඬු විධිය

Mercy මර්සි, දයාව

Michael මයිකැල් (හෝ) මයිකල්, දෙවියන් වැනි කවරෙක්ද ? (ලු. වි. Micky)

Miranda මිරැන්ඩ, ආදරයට යුතු, උතුම්

Morgan මෝර්ගන්, මුහුදු යාත්‍රාකරු

Moses මෝසෙස්, වතුරෙන් ගත්

Myra මයිර, වැලපෙන්නී

Nancy නැන්සි, (Anne වෙනුවට යොදන නාමයක්) [හෑනා, කුමරිය

Napoleon නැපෝලියන්, වන මෘගයාගේ සිංහ

Nathan නේතන්, දුන්නාවූ තෑග්ග

Neil } Neal } නීල්, ප්‍රධාන අය, ජයකාමයා

Nellie } Nelly } නැලී, Ellen, Helen, Eleanor හි එක් විධියක්

Nicholas } Nicolas } නිකලස්, ජනතාවගේ ජය

Noah නෝඅ, විවේකය, සැනසීම

Noel නෝඇල්, නත්තල, නත්තල් දින උපන්

Nora } Norah } නෝරා, Honora, Leonora, Eleanor හි ලුහුඬු විධිය

Norman නෝර්මන්, නෝර්මන් ජාතියේ අය

Oliver ඔලිවර්, 'ඔලිව්' නම ගස [*f.* -ia

Patrick පැට්රික්, උත්තම (ලු. වි. Pat, Paddy.

Paul පෝල්, කුඩා (*f.* -a, -ina)

Penelope පෙනෙලොපි, විශ්වාසනී

Peter පීටර්, පර්වතය [(*f.* -pa)

Philip ෆිලිප්, අශ්වයන්ට ආදරය ඇත්තා

Ptolemy ටොලමි, යුධයෙහි බලසම්පන්න

Rachel රේචල්, බැටළුදෙන

Raphael රැෆිඒල්, දෙවියන් සුවකළේය [වන

Reginald රෙජිනල්ඩ්, බලසම්පන්න පිතිය

Reynold රෙනල්ඩ්, (=Reginald බ.)

Richard රිචර්ඩ්, ආණ්ඩුකාරයකුමෙන් බල
සම්පන්නයා, බලසම්පන්න (ලු. නි. Dick)

Robert රොබට්, කීර්තියෙන් බබලන

Roland
Rowland } රෝලන්ඩ්, රටේ කීර්තිය

Rosa රෝසා, රෝසමල (ලු. නි. Rosie රෝසී.)

Rosalind රොසලින්ඩ්, රෝස මලක්මෙන්
ලස්සන

Rufus රූෆස්, රතු, රතුවූකෙස් ඇති

Samson සැම්සන්, } ඉර සම්බන්ධ, අප්‍රතිමවත්
Sampson සැම්ප්සන්, } ඉර, මහා ප්‍රීති සැප

Samuel සැමියුඒල්, දෙවියන්ගෙන් ඇසූ හෝ
ඉල්ලූ (ලු. නි. Sam)

Sarah
Sara } සාරා, රජ කුමාරිකාව, බිසව

Sebastian සෙබැස්චන්, ගරුකටයුතු

Selina සිලීනා, සඳ

Sibyl සිබිල්, අනාගත දේ කියන්නී

Silvester, } **සිල්වැස්ටර්, පිවිසර ඇති දුඹුලු,**
Sylvester, } **පිවිසර**

Simeon සිමියොන්, } ප්‍රසිද්ධ, අසන
Simon සයිමන්, }

Sophia සොෆි·අ, ප්‍රඥාව (ලු. වි. Sophy)

Solomon සොල්ඔමන්, සමාදානය, ශාන්ත

Stephen ස්ටීවින්, ඔටුන්න (*f.* -ana)

Theobald තිඔබෝල්ඩ්, මිනිසුන්ගේ කුමාරයා

Theodore තිඔඩෝර්, දෙවියන්ගේ තෑග්ග (*f.*-a)

Theresa තැරීසා, ධාන්‍යකරල් ගෙණියන්න

Thomas තොමස්, නිවුල්දරුවා (ලු. වි. Tom, Tommy. *f.*-a, -ina)

Timothy ටිමොති, දෙවියන්ට භය ඇති

Titus ටයිටස්, ප්‍රවේසම් [පත්‍ය

Tobias ටෝබයිඅස්, ස්වාමීන් වහන්සේගේ යහ

Valentine වැල්අැන්ටයින්, ශක්තිමත්

Victor වික්ටර්, ජයගත් අය (*f.* -ia)

Vincent වින්සැන්ට්, ජයගන්න

Virginia වර්ජිනිඅ, කන්‍යා ස්ත්‍රී

Walter වෝල්ටර්, බලසම්පන්න යුධ භටයා

Wilfred විල්ෆ්‍රඩ්, ස්ථිර සමාදානය

Wilhelmina විල්හැල්මිනා. (ඉංග්‍රීසි William ට සමාන ජර්මන් Wilhelm යි ස්ත්‍රීලිඞ්ගය)

William විලිඅම්, ස්ථිරතාව යුධ තොප්පිය, ආරක්ෂාව (ලු. වි. Willy, Billy)

Winifred වින්ෆ්‍රිඩ්, } සමාදානයේ මිත්‍රයා. (ලු. වි. Winnie යන්නී)
Winfred වින්ෆ්‍රඩ්, }

Principal Countries, Towns. etc.

ලෝකයේ ප්‍රධාන රට නුවර ආදිය.

——(෦)——

Aberdeen ඇබ්·අර්ඩීන්, ස්කොට්ලන්තයේ නුවරක්

Abyssinia ඇබිඉස්සිනි·අ, අප්‍රිකාවේ කැ·ළෑපාතක්

Adam's Bridge ඇඩැම්ස් බ්‍රිජ්, රාමේශ්වරමත් මන්නාරමත් අතර ප්‍රදේශය, සේතුබන්ධය

Adam's Peak ඇඩැම්ස්· පීක්, ශ්‍රීපාදස්ථානය

Adelaide ඇඩිඉලේඩ්, දං. ඕස්ත්‍රේලියාවේ අගනුවර

Aden ඒ·ඩන්, දං. අරාබියේ මුහුදුකර නගරයක්

Afghanistan ඇෆ්ගෑනිස්තාන්, ආසියාවේ රටක්

Africa ඇෆ්රි·කා, අප්‍රිකා නම් මහ රට

Allahabad අල්ලහබඩ්, ඉන්දියාවේ ව. පලාතේ [නුවරක්

Alps ඇල්ප්ස්, ජ්‍යෙරෝපයේ කඳු පංක්තියක්

Amazon ඇම්·අසෝ·න්, දං. අමෑරිකාවේ ගඟක්

Amsterdam ඇම්ස්·ටර්ඩෑම්, ජ්‍යෙරෝපයේ නෑදර්ලෑන්ඩ් රටේ අගනුවර

Annam ඇන්·නම්, චීනයට දකුණුදෙස රටක්

Arabia අරේබි·අ, ආසියාවේ නිරිත දෙස රටක්

Asia ඒෂි·අ, ලෝකයේ (ජ්‍යෙරෝපයට හා ජ්‍යෙරෝපයේ නැගෙනහිර

ජමීර) මහා කොට්ඨාසයක් [පලාතක්

Assam ඇස්සැම්, ඉන්දියාවේ ඊශාන දිගපිර

Athens ඇතැන්ස්, ග්‍රීස්දේශයේ අ. නු. [ද්වීපයක්

Australia ඔස්ට්‍රේලිආ, පැසිෆික් සාගරයේ මහා

Austria ඔස්ට්‍රිආ, යුරෝපයේ මැද පලාතේ රටක්

Bangkok බැංකොක්, සියම් අගනුවර

Batavia බැටේවිආ, ජාවාරටේ වෙළඳාම් පටුනු ගම [අසල රටක්

Baluchistan බිලූචිස්තාන්, ඈෆ්ගනයට ඉන්දියාව

Belgium බෙල්ජිඅම්, යුරෝපයේ වයඹ දිගාවේ රටක් [තේ) බරණැස් නුවර

Benares බැනාරීස්, (ඉන්දියාවේ වයඹ පලා

Bengal බෙංගෝල්, ඉන්දියාවේ වංගදේශය

Birmingham බර්මිංහැම්, එංගලන්තයේ ප්‍රසිද්ධ නුවරක් [ථාන රටේ අග නුවර

Bokhara බොකාරා, මධ්‍ය ආසියාවේ තුර්කිස්

Bombay බොම්බේ, (ඉන්දියාවේ බටහිරදෙස) බොම්බාය [නුවරක්

Boston බොස්ටන්, උතුරු අමෙරිකාවේ අග

Brazil බ්‍රසීල්, දකුණු අමෙරිකාවේ පලාතක්

Bristol බ්‍රිස්ටල්, එංගලන්තයේ ප්‍රසිද්ධ නුවරක්

Brussels බ්‍රසල්ස්, යුරෝපයේ බෙල්ජියම් රටේ අගනුවර

Burma බාර්මා, ඉන්දියාවට නැගෙනහිරින් පිහිටි බුරුම රට

Cairo කේරෝ. ඊජිප්ට් හෙවත් මිසර රට අග නුවර [වේ අගනුවර

Calcutta කැල්කට්ටා, බෙංගාලේ සහ ඉන්දියා

California කැලිෆෝර්නියා, උ. අමෙරිකාවේ ප්‍රසිද්ධ නුවරක් [තේ) කල්පිටිය

Calpentyn කල්පැන්ටින්, (ලංකාවේ වයඹ පළා

Cambridge කේම්බ්‍රිජ්, එංගලන්තයේ මහා ශාස්ත්‍රශාලාවක පවතින නුවරක්

Cape Colony කේප් කොලනි, අප්‍රිකාවේ දකුණු පළාත [පළාතක්

Caucasus කෝකේසස්, රුසියන් රාජ්‍යයේ මහා

Ceylon සිලෝන්, මෙම ලංකාද්වීපය [රක්

Chicago චිකාගෝ, උ. අමෙරිකාවේ ප්‍රසිද්ධ නුව

China චයිනා, (ආසියාවේ නැ. පිහිටි) චීනදේශය [ර්වේ රට අගනුවර

Christiania ක්‍රිස්ටියානියා, උ. ඒරෝපයේ නෝ

Cochin කොචින්, (මදුරාසි පළාතේ) කොච්චිය නම නුවර [නුවරවූ කොළඹ

Colombo කොලොම්බෝ, මෙම ලක්දිව අග

Delhi ඩෙල්ලි, ඉන්දියාවේ පංජාබ් පළාතේ දිල්ලි නුවර [පළාතේ රටක්

Denmark ඩෙන්මාර්ක්, ඒරෝපයේ වයඹ

Dublin ඩබ්ලින්, අයර්ලන්තයේ අගනුවර

Edinburgh ඇඩින්බරෝ, ස්කොට්ලන්තයේ අගනුවර [රටක්, මිසර දේශය

Egypt ඊජිප්ට්, අප්‍රිකාවේ නිරිත පලාතේ

Europe යුරප්, ලෝකයේ (ආසියාවට බටහිරින්) ඒරෝපය නමැති මහා කොට්ඨාසය [පලාතක්

Finland ෆින්ලන්ඩ්, රුසියාවේ වයඹ දෙස

France ෆ්‍රන්ස්, (ඒරෝපයේ මැදහරියේ) ප්‍රංශ දේශය [ගාල්ල

Galle ගෝල්. (ලංකාවේ දකුණු පලාතේ)

Ganges ගැන්ජීස්. ඉන්දියාවේ ගංගානම් ගඟ

Geneva ජනීවා, ඒරෝපයේ ස්විට්සර්ලන්ඩ රටේ අගනුවර

Glasgow ග්ලැස්ගෝ, ස්කොට්ලන්තයේ ප්‍රසිද්ධ නුවරක් [නුවරයක්

Goa ගෝආ, ද. ඉන්දියාවේ බටහිර මුහුදුබඩ

Great Britain ග්‍රේට්බ්‍රිටන්, ඒරෝපයේ එංගලන්තය, වේල්ස්, ස්කොට්ලන්තය යනරටවල් ඇතුලත් මහාබ්‍රිතාන්‍ය නම් දිවයින

Greece ග්‍රීස්, දකුණු ඒරෝපයේ ග්‍රීක් දේශය

Greenland ග්‍රීන්ලන්ඩ්, උතුරු අමෙරිකාවේ ඊසාන දිගින් පිහිටි දිවයින් [පලාතක්

Greenwich ග්‍රිනිච්, ලොන්ඩන් නුවර අසල

Guinea ගිනියා, බටහිර අප්‍රිකාවේ රටක්

Hamburg හැම්·බාර්ග්, උ. ජර්මෙනියේ පලාතක්

Hindustan හින්දුස්තාන්, ඉන්දියාවම පාර්සි
භාෂාවේ නාමය [හිලන්ද දේශය

Holland හොල්·ලන්ඩ්, (ඒරෝපයේ වයඹ)

Hungary හංගරි, මධ්‍යම ඒරෝපයේ දේශයක්

Iceland අයිස්·ලන්ඩ්, ස්කොට්ලන්තයට උතු
රේ පිහිටි ද්වීපයක්

India ඉන්ඩි·අ. (දකුණු ආසියාවේ) හින්දුදේශය

Italy ඉට්·අලි, දකුණු ඒරෝපයේ ඉතාලිදේශය

Jaffna ජැෆ්·න, (ලංකාවේ) යාපනය [රට

Japan ජපෑන්, (ආසියාවේ ඈතනැගෙනහිර) ජපන්

Java ජාවා, (මලක්කාවට දකුණේ) ජාවා ද්වීපය

Kabul කබුල්, අෆ්ඝනිස්තාන් රට අගනුවර

Kandy කැන්ඩි, ලංකාවේ මහනුවර නමින් ප්‍ර
සිද්ධ සෙංකඩගල නුවර [දේශය

Kashmir කෑෂ්මීර්, (ඉන්දියාවේ වයඹ) කාශ්මීර

Korea කෝරි·අ, (නැ. ආසියාවේ) කොරියා රට

Lassa ලස්සා, ටිබැට් රටේ අගනුවර

Liverpool ලිව්·අර්පූල්, එංගලන්තයේ ප්‍රසිද්ධ
නුවරක්

London ලන්ඩන්, එංගලන්තයේ හා බ්‍රිතාන්‍ය
රාජ්‍යයේ අගනුවර [පිහිටි ද්වීපයක්

Madagascar මැඩ්·අගැස්·කර්, අප්‍රිකාවට නැ.

Madras මැඩ්රැස්, දකුණු ඉන්දියාවේ මද්‍රාසිය

Madrid මැඩ්රිඩ්, ස්පාඤ්ඤදේශයේ අගනුවර

Malacca මැලැක්කා, (ද. ආසියාවේ ප්‍රදේශයක වූ) මලක්කාව [නුවරක්

Manchester මැන්චැස්ටර්, එංගලන්තයේ ප්‍රසිද්ධ

Mandalay මැන්ඩලේ, උතුරු බුරුමේ අගනුවර

Massachusetts මැසචූසෙට්ස්, උ. අමෙරිකාවේ ප්‍රසිද්ධ පලාතක්

Mecca මෙක්කා, අරාබියේ ප්‍රධාන නුවරක්, මහමදගම්කාරයින්ගේ ශුද්ධ නුවර

MediterraneanSea මෙඩිටරේනියන් සී, යුරෝපයත් ආසියාවත් අප්‍රිකාවත් අතර මුහුද, මධ්‍යධරණී මුහුද [පලාත

Mexico මෙක්සිකෝ, උ. අමෙරිකාවේ දකුණු

Mississippe මිසිසිප්පි, උ. අමෙරිකාවේ ගංගාවක් (ලෝකයේ දිගම ගඟ) [පලාතක්

Mongolia මොංගෝලියා, චීනරාජ්‍යයේ උතුරේ

Morocco මොරොක්කෝ, වයඹ අප්‍රිකාවේ පලාතක්

Moscow මොස්කව්, රුසියාවේ පුරාණ අගනුවර

Naples නේපල්ස්, ඉතාලියේ අගනුවර

Natal නටාල්, දකුණු අප්‍රිකාවේ පලාතක්

Negombo නිගොම්බෝ, මේ ලංකාවේ මීගමුව

Nepal නේපාල්, (ටිබැට් රටත් ඉන්දියාවත් අතර) නේපාල රට

Netherlands නෙදර්ලන්ඩ්ස්, (—Holland බ.)

New York නිව්යෝර්ක්, උ. අමෙරිකාවේ නුවරක්

Nile නයිල්, නැ. අප්‍රිකාවේ දීර්ඝ ගංගාවක්

Nippon නිප්පොන්, ජපන් දිවයින, ජපන්රට

Norway නෝර්වේ, වයඹ යුරෝපයේ රටක්

Oudh ඖඩ්, ඉන්දියාවේ අයෝධ්‍ය දේශය

Oxford ඔක්ස්ෆර්ඩ්. එංගලන්තයේ විශ්ව ශාස්ත්‍ර
ශාලාවක් පිහිටි නුවරක් [සාගරයක්

Pacific Ocean පැසිෆික් ඔෂන්. එනම් මහා

Paris පැරිස්, ප්‍රන්සයේ අගනුවර

Patna පැට්නා. බංගාලේ නුවරක්, පැලලුප් නුවර

Pegu පීගු, පහල බුරුමරටේ කොට්ඨාසයක්

Peking පීකිං, චීනදේශයේ අගනුවර [රටක්

Persia පර්ෂියා, ආසියාවේ නිරිත දෙස පිහිටි

Peru පේරූ, දං. අමෙරිකාවේ බ. මුහුදුකර පලාතක්

Portugal පෝටියුගල්, ස්පාඤ්ඤයට බටහිරින්
පිහිටි ප්‍රතිකාල් රට [රටක්

Prussia ප්‍රුෂියා, ජර්මනියේ උතුරෙන් පිහිටි

Queensland ක්වීන්ස් ලෑන්ඩ්, ඔස්ට්‍රේලියාවේ ඊ
සාන දෙස පලාතක් [මුදක්, රතුමුහුද

Red Sea රෙඩ්සී, අරාබිය සහ මිසරදේශය අතර

Rome රෝම්, ඉතාලියේ අග නුවර

Russia රෂියා, යුරෝපයේ ඊසාන දෙස පිහිටි
රුසියා රාජ්‍යය

Sahara සහාරා, උ. අප්‍රිකාවේ වැලිකාන්තාරය

Saxony සැක්සොනි, උ. ජර්මනියේ පුරාණ කො

විධානයක් [රෙන් පිහිටි රට

Scotland ස්කොට්ලන්ඩ්, එංගලන්තයට උතු

Siam සෙයම් (යෝ) සිඅම්, ආසියාවේ චීනයට
දකුණෙන් පිහිටි සියම් රට

Siberia සෛබීරිඅ, උ. රුසියාවේ රටක්

Sicily සිස්ලි, මධ්‍යධරණී මුහුදේ විශාල ද්වීපයක්

Spain ස්පේන්, ඒරෝපයේ නිරිතදෙස රටක්

Stockholm ස්ටොක්හෝල්ම්, ස්වීඩන්රටේ අ. නු.

Suez සුඇස්, රතුමුහුදේ උ. කෙළවර පළාත

Sweden ස්විඩන්, උතුරු ඒරෝපයේ රටක්

Switzerland ස්විට්සර්ලන්ඩ්, ඒරෝපයේ ඉතා
ලියට උතුරෙන් මධ්‍යම පලාතේ රටක්

Tartary ටාර්ටරි, ආසියාවේ හා ඒරෝපයේ රටක්

Tibet ටිබැට්, ඉන්දියාවට උතුරෙන් පිහිටි රට

Tokyo ටෝකියෝ, ජපාන රාජ්‍යයේ අගනුවර

Trincomalie ට්‍රින්කොමලී, තිරිකුණාමලය

Turkistan ටර්කිස්ටන්, ආසියාවේ මධ්‍යම පලා
තේ තුර්කිස්තාන් රට [තුර්කි රාජ්‍යය

Turkey ටාර්කි, ආසියාවේ හා ඒරෝපයේ පිහිටි

Venice වැනිස්, ඉතාලියේ ප්‍රසිද්ධ නුවරක්

Froms of Address, etc.

ලියවිලි මුලට යොදන ආමන්ත්‍රණ විධි ආදිය.

[1=පිට ලියන විධිය. 2=ආමන්ත්‍රණය. 3=You වෙනුවට යොදන පද.]

අර්ල්තුමා, 1 The Right Hon. the Earl of—(ස්ථානය). 2 My Lord. 3 Your Lordship.

ආර්ච් බිෂොප්තුමා, 1 His Grace the Lord Archbishop of—(ස්ථානය) 2 My Lord Archbishop. 3 Your Grace.

ආර්ච් ඩීකන්තුමා, 1 The Venerable the Archdeacon of—(ස්ථානය). 2 Venerable Sir.

කුමාරයාට (ඩියුක් කෙනෙක් නොවන), 1 His Royal Highness Prince—(නම). 2 Sir. 3 Your Royal Highness.

ඩියුක්තුමා, 1 His Grace the Duke of—(ස්ථානය) 2 My Lord Duke. 3 Your Grace.

ආණ්ඩු උපදේශක සභාවේ කවුන්සලාරයන්තුමා, 1. (නයිට්වරයෙකු නම) The hon. Sir—

(නම), (ශ්‍රේෂ්ඨාධිකරණයේ විනිසුරු නම)The Hon. Mr. Justice—(නම).2 Sir; (විනිශ්චයකාර සභාවේ ඉස්සරහට) 2 My Lord. 3 Your Lordship.

පාදිලිමරුන්ට, 1 The Rev. —(නම). 2 Rev. Sir.

බිෂොප්ට, 1 The Right Rev. the Lord Bishop of—(පළාතේ), නොහොත් The Lord Bishop of—(පළාතේ). My Lord Bishop. 3 Your Lordship.

රජතුමා, 1 The King's Most Excellent Majesty. 2 Sire හෝ May it please Your Majesty. 3 Your Majesty.

ලංකාණ්ඩුකාරතුමාණන්ට, 1 His Excellency the Governor of Ceylon. 2 Sir හෝ May it please Your Excellency. 3 Your Excellency.

මේ යිහිලතුමන්ගේ හැඳින්වුණ්ට ලියු කල His වෙනුවට Her ද, Sire හෝ Sir වෙනුවට Madam ද, King's වෙනුවට Queen's ද, Prince වෙනුවට Princess ද, යොදනු. සාමාන්‍ය උදවිය 1—(නම) Esquire; නුතනයෙක් හෝ Mr.—(නම). 2 (ඇඳුනුම්කමේ ප්‍රමාණයේ හැටියට) Sir, Dear Sir, My dear Sir. (වෙළඳ සමාගමකට) Messrs.—(නම).

2 Gentlemen නොහොත් Dear Sirs. අයදුම් පත්‍ර මුලම එකී පිට ලියන විධිය ලියා එලසම The Humble Petetion of—(අයදුම්කරුගේ නම) of—(පදිංචි ස්ථානය) ලියා ආමන්ත්‍රණය වෙනුවට Respectfully Sheweth යොදනු අයදුම්කරු වෙනුවට යොදන උචිතාම් අකාරකයෙහි වියයුතු.

ඉහළයට සුම්වලත් යොදන අවසාන වාක්‍ය:—

රජුට, I remain, Sire, with the profoundest veneration, your Majesty's most faithful subject and dutiful Servant.

ඩියුක්ට, I remain, my Lord Duke, your Grace's most devoted and obedient Servant.

ලිපියේ විවහාර කටයුතු ඩිහි මේ අන්තිම උදාහරණයේ ඇතැම් පද වෙනස්කිරීමෙන් ලැබිය හැකිය. ඒ මෙසේය:—My Lord Duke වෙනුවට ඉහත 2 අංකය ලඟ දක්වූ පද බලා your Grace's වෙනුවට 3 අංකය ලඟ දක්වූ පද (අගට 's එකතු කොට) යොදා වෙනස්කල කල උචිතා ඩිහි ලැබෙන්. I remain වෙනුවට I am හෝ I have the honour to be හෝ යෙදිය හැකිය. සමාගමක් හෝ එක්කෙනෙක කුම වැනි දෙනෙක් අයනත්කරණ ලිය

ඊල්ලුම I වෙනුවට We යොදනු. තැමිති නම් de-voted වෙනුවට humble ද devoted and obedient වෙනුවට obedient පමණක්ද යෙදිය හැක. හැඳිනුම්කරුවන්ට හෝ සම තත්ත්වයේ පසුස් අසමලුන්ට යවන ලියුම් Dear—(නම) හෝ My Dear—(නම) කියා පටන්ගෙන I am yours affectionately(හෝ සොයත truly හෝ faithfully හෝ sincerely) කියා අවසන්කරණු. අයදුම්පත්‍රවල අවසාන වාක්‍යය මෙසේය:—And the petitioner, as in duty bound, will ever pray. දින සහ ස්ථානය මුලට යොදනු. උ. Balapitiya. 20th September, 1905.

———[ooo]———

Greek and Roman Deities, Heroes, etc.

ග්‍රීක් රෝම දෙවිවරු, වීරයෝ, ආදිහු.

Achilles ඇකිල්ලීස්, පීලියස්ගේ පුත්වූ මහා වීරයෙක්, ට්‍රෝයි යුද්ධයේදී මලේය

Æneas ඉනීඅස්, ඒකයස්ගේ පුත්වූ ද්‍රෝඩ දකෂයෙක්

Æolus ඊඔලස්, වාතයට අධිපති දෙවියා

Æsculapius ඇස්කියුලේපිඅස්, අපොලෝ ලෝ ගේ

පුත් ද්වන්ද්ව සෙවදාන [වීරයෙක්

Ajax ඒජැක්ස්, ට්‍රෝයි යුධයේ ඉතා කීර්තිමත් ග්‍රීක්

Apis ඒපිස්, හස්තයාණ්ඩාගට අධිපති මිසර දෙවියා

Apollo අපොල්ලෝ, ජුපිටර්ගේ පුත් කාව්‍ය සං ගීත වෛද්‍යය ආදියට අධිපති ග්‍රීක් දෙවියා

Atlas ඇට්ලස්, පෘථිවිය තමන් උසුලාගෙණ සිට පසුව පර්වතයක්වූ එක් යෝධයෙක්

Bacchus බැක්කස්, මුද්‍රිකපානයට අධිපති දෙවියා

Ceres සිරීස්, ධාන්‍යයට හා කෘෂිකර්මයට අධිපතිදේවී

Cupid කියුපිඩ්, මාර්ස්හා වීනස්ගේ පුත කාම දෙ වියා. අනඞ්ගයා [එකැස් මහා යෝධයෝ

Cyclops සෛක්ලොප්ස්, වල්කන්ගේ කම්කරු,

Diana ඩයෑනා, අපොල්ලෝගේ පසුවූනා කාන්ති සහෝදරිය [ෂ්‍යයන් වසන ස්ථානය

Elysium ඉලිසියම්. මරණින් පසු යහපත් මනු

Fabulinus ෆැබියුලිනස්, ළදරුවන්ට කථාකිරීම උගන්වන දෙවියා [පුෂ්ප දේවතාවී

Flora ෆ්ලෝරා. මල් හා උයන්වලට අධිපතිදේවී,

Furies ෆියුරීස්, මෙලොවදී කරණ පව් ගැන පර ලොවදී පළිගන්නා දේවතාවියෝ

Hades හේඩීස්, මළවුන්ගේ ආත්ම වසන ස්ථාන යට පොලු නම, පාතාලය [ලංකාර ස්ත්‍රියක්

Helena හෙලේනා, ට්‍රෝයි යුධයට හේතුවූ ඉතා

Hercules හර්කියුලීස්, ජුපිටර්ගේ පුත්‍ර වූ මහා
යෝධයෙක් [50 ක් ඇති ජල සර්පයෙක්
Hydra හයිඩ්‍රා. හර්කියුලීස් විසින් මරණලද හිස්
Hygeia හයිජීයා, සනීපයට අධිපති දේවී.
Hymen හයිමෙන්. විවාහයට අධිපති දෙවියා.
Janus ජේනස්, ඉස්සරහටද පස්සට මූණ
දෙකද ඇති ඉතාලියේ ඉතා පුරාණ දෙවියා
Jupiter ජුපිටර්, දෙවිවරුන්ගෙ මුල් වූ
රෝම දෙශ දෙවියා, බෘහස්පති [දේවි
Lucina ලූසිනා, දරුවන්ගේ ප්‍රසූතයට අධිපති
Lucifer ලූසිෆර්, උදය තාරකා 'විකස (සිකුරා)
Mars මාර්ස්, යුද්ධයට අධිපති දෙවියා, අඟහරුවා
Mercury මර්කියුරි, ජුපිටර්ගේ මෙහෙකරුවූ
ගමනට වෙළඳාම් ආදියට අධිපති දෙවියා, බුදහු
Minerva මිනර්වා, ප්‍රඥාව හා අලංකාර ශිල්පව
ලට අධිපති දේවි
Morpheus මෝර්ෆියස්, නිද්‍රාව හා සිහිනවලට
අධිපති දෙවියා
Muses මියුසස්, කාව්‍ය සංගීත අලංකාර ශිල්ප
ආදියට අධිපති දෙවිතාවියෝ නව දෙන
Neptune නෙප්ටියුන. සමුද්‍රයට අධිපති දෙවියා
Pan පෑන්, එඬේරුන්ට හා දඩයක්කාරයන්ටද
ගම් බද කුඹුරුවලටද අධිපති දෙවියා
Pluto ප්ලූටෝ, පාතාල දෙවියා, යමරජ

Plutus ප්ලූටෝ, ධනයට අධිපති දෙවියා, කුවේර
Romulus රොමියුලස්, මාර්ස්ගේ පුත්වූ රෝම නුවර තැනූ එහි පළමුවෙනි රජ
Saturn සැටර්න්, ජුපිටර්ගේ පියා, සෙනසුරු
Sphinx ස්ෆින්ක්ස්, යෝරවිලි අසමින් ඒවා විසඳිය නොහැකිවූවුන් කෑ රකුසෙක්
Tartarus ටාර්ටරස්, දඬුවම් කරන පාතාලය
Ulysses යුලිසීස්, ට්‍රෝය් යුද්ධයේ ඉසා ප්‍රඥාවන්ත ග්‍රීක් වීරයෙකි
Uranus යුරේනස්, ශ්‍රී සම්පන්නයා අහසේ දෙවියා
Venus වීනස්, සෞන්දර්ය ශ්‍රිතාව ප්‍රේම භාවය යන මේ වාට අධිපති දේවී, සිකුරු දේවී
Vesta වෙස්ටා, ගිනි හා උදුහාම අධිපති රෝම
Vulcan වල්කන්, ජුපිටර්ගේ පුත්වූ ගිනිහා ලෝහ කර්මාන්තකරුවන්ට අධිපති දෙවියා
Zeus ස්‍යුස්, ජුපිටර් දෙවියාට ග්‍රීක් භාෂාවෙහිනම

English Weights and Measures.

ඉංග්‍රීසි බර සහ මිනුම්.

Troy Weight.

රන් රිදී ආදී බර.

4 grains(grs.)	=	1 carat.
24 grains	=	1 pennyweight(dwt.).
20 dwts.	=	1 ounce (oz.).
12 ounces (oz.).	=	1 pound (lb.).
5760 grains	=	1 lb.

Apothecaries' Weight.

බෙහෙත් බර.

20 grains	=	1 scruple (scr.).
3 scruples	=	1 dram (dr.).
8 drams	=	1 ounce.
12 oz.	=	1 lb.

Avoirdupois Weight.

අන්‍ය සාමාන්‍ය බර.

16 drams	=	1 ounce.
16 oz.	=	1 lb.
14 lbs.	=	1 stone (st.).

2 sts හෝ 28 lbs= 1 quarter (qr.).

4 qrs හෝ 112 lbs.=1 hundredweight.(cwt.)

100 lbs. = 1 cental.

20 cwts. හෝ 2240 lbs.= 1 ton.

7000 troy grains = 1 avoirdupois lb.

Long Measure.

දිග මිනුම්.

12 lines = 1 inch (in.).

12 inches = 1 foot (ft.).

3 feet (ft.) = 1 yard (yd.).

6 ft. = 1 fathom.

5½ yds. =1 rod හෝ pole (po.).

40 poles =1 furlong (fur.).

8 furlongs =1 mile (ml.).

3 miles =1 league.

30 yds. හෝ 5280 ft. =1 mile.

Square Measure.

සමචතුරශ්‍ර මිනුම්.

144 square inches=1 sq. foot.

9 „ feet =1 „ yards.

30¼ „ yards =1 „ pole.

40 „ poles =1 „ rood.

4 „ roods =1 acre.

640 „ acres =1 sq. mile.

Cubic Measure.

ඝන මිනුම්.

1728	cubic inches	=1	cubic foot.
27	,, feet	=1	,, yard.
40	,, ,,	=1	load of rough timber.
50	,, ,,	=1	load of squared timber.
42	,, ,,	=1	ton of shipping.

Dry Measure.

ධාන්‍ය ආදීකයේ මිනුම.

4 gills=1 pint.	2 gallons=1 peck.
2 pts. =1 quart.	4 pecks =1 bushel.
4 qts. =1 gallon.	8 bushels=1 quarter.

Ale and Beer Measure.

ඒල් සහ බියර් මිනුම්.

2 pints=1 quart.	2 firkins=1 kilderkin.
4 qts. =1 gallon.	2 kils. =1 barrel.
gals.=1 firkin.	1½ bars. =1 hogshead.
	2 hogs. =1 butt.

Wine Measure.

වාඉන් සම්බන්ධ මිනුම.

4 gills =1 pint.	42 gals. =1 tierce.
2 pints =1 quart.	84 ,, =1 puncheon.
4 qts. =1 gallon.	68 ,, =1 hogshead.
10 gals. =1 anker.	92 හෝ 115 gals.=1 pipe.
18 ,, =1 runlet.	252 gals. =1 tun.

Time Measure.

කාල මිනුම්.

60 seconds (sec.).=1 minute (min.).

60 min. =1 hour.

24 hrs. =1 day.

7 days. =1 week

4 weeks =1 month (mo.).

13 Lunar mos. =1 year.

12 Calendar mos.=1 year.

365 days =1 common year.

366 " =1 leap "

365¼ " =1 Julian "

365 d. 5 h. 48 m. 51 sec.=1 solar "

100 years =1 century.

Linen Yarn.

හණනූල් මිනුම්.

300 yards = 1 cut.

2 cuts ... 1 heer.

6 heers ... 1 hasp.

4 hasps ... 1 spindle.

Cotton Yarn.

කපුනූල් මිනුම්.

120	yards	=1 skein.
7	skeins	...1 hank.
18	hanks	...1 spindle.

Miscellaneous.

විවිධ මිනුම්.

56	lbs.	=1 firkin of butter.
280	,,	...1 sack of flour.
80	,,	...1 bushel of coal.
36	bushels	...1 chaldron of coal.
24	sheet	..1 quire of paper.
20	quires	...1 ream.
10	reams	...1 bale.
3	inches	...1 palm.
4	,,	...1 hand.
9	,,	...1 span.
18	,,	...1 cubit.
5	feet	...1 pace.
2½	,,	...1 military pace.
272¼	sq. feet	...1 rod of brick work.
100	,,	...1 square of flooring.
30	acres	...1 yard of land.

100	acres	=1 hide of land.
6080	feet	.. 1 knot(nautical mile).
2240	yards	...1 Irish mile.
4840	sq. yards	...1 English acre.
6250	,,	.. 1 Scotch
7840	,,	...1 Irish
12	articles	.. 1 dozen.
20	,,	...1 score.
5	score	...1 hundred.
6	,,	...1 long hundred.
12	dozen	...1 gross.
110	gallons	...1 butt of sherry.
19½	cwts.	...1 fother of lead.
24	oz.	...1 great pound of silk.
80	bushels	...1 last of grain.
2016	pounds	...1 load of old hay.
56	,,	...1 truss ,,

මේ ව්‍යාකරණයේ ඔරතන් ලකුණුවල [illegible] කළද පද ඒ ඒ පදවලම ප්‍රමිතයක් තිබෙන පදවල ප්‍රධාන පදමෙන්. මෙහි භෙද කලද අනෙ ප්‍රදම්‍ය පද ඊම ප්‍රමිතයක් තිබෙන වචන බලා දතයුතු. කම්හර නෑ [illegible] වචනයේ මූලකුර පමණක් ගෙනකලදී. ඇතම් පදයක මුලුබසට අකුරද ගෙනකලදී; එමෙන් මෙහි ප්‍රමාණවලට උවමනාව නොවේ.

Signs of the Zodiac. ලකුණ.

රාශි දොළස.

Aries, the Ram (මේෂ) ... ♈

Taurus, the Bull (වෘෂභ) ... ... ♉

Gemini, the Twins (මිථුන) ♊

Cancer, the Crab (කටක) ♋

Leo, the Lion (සිංහ) ... ... ♌

Virgo, the Virgin (කන්‍යා) ... ... ♍

Libra, the Scales (තුලා) ... ... ♎

Scorpio, the Scorpion (වෘශ්චික) ... ♏

Sagittarius, the Archer (ධනු) ... ♐

Capricornus, the Goat (මකර) ... ♑

Aquarius, the Waterman (කුම්භ) ... ♒

Pisces, the Fishes (මීන) ... ♓

Miscellaneous Signs.

මිශ්‍ර ලකුණු.

+ (Plus) ගණනක් එකතුකිරීමේ ලකුණ.

— (Minus) ගණනකින් අඩුකිරීමේ ලකුණ. [ලකුණ.

× (Sign of multiplication) ගණනක් වැඩිකිරීමේ

÷ (Sign of division) ගණනක් බෙදීමේ ලකුණ.

= (Sign of equality) සමාන බව දක්වන ලකුණ.

, (Comma) කෙටිදුර විදක් සටහන්වන ලකුණ.

; (Semi-Colon) ඊට විදක් වැඩියෙන් සටහන්වන ලකුණ.

: (Colon) ඊට ,, ලකුණ.

. (Full stop) සම්පූර්ණයෙන් නවතින ලකුණ.

The Greek Alphabet.

ග්‍රීක් හෝඩිය.

අකුරු.		නම		සමාන ඉංග්‍රීසි අකුරු.
Α	α	Alpha	ඇල්ෆා	a
Β	β	Beta	බීටා	b
Γ	γ	Gamma	ගැම්මා	g
Δ	δ	Delta	ඩෙල්ටා	d ම)
Ε	ε	Epsilon	ඇප්සයිලන්	e(කොට
Ζ	ζ	Zeta	සීටා	
Η	η	Eta	ඊටා	e(දිග)
Θ	θ	Theta	තීටා	th
Ι	ι	Iota	අයෝටා	i
Κ	κ	Kappa	කැපා	k, c
Λ	λ	Lambda	ලැම්ඩා	l
Μ	μ	Mu	මියු	m
Ν	ν	Nu	නියු	n
Ξ	ξ	Xi	ක්සයි	x
Ο	ο	Omicron	ඔමයික්‍රොන්	o(සුළු)
Π	π	Pi	පයි	p
Ρ	ρ	Rho	රෝ	r, rh
Σ	σ,	Sigma	සිග්මා	s
Τ	τ	Tau	ටෝ	t
Υ	υ	Upsilon	අප්සෙලන්	u, y
Φ	φ	Phi	ෆයි	ph
Χ	χ	Chi	චි	ch
Ψ	ψ	Psi	ප්සි	ps
Ω	ω	Omega	ඔමෙගා	o(දිග)

මෙසේ පලමුවෙනි පෙළෙහි ලියූ අකුරු ඇතැම් තැන වචන මුලට යොදන ලොකු අකුරු ද දෙවෙනි පෙළෙහි ලියූ අකුරු අනික් සියලු තැන්හි යොදන කුඩා අකුරු ද වෙයි. කුඩා සිග්මා නම් අකුර පමණක් රූප දෙකකින් යුක්ත යි: ඉන් මුල් එක වචනයේ මුල හා මැද පමණක් යෙදේ; අනික වචන කෙළවර පමණක් යෙදේ. ඉංග්‍රීසි පොත්වල ඇතැම්විට ග්‍රීක් අකුරු යොදන හෙයින් ඒ හෝඩි දැනගැනීම ප්‍රයෝජනවත්.

Roman Figures.

රෝම ඉලක්කම්.

I—1, II—2, III—3, IV හෝ IIII—4, V—5, VI—6, VII—7, VIII—8, IX—9, X—10, XI—11, XII—12, XIII—13, XIV—14, XV—15, XVI—16, XVII—17, XVIII—18, XIX—19, XX—20, XXI—21, XXX—30, XL—40, L—50, LX—60, LXX—70, LXXX—80, XC—90, C—100. CI—101, CXX—120, CC—200, CCC—

300, CCCC—400, D—500, DC—600, DCC—700, DCCC—800, DCCCC හෝ CM—900, M—1000; තව ක්‍රමයක් IↃ—500, CIↃ—1000, IↃↃ—5000; MDCCCXCVIII—1898; MCMV—1905.

මේ ඉලක්කම් නම් රෝමන් අකුරුමය. යම් අකුරකට පසුව එවැනි අකුරක් හෝ ඊට අඩු ගණනක අකුරක් හෝ යෙදුවොත් ඒවායින් දක්වනලද ගණන ඒ ඉලක්කම් දෙක එකතුකලකල ලැබෙන ගණනවේ. එහෙත් යම් අකුරකට පූර්වයෙන් ඊට අඩුගණනක අකුරක් යෙදුවොත් එයින් අඩුකරද්දී ඒ ඉලක්කම් දෙකේ වෙනස වේ. ඉතා බොහෝ 1, 2, 3 ආදී අරාබි ඉලක්කම් වලින් රෝම ඉලක්කම් ගණන කියනලදී.

———)oo(———

නිමියි.